Alpes du Nord
Savoie Dauphiné

Collection sous la responsabilité d'Anne Teffo

Ont contribué à l'élaboration de ce guide :

Édition	Anne Lagarde
Rédaction	Amaury de Valroger, Isabelle Bruno
Cartographie	Véronique Aissani, Thierry Lemasson, Fabienne Renard, Marie-Christine Defait, Stéphane Anton, Michèle Cana, Alain Baldet
Informations pratiques	www.insee.fr (chiffres de population)
Conception graphique	Laurent Muller (couverture), Agence Rampazzo (maquette intérieure)
Relecture	Zone libre
Régie publicitaire et partenariats	michelin-cartesetguides-btob@fr.michelin.com *Le contenu des pages de publicité insérées dans ce guide n'engage que la responsabilité des annonceurs.*
Remerciements	Julie Houillon, Johann Gaisser
Contacts	Michelin Cartes et Guides Le Guide Vert 46, avenue de Breteuil 75324 Paris Cedex 07 01 45 66 12 34 – Fax : 01 45 66 13 75 www.cartesetguides.michelin.fr www.ViaMichelin.com

Parution 2009

Votre avis nous intéresse
Vous souhaitez donner votre avis sur nos publications ou nous faire part de vos expériences ?
Rendez-vous sur **www.votreaviscartesetguides.michelin.fr**

Note au lecteur
L'équipe éditoriale a apporté le plus grand soin à la rédaction de ce guide et à sa vérification. Toutefois, les informations pratiques (prix, adresses, conditions de visite, numéros de téléphone, sites et adresses Internet…) doivent être considérées comme des indications du fait de l'évolution constante des données. Il n'est pas totalement exclu que certaines d'entre elles ne soient plus, à la date de parution du guide, tout à fait exactes ou exhaustives. Elles ne sauraient de ce fait engager notre responsabilité.

Le Guide Vert,
la culture en mouvement

Vous avez envie de bouger pendant vos vacances, le week-end ou simplement quelques heures pour changer d'air ? Le Guide Vert vous apporte des idées, des conseils et une connaissance récente, indispensable, de votre destination.

Tout d'abord, **sachez que tout change**. Toutes les informations pratiques du voyage évoluent rapidement : nouveaux hôtels et restaurants, nouveaux tarifs, nouveaux horaires d'ouverture… Le patrimoine aussi est en perpétuelle évolution, qu'il soit artistique, industriel ou artisanal… Des initiatives surgissent partout pour rénover, améliorer, surprendre, instruire, divertir. Même les lieux les plus connus innovent : nouveaux aménagements, nouvelles acquisitions ou animations, nouvelles découvertes enrichissent les circuits de visite.

Le Guide Vert **recense** et **présente ces changements** ; il réévalue en permanence le niveau d'intérêt de chaque curiosité afin de bien mesurer ce qui aujourd'hui vaut le voyage (distingué par ses fameuses 3 étoiles), mérite un détour (2 étoiles), est intéressant (1 étoile). Actualisation, sélection et appréciation sur le terrain sont les maîtres mots de la collection, afin que Le Guide Vert soit à chaque édition le reflet de la réalité touristique du moment.

Créé dès l'origine pour **faciliter et enrichir vos déplacements**, Le Guide Vert s'adresse encore aujourd'hui à tous ceux qui aiment connaître et comprendre ce qui fait l'identité d'une région. Simple, clair et facile à utiliser, il est aussi idéal pour voyager en famille. Le symbole 👥 signale tout ce qui est intéressant pour les enfants : zoos, parcs d'attractions, musées insolites, mais également animations pédagogiques pour découvrir les grands sites.

Ce guide vit pour vous et par vous. N'hésitez pas à nous faire part de vos remarques, suggestions ou découvertes ; elles viendront enrichir la prochaine édition de ce guide.

Anne Teffo
Responsable de la collection
Le Guide Vert Michelin

ORGANISER SON VOYAGE

OÙ ET QUAND PARTIR
Nos conseils de lieux de séjour 8
Nos propositions d'itinéraires 10
Nos idées de week-ends 15
Escapades transalpines 17
Les atouts de la région
   au fil des saisons............. 20

S'Y RENDRE ET CHOISIR SES ADRESSES
Où s'informer avant de partir..... 22
Pour venir en France............. 23
Transports 24
Budget 30
Se loger........................ 31
Se restaurer 33

À FAIRE ET À VOIR
Activités et loisirs de A à Z....... 35
La destination en famille........ 58
Que rapporter.................. 58
Les événements................ 62
Kiosque........................ 64

COMPRENDRE LA RÉGION

NATURE
Une mosaïque de paysages 70
L'œuvre de la glace et de l'eau... 73
Un cadre préservé 76
Une nature à protéger 80
Les Alpes et
   le réchauffement climatique .. 82

HISTOIRE
Quelques faits historiques 84
La maison de Savoie 89
De l'alpinisme au tourisme 89
L'olympisme 91

ART ET CULTURE
Architecture entre tradition
   et modernité 92
ABC d'architecture............. 100
Les arts populaires 104
Langue et littérature........... 105

LES ALPES AUJOURD'HUI
Une économie dynamique 107
Un tourisme en mutation....... 109
L'agriculture et l'élevage 112
Fromages 114
… et autres bonnes choses ! 116

VILLES ET SITES

À l'intérieur du premier rabat de couverture, la carte générale intitulée « **Les plus beaux sites** » donne :
- une **vision synthétique** de tous les lieux traités ;
- les **sites étoilés** visibles en un coup d'œil ;
- les **circuits de découverte**, dessinés en vert, aux environs des destinations principales.

Dans la partie « **Découvrir les sites** » :
- les **destinations principales** sont classées par ordre alphabétique ;
- les **destinations moins importantes** leur sont rattachées sous les rubriques « Aux alentours » ou « Circuits de découverte » ;
- les **informations pratiques** sont présentées dans un encadré vert dans chaque chapitre.

L'**index** permet de retrouver rapidement la description de chaque lieu.

SOMMAIRE

DÉCOUVRIR LES SITES

Abondance 120
Aiguebelle 123
Aix-les-Bains 125
Albertville 132
Allevard 136
L'Alpe-d'Huez 140
Annecy 142
Lac d'Annecy 152
Massif des Aravis 160
Aussois 167
Avoriaz 170
Les Bauges 172
Beaufort 177
Vallée des Belleville 182
Bessans 187
Bonneval-sur-Arc 189
Le Bourg-d'Oisans 191
Lac du Bourget 196
Bourg-St-Maurice 201
Chambéry 206
Chamonix-Mont-Blanc 216
Champagny-en-Vanoise 226
Massif de Chamrousse 228
Massif de la Chartreuse 231
Châtel 240
La Chautagne 242
Grottes de Choranche 244
La Clusaz 245
Cluses 247
Courchevel 251
Route de la Croix-de-Fer 254
Les Deux-Alpes 258
Les Échelles Entre-Deux-Guiers .. 261
Évian-les-Bains 263
Flaine 269
Les Gets 270
Couvent de la Grande Chartreuse ... 272
La Grave 274
Grenoble 277
Le Grésivaudan 291
Abbaye royale de Hautecombe .. 296
Route de l'Iseran 298
Lacs de Laffrey 300
La haute Maurienne 305
Megève 309

Château de Menthon-Saint-Bernard ... 315
Méribel 317
Modane 320
Massif du Mont-Blanc 323
Montmélian 332
Morzine 334
Moûtiers 338
L'Oisans 340
Peisey-Nancroix 347
La Plagne 349
Pont-en-Royans 351
Pralognan-la-Vanoise 353
La Roche-sur-Foron 356
La Rosière-Montvalezan 359
Rumilly 361
Saint-Geoire-en-Valdaine 364
Saint-Gervais-les-Bains 365
Saint-Jean-de-Maurienne 371
Saint-Nazaire-en-Royans 376
Saint-Pierre-d'Albigny 379
Saint-Pierre-de-Chartreuse 381
Les Saisies 384
Le Salève 386
Samoëns 388
Seyssel 393
La Tarentaise 394
Thônes 398
Thonon-les-Bains 400
Thorens-Glières 409
Tignes 410
Le Trièves 415
Le Valbonnais 420
Val-Cenis 422
Val-d'Isère 424
Valloire 428
Valmorel 431
Massif de la Vanoise 433
Vassieux-en-Vercors 440
Le Vercors 443
Villard-de-Lans 457
Vizille 460
Yvoire 463

Index 468
Petit lexique 478
Cartes et plans 479

Randonnée à vélo face au Mont-Blanc.
P. Jacques / Hemis.fr

ORGANISER SON VOYAGE

ORGANISER SON VOYAGE

OÙ ET QUAND PARTIR

Nos conseils de lieux de séjour

Les Alpes constituent une mosaïque de territoires, de paysages et de cultures extraordinairement riche. Au domaine de la haute montagne réservé aux initiés et qui fit la réputation des massifs alpins s'adosse une vaste étendue située entre 500 et 2 500 m formant la moyenne montagne. Là, randonneurs aguerris ou simples promeneurs peuvent découvrir des vallées radicalement différentes bien qu'elles ne se situent souvent qu'à quelques kilomètres les unes des autres. À l'image de cette géographie, la culture montagnarde réserve de belles surprises. Clochers audacieux dans le Beaufortain, fresques sensibles dans les chapelles de Maurienne, trésors baroques dans les églises partout essaimées, habitats traditionnels adaptés à chaque lieu et à chaque circonstance en témoignent.

Dans les larges cluses ouvertes par les glaciers du quaternaire, les métropoles régionales possèdent de grands musées, une offre culturelle imposante et des centres anciens restaurés. Le plus difficile sera donc de faire le choix de sa destination et de son parcours.

Bonneval-sur-Arc.

LES VILLES

La région compte quelques **villes** d'importance, dotées d'un riche patrimoine architectural et de grands musées régionaux : Grenoble, Chambéry, Annecy ou Évian constituent à elles seules d'agréables destinations de week-end *(voir Nos idées de week-ends)*. Elles témoignent elles aussi de cultures très différentes. Grenoble, dopée par sa population universitaire, multiplie les événements et lieux de rencontres festifs. À Chambéry, l'histoire de la Savoie imprègne murs et monuments. Annecy et son lac distillent une atmosphère romantique. Évian a conservé une tonalité fin de siècle évanescente. Des formules de courts séjours ont été mises en place par les offices de tourisme de ces capitales régionales qui se trouvent souvent à proximité d'un des grands **lacs** de la région où le séjour peut se prolonger.

LES GRANDS LACS

Trois grands lacs se situent à proximité de ces villes. Le plus vaste est le **lac Léman**, qui relie la Suisse aux Alpes françaises. Sur ses rives, d'authentiques villages comme Yvoire et deux villes d'importance : Thonon-les-Bains et Évian. Le **lac du Bourget** vanté par Lamartine épouse des rives changeantes, sombres forêts et roselières à l'ouest, où perce l'abbaye de Hautecombe, et urbanisation sophistiquée à l'est avec la station thermale d'Aix-les-Bains. Le **lac d'Annecy** dans son écrin de montagne possède un caractère à la fois alpin et balnéaire.

Le petit lac d'**Aiguebelette**, aux portes de Chambéry, est quant à lui un paradis pour les pêcheurs.

LA MONTAGNE

L'appel de la montagne est souvent irrésistible, tant pour la beauté du spectacle de la nature que par la variété des activités proposées. Haut lieu du tourisme alpin et mondial – c'est l'un des trois sites naturels les plus visités au monde – la vallée de Chamonix reste un incontournable en raison de la célébrité de son joyau, le **mont Blanc**, et s'apprécie mieux hors saison et par beau temps.

Les stations

Ce succès est partagé par de très nombreuses stations, luxueuses ou plus familiales, qui se répartissent sur les grands sommets et les domaines skiables. En Savoie et Haute-Savoie, il n'y a pas moins de 110 stations réparties dans 11 massifs, aux caractères sensiblement différents, voire opposés. En Isère, les deux grands pôles d'attraction sont les Deux-Alpes et l'Alpe-d'Huez, mais les massifs de l'Oisans et de Belledonne possèdent de beaux villages reliés parfois aux grands domaines skiables. Le choix se fera donc sur des critères comme la taille du

OÙ ET QUAND PARTIR

domaine skiable pour les amoureux de la glisse, les équipements destinés aux enfants, les activités annexes, la proximité ou non d'une ville plus importante. Les sites Internet des comités départementaux du tourisme peuvent vous y aider.

L'histoire des stations est déterminante sur le type d'hébergement proposé. Les anciens villages reconvertis comme La Clusaz ou Megève mêlent toujours un centre ancien à des quartiers résidentiels modernes qui peuvent être excentrés. Vous y trouverez des hôtels, des chambres d'hôte et des locations à la semaine. Les stations dites de la 2e et 3e génération, construites *ex nihilo* dans des espaces d'altitude s'étendent souvent sur un périmètre restreint où tout est regroupé (services, domaines skiables, hébergements, etc.). Il s'agit de stations comme la Plagne ou les Arcs. Vous n'y trouverez guère d'hébergement de caractère, mais les hôtels et résidences locatives y sont cependant le plus souvent de qualité. Certaines d'entre elles proposent des forfaits à la semaine associant location et forfaits de ski en hiver et l'été accès piétons aux remontées mécaniques (pour rejoindre sans fatigue les sentiers de randonnée). Hors vacances scolaires, vous dénicherez sans doute des offres particulièrement avantageuses.

L'or blanc

La neige est attendue chaque année avec impatience par les stations car elle conditionne le succès d'une saison. Pour limiter cette dépendance, les plus grandes se sont reliées et constituent d'immenses domaines skiables comme les Trois-Vallées ou l'Espace Killy. Elles ont beaucoup investi dans les remontées mécaniques, les canons à neige et la variété des prestations : on peut ainsi noter le succès des **espaces détente**, avec des piscines et des spas, après le ski. Les petites stations réussissent à tirer leur épingle du jeu en privilégiant un accueil plus personnalisé, des tarifs plus abordables et une ambiance familiale.

Sous le soleil d'été

Ces dernières années, la distinction entre **stations d'été et stations d'hiver** s'est largement estompée, chacune développant des activités adaptées en tout saison. La sensibilité croissante du public à la qualité de l'environnement s'est accompagnée du succès de la randonnée ; elle a permis à de petites stations et des villages méconnus de s'ouvrir au tourisme, et aux grandes stations de sports d'hiver de transformer l'été leur domaine skiable en vaste domaine de promenade et d'activités de plein air !

Les massifs, loisirs à la carte

Les alpinistes s'arrêteront plus volontiers dans le massif du Mont-Blanc et dans l'Oisans où ils trouveront une hôtellerie classique et des gîtes d'étape. Ces hauts lieux touristiques séduisent souvent une clientèle venue admirer d'en bas les cimes que les alpinistes convoitent. Il est donc nécessaire de réserver avant son arrivée et pour son retour si la course doit durer plusieurs jours. **Les randonneurs** n'auront que l'embarras du choix ; les amateurs de moyenne montagne apprécieront les massifs du Vercors, des Bauges ou de la Chartreuse, par exemple. Ces deux derniers, de petite taille, sont inclus dans des parcs naturels régionaux et développent des activités touristiques peu pénalisantes pour l'environnement. Gîtes et chambres d'hôte constituent l'essentiel de l'offre d'hébergement et il vous faudra parfois rejoindre les bords du lac d'Annecy ou Chambéry pour vous loger.

Dans les stations du Vercors, vous trouverez un nombre considérable de chambres d'hôte et de gîtes dans des lieux parfois isolés, mais bien souvent magnifiques. Des hôtels confortables sont ouverts l'été dans les villages du massif. En hiver, beaucoup seront fermés, à moins d'être situés près des sites de ski nordiques. Renseignez-vous avant de partir.

Pour un **séjour à vocation touristique**, vous vous retrouverez forcément sur les chemins les plus fréquentés. Les pays du Mont-Blanc, le massif des Bornes-Aravis vivent depuis longtemps été comme hiver à un rythme soutenu. Les mortes saisons y ont quasiment disparu. Vous n'aurez que l'embarras du choix quant à votre hébergement et aux activités. Même pour ces dernières, pensez à réserver. Il peut en être de même en Maurienne et en Tarentaise, notamment à proximité du massif de la Vanoise.

Vous partez au ski ?

- Quand vous choisissez votre hébergement, prenez soin de vous faire préciser la distance qui vous sépare du centre-ville, des domaines skiables ou des zones d'activités et de loisirs. Privilégiez toujours les transports en commun (beaucoup de stations ont mis en place des navettes gratuites).

- Attention, pour les stations qui s'étagent sur plusieurs niveaux, les prix grimpent en même temps que l'altitude !

ORGANISER SON VOYAGE

Randonnée en montagne (la Bérarde).

Le **relief**, enfin, contraint souvent le voyageur à faire demi-tour ou à franchir des cols pour passer d'une vallée à l'autre. Cette contrainte conditionne le choix de vos lieux de séjour. Pour explorer un massif, choisissez plutôt un hébergement situé au carrefour de plusieurs vallées et qui permette de réaliser des circuits en étoile. Il ne faut pas négliger à cet égard les vastes cluses du Grésivaudan, de la Combe de Savoie, du Trièves ou du Faucigny.

Il est impossible ici de dresser le portrait de toutes les microrégions des Alpes. Où que vous soyez, vous ne serez jamais très éloigné d'un centre touristique proposant de multiples activités. Inutile donc de restreindre votre recherche à ces sites de notoriété. Villages et petites stations au bord d'un lac, au fond d'une combe ou dans le pli d'un plateau ont souvent conservé un charme étonnant et accueillent les nouvelles activités de plein air : bases d'eaux vives au bord des grands torrents alpins, centres équestres de randonnée du Trièves, plaisance nautique au bord du lac du Bourget ou plages d'Aiguebelette…

Nos propositions d'itinéraires

Si vous êtes curieux et souhaitez visiter dans le détail un secteur limité mais marqué par une identité particulière, nous vous proposons ci-dessous quelques itinéraires qui regroupent les principales curiosités de la région. Ces propositions peuvent vous servir de base pour composer votre propre itinéraire. N'oubliez pas de consulter également la carte des plus beaux sites *(dans le rabat de la couverture)* qui vous invitera sans doute à faire tel ou tel crochet en fonction de vos propres goûts. Ces itinéraires peuvent évidemment être combinés entre eux. Le meilleur itinéraire sera le vôtre.

VERTES VALLÉES DES BORNES-ARAVIS

▶ **Circuit de 4/5 jours au départ d'Annecy**

1ᵉʳ jour – Quittez Annecy par la D 909 de préférence le matin pour assister à l'arrivée de la lumière sur les sommets. Vous longez le lac jusqu'à Veyrier, puis Menthon-St-Bernard où vous pourrez visiter le château du fondateur des célèbres hospices du Grand-St-Bernard. Rejoignez la D 909 au col de Bluffy et prenez à droite vers Alex (Fondation Salomon), la Nécropole nationale des Glières, puis Thônes au cœur du massif des Bornes-Aravis. Dans ce synclinal verdoyant, les troupeaux paissent en nombre, vous êtes au pays du reblochon. Vous visiterez avec intérêt le musée de pays et le musée du Bois et de la Forêt situé dans une ancienne scierie.

2ᵉ jour – Départ le lendemain vers le sud pour la vallée secrète de Manigod ; empruntez la D 12, puis la D 16 qui franchit le col de la Croix-Fry. Vous serez impressionné par les vastes fermes perdues dans les alpages. À l'intersection avec la D 909, prenez à droite jusqu'au col des Aravis (1 498 m) d'où s'étend une vue magnifique sur le massif du Mont-Blanc. Les plus courageux se rendront jusqu'à la Croix de Fer *(2h de marche)* d'où le panorama est encore plus grandiose. Vous pouvez alors faire demi-tour pour gagner La Clusaz qui fut l'une des premières stations de sports d'hiver. Si vous avez le temps rejoignez le minuscule, mais charmant, vallon des Confins, à quelques kilomètres à l'est de La Clusaz.

3ᵉ jour – Rejoignez Le Grand-Bornand par la D 4. Ici, le paysage est d'une extrême douceur. Dans le village, vous pourrez visiter l'église et la Maison du patrimoine installée dans une ferme de 1830. Franchissez le col de la Colombière (D 4) et arrêtez-vous à la chartreuse du Reposoir, beau couvent du 18ᵉ s. établi dans un site magnifique. À Cluses, vous pourrez visiter le musée de l'Horlogerie et du Décolletage.

4ᵉ jour – Suivez la vallée de l'Arve par la D 19 jusqu'à Bonneville où vous prenez à gauche vers Annecy, puis St-Pierre-en-Faucigny. La D 12 suit les gorges des Éveaux (D 12) et conduit au Petit-Bornand. Vous trouverez sur votre droite au sud de ce village, en direction de La Clusaz, une route forestière qui rejoint le plateau des Glières, lieu rêvé pour une halte ou une randonnée. De là vous revenez sur vos pas ou descendez à Thorens-Glières (château), puis Annecy.

OÙ ET QUAND PARTIR

5ᵉ jour – Si vous êtes retourné sur vos pas pour une nuit à La Clusaz ou à Thônes, suivez le lendemain la D 12 jusqu'à Faverges (Musée archéologique) par les hameaux typiques des Clefs et de Serraval. Vous abordez ensuite une des parties préservées du lac d'Annecy, par la N 508. Des chemins piétons vous permettent de pénétrer dans la roselière du Bout-du-Lac. Continuez jusqu'à Sévrier pour visiter la fonderie de cloches Paccard. Retour à Annecy.

Pont de l'Abîme à Cusy.

ENTRE ALBANAIS ET CHAUTAGNE

▶ Circuit de 4 jours au départ d'Aix-les-Bains

1ᵉʳ jour – La visite d'Aix-les-Bains vous ramène à la grande époque des stations thermales. Ne manquez pas le musée Faure qui présente des œuvres de Pissarro, Cézanne, Rodin. Rejoignez ensuite Grésy-sur-Aix puis, par la D 911 et la D 31, le spectaculaire pont de l'Abîme qui enjambe le Chéran. Par la D 5 et la D 31 remontez vers Alby-sur-Chéran. Ce joli village accueille un musée de la Cordonnerie. La D 3 vous emmène au nord-ouest à Rumilly, capitale de l'Albanais.

2ᵉ jour – La campagne n'est ici que tranquilles vallons et douces collines, magnifiques au printemps. Vous pourrez l'apprécier en suivant la D 16 et la D 116 jusqu'au château de Montrottier avant d'arpenter les vertigineuses gorges du Fier sur des passerelles suspendues. Un réseau de petites départementales vous permet de rejoindre Rumilly où vous pouvez demeurer.

3ᵉ jour – De là, remontez la D 14 qui suit le Fier jusqu'à son confluent avec le Rhône. L'ambiance est tout autre dans cet espace resté sauvage aux abords du plus grand lac naturel de France. Vous êtes en Chautagne, voie de passage depuis l'époque romaine. Vous longez les marais en suivant la D 991 jusqu'à Ruffieux. Ici mûrit le raisin qui servira à la fabrication d'un vin de Savoie réputé : le chautagne. Prenez la D 904 en direction de Culoz et avant le franchissement du Rhône, prenez à gauche la D 921 jusqu'à Chanaz, point de départ de croisières sur le canal et le lac du Bourget.

4ᵉ jour – Vous longerez le lac par la D 18 en vous arrêtant sur le site archéologique de Portout. Après Conjux, retrouvez l'abbaye de Hautecombe et son église, sépulture des princes de Savoie. Retour à Aix-les-Bains par le Bourget-du-Lac.

LES PRÉALPES DES BAUGES, DE LA CHARTREUSE ET DU GRÉSIVAUDAN

▶ Circuit de 5 jours au départ de Chambéry

1ᵉʳ jour – Avant de gagner les hautes terres, ne manquez pas à Chambéry la visite du château (visites guidées seulement) et du Musée savoisien. Ils vous éclaireront sur le patrimoine que vous allez rencontrer. Quittez la ville à l'est par la D 912 en direction du massif des Bauges. Traversez une bonne partie du Parc pour rejoindre Lescheraines, petit village qui a conservé tout son caractère.

2ᵉ jour – Vous repartez vers le sud en direction du Châtelard (D 911), puis par la D 60 vers la Compôte. Cette petite plaine d'herbage est émaillée de belles grangettes de bois. Remontez le vallon de Bellevaux, enchanteur. De retour sur la D 911, prenez la direction de St-Pierre-d'Albigny. Profitez-en pour aller visiter la forteresse de Miolans.

3ᵉ jour – Sortez de St-Pierre-d'Albigny et prenez la N 6 vers Aiguebelle. à Chamousset, prenez la direction d'Allevard (D 925), ancienne station thermale. Vous vous trouvez sur les contreforts du massif de Belledonne et face à vous s'étire le massif de la Chartreuse que vous allez bientôt rejoindre. Observez bien les coteaux, quantité de petits châteaux parfois excentriques égayent une plaine vouée à la circulation. Rejoignez Goncelin par la D 525, repassez l'Isère pour visiter le château du Touvet et son parc à la française. L'été, ne manquez pas l'ascension par le funiculaire de Montfort à Saint-Hilaire du Touvet (au sud du Touvet sur la N 90). Sinon, rejoignez St-Pierre-de-Chartreuse par les D 29, D 30, puis D 30ᴱ.

4ᵉ jour – Vous pouvez le matin prendre la direction du sud (D 512) pour rejoindre le col de Porte, puis les Bergeries (D 57D) ; c'est le point de départ d'une belle mar-

11

ORGANISER SON VOYAGE

che de 30mn jusqu'au Charmant Som, célèbre belvédère des Alpes. De retour à Saint-Pierre traversez les gorges du Guiers-Mort (D 520B) pour rejoindre le couvent de la Grande-Chartreuse et son musée situé en amont à la Correrie. Vous rejoindrez ensuite Les Échelles, plus au nord.

5e jour – Les Échelles doivent leur célébrité à leur position jadis stratégique, mais surtout aux grottes et galeries souterraines de l'ancienne route sarde. La visite des grottes est incontournable avant de continuer en direction du lac d'Aiguebelette (N 6, puis D 903). Retour à Chambéry.

AUTOUR D'YVOIRE

▶ Circuit de 4 jours entre Léman et Chablais

1er jour – D'Yvoire, vous mesurez toute l'amplitude du lac et vous apercevez Genève. Ne manquez pas le jardin des Cinq Sens, labyrinthe végétal inspiré de l'art des jardins médiévaux. Vous longez le lac pour rejoindre la longue plage d'Excevenex avant de découvrir Thonon-les-Bains.

2e jour – Le port de Rives est un charmant petit port à l'activité assez réduite. Un musée de la Pêche et du Lac, et le musée du Chablais vous apprendront tout sur la batellerie du Léman. Ne manquez pas le château de Ripaille *(visites guidées seulement, restaurant)* et l'arboretum tout proche. L'étape suivante est Évian : vous pouvez respirer son charme « Belle Époque » ou entamer une croisière sur le lac avant une fin de soirée au casino.

3e jour – Vous pénétrez dans le Chablais par la D 21 en direction de Vinzier, route escarpée ménageant de beaux points de vue sur le Léman.
À Chevenoz, rejoignez la D 22, puis la D 902 jusqu'aux gorges du Pont-du-Diable et, à la Baume, prenez la D 32 pour rejoindre la route d'Abondance.
La vallée d'Abondance est un havre protégé. De l'abbaye, il reste peu de parties intactes, mais les peintures murales des galeries du cloître sont particulièrement émouvantes. À La Chapelle-d'Abondance, remarquez les chalets de bois aux galeries sculptées.

4e jour – Vous poursuivrez jusqu'à Châtel pour franchir la frontière avec la Suisse *(voir informations p. 17)*. À partir de Monthey, vous suivez le Rhône jusqu'à son embouchure dans le lac Léman et reprenez en direction de Saint-Gingolph (musée des Traditions et des Barques du Léman). Retour *(encombré en saison et aux heures de migrations pendulaires)* par la N 5 jusqu'à Yvoire.

DE LA TARENTAISE À LA MAURIENNE

▶ Circuit de 4 jours au départ de Bourg-Saint-Maurice

Ce long et sinueux parcours vous fera traverser les deux grandes vallées savoyardes. Des paysages naturels exceptionnels et un riche patrimoine vous invitent à prendre votre temps.

1er jour – Au départ de Bourg-Saint-Maurice, vous gagnez Séez où se trouve la filature Arpin qui fabrique le légendaire drap de Bonneval. Par la D 902, au sud, vous entrez en haute Tarentaise. Passé Sainte-Foy, rendez-vous au lieu-dit le Monal, une merveille d'architecture traditionnelle. Plus loin, le décor du barrage de Tignes s'impose à vous depuis la départementale. De la station part le funiculaire du Val-Claret qui vous transportera jusqu'au glacier de la Grande-Motte au cœur de la Vanoise.

2e jour – Vous passez Val-d'Isère et le col de l'Iseran, avec à votre gauche le Parc naturel de la Vanoise. Arrêtez-vous dans le village de Bonneval-sur-Arc où le hameau de l'Écot a été classé à l'inventaire des Monuments historiques. Bessans est la capitale historique de la haute Maurienne et est connue pour ses diables, statuettes grimaçantes en bois polychrome (Musée savoisien de Chambéry). À Lanslevillard, ne manquez pas les fresques de l'église et à Termignon les retables sculptés. Vous pourrez passer la nuit autour de Modane.

Variante possible : rejoindre le col du Mont-Cenis et Suse en Italie. *Voir Escapades transalpines.*

3e jour – Prenez la A 43 pour relier Modane (musée de la Fortification au fort St-Gobain) à St-Jean-de-Maurienne. La cathédrale des 11e et 15e s. abrite de belles stalles sculptées. Un cloître et une crypte prolongent cette visite. Les façades de la ville sont revêtues de couleurs sardes chaleureuses. Les plus courageux que la route n'effraye pas peuvent réaliser un circuit dans la vallée des Villards (St-Jean-de-Maurienne – La Chambre par les D 926, le col de la Croix-de-Fer et D 927). De St-Jean ou de La Chambre, rejoignez Albertville au nord. L'ancienne cité médiévale de Conflans peut être une agréable halte pour la soirée.

4e jour – La N 90 au sud conduit rapidement à Moûtiers dont la cathédrale contient de beaux ensembles sculptés

ON A BEAU RETOURNER LA QUESTION DANS TOUS LES SENS, TGV, IL N'Y A PAS MIEUX POUR VOYAGER.

Et oui, TGV est bel et bien la réponse simple et rapide pour vous rendre dans les Alpes du Nord. Rejoignez directement Grenoble, Annecy ou Chambéry avec TGV et partez à la découverte de toute la région en réservant à des conditions avantageuses votre voiture de location AVIS en même temps que votre billet de train. En fait, voyager avec TGV, c'est une question de bon sens. ORGANISEZ DÈS MAINTENANT VOTRE SÉJOUR DANS LES ALPES DU NORD SUR TGV.COM

À PARTIR DE 22 EUROS*

*Prix Prem's pour un aller simple en 2ème classe en période normale et dans la limite des places disponibles. Billets non échangeables et non remboursables. En vente dans les gares, boutiques SNCF, agences de voyages agréées SNCF, par téléphone au 3635 (0,34 € TTC/min hors surcoût éventuel) et sur www.voyages-sncf.com
SNCF - 34, rue du Commandant Mouchotte - 75014 Paris R.C.S. Paris B 552 049 447

ORGANISER SON VOYAGE

des 16e s. et 17e s. Vous remonterez ensuite jusqu'à Aime et l'ancienne basilique Saint-Martin du 11e s., rare témoignage de l'art roman en Savoie. Retour sur Bourg-Saint-Maurice par la D 86, plus champêtre que la N 90.

LES PLATEAUX DU VERCORS

▶ **Circuit de 5 jours au départ de Grenoble**

Au départ de la capitale des Alpes françaises, une incursion dans la forteresse verte du Vercors s'impose. Cependant, une aversion pour les routes étroites, en encorbellement et forcément sinueuses, semble être une sérieuse contre-indication.

Détail de sculpture baroque du couvent de la Visitation, Grenoble.

1er jour – Départ de Grenoble par le nord-ouest pour gagner Sassenage (N 532). Son château du 17e s. ne se visite pas régulièrement, mais prenez le temps de flâner dans son agréable parc ou de visiter les grottes des Cuves toutes proches. Remontez les gorges d'Engins jusqu'à Lans-en-Vercors par la D 531. Vous y trouverez la Maison du Parc naturel régional du Vercors. Vous rejoindrez ensuite Villard-de-Lans, terme de cette première étape. Si le temps est clair, une petite virée s'impose à Cote 2000.

2e jour – Laissez-vous tenter par la route vertigineuse des gorges de la Bourne (D 531). Cette route creusée dans la roche ménage des vues sur la rivière en contrebas et de fortes sensations. La remarquable grotte de Choranche *(accès à droite avant le village)* est un exemple de ces phénomènes d'érosion interne propres à la structure karstique du massif du Vercors. Vous rejoindrez ensuite Pont-en-Royans où, après la visite du musée de l'Eau, vous goûterez les ravioles, spécialité locale. Franchissez le pont Picard pour admirer sur l'autre rive les maisons hardiment postées en aplomb de la rivière.

3e jour – La basse vallée de la Bourne rejoint St-Nazaire-en-Royans, annoncé par son imposant pont-viaduc. De nombreuses activités sont proposées sur place et dans les environs : croisières en bateau à aubes, sources pétrifiantes et grottes, château de la Sône, il y en a pour tous les goûts…).

4e jour – Rejoignez Saint-Jean-en-Royans par la D 209 et le village de Rochechinard, site bucolique au pied des falaises de Combe Laval. Faites un détour vers le remarquable monastère orthodoxe de St-Antoine-le-Grand décoré de fresques (D 54 puis à St-Laurent, D 239). La route de Combe Laval entre Saint-Jean-en-Royans et le col de la Machine constitue un des parcours les plus aériens de France. Au col de Lachau, le mémorial du Vercors rappelle que cette région fut le théâtre de violents combats en 1944.

5e jour – L'histoire est omniprésente à Vassieux et le musée de la Préhistoire du Vercors évoque les peuples du paléolithique qui avaient leur résidence d'été dans le massif. Vous pouvez, avant le col du Rousset, retourner sur Grenoble en traversant le plateau du Vercors et la réserve naturelle des Hauts-Plateaux, aux paysages sauvages. Si vous allez jusqu'au col du Rousset pour pourrez apprécier la vaste vue sur la plaine du Diois. La route du retour passe par de hauts lieux de la Résistance au passé souvent tragique : grotte de la Luire, La Chapelle-en-Vercors…

LE CŒUR DES ALPES : CHAMONIX, LA VALLÉE BLANCHE ET LES CIMES SUISSES

▶ **Circuit de 5 à 7 jours au départ de Saint-Gervais ou Chamonix**

Avant de partir, prévoyez le nécessaire pour de brefs séjours en haute montagne (crème solaire, lunettes de protection, lainage, jumelles, bonnes chaussures) et, surtout, assurez-vous, autant que faire se peut, d'une météo la plus favorable possible à des observations. N'hésitez jamais à revoir votre programme en fonction de cette donnée fondamentale.

1er et 2e jour – Départ de Chamonix. Les deux premiers jours seront réservés aux montées à l'aiguille du Midi et à la mythique traversée de la vallée Blanche par le téléphérique du même nom. Nous vous conseillons de faire une halte au premier tronçon du téléphérique de l'aiguille du Midi (plan de l'Aiguille), pour vous acclimater et observer la vallée de Chamonix

OÙ ET QUAND PARTIR

et le massif des Aiguilles-Rouges. Projeté ensuite en quelques minutes à 3 500 m d'altitude, vous découvrirez l'ensemble dantesque du massif du Mont-Blanc. Au-delà des cirques enneigés, des arêtes acérées, succède par temps de grand beau un panorama inoubliable de l'arc alpin.

Si vous avez le temps et que vous avez pris toutes les précautions d'usage pour une randonnée, bien entraîné et parti suffisamment tôt, vous pourrez réaliser la traversée Plan de l'Aiguille/Montenvers et rejoindre ainsi la mer de Glace. Le train du Montenvers relie la vallée à ce site. Pensez à réserver votre place dans ces remontées excessivement fréquentées et sachez que ces transports peuvent se révéler onéreux si vous êtes en famille.

3e jour – Le haut de la vallée de Chamonix offre de nombreuses possibilités de randonnées. Il vous suffit de suivre la N 506 en direction de Vallorcine. Au-dessus du village d'Argentière, prenez à droite en direction des villages de Montroc et du Tour et des vastes alpages du col de Balme, rive droite de l'Arve. Les remontées permettent de gagner le col sans trop d'effort, puis de rejoindre Vallorcine sur l'autre versant. Si vous demeurez sur la N 506, vous arriverez au col des Montets et à la réserve naturelle des Aiguilles-Rouges qui sont en été un point de ralliement des randonneurs et des touristes (attention aux encombrements). La descente à pied jusqu'à Vallorcine traverse des hameaux aux larges maisons de pierre et de vastes champs.

4e jour – Restez en ville pour visiter le Musée alpin qui retrace l'histoire de Chamonix au travers de gravures et d'objets traditionnels. Vous pouvez à pied, au départ des Praz (2 km au nord de Chamonix, belle chapelle de M. Novarina), monter en forêt jusqu'à la buvette de la Floria. Vous y serez bien accueilli et vous dégusterez, face au mont Blanc, les plus fameuses tartes aux myrtilles de la vallée.

5e jour – Le bas de la vallée ne manque pas de charme, mais il est souvent moins fréquenté. Du village des Houches (lieu-dit des Chavants), après une courte marche de 15mn, vous vous trouverez sur l'alpage de Charousse, un paysage enchanteur où trônent de superbes fermes anciennes. Vous pourrez ensuite par le téléphérique de Bellevue avoir une vue dégagée sur le glacier de Bionassay, versant est du mont Blanc et point de départ de belles randonnées. Si vous n'avez pas pris ce chemin, descendez jusqu'à Servoz pour arpenter les gorges de la Diosaz et visiter la Maison de l'alpage. Un sentier à thème de l'Espace Mont-Blanc vous mène alors à l'alpage de Pormenaz où paissent en été des centaines de moutons.

Nos idées de week-ends

AIX-LES-BAINS ET LE LAC DU BOURGET

Il faut avant tout gagner le cœur d'Aix-les-Bains qui, curieusement, bat assez loin du lac. La visite ne laisse aucun doute sur sa vocation affirmée de station thermale. Les anciens décors de la Belle Époque impressionnent encore même si de nouveaux établissements modernes prennent le relais. La visite de la ville passe inévitablement par le casino qui peut séduire par son décor, son ambiance ou ses jeux. Si vous ne vous êtes pas laissé envoûter trop longtemps – vous pourrez y revenir dans la soirée – ne manquez pas la visite du musée Faure qui étonne par la richesse de ses collections, dont les superbes sculptures de Rodin.

La deuxième journée peut être consacrée au lac du Bourget et à son joyau, la fameuse abbaye de Hautecombe. La visite en bateau est un plus, renseignez-vous au port pour connaître les heures de départ. Avant de vous lancer dans le tour du lac, il peut être intéressant de visiter la Maison du lac et son aquarium au Petit Port. Vous y trouverez les clés pour comprendre et apprécier les écosystèmes que l'on retrouve sur les rives très différentes du plus grand lac naturel de France. Le bout du lac, au nord, est un secteur particulièrement riche, tant pour sa faune que pour sa flore.

Massif du Mont-Blanc.

ORGANISER SON VOYAGE

ANNECY ET SON LAC

Destination idéale pour un premier contact avec la Savoie, Annecy est une petite ville très ouverte sur son lac. Longez d'abord les rives du Vassé depuis le centre Bonlieu en direction du pont des Amours et abordez les ruelles de la vieille ville par son cadre le plus représentatif : le palais de l'Île. L'après-midi, en montant jusqu'au château-musée, vous pouvez profiter d'un magnifique panorama sur la ville. L'Observatoire des lacs alpins est l'occasion de s'initier aux sciences naturelles comme la limnologie (étude des eaux stagnantes), sur un parcours ludique et vivant. Le musée présente quant à lui une belle collection de sculptures bourguignonnes du 15e s. au 17e s. et des œuvres d'art contemporain sur la thématique de la montagne. En fin d'après-midi, après une halte sur le vaste terre-plein du Pâquier, visitez la roseraie et le parc de l'hôtel Impérial. Le soir, vous pourrez choisir entre une croisière-repas sur le lac d'Annecy à bord du *Libellule* ou un dîner plus simple dans la vieille ville.

Le lendemain, partez à la découverte du lac en débutant par la rive est (D 909), vous bénéficierez de l'éclairage du soleil matinal si vous ne partez pas trop tôt. Après Veyrier, contemplez la silhouette fortifiée du château de Menthon-St-Bernard et appréciez le calme de Talloires. De Talloires, vous pouvez gagner rapidement le col de la Forclaz d'où l'on a une vue étendue sur le lac et les Bauges. L'autre rive de Doussard à Sévrier est souvent très fréquentée l'été, de longues plages invitant à la baignade. À Sévrier, ne manquez pas de rendre visite à la célèbre fonderie de cloches Paccard. Vous pouvez aussi réaliser le tour du lac à vélo *(piste cyclable)*.

GRENOBLE

Grenoble s'étend sur une plaine située au confluent des massifs de la Chartreuse, de Belledonne et du Vercors. Leurs hautes falaises et leurs piémonts forestiers sont si proches que partout dans Grenoble il est possible de les apercevoir. Il vaut mieux débuter la visite par une ascension à la Bastille *(où vous pourrez déjeuner)* qui peut se faire à pied, en via ferrata ou plus simplement avec le téléphérique. De là, vous avez une bonne vue d'ensemble du centre-ville et des montagnes plus lointaines. Des sentiers de randonnée rejoignent le Parc naturel de la Chartreuse. Sur ce même

Grenoble : télécabines.

versant se trouvent également l'incontournable Musée dauphinois et le Musée archéologique de l'église Saint-Laurent dans le vieux quartier de la rive gauche de l'Isère *(attention aux jours et horaires d'ouverture)*. Rive droite, la ville du 18e s. et du 19e s. prend possession de la plaine jusqu'au moderne hôtel de ville et son parc magnifique. Le deuxième jour peut être consacré à la visite du musée de Grenoble, l'un des plus prestigieux d'Europe. Il accueille d'importantes collections d'art contemporain dont des œuvres de Dubuffet.

CHAMBÉRY

C'est une ville harmonieuse et tranquille. Vous pouvez arriver en soirée pour apprécier les rues du vieux Chambéry et leurs dédales. Le lendemain, gagnez le château, à l'aspect composite mais majestueux, en suivant une visite guidée, seule possibilité pour vous d'entrer dans la forteresse administrative de la Savoie. De là, rejoignez l'imposante cathédrale Saint-François dont les voûtes sont peintes en trompe l'œil. Vous pouvez retrouver cet art sur nombre de façades de Chambéry avant de visiter la ville du 19e s. avec ses arcades et rues dessinées au cordeau. Elles vous mènent au Musée savoisien qui conserve une très belle collection d'archéologie lacustre et les peintures du château du Cruet. Continuez jusqu'à la médiathèque André-Malraux, monument de l'architecture contemporaine. Pour le dîner, n'oubliez pas de demander un morceau de *farou* et de *colombiers* des Aillons, deux savoureux fromages locaux. Le lendemain, débutez votre journée par le musée des Beaux-Arts, où est exposée une exceptionnelle collection de peintures italiennes. Avant de rejoindre l'ermitage de Jean-Jacques Rousseau aux Charmettes ou l'église de Lémenc.

OÙ ET QUAND PARTIR

ÉVIAN ET LE LAC LÉMAN

Évian, en dépit de sa réputation de station thermale, est aussi un port. Après avoir admiré la façade de la villa Lumière (*l'hôtel de ville, fermé le w.-end*) et les verrières de la buvette Cachat, partez à la découverte des jardins de l'eau du Pré-Curieux aux écosystèmes variés. Vous pouvez longer les berges jusqu'à Meillerie, site romantique vanté par J.-J. Rousseau dans son *Héloïse* et rejoindre les coteaux du Chablais.

Le lendemain, quittez la terre pour l'eau. Des circuits explorent la baie d'évian et des navettes vous transportent jusqu'à Lausanne où vous ne manquerez pas le Musée olympique et le musée d'Art brut. Le retour en soirée alors que les berges s'illuminent devrait vous charmer. Cette suggestion de week-end à Évian se combine aisément avec celle de Thonon pour former un séjour de 3 à 4 jours.

Escapades transalpines

Les Alpes du Nord bordent la Suisse et l'Italie qu'il est aisé de rejoindre par les grands cols (Grand et Petit Saint-Bernard, Val-Cenis) ou pour l'Italie par les tunnels du Mont-Blanc et de Fréjus. Une escapade d'un ou deux jours complète aisément certains de nos circuits cités plus haut. Le Valais est un pays secret peuplé de petits villages et couvert de vignes ; Sion une ville agréable au riche patrimoine. La meilleure porte d'entrée depuis la France passe par la vallée de Chamonix, Vallorcine, Martigny. Le Val d'Aoste a un caractère plus urbain et la plaine est nettement marquée par l'industrie. En revanche, Aoste est une ville agréable qui a réalisé ces dernières années de considérables efforts en matière de culture (expositions notamment). Le val de Suse accessible par la Savoie jouit depuis l'époque romaine d'une position stratégique. Les villages ont ici un air cossu et rural à la fois.

Le pavillon de la Source à Évian.

EN SUISSE

Ce qu'il faut savoir

Cartographie – La carte Michelin n° 729, le Guide Vert et le Guide Michelin Suisse.

Formalités – Pour un séjour touristique de moins de trois mois, les ressortissants de l'Union européenne doivent être en possession d'une carte nationale d'identité ou d'un passeport valide (ou périmé depuis moins de 5 ans). Les mineurs doivent être détenteurs d'une autorisation de sortie du territoire. Les **réglementations douanières** d'entrée en Suisse ne suivent pas les règles de l'Union européenne ; en cas de doute s'adresser aux représentations de tourisme suisses ou à un bureau des douanes françaises.

Animaux domestiques – En Suisse : chiens et chats doivent être vaccinés contre la rage depuis moins d'un an et plus d'un mois.

Véhicules – Pour les conducteurs : permis international ou permis national à trois volets, carte grise et carte internationale d'assurance dite « carte verte » pour le véhicule. Les motos sont soumises au même régime, le port du casque étant obligatoire. Une vignette valable un an (40 CHF, soit environ 27 €) est obligatoire pour circuler sur les autoroutes. Elle est vendue aux postes de douanes suisses ou sur le site internet www.myswitzerland.com. Il faut également une vignette pour emprunter les grands tunnels alpins.

Limitations de vitesse – Sachez que la vitesse est limitée : entre 30 et 60 km/h dans les villes et agglomérations, à 80 km/h sur le réseau courant et les nationales et à 120 km/h sur les autoroutes et les voies rapides.

Monnaie, change – Le taux de change, à actualiser lors de votre voyage, est d'environ 0,61 € pour un franc suisse (CHF). La plupart des commerçants des villes frontalières suisses acceptent l'euro. Les bureaux de change des gares et aéroports suisses sont ouverts de 6h à 21h. Les principales cartes de crédit internationales (le réseau Eurocard est le plus étendu en Suisse) sont acceptées.

Banques – En général de 8h30 à 16h30 dans les grandes villes. Ailleurs : 8h30 à 12h et 14h à 16h30 ou 17h30. Fermées le samedi et le dimanche.

Assurance sanitaire – Demandez la carte européenne d'assurance maladie à votre caisse d'assurance maladie au moins 2 semaines avant votre départ. Si vous ne pouvez l'obtenir en temps utile, votre caisse d'Assurance maladie

ORGANISER SON VOYAGE

vous délivrera à la place un certificat provisoire de remplacement. La carte européenne d'assurance maladie est individuelle et nominative : pensez à en demander une pour chaque membre de votre famille, y compris les enfants de moins de 16 ans.

Téléphone – Pour appeler la France depuis la Suisse, composer le 00 suivi du 33 et du numéro du correspondant (9 chiffres). De la France vers la Suisse, composez le 00 suivi du 41 et du numéro de l'abonné (9 chiffres).

Magasins et pharmacies – En Suisse : tous les jours de 8h à 18h30, le samedi jusqu'à 16h. La plupart des magasins des grandes villes sont fermés le lundi matin mais ouvert le jeudi soir jusqu'à 21h.

Excursions

En train

De Chamonix à Émosson – Une forme originale de découverte de la haute montagne en train consiste à prolonger au-delà de la frontière la ligne ferroviaire internationale Chamonix-Vallorcine-Martigny jusqu'au barrage d'Émosson (*pour la description de ce dernier, se reporter au Guide Vert Suisse*). L'accès au barrage d'Émosson procure de superbes vues sur la face nord du massif du Mont-Blanc. De la station de Châtelard-Village, l'ascension (*durée 13mn*) s'effectue par un funiculaire en 3 tronçons jusqu'à 1 961 m ; la première partie, un funiculaire à 2 cabines, est la plus raide d'Europe, avec une pente de 87 %. Le service est assuré quotidiennement wwwwwd Witz, 1444, *La Pêche miraculeuse*). On ne manquera pas non plus le nouveau musée d'Histoire naturelle et le musée d'Ethnographie enrichi par la collection Amoudruz. Rive droite, le quartier international accueille de grandes institutions comme l'ONU. Justement placé à proximité, le musée de la Croix-Rouge rappelle les origines des organisations non gouvernementales.

Office de tourisme de Genève – 18 r. du Mont-Blanc - 1211 Genève 1 - ℘ (00 41) 22 909 70 00 - www.geneve-tourisme.ch.

Adresses utiles

Suisse Tourisme – ℘ 00 800 100 200 30 (N° international gratuit) - www.MySwitzerland.com.

EN ITALIE

Cartographie – Consultez la carte Michelin National 735, la carte Michelin Regional 561 (Liguria) et le Guide Vert Italie.

Formalités – L'Italie fait partie de l'Union européenne. Pour un séjour touristique de moins de trois mois, les ressortissants de l'Union européenne doivent être en possession d'une carte nationale d'identité ou d'un passeport valide (ou périmé depuis moins de 5 ans). Les mineurs doivent être détenteurs d'une autorisation de sortie du territoire.

Limitations de vitesse – En Italie : à 50 km/h dans les villes et agglomérations, à 90 km/h sur le réseau courant, à 100 km/h sur les nationales et à 130 km/h sur les autoroutes et les voies rapides.

Santé – Les ressortissants de l'Union européenne bénéficient de la gratuité des soins avec la carte européenne d'assurance maladie. Comptez un délai d'au moins deux semaines avant le départ (fabrication et envoi par la poste) pour obtenir la carte auprès de votre caisse d'assurance maladie. Nominative et individuelle, elle remplace le formulaire E 111 ; chaque membre d'une même famille doit en posséder une, y compris les enfants de moins de 16 ans.

Horaires des magasins – Tous les jours de 9h à 12h30 et de 15h30 à 19h30. Mais les pratiques sont variables selon les régions.

Téléphone – Pour appeler la France depuis l'Italie, composer le 00 suivi du 33 et du numéro du correspondant (9 chiffres). De la France vers l'Italie, composez le 00 suivi du 39 et du numéro de l'abonné (9 chiffres).

Office national italien de tourisme – 23 r. de la Paix - 75002 Paris - ℘ 01 42 66 66 68 - www.enit-france.com - tlj sf w-end 9h-17h.

Aoste, un esprit autonome – *D'Annecy, 154 km ; de Chamonix, 58 km ; de Bourg-St-Maurice par le col du Petit Saint-Bernard, 87 km*. Passé le tunnel du Mont-Blanc, vous abordez Courmayeur, village d'altitude accroché aux pentes du massif. Noyé dans le tourbillon routier, le village se visite à pied, au gré de ses

Le Cervin.

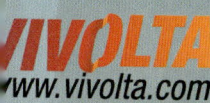

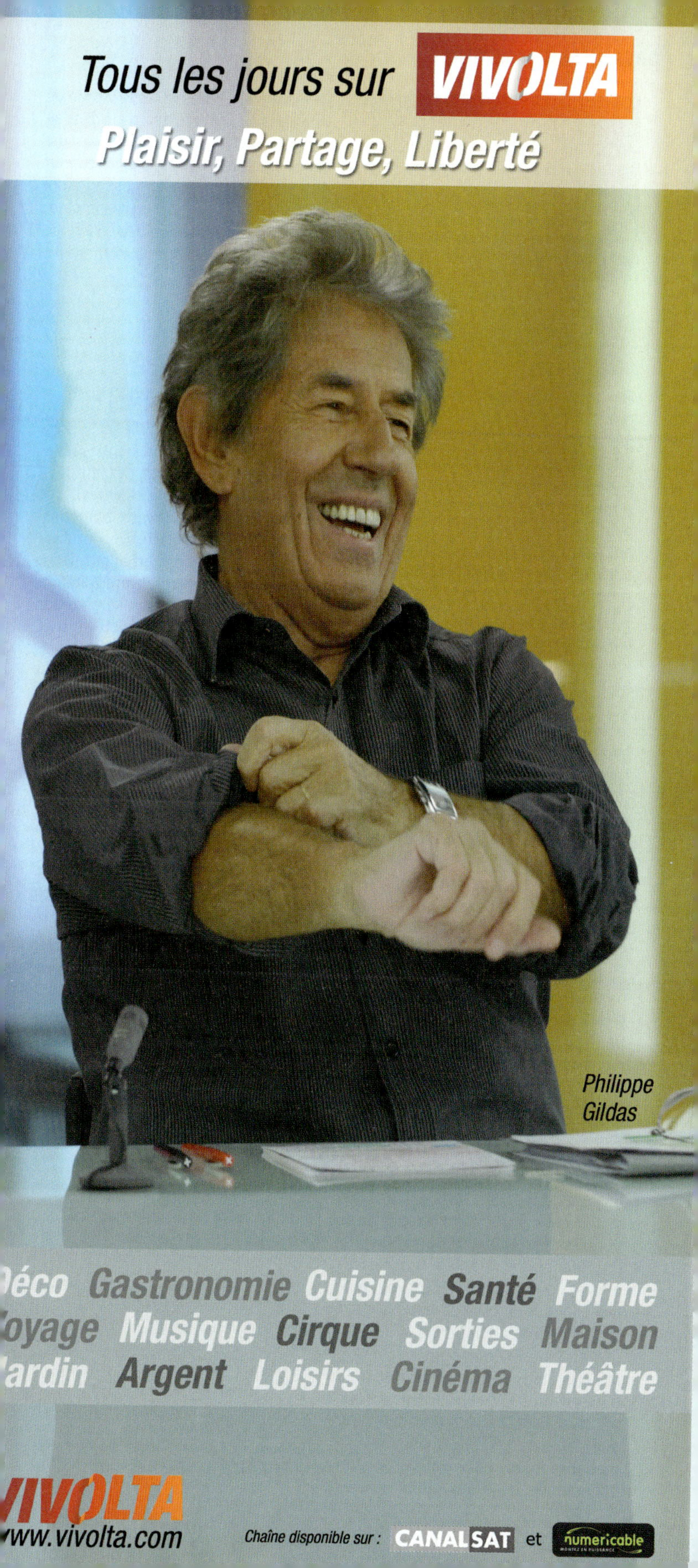

Tous les jours sur VIVOLTA
Plaisir, Partage, Liberté
Philippe
Gildas
Déco Gastronomie Cuisine Santé Forme
Voyage Musique Cirque Sorties Maison
Jardin Argent Loisirs Cinéma Théâtre
VIVOLTA
www.vivolta.com
Chaîne disponible sur : CANALSAT et numericable

ORGANISER SON VOYAGE

Toits de chalets enneigés.

ruelles sinueuses. Vous redescendez le val Digne jusqu'à Aoste par des gorges et des escarpements parfois impressionnants. Sur les versants adrets, les petits hameaux perchés de pierre et de bois sont si typiques qu'ils font depuis quelques années l'objet d'une protection spécifique par la région.

À Aoste, rendez-vous place Chanoux, où des cafés vivants vous donneront une idée de l'atmosphère de la ville. Vous pourrez visiter ensuite les nombreux vestiges romains et les fouilles archéologiques de la cathédrale du 12e s. qui jalonnent la ville du 19e s. et du 20e s. Les nombreux châteaux alentour (Fénis, fort de Bard) se visitent avec des guides, renseignez-vous avant votre départ. La période idéale pour visiter Aoste est le dernier week-end de janvier. En dépit du froid, vous pourrez assister à une fête millénaire, la Foire de la Saint-Ours, rendez-vous des artisans de la région.

Si vous avez un peu de temps, un détour s'impose pour rejoindre le spectaculaire mont Cervin ou Matterhorn.

Office de tourisme d'Aoste – 8 piazza Chanoux - ☎ 0165 33 352 - www.regione.vda.it.

Suse, une vallée historique – *De Modane par le tunnel du Fréjus, 54 km ; de Chamonix, 58 km ; de Modane par le col du Mont-Cenis, 72 km.*

La vallée qui accueillit les Jeux olympiques d'hiver de 2006 est un site fortement marqué par l'histoire. Lieu de passage millénaire, son territoire est défendu par de solides forteresses plantées sur les escarpements (Bramafan, Chaberton).

La ville de Suse fut un temps la capitale des Alpes romaines dont il reste de remarquables vestiges. La cathédrale bâtie en l'an 1000 siège au centre d'une ville moyenâgeuse (rues à arcades gothiques, maisons médiévales, château de la marquise Adélaïde). Si vous êtes venu par le tunnel du Fréjus, remontez vers le mont Cenis et rejoignez le village de Novalesa, bourg médiéval situé dans un amphithéâtre naturel. Ancienne étape sur la route des Alpes, Novalesa connut jusqu'au 18e s. une belle prospérité qui explique la richesse de son patrimoine.

Office du tourisme de Suse – 39 corso Inghilterra - ☎ 0039 122 62 24 47 - www.montagnedoc.net.

Les atouts de la région au fil des saisons

Cette région alpine multiplie les contrastes. Certaines vallées peuvent se révéler glaciales et d'autres à des altitudes plus élevées bien plus clémentes ! Tout dépend de leur exposition, de la présence ou non de vents, de glaciers ou de reliefs pouvant retenir les perturbations. Ainsi, Chamonix reçoit autant de précipitation que Brest. Les fonds de vallées seront plus souvent soumis aux brouillards et pluies matinales.

Tout le monde le sait, le temps change vite en montagne. La météo peut avoir une influence certaine sur vos destinations en particulier si vous vous apprêtez à découvrir un site sur une seule journée. Le massif du Mont-Blanc qui domine la vallée de Chamonix ne se laisse admirer dans toute sa dimension que les jours de beau temps. Dans les sites d'altitude, en Savoie par exemple ou sur les cols, la neige peut vous contraindre même en été à faire demi-tour.

L'hiver

L'**hiver**, qui autrefois condamnait à l'inaction les habitants, est devenu la pleine saison pour de nombreuses

---

Météo

Les services téléphoniques de Météo France.

Taper 3250 suivi de :

1 : toutes les météos départementales jusqu'à 7 jours.

2 : la météo de votre commune.

4 : la météo de vos sorties en montagne.

5 : la météo des routes.

6 : la météo de vos voyages.

Accès direct aux prévisions du département : ☎ 0 892 68 02 suivi du numéro du département (0,34 €/mn). Prévisions pour l'aviation ultralégère (vol libre et vol à voile) : ☎ 0 892 68 10 14 (0,34 €/mn).

Toutes ces informations sont également disponibles sur www.meteo.fr.

OÙ ET QUAND PARTIR

stations de ski. L'équipement des Alpes, en amélioration constante, permet la pratique des sports d'hiver des premières neiges au mois de mai dans les meilleurs cas. Il y a cependant de longues périodes de beau temps jumelées fort heureusement, pour les amoureux de la neige, avec de grands froids. Certaines vallées de la haute Tarentaise ou du Faucigny frôlent régulièrement les – 20 °C. L'équipement doit donc être prévu en conséquence. Autour des lacs, toutefois, une plus grande douceur règne.

Forêt de Chamonix.

Le printemps

Là, encore, il faut noter une grande disparité entre les vallées et au sein des vallées elles-mêmes entre l'adret ensoleillé dont la végétation fleurit bien avant celle des versants de l'ubac ombreux et plus froids. Après la fonte des neiges, le **printemps**, qui s'étire du mois de mars au mois de juin, attire ceux qu'enchantent les tapis floraux. Soirées et matinées sont encore très fraîches et la pluie abondante, surtout dans les Préalpes qui frappent alors par le vert de leurs pâturages et de leurs forêts. En tout état de cause, l'hiver peut à tout moment faire irruption quelques jours ou quelques heures. Les randonneurs doivent en cette saison être particulièrement vigilants.

L'été

Si l'été est la saison privilégiée pour découvrir la montagne, c'est aussi la période où elle est la plus fréquentée. Il vous faudra compter avec les pluies, qui peuvent être brèves mais violentes. Les orages sont courants en fin de journée par beau temps. L'air chaud qui s'est accumulé entre en contact avec l'air froid provoquant ainsi un amoncellement de nuages gorgés d'eau. Si le ciel est d'un bleu limpide et le soleil à son zénith, une brume de chaleur voile couramment les cimes lointaines. Les températures varient selon l'altitude, il faut donc penser à se couvrir dès que l'on doit partir en montagne. La région des lacs (Léman, Bourget, Annecy) est alors particulièrement favorisée puisque aux joies de la montagne s'ajoutent celles des sports nautiques.

L'automne

L'**automne**, enfin, est magnifique, surtout dans les régions où poussent hêtres et mélèzes flamboyants en cette saison. Tandis que la neige commence à ensevelir les hauts massifs, les rives des lacs prennent souvent une teinte tendre et mélancolique. Les journées sont courtes mais la luminosité parfaite. Si les petits matins sont frais, de beaux après-midi sont souvent au programme. Et les couchers de soleil, rapides mais somptueux.

Les intersaisons

Au printemps et à l'automne, les stations dites de 3e génération, implantées dans des sites d'altitude élevée sont fermées (les Arcs, Avoriaz, Méribel, etc.). Vous n'y trouverez ni commerce ni hébergement. Au printemps, l'impression d'abandon est d'autant plus forte que cette saison est dédiée à l'entretien des remontées mécaniques. Si vous randonnez, comptez un temps supplémentaire pour la marche d'approche que vous feriez en d'autres saisons avec les remontées mécaniques.

ORGANISER SON VOYAGE

S'Y RENDRE ET CHOISIR SES ADRESSES

Où s'informer avant de partir

ADRESSES UTILES

Pour préparer votre voyage dans le détail, adressez-vous aux professionnels du tourisme de la région qui éditent de nombreuses documentations.

Outre les adresses indiquées ci-dessous, sachez que les coordonnées des offices de tourisme ou syndicats d'initiative des villes et sites décrits dans ce guide sont données systématiquement dans l'**encadré pratique** (fond vert) des villes et sites, sous la rubrique « Adresses utiles ».

Un numéro pour la France, le 3265 – Un accès facile a été mis en place pour joindre les offices de tourisme et syndicats d'initiative en France. Il faut composer le 3265 (0,34 €/mn) et prononcer distinctement le nom de la commune. Vous serez alors mis en relation avec l'organisme souhaité.

Comité régional de tourisme

Rhône-Alpes Tourisme – 104 rte de Paris - 69260 Charbonnières-les-Bains - 04 72 59 21 59 - www.rhonealpes-tourisme.fr.

Comités départementaux de tourisme

Savoie – Agence touristique départementale de la Savoie - Maison du tourisme - 24 bd de la Colonne - 73025 Chambéry Cedex - 04 79 85 12 45 - www.savoiehautesavoie.com

Haute-Savoie – Agence touristique départementale de la Haute-Savoie - 56 r. Sommeiller - BP 348 - 74012 Annecy Cedex - 04 50 51 32 31 - www.savoie-hautesavoie.com

Isère – 14 r. de la République - BP 227 - 38019 Grenoble Cedex - 04 76 54 34 36 - www.isere-tourisme.com

Maisons de province

Savoie Mont-Blanc Tourisme – 20-22 r. des Petits-Champs (pas accueil public) - 75001 Paris - 0 820 00 73 74 (n° indigo appel local) - www.savoie-mont-blanc.com.

Maison de l'Isère – 2 pl. André-Malraux - 75001 Paris - 0 800 80 38 38 (appel gratuit) - www.isere-tourisme.com.

Internet

En complément du comité régional ou des comités départementaux de tourisme *(voir plus haut)*, les grandes stations disposant d'un site Internet permettent un accès global aux informations hiver (présentation des stations, offres de séjour, conditions d'enneigement, prix des forfaits) et été (recherche des activités sportives, culturelles et de loisirs, événements et manifestations). Vous trouverez ces adresses, avec les offices de tourisme, dans les encadrés pratiques qui accompagnent la description des stations.

N'hésitez pas à consulter également des sites comme :

www.grande-traversee-alpes.com, www.ffrp-rhone-alpes.com, www.montagne-photos.com, www.alpesduleman.com, www.sentinelles-des-alpes.com, www.skifrance.fr., etc.

TOURISME ET HANDICAPS

Un certain nombre de curiosités décrites dans ce guide sont accessibles aux personnes à mobilité réduite. Elles sont signalées par le symbole ♿. Le degré d'accessibilité et les conditions d'accueil variant toutefois d'un site à l'autre, il est recommandé d'appeler avant tout déplacement.

Certaines villes comme Chambéry font de gros efforts pour adapter les transports et les équipements touristiques. Renseignements à l'office de tourisme.

Guides Michelin Hôtels-Restaurants et Camping France – Révisés chaque année, ils indiquent respectivement les chambres accessibles aux handicapés physiques et les installations sanitaires aménagées.

Informations sur Internet – Pour de plus amples renseignements au sujet de l'accessibilité des musées aux personnes atteintes de handicaps moteurs ou sensoriels, consultez le site http://museofile.culture.fr.

Accessibilité des infrastructures touristiques

Lancé en 2001, le label national **Tourisme et Handicap** est délivré en fonction de l'accessibilité des équipements touristiques et de loisirs au regard des quatre grands handicaps : auditif, mental, moteur ou visuel. À ce jour, plus de 2 000 sites labellisés (hébergement, restauration, musées,

S'Y RENDRE ET CHOISIR SES ADRESSES

équipements sportifs, salles de spectacles, etc.) ont été répertoriés en France. Vous pourrez en consulter la liste (classée par type de handicap, région ou type d'activités) sur le site Internet de Maison de France à l'adresse suivante : http://fr.franceguide.com/voyageurs/tourisme-et-handicaps/sites-labellises

Association Tourisme et Handicaps – 43 r. Marx Dormoy - 75018 Paris - ℘ 01 44 11 10 41 - www.tourisme-handicaps.org.

Association des Paralysés de France – Direction de la Communication - 17 bd Auguste-Blanqui - 75013 Paris - fairefaces@apf.asso.fr - www.apf.asso.fr. Le magazine *Faire face* publie chaque année, à l'intention des personnes en situation de handicap moteur, un hors-série intitulé *Guide vacances*, disponible auprès de l'APF, contenant près de 2 000 références.

Handiski

Les personnes souffrant d'un handicap (non-voyants, mal-voyants, à mobilité réduite) peuvent pratiquer aisément un sport de glisse. Le nombre de professionnels du ski formés pour répondre aux besoins spécifiques de chacun a nettement augmenté ces dernières années. Il est à noter que, très souvent, les exploitants des remontées mécaniques proposent des forfaits à tarifs réduits ou la gratuité pour l'accompagnateur. Le matériel doit être homologué par les services techniques des remontées mécaniques et agréé par la fondation Handisport.

Une brochure **Skiez avec votre handicap** a été publiée par les comités départementaux du tourisme de la Savoie et de la Haute-Savoie. Vous pouvez également consulter le site Internet de l'École française de ski : **www.esf.net**

Sports de nature

Les sites labellisés **Espace Loisir Handisport** par la fédération Handisport proposent des activités sportives de plein air (plongée, randonnée, parapente, équitation, voile, kayak, etc.) et des structures adaptées aux fauteuils roulants, aux malmarchants et aux non-voyants.

Fédération Handisport – 42 r. Louis-Lumière - 75020 Paris - ℘ 01 40 31 45 00/42 - www.handisport.org.

Comité départemental Handisport de la Savoie – Maison des sports - 90 r. Henry-Oreiller - 73000 Chambéry - ℘ 04 79 85 80 43.

Comité départemental Handisport de la Haute-Savoie – 20 imp. des Charmilles - 74330 Sillingy - ℘ 04 50 77 77 60.

Funiculaire de St-Hilaire du Touvet.

Comité départemental Handisport de l'Isère – Maison départementale des sports - 7 r. de l'Industrie - 38320 Eybens - ℘ 04 38 02 00 41 - http://comitehandisport38.free.fr.

Accessibilité des transports

Train – Disponible gratuitement dans les gares et boutiques SNCF ou sur le site www.voyages-sncf.com, le *Mémento du voyageur handicapé* donne des renseignements sur l'assistance à l'embarquement et au débarquement, la réservation de places spéciales, etc. Vous pourrez le recevoir à domicile en écrivant à Mission Voyageurs Handicapés - 209/211 r. de Bercy - 75 585 Paris Cedex 12.

Service Accès Plus ℘ 08 90 64 06 50 (0,11 €/mn).

Avion – Air France propose aux personnes handicapées le service d'**assistance Saphir**, avec un numéro spécial : ℘ 0 820 01 24 24. Pour plus de détails, visitez www.airfrance.fr.

Publié chaque année par Aéroguide Éditions (47 av. Léon-Gambetta - 92120 Montrouge - ℘ 01 46 55 93 43 - infos@aeroguide.fr), l'*Aéroguide France* donne de multiples renseignements sur les services et assistance aux personnes handicapées dans les aéroports et les aérodromes français.

Pour venir en France

Voici quelques informations pour les voyageurs étrangers en provenance de pays francophones comme la Suisse, la Belgique ou le Canada.

Pour en savoir plus, consultez le site de la Maison de la France **www.franceguide.com**.

En cas de problème, voici les coordonnées des ambassades :

Ambassade de Suisse – 142 r. de Grenelle - 75007 Paris - ℘ 01 49 55 67 00 - www.eda.admin.ch/paris.

ORGANISER SON VOYAGE

Ambassade du Canada – 35 av. Montaigne - 75008 Paris - 01 44 43 29 00 - www.amb-canada.fr.

Ambassade de Belgique – 9 r. de Tilsitt - accueil 1 av. Mac-Mahon - 75017 Paris - 01 44 09 39 39 (en cas d'urgence seulement) -www.diplomatie.be/paris.

FORMALITÉS

Pièces d'identité

La carte nationale d'identité en cours de validité ou le passeport (même périmé depuis moins de 5 ans) sont valables pour les ressortissants des pays de l'Union européenne, d'Andorre, du Liechtenstein, de Monaco et de Suisse. Pour les Canadiens, il n'y a pas besoin de visa mais d'un passeport valide.

Santé

Les ressortissants de l'Union européenne bénéficient de la gratuité des soins avec la **carte européenne d'assurance maladie**. Comptez un délai d'au moins deux semaines avant le départ (fabrication et envoi par la poste) pour obtenir la carte auprès de votre caisse d'assurance maladie. Nominative et individuelle, elle remplace le formulaire E 111 ; chaque membre d'une même famille doit en posséder une, y compris les enfants de moins de 16 ans.

Véhicules

Pour le conducteur : permis de conduire à trois volets ou permis international. Outre les papiers du véhicule, il est nécessaire de posséder la carte verte d'assurance.

QUELQUES RAPPELS

Code de la route

Sachez que la **vitesse** est généralement limitée à 50 km/h dans les villes et agglomérations, à 90 km/h sur le réseau courant, à 110 km/h sur les voies rapides et à 130 km/h sur les autoroutes.

Le port de la **ceinture** de sécurité est obligatoire à l'avant comme à l'arrière. Le taux d'**alcoolémie** maximum toléré est de 0,5 g/l.

Argent

La monnaie est l'euro. Les chèques de voyage, les principales cartes de crédit internationales sont acceptées dans presque tous les commerces, hôtels, restaurants et par les distributeurs de billets.

Téléphone

En France, tous les numéros sont à 10 chiffres.

Pour appeler la France depuis l'étranger composer le **00 33** et les neuf chiffres de votre correspondant français (sans le zéro qui commence tous les numéros).

Pour téléphoner à l'étranger depuis la France composer le **00** + l'indicatif du pays + le numéro de votre correspondant.

Numéros d'urgence – Le **112** (numéro européen), le **18** (pompiers) ou le **17** (police, gendarmerie), le **15** (urgences médicales).

Transports

EN VOITURE

Les grands axes

Le trajet jusqu'aux capitales régionales d'Annecy, Chambéry ou Grenoble se déroule entièrement sur autoroute. De Paris, si vous partez par jour de grande affluence, renoncez à l'A 6 pour l'A 5. Vous ferez un détour conséquent, mais sur une route nettement moins encombrée. De plus, les paysages croisés réservent de belles surprises. Venant de l'est et du nord, il vous faudra suivre également l'A 5. Si vous partez de l'ouest (Bordeaux, Nantes), vous rejoignez Lyon, puis Clermont-Ferrand (7h de trajet en moyenne). Les autoroutes **A 41** (Lyon/

Distances en km	Chambéry	Grenoble	Annecy	Chamonix	St-Jean-de-Maurienne	Albertville
Bordeaux	687	689	723	792	757	736
Bruxelles	803	839	795	838	873	851
Lille	762	789	754	826	832	810
Lyon	113	115	149	234	183	162
Marseille	331	275	380	476	377	356
Nantes	827	829	769	841	897	876
Paris	571	572	545	617	640	619
Strasbourg	480	533	436	406	550	479
Toulouse	591	532	650	746	637	616

S'Y RENDRE ET CHOISIR SES ADRESSES

Route aérienne du Vercors.

Annecy/St-Gervais), **A 48** (Lyon/Grenoble) et **A 40** (autoroute Blanche, de Paris au Mont-Blanc) sont les principales voies d'accès à la région depuis Lyon et la vallée du Rhône. Les stations de sports d'hiver de la Maurienne sont directement accessibles par l'autoroute **A 43** (Lyon/St-Jean-de-Maurienne). Mais là encore, soyez vigilant dans ce couloir très fréquenté par les poids lourds. Une partie du trajet s'effectue sur la D 902, sinueuse et parfois très enneigée. Comptez plus de temps pour parvenir jusqu'aux stations de la Tarentaise (A 43, puis N 20) non desservies par une autoroute. Le Vercors, qu'on atteint par de bonnes routes, demeure néanmoins une épreuve pour le conducteur peu familier des tracés sinueux.

Informations autoroutières – 3 r. Edmond-Valentin - 75007 Paris - informations sur les conditions de circulation sur les autoroutes - www.autoroutes.fr.

Informations sur les trafics locaux – Dès le jeudi précédant le week-end, les prévisions de trafic ainsi que les recommandations sont mises en ligne sur le site **www.savoie.equipement.gouv.fr** qui dispose d'une cartographie interactive mise à jour en temps réel et sur le serveur vocal : 04 79 37 73 37.

Ces informations sont relayées sur France Bleu Pays de Savoie (103,9 MHz) et la station des autoroutes Rhône-Alpes 1 (107,7 MHz).

Les cartes Michelin

Comme tout automobiliste prévoyant, munissez-vous de bonnes cartes. Les produits Michelin sont complémentaires : ainsi, chaque ville ou site présenté dans ce guide est accompagné de ses références cartographiques sur les cartes Départements. Nous vous proposons de consulter également nos différentes gammes de cartes.

Les **cartes Départements** (1/150 000, avec index des localités et plans des préfectures) ont été conçues pour ceux qui aiment prendre le temps de découvrir une zone géographique plus réduite (un ou deux départements) lors de leurs déplacements en voiture. Elles signalent les voies très étroites (croisement difficile ou impossible), les montées et les descentes accentuées, les parcours difficiles ou dangereux, les tunnels, l'altitude des principaux cols, etc. Vous y trouverez également un index complet des localités et les plans des préfectures. Pour ce guide, consultez les cartes **Départements 328** (Ain, Haute-Savoie) et **333** (Isère, Savoie).

Les **cartes Région** couvrent le réseau routier secondaire et donnent de nombreuses indications touristiques. Elles sont pratiques lorsqu'on aborde un vaste territoire ou pour relier des villes distantes de plus de 100 km. Elles disposent également d'un index complet des localités et proposent les plans des préfectures. Pour ce guide, utilisez la carte **523**.

Enfin, n'oubliez pas, la **carte de France n° 721** vous offre la vue d'ensemble de la région au 1/1 000 000, avec ses grandes voies d'accès, d'où que vous veniez.

Les informations sur Internet

Le site Internet **www.viamichelin.com** offre une multitude de services et d'informations pratiques d'aide à la mobilité (calcul d'itinéraires, cartographie : des cartes pays aux plans de villes, sélection des hôtels et restaurants du **Guide Rouge Michelin**, etc.) sur d'autres pays d'Europe.

Changement de numérotation routière !

Sur de nombreux tronçons, les routes nationales passent sous la direction des départements. Leur numérotation est en cours de modification.

La mise en place sur le terrain a commencé en 2006 mais devrait se poursuivre sur plusieurs années. De plus, certaines routes n'ont pas encore définitivement trouvé leur statut au moment où nous bouclons la rédaction de ce guide. Nous n'avons donc pas pu reporter systématiquement les changements de numéros sur l'ensemble de nos cartes et de nos textes.

👁 **Bon à savoir** – Dans la majorité des cas, on retrouve le n° de la nationale dans les derniers chiffres du n° de la départementale qui la remplace. Exemple : N 16 devient D 1016 ou N 51 devient D 951.

ORGANISER SON VOYAGE

Temps de liaison	Annecy	Chambéry	Chamonix	Évian	Grenoble	Moûtiers
Annecy	–	43mn	1h12	1h20	1h15	1h08
Chambéry	43mn	–	1h36	1h44	39mn	49mn
Chamonix	1h12	1h36	–	1h37	2h08	1h38
Évian	1h20	1h44	1h37	–	2h17	2h30
Grenoble	1h15	39mn	2h08	2h17	–	1h05
Moûtiers	1h08	49mn	1h38	2h30	1h05	–

Quelques règles de conduite en montagne

L'automobiliste qui n'a pas l'habitude de la conduite en montagne doit être particulièrement vigilant et ne pas hésiter à ralentir son allure sur les routes sinueuses et étroites. Avant le départ, il est nécessaire de prendre un certain nombre de précautions.

Vérifiez que votre **voiture est en bon état** (freins et pneus surtout). En période hivernale, pour circuler en toute sécurité sur les routes enneigées, il est conseillé de s'équiper au départ avec des **pneus neige**. Vous poserez les **chaînes** si besoin avant d'accéder aux stations (il existe des packs faciles à monter) ; si vous le pouvez, testez leur fixation avant d'être en situation dans la neige et, une fois sur place, garez-vous bien sur le côté pendant l'installation.

Lors d'une montée longue et abrupte, surveiller les **niveaux d'eau et d'huile** du moteur et prendre garde à la « panne sèche ».

Les routes d'accès aux stations sont quotidiennement déneigées mais en cas de chutes abondantes, informez-vous avant de les emprunter. Un déneigement en cours ralentit considérablement la circulation et il vaut mieux, dans ce cas, attendre en bas de vallée que la route soit parfaitement dégagée.

Respectez strictement le **code de la route**. Les limitations de vitesse sont un bon indicateur des dangers que présente la route. De plus, certaines règles spécifiques à la montagne sont à respecter :
- L'usage de l'avertisseur sonore s'impose sur les routes comportant des virages qui ne vous laissent pas la possibilité de voir la route au-delà.
- Pour les croisements sur voie unique ou sur une voie à double sens étroite de forte déclivité, se rappeler qu'il incombe à la **voiture descendante de se garer la première**, et de reculer, pour laisser le passage à la voiture montante.

D'une manière générale, évitez de vous laisser surprendre par la nuit, qui survient vite en montagne, de rouler par mauvais temps, de stationner au pied d'une paroi rocheuse (chutes de pierres possible) et de laisser votre voiture dans un endroit trop isolé (risque de vol).

Stages de conduite

Si vous manquez d'assurance ou que votre trajet comporte des étapes difficiles, vous pouvez avantageusement avant votre départ pratiquer un stage de conduite sur piste qui permet d'apprendre à mieux maîtriser votre véhicule en cas d'événement fortuit sur des routes mouillées ou verglacées. Les écoles de conduite sur glace que l'on trouve en station sont plutôt réservées aux passionnés des sports automobiles et leur pratique est coûteuse.

EN TRAIN

Les grandes lignes

Les grandes villes de la région sont toutes accessibles par TGV. En hiver, des TGV directs sont mis en place pour des destinations nécessitant habituellement un changement (Paris-Saint-Gervais, Thalys Bruxelles-Paris).

Temps approximatifs des liaisons TGV depuis Paris :
- Paris-Albertville : 4h (hiver 3h40)
- Paris-Annecy : 3h45
- Paris-Chambéry : 3h
- Paris-Grenoble : 3h
- Paris-Thonon-les-Bains : 4h30

Au départ des grandes villes régionales : En provenance de Lille, un TGV direct vous relie à Lyon (3h), Grenoble (4h30). De Nancy et Metz, le TGV rejoint Lyon (respectivement 4h et 4h45). Les trains en provenance du Sud et du Sud-Ouest (Toulouse, Montpellier, Marseille) sont directs jusqu'à Lyon. Dans le Grand Ouest, il faut la plupart du temps passer par Paris sauf si vous empruntez la ligne Nantes-Grenoble (6h, 1 TGV/j). De Rouen, un TGV quotidien à destination de Lyon (3h30).

De Lille et Paris, un TGV direct à destination de Bourg-St-Maurice et St-Jean-de-Maurienne.

Il n'existe pas, sauf en hiver, de liaison directe de Belgique. Le Thalys relie Bruxelles à Paris-gare du Nord, une correspondance en gare de Lyon vous emmène

Pour vos escapades en chambre d'hôtes

Découvrez les plus belles adresses du guide MICHELIN

- 330 adresses choisies pour leur charme, partout en France.
- 129 chambres d'hôtes ou maisons d'hôtes à moins de 100 euros.
- Plus de 650 photos.
- 1001 informations pour bien choisir

www.cartesetguides.michelin.fr

ORGANISER SON VOYAGE

ensuite dans les Alpes. Autre possibilité, la ligne Thalys Marseille-Amsterdam s'arrête à Valence, reliée aux Alpes du Nord par les Trains express régionaux.

Informations et réservations – Faites votre réservation le plus tôt possible pour obtenir des tarifs plus avantageux. Ligne directe : 3635 (0,34 €/mn) et 0 892 35 35 35 (uniquement depuis l'étranger) – 3615 SNCF (0,21 €/mn) - www.voyages-sncf.com.

Le réseau régional

Pour rejoindre votre lieu de séjour, utilisez le réseau des Trains express régionaux (TER), de nombreuses lignes relient les principales villes des Alpes du Nord entre elles à une allure souvent débonnaire. Ce réseau est toutefois fortement contraint par la géographie et le dessin des vallées. Il vous faudra donc souvent emprunter une correspondance si vous souhaitez passer de la Tarentaise à la Maurienne et

Le chemin de fer de La Mure.

au Faucigny. Votre temps de trajet en sera rallongé d'autant mais en compensation vous découvrirez des paysages invisibles de la route. De Suisse, ces mêmes TER assurent une liaison de Genève ou Martigny aux principales villes de Savoie, Haute-Savoie et Isère avec correspondances. La région Rhône-Alpes mène depuis plusieurs années une active politique de promotion des TER afin de limiter le trafic routier dans les vallées enclavées.

Informations et réservations – Ligne directe : 3635 (0,34 €/mn) et 0 892 35 35 35 (uniquement depuis l'étranger) - 3615 TER (0,21 €/mn) - www.ter-sncf.com/rhone_alpes.

Les bons plans

Les tarifs de la SNCF varient selon les périodes : – 50 % en période **bleue**, – 25 % en période **blanche**, plein tarif en période **rouge** (calendriers disponibles dans les gares et boutiques SNCF).

Bon à savoir – L'échange ou le remboursement de billets se fait gratuitement jusqu'à la veille du départ. Le jour même du départ, une retenue est imposée par personne et par trajet. Au-delà de cette date, tout échange ou remboursement est désormais impossible et le billet est perdu. Cette condition s'applique à tous les usagers, titulaires de cartes ou non.

Les cartes de réduction

En vente dans les gares et boutiques SNCF, elles sont valables un an et vous garantissent, dans la limite des places disponibles, des réductions de 25 % à 60 % par rapport à des billets plein tarif. Vous bénéficiez par ailleurs d'un système de cumul de points fidélité vous permettant de gagner des billets.

– **Carte Enfant+** : destinée aux enfants de moins de 12 ans et leurs accompagnateurs. www.enfantplus-sncf.com.

– **Carte 12-25** : pour les 12-25 ans. www.12-25-sncf.com.

– **Carte Senior** : à partir de 60 ans. www.senior-sncf.com.

– **Carte Escapades** : permet aux 26-59 ans d'obtenir des réductions sur tout aller-retour de 200 km minimum effectué le samedi ou le dimanche, avec au choix l'aller-retour dans la même journée, ou la nuit du samedi au dimanche passée sur place et le retour effectué le dimanche. www.escapades-sncf.com.

Tarifs particuliers

Les familles ayant au minimum 3 enfants mineurs peuvent bénéficier d'une **Carte famille nombreuse** (18 € pour le paiement des frais de dossier) permettant une réduction individuelle de 30 à 75 % selon le nombre d'enfants (la réduction est toujours calculée sur le prix plein tarif de 2e classe, même si la carte permet de voyager en 1re). Elle ouvre droit à d'autres réductions hors SNCF (voir p. 30). Kit « Familles nombreuses » disponible sur www.voyages-sncf.com ou dans les points de vente SNCF.

Les réductions sans carte

Les usagers ne disposant d'aucune carte d'abonnement peuvent toutefois bénéficier de certaines réductions tarifaires :

– **Billets Prem's** : ni échangeables ni remboursables, ces billets s'achètent uniquement en ligne à des tarifs avantageux (aller simple en TGV à partir de 22 €), pourvu que vous réserviez jusqu'à 90 jours avant votre départ ou hors des périodes d'affluence.

Découvrez sur www.voyages-sncf.com les offres spéciales et bons plans

S'Y RENDRE ET CHOISIR SES ADRESSES

du Net, et demandez à créer une **Alerte résa** pour être informé par mail ou sms des places disponibles sur la destination de votre choix.

– **Offre Loisir :** valable pour tous, sans limite d'âge, cette nouvelle façon de concevoir le voyage récompense clairement l'anticipation de l'achat : plus l'usager réserve à l'avance, meilleurs seront les prix. En fonction de la date de réservation et du taux de remplissage du train, le billet pourra ainsi aller du plein tarif à une réduction de 70 %.

Aussois et le massif du Mont-Thabor.

EN AVION

La région Rhône-Alpes, dotée de plusieurs aéroports, est reliée aux principales villes françaises et européennes.

Compagnies aériennes

Air France – La compagnie assure quotidiennement les liaisons Paris-Lyon et Paris-Genève au départ de l'aéroport CDG et Paris-Annecy au départ de l'aéroport d'Orly-Ouest.
Renseignements et réserv. : ☎ 3654 (0,12 €/mn) - www.airfrance.fr.

Easy Jet – Liaisons Paris/Genève et Nice/Genève – www.easyjet.com.

CCM Airlines – Liaisons Bastia-Ajaccio/Lyon et liaisons saisonnières sur Genève (se renseigner) - ☎ 04 95 29 05 09 - www.ccm-airlines.com.

Aéroports qui desservent la région

Aéroport international de Genève – CP 100 - CH-1215 Genève 15 Aéroport - ☎ (041) 22 717 71 11 ou (041) 900 57 15 00 (information sur les vols) - www.gva.ch.

Aéroport de Lyon-St-Exupéry – BP 113 - 69125 Lyon-St-Exupéry Aéroport - ☎ 0 826 800 826 (0,15 €/mn) - www.lyon.aeroport.fr.

Aéroport d'Annecy – Accueil-informations CCI - 8 rte Côte-Merle - 74370 Metz-Tessy - ☎ 04 50 27 30 06 - www.annecy.aeroport.fr.

Aéroport de Grenoble – 38590 St-Étienne-de-St-Geoirs - ☎ 04 76 65 48 48 - www.grenoble-airport.com (liaisons vers l'Italie, l'Angleterre, la Pologne, etc).

Aéroport de Chambéry-Aix-les-Bains – 73420 Viviers-du-Lac - ☎ 04 79 54 49 54 - www.chambery-airport.com (liaisons vers le Royaume-Uni, Amsterdam, etc).

Les bons plans

N'hésitez pas à surfer sur le Net pour bénéficier des meilleures offres (promos, vols de dernière minute).

Voici quelques sites donnant accès à ces billets à bas coût :
www.lastminute.com
www.opodo.fr
www.anyway.com
www.voyagermoinscher.com
www.belvedair.com
www.govoyages.fr
www.easyjet.com
www.voyages-sncf.com

Les liaisons vers les stations

Depuis les aéroports et les gares – De nombreux transporteurs relient les gares et les aéroports aux stations de ski. Le réseau très étendu couvre la Tarentaise, la Maurienne, la vallée des Belleville, les Aravis, le Chablais, les pays du Mont-Blanc, les Bauges et les stations de l'Oisans. Leurs trajets, horaires et tarifs se trouvent réunis sur le site **www.altibus.com** - ☎ 0 820 320 368 (0,118 €/mn).

En Isère, le réseau de lignes régulières des autocars Transisère dessert les stations et les gares et propose également des forfaits Skiligne comprenant le trajet en autocar et le forfait remontées mécaniques.

Transisère - 11 Place de la Gare - 38024 Grenoble Cedex 1 - ☎ 0 820 083 838 - www.transisere.fr.

N'oubliez pas de réserver votre place avant votre départ.

Budget

LES FORFAITS TOURISTIQUES

Le guide des villes d'art en Rhône-Alpes

Six villes d'art, Lyon, Annecy, Chambéry, Grenoble, St-Étienne et Valence ont mis en place un guide des villes d'art. Grâce à ce dernier, les visiteurs bénéficient de

ORGANISER SON VOYAGE

réductions sur 130 sites et services (visites guidées ou non de musées, dégustations de vins, hôtels, etc.). Renseignements dans les offices de tourisme.

Les stations de montagne

À certaines périodes de l'année ou dans certaines conditions, vous pouvez bénéficier de formules de séjour avantageuses. Chaque station peut proposer été ou hiver des séjours promotionnels. Consultez régulièrement leurs sites et les centrales de réservations. Les séjours hors vacances scolaires sont presque toujours largement avantageux.

Bon à savoir – Retrouvez les bons plans des stations sur www.skifrance.com, www.skimalin.com (sélection hors vacances scolaires), www.lemeilleurdesalpes.com, www.isere-tourisme.com.

Carte d'hôte

Délivrée gratuitement par les hébergeurs et les offices de tourisme des sites membres du réseau Carte d'hôte. Valable pendant la durée de votre séjour, elle permet de bénéficier d'avantages auprès des commerces, services et prestataires d'activités de loisirs. Dans les Alpes du Nord sont adhérentes les stations de la vallée d'Aulps, d'Abondance, de Chamonix, les Aravis, Aix-les-Bains, Peisey-Vallandry, les Albiez, haute Maurienne/Vanoise, Saint-Pierre-de-Chartreuse, du massif de Belledonne et du Vercors, du pays diois, du pays du Royans et du Trièves.

Renseignements – Dans les offices de tourisme de la région ou sur www.cartedhote.net.

LES BONS PLANS

Les chèques vacances

Ce sont des titres de paiement permettant d'optimiser le budget vacances/loisirs des salariés grâce à une participation de l'employeur. Les salariés du privé peuvent se les procurer auprès de leur employeur ou de leur comité d'entreprise ; les fonctionnaires auprès des organismes sociaux dont ils dépendent.
On peut les utiliser pour régler toutes les dépenses liées à l'hébergement, à la restauration, aux transports ainsi qu'aux loisirs. Il existe aujourd'hui plus de 135 000 points d'accueil.

La carte famille nombreuse

On se la procure auprès de la **SNCF** *(voir p. 28)*. Elle ouvre droit, outre les billets de train à prix réduits, à des réductions très diverses auprès des musées nationaux, de certains sites privés, parcs d'attractions, loisirs, cinéma et même certaines boutiques.

Villes Pass'ion

Initié par la fédération nationale des offices de tourisme, ce concept permet de promouvoir le tourisme dans deux villes de la région : Lyon et Chambéry. Chambéry propose deux opérations : Promo Passion (2 nuits d'hôtel pour le prix d'une dans les principaux lieux d'hébergement ainsi que de nombreux avantages sur les activités culturelles) et Passion Autrement (forfait comprenant 2 nuits en chambre double, 1 dîner du terroir, 1 visite guidée du château et 1 entrée dans un musée au choix). Lyon propose uniquement l'opération Promo Passion. Informations complémentaires et réservation en ligne sur www.tourisme.fr/villepassion/index.htm.

NOS ADRESSES D'HÉBERGEMENT ET DE RESTAURATION

Au fil des pages, vous découvrirez nos **encadrés pratiques**, sur fond vert. Ils présentent une sélection d'établissements dans et à proximité des villes ou des sites touristiques remarquables auxquels ils sont rattachés. Pour repérer facilement ces adresses sur nos plans,

NOS CATÉGORIES DE PRIX			
Se restaurer (prix déjeuner)		**Se loger** (prix de la chambre double)	
Province	Grandes villes Stations	Province	Grandes villes Stations
jusqu'à 14 €	jusqu'à 16 €	jusqu'à 45 €	jusqu'à 65 €
plus de 14 € à 25 €	plus de 16 € à 30 €	plus de 45 € à 80 €	plus de 65 € à 100 €
plus de 25 € à 40 €	plus de 30 € à 50 €	plus de 80 € à 100 €	plus de 100 € à 160 €
plus de 40 €	plus de 50 €	plus de 100 €	plus de 160 €

S'Y RENDRE ET CHOISIR SES ADRESSES

👁 Bon à savoir

Il existe des forfaits tarif réduit dans certaines villes, il vous suffit de vous renseigner auprès de l'office de tourisme.
Si d'aventure vous n'avez pu trouver votre bonheur parmi toutes nos adresses vous pouvez toujours consulter ces différents sites :
www.partirpascher.com
www.etaphotel.com
www.optile.com
www.budget.fr

catégories 🪙🪙🪙 et 🪙🪙🪙🪙 sont pour vous… La vie de château dans de luxueuses chambres d'hôte pas si chères que cela ou dans les palaces et les grands hôtels : à vous de choisir ! Vous pouvez aussi profiter des décors de rêve de lieux mythiques à moindres frais, le temps d'un brunch ou d'une tasse de thé… À moins que vous ne préfériez casser votre tirelire pour un repas gastronomique dans un restaurant renommé. Sans oublier que la traditionnelle formule « tenue correcte exigée » est toujours d'actualité dans ces élégantes maisons !

Se loger

NOS CRITÈRES DE CHOIX

Les hôtels

Nous vous proposons, dans chaque encadré pratique, un choix très large en termes de confort. La location se fait à la nuit et le petit-déjeuner est facturé en supplément. Certains établissements assurent un service de restauration également accessible à la clientèle extérieure.

Pour un choix plus étoffé et actualisé, **Le Guide Michelin France** recommande des hôtels sur toute la France. Pour chaque établissement, le niveau de confort et de prix est indiqué, en plus de nombreux renseignements pratiques. Le symbole « **Bib Hôtel** » signale des hôtels pratiques et accueillants offrant une prestation de qualité à prix raisonnable à moins de 72 € en province (88 € dans les grandes villes et stations).

Les chambres d'hôte

Vous êtes reçu directement par les habitants qui vous ouvrent leur demeure. L'atmosphère est plus conviviale qu'à l'hôtel, et l'envie de communiquer doit

nous leur avons attribué des pastilles numérotées.

Nos catégories de prix

Pour vous aider dans votre choix, nous vous communiquons une **fourchette de prix** : pour l'hébergement, les prix communiqués correspondent aux tarifs minimum et maximum d'une chambre double ; il en va de même pour la restauration et les prix des menus proposés sur place. Les mentions « Astuce prix » et « bc » signalent : pour la première, les formules repas à prix attractif, servies généralement au déjeuner par certains établissements de standing, pour la seconde, les menus avec boisson comprise (verre de vin ou eau minérale au choix).

Les prix que nous indiquons sont ceux pratiqués en **haute saison** ; hors saison, de nombreux établissements proposent des tarifs plus avantageux, renseignez-vous… Dans chaque encadré, les adresses sont classées en quatre catégories de prix *(voir le tableau p. 30)*.

Premier prix – Choisissez vos adresses parmi celles de la catégorie 🪙 : vous trouverez là des hôtels, des chambres d'hôte simples et conviviales et des tables souvent gourmandes, toujours honnêtes.

Prix moyen – Votre budget est un peu plus large. Piochez vos étapes dans les adresses 🪙🪙. Dans cette catégorie, vous trouverez des maisons, souvent de charme, de meilleur confort et plus agréablement aménagées, animées par des passionnés, ravis de vous faire découvrir leur demeure et leur table. Là encore, chambres et tables d'hôte sont au rendez-vous, avec également des hôtels et des restaurants plus traditionnels, bien sûr.

Haut de gamme – Vous souhaitez vous faire plaisir, le temps d'un repas ou d'une nuit, vous aimez voyager dans des conditions très confortables ? Les

Un chalet-buvette à La Clusaz.

ORGANISER SON VOYAGE

être réciproque : misanthropes, s'abstenir ! Les prix, mentionnés à la nuit, incluent souvent le petit-déjeuner. Certains propriétaires proposent aussi une table d'hôte, ouverte uniquement le soir, et réservée aux résidents. Il est très vivement conseillé de réserver votre étape.

Bon à savoir – Certains établissements ne peuvent pas recevoir vos compagnons à quatre pattes ou les accueillent moyennant un supplément, pensez à le demander lors de votre réservation.

Le camping
Le **Guide Camping Michelin France** propose tous les ans une sélection de terrains visités régulièrement par nos inspecteurs. Renseignements pratiques, niveau de confort, prix, agrément, location de bungalows, de mobile homes ou de chalets y sont mentionnés.

LES BONS PLANS
Se renseigner auprès des CDT qui proposent des séjours à prix intéressants…

Les services de réservation
Fédération Loisirs-Accueil France – 74/76 r. de Bercy - 75012 Paris - 01 44 11 10 20 - www.loisirs-accueil.fr - la Fédération anime et fédère un réseau de 56 centrales de réservation : coordonnées des 56 services Loisirs-Accueil sur demande auprès de la FNLAF.

Fédération nationale Clévacances – 54 bd de l'Embouchure - BP 52166 - 31022 Toulouse Cedex - 05 61 13 55 66 - www.clevacances.com - cette fédération propose près de 28 000 locations de vacances (gîtes, appartements, chalets, villas, demeures de caractère, pavillons en résidence) et 4 000 chambres dans 22 régions réparties sur 92 départements en France et outre-mer et publie un catalogue par département (passer commande auprès des représentants départementaux Clévacances).

L'hébergement rural
Maison des gîtes de France et du tourisme vert – 59 r. St-Lazare - 75009 Paris - 01 49 70 75 75 - www.gites-de-france.com.
Cet organisme donne les adresses des relais départementaux et publie des guides sur les différentes possibilités d'hébergement en milieu rural (gîtes ruraux, chambres et tables d'hôte, gîtes d'étape, chambres d'hôte de charme, gîtes de neige, gîtes de pêche, gîtes d'enfants, camping à la ferme, gîtes Panda).

Fédération des Stations vertes de vacances et Villages de neige – 6 r. Ranfer-de-Bretenières - BP 71698 - 21016 Dijon Cedex - 03 80 54 10 50 - www.stationsvertes.com - situées à la campagne et à la montagne, les 600 Stations vertes sont des destinations de vacances familiales reconnues pour leur qualité de vie (produits du terroir, loisirs variés, cadre agréable), et pour la qualité de leurs structures d'accueil et d'hébergement.

L'hébergement pour randonneurs
Les randonneurs peuvent consulter le site Gîtes d'étapes, Refuges - www.gites-refuges.com - ce site est principalement destiné aux amateurs de randonnée, d'alpinisme, d'escalade, de ski, de cyclotourisme et de canoë-kayak.

Les auberges de jeunesse
Fédération unie des auberges de jeunesse – Centre national - 27 r. Pajol - 75018 Paris - 01 44 89 87 27 - www.fuaj.org. La carte d'adhésion est délivrée contre une cotisation annuelle de 11 € pour les moins de 26 ans, 16 € au-delà de cet âge et 23 € pour les familles. Vous trouverez une auberge de jeunesse à Aix-les-Bains, Annecy, Autrans, Chamonix, Chamrousse, La Clusaz, Les Deux-Alpes, Grenoble, Séez, Les Arcs, Tignes, La Toussuire, Lanslebourg Mont-Cenis.

Ligue française pour les auberges de jeunesse – 67 r. Vergniaud - bâtiment K - 75013 Paris - 01 44 16 78 78 - www.auberges-de-jeunesse.com - la carte LFAJ est délivrée contre une cotisation annuelle de 10,70 € pour les moins de 26 ans et de 15,25 € au-delà de cet âge. Il y a une auberge de jeunesse à Albertville.

Stations vertes des Alpes du Nord

Isère : Le Bourg-d'Oisans, Chapareillan, Charavines-lac de Paladru, Laffrey, Lans-en-Vercors, Le Touvet, Saint-Vincent-de-Mercuze, Sainte-Marie-du-Mont.

Savoie : Beaufort-Arêches, Bessans, La Giettaz, Hauteluce-les-Saisie, Saint-Pierre d'Albigny, Queige, Saint-Rémy-de-Maurienne, Séez, Valloire, Villard-sur-Doron.

Haute-Savoie : Bonneville, Châtel, Le Grand-Bornand, Samoëns, Sciez-sur-Léman, Talloires, Thônes, Thorens-Glières..

S'Y RENDRE ET CHOISIR SES ADRESSES

POUR DÉPANNER

Les chaînes hôtelières

L'hôtellerie dite « économique » peut éventuellement vous rendre service. Sachez que vous y trouverez un équipement complet (sanitaire privé et télévision), mais un confort très simple. Souvent à proximité de grands axes routiers, ces établissements n'assurent pas de restauration. Toutefois, leurs tarifs restent difficiles à concurrencer (moins de 50 € la chambre double). En dépannage, voici donc les centrales de réservation de quelques chaînes :
Akena – 01 69 84 85 17.
B & B – 0 892 782 929.
Etap Hôtel – 0 892 688 900.
Villages Hôtel – 03 80 60 92 70.
Enfin, les hôtels suivants, un peu plus chers (à partir de 68 € la chambre), offrent un meilleur confort et quelques services complémentaires :
Campanile – 01 64 62 46 46.
Kyriad – 0 825 003 003.
Ibis – 0 825 882 222.

Se restaurer

Les Alpes du Nord comptent quelques-unes de tables les plus étoilées qui ont accordé à la cuisine régionale leurs belles et fortes personnalités *(voir rubrique Les grands chefs)*. Dans le même esprit, nombre de bonnes tables revisitent le patrimoine culinaire régional et des recettes aussi méconnues que le « farçon » sont aujourd'hui au goût du jour.

NOS CRITÈRES DE CHOIX

Pour répondre à toutes les envies, nous avons sélectionné des **restaurants** régionaux bien sûr, mais aussi classiques, exotiques ou à thème… Et des lieux plus simples, où vous pourrez grignoter une salade composée, une tarte salée, une pâtisserie ou déguster des produits régionaux sur le pouce.
Pour un choix plus étoffé et actualisé, **Le Guide Michelin France** recommande des restaurants sur toute la France. Pour chaque établissement, le niveau de confort et de prix est indiqué, en plus de nombreux renseignements pratiques. Le symbole « **Bib Gourmand** » signale les tables qui proposent une cuisine soignée à moins de 28 € en province, et 36 € dans les grandes villes et stations.
Quelques **fermes-auberges** vous permettront de découvrir les saveurs de la France profonde. Vous y goûterez des produits authentiques provenant de l'exploitation agricole généralement servis en menu unique. Réservation obligatoire !

« SITES REMARQUABLES DU GOÛT »

C'est un label dotant des sites dont la richesse gastronomique s'appuie sur des produits de qualité et un environnement culturel et touristique intéressant.
Renseignements sur le site **www.sitesremarquablesdugout.com**.
Dans les Alpes, Beaufort, mais aussi la distillerie et les caves de la Chartreuse bénéficient de ce label.

Distillerie de la Chartreuse à Voiron.

LES GRANDS CHEFS

À Chamonix-Mont-Blanc

Le hasard de l'histoire fait parfois bien les choses. En 1903, l'année même où un certain François Bise créait l'Auberge de Talloires, **Joseph Carrier** inaugurait à Chamonix l'hôtel-pension du Chemin de Fer. Plus d'un siècle plus tard, le modeste établissement a pris du volume, le vaste parc qui l'entoure est joliment fleuri et quelques chalets ont poussé pour héberger les gourmands qui viennent se délecter de la cuisine de Pierre, arrière-petit-fils du fondateur. Il est juste de dire qu'aujourd'hui Pierre Maillet, l'époux de sa fille Perrine, l'épaule très efficacement en cuisine et s'affirme de plus en plus comme le brillant successeur de son beau-père. Belle histoire de famille que celle de cette maison dont le nom « Albert Ier » est un juste hommage de François Joseph Carrier au roi des Belges. Avec la cinquième génération en place, Pierre Carrier peut mesurer avec satisfaction le chemin accompli depuis le retour d'une étoile gagnée auparavant par son père Marcel, puis la conquête de la deuxième en 1999. Au fourneau comme en montagne, Pierre tutoie toujours les sommets !
Le Hameau Albert Ier - 04 50 53 05 09.

33

ORGANISER SON VOYAGE

À Courchevel et au Bourget-du-Lac

C'est une histoire de famille et de passion. Natif du Bourget-du-Lac, Jean Jacob montra la voie à son fils Jean-Pierre. Et ce « vrai gentil », décédé depuis quelques années, avait eu le bonheur de voir les étoiles scintiller au-dessus de ses deux maisons ! Coup double donc pour **Jean-Pierre Jacob** qui fit ses premières armes en solo à Courchevel dans les années 1980, avant de rejoindre son cher papa au bord du lac du Bourget. Depuis des années, sa vie professionnelle est désormais bien réglée : il s'installe en montagne dès les premiers flocons de neige pour redescendre en plaine à l'époque des premiers bourgeons. Pour que nul ne s'y trompe, il a pareillement baptisé ses deux restaurants « Le Bateau Ivre » et tous les deux portent fièrement les deux étoiles du Guide Michelin… ce qui fait du Savoyard l'un des gros cumulards du coin avec l'ami Veyrat.

👁 *Le Bateau Ivre* - ✆ 04 79 25 00 23 *(Le Bourget-du-Lac).*

À Courchevel

D'aussi loin qu'il s'en souvienne, **Michel Rochedy** a toujours eu la conviction que son Chabichou figurerait tôt ou tard parmi les « tables d'exception ». Acquis au début des années 1960, ce chalet niché au cœur de la Tarentaise porte haut la réputation d'une cuisine savoyarde qu'une clientèle conquise sait apprécier. Michel Rochedy peut pour cela miser sur Stéphane Buron, chef de cuisine, Meilleur Ouvrier de France. Fils d'hôteliers de Saint-Agrève en Ardèche, Michel Rochedy a partagé son temps de formation entre la familiale Auberge des Cévennes et la prestigieuse maison Pic à Valence. Puis, avec son épouse Maryse, il a débarqué à Courchevel 1850 en 1963 avec, en tête, son formidable défi. En décrochant une première étoile au Guide Michelin en 1979, il a pu mesurer qu'il était sur la bonne voie. Et en doublant la mise cinq années plus tard, cet infatigable travailleur a su que son pari était gagné. Définitivement.

👁 *Le Chabichou* - ✆ 04 79 08 00 55.

À Veyrier-du-Lac

Il a toujours rêvé de faire ce métier, sans savoir très exactement comment la passion de la cuisine lui est venue. Marc Veyrat, magicien des herbes de montagne, chapeau savoyard vissé sur la tête, comme son père Pierre jadis, est devenu la figure emblématique d'une région où l'on sait ce que bien manger veut dire. Il s'est simplement attaché à donner un style, une sorte de marque de fabrique avec l'inventivité en prime. Son seul diplôme est, curieusement, celui du moniteur de ski qu'il fut longtemps avant que la cuisine ne devienne l'essence de sa vie. Il patienta longtemps avant d'intégrer la cour des grands. « La création est mon refuge » dit-il. « J'ai envie de faire des choses diaboliques et je revendique ma folie même si avec l'âge je tends aujourd'hui à la raison. » Et il admet bien volontiers qu'il veut faire « briller les yeux des gamins qui viennent dans sa cuisine ». Des adultes aussi qui, à table chez lui, ont l'assurance de partir en voyage.

👁 *La Maison de Marc Veyrat* - ✆ 04 50 60 24 00.

À Talloires

Sophie Bise pouvait-elle, raisonnablement, échapper à un destin tout tracé ? Sans doute pas si l'on sait que François, son arrière-grand-père, créa en 1903 l'auberge où elle exerce aujourd'hui son talent de cuisinière. Si l'on sait également que sa grand-mère, Marguerite, fut l'une des rares femmes couronnées avec trois étoiles par le Guide Michelin, que son père, François, trop tôt disparu, sut faire fructifier l'héritage avec son épouse Charlyne qui épaule aujourd'hui sa fille. La boucle est bouclée et, au bord du lac d'Annecy, la maison est toujours à la même place. Comme si le temps s'était arrêté. « Je suis née ici et j'ai grandi dans les cuisines où j'ai commencé à travailler » dit tout simplement Sophie qui, passée par quelques maisons emblématiques pour parfaire sa formation, est revenue là où l'aventure familiale avait commencé il y a plus d'un siècle. La pimpante auberge n'était encore qu'un « simple débit de boissons à consommer sur place. »

👁 *L'Auberge du Père Bise* - ✆ 04 50 60 72 01.

LES VINS

Les vins d'Allobrogie étaient déjà connus de la Rome antique. Les côteaux du lac Léman, les rives du Rhône, la Combe de Savoie en sont les terroirs historiques.
🍃 *Voir p. 117.*

À FAIRE ET À VOIR

Activités et loisirs de A à Z

Les **comités départementaux** et **comités régionaux** de tourisme *(voir p. 22)* disposent de nombreuses documentations et répondront à vos demandes d'informations quant aux activités proposées dans leur secteur.

🌿 Pour trouver d'autres adresses de prestataires, reportez-vous aux rubriques « Visite » et « Sports & Loisirs » dans les encadrés pratiques de la partie « Découvrir les sites ».

Skieur en altitude dans la chaîne du Mont-Blanc (mont Pourri).

ALPINISME

Qui n'est pas un jour attiré par les sommets ? Pour y parvenir, cependant, un long apprentissage est nécessaire et une passion vrillée au corps. Il faut débuter par les écoles d'escalade et de glace proposées par les compagnies des guides pour acquérir les rudiments, puis collectionner les courses en augmentant progressivement la difficulté. Il est indispensable d'être accompagné d'un guide de haute montagne pour toute course, même mineure.

Ce sport trouve son terrain de choix dans les grands massifs : Mont-Blanc, Écrins et Vanoise. Les stations établies au pied de ces massifs : Chamonix-Mont-Blanc, St-Gervais-les-Bains, Pralognan-la-Vanoise, Le Bourg-d'Oisans et Saint-Christophe (La Bérarde), La Grave, sont les principaux points de départ des alpinistes.

La pratique de l'alpinisme nécessite une bonne **forme** et un **équipement** de qualité. Il est inutile de surévaluer ses capacités pour réaliser avant l'heure une course dont vous avez envie. Mal entraîné, vous augmenteriez considérablement les risques et ce qui devrait être un plaisir pourrait devenir un long calvaire. Discutez avant de faire votre choix avec votre **guide** qui saura ajuster la course à votre niveau et à vos goûts (course de glace, course de rochers, cascade de glace, etc.). Sachez que le professionnel qui vous accompagne a une obligation de moyens et non de résultat, ce qui signifie qu'il doit tout mettre en œuvre pour assurer votre sécurité mais qu'il n'a en aucun cas l'obligation de vous emmener au sommet s'il juge votre niveau insuffisant ou les conditions défavorables.

La **météo** notamment est déterminante dans la pratique de cette activité. Il vous faudra bien souvent renoncer à une course pour cause de mauvais temps ou revenir sur vos pas si vous êtes déjà engagé. L'été, il faut craindre les orages très violents en altitude *(voir notre encadré)*. L'hiver, le froid est le principal ennemi et les hivernales de grande difficulté restent une affaire de spécialistes.

Tous ces préalables posés et les conditions maximales de sécurité réunies, l'alpinisme est peut-être l'un des derniers sports où l'aventure est encore présente.

Pour une pratique tout au long de l'année, vous pouvez également adhérer à un club alpin.

Club alpin français – 24 av. Laumière - 75019 Paris - ✆ 01 53 72 87 00 - www.ffcam.fr.

Renseignements généraux sur la haute montagne : www.ohm-chamonix.com.

Les compagnies de guides

Les guides sont indépendants ou regroupés au sein d'une compagnie. Vous trouverez dans les offices de tourime des stations leurs coordonnées. Leurs compétences se sont ces dernières années élargies aux sports de plein air (canyoning, rafting, parapente, etc.). Bien souvent, le bureau de la compagnie des guides se trouve dans les stations ou à proximité de l'office de tourisme et propose des stages d'initiation à tous ces sports liés peu ou prou à la montagne. Le ski de randonnée et le hors-piste font également partie du domaine de compétence des guides.

35

ORGANISER SON VOYAGE

CYCLISME

Sur les routes

La route des Grands Cols (Galibier, Croix-de-Fer, Iseran, la Madeleine, Granier), rendue célèbre par le Tour de France, a de nombreux adeptes. Des cartes IGN avec circuits cyclistes ont été éditées et de nombreux gîtes d'étape offrent un hébergement économique. Pour les cyclistes moins entraînés, des itinéraires spécifiques représentent des milliers de kilomètres ont été mis en place avec des niveaux de difficulté variables.

En Savoie et Haute-Savoie – Une centaine de circuits et d'itinéraires balisés sur route au départ de grandes villes se répartissent dans 7 grandes régions : lac d'Annecy Nord, lac d'Annecy Sud, Genevois, haut Rhône/Albanais, Bornes/Aravis, Léman/Portes du Soleil, Faucigny/Grand Massif. Le comité interdépartemental du tourisme Savoie-Haute-Savoie publie une brochure *Vélo-Tourisme* où est insérée une carte qui référence ces circuits.

En Isère – 40 circuits sillonnent l'Isère des plus ardus aux plus faciles à faire en famille. Le comité départemental publie une brochure regroupant tous les circuits thématiques : grands cols des Alpes, la Chartreuse par le pays voironnais, autour de Grenoble par les berges de l'Isère, le lac de Paladru, au pays des lacs et des mines, autour de Crémieu, en famille au trou qui souffle, au pays saintjeannais, autour du jardin…

VTT

En saison estivale, c'est le moyen de déplacement idéal pour découvrir les superbes panoramas et le spectacle de la nature. Quelques circuits retiendront l'intérêt des adeptes du VTT : la Maurienne et la Tarentaise proposent un vaste choix d'itinéraires (à Aussois, descente des forts, « chemin du Petit Bonheur », 35 km ; au départ de Bourg-St-Maurice, le circuit de la Thuile récompensera, par les superbes paysages de la Tarentaise, les plus endurants).

Dans le Vercors, les innombrables pistes forestières et muletières composent un royaume du vélo tout-terrain. Le Parc régional du Vercors propose une trentaine de circuits balisés (brochure disponible auprès des Maisons du Parc régional).

De nombreuses stations de ski ouvrent leurs remontées mécaniques aux VTT qui empruntent les pistes de ski de fond ou de descente.

Fédération française de cyclotourisme – 12 r. Louis-Bertrand - 94207 Ivry-sur-Seine Cedex - 01 56 20 88 88 - www.ffct.org.

Comité départemental de cyclotourisme de la Savoie – Maison des sports - 90 r. Henri-Oreiller - 73000 Chambéry - 04 79 85 09 09.

Comité départemental de cyclotourisme de la Haute-Savoie – H. Saccani - 10 ch. de la Fruitière - 74960 Meythet - 04 50 22 16 76.

Comité départemental de cyclotourisme de l'Isère – Maison des sports - M. Costantini - 7 r. de l'Industrie - 38327 Eybens Cedex - 06 78 51 79 94 - www.cyclo38ffct.org.

Fédération française de cyclisme – Bâtiment Jean-Monnet - 5 r. de Rome - 93561 Rosny-sous-Bois - 01 49 35 69 00 - www.ffc.fr.

La Fédération propose 46 000 km de sentiers balisés pour la pratique du VTT, répertoriés dans un guide annuel gratuit.

Bon à savoir – Les listes de loueurs de cycles sont généralement fournies par les syndicats d'initiative et offices de

Label « VTT/FFC »

Certains sites de VTT bénéficient du label délivré par la Fédération française de cyclisme. Ils vous garantissent que vous y trouverez au minimum 100 km de sentiers balisés, une classification des circuits en 4 niveaux de difficulté, un point d'accueil, un point de lavage, un outillage pour les petites réparations et des documents d'information (panoramique des circuits, carte d'itinéraires).

En **Savoie** : Flumet, Courchevel, Valloire, les Portes du Soleil, l'Esseillon à Aussois, Beaufort-sur-Doron, Lanslebourg-Mont-Cenis, La Rosière - la Thuile à Montvalezan, Les Menuires - Val-Thorens, Méribel ;

En **Haute-Savoie** : Châtel, vallée du Haut-Giffre, tour franco-suisse des Portes du Soleil ;

En **Isère** : Villard-de-Lans - Corrençon, Charavines, Vercors nord Autrans Méaudre, la Grande Traversée du Vercors, Les Chemins du Soleil, Grande Traversée des Préalpes par Grenoble, massif des Grandes-Rousses/Alpe-d'Huez, Les Deux-Alpes. Pour en savoir plus, consultez les fiches des sites sur www.sitesvtt.com.

À FAIRE ET À VOIR

tourisme. Le réseau des Trains Express Régionaux transporte gratuitement les vélos.

ESCALADE

L'infinie variété de sites et de natures de roches offerte par les massifs alpins les a consacrés de longue date comme le théâtre idéal de l'escalade. En Maurienne, **Aussois** est un haut lieu qui a accueilli plusieurs compétitions de l'Open international d'escalade. Les falaises de Presles offrent le plus bel assortiment de voies d'escalade (environ 300) et de canyons du massif du Vercors.

Les débuts – Avant d'atteindre l'assurance des prises, la grâce d'évolution des grimpeurs aguerris et d'apprivoiser le « gaz » sous les pieds, le débutant aura à cœur de se laisser guider par un moniteur d'escalade pour maîtriser les techniques de base et accéder à l'autonomie. Son choix se portera pour cela sur la journée ou demi-journée de rocher-école ou sur un stage évolutif qui se conclura sur des grandes falaises d'altitude.

Les sentiers du vertige

À mi-chemin entre la randonnée et l'alpinisme, l'ascension des « **via ferrata** » constitue une découverte de l'escalade sans l'astreinte d'une longue pratique. À l'origine, les via ferrata (voies ferrées) ont été aménagées dans les Dolomites par l'armée italienne au cours de la Première Guerre mondiale. Elles permettaient d'acheminer du matériel hors des voies de communication classiques. Leur véritable intérêt sportif n'est apparu qu'à partir des années 1950. En France, les premières voies équipées de câbles d'acier, marches et crampons ont été aménagées dans le Briançonnais au début des années 1980.

Les sites – Depuis, on compte une centaine de via ferrata dans les Alpes du Nord. En Haute-Savoie, il faut retenir le Balcon de la mer de Glace, promenade athlétique en altitude au cœur de la haute montagne, plutôt réservée aux personnes entraînées. En Savoie, où se trouvent un grand nombre de via ferrata, vous pourrez parcourir un tronçon ou la totalité de la plus grande voie de France Aussois-La Norma (3 460 m). En Isère, les cotations des via ferrata sont moins élevées et vous trouverez plus facilement un parcours si vous n'êtes pas très entraîné. À **Grenoble**, les prises de la Bastille offrent un panorama original sur la ville. Enfin, certaines via ferrata récemment aménagées dans les Alpes, de par l'équipement et la technicité requis pour terminer leur parcours, entrent dans la catégorie de l'alpinisme réservé aux pratiquants confirmés.

À l'assaut d'une cascade de glace dans le Beaufortain.

Les niveaux de difficulté – À mi-chemin entre la randonnée et l'alpinisme, l'ascension des via ferrata constitue un moyen plus facile d'aborder la montagne. Cependant, il existe des niveaux de difficulté différents et certaines via ferrata ne sont pas accessibles aux enfants ou aux personnes peu endurantes à un effort physique continu soit en raison de leur difficulté, soit de leur situation en haute altitude. L'accès à certains sites est payant.

Le matériel – L'équipement de base se compose d'un baudrier, d'un casque et de deux longes (auxquelles il est conseillé d'adjoindre un amortisseur de chute) pour s'assurer au câble, véritable ligne de vie de la paroi, qui parcourt la via ferrata.

Dans les limites de ce guide sont proposés quelques sites déjà bien équipés et ne nécessitant pas la maîtrise des techniques de rappel et d'escalade proprement dites.

👁 **Bon à savoir** – Pour toute personne non familiarisée avec les règles élémentaires de sécurité en montagne, il est indispensable d'utiliser les services d'un guide ou de se joindre aux groupes constitués par les prestataires. Pour cela, reportez-vous à l'« encadré pratique » du site choisi. Vous trouverez sur le site de la Fédération française d'escalade une carte détaillée des via ferrata et des descriptifs précis (difficultés, cadre, points d'accès, etc.) ainsi que quantité de conseils sur la sécurité.

Le ruisseling

Cette activité hivernale, récemment mise à l'honneur à Val-Cenis, propose une nouvelle approche du déplacement sur glace. Par une journée de froid sec, équipé en conséquence (crampons et piolet), le pratiquant remonte les cours d'eau et cascades gelés à la force des mollets et poignets. Là encore, mieux vaut être accompagné d'un guide de haute montagne.

Se renseigner

Les offices de tourisme et les bureaux de guides proposent en saison une large gamme de prestations en initiation et en entraînement. Les comités départementaux de tourisme disposent également de l'adresse des principaux prestataires.

Fédération française de la montagne et de l'escalade – 8-10 quai de la Marne - 75019 Paris - 01 40 18 75 50 - www.ffme.fr - la Fédération publie des topoguides d'escalade mais aussi un précieux guide des sites naturels d'escalade en France, D. Taupin (éd. Cosiroc/FFME), qui donne un descriptif des voies et des niveaux de difficulté.

GOLF

La Savoie et la Haute-Savoie ne manquent pas de golfs : 3 parcours de 27 trous, 10 parcours de 18 trous, 6 parcours de 9 trous et des parcours écoles, tous dans des décors exceptionnels. Certains atteignent des altitudes respectables dont le golf de Flaine (1 850-1 950 m) et le golf de Tignes, le plus haut d'Europe.

Une dizaine de golfs jalonnent l'Isère dont 3 parcours d'exception, tous trois dans le top 15 des parcours français : le golf international de Grenoble, le golf Grenoble Charmeil et le golf de Corrençon-en-Vercors.

Chaque année, en juillet, le Royal Parc Évian organise l'Évian Masters, où s'affrontent les meilleures joueuses mondiales. à Aix-les-Bains se déroule la Semaine internationale de golf, l'une des plus importantes compétitions amateurs de France.

Fédération française de golf – 68 r. Anatole-France - 92300 Levallois-Perret - 01 41 49 77 00 - www.ffgolf.org.

Ligue de Golf Rhône-Alpes – 7 quai Général-Sarrail - 69006 Lyon - 04 78 24 76 61 - www.liguegolfrhonealpes.org.

NAUTISME

Enchâssés dans le fond de vallées de faible altitude, les lacs du Bourget, d'Annecy, du Léman et d'Aiguebelette, pour ne citer que les principaux, sont propices à la promenade et à des activités sportives très diverses (voile, ski nautique, plongée, planche à voile, etc.) La douceur du climat est mise en évidence par la présence de vignes et même d'oliviers.

Croisières sur le lac Léman

C'est la meilleure façon de découvrir des vues d'ensemble du littoral et de l'arrière-pays montagneux. Les deux rives, française et suisse, du lac comportent plus de 30 embarcadères. De multiples formules sont proposées pour effectuer des promenades en bateau au départ de la France. Une liaison directe en 35mn entre Évian et Lausanne est exploitée quotidiennement toute l'année. Différentes croisières découvertes peuvent être choisies selon les saisons et leur durée (d'une heure à une journée) et des croisières événementielles sont organisées chaque année. La restauration à bord est adaptée aux différentes croisières.

S'initier à la plaisance – Société nautique du Léman français - port de Rives - 74200 Thonon-les-Bains - 04 50 71 07 29.

Cercle de la voile d'Évian - av. des Mouettes - 74500 Évian-les-Bains - 04 50 75 06 46.

Pour admirer les évolutions des voiliers sur le lac Léman, il est conseillé de suivre, mi-juin, le grand rassemblement du Bol d'or de Genève.

Le lac du Bourget

Sur le plus grand lac naturel de France, chaque commune riveraine dispose d'un port de plaisance et propose des activités de croisières au départ de Grand-Port à Aix-les-Bains, de Chanaz-Portout, de Lavours, de Belley et du Bourget-du-Lac variant depuis le tour du lac en 1h jusqu'à la croisière d'une journée au canal de Savières, avec passages d'écluses, avec ou sans restauration à bord. Des croisières avec repas servis à bord sont proposées au départ d'Aix-les-Bains, pour déjeuner, dîner ou les deux, à bord du nouveau et prestigieux yacht *Alain Prud'homme*. Plusieurs sentiers pédestres balisés sont tracés autour du lac.

Croisière sur le lac Léman.

DONNEZ DU RELIEF À VOS VOYAGES !

Nouvelles cartes Départements
Relief image satellite

Aude, Pyrénées-Orientales

1 cm = 1,5 km

Relief image satellite

Carte précise et détaillée
- Sélection des plus beaux sites
- Suggestions d'itinéraires
- Plans de ville : Carcassonne, Perpignan
- Nouvelle numérotation des routes nationales et départementales

Avec les nouvelles cartes Michelin, voyager est toujours un plaisir :
- Nouveau ! Carte Départements à relief image satellite.
- Nouveau ! Carte Région en papier indéchirable.
- Qualité des informations routières, mises à jour chaque année.
- Richesse du contenu touristique : routes pittoresques et sites incontournables.
- Maîtrise de l'itinéraire : votre route selon vos envies.

www.cartesetguides.michelin.fr

MICHELIN
Une meilleure façon d'avancer

ORGANISER SON VOYAGE

Des informations sont disponibles à l'office du tourisme d'Aix-les-Bains et auprès de la Compagnie des bateaux du lac du Bourget et du haut Rhône - Le Grand-Port - 73100 Aix-les-Bains - ✆ 04 79 88 92 09 ou 04 79 63 45 00 - www.gwel.com.

S'initier à la plaisance – Le lac du Bourget, parfois soumis à des vents forts, présente des conditions de navigation proches de celles de la haute mer. Ce sont les conditions idéales pour les *funboarders*. Des clubs nautiques initient à la voile à Aix-les-Bains et au Bourget.

Le lac d'Annecy

Encadré par un ensemble de superbes sommets, le lac reste un lieu de villégiature privilégié. Le tour du lac en bateau depuis l'embarcadère du Thiou à Annecy permet d'avoir des vues uniques sur les massifs.

Différentes formules vous sont proposées : croisière Grand Lac (1h) ou un circuit omnibus de port à port. Possibilité de déjeuner-croisière ou dîner dansant-croisière à bord du *MS Libellule*.

Compagnie des bateaux du lac d'Annecy – 2 pl. aux Bois - 74000 Annecy - ✆ 04 50 51 08 40 - www.annecy-croisieres.com.

S'initier à la plaisance – Le lac d'Annecy est navigable toute l'année, mais la période idéale se situe de mars à début novembre. Plusieurs centres nautiques proposent des stages d'initiation à la voile, entre autres la base nautique des Marquisats à Annecy - renseignements au ✆ 04 50 33 65 20 - Cercle de voile de Sévrier - ✆ 04 50 52 40 04 - www.cvsevrier.com.

Les autres lacs

Le lac d'Aiguebelette – Il est surtout réputé pour la richesse et la variété de ses poissons. Les activités de nautisme (voile et aviron) ont investi le lac grâce à l'interdiction des embarcations à moteur.

Le lac du Monteynard – En bordure du Parc naturel du Vercors (30mn au sud de Grenoble), ce plan d'eau très pittoresque offre de juin à octobre la possibilité de visiter les spectaculaires gorges du Drac et de l'Ébron, inaccessibles par la berge. En juillet et août, la croisière peut être couplée avec le train de La Mure grâce à une navette d'autocars. Renseignements : Bateau-Croisières La Mira – 38650 Treffort - ✆ 04 76 34 14 56.

Les lacs de **Laffrey** en Isère offrent de belles possibilités de pêche et d'activités nautiques (voile, aviron, planche à voile, etc.).

👁 **Bon à savoir** – La baignade peut être interdite, tolérée ou surveillée. Les activités nautiques ne sont pas systématiquement autorisées ou seulement encadrées par des clubs. À chaque site (lac, plan d'eau, base nautique) correspond une réglementation particulière. Pensez à vous renseigner auprès des comités départementaux de tourisme.

PÊCHE

La pêche montagnarde par excellence est celle de la truite pratiquée soit « **au toc** » avec des insectes vivants ou des larves (seul procédé adapté au cours capricieux des petits torrents encadrés de rives escarpées), soit à la mouche artificielle et au lancer, dans les cours d'eau plus larges et les lacs de montagne.

Les grands lacs de Savoie abondent en salmonidés. Le bassin de Belley avec son cortège de lacs (Armaille, Ambléon, Arborias, Chavoley et Morgnieu) ainsi que le lac de Chailloux (riche en tanches et brochets) et celui de Barterand se disputent la faveur des pêcheurs.

Lac du Bourget

La pêche du bord n'est possible qu'à proximité de ports, tels Aix-les-Bains ou St-Innocent. Il est préférable autrement de louer une barque en se renseignant

Lac	Page	Superficie en ha	Voile ou planche à voile	Baignade	Pêche
Aiguebelette	211	535	⛵	🏊	🎣
Annecy	152	2 700	⛵	🏊	🎣
Le Bourget	196	4 460	⛵	🏊	🎣
Le Chambon	344	144			🎣
Chevril	412	270			🎣
Laffrey	300	120	⛵	🏊	🎣
Léman	264	58 2000	⛵	🏊	🎣
Mont-Cenis	401	660			🎣
Roselend	177	320			🎣

À FAIRE ET À VOIR

sur les fonds poissonneux, car, outre la perche et le brochet, il est parfois possible de rencontrer des salmonidés. L'omble chevalier et la truite peuvent se pêcher à la traîne avec un permis spécial. Quant au sandre, il jouit d'un développement rapide.

La pêche en rivière

Les pêcheurs trouveront dans les rivières alpines essentiellement des truites fario ou arc-en-ciel. L'ombre commun, le vairon, le barbeau et le chevesne les accompagnent quand la qualité de l'eau est bonne. Le bassin lémanique, avec ses dranses et les affluents du lac Léman, est un site d'importance pour les amateurs de truites fario.

Le Giffre, l'Arve, la Ménoge ont une plus grande variété d'espèces. Le Fier est l'une des plus importantes rivières de Haute-Savoie, connue pour ses sites magnifiques et ses cascades. On y pratique une pêche sportive réservée à la pêche dans les torrents. Ceux-ci nombreux ne sont pas toujours accessibles avec des enfants, prenez soin de vous informer auparavant et ayez toujours à l'esprit que les rivières sont souvent jalonnées d'aménagements hydrauliques soumis à des lâchers d'eau inopinés. En Isère, le Drac, l'Isère, les nombreuses rivières affluentes et les lacs (Laffrey, massif de Belledonne, et des Sept-Laux) ne manquent pas de ressources halieutiques. Dix-huit plans d'eau sont aménagés pour permettre un accès aux personnes handicapées. Vous trouverez dans chaque région des parcours de pêche « Prendre et relâcher ».

La Savoie et la Haute-Savoie ont répertorié 71 sites de pêche (lacs, rivières, plans d'eau). Les comités départementaux ont publié une brochure complète précisant les accès, le type de pêche, la meilleure saison, etc.

Pour en savoir plus, consultez le site Internet de la Fédération nationale pour la pêche : www.unpf.fr.

Se renseigner

Fédération nationale pour la pêche en France – 17 r. Bergère - 75009 Paris - 01 48 24 96 00 - www.unpf.fr.

Fédération AAPPMA de Savoie – ZI Les Contours - 73230 St-Alban-Leysse - 04 79 85 89 36 - www.savoiepeche.com.

Fédération AAPPMA de Haute-Savoie – Le Villaret - 2092 rte des Diaquenods - 74370 Saint-Martin-Bellevue - 04 50 46 87 55 - www.peche-hautesavoie.com.

Randonnée à cheval dans le Vercors.

Fédération AAPPMA de l'Isère – R. du Palais - 38000 Grenoble - 04 76 44 28 39 - www.peche-isere.com.

RANDONNÉE ÉQUESTRE

En Savoie et en Dauphiné, les nombreux centres équestres sont reliés par des itinéraires de grande randonnée offrant la possibilité d'effectuer des promenades à la journée et des randonnées sur plusieurs jours.

Dans chaque département des itinéraires balisés (un trait de peinture orange horizontal) sont accessibles par les randonneurs et leur monture.

Bon à savoir – Nous proposons quelques adresses de centres équestres dans les encadrés pratiques des Bauges, du Trièves... Nous privilégions dans notre choix des structures qui accueillent les cavaliers débutants et organisent des petites balades.

Comité national de tourisme équestre – Parc équestre - 41600 Lamotte-Beuvron - 02 54 94 46 80 - www.ffe.com - le comité édite une brochure annuelle, *Cheval nature, l'officiel du tourisme équestre*, répertoriant les possibilités en équitation de loisirs et les hébergements accueillant cavaliers et chevaux.

Comité régional de tourisme équestre Rhône-Alpes – 14 r. de la République - 38000 Grenoble - 04 76 44 56 18.

CDTE de l'Isère – M. Léopold Perli au 06 86 75 46 42 - 14 r. de la République - BP 227 - 38019 Grenoble - 04 76 44 56 18.

Isère-Cheval-Vert – Maison du tourisme - BP 227 - 38019 Grenoble Cedex - 04 76 42 85 88 - www.isere-cheval-vert.com.

CDTE de la Haute-Savoie – Mme Carole Danglard - Chez Bobinaz - 74250 Saint-Jean-de-Tholome - 04 50 95 17 23.

CDTE de la Savoie – Equisabaudia - Maison des sports Buisson-Rond - 90 r. Henri-Oreiller - 73000 Chambéry - 04 79 85 09 09.

ORGANISER SON VOYAGE

RANDONNÉE PÉDESTRE

La randonnée constitue le meilleur moyen pour découvrir les plus beaux paysages de montagne. Nous avons donc accordé dans ce guide une importance accrue à la description des sentiers pédestres.

Trois types de randonnées apparaissent dans la présente édition (*voir sélection de randonnées familiales p. 44*). Les **simples promenades** sont accessibles *a priori* à tous (y compris les enfants). Les **randonnées à la journée** nécessitent pour leur part davantage d'endurance pour des marches de plus de 4h et de 700 m de dénivelée ; il est préférable de s'être entraîné au préalable. Enfin, quelques itinéraires plus difficiles, **randonnées pour marcheurs expérimentés**, sont mentionnés (passages vertigineux ou très raides mais ne nécessitant pas de connaissance de l'alpinisme) lorsque les panoramas offerts sont exceptionnels. Vous pouvez choisir d'effectuer ces randonnées avec des **accompagnateurs de moyenne montagne**. Ils connaissent parfaitement leur terrain, la faune et la flore, vous aident à déchiffrer les panoramas. Outre la sécurité, ils vous apportent un regard pertinent sur les espaces naturels que vous traversez. Vous trouverez leurs programmes de randonnées dans les bureaux des guides auxquels ils sont affiliés.

La montagne reste un milieu changeant, parfois dangereux lorsque l'on ne prend pas certaines précautions. La meilleure période est comprise entre le 4 juillet et le 15 août. Après, l'intérêt floristique est moindre. Fin juin-début juillet, la neige est souvent encore abondante et rend les itinéraires au-dessus de 2 000 m délicats. Néanmoins, le début et la fin de l'été ainsi que l'automne présentent un gros avantage : une faible affluence, ce qui est plutôt agréable.

Sentiers de Grande Randonnée (GR)

De nombreux sentiers de Grande Randonnée balisés de traits horizontaux rouges et blancs sillonnent les Alpes.
Le **GR 5** parcourt les Alpes du lac Léman à Nice en suivant les Grandes Alpes. D'autres sentiers s'y greffent :
Le **TMB** ou **Tour du Mont-Blanc** suit un tracé autour du massif. Il faut compter huit jours par le même sentier qui passe en Italie et en Suisse.
Le **GR 55** : Tour de la Vanoise, permet de découvrir le Parc national.
Le **GR 54** : Tour de l'Oisans, fait le tour du Parc national des Écrins. Citons aussi le **Tour du Haut-Dauphiné** (400 km) et le **Tour de Chaillol**.

À l'ouest, d'autres sentiers suivent les Préalpes :
Le **GR 96** traverse le Chablais, les Aravis et les Bauges.
Les **GR 9**, **91**, **93** et **95** proposent plusieurs itinéraires dans le Vercors. Enfin, quelques sentiers de liaison permettent de relier de grands circuits, comme le **GR 549** qui joint le Tour de l'Oisans au Vercors.

👁 **Bon à savoir** – Des topoguides édités par la Fédération française de la randonnée pédestre en donnent le tracé détaillé, indiquent les possibilités d'hébergement (refuges et gîtes d'étape), et fournissent d'indispensables conseils (et sur Minitel 3615 rando). Le comité régional de tourisme Rhône-Alpes diffuse un guide sur les possibilités de randonnées dans les Alpes.

Sentiers à thème

Très en vogue ces dernières années, les sentiers à thème réconcilient la marche avec l'histoire naturelle ou humaine des lieux. Des panneaux explicatifs jalonnent des parcours en boucle conçus pour vous faire découvrir le patrimoine, la faune, la flore du pays. Souvent très accessibles, de courte durée, ils s'adaptent bien à une pratique familiale.

L'Espace Mont-Blanc a balisé 50 sentiers à thème (alpages, marais, lacs d'altitude, faune, industrie et vie quotidienne, agriculture, etc.) rassemblés dans un topoguide.

50 sentiers à thème de l'Espace Mont-Blanc – 175 r. Paul-Corbin, 74190 Chedde - ✆ 04 50 93 66 73 - www.espace-mont-blanc.com.

👁 **Bon à savoir** – Nous proposons de nombreux sentiers à thème dans la description des villes et des sites. Par exemple, le sentier du fer dans la haute vallée du Breda, le sentier du gyapète de l'alpage de Doran, le tour du balcon des Côtes en Beaufortain, le sentier de l'écureuil au Bourg-d'Oisans, etc.

Randonneurs au col d'Anterne.

À FAIRE ET À VOIR

Où se renseigner

Fédération française de la randonnée pédestre – 64 r. du Dessous-des-Berges - 75013 Paris - 01 44 89 93 90 - www.ffrandonnee.fr - la fédération donne le tracé détaillé des GR, GRP et PR à travers ses collections de topoguides ainsi que d'utiles conseils.

Comité régional de la randonnée pédestre Rhône-Alpes – 39 r. Germain - BP 6127 - 69466 Lyon Cedex 06 - 04 72 75 09 02 - http://rhone-alpes.ffrandonnee.fr.

Le Club alpin français – 24 av. de Laumière - 75019 Paris. Il dispose d'un service de documentation au 01 53 72 87 13.

Fédération française de la montagne et de l'escalade – 8-10 quai de la Marne - 75019 Paris - 01 40 18 75 50 - www.ffme.fr.

Les refuges de haute montagne

Depuis quelques années, les refuges de haute montagne sont équipés de radiotéléphones qui ont permis d'installer un système de réservation obligatoire en saison estivale. Cela signifie pour le randonneur occasionnel qu'il n'est pas assuré de trouver un lit en se présentant dans un refuge gardé où la priorité est donnée aux réservations préalables. Les numéros de téléphone des refuges sont disponibles auprès des offices de tourisme des stations.

RANDONNÉE EN TRAÎNEAU À CHIENS

Cette activité encore marginale, il y a une dizaine d'années, est aujourd'hui répandue dans les stations de ski des Alpes. Les sites de skis nordiques en sont les terrains privilégiés. Simple baptême, balade, randonnée à la journée ou stage de conduite d'attelage vous sont proposés par les « mushers » (conducteurs d'attelages) professionnels.

Bon à savoir – Dans la région, les plus grands sites se trouvent au Grand Revard, à Lans-en-Vercors, à la Croix Chabaud, et Royan-Vercors.

La Grande Odyssée : 1 000 km de course à travers les Alpes. Une vingtaine de mushers parmi les meilleurs du monde (11 pays - 3 continents) sont en compétition. Vous pourrez voir sur l'une des dix étapes de cette manifestation de beaux attelages et près de 250 chiens. La Grande Odyssée - 28 av. Marie-Louise - 94210 La Varenne-Saint-Hilaire - 01 48 83 69 50 - www.grandeodyssee.com.

Fédération francaise de pulka et traîneau à Chiens – Château de la Boissière - 86350 St-Secondin - www.chiens-de-traineau.com.

Massif de l'Oisans.

RANDONNÉE À DOS D'ÂNE

Une dizaine de structures vous proposent dans la région des randonnées à la journée ou à la semaine en compagnie d'un âne bâté. L'animal peut transporter jusqu'à 40 kg à une allure de 4 km/h quel que soit le terrain. C'est également un bon moyen de randonner avec des enfants.

Bon à savoir – Nous proposons quelques adresses dans les encadrés pratiques des villes et sites, notamment à Aussois, les Carroz, etc.

Fédération nationale ânes et randonnées – 13 montée St-Lazare - 04000 Digne-les-Bains - 04 92 34 23 11 - www.ane-et-rando.com - la Fnar fournit la liste de ses prestataires dans toutes les régions de France, proposant des randonnées à pied en compagnie d'ânes bâtés.

ROUTES THÉMATIQUES

La route de la Bel Ouvrage

D'artisan en artisan, vous pourrez arpenter trois pays isérois du nord-est du département (l'Isle Crémieux et le Pays des couleurs, Porte des Alpes et les Vals du Dauphiné) qui ont conservé et développé de nombreux savoir-faire traditionnels, notamment en relation avec la pierre, le bois et la soie.
Sur le même thème, vous pourrez prolonger par la route des savoir-faire de la Chartreuse.

La route des Grandes Alpes

Ce parcours mythique relie Thonon-les-Bains à Menthon sur près de 700 km depuis 1937.

ORGANISER SON VOYAGE

RANDONNÉES FAMILIALES	Massif	Page	Durée (AR)
Croix de Fer	Aravis	165	2h
Vieux village des Prés Plans	Arves	256	1h30
Croix du Nivolet	Bauges	213	2h
Lac de la Girotte	Beaufortain	384	2h30
Table d'orientation des Treize-Arbres	Beaufortain	387	1/4h
Croix de Chamrousse	Belledonne	229	1h
Hameau de la Gitte	Belleville	184	1h45
Maquis de Glières	Bornes	410	2h
Charmant-Som	Chartreuse	232	1h
Couvent de la Grande Chartreuse	Chartreuse	273	1h30
Fort de la Bastille	Chartreuse	279	2h
Mont Jalla	Chartreuse	280	2h
Belvédère des Sangles	Chartreuse	383	2h30
La Scia	Chartreuse	383	1h30
Pic de Morclan	Chablais	241	1h30
Pic de Mémise	Chablais	267	1/2h
Mont Chéry	Chablais	271	1h30
Pléney	Chablais	335	1h
De Champhorent au refuge de la Lavey	Écrins	345	3h30
Plan du Carrelet	Écrins	345	2h
Dôme des Petites Rousses	Grandes Rousses	141	1h
Col de la Croix-de-Fer	Grandes Rousses	256	1/4h
Bec du Margain	Grésivaudan	292	1/2h
Sentier du Châtaignier	Gros Foug	242	2h30
Point de vue du Beauregard	Matheysine	301	2h
Écot	Maurienne	189	1h
Chalets de la Duis	Maurienne	190	2h
Plan du Lac	Maurienne	307	2h
Mélezet et la Repose	Maurienne	322	1h30
Refuge de Prariond	Maurienne	426	3h
Croix des Salles	Mont-Blanc	310	1h30
Vue sur Rochebrune Super-Megève	Mont-Blanc	310	1h
De la Flégère à Planpraz	Mont-Blanc	328	2h30
Prarion	Mont-Blanc	328	1/2h
Bellevue	Mont-Blanc	329	1h
Col du Joly	Mont-Blanc	330	1/2h
Du Tétras-Lyre au Jaillet	Mont-Blanc	330	2h30
Fond de la Combe	Mont-Blanc	391	1h30
Cascade de Confolens	Oisans	192	2h

OÙ ET QUAND PARTIR

RANDONNÉES FAMILIALES	Massif	Page	Durée (AR)
Refuge du mont Pourri	Tarentaise	204	3h
Arpette	Tarentaise	204	2h
Tête du Solaise	Tarentaise	298	1h30
Mont du Vallon	Tarentaise	318	1h15
La Sassière	Tarentaise	396	2h
Le Monal	Tarentaise	397	2h
Lac de la Sassière	Tarentaise	413	1h45
Haute vallée de la Bonne	Valbonnais	421	3h
Refuge d'Avérole	Vanoise	188	2h15
Notre-Dame-des-Vernettes	Vanoise	348	3/4h
Mont Bochor	Vanoise	354	3h
Cascade de la Fraîche	Vanoise	354	1/2h
Gorges du Bruyant	Vercors	452	1h
Crête de la Molière	Vercors	458	2h
Cuves de Sassenage	Vercors	287	1h
Sommet du Moucherotte	Vercors	288	3h
Panorama des Trois-Châteaux	Vercors	351	1h
Grotte de Bournillon	Vercors	448	1h
Grand Signal des Voirons	Voirons	406	1h

Trois variantes et 47 itinéraires de découverte vous ouvrent les portes des Alpes de juin à mi-octobre. La route franchit 16 cols et traverse les Parcs naturels des écrins, des Bauges, de la Vanoise et du Grand Paradis. Elle relie les citadelles d'altitude, bastions fortifiés postés à la frontière franco-italienne et les plus beaux sites des Alpes.
Association Grande Traversée des Alpes – 14 r. de la République - BP 227 - 38000 Grenoble - 04 76 42 08 31 - www.routedesgrandesalpes.com ou www.grande-traversee-alpes.com.

LA SÉCURITÉ EN MONTAGNE

La montagne a ses dangers, redoutables pour le néophyte, toujours présents à l'esprit de ses adeptes les plus expérimentés.
Avalanches, « dévissages », chutes de pierres, mauvais temps, brouillard, traîtrises du sol et de la neige, eau glaciale des lacs d'altitude ou des torrents, désorientation, mauvaise appréciation des distances peuvent surprendre l'alpiniste, le skieur, voire le simple promeneur.

Quelques conseils de prudence

Les recommandations faites aux skieurs hors-piste restent valables pour tout randonneur de haute montagne et alpiniste. Cependant, le séjour à des altitudes supérieures à 3 000 m nécessite des précautions supplémentaires. À cette altitude, la pression atmosphérique chute d'un tiers et le rythme cardiaque s'accélère pour pallier la raréfaction de l'oxygène. L'adaptation est acquise au bout d'une semaine environ lorsque l'organisme, augmentant la production de globules rouges, permet au sang de transporter autant d'oxygène qu'en basse altitude.
Le risque principal : le **mal des montagnes** (ou hypoxémie) se caractérise par des malaises digestifs, respiratoires et de violents maux de tête, sous sa forme bénigne que l'on peut atténuer avec des médicaments appropriés, dont on doit se munir avant le départ. La forme grave, l'œdème pulmonaire, nécessite l'intervention des secours d'urgence. L'**hypothermie** demeure un risque en haute montagne, même par beau temps au départ, pour les personnes bloquées

ORGANISER SON VOYAGE

Conseils aux randonneurs

Prenez toujours connaissance du dernier bulletin de **Météo France**. Si le temps se dégrade trop au cours de l'excursion, n'hésitez pas à rebrousser chemin.

Vérifiez que la durée de la promenade est compatible avec l'heure de départ. En montagne, on évalue l'horaire d'une course sur la base de la dénivellation : 300 m à l'heure à la montée et 500 m à la descente pour un marcheur moyen, arrêts non compris. Partez de préférence de bonne heure le matin pour effectuer les montées dans la fraîcheur et augmenter les chances d'observer la faune.

Mieux vaut être un peu entraîné avant de s'engager dans une longue course (ne surestimez pas votre endurance), d'autant plus si le parcours se fait en haute montagne.

Bien s'équiper

Quelles que soient la durée et la difficulté de la randonnée, il faut prévoir l'équipement suivant :
- une carte au 1/25 000 ou au 1/50 000 ;
- 1 à 2 l d'eau par personne, des denrées énergétiques ;
- de solides chaussures de montagne à semelles antidérapantes, une casquette ou un bonnet, un vêtement imperméable, un pull-over, des lunettes de soleil ;
- une crème solaire et une pharmacie légère ;
- des jumelles pour observer à distance la faune et les sommets ;
- des sacs en plastique pour les détritus : interdit de les laisser dans les refuges.

par un brusque changement météorologique. Attention, le brouillard tombe vite et s'accompagne toujours de froid.

Enfin, les **gelures** présentent un danger moins évident, car les symptômes apparaissent progressivement : perte de sensibilité des extrémités, engourdissement et pâleur de la peau. Le grand risque des gelures est le mauvais traitement appliqué sur place : ne jamais réchauffer, par quelque moyen de fortune que ce soit, une partie gelée du corps, sauf si cette opération peut être maintenue jusqu'à l'intervention d'un médecin. Le dommage résultant d'une nouvelle gelure sur une zone partiellement réchauffée serait pire que le soulagement attendu.

Les accidents peuvent être évités ou leurs effets atténués en respectant ces quelques règles ; il est en outre recommandé de ne jamais partir seul et de communiquer son programme et l'heure estimée du retour à des tiers.

Croisière Blanche, les Deux-Alpes.

Le secours en montagne

L'alerte doit obligatoirement être transmise à la gendarmerie qui mettra en action ses propres moyens de sauvetage ou requerra ceux des sociétés locales de secours en montagne.

Qui règle la note ? – Elle peut être fort élevée, suivant les moyens mis en œuvre (hélicoptère, etc.), et à la charge de la personne secourue ou de ses proches… L'amateur de ski et de courses en montagne, avant de les entreprendre, souscrira donc avec prudence une assurance le garantissant dans ce domaine.

La foudre

Les coups de vent violents sont annonciateurs d'orage et exposent l'alpiniste et le randonneur à la foudre. Éviter de descendre le long des arêtes faîtières, de s'abriter sous des rochers en surplomb, des arbres isolés sur des espaces découverts, à l'entrée de grottes ou de toute anfractuosité rocheuse ainsi qu'à proximité de clôtures métalliques. Ne pas conserver sur soi de grands objets métalliques (piolet et crampons), ne pas s'abriter sous des couvertures à âme métallique. Si possible, se placer à plus de 15 m de tout point élevé (rocher ou arbre) et prendre une position accroupie, genoux relevés, en évitant que les mains ou une partie nue du corps ne touchent la paroi rocheuse. Souvent efficients en secteur rocheux, les coups de foudre sont précédés d'électrisation de l'atmosphère (et des cheveux) et annoncés par des « bruits d'abeilles », bourdonnements caractéristiques bien connus des montagnards. Enfin, se souvenir qu'une voiture reste un bon abri en cas d'orage, car elle constitue une excellente cage de Faraday.

SORTIES NATURE

La nature offre d'inoubliables occasions d'émerveillement lorsque l'homme la respecte. Les randonneurs, particulièrement ceux qui partent avec des accompagnateurs qualifiés, peuvent découvrir d'innombrables secrets d'une vie parfois très discrète. Les espaces protégés, parcs et réserves naturelles sont des terrains de choix pour les amoureux de la nature.

Parcs naturels

Avec le Parc national de la Vanoise, les Parcs naturels régionaux des Bauges, de la Chartreuse et des réserves naturelles, les Alpes du Nord ont très tôt et assez efficacement protégé leur patrimoine naturel. Pour le découvrir, les Maisons des Parcs sont de remarquables points d'information et de documentation.

Parc national de la Vanoise – 135 r. du Dr-Julliand - BP 705 - 73007 Chambéry Cedex - 04 79 62 30 54 - www.vanoise.com - Maison du Parc à Termignon - renseignements à l'office de tourisme - 04 79 20 51 67.

Parc national des Écrins – Domaine de Charance - 05000 Gap - 04 92 40 20 10 - Les Maisons du Parc : secteur du Valbonnais - 38740 Entraigues - 04 76 30 20 61 ; secteur de l'Oisans - 38520 Le Bourg-d'Oisans - 04 76 80 00 51.

Parc naturel régional des Bauges – Maison du Parc - 73630 Le Châtelard - 04 79 54 86 40 - www.pnr-massif-bauges.fr.

Parc naturel régional du Vercors – Maison du Parc - 255 ch. des Fusillés - 38250 Lans-en-Vercors - 04 76 94 38 26 - www.pnr-vercors.fr.

Parc naturel régional de la Chartreuse – Maison du Parc - 38380 St-Pierre-de-Chartreuse - 04 76 88 75 20 - www.parc-chartreuse.net - www.chartreuse-tourisme.com.

SPÉLÉOLOGIE

La spéléologie reste une activité sportive encore marginale auprès du grand public du fait de l'apprentissage minutieux nécessaire à toute visite de cavité non aménagée. Cependant, en dehors des grottes alpines ouvertes au public et décrites dans la partie principale de ce guide, plusieurs sites sont accessibles à des profanes, à la condition qu'ils soient encadrés par des moniteurs membres de clubs de spéléologie.

La **Chartreuse** possède le plus long gouffre alpin avec un développement de 58 km sous l'Alpette.

Le **massif du Vercors** constitue un des hauts lieux de l'histoire de la spéléologie. Dans ce massif, les sites suivants offrent le cadre d'une journée passionnante d'initiation à l'exploration souterraine : les Goules Blanche et Noire, le porche de la grotte de Bournillon, le scialet de Malaterre (près de Villard-de-Lans), le Trou qui souffle (accès à un gouffre sec) près de Méaudre, la grotte de la Cheminée, les scialets d'Herbouvilly.

La **grotte du Gournier** (située au-dessus de la grotte de Choranche) présente un intérêt particulier pour le néophyte en spéléo par la diversité des techniques mises en œuvre lors de la visite encadrée et la relative facilité de la progression uniquement horizontale dans une galerie fossile.

La **Savoie**, quant à elle, recèle plus de 2 000 grottes répertoriées où, hiver comme été, la température moyenne avoisine 4 °C. Les gouffres les plus élevés se situent en Vanoise à Pralognan et Tignes (3 000 m). En Haute-Savoie,

---

Quelques règles de bonne conduite dans les réserves naturelles

- Emportez vos détritus dans votre sac à dos.
- Ne cueillez pas les plantes.
- Tenez votre chien en laisse (Parcs et réserves les interdisent parfois, vous renseigner avant le départ).
- Respectez une distance raisonnable avec les animaux pour éviter de les effrayer.
- Les alpages sont des lieux de tranquillité mais parfois privés. Passez en respectant quelques règles de bonne conduite (chien en laisse, barrière de clôture refermée derrière vous, etc.).
- Suivez les sentiers balisés, évitez les raccourcis facteurs d'érosion et de dégradation des sols.

le gouffre Jean-Bernard a longtemps détenu le record de profondeur atteinte avec – 1 600 m.
Fédération française de spéléologie – 28 r. Delandine - 69002 Lyon - ☎ 04 72 56 09 63 - www.ffspeleo.fr.

SPORTS AÉRIENS

Le vol libre a trouvé dans les Alpes une aire de jeux exceptionnelle. Il existe une centaine de sites de vol libre répartis dans les trois départements. De nombreuses stations estivales, grâce aux facilités d'accès aux sommets, offrent de larges possibilités d'évolution et des stages de pratique. Parmi les plus actives, les Saisies, au Signal de Bisanne, et l'Alpe-d'Huez, en bordure du massif de la Chartreuse St-Hilaire, sont des références. Chamonix demeure un haut lieu du parapente, soumis à des restrictions en juillet et août sur les versants du Mont-Blanc. Le Vercors, par ses multiples combes bien orientées, dispose de terrains de prédilection pour s'initier en douceur aux vols. Deux sites remarquables de cette région sont à mentionner : le Cornafion, près de Villard-de-Lans (vol de 500 m, accès interdit en mai et juin pour la protection de la faune) et le Moucherotte, avec atterrissage à Lans-en-Vercors.

Parapente au col de la Forclaz.

Comment débuter ?

Pour limiter les risques d'accident et les déconvenues, il est vivement recommandé d'aborder cette pratique en s'inscrivant dans une école agréée par la FFVL. La Fédération fournit la liste à jour des centres (également sur Minitel, 3615 FFVL). Après un premier test en vol biplace, on devient autonome au terme d'un stage d'une semaine où l'on acquiert les connaissances de base en aérologie et météorologie, permettant de mieux appréhender les conditions naturelles optimales d'envol, seules garantes d'une limitation des risques inhérents à cette activité. Ensuite, la mise en pratique s'effectue par une vingtaine de vols radioguidés par un moniteur au sol.

Les pratiques

Le vol libre regroupe les disciplines traditionnelles du parapente et du deltaplane auxquels se sont joints récemment le cerf-volant et le kite.

Parapente – L'héritier du parachute a été conçu dans sa forme actuelle en 1985 après une longue évolution. Sa structure en alvéoles permet au pilote de moduler son parcours en suivant les courants ascendants pour un vol thermique ou en utilisant les vents pour un vol dynamique.

Deltaplane – Cette aile rigide de forme triangulaire est autoportante et le pilotage s'effectue grâce au déplacement du centre de gravité par rapport au centre de portance de l'aile delta. Elle a connu, entre 1970 et 2000, une remarquable évolution.

Cerf-volant – Rangé il y a peu encore au rayon des jouets pour enfants, le cerf-volant fait un retour remarqué dans les loisirs. Plusieurs types de cerfs-volants existent : le monofil ou cerf-volant statique qui peut prendre toutes les formes, le cerf-volant acrobatique pour les sports de plein air, le cerf-volant de combat, et le cerf-volant de course.

Le kite – C'est la dernière mode en matière de nouvelles glisses. Amarré à un cerf-volant, les « rideurs » filent indifféremment sur l'eau, la neige ou la terre.

Se renseigner

Le **Comité régional de tourisme** diffuse une plaquette « Parapente » répertoriant 21 sites d'envol.
Fédération française de vol libre – 4 r. de Suisse - 06000 Nice - ☎ 04 97 03 82 82 - www.ffvl.fr.

SPORTS D'EAUX VIVES

La pratique des activités sportives d'eaux vives connaît un succès croissant. Le réseau hydrographique dense fait des Alpes un terrain de prédilection. Les bases de loisirs nautiques rassemblent des organismes qui proposent un large éventail d'animations de groupes et fournissent l'équipement spécialisé propre à chacune de ces activités.

Les comités départementaux de tourisme fournissent la liste à jour très complète de tous les organismes proposant des activités d'eaux vives. Vous retrouverez certains de ces organismes dans nos carnets pratiques.

À FAIRE ET À VOIR

Le rafting

C'est le plus accessible des sports d'eaux vives. Il s'agit d'effectuer la descente de rivières à fort débit dans des radeaux pneumatiques de 6 à 8 places, maniés à la pagaie et dirigés par un moniteur-barreur installé à l'arrière. Le caractère très simple de la technique a contribué à la popularité de ce sport où la solidarité fait la réussite de la descente. L'équipement isotherme et antichoc est fourni par le club prestataire.

La pratique du rafting est conseillée à la période de la fonte des neiges (d'avril à juin) et pendant l'été sur les rivières à débit important. Les Alpes constituent le « royaume » du rafting. Dans la partie nord du massif, on retient la haute Isère (entre Bourg-St-Maurice et Centron – classe III) et pour les plus aguerris le Doron de Bozel dans la Vanoise (entre Brides-les-Bains et Moûtiers – classes IV et V), le Giffre et les Dranses de Savoie.

Baptême de raft – Le profane, qui aura pris soin de réserver à l'avance, sera envahi par un soupçon d'appréhension en arrivant à la base d'eaux vives. Les étapes préparatoires s'enchaînent : certifier que l'on sait nager, endosser la combinaison Néoprène, puis présentation du **barreur** (moniteur) et briefing avec ses premières instructions. Les six **rafteurs** (clients) se saisissent ensuite de l'embarcation par la **ligne de vie** (corde qui ceinture le raft) pour la mise à l'eau. Si le niveau de l'eau et celui des pratiquants le permettent, le barreur exécutera (plus ou moins volontairement) un spectaculaire **pop-corn** (seul le barreur reste à bord, les rafteurs ayant été éjectés), qui sera immortalisé par le photographe de service… Émotion garantie !

Le canoë-kayak

Le **canoë** (d'origine canadienne) se manie avec une pagaie simple. C'est l'embarcation pour la promenade fluviale en famille, à la journée en rayonnant au départ d'une base, ou en randonnée pour la découverte d'une vallée à son rythme.

Le **kayak** (d'origine esquimaude) est utilisé assis et se déplace avec une pagaie double. Les lacs alpins et les parties basses des cours d'eau offrent un vaste choix : le Giffre, le Chéran, l'Arly, le Doron de Bozel, les Guiers Vif et Mort et l'Isère (Les Arcs). Les bases de loisirs d'eaux vives citées accueillent également des écoles de canoë-kayak gérées par la Fédération française de canoë-kayak.

Descente en rafting.

Fédération française de canoë-kayak – 87 quai de la Marne - 94344 Joinville-le-Pont - ✆ 01 45 11 08 50 - www.ffcanoe.asso.fr. La Fédération édite avec le concours de l'IGN une carte *Les rivières de France* avec tous les cours d'eau praticables.

L'hydrospeed (ou nage en eaux vives)

Cette forme très sportive de descente à la nage des torrents exige une maîtrise de la nage avec palmes et une bonne condition physique. Elle se pratique équipé d'un casque et d'une combinaison, le buste appuyé sur un flotteur caréné très résistant (l'hydrospeed).

Le canyoning

La technique du canyoning emprunte à la fois à la spéléologie, à la plongée et à l'escalade. Il s'agit de descendre, en rappel ou en saut, le lit de torrents dont on suivra le cours au fil des gorges étroites (cluses) et cascades. L'été est la saison la plus propice à la pratique de cette activité. La température de l'eau est alors supportable et le débit des torrents moyen. Mais l'état de la météo reste toutefois déterminant pour une sortie, car la prévision des orages en amont conditionne le passage de certaines cluses et l'état des vasques (qui peuvent rapidement se remplir d'alluvions). Dans tous les cas, un départ matinal s'impose – les orages ont lieu plutôt dans l'après-midi – afin de pouvoir surmonter les incidents de parcours même mineurs (corde coincée, amarrage à refaire, légère foulure après un saut) qui peuvent prendre une importance capitale dans l'environnement particulier d'un canyon.

◉ **Bon à savoir avant de débuter** – Deux techniques de déplacement sont particulièrement utilisées : le **toboggan** (allongé sur le dos, bras croisés) pour glisser sur les dalles lisses et le **saut** (hauteur moyenne 8 à 10 m), plus délicat, où l'élan du départ conditionne la bonne réception dans la vasque. Il est impératif d'effectuer un sondage de l'état et de la profondeur de la vasque avant tout saut. L'initiation débute par des parcours n'excédant pas 2 km, avec un encadrement de moniteurs. Ensuite, il demeure indispensable d'effectuer les sorties avec un moniteur sachant « lire » le cours d'eau emprunté et connaissant les particularités de la météo locale. De même, le respect de l'environnement traversé reste le garant d'une activité pleinement acceptée par les riverains des torrents.

Les sites – La vallée d'Abondance en Savoie, en haute Maurienne, La Norma et Valfréjus (parcours « Indiana Jones »), et en Vercors, le canyon des Écouges et les gorges du Furon sont les principaux sites aisément praticables. Mais dans toutes les Alpes, les bureaux de guides disposent de moniteurs brevetés et dispensent volontiers les conseils, fruits d'une longue pratique.

Fédération française de la montagne et de l'escalade -8-10 Quai de la Marne - 75019 Paris - 01 40 18 75 50 - www.ffme.fr.

SPORTS D'HIVER

L'ensemble du massif alpin demeure le domaine de prédilection de tous les sports de neige. Si les techniques traditionnelles ne perdent pas de terrain (ski de fond, ski alpin, télémark, raquettes), elles bénéficient en revanche de nouveaux matériels qui facilitent leur pratique. Parallèlement se développent les sports de glisse. Sous cette étiquette sont regroupés pêle-mêle le snowboard, le freestyle, le snowbike, etc.

Les techniques

Le ski alpin (ou de descente) – Le plus populaire de tous, il offre les formes les plus diverses de descente que pratiquement toutes les stations alpines proposent. Les Jeux olympiques de 1924 lui ont apporté la consécration, et Émile Allais en 1931, avec sa méthode française, lui donna sa forme actuelle.

Il se pratique principalement sur des **pistes balisées** (de vertes à noires) même si le **hors-piste**, parfois dangereux, rencontre un grand succès. Les skieurs doivent être chevronnés et fréquentent les secteurs non balisés sous leur propre responsabilité. Là aussi, la présence d'un guide ou moniteur connaissant bien les zones dangereuses est vivement conseillée. Certaines stations proposent pour cette pratique des terrains non balisés mais surveillés.

Le ski de fond (ou ski nordique) – Technique idéale pour les terrains peu accidentés, elle demande des skis longs et étroits et des chaussures basses fixées uniquement par l'avant. Cette activité, quoique sportive, peut être pratiquée à tout âge au rythme convenant à chacun. Les domaines importants ont souvent un damage adapté pour deux techniques bien différentes : le traditionnel pas alternatif et le skating, ou pas du patineur.

Les grandes stations offrent fréquemment un petit réseau de pistes dans la partie basse des versants skiables. Mais les adeptes préféreront des massifs moins élevés comme le Vercors ou le val d'Abondance qui se prêtent particulièrement bien au ski de fond pour lequel un aménagement spécifique a été créé (balisage particulier, refuges et haltes, etc.).

Le ski de randonnée (ou de haute montagne) – Le ski de randonnée combine la technique du ski de fond en montée et celle du ski alpin en descente. Toutefois, rappelez-vous que vous évoluez dans un domaine hors-piste et que, dès lors, quelques règles de sécurité sont à respecter : une bonne connaissance de l'itinéraire et de la météo est primordiale, avoir un matériel adapté est indispensable (Arva, pelle, sonde, boussole et carte détaillée du secteur).

Si vous êtes novice, prenez l'attache d'un guide de haute montagne qui vous fera découvrir en toute sérénité les plaisirs de cette activité. À la journée ou sur plusieurs jours, les Alpes et les Préalpes offrent de multiples possibilités pour les passionnés d'espaces vierges.

Les grands classiques dans les Alpes du Nord regroupent la **Grande Traversée des Alpes** (GTA) qui du lac Léman suit le tracé du GR 5 jusqu'à la Méditerranée, **la Haute Route Chamonix-Zermatt**, les **Dômes de la Vanoise** et le **haut Beaufortain**.

D'autres formes de glisse

Monoski – Exige un grand sens d'équilibre du buste car les deux pieds sont sur le même ski orientés vers la pente. Il se pratique essentiellement sur les terrains du hors-piste. Premier équipement lié à un concept de glisse moderne, il apparaît dans les années 1960, mais est vite dépassé par le snowboard. Depuis quelques années, il revient en force chez les freeriders *(voir ci-après)* amoureux des espaces sauvages et de liberté.

- Association française de monoski – Les Verdoux - 38250 Villard-de-Lans - http://monoski.free.fr.

Régalez-vous
à petits prix!

Découvrez les bonnes petites tables du guide MICHELIN

Ces 500 restaurants, distingués par un «Bib Gourmand» dans le guide Michelin France, vous proposent un menu complet (entrée + plat + dessert) de qualité à moins de 28 € en Province, et 35 € à Paris.

www.cartesetguides.michelin.fr

MICHELIN
Une meilleure façon d'avancer

ORGANISER SON VOYAGE

Raquettes à neige – Autrefois réservées aux aficionados de la chasse en hiver, c'est aujourd'hui un moyen de découvrir une montagne vierge de remontées mécaniques. Ces grandes semelles qui permettent de marcher sur la neige sans s'y enfoncer demandent cependant une petite initiation avant un départ pour une randonnée. Seuls les sentiers balisés dans les stations sont accessibles sans danger. Si vous souhaitez vous aventurer dans des espaces sauvages, laissez-vous guider par un accompagnateur de moyenne montagne et, comme pour toute pratique sportive, ne négligez ni votre entraînement ni votre équipement et encore moins les règles de sécurité.

Randonnée en raquettes au col des Aravis.

Snowboard – Après avoir fait son entrée aux Jeux olympiques en 1998, la pratique du snowboard a conquis un large public. L'équipement se compose d'une planche, d'une paire de fixations qui varient selon les pratiques, et de chaussures adaptées (boots). Le snowboard exige du surfeur en position asymétrique (le skieur est en position symétrique) souplesse et équilibre. Les blessures aux bras et poignets sont les plus fréquentes surtout chez les débutants. Il est conseillé de porter des protections adaptées. Le snowboard évolue sans cesse. Réservé tout d'abord à la neige profonde car dépourvu de carres, il a ensuite gagné les pistes puis s'est scindé en trois grandes branches : le **freeride** désigne la descente en hors-piste dans des environnements naturels ; l'alpin est utilisé pour les compétitions de slalom et de géant.

Le **freestyle** est le snowboard de figures, issu directement des sports urbains tels que le skateboard ; il se pratique dans les snowparks des stations. À mi-chemin entre l'alpin et le freestyle, le **boardercross** est une course de vitesse sur un terrain mouvementé.

Ski de bosses – Inscrit aux Jeux olympiques d'Albertville, il consiste à dévaler des pentes en maintenant son alignement sur une succession de bosses (les goulettes). C'est une bonne initiation au ski hors-piste.

Ski-joering – Cette ancienne pratique des pays scandinaves est arrivée assez récemment en France : il s'agit de « ski tracté » par un cheval ou des chiens de traîneau. On peut s'initier à cette activité dans de nombreuses stations, notamment en Savoie.
- Comités départementaux d'équitation et de tourisme équestre en Savoie - www.chevalsavoie.fr.

Télémark – Le télémark, inventé en 1868 par un Norvégien, est la base du ski actuel. La technique de virage télémark est caractérisée par la génuflexion permise par le talon libre (décollé). Le télémark est redevenu un sport jeune et fun pratiqué par des skieurs de tous âges.
- Association française de télémark - FFS - 50 r. des Marquisats - BP 2451 - 74011 Annecy - 04 50 51 40 34 - www.ffs.fr.

Assurances et forfaits

La licence Carte neige est la licence de la Fédération française de ski (FFS). Elle permet de bénéficier d'une assurance et d'une assistance complètes en cas d'accident de ski (toutes disciplines). On peut se la procurer en adhérant à un club affilié à la FFS. S'adresser au siège de la Fédération – 50 r. des Marquisats - BP 2451 - 74011 Annecy Cedex - 04 50 51 40 34 - www.ffs.fr.

Les stations de sports d'hiver

Les Alpes du Nord sont riches en stations de toutes sortes. À côté des grandes vedettes internationales comme Tignes, Courchevel, Méribel ou Chamonix, il existe de nombreuses stations familiales qui ont conservé leur caractère villageois. La conception des stations a évolué avec le développement de la pratique du ski.

Les premières s'étaient greffées à des villes ou villages traditionnels comme Morzine, Megève, puis on a recherché les bonnes pentes enneigées et les stations sont montées vers les alpages : Val-d'Isère, l'Alpe-d'Huez, les Deux-Alpes. Après la guerre se sont développées les stations planifiées comme Courchevel, Chamrousse, Tignes, puis encore plus récemment les stations conçues dans leur ensemble par un seul promoteur : Les Arcs, Avoriaz, Les Menuires, Val-Thorens, Flaine.

Les remontées mécaniques sont installées de plus en plus haut, élargissant un domaine skiable souvent commun à plu-

À FAIRE ET À VOIR

sieurs stations. Dans certaines stations (L'Alpe-d'Huez, Val-d'Isère, Tignes, Les Deux-Alpes, Val-Thorens), elles parviennent aux neiges éternelles permettant la pratique du ski d'été.

Les grands domaines sont accessibles par des « ski-pass » permettant de skier indistinctement sur plusieurs domaines reliés ou non par télécabines.

Association des stations françaises de sports d'hiver-Ski France – L'Association publie un guide d'hiver et un guide d'été gratuits disponibles sur demande : 9 r. de Madrid - 75008 Paris - ✆ 01 47 42 23 32 - www.skifrance.fr.

Les domaines skiables

Le domaine skiable est entendu comme l'ensemble des pistes auxquelles vous avez accès à partir d'une station. Il faut distinguer domaines reliés (Portes du Soleil par exemple) et domaines skiables accessibles avec un seul forfait, mais non reliés entre eux. C'est le cas pour les stations des pays du Mont-Blanc. Si un ski-pass vous donne accès à toutes leurs remontées, il vous faudra vous déplacer en voiture ou en bus d'une station à l'autre.

Les Aravis – Saint-Jean-de-Sixt, La Clusaz, Le Grand-Bornand, Manigod.
Les Deux-Alpes – La Grave, la Meije, Les Deux-Alpes, Vénosc-Vénéon.
Espace Les Arcs – Les Arcs, la Plagne et Peisey-Nancroix.
Espace Diamant – Crest-Voland, Cohennoz, Praz-sur-Arly, les Saisies, Flumet, N.-D.-de-Bellecombe.
Espace Killy – Tignes et Val-d'Isère.
Espace San Bernardo – Séez-Saint-Bernard, La Rosière.
Évasion Mont-Blanc – Combloux, La Giettaz, Megève, St-Gervais, St-Nicolas-de-Véroce, Les Contamines-Montjoie, Les Houches.
Grand Domaine – Saint-François-Longchamp, Valmorel, Doucy-Combelouvière.
Le Grand Massif – Les Carroz-d'Arâches, Flaine, Morillon, Samoëns et Sixt-Fer-à-Cheval.
Les Grandes Rousses – Allemont, l'Alpe-d'Huez, Auris-en-Oisans, Oz-en-Oisans, Vaujany et Villard-Reculas.
Paradiski – La Plagne, Plagne-Montalbert, les Arcs/Bourg-Saint-Maurice, Peisey-Vallandry, Champagny-en-Vanoise, Montchavin-les-Coches, Villaroger.
Les Portes du Soleil – Abondance, Avoriaz, La Chapelle-d'Abondance, Châtel, Les Gets, Montriond et Morzine, Saint-Jean-d'Aulps et en Suisse : Champéry, Morgins, Torgon, Val d'Illiez.

Savoie Grand Revard – La Féclaz, le Revard, Saint-François-de-Sales.
Les Sybelles – Les Bottières-Jarrier, Saint-Colomban, Saint-Alban-des-Villards, La Toussuire, Le Corbier, St-Jean-d'Arves, St-Sorlin-d'Arves.
Les Trois-Vallées – Les Menuires, Courchevel, Val-Thorens, La Tania, Méribel et St-Martin-de-Belleville, Brides-les-Bains, Orelle.
Vallée Verte – Saint-Jean d'Aulps, Bellevaux, Hirmentaz, les Habères.
Valloire/Valmeinier – Valloire, Valmeinier.

Les stations de ski d'été

Les amateurs de ski pourront conjuguer la glisse et les activités estivales dans cinq domaines :
– **L'Alpe-d'Huez** *(de déb. juil. à mi-août sur le glacier de Sarennes, 3 000 m)* ;
– **Les Deux-Alpes** *(de mi-juin à déb. sept. sur le glacier de Mont-de-Lans, 3 420 m)* ;
– **La Plagne** *(juil.-août sur le glacier de Bellecôte, 3 416 m)* ;
– **Tignes** *(juil.-août sur le glacier de la Grande Motte, 3 430 m)* ;
– **Val-Thorens** *(juil.-août, sur le glacier du Péclet, 3 400 m)*.

Station et télécabine de Val-Thorens.

Les stations offrent des séjours à des prix très avantageux lors des vacances de printemps où l'on prend le risque de manquer de neige, mais pas d'air pur et d'activités sportives ou ludiques.

Les stations olympiques pour tous

À l'issue des Jeux olympiques d'hiver de 1992, les installations sportives olympiques ont été pour la plupart ouvertes au public. Ainsi, les stations suivantes proposent des initiations originales :
Les Arcs permettent d'essayer le stade olympique et organisent des descentes chronométrées (kilomètre lancé).
Courchevel organise des visites guidées du stade olympique (pistes de saut et du tremplin haut de 120 m).

ORGANISER SON VOYAGE

STATIONS	Altitude de la station	Altitude au sommet	Stations associées (1)	Altiport	Remontées mécaniques	Ski nocturne	Km de pistes	Ski de fond	Km de pistes balisées	Patinoire	Piscine chauffée	Ski d'été
L'Alpe-d'Huez	1 860	3 330	OI	●	84	●	248	🏃	50	●	🏊	
Les Arcs	1 600-2 000	3 226	PI		45	●	200	🏃	20	●	🏊	
Arêches-Beaufort	1 080	2 300			15		51	🏃	35			
Auris-en-Oisans	1 600	2 200	OI		15	●	45	🏃	8			
Aussois	1 500	2 750	HM		11	●	55	🏃	35			
Autrans	1 050	1 650			11	●	18	🏃	160			
Avoriaz	1 800	2 277	PS		36		75	🏃	45	●		
Bernex	1 000	2 000			13			🏃	7,5			
Bessans	1 750	2 200	HM		3		5	🏃	80			
Bonneval-sur-Arc	1 800	3 000	HM		11		25			●		🪂
Les Carroz-d'Arâches	1 140	2 500	GM		46	●	140	🏃	35	●		
Chamonix	1 035	3 300	SK		47	●	155	🏃	42	●	🏊	
Chamrousse	1 650	2 250			27	●	92	🏃	41			
La Chapelle-d'Abondance	1 000	2 433	PS		18		75	🏃	37			🪂
Châtel-Super Châtel	1 100	2 200	PS		58	●	130	🏃	57	●		
La Clusaz	1 100	2 600			55	●	128	🏃	70	●	🏊	
Combloux	1 100	1 930	SK		36	●	100	🏃	6			
Les Contamines-Montjoie	1 164	2 500	SK		24	●	120	🏃	26	●		
Le Corbier	1 550	2 420			71		310	🏃	28	●		
Cordon	1 050	1 600	SK		6		11			●		
Courchevel	1 100-1 850	2 738	TV	●	63	●	150	🏃	66	●	🏊	
Crest-Voland	1 230	1 650	ED		16	●	35	🏃	7			
Les Deux-Alpes	1 650	3 520	OI		48	●	220	🏃	5	●	🏊	🪂
Flaine	1 600	2 500	GM		29		265	🏃	17	●	🏊	
Flumet	1 000	2 070	ED		11		30	🏃	5			
Les Gets	1 172	2 002	PS		48	●	110	🏃	17	●		
Le Grand-Bornand	1 000	2 100			39	●	88	🏃	62	●		
La Grave-Villar-d'Arène	1 450	3 550			4		HP	🏃	20			
Les Houches	1 000	1 860	SK		17	●	55	🏃	10	●		
Les Karellis	1 600	2 520			17	●	65	🏃	30			
Lans-en-Vercors	1 400	1 807			12		30	🏃	70			
Megève	1 113	2 350	SK	●	79	●	325	🏃	43	●	🏊	
Les Menuires	1 850	2 850	TV		33	●	160	🏃	28	●	🏊	
Méribel-les-Allues	1 450	2 950	TV	●	57	●	150	🏃	33	●	🏊	
Morzine	1 000	2 466	PS		49	●	107	🏃	117	●		
La Norma	1 350	2 750	HM		20	●	65					
N.-D.-de-Bellecombe	1 150	2 070			19	●	70	🏃	8			
Peisey-Vallandry	1 600	3 250	PI		54	●	200	🏃	43		🏊	
La Plagne	1 250	3 250	PI		86		225	🏃	22	●		
Pralognan	1 410	2 355			14	●	32	🏃	27	●	🏊	

À FAIRE ET À VOIR

STATIONS	Altitude de la station	Altitude au sommet	Stations associées (1)	Altiport	Remontées mécaniques	Ski nocturne	Km de pistes	Ski de fond	Km de pistes balisées	Patinoire	Piscine chauffée	Ski d'été
Praz-sur-Arly	1 036	2 060			12		60	ski	10			
La Rosière	1 850	2 650			38		150	ski	6			
St-François-Longchamp	1 450	2 550			16		65					
St-Gervais-les-Bains	1 400	2 350	SK		36		130	ski	28	•	▣	
St-Jeoire-les-Brasses	900	1 600			14	•	50	ski	50			
St-Pierre-de-Chartreuse	900	1 789			20	•	35	ski	50			
St-Sorlin-d'Arves	1 500	2 620			20		120	ski	20			
Les Saisies	1 650	2 070	ED		29		62	ski	140			
Samoëns	1 600	2 500	GM		76	•	265	ski	76	•		
Le Sappey-en-Chartreuse	1 000	1 370			5		15	ski	42			
La Tania	1 400	2 740	TV		60		150	ski	36			
Termignon	1 300	2 500	HM		6		35	ski	15			
Thollon	1 000	2 000			16		52	ski	6			
Tignes	2 100	3 500	EK		47		300	ski	40			⛷
La Toussuire	1 800	2 600			22		47	ski	28	•	▣	
Val-Cenis	1 400	2 800	HM		20		80	ski	8	•	▣	
Valfréjus	1 550	2 737			13		65	ski	2	•		
Val-d'Isère	1 850	3 456	EK		90		300	ski	44	•	▣	⛷
Valloire	1 430	2 600		•	34		150	ski	10	•		
Valmorel	1 400	2 550			36		95	ski	20			
Val-Thorens	2 300	3 230	TV		49		150					
Villard-de-Lans	1 111	2 050			27		125	ski	130	•	▣	

(1) ED = Espace Diamant
EK = Espace Killy
GM = Grand Massif
HM = Stations de haute Maurienne
HT = Stations de haute Tarentaise

OI = Oisans - Les Grandes Rousses
PI = Paradiski
PS = Portes du Soleil
SK = Ski-pass Mont-Blanc
TV = Trois-Vallées

La Plagne propose sur sa piste de bobsleigh des descentes en taxibob et en skeleton (à plat ventre dans une luge, tête en avant), et des stages de pilotage de bobsleigh et de bobraft.

Pralognan offre des possibilités de s'initier au curling.

Val-d'Isère permet d'approcher le ski de compétition dans le cadre même où se déroulèrent les épreuves olympiques sur la face de Bellevarde avec ses 1 000 m de dénivelée ; des descentes encadrées par des moniteurs sont organisées.

Tignes ouvre au public son stade de bosses à des stages d'initiation.

Les avalanches

Le superbe spectacle des évolutions des skieurs et randonneurs sur de magnifiques espaces de neige ne doit pas faire oublier les dangers toujours présents d'avalanches, naturelles ou déclenchées par le déplacement du skieur. Les **bulletins Neige et Avalanche** (BNA), affichés dans chaque station et lieu de randonnée, avertissent des risques et doivent être impérativement consultés avant tout projet de sortie. Pour affiner l'information auprès des adeptes du « hors-piste », de la randonnée nordique ou en raquettes, particulièrement exposés, une nouvelle échelle de risques a été établie.

ORGANISER SON VOYAGE

Signalisation pour la sécurité des skieurs

Sur les pistes de ski, respectez la signalisation et les interdictions affichées :

NON !
Nous n'avons besoin de rien.

OUI !
Nous demandons de l'aide.

Danger d'avalanche généralisé.

Danger d'avalanche localisé.

Échelle des risques d'avalanche

1 – **Faible** : un manteau neigeux bien stabilisé n'autorise que des coulées et de rares avalanches spontanées sur des pentes très raides.

2 – **Limité** : pour un même état neigeux que précédemment, des déclenchements peuvent se produire par « forte surcharge » (passage de nombreux skieurs ou randonneurs) sur des sites bien déterminés.

3 – **Marqué** : avec un manteau neigeux modérément stabilisé, les avalanches peuvent être déclenchées par des personnes isolées sur de nombreux sites ; les risques 4 d'avalanches spontanées deviennent possibles.

4 – **Fort** : la faible stabilité de la couche neigeuse sur toutes les pentes raides rend les déclenchements d'avalanches très probables au passage d'individus ; les départs spontanés risquent d'être nombreux.

5 – **Très fort** : la grande instabilité de la couche neigeuse après de fortes chutes va multiplier d'importantes avalanches y compris sur des terrains peu raides.
Cette échelle précise le niveau de risque hors des pistes ouvertes et nécessite parfois d'être complétée par une information concernant la destination de la sortie.

THERMALISME

Les sources minérales et thermales

Elles sont nombreuses au pied des Préalpes et le long des massifs centraux, où de grandes déchirures du relief ont mis en contact les eaux souterraines avec des roches salifères et cristallines qui leur apportent des éléments chlorurés et sulfatés. Ces eaux sont utilisées contre les rhumatismes et les maladies de la peau sous forme de douches, et pour la gorge, la poitrine et les reins sous forme de boisson.

Le thermalisme alpin

Désormais accessible à tous, il a retrouvé la faveur qu'il connut auprès des Romains ou de sa clientèle mondaine et cosmopolite du 19e s.
Les stations thermales, tout particulièrement Aix-les-Bains et Évian, St-Gervais-les-Bains, La Léchère, Allevard et Brides-les-Bains, offrent, outre le traitement, la possibilité d'un séjour d'agrément grâce à leurs sites à proximité de lacs et de montagnes.
Chaîne thermale du soleil/Maison du thermalisme – 32 av. de l'Opéra - 75002 Paris - ✆ 01 44 71 37 00 ou 0 800 050 532 (appel gratuit) - www.sante-eau.com.
Union nationale des établissements thermaux – 1 imp. Cels - 75014 Paris - ✆ 01 53 91 05 75 - www.france-thermale.org.
Des informations complémentaires peuvent être obtenues sur le 3615 therm (guide des stations thermales), et sur le 3615 brides, pour la station de Brides-les-Bains.

TRAINS TOURISTIQUES

Chemin de fer de La Mure

De St-Georges-de-Commiers à La Mure, cet ancien chemin de fer minéralier franchit sur 30 km un nombre impressionnant d'ouvrages d'art et procure des vues uniques sur les gorges du Drac. Construit à partir de 1882 pour le transport de la houille, il conserva la traction à vapeur jusqu'au début du siècle. Actuellement, des locomotives électriques d'un modèle des années 1930 parcourent pour les visiteurs ce surprenant réseau. *Voir aux Lacs de Laffrey.*

Chemin de fer du Montenvers

À partir de la vallée de Chamonix, ce train dont la ligne a été ouverte en 1908 vous transporte au cœur du massif du Mont-Blanc sur le site du glacier de la mer de

À FAIRE ET À VOIR

Glace à 1 913 m d'altitude. Les Grandes Jorasses, les Drus et les Grands Charmoz, massives et abruptes parois bordent le plus grand glacier de France. Grotte de glace et jardin de glace sont accessibles par un sentier ou un téléphérique.

VISITES GUIDÉES

La plupart des villes proposent des visites guidées. Elles sont organisées toute l'année dans les grandes villes, en saison seulement dans les plus petites. Certaines organisent des visites à thème. Dans tous les cas, informez-vous du programme à l'office de tourisme et pensez à vous inscrire. En général, les visites ne sont pas assurées pour moins de quatre personnes et pendant les périodes estivales, les listes sont rapidement complètes.

Reportez-vous aussi à l'encadré pratique des villes, dans la partie « Découvrir les sites », où nous citons des visites qui ont retenu notre attention.

Visite Patrimoine

Ville et Pays d'art et d'histoire – Sous ce label décerné par le ministère de la Culture et de la Communication sont regroupés quelque 130 villes et pays qui œuvrent activement à la mise en valeur de leur architecture et de leur patrimoine. Dans ce réseau sont proposées des visites générales ou thématiques (1h30 ou plus), conduites par des guides-conférenciers et des guides du patrimoine des pays de Savoie agréés par le ministère. Renseignements auprès des offices de tourisme ou sur le site www.vpah.culture.fr.

Albertville, Annecy, Chambéry, Grenoble, la Maurienne et Tarentaise (pays de), Samoëns et vallée d'Abondance (pays de la) ont reçu le label Ville et Pays d'art et d'histoire.

La Facim – La Fondation pour l'action culturelle internationale en montagne a mis en place des circuits de visite thématiques : les chemins du Baroque pour découvrir les plus belles expressions baroques de la Savoie ; les Pierres fortes pour arpenter ces domaines militaires vertigineux aux frontières de l'Italie et de la France ; Terres des Alpes traverse des espaces peu connus dessinés par la main du paysan ; Archipels d'altitude s'intéresse aux stations de ski et à leur architecture innovante.

Facim – 81 pl. Saint-Léger 73000 Chambéry - ☎ 04 79 60 59 00 - www.savoie-patrimoine.com.

Savoir-faire traditionnels et industriels

Certains sites industriels encore en activité ou préservés offrent une occasion originale de découvrir autrement la région, à travers son savoir-faire traditionnel ou des techniques contemporaines.

Caves de la Chartreuse – 10 bd Edgar-Kofler - BP 102 - 38500 Voiron - ☎ 04 76 05 81 77 *(voir massif de la Chartreuse)*.

Coopérative laitière de haute Tarentaise – ZA des Colombières - 73700 Bourg-St-Maurice - ☎ 04 79 07 08 28 - www.fromagebeaufort.com.

Coopérative laitière du Beaufortain – 73270 Beaufort - ☎ 04 79 38 33 62 - www.cooperative-de-beaufort.com.

Eaux minérales d'Évian *(voir ce nom)*.

Musée Opinel de St-Jean-de-Maurienne *(voir ce nom)*.

Le Centre de culture scientifique technique et industrielle de Grenoble – La Casemate - pl. St-Laurent - ☎ 04 76 44 88 80 - www.ccsti-grenoble.org - le CCSTI Grenoble présente un programme d'activités mêlant expositions interactives, ateliers de découverte.

Hydrelec – Le Verney - 38114 Vaujany - ☎ 04 76 80 78 00 - www.musee-hydrelec.fr *(décrit à Route de la Croix-de-Fer)*.

La Mine-Image – 38770 La Motte-d'Aveillans - ☎ 04 76 30 68 74 - www.mine-image.com *(décrit aux Lacs de Laffrey)*.

Centrale hydroélectrique de La Bâthie – 73540 La Bâthie - ☎ 04 79 31 06 60 - visite guidée uniquement sur RV.

Sentiers à thème

Très en vogue ces dernières années, les sentiers à thème réconcilient la marche avec l'histoire naturelle ou humaine des lieux. Des panneaux explicatifs jalonnent des parcours en boucle conçus pour vous faire découvrir le patrimoine, la faune, la flore du pays. Le plus souvent très acces-

Détail du retable majeur de Bramans.

sibles, de courte durée, ils s'adaptent bien à une pratique familiale.

L'Espace Mont-Blanc a balisé 50 sentiers à thèmes (alpages, marais, lacs d'altitude, faune, industrie et vie quotidienne, agriculture, etc.) rassemblés dans un topoguide complet. *50 sentiers à thèmes dans l'Espace Mont-Blanc* – 175 r. Paul-Corbin - 74190 Chedde - ℘ 04 50 93 66 73 - www.espace-mont-blanc.com.

👁 **Bon à savoir** – Nous proposons de nombreux sentiers à thème dans la description des villes et des sites.

La destination en famille

Dans la partie « Découvrir les sites », le pictogramme 👬 signale les parcs, musées et autres attractions susceptibles d'intéresser les enfants. Les possibilités sont très nombreuses dans les Alpes, mais nous proposons une sélection dans un tableau page suivante.

LES LABELS

« P'tits Montagnards »

Les stations membres de l'association Ski France détentrices de ce label s'engagent à respecter les 7 points d'une charte de qualité. En résumé, il s'agit pour elles de tout mettre en œuvre afin de favoriser l'accueil des familles, la formation et la sécurité des enfants.

Une quarantaine de stations des Alpes du Nord ont obtenu le label. Pour les connaître et lire la charte, rendez-vous sur le site www.skifrance.com ou auprès des stations.

Stations Kid

Une seule station des Alpes du Nord (Avoriaz) porte le label Kid. Il garantit un accueil facilité pour les familles (hébergement, équipements, animations spécifiques pour chaque âge dont une garderie et un jardin de neige, pistes de luge, etc.)

Association nationale des Stations Kid – BP 139 - 59027 Lille Cedex - ℘ 03 20 14 97 87 - www.stationskid.com.

Famille Plus Montagne

Une trentaine de stations des Alpes du Nord ont obtenu ce label et se sont engagées à respecter les 9 points d'une charte de qualité. Le principe est de faciliter l'accueil des familles dans les stations de ski (garderie, jardin de neige, initiation au ski, pistes de luge, tarifs réduits, etc.). Pour plus d'informations et pour connaître les stations concernées, renseignez-vous sur le site www.skifrance.com.

SÉJOURS PÉDAGOGIQUES

En Haute-Savoie, la chambre d'agriculture propose des séjours-animations dans des fermes pédagogiques de découverte et des gîtes d'enfants : à Andilly, Cernex, et dans les Aravis, à Manigod, pour découvrir les techniques de fabrication du reblochon. Se renseigner à la chambre départementale d'agriculture de Haute-Savoie au ℘ 04 50 88 18 01 - www.fdsea74.com.

La plupart des stations de sports d'hiver disposent d'un centre animation-garderie sous l'appellation de « **Village d'enfants** » afin que ces derniers puissent goûter de leur côté, et sans risques, aux joies de la neige.

VILLES ET PAYS D'ART ET D'HISTOIRE

Le réseau des Villes et Pays d'art et d'histoire *(voir la rubrique Visites guidées)* propose des visites-découvertes et des ateliers du patrimoine aux enfants, les mercredis, samedis et durant les vacances scolaires. Ces activités sont également proposées en juillet-août, pendant la visite des adultes, dans le cadre de l'opération « L'Été des 6-12 ans ».

Que rapporter

Vous n'aurez pas de mal à trouver par vous-même les rues commerçantes des villes que vous parcourrez. Sachez néanmoins que les encadrés pratiques des sites décrits dans ce guide vous présentent quelques bonnes adresses.

Les Maisons des Parcs naturels proposent un choix intéressant de produits artisanaux.

L'ARTISANAT DU BOIS

Le travail du bois et en particulier la technique du tournage sur bois s'est implantée dans les Alpes dès le 12e s. Dans le Royans, tourneries-tabletteries produisent toujours objets et mobilier. La vaisselle en bois d'érable des Bauges s'orne de motifs traditionnels (cœur ou nœud de Savoie, rosaces, étoiles et cercles).

POTERIE, VANNERIE, TEXTILE

Dans le val d'Abondance, quelques sculpteurs réalisent encore les « colom-

À FAIRE ET À VOIR

👪 SITES OU ACTIVITÉS À FAIRE EN FAMILLE

Chapitre du guide	Nature	Musée	Loisirs
Massif des Aravis			Festival de théâtre jeune public « Au bonheur des mômes »
Annecy		Observatoire des lacs alpins	Plages du lac et bases de loisirs nautiques
Aussois	Via ferrata		
Vallée des Belleville	Ateliers nature en montagne		
Lac du Bourget			Plages et base de loisirs nautiques
Le Bourg-d'Oisans		Musée des Minéraux	
Chambéry		Musée archéologique d'Aoste	Plages du lac d'Aiguebelette
Chamonix	Parc animalier de Merlet	Musée des Cristaux	
Massif de la Chartreuse		Musée de l'Ours	
Les Deux-Alpes	Glacier du Mont-de-Lans		
Les Échelles Entre-Deux-Guiers	Les grottes des Échelles		
Évian-les-Bains	Visite des jardins d'eau du Pré-Curieux		Croisières sur le lac Léman
Grenoble		Muséum d'histoire naturelle Musée des Automates	
Lacs de Laffrey		Chemin de fer de La Mure	Plages et bases de loisirs nautiques
Massif du Mont-Blanc	Montée en tramway au glacier de Bionnassay		
Moûtiers			Base de loisirs du Morel
L'Oisans	Parc des Écrins		
La Plagne	Grotte de glace		
Pont-en-Royans		Musée de l'Eau	
Pralognan-la-Vanoise	Parcours Ouistitis en forêt		
Saint-Gervais en Valdaine		Château de Longpra	
Saint-Gervais-les-Bains			Base de loisirs du Pontet aux Contamines-Montjoie
Saint-Jean-de-Maurienne		Musée de l'Opinel	
Saint-Nazaire-en-Royans	Grotte préhistorique du Thaïs		
Saint-Pierre-en-Faucigny		Écomusée de la Combe de Savoie de Grésy	
Samoëns	Cirque du Fer-à-Cheval		
Thônes		Écomusée du Bois et de la Forêt	
Thonon-les-Bains		Écomusée de la pêche et du lac	Jeux de rôles à l'abbaye d'Aulps
Thorens-Glières		Château de Thorens	
Tignes	Le glacier de la Grande-Motte		
Le Trièves			Base de loisirs nautique du lac du Sautet
Massif de la Vanoise	Parc national de la Vanoise		
Vassieux-en-Vercors		Musée de la Préhistoire Musée de la Résistance	
Villars-de-Lans			La Tanière enchantée

bes » porte-bonheur taillées au couteau dans un morceau d'épicéa.

La poterie de terre vernissée se décline dans les tons de vert, brun et jaune. Le décor est essentiellement fait de points ou de motifs floraux. Des créateurs contemporains s'en inspirent largement dans leurs productions.

Benettes et banons en paille de seigle, casses-cous en osier, paniers à pomme de terre en ouable (clématite sauvage), le répertoire de la vannerie est méconnu.

La filature Arpin à Séez est la dernière entreprise à fabriquer le célèbre drap de Bonneval, porté par tous les alpinistes de la première moitié du 20ᵉ s.

Quelques artisans reproduisent encore les motifs traditionnels qui ornent les croix, bijoux apparus à la fin du 18ᵉ s. Elles varient d'une vallée à l'autre.

Il ne demeure dans cette partie des Alpes qu'une seule fonderie de cloche (Chamonix) et un seul bourrelier (Thônes) fabriquant les magnifiques colliers auxquels sont accrochées sonnailles et clarines.

POUR LA BONNE BOUCHE

Les chambres d'agriculture proposent des points de dégustation de produits locaux dans des chalets situés sur les sites touristiques et dans les coopératives laitières et viticoles.

Les fromages

La Savoie est indissociable des multiples variétés de fromages bénéficiant de l'appellation AOC :
- le beaufort, prince des gruyères, est la plus ancienne AOC des Alpes. Il rentre dans la plupart des recettes de montagne. Une meule pèse autour de 40 kg ! À St-François-Longchamp, les chalets d'alpage au col de la Madeleine permettent d'assister à la fabrication du beaufort ;
- l'abondance, fromage à pâte pressée élaboré dans le val d'Abondance, supporte très bien un voyage non conditionné ;
- tomme de Savoie (fabriquée l'été en alpage, pâte molle à croûte épaisse et grisâtre) ;
- tome des Bauges (qui se différencie de la précédente non seulement par l'orthographe, mais par la croûte dite « aveugle », sans aspérités, et un goût fruité prononcé) ;
- bleu de Termignon (fromage bleu à pâte mi-molle, résistant mal à un long transport non réfrigéré !) ;
- reblochon de Savoie (c'est le fromage utilisé pour la tartiflette, gras à pâte molle) ;
- d'autres productions de fromages seront appréciées sur les lieux de production même : le tamié (abbaye de Tamié) ou le thollon (fabriqué dans la localité homonyme, fromage à pâte pressée cuite).

En Isère :
- la « tomme » de Belledonne ;
- le bleu de Vercors-Sassenage ;
- le saint-marcellin, tomme molle au lait de vache.

On peut déguster et s'approvisionner dans les coopératives dont les adresses sont fournies par les chambres d'agriculture.

Vins, liqueurs et autres boissons

En Savoie, deux itinéraires découverte permettent de déguster les crus des vignobles savoyards : le circuit dit « rouge » parcourt la Combe de Savoie depuis Chambéry par Apremont, Montmélian et Challes-les-Eaux ; le circuit dit « bleu » longe les rives du lac du Bourget et permet de découvrir les crus de Monthoux, Marestel et Jongieux.

La liste des coopératives proposant dégustations et vente est disponible auprès du Comité interprofessionnel des vins de Savoie – 3 r. du Château - 73000 Chambéry - ✆ 04 79 33 44 16 - aoc.vindesavoie@wanadoo.fr.

Les rives françaises du lac Léman sont reconnues pour leurs plats de fritures que l'on déguste avec un vin blanc local telle la roussette de Savoie, notamment à Excenevex, au port de Séchex, à Amphion-les-Bains, etc.

De nombreuses **liqueurs** et **apéritifs** peuvent également constituer d'appréciables et durables souvenirs : génépi des Alpes, Chartreuse et ses variantes, Cherry-Rocher, Chambéryzette, vermouth ; liqueurs à l'ancienne de la distillerie Salettina à Corps en Isère.

Le **Mont Corbier** est une liqueur digestive (aux herbes aromatiques) produite à St-Jean-de-Maurienne.

Affinage du reblochon.

Avec les Cartes et Guides Michelin, donnez du relief à vos voyages

Avec les cartes Michelin, choisissez la route de vos vacances.
Avec le guide vert et les guides Voyager Pratique, découvrez notre dernière sélection des sites étoilés Michelin et les plus beaux itinéraires.
Avec le guide MICHELIN, dans toutes les catégories de confort et de prix, savourez les bonnes adresses.

www.cartesetguides.michelin.fr

MICHELIN
Une meilleure façon d'avancer

ORGANISER SON VOYAGE

Sans alcool, l'**Antésite** est une boisson rafraîchissante fabriquée depuis 1898 à partir de racines de réglisse importées de Chine et du Pakistan. La fabrique se trouve à Voiron, mais l'on en trouve dans la plupart des grandes surfaces. Enfin, les **eaux d'Oriol**, à Cornillon-en-Trièves, sont les seules eaux minérales gazeuses des Alpes françaises.

Les douceurs

Malgré leur rudesse, les Alpes ne sont pas sans douceurs : sabayon (variante du gâteau transalpin *zabaglione*), cloches et roseaux d'Annecy (chocolats), les fameux biscuits de Savoie, sans oublier, parmi les préparations de desserts savoyardes : les rissoles aux poires. La noix de Grenoble est aussi la base de nombreuses confiseries mais se consomme seule tout l'hiver.

Le miel

La diversité des microclimats alpins se traduit par une grande variété de flore, à l'origine d'une apiculture abondante. Les miels de transhumance sont les plus recherchés. Parmi les appellations, citons le miel de Savoie (récolte de juillet à septembre) et le miel du Vercors, disponible dans le Parc régional. La chambre régionale d'agriculture Rhône-Alpes diffuse une documentation établie par l'Adra (Association régionale des apiculteurs).

Les événements

Janvier

- **Saint-Pierre-de-Chartreuse** – Traversée de Chartreuse - ℘ 04 76 88 62 08 - www.ski-alpin-chartreuse.com.
- **Valloire** – Concours international de sculptures sur neige et glace - ℘ 04 79 59 03 96.
- **Autrans** – La Foulée blanche - ℘ 04 76 95 37 37 - www.lafouleeblanche.com.
- **Villard-de-Lans** – Traversée du Vercors - ℘ 04 38 02 08 35 - www.traverseeduvercors.fr.
- **Les Houches** – Le Kandahar, compétition internationale de ski alpin de descente - ℘ 04 50 53 11 57 - www.chamonixworldcup.com.
- **Megève** – Internationaux de polo sur neige (mi-janv.) - ℘ 04 50 21 27 28 - www.megeve.com.
- **Bessans** – Marathon international de ski de fond - ℘ 04 79 05 96 52 - www.marathondebessans.com.
- **Champagny-en-Vanoise** – Trophée Mer et Montagne - ℘ 04 79 55 06 55.
- **Praz-sur-Arly** – Semaine de l'air - ℘ 04 50 21 90 57.
- **Tignes** – Airwaves, festival des sports alternatifs et extrêmes - ℘ 04 79 40 04 40.
- **Saint-François-Longchamp** – Rencontres Handiski - ℘ 04 79 59 24 18.

Février

- **Les Menuires** – Trophée de l'espoir (manifestation de solidarité sportive) - ℘ 04 79 00 73 00 - www.lesmenuires.com.

Mars

- **Saint-Gervais** – Festival international d'humour - ℘ 04 50 47 76 08 - www.st-gervais.net.
- **Courchevel** – Les Musicimes, musique de chambre - ℘ 04 79 08 00 29 - www.courchevel.com.
- **Grenoble** – Foire de printemps - ℘ 04 76 39 66 00.
- **Arêches-Beaufort** – Compétition Pierra Menta - ℘ 04 79 38 37 57 - www.pierramenta.com.

Avril

- **La Grave** – Derby de la Meije - ℘ 04 76 79 90 05 - www.derbydelameije.com.
- **La Clusaz** – Défi Foly, course et waterslide - ℘ 04 50 32 65 00 - www.laclusaz.com.

Mai

- **Évian-les-Bains** – Escales musicales, musique classique - ℘ 04 50 26 85 00 - www.royalparcevian.com.
- **Aix-les-Bains** – Festival des nuits romantiques, musique classique - ℘ 04 79 88 68 00 - www.aixlesbains.com.
- **Chambéry** – Festival du 1er roman - ℘ 04 79 33 42 47 - www.festivalpremierroman.asso.fr

Juin

- **Chambéry** – Estivales du château des Ducs, musique, danse, théâtre et sculpture - ℘ 04 79 70 63 55 - www.chambe-aix.com.
- **Annecy** – Festival international du film d'animation - ℘ 04 50 10 09 00. - www.annecy.org.
- **Les Gets** – La Pass'portes, raid VTT - ℘ 04 50 75 80 80 - www.lesgets.com.

À FAIRE À VOIR

Juillet

Les Arcs – Académie Festival des Arcs, musique de chambre - ☎ 04 79 07 12 57 - www.lesarcs.com.

Montsapey – Festival des Arts jaillissants, musique classique - ☎ 04 79 36 29 24.

Les Gets – Festival de la musique mécanique (années paires), Festival du bois (années impaires) - ☎ 04 50 79 85 75 - www.lemuseedesgets.free.fr.

Les Adrets – Festival de l'arpenteur, spectacles vivants - ☎ 04 76 71 16 48 - scenes.obliques.free.fr.

Annecy – Les Noctibules, festival des arts de la rue - ☎ 04 50 33 44 00.

Les Arcs – Festival folklorique international de la haute Tarentaise - ☎ 04 79 07 12 57 - www.lesarcs.com.

Les Saisies – Fête du bois - ☎ 04 79 38 90 30 - www.lessaisies.com.

Valloire – Valloire Autrefois (fin juil.- déb. août) - ☎ 04 79 59 03 96 - www.valloire.net.

Aix-les-Bains – Festival de l'opérette - ☎ 04 79 88 09 99 - www.aix.operettes.fr.st.

Bourget-du-Lac – Grand feu d'artifice et Fête médiévale - ☎ 04 79 25 01 99 - www.bourgetdulac.com.

Aiguebelle – Festival d'été, jazz, musique classique, rencontres culturelles - ☎ 04 79 36 29 24 - www.ot-aiguebelle.com.

Combloux – Festival de l'architecture et de la décoration montagnarde - ☎ 04 50 58 60 49 - www.combloux.com.

Grenoble – Rencontres du jeune théâtre européen (déb. du mois) - ☎ 04 76 01 01 41 - www.crearc.fr.

Les Arcs – Fête de l'edelweiss (1re quinz. du mois) - ☎ 04 79 07 04 92 - www.lesarcs.com.

Grenoble – Festival du court métrage (déb. du mois) - ☎ 04 76 54 43 51.

Val-Thorens – Festival international d'échecs - ☎ 06 11 11 53 86 - www.promo-echecs.com.

Juillet-Août

L'Alpe-d'Huez – Concerts d'orgue, le jeudi à 20h30 - ☎ 04 76 11 44 44.

Chambéry – Soirées Rousseau aux Charmettes - ☎ 04 79 85 12 45 - www.chambery-tourisme.com.

Combloux – Les Heures musicales (tous les lun.) - ☎ 04 50 58 60 49 - www.combloux.com.

Cordon – Festival de musique baroque (8 j. pdt la 1re quinz. du mois) - ☎ 04 50 58 01 57 - www.cordon.fr.

La Rosière Montvalezan – Festival des Musifolies (dernière sem. de juil.- 1re sem. d'août) - ☎ 04 79 06 80 51 - www.larosiere.net.

Megève – Nuits d'été à Megève, festival de musiques (classique, jazz, salsa, baroque, gospel, etc.) - ☎ 04 50 21 27 28 - www.nuitsdete.megeve.com.

Aix-les-Bains – Navig'Aix - ☎ 04 79 88 68 00 - www.aixlesbains.com.

Août

Samoëns – Embrasement du lac aux Dames (le 4) - ☎ 04 50 34 40 28 - www.samoens.com.

Pralognan-la-Vanoise – Fête de l'alpe et des guides (déb. du mois) - ☎ 04 79 08 79 08 - www.pralognan.com.

Flumet – Foire aux mulets (1er mar. du mois) - ☎ 04 79 31 61 08 - www.flumet-montblanc.com.

Saint-Gervais – Fête des guides (déb. du mois) - ☎ 04 50 47 76 08 - www.st-gervais.net.

Val-d'Isère – Festival de musique et d'art baroque en Tarentaise - ☎ 04 79 06 06 60 - www.valdisere.com.

Chamrousse – Concours de bûcherons (1er w.-end du mois) - ☎ 04 76 89 92 65 - www.chamrousse.com.

Le Grand-Bornand – Au bonheur des mômes, 1er festival européen de théâtre Jeune public - ☎ 04 50 02 78 00 - www.aubonheurdesmomes.com.

La Clusaz – Fête du reblochon (mi-août) - ☎ 04 50 32 65 00 - www.laclusaz.com.

Châtel – La « Belle Dimanche », fête des alpages (3e dim. du mois) - ☎ 04 50 73 22 44.

Flumet – Fête de l'attelage - ☎ 04 79 31 61 08 - www.flumet-montblanc.com.

La Rosière-Montvalezan, Séez-Saint-Bernard – Fête des bergers, fête traditionnelle franco-valdotaine (3e dim. du mois) - ☎ 04 79 41 00 15 - www.seezsaintbernard.com.

Courchevel – Coupe du monde de saut à ski d'été - ☎ 04 79 08 00 29 - www.courchevel.com.

Venosc – Fête de la laine et des matières naturelles - ☎ 04 76 80 06 82 - www.venosc.com.

Flaine – Académie internationale de musique - ☎ 04 50 90 80 01 - www.flaine.com.

Annecy – Fête du lac d'Annecy - ☎ 04 50 33 65 65 - www.ville-annecy.fr.
Saint-Jean-de-Maurienne – Trans'maurienne (raid VTT haute altitude) - ☎ 04 50 23 19 58 - www.transmaurienne.com.
Val-d'Isère – Salon du 4×4 et des loisirs - ☎ 04 79 06 06 60 - www.salonvaldisere.com.
Ugine – Fête des montagnes - ☎ 04 79 37 56 33 - www.ugine.com.
Passy – Festival du livre de montagne - ☎ 04 50 58 80 52 - www.passy-mont-blanc.com.
La Côte-Saint-André – Festival Hector Berlioz - ☎ 04 74 20 61 43 - www.tourisme-bievre-liers.fr.

15 août

Chamonix – Fête des guides (son et lumière le 14, bénédiction des piolets et cordes le 15) - ☎ 04 50 53 00 88 - www.chamonix.com.
Les Contamines-Montjoie – Pèlerinage du sanctuaire à N.-D.-de-la-Gorge (son et lumière) - www.lescontamines.com.
La Grave – Fête des guides, messe et bénédiction de la montagne - ☎ 04 76 79 90 21 - www.guidelagrave.com.
Peisey-Nancroix – Fête du costume et de la montagne - ☎ 04 79 07 94 28 - www.peisey-vallandry.com.
Saint-Martin-de-Belleville – Pèlerinage à N.-D.-de-la-Vie, fête du village - ☎ 04 79 00 20 00 - www.st-martin-belleville.com.
Tignes – Fête du lac - ☎ 04 79 40 25 80 - www.tignes.net.
Bramans – Fête traditionnelle du 15 août - ☎ 04 79 0510 71 - www.bramans.fr.

Coupe Icare (St-Hilaire du Touvet).

Septembre

St-Hilaire du Touvet – Coupe Icare : festival du film de vol libre et salon des sports aériens - ☎ 04 76 08 33 99 - www.coupe-icare.org.
Vercors – Transvercors, traversée du massif en VTT - ☎ 04 38 02 08 35 - www.traverseesduvercors.com.
Crémieu – Les Médiévales, spectacles costumées - ☎ 04 74 90 45 13 - www.ville-cremieu.fr.
Albenc – Foire de l'avenir au naturel (produits bio) - ☎ 04 76 36 50 10 - http://albenc.sud-gresivaudan.org.

Octobre

Beaufort – Salon des Sites remarquables du goût (2e ou 3e w.-end du mois) - ☎ 04 79 38 15 33 - www.areches-beaufort.com.
Chambéry – Festival de la bande dessinée - ☎ 04 79 33 95 89 - www.chamberybd.fr.

Novembre

Chambéry – Saveurs et terroirs, marché gourmand - ☎ 04 79 33 42 47 - www.chambery-tourisme.com.

Décembre

Autrans – Festival international du film « Montagne et Aventure » (déb. du mois) - ☎ 04 76 95 30 70 - www.festival-autrans.com.
Val-Thorens – Trophée Andros, courses auto-moto sur neige et glace (1er w.-end) - ☎ 04 79 00 08 08 - www.val-thorens.com.
Val-Thorens – Boarderweek, semaine internationale du snowboard, compétitions, concerts (2e sem. du mois) - ☎ 04 79 00 08 08.
Pays du Mont-Blanc – Tournoi international de hockey sur glace - ☎ 04 50 47 08 08 - www.annecy-infosports.com.

Kiosque

Ouvrages généraux – tourisme – géographie

L'activité éditoriale sur les Alpes du Nord est fort riche et assez diversifiée. Les **beaux-livres** abondent, la montagne se prêtant bien à la photographie. Il sera donc difficile de faire votre choix. Pour durer, un bon livre de photographie doit vous révéler des facettes inconnues de cet univers magique. Recherchez moins l'image de carte postale que le regard original d'un photographe.

APPORTEZ VOTRE PIERRE À L'ÉDIFICE DE LA SAUVEGARDE DU PATRIMOINE

NE L'EMPORTEZ PAS DANS VOS BAGAGES

Un cœur transpercé d'une flèche et deux prénoms se jurant l'amour éternel, le tout gravé dans la pierre d'un monument historique ; emballages de pellicules, mégots de cigarettes ou bouteilles vides abandonnés sur un site archéologique. Comment confondre notre patrimoine culturel avec un carnet mondain ou une poubelle ? Pour la plupart d'entre nous, ces agissements sont de toute évidence condamnables, mais d'autres comportements, en apparence inoffensifs, peuvent également avoir un impact négatif.

Au cours de nos visites, gardons à l'esprit que chaque élément du patrimoine culturel d'un pays est singulier, vulnérable et irremplaçable. Or, les phénomènes naturels et humains sont à l'origine de sa détérioration, lente ou immédiate. Si la dégradation est un processus inéluctable, un comportement adéquat peut toutefois le retarder. Chacun de nous peut ainsi contribuer à la sauvegarde de ce patrimoine pour notre génération et les suivantes.

Ne considérez jamais une action de façon isolée, mais envisagez sa répétition mille fois par jour

- Chaque micro-secousse, même la plus inoffensive, chaque toucher devient nuisible quand il est multiplié par 1 000, 10 000, 100 000 personnes.
- Acceptez de bon gré les interdictions (ne pas toucher, ne pas photographier, ne pas courir) ou restrictions (fermeture de certains lieux, circuits obligatoires, présentation d'œuvres d'art par roulement, gestion de l'affluence des visiteurs, éclairage réduit, etc). Ces dispositions sont établies uniquement pour limiter l'impact négatif de la foule sur un bien ancien et donc beaucoup plus fragile qu'il ne paraît.
- Évitez de grimper sur les statues, les monuments, les vieux murs qui ont survécu aux siècles : ils sont anciens et fragiles et pourraient s'altérer sous l'effet du poids et des frottements.
- Aimeriez-vous emporter en souvenir une tesselle de la mosaïque que vous avez tant admirée ? Combien de visiteurs avec ce même désir faudra-t-il pour que toute la mosaïque disparaisse à jamais ?

Faites preuve d'attention et de respect

- Dans un lieu étroit et rempli de visiteurs tel qu'une tombe ou une chapelle décorées de fresques, faites attention à votre sac à dos : vous risquez de heurter la paroi et de l'abîmer.
- Les pierres sur lesquelles vous marchez ont parfois plus de 1 000 ans. Chaussez-vous de façon appropriée et laissez pour d'autres occasions les talons aiguilles ou les semelles cloutées.

N'enfreignez pas les lois internationales

- L'atmosphère de certains lieux invite à la contemplation et/ou à la méditation. Évitez donc toute pollution acoustique (cris, radio, téléphone mobile, klaxon, etc.).
- En vous appropriant une partie, si infime soit-elle, du patrimoine (un fragment de marbre, un petit vase en terre cuite, une monnaie, etc.), vous ouvrez la voie au vol systématique et au trafic illicite d'œuvres d'art.
- N'achetez pas d'objets de provenance inconnue et ne tentez pas de les sortir du pays ; dans la majorité des nations, vous risquez de vous exposer à de graves condamnations.

Message élaboré en partenariat avec l'ICCROM (Centre international d'études pour la conservation et la restauration des biens culturels) et l'UNESCO.

Pour plus d'informations, voir les sites :

http://www.unesco.org
http://www.iccrom.org
http://www.international.icomos.org

ORGANISER SON VOYAGE

Parmi les éditeurs disposant d'un catalogue important sur l'histoire et les arts, les éditions Glénat sont incontournables. Mais ne négligez surtout pas les éditeurs régionaux, qui savent se montrer pertinents sur l'histoire locale, les traditions et le patrimoine oral.

Aux éditions du Dauphiné Libéré, vous trouverez de courts opus synthétiques pour un coût modeste sur l'histoire des Alpes, et des monographies.

Les Alpes à 360°, collectif, Libris, 2003.
Les 4 000 des Alpes, M. Dumler, Arthaud, 2000.
L'Eau des Alpes dans tous ses états, D. Machet et N. Mongereau, Autre Vue, 2004.
Guide des merveilles des Alpes, F. Roger, F. Milochau, Arthaud, 2006.
Les Grandes Alpes dans la cartographie, L. et G. Aliprandi, Libris, 2005.
La Grande Traversée des Alpes, P. Jager, Glénat, 2005.
Atlas culturel des Alpes occidentales, collectif, Picard, 2004.
Trains des Alpes, I. Espinasse, Ph. Morel, Neva, 2004.
Parcs et réserves des Alpes, F. Milochau, F. Roger, Glénat, 2004.
Rhône-Alpes : guide du tourisme industriel et technique, Solar, 1999.
Le Guide du Parc national de la Vanoise, collectif, Glénat, 2003.
Le Vercors d'en haut, D. Pennac, Milan, 1999.
La Montagne en poche, Nathan, 2004.
Les Alpes, A. Fayard, Delachaux & Niestlé, 2004.
Pour les enfants : *Copain des Alpes*, collectif, Milan, 2005.

Histoire – civilisation – art

Il n'existe pas de monographie historique sur les Alpes du Nord françaises. La référence incontestée de la Savoie et de l'Isère est Paul Guichonnet. Ses principaux ouvrages ne sont pas toujours réédités alors qu'ils le mériteraient.

Histoire de l'annexion de la Savoie à la France, P. Guichonnet, La Fontaine de Siloé, 2004.
Histoire de la Savoie, Robert Colonna d'Istria, France-Empire, 2005.
Dernières Nouvelles du maquis de l'Isère, collectif édité par le Musée dauphinois, 2000.
L'Art roman en Dauphiné-Savoie, R. Bornecque, Dauphiné Libéré, 2002.
Atlas du patrimoine de l'Isère, dir. C. Mazard, Glénat, 1998 (remarquable mais très spécialisé…).
Les Chemins du baroque en Savoie et Haute-Savoie, D. Richard et F. Parot, Le Dauphiné, 1998.

Clairière des Justes dans la forêt de Ripaille.

Les Cadrans solaires des pays de Savoie, Fr. Isler, La Fontaine de Siloé, 2004.
Les Alpes dans leurs objets, H. Armand, Hoebeke, 2001.
Chalet et mobiliers des Alpes (2 volumes), Libris, 2005.
Le Lac d'Annecy par les peintres, du 15e au 20e s., A. Bexon, Itinera Alpina (Annecy), 2003.

Randonnées et alpinisme

Sans doute le domaine où vous trouverez le plus grand choix d'ouvrages. Les éditeurs spécialisés sur la région sont principalement : Glénat avec la série « Les Plus Belles », livres à mi-chemin entre le topo de randonnée et le beau livre ; Olizane pour des itinéraires nouveaux ; Franck Mercier propose des fiches très bien faites par secteur ou par thème ; Didier Richard dispose d'une collection pour les promenades faciles.

Les Plus Belles Randonnées du Mont-Blanc, P. Labarbe, Arthaud, 2004.
72 nouvelles via ferrata dans les Alpes, G. Papandréou, Edisud, 2002.
Ski de randonnée – 1/Savoie, 2/Isère, E. Cabau, Olizane, 2004.
Les Plus Belles Randos raquettes, 2 tomes, J.-M. Lamory, Libris, 2004.
Canyons de Haute-Savoie, collectif, Éditions Gap, 2004.
Escalades plaisir dans les Alpes du Nord, M. Galley, Olizane, 2005.
Balades nature (pays de Savoie, Vercors, Chartreuse, Écrins), Dakota, 2005.
Histoire de l'alpinisme, S. Jouty, R. Frison-Roche, Arthaud, 2003.
Fleurs des Alpes, joyaux de nos montagnes, F. Couplan, J.-C. Ligeon, Nathan, 2005.

Littérature

La littérature de montagne a rencontré dans les années 1950 et 1960 un grand succès populaire. Aujourd'hui, il est plus rare de trouver des auteurs et des éditeurs de qualité.

À FAIRE ET À VOIR

Les éditions Guérin ont réédité les grands classiques de la littérature de montagne dans de beaux livres illustrés et développent des collections contemporaines. Les éditions Arthaud ont ouvert leur collection « Hors limite » à des grands auteurs de la littérature alpine. Les éditions Hoebeke sous la collection « Retour à la montagne » rééditent nombre de textes littéraires connus ou non ayant la montagne pour sujet.

Montagnes d'une vie, W. Bonatti, Arthaud, 2005.
Le Mont Analogue, R. Daumal, Imaginaire Gallimard, 1999.
Voyages dans les Alpes et les Pyrénées, V. Hugo, Princi Negue, 2005.
Contes et légendes de Savoie, M. de Huertas, Ouest-France, 2001.
Ascensions en télescope, M. Twain, Hoebeke, 1995.
Le Médecin de campagne, Balzac, Gallimard, 2000.
Jacques Balmat dit « Mont-Blanc », J.-P. Spilmont, Éd. Guérin, 2002.
On relira toujours avec un plaisir malin les albums illustrés de Samivel :
Opéra des pics, Samivel, J. Giono, Glénat, 2004.
Tartarin sur les Alpes, Samivel, A. Daudet, Gallimard, 1997.
Premier de cordée, R. Frison-Roche, J'ai Lu, 2000.
La Grande Crevasse, R. Frison-Roche, J'ai Lu, 2000.
Un roi sans divertissement, J. Giono, Gallimard, 1972.
Les Mémoires d'un touriste en Dauphiné, Stendhal, SNEP, 1985.
La Neige en deuil, H. Troyat, J'ai Lu, 2000.

Gastronomie

Saveurs des Alpes, collectif, Ouest-France, 2006.
Carnet de cuisine des Alpes, C. Leclère-Ferrier, Éd. Romain Page, 2005.
Quand nos grands-mères cuisinaient dans les Alpes, R. Bochatay, M. Delsaute, Équinoxe, 2003.
Cuisine paysanne, M. Veyrat, Hachette, 2005.
La Cuisine savoyarde, C. Lansard, Édisud, 2008.
Pays, vins et fromages en Rhône-Alpes, S. Bloch et J.-F. Werner, Éditions Lejeune, 1998.

PRESSE ET MAGAZINES

La revue *Alpe* s'intéresse à la culture alpine dans toutes ses composantes. Avec une exceptionnelle richesse iconographique, des sujets thématiques, c'est la publication à ne pas manquer.
Le quotidien *Le Dauphiné Libéré.*
Les mensuels *Alpes Loisirs* et *Alpes Magazine,* abondamment illustrés, proposent tous les mois des thèmes originaux de découverte du massif alpin et de son patrimoine.
L'hebdomadaire *Le Petit Bulletin* est une véritable institution pour les Grenoblois et les Lyonnais : gratuit, il recense les événements culturels dans ces deux villes.

Cérémonie d'ouverture des JO d'Albertville en 1992.

J.O. Albertville Ouv. / GAMMA

COMPRENDRE LA RÉGION

COMPRENDRE LA RÉGION

NATURE

Les Alpes vues du ciel forment un continent à part entière, flottant au-dessus des plaines. Comme isolées du monde, elles se trouvent paradoxalement au confluent de trois pays et des grandes voies de passage européennes. Secrètes et cependant dévoilées, impressionnantes sans être vraiment inaccessibles, les Alpes se revèlent dans des paysages sauvages et des vallées empreintes d'une forte humanité.

Transhumance au col du Lautaret.

Une mosaïque de paysages

L'image qui s'impose à l'évocation des Alpes est le plus souvent celle du mont Blanc, le plus haut sommet de la chaîne, inondé de la vive couleur orangée d'un coucher de soleil. Tableau évocateur mais parcellaire d'une région où s'enchevêtrent hautes montagnes, massifs d'altitude moyenne et larges plaines.

DES RELIEFS ET DES HOMMES

Les sommets du **Mont-Blanc**, de la **Vanoise** et des **Écrins** tutoient le ciel de leurs arêtes entre 2 000 et 4 810 m, étirant leurs glaciers à perte de vue, et demeurent un continent à part entière peu accessible à l'homme.

Mais en-deça, sur leurs piémonts, la vie reprend ses droits. Les effets combinés de l'altitude, de la latitude, de l'exposition au soleil, de la présence d'eau, et des vents déterminent les composantes du paysage. C'est pourquoi il n'y a pas dans les Alpes un pays, mais bien une mosaïque de pays que l'occupation humaine achève de caractériser. Rien de commun entre les vastes fermes aux galeries sculptées de la vallée d'Abondance dont la montagne est douce, et les maisons de pierre et de lauzes de Bessans en haute Maurienne dominée par les sommets de la Vanoise. Hommes, plantes et animaux ont partout développé leur particularisme et il suffit parfois de passer un col pour franchir une frontière à la fois géo-

La tectonique des plaques

La terre serait constituée d'une asthénosphère, première couche malléable appelée aussi plancher océanique et d'une lithosphère, seconde peau plus légère flottant au-dessus et se découpant en plaques à l'image d'un puzzle. Contrairement au plancher océanique capable de coulisser en subduction vers l'intérieur de la Terre, quand deux masses continentales entrent en contact, elles se broient et se soulèvent : c'est l'origine des montagnes dites « alpines », tel l'Himalaya dû à la poussée de l'Inde sur le continent européen. Ce puzzle terrestre est décrit et commenté par la théorie de la tectonique des plaques.

NATURE

graphique, humaine et historique. Il faut donc voir les Alpes à travers le prisme des naturalistes *(voir la partie Un cadre préservé)* qui la divisent en étages. Les notions de « haute » et « basse » vallée n'indiquent pas seulement l'élévation de l'altitude, mais aussi qu'un monde se substitue à un autre, tout comme la nature et la culture.

D'UNE MER PRIMITIVE…

Au premier abord, les Alpes du Nord semblent livrées au chaos. Cimes acérées, glaciers suspendus, vallées profondes, cirques, gorges et vastes plaines encaissées se succèdent sans apparence logique. Mais les cartes révèlent au contraire une géographie remarquablement ordonnée.

Au début de l'ère primaire, il y a 570 millions d'années, un **gigantesque plissement** de l'écorce terrestre donne naissance à un massif de même nature cristalline que les Vosges et le Massif central. Ce massif « hercynien » recouvert d'une végétation luxuriante (l'abondance des débris végétaux fossilisés est à l'origine du bassin houiller de La Mure en Isère) sera érodé, puis submergé par la mer, 200 millions d'années plus tard. Baptisée **« Téthys »** par les géologues, elle a d'abord scindé le continent unique de la fin de l'ère primaire en deux morceaux distincts. Sur ce vieux socle cristallin se sont accumulés les sédiments marins tels les coraux formant une seconde couche de plusieurs milliers de mètres d'épaisseur.

… À UNE CHAÎNE DE MONTAGNES

Mais la Terre n'est jamais figée. La Téthys à la faveur des mouvements des plaques s'est peu à peu refermée sous la pression du continent africain qui à cette lointaine époque remontait vers le nord. Poussés et comprimés, les sédiments se sont transformés : calcaires et sables se sont agglomérés en grès ; les argiles se sont feuilletés en schistes lustrés, noirs et luisants. Puis l'Afrique, ou plutôt l'un de ses morceaux, la sous-plaque « italo-dinarique », qui porte l'Italie et une partie des Balkans, s'est avancée comme un éperon et a fini par entrer en collision avec l'Europe.

Dès lors, le soulèvement était inévitable, comme de la pâte à modeler que l'on presserait entre les pouces. Il y a une trentaine de millions d'années donc, des masses énormes de roches schisteuses (anciennes argiles) se soulevèrent, puis

Une histoire de plis

La chaîne de montagnes la plus élevée d'Europe présente quelques analogies avec une nappe posée sur une table. Fixez son centre et faites glisser un des quatre pans vers ce point fixe. Vous verrez apparaître de longues échines arrondies séparées par des creux. Les échines sont les massifs, masses saisissantes dominant de majestueux couloirs creusés à l'âge glaciaire. Diminuez encore l'espace entre votre main et le point fixe de la nappe, vous verrez apparaître d'autres sillons creusant les échines primitives. Ces vallées plus étroites, perpendiculaires aux grandes cluses, s'échelonnent en plateaux et en cols, rondes-bosses ou gorges étroites, dans lesquelles les hommes ont tracé leurs voies dès l'Antiquité.

se répandirent comme de gigantesques rubans appelés par les géologues **nappes de charriage** formant à l'est les Alpes italiennes et la Vanoise, à l'ouest le Chablais et, au nord, les Alpes suisses.

Des plis en cascade

Plus récemment, il y a 10 à 5 millions d'années, la poursuite de la poussée africaine a fini par faire surgir le vieux socle cristallin enfoui sous ses masses de calcaires, de marnes et d'argiles. Ces dernières se sont littéralement « décollées » et ont glissé vers l'avant-pays en se déformant en plis spectaculaires. Ce sont les **Préalpes calcaires** que le sillon alpin sépare des chaînes centrales cristallines. En avant, les bas pays dauphinois et savoyard ont été recouverts, lors des derniers millions d'années avant notre ère, de mers intérieures peu profondes au fond desquelles s'est déposée en couches très épaisses la **mollasse** formée des sédiments arrachés aux montagnes voisines. Elle se reconnaît à ces collines fertiles et verdoyantes qui composent les paysages de l'Albanais ou du Genevois.

Diversité des Préalpes

Moins hautes (jusqu'à 2 500 m seulement) et sans neiges persistantes, ni glaciers, mais surprenantes par leurs formes plissées, sont ces Préalpes calcaires que la nature a placées comme à la parade en avant de la grande chaîne cristalline à l'ouest du sillon alpin. Du nord au sud se succèdent cinq blocs qui surplombent les collines des avant-pays savoyard et dauphinois, et que quatre entailles géantes, les « entrées des Alpes », délimitent. Le massif calcaire du

COMPRENDRE LA RÉGION

Giffre demeure solidaire du Chablais. Le massif des Bornes prolongé par la **chaîne des Aravis** se dresse, lui, de la vallée de l'Arve à la cluse d'Annecy occupée par son lac aux eaux bleutées ; de l'autre côté **les Bauges** s'étendent jusqu'à la cluse de Chambéry, qui la sépare de la **Grande-Chartreuse**. Celle-ci domine au sud la majestueuse **cluse de l'Isère** qui, à l'entrée de Grenoble, l'isole du mystérieux **Vercors**, dernier massif de la série avant les Alpes du Sud dont la morphologie est plus complexe. Si chacune de ces montagnes possède sa personnalité, les ondulations de leurs plis géants suffisent à les distinguer des Alpes précédentes : des falaises de plus de 300 m de haut, constituées d'un calcaire très dur, le **calcaire urgonien** (100 millions d'années), se déploient en plis aériens, puis retombent comme les vagues figées d'un cataclysme. Ou bien, alternant avec une roche tendre aux pentes plus douces, elles surplombent les vallées en corniche, simple ou parfois même double comme dans le Vercors.

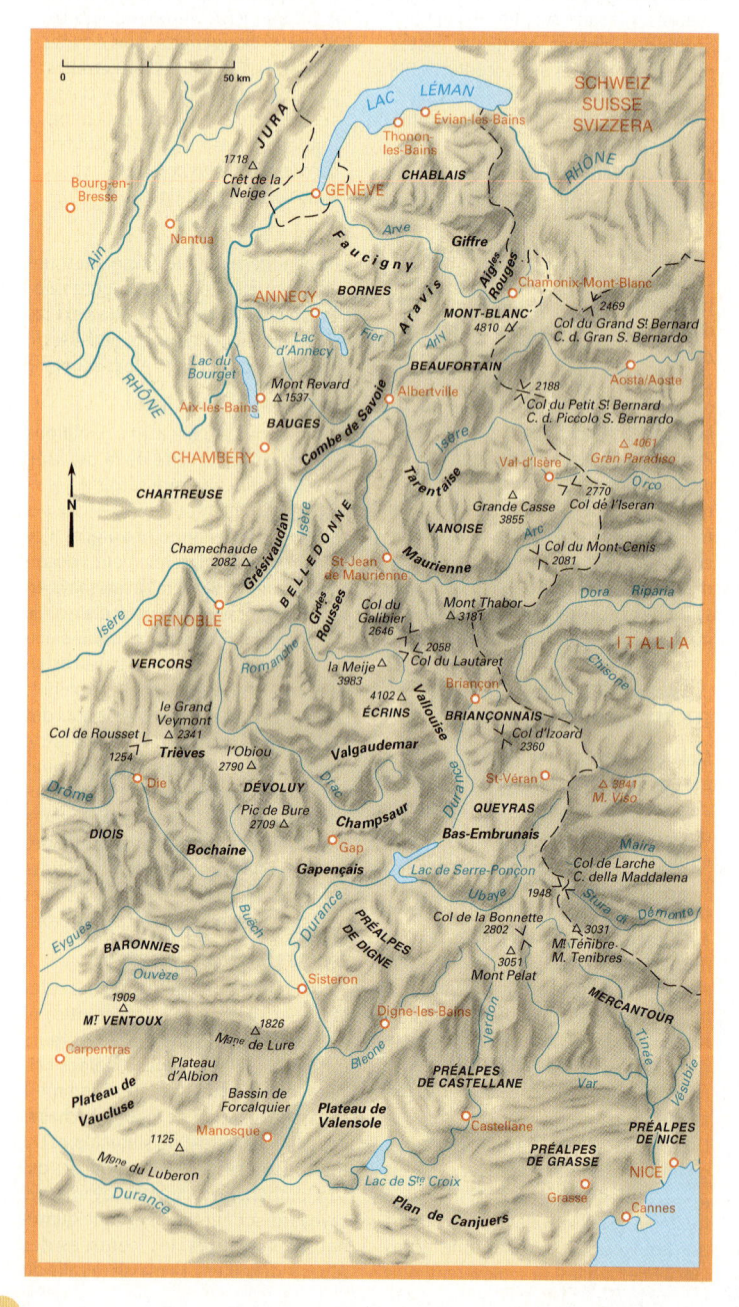

NATURE

Les hauts sommets cristallins

Les grandes Alpes cristallines forment les massifs les plus élevés, ceux qui dépassent les 4 000 m. Les conditions climatiques rigoureuses, l'alternance du gel et du dégel font violemment éclater la roche qui se découpe en **aiguilles** et **crêtes** acérées à moins qu'une calotte de glace ne recouvre un sommet plus arrondi, comme celui du mont Blanc : paradis des alpinistes, des skieurs et des randonneurs, ces Alpes centrales symbolisent à la perfection l'image que l'on se fait de la haute montagne. Leurs roches, granitiques ou très voisines de celui-ci, sont pourtant les plus anciennes de la chaîne.

Du même âge primaire que celles de Bretagne ou du Massif central, avec lesquelles, il y a 300 millions d'années, elles constituaient un seul et formidable ensemble montagneux, elles recèlent des curiosités minéralogiques qui font la joie des amateurs, comme en **Oisans**. Même mêlées à d'autres roches plus complexes, sédimentaires ou « métamorphisées », on les retrouve à travers toutes les Alpes centrales, du prestigieux **massif du Mont-Blanc** et des **Aiguilles-Rouges**, le **Beaufortain**, moins élevé, et la superbe **chaîne de Belledonne** qui se dresse sur 80 km de long au-dessus du Grésivaudan en une barrière que les Grandes Rousses accompagnent à l'est.

L'œuvre de la glace et de l'eau

Les nombreux glaciers des Alpes, telle la célèbre mer de Glace au-dessus de Chamonix, ne sont que les maigres vestiges des immenses glaciers qui s'écoulaient jusqu'à Lyon, à l'époque où, dans les plaines, les hommes chassaient le renne et le mammouth, et peignaient le fond des grottes.

UN RELIEF SCULPTÉ PAR LA GLACE

Les Alpes devaient ressembler aux montagnes des côtes du Groenland, ses pics noirs émergeant à peine d'un paysage d'une blancheur grandiose. C'était il y a un peu plus de dix mille ans, c'est-à-dire presque rien dans l'histoire de la Terre. Les paysages alpins en sont marqués aujourd'hui dans les moindres détails, à peine retouchés ensuite par l'action de l'eau qui a succédé à celle de la glace. Les gigantesques vallées en auge ou en « U » des entrées des Alpes, tels la cluse de

Des fleuves solides

Le régime d'un glacier ressemble à celui d'un fleuve. Tout en haut, dans le névé, s'accumule la neige qui durcit puis devient de la glace. Sous l'effet de son poids, celle-ci va lentement avancer. Une crevasse profonde, la **rimaye**, signale cette rupture. Puis, la langue glaciaire va s'écouler, le centre se mouvant plus vite que les bords, comme on peut le voir en regardant les rides d'écoulement de la glace. La succession de ruptures de pente et de cuvettes modifie aussi sa vitesse et son aspect. Lorsque la pente devient plus raide, les **crevasses** se multiplient puis le glacier se fissure en un chaos d'énormes blocs de glace, les **séracs**. Dans les cuvettes, la glace se tasse et dépose sur les côtés ses **moraines** latérales. Le front du glacier, qui en marque la fin, est borné par le dépôt de ses moraines frontales. De là jaillissent les torrents sous-glaciaires dont l'eau inaltérée dévale joyeusement vers la vallée.

l'Isère et le Grésivaudan, avec leur fond plat et leurs versants vertigineux, témoignent de la dimension des fleuves de glace qui les ont rabotées et qui devaient dépasser les 1 100 m d'épaisseur. Ces vallées ont un profil particulier : elles montent par « paliers » jusqu'aux cols qu'empruntent de nos jours les grands axes routiers. Plus haut, l'ampleur des paysages d'altitude est aussi le résultat du lent travail des glaciers d'autrefois : des cirques glaciaires aux cascades limpides, tel le Fer-à-Cheval dans le Faucigny, les innombrables **vallées suspendues**, comme celles du val d'Arly et de Megève en sont la preuve, comme aussi les cols surbaissés aux courbes élégantes, les épaulements et les replats d'altitude si agréables aux skieurs débutants.

Les grandes **glaciations** ont aussi laissé derrière elles les moraines. Ces débris de toutes tailles forment aujourd'hui dans les plaines l'armature des plateaux boisés et peu fertiles des « terres froides » de l'avant-pays dauphinois.

La montagne a gardé quelques reliques de cet impressionnant passé, sur près de 400 km^2 au total qui se répartissent pour les 4/5 en Savoie et Haute-Savoie (massifs de la Vanoise et du Mont-Blanc). Les plus célèbres sont les glaciers de vallées qui descendent parfois très bas, à 1 250 m pour celui du Mont-Blanc dans la vallée de Chamonix, malgré leur tendance actuelle au recul. Les glaciers

COMPRENDRE LA RÉGION

SCHÉMA GÉOLOGIQUE DES ALPES

- Préalpes calcaires (crétacé)
- Préalpes du Sud et moyenne Durance (calcaire jurassique)
- Couverture sédimentaire des Massifs centraux
- Zone intra-alpine (roches cristallines et métamorphiques)
- Massifs centraux cristallins
- Poudingues tertiaires du plateau de Valensole
- Flyschs de l'Ubaye et de l'Embrunais
- Schistes lustrés piémontais
- Nappe du Chablais
- Sillon alpin

NATURE

suspendus, agrippés aux arêtes sont plus discrets mais aussi plus résistants aux phénomènes climatiques *(voir p. 82)*. On les trouve davantage dans le Parc national des Écrins.

LE TRAVAIL DE L'EAU

Sous les glaciers du quaternaire, l'eau faisait également son œuvre. Elle va surcreuser les vallées d'origine et suivre naturellement une voie de passage en aval, taillant de ses eaux tourbillonnantes la roche qui défendait un rétrécissement de la vallée. Des « **gorges de raccordement** » spectaculaires ont alors percé ces **verrous** et relié le fond de la vallée suspendue à celui de la vallée principale. Celles-ci, épanouies mais quasi fermées comme, par exemple, celle de Chamonix, seraient toujours isolées si elles n'avaient pu être raccordées aux bas pays par la construction de routes audacieuses. On rencontre aussi, dans les Préalpes principalement, des gorges qui recoupent l'axe des plis du terrain : ce sont les **cluses**. Elles offrent la plupart du temps les seules possibilités de liaison entre la montagne et le bas pays.

Les lacs

Les bassins de surcreusement des glaciers se sont souvent remplis d'eau accumulée derrière un verrou ou une moraine frontale : les lacs d'origine glaciaire sont de toutes les tailles, à toutes les altitudes et de toutes nuances de bleu et de vert. Les trois plus grands sont aux limites des montagnes savoyardes, au débouché des anciens glaciers sur les avant-pays. Le **lac Léman**, partagé avec la Suisse, est une vraie mer intérieure dont la douceur du microclimat évoque la Côte d'Azur, avec ses croisières, ses plages et ses villes thermales aux sources bienfaisantes. Thonon-les-Bains comme Évian, dont les eaux sont aujourd'hui vendues dans le monde entier, ont connu leur heure de gloire quand les plus grandes célébrités venaient y prendre les eaux au début du 20e s. C'est Lamartine qui a chanté les couleurs changeantes du **lac du Bourget**. D'un bleu turquoise ou transparent, le **lac d'Annecy** s'encaisse, lui, entre des montagnes verdoyantes et romantiques.

Tous les lacs, même modestes, possèdent ainsi leur personnalité. Les lacs que l'on découvre l'été, en haute altitude, nichés au creux d'un paysage farouche et solitaire sont souvent de vrais bijoux : des eaux d'une transparence de cristal, un bleu de glace inconnu en plaine, de la neige bordant des rives rocailleuses, par-

Grotte de la Draye Blanche.

fois une brume légère et rêveuse comme au premier matin du monde leur confèrent une profondeur mystérieuse.

Les **lacs artificiels** ont depuis le début du 20e s. investi l'espace montagnard. Certains ont ennoyé toute une vallée comme celle du Drac dans le Trièves : ils s'allongent alors comme des fjords étroits et tortueux. En haute montagne, on aurait parfois du mal à les distinguer d'un lac naturel sans la courbe géométrique de leur barrage. Le lac du Mont-Cenis se découvre ainsi à la montée au col, dans un cadre scandinave de pelouses alpines et de croupes rocheuses aux formes majestueuses. Certains, comme à Tignes, cachent dans leurs eaux des villages engloutis dont se souviennent avec nostalgie les anciens habitants.

Les eaux souterraines

Tout un réseau de lacs et de rivières court enfin sous terre, dans les Alpes calcaires, pour ressortir en grandes résurgences au pied de la montagne comme le Furon, aux cuves de Sassenage. Goutte à goutte, l'eau modèle les somptueux décors des grottes de ces régions. On trouve dans la région tous les types de modelé karstique comme les très spectaculaires **lapiaz** du désert de Platé, ou du Parmelan, vastes étendues isolées de pierres déchiquetées et alvéolées. L'eau a creusé des **gouffres** parmi les plus profonds du monde ; des dizaines de kilomètres souterrains de lacs, de rivières et de grottes aux salles parfois immenses dont des concrétions comme les gerbes de fistuleuses de la **grotte** de Coufin à Choranche forment un féerique décor de stalactites et de stalagmites. Certaines explorations sont restées célèbres. Dans le Vercors, celle du gouffre Berger s'est avancée à plus de 1 000 m de profondeur. Beaucoup d'autres n'ont pas encore été découvertes : les Préalpes calcaires restent un paradis pour spéléologues.

Les eaux vives

Après la fonte des grandes glaces, les eaux torrentielles ont travaillé à atténuer les contrastes des chaînes originelles. Dans les massifs internes comme la Vanoise, l'érosion a dégagé les terrains tendres et sculpté dans les roches dures des crêtes escarpées et des pyramides qui, comme les aiguilles d'Arves, se dressent isolées vers le ciel. Les **rivières torrentueuses** comme l'Isère et ses affluents, aux crues parfois si violentes, ont pris la place des glaciers dans de larges vallées où elles s'épanchaient et nourrissaient la terre de limons. Vu de haut, elles semblent aujourd'hui se réduire à un mince filet blanchâtre. C'est qu'en réalité leur puissance a été canalisée par des digues et par une succession des barrages hydroélectriques. Leurs eaux tourbillonnantes séduisent les amateurs de sports d'eaux vives.

La neige et les avalanches

La neige, cet « or blanc » devenu vital pour l'économie alpine, attendue chaque automne avec espoir et anxiété, reste un phénomène naturel qui n'a pas encore été parfaitement élucidé. On ne sait pas exactement pourquoi, à partir de gouttes d'eau en suspension dans l'air et à partir d'une certaine température, de fins cristaux de glace prennent la forme d'étoiles, de colonnes, de plaquettes ou d'aiguilles, toujours à six branches. En tombant, ils s'enchevêtrent entre eux, cassent leurs pointes, deviennent des flocons. Cette neige fraîche, un matin, recouvre tout d'une blancheur virginale.

S'il fait assez froid, ce sera de la poudreuse, bien connue des skieurs avertis. Par temps très doux, elle devient lourde et, décourageante, elle glisse mal et colle aux skis.

La meilleure neige, c'est celle qui s'est tassée pour former une croûte durcie après plusieurs jours de beau temps. Son damage en accroît encore les qualités. C'est la neige de printemps, celle des dépliants touristiques, si agréable au soleil, et idéale pour les débutants.

En fin de saison, elle commence à fondre au cours de la journée ; elle forme alors une « soupe » (neige « gros sel ») très appréciée des skieurs expérimentés. Mais si elle fond davantage, elle « pourrit » en un mélange de neige fondue et d'eau qui annonce en avril la fin de la saison des sports d'hiver.

Source de plaisir, la neige est devenue la principale cause d'accidents en hiver. Elle tue plus que l'alpinisme qui a pourtant mauvaise réputation. Une grande prudence s'impose pour quiconque pratique une activité en dehors des domaines skiables. Reconnaître et évaluer le risque en fonction de la qualité de la neige demeure une affaire de spécialistes. Il existe trois types d'avalanches : les avalanches dites de poudreuse, spectaculaires et dévastatrices ; les avalanches dites de plaques, déclenchées par le poids des skieurs ; l'avalanche de fond due à une neige gorgée et contenue le plus souvent dans un couloir d'avalanche.

Pour en savoir plus, voir p. 55.

Un cadre préservé

Si vous aimez marcher, observer, prendre votre temps, faire silence et respecter la nature, la récompense est au bout du chemin. Armé de vos seules jumelles et d'un appareil photo aux téléobjectifs adéquats, vous pourrez côtoyer de splendides spécimens de la nature alpine.

UN CLIMAT DÉPENDANT DE L'ALTITUDE

Les Alpes du Nord, dressées comme une barrière face aux vents et aux nuages venus de l'ouest, sont humides et verdoyantes. Ces influences océaniques expliquent l'abondance de la neige et l'importance de la végétation. Mais la montagne connaît en fait une mosaïque de microclimats qui surprend toujours le non-initié venu de la plaine.

Avec une perte d'environ 0,5 °C tous les 100 m, l'altitude est une contrainte majeure qu'on découvre facilement en regardant un versant de montagne. La végétation est disposée en étages dont on retrouve partout la même succession. Leur altitude varie selon l'orientation du versant : face au sud, l'**adret** porte les villages et fait remonter plus haut sur la pente les cultures et les forêts au détriment de l'alpage et des glaciers. À l'**ubac**, face au nord, la forêt descend au contraire presque au fond de la vallée, sur un versant sombre et sauvage. D'autres éléments interviennent encore comme la fréquence ou non des inversions de température. L'humidité décroît de l'ouest vers l'est, ce qui explique que les massifs de l'intérieur, comme la Vanoise, sont plus ensoleillés et plus secs que les Préalpes malgré leur altitude plus élevée.

UNE FLORE TRÈS VARIÉE

À chaque étage de végétation correspond un écosystème bien défini. Du bas des grandes vallées, de 200 m d'altitude

Fleurs des Alpes

Anémone soufrée
Terrains siliceux,
de mai à juillet

Panicaut des Alpes ou chardon bleu
Prairies sur sol calcaires,
en juillet et août

Edelweiss
Affleurements
rocailleux
des hauts alpages,
*de juillet
à septembre*

Gentiane acaule
Croupes de haute altitude,
de mai à août

Lis Martagon
Prairies humides et
ombragées d'altitude,
de juin à août

Lis orangé
Éboulis et
rochers,
en juin et juillet

Rhododendron
Pâturages
alpestres,
en juillet et août

COMPRENDRE LA RÉGION

jusqu'à 1 000 m, c'est l'étage collinéen, où le chêne laisse peu à peu la place au hêtre qui apprécie l'altitude. À l'étage montagnard, les cultures, qui ne dépassent pas 1 500 m, se font plus rares et sont souvent en voie d'abandon. Là, entre 1 000 et 1 500 m, se déploie d'abord la hêtraie-sapinière qui, en automne, habille les versants des couleurs superbement contrastées du hêtre et du sapin. Le **pin sylvestre** préfère, quant à lui, les pentes plus sèches. Les conifères règnent d'ailleurs bientôt exclusivement sur la forêt. Plus résistant que le **sapin**, l'**épicéa**, qui s'en distingue par son écorce brune, compose de sombres et magnifiques pessières (forêts), notamment sur les versants exposés au nord. Le **mélèze**, lui, est plus clair et préfère les endroits secs et ensoleillés, même très froids des massifs plus abrités comme la Vanoise. C'est le seul conifère à perdre en automne ses aiguilles qui prennent alors de somptueuses couleurs.

Au sol s'en nourrissent une pelouse à **rhododendrons** et toute une végétation d'arbustes comme les **myrtilliers**. On rencontre aussi à cet étage les belles fleurs parfumées du **lis martagon** à la couleur rose tachée de pourpre comme celle de son cousin, le **lis orangé**.

À partir de 2 000 m, à l'étage subalpin, les derniers arbres résistants sont les **pins cembro** ou **aroles** qui font place à l'**alpage**, ces pâturages d'herbes et de fleurs qui ont donné leur nom aux Alpes. C'est le domaine de la flore alpine, qui a dû s'adapter à ce milieu extrême. Entre la fonte des dernières neiges en mai et le retour du froid en septembre, il lui faut fleurir et germer sans perdre de temps. La plante, en général petite à cause du climat, donne des fleurs opulentes et souvent parfumées comme celles de la **gentiane acaule**, dont les corolles d'un bleu profond semblent posées sur le sol. La richesse en ultraviolets de la lumière en altitude explique ces couleurs éclatantes. On est tenté de les cueillir mais beaucoup d'espèces sont strictement protégées tels le rhododendron aux couleurs rose vif et le **chardon bleu**, très menacé…

Au-dessus de 2 500-2 800 m, la végétation se fait rare et l'**edelweiss** disparaît bientôt. C'est l'étage nival, celui qui nous fait pénétrer dans ce monde de roches, de neiges et de glaciers.

LA FAUNE ALPINE

La haute montagne a bien failli voir disparaître toute sa grande faune sauvage. Mais grâce à une protection stricte et à quelques prudentes réintroductions, on peut maintenant, avec de bonnes jumelles et à condition de rester discret, faire d'une randonnée une occasion de rencontres inoubliables.

Les acrobates des hauteurs

Trop chassé autrefois, le **bouquetin**, ce cousin sauvage de la chèvre, fut sauvé de justesse par la volonté du roi d'Italie Victor-Emmanuel II. Il n'est plus rare d'observer ce rescapé dévalant de vertigineux abrupts. Mâles et femelles vivent en troupeaux séparés, les premiers à plus haute altitude que ces dernières. Aux premières neiges qui peuvent dépasser un mètre de hauteur, les mâles redescendent. C'est alors que la montagne résonne du choc retentissant de leurs puissantes cornes annelées.

Le **chamois** est devenu, lui, le symbole des Alpes. Ses pattes minces et robustes, ses pieds adaptés lui confèrent une extraordinaire agilité. Ses cornes fines et recourbées le distinguent du bouquetin ainsi que son allure plus proche du chevreuil ou plutôt de l'antilope. Il vit en petites troupes menées par un bouc. On le connaît surtout dans sa robe d'hiver presque noire avec des taches blanches sur la tête et la gorge. Le reste de l'année, sa toison tire en fait sur le brun roux, avec une longue raie noire sur le dos.

Très résistant, le **mouflon** se contente d'une herbe pauvre qu'il va souvent chercher dans les clairières de forêt. Originaire de Corse, c'est un mouton sauvage peu farouche qui s'est très bien adapté au milieu alpin. On le reconnaît à sa robe brun-roux, plus sombre l'hiver et aux magnifiques cornes recourbées des mâles.

Des hôtes très discrets

Mascotte des Alpes, la **marmotte** se multiplie elle aussi dans les parcs naturels. La présence des skieurs ne la dérange d'ailleurs pas quand elle hiberne roulée en boule durant six mois sous ses quelques mètres de terre et de neige.

D'avril à septembre, elle anime les alpages de ses sifflements. Elle vit en petites colonies dans des terriers dont les galeries communiquent sur une dizaine de mètres.

Le **lynx** qui, venu de Suisse, vit dans les forêts isolées et reste très rare. Seules ses traces de gros chat le signalent.

Le **tétras-lyre**, un petit coq sauvage très craintif, vit entre la forêt et les alpages. En mai, il parade bruyamment devant sa femelle en déployant sa queue en éventail sur une « place de chant ». Il faut

Faune des Alpes

Tétras-Lyre

Chamois

Bouquetin

Marmotte

Chouette de Tengmalm

Gypaète barbu

Mouflon

alors, si on a la chance de l'entendre, se garder de le déranger en s'approchant trop près.

La montagne est peuplée de nombreux autres animaux qui, en forêt surtout, sont les mêmes qu'en plaine, comme le chevreuil ou le renard. Certaines espèces ont fait preuve d'une adaptation remarquable en prenant l'hiver une robe blanche comme l'hermine, le lièvre variable, le **lagopède alpin** ou la **perdrix des neiges**.

De fiers rapaces

On entendra surtout la **chouette de Tengmalm** plus qu'on ne la verra, ses hululements en hiver et au printemps pouvant durer très longtemps. Vivant par ailleurs en Scandinavie, elle est très bien adaptée au froid et à la forêt de l'étage montagnard.

Planant en vastes spirales ou lancé en piqué à plus de 150 km/h, l'**aigle royal** a toujours en vol quelque chose de puissant et de solennel. S'il se nourrit surtout de marmottes l'été, il n'hésite pas l'hiver à se faire charognard de bouquetins pour survivre.

On peut enfin apercevoir, avec beaucoup de chance, le vol du plus grand rapace de France, le **gypaète barbu**, de retour dans le ciel des Alpes grâce à un long et patient programme de réintroduction. D'une envergure de 2,80 m, c'est un voilier exceptionnel. Ce charognard utile et pacifique fut exterminé sans doute à cause de son allure démoniaque (barbiche et œil au cercle rouge sang).

Une nature à protéger

Immense terrain de loisirs pour les randonneurs, alpinistes ou skieurs les Alpes sont inégalement protégées. Certains sites sont surexploités alors que d'autres, moins peuplés et moins exposés, bénéficient d'une protection intensive. Cette manière pragmatique, mais source d'inégalités, est en train de changer pour privilégier l'intérêt écologique dans le choix des lieux à préserver.

LES RÉSERVES NATURELLES

Les réserves naturelles sont nées avant les parcs nationaux. Elles sont l'aboutissement de réflexions et d'actions de conservation menées par les ingénieurs forestiers à qui est dévolue historiquement la protection des espaces naturels. Ils sont à l'origine de la création de réserves de faune ou du Parc de l'Oisans, ancêtre du Parc national des Écrins. La notion de réserve naturelle apparaît en 1957 et sera confortée par la loi du 10 juillet 1976, qui institue également la réserve naturelle volontaire et la possibilité de promulguer des arrêtés préfectoraux de protection de biotope au profit d'espèces rares ou menacées. Le **lac de Luitel** en Isère devient en 1961 la première réserve naturelle de France et deux ans plus tard le massif de la Vanoise le premier Parc naturel national destiné à l'origine à sauver les derniers bouquetins d'une disparition certaine. Malgré une fréquentation parfois trop importante qui peut mettre la flore en danger, le renouveau d'une faune qui avait en partie disparu témoigne de sa réussite. Il n'est plus rare d'apercevoir chamois ou marmottes dans leur environnement naturel. Un équilibre semble ainsi avoir été trouvé entre la densité des équipements de sports d'hiver et la préservation d'un milieu naturel exceptionnel.

LES PARCS NATURELS

Les Parcs nationaux

À cheval sur les Alpes du Nord et du Sud, le **Parc national des Écrins** est le plus vaste de France. Des glaciers petits mais nombreux, des sommets vertigineux presque aussi élevés que ceux du massif du Mont-Blanc, de petits lacs d'altitude qui sont autant de bijoux, une moindre présence des stations, attirent les amoureux d'espace pur et de liberté.

Les Parcs nationaux sont composés d'une zone centrale dévolue souvent à une protection stricte des espèces végétales et animales (réserves naturelles) et d'une zone périphérique qui allie développement et protection. Ainsi le **Parc naturel de la Vanoise** comprend-il cinq réserves naturelles (Grande-Sassière, Plan

---

Patrimoine mondial de l'Unesco ?

Les habitants et élus locaux refusant la notion de « parc naturel », qui risque de transformer à terme le territoire transalpin du Mont-Blanc en sanctuaire, ont créé l'**Espace Mont-Blanc**, coopération transfrontalière qui a pour but de mettre en place une politique de développement durable sur son territoire. Les démarches ont été entreprises pour demander l'inscription du massif du Mont-Blanc sur la liste du Patrimoine mondial de l'Unesco.

NATURE

Alpinistes dans les dômes de Miage (3 673 m).

de Tueda, Bailletaz, Tignes-Champigny, Hauts de Villaroger), le parc des Écrins en compte deux (vallée du Béranger et haute vallée du Vénéon). De fait, les réserves naturelles ont agi quelquefois comme des bases sur lesquelles les parcs pouvaient ensuite s'étendre. La réserve de Hauts de Chartreuse et celle des Hauts-Plateaux du Vercors sont intégrées aux Parcs naturels régionaux de la Chartreuse et du Vercors.

Les Parcs régionaux

Quatre Parcs naturels régionaux existent dans les Alpes du Nord – **Préalpes**, **Vercors**, **Chartreuse** et **Bauges** – et sont dotés d'une mission un peu différente. Créés dans des régions encore habitées malgré un fort exode rural, ils doivent promouvoir le patrimoine naturel et culturel local menacé par la fin de la culture paysanne traditionnelle. Or, celle-ci a montré qu'elle apporte encore quelque chose d'essentiel à notre époque : des produits du terroir variés et savoureux d'une qualité exceptionnelle, des paysages souvent superbes de moyenne montagne ou d'alpages encore animés par les troupeaux et le travail des bergers. Des villages aux fermes authentiques, restaurées dans le style de la région, proposent un artisanat de qualité et des activités de loisirs de plus en plus diversifiées dans une nature d'eaux vives et de forêts. Le succès de ces parcs devrait conduire à leur extension à d'autres massifs.

TERRITOIRES PRÉCURSEURS

Les Alpes du Nord qui possèdent d'immenses territoires non accessibles à l'homme deviennent alors un lieu d'expérimentation de ces différentes dispositions : de la plus restrictive, la réserve naturelle, à la plus souple, le Parc naturel régional qui préfigure le concept moderne de développement durable. La question d'un Parc national dans le massif du Mont-Blanc fut par exemple longtemps discutée, mais toujours repoussée par les habitants de la vallée. L'image fausse de la « réserve d'Indiens » prévalait alors dans les vallées. Elle suscita bien des quiproquos aujourd'hui démentis par les Parcs naturels régionaux.

L'engagement de la France auprès des **institutions internationales** – conventions de Berne et de Bonn (1979), convention de Ramsar sur les zones humides (1983), réserves de biosphère (Unesco), directives européennes sur les Oiseaux (1979) et les habitats naturels, la faune et la flore sauvages (1992) – ont permi de protéger des espaces jusque-là délaissés. En revanche, cette législation qui mêle droit national et international, appellations diverses et restrictions variables, brouille quelque peu les pistes. Ainsi, le cirque du Fer-à-Cheval est à la fois un site classé, une réserve naturelle et un **site Natura 2000**. Cette dernière mention fait référence aux dispositions européennes prises en 2000 en faveur du maintien ou du rétablissement des habitats naturels et des habitats d'espèces de la flore et de la faune sauvage d'intérêt communautaire. Il est composé de sites désignés spécialement par chacun des États membres en application des directives européennes dites « Oiseaux » et « Habitats » de 1979 et 1992 : 25 sites ont été retenus en Isère, 21 en Haute-Savoie et 19 en Savoie à l'issue d'un premier inventaire. Natura 2000 a le mérite de remettre sur le devant de la scène les zones humides de la région.

AUTRES INITIATIVES

La restauration des tourbières

Les zones humides ont particulièrement souffert de l'urbanisation et des endiguements des cours. Tourbières, roselières et marais constituent pourtant un milieu écologique essentiel à certaines espèces vivantes et au renouvellement des eaux. Elles ne représentent plus que 10 111 hectares dans les Alpes du Nord et accueillent une flore particulière. Dôme creusé par l'érosion d'une ancienne moraine glaciaire, le **plateau de Gavot** dans le Chablais, par exemple, rassemble toutes sortes de zones humides de la région : lacs, prairies, tourbières acides, marais alcalins. Les eaux filtrées lentement par les roches rejaillissent en source pure qui fait par exemple la réputation des eaux d'Évian. L'impluvium naturel abrite 23 espèces protégées et deux espèces de papillons rares en France. La revitalisation de ce patrimoine naturel est combinée avec des activités touristiques comme des sentiers à thème. Protection des milieux sensibles et tourisme ne sont donc pas incompatibles et les initiatives se multiplient.

Pour en savoir plus, visitez le Pré-Curieux à Évian.

La protection de l'avant-pays

Si les plus hauts domaines alpins font l'objet de protections rigoureuses, les avant-pays aux atouts touristiques méconnus n'ont pas bénéficié des mêmes intentions. Or, leurs paysages plus modestes d'apparence se révèlent aussi fragiles et dangereusement menacés par les activités humaines comme l'industrie ou les transports. Les conservatoires régionaux des espaces naturels reconquièrent peu à peu les territoires qui à court terme étaient voués à disparaître. C'est le cas dans la vallée de l'Arve où le site alluvial de Vougy, l'un des derniers espaces de divagation de la rivière, a été mis sous protection. Et pour cause, ce site est l'une des haltes des oiseaux nicheurs et la résidence privilégiée des castors d'Europe réintroduits il y a une vingtaine d'années. Les marais de l'Albanais ou les rives du lac d'Aiguebelette sont également en cours de revalorisation. Ce qui ouvre aux touristes de nouvelles destinations champêtres et aux pêcheurs, par le biais des contrats rivière, de nouvelles ressources piscicoles. Ainsi, peu à peu, redécouvre-t-on les régions que la réputation de la haute montagne avait fagocitées. Le massif du Vuache, contrefort du Jura posté à la frontière de la Haute-Savoie, le Salève dominant Genève, l'Albanais aux terres riches et vertes collines, Matheysine et pays voironnais en Isère ont complété ces dernières années leur offre touristique. Les Alpes du Nord semblent ainsi pouvoir résoudre bien des contradictions. On protège mieux, désormais, l'ensemble des espaces naturels qu'ils soient ou non situés dans une zone d'altitude et qu'ils appartiennent ou non à des territoires urbanisés.

Les Alpes et le réchauffement climatique

La plupart des scientifiques sont unanimes, le réchauffement climatique est bien réel et devrait provoquer dans le siècle à venir de profonds bouleversements. Les Alpes, où coexistent des milieux naturels et de grands sites touristiques et urbains, en sont déjà affectées.

LA FONTE DES GLACIERS

Le recul des glaciers est incontestable tout comme la fonte du pergélisol, cette glace qui agit comme un ciment à l'intérieur même des roches de haute altitude. Les précipitations neigeuses se font en outre plus indécises et aléatoires qu'auparavant. Ces changements ne sont pas sans incidence sur la pratique des sports de montagne et donc sur toute une économie basée sur le tourisme.

La grotte de la mer de Glace était au 18e s. l'un des sujets favoris des peintres venus témoigner de la gigantesque et effrayante présence des glaciers dans la vallée de Chamonix. Leur avancée qui avait commencé au 16e s. ne semblait pas devoir s'interrompre. Mais à l'orée du 19e s., le climat prit un nouveau tournant. Le « petit âge glaciaire » laissait place à une période de réchauffement sensible dès 1820. Les glaciers dès lors n'ont cessé de régresser. Ce qui inquiète donc aujourd'hui les scientifiques n'est pas le recul des glaciers, mais l'accélération sensible du phénomène. Dans la première moitié du 20e s., les glaciers dont les crues et décrues dépendent essentiellement des conditions climatiques (précipitations hivernales et niveau des températures estivales) diminuent à peine et l'évolution ne se ressent que faiblement sur le paysage. Entre 1942 et 1953, une succession d'étés chauds et

NATURE

Détail de la mer de Glace.

d'hivers peu enneigés entraîne une forte décrue. Dans les années qui suivent et jusqu'en 1981, les glaciers approvisionnés par des étés frais et des hivers bien arrosés vont progresser de nouveau. Mais le déficit des années 1982-2005 d'amplitude comparable à celui des années 1940 n'est pas de même nature. Ces vingt dernières années, la température estivale exceptionnellement élevée explique à elle seule la décrue des glaciers. Les scientifiques suisses estiment ainsi que leurs glaciers auraient perdu de 30 à 40 % de leur masse depuis 1870. La mer de Glace perd l'équivalent de 1,30 m d'épaisseur sur toute sa surface par décennie en moyenne sur le 20e s. Si les températures continuent à augmenter à ce rythme, 50 à 80 % des glaciers des Alpes auront fondu à la fin du 21e s. Deux facteurs ralentissaient jusqu'alors leur disparition : la zone d'accumulation *(voir encadré)* est la plupart du temps située en très haute altitude, là où les neiges éternelles fondent peu, là où les niveaux d'accumulation sont les plus élevés.

UN ÉCOSYSTÈME FRAGILISÉ

Il semblerait que l'augmentation de la température soit plus importante dans les Alpes (1,5 °C à 2 °C au 20e s. contre 1 °C pour la France). La limite des neiges éternelles s'élevant, les glaciers sont atteints à de plus grandes altitudes. La ligne d'équilibre où l'accumulation neigeuse est égale à la fonte est située à 2 900 m, mais devrait gagner de 300 à 500 m d'ici à 2100. Ce qui causerait entre autres la disparition totale des glaciers du massif des Écrins. Le réchauffement a bien d'autres conséquences écologiques. L'écosystème alpin qui fonctionne comme un mille-feuille où se succèdent des étages se modifie sensiblement. Des espèces d'arbres qui ne s'élevaient pas au-dessus d'une certaine altitude gagnent maintenant les alpages *(voir p. 76)*. Toute la chaîne écologique en est bouleversée. La fonte du pergélisol accroît les risques d'éboulements, dangereux pour l'homme et pour la faune. Un gigantesque éboulement s'est produit en 1999 à l'aiguille des Drus dans le massif du Mont-Blanc entaillant profondément le rocher. Depuis, les chutes de pierres, les décrochements de blocs monumentaux ne se comptent plus dans le massif et la pratique de la montagne en est considérablement entravée.

Comment mesure-t-on le volume des glaciers ?

Un glacier est composé de deux zones distinctes : une **zone d'accumulation** où se forme la glace et une **zone de fusion** où la fonte commence. Pour étudier le climat, les glaciologues réalisent un bilan de masse qui, analogue à un bilan comptable, additionne les pertes et les gains de volume en zone d'accumulation et d'ablation. Ces variations sont mesurées lors de campagnes biannuelles (mai et septembre) à l'aide de balises. En outre, les comparaisons topographiques faites à partir de ces mêmes balises servent à déterminer les vitesses d'écoulement du glacier. Le Laboratoire de glaciologie et de géophysique de l'environnement (CNRS, Observatoire des sciences de l'univers de Grenoble) étudie quatre glaciers en France : Saint-Sorlin, Gébroulaz, mer de Glace et Argentière.

COMPRENDRE LA RÉGION

HISTOIRE

La fameuse traversée des Alpes par les troupes d'Hannibal illustre bien l'importance stratégique de cette région longtemps disputée entre la France et l'Italie. Cette position frontalière a permis l'essor de la puissante maison de Savoie tandis que le Dauphiné passait sous la protection des rois de France. Après avoir été un État sarde, la Savoie a rejoint définitivement la France en 1860. Les heures tragiques de la Résistance ne sont pas oubliées, mais la région revit grâce au tourisme relancé par la belle aventure olympique de 1992.

« Proclamation du rattachement de la Savoie à la France » (1860), par Louis Houssot.

Quelques faits historiques

LA PRÉHISTOIRE

De 40 000 à 12 000 ans av. J.-C. – Des peuples nomades investissent quand le temps est clément les sites que le recul des glaciers a découvert. Ils seront relayés par des agriculteurs sédentaires qui investissent les hautes vallées environ 3 000 ans av. J.-C.

1 000 ans av. J.-C. – Les rives des grands lacs (Léman, Paladru) abritent des populations organisées en petites cités. Habiles artisans, ils produisent des outils de bronze et des ustensiles de céramique. Allobroges, Ceutrons, Gaulois et Hallstattiens investissent tour à tour le territoire.

AVANT J.-C.

Celtes et Allobroges

6ᵉ s. – Le peuple celte des Allobroges occupe le pays compris entre Rhône et Isère, refoulant dans les hautes vallées la population d'origine ligure, mais fonde ou conforte des cités d'importance comme *Culoro* (Grenoble) ou *Lemincum* (Chambéry) et *Vienna* (Vienne).

218 – Passage des Alpes par Hannibal qui y perd une partie de son armée et de ses éléphants.

121 – Les Alpes sont rattachées à la Gaule narbonnaise. Les Romains taillent un réseau de voies transalpines qui préfigure le réseau actuel.

1ᵉʳ s. – La pacification des Alpes par Auguste entraîne deux siècles durant une prospérité inconnue jusqu'alors. Les institutions gallo-romaines favorisent le commerce et l'agriculture. Le transport fluvial sur le Rhône relie l'avant-pays savoyard à Lyon, capitale économique de la région.

APRÈS J.-C.

Chrétiens et Barbares

À la colonisation réussie de l'Empire romain succèdent des temps de fureur et de désolation. Les basses terres des Alpes passent de main en main au gré des conflits récurrents qui caractérisent cette époque.

HISTOIRE

Du 2ᵉ au 4ᵉ s. – Lente diffusion du christianisme. L'empereur Dioclétien divise les provinces alpines en diocèses.

443 – Rome concède aux Burgondes, venus du Rhin, une contrée appelée sans que l'on sache véritablement pourquoi *Sapaudia*. Genève devient la capitale du royaume.

843 – À la suite de la division de l'empire de Charlemagne, les Alpes se retrouvent au cœur de la Lotharingie qui s'étend des Pays-Bas actuels à l'Italie. La disparition de ce royaume éphémère entraîne une nouvelle partition du territoire. Au royaume de Provence est dévolu le sud des Alpes, au futur royaume de Bourgogne la partie comprise entre le Jura et le col du Grand Saint-Bernard.

9ᵉ et 10ᵉ s. – Durant l'ère troublée des principautés émerge le royaume de Bourgogne, sous la dynastie franque des Rodolphiens.

1032 – L'empereur romain germanique Conrad II succède au dernier Rodolphe. Début de l'époque féodale.

La naissance de la Savoie et du Dauphiné

Début du 11ᵉ s. – L'archevêque de Vienne, Burchard, partage ses possessions entre le comte de Maurienne, Humbert Iᵉʳ au nord, et Guigues Iᵉʳ comte d'Albon au sud. C'est l'embryon des deux futures provinces de la Savoie et du Dauphiné. Humbert Iᵉʳ, dit aux Blanches Mains, est considéré comme le fondateur de la future maison de Savoie. Il étend son territoire au Bugey, au Chablais, dans le Val d'Aoste, le Valais et jusqu'en Maurienne.

1084 – Saint Bruno fonde le monastère et l'ordre des Chartreux dont l'influence va s'étendre sur toute la région.

1192 – Guigues VI prend le titre de « dauphin ». Une rivalité aiguë oppose les comtes de Savoie et du Dauphiné.

1232 – Chambéry devient la capitale du comté de Savoie.

1248 – Le gigantesque éboulement du Granier, dans le massif de la Chartreuse, ensevelit cinq villages. Les traces de la catastrophe sont encore visibles dans le paysage (abymes de Myans).

Du 13ᵉ au 15ᵉ s. – La maison de Savoie gouvernée par d'habiles seigneurs étend son pouvoir et ses possessions et couvre un domaine considérable incluant le pays de Vaud, la Bresse et le Genevois. De grandes figures marquent l'élaboration d'un État structuré et prospère.

1355 – Le Dauphiné, harassé par les vindicatifs comtes de Savoie, est rattaché à la couronne de France par le traité de Paris en 1355 qui trace de nouvelles frontières entre la Savoie et le Dauphiné. Jusqu'en 1628, il constitue l'apanage de l'héritier du trône à qui s'applique désormais le titre de « **dauphin** ».

1416 – Amédée VIII est fait duc de Savoie par l'empereur Sigismond et se dote trois ans plus tard de la région du Piémont. La maison de Savoie est à son apogée. En 1430, il promulgue les *Statuta Sabaudiae*, cadre administratif et législatif.

1447 – Le dauphin Louis II (futur roi Louis XI) s'installe dans la province du Dauphiné où il se conduit en souverain indépendant et crée le parlement de Grenoble. La Savoie mal gouvernée perd de son autonomie et Louis XI, époux de Charlotte de Savoie, prend pied dans le duché. En 1478, les Trois États demandent officiellement sa protection.

1494-1559 – Les guerres d'Italie, où s'illustre Bayard, mettent au premier plan le rôle stratégique de la Savoie et du Dauphiné qui servent alors de voie de passage et de retraite pour les armées du roi de France parties à la conquête de l'Italie. En 1519, Charles Quint devenu empereur germanique s'allie au duc de Savoie.

1535 – Genève adopte la Réforme protestante. Son évêque, resté catholique, se réfugie un peu plus tard à Annecy.

1536 – La rivalité qui oppose Charles Quint et François Iᵉʳ entraîne une première occupation par les troupes du roi de France en 1536. Les Bernois dévastent le Chablais. Pendant vingt-deux ans, François Iᵉʳ puis Henri II vont régner sur la Savoie et la doter d'un parlement qui deviendra plus tard le Sénat (1559).

1559 – Le **traité du Cateau-Cambrésis** met fin aux guerres d'Italie et restaure le duché de Savoie. Le duc Emmanuel-Philibert recouvre ses domaines, mais transfère sa capitale à Turin en 1563 qu'il juge moins vulnérable. Il épouse la sœur d'Henri II confortant ainsi l'alliance faite avec la France et fait revenir dans son duché les terres du Chablais et une partie du Genevois.

17ᵉ s. – Placée au cœur des enjeux européens, déchirée par des luttes

intestines, la région est envahie à plusieurs reprises et occupée en 1630 par les troupes de Richelieu. En 1603, Genève devient indépendante.
- **1606** – Fondation de l'Académie florimontane à Annecy par saint François de Sales qui mène une campagne volontariste de Contre-Réforme. Il fonde quatre ans plus tard avec sainte Jeanne de Chantal l'ordre de la Visitation.
- **1628** – Le Dauphiné passe sous l'administration directe d'un intendant du roi. La monarchie absolue se met en place, non sans heurts entre l'intendant et le parlement de Grenoble.
- **1690** – Le nouveau duc Victor-Amédée II se soulève contre la tutelle française. Deux décennies de violences et de misère vont s'écouler avant la résolution du conflit.

Les États sardes

- **1713** – **Traité d'Utrecht** : le duc de Savoie Victor-Amédée II devient roi de Sicile, titre qu'il échange cinq ans plus tard contre celui de roi de Sardaigne donnant naissance aux « États et à la monarchie sardes ». Lors de la Succession d'Autriche, les États sardes soutiennent l'Empire et la Savoie est occupée six années durant par les Espagnols. Le **traité d'Aix-la-Chapelle** libère une contrée exsangue (1748). Sous les règnes successifs des rois sardes, la Savoie se modernise : cadastre visant à établir un impôt plus juste, dégrèvement des droits féodaux de certaines terres.
- **1736** – Élaboré à partir de 1728, le nouveau cadastre sarde aura bien des implications dans l'histoire de la région, mais il eut une autre conséquence plus anecdotique : Mme de Warens, qui aimait tendrement Jean-Jacques Rousseau, le fait entrer au bureau du cadastre qui siège au château de Chambéry. Il élira ensuite domicile aux Charmettes (voir Chambéry).
- **1786** – La première ascension du mont Blanc par Jacques Balmat et Michel Paccard, financée par De Saussure, scientifique genevois, inaugure la grande épopée de l'alpinisme.
- **1788** – Le Dauphiné fait alors figure de précurseur dans la lutte qui s'engage entre le pouvoir absolutiste français et les révolutionnaires. La « **journée des Tuiles** » à Grenoble, puis « **l'assemblée de Vizille** » en juillet, entraînent la convocation des états généraux. Le Dauphiné sera divisé en 1791 en trois départements : Isère, Drôme et Hautes-Alpes.

La Révolution – Le 24 septembre, l'armée révolutionnaire prend Chambéry et l'Assemblée des Allobroges obtient le rattachement de la Savoie à la France affirmé par la Convention du 27 novembre. Mais le « département du Mont-Blanc » va souffrir de la désorganisation de ses institutions sardes et le peuple qui avait accueilli les Français comme des libérateurs assiste impuissant au démantèlement économique du pays. C'est la question religieuse, dans une région pieuse et attachée à ses prêtres, qui entraîne les révoltes de Thônes, des Bornes et de Montjoie. La Terreur prend les traits du préfet Albitte, à la poigne de fer. Une guerre diplomatique et civile s'engage pour plusieurs années entre le pouvoir et les institutions catholiques. En 1798, Genève devient possession française et le Directoire l'associe au nouveau département du Léman.

Château de Vizille, musée de la Révolution.

L'adieu à l'Italie

Le 19e s. – Le Concordat va apaiser en partie les tensions qui opposent clergé et administrateurs. En ce début de siècle, la Savoie et le Dauphiné connaissent une embellie économique. L'industrie fait son entrée dans la Tarentaise, dans le bassin annecien, et la création de la route transalpine du mont Cenis est programmée. Mais la conscription demeure un point litigieux, les familles savoyardes n'acceptent pas de voir partir leurs jeunes hommes dans des batailles nationales.
- **1809** – Marie Paradis, une servante d'auberge, est la première femme à gravir le mont Blanc. En 1821, la fondation de la Compagnie des guides de Chamonix constitue la première ébauche corporatiste de cette profession nouvelle.

HISTOIRE

1815 – Les défaites napoléoniennes brisent la relative accalmie du Premier Empire. Le **traité de Paris** faisant suite à Waterloo restitue la Savoie au roi Victor-Emmanuel Ier. L'aristocratie restée fidèle au despote sarde revient en force et reconstitue son patrimoine. Elle brigue les meilleurs postes de l'administration supérieure et de la diplomatie. Le clergé s'allie aux nouveaux pouvoirs et restaure son influence. Une bonne part du budget est consacrée à la restauration des lieux de culte mis à mal pendant la Révolution. Le pays entre dans l'ère du « *Buon Governo* » marqué par quelques réalisations spectaculaires comme le pont des Usses, l'endiguement de l'Arve et de l'Isère. Ces dernières masquent la dégradation des infrastructures comme les routes. Napoléon, de retour de l'île d'Elbe, passe par les Alpes. Grenoble lui ouvre triomphalement ses portes.

1860 – Passé la tourmente de 1848, qui oblige Charles-Albert à doter le royaume sarde d'une Constitution, la révolte des Voraces, venus de Lyon, met à mal l'autorité sarde repliée en Maurienne. Marasme économique et désordres politiques provoquent un revirement sensible de l'opinion publique qui se tourne alors vers la France. L'**annexion de la Savoie à la France**, négociée entre Napoléon III et Cavour, est acceptée par référendum par l'ensemble de la population soutenue par le clergé qui a mené une campagne active en sa faveur. L'assimilation sera rapide et sans heurts. Le plébiscite confirme l'existence d'une zone franche mitoyenne à la Suisse supprimée en 1919.

1869 – Aristide Bergès équipe la première haute chute à Lancey près de Grenoble et devient ainsi le « père » de la houille blanche.

1872 – Inauguration au Fréjus du premier grand tunnel ferroviaire transalpin. Entre 1860 et 1890, les principales voies ferrées comme celle du mont Cenis sont construites et désenclavent des régions entières.

1885 – La Roche-sur-Foron est la première ville de France éclairée à l'électricité grâce à une centrale hydroélectrique. La houille blanche place les Alpes au premier rang des producteurs d'énergie européens.

1919 – La Première Guerre mondiale a brisé l'élan économique qui caractérise le début du siècle. Mais surtout, 4 % de la population des Alpes y laisse la vie. Des villages ont perdu une génération entière de jeunes hommes (Termignon).

1921 – Création de la première station de sports d'hiver à **Megève** par la baronne Noémie de Rotschild qui importe un concept autrichien et suisse de vacances en montagne. S'ensuit deux décennies de développement touristique sans précédent. Les premiers Jeux olympiques d'hiver en 1924 à Chamonix répandent une image ludique et populaire d'un sport qui sera longtemps réservé aux classes privilégiées fréquentant les palaces de Chamonix, Megève ou Val-d'Isère.

Les bastions de la Résistance

1939-1944 – L'armée des Alpes défend le territoire âprement jusqu'à l'armistice de 1940. Situées en zone libre jusqu'en 1942, les Alpes du Nord deviennent une terre d'accueil pour les réfugiés de la zone occupée. À Grenoble, Chambéry ou Annecy, des réseaux résistants soutiennent les fugitifs. L'occupation italienne de novembre 1942 à septembre 1943 n'exerce qu'une molle surveillance et la Résistance, dont les effectifs sont augmentés des réfractaires au STO, peut s'organiser en maquis répartis dans toute la région. L'arrivée soudaine de l'occupant allemand va provoquer de nombreuses arrestations et déportations. La Résis-

Mémorial du Vercors (Vassieux).

COMPRENDRE LA RÉGION

tance fait du Dauphiné l'un de ses principaux bastions. Plus de 4 000 personnes forment le **maquis du Vercors**, assaillis et décimées en juillet 1944. Dans le **maquis des Glières**, dans le massif des Bornes-Aravis, près de 500 combattants vont résister quatorze jours à l'assaut de 12 000 soldats allemands. La participation active d'une population non soumise à l'occupant et la solidarité réelle qui s'établit dans les vallées de haute montagne entre les paysans et les combattants expliquent peut-être que la période de l'épuration fut ici moins violente que dans d'autres régions.

Télécabines de l'aiguille du Midi.

L'essor du tourisme

1955 – Le **téléphérique de l'aiguille du Midi**, à cette époque le plus haut du monde, rend la haute montagne accessible au grand public. Les vallées de la Tarentaise et de la Maurienne vont bientôt s'ouvrir à un tourisme de masse.

1963 – Création du Parc national de la Vanoise, premier parc naturel en France. Il est jumelé en 1972 au Parc du Grand Paradis.

1965 – L'inauguration du tunnel du Mont-Blanc donne un accès rapide et sécurisé à la vallée de Chamonix, parangon du tourisme moderne. Toute la région développe ses infrastructures touristiques tandis que l'industrie électrochimique vieillissante subit ses premiers déboires. Les activités traditionnelles comme la ganterie à Grenoble survivent difficilement.

1968 – Les X^{es} Jeux olympiques d'hiver à Grenoble achèvent d'entériner les Alpes du Nord dans leur vocation touristique. Entre 1970 et 1980, de nouvelles stations apparaissent (Flaine, Val-Thorens, Les Arcs, Avoriaz). Implantées dans des sites vierges, elles feront scandale mais permettront à un large public de se rendre aux sports d'hiver. L'agriculture, dont le déclin était amorcé avant la Seconde Guerre mondiale, se spécialise dans l'élevage bovin, la production de fromages et, ultime survivance, de la vigne.

1982 – Les frontières des 22 régions françaises sont tracées et les Alpes sont intégrées à un ensemble comprenant Lyon, Saint-Étienne et Valence. Les transports routiers connaissent un fort développement et empruntent en grand nombre les deux grands tunnels des Alpes (Mont-Blanc et Fréjus). Apparaissent alors les premières associations écologistes qui prônent un transport par ferroutage. La création d'un parc naturel dans le massif du Mont-Blanc est évoquée mais ne sera jamais concrétisée. Les acteurs touristiques craignent alors de perdre les bénéfices du tourisme.

1992 – Si la ferveur des XVIes Jeux olympiques d'hiver à Albertville a conforté l'image d'une région dynamique et sportive, ils mettent cependant en exergue la fragilité de certaines stations de moyenne montagne tributaires de l'enneigement. Pour y faire face, les stations vont s'engager dans la production de neige artificielle *(voir p. 111)*.

1999 – L'incendie du tunnel du Mont-Blanc qui fit 41 morts révèle à l'opinion publique une situation insoutenable pour les riverains des grands axes routiers. Des milliers de camions asphyxient quotidiennement les vallées étroites de part et d'autre de l'arc alpin. L'ouverture de la ligne ferroviaire entre Lyon et Turin devrait voir le jour en 2012.

21e s. – Les enjeux d'aujourd'hui sont essentiellement écologiques. Les variations du climat ces dernières années, la forte pression touristique et l'étalement des agglomérations suscitent des inquiétudes pour l'avenir d'un patrimoine naturel exceptionnel mais fragile.

HISTOIRE

La maison de Savoie

Obscure famille féodale issue, aux 10e et 11e s., de l'éparpillement des pouvoirs du royaume de Bourgogne, la maison de Savoie a connu un destin exceptionnel en se hissant avec une rare ténacité au rang des plus grandes dynasties.

Les « portiers des Alpes »

Le fondateur de la maison de Savoie, **Humbert aux Blanches Mains**, comte de Maurienne, reçoit en héritage des mains de l'archevêque de Vienne Burchard une partie de la Savoie actuelle. Il assoit habilement son pouvoir en soutenant, en 1032, l'empereur germanique Conrad devenu le nouveau mais lointain roi de Bourgogne. Ses descendants, jouant de leur position exceptionnelle de « portiers des Alpes » ainsi que des rivalités entre grandes puissances, suivront le même chemin. Ils contrôlent les principaux cols alpins au détriment de leurs concurrents, les comtes du Viennois, devenu Dauphiné à la fin du 13e s. Les péages ont fait leur fortune financière, les empereurs, qui devaient passer sans cesse de Bourgogne ou d'Allemagne en Italie, leur fortune politique.

Comtes, ducs et rois

La fin du Moyen Âge vit l'apogée de l'État savoyard : les comtes, devenus ducs par grâce impériale en 1416, tiennent une cour fastueuse à Chambéry. Le prestige de la dynastie est tel qu'en 1439, lors du Grand Schisme d'Occident, le duc **Amédée VIII** devient pape sous le nom de Félix V. **Emmanuel-Philibert** accélère la modernisation du duché et fixe sa capitale à Turin. Christine et France et Marie-Jeanne-Baptiste de Savoie-Nemours maintiennent au 17e s. et au 18e s. un royaume fragile que **Victor-Amédée II (1666-1732)** va tenir sous sa coupe de monarque absolu. La tourmente révolutionnaire détruit provisoirement l'État sarde. De retour en 1814, le roi impose un gouvernement conservateur, appelé *« Buon Governo »*. En 1861, **Victor-Emmanuel II**, se détournant de la patrie de la maison de Savoie, devient le premier roi d'une Italie unifiée grâce aux efforts de son ministre Cavour. Le dernier roi d'Italie, **Umberto**, mettant fin à une très longue histoire dynastique, a dû abdiquer en 1947.

De l'alpinisme au tourisme

Autrefois « maudite » pour les montagnards qui n'y voyaient qu'un monde inquiétant et inaccessible, la très haute montagne n'a été conquise qu'au cours de ces deux derniers siècles.

La genèse

Gravir ces sommets au-delà des terrifiantes hauteurs fréquentées par les chasseurs de chamois est une idée assez récente. En 1492, l'ascension du mont Aiguille par Antoine de Ville, capitaine du roi Charles VIII, ne fut pas imitée avant longtemps. Le 8 août 1786, le guide **Jacques Balmat**, qui avait prouvé qu'on pouvait survivre la nuit en haute montagne, et **Michel Paccard**, médecin à Chamonix, sont les premiers à arriver au sommet du mont Blanc. C'est l'acte fondateur de l'alpinisme, l'âge des découvertes aussi où chaque sommet est une première.

Cependant, devant l'affluence et par suite d'accidents dus à l'imprudence, on crée en 1821 la **Compagnie des guides de Chamonix**. L'alpinisme prend alors une tournure de plus en plus sportive, ce que certains poètes regrettent tel l'Anglais Ruskin pour qui « les cathédrales de la terre sont devenues un champ de course ».

En 1874, le tout nouveau **Club alpin français** (CAF) est fondé pour mieux faire connaître la montagne. Dès la fin du 19e s., la plupart des grands sommets sont vaincus avec notamment l'ascension de l'aiguille Verte par **Edward Whymper** en 1865 et la difficile victoire sur la Meije en 1877 par les **guides Gaspard** père et fils et leur client, Boileau de Castelnau.

Allégorie de la Savoie (1682).

COMPRENDRE LA RÉGION

La mer de Glace

En 1741, deux Anglais Windham et Pococke, s'engagèrent avec quelques montagnards pour les « glacières » dont on croyait qu'elles étaient hantées par les âmes des morts. Ils y virent une « sorte de mer agitée qui aurait gelé tout à coup ». La mer de Glace était née, vite popularisée par la gravure et les descriptions des voyageurs. Hommes de science et les plus grandes célébrités de l'époque seront subjugués par « ce cabinet des curiosités de la nature, ce laboratoire du divin », selon la formule célèbre de Victor Hugo.

L'essor de l'alpinisme

Le début du 20e s. représente de fait un vrai tournant. Le matériel jusqu'alors limité à l'alpenstok, un long bâton ferré ancêtre du piolet, une petite hache pour tailler des marches dans la glace, des souliers « ferrés » avec des clous et une corde de chanvre, devait être amélioré avec l'apparition d'un alpinisme qualifié « d'acrobatique » dans lequel s'illustrent quelques femmes dont **Isabella Charlet-Straton**, puis **Loulou Boulaz**. Avec les nouvelles techniques de rappel, puis l'usage du piton et des crampons, l'ascension des sommets devient de plus en plus sophistiquée. C'est l'âge d'or de la conquête des faces nord comme celle des Drus en 1935 par **Pierre Allain** et **Raymond Leininger**. Cette période est magnifiquement illustrée par les ouvrages de **Frison-Roche** *(voir p. 67)*. Dans les années 1960, le massif du Mont-Blanc devient le théâtre de grandes courses et d'hivernales (les Drus) et le terrain de jeux de grandes figures comme **Lionel Terray**, **Louis Lachenal** ou **René Desmaison** *(lire son poignant témoignage : « 342 heures dans les Grandes Jorasses »)*. Dans les années 1980, il ne reste plus dans les Alpes de grandes voies à ouvrir et la compétition se déroule désormais sur d'autres continents. Les enchaînements qui consistent à gravir plusieurs sommets sans interruption sont la grande affaire de cette époque et ses héros **Christophe Profit** et **Éric Escoffier**. Les alpinistes s'ingénient depuis à tracer des variantes vertigineuses aux abords des voies connues. **Patrick Gabarrou** en a ouvert plus de 250.

La naissance du tourisme alpin

Si le voyage de **Widham** et **Pococke** en 1741 dans la vallée de Chamonix signe l'acte de naissance du tourisme alpin, c'est aux Genevois que la montagne doit sa notoriété au 18e s. Les premiers vivent au pied des monts dans l'une des plus grandes cités européennes, portent sur les montagnes un regard de scientifiques. La nature n'est pas le refuge des dragons et gorgones que la culture populaire véhicule mais le résultat des accidents de la géologie. La parution en 1760 d'une *Histoire naturelle des glacières de Suisse* de Gruner et l'édition de planches sur le relief montagneux dans l'*Encyclopédie* de Diderot et d'Alembert dévoilent à un monde citadin ces contrées méconnues. Des graveurs diffusent une image renouvelée de la montagne (Marc-Théodore Bourrit) tandis que le scientifique **Horace Benedict de Saussure** commandite la première ascension du mont Blanc.

Les Anglais, premiers touristes de l'ère moderne, vont populariser au 19e s. l'image de la montagne en Europe. En 1852, l'Anglais **Albert Smith** donne à Londres le récit de son ascension au mont Blanc, et entraîne avec lui toute l'aristocratie britannique. En France, le romantisme et les leçons de la *Nouvelle Héloïse* de Jean-Jacques Rousseau invitent les **écrivains** à des retraites studieuses et nostalgiques sur les rives des lacs ou dans les vallées de la Savoie. Alphonse de **Lamartine**, Eugène Sue, Victor Hugo, Alexandre Dumas entre autres rapportent de leurs excursions des récits enthousiastes. Les villages s'ouvrent alors au tourisme favorisé par la construction des routes et des voies de chemins de fer initiée après le rattachement de la Savoie à la France. La découverte des **sports d'hiver** après la Première Guerre mondiale conforte l'engouement d'une classe aisée de la population pour le paysage de montagne. Dans les années 1930, ce n'est plus la contemplation qui invite au séjour alpin, mais ses vertus thérapeutiques. Si les grandes stations thermales d'Évian, Challes-les-Eaux,

Lamartine.

HISTOIRE

Aix-les-Bains ont accueilli dès le Second Empire les têtes couronnées et l'aristocratie, elles deviennent une villégiature pour des malades qui suivent une cure médicale. La montagne soigne également la longue cohorte des soldats revenus des tranchées et les milliers d'enfants affectés de tuberculose. Certains sites comme le Plateau d'Assy n'avaient pas d'autre vocation lors de leur création. Le tourisme de la seconde moitié du 20e s. est d'une tout autre nature. L'équipement des pentes, la création de toutes pièces de stations d'altitude, la brièveté des séjours conduisent parfois à gommer la nature montagnarde au profit de sa consommation.

La traversée des Alpes

La géographie des Alpes ménage des voies de passage transalpin empruntées dès l'Antiquité. Des massifs entiers demeuraient enclavés et bien des vallées se terminaient alors en impasse ; seules les routes de l'avant-pays étaient carrossables. Il faudra, à partir du 19e s., 150 années d'efforts pour parvenir au réseau de voies de communication que nous connaissons aujourd'hui.

Après la création du chemin de fer Fell passant le col du Mont-Cenis, la percée du **tunnel du Fréjus en 1871** marque une nouvelle étape. Et encore, ce dernier n'aurait pas vu le jour sans la création de la perforatrice à air comprimé de Germain Sommeiller. Le réseau ferroviaire ne sera achevé qu'en 1914, mais parallèlement de **grandes voies routières** sont ouvertes sous le Second Empire : gorges de l'Arly, Petit Saint-Bernard, déblocage des Préalpes (Vercors, Bauges, Bornes et Chartreuse). Les grands cols (Galibier 1880, Aravis 1897, les Montets, le Glandon, la Croix-de-Fer, 1912) ne font plus obstacle à la circulation. La route nationale 202, de Thonon à Nice, est classée en 1911 et deviendra la célèbre traversée des Alpes. Le dernier chantier titanesque du 20e s. est le **tunnel du Mont-Blanc** ouvert à la circulation en juillet 1965.

L'olympisme

Les Alpes du Nord font exception dans l'histoire du sport pour avoir accueilli à trois reprises les Jeux olympiques d'hiver.

Si les Jeux olympiques d'hiver sont nés à la Belle Époque dans le milieu aristocratique et mondain qui fréquentait les stations suisses, c'est **Chamonix**, alors capitale de l'alpinisme, qui fut choisie en **1924** pour l'organisation d'une semaine internationale intronisée ensuite par Coubertin comme les premiers Jeux olympiques d'hiver. Les rares épreuves ne nécessitèrent que peu d'équipements : une très grande patinoire pour le sport alors le plus prisé, une piste de bobsleigh, un tremplin de saut à skis. Si le ski de fond était pratiqué depuis plus de trente ans, le ski de descente ou ski « alpin » n'en était encore qu'à ses balbutiements... Il faut attendre les années 1930 avec les premiers grands championnats du monde, au cours desquels se distingue **Émile Allais**, puis la mise au point des remonte-pentes mécaniques, à la même époque, pour que ce sport se popularise.

Le contexte des **X^{es} Jeux olympiques d'hiver à Grenoble, en 1968**, est donc très différent. La télévision permet de suivre les épreuves dispersées sur plusieurs sites. Une nouvelle ère s'annonce, beaucoup plus populaire, nourrie par le triomphe des champions qui, comme **Jean-Claude Killy** et les **sœurs Goitschel**, raflent les médailles d'or. Les stations de ski vont connaître, dans les vingt ans qui ont suivi, un « boom » sans précédent. Les **XVIes Jeux olympiques d'hiver à Albertville en 1992** se sont ouverts puis conclus sur le thème de la « Savoie en fête » mis en scène par Philippe Découflé, chorégraphe contemporain. Ils auront permis aux stations de la région de s'équiper et auront assuré pour longtemps leur fréquentation.

En 2006, les Jeux olympiques ont eu lieu à Turin, sur le côté italien des Alpes, mais ont relancé l'intérêt pour les sports d'hiver grâce aux succès de champions français comme Antoine Dénériaz, Vincent Defrasne ou Florence Baverel-Robert.

COMPRENDRE LA RÉGION

ART ET CULTURE

La position stratégique des Alpes du Nord influence dès l'Antiquité les cultures locales. Par Lyon et Vienne, la religion chrétienne pénètre rapidement dans les vallées. Carrefour et résidence transitoire des armées, l'avant-pays montagnard s'ouvre au Moyen Âge aux influences lombardes, bourguignonnes ou ottoniennes. Plus tard, l'explosion du baroque revigore un art sacré somnolent tandis que les styles gothique et Renaissance ne laissent que quelques témoins épars. Au 19e s. l'architecture néoclassique imprègne des villes comme Chambéry ou Cluses. C'est en haute montagne avec la naissance des stations de ski que les styles du 20e s. trouveront leur eldorado.

Fresques de la chapelle St-Sébastien à Lanslevillard (détail).

Architecture entre tradition et modernité

LES PREMIERS ÉDIFICES

Au 3e s., le pèlerinage d'Agaune en Valais rassemble les premiers fidèles de la région. La fondation de l'évêché de Grenoble au 4e s. puis, un siècle plus tard, celui de Genève prouvent la perméabilité des contrées de l'avant-pays alpin. Les premiers sanctuaires comme l'église de Lémenc au-dessus de Chambéry sont édifiés sur les ruines de temples païens (ici Mercure). Situés à proximité de centres habités dès l'époque romaine, ils jalonnent les voies de communication. La cathédrale de Moûtiers et l'église d'Annemasse sont fondées au 6e s.

Dès le Moyen Âge, croix, oratoires et modestes chapelles d'alpage ont été édifiés par des montagnards profondément chrétiens sans cesse menacés d'une catastrophe naturelle (avalanche, éboulement de terrain, orage violent ou crue destructrice, épidémies).

Ces signes protecteurs placés sur les hauteurs font partie, comme le recours aux saints patrons, d'une culture populaire très ancienne qui, sous d'autres formes, existait déjà bien avant le christianisme. Les **oratoires**, à l'origine simples monticules de pierres appelés « **montjoie** », furent surmontés d'une croix puis creusés d'une niche avec une petite statuette à l'intérieur.

Les **chapelles**, elles, s'étagent du village à l'alpage et parfois jusqu'au sommet, défiant les intempéries par leurs murs épais, leurs fenêtres minuscules et leurs larges toitures à auvent protecteur. Leurs noms sont caractéristiques : Notre-Dame-de-Tous-Secours, Notre-Dame-des-Neiges ou Notre-Dame-de-la-Vie près de Saint-Martin-de-Belleville, aujourd'hui encore l'un des principaux sanctuaires de pèlerinage montagnard.

L'expression de la foi

Cette austérité d'apparence due à la nécessité était compensée par la **richesse de la décoration intérieure**, souvent réalisée par des artistes locaux ou des régions voisines. Les fresques les

ART ET CULTURE

plus intéressantes sont celles des 14e et 15e s. qu'on retrouve en Maurienne, sur la grande route menant au col du Mont-Cenis, principal passage alors entre la France et l'Italie pour les marchands et les pèlerins. Des artistes itinérants répondaient ainsi aux commandes de généreux donateurs qui avaient fait un vœu. On découvre avec étonnement à Lanslevillard la **chapelle Saint-Sébastien** où 53 tableaux muraux racontent le martyre du saint et la vie de Jésus. Un peu plus loin, à **Bessans**, on peut voir à l'extérieur le thème populaire des sept péchés capitaux et des sept vertus cardinales et, à l'intérieur, des fresques représentant la vie de Jésus.

À **Vulmix**, près de Bourg-St-Maurice en Tarentaise, on peut lire comme une bande dessinée la légende de saint Grat, protecteur des vignobles et des champs. La fresque de la chapelle du **château d'Allinges** (11e s.) qui présente le Christ Pantocrator cerné par les évangélistes se réfère à l'Apocalypse selon Saint-Jean et révèle des influences byzantines.

Réalisme et édification

Si le dessin est parfois naïf et les proportions peu respectées, le réalisme des expressions et la vivacité des couleurs donnent du souffle à des scènes animées par l'abondance de personnages à la simplicité rustique.

La représentation de **personnages en costumes d'époque** au milieu d'objets de la vie courante, la présence à l'arrière-plan de travailleurs aux champs, ce cadre familier aux paysans transposé dans des scènes censées se passer en Orient étaient une façon d'inclure tous les habitants dans le grand mystère chrétien de la Passion et de la Résurrection.

La présence de la **Sainte Vierge** sur ces murs, comme dans les sculptures, témoigne de l'importance de ce culte populaire devenu très puissant à cette époque et qui ne se démentira plus par la suite; comme celui des saints protecteurs depuis bien plus longtemps, il montre la christianisation profonde de la société montagnarde selon une sensibilité sur laquelle la Réforme protestante n'aura pas de prise.

L'église était en effet le point de ralliement des communautés villageoises, leur salle commune qui faisait la fierté du village et qui devait, derrière la simplicité de son aspect extérieur, prendre par son décor intérieur exceptionnel un air de fête en rupture avec le quotidien comme un hommage rendu à Dieu mais aussi aux hommes.

De l'art roman à l'art gothique

L'art sacré a pénétré dans les vallées avec les grands ordres monastiques du 11e s. Les premiers édifices vont recouvrir une crypte, à l'emplacement d'édifices antérieurs. L'ancienne basilique **Saint-Martin d'Aime,** née dans ce premier âge roman, est un subtil mélange d'inspiration byzantine venue de l'Allemagne ottonienne et du savoir-faire des maçons lombards qui ornent les façades de bandes et d'arcatures décoratives. Elle a conservé ses belles peintures murales à dominantes rouge et ocre. D'une manière générale, le tympan roman est fréquemment laissé vierge et ses voussures rarement historiées. Une tour-porche (cathédrale Notre-Dame, Grenoble) viendra parfois s'accoster à l'édifice. Une grande sobriété domine, due en partie aux techniques alors en vigueur.

L'esprit roman va perdurer jusqu'au 13e s. et imprégnera fortement les ouvrages gothiques. Les cisterciens en seront les premiers promoteurs avec l'**abbatiale N.-D. d'Aulps** (12e s.). L'apparence de la chartreuse de Mélan traduit bien par ses maçonneries en tuf la persistance du style roman.

À l'exception de la **Sainte-Chapelle de Chambéry**, les édifices gothiques de Savoie et du Dauphiné ne possèdent pas de haute nef mais peuvent paraître plus élancés qu'ils ne le sont quand de grandes verrières les éclairent. L'influence du gothique anglais ne se manifeste qu'à l'église de **Contamine-sur-Arve** où les baies géminées, habillées de remplages touffus, s'abritent sous un linteau et non comme il est d'usage sous un arc brisé.

LE BAROQUE SAVOYARD

Rare en France où a très tôt triomphé le classicisme de Versailles, l'art baroque s'est solidement implanté au 17e s. en Savoie à la suite d'une conjonction de circonstances. La région connaît aux 17e s. et 18e s. une forte croissance démographique mais se trouve au cœur des tourmentes européennes dont la Réforme.

La réplique de l'Église catholique formalisée par le concile de Trente (1545) sera suivie dans les Alpes de la création d'une quantité impressionnante d'églises et de chapelles baroques.

Un art de la Contre-Réforme

L'installation des ducs à Turin à partir de 1563 correspond à une période d'intense création artistique en Italie qui ne pouvait que se faire sentir même dans les

COMPRENDRE LA RÉGION

modestes vallées alpines placées aux frontières des États catholiques et protestants (Genève). L'évêque de Genève s'est réfugié tout près, à Annecy, d'où, au début du 17e s., saint François de Sales anime avec succès la reconquête catholique. Au sud, le Dauphiné subit longtemps les ravages des guerres de Religion.

De fait, l'art baroque, né à Rome des expériences artistiques de la Renaissance, est d'abord un art sacré qui exprime un rejet profond de l'austérité protestante. C'est ainsi qu'il utilise avec virtuosité la perspective et le trompe-l'œil au service d'une nouvelle sensibilité religieuse. C'est un art de la mise en scène qui aime l'exubérance des formes, l'abondance des courbes et des contre-courbes, le foisonnement de personnages aux poses exagérées. S'il est venu se nicher dans les hautes vallées du val Montjoie, de Tarentaise et de Maurienne, c'est qu'une forte présence catholique a toujours existé grâce à l'assise solide de très anciens évêchés comme Moûtiers et St-Jean-de-Maurienne et la présence de grands monastères comme la Chartreuse. Il est vrai qu'il correspondait bien aussi au goût des paroissiens. Certains émigrés revenaient fortune faite au village et finançaient l'embellissement d'une modeste église ou d'une simple chapelle.

Simplicité de l'architecture, complexité des ornements

L'église baroque que l'on trouve dans les Alpes a été édifiée le plus souvent selon un plan sommaire dont l'objectif est de concentrer l'attention des fidèles vers le retable et la chaire du prédicateur. L'un des modèles les plus courants est l'église-halle ne comportant pas de bas-côtés. Si l'église Saint-François-de-Sales (façade de style jésuite) à Annecy est inspirée du *Gesù* à Rome, les sanctuaires révèlent bien d'autres influences et en particulier des caractéristiques venues de l'Autriche, de l'Italie du Nord ou de la Bavière, terres d'émigration des Savoyards. Les façades paraissent dépouillées. Seule la porte toujours finement ouvragée annonce les débordements des décorations intérieures.

Dans le val Montjoie, les façades sont peintes. Des pilastres divisent l'espace en trois parties, la partie centrale est occupée par un portail à fronton interrompu surmonté de trois fenêtres étroites accolées. De part et d'autre, des médaillons ovales montrent les figures en pied des saints patrons (le plus souvent saint Pierre et saint Paul). Le **clocher à bulbe** est importé d'Europe centrale. Une lanterne, un bulbe et une flèche constituent la base d'une grande variété d'édifices. Le Beaufortain en conserve de beaux exemples.

Le retable et l'art baroque

Cet art a aussi croisé une vieille tradition de **sculpture sur bois** qui a trouvé là de quoi exercer avec bonheur son savoir-faire. Car, si des artistes sont venus de l'Italie proche, les œuvres réalisées proviennent surtout d'artistes locaux et ont essentiellement porté sur le mobilier, retables surtout, chaires, sculptures et boiseries.

C'est pourquoi le baroque savoyard est peu visible de l'extérieur. Il faut passer la porte de ces modestes églises de village comme, parmi des dizaines d'autres, à Termignon, à Valloire ou à Saint-Martin-de-Belleville. Le regard est tout de suite attiré par le **retable central** qui, au-dessus de l'autel, brille de l'accumulation de ses motifs. Dans la séduction des ors et des couleurs vives, il se présente comme un fond de scène aux multiples personnages, un spectacle haut en couleur destiné à provoquer l'émotion du fidèle

Les artisans du baroque

Le baroque savoyard est à son apogée entre 1650 et 1770. Les artisans se contentent bien souvent de rénover les églises déjà existantes en leur ajoutant qui des colonnes, qui des stucs et de fausses voûtes d'arêtes et d'y installer un retable, élément dominant sur lequel portent toutes les attentions. **Claude-François Menetrier** et **François Cuenot** sont à l'origine de nombre d'entre eux. Le premier est préposé aux entrées royales et liturgies funèbres de la cour de Savoie, le second architecte. Il publie en 1659, un « livre d'architecture » qui fait référence. Ce Franc-Comtois est appelé en 1645 par la régente Christine de France et crée les reliefs du portail de la sainte-chapelle du château des Ducs de Chambéry et, en 1673, le buffet d'orgue réalisé par Étienne Senot. Les retables de Bonneval-sur-Arc, de Beaufort-sur-Doron sont de sa main. En 1751, Jean Le Paultre publie *Nouveaux Dessins d'autels à la romaine* qui vont renouveler le genre. Le retable devient un monument à part entière, orné de colonnes et d'une gloire de marbre.

ART ET CULTURE

Retable de Valloire.

et à lui enseigner les vérités de l'Église. Les colonnes torses à feuilles de vigne et grappes de raisin, la multitude des angelots nus aux ailes déployées, les peintures et sculptures en bois polychromes où dominent le rouge et le bleu, donnaient, par le clinquant de leurs dorures, un air de fête, une sensation de merveilleux, d'un paradis à venir alors qu'au-dehors la vie était dure et pleine de dangers. La représentation de grandes scènes religieuses autour du Christ ou de la Sainte Vierge comme l'Eucharistie, la Crucifixion ou la Sainte-Trinité, servait de catéchisme populaire. De nombreux personnages en habit d'évêque ou de pèlerin encadrent ces scènes : ce sont les saints protecteurs qui intercèdent pour les hommes auprès du Christ. Leur déhanchement maniéré, le mouvement de leurs drapés, les gestes de leurs bras saisis dans l'instant, évoquent avec naïveté et simplicité le grand art du 17e et du début du 18e s.

L'ŒUVRE SARDE DU 19e S.

La restauration sarde entre 1815 et 1860 introduit en Savoie une architecture de **style néoclassique**. Reprenant la typologie chère aux classiques (fronton triangulaire, colonnes, arcs de triomphe), les architectes turinois accordent peu d'intérêt à la survivance des styles locaux.

Une architecture d'État

Bien plus, leur œuvre qui concerne souvent des bâtiments publics est une expression de l'autorité monarchique exercée par Victor-Emmanuel Ier puis Charles-Félix. Sous ses dehors autoritaristes, le style sarde traduit la volonté de réforme des institutions publiques : écoles, casernes, préfectures, mairies, palais de justice, ouvrages d'art reliant des pays isolés font entrer la Savoie dans l'ère moderne. Certaines villes comme Sallanches et Cluses détruites par un incendie au milieu du siècle devront se plier à la suprématie de la ligne droite symptomatique du style sarde : plan du centre-ville en damier, places rectangulaires, marché couvert à colonnades, etc. La mairie et l'école font désormais face à l'église, les cimetières sont ouverts à la périphérie des villages et clos par un mur, un espace est dévolu au marché. Les **hôtels de ville** construits à cette époque (Chambéry, Annecy, entre autres) présentent des façades régulières ornées au centre d'un avant-corps puissant couvert d'un fronton triangulaire et orné de colonnades au premier étage. De cette époque datent également les badigeons de couleur ocre, jaune, safran appelées **couleurs sardes** et les balcons en fonte moulée.

Renouveau de l'art religieux

Fortement soutenu par le clergé, le *Buon Governo* de Charles-Félix rétablit les ordres chassés par la Révolution française et restaure le patrimoine religieux (près de 200 églises concentrées dans l'avant-pays et les Préalpes qui avaient connu une forte poussée démographique). De 1825 à 1850, le néoclassicisme, qui s'adapte bien à des ressources limitées, règne en maître comme dans l'ensemble de la région (Dauphiné). En 1824, le chantier de la basilique de la **Visitation d'Annecy** est officiellement ouvert par le roi sarde, ce dernier sera aussi à l'initiative de la nouvelle **abbaye d'Hautecombe**. Se développe ici le style gothique troubadour qui fait la synthèse entre ce courant venu des romantiques piémontais et l'inclinaison des Savoyards pour les décors peints et le mobilier. Le néogothique (église du Cruet) et le néo-roman font modestement carrière dans la seconde moitié du siècle et seront surtout plébiscités par des architectes français. La basilique Saint-François-de-Sales est construite par un autodidacte, l'entrepreneur mauriannais **Théodore Fivel**.

L'ARCHITECTURE TRADITIONNELLE

De nos jours, les villages qui surplombent les vallées comme les hameaux qui courent les pentes se sont désertifiés sauf là

COMPRENDRE LA RÉGION

où les sports d'hiver leur ont donné un nouveau souffle.

En symbiose avec l'environnement

Chalets d'alpages et fermes traditionnelles s'harmonisent avec leur environnement grâce aux matériaux tirés du sol et des forêts. Ils signalent ainsi au randonneur s'il se trouve en pays de roche calcaire ou schisteuse ou bien, selon la dominante bois ou pierre de la façade, il pourra deviner s'il est en Savoie, pays des grands chalets faits d'épicéa ou de mélèze, les meilleurs bois de construction, ou en Dauphiné et dans les hautes vallées où l'on a davantage utilisé la pierre. Un massif, parfois une vallée seulement, se singularise par l'originalité de son style. De magnifiques villages classés, tels Boudin dans le Beaufortain ou Bonneval-sur-Arc en haute Maurienne, comme les impressionnants chalets du val d'Abondance brunis au soleil, confirment la nécessité de préserver ce patrimoine.

Un habitat dévolu aux activités agricoles

L'hiver, le froid et l'isolement exigeaient une protection qui se lit dans les murs épais aux ouvertures rares et petites des maisons de la haute Maurienne par exemple. On essayait au mieux de tout rassembler sous le même toit, ce qui explique la silhouette haute et massive de ces maisons. Seul, dans certaines régions, un petit grenier, le « **mazot** », était disposé à l'écart, pour protéger les richesses (grains, tissus, papiers) de la famille. Presque partout, on retrouve l'immense grange pour le foin, qui surplombe l'habitation, et l'étable séparées autrefois par une simple cloison pour que les bêtes réchauffent les hommes.

Dans les hautes vallées savoyardes, le toit est recouvert, selon les endroits, de lourdes dalles de schiste ou de calcaire appelées « **lauzes** » ou bien de bardeaux ou tuiles de bois, les « **ancelles** » pour les plus grandes, les « **tavaillons** » quand elles sont plus petites. Mais l'ardoise ou la tôle ondulée ont souvent remplacé ces procédés devenus coûteux. Le chaume a pratiquement disparu des toitures des maisons rurales, alors qu'il avait été beaucoup utilisé jusqu'à la fin du 19ᵉ s. autour des lacs, dans les Bauges ou dans le Vercors. Se terminant toujours en surplomb pour protéger les murs de l'humidité, le toit des chalets des Aravis n'est pas très pentu afin qu'une épaisse couche de neige protectrice et isolante puisse s'y déposer, comme dans un paysage de conte de Noël… La plus belle façade est tournée vers le soleil le long d'une pente qui permet souvent d'entrer de plain-pied dans la grange par l'arrière. S'avançant en rajout sur le mur de pierre, les immenses balcons de bois sont en fait des **solerets**, où l'on met à sécher au soleil le foin, les bûches pour l'hiver et autrefois la bouse de vache comme combustible dans les hautes vallées où le bois se faisait rare.

Dans les régions plus forestières, en Chablais, dans le Beaufortain ou en Faucigny, les planches ou les poutres de résineux l'emportent aux étages, au-dessus d'un soubassement le plus souvent en pierre où se trouvent l'étable et la cave à fromage. Les grands chalets du val d'Abondance ont même développé un double étage en bois à **balustrades** finement sculptées qui font partie de cet art traditionnel du bois propre aux pays alpins.

Le **chalet d'alpage** reprend la même disposition avec un soubassement de pierre à moitié pris dans la pente. La cave à fromage s'y enterre avec l'étable devant. Au-dessus, le fenil sert aussi de chambre au berger.

Préalpes et bas-pays

Les fermes de Chartreuse et du Vercors s'éloignent fortement de ce modèle. Les premières sont les seules à être à bâtiments multiples, l'étable et la grange étant séparées de l'habitation qui forme une grande bâtisse carrée en pierre avec un toit à quatre pans en forme d'éteignoir. Sa forte pente laisse glisser la neige. Certaines ont encore leurs tuiles de bois traditionnelles appelées ici « **essendoles** ».

Dans le Vercors aux hivers rigoureux, on retrouve la **maison-bloc** massive avec un toit à seulement deux pans qui descendent très bas. Mais ce sont ses pignons en escalier ou « **sauts de moineaux** » qui se reconnaissent assez facilement avec leur lauze calcaire posée sur chaque ressaut. Ils servaient à protéger du vent la couverture de chaume que la tôle ondulée a aujourd'hui remplacée. Dans les basses vallées enfin et autour des grands lacs alpins, les maisons d'agriculteurs ou de vignerons, à toits en tuiles, sont les mêmes qu'en plaine.

L'ARCHITECTURE DU 20ᵉ S.

La montagne des alpages deviendra au cours du 20ᵉ s. un territoire à conquérir pour y implanter des domaines skiables. Au-delà de leur valeur commerciale, les stations ont concrétisé, avec plus ou

ART ET CULTURE

Maisons des Alpes

Maison des Bauges

Maison de la Chartreuse

Chalet de la Maurienne

Maison du Vercors

Chalet des Aravis

COMPRENDRE LA RÉGION

Hôtel des Dromonts à Avoriaz.

moins de bonheur, la plupart des recherches esthétiques modernes en matière d'architecture et d'urbanisme.

La naissance des stations

La première génération de stations, dite « spontanée » intègre aux villages existants un domaine skiable et des infrastructures hôtelières. Chamonix, Val-d'Isère, Pralognan, Valloire, Arêches, La Clusaz, Morzine ou St-Gervais vont se développer après 1924, date fondatrice des sports d'hiver. À **Megève**, l'inauguration de l'hôtel du Mont-d'Arbois en 1922, à l'écart du village ancien, ne modifie pas sa physionomie. Il faut attendre les années 1930 pour qu'apparaisse un nouveau concept d'architecture de montagne destiné à une clientèle de résidents secondaires. L'hôtel Albert Ier qui sort de terre en 1929 est une œuvre audacieuse de **Le Corbusier** : un cube percé de larges ouvertures, surmonté d'une terrasse abritée sous un auvent circulaire. Cette première incursion de l'art moderne en montagne choque la population autochtone, mais réjouit la baronne de Rothschild, à l'initiative de la station.
Pour **Henri-Jacques Le Même**, jeune architecte, l'architecture traditionnelle et citadine ne s'opposent pas. Il dessine dès 1926 un « chalet du skieur », subtile synthèse des deux modèles. Ce chalet est reconnaissable à son élévation verticale, son toit à deux pans, aux grandes fenêtres qui font entrer le paysage dans le séjour et ses vives couleurs. Les volets bicolores sont typiques de ses chalets.

Une volonté nationale

En 1941, une commission nationale est chargée par l'État d'établir un inventaire des domaines skiables des Alpes françaises. Il s'agit alors de drainer vers les stations une clientèle internationale. La **deuxième génération** de stations est en passe de naître. Courchevel 1850, première station française créée *ex-nihilo*, est achevée en 1946 avec pour vocation d'offrir à la jeunesse un espace entièrement consacré au ski. **Émile Allais**, champion du monde, trace alors un domaine skiable exceptionnel au pied de la station postée sur un alpage à 1 850 m d'altitude. L'urbaniste Laurent Chappis, l'architecte Denys Pradelle et l'ingénieur Maurice Michaud proposent un style moderne dédié à la montagne, baptisé l'**école de Courchevel**. En 1955, le ministère de la Reconstruction et du Logement publie *Contribution à une architecture de montagne* rédigée par l'atelier de Courchevel qui fera référence de longues années encore.

Une 3e génération « intégrée »

S'ensuit dans les Alpes un développement anarchique des stations et des villages. L'environnement naturel en est profondément affecté. En réaction à cette abusive spéculation, un service d'études et d'aménagement touristique de la montagne est mis en place en 1964. Il prône la création de stations dites « intégrées » ou de 3e génération : la Plagne, Flaine, Avoriaz, Les Menuires, la Daille, Chamrousse, etc. Ces dernières témoignent d'une volonté de maîtrise globale sur l'ensemble des opérations (du financement à l'élaboration du domaine skiable et immobilier). Une des solutions retenues est de confier à une seule entité la réalisation complète de la station. C'est le cas de Flaine, conçue par l'architecte américain **Marcel Breuer** avec pour seuls promoteurs, Sylvie et Éric Boissonas. L'architecture extrêmement rigoureuse de l'ensemble fait écho aux falaises qui l'entourent, lui renvoyant leurs façades de béton nu où, comme une farce jouée à sa propre intention, les sculptures de Picasso, Vasarely ou Dubuffet affichent d'insolentes couleurs.
Une rencontre entre un guide-moniteur, Robert Blanc et un promoteur, Roger Godino, est à l'origine de la station des **Arcs**. La conception en est confiée à une équipe d'architectes menée par Charlotte Perriand, collaboratrice de Le Corbusier. Elle allie respect du paysage et modernité de l'ensemble immobilier. L'esthétique des trois villages qui s'échelonnent de 1 800 à 2 000 m (entre 1974 et 1979) ne se réduit pas à un fonctionnalisme sans âme. Le bois omniprésent, la découpe arrondie des immeubles sur les versants montagneux montrent à l'extérieur un réel souci d'intégration.
Autres lieux, autres solutions. L'initiative vient parfois d'une commune comme c'est le cas dans les Trois-Vallées. Saint-

Martin-de-Belleville qui ne possédait pas l'électricité avant 1954 aménage les stations des Menuires (1964), de Val-Thorens (1969) et de Saint-Martin, toutes trois construites à des époques charnières de l'aménagement touristique en montagne.

De l'ère moderne au pastiche régionaliste

Les grands chantiers des années 1960 se prolongent dans les années 1970, mais déjà apparaissent des réticences face à ce débarquement urbain dans les alpages. À **la Plagne**, les premières réalisations signées par Michel Bezançon s'inscrivent encore dans une veine contemporaine affirmée par le « Paquebot des neiges » d'Aime 2000 (1975), mais parallèlement la rénovation du village de Montchavin est entreprise. Le style « village » prend le relais de l'architecture moderne ou compose une synthèse harmonieuse comme c'est le cas à **Méribel**, « village résidentiel d'altitude en pleine nature ». Peter Lindsay, son promoteur, établit un cahier des charges strict pour les nouveaux propriétaires et prône le recours aux matériaux régionaux. Méribel devint ainsi un modèle de cohérence. À **Champagny-en-Vanoise**, la conservation du bâti traditionnel et la construction de nouveaux ensembles seront menées par les habitants de la commune et l'architecte ou les artisans de leur choix.

Les montagnards reprenaient ainsi les rênes de leur destin confié jusqu'alors à des entités extérieures dont les intérêts n'étaient pas toujours compatibles avec un développement harmonieux. Le retour à des typologies régionales s'accentue dans les années 1980 à la Plagne, Val-Thorens et Les Menuires qui essaiment des chalets de standing faisant la part belle aux matériaux traditionnels. Les stations de la première génération ne demeurent pas insensibles aux charmes néorégionalistes et se dotent en conséquence de résidences trappues, veinées de bois et recouvertes de larges toits de lauzes. L'architecte Jean-Louis Chanéac qui a mené dans cet esprit la rénovation de Val-d'Isère qualifie avec humour ce style de « régionalisme synchrétique », pastiche ou caricature de l'habitat vernaculaire pour certains et voie d'avenir pour d'autres. On est bien loin de l'utopie sociale et esthétique des stations des années 1960 qui font désormais partie de notre patrimoine.

Plateau d'Assy

La tuberculose est dans les vingt premières années du 20e s. un problème épineux posé à la santé publique. Les stations climatiques dévolues au repos et aux soins des enfants et des personnes malades sont établies dans les années 1920 dans des sites vierges, ensoleillés et point trop humides. Le Plateau d'Assy est le plus remarquable de ces ensembles de **sanatoriums** dont la construction rassembla les meilleurs architectes du moment (H.-J. Le Même, A. Daniel, Lucien Bechman, P. Abraham) ; ils recourent massivement au béton car il permet d'étager les sanatoriums en terrasses successives. Les galeries et les chambres sont orientées vers le sud pour gagner la lumière naturelle, et les séparations entre les balcons les plus minces possibles pour éviter les zones d'ombre. Les bâtiments comprennent souvent des espaces de vie et fonctionnent comme des cités autonomes. Il s'agit d'offrir un cadre agréable aux séjours qui peuvent durer plusieurs années.

Complémentaire et reflétant l'esprit qui prévalait à l'époque, l'**église Notre-Dame-de-Toute-Grâce** est un édifice exceptionnel. Édifiée à l'initiative du chanoine Devémy, elle réunit les œuvres des plus grands artistes du 20e s. L'église conçue par Maurice Novarina se niche sous un toit à double pente de forte inclinaison, supporté par des colonnes de granit. En arrière-plan, la mosaïque de Fernand Léger de couleurs vives couvre toute la façade. Elle annonce les œuvres de Braque (bronze sculpté du tabernacle), les vitraux de Rouault, Bazaine, Bony, la toile de Chagall dans le baptistère représentant Moïse, le saint Dominique de Matisse ou l'étonnante tapisserie de Lurçat. Il faudra trente ans de persévérance pour venir à bout de cette œuvre majeure de l'art sacré du 20e s.

Église Notre-Dame-de-Toute-Grâce au Plateau d'Assy.

COMPRENDRE LA RÉGION

ABC d'architecture

Les dessins présentés dans les planches qui suivent offrent un aperçu visuel de l'histoire de l'architecture dans la région et de ses particularités. Les définitions des termes d'art permettent de se familiariser avec un vocabulaire spécifique et de profiter au mieux des visites des monuments religieux, militaires ou civils.

Architecture religieuse

HAUTECOMBE – Plan de l'église abbatiale Notre-Dame (19ᵉ s.)

L'abbaye cistercienne de Hautecombe, sépulture des princes de Savoie, fut fondée au 12ᵉ s. Restaurée et largement reconstruite au 19ᵉ s., dans un style gothique très orné, elle conserve cependant son plan d'origine en croix latine.

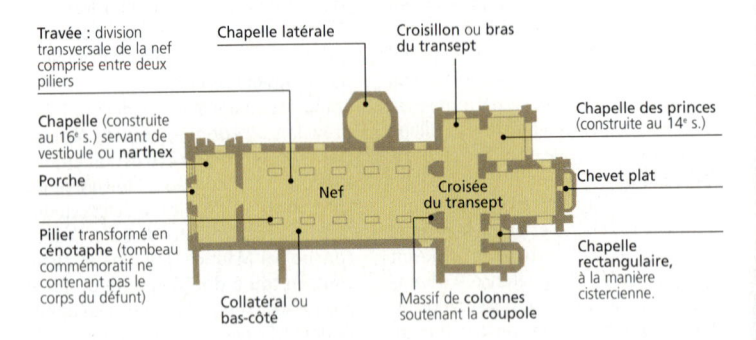

- **Travée** : division transversale de la nef comprise entre deux piliers
- **Chapelle latérale**
- **Croisillon ou bras du transept**
- **Chapelle des princes** (construite au 14ᵉ s.)
- **Chapelle** (construite au 16ᵉ s.) servant de vestibule ou **narthex**
- **Porche**
- **Nef**
- **Croisée du transept**
- **Chevet plat**
- **Pilier** transformé en **cénotaphe** (tombeau commémoratif ne contenant pas le corps du défunt)
- **Collatéral** ou **bas-côté**
- **Massif de colonnes** soutenant la **coupole**
- **Chapelle rectangulaire**, à la manière cistercienne.

AIME – Basilique Saint-Martin (11ᵉ s.)

Basilique bénédictine, Saint-Martin est construite sur les fondations de deux édifices antérieurs. Restaurée au début du 20ᵉ s., c'est l'ensemble le plus représentatif et le moins transformé du premier art roman en Savoie.

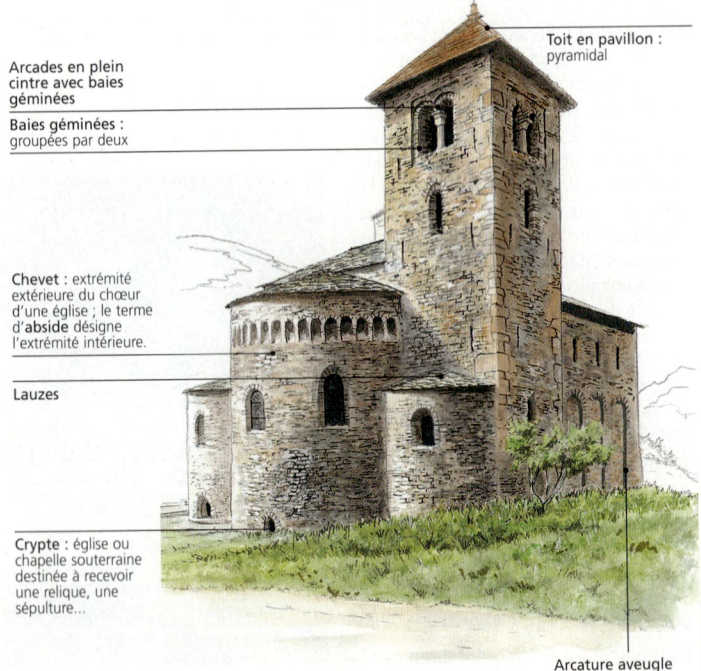

- **Toit en pavillon** : pyramidal
- **Arcades en plein cintre avec baies géminées**
- **Baies géminées** : groupées par deux
- **Chevet** : extrémité extérieure du chœur d'une église ; le terme d'**abside** désigne l'extrémité intérieure.
- **Lauzes**
- **Crypte** : église ou chapelle souterraine destinée à recevoir une relique, une sépulture...
- **Arcature aveugle**

R. Corbel / MICHELIN

ART ET CULTURE

ABONDANCE
Chœur de l'église abbatiale (13ᵉ s.)

L'église de l'ancienne abbaye augustinienne d'Abondance a été ornée au 19ᵉ s. de peintures en trompe-l'œil, comme d'autres intérieurs gothiques de la région. L'architecture élaborée du chœur contraste avec la simplicité de la nef.

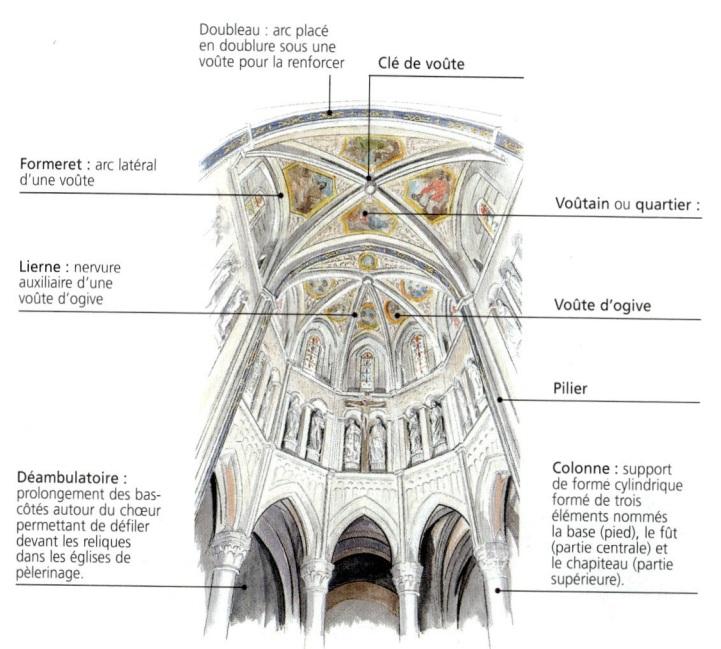

Doubleau : arc placé en doublure sous une voûte pour la renforcer

Clé de voûte

Formeret : arc latéral d'une voûte

Voûtain ou **quartier** :

Lierne : nervure auxiliaire d'une voûte d'ogive

Voûte d'ogive

Pilier

Déambulatoire : prolongement des bas-côtés autour du chœur permettant de défiler devant les reliques dans les églises de pèlerinage.

Colonne : support de forme cylindrique formé de trois éléments nommés la base (pied), le fût (partie centrale) et le chapiteau (partie supérieure).

CHAMBÉRY
Façade baroque de la Sainte-Chapelle (17ᵉ s.)

La façade est caractéristique du baroque par la profusion des ornements et notamment des frontons brisés. Elle dissimule cependant un intérieur gothique, style qui fut l'apanage de la maison royale de Savoie.

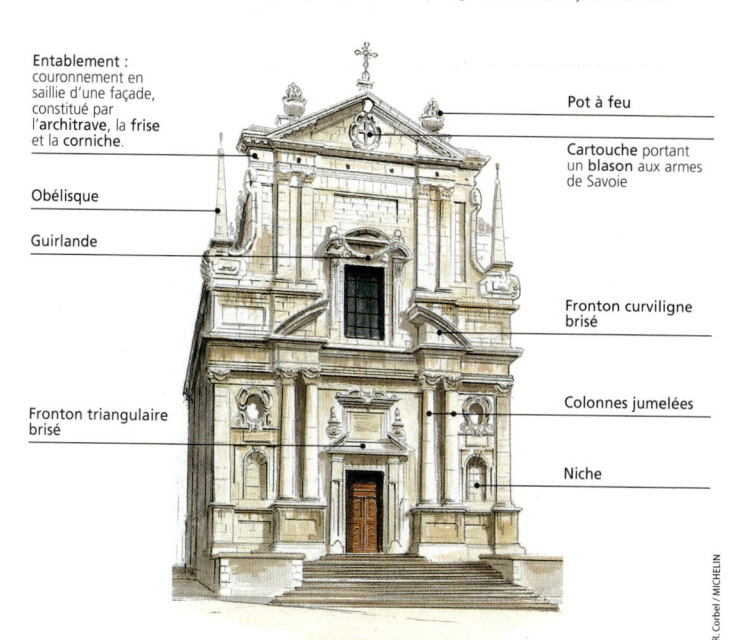

Entablement : couronnement en saillie d'une façade, constitué par l'**architrave**, la **frise** et la **corniche**.

Pot à feu

Cartouche portant un **blason** aux armes de Savoie

Obélisque

Guirlande

Fronton curviligne brisé

Colonnes jumelées

Fronton triangulaire brisé

Niche

R. Corbel / MICHELIN

101

COMPRENDRE LA RÉGION

Architecture militaire

LOVAGNY
Château de Montrottier (13e-16e s.)

Perché à 465 m d'altitude, le château rassemble des bâtiments datant du Moyen Âge à la Renaissance, sans compter quelques remaniements au 19e s. Bien qu'entouré de terrasses et de jardins, il conserve aussi, de son passé militaire, le plus beau donjon de Savoie.

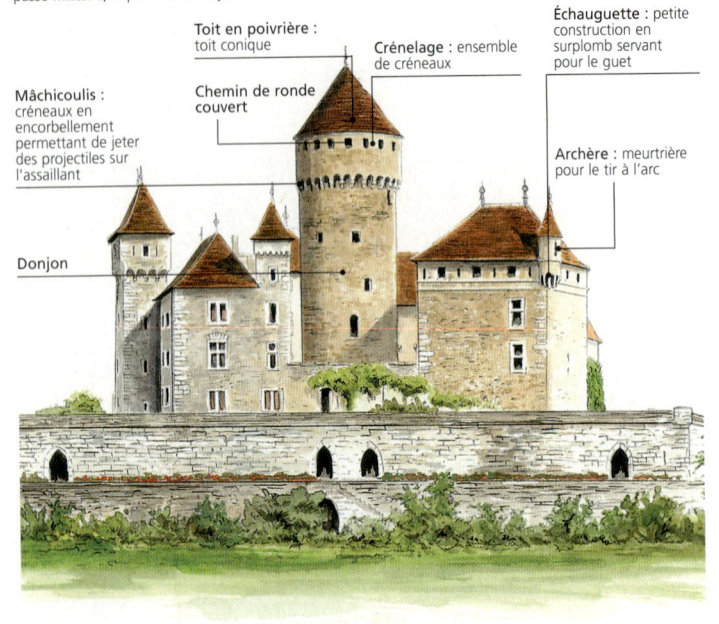

- **Toit en poivrière :** toit conique
- **Crénelage :** ensemble de créneaux
- **Échauguette :** petite construction en surplomb servant pour le guet
- **Mâchicoulis :** créneaux en encorbellement permettant de jeter des projectiles sur l'assaillant
- **Chemin de ronde couvert**
- **Archère :** meurtrière pour le tir à l'arc
- **Donjon**

Architecture civile

GRENOBLE
Façade du palais de justice (16e s.)

La porte d'entrée et la chapelle de ce bâtiment, ancien palais du Parlement dauphinois, remontent à la fin du gothique. La plus grande partie de l'édifice est marquée par l'esthétique Renaissance, à l'exception de l'extrémité gauche, plus sobre et beaucoup plus récente.

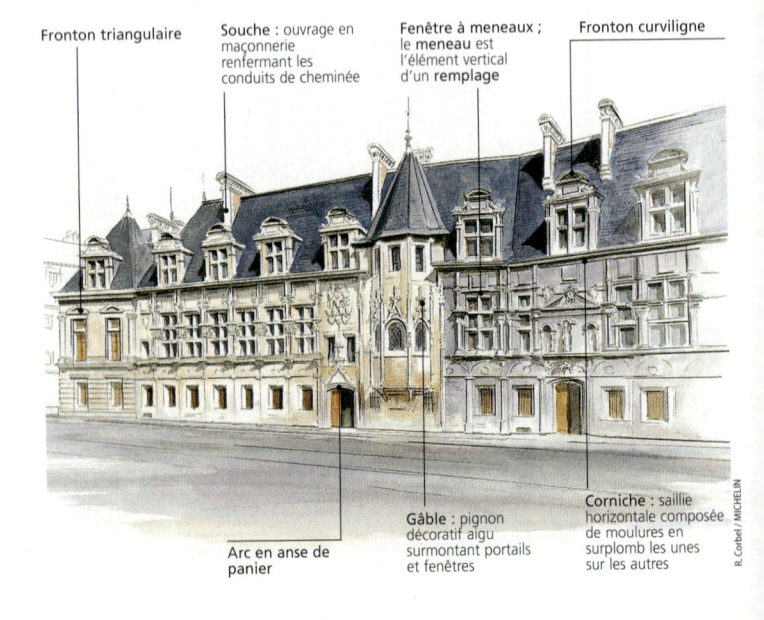

- **Fronton triangulaire**
- **Souche :** ouvrage en maçonnerie renfermant les conduits de cheminée
- **Fenêtre à meneaux ;** le **meneau** est l'élément vertical d'un **remplage**
- **Fronton curviligne**
- **Corniche :** saillie horizontale composée de moulures en surplomb les unes sur les autres
- **Gâble :** pignon décoratif aigu surmontant portails et fenêtres
- **Arc en anse de panier**

R. Corbel / MICHELIN

ART ET CULTURE

ST-GEOIRE-EN-VALDAINE
Château de Longpra (18e s.)

Ancienne demeure fortifiée transformée en château de plaisance au 18e s., le château de Longpra combine le style de l'architecture classique aux toits à forte pente rendus nécessaires par les rigueurs du climat dauphinois.

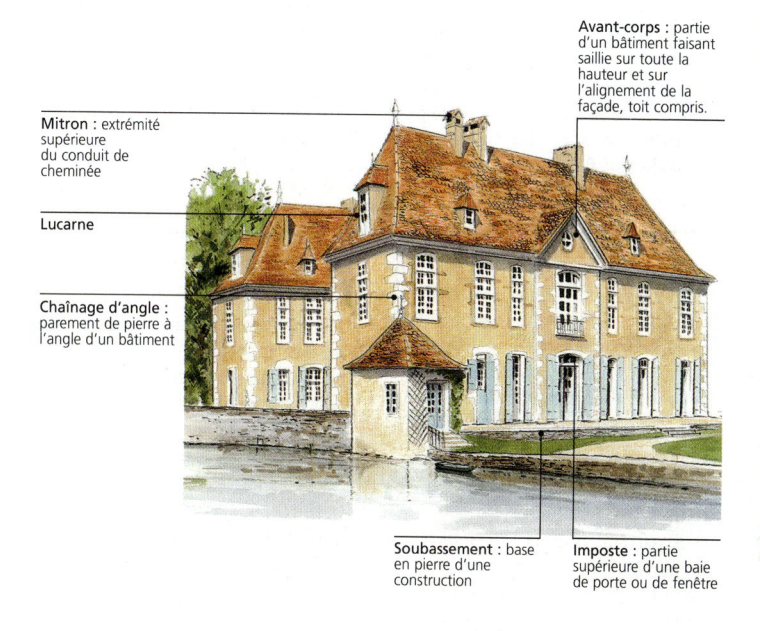

Avant-corps : partie d'un bâtiment faisant saillie sur toute la hauteur et sur l'alignement de la façade, toit compris.

Mitron : extrémité supérieure du conduit de cheminée

Lucarne

Chaînage d'angle : parement de pierre à l'angle d'un bâtiment

Soubassement : base en pierre d'une construction

Imposte : partie supérieure d'une baie de porte ou de fenêtre

AIX-LES-BAINS
Château de La Roche-du-Roi (1900)

L'architecture éclectique de cette villa, rapidement transformée en hôtel, est due à Jules Pin Aîné (1850-1934), principal concepteur de l'urbanisme d'Aix à la fin du 19e s. Le château témoigne ainsi de la plus brillante époque de cette station thermale.

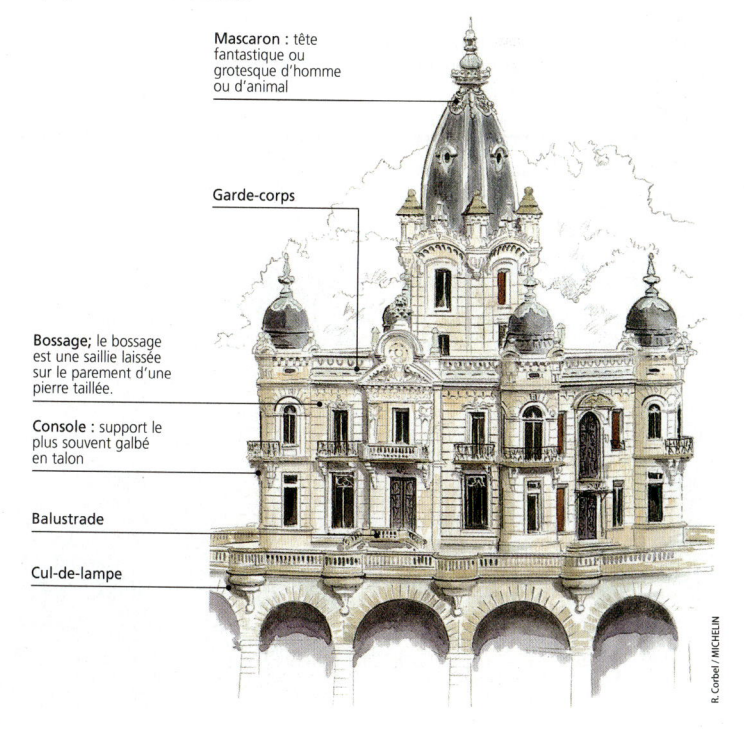

Mascaron : tête fantastique ou grotesque d'homme ou d'animal

Garde-corps

Bossage ; le bossage est une saillie laissée sur le parement d'une pierre taillée.

Console : support le plus souvent galbé en talon

Balustrade

Cul-de-lampe

R. Corbel / MICHELIN

COMPRENDRE LA RÉGION

Les arts populaires

L'hiver, les foins rentrés et les animaux à l'étable, tout à côté des hommes, la vie prenait un rythme différent. La neige commençait à recouvrir terres et chemins rendant les déplacements très difficiles. Outre la réparation des outils, l'hiver permettait à ceux qui restaient d'exercer un travail d'appoint. Le travail du bois était privilégié pour fabriquer les meubles paysans et la vaisselle des Bauges.

LE MOBILIER RÉGIONAL

La conception du mobilier traduit un souci d'efficacité. Les espaces d'habitation souvent réduits demandaient des trésors d'ingéniosité. Des coffres étroits comportaient un dossier devenant ainsi une chaise commode, les portes des armoires pouvaient être rabattues et maintenues grâce à un trépied pour former une table.

Les meubles

Le **lit** est garni de tiroirs, souvent clos ou mi-clos afin de l'isoler de la pièce principale et de préserver la chaleur. Le lit d'alpage surélevé loge les bêtes en dessous. Le coffre qui contenait le trousseau de la mariée demeure jusqu'au 19e s. l'élément le plus courant du mobilier alpin. Une face décorative dite « clouée » représentait des motifs gothiques, cloutages, et juxtaposition de motifs simples comme les rosaces, rouelles ou croisillons exécutés au couteau et au compas.

L'**armoire** apparaît en Maurienne dès le 17e s. D'allure massive, elle porte une ornementation d'inspiration Renaissance ou imite, quand elle est de fabrication locale, le style Louis XV. En Tarentaise, les sculpteurs l'ornent d'incrustations d'étoiles, de filets, et d'un effet de polychromie obtenu grâce à différentes essences de bois. Les **chaises** ont toutes les formes et toutes les tailles. La plus connue, la chaise-selle repose sur trois pieds obliques plus stables sur les terrains inégaux. Le **berceau**, décoré de motifs religieux, d'inscriptions diverses, était porté par la marraine de l'enfant jusqu'aux fonts baptismaux. Le **banc** qui accueillait les visiteurs pendant les veillées dans l'étable comprend un haut dossier servant à protéger les personnes des salissures. Sous le couvercle de l'assise étaient rangés les ustensiles de la traite.

Les motifs

Les motifs géométriques seront particulièrement en vogue au 18e s. et disparaîtront à la fin de la Première Guerre mondiale. Les arcatures ornent les façades des coffres de Maurienne, la rouelle et la rosace associées à la croix protectrice sont un symbole fort de l'enracinement

La famille Hache

La famille Hache, originaire de Calais, s'installe à Grenoble au milieu du 17e s. Noël Hache et ses descendants Thomas, Pierre, Jean-François et Christophe-André composent une dynastie d'ébénistes de réputation internationale. Ils marqueront l'histoire et le répertoire des formes du mobilier en Dauphiné. Leur production étonnante et abondante associe marqueterie, loupe, ronce, bois de fil, essences rares et locales, bois naturels et teintés, du style Louis XIV au Louis XVI triomphant, objets de la vie quotidienne et mobilier d'apparat.

Costume traditionnel et croix savoyarde.

chrétien en Savoie. Le cœur omniprésent s'inscrit sur les meubles de la dot. Il peut être sculpté, incisé ou peint. Le nœud devenu l'emblème au 14e s. de la maison de Savoie accompagne le cœur, synonyme du lien.

À Bessans, en haute Maurienne, où la sculpture sur bois est une tradition ancienne, des artisans fabriquent, depuis le milieu du 19e s., la statuette d'un démon grimaçant et ailé emmenant un petit personnage dans ses bras. Une légende rapporte qu'un jeune du village avait vendu son âme au diable en échange de pouvoirs magiques. Mais peu avant de mourir, effrayé, il alla implorer son pardon à Rome. Il l'obtint à condition d'assister simultanément à trois messes en trois lieux très éloignés. Grâce à ses pouvoirs, il réussit à s'y faire transporter par le diable lui-même sans que celui-ci ne se doute qu'ainsi il se faisait gruger… par plus malin que lui.

COIFFES ET COSTUMES

On pouvait voir au siècle dernier, aux foires de Moûtiers ou de Saint-Jean-de-Maurienne où se négociait le bétail qui allait partir engraisser à l'alpage, les blouses sombres et les chapeaux ronds des paysans mêlés aux taches de couleur des vêtements féminins. Ces derniers comprenaient toujours les mêmes éléments : une grande **robe** de drap noir plissé avec, devant, un tablier de cotonnade imprimée et au-dessus une large ceinture aux teintes vives que des rubans brodés rouge et or et des perles rehaussaient les jours de fête. Un **châle** aux motifs colorés sur les épaules et une **coiffe** complétaient l'ensemble. À Saint-Colomban-de-Villars, la robe était doublée de raies en drap bleu dont le nombre correspondait à la valeur de la dot de la mariée… C'est le témoignage d'une civilisation rurale aujourd'hui disparue où chaque village cherchait à se distinguer par ses broderies colorées ou la forme de ses coiffes. Dans les hautes vallées, on a conservé cette tradition. Ainsi la **« frontière »**, originaire de la Tarentaise, a inspiré le costume savoyard conçu pour la cérémonie d'ouverture des Jeux olympiques d'Albertville. Tel un casque d'or, elle est faite d'un tissu noir orné de galons or et argent et d'une structure rigide à trois pointes séparées par deux lobes s'avançant sur le front, d'où son nom. Deux nattes sont fixées à l'arrière de la coiffure dans des manchons de velours noir. À Megève, la « bezdona » est composée de rangs de dentelle tuyautée et plissée. En son fond, un tulle dont les broderies représentaient des fleurs. Le châle est un élément fondamental qui égaye la tenue stricte de la semaine de ses vives couleurs. Le cœur en or et la croix attachés autour du cou indiquaient enfin que la jeune fille était fiancée ou mariée : c'est la ferrure que le jeune homme offrait à sa bien-aimée pour, disait-il, la « ferrer » et qu'elle lui reste attachée la vie durant…

Langue et littérature

Les parlers traditionnels des Alpes du Nord font partie du vaste ensemble franco-provençal. Ce nom ne désigne pas des dialectes d'origine à la fois française et provençale mais, au Moyen Âge, une évolution locale de la langue à partir du latin, proche de celle des pays d'oïl au nord et d'oc au sud.

UN PATOIS D'ORIGINE ROMANE

La limite linguistique ne correspond d'ailleurs à aucune frontière régionale ou internationale. Au sud, le Trièves fait déjà partie de l'ensemble occitan qui commence dans le Vercors.

Le franco-provençal s'étendait en fait sur le nord du Dauphiné, la Savoie, le Val d'Aoste en Italie, la Suisse romande, une partie du Jura et de la région lyonnaise. N'ayant jamais été unifié en un État central, il est resté surtout oral et divisé en patois. Très tôt l'influence du français, issu de la langue d'oïl très proche, se fait sentir et pas seulement à cause de l'expansion des rois de France vers les Alpes : au 16e s., ses ducs l'imposent comme langue officielle en Savoie alors qu'ils choisissent l'italien pour le Piémont. Ainsi, la région est-elle francophone depuis comme en témoignent les inscriptions portées sur les fresques du mur nord de l'église d'Avrieux (15e s.), les nombreux ex-voto, les noms propres et les noms de lieux.

Si ces dialectes, porteurs d'une certaine identité locale, sont encore largement parlés jusqu'au début du 20e s., ils ont pratiquement disparu aujourd'hui. En Savoie, ils se sont un peu mieux maintenus grâce à une littérature régionale née au 19e s. et aux travaux d'associations culturelles dont l'Académie florimontane d'Annecy fondée au 17e s. fut le précurseur. De nombreux termes alpins et une multitude de noms de lieu ou de famille en gardent par ailleurs les traces. La préservation des patois est aujourd'hui

COMPRENDRE LA RÉGION

> ### Mémento phonétique
>
> Les intrigantes terminaisons en z ou en x qu'il ne faut surtout pas prononcer, remontent au 16e s. et servent à marger l'accent tonique. Le z après a ou o indique que la fin du mot n'est pas accentuée : La Clusaz se prononce pratiquement « cluse ». Après un e, il faut prononcer « é » : Sciez se dit « scié ». Avec le x, l'accent se porte sur la dernière syllabe comme à Chamonix dont la prononciation correcte est « Chamoni ».

confiée au centre de la culture savoyarde de Conflans et au Centre régional pour la culture et le patrimoine.

Petit lexique p. 478.

CONTES ET LÉGENDES

Nourrissant un imaginaire fertile, contes et légendes se consacrent à donner une explication des mystères de la nature. Ainsi selon la légende, une ville splendide s'étendait là où clapotent aujourd'hui les eaux tranquilles du lac d'**Aiguebelette**. Un soir, alors qu'ils festoyaient joyeusement, les habitants chassèrent avec mépris un étranger venu demander l'aumône. Seule une pauvre vieille vivant à l'écart lui ouvrit sa porte. Le lendemain matin, en se réveillant, la vieille vit qu'un lac avait noyé toute la ville. Elle eut juste le temps d'apercevoir une silhouette qui s'en allait comme en marchant sur les flots. Seules sa maison et celle de sa fille émergeaient sur les deux petites îles que l'on peut voir aujourd'hui.

Comme ailleurs, de nombreuses croyances aux origines parfois très anciennes ont subsisté longtemps malgré les efforts des curés et une christianisation sincère. On raconte ainsi l'histoire du **sarvan**, le petit génie protecteur du chalet qu'il faut se concilier en laissant une assiette de lait sur le rebord de la fenêtre, sous peine de faire les frais de ses facéties.

Mais c'est la nature sauvage et inquiétante, les grottes mystérieuses et les rochers aux formes bizarres, qui ont inspiré tant d'histoires de **fayes** », ces fées, issues de vieilles divinités païennes, tandis que les gorges et les gouffres étaient souvent associés au séjour du diable ou des sorcières. À **Sassenage**, la fée Mélusine, dont les seigneurs du lieu se disaient les descendants, se baignait dans les cuves, sortes de marmites creusées dans la roche par une résurgence qui surgit au pied du Vercors. C'était l'une des « sept merveilles du Dauphiné » dont la plus célèbre était le **mont Aiguille** sur lequel on croyait voir danser, la nuit, des anges et des animaux fantastiques. Une autre était la « fontaine ardente » au col de l'Arzelier, d'où, phénomène rare, sortaient des flammes à cause de l'évaporation d'un gaz naturel. On prétendait bien sûr qu'il s'agissait d'une des nombreuses résidences du diable qui, avec tous les gouffres de la région, ne devait pas avoir vraiment de difficultés à se loger. Un peu au-dessus de Grenoble, à **Saint-Nizier**, on peut voir les ruines de la « Tour Sans Venin » dont on raconte qu'aucun serpent ne peut plus s'approcher depuis que le châtelain revenu de croisade y a rapporté un peu de terre sainte.

UN PEU DE LITTÉRATURE

Les premiers récits connus sont issus des mystères écrits en français de la Renaissance et diffusés dans toute la région au 16e s. Mystère de saint Bernard de Menthon, de la Passion à Saint-Jean-de-Maurienne en 1573, l'histoire de Monseigneur Saint-Sébastien commentant les fresques de Lanslevillard. Noëls et chansons sont les meilleures expressions du lyrisme populaire. Les *Noëls et chansons* du célèbre chansonnier Nicolas Martin (16e s.) sont encore présents dans les foyers au début du 20e s.

Le premier des littérateurs connus est **saint François de Sales** dont l'ouvrage *Introduction à la vie dévote* fut un véritable best-seller. On doit à Vaugelas, fils d'Antoine Favre, la leçon de grammaire du classicisme français avec ses *Remarques sur la langue française*. **Xavier de Maistre** s'inscrit dans le mouvement romantique et décrit avec finesse les passions dans *Voyage autour de ma chambre*. **Jean-Pierre Veyrat** a exprimé les sentiments des Savoyards pauvres contraints à l'émigration dans la *Coupe de l'exil* (1840). Puis vient **Stendhal**, Grenoblois, qui entretient avec sa terre des rapports complices. Le début du 20e s. est marqué par une poésie régionaliste soutenue par des revues savantes comme *Le Clamie* en Haute-Savoie. L'écrivain **Henri Bordeaux** (1870-1963), membre de l'Académie française, a ancré son œuvre dans le terroir savoyard. Viendront ensuite les grands récits épiques de l'alpinisme dont *Premier de cordée* est l'initiateur. **Roger Frison-Roche**, reporter, guide et écrivain vient du Beaufortain mais a élu domicile dans la vallée de Chamonix. La région est riche d'auteurs contemporains (Michel Butor, John Berger) et parallèlement la littérature régionale se distingue par quelques belles personnalités dont J.-P. Spilmont et Marie-Thérèse Hermann.

LES ALPES AUJOURD'HUI

Incluses dans la région Rhône-Alpes, les Alpes du Nord se positionnent au deuxième rang des régions les plus actives de France. Tourisme et industries de pointe ont pris racine dans les avant-pays alpins dès le 19e s. et y ont parfois entraîné des évolutions sociales et démographiques radicales. De pays retiré et appauvri du moins dans les massifs centraux, la Savoie et la Haute-Savoie se voient aujourd'hui portées au rang des plus grands sites touristiques mondiaux tandis que l'Isère tient une place prépondérante dans les industries de pointe. Toutes les grandes vallées sont désormais industrialisées, urbanisées et traversées par le trafic routier européen. Au franchissement du deuxième millénaire, les enjeux sont donc fondamentalement différents de ceux relevés au siècle dernier. Il faut aujourd'hui protéger plus que développer, réduire l'impact du tourisme sur les espaces naturels sans les soustraire à cette lucrative activité.

Grenoble, télécabines du fort de la Bastille.

Une économie dynamique

AVANT LA RÉVOLUTION INDUSTRIELLE

Les régions savoyardes, plus que le Dauphiné, connurent des siècles de misère endémique. Dès l'automne, les jeunes, parfois encore des enfants, descendaient des plus hautes vallées pour aller s'employer en plaine, parfois très loin de chez eux. Les p etits ramoneurs savoyards ont laissé un souvenir pittoresque et exotique à Paris où ils se rendaient jusqu'au début du 20e s., avec leur visage noirci, et leur marmotte qu'ils montraient aux passants au son d'un orgue de Barbarie. Dans l'Oisans, c'était la saison des « porte-balles », ces colporteurs qui descendaient vendre des bibelots et des herbes médicinales sous le nom de « thé des Alpes ». Tailleurs de pierre de Samoëns, pelletiers de la Tarentaise ou fleuristes de Venosc, chaque petit pays avait souvent sa spécialité. Mais une énergie formidable dormait dans les sillons profonds des torrents qui ne demandait qu'à être exploitée. Les premières papeteries qui consommaient le bois des forêts tournaient grâce aux moulins des ruisseaux ; de même la petite métallurgie ou les tanneries à l'origine de la tradition du gant de Grenoble.

LA « HOUILLE BLANCHE »

L'eau des Alpes a surtout rendu possible la première grande production au monde d'électricité. Faute de pouvoir l'obtenir à volonté, ce phénomène naturel est longtemps resté une curiosité scientifique. En 1870, le Belge Gramme invente la dynamo. Peu auparavant, à Lancey près de Grenoble, un papetier avait fait appel à l'ingénieur Aristide Bergès pour augmenter la puissance des turbines de ses moulins mécaniques. En 1869, celui-ci mit au point la première conduite forcée qui permettait d'utiliser la force d'une chute de 200, puis de 500 m : la convergence de ces deux inventions avec celle du transport à haute tension par Desprez

COMPRENDRE LA RÉGION

allait permettre, à partir de 1883, de produire industriellement cette énergie nouvelle promise à l'avenir que l'on connaît. Lors de l'Exposition universelle à Paris en 1889, Bergès lança l'expression de « houille blanche » par opposition à la « houille noire », le charbon-roi de l'époque. La Roche-sur-Foron fut ainsi la première ville de France a bénéficier de l'électricité. Grenoble, qui fut éclairée avant Paris, annonçait l'avènement d'une énergie propre, rapide et quasi inépuisable.

Des ouvrages d'art

C'est ainsi que, ponctuant désormais le cours de la plupart des rivières alpines, les barrages font partie de leur paysage. La lourde silhouette du barrage-poids donne une idée de la puissance des eaux qu'il doit retenir. Le barrage-voûte en béton, plus étroit et lancé d'un seul jet, est une solution élégante dans un site encaissé comme celui de Tignes. Sa courbe, d'une grande pureté géométrique et sa forme convexe transmettent la formidable poussée des eaux vers ses parois latérales. Mais le plus souvent, la largeur de la vallée ne permet pas une telle simplicité. On a associé, dans le barrage à contreforts, les qualités de chacune des deux formules. Celui de Roselend déploie sa voûte monumentale renforcée des contreforts en béton qui la soutiennent. Quand c'est possible, il arrive qu'une simple digue suffise pour fermer un verrou glaciaire comme au col du Mont-Cenis : elle se remarque alors à peine dans un paysage préservé.

Presque tous les sites possibles ont été aménagés. Conduites forcées, barrages et lacs font ainsi partie d'un système intégré qu'on devine à peine : on capte l'eau d'un massif par tout un réseau de galeries creusées dans la montagne sur des dizaines de kilomètres pour l'acheminer vers les lacs de retenue de haute altitude comme ceux de Tignes ou du Mont-Cenis. L'eau est ensuite lâchée, quand c'est nécessaire, dans des conduites qui lui font dévaler des hauteurs formidables, de 1 000 m à Tignes par exemple, sur les turbines des centrales installées plus bas dans les vallées. L'électricité produite sert d'appoint aux centrales nucléaires pendant les heures de pointe, tandis qu'aux heures creuses, elle sert à remonter l'eau par des pompes tout en haut dans les lacs de retenue. L'eau souterraine des glaciers est-elle aussi captée et dirigée vers des centrales hydroélectriques. C'est ainsi que parviennent jusqu'au barrage d'Émosson les eaux sous-glaciaires du glacier d'Argentière. Captées sous la chute des séracs vers 2 060 m, elles sont acheminées par gravité jusqu'au barrage (1 930 m).

Une ressource à préserver

La région produit grâce à l'hydroélectricité 25 milliards de Kwh dont 50 % sont exportés dans les autres régions françaises. Cette énergie propre parce que ne produisant pas de gaz à effet de serre n'est pas la seule à alimenter les Alpes : le nucléaire vient en effet pour moitié compenser les besoins locaux. Les inquiétudes apparues ces dernières années sur le réchauffement climatique poussent désormais les producteurs d'énergie à rechercher d'autres ressources et à exploiter au mieux l'énergie hydraulique. À Faverges, par exemple, une chaufferie au bois, la plus importante de Rhône-Alpes, procure l'éner-

Barrage et lac de Roselend.

LES ALPES AUJOURD'HUI

gie suffisante à 700 logements et une grande entreprise (ST Dupont). L'Agence régionale de l'énergie et de l'environnement soutient les recherches et actions dans le domaine des énergies renouvelables. Une série de mesures est peu à peu mise en place par les collectivités locales pour mieux gérer ce potentiel dont la cogénération qui consiste à partir d'un combustible à produire une énergie thermique et une énergie mécanique. Chambéry accueille un centre de recherche sur le solaire thermique et l'habitat climatique.

LE DÉCOLLAGE INDUSTRIEL

La houille blanche fut à l'origine d'un vrai décollage industriel dès la fin du 19e s. avec l'électrométallurgie (aluminium) et l'électrochimie installées au pied des chutes dans les grandes vallées comme en Maurienne ou dans le couloir industriel de la Romanche. Les premiers temps, les paysans des hautes vallées rejoignent les pôles de production sans renoncer au travail de la terre. Une nouvelle classe sociale émerge d'ouvriers-paysans tandis que la région, pays traditionnel d'émigration, accueille des ouvriers venus de pays de l'Est et d'Italie. À l'usine d'Ugine, créée en 1903 par Paul Girod, est adjointe une cité d'habitations et une église orthodoxe.

Aujourd'hui, face à la crise, elles se sont spécialisées dans une industrie très exigeante : c'est ainsi qu'Ugine-Savoie exporte dans le monde 75 % de ses aciers spéciaux ; à Saint-Jean-de-Maurienne, où la plupart des usines ont fermé, Pechiney a gardé son centre de recherche sur l'aluminium. La vallée de l'Arve maintient aussi une prospère et très qualifiée industrie du décolletage (fabrication de pièces détachées pour l'industrie) se plaçant au premier rang européen. Elle est à l'origine des deux tiers de la production nationale diffusée partout dans le monde.

DES MÉTROPOLES RÉGIONALES DYNAMIQUES

Mais ce sont évidemment les quatre grandes villes placées à l'entrée des Alpes qui commandent désormais l'économie de toute la région alpine. Grenoble en est la métropole avec son agglomération de plus de 420 000 habitants. Si l'hydroélectricité puis les Jeux olympiques ont joué un rôle essentiel dans son développement, elle a su, par son dynamisme exceptionnel, développer ses activités dans les domaines les plus novateurs : ses laboratoires de recherche, dont le prestigieux synchrotron, ses universités et ses industries de pointe en font une ville ouverte sur le 21e s. Chambéry et Annecy n'ont pas la même importance mais elles ont vu naître des entreprises familiales prospères en lien avec les activités de montagne comme les fabricants de skis Dynastar, Rossignol ou Salomon intégrées ces dernières années à des multinationales ou plus récemment Camp, spécialiste du matériel d'escalade. Ces groupes industriels remettent parfois en question l'implantation locale : l'usine Salomon, située à Rumilly, est par exemple en cours de délocalisation vers l'Autriche.

Annemasse enfin est étroitement liée à Genève et prospère grâce à ses industries mécaniques de précision. Toutes occupent une place importante dans le réseau culturel soutenu par une population estudiantine de la région Rhône-Alpes ainsi qu'au niveau national.

Un tourisme en mutation

Contrée historique du tourisme, les Alpes du Nord ont développé sur certains sites (pays du Mont-Blanc, Maurienne, Tarentaise, Léman) une

Un destin européen

L'une des grandes évolutions actuelles réside sans doute dans la prise en compte de la vocation européenne des Alpes du Nord qui ne sont plus aujourd'hui tournées seulement vers une économie française mais rayonnent dans l'arc alpin. Largement favorisées à cet égard, car incluant plusieurs pays, les Alpes font office, une fois de plus dans leur histoire, de laboratoire. L'Europe y a initié nombre de projets transfrontaliers concernant en particulier la gestion du développement (transports, protection des espaces naturels, économie, etc.) : création de **sites pilotes** d'agriculture durable (en France, la moyenne Tarentaise), gestion concertée des sentiers et espaces naturels transfrontaliers (Espace Mont-Blanc, Vanoise), études et recherches scientifiques communes sur l'environnement, etc. Le réseau alpestre francophone (Val d'Aoste, Suisse et pays de Savoie) aide les agriculteurs à conforter leur avenir avec une offre touristique (chambres d'hôte, séjours à la ferme). Peu à peu se recompose une géographie alpine.

offre touristique pléthorique essentiellement tournée vers les sports d'hiver laissant à l'écart des « pays » entiers. Les dernières mesures européennes de protection *(voir Nature)* et l'exemple des Parcs nationaux ou régionaux s'avèrent fondamentaux dans la petite révolution que connaissent Alpes et tourisme aujourd'hui. L'excursion qui mobilise quelques heures dans une journée n'a certes pas disparu et concerne près d'un million de personnes pour le chemin de fer du Montenvers par exemple. Mais ce chiffre est identique quand il s'agit de la fréquentation du Parc des Écrins. Dans le premier cas, l'activité se concentre autour d'un espace restreint, où la haute montagne reste à peu près inaccessible. Dans le second, 270 000 ha de nature s'offrent aux amateurs de randonnées, de la faune et de la flore alpine… Les villages intégrés dans le périmètre des parcs ont développé les hébergements familiaux comme les gîtes et les chambres d'hôte. Cette réussite pourrait bien un jour se retourner contre les bonnes intentions formulées. La Vanoise souffre en été de surfréquentation et il faut rappeler que certains jours du mois d'août 400 personnes se pressent au sommet du mont Blanc !

Les efforts entrepris ces dix dernières années par les promoteurs d'un tourisme dit « extensif doux » – qui limite l'impact de l'activité sur l'environnement – se tournent donc vers des lieux moins valorisés où le patrimoine et les activités de plein air comptent autant que le cadre naturel. Des efforts sont entrepris pour faire apprécier les charmes de la montagne en dehors de la saison d'hiver ou du sacro-saint « 15 juillet-15 août ». Les courts séjours de plus en plus nombreux s'échelonnent sur l'automne souvent flamboyant des Préalpes et au printemps sur les rives des grands lacs. Ces périodes « hors saison » ménagent en outre les liens entre touristes et résidents qui voient aux jours de pointe leur population se multiplier par 100. Les labels (marque des Parcs, Gîtes Panda, Villages de montagne, etc.) se multiplient et sont autant de repères fiables pour qui recherche la tranquillité et une forme d'authenticité.

À LA DÉCOUVERTE DU PATRIMOINE

Peu à peu s'impose l'idée que la montagne ne se résume pas à son paysage mais qu'elle a été façonnée par l'homme. Routes, forts, villes et villages, ouvrages d'art et installations industrielles jalonnent un parcours ou deviennent son but. C'est le cas naturellement pour les villes comme Chambéry, Grenoble ou Annecy dont les centres anciens restaurés se visitent en un ou deux jours. Cela le devient pour toutes les composantes du patrimoine et de la culture alpine.

Le concept des écomusées apparaît dans les années 1970. Il a pour vocation la valorisation des cultures locales, mais il témoigne aussi du lien entre une société et son environnement, préoccupation première des parcs naturels régionaux. Chaque **écomusée** est unique parce qu'il restitue la mémoire d'une vallée ou d'un territoire restreint. Il constitue une pièce de la mosaïque alpine. Musées d'Art et de Folklore du Chablais, des Arts traditionnels à Hauteluce ou écomusées du Bois à Thônes, de l'Ardoise à Morzine, Musée paysan de Viuz-en-Sallaz, Palais de la mine à Peisey-Nancroix, etc. : une pléiade de **lieux de mémoire** dont la présence est d'autant plus nécessaire que les Alpes du Nord ont perdu l'essentiel de leurs cultures populaires. Sur les sites industriels ou artisanaux (usines, coopératives laitières, taillanderies, mines, etc.) s'ouvrent un autre volet de l'histoire et une autre vision des montagnards. Ces derniers ont largement participé à la révolution industrielle et leur pays en porte des marques indélébiles.

Rares sont les villages qui ne proposent pas en saison une visite commentée de leur patrimoine urbain. Parcs, châteaux et jardins alpins ouvrent leurs portes et les sites archéologiques (Chanaz, Aoste), parents pauvres de la région, sont considérablement mis en valeur.

STATIONS D'HIVER ET D'ÉTÉ ?

Le domaine skiable occupe 5,1 % de la zone de montagne des Alpes du Nord et génère une économie florissante. Son impact sur l'environnement est indéniable été comme hiver. Les nuisances liées à l'exploitation des pistes (intrusion humaine, passage d'engins, départs provoqués d'avalanches, etc.) se prolongent l'été avec les terrassements et travaux d'entretien que nécessitent les remontées mécaniques. Les paysages en sont profondément affectés : longues saignées de pylônes et des pistes au milieu de la forêt, terres rendues infertiles, etc. Certaines stations comme Prapoutel dans le massif de Belledonne veillent désormais à ce que leur espace soit paysagé en été, et plantent pour cela de longs rubans de gazons sur leurs pistes aménagées pour favoriser la ran-

LES ALPES AUJOURD'HUI

donnée… Les stations de la 1re génération qui comprennent un village et des équipements ultérieurs résistent mieux mais certaines stations intégrées, désertées en été, ont dû réaliser des efforts considérables pour attirer dans leurs alpages les aficionados de la moyenne montagne conquis par des sites vierges (Vercors, Vanoise, etc.). Le pari a pu être tenu en partie grâce à l'engouement du public pour les sports de pleine nature. Il existe désormais une cinquantaine de parcours acrobatiques en forêt qui ont rassemblé, en 2002, 700 000 personnes. Les via ferrata, l'escalade, le canyoning qui connaissent le même succès trouvent sans difficulté leur place dans les domaines d'altitude.

Culture des neiges, neige de culture

Le déficit des précipitations de ces dix dernières années met bien des stations en péril. À L'Alpe-d'Huez, il arrive même que l'on ne skie plus à Noël (1987). Depuis, la station a équipé 60 km de pistes sur les 249 de son domaine skiable et, plus significatif encore, élevé ses installations à 2 800 m. La neige de culture, considérée jusqu'à présent comme un palliatif et réservée au pied des pistes situées à basse altitude, se généralise. Elle couvre une superficie de 2 339 ha et a connu depuis les années 1980 une évolution annuelle de 28 %. Les stations qui proposent un ski de printemps, voire d'été sont encore plus vulnérables.

En Autriche, la réponse est étonnante : le glacier de Pitzal est aujourd'hui protégé par des couvertures synthétiques qui ralentissent la fonte. Tignes a installé en 2004 des canons à neige sur le glacier de la Grande-Motte à plus de 3 000 m d'altitude ! Cette production artificielle « d'or blanc » a un coût de fonctionnement (de 0,90 € à 0,64 € selon les techniques utilisées) et entraîne d'importants investissements : créations de retenues d'eaux notamment. Elle est enfin une grosse consommatrice d'eau qui, même dans les Alpes, peut manquer. Des stations se sont vues dans l'obligation d'interrompre la production de neige de culture en période de forte fréquentation par manque de ressource en eau. Le prélèvement effectué en période d'étiage, où les cours d'eau sont à leur plus bas niveau fragilise la faune aquatique. Les avis divergent quant à l'impact de la neige de culture sur l'environnement. Les associations écologistes mettent bien sûr en avant une consommation excessive en eau et en énergie, mais elles soulignent également l'influence des canons mis en route en début de saison sur l'hibernation des plantes et les effets encore méconnus sur la flore de l'adjuvent Snomax qui assure la longévité de la neige de culture comme l'emprise inesthétique et irrémédiable des grands bassins de rétention. Les acteurs économiques répliquent qu'il s'agit là de sauvegarder l'emploi de milliers de personnes et l'économie d'une région entière, qu'en outre l'eau consommée retourne, à la fonte des neiges, à la montagne…

Le réchauffement

Le laboratoire du col de la Porte en Chartreuse situé à 1 320 m d'altitude permet de disposer de relevés sur les 40 dernières années. Ils démontrent une diminution continue de l'enneigement depuis la fin des années 1970 avec d'importantes

L'engouement pour les via ferrata.

COMPRENDRE LA RÉGION

variations annuelles. En clair, une succession d'années « sans » ou d'années « avec trop ». Si les pronostics se révèlent justes, la montagne devrait à court terme changer durablement de physionomie et en conséquence les activités humaines devront s'adapter. La fonte du pergélisol *(voir chapitre Nature)* va modifier la pratique de la montagne. Dans le massif du Mont-Blanc on assiste depuis 1999 à de fréquents éboulements, quotidiens dans le couloir du Goûter, très fréquenté parce que voie d'accès au mont Blanc. L'été 2003, pour éviter tout accident, un gendarme fut délégué à la sortie du refuge de Tête-Rousse. Situation absurde mais significative. Pour les professionnels de la montagne, chaque course devient plus compliquée. Les pentes de neige ou de glace disparaissent et sont remplacées par des pentes de rochers brisés instables et dangereuses. Ils évoluent désormais plus volontiers sur les éperons et à l'écart des couloirs où les chutes de pierres sont fréquentes. Le massif des Aiguilles-Rouges à l'abri de ce genre de risque a vu sa fréquentation augmenter ces dernières années. L'escalade glaciaire ne se pratique plus qu'en hiver pour des raisons de sécurité. L'alpinisme hivernal y gagne de nouvelles voies, mais un hiver trop sec peut limiter les courses de neige.

D'autres activités sont fortement concernées par le changement de climat. Les parapentistes nageaient avec bonheur dans la douceur de l'été 2004 à des altitudes inaccessibles jusqu'alors et se sont posés sur de hauts sommets, exploit impensable il y a peu. Les photographes de montagne, amoureux des fleurs fragiles du printemps doivent être vigilants, la période de floraison s'est considérablement raccourcie.

Qui va là ?

Si les Alpes sont en été majoritairement fréquentées par des touristes français (74 %), en hiver le phénomène s'inverse. Les amateurs de sports d'hiver étrangers représentent 60 % des séjours en Savoie et 40 % en Haute-Savoie. Les massifs de la Tarentaise, de la Maurienne, du Beaufortain-Val d'Arly sont les plus prisés. La clientèle des Trois-Vallées est composée en hiver de 70 % d'étrangers : Britanniques, Belges, Allemands, Néerlandais apprécient les vastes domaines ainsi que les Tchèques, placés au 5e rang des nations étrangères.

Les Britanniques viennent en tête du peloton des nations européennes (43 %). L'Eurostar direct de Londres à Bourg-St-Maurice a doté la Tarentaise d'une clientèle assidue. Ils représentent 60 % des skieurs, concentrés à Méribel (36 %) ; Courchevel, et Val-d'Isère pour les autres massifs. En Isère, les Britanniques font une entrée remarquée dans les grandes stations (L'Alpe-d'Huez, Les Deux-Alpes). Russes et Américains représentent une portion congrue mais non négligeable (respectivement 5 et 4 %) en évolution depuis l'an 2000. Enfin, le projet d'une ligne ferroviaire à grande vitesse entre Lyon et Turin devrait, à l'horizon 2012, modifier ce paysage touristique.

L'agriculture et l'élevage

L'économie traditionnelle, fondée sur la vieille polyculture paysanne où l'on faisait un peu de tout, a disparu comme le mode de vie qui lui était attaché. Sur les versants de certaines vallées, il n'est pas rare de voir encore nettement les traces laissées par d'anciens champs peu à peu gagnés par la reconquête spontanée de la forêt.

LES MUTATIONS DU 20e S.

La région Rhône-Alpes est la 4e région agricole de France mais les Alpes du Nord ne constituent, hormis pour la production laitière, qu'une part minime de l'activité. L'agriculture montagnarde, âpre et de peu de rendement jusqu'aux années 1960, nourrissait à peine les exploitants qui entretenaient de petites parcelles accrochées aux pentes. 85 % des surfaces cultivées en Savoie et Haute-Savoie et plus de la moitié des surfaces agricoles de l'Isère se trouvent

---

Un eldorado pour les cristalliers

Si la flore s'étiole sous les rayons ardents du soleil, en revanche, la récolte est abondante pour les cristalliers. Des pans immenses de la montagne se sont retrouvés exposés à l'air libre après un éboulement. Les fours à cristaux dont l'origine remonte à 35 millions d'années sont à portée de main. On a découvert récemment dans le massif du Mont-Blanc l'une des plus belles fluorines roses du monde. Une génération spontanée de cristalliers arpente depuis la montagne chaque été, oubliant souvent que cette quête est aussi une affaire d'alpinistes aguerris et que si les rochers sont tombés une fois, d'autres peuvent les suivre.

LES ALPES AUJOURD'HUI

en zone de montagne. Dans les avant-pays et dans les très grandes vallées se maintiennent les cultures de plaine enserrées par un quadrillage toujours plus pressant de routes, de zones d'activités commerciales et industrielles. Les conditions climatiques et géographiques déterminent la production : arboriculture et plantations de baies (pêchers, poiriers, pommiers) au nord de Chambéry, dans l'Isère rhodanienne et dans le sud du Grésivaudan ; maïs, colza, tabac et céréales traditionnelles dans les larges cluses aux abords des grandes métropoles ; maraîchage et fleurs dans l'Y grenoblois et en Bièvre-Valloire et dans la basse vallée de l'Arve (Annemasse). Dans les vallées laitières, les travaux des champs se limitent maintenant à la fenaison, la coupe des foins en été dans les prairies (90 % de la surface agricole utile en Haute-Savoie). La forêt, en pleine expansion depuis le recul des prairies, est aujourd'hui exploitée surtout pour ses conifères transformés en pâte à papier et en bois de charpente ou de meubles. Comme partout ailleurs, les exploitations ont diminué en nombre et grandi en surface, ce qui sur des terres aux valeurs foncières exceptionnelles dans certaines vallées ne va pas sans difficultés. Il fallut très tôt opter pour une agriculture de qualité où la valorisation des productions pallierait le manque d'espace. La cohabitation des paysans et des sites touristiques ne fut pas toujours évidente, mais le bénéfice paysager (alpages, surfaces libérées de la forêt, bâti ancien) est indéniable, et enfin reconnu.

Troupeau de moutons.

Une terre de labels

Les trois départements des Alpes du Nord cumulent les labels et AOC dont beaucoup récompensent la démarche des éleveurs et fabricants de produits laitiers *(voir p. 60)*. Les vins de Savoie ont survécu également grâce à l'attribution d'une AOC qui a largement participée au sauvetage de vignes dans la Combe de Savoie. Moins habituelles sont les AOC attribuées à la noix de Grenoble et les Indications géographiques protégées (protection de droit communautaire des deux signes de qualité du droit français que sont le label et le droit de conformité) pour les pommes et poires de Savoie, première européenne pour cette catégorie de produits. Cette liste est en constante évolution ; une demande d'AOC a été faite en 2007 pour valoriser le bois de Chartreuse.

L'élevage

L'élevage, pourtant favorisé par un milieu naturel exceptionnel, fut menacé par les activités industrielles et touristiques nouvelles car jugé trop peu rentable. Il a fallu la volonté d'éleveurs résolus à sauver les traditions grâce à la production de lait et de fromages de grande qualité pour empêcher une disparition que l'on disait irrémédiable. Le renouveau de races bovines locales comme le succès de produits du terroir augurent bien de l'avenir. C'est ainsi qu'on peut toujours entendre le tintement joyeux des sonnailles des troupeaux qu'on croise plus nombreux depuis une vingtaine d'années dans les alpages, notamment au Grand-Bornand ou en Tarentaise. Des bergers fabriquent toujours le fromage dans les chalets, sauvegardant une montagne vivante qui était en voie de désertification dans les massifs placés à l'écart des grandes stations comme le Beaufortain, les Bauges ou la Chartreuse. La création des parcs naturels régionaux fut aussi un outil efficace pour maintenir de telles activités qui font partie intégrante de l'environnement montagnard.

La vie des alpages

Si la transhumance de l'étable d'hiver à l'alpage d'été se fait maintenant surtout par camion, quelques éleveurs ont tenu à garder l'habitude de monter les troupeaux, parfois en 3 ou 4 étapes comme autrefois, au printemps d'abord dans des « remues », prairies situées au-dessus du village, puis en mai un peu plus haut, sur les versants ensoleillés des « petites montagnes », enfin, à partir de juin, une fois la neige fondue, aux « grandes montagnes » des alpages, à troupeaux

COMPRENDRE LA RÉGION

Tarine et abondance

La plus remarquable des vaches alpines est sans doute la **tarine**, qui tire son nom de la haute vallée de l'Isère, la Tarentaise. On la remarque à sa robe fauve qui rehausse le vert tendre des pâturages. Le « maquillage » noir qui auréole ses yeux se retrouve sur son mufle, à la pointe de ses cornes et sur ses sabots. Petite et robuste, elle est adaptée à la montagne au point qu'adoptée par de nombreux pays, comme l'Inde ou le Canada. Son lait, riche en protéines, entre dans la fabrication du beaufort. Le val d'Abondance dans le Chablais a donné naissance à une vache et un fromage : la solide **abondance** est devenue la 4e laitière française. Si sa robe est acajou, elle a le ventre blanc ainsi que la tête, sauf le pourtour des yeux, aux « lunettes » acajou.

Vache tarine.

communs. Cet ancien nomadisme explique l'étonnante prolifération des chalets d'altitude qui correspondent à chacune de ces étapes.

Défrichés dès le 12e s., les alpages sont toujours gérés selon des principes ancestraux. Propriété collective avant 1790 en Tarentaise et exploités en « fruit commun », ils sont au contraire détenus par de grands propriétaires dans le Beaufortain et le massif du Mont-Blanc (consortium), tandis qu'une multitude de petits propriétaires se partagent les prairies de la Maurienne. Dans les Préalpes, l'élevage et la fabrication sont l'œuvre d'une seule famille. Dans les massifs centraux, au contraire, les troupeaux viennent de toutes les Alpes (Provence, Bresse, avant-pays savoyard) et sont confiés à des bergers. La production de lait est alors concentrée dans les fruitières, où sont fabriquées les lourdes meules de fromage comme le Beaufortain.

De parfaites laitières

Les vaches qui prospèrent ainsi dans les Alpes doivent d'abord être d'excellentes laitières. Les éleveurs ont ainsi pu mettre en valeur des bêtes rustiques comme la **tarine** et l'**abondance**, au lait indispensable à la fabrication des meilleurs fromages AOC.

Cela ne les empêche pas de coexister avec les races à très haut rendement comme la holstein noire et blanche, la blonde d'Aquitaine et surtout la montbéliarde venue de la Franche-Comté voisine. Bonne fromagère, cette championne fut la première à dépasser en France les 10 000 litres de lait par an. On la reconnaît à sa robe tachetée rouge vif sur fond blanc et au large mufle de sa tête toute blanche.

Parmi les races alpines, il reste enfin une curiosité qu'on ne rencontre plus que rarement : la **villarde**. De couleur froment, c'est-à-dire blonde, c'est la dernière survivante des blondes du Sud-Est, la providence des montagnards d'autrefois. La station d'élevage de Villard-de-Lans, dans le Vercors, l'avait rendue célèbre au siècle dernier en améliorant ses aptitudes. Docile, cette vache à « tout faire » qu'on ferrait comme un cheval, servait de bête de somme, tirait la charrue et donnait son lait gras et sa viande à toute la maisonnée. Un tel dévouement fut bien mal récompensé, car elle faillit disparaître avec l'arrivée du tracteur et des grosses laitières. Elle n'a survécu que grâce à un programme de conservation génétique indispensable au maintien de la diversité biologique du bétail.

Grâce au succès grandissant des fromages de chèvre et de brebis, chèvres et moutons reviennent à leur tour dans les alpages. Ils entretiennent ainsi les pâturages plus secs du Vercors ou des massifs intérieurs comme celui de la Vanoise.

L'élevage des porcs nourris au petit-lait et autres sous-produits de la fabrication des fromages subsiste aussi dans le pays du reblochon. Il donne une charcuterie de montagne d'excellente qualité.

Fromages

Le fromage est la principale richesse que le paysan a su tirer des alpages. La conjonction de pâturages exceptionnels, de vaches grandes fromagères et d'un savoir-faire ancestral exigeant explique le succès des fromages savoyards.

LES ALPES AUJOURD'HUI

Si la fameuse **tomme**, dont le nom signifie tout simplement « fromage » en savoyard, reste la plus répandue, quatre AOC (Appellation d'origine contrôlée) sont venues couronner des efforts constants de qualité des producteurs, pour le beaufort dès 1968, pour le reblochon en 1986 et pour l'abondance en 1989. Leurs particularités sont un héritage des contraintes du passé : la fabrication de fromages au lait cru entier et selon la technique des pâtes pressées sert surtout à conserver, sous une forme réduite et pouvant voyager sans dommage sur de longues distances (autrefois à dos d'homme et de mulet), le volume entier de la traite de plusieurs troupeaux. La cuisson du lait, puis de nouveau celle du caillé, réduit à un fin granulé dans de grandes cuves de plusieurs milliers de litres de capacité, en faisaient des fromages de garde, en mesure de se conserver longtemps pour l'hiver. Avec le développement des AOC, le cahier des charges est aujourd'hui défini avec une grande rigueur : vaches nourries au foin et à l'herbe, utilisation exclusive du lait des troupeaux de chaque producteur... afin d'obtenir la mention de « **fromage fermier** ».

Le **beaufort**, le « prince des gruyères » selon Brillat-Savarin, étend sa zone d'appellation sur le massif du Beaufortain et une partie de la vallée de la Tarentaise. C'est le fromage d'alpage par excellence. Près de 10 litres de lait entier sont nécessaires pour fabriquer 1 kg de beaufort. Il se présente sous la forme de meules très lourdes de près de 40 kg, au talon concave et à la marque de caséine bleue qui les authentifie. Elles sont affinées pendant au moins cinq mois. Leur croûte couleur brun-roux rappelle la robe de ces vaches tarines au lait riche et gras qui entre dans leur fabrication. Une belle pâte lisse, jaune pâle ou ivoire selon la durée d'affinage, se cache dessous. Elle est sans trous mais d'un goût fruité doux et subtil.

Originaire du val du même nom, l'**abondance** est devenu le grand fromage de la Haute-Savoie. Proche du beaufort par la forme et la couleur, il en diffère par sa pâte semi-cuite à petits trous. Sa meule, moins lourde, pèse de 7 à 12 kg et son affinage reste long, de 3 à 4 mois. Le **vacherin**, son ancêtre, est une création des chanoines de l'abbaye d'Abondance au 14e s., mais on le retrouve sur les tables contemporaines les plus prestigieuses.

Ce n'est pas le cas de l'onctueux **reblochon** affiné en 3 à 4 semaines. À pâte « semi-pressée », il entre dans la composition de nombreux plats savoyards. Il apparaît au Moyen Âge dans la vallée de Thônes. Son nom vient du savoyard « râblocher ». C'était une ruse de paysan : le seigneur des alpages prélevant un loyer en beurre ou en fromage, estimé sur la quantité de lait d'une traite, lors des contrôles, le paysan ne vidait qu'à moitié le pis de sa vache. Plus tard, il « râblochait » (de « rablassé », fraude en dialecte local), en la trayant une deuxième fois, obtenant ainsi un lait riche en crème, qui servait à la fabrication d'un fromage gras que le paysan gardait pour lui, de peur d'être découvert ; puis les redevances se firent en espèces ; les fromages furent vendus et le propriétaire commença à exiger, en sus du loyer, les appétissants reblochons... Une plaque de caséine verte indique un « **fermier** », si elle est rouge ou noire, un « **fruitier** » de fromagerie de village. La **tomme blanche** est un produit que l'on ne trouve que dans les Aravis. Ce reblochon non affiné se mange dans

Plateau de fromages.

les heures suivant sa fabrication. Proche du reblochon en plus sec, le **tamié** est fabriqué par les moines de l'abbaye du même nom près d'Albertville, qui en ont déposé la marque en 1939.

Au lait de vache cru, la **tomme** était le vrai fromage, sec et rustique, du montagnard, et la base de son alimentation avec la pomme de terre.

Quand sa croûte est épaisse et prend une moisissure rouge, la **tomme de Savoie** fait la joie des amateurs. La **tome des Bauges** (avec un seul « m ») est une spécialité locale de même que les tommes de **Chartreuse** et du **massif de Belledonne**. On en fait aussi au lait de chèvre (le **chevrotin**) ou de brebis.

Le petit-lait tiré de l'égouttage du lait caillé sert à faire le **sérac**, un fromage frais que les bergers consomment au petit-déjeuner.

L'Albanais, au sud d'Annecy, produit de l'**emmental**.

Il existe enfin quelques **bleus** comme le « **persillé des Aravis** » (chèvre), celui de haute Tarentaise (brebis-vache), provenant du caillé de plusieurs traites qu'on laisse acidifier, et, en Vanoise, le **bleu de Termignon** (vache), appelé aussi **mauriennais** ou « **persillé du Mont-Cenis** », confectionné à partir de caillé aigri mélangé à du caillé frais du jour. Tous deux sont rares, car fabriqués uniquement en période d'alpage, et réservés aux connaisseurs. Le **sassenage**, confectionné autrefois dans le nord du Vercors avec du lait de brebis, de vache et de chèvre, ce qui lui donnait son goût « agréable et doux », a connu une longue éclipse avant de redémarrer aujourd'hui. Il a été classé en AOC sous l'appellation de « bleu de **Sassenage-Vercors** ».

Le Dauphiné possède encore d'autres fromages locaux comme le carré du Trièves et, né dans l'avant-pays, le célèbre **saint-marcellin** (de la ville du même nom) connu à la cour de France sous Louis XI. Autrefois fermier et au lait de chèvre uniquement, sa vogue a entraîné des imitations… Il est désormais de plus en plus fabriqué à base de lait de vache et de lait de chèvre mélangés et devrait bénéficier sous peu d'une AOC.

… et autres bonnes choses !

Tartiflettes, gratins, raclettes, fondues… l'évocation de ces célèbres spécialités rappelle le plus souvent de sympathiques soirées entre amis. En amont, il y a aussi une prestigieuse tradition.

LES PRODUITS DU TERROIR

Les produits de la montagne sont à l'origine d'une gastronomie de terroir simple mais de qualité. On trouve sur les marchés une **charcuterie** variée à base de porc ainsi que des saucissons d'âne ou de chèvre. Les saucisses portent la marque de leur origine, intégrant des ingrédients du potager par exemple. Les diots, petites saucisses à cuire peuvent être de porc ou d'âne. La « canne savoyarde » (saucisson) comporte de la muscade, les **minots**, petites saucisses réunies en chapelets, se mangent crues ou cuites. Elles sont souvent parfumées d'eau-de-vie ou de noix. La Pormonier, l'une des plus typées, est composée de lard maigre, choux et feuilles de bettes.

Lacs et torrents fournissent la table savoyarde en poissons frais, entrée presque obligée de tout bon repas : **corégone** (appelé aussi **féra**) du lac Léman, **lavaret** du lac du Bourget, **omble chevalier** du lac d'Annecy ou simple truite, tous ces salmonidés sont pêchés et préparés localement ainsi que le **brochet**, le sandre ou la perche.

DES PLATS CONVIVIAUX

Les plats les plus répandus sont à base de pommes de terre coupées en lamelles, en carrés ou râpées cuites au four ou à la poêle avec du lait, de la crème, du beurre, de l'ail et des lardons. Certains ne se présentent plus comme le **gratin dauphinois** servi pour la première fois en 1788. La région de Grenoble propose bien d'autres sortes de gratins, au potiron par exemple ou, plus raffinés, aux queues d'écrevisses. Plus au sud, les

Farcement.

ravioles du Trièves sont fourrées avec pommes de terre ou épinards.

La célébrissime **fondue** n'est pas aussi monotone qu'on veut bien le dire. Chaque foyer possède en effet son petit secret, et chaque cuisinier son fromage de prédilection : comté, emmental, beaufort ou vacherin pour la rendre plus crémeuse. Ail frotté dans le caquelon, ce récipient dans lequel on fait fondre le fromage, lichette de kirch pimentent ce plat incontournable les soirs d'hiver.

La **raclette** ne supporte pas un fromage de qualité moyenne et doit être accompagnée de charcuteries fines comme la viande des Grisons. Très prisée également en hiver, la **tartiflette** consiste à alterner pommes de terre en tranches et reblochon coupé en fines lamelles sur plusieurs couches en ajoutant de l'ail haché, des fines herbes, du sel et du poivre puis de la crème fraîche 5mn avant la fin de la cuisson au four. Assez proche, la **pela** est une poêlée de pommes de terre sautées avec du reblochon fondu par-dessus.

Moins connu mais tout aussi savoureux et « typique », le **farcement** a fait une entrée remarquée sur les bonnes tables de la région. Comme souvent, il est une brillante réponse à la pénurie de denrées en montagne. À base de vieilles pommes de terre (de celles qui ont passé l'hiver dans la cave) et de lard, ce « pain » intègre souvent un fruit séché (pruneau, poires, etc. suivant les vallées). Le gratin de **crozets** remet à l'honneur ces petites pâtes carrées de farine de sarrasin importées d'Italie au 16e s.

Le **gâteau aux noix** de Grenoble, le **gâteau de Savoie**, tout comme les **tartelettes aux myrtilles** ou aux fraises, le gâteau de **Saint-Genix** cette brioche aux pralines rouges pourront terminer agréablement un repas… léger !

DES VINS GOULEYANTS ET FRUITÉS

Les « vins d'Allobrogie », future Savoie, étaient connus à Rome au 1er s. apr. J.-C. Prospérer au royaume de la neige n'est pas banal pour l'un des vignobles les plus anciens implantés en France, et qui figure actuellement parmi les plus dynamiques. Inégalement répartie entre les deux départements (la Savoie arrive en tête avec 1 200 ha), la vigne doit se cantonner ici aux microclimats les plus cléments, sur les adrets (jusqu'à 500 m d'altitude), les rives de lac, et les sols les mieux drainés (éboulis calcaires, moraines pierreuses). Les vins blancs secs dominent (70 %). Il existe plusieurs crus AOC.

Vins de Savoie.

Les vins de Savoie viennent de la région de Chambéry, des coteaux calcaires de la Combe de Savoie qui s'étalent au pied du massif des Bauges. Les cépages locaux à partir desquels ils sont souvent élaborés leur donnent une certaine originalité.

L'appellation « vins de Savoie » regroupe une grande variété de produits, dominés par quelques crus.

Ainsi l'**apremont**, un vin blanc « perlant » (avec des bulles résiduelles) qui est très agréable à l'apéritif, provient de la jacquère ; le **chignin**, un voisin, est un blanc sec plus fruité qui accompagne les repas savoyards. Le rare chignin-bergeron est issu du cépage **roussanne**. D'autres crus en blanc : abymes, st-badolph, cruet, aux arômes de framboise, se trouvent à proximité. En rouges, moins nombreux, un autre cépage local, la **mondeuse**, aux arômes de fraise, de cassis et de myrtille, et pourvu d'une bonne capacité de vieillissement, donne les crus de Féterive et Arbin. D'autres rouges bien charpentés se rencontrent au nord du lac du Bourget, avec les vins de **Chautagne**, issus le plus souvent du cépage gamay. La **roussette de Savoie**, à la robe jaune paille, est une AOC qui regroupe des blancs secs un peu acidulés et fruités, tels le **frangy** et le **marestel**. Les coteaux du lac Léman donnent le **crépy**, lui aussi classé en AOC, comme le **seyssel**, situé plus bas le long du Rhône. Ces vins fruités peuvent vieillir de deux à quatre ans. En général, les vins de Savoie se boivent jeunes et voyagent peu, mais ils ont du caractère. Blancs ou rouges, ils accompagnent très bien la cuisine locale, plats de poissons ou fromage.

Les digestifs et les liqueurs sont très variés grâce à la grande diversité des plantes, gentiane ou génépi entre autres, qui poussent en montagne. C'est à Voiron que se poursuit toujours la fabrication de la **Chartreuse**, cet « élixir de longue vie » dont la recette aux 130 plantes, qui remonte au 16e s., reste un secret.

Talloires, au bord du lac d'Annecy.

P. Jacques / hemis.fr

DÉCOUVRIR LES SITES

DÉCOUVRIR LES SITES

Abondance★

1 294 ABONDANCIERS
CARTE GÉNÉRALE C2 – CARTE MICHELIN DÉPARTEMENTS 328 N3 – SCHÉMA P. 405
HAUTE-SAVOIE (74)

Encadré par des cimes ne dépassant pas 2 500 m, le haut Chablais s'ouvre largement sur le ciel. La lumière y est plus franche qu'ailleurs et la nature généreuse. Arrosé par de très nombreuses sources d'eaux vives, le val d'Abondance est depuis les Celtes un havre prospère, réputé pour ses ressources agricoles et forestières. Abondance mérite donc bien son nom et porte haut les couleurs de son savoureux fromage comme celles de sa belle abbaye.

- **Se repérer** – 30 km au sud d'Évian (30mn), entre Morzine et le lac Léman, Abondance est au carrefour des vallées de la Dranse et du Malève. Le meilleur accès passe par la D 22 qui remonte le pays de Gavot (arrière-pays d'Évian) en direction de Châtel.
- **À ne pas manquer** – Les fresques du 15e s. de l'abbaye ; une dégustation d'abondance, le fromage du pays.
- **Avec les enfants** – L'été, un jeu familial de découverte de l'abbaye, « sur la piste de Giacomo », et des ateliers pour enfants.
- **Pour poursuivre la visite** – Voir aussi Thonon-les-Bains, Évian-les-Bains, Yvoire.

Galerie et fresques de l'abbaye d'Abondance.

Visiter

Abbaye★
Propriétaire de la vallée entière, l'abbaye augustinienne exerça un rayonnement intense sur toutes les Alpes du Nord au Moyen Âge.

Cloître – ✆ 04 50 81 60 54 - ♿ -juil.-août : 10h-12h, 14h-17h30 ; mai-juin et sept.-oct. : tlj sf mar. 10h-12h, 14h-17h ; des vac. de Noël à fin avr. : tlj sf w.-end et j. fériés 10h-12h, 14h-17h - possibilité de visite guidée (1h) juil.-août : 10h, 15h ; reste de l'année : 15h - fermé de la fin des vac. de la Toussaint au déb. des vac. de Noël, 1er janv., 25 déc. - 4 € (–12 ans gratuit) visite guidée + exposition du patrimoine religieux, 2 € (- 12 ans gratuit) visite libre simple.

Édifié au 14e s., il conserve intactes deux galeries et des **fresques★★** de toute beauté, attribuées à l'atelier du peintre piémontais Giacomo Jacquerio. Les scènes retracent les épisodes des Évangiles : Annonciation, Visitation, Nativité, Fuite en Égypte, etc. On peut remarquer des décors typiquement italiens tandis que d'autres sont inspirés de la vie quotidienne de la vallée.

Elles auraient été exécutées vers 1430. La porte de la Vierge, qui le faisait communiquer avec l'église, est richement ornée mais mutilée ; au tympan, la Vierge trône avec l'Enfant, entourée d'anges ; sur les piédroits, les gracieuses statues-colonnes

ABONDANCE

représentent la Synagogue, les yeux bandés, et l'Église. Les clés de voûte sont ornées des signes du zodiaque et des travaux des mois.

Église – ☎ 04 50 81 60 54 - 9h-18h - gratuit. Le feu détruisit la nef, ses cinq travées et ses deux collatéraux. En 1900, deux travées et la façade ont été reconstruites. Il ne subsiste que le transept, le chœur, le déambulatoire et les chapelles de cette église abbatiale de la fin du 13e s. Les statues en trompe l'œil, exécutées par le peintre italien Casimir Vicario en 1846, figurent les Vertus et les apôtres. La plus belle pièce de mobilier est le siège abbatial du 15e s.

Exposition du patrimoine religieux – ☎ 04 50 81 60 54 - visite guidée combinée avec le cloître de l'abbaye - 4 € (– 12 ans gratuit).

> **Le saviez-vous ?**
>
> 👁 Abondance a donné son nom à une race de vache reconnue en 1891 et à un fromage AOC à pâte souple et fondante. Ce fromage si délectable servit longtemps de monnaie d'échange.
>
> 👁 Les Abondanciers sont répartis sur une dizaine de hameaux. L'artisanat du bois et l'élevage bovin sont encore prospères. On compte plus de 100 exploitants agricoles dans la vallée.

Il rassemble une importante collection d'ornements liturgiques (chasubles, dalmatiques, chapes), ainsi que des tableaux, des statues, de l'orfèvrerie et des livres saints dont des antiphonaires manuscrits du 15e s. La salle du chauffoir a été reconstituée.

Maison du val

Plaine d'Offaz - ☎ 04 50 73 06 34 - sais. été et sais. hiver : 10h-12h, 14h-18h, dim. 15h30-18h ; reste de l'année : tlj sf dim. 10h-12h, 14h-18h - possibilité de visite guidée - 5 € (– 12 ans 4,10 €) visite guidée avec dégustation, 3,50 € (-12 ans 2,80 €) visite guidée simple ; 4,60 € (– 12 ans 4,10 €) visite libre avec dégustation, 3 € (-12 ans 2,50 €) visite libre simple. Cette maison vous invite à découvrir, à partir du fromage d'Abondance et de ses différentes étapes de fabrication, les particularités de la vallée : histoire, géographie, vie pastorale, etc. Une dégustation du fameux fromage est possible en fin de visite, accompagnée de vin de Savoie ou de jus de pomme fermier.

Aux alentours

Les Plagnes

5,5 km au sud-est. Passer le pont de la Dranse et prendre à gauche, avant une scierie, la direction de Charmy-l'Adroit et des Plagnes.

Cette petite route à flanc de coteau permet de découvrir d'immenses chalets dans le fond du vallon dominé par le pic de la Corne et le roc de Tavaneuse. Après le hameau de Sur-la-Ravine, elle s'enfonce dans le haut vallon du Malève, plus sauvage et couvert de sapins, et atteint les Plagnes de Charmy, en vue des escarpements de la pointe de Chavache, devant un lac cerné de pentes boisées.

La Chapelle-d'Abondance

Ce village de Haute-Savoie, au pied du mont de Grange et des Cornettes de Bises, est une séduisante station familiale qui a conservé tout son charme, avec ses grands chalets aux façades en bois d'épicéa et aux jolis balcons à balustrades sculptées ou ajourées évoquant les chalets valaisans de la Suisse toute proche. La station offre de belles pistes de fond vers Châtel et Abondance.

L'**église** du 18e s., à décoration baroque, est ornée d'un élégant clocher à quatre bulbes superposés. La **maison des Sœurs** accueillait autrefois des religieuses chargées de l'éducation des jeunes filles. Salle de classe, herboristerie et logement accueillent aujourd'hui l'office de tourisme et une salle d'exposition temporaire.

Randonnées

Au départ de La Chapelle-d'Abondance

Les deux sommets dominant le village peuvent être l'occasion de spectaculaires excursions réservées à de bons marcheurs ; attention à la météo, et à la neige qui peut s'attarder un peu en saison.

Les Cornettes de Bises

Environ 4h de montée. Dénivelée : 1 400 m. Pièce d'identité conseillée, car l'itinéraire longe la Suisse. Du centre du village, s'engager vers le nord en direction des chalets de Chevenne puis, en remontant le torrent, rejoindre le col de Vernaz, point frontière avec la Suisse. Suivre la ligne de crête et après avoir dépassé les chalets de la Callaz, aborder la dernière montée à vue jusqu'au sommet (alt. 2 438 m).

DÉCOUVRIR LES SITES

La crête frontalière le relie aux rives du Léman, à St-Gingolph. Un magnifique **panorama**★★★ vous récompense de vos efforts : si vous mettez votre appareil sur la position panoramique, vous pourrez prendre l'ensemble du lac Léman et la chaîne des Alpes, du Mont-Blanc à l'Oberland bernois.

Mont de Grange

Environ 3h30. Cet itinéraire dévoile toute la diversité de la flore alpine et, la chance aidant, vous apercevrez des chamois sur les rochers dominant la combe. Franchir la Dranse et s'engager vers le sud dans le sentier conduisant aux chalets du Follière. À l'extrémité du vaste cirque qui forme le fond de la combe de Chemine, on entame l'ascension du mont de Grange dans une réserve naturelle de 3 000 ha. Au sommet (alt. 2 433 m), vous aurez bien mérité le **panorama**★★ vertigineux sur le val d'Abondance et le lac Léman. Certains privilégiés très discrets et équipés de jumelles pourront apercevoir chamois, cerfs, perdrix bartavelles ou coqs de bruyère.

Sentier d'interprétation « Sur les traces du chamois »

Environ 3h de montée. Dénivelée : 380 m. Départ du Plan des Feux à La Chapelle-d'Abondance, rte du Crêt Bénit. Des panneaux situés dans la réserve de chasse du mont de Grange ponctuent ce chemin sans difficulté jusqu'aux chalets de Pertuis.

Abondance pratique

Adresses utiles

Office du tourisme d'Abondance – *74360 Abondance -* ☎ *04 50 73 02 90 - www.abondance.org - juil.-août : 9h-12h, 14h-18h, dim. et j. fériés 9h-12h ; reste de l'année : tlj sf dim. et j. fériés (sf journées du patrimoine) 9h-12h, 14h-17h.*

Office du tourisme de La Chapelle-d'Abondance – *74360 La Chapelle-d'Abondance -* ☎ *04 50 73 51 41 - www.lachapelle74.com - juil.-août et déc.-avr. : 9h-12h, 14h-18h30 ; reste de l'année : tlj sf w.-end 9h-12h, 14h-17h.*

Visite

La Chapelle-d'Abondance – *Visite découverte du village juil.-août et déc.-avr. : jeu. 10h - se renseigner à l'office de tourisme.*

Se loger

⊖ **Chambre d'hôte Le Vieux Chalet** – *Charmy-l'Envers - 1,5 km au sud d'Abondance par rte secondaire -* ☎ *04 50 73 02 79 - fermé de fin sept. au 25 déc. -* ⊟ *- 4 ch. 50 €* ⊇ *- repas 13 €.* Quiétude garantie en ce pittoresque chalet bâti en 1734 dans une riante vallée. Liliane et Pierrot y élèvent chèvres et vaches : le lait, les yaourts et le fromage blanc du petit-déjeuner ne viennent donc pas du supermarché ! Confortables chambres lambrissées et agréable salle à manger savoyarde abritant une cheminée.

⊖ **Chambre d'hôte Champfleury** – *74360 Richebourg - 3 km au nord-est d'Abondance dir. Châtel par D 22 -* ☎ *04 50 73 03 00 - champsfleury@orange.fr - fermé nov.-20 déc. -* ⊟ *- 5 ch., demi-pension 48/76 €* ⊇*.* Au cœur de la vallée d'Abondance, chalet typiquement savoyard refait à neuf. Les chambres, douillettes, sont dotées d'un minibalcon ou d'une terrasse. Ambiance conviviale.

⊖ **Chambre d'hôte Les Carlines** – *Sous le Saix - 74360 La Chapelle-d'Abondance -* ☎ *04 50 81 36 36 - valdabondance.com - fermé oct.-nov. -* ⊟ *- 4 ch. 50 €* ⊇*.* Cette ferme-chalet bicentenaire vous accueille pour un séjour très nature, au calme des verts pâturages l'été et à deux pas des pistes de ski l'hiver. Les deux nouvelles chambres aménagées dans la grange possèdent un balcon. Produits fermiers.

Se restaurer

⊖⊖ **Auberge à la ferme Le Fêto** – *74360 La Chapelle-d'Abondance - 6 km au nord-est d'Abondance par D 22 -* ☎ *04 50 73 50 01 - www.aubergeetfermeauberge.com - 20 € - 4 ch. 37,50 €* ⊇ *- 3 €.* Cette ferme-auberge permet de découvrir comment se fabrique le fromage d'Abondance. Si ce n'est pas la bonne saison, consolez-vous en le dégustant au cours d'un repas servi dans la salle à manger simple et rustique. Quatre chambres lambrissées permettent de prolonger le séjour.

Que rapporter

Maison du Val d'Abondance – *Plaine d'Offaz -* ☎ *04 50 73 06 34 - boutique : mar.-sam. 10h-12h, 14h-18h ; dim. 15h30-18h - fermé 15 oct.-20 déc. et j. fériés en mai et juin.* Cette maison vous invite à découvrir, à partir du fromage d'Abondance et de ses différentes étapes de fabrication, les particularités de la vallée : histoire, géographie, vie pastorale, etc. Vente de produits fermiers.

Les Colombes d'Abondance – *Au bourg -* ☎ *04 50 73 01 33 - www.lescolombesdabondance.com.* Travaillant avec un Opinel, M. Berthet fait partie des derniers artisans perpétuant une tradition ancienne : la sculpture de la colombe. Il faut beaucoup de patience et de doigté pour réaliser ces objets, censés protéger les demeures de ceux qui les abritent. Vente directe à l'atelier et démonstration sur demande.

AIGUEBELLE

Aiguebelle

901 AIGUEBELAINS
CARTE GÉNÉRALE C3 – CARTE MICHELIN DÉPARTEMENTS 333 K4 – SAVOIE (73)

Carrefour stratégique aux portes de la Maurienne, Aiguebelle et ses environs constituent un agréable lieu de villégiature estivale. Au cœur d'un vallon dont le paysage garde la trace d'anciennes activités minières, l'importance historique se devine à travers quelques vestiges patrimoniaux. Aujourd'hui, marchés et foires entretiennent la tradition de cette ville d'étape et de commerce.

- **Se repérer** – 29 km au sud-ouest d'Albertville, proche du confluent de l'Isère et de l'Arc, Aiguebelle est accessible par l'A 43 et la D 1006.
- **À ne pas manquer** – Le vallon verdoyant des Hurtières.
- **Organiser son temps** – Possibilité de rejoindre à partir de St-Georges-des-Hurtières, la vallée des Huiles (voir ce nom) et la haute vallée du Gelon.
- **Avec les enfants** – Le plan d'eau de St-Alban-les-Hurtières.
- **Pour poursuivre la visite** – Voir aussi Albertville, Montmélian, St-Pierre-d'Albigny.

Le saviez-vous ?

- La vallée de la Maurienne fermée par un verrou en aval d'Aiguebelle était défendue par trois forts : Aiton, Montperché et Montgilbert, construits au 19e s.

- Aiguebelle, dont le nom fait référence à l'eau pure d'un nant (cours d'eau) proche, eut au Moyen Âge une vie intense. Siège d'une châtellenie dès le 13e s., la juridiction qui s'étendait d'Aiguebelle à la Chambre fut érigée en baronnie en 1590, puis en principauté en 1768. Elle fut enfin donnée aux évêques de Maurienne avant de devenir l'une des résidences des comtes de Savoie.

Se promener

En ville

Traversée par la nationale, la ville s'étire le long d'une grande rue où se regroupent les commerces.

L'**église** a conservé son chœur et son clocher du 14e s. Mais elle est surtout remarquable pour son mobilier dont un *Christ de pitié* en bois polychrome.

Sentier du rocher de Charbonnière

Compter 1h. De la rue principale d'Aiguebelle, direction lac du Vivier, puis suivre les indications. Un sentier pittoresque à travers les sous-bois amène le promeneur aux ruines du château de la Charbonnière, foyer originel de la maison de Savoie, sur le rocher qui domine la ville. Au sommet, deux tables d'orientation détaillent le beau panorama sur la barrière des Bauges et la vallée de l'Arc.

Aux alentours

Saint-Georges-des-Hurtières

En sortant d'Aiguebelle en direction de St-Jean-de-Maurienne, prendre à droite la D 73 sur 6 km. Trop méconnu, légèrement à l'écart mais proche des grands axes, le plateau du massif des Hurtières cache bien ses atouts. Le village de St-Georges-des-Hurtières est un terrain de choix pour la découverte des activités traditionnelles (verrerie, rucher, tournage sur bois, etc.) ou la pratique de nombreux loisirs.

Le Grand Filon★ – *Lieu-dit la Minière, 4 km au-dessus du village.* ☏ 04 79 36 11 05 - www.grand-filon.com - ♿ - *juil.-août : 10h-19h ; avr.-juin et sept.-oct. : tlj sf sam. 14h-18h - possibilité de visite guidée (2h) - 9 € (6-16 ans 6 €) visite guidée, 6 € (enf. 3 €) visite libre.*
Dans un site fortement marqué par le passé minier des Hurtières, cet espace découverte retrace plus de sept siècles d'histoire du massif : présentations interactives, parc didactique sur la fabrication ancestrale du fer, visite de la galerie d'exploration St-Louis, mais aussi fidèle reconstitution d'une salle de classe fermée en 1939 et chapelle historique dont la grille en fer forgé date de 1668.

1h30. De la chapelle part le sentier des Mines. Lors de cet itinéraire balisé, vous trouverez des entrées de galeries (fermées) et de nombreux vestiges.

DÉCOUVRIR LES SITES

Musée des Quatre Saisons – *Le Reposet* - ☏ *04 79 44 39 89 - juil.-août : tlj sf merc. et sam. 14h30-18h30 ; juin : dim. et j. fériés 14h30-18h30 - tarif non communiqué.*
Tous les sens sont ici sollicités à travers des parfums du jardin aromatique, des objets anciens dont on peut effleurer la patine ; seize bas-reliefs en bronze ont été réalisés par l'artiste mauriennais Inis sur la vie des paysans mineurs.

Saint-Alban-des-Hurtières
2 km sur la D 73 en sortant de St-Georges-des-Hurtières.
Église – ☏ *04 79 44 31 99 ou 06 82 00 31 79 - visite guidée (1h30) sur demande préalable de mi-juin à fin sept. : merc., jeu. et w.-end apr.-midi - se renseigner pour le tarif.*
Récemment restaurée, cette église de 1708 conserve un chœur voûté du 14e s. et un beau portail en tuf. Elle abrite un maître-autel et un **retable★** du 18e s. de style baroque, grandiose et majestueux.

Argentine
6,5 km au sud par la D 72. De l'autre côté de l'Arc, en face du plateau des Hurtières, ce petit village a longtemps vécu de la métallurgie et de cultures variées, dont celle du tabac. L'industrie du fer fut importée au 16e s. par la famille Castagneri d'origine génoise et dont le château est toujours intact.
Ce passé et ces traditions sont aujourd'hui présentés par deux films, témoignages et reconstitutions au **musée du Félicien**. ☏ *04 79 44 33 67 - www.museedufelicien.com -* ♿ *- vac. scol. : 13h30-17h ; reste de l'année : merc., jeu., w.-end 13h30-17h - fermé de la fin des vac. de la Toussaint à fin janv., j. fériés - 4,30 € (7-18 ans 2,30 €).*

Montsapey
10 km au sud-est d'Aiguebelle en direction d'Argentine, prendre à gauche la D 72^B.
Son **église** de style troubadour est ornée de peintures murales (19e s.) de Pierre Moretti s'inspirant des décors italiens en trompe l'œil. Au mois de juillet, les spectacles des Arts jaillissants investissent le sanctuaire *(visites en juil.-août : Facim,* ☏ *04 79 60 59 00).*

Aiguebelle pratique

Adresse utile
Office du tourisme du canton d'Aiguebelle – *Grande-Rue - 73220 Aiguebelle -* ☏ *04 79 36 29 24 - www.ot-aiguebelle.fr - tlj sf dim., j. fériés et lun. 9h-12h, 15h-17h30, jeu. 9h30-12h, 15h-17h30.*

Se loger
🛏 **Chambre d'hôte de l'Auberge du Chaudron** – *À l'entrée du village - 73220 Montsapey - à 10 km au sud-est par D 72B -* ☏ *04 79 36 19 24 ou 06 98 29 08 11 - auberge.lechaudron@orange.fr - fermé janv. - 3 ch. + gîte d'étape (8 lits) 51 €* 🍴 *- repas 18 €.* Il faut grimper jusqu'au petit village pour accéder à ce bâtiment d'allure contemporaine. Si le gîte d'étape demeure très correct, on appréciera d'autant plus le bon confort des 3 chambres d'hôte. Le restaurant traditionnel associe cuisine maison et produits du terroir. Excellent accueil pour une adresse de qualité.

Sports & Loisirs
👥 **Plan d'eau** – Sur le flan est des Hurtières, la plaine de St-Alban dispose d'une zone de baignade aménagée, avec la possibilité de pêche réglementée. Baignade surveillée en été : *fin juin-août : 12h30-18h30.*

Escalade – À Saint-léger, en bordure de l'Arc, une belle falaise s'offre aux amateurs débutants ou chevronnés. Topoguide en vente à l'office du tourisme d'Aiguebelle.

Randonnée – Montsapey, pittoresque village perché à 1 100 m d'altitude, est le point de départ d'ascensions vers le lac Noir et le sommet du Grand Arc (2 481 m).

Événements
Festival des Arts jaillissants à Montsapey en juillet. Musique classique - ☏ *04 79 36 29 24.*
Festival d'été à Aiguebelle en juillet. Jazz, musique classique, rencontres culturelles - ☏ *04 79 36 29 24. Renseignements à l'office de tourisme.*

Aix-les-Bains★★

25 732 AIXOIS
CARTE GÉNÉRALE B3 – CARTE MICHELIN DÉPARTEMENTS 333 I3 –
SCHÉMA P. 198 – SAVOIE (73)

La villégiature d'Alphonse de Lamartine s'éveille sous les ors fraîchement repeints de ses façades Belle Époque, quand il y a quelques années encore ils brunissaient d'abandon. Une métamorphose pour une ville paradoxale, station thermale mais pôle d'activités régional, station balnéaire connue pour ses plages, mais édifiée à distance de son lac. Les anciens palaces longtemps rendus inaccessibles par leur destination privée sont progressivement ouverts aux visiteurs, au casino et aux thermes notamment, révélant ainsi des pans entiers du patrimoine aixois.

- **Se repérer** – Au sud-est du lac du Bourget, l'agglomération s'étale entre la colline de Tresserve et les premières pentes du Revard. Accès aisé par les autoroutes A 41 et A 43 (à 10 km de Chambéry).
- **Se garer** – Le parking de l'hôtel de ville est situé au cœur de la station, à quelques mètres des thermes, jardins et rues piétonnes.
- **À ne pas manquer** – Après une visite de la ville, un détour au musée Faure s'impose pour les bronzes saisissants de Rodin.
- **Organiser son temps** – On ne le dira jamais assez, le soir est un moment enchanteur pour se promener sur les rives du lac.
- **Avec les enfants** – L'aquarium du lac du Bourget.
- **Pour poursuivre la visite** – Voir aussi Chambéry, le lac du Bourget, l'abbaye de Hautecombe.

Hôtel de ville d'Aix-les-Bains.

Comprendre

Sous le signe de Borvo, dieu celte des Sources chaudes – Les Allobroges, peuple celte installé dans la région depuis le 3e s. av. J.-C., goûtent déjà aux bienfaits des eaux sulfatées et calciques d'Aix. Ils sont progressivement conquis par les Romains qui fondent *Aquasense* au 1er s. av. J.-C., les premiers thermes à vocation médicale.

Les fastes de la Belle Époque – La station thermale savoyarde prend son essor au début du 19e s. grâce aux femmes de la famille Bonaparte surnommées les « Napoléonides ». Jusqu'au rattachement de la Savoie à la France (1860), l'hébergement des curistes est essentiellement assuré par les médecins eux-mêmes. Postés sur les marches des thermes, ils proposent leurs services à la haute société européenne. Au début du 20e s. à l'apogée de la station, deux personnages marquent le paysage hôtelier aixois et rivalisent de luxe pour attirer les têtes couronnées d'Europe comme la princesse Pauline Borghèse, la reine Hortense, l'impératrice Marie-Louise, plusieurs rois de Sardaigne, la reine Victoria, le roi de Grèce Georges Ier, etc.

DÉCOUVRIR LES SITES

Jean-Marie Bernascon, modeste employé des bateaux du Rhône devenu maître d'hôtel, pressent les besoins de cette nouvelle clientèle et développe à partir de 1868 un important ensemble d'établissements capables de satisfaire aux exigences de l'aristocratie ; le Victoria, notamment, accueille par trois fois la reine de Grande-Bretagne, consacrant ainsi le succès du promoteur.

À la même époque, **Antoine Rossignoli** lui dispute les faveurs du gotha en multipliant les créations hôtelières toujours plus luxueuses et somptueusement décorées. La plupart de ces établissements portent l'empreinte de l'architecte lyonnais **Jules Pin aîné** (1850-1934), qui fut le créateur principal de l'architecture thermale d'Aix. Son œuvre maîtresse reste l'époustouflant château de la Roche-du-Roi, résidence de l'administrateur du casino des Fleurs.

La fin d'un rêve… – Après la Seconde Guerre mondiale, la plupart de ces hôtels de rêve ne peuvent préserver ce luxe sans rencontrer de graves difficultés de gestion et doivent fermer leurs portes ou se morceler en appartements. Certaines parties classées sont malgré tout préservées, telle la salle à manger du Royal.

Lamartine et Elvire – Alphonse de Lamartine a 26 ans quand, le 1er octobre 1816, il arrive à Aix. Le poète qui mène pour l'heure une existence vide et désœuvrée va faire, dans des circonstances improbables, la connaissance de sa voisine de chambre. D'origine créole, elle est l'épouse du physicien Charles et vient soigner à Aix une grave affection pulmonaire. Le 8 octobre, alors qu'elle se promène en barque sur le lac, une violente tempête se lève manque de la faire chavirer. Lamartine la sauve des eaux, puis veille la malade : deux âmes romantiques se reconnaissent et échangent leurs rêves. Les jeunes gens vivent une passion enivrante. Un an plus tard, la jeune femme disparaît. Le poète écrit alors le *Lac*, d'où vient le célèbre « Ô temps ! suspends ton vol ». Julie deviendra ainsi l'immortelle Elvire.

Les joies de la cure au 18e s.

En 1775, Victor-Amédée III, roi de Sardaigne, décide d'aménager de nouveaux thermes, achevés en 1783. L'équipement est encore bien modeste : ni baignoire ni piscine. Les bains sont pris à domicile, et les porteurs d'eau remplissent les baignoires. Quant aux douches, au nombre de six, on doute aujourd'hui de leurs vertus : tombaient sur la tête des curistes de véritables trombes d'eau très chaude, qui faisaient ressortir les personnes rouge écarlate, les yeux hors de la tête, quand elles n'étaient pas tombées en syncope avant. Sous la Restauration, la cure s'enrichira de la douche écossaise et du bain de vapeur.

Séjourner

LA STATION THERMALE

Le nom d'Aix vient de *Aquæ Gratianæ*, qui signifie « les eaux de l'empereur Gratien » et perpétue le souvenir de l'exploitation de l'eau par les Romains. L'animation de la station a depuis bien changé et se concentre autour des imposantes constructions des Thermes nationaux, du parc municipal, du palais de Savoie et du nouveau casino.

La cure

Les deux établissements du centre – les **thermes Pellegrini** (1832) et les **thermes Chevalley** (2000) – sont ouverts toute l'année. Deux sources chaudes, désignées sous le nom de source de soufre et de source d'alun les alimentent. La douche-massage reste le traitement aixois par excellence. Les piscines de rééducation sont destinées au traitement des rhumatismes et des suites de traumatismes. La source froide St-Simon assure la cure de boisson.

L'**établissement thermal de Marlioz**, installé au sud de la station, dans un parc ombragé, traite les affections chroniques des voies respiratoires.

LA STATION ESTIVALE

La rue de Genève (*en partie réservée aux piétons*), la rue du Casino et les voies adjacentes peuvent être considérées comme le centre de l'activité commerciale aixoise. Pendant la période estivale, les bords du lac, où sont aménagés deux ports et une plage, constituent l'autre pôle d'attraction de la ville.

AIX-LES-BAINS

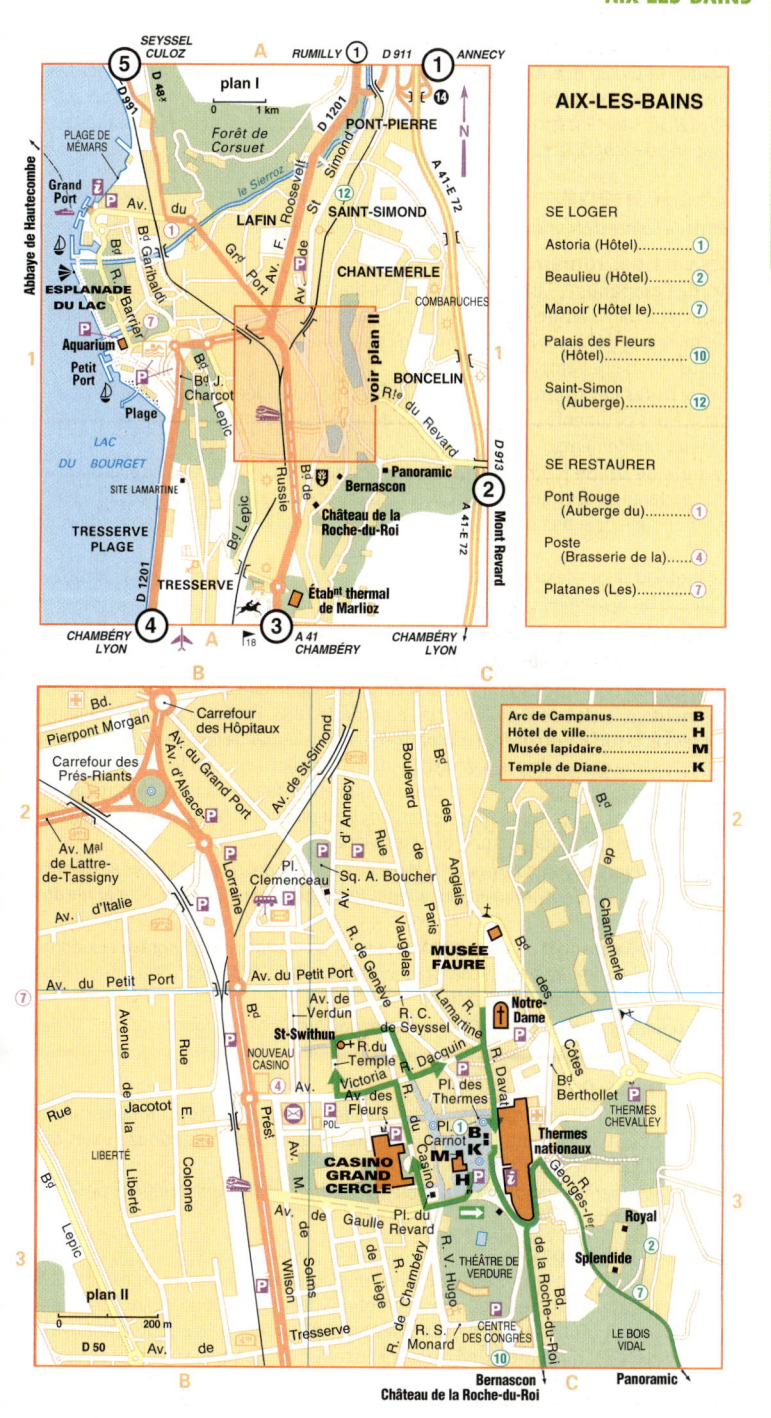

AIX-LES-BAINS

SE LOGER

Astoria (Hôtel).............①
Beaulieu (Hôtel)...........②
Manoir (Hôtel le).........⑦
Palais des Fleurs (Hôtel)...............⑩
Saint-Simon (Auberge)...............⑫

SE RESTAURER

Pont Rouge (Auberge du).........①
Poste (Brasserie de la)......④
Platanes (Les)............⑦

Arc de Campanus................. B
Hôtel de ville........................ H
Musée lapidaire..................... M
Temple de Diane.................... K

Esplanade du lac★ (Plan I)

Ce vaste espace vert de 10 ha est aménagé pour les jeux d'enfants, les pique-niques. Une allée *(1 km)* bordée de platanes longe le lac, invitant à la promenade en vue de l'abbaye de Hautecombe et des versants escarpés de la dent du Chat.

Petit Port (A1)

Port de plaisance et de pêche prolongé par la plage. La **Maison du lac du Bourget** est un peu, grâce à son **aquarium**, le lac *in vitro* : 50 espèces de poissons et trois espèces d'écrevisses sont ici rassemblées. Des oiseaux d'eau naturalisés, un espace plancton, des projections et des bornes interactives complètent cet apprentissage ludique et didactique du milieu lacustre. ℘ 04 79 61 08 22 - www.aquarium-lacdubourget.com - juil.-août : 10h-19h (dernière entrée 1h av. fermeture) ; mai-juin et sept. : 10h-12h30, 14h-19h ; fév.-avr. et oct.-nov. : 14h-18h ; vac. de Noël : 14h-18h - fermé déc.-janv. - 6,50 € (enf. 5,30 €).

Se promener

Partir de l'office de tourisme.

Les vestiges romains★

Arc de Campanus (C3 B) – Haut de 9 m, il se dressait dans la nécropole, symbolisant le passage dans l'au-delà. Le monument, gravé de dédicaces honorant la mémoire des membres de la *gens* Pompeia, fut érigé par l'un des représentants de cette famille, Lucius Pompeius Campanus.

Les **vestiges des thermes** romains ne donnent qu'une idée imparfaite de la somptuosité des bâtiments d'alors : 24 sortes de marbres, de toutes couleurs, entraient dans les revêtements.

Temple de Diane (C3 K) – Ce monument romain rectangulaire est remarquable par l'appareil de ses murailles, en blocs de pierre de taille posés « à joints vifs », sans mortier, suivant la technique antique. Il abrite aujourd'hui le Musée lapidaire *(voir p. 129)*.

À l'angle du casino, le **Grand Hôtel** (1853) conserve une façade de style néoclassique italien. Il fut le premier palace construit à Aix.

Le casino Grand Cercle★ (C3)

À l'ouest de l'hôtel de ville, par la place du Revard. Il demeure le symbole des fastes de la grande époque de la station. Son corps principal date de 1849, mais les salles qui méritent la visite ont été ouvertes à partir de 1883. Par la variété des couleurs utilisées et la surface occupée, le plafond orné de mosaïques de la **salle de jeu★** (1883) constitue une œuvre de premier ordre. Antonio Salviati a couvert les cinq coupoles de figures allégoriques, de signes du zodiaque et de génies dans les tons rouge et or. Le **théâtre** de style Belle Époque semble conserver intact le souvenir des artistes qui l'ont animé, de Sarah Bernhardt à Luis Mariano.

En sortant du casino, prendre à gauche la rue du Casino jusqu'à la rue Victoria. Possibilité de gagner l'église St-Swithun en descendant (à gauche) la rue Victoria, puis la rue du Temple.

L'**église St-Swithun (C3)**, de culte anglican, fut construite en 1869 grâce aux dons de la colonie britannique. On comptait, en 1884, 3 000 Anglais et 2 000 Américains fréquentant régulièrement la station.

Pour rejoindre l'église Notre-Dame, prendre la rue Dacquin qui part de la rue de Genève.

Église Notre-Dame (C3)

Inaugurée en 1900 alors que la station était à son apogée, l'église est fondée sur un mélange de styles byzantin et roman. Elle abrite dans son chœur douze toiles du 17ᵉ s. représentant les apôtres.

Revenir aux Thermes nationaux et contourner le bâtiment pour emprunter la rue Georges-Iᵉʳ en montée.

La corniche des palaces (C3)

Ce quartier d'Aix, en corniche, bénéficie d'une agréable vue sur la station : il a été très vite le terrain de prédilection des promoteurs de la Belle Époque. C'est l'occasion d'admirer les façades de quelques-uns des prestigieux hôtels. Ils s'appellent **Royal**, **Splendide**, et **Panoramic**, et, en revenant au centre des congrès, vous apercevrez le **Bernascon**. Tous témoignent de l'éclectisme qui fit cohabiter plusieurs styles grâce aux matériaux modernes : fonte, verre, fer habillent de marquises et d'encorbellements des façades ouvragées.

Au-delà sur la route en corniche, on atteint le **château de la Roche-du-Roi** *(voir illustration dans « ABC d'architecture »)*, véritable demeure de conte de fées. On peut aussi l'apercevoir depuis la route d'accès aux thermes de Marlioz.

Visiter

Musée Faure★ (C2)

℘ 04 79 61 06 57 - ♿ - tlj sf mar. et j. fériés : 10h-12h, 13h30-18h - possibilité de visite guidée 1 vend. sur 2 (se renseigner) - fermé lun. (hiver), de fin déc. à déb. janv., j. fériés - 4,40 €

AIX-LES-BAINS

Plage du lac du Bourget.

(– 16 ans gratuit). Le docteur Faure lègue en 1942 une rare collection de peintures et de sculptures où l'**impressionnisme** est particulièrement bien représenté. Exposé dans une agréable villa de style génois, cet ensemble regroupe des toiles de précurseurs connus ou moins connus, tels que Ziem, Monticelli, Corot, Jongkind et Boudin, et des tableaux de Degas. La collection de sculptures est riche en œuvres de Carpeaux et surtout de **Rodin** avec *L'homme qui marche,* d'une grande puissance.

Au dernier étage du musée, à côté de la collection Rodin, ont été réunis les meubles et les objets qui constituaient le décor familier de Lamartine lors de ses séjours à la pension Perrier.

Thermes nationaux et grottes (C3)
Ne se visite pas.

L'établissement, inauguré en 1783, remanié et agrandi au 19e s., a été complété par les Nouveaux Thermes bâtis en 1934, eux-mêmes agrandis et modernisés en 1972. Il faut sortir de l'établissement pour gagner les **grottes**, où l'on accède par une galerie longue de 98 m ; l'une des sources sulfureuses d'Aix, désormais captée, se voit à l'entrée de cette suite de cavités calcaires qu'elle emplissait autrefois. On se rend aussi dans les Anciens Thermes, vaste salle où subsistent les **vestiges romains** d'un *caldarium* (bain chaud) en brique et d'une piscine circulaire.

Musée lapidaire (C3 M)
Accès par l'office de tourisme. ☎ 04 79 88 68 00 - *accessible pdt les visites guidées de l'Aix gallo-romaine organisées par l'office de tourisme, jeu. ts les 15 j. - 5 €.*

Intéressante présentation, dans la salle principale du temple dit « de Diane », de fragments lapidaires, céramiques, verreries, monnaies ainsi qu'une superbe baignoire en marbre, le tout datant de l'époque gallo-romaine. Ne manquez pas le très beau torse d'homme, appartenant a priori à la statue d'un empereur.

Hôtel de ville (C3)
Ce château moyenâgeux des marquis de Seyssel (reconstruit au 16e s.) donne au quartier thermal son cachet savoyard. Dans le hall, admirez l'élégant **escalier**★ construit, à l'époque de la première Renaissance, avec les pierres de monuments romains voisins.

Aux alentours

Lac du Bourget★★ *(voir ce nom)*

Abbaye de Hautecombe★★ *(voir ce nom)*
Un service de bateau relie le Grand Port à l'abbaye de Hautecombe. On peut aussi y accéder en voiture en faisant le tour du lac.

Circuit de La Chambotte★★
36 km – environ 2h30 – quitter Aix par la D 1201 vers le nord. À La Biolle, au sommet d'une forte montée, tourner à gauche dans la D 991^B. À St-Germain, prendre à gauche. Au village de La Chambotte, aussitôt après une chapelle, tourner à gauche.

DÉCOUVRIR LES SITES

Vue du restaurant de La Chambotte★ – Des terrasses, on a une excellente **vue** sur le lac du Bourget, ses montagnes bordières et, au loin, les massifs d'Allevard, de la Chartreuse et du Jura méridional (Grand Colombier).

Revenir au village de La Chambotte. Reprendre à gauche la D 991B (route de Ruffieux par Chaudieu). De Chaudieu, rentrer à Aix par la route du bord du lac.

Panorama du mont Revard★★★

On accède au mont Revard à de magnifiques **vues plongeantes★★** sur le lac du Bourget et l'agglomération aixoise, et à un beau point de vue sur le mont Blanc.

Le mont Revard – alt. 1 537 m –, dont les escarpements barrent longuement l'horizon d'Aix-les-Bains et de son lac, constitue géographiquement le dernier bastion des Bauges, à l'ouest. L'intérêt du **panorama★★★** depuis le téléphérique réside dans deux points de vue privilégiés. Vers l'ouest, on a une vue aérienne sur le lac du Bourget, la dent du Chat – dans l'axe du col du Chat, remarquez le ruban scintillant du Rhône. Vers l'est, le massif du Mont-Blanc fait son apparition derrière une série de plans boisés et montagneux.

Les automobilistes peuvent, en suivant la route desservant la station du Revard, pousser jusqu'à l'ancienne gare du téléphérique. Jusqu'à Trévignin, on voit bien le cadre de la station d'Aix-les-Bains, isolée en partie du lac par la colline de Tresserve. Entre Trévignin et le col de la Cluse, la route emprunte un passage en corniche, à la sortie du haut vallon du Sierroz.

Aix-les-Bains pratique

Adresse utile

Office de tourisme – Pl. Maurice-Mollard - 73100 Aix-les-Bains - ☎ 04 79 88 68 00 - www.aixlesbains.com - juin-août 9h-18h30 ; avr.-mai et sept. 9h-12h, 14h-18h, dim. 10h-18h30 ; oct. et fév.-mars : tlj sf dim. et j. fériés 9h-12h, 14h-17h ; reste de l'année : tlj sf dim. et j. fériés 9h-12h, 14h-17h30.
Bureau au Grand Port : ☎ 04 79 34 15 80 - mai-sept. : 10h-12h30, 14h-18h30.

Visites

Au fil de l'eau – Les guides du patrimoine organisent des visites thématiques de la station (thermes, casino, anciens palaces, sous le signe de Lamartine, etc.) - *renseignements à l'office de tourisme.*

Se loger

⇨ **Hôtel Beaulieu** – 29 av. Charles-de-Gaulle - ☎ 04 79 35 01 02 - www.hotel-beaulieu.fr - fermé 2 Nov.-1er avr. - 30 ch. 42/52 € - ⚏ 6 € - restaurant 16 €. Façade centenaire abritant des chambres souvent anciennes, mais bien tenues et équipées d'un mobilier coloré ; certaines ont bénéficié d'un rafraîchissement. Agréable terrasse d'été dressée dans un jardin arboré ou salle de restaurant sous une verrière.

⇨⇨ **Auberge St-Simond** – 130 av. St-Simond - ☎ 04 79 88 35 02 - www.saintsimond.com - fermé 1er-10 nov., 20 déc.-25 janv., lun midi oct.-30 avr. et dim. soir. - ℙ - 24 ch. 58/75 € - ⚏ 10 € - rest. 25/38 €. Auberge appréciée pour son ambiance conviviale, ses chambres personnalisées bien tenues et son jardin doté d'une jolie piscine d'été. Cuisine de tradition. Terrasse à la belle saison.

⇨⇨ **Hôtel Palais des Fleurs** – 17 r. Isaline - ☎ 04 79 88 35 08 - www.hotelpalaisdesfleurs.com - fermé 10 nov.-31 janv. - ℙ - 42 ch. 63/79 € - ⚏ 9 € – rest. 19/24 €. Touristes, curistes et hommes d'affaires apprécient le calme de cet hôtel situé dans un quartier résidentiel. Les chambres sont sobrement aménagées, mais de bonne ampleur et parfois dotées d'un balcon. Détente assurée grâce à la piscine chauffée toute l'année et au centre de remise en forme.

⇨⇨⇨ **Hôtel Astoria** – Pl. des Thermes - ☎ 04 79 35 12 28 - www.hotelastoria.fr - fermé 25 nov.-9 janv. - 94 ch. 85/104 € - ⚏ 12 € – rest. 24 €. En face des thermes, ce palace Belle Époque superbement restauré témoigne des fastes anciens d'Aix-les-Bains. Vous admirerez son atrium qui ouvre sur six étages de chambres spacieuses et confortables, le restaurant avec sa mezzanine et les superbes salons. Menu unique pour les pensionnaires.

⇨⇨⇨ **Hôtel Le Manoir** – 37 r. Georges-Ier - ☎ 04 79 61 44 00 - www.hotel-lemanoir.com - fermé 18-28 déc. - ℙ - 73 ch. 98/168 € - ⚏ 13 € – rest. 29/68 €. Sur les hauteurs d'Aix-les-Bains, vous serez séduit par le calme de ce manoir entouré d'un joli jardin arboré et fleuri. Le charme est total quand, dès les premiers rayons du soleil, on profite de sa terrasse. Chambres douillettes et personnalisées. Salon « cosy ». Sauna, hammam, piscine et espace forme.

Se restaurer

⇨ **Brasserie de la Poste** – 32 av. Victoria - ☎ 04 79 35 00 65 - fermé dim. soir, lun. et 3 dernières sem. en juil. - formule déj. 11,50 € - 11,50/29 €. Ambiance très animée dans cette brasserie fréquentée par de nombreux habitués. La partie véranda

AIX-LES-BAINS

s'ouvre sur la rue et la salle à manger principale est égayée par des maquettes de bateaux. Les suggestions du jour annoncées sur ardoise complètent judicieusement les menus.

😊😊 **Les Platanes** – *Au petit port - ℘ 04 79 61 40 54 - www.espacepetitport.com - fermé nov.-janv. - formule déj. 10 € - 20/45 € - 14 ch. 45/53 € - ☐ 8 €.* Proche du lac, voici le fief d'un fou de jazz ! Vous aurez peut-être la chance de dîner au rythme des concerts du vendredi ou du samedi en dégustant les spécialités : poissons du lac (lavaret, omble chevalier) ou cuisses de grenouilles fraîches. Aux beaux jours, terrasse ombragée de platanes.

😊😊 **Auberge du Pont Rouge** – *151 av. du Grand-Port - ℘ 04 79 63 43 90 - fermé 1er-12 août, dim. soir, lun. midi en hiver, lun. soir et merc. soir - 20/32 €.* Délaissez le cœur de la station pour cette discrète maison bénéficiant d'une salle à manger joliment rénovée, dans un esprit contemporain, et d'une terrasse ombragée. Spécialités du Sud-Ouest et poissons du lac. Ambiance conviviale.

En soirée

Casino Grand Cercle – *200 r. du Casino - ℘ 04 79 35 16 16 - www.casinograndcercle.com - dim.-jeu. 11h-3h, vend.-sam. et j. fériés 11h-4h.* Ce joyau de l'architecture thermale du 19e s. a conservé ses somptueux décors d'époque et le théâtre à l'italienne. Jeux de roulette, black-jack, stud poker, boule et 175 machines à sous. Pub irlandais, piano-bar, restaurants, discothèque et thé dansant en plein air.

Colisée – *200 r. du Casino - ℘ 04 79 35 16 16 - www.casinograndcercle.com - 19h-2h (dim. 16h).* Atmosphère raffinée et décor inspiré des années 1930 dans ce piano-bar situé à l'intérieur du casino d'Aix-les-Bains.

Que rapporter

Les Artisanales – *Quai Jean-Baptiste-Charcot - mai-sept. : merc. 15h-19h.* Des artisans et producteurs locaux exposent et vendent leurs produits : charcuterie, fromages, maroquinerie, objets et ustensiles en bois…

J.-P. Savioz – *37 av. du Grand-Port - ℘ 04 79 35 40 02 - tlj sf lun. 9h30-12h30, 15h-19h - fermé 15 sept.-1er oct. et dim. apr.-midi en juil.-août.* Depuis plus de 30 ans, M. Savioz élabore des douceurs appréciées des gourmets aixois et récompensées au championnat du monde des chocolatiers en 1993. Pâtisseries, glaces et chocolats sont fabriqués dans la plus pure tradition. Quant à Chantal Savioz, créatrice en présentation de dragées, elle a été sacrée championne de France de cette spécialité.

La Royale – *2 r. Albert-1er - ℘ 04 79 35 08 84 - 9h-12h00, 14h30h-19h, dim. 10h-12h30 - fermé 1er-15 fév. et 1er-15 juil.* Ce confiseur chocolatier propose différentes spécialités maison : les Grêlons de la Dent du Chat, les Glaçons du Revard, les Roseaux du Lac, les Perles du Lac, la Bûche des Bauges, les Noix de Savoie ainsi que des pâtes d'amandes et des pâtes de fruits.

Une des cinq coupoles du casino, ornée de mosaïques.

Sports & Loisirs

👁 **Bon à savoir** - Aix-les-Bains compte 3 plages, dont une gérée par la municipalité et pourvue d'un centre nautique riche d'une gamme complète d'activités. Les 2 autres (Aix-Memars et Aix-Rowing) assurent une baignade surveillée en saison, ainsi qu'un service de restauration à proximité. Pique-nique autorisé.

Croisières sur le lac – *Compagnie des bateaux du lac du Bourget et du Haut-Rhône - le Grand Port - ℘ 04 79 63 45 00 - www.gwel.com.* Croisières d'une heure ou à la journée complète sur le lac du Bourget, le canal de Savières et le Haut-Rhône, avec ou sans restauration à bord. Croisières dégustations et cocktail ou séminaire.

Événement

Lac en fête – Une messe, des minicroisières, des animations diverses attendent les amoureux du lac durant une journée entière. Tout est gratuit. Cela se passe chaque année le dimanche à la fin juillet au Petit Port (liaison par navette assurée avec le centre-ville).

DÉCOUVRIR LES SITES

Albertville

17340 ALBERTVILLOIS
CARTE GÉNÉRALE C3 – CARTE MICHELIN DÉPARTEMENTS 333 L3 –
SCHÉMA P. 178 – SAVOIE (73)

Au carrefour des vallées alpines de la Tarentaise, du Beaufortain et du val d'Arly, la cité des Jeux olympiques d'hiver de 1992 clôture la vasque de la Combe de Savoie. Largement étirée jusque sur les contreforts du massif des Bauges à l'ouest, la ville neuve rejoint le parc olympique quand le quartier du 18e s. aligne ses rues rectilignes teintées de couleurs sardes aux abords de l'église. Mais il faut lever les yeux pour découvrir, de l'autre côté de l'Isère, la belle cité médiévale de Conflans.

- **Se repérer** – À 50 km au nord-est de Chambéry (A 430), Albertville est le passage obligé pour qui veut gagner le massif du Mont-Blanc comme la Tarentaise.
- **Organiser son temps** – Goûtez à l'atmosphère médiévale de Conflans en soirée.
- **Avec les enfants** – Le sentier thématique des Pointières.
- **Pour poursuivre la visite** – Voir aussi Beaufort, Moûtiers, St-Pierre-d'Albigny.

Découvrir

LA CITÉ OLYMPIQUE

Au carrefour des voies d'accès aux principales stations choisies pour les compétitions, c'est grâce à cette situation géographique privilégiée qu'Albertville a été choisie pour accueillir les cérémonies d'ouverture et de clôture des XVIes Jeux olympiques d'hiver en 1992. On se souvient de l'univers poétique des petites pièces montées orchestrées par Philippe Découflé et des costumes extravagants de Philippe Guillottel. Le théâtre des cérémonies a laissé place au parc olympique du Sauvay où un aménagement paysager symbolise l'emplacement des gradins. La flamme brûle encore lors des grands événements sportifs.

Halle olympique

Devenue le « Centre national de formation et d'entraînement des équipes de France des sports de glace », c'est également une patinoire publique.
Le mur d'escalade, qui s'adresse à tous, est l'une des plus grandes structures artificielles d'escalade en Europe.

Anneau de vitesse

Reconverti en stade omnisports, il reçoit les rencontres régionales.

Maison des XVIes Jeux olympiques

04 79 37 75 71 - ൠ - juil.-août : 9h30-19h, dim. et j. fériés 14h-19h ; reste de l'année : tlj sf dim. et j. fériés 9h30-12h30, 14h-18h - 3 € (–16 ans gratuit).
Nostalgiques ou curieux, retrouvez ici, grâce à l'exposition des costumes des cérémonies et des projections vidéo des principaux exploits, l'ambiance des Jeux de 1992, où, du 8 au 23 février, 64 délégations participèrent à l'idéal olympique. La Maison est aussi lieu de mémoire de l'olympisme, et accueille des expositions temporaires originales. Elle détaille également les différentes étapes qui ont marqué les sports d'hiver et l'équipement de la montagne.

Le saviez-vous ?

- Le faubourg de **l'Hôpital**, situé dans la plaine, dépendait de la cité médiévale de Conflans ; leur union fut décidée en 1836. L'endiguement de l'Arly marque alors le début du développement d'Albertville ainsi nommée en hommage à son souverain, roi de Piémont-Sardaine, Charles-Albert. L'industrie papetière, l'hydroélectricité et les tanneries s'installèrent pour un siècle sur les rives de ces cours d'eau.
- Grâce à Albertville, organisatrice des cérémonies des XVIes Jeux olympiques d'hiver en 1992, les Alpes françaises ont été, pour la troisième fois depuis 1924, les hôtes des manifestations olympiques hivernales.

ALBERTVILLE

Le Dôme - Place de l'Europe
Le nouveau centre culturel, œuvre de l'architecte Jean-Jacques Moisseau, se compose de trois ensembles : le Dôme théâtre, de conception architecturale originale, le Dôme médiathèque, et le Dôme cinéma offrant 260 places face à un écran panoramique.

Visiter

CONFLANS★
Visite : 45mn. On atteint Conflans par le pont des Adoubes et la montée Adolphe-Hugues (laisser la voiture au parc de stationnement, à droite) ; continuer à pied. La cité qui doit son nom à la confluence de l'Isère et de l'Arly a connu la prospérité dès l'époque romaine grâce aux échanges commerciaux entre Milan et Lyon ou Vienne. Elle s'est surtout développée à partir du 14ᵉ s. avec le soutien des comtes de Savoie.

Cité médiévale de Conflans.

Château Manuel de Locatel
Fermé pour travaux (se renseigner à l'office du tourisme d'Albertville).
Du 16ᵉ s., il est bâti sur le versant abrupt de la colline qui donne sur la ville neuve d'Albertville. À l'intérieur, on remarque un très beau plafond peint, œuvre d'un artiste italien du 17ᵉ s.
Avant de franchir l'enceinte, à la **porte de Savoie**, admirez la jolie **perspective**★ sur le bâtiment en éperon, dominé par la svelte tour Ramus, et sur une charmante fontaine, contemporaine d'une brève « occupation » française (1702-1713).

Rue Gabriel-Pérouse
Le long de l'ancienne « Grande-Rue », les échoppes médiévales ont conservé leur disposition d'origine et sont occupées par des artisans aux belles enseignes en fer forgé.
Prendre à gauche la montée puis les escaliers conduisant à l'église.

Église
Remarquable par son style homogène du 18ᵉ s., elle se compose d'une nef-halle de quatre travées et d'un chœur droit. Observez la **chaire**, d'un travail soigné, réalisée en 1718 par Jacques Clérant. En mouvement, assis ou debout, les Évangélistes et deux adolescents semblent animés et singulièrement humains.
Revenir rue Gabriel-Pérouse, pour parvenir à la Grande-Place.

Grande-Place★
Très fleurie et ornée de la gracieuse fontaine quadrilobée de Garella (18ᵉ s.), la place est dominée par l'imposante Maison Rouge et se termine en pointe sur une galerie d'art.

Maison Rouge
☏ 04 79 37 86 86 - juin-sept. : 10h-12h, 14h-19h ; reste de l'année : 14h-18h - possibilité de visite guidée juil.-août 10h30, 14h30, 16h30 - fermé 1ᵉʳ janv., 1ᵉʳ Mai, 24, 25 et 31 déc. - 2,50 € (-18 ans gratuit).

DÉCOUVRIR LES SITES

Cet édifice en brique du 14ᵉ s. rappelle par son style le Piémont voisin. Après avoir hébergé des moines et des militaires, il abrite aujourd'hui le **musée d'Art et d'Histoire** : objets antiques provenant de la fouille de Gilly-sur-Isère, intérieurs savoyards, meubles régionaux, outils et ustensiles anciens, costumes et vieux skis constituent une collection ethnographique intéressante sur le monde savoyard.

La Grande Roche
Surveillée par la tour Sarrasine (12ᵉ s.), la terrasse de la Grande Roche, plantée de tilleuls séculaires, domine la Combe de Savoie. À l'horizon, les longues barres rocheuses de l'Alpette et du Granier (massif de la Chartreuse) paraissent la fermer.
Avant de revenir à la voiture, gagnez la **porte Tarine** (14ᵉ s.) qui contrôlait la route de la Tarentaise.

Circuits de découverte

ROUTE DU FORT DU MONT★★
29 km – environ 1h30. Partir de la porte de Savoie à Conflans. Emprunter la D 105, en montée ininterrompue (risques d'enneigement de déc. à avr.).
Après une série de lacets rapprochés, le regard plonge sur les vallées confluentes de l'Arly et du Doron de Beaufort. Par la trouée de l'Arly apparaît le bassin d'Ugine au pied de la pyramide du mont Charvin. Plus haut, un large virage à gauche, immédiatement en contrebas du fort du Mont, constitue un bon **belvédère** sur la basse Tarentaise, étranglée par les « verrous » de Feissons et d'Aigueblanche.
Dépassant le fort du Mont, pousser jusqu'au deuxième lacet *(lacet à gauche à hauteur de deux chalets – alt. 1 120 m)*, surplombant le joli replat de pâturages du Mont. Cette route offre, depuis un plateau d'alpage, au lieu-dit les Croix, un panorama superbe sur l'ensemble du massif du Mont-Blanc. La **vue**★★ s'étend à toute la Combe de Savoie parcourue par l'Isère. Au sud-ouest, l'horizon est barré par le rempart de la Chartreuse s'alignant de la dent de Crolles, à gauche, au Granier, à droite. À droite de la dent de Cons, isolée entre le bassin d'Ugine et la dépression du col de Tamié, se découvrent les crêtes de la Tournette.
Revenir par la route forestière, que l'on prend à gauche vers Molliessoulaz. Prendre alors la direction de Marolland, puis des Pointières.
Un peu avant les **Pointières**, au niveau d'une chapelle, commence un intéressant **sentier thématique** (1h30) qui retrace la vie dans la montagne avant l'exode rural. Il est facile et accessible à toute la famille.
Rejoindre la D 105 pour revenir sur Albertville.

ROUTE DU COL DE TAMIÉ
D'Albertville au col de Tamié 30 km – 2h environ. Prendre la D 104 en direction de Faverges. La route s'élève en lacet jusqu'au col de Ramaz procurant de belles échappées sur la Combe de Savoie. Au col de Ramaz prendre la première route à droite signalée « Plateau des Teppes ».

Plateau des Teppes★
Le chemin, en montée, dessert d'abord le hameau de la Ramaz – qu'on laisse à gauche –, puis offre bientôt un bon aperçu sur le site de l'abbaye de Tamié. *Laisser la voiture au deuxième lacet et prendre à droite un chemin herbeux (15mn à pied AR).*
À la sortie d'un petit bois, suivre la lisière à droite pour gravir un mamelon d'où l'on a une bonne **vue**★ sur le bassin d'Albertville.
Revenir au col de Ramaz, et poursuivre vers le col de Tamié.
Juste avant le col, en contrebas du **fort de Tamié**, qui fut construit par l'Armée française en 1876, **vue**★ étendue sur le bassin d'Albertville bien matérialisé par le confluent de l'Isère et de l'Arly. Un sentier botanique et une table d'orientation sont à la disposition du public dans l'enceinte des fortifications. ✆ 04 79 31 37 50 - www.fortdetamie.com - ♿ - de fin mai à mi-sept. : 10h-19h - 2,70 € (– 12 ans gratuit).
En aval du col, à gauche, se distinguent les bâtiments de l'abbaye de Tamié.

Abbaye de Tamié
Plancherine - 73200 Albertville - www.abbaye-tamie.com - ♿ - seule l'église se visite - possibilité d'assister aux offices chantés en français - présentation audiovisuelle évoquant la vie du monastère dans le bâtiment posté à l'entrée du parking - boutique 10h-12h, 14h30-18h, dim. 14h30-18h.
L'abbaye n'est visible qu'après quelques minutes de marche. Fondée en 1132 par saint Pierre de Tarentaise, elle rejoint l'ordre trappiste au 17ᵉ s., époque où est construit le

ALBERTVILLE

monastère que l'on aperçoit derrière de hautes murailles. Abandonnée de la Révolution à 1860, elle abrite aujourd'hui une communauté de 30 moines cisterciens. L'église tout entière élevée dans une pierre grise assez uniforme se distingue par sa parfaite simplicité. À l'intérieur, de sobres vitraux, une fine tribune d'orgue et les stalles composent un mobilier résolument moderne. Les moines fabriquent et vendent un fromage au lait de vache cru et entier, à pâte molle, le **tamié**.

De là, vous pouvez poursuivre la descente vers **Faverges** par la D 201. La route contourne en partie la montagne de la Sambuy *(décrit dans l'itinéraire aux environs du lac d'Annecy)*.

Albertville pratique

Adresse utile

Office de tourisme – *Pl. de l'Europe - 73204 Albertville -* ☎ *04 79 32 04 22 - www.albertville.com - juil.-août : 9h-18h30 - reste de l'année : 9h-12h, 14h-18h - fermé dim. et j. fériés.*

Visite

La taillanderie Busillet à Marthod – *7 km au N d'Albertville -* ☎ *04 79 37 62 07 (mairie) - du 4ᵉ dim. de juin au 1ᵉʳ dim. de sept. : jeu., vend., dim. et j. fériés 14h-17h - pour les démonstrations, se renseigner.* Cet atelier où trois générations de forgerons se sont succédé est encore équipé à l'ancienne : turbine pour actionner les martinets, meule à aiguiser, etc. En sortent pics à bois ou saies, haches, goyets, linguelles, écorçoirs, clous forgés, bigards…

Place de l'Europe à Albertville.

Se loger

⊖⊖ **Hôtel Albert Iᵉʳ** – *38 av. Victor-Hugo -* ☎ *04 79 37 77 33 - www.albert1er.fr - 16 ch. 76/83 € -* ⊇ *6 € - rest. 12,50 €.* À côté de la gare, petit immeuble (19ᵉ s.) rénové vous logeant dans des chambres douillettes. Les meilleures sont les plus récentes. Davantage de calme à l'arrière. Bistrot moderne avec véranda et terrasse-trottoir ; cuisine de brasserie à séquences savoyardes.

⊖ **Chambre d'hôte La Grange aux Loups** – *Le Villaret - 73720 Queige - 8 km au nord-est d'Albertville, dir. Beaufortain, à gauche dir. Césarches-le-Villaret et à dr. le Villaret (col de la Forclaz) -* ☎ *04 79 38 08 32 - www.grangeauxloups.com - fermé oct.-nov. -* ⊄ *- 5 ch. 46/54 € -* ⊇ *- repas 17 €.* Cette accueillante ferme de 1792 maintes fois restaurée, entourée de 6 ha de prés et de forêt, s'offre à ceux qui recherchent le calme, le grand air et la nature préservée, mais si l'envie de bouger se fait sentir, de ponts de singe en tyroliennes, vous profiterez du parcours aventure installé dans la forêt. Vastes chambres, souvent lambrissées, décorées avec goût. Le salon ménage une jolie échappée sur le mont Blanc.

Se restaurer

⊖ **Le Ligismond** – *17 pl. de Conflans -* ☎ *04 79 37 71 29 - fermé 1 sem. au printemps, vac. de Toussaint et vac. de Noël - 15 € déj. - formule déj. 12 € - 12/33 €.* Ce confortable restaurant possède deux atouts majeurs : sa situation au cœur de la vieille ville et sa nouvelle terrasse abritée sous une pergola abondamment fleurie. Intérieur feutré. Cuisine traditionnelle.

Que rapporter

La Coop – *138 r. Suarez -* ☎ *04 79 32 87 42 - mar.-merc. 17h-19h, vend. 16h-19h30, sam. 9h30-12h30, 14h30-19h (de déb. juil. à déb. sept. 9h30-12h30, 16h-20h).* La Coop a été créée il y a une vingtaine d'années par des producteurs locaux désireux de développer la vente directe au consommateur. Ils sont aujourd'hui une dizaine à proposer miels, vins, pain semi-complet, fromages, produits laitiers, jus de fruits, confitures, plats cuisinés végétariens, légumes et fruits « bio ».

Événement

Le Grand Bivouac – ☎ *04 79 32 48 64 - www.grandbivouac.com.* Festival des voyages organisé dans toute la ville (rencontres, conférences, expositions…). Il se déroule chaque année, fin oct.

135

DÉCOUVRIR LES SITES

Allevard

3 081 ALLEVARDINS
CARTE GÉNÉRALE B4 – CARTE MICHELIN DÉPARTEMENTS 333 J5 –
SCHÉMA P. 294 – ISÈRE (38)

C'est un tremblement de terre qui a révélé en 1791 « l'eau noire » d'Allevard dont les qualités thérapeutiques ont rapidement été reconnues. Après avoir longtemps vécu de son riche minerai de fer, la station est le point de départ de multiples excursions vers les hautes crêtes rocheuses du massif d'Allevard, dont le point culminant est le puy Gris à 2 908 m, prolongement nord de la chaîne de Belledonne.

- **Se repérer** – À 475 m d'altitude, Allevard se situe à mi-chemin entre Grenoble et Chambéry. De l'A 41 qui relie ces deux villes, prendre la sortie n° 23. La D 29, puis la D 525 conduisent à la station.
- **À ne pas manquer** – La haute vallée du Bréda et ses randonnées.
- **Avec les enfants** – Le festival « Pierrot Gourmand ».
- **Pour poursuivre la visite** – Voir aussi le Grésivaudan, Chambéry, Grenoble.

Comprendre

La chaîne de Belledonne – Élément de l'axe central des massifs cristallins alpins, la chaîne domine la vallée de l'Isère. Culminant au rocher Blanc (2 928 m), elle ne possède que deux glaciers. Au sud du col des Sept-Laux, le massif de Belledonne offre un majestueux fond de tableau au panorama de Grenoble. Au nord du col s'étend le massif des Sept-Laux dont le nom provient des sept lacs qui alimentent le Bréda. D'Allevard à St-Martin-d'Uriage, la route des balcons de Belledonne offre de très beaux panoramas sur la vallée du Grésivaudan, les sommets de Belledonne et de la Chartreuse (voir circuit [2] du Grésivaudan).

L'installation humaine – Elle débute au Moyen Âge, mais très vite le massif verdoyant et accueillant se couvre de maisons fortes, de châteaux et de villages. Dès le 11e s., les richesses du massif sont exploitées : eau, minerai, bois, etc. Son histoire a quelque ressemblance avec celle du vallon des Hurtières (voir Aiguebelle). À Theys et Lancey, vous trouverez également des traces de cette aventure commune.

Découvrir

UNE VILLE DE RESSOURCES : FER ET EAUX THERMALES

Église Saint-Marcel – Dans cette église de style gothique du 19e s., l'autel dédié à saint Éloi a été réalisé en 1865 aux Forges d'Allevard. Remarquez les décors symbolisant la métallurgie et l'activité minière. Le chœur abrite des peintures contemporaines sur le thème de l'eau dans la Bible.

Musée Jadis Allevard – ✆ 04 76 45 16 40 - www.musee-jadis-allevard.fr - de mi-juin à mi-sept. : 10h-12h, 15h-18h ; de déb. mai à mi-juin et de mi-sept. à fin oct. : tlj sf sam. 14h-18h ; vac. de Noël et vac. de fév. : se renseigner - 2 € (– 12 ans gratuit).

Installé dans l'ancienne Maison des forges, ce musée retrace l'histoire du pays d'Allevard à travers ses activités liées à l'exploitation de son fer, puis de ses eaux thermales et enfin de sa neige. Ses collections sont riches en objets, tableaux, gravures et photographies.

Station thermale – Centre de randonnée, Allevard est aussi fréquentée comme station de cure thermale depuis 1836. Les eaux, très riches en hydrogène sulfuré et en acide carbonique à l'état libre, s'inhalent et traitent notamment les affections des voies respiratoires. Parmi les nombreux curistes ayant séjourné dans la commune figure Alphonse Daudet qui en a vanté les attraits dans son roman *Numa Roumestan*.

Sous les flocons – Le centre de sports d'hiver du Collet-d'Allevard (alt. 1 450 m-2 100 m) accueille les amateurs de ski alpin et de balades en raquettes.

Circuits de découverte

LE COLLET-D'ALLEVARD★★ [1]

11 km – environ 30mn. Quitter Allevard à l'est par la D 525A, route du Fond-de-France. Après 1 400 m, prendre à gauche la D 109 jusqu'au Collet.

De lacet en lacet, cette route ménage des échappées de plus en plus étendues, d'abord sur le site d'Allevard, puis sur les vallons du Veyton et du Gleyzin, séparés par une crête détachée du pic de Gleyzin.

ALLEVARD

Le chörten du centre Karma Ling, parc de la chartreuse de St-Hugon.

Le couloir du haut Bréda se découvre, à son tour, jusqu'aux cimes du massif des Sept-Laux qui le ferment.

La route, sortant de la forêt de sapins, arrive au **Collet-d'Allevard**. Du sud-ouest au nord-est, suivez le guide : les crêtes du Vercors, le rempart est de la Chartreuse, aligné de la dent de Crolles au Granier, au-dessus du plateau des Petites Roches et du Grésivaudan, la cluse de Chambéry, le massif des Bauges, la Combe de Savoie et la vallée des Huiles.

Pour profiter d'un tour d'horizon mieux dégagé, gagner à 4 km, Super Collet (1 620 m) – au sommet (alt. 2 063 m) : table d'orientation. *En hiver et juil.-août, prendre le télésiège des Plagnes.*

CHARTREUSE DE ST-HUGON [2]

8,5 km, puis 1h à pied AR. Quitter Allevard au nord par la D 525 et prendre aussitôt à droite la D 209. Immédiatement après le pont du Buisson, prendre une route à droite. À 6,5 km, on laisse à droite la D 109[A]. Laisser la voiture à la maison forestière de St-Hugon.

1h AR à pied. Poursuivre sur la route forestière qui prolonge la D 209[B]. 1 500 m plus loin, à hauteur d'une baraque de tôle ondulée visible en contrebas, prendre à gauche le sentier (prévoir des bottes à la saison des pluies ou pendant la fonte des neiges) qui descend vers le pont Sarret. Traverser le pont et prendre le chemin en descente, au-dessus de la rive droite du Bens.

Chartreuse de St-Hugon

04 79 25 78 00 - visite guidée (1h) juil.-août : 16h ; reste de l'année : dim. et j. fériés 16h - possibilité de visite découverte d'introduction à la voie du bouddha (+ repas sur réserv.) de mi-avr. à déb. nov. : jeu. 14h-17h - fermé déc.-mars - 3 € (– 14 ans gratuit) ; 8 € visite découverte.

De la chartreuse, fondée au 12e s., subsiste un bâtiment du 17e s. Remarquez la belle porte monumentale à fronton brisé surmontée d'une imposte en fer forgé. Le centre bouddhiste Karma Ling, le plus important d'Europe, s'y est installé en 1982. Vous pourrez notamment y voir un chörten, monument religieux bouddhiste.
Suivre le chemin jusqu'à une fourche et tourner à gauche.

Le pont du Diable

Vieux de trois siècles, il formait autrefois un pont aérien entre la France et la Savoie. Il domine le Bens d'une trentaine de mètres.
Après avoir traversé le pont, on rejoint la route et, à droite, la maison forestière.

VALLÉE DES HUILES★ [3]

Circuit de 50 km – environ 2h30. Quitter Allevard au nord par la D 525 puis la D 925 vers Albertville. Prendre à droite en direction de La Rochette.

La Rochette

Les cartonneries « Cascades La Rochette » de ce bourg à la fois industriel et touristique comptent parmi les plus importantes d'Europe.
Quitter La Rochette à l'est par la route d'Étable.

DÉCOUVRIR LES SITES

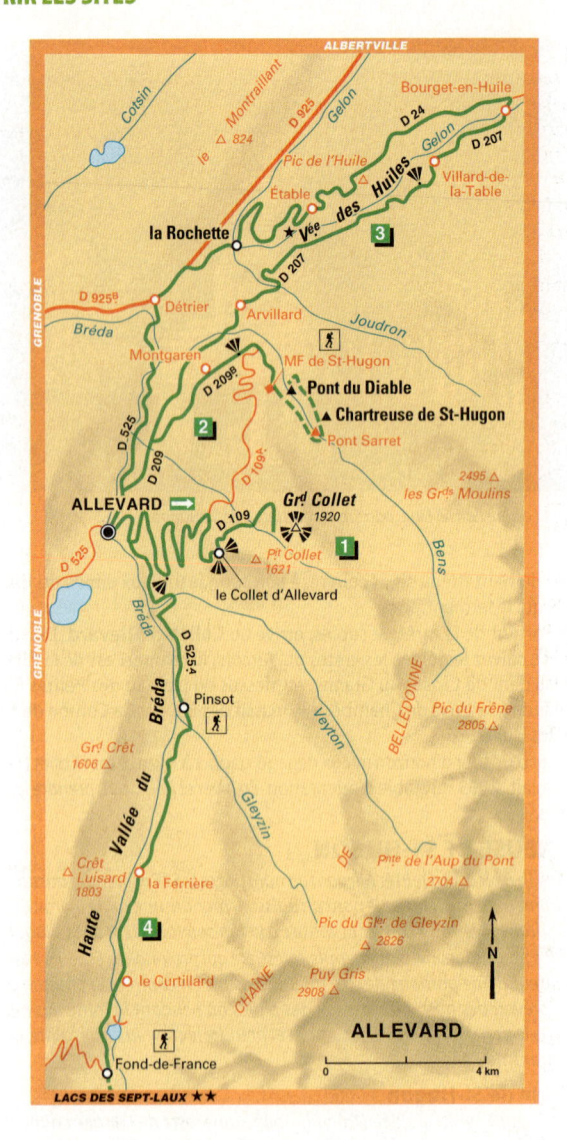

La route s'élève dans la haute vallée du Gelon, dite « **vallée des Huiles** » : cette appellation est une déformation d'« ullie » ou « œille », aiguille, et désigne l'éperon rocheux qui se dresse au bout de cette vallée.
Continuer sur la D 24 en direction de Bourget-en-Huile, où l'on prend la D 207 vers Allevard.
La route sinue sur un versant dont les cultures contrastent avec la sombre parure forestière du flanc opposé. 500 m après Villard-de-la-Table, un virage ouvre une jolie perspective sur le bassin de La Rochette et la trouée du bas Bréda débouchant dans le Grésivaudan, au pied des murailles du Granier.
Des sous-bois on passe aux prairies plantées de noyers ou de châtaigniers, parfois superbes. Les maisons d'Arvillard apparaissent, joliment groupées.
D'Arvillard, la D 209 ramène à Allevard.

HAUTE VALLÉE DU BRÉDA 4

17 km – environ 30mn. Suivre la D 525A jusqu'à Fond-de-France.
Cette voie de pénétration du massif des Sept-Laux possède des sites très reposants, traditionnellement appréciés par les curistes d'Allevard.

ALLEVARD

Pinsot
7 km au sud sur la D 525[A]. La **Maison des forges et moulins** est une reconstitution d'une taillanderie dans un authentique moulin du 18e s. Sa visite permet de découvrir les traces de l'industrie du fer, avec des expositions d'outils, des **démonstrations★** de matériel (martinets, forge, presse à emboutir). ☏ *04 76 13 53 59 - visite guidée (1h) juil.-août : 10h30, 14h, 15h30, 17h ; mai-juin et sept. : 15h, 16h30 - fermé lun. et mar. - 5 € (7-12 ans 2,50 €).*

Le **sentier du Fer** *(2h, dénivelée : 140 m)* complète cette découverte à travers un parcours documenté, dans un site très riche en vestiges.

En continuant sur la départementale, **Fond-de-France** (alt. 1 100 m) est un excellent point de départ de promenades en montagne.

Randonnée Lacs des Sept-Laux★★
Laisser la voiture à Fond-de-France devant le chalet-hôtel des Sept-Laux, dans un lacet tournant sur la droite. Randonnée pour marcheurs endurants : 3h45 de montée. *Dénivelée : 1 150 m. Chaussures de montagne recommandées.* La plupart de l'itinéraire se fait en forêt *(suivre le balisage jaune, puis jaune et rouge).* À mi-parcours, prendre à gauche le sentier des Deux Ruisseaux. En 2h30 de marche, on parvient au lac Noir, à partir duquel la randonnée devient facile. Les superbes et longues nappes d'eau des **lacs glaciaires Carré**, de la **Motte**, de **Cottepens** et du **Cos★★** se succèdent.

Longer le barrage du lac de Cottepens, par la gauche, en direction du col des Sept-Laux, puis prendre à gauche vers le lac Blanc *(se repérer dans un lacet au balisage jaune, jaune et rouge peint sur un rocher).* Remarquable point de vue sur les Sept-Laux, à l'ouest sur le pic des Cabottes, au nord sur la Chartreuse et les Bauges, à l'est sur les crêtes du Mouchillon et enfin, derrière le lac, les rochers Badon, Blanc et la Pyramide. Au sud, au-delà du col des Sept-Laux, vue sur une partie de la vallée de l'Eau-d'Olle.

6 km après Fond-de-France, la route se termine au **Pleynet**, une des portes de la **station des Sept-Laux**.

Allevard pratique

Adresses utiles

Office du tourisme du pays d'Allevard – *Pl. de la Résistance - 38580 Allevard -* ☏ *04 76 45 10 11 - www.allevard-les-bains.com - 9h-12h, 14h-18h, dim. et j. fériés : 9h-12h - fermé 1er Mai.*

Office du tourisme des Sept-Laux – *Bâtiment Les Cortillets - 38190 Prapoutel -* ☏ *04 76 08 17 86 - www.les7laux.com - déc.-mars : 9h-17h ; juil.-août : 9h-12h30, 14h30-17h.*

Office du tourisme du Collet-d'Allevard – *Pl. Malatrait - 38580 Le Collet-d'Allevard -* ☏ *04 76 45 01 88 - vac. scol. : 9h-12h, 14h-18h ; hors vac. scol. : tlj sf sam. 9h-12h, 14h-18h - fermé dim., de déb. avr. à déb. juil., de déb. sept. aux vac. de Noël.*

Se loger

Hôtel les Terrasses – *29 av. de Savoie -* ☏ *04 76 45 84 42 - www.hotellesterrasses.com - fermé vac. de Pâques et vac. de Toussaint - 16 ch. 44 € - 6,50 € - restaurant 21/33 €.* Tout près du Bréda, haute maison de style 1930 entourée d'un jardin arboré. Les chambres, pratiques et tout en bleu et blanc, sont plus calmes à l'arrière. Accueil charmant. Salle des repas dont le décor frais séduit par sa simplicité ; plats traditionnels.

Sports & Loisirs

De nombreuses randonnées sont au départ d'Allevard, dont le tour du pays d'Allevard, d'une durée de six jours. Renseignements à l'office de tourisme, où l'on peut se procurer les cartes locales. Le lac de la Mirande, à la sortie nord d'Allevard (D 525), vous attend pour une baignade rafraîchissante. Également centre équestre, parcours aventure, etc.

Ski nocturne – Originalité de la station du Collet-d'Allevard : le ski nocturne mar. et vend. 20h-22h30 - *renseignements à l'office de tourisme,* ☏ *04 76 45 01 88.*

Station des Sept-Laux – Très prisée des Grenoblois, cette station s'étend sur les secteurs du Pleynet, Pipay et Prapoutel, formant un intéressant domaine skiable (environ 120 km de pistes).

Événement

Festival « Pierrot Gourmand » – Ce festival du film jeune public confie à un jury composé uniquement d'enfants de 10 à 14 ans le choix des lauréats. Ateliers, expositions et conférences complètent ce moment ludique.

DÉCOUVRIR LES SITES

L'Alpe-d'Huez★

CARTE GÉNÉRALE B5 – CARTE MICHELIN DÉPARTEMENTS 333 J7 – SCHÉMA P. 192 – ISÈRE (38)

À 1 860 m d'altitude, l'Alpe-d'Huez est l'une des célèbres stations de sports d'hiver des Alpes françaises, ainsi qu'un important centre de promenades et de courses en montagne quand vient l'été. Grâce aux 21 lacets avec des pentes de 8 à 17 % de sa route d'accès, c'est aussi une étape mythique du Tour de France cycliste qui a révélé de grands champions.

- **Se repérer** – Cette célèbre station du massif des Grandes Rousses est située à 65 km à l'est de Grenoble par la N 85, la D 1091, puis la D 211.
- **À ne pas manquer** – Le panorama du lac Blanc.
- **Organiser son temps** – Les amateurs de la « petite reine » doivent s'y prendre bien à l'avance pour assister à la célèbre étape du Tour de France.
- **Avec les enfants** – La grotte de glace.
- **Pour poursuivre la visite** – Voir aussi Le Bourg-d'Oisans, Les Deux-Alpes, l'Oisans.

Séjourner

La station
Alt. 1 250-3 330 m. Reliée à Auris, Oz, Vaujany et Villard-Reculas, la plus importante station du Dauphiné s'est considérablement développée depuis 1936 (121 pistes de ski alpin, soit 245 km de pistes balisées) : espace débutant, snowpark, ski nocturne, ski d'été, ski de fond…
En été, les balades en VTT ou à pied prennent le relais, avec l'aide de certaines remontées mécaniques.
Au sommet du Funitel **Les Marmottes III**, belle **vue** sur la Chartreuse, le Vercors, les massifs de Belledonne et des Écrins, la Meije, etc. *(renseignements auprès de la Sata -* ✆ *04 76 80 30 30 - www.satavtt.com).*

Lac Besson.

Visiter

Musée d'Huez et de l'Oisans
Rte de la Poste. ✆ *04 76 11 21 74 - juil.-août et déc.-avr. : tlj sf sam. 10h-12h, 15h-19h - 2 € (–16 ans gratuit).* Vous y trouverez une présentation des objets issus du site archéologique de **Brandes** *(visites en été).* Les vestiges de ce complexe minier du Moyen Âge (12e-14e s.), destiné à l'exploitation d'un filon d'argent, font l'objet de fouilles depuis 1977. Une exposition « Huez-Alpe d'Huez » donne les clés de la transformation d'un petit village en station réputée.

N.-D.-des-Neiges
L'église moderne (1970) en rotonde et à toiture en spirale est éclairée par une série de 13 **vitraux** réalisés sous la direction d'Arcabas. Surprenant, l'**orgue Kleuker** (1978) en forme de main tendue s'éveille tous les jeudis, en sais. *(visite guidée en hiver : mar. 17h30 ; en été : mar. 18h (été) avec le musée - www.notredamedesneiges-alpedhuez.asso.fr).*

Grotte de glace
Au sommet du téléphérique des Grandes Rousses (2 700 m), une grotte de glace accueille des sculptures éphémères dont le thème change chaque année.

Aux alentours

Route de Villard-Reculas★
Direction Huez par la D 211, puis à 4 km à droite par la D 211^B. Cette route escarpée offre des vues plongeantes sur le bassin du Bourg-d'Oisans. Relié au domaine des Grandes Rousses, le village a conservé sa rusticité. Ses maisons de pierre surmontées de granges de bois forment un bel ensemble compact. On peut en profiter pour rejoindre Allemont en traversant l'Eau-d'Olle.

Route d'Auris *(voir p. 193)*

Randonnées

Pic Blanc★★★
Accès par une télécabine en 2 tronçons, puis par un téléphérique. ✆ *04 76 80 30 30 - juil.-août : dép. télécabine 7h45 en continu (durée 30mn), dép. téléphérique 8h15 (ttes les 6mn) - 14 € (–5 ans gratuit, 5-12 ans 7 €).*
Lac Blanc – Au deuxième tronçon, le lac apparaît, étalé dans un vallon rocailleux.
Pic Blanc★★★ – Alt. 3 327 m. Gagner la terrasse principale et monter sur une butte *(table d'orientation)*. Le **panorama**★★ très large embrasse, au premier plan, le pic Bayle, au nord-est la Grande Casse de Pralognan, la Grande Motte de Tignes, le Grand Paradis en Italie, les glaciers de la Vanoise, la dent Parrachée, les hauts sommets de la Maurienne (Albaron, aiguille de Scolette, aiguilles d'Arves), enfin au sud-est la Meije, le Rateau, la barre des Écrins et le glacier du Mont-de-Lans.

Dôme des Petites Rousses★★
1h AR. Sentier à gauche. Du lac Blanc, on peut rejoindre le sommet (2 800 m).

La Grande Sure★ (ou le Signal)
Accès à pied (1h50 AR) l'été, en hiver par le télésiège du Signal. Alt. 2 114 m. **Panorama** étendu sur la chaîne des Grandes Rousses, l'Oisans, le Taillefer et Belledonne.

Lac Besson★
6,5 km par la route du col de Poutran, au nord. La route serpente à travers les pâturages pour atteindre, au col de Poutran, au nord, la cuvette de l'Alpe-d'Huez, puis parvient à un haut plateau parsemé de lacs d'origine glaciaire. Du lac Besson, on peut se rendre, à pied, sur une crête rocheuse pour découvrir, en contrebas, le **lac Noir**, dans un cadre plus sauvage encore. Un sentier *(30mn AR)* en fait le tour. Vue sur le Grand Pic de Belledonne et la Grande Lance d'Allemont.

L'Alpe-d'Huez pratique

Adresse utile
Office du tourisme de l'Alpe d'Huez – *Maison de l'Alpe - Pl. Joseph-Paganon - 38750 L'Alpe-d'Huez -* ✆ *04 76 11 44 44 - www.alpedhuez.com - déc.-avr. : 8h45-19h - juil.-août : 9h-19h - reste de l'année : tlj sf w.-end et j. fériés : 9h-12h30, 14h30-18h.*

Transports
Navettes gratuites – Un réseau couvre l'ensemble de la station en hiver. Se renseigner sur le forfait de séjour Visalp en été.

Visites
Usine à neige et remontées mécaniques – *Sata - 38750 L'Alpe-d'Huez -* ✆ *04 76 80 34 73.* Deux visites insolites dans l'une des plus grandes usines productrices de neige de culture d'Europe.

Se loger
👁 **Bon à savoir** - Avec une capacité totale estimée à près de 32 000 lits, la station offre un choix conséquent en matière de logement, du studio au chalet, du gîte à l'hôtel. Mieux vaut s'adresser à l'office de tourisme ou à la centrale de réservation pour tout renseignement. Hébergement dans la vallée, à des prix plus raisonnables.

Hôtel Dôme - *Pl. du Cognet - 38750 L'Alpe-d'Huez -* ✆ *04 76 80 32 11 - www.dome-alpedhuez.com - fermé 21 avr.-30 juin et 1er sept.-14 déc. -* 🅿 *- 25 ch.* 92/187 € - 🍽 *12 € - rest. 29 €.* L'hôtel occupe deux étages d'un immeuble résidentiel jouxtant le stade de slalom. Les chambres fonctionnelles adoptent peu à peu un décor régional (bois dominant). Salle à manger habillée de lambris et de lauzes ; galerie marchande au rez-de-chaussée.

Hôtel Au Chamois d'Or – *Rd-pt des Pistes - 38750 L'Alpe-d'Huez -* ✆ *04 76 80 31 32 - www.chamoisdor-alpedhuez.com - fermé 21 avr.-19 déc. -* 🅿 *- 40 ch. 330 € -* 🍽 *17 € - rest. 35/65 €.* Au point culminant de la station, cet imposant chalet en bois domine les pistes du Pic du lac Blanc et des Grandes Rousses. Partez skis aux pieds puis relaxez-vous sur la terrasse plein Sud face aux glaciers de l'Oisans ou dans le salon montagnard. Jolies chambres associant les styles savoyard et contemporain.

Se restaurer
👁 **Bon à savoir** - Avec des établissements dans la station mais aussi en altitude, les restaurants ne manquent pas ici, même en été. On trouvera « le Génépi » et sa cuisine montagnarde, sur la route romaine, « le Passe Montagne » et son ambiance familiale ou encore « la Pomme de Pin », près de la patinoire.

Événements
Festival international du film de comédie – Films en avant-première et courts métrages inédits. *3e sem. de janv.*
Festival de magie de Villard-Reculas – *À la mi-août.*

DÉCOUVRIR LES SITES

Annecy ★★★

**50 800 ANNÉCIENS - AGGLO : 136 815 HABITANTS
CARTE GÉNÉRALE B3 – CARTE MICHELIN DÉPARTEMENTS 328 J5 –
SCHÉMAS P. 157 ET 162 – HAUTE-SAVOIE (74)**

Animée et vivante, la ville n'en demeure pas moins d'une apaisante beauté. Comment ne pas tomber sous le charme de celle que l'on surnomme la « Venise savoyarde » et dont les attraits dépassent largement les traditionnelles images de cartes postales. Aux tableaux inaltérables du palais de l'Île et du pont des Amours, il faudrait ajouter la curieuse rue Filaterie et les témoignages architecturaux des années 1920 et 1970.

- **Se repérer** – Entre Chambéry (50 km au sud-ouest) et Genève (50 km au nord, par l'A 41), Annecy est une base idéale pour découvrir la Haute-Savoie. La ville borde au nord le célèbre lac qui est à l'origine de son succès.
- **Se garer** – Neuf parkings se répartissent dans le centre-ville où il est inutile de circuler autrement qu'à pied. Le parking Bonlieu, le plus central, est souvent complet. Celui de la gare, plus vaste, est à proximité des rues piétonnes.
- **À ne pas manquer** – Le palais de l'Île ; le musée-château ; une balade sur le Pâquier au bord du lac.
- **Organiser son temps** – Comptez une demi-journée pour découvrir la vieille ville, si possible le matin pour profiter des marchés. L'après-midi et la soirée pourraient être consacrés au lac.
- **Avec les enfants** – L'Observatoire des lacs alpins ; la plage d'Albigny ; la Turbine, centre de culture scientifique, technique et industriel de Cran-Gevrier.
- **Pour poursuivre la visite** – Voir aussi le lac d'Annecy, le massif des Aravis, Menthon-St-Bernard, Rumilly.

Comprendre

Les origines – Habité dès la préhistoire, le site est ensuite investi par les Celtes. Sous le règne romain, *Boutæ*, ville de 2 000 habitants, occupe les coteaux du lac aux environs d'Annecy-le-Vieux. Annecy ne se développera à son emplacement actuel qu'au 12e s. sur le territoire d'une villa romaine, *fundus Anicii*. Au 13e s., elle succède à Genève comme capitale du Genevois. Au 17e s., la Réforme a raison du clergé genevois qui se replie à Annecy. Elle devient dès lors le phare de la Contre-Réforme, portée par le charismatique François de Sales. Mais il lui faudra attendre la révolution industrielle pour s'affirmer comme une capitale économique.

Le « monsieur » d'Annecy – **François de Sales** (1567-1622), docteur de l'Église, a fortement marqué son époque tant par son apostolat que par son *Introduction à la vie dévote*, manuel de spiritualité à l'usage des laïcs. Prêtre à 26 ans, il mène dans la région une active campagne de conversion catholique. Sa parole « douce comme du miel » fait merveille. Son renom s'étend alors en France. Il prêche même à la cour d'Henri IV. Il devient évêque de Genève en 1602 et fonde en 1610, avec **Jeanne de Chantal**, aïeule de Mme de Sévigné, l'ordre de la Visitation. François de Sales est canonisé dès 1665, Mme de Chantal en 1767.

Jean-Jacques, prosélyte – À 16 ans, **Rousseau** s'enfuit de Genève, sa ville natale. Un curé savoyard, afin de ramener ce calviniste à la religion catholique, l'adresse à **Mme de Warens**. Celle-ci, récemment convertie, est chargée par les autorités d'arracher d'autres âmes à l'hérésie. Jean-Jacques arrive à Annecy le jour des Rameaux. C'est l'éblouissement et le début d'une longue idylle.

Se promener

LES BORDS DU LAC★★ (Plans I et II)

2h. Laisser la voiture au parking du centre Bonlieu ou à celui de l'hôtel de ville.
Par le quai Eustache-Chappuis longeant le canal du Vassé et la place de la Libération, gagner l'avenue d'Albigny où se trouve le **centre Bonlieu**. Il abrite l'office de tourisme et Bonlieu Scène nationale, qui accueille notamment le Festival du film d'animation, (*voir Carnet Pratique*). Sur les façades vitrées du bâtiment de Maurice Novarina et Jacques Lévy se reflètent les verdoyantes pelouses du Champ de Mars.

Avenue d'Albigny (C2)

Bordée de platanes séculaires, cette voie royale est tracée à travers l'ancien « Champ de Mars », espace vert où les Annéciens assistaient aux grands événements, comme

ANNECY

les manœuvres militaires. On aperçoit, à gauche et en retrait, le **palais de justice** (M. Novarina, 1978), construction de béton à pans de verre. L'élégante et vaste **préfecture** construite après l'Annexion est, quant à elle, de style néo-Louis XIII.

Prendre les allées du Pâquier. Le Pâquier était le lieu où se pratiquait le tir du papegeai, un oiseau qu'on devait abattre à l'arc ou à l'arquebuse. Les « Bons compagnons d'Annecy » pratiquèrent ce tir de 1515 à 1792, puis entre 1824 et 1843.

Gagner la table d'orientation située au bord du lac. De là s'offre une **vue**★★ étendue sur le Grand Lac avec le mont Veyrier, les dents de Lanfon, la Tournette, le crêt du Maure (contrefort du Semnoz).

Parc de l'Impérial

À l'extrémité est de l'avenue d'Albigny, le parc de 2 ha héberge sous l'œil vigilant d'arbres monumentaux et des habitants de sa volière, la principale plage du lac. Un majestueux hôtel, fleuron du style Belle Époque, abritant un centre de congrès et un casino, lui a donné son nom.

Revenir vers la ville, en marchant le long du lac.

Pont des Amours

Faites une halte sur ce pont qui enjambe le canal du Vassé, et laissez-vous emporter par les charmes du lieu : ici, le joli bras d'eau ombragé où se pressent des « vedettes », barques au bois doré ; là, le ravissant bouquet d'arbres de l'île des Cygnes.

Vue aérienne d'Annecy.

Les jardins de l'Europe★ (F2)

Aménagés en arboretum lors du rattachement de la Savoie à la France, ils présentent une belle variété d'essences d'Europe, d'Amérique et d'Asie. On peut admirer plusieurs **séquoias géants** centenaires et un ginkgo biloba, « l'arbre aux quarante écus ». En longeant le port aménagé sur les bords du Thiou *(embarcadère)*, on découvre les massives constructions du château.

Regagner la place de l'Hôtel-de-Ville pour visiter, toujours à pied, le vieil Annecy.

LE VIEIL ANNECY★★ (Plan II)

Visite : 1h30. Le Thiou et le Vassé, d'où s'échappent les eaux du lac, sinuent dans la ville ancienne, surnommée pour cette raison la « Venise savoyarde ». Avec le palais de l'Île pour tête de proue, ce quartier piétonnier est habillé de vibrantes couleurs sardes. Regroupées au bas du château, les églises St-Maurice et St-François-de-Sales marquent la transition avec la ville du 19e s. à l'architecture sarde et la ville commerçante de la première moitié du 20e s. aux élévations majestueuses.

Partir de la place de l'Hôtel-de-Ville et traverser le quai E.-Chappuis.

Église St-Maurice (E2)

Construite au 15e s. pour les dominicains, elle présente extérieurement, avec son vaste toit retombant, un cachet régional assez marqué. À l'intérieur, la nef gothique, très large, est typique des édifices bâtis pour les ordres voués à la prédication. Les chapelles latérales étaient financées par des familles nobles, dont on voit les armes,

DÉCOUVRIR LES SITES

ou par des corporations. Dans la deuxième chapelle de droite, remarquez les ciseaux, emblème des tailleurs.

Sur le pilier précédant la chaire soutenue par des atlantes (1715), à droite, fresque de l'Assomption (début 16e s.), et dans le chœur, à gauche, une belle **Descente de croix★** due à P. Pourbus l'Ancien, ainsi qu'une belle **peinture murale** de Jean Bapteur (1458), en grisaille, représentant la mort du seigneur Philibert de Monthouz entouré de dominicains en pleurs.

Gagner les quais du Thiou en contournant l'église St-François.

Église St-François-de-Sales (E2)

C'est l'ancienne église (17e s.) du premier monastère de la Visitation. L'ordre fut fondé le 6 juin 1610 par Jeanne de Chantal dans la **maison de la Galerie** *(ne se visite pas)*. La façade de style jésuite était autrefois ornée de statues. À l'intérieur, dans les bas-côtés, des grilles indiquent les emplacements des tombeaux de saint François de Sales et sainte Jeanne de Chantal. Restaurée à la fin du 19e s., c'est aujourd'hui l'église de la communauté italienne. Le retable du maître-autel est une reconstitution de 1889 de l'original du 17e s. Les six retables latéraux sont représentatifs de l'art baroque des vallées de Savoie et témoignent de la richesse de la décoration du sanctuaire avant son saccage au cours de la Révolution.

Franchir le pont sur le Thiou, déversoir naturel du lac.

Vieille ville sur le Thiou.

Pont sur le Thiou (E2)

Le curieux bâtiment du **palais de l'Île★★**, amarré au milieu du Thiou, se présente ici par la proue. C'est le **tableau★★** le plus classique du vieil Annecy.

Suivre, dans l'axe du pont, la rue Perrière dont les maisons sont arc-boutées sur les piliers de leurs arcades. Tourner deux fois à droite, pour retraverser le Thiou.

Du pont sur le bras sud du Thiou, joli coup d'œil sur les maisons du quai de l'Île. À droite s'ouvre l'entrée du palais.

Palais de l'Île★★ (E2)

3 pas. de l'Île - ✆ 04 50 33 87 30 - mêmes horaires de visite que le château-musée - 3,40 € – 12 ans gratuit, 12-25 ans 1 €) tarif 2008 ; 6 € billet combiné musée-château, gratuit 1er dim. du mois (oct. à mai).

Construit au 12e s. sur une île naturelle, lorsque la capitale de la Haute-Savoie n'était qu'une bourgade de pêcheurs, ce bâtiment servit de résidence au comte de Genève. Il abrita successivement l'atelier monétaire du Genevois, les prisons et le palais de justice. On visite actuellement les anciennes salles de justice, le logement de geôliers, les cellules des prisonniers (remarquez les portes massives) et l'ancienne chapelle.

La cour, qui a gardé son pavage d'origine, était alors entourée par les boutiques des hommes de loi établis dans la partie sud de l'île.

Le **Centre d'interprétation de l'architecture et du patrimoine** évoque l'évolution de la ville et l'appropriation du territoire. Du monde rural au paysage urbain, découvrez

ANNECY

les différents visages d'Annecy. Le passé prestigieux de la ville est évoqué grâce à une maquette du 18ᵉ s. et des documents concernant le Genevois. Quelques tableaux de paysages illustrent l'école d'Annecy.

Tourner à gauche sur le quai de l'Île et passer le pont Morens (vue sur la « poupe » de l'Île, partie la plus récente). Tourner ensuite à droite dans la rue Ste-Claire.

Rue Ste-Claire★ (D/E2)

L'artère principale du vieil Annecy abrite sous ses arcades de nombreux commerces. Au **n° 18**, l'hôtel (16ᵉ s.) du président Favre fut le premier siège de l'Académie florimontane, puis l'évêché de saint François de Sales à partir de 1610.
À l'angle de la rue de la République apparaît **« la Manufacture »**, quartiers d'immeubles contemporains. La cloche de la porte Sainte-Claire rythme depuis 1556 la vie du quartier. Henri IV y fit son entrée le 5 octobre 1600. Trente années plus tard, son fils Louis XIII et le cardinal de Richelieu pénétrèrent par cette même porte dans la ville.

Faire demi-tour à la porte Ste-Claire et, par la rue de la République, gagner la rue J.-J.-Rousseau.

Ancien palais épiscopal (D/E2)

Sa construction, en 1784, entraîna la disparition de la maison de Mᵐᵉ de Warens. On peut voir dans la cour son buste cerné par le fameux « balustre d'or ».
Au n° 15 de la rue J.-J. Rousseau se situe l'élégante **maison Lambert** (16ᵉ s.) où saint François de Sales écrivit son traité, l'*Introduction à la vie dévote*.

Cathédrale St-Pierre (E2)

Achevée en 1538, sa façade de style Renaissance surmontée d'une belle rosace contraste avec son intérieur gothique. Des tableaux remarquables décorent les murs, on ne manquera pas d'admirer une *Descente de croix*, copie du Caravage ainsi qu'une *Adoration des Mages* du 16ᵉ s. Cette église franciscaine tint lieu de siège épiscopal à François de Sales chassé de Genève par la Réforme. Elle ne sera érigée en cathédrale qu'en 1822. Jean-Jacques Rousseau, qui suivait les leçons de la maîtrise *(au n° 13 de l'actuelle rue J.-J.-Rousseau)*, y chanta et y joua de la flûte. **L'orgue** historique a été construit en 1842 par le facteur d'orgue du roi des Français. Son buffet, de style Louis XIV, est une vraie splendeur. Concerts *(juil.-août : merc. 18h30 - gratuit)*.

Tourner à gauche dans la rue Filaterie, aux spacieuses arcades, qui débouche sur la place Notre-Dame.

Place Notre-Dame (E2)

Agrandie en 1793 aux dépens du chevet de l'église du 14ᵉ s., la place est bordée par l'ancien **hôtel de ville** à l'élégante façade du 18ᵉ s. Remarquez le bel escalier en fer forgé dont la truite du blason d'Annecy est le point central.

Église Notre-Dame-de-Liesse – Totalement remaniée entre 1794 et 1851, elle conserve, du bâtiment primitif, son clocher ainsi qu'une fenêtre sur le côté sud de style gothique flamboyant. Le pape d'Avignon Clément VII fonda en 1388 un jubilé septennal, connu sous le nom du **grand pardon d'Annecy** dans ce sanctuaire voué à la Mère de Dieu depuis le 12ᵉ s.

Rejoignez ensuite par la rue Notre-Dame la rue du Pâquier, bordée d'arcades : au n° 12, l'hôtel de Sales (17ᵉ s.) est orné de figures sculptées représentant les Saisons.

Prendre à droite le quai E.-Chappuis pour regagner la place de l'Hôtel-de-Ville.

> ### L'Académie florimontane
>
> En 1607, soit trente ans avant la naissance de l'Académie française, François de Sales, Honoré d'Urfé, auteur de *L'Astrée*, et le président **Antoine Favre**, grand magistrat lettré, père de Vaugelas, fondent **l'Académie « florimontane »**. Elle doit « […] agir sur l'opinion, répandre le culte du beau, créer des cours publics ». On l'installe dans l'hôtel du président Favre, 18 rue Ste-Claire. L'institution vit toujours et siège aujourd'hui dans l'ancien évêché. Un don fait au début du siècle l'a rendue propriétaire du château de Montrottier.

Visiter

Musée-château d'Annecy★ (E2)

Accès soit en voiture par le chemin Tour-la-Reine, soit à pied par la rampe du château ou les abruptes « côtes » qui s'amorcent rue Ste-Claire - ☏ 04 50 33 87 30 *- juin-sept. : 10h30-18h ; oct.-mai : tlj sf mar. 10h-12h, 14h-17h (dernière entrée 45mn av. la fermeture) - fermé 1ᵉʳ janv., dim. et lun. de Pâques, 1ᵉʳ Mai, 1ᵉʳ et 11 Nov., 25 déc. - 4,80 € (–12 ans gratuit,*

DÉCOUVRIR LES SITES

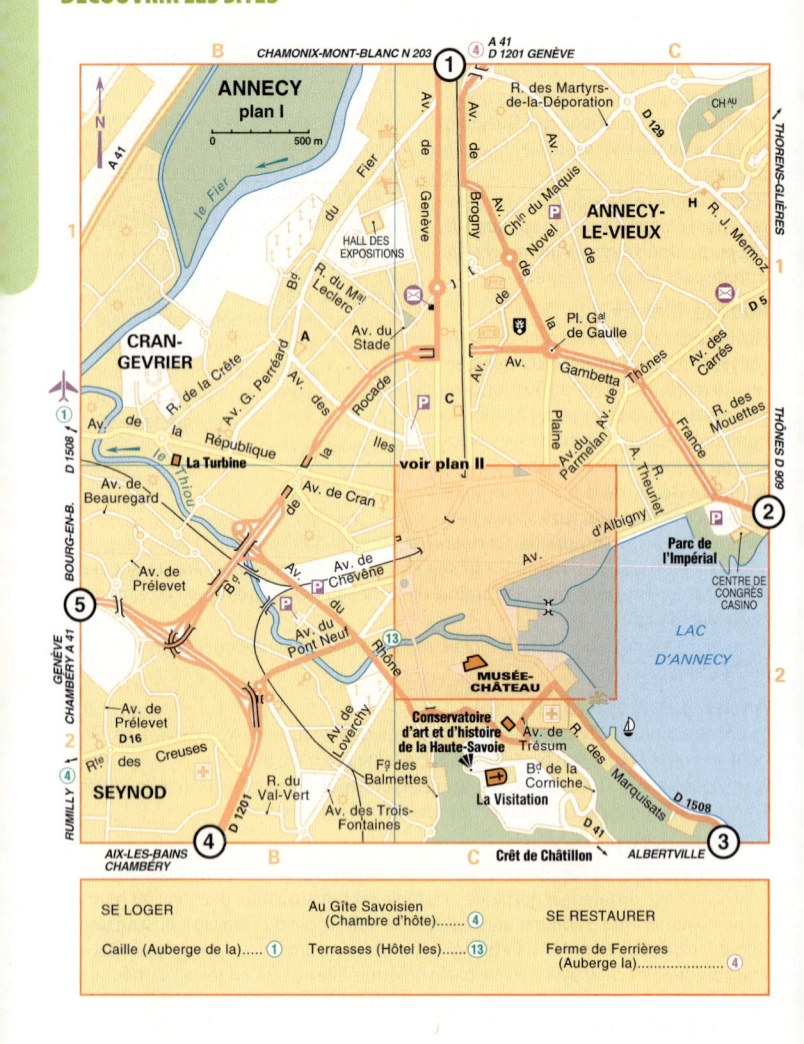

SE LOGER	Au Gîte Savoisien (Chambre d'hôte)........ ④	SE RESTAURER
Caille (Auberge de la)..... ①	Terrasses (Hôtel les)......⑬	Ferme de Ferrières (Auberge la).................... ④

12-25 ans 2 €) tarif 2008, gratuit 1er dim. du mois (oct.-mai) ; 6,20 € billet combiné avec le palais de l'Île.

L'ancienne résidence des comtes de Genève et des ducs de Genevois-Nemours, branche cadette de la maison de Savoie, comprend des bâtiments construits entre le 12e et la fin du 16e s. Ravagés plusieurs fois par le feu, puis laissés à l'abandon au 17e s., ils servirent ensuite de caserne jusqu'en 1947.

À droite de la porte, la partie la plus ancienne du château : restaurée au siècle dernier, la robuste « tour de la Reine » du 12e s. aux murs larges de plus de 4 m.

En se plaçant au centre de la cour on découvre : en face, le logis Vieux (14e-15e s.), sévère demeure des comtes de Genève, marqué par sa tourelle d'escalier et son arcade chapeautant un puits profond de 40 m ; à gauche, la simple mais élégante façade début Renaissance du logis Nemours (16e s.), aux larges baies ; à droite, le logis Neuf (fin du 16e s.), qui accueillait la garnison du château.

Au fond de la cour, le logis Perrière et la **tour Perrière**, du 15e s., ont été édifiés par le duc Louis Ier de Savoie, mécène qui fut l'ami de Charles d'Orléans, le prince-poète : les services administratifs du duché y étaient installés. Aujourd'hui, ce bâtiment accueille l'**Observatoire régional des lacs alpins**. Dans ses neuf salles, l'écosystème du lac y est présenté à l'aide de bornes interactives. Au sous-sol, des aquariums présentent les perturbations engendrées par la pollution (naturelle et industrielle).

Au niveau supérieur, dans la **salle des Fresques**, affiches et peintures du lac rappellent le rôle joué par les artistes au début du tourisme annécien. Cette salle conserve quelques fragments de décors muraux peints au 15e s., dont une rare représentation du château médiéval d'Annecy.

ANNECY

De la terrasse, on a une vue générale sur la masse des toits enchevêtrés du vieil Annecy aux quatre clochers (cathédrale, N.-D.-de-Liesse, St-Maurice, St-François); plus loin on aperçoit la ville nouvelle.

Un intéressant **musée consacré à l'art régional** est installé dans le Vieux Logis et le logis Nemours. Dans le Vieux Logis, on remarque une immense cuisine. Au même niveau, la salle des Colonnes abrite une belle collection de sculptures de bois polychrome savoyardes et bourguignonnes du 15e au 17e s. À l'étage, la Grande Salle est ornée d'un remarquable plafond à caissons. La peinture de paysages et notamment du paysage alpin est largement représentée par des toiles du 19e s. et 20e s. relayées sur cette thématique par des œuvres d'art contemporain. L'art populaire alpin est bien représenté : poteries, faïences, meubles, belles maquettes de l'habitat rural, etc.

Conservatoire d'art et d'histoire de la Haute-Savoie (C2)

18 av. du Trésum - ✆ 04 50 51 02 33 - tlj sf dim. : 10h30-18h - fermé les j. fériés - gratuit. Il est installé dans l'ancien Grand Séminaire, belle bâtisse du 17e s., agrandie au 19e s. Dans la chapelle du conservatoire, la **Cité de l'image en mouvement** *(Citia)* s'intéresse à l'histoire de l'art de l'animation. Lever de rideau sur l'univers fascinant du mouvement et de l'image animée! La muséographie inventive et interactive permet de comprendre l'évolution des techniques (du théâtre d'ombres au numérique en passant par la pâte à modeler), et amusera les plus petits. Cet art est consacré à Annecy depuis plus de vingt ans à travers le festival international, qui a constitué avec les musées régionaux un fonds exceptionnel *(juin-sept. : 10h30-18h, reste de l'année. lun.-sam. et 1er dim. du mois : 10h-12h, 14h-17h - fermé le mar. et j. fériés - gratuit).*

Basilique de la Visitation (C2)

20 av. de la Visitation - ✆ 04 50 45 22 76 - ♿ - 8h-12h, 14h-18h (juil.-août 19h) - possibilité de visite guidée sur demande. L'église de l'actuel couvent de la Visitation est située sur les dernières pentes du crêt du Maure, face à un large panorama sur Annecy.
L'édifice attire de nombreux pèlerins, surtout le 24 janvier – fête de saint François – et durant la neuvaine du mois d'août, venus se recueillir sur les reliques de saint François

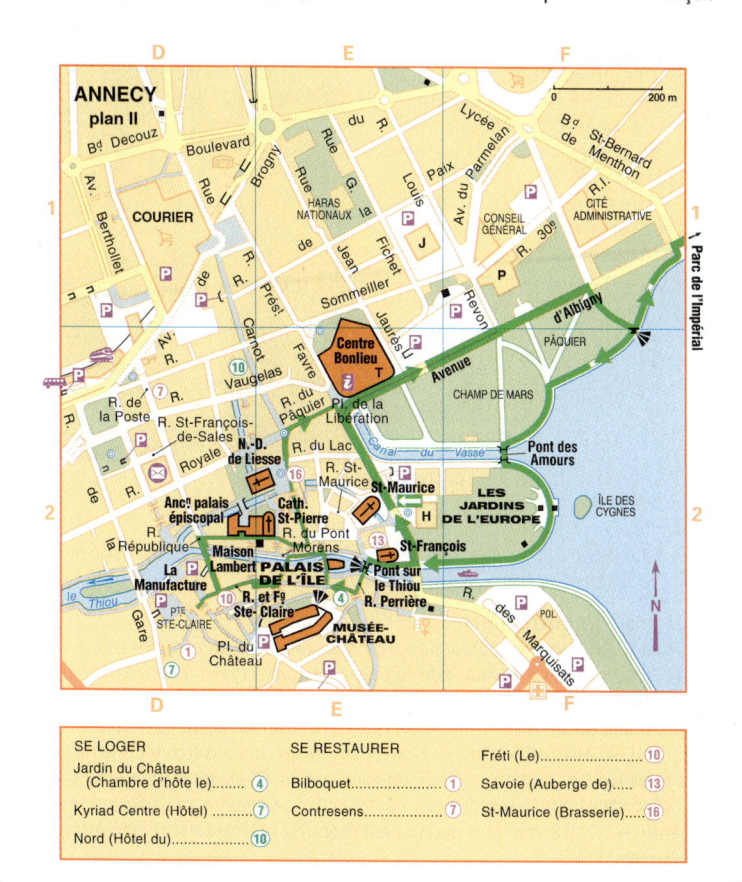

DÉCOUVRIR LES SITES

de Sales et de sainte Jeanne de Chantal (fêtée le 12 déc.). L'intérieur, aux lourds piliers de marbre gris, est richement décoré. Les vitraux rappellent les principales étapes de la vie des saints protecteurs d'Annecy, également évoquées dans le petit **musée** attenant à la basilique, à droite.

Visite guidée du **carillon** de 37 cloches et diaporama sur l'art campanaire.
04 50 23 24 12 (M. Lemoine) - 15 juin-20 sept. : sam. 16h - gratuit.

La Turbine★ (B1)
Au sud-ouest d'Annecy - pl. Chorus - Cran-Gevrier - 04 50 08 17 00 - www.ccsti74-crangevrier.com - - 14h-18h (19h vend.) - fermé lun. - 4 € (enf. 2 €)

L'unique centre de culture scientifique, technique et industriel de la Haute-Savoie organise de passionnantes expositions pour le grand public et de nombreux ateliers pour les plus jeunes. L'exposition permanente, « L'eau et les hommes », relève un défi : sensibiliser le public (et notamment les plus petits) aux ressources naturelles sans alarmer. Des propriétés chimiques à l'utilisation quotidienne, découvrez un nouveau monde en gardant la tête hors de l'eau ! Quant aux expositions temporaires, elles exploitent cette même veine ludique et interactive.

Circuit de découverte

GORGES DU FIER ET CHÂTEAU DE MONTROTTIER★
20 km – environ 2h30. Quitter Annecy par la D 1508 et après 3 km et le passage sous l'autoroute, prendre à gauche la D 14. Après l'église de Lovagny, emprunter à gauche la D 64 en forte descente.

Gorges du Fier★★
04 50 46 23 07 - www.gorgesdufier.com - de mi-juin à mi-sept. : 9h15-19h (dernière entrée 40mn av. la fermeture) ; de mi-mars à mi-juin et de mi-sept. à mi-oct. : 9h15-18h - 4,90 € (7-15 ans 2,70 €).

Ces gorges très réputées sont parcourues tout le long de galeries accrochées de façon impressionnante aux parois polies, étrangement excavées, de la coupure du Fier. Les frondaisons, qui couvrent de leur voûte ce couloir, tamisent les rayons du soleil et donnent lieu à de jolis effets de lumière faisant oublier l'à-pic vertigineux.

Après être passé sous deux ponts, le visiteur sort des gorges et parvient à une futaie de hêtres. Du belvédère aménagé sur le promontoire rocheux le plus saillant, on découvre la « mer de Rochers ». Elle doit son existence à la présence d'une couche de terrains tendres sous une table de craie. L'érosion a taillé des encorbellements, puis provoqué l'effondrement de blocs énormes, amoncelés en chaos. La légende raconte que l'un de ces blocs aurait été déposé là par des fées symbolisant la tombe d'un jeune page disparu dans les abîmes.

Gorges du Fier.

Reprendre la voiture et revenir à la bifurcation de la D 116 : prendre à gauche, puis tourner à droite dans le chemin d'accès au château de Montrottier.

Château de Montrottier★
04 50 46 23 02 - www.chateaudemontrottier.com - visite guidée (1h15) juin-août : 14h-19h ; de mi-mars à fin mai et de déb. sept. à mi-oct. : tlj sf mar. 14h-18h (dernière entrée 1h av. la fermeture) - 7 € (7-15 ans 4,50 €).

Situé sur une butte isolée entre le cours du Fier et un ancien lit abandonné par le torrent – la « Grande Fosse » –, ce château, beau spécimen d'architecture militaire savoyarde *(voir illustration p. 102)*, a été construit du 13e au 16e s. Un puissant donjon cylindrique en tuf à mâchicoulis, haut de 36 m, le domine. La partie ouest a été remaniée au 19e s. Remarquez notamment l'**escalier hélicoïdal**★ à limon suspendu qui date du 15e s.

ANNECY

À l'intérieur, on peut voir d'importantes **collections**★ léguées avec le château à l'Académie florimontane par Léon Marès en 1916 : armes, armures, faïences, porcelaines, céramiques et ivoires d'Extrême-Orient, mobilier ancien, statuettes, etc., plus quatre **bas-reliefs** en bronze, du 16e s., dus à des fondeurs de Nuremberg, Peter et Hans Vischer.

Par temps dégagé, du chemin de ronde du donjon *(86 marches)*, on découvre le Parmelan, le mont Veyrier (derrière lequel se détache, par temps clair, le mont Blanc), les dents de Lanfon, la Tournette.

Revenir à la D 116 et la suivre à droite vers Corbier. À Corbier (commune de Chavanod), prendre la D 16 à gauche pour rentrer à Annecy.

Aux alentours

LES PONTS DE LA CAILLE

Sortir d'Annecy et prendre la D 1201 en direction de Cruseilles. 4 km au sud de Cruseilles.

Le **pont Charles-Albert**, inauguré en 1839 par le roi qui lui donna son nom, se distingue par ses tours néomédiévales. Désaffecté depuis 1939, il est réservé aux piétons *(déconseillé aux personnes sujettes au vertige)*.

Le **pont moderne**, ouvert en 1928, fait une belle enjambée au-dessus du ravin : une arche unique de 138 m de portée. C'était, à l'époque, l'une des plus grandes voûtes construites en béton dans le sens longitudinal. Ces deux ponts, lancés côte à côte à 150 m au-dessus de la gorge du torrent des Usses, forment, par leur hardiesse commune et leur différence de style, un **tableau**★ très populaire en Savoie.

Annecy pratique

Voir aussi l'encadré pratique du lac d'Annecy.

Adresse utile

Office de tourisme – *Centre Bonlieu - 1 r. Jean-Jaurès - 74000 Annecy - 04 50 45 00 33/55 66 - www.lac-annecy.com -de mi-mai à mi-sept. : 9h-18h30 ; janv.-mars et de mi-oct. à fin déc. : tlj sf dim. 9h-12h30, 13h45-18h - fermé 1er janv., 1er Mai, 1er et 11 Nov., 25 déc.*

Visites

Visite guidée – *Visites-découverte (2h) animées par des guides-conférenciers agréés par le ministère de la Culture et de la Communication - 5,70 € (– 12 ans accompagnés gratuit). Des visites thématiques existent également. Renseignements à l'office de tourisme ou au 04 50 33 87 30.*

Se loger

Chambre d'hôte Au Gîte Savoisien – *98 rte de Corbier - 74650 Chavanod - 6 km au sud-ouest d'Annecy par D 16, dir. Rumilly, village du Corbier - 04 50 69 02 95 - www.gite-savoisien.com - réserv. - 4 ch. 45/50 € - repas 18 €.* Cette ancienne ferme est située sur les hauteurs d'Annecy, au cœur d'un petit village. Chambres confortables, simplement décorées et bien tenues (trois d'entre elles sont climatisées). Le joli jardin, avec terrain de pétanque, ménage une vue sur les massifs. Également, une gîte à disposition.

Auberge de la Caille – *18 chemin de la Caille - 74330 La Balme-de-Sillingy - 12 km au nord-ouest d'Annecy par D 1508 et D 3 - 04 50 68 85 21 - www.aubergedelacaille.com - fermé 25 déc.-1er janv., dim. soir et merc. sf juil. et août - 7 ch. 50 € - 6 € - rest. 16/26 €.* Domaine de 4 ha avec espaces verts, piscine et tennis. Côté hébergement vous aurez le choix entre sept confortables chambres, 10 chalets flambant neufs dotés de cuisines, deux gîtes et un petit camping. Côté restauration, une appétissante cuisine régionale vous sera servie dans une salle lambrissée ou sur la terrasse d'été.

Hôtel du Nord – *24 r. Sommelier - 04 50 45 08 78 - www.annecy-hotel-du-nord.com - 30 ch. 55/66 € - 7 €.* Cure de jouvence bénéfique pour ce petit hôtel du centre-ville : les chambres sont dotées de meubles de qualité et d'une décoration très actuelle, gaie et colorée.

Hôtel Les Terrasses – *15 r. Louis-Chaumontel - 04 50 57 08 98 - www.hotel-les-terrasses-annecy.com - 20 ch. 56/72 € - 8 € - rest. 18 €.* Hôtel neuf situé dans un quartier calme assez proche de la gare. Chambres fraîches garnies d'un mobilier en bois clair. Le menu unique proposé au restaurant est renouvelé quotidiennement. Aux beaux jours, repas sur la terrasse ensoleillée et repos au jardin. Prix attractifs hors saison.

Hôtel Kyriad Centre – *1 fg des Balmettes - 04 50 45 04 12 - www.annecy-hotel-kyriad.com - 24 ch. 67/77 € - 7,50 €.* Cet hôtel moderne a été aménagé en partie dans une bâtisse du 16e s. marquant l'entrée de la zone piétonne de la vieille ville commerçante. Les chambres, décorées dans des tons jaune et bleu, sont agréables. Accueil prévenant. Parking public à proximité.

DÉCOUVRIR LES SITES

Chambre d'hôte Le Jardin du Château – 1 pl. du Château - sortie Annecy sud, suivre Albertville puis Château - ℘ 04 50 45 72 28 - http://annecy-chambre-dhote.monsite.wanadoo.fr - fermé 15 oct.-15 mai - 🚭 - 5 ch. 66/122 € ⌧. Cette très aimable adresse occupe une situation de choix au cœur de la vieille ville. Les chambres, lambrissées, possèdent toutes un petit coin cuisine et certaines un balcon. Terrasse verdoyante avec vue sur Annecy, coquet jardinet et petit snack.

Se restaurer

Auberge la Ferme de Ferrières – 800 rte des Burnets - 74370 Ferrières - 7 km au nord-ouest d'Annecy par D 1201 et D 172, dir. les Burnets - ℘ 04 50 22 04 00 - letondal.m@numeo.fr - fermé merc. en été ; lun.-jeu. en hiver - 12/32 €. Pigeons, pintades, canards, poulets, lapins, fruits et légumes que vous dégusterez dans cette ferme-auberge viennent de l'exploitation familiale. On prépare également en cuisine plusieurs spécialités savoyardes à base de fromages. Salle à manger rustique et terrasse panoramique.

Le Fréti – 12 r. Ste-Claire - vieille-ville - ℘ 04 50 51 29 52 - www.le-freti.com - fermé le midi sf dim. - 16,77/22,87 €. Au cœur de la vieille ville, au-dessus des arcades et de la fromagerie familiale d'où proviennent les spécialités, les parfums des raclettes, fondues, tartiflettes... s'exhalent et attirent le gourmand. La salle est simple. Terrasse en été.

Brasserie St-Maurice – 7 r. Collège-Chapuisien - ℘ 04 50 51 24 49 - www.stmau.com - fermé dim. et lun. - 18/39 €. Cette maison de 1675 abrite aujourd'hui un restaurant. Aux premiers rayons de soleil, habitués et touristes s'installent en terrasse. La salle à manger se situe à l'étage : elle offre un cadre mariant pierre et boiseries. En cuisine, recettes au goût du jour utilisant les produits savoyards.

Bilboquet – 14 fg Ste-Claire - ℘ 04 50 45 21 68 - www.restaurant-lebilbochet.fr - fermé 1er-15 juil., dim. sf le soir en juil.-août et lun. - 20/45 €. Cette adresse de la « Venise savoyarde » se repère à sa coquette façade en angle. L'intérieur, familial et feutré, a du charme avec ses murs de pierres apparentes. Le maître de lieux concocte des plats traditionnels et son inspiration varie au gré des saisons et des opportunités du marché.

Contresens – 10 r. de la Poste - ℘ 04 50 51 22 10 - fermé dim. et lun., 24 avr.-6 mai, 9-23 août, 23 déc.-5 janv. - 26 €. On mange un peu au coude à coude et le « Tout-Annecy » se presse dans ce restaurant proposant une séduisante cuisine actuelle et ludique, façon bistrot moderne. Terrasse-trottoir.

Auberge de Savoie – 1 pl. St-François-de-Sales - ℘ 04 50 45 03 05 - www.aubergedesavoie.fr - fermé 18 avr.-3 mai, 28 août-5 sept., 24 oct.-1er nov., mar. sf juil.-août et merc. - 27/57 €. Ses fenêtres ouvrent sur une ravissante place pavée, face au palais de l'Isle. Son joli décor contemporain, récemment rajeuni, s'accorde parfaitement avec une carte qui met à l'honneur poissons et fruits de mer. On a du mal à imaginer là une ancienne demeure monastique (17e s.) !

Faire une pause

Au Fidèle Berger – 2 r. Royale - ℘ 04 50 45 00 32 - tlj sf dim. et lun. 9h15-19h - fermé j. fériés. Ce salon de thé, confortable et chic, est devenu une institution locale au fil des ans. Les Annéciens viennent y déguster de savoureuses pâtisseries maison accompagnées d'un thé, d'un café ou d'un bon chocolat chaud. Difficile de résister après avoir vu en vitrine la fontaine de chocolat qui aguiche les gourmands.

La Belle Époque – 2 r. Jean-Jaurès - ℘ 04 50 52 82 90 - tlj sf dim. 7h30-19h - fermé j. fériés. Cet élégant salon de thé situé près du lac propose une belle sélection de 50 thés ainsi qu'un choix de tisanes « bio ». Outre les viennoiseries et pâtisseries, vous pourrez commander un petit-déjeuner très complet ou une assiette de fromages garnie de salade.

Le pont des Amours à Annecy.

En soirée

Café des Arts – 4 passage de l'Isle - ℘ 04 50 51 56 40 - été : 10h-2h ; reste de l'année : 10h-1h - fermé dim. soir d'oct. à avr. et 3 sem. en nov. et janv. (sf les w.-ends). Ce café aménagé dans la cour de l'ancienne prison compose une halte paisible au cœur de la vieille ville. Décor intérieur un brin « rétro » et agréable terrasse d'été. Bandes dessinées en lecture libre et, tous les mois, expositions de tableaux ou de photos...

L'Auberge du Lac – 2 rte du Port - 74290 Veyrier-du-Lac - ℘ 04 50 60 10 15 - www.bord-du-lac.com - à partir de 8h - fermé de mi-oct. à fin fév. Établissement bien nommé qui jouit d'une magnifique terrasse au bord de l'eau, face à un site exceptionnel. Ponton privé.

ANNECY

Que rapporter

👁 **Bon à savoir** - Les spécialités - Des confiseries aux noms évocateurs sont fabriquées et vendues par de nombreux établissements, particulièrement r. Ste-Claire et r. Royale ; le « Roseau du lac » (confiserie au chocolat noir fourrée au café), « la Cloche d'Annecy » et la « Savoyarde » en souvenir du bourdon la Savoyarde (chocolat fourré au praliné-noisette). Ces deux dernières confiseries sont des modèles déposés par des confiseurs annéciens. Pour savourer la vaste gamme des spécialités de la cuisine savoyarde dans un cadre typique, on n'aura que l'embarras du choix en arpentant les ruelles de la vieille ville, notamment la rue Ste-Claire (spécialités de fromages au « Freti », n° 12).

Marché – 6h-13h. Les mardi, vendredi et dimanche matin, un marché coloré de ses étals les rues de la République et Ste-Claire. L'occasion d'acheter des fromages régionaux, si l'envie vous saisit…

Meyer le Chocolatier d'Annecy – 4 pl. St-François- ☎ 04 50 45 12 08 - 9h-12h30, 14h-19h - fermé dim., lun., 1er et 3 mai et 14 Juil. Ne manquez pas cette chocolaterie renommée : les Savoyards viennent de la région entière y acheter les très fameux Roseaux du lac fourrés au café, à la praline ou à la liqueur (douze parfums différents), la Frolanche du Peliahu ou encore le Palais de l'Isle.

La Fermette – 8 r. Pont-Morens, vieille-ville - ☎ 04 50 45 01 62 - fermette_annecy@orange.fr - 9h-19h - fermé lun.-merc. en janv. et nov., 1 sem. en nov. Charmante boutique de produits régionaux : miels, confitures, bonbons, vins, liqueur de génépi, marc, crozets, charcuteries, fromages, objets artisanaux. Vous pourrez également mordre à pleines dents dans un sandwich chaud garni, par exemple, de reblochon ou de raclette.

Sports & Loisirs

Annecy Croisières – Embarquez au port d'Annecy, près de l'hôtel de ville, pour une visite des alentours au fil de l'eau. Outre la classique découverte du lac et des communes voisines, vous pourrez opter pour une croisière repas (déjeuner ou dîner, préparés sous la houlette du chef) et soigner votre « mal de mer » par un petit pas de danse.

La Compagnie des bateaux du lac d'Annecy – Elle organise des **tours du lac**★★★, excursions à bord de vedettes, avec des escales dans les ports de Veyrier, Menthon, Duingt, St-Jorioz et Sévrier. Départ d'Annecy : embarcadère sur le Thiou. ☎ 04 50 51 08 40 - www.annecy-croisieres.com - avr.-oct. : plusieurs types de croisières commentées (1h) – 11,40 € - de déb. mai à mi-sept. : bateaux omnibus de port à port (2h) – 14,60 € - déjeuner-croisière et dîner dansant à bord du MS Libellule : se renseigner pour périodes, horaires et tarifs.
Autres compagnies :

Bateaux Dupraz – ☎ 04 50 52 42 99 - www.bateauxdupraz.com. Départ quai Napoléon-III à Annecy.

Vedettes Toe – Pont des Amours - ☎ 04 50 52 42 99.

Embarcadère sur le Thiou.

PLAGES D'ANNECY

👁 **Bon à savoir** – Joliment aménagées autour de points d'eau claire et propre (qui atteint 23 °C en été), ces plages surveillées offrent la tranquillité d'une baignade en toute sécurité.

Plage des Marquisats – Plage publique, proche du centre-ville. On s'y prélasse sur l'herbe.

Plage de l'Impérial – Près du célèbre palace, payante en été.

Plage d'Albigny – Sur Annecy-le-Vieux.
(voir également lac d'Annecy pratique).

Événements

Carnaval vénitien – Masques, costumes chatoyants… Fin février ou début mars, pendant deux jours, le vieil Annecy prend encore plus que d'habitude des allures de Venise.

Festival international du film d'animation – ☎ 04 50 10 09 00 - www.annecy.org. Des films venus du monde entier entrent en compétition durant une semaine, au début du mois de juin. Sont également au programme des rétrospectives, des avant-premières, des expositions…

Noctibules – www.bonlieu-annecy.com mi-juillet. Ce jeune festival d'arts de rue sème à travers la ville une centaine d'artistes pétillants et inventifs.

Fête du lac – Premier samedi d'août. Le lac s'embrase chaque année lors d'un spectaculaire feu d'artifice.

DÉCOUVRIR LES SITES

Lac d'Annecy★★★

CARTE GÉNÉRALE B/C3- CARTE MICHELIN DÉPARTEMENTS 328 J6 - HAUTE-SAVOIE (74)

Si le lac est, dès le début du 19ᵉ s., source d'inspiration pour les peintres et les rares visiteurs étrangers, il faut attendre les années 1880 pour que ce joyau devienne une destination touristique. Son décor est majestueux, et la lumière y joue avec les eaux d'un bleu profond, assombries parfois par la silhouette des sommets aux corniches tourmentées qui, comme les dents de Lanfon ou de la Tournette, dominent le lac. On n'hésitera pas à en faire le tour en voiture ou, de façon plus romantique, en bateau ou encore à vélo…

Le lac d'Annecy vu du col de la Forclaz.

- **Se repérer** – D'une longueur de 15 km, ceinturé par une route qui serre au plus près le rivage et offre de superbes occasions de s'arrêter, le lac d'Annecy est moins vaste (2 800 ha) et moins profond (41 m en moyenne) que le lac du Bourget. Depuis Albertville, l'arrivée se fait en douceur par la D 1212, puis la D 1508 et Faverges. Plus spectaculaires sont les vues sur le lac lorsqu'on l'aborde par les hauteurs du col de Bluffy (D 909) au sud-est ou le col de Leschaux (D 912) au sud.
- **À ne pas manquer** – La montée au col de la Forclaz, point de départ des parapentistes, qui offre un superbe panorama sur le lac.
- **Organiser son temps** – Faites une halte à la mi-journée sur l'une des plages réparties autour du lac. Les eaux y sont d'une exceptionnelle qualité.
- **Avec les enfants** – Le musée de la Cloche à Sévrier ; une séance d'observation de la faune à la réserve du Bout-du-Lac ; le parc animalier du Semnoz.
- **Pour poursuivre la visite** – Voir aussi Annecy, le massif des Aravis, Menthon-St-Bernard.

Comprendre

Un lac, deux atmosphères – D'origine glaciaire, le lac d'Annecy est constitué de deux cuvettes aux décors bien différents, entre la pointe de Duingt et le roc de Chère, le détroit de Duingt réunit en un seul bassin le Grand Lac au nord et le Petit Lac au sud. Il est alimenté par des cours d'eau comme l'Eau Morte, l'Ire, la Bornette ou, phénomène curieux, par une puissante source sous-lacustre, le **Boubioz**, qui jaillit à 82 m de profondeur, à l'extrémité nord du crêt du Maure. Le trop-plein du lac se déverse dans le Thiou, qui traverse la vieille ville d'Annecy avant de se jeter dans le Fier. L'atmosphère du lac n'est pas la même selon que vous vous trouvez sur les rives du Grand Lac ou sur celles du Petit Lac. Les villages et hameaux du Grand Lac, noyés sous les arbres, sont d'humeur riante ; quelques rares vignes rappellent leur ancienne vocation vinicole. Les versants abrupts plongeant sans palier dans les eaux du Petit Lac rendent ce dernier plus austère mais plus romantique.

Lac d'ANNECY

Circuits de découverte

LE TOUR DU LAC★★ 1

Ce parcours autour du lac, compose un magnifique **itinéraire**★★ d'une demi-journée ou plus, que l'on peut tout aussi bien entreprendre dans l'autre sens.

La route, le plus souvent en ligne droite, borde le lac. De temps en temps, vous avez de belles perspectives sur les escarpements de la Tournette et les crénelures des dents de Lanfon. Elle longe le massif des Bauges, pénètre dans Sévrier et passe par Duingt. Avant Doussard, prenez la direction de Talloires par la D 909^A.

Quitter Annecy par la D 1508. Roulez doucement, la route traverse les villages et peut en été être relativement encombrée.

La route contourne le promontoire de la Puya, extrémité nord avant-garde du Semnoz. Ce passage au bord de l'eau fait découvrir le mont Veyrier, au-delà duquel apparaissent les barres rocheuses du Parmelan, les dents de Lanfon, et enfin, la Tournette.

Sévrier

Cette commune, bien abritée par les pentes boisées du Semnoz, disperse ses hameaux tout près du lac. Son église est remarquablement située au sommet d'une légère ride de terrain parallèle au rivage. Sur la place, un beau prieuré ancien et ses jardins sont ouverts au public.

Écomusée du Costume savoyard – *Pl. de l'église -* ✆ *04 50 52 41 05 - www.ecomusee-lacannecy.com - de mi-juin à mi-sept. : 10h-12h, 14h-18h, dim. 14h-18h ; de déb. mai à mi-juin et de mi-sept. à fin sept. : 14h-18h - fermé sam. - 4 € (7-15 ans 3 €).*

Soucieux de préserver des témoignages pour l'avenir, les créateurs de ce musée ont rassemblé des costumes, des dentelles, des broderies et des châles du 19e s. au début du 20e s. mais aussi les objets du quotidien de leurs ancêtres et une collection de croix de Savoie dont les motifs varient d'un village à l'autre. Un court métrage relate le mariage de la Marie et du Fanfoué (François) en 1850.

Musée Paccard★ – *D 1508, à la sortie sud de Sévrier -* ✆ *04 50 52 47 11 - www.paccard.com/musee - ♿ - juil.-août : 10h-12h30, 14h-18h30 (dernière entrée 1h av. la fermeture) - mai-juin et sept. : 10h-12h, 14h30-18h30, dim. et j. fériés : 14h30-18h30 ; reste de l'année : 10h-12h, 14h30-17h30, dim. et j. fériés : 14h30-17h30 - fermé 1er janv., 25 déc - visite de la fonderie de mi-avr. à fin juil. et de déb. sept. à mi-oct. : vend., dim. et j. fériés 14h30-17h30 ; août : se renseigner - 5 € (6-18 ans 3,50 €) musée, 2,50 € fonderie.*

Il a été créé par la **fonderie Paccard** spécialisée dans la fonte de cloches depuis près de deux siècles. On découvre ici la complexité de la fabrication des cloches, la variété de l'art campanaire (cloches du 14e au 19e s. de différents pays). On vous raconte aussi l'histoire de deux grosses cloches fondues à Annecy : la *Savoyarde* du Sacré-Cœur de Montmartre (1891) et la *Jeanne d'Arc* de la cathédrale de Rouen.

Entre Sévrier et Duingt, la route passe à l'intérieur des terres à **Saint-Jorioz**. À partir de la plage, on peut parcourir à pied le sentier qui longe les roselières. C'est à quelques mètres des rives que se trouve le célèbre site d'habitat lacustre (3 000 ans av. J.-C.) avec près de 700 pilotis qui affleurent encore sous l'eau de plusieurs centimètres. Plus loin, la presqu'île boisée du **château de Duingt** *(privé)* s'avance vers les falaises du roc de Chère.

Duingt★

L'éperon du Taillefer plonge sous les eaux face aux falaises du roc de Chère et à la baie de Talloires et sépare nettement le Grand Lac du Petit Lac. À ses pieds, Duingt est une agréable résidence estivale, réputée pour sa situation. Le noyau ancien du village, avec ses petites maisons à escaliers extérieurs, décorées de treilles, a gardé presque intacte sa rusticité savoyarde. De Duingt au Bout-du-Lac, on longe de très près, jusqu'à Brédannaz, les rives plus abruptes du Petit Lac ou du « lac de Talloires », encadré par les pentes rocailleuses du Taillefer.

Des eaux pures

En 1957, les eaux du lac souffrent d'eutrophisation et la faune d'une mort annoncée. Une poignée d'inconditionnels met alors en place un programme de dépollution. Leurs efforts, relayés par les institutions, sont aujourd'hui récompensés. Le lac s'enorgueillit des plus pures eaux d'Europe et d'une faune en excellente santé. Les poissons abondent dont la féra et l'omble chevalier. Il reste aujourd'hui à préserver les zones humides et de nidifications, tâche ardue face à la forte pression immobilière et à la fréquentation touristique.

DÉCOUVRIR LES SITES

Doussard
C'est sur le territoire de cette commune qu'est implantée la **réserve naturelle du Bout-du-Lac**. Un sentier de découverte permet l'accès à la roselière et à une tour médiévale (15e s.) utilisée pour l'observation des oiseaux et d'une colonie de castors (pour ces derniers, venir tôt le matin). *Informations au bureau des Réserves naturelles - Le Grimpillon - Talloires - 04 50 64 44 03 - www.asters.asso.fr - accès libre ou visite guidée en juil.-août.*

Le hameau de Doussard avec son pont médiéval et ses alentours boisés était très prisé par les peintres paysagistes de l'école d'Annecy dès les années 1820.

Prendre la D 909A qui longe le lac vers Annecy.

Le lac et le château de Duingt.

Verthier
C'est un charmant village, dont le caractère a été préservé. Ses belles maisons de vignerons étaient encore au tout début du 20e s. couvertes de chaume.

Talloires★
Au bord du Petit Lac d'Annecy, en face de la pointe de Duingt, Talloires bénéficie d'un **site★★** remarquable qui en fait un des lieux de villégiature les plus prisés de la région. Même si l'église de l'abbaye a été détruite en 1793, les bâtiments conventuels présentent encore un bel ensemble. Une plage agréable côtoie une petite base nautique.

Pour avoir une belle vue sur le lac, empruntez la route vers le col de la Forclaz.

Ermitage de St-Germain★
De la D 42, 15mn à pied AR par un chemin assez raide.

Ce lieu de pèlerinage local *(surtout le lun. de Pentecôte)* est aussi, en dehors des journées d'affluence, une charmante retraite. Saint Germain, premier prieur du prieuré devenu depuis l'abbaye de Talloires, était venu se retirer, selon la tradition, dans la grotte *(accessible)* du petit escarpement au pied duquel passe la route.

Le **site** de la chapelle (1829), orné d'un respectable tilleul, domine la baie de Talloires, le détroit de Duingt et les montagnes des Bauges. Pour un **panorama** plus étendu sur le Grand Lac et les dents de Lanfon, montez *(15mn à pied AR par un chemin escarpé longeant le cimetière)* au **belvédère de la Vierge★★**.

Poursuivre sur la D 42.

Col de la Forclaz★★
Du belvédère (alt. 1 150 m) de l'hôtel-restaurant, au col, on découvre une **vue** plongeante sur le lac d'Annecy. Ici, son tracé est étrangement tortueux, au pied du Taillefer que défigure une gigantesque carrière. Au large de la pointe de Duingt, le banc du Roselet, haut-fond sur lequel s'étaient fixées des cités lacustres, fait une tache jaunâtre dans les eaux bleues du lac. À l'horizon s'estompent les crêtes de la montagne de Vuache et du Jura méridional.

Lac d'ANNECY

Prendre un sentier qui monte vers l'hôtel-restaurant et, au bout de 100 m, tourner à gauche pour atteindre un belvédère (15mn à pied AR).

Le **panorama** est alors dégagé sur les sommets des Bauges – dont le point culminant est l'Arcalod –, les dents de Lanfon et la Tournette.

Retourner vers Talloires.

En revenant vers Rovagny et Menthon, l'ermitage de St-Germain apparaît, juché sur son gradin escarpé, au-dessus de la gorge boisée du saut du Moine.

Après le tunnel jaillissent le Grand Lac et Annecy, puis immédiatement en contrebas le site célèbre du détroit de Duingt. Après avoir rejoint la route directe d'Annecy, la D 909^A, on aperçoit en contre-haut, à droite, la fière silhouette du château de Menthon.

Menthon-St-Bernard★ *(voir ce nom)*

Veyrier-du-Lac

En face de l'église, gagner le jardin derrière la mairie pour embrasser une vue agréable sur tout le Grand Lac.

Mont Veyrier★★

1 km en voiture puis 4h à pied AR. De Veyrier, prendre la route du mont, puis tourner à gauche dans la route de la Combe que l'on suit jusqu'au bout. Laisser la voiture et prendre le sentier du col des Contrebandiers qui mène au sommet du mont Baron.

Du sommet, le regard plonge sur Annecy et le Grand Lac, encadré, de gauche à droite, par les sommets des Bauges, la montagne d'Entrevernes et le bourrelet du Semnoz.

Par temps clair, les glaciers de la Vanoise brillent en direction du sud-est. Vers le nord-est, par la trouée du défilé de Dingy apparaissent les bosses du Salève et des Voirons, entre lesquelles se devine le lac Léman. Plus à droite se succèdent les falaises du Parmelan, les crêtes des Aravis entre pointe Percée et l'Étale (par le col des Aravis surgit le mont Blanc), enfin les dents de Lanfon et la Tournette. Passé le col des Contrebandiers, sur l'itinéraire de descente, vous pourrez en 5mn rejoindre la grotte de la Cheminée.

Entre Chavoire et Annecy, la route s'élargit et donne un bon aperçu de l'agglomération annécienne, dominée par la basilique de la Visitation et le château.

Annecy-le-Vieux

La Mâveria ou « la Mal Virée », énorme menhir insolite détaché de la montagne sans raison apparente, marque l'entrée d'Annecy-le-Vieux. Sur la colline, tout près de l'hôtel de ville, un beau clocher roman est séparé de l'église néoclassique. En face s'élève la villa Dunand, où vécut le musicien Gabriel Fauré, de 1919 à 1924.

FAVERGES ET SES ENVIRONS [2]

Circuit au départ de Doussard. Au sud du lac, dans la plaine de l'Eau Morte, les sommets des Bauges se précisent : l'**Arcalod**, point culminant du massif (alt. 2 217 m), est reconnaissable à ses arêtes tranchantes, la Sambuy à son profil pyramidal, et, enfin, la Belle Étoile et la dent de Cons, à leurs versants entièrement ravinés.

Faverges

Entre la chaîne des Aravis et le massif des Bauges, au pied des arêtes terminales étrangement découpées de la Tournette (massif des Bornes), ce gros bourg d'origine gallo-romaine est dominé par le donjon rond (13e s.) de son château. Faverges, de tradition industrielle ancienne, vit du travail du bois (chalets préfabriqués) et de nombreuses autres industries : mécanique de précision, électroménager, stylos et briquets de luxe Tissot-Dupont.

Viuz

Ce hameau présente l'intérêt d'être en vue du mont Blanc, dont on aperçoit l'impériale cime neigeuse derrière les crêtes du Charvin.

À côté de l'église au chœur roman (12e s.), cryptes des siècles antérieurs le petit **Musée archéologique** présente des collections d'objets gallo-romains trouvés au cours de fouilles sur place et dans la région, dont un remarquable chaudron du 3e s., un collier d'ambre de 200 perles et une collection de pièces romaines. ☏ 04 50 32 45 99 - http://viuz.sav.org - ♿ - juil.-août : 14h30-18h30 ; reste de l'année : tlj sf w.-end 14h30-18h30 - possibilité de visite guidée (1h) - fermé j. fériés (sf 14 Juil., 15 août) - 2,90 € (enf. 1,75 €) tarif 2008.

DÉCOUVRIR LES SITES

Grotte et cascade de Seythenex
À 2 km au sud de Faverges, à droite, suivre le chemin signalé « Grotte de Seythenex ». 04 50 44 55 97 - www.cascade.fr - visite guidée de la grotte (40mn) et visite libre de la cascade juil.-août : 9h30-18h ; mai-juin et déb. sept. à mi-sept. : 10h-17h30 - 6,90 € (enf. 5 €).

Ce site étonnant niché dans le vallon du St-Ruph dans le massif des Bauges vous mettra au frais quelques minutes. Des passerelles mènent au sommet de la cascade qui chute de 30 m par une étroite fissure boisée. La visite accompagnée fait suivre l'ancien lit souterrain du torrent. Une maquette animée illustre le fonctionnement des ateliers artisanaux utilisant la force de l'eau (scie battante, huilerie à noix, martinet, etc.)

À Seythenex, prendre à droite la route qui conduit au Vargnoz.

Montagne de la Sambuy★
Ascension sans effort avec le **télésiège** reliant le Vargnoz au refuge R. Favre (alt. 1 820 m). Au sommet, contemplez la chaîne de Belledonne, les Aravis, la Tournette et le lac d'Annecy au nord-ouest, les glaciers de la Vanoise au sud-est, le massif du Mont-Blanc au nord-est. *04 50 44 44 45 - de fin juin à déb. sept. : 10h-17h (20mn, en continu) ; de mi-déc. à fin janv. 9h-16h30 ; fév.-mars : 9h-17h - 6,50 € AR.*

LE SEMNOZ★★ ③
Circuit au départ d'Annecy 52 km – environ une demi-journée.

Le Semnoz, longue croupe boisée uniforme pour qui la considère du lac d'Annecy ou de l'Albanais, est cependant du plus haut intérêt touristique : la forêt du Crêt du Maure est fort bien aménagée pour les promenades et le crêt de Châtillon, son point culminant, permet de découvrir un tour d'horizon de tout premier ordre.

Annecy★★★ *(voir ce nom)*
Quitter Annecy par la D 41 (vers crêt de Châtillon) qui s'élève rapidement.

Forêt du Crêt du Maure★
Recouvrant le dernier promontoire du Semnoz, cette forêt doit son existence à des reboisements de résineux du 19e s.

De cette forêt part un dédale de sentiers desservant des belvédères sur le lac d'Annecy ou sur l'Albanais.

De la route du Semnoz, prendre sur 500 m un chemin coupé de raidillons s'amorçant au deuxième lacet suivant l'entrée en forêt, à hauteur d'un réservoir d'eau.

L'une des plus jolies **perspectives**★★ sur le lac s'offre du chalet Super-Panorama.

Un peu plus haut sur la D 41, les enclos du **parc animalier de la Grande Jeanne** accueillent marmottes, daims, chevreuils et rennes, faisant la joie des enfants.

Des Puisots, la route pénètre en forêt et donne encore quelques rares échappées sur la dépression de l'Albanais fermée par la ride régulière de la montagne de Cessens, prolongée par la montagne du Gros-Foug avec, à l'horizon, les croupes plus imposantes du Jura méridional (Grand Colombier).

Prendre à gauche la route forestière qui mène au belvédère de Bénévent. Laisser la voiture dans un lacet à gauche et prendre un sentier à droite.

Belvédère de Bénévent★
De là, **vue** sur la Tournette et le détroit de Duingt. Entre la Tournette et la dent de Cons, les sommets du Beaufortain s'estompent à l'horizon.

Revenir à la D 41.

On débouche sur des alpages pierreux, étoilés de gentianes bleues au début de l'été. La montée s'accentue et, après un virage à droite, la route se retrouve sur le versant du lac d'Annecy. Là, encore un immense panorama de montagnes.

Au niveau de l'espace ski de fond, le **jardin alpin** est l'occasion de découvrir la richesse de la flore alpine (Frapna - *04 50 67 37 34*).

Crêt de Châtillon★★★
15mn à pied AR. Laisser la voiture au point culminant de la route et monter à travers prés jusqu'au sommet. Vous vous repérerez grâce à une haute croix et une table d'orientation.

Le **panorama** offre une sélection des sommets les plus fameux des Alpes occidentales : massifs du Haut-Faucigny, du Mont-Blanc, de la Vanoise, des Écrins, des aiguilles d'Arves, du mont Viso avec, au premier plan, les montagnes encadrant le lac d'Annecy.

La profonde forêt de résineux cesse à la limite du plateau. Vous trouverez sur votre route, de beaux points de vue sur les massifs de la Tournette et du Parmelan *(au nord-est)* et sur les Bauges *(au sud-est)*.

Du col de Leschaux, rentrer à Annecy par la D 912 et Sévrier.

Lac d'ANNECY

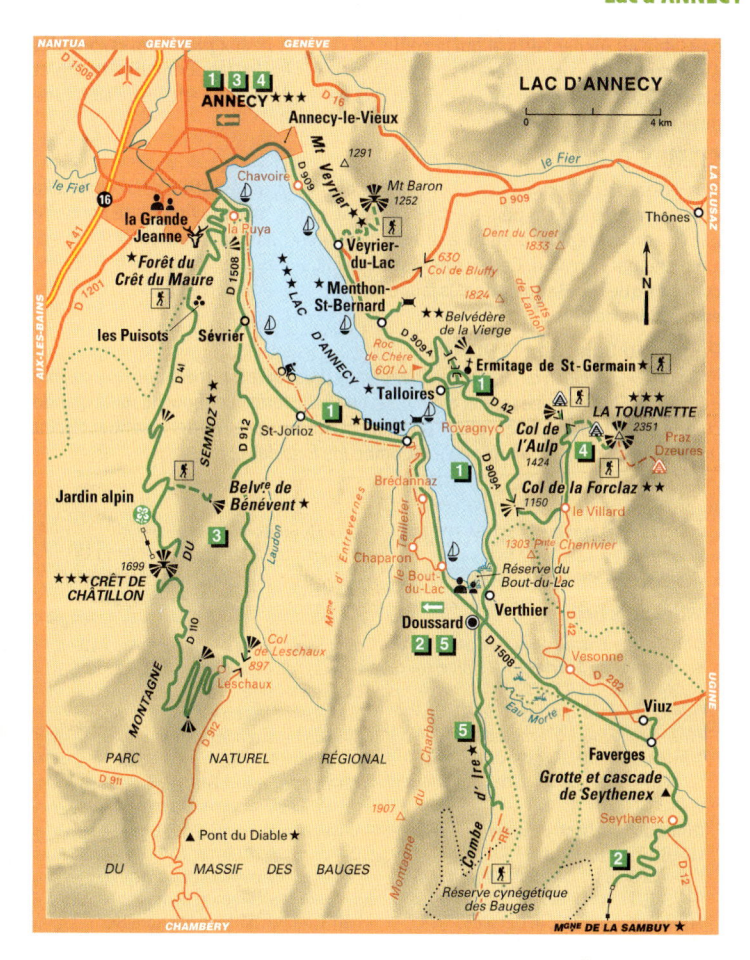

Randonnées

BELVÉDÈRE DE LA TOURNETTE★★★ 4

Randonnée pédestre à partir du chalet d'Aulp – Circuit au départ d'Annecy – 35 km, compter la journée avec la montée au refuge de la Tournette.

Quitter Annecy par la D 909 jusqu'à Écharvines puis prendre la D 42 en direction du col de la Forclaz.

Route du col de l'Aulp – Cette route forestière passe devant le hameau étagé du Villard, puis grimpe entre les sapins peuplant les versants du Nant de Montmin. Au bout d'un kilomètre, sur la droite, les falaises calcaires de la Tournette apparaissent, superbes et majestueuses. 600 m plus loin, aux Prés Ronds, un chemin caillouteux prend le relais de la route goudronnée. Puis à 3,5 km, en atteignant le col de l'Aulp surgit de nouveau le lac d'Annecy qui offre toujours un superbe spectacle. Vous arrivez ensuite au **chalet-buvette de l'Aulp** (alt. 1 424 m) départ de la randonnée pour le refuge de la Tournette.

Laissez votre voiture aux Prés Ronds ou au parking situé à proximité du chalet d'Aulp (chemin entretenu sommairement).

Du chalet de l'Aulp au refuge de la Tournette

2h AR. 350 m de dénivelée. Cette randonnée exige une bonne maîtrise du milieu rocheux. Aucun matériel particulier n'est toutefois nécessaire, câbles et échelles équipant de nombreux passages. Se munir d'une bonne paire de jumelles pour apprécier les passages fréquents de bouquetins.

Depuis le chalet, un sentier balisé part à l'est du col dans un paysage minéral pour longer ensuite par la droite les falaises calcaires dominant le cirque du Casset. De la table d'orientation du refuge de la Tournette (alt. 1 774 m), splendide **panorama**★★ sur la rive ouest du lac d'Annecy et le Semnoz. De la crête faîtière (alt. 2 351 m), recon-

157

naissable au rocher vertical qui la coiffe, un des plus beaux **panoramas**★★★ des Alpes du Nord récompensera les plus courageux. Enfin, les randonneurs aguerris et bien équipés s'aventureront au-delà du versant est de la Tournette jusqu'au refuge des Praz Dzeures *(ouverture saisonnière, se renseigner)*.

COMBE D'IRE★ 5

Par Doussard (D 281), puis Chevaline (D 181), rejoindre la route forestière de la combe d'Ire et la suivre sur 6 km. On pénètre dans la combe d'Ire, profond sillon boisé parcouru par un torrent rapide, dominé à droite par la montagne du Charbon et le Trélod, à gauche par l'Arcalod. Cette combe secrète fait aujourd'hui partie de la **Réserve cynégétique des Bauges**, dont la faune est riche en chamois, chevreuils, tétras-lyres et mouflons de Corse.

Pointe du Banc Plat (1 907 m)

5h30 AR. 1 130 m de dénivelée. Au terminus de la route forestière, suivre le chemin « Circuit du Charbon ». Le sentier court dans une belle forêt et débouche sur la grande combe herbeuse du chalet-refuge du Planay. D'un alpage à l'autre, le sentier rejoint un chemin de crête et le refuge de la Combe *(au fond du vallon)*.

Lac d'Annecy pratique

Voir aussi l'encadré pratique d'Annecy.

Adresses utiles

Office du tourisme de la rive gauche du lac d'Annecy à Sévrier – Rte d'Albertville - 74320 Sévrier - 04 50 52 40 56 - www.visit-lacannecy.fr - juil.-août : 9h30-13h, 14h30-18h30 ; de déb. à mi-sept. : 9h-12h, 14h-18h, sam. 9h-12h ; reste de l'année : 9h-12h, 14h-17h30, sam. 9h-12h - fermé dim. et j. fériés (sf 14 Juil., 15 août).

Office du tourisme de la rive plein soleil à Talloires – 04 50 60 70 64 - www.talloires.fr - juil.-août : 9h-19h, dim. 9h-12h30 et 14h45-19h ; mai-juin : 9h-12h30, 14h-19h, dim. 9h-13h ; avr. et sept. : tlj sf merc. 9h-12h30, 15h-18h30, w.-end 9h-13h ; oct. : tlj sf w.-end 9h-12h30, 14h-18h ; reste de l'année : lun.-jeu. 9h-12h30, 14h-17h30 - fermé j. fériés (sf 14 Juil., 15 août) - visites guidées du village (1h30) en juil.-août : mar. - 4 € (- 12 ans gratuit).

Se loger

Hôtel Le Clos Marcel – Allée de la Plage - 74410 Duingt - 04 50 68 67 47 - www.closmarcel.com - fermé 28 sept.-27 avr. - 15 ch. 40/86 € - 8,50 € - rest. 26 €. Toutes les chambres sont tournées côté flots et offrent le coup d'œil sur les sommets de la rive opposée. Agréable jardin au bord du lac ô combien reposant ! Ponton privé. Salle de restaurant panoramique et délicieuse terrasse tournée vers le lac d'Annecy.

Hôtel Arcalod – 74210 Doussard - 04 50 44 30 22 - www.hotelarcalod.fr - ouv. 10 mai-30 sept. - 33 ch. 62/85 € - 10 € - rest. 20/31 €. L'atout de ce chalet familial : les nombreuses activités gratuites proposées sur place (randonnée, tir à l'arc, vélo…) Petites chambres bien tenues et grand jardin arboré. Spacieuse et lumineuse salle de restaurant, cuisine de pension gentiment savoyarde.

Hôtel Beauregard – 691 rte d'Albertville - 74320 Sévrier - 04 50 52 40 59 - www.hotel-beauregard.com - fermé 17 nov.-15 janv. - 45 ch. 55/99 € - 10 € - rest. 21/46 €. Imposante demeure dont les chambres, fonctionnelles et bien tenues, s'ouvrent côté lac ou côté route. Les familles seront hébergées dans une aile récente. Le restaurant en rotonde offre un beau regard sur l'eau. Cuisine traditionnelle.

La Charpenterie – 72 r. A. Theuriet - 74290 Talloires - 04 50 60 70 47 - www.la-charpenterie.com - fermé 6 janv.-6 fév. - 18 ch. 75/110 € - 12 € - rest. 24/38 €. Chalet récent orné de balcons ouvragés. Intérieur chaleureux et confortable où le bois s'impose partout. Nombreuses chambres avec terrasse. Salle de restaurant lambrissée, décorée de photos anciennes ; cuisine ancrée dans la tradition (spécialités fromagères).

Chambre d'hôte de la Maison de Marie – 100 chemin des Charbonnières, Sollier - 74210 Doussard - sur D 1508, rte d'Albertville, à gauche avant la discothèque - 04 50 32 97 43 - www.maison-de-marie.com - 5 ch. 52 € - repas 18 €. Cette vénérable maison de village abrite des chambres simples, parfois garnies de meubles de famille. Le rez-de-chaussée se partage entre une grande salle à manger, un salon réchauffé d'une cheminée et une terrasse ombragée et fleurie.

Hôtel Résidel – 20 chemin des Aires - 74320 Sévrier - 04 50 52 67 50 - www.hotel-residel.com - 21 ch. 85 € - 7 €. Nombreuses rénovations entreprises en ces deux bâtiments aux allures de chalets, commodément situés près de la N 508. Les chambres, dotées d'une terrasse ou d'un balcon, profitent toutes de la vue sur le lac ; studios et appartements sont équipés de cuisinettes. Accueil plaisant.

Se restaurer

Auberge du Roselet – Au Feilet - 74410 Duingt - 04 50 68 67 19 - www.

Lac d'ANNECY

hotel-restaurant-leroselet.com - 22/55 € - 14 ch. 80/110 € - ⊇ 10 €. Spécialités de poissons du lac - pêchés par le cousin de la patronne - à déguster sur la terrasse à fleur d'eau ou dans deux salles à manger (l'une classique, l'autre marine). Chambres un brin rétro et petite plage privée.

Bistrot du Port – *Au port - 74320 Sévrier - ℘ 04 50 52 45 00 - www.bistrot-du-port.com - fermé de fin nov. au 15 fév., mar.-merc. en oct.-nov. et lun. - 25 €.* Un petit air de vacances plane sur ce restaurant décoré dans un sympathique esprit nautique. Attablez-vous dans la véranda chauffée en hiver ou sur la terrasse en été pour profiter de la vue sur l'eau et les montagnes tout en savourant poissons du lac et grillades.

Le Poisson Rouge – *20 prom. des Seines, les Avollions - 74320 Sévrier - par le lac, rte d'Albertville - ℘ 04 50 52 40 48 - poissonrouge74@orange.fr - fermé janv. et fév. - 25/30 €.* Au bord du lac, restaurant accessible de multiples façons : à pied, en roller (une piste longe la berge), en bateau (ponton privé) ou en voiture (parking). La terrasse, agréablement ombragée de platanes, offre une vue magnifique sur les dents de Lanfon. Une adresse très prisée.

Villa des Fleurs – *rte du Port - 74290 Talloires - ℘ 04 50 60 71 14 - www.hotel-lavilladesfleurs74.com - fermé 25 nov.-10 fév., dim. soir et lun. - 32/60 € - 8 ch. 96/132 € - ⊇ 12,50 €.* Dans le bourg mais entourée de verdure, confortable villa savoyarde où l'on déguste une cuisine régionale et surtout les poissons du lac d'Annecy. Petites chambres calmes.

Au Gay Séjour – *74210 Faverges - ℘ 04 50 44 52 52 - www.hotel-gay-sejour.com - fermé 14 Juil.-31 août, dim. soir et lun. sf j. fériés - 33/82 € - 11 ch. 85/100 € - ⊇ 13 €.* Vous passerez sans aucun doute un séjour paisible dans ce chalet familial. Tout y est simple, très bien tenu et propre. La cuisine régionale est servie dans une petite salle à manger soignée qui ouvre ses fenêtres sur une jolie vue. Bon accueil assuré.

Que rapporter

Les Étains du Lac – *N 508 - 74320 Sévrier - A 41 sortie Annecy-Sud, dir. le Lac - ℘ 04 50 52 48 91 - juil.-août : 9h30-12h et 14h-18h30 – fermé le dim. 1er quinz. de juil. - gratuit.* L'un des derniers tourneurs d'étain en France organise une visite commentée du musée et de son atelier.

Sports & Loisirs

Bon à savoir - Les plages surveillées installées autour du lac possèdent pour la plupart leur propre base nautique. On y pratique, selon le site, la voile, le ski nautique, le canoë-kayak ou la plongée. Par ailleurs, le centre nautique de l'île Bleue dispose d'un espace forme et de 3 bassins à ciel ouvert, entourés de verdure.

Location de vélos – *Localoisirs – 47 av. du Petit-Port - 74940 Annecy-le-Vieux -* ℘ 04 50 23 31 15 ou 06 08 86 81 59 - www.annecy-loca-loisirs.com - fin mars-déb. nov. 9h-19h; le reste de l'année sur RV - fermé nov.-mars.

Piste cyclable – Une piste cyclable sur la rive gauche (ouest) du lac est aménagée sur l'ancien chemin de fer Annecy-Marlens. Rien ne vous empêche de terminer la boucle par l'autre rive mais attention à la côte de Talloires. Pour l'éviter, commencer votre circuit par la rive droite (Annecy-le-Vieux, Veyrier…).

Port de Talloires.

Cercle de voile de Sévrier – *134 rte du Port - 74320 Sévrier - ℘ 04 50 52 40 04 - www.cvsevrier.com - du 1er avr. à fin oct. : sur réserv.* Accompagné par un skipper qui connaît ce lac alpin dans les moindres détails, on se laisse guider à bord d'un voilier pour une découverte du site et des montagnes alentour. Incollable sur le sujet, il répond à toutes les questions relatives à cette embarcation. Charmante balade au gré du vent.

Parapente – *74210 Montmin.* Le panorama grandiose du col du Forclaz offre une vue imprenable sur le lac d'Annecy et suscite souvent de folles envies de voler. Qu'à cela ne tienne ! Des moniteurs diplômés d'État vous attendent pour un vol en biplace (parapente et deltaplane) vraiment inoubliable.

Profil plongée – *Rte du Port - 74290 Talloires - ℘ 04 50 60 79 56 - www.annecyplongee.com - du 1er Mai à fin oct : tlj sur réserv - baptême : 45 €/pers.* Après avoir appris à dire « OK » et « ça ne va pas » avec les mains, puis testé la respiration dans le détendeur, vous pouvez revêtir une combinaison et plonger pour une balade à 6 m de profondeur. En chemin, vous croiserez sûrement des brochets et des écrevisses, assez peu farouches.

Événements

Les pyroconcerts de Talloires – *Du 22 au 26 août :* spectacles et pyrotechnie sur l'eau *(renseignements : office du tourisme de Talloires).*

Son et lumière – En août, au château de Menthon-St-Bernard.

DÉCOUVRIR LES SITES

Massif des Aravis ★★

CARTE GÉNÉRALE C2/3 – CARTE MICHELIN DÉPARTEMENTS 333 L/M-2/3 – HAUTE-SAVOIE (74)

Dressé entre le lac d'Annecy et la vallée de l'Arve, ce massif se tient à l'écart des grands axes, des stations fébriles et des centres industriels. Toutefois, deux stations se partagent les faveurs des adeptes de la glisse dans le massif : La Clusaz et Le Grand-Bornand. L'habitat traditionnel y est remarquablement conservé.

- **Se repérer** – Accessible par Annecy (28 km par la D 16, puis D 909) ou à partir de Menthon-Saint-Bernard par une superbe route (D 909).
- **À ne pas manquer** – Le site enchanteur de la chartreuse du Reposoir ; le passage du col des Aravis pour son panorama.
- **Organiser son temps** – Empruntez la route qui mène au col des Aravis en fin d'après-midi pour bénéficier d'un meilleur éclairage : le point de vue sur le mont Blanc au col des Aravis en fait l'un des plus réputés des Alpes de Savoie.
- **Avec les enfants** – La 2e quinzaine d'août, Le Grand-Bornand accueille le prestigieux Festival international de théâtre jeune public « Au bonheur des mômes ».
- **Pour poursuivre la visite** – Voir aussi La Clusaz, Thônes.

Vaches paissant au col des Aravis.

Comprendre

Un massif préalpin – Le nom du col des Aravis provient du latin *arare via*, la « voie tracée », correspondant à un axe naturel de communication entre deux vallées. Comme les autres massifs préalpins (Chartreuse, Bauges et Vercors), celui des Aravis se protège par de hautes barrières calcaires. Pour y accéder, le visiteur doit emprunter les accès de vallées étroites : soit celle du Fier quand on vient d'Annecy par Thônes, soit celle du Borne quand on arrive de Bonneville.

Entre Fier et Borne, le Parmelan (alt. 1 832 m) et ses longues falaises sont un des traits les plus marquants du paysage annécien, et le but d'une petite course en montagne très pratiquée.

Entre le Borne et le Foron du Reposoir, les massifs du Jallouvre et du Bargy (point culminant : 2 408 m) soulèvent leurs énormes carapaces rocheuses.

La chaîne des Aravis proprement dite dresse, entre le val d'Arly et la vallée de Thônes, son implacable falaise striée par l'érosion qui forme du côté nord une série d'éperons rocheux entrecoupés de combes tant prisées par les randonneurs à skis ou à pied, l'autre versant, du côté du val d'Arly, est beaucoup plus abrupt et évoque une immense déchirure géologique. Les derniers bastions des Aravis, qui surplombent la grande cluse de l'Arve, sont groupés sous le nom de **chaîne du Reposoir**, comme est appelé aussi « vallée du Reposoir » l'évidement supérieur du Foron, occupé au Moyen Âge par les chartreux.

Massif des ARAVIS

Circuits de découverte
LES VALLÉES
Route de La Clusaz 1
D'Annecy à La Clusaz 31 km – environ 1h. Quitter Annecy par la D 909 vers Menthon-St-Bernard.

Jusqu'à Chavoire, la D 909 est une large avenue tracée au bord du lac. On découvre la longue croupe du Semnoz, puis la dépression du col de Leschaux. Lui succèdent le sommet de la dent de Rossanaz qui domine le Châtelard, au cœur des Bauges, puis la montagne d'Entrevernes.

Veyrier-du-Lac *(voir p. 155)*
Entre Veyrier et Bluffy, une halte permet de contempler le château de Menthon et le paysage en arrière-plan, véritable composition naturelle des belles courbes des Bauges…

Du col de Bluffy la route descend vers la vallée du Fier encaissée en aval et dominée par les grandes falaises du Parmelan. En amont se distingue la **cascade de Morette**.

Alex
Le château d'Arenthon d'Alex domine la vallée du Fier. Cette ancienne maison forte du 13e s., remaniée au 16e s., accueille depuis 1999 la **Fondation Salomon pour l'art contemporain**. La réhabilitation complète du château combine quelques témoins de l'époque Renaissance avec une architecture de béton et de verre résolument moderne. Les **expositions temporaires★** (2 par an) accueillent des artistes mondialement reconnus comme Jacques Monory ou Gilbert & Georges. Dans le jardin d'agrément, sont exposées des sculptures d'artistes contemporains. ✆ 04 50 02 87 52 - www.fondationc-salomon.com - *juil.-août : merc.-dim. 14h-19h (dernière entrée 30mn av. la fermeture) ; avr.-juin : jeu.-dim. 14h-19h ; sept.-oct. : w.-end 14h-19h - possibilité de visite guidée juil.-août : 16h - 6 € (– 10 ans gratuit).*

Avant d'atteindre Thônes, l'itinéraire longe la **Nécropole nationale des Glières** *(voir Thônes p. 399)*.

Prendre la D 12 vers le sud.

Vallée de Manigod★★
Parcourue par le Fier et fermée par les arêtes de l'Étale, c'est une charmante vallée, avec ses vieux chalets échelonnés sur des pentes coupées de rideaux de sapins ou plantées de vergers.

Les Clefs
En arrivant de Thônes, on apprécie le tableau formé par l'église, perchée sur une éminence boisée dominant le confluent du Fier et du ruisseau du Champfroid, en avant des abrupts de la Tournette.

La route s'élève en vue des bosses jumelles de la montagne de Sulens, de la pyramide du Charvin et de l'aiguille de Manigod.

Poursuivre par la D 16 vers le col.

Col de la Croix-Fry
Le col équipé de remontées mécaniques est une bonne petite station de ski, idéale pour les familles. Au-delà, dans un site pastoral encadré par la forêt, la vue porte sur l'ensemble des crêtes des Aravis, aux dents inclinées dans la même direction jusqu'au sursaut final de la pointe Percée, où culmine le massif (alt. 2752 m).

En descendant, votre regard prendra d'affilée les « cluses » de La Clusaz (vallée du Nom) et des Étroits (vallée du Borne).

La Clusaz★ *(voir ce nom)*

Route de la Colombière 2
De La Clusaz à Cluses 40 km – environ 1h30. Le col de la Colombière est obstrué par la neige de fin nov. à fin mai. Cette route, qui fait communiquer, entre St-Jean-de-Sixt

---

Le reblochon
La vallée de Thônes est **le pays du reblochon** (AOC depuis 1958). Ses deux bourgs, Thônes et Le Grand-Bornand, vivent autour de la production de ce fromage à pâte demi-dure fabriqué à partir du lait des vaches élevées dans les pâturages et les alpages de secteurs bien délimités. Cette activité a permis que se maintiennent les exploitations agricoles dont l'impact est prépondérant sur le paysage. Si les Aravis donnent à voir une montagne si apaisée, c'est en partie grâce à l'entretien des pâturages.

👁 Voir aussi Thônes et l'encadré pratique p. 399.

DÉCOUVRIR LES SITES

et Cluses, la vallée de Thônes et la vallée de l'Arve, vaut surtout par la variété de ses paysages montagnards. Il y a un contraste frappant entre l'austérité pastorale du haut vallon du Chinaillon et le charme de la vallée du Reposoir.

Au nord de La Clusaz, la route se glisse dans la cluse très boisée creusée par le Nom.

Saint-Jean-de-Sixt

De Saint-Jean au Grand-Bornand, la D 4 franchit le seuil peu marqué qui sépare les vallées de Nom et du Borne. Saint-Jean est une plaisante et calme villégiature et représente le centre géographique du massif des Aravis.

Alors que le village se développait sur la colline du Crêt, la population reconstruisit tous les bâtiments publics dans l'actuel chef-lieu en 1860, ce qui explique en partie l'homogénéité du bâti.

Le Grand-Bornand

Dans un des sites les plus ouverts et les plus ensoleillés des Aravis, cette station familiale à l'ambiance rurale ouvre la voie d'accès normale à la pointe Percée, par le beau vallon alpestre du Bouchet. Ces quelque 400 chalets ancestraux disséminés dans tout le village reproduisent fidèlement la typologie locale : la vaste grange de bois appelée *soli* surmonte un socle de pierre dans lequel se répartissent une pièce à vivre, le *pêle* ou chambre d'hiver, une vaste écurie et une cave à reblochon.

Dans l'église, vous remarquerez les **stalles en noyer sculpté** par les frères Gilardi.

La station a su préserver son caractère agricole d'origine : un important cheptel bovin investit au printemps les pistes de ski.

La Maison du patrimoine – ☎ 04 50 02 79 18 - se renseigner pour les horaires - possibilité de visite guidée (1h) - fermé j. fériés - tarif non communiqué.

Indispensable à voir si l'on veut s'imprégner de la façon dont vivaient, il n'y a encore pas si longtemps, les Bornandins. La ferme de 1830 qui accueille le musée est dotée de vastes galeries d'aération, les *solarets*.

Entre Le Grand-Bornand et le pont de Venay, les premiers lacets de la route menant au Chinaillon offrent une bonne vue d'ensemble tantôt sur le massif de la Tournette, tantôt sur les crêtes nord des Aravis, jusqu'à la cime de la pointe Percée.

Le Chinaillon

Sur les deux versants du vallon, cette annexe hivernale du Grand-Bornand se déploie autour du charmant vieux village du Chinaillon, à portée des champs de neige du mont Lachat de Châtillon. La chapelle de Notre-Dame-des-Neiges s'impose par sa simple perfection.

Du pont de Venay au col, le paysage devient tout à fait sauvage ; les grands escarpements rocheux inclinés du Jallouvre empiètent de plus en plus sur les alpages du versant nord.

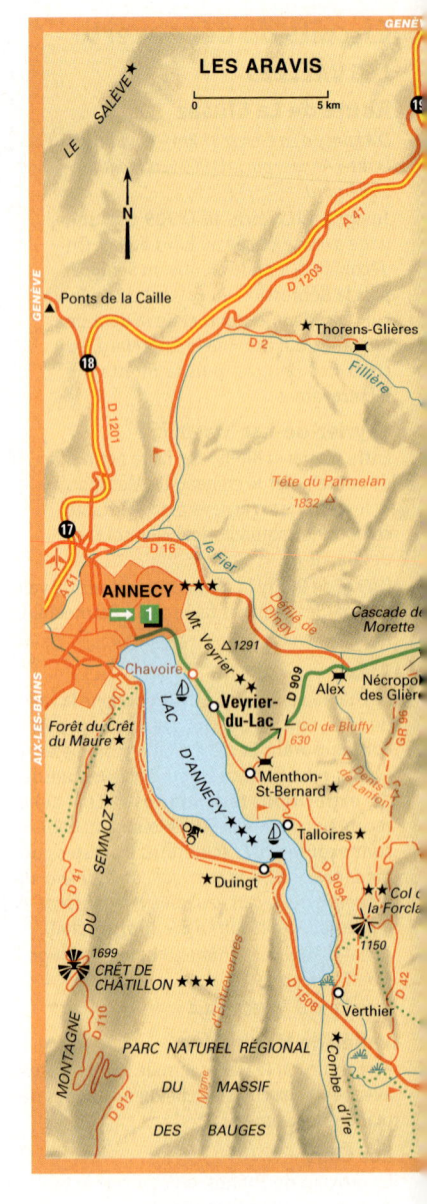

Massif des ARAVIS

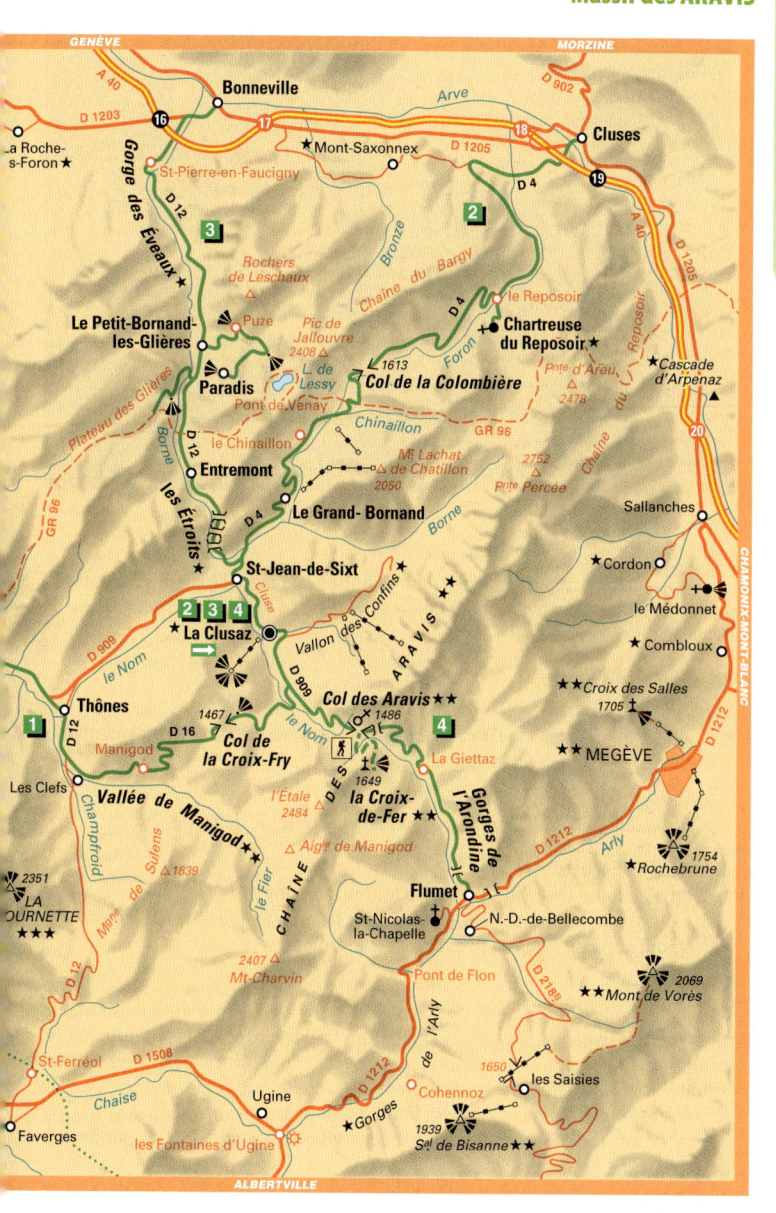

Col de la Colombière

Alt. 1 613 m. Vers le nord-est, au-delà du seuil sur lequel se massent les toits rouges de Romme, le massif des Dents-Blanches et des Avoudrues (haut Faucigny calcaire). Entre le col et le Reposoir, la chaîne du Reposoir laisse pointer, au sud de Romme, ses « têtes » gazonnées puis, au-delà, ses aiguilles rocheuses de la pointe d'Areu à la pointe Percée. Les toits d'ardoises gris clair de la chartreuse apparaissent en contrebas du village.

Du Reposoir, prendre à droite une petite route vers la chartreuse.

Chartreuse du Reposoir★

☎ 04 50 89 86 68 ou 04 50 98 29 31- visite guidée sur demande préalable.

Vu des pentes qui le dominent, le couvent, fondé en 1151 et restauré au 17e s., respecte la belle ordonnance architecturale si typique des chartreuses.

Abandonné en 1901 par les moines de saint Bruno, il est devenu, depuis 1932, un monastère de carmélites. On ne peut visiter que le cloître et la chapelle *(en dehors des offices)*, mais une maquette donne une idée du vaste ensemble de bâtiments.

DÉCOUVRIR LES SITES

Chartreuse du Reposoir.

Du Reposoir à Cluses, on domine la gorge boisée du Foron. En fin de descente, de belles échappées à travers châtaigniers et vergers se multiplient sur la plaine de l'Arve et Cluses.

Vallée du Borne 3
De La Clusaz à Bonneville 40 km – environ 1h15.
Cet agréable parcours longe la vallée du Borne qui présente deux étranglements aux extrémités et un épanouissement central.

Saint-Jean-de-Sixt *(voir ci-dessus)*
À la sortie du seuil de St-Jean-de-Sixt, on s'engage dans le défilé des Étroits.

Défilé des Étroits★
Le Borne a creusé transversalement, dans les chaînons calcaires, une cluse que la route suit sur la rive droite au pied de sévères falaises. La vallée s'élargit ensuite et Entremont apparaît au cœur de prairies verdoyantes.

Entremont
Agréablement situé, ce petit village possède une charmante **église abbatiale** plusieurs fois remaniée. De l'abbaye fondée en 1150 par les chanoines d'Abondance, seule subsiste l'église qui se distingue par une fresque sur sa façade extérieure ; à l'intérieur, les stalles en bois semblent attendre le retour des moines. Dans le trésor, voyez une châsse en bois doré du 12e s. ainsi qu'un bras-reliquaire aux trois doigts bénissant (13e s.). *Se renseigner à la Maison de la nature et du patrimoine* ✆ 04 50 03 54 79.
Le cheminement se poursuit jusqu'au Petit-Bornand-les-Glières, dans un calme vallon parsemé de chalets et barré, vers l'est, par les puissants escarpements du massif de Jallouvre (2 408 m).

Le Petit-Bornand-les-Glières
Petite station estivale dans un cadre reposant, ce village peut être le point de départ d'agréables promenades au plateau des Glières *(à 2 km au sud, au lieu-dit l'Essert, s'amorce une route forestière conduisant aux abords du plateau, voir Thorens-Glières).* Du Petit-Bornand, prendre la route indiquée à gauche de la mairie.

Route de Paradis
Elle escalade de façon vertigineuse les flancs du Jallouvre. Aux chalets de Puze, vue plongeante, à gauche, sur l'aval de la vallée du Borne. 2,5 km plus loin, au croisement du chemin de Cenise *(qu'on laisse à gauche)*, belle vue, à droite, sur l'amont de la vallée. La route se termine aux chalets du petit centre de ski de Paradis, d'où vous aurez une vue impressionnante, au nord, sur les rochers de Leschaux et le gouffre en entonnoir qui les précède en contrebas.
Revenir au Petit-Bornand.
Avant d'atteindre St-Pierre-en-Faucigny et de se jeter dans l'Arve, le Borne a creusé une nouvelle cluse, la gorge des Éveaux.

Massif des ARAVIS

Gorge des Éveaux★
Assez large avec des versants boisés au départ, la gorge se resserre de plus en plus, laissant à peine la place au torrent qui coule en bas.
La route franchit le Borne à St-Pierre-en-Faucigny et rejoint l'Arve à Bonneville.

Route des Aravis★★ 4
De La Clusaz à Flumet 19 km – environ 1h. De La Clusaz au col, la route s'enroule et serpente au fil du vallon des Étages, au pied des escarpements de l'Étale et de leurs silhouettes étranges. Sur les pentes voisines fleurissent, fin mai, les violettes de montagne et les gentianes ; au début de l'été, ce sont les rhododendrons.

Col des Aravis★★
Alt. 1 486 m. La dépression d'alpages, où s'élève une petite chapelle dédiée à sainte Anne, est encadrée par les corniches de l'étonnante face nord-est de l'Étale et, sur le versant opposé, par l'échancrure rectangulaire de la porte des Aravis.
La vue, de mieux en mieux dégagée à mesure que l'on progresse vers l'extrémité est du seuil, s'étend finalement de l'aiguille Verte, à gauche, au mont Tondu, à droite, en passant par les aiguilles de Chamonix, le mont Blanc et l'aiguille des Glaciers. La Tête du Torraz, au premier plan, cache les dômes de Miage.

La Croix de Fer★★
2h à pied AR. Au col des Aravis, à proximité du restaurant des Rhododendrons, s'amorce le chemin (très grossièrement empierré) du chalet du Curé qui, après avoir contourné un éperon, passe au pied de la Croix de Fer. Le panorama, beaucoup plus dégagé que du col des Aravis même, s'étend sur la chaîne du Mont-Blanc, de l'aiguille du Chardonnet au mont Tondu. Au sud-est, au-delà du massif du Beaufortain, brillent les glaciers de la Vanoise.
Entre le col et La Giettaz, on peut apercevoir, dans l'axe des gorges de l'Arondine, le village de N.-D.-de-Bellecombe, sur sa terrasse dominant la vallée de l'Arly.

Gorges de l'Arondine
Elles sont formées par de très profondes entailles dans le schiste et donnaient lieu au début du 20e s. à une active exploitation ardoisière.

Flumet
Ce bourg, étroitement tassé près du confluent de l'Arly et de l'Arondine, commande le croisement des routes du val d'Arly, du col des Saisies et du col des Aravis. Cette situation provoque fréquemment en saison un engorgement par la circulation routière du goulet de Flumet.
Cette villégiature estivale, toute proche de futaies de sapins, dont vous apprécierez l'agrément en vous promenant le long de la route de N.-D.-de-Bellecombe, se poste aux portes du Beaufortain et des pays du Mont-Blanc. Flumet est associé au domaine skiable **Espace Diamant** (600 km de pistes).
En passant le pont, jeté à 60 m au-dessus du cours encaissé de l'Arly, vous arrivez sur la route de N.-D.-de-Bellecombe, où un curieux ensemble de bâtisses sont accrochées au bord du torrent.

Massif des Aravis pratique

Voir aussi les encadrés pratiques de La Clusaz et de Thônes.

Adresses utiles
Office du tourisme du Grand-Bornand – 74450 Le Grand-Bornand - 04 50 02 78 00 - www.legrandbornand.com - juil.-août : 9h-12h, 14h-19h ; mai-juin et sept.-nov. : tlj sf dim. et j. fériés 9h-12h, 14h-18h ; déc.-avr. : 9h-12h, 14h-18h30, sam. : 9h-12h30, 14h-19h.
Office du tourisme de St-Jean-de-Sixt – 74450 St-Jean-de-Sixt - 04 50 02 70 14 - www.saintjeandesixt.com - juil.-août : 9h-12h, 14h-19h, dim. 9h-12h ; avr.-juin et sept.-déc. : tlj sf dim. 9h-12h, 14h-18h, sam. 9h-12h ; janv.-mars : 9h-12h, 14h-18h (19h fév.), dim. 9h-12h.

Visites guidées
Le Grand-Bornand – 04 50 02 79 18 - mar. 10h - 4,50 €. Par les guides du patrimoine des pays de Savoie.

Transports
Autocars Ballanfat – 04 50 02 31 79 - www.transports-ballanfat.fr - navettes Aravis-Genève.
Crolard Voyages – 04 50 45 08 12 - www.voyages-crolard.com - lignes régulières de cars Annecy-Aravis.

DÉCOUVRIR LES SITES

Navette interstation assurée en saisons d'hiver et d'été.

Se loger

Flor'Alpes – 73590 La Giettaz - 04 79 32 90 88 - www.hotelfloralpes.com - fermé 10 avr.-15 mai et 10 oct.-10 déc. - 11 ch. 45/51 € - 7 € – rest. 18/35 €. Tenue impeccable, balcons fleuris, accueil attentionné : découvrez l'authentique hospitalité savoyarde dans cette sympathique petite pension jouxtant l'église. La salle à manger, sagement rustique, ouvre sur le jardin. Service tout sourire.

Chambre d'hôte La Passerelle – 74450 St-Jean-de-Sixt - proche de l'église - 04 50 02 24 33 - www.gites-chaletlapasserelle.com - 5 ch. 60/62 €. Proche des pistes de La Clusaz et du Grand-Bornand, ce chalet neuf se niche derrière l'église de St-Jean-de-Sixt. Il s'ouvre sur un grand pré, avec, en arrière plan, une vue sur le massif de l'Étale. Cinq chambres confortables, claires et boisées.

Chalet Pel'vuoz – Rte de Chaucisse - 73590 St-Nicolas-la-Chapelle - à 1,3 km du village par rte secondaire - 04 79 31 64 37 ou 06 78 03 13 31 - chaletpelvuoz@orange.fr - 3 ch. 66/73 €. Il a fallu quatre années d'efforts à son propriétaire pour construire ce charmant chalet qui offre une belle vue sur la vallée de l'Arly et le massif du Mont-Blanc. Boiseries, pierres et tomettes créent un chaleureux intérieur. Chambres très confortables ; jardin et sauna. Petit-déjeuner soigné.

Hôtel sarl La Vieille Ferme – Station de l'Étale - 74230 Manigod - 10 km au nord-est de Manigod dir. col de la Croix Fry et col du Merdassier (par D 160) - 04 50 02 41 49 - la-vieille-ferme-manigod.com - fermé mai-20 juin, 25 oct.-20 déc. et merc. hors sais. - 6 ch. 114/130 € - 6,50 € - rest. 10/26 €. Ce chalet est idéalement situé au milieu des pâturages en été, au pied des pistes de ski en hiver. Chambres simples et sympathiques ; chaleureuse salle à manger au décor « tout bois » typiquement régional. La terrasse offre une vue imprenable sur le mont Charvin et la Tournette. Départ de randonnées pédestres.

Se restaurer

Croix St-Maurice – Pl. de l'église - 74450 Le Grand-Bornand - 04 50 02 20 05 - www.hotel-lacroixstmaurice.com - fermé 1er-20 oct. - 18/27 €. Chalet traditionnel au cœur de la petite capitale… du reblochon. Le restaurant offre un beau panorama : au premier plan l'église et en toile de fond la chaîne des Aravis. Les chambres, souvent lambrissées et dotées de balcon, sont toutes rajeunies.

Le Traîneau d'Angeline – Le Pont de Suize - 74450 Le Grand-Bornand - 04 50 63 27 64 - perso.wanadoo.fr/letraineau - fermé juin, oct.-nov., mar. midi de janv. à mars, merc. en mai, lun. et mar. d'avr. à sept. - 28/40 €. Sympathique restaurant de la vallée du Borne avec belle salle à manger sous charpente et terrasse tournée vers le torrent. Spécialités régionales et grillades au feu de bois.

Au Bon Vieux Temps – A l'entrée de la station - 74450 Le Grand-Bornand - 04 50 02 32 38 - au-bon-vieux-temps.fr - fermé 2 sem. en juin, oct., nov., lun., mar. et jeu. midi hors sais. - 27,80/39 €. Cette ferme de 1834 entretient pieusement l'atmosphère qui régnait ici « au bon vieux temps ». Le cadre tout bois agrémenté d'outils anciens est inchangé. Les produits du terroir mitonnés devant vous dans la grande cheminée sauront vous mettre en appétit.

La Ferme de Lormay – Lieu-dit « Lormay » - 74450 Le Grand-Bornand - 7 km du Grand-Bornand en dir. vallée du Bouchet et rte des Troncs - 04 50 02 24 29 - fermé 20 avr.-20 juin, 10 sept.-20 déc., mar. et le soir. w-end en hiver. - 35/55 €. N'hésitez pas à faire une halte dans cette ferme « du bout du monde », construite en 1786. L'accueil y est convivial. Saucisses et jambons sèchent dans l'âtre de la cheminée. À table, une cuisine copieuse et authentique.

Que rapporter

Il existe plusieurs types de **reblochon**. Le fermier (sigle vert) est produit et affiné à la ferme. Le laitier (sigle rouge), appelé aussi fruitier, est produit par un affineur avec le lait de plusieurs troupeaux. La tomme blanche des Aravis est un reblochon non affiné (non transportable). Elle se consomme comme un fromage frais dans les heures qui suivent sa fabrication. Se renseigner auprès de la Coopérative des producteurs de reblochon (voir Thônes).

Marché au reblochon – 74450 Le Grand-Bornand - 04 50 02 78 00. Depuis 1795, il se tient chaque mercredi à côté du marché traditionnel. On y vend la production AOC aux grossistes.

Événement

Festival Au bonheur des mômes – 74450 Le Grand-Bornand - 04 50 02 78 00 - www.aubonheurdesmomes.com. Durant la seconde quinzaine d'août, ce festival international de théâtre destiné au jeune public donne à voir les spectacles de dizaines de compagnies.

Aussois ★

628 AUSSOYENS
**CARTE GÉNÉRALE D4 – CARTE MICHELIN DÉPARTEMENTS 333 N6 –
SCHÉMA P. 306 – SAVOIE (73)**

À 1 500 m d'altitude, Aussois bénéficie de sa position dominante sur la vallée de l'Arc, face à la Longe-Côte et à la pointe de La Norma. Porte d'entrée du Parc national de la Vanoise, au pied du Rateau d'Aussois et de la dent Parrachée, le village semble se blottir sur un coteau baigné de soleil. Les maisons de pierre contiguës s'alignent dans les ruelles étroites autour d'une église du 17ᵉ s.

- **Se repérer** – À 7,5 km à l'est de Modane en haute Maurienne. On y accède par l'autoroute A 43 qui conduit à Modane où l'on prend la D 215.
- **À ne pas manquer** – Les forts de l'Esseillon, forteresse étagée sur un piton.
- **Organiser son temps** – Tous les dimanches de l'été, une randonnée de bienvenue, gratuite et facile, est proposée aux visiteurs.
- **Avec les enfants** – Une promenade avec un âne, ou l'aventure grâce aux deux via ferrata leur sont réservées (dès 5 ans).
- **Pour poursuivre la visite** – Voir aussi Modane, Bessans, la haute Maurienne, Val-Cenis.

Aussois au printemps.

Séjourner

En été – De très nombreuses randonnées de tous niveaux débutent à proximité. Sur les falaises qui entourent Aussois, dans un rayon de 10 km, plus de 500 voies sont accessibles aux grimpeurs débutants ou aguerris qui peuvent également tester la **via ferrata du Diable**★ *(voir p. 322)*, considérée comme l'une des plus belles de France. Les adeptes du VTT ont à leur disposition des centaines de kilomètres sur le réseau du site de l'Esseillon.

Le domaine skiable – Un bon équipement, orienté plein sud, des pistes qui montent à 2 750 m, des conditions d'enneigement correctes jusqu'en avril… Quant aux fondeurs, 35 km de pistes jusqu'à Sollières-Sardières leur sont réservés.

Visiter

Église Notre-Dame-de-l'Assomption

Du 17ᵉ s., l'église porte en façade un remploi d'un portail du 13ᵉ s. Ce bel exemple de l'art baroque en Savoie renferme l'une des plus belles poutres de gloire du département ; les scènes sculptées y sont particulièrement imagées et saisissantes.

Maison du patrimoine - L'Arche d'Oé

✆ 04 79 20 49 57 - *de fin juin à déb. sept., vac. de la Toussaint et déc.-avr. : tlj sf merc. 15h-19h ; de déb. sept. aux journées du Patrimoine : w.-end 15h-19h - possibilité de visite guidée en sais. mar. et jeu. 17h - 3,50 € (6-12 ans 2,50 €).* Installé dans l'une des plus vieilles

DÉCOUVRIR LES SITES

Les fortifications de l'Esseillon.

maisons aussoyennes, ce petit musée a l'originalité de permettre aux habitants et aux visiteurs de se rencontrer. Les premiers évoquent avec passion la vie en montagne.

Parc archéologique des Lozes
📞 04 79 20 30 80 - *possibilité de visite guidée sur demande (1 j. av.) juil.-août : jeu. apr.-midi - 3 € (– 12 ans gratuit).* Investie dès le néolithique, la région est riche de témoignages archéologiques. Ici, sur des dalles glaciaires, les premiers habitants ont gravé animaux et scènes du quotidien. Les deux parcours aménagés de tables de lecture en expliquent la signification.

Fortifications de l'Esseillon★
📞 04 79 20 30 80 - *possibilité de visite guidée sur demande (1 j. av.) juil.-août : mar. apr.-midi - 5,50 € (– 12 ans gratuit).*
Entre Aussois et Avrieux, le verrou de l'Esseillon est surmonté d'un impressionnant complexe fortifié, élevé par la monarchie sarde de 1817 à 1834 pour défendre le passage du Mont-Cenis contre une éventuelle invasion française. Les forts ont été construits selon les principes de Montalembert : ligne défensive perpendiculaire à l'attaque et puissance de feu par « tour à canon », préfigurant le système **Séré de Rivières**. Ainsi les forts, étagés en altitude, se protégeaient mutuellement. Le camp fortifié compta jusqu'à 1 500 hommes équipés de plus de 170 pièces d'artillerie.

La place forte de l'Esseillon réunit cinq forts, portant les prénoms de membres de la maison de Savoie. Le fort **Marie-Christine**, point culminant des fortifications, domine le village d'Aussois. Restauré et classé Monument historique, c'est aujourd'hui la cinquième porte du Parc national de la Vanoise. 📞 *04 79 20 36 44 - de mi-mai à mi-nov. et de mi-déc. à mi-avr. : 8h-23h - possibilité de visite guidée (1h) juil.-août : mar. apr.-midi - gratuit.*

Le plus important est le fort **Victor-Emmanuel**, progressivement restauré, que l'on peut rejoindre par la route. Les forts **Charles-Félix** et **Charles-Albert**, en ruine, ne se visitent pas.

En face, sur la rive gauche de l'Arc, se dresse la redoute **Marie-Thérèse**, reliée à l'ensemble par l'impressionnant pont du Diable *(voir La Norma).* 📞 *04 79 20 33 16 - www.redoutemarietherese.fr - de déb. juil. à mi-oct. : 10-12h, 14h-19h - fermé de mi-oct. à mi-déc. - 4 € (7-16 ans 3 €).*

Le site est une bonne base de départ pour de nombreux circuits pédestres comme le **sentier des Bâtisseurs** *(7,4 km – 4h)* entre le fort Charles-Albert et le fort Victor-Emmanuel, le sentier nature **Sur les traces du marabout** et le **sentier découverte du plateau d'Aussois**.

Randonnées

Télésiège le Grand Jeu★
Du sommet (alt. 2 150 m), vue sur la grande masse pyramidale de Longe-Côte, l'aiguille de Scolette, la pointe de La Norma et, en fond de vallée, le massif du Thabor. Montez le long du télésiège de l'Éterlou d'où l'on a une vue sur le Rateau d'Aussois et les lacs des plans d'Amont et d'Aval. Possibilité, en été, de rejoindre le refuge du Plan Sec. En

AUSSOIS

hiver, on accède par le téléski de Bellecôte, au pied de la dent Parrachée : **vue**★★ sur les versants nord de la haute Maurienne, et au sud-ouest sur la Meije.

Promenade au Fond d'Aussois★★
6 km de montée en voiture à partir de la Maison d'Aussois.
L'itinéraire conduit d'abord au barrage du Plan d'Aval *(faire une halte au premier parking, pour admirer le lac)*. La route, non goudronnée mais carrossable, mène après un petit pont et un dernier lacet au pied du barrage de Plan d'Amont.

 3h30 AR – dénivelée : 250 m environ. Laisser la voiture à l'extrémité gauche du barrage et continuer à pied.

Le sentier longe la rive gauche du lac puis gagne le refuge du Fond d'Aussois. Vue d'ensemble sur les deux lacs artificiels, constituant une retenue de 12 millions de m^3.

Randonnée au col d'Aussois★★★
 4h AR – dénivelée : 700 m environ. Accès depuis le refuge du Fond d'Aussois. Randonnée à effectuer uniquement par temps sec et lorsque la neige a suffisamment fondu (à partir de fin juil.). Chaussures de montagne indispensables. Du col, les bons marcheurs monteront à gauche à la **pointe de l'Observatoire** (3 015 m). Extraordinaire tour d'horizon sur Pralognan, le Mont-Blanc, Péclet-Polset.

Monolithe de Sardières★
En venant d'Aussois, la route s'élève, parmi des prés et des bois de pins. Au-delà du replat apparaissent les massifs d'Ambin et du Thabor.
Pénétrer dans le village de Sardières et prendre le chemin du monolithe.
Cette aiguille rocheuse de Cargneule, haute de 93 m, escaladée la première fois en 1957 par M. Paquier, est isolée dans un agréable sous-bois de sapins.

Cascade de Saint-Benoît
Dans Aussois, prendre à gauche devant l'église. La route, taillée dans le rocher, franchit le ruisseau de St-Benoît. Là, arrêtez-vous pour admirer la **cascade de St-Benoît** *(en face de la chapelle éponyme)*. Ensuite, la route plonge vers le bassin d'Avrieux.

Aussois pratique

♿ Voir aussi les encadrés pratiques de Bessans, Modane et de haute Maurienne.

Adresse utile
Office du tourisme d'Aussois – Maison d'Aussois - rte des Barrages - 73500 Aussois - ☏ 04 79 20 30 80 - www.aussois.com. - juil.-août : 9h-12h, 14h-18h ; de mi-déc. à fin avr. : 9h-18h ; reste de l'année : tlj sf w.-end et j. fériés 9h-12h, 14h-18h.

Se loger et se restaurer
⌂ **Chambre d'hôte La Roche du Croué** – 3 r. de l'Église, centre du bourg - ☏ 04 79 20 31 07 - www.larocheducroue.com - fermé 15 nov.-15 déc. - ⌀ - 5 ch. 50/62 € ⌆ - repas 20 €. De la ferme du 17ᵉ s., il ne subsiste que la voûte de l'étable actuelle salle à manger. Les chambres aux meubles en pin disposent presque toutes d'un balcon. Jolie vue sur la montagne de la terrasse. À table, produits du jardin.

⌂⌂ **Hôtel Les Mottets** – 6 r. Mottets - ☏ 04 79 20 30 86 - www.hotel-lesmottets.com - fermé mai et 1ᵉʳ nov.-15 déc. - **P** - 25 ch. 59/78 € ⌆ 9 € - rest. 19/36 €. À 200 m des pistes, chalet jouissant d'un beau point de vue sur les sommets environnants. Chambres simples et fonctionnelles. Salle des repas au cadre rustique et menus mettant à l'honneur les spécialités régionales.

⌂⌂ **Hôtel du Soleil** – 15 r. de l'Église - ☏ 04 79 20 32 42 - www.hotel-du-soleil.com - ouv. 16 juin-15 sept. et 17 déc.-21 avr. - **P** - 22 ch. 65/75 € - ⌆ 9 € - rest. 22/27 €. Hôtel offrant l'agrément de ses chambres ouvertes sur la montagne et ses équipements de détente : sauna, hammam, jacuzzi de plein air et petite salle de cinéma. Pour les résidents, repas savoyard dans une salle à manger colorée.

Sports & Loisirs
La Via Ferrata du Diable – Aussois-La Norma - ☏ 04 79 20 32 48 - www.guides-savoie.com. Découpée en 7 tronçons indépendants pour une longueur totale de 3 760 m, cette via ferrata est la plus longue de France. Si les parcours des Angelots et des Diablotins permettent aux débutants de prendre leurs marques, les plus difficiles comme les Rois mages, donneront du fil à retordre aux habitués.

VTT en haute Maurienne-Vanoise d'Aussois à Bonneval-sur-Arc – Avec ses 200 km de chemins balisés et entretenus, ce site agréé par la Fédération française de cyclisme offre un large choix de promenades en VTT, accessibles à toute la famille. Des plans détaillés sont en vente à la Maison d'Aussois (n° 30 pour l'Esseillon et n° 42 pour la haute Maurienne et Vanoise).

Les ânes de la Parrachée – Y. Munnia - ☏ 06 77 98 47 55. Promenades légères sur le dos de ces dociles animaux.

Pêche – Lacs et rivières offrent des possibilités variées aux pêcheurs. *Se renseigner à la Maison d'Aussois.*

DÉCOUVRIR LES SITES

Avoriaz★★

5 016 AVORIAZIENS
CARTE GÉNÉRALE D2 – CARTE MICHELIN DÉPARTEMENTS 328 N3 – HAUTE-SAVOIE (74)

Créée ex nihilo sur d'anciens alpages en 1966, Avoriaz exerce une certaine fascination sur ses visiteurs. Jacques Labro, son concepteur, et Jean Vuarnet, son promoteur, y concrétisaient les règles de l'architecture mimétique. Résidences et chalets accrochés à la pente, parfois au-dessus de parois verticales vertigineuses, sont couverts de tavaillons de cèdre rouge et s'intègrent plutôt bien à la montagne environnante. La station qui a reçu en 2003 le label de Grande Réalisation du patrimoine du 20e s. a développé de nombreuses activités estivales.

- **Se repérer** – Au nord-est de la Haute-Savoie, très proche de la Suisse, Avoriaz est 14 km à l'est de Morzine par la D 338, route sinueuse et enneigée tardivement dans l'année. Accès également par téléphérique (station inférieure à 4,5 km de Morzine). Attention la station est piétonne *(voir l'encadré pratique)*.
- **À ne pas manquer** – Une visite guidée de la station pour en comprendre la logique architecturale si surprenante au premier abord.
- **Avec les enfants** – Le Village des enfants d'Annie Famose accueille les tout-petits pour leurs premières glisses ou les activités d'été.
- **Pour poursuivre la visite** – Voir aussi Morzine.

L'étonnante architecture d'Avoriaz.

Comprendre

Naissance d'une station – Les vastes plateaux d'alpages du lieu-dit Révolée appartenaient à la commune de Morzine, lorsque Jean Vuarnet décida, en 1966, d'y établir une station qu'il nomma Avoriaz (du nom d'un terrain en ce lieu).

Les audaces architecturales d'Avoriaz attirent les regards des médias et excitent la verve critique de la presse qui surnomme la station **Brasilia des neiges**, en référence aux créations de la récente capitale du Brésil. L'architecte Jacques Labro édifie le premier hôtel Les Dromonts dont les lignes hachées et la rupture générale de rythme assurent une intégration au paysage rocailleux. Multipliant escarpements et passages en passerelle, les établissements suivants conservent cette unité, renforcée par la chaude couleur des bardeaux de cèdre. Autre révolution, la station est interdite aux voitures. Il y règne un calme souverain.

Séjourner

La station

Calme, bien-être, activités sportives… Avoriaz développe ses activités pour attirer une clientèle en hiver comme en été. Son golf dévoile de très beaux paysages dont on peut également profiter à VTT grâce aux remontées mécaniques. Les spas connaissent également un grand succès comme dans beaucoup de stations.

La station est située au cœur du domaine skiable des **Portes du Soleil** qui associe 12 stations françaises et suisses, entre le lac Léman et le Mont-Blanc. Au global, 650 km de pistes… jusqu'à 2 860 m d'altitude. Les champs de neige propres à Avoriaz, de dénivelée et de difficulté moyennes, sont encadrés par le massif des Hautforts au sud et le col de Bassachaux au nord. Goûtez au superbe tracé de fond dans la forêt, ou à la rudesse des quatre pistes noires au départ du télésiège de la Combe.

Se promener

Chapelle d'Avoriaz

En période estivale, prendre la D 338 en direction de Morzine sur 1 km. À droite se dresse l'insolite chapelle d'Avoriaz en forme de proue, due à Novarina. Belle vue sur le lac d'Avoriaz. La route domine ensuite le vallon des Ardoisières, face au sommet des Hautforts, point culminant du haut Chablais (alt. 2 464 m) toujours enneigé, et à la pointe de Ressachaux.

Après avoir longuement suivi un replat d'alpages, coloré de pensées et de gentianes en début d'été, la route atteint la station de **Super-Morzine**, d'où l'on aperçoit le mont Blanc *(à droite de la pointe de Ressachaux)*.

Avoriaz pratique

Adresse utile

Office du tourisme d'Avoriaz – *Pl. Centrale - 74110 Avoriaz -* 04 50 74 02 11 - www.avoriaz.com - *de mi-déc. à fin avr : 8h30-19h ; août : 9h-19h ; juil. : 9h-12h, 14h-19h ; reste de l'année : tlj sf w.-end et j. fériés 9h-12h, 14h-18h.*

Transports

Dans cette **station piétonne**, seuls les traîneaux circulent dans les rues et les pistes conduisent jusqu'au pied des résidences ; les véhicules privés à moteur sont interdits dans le centre. Le soir les chenillettes remplacent les chevaux. Pour réserver : 04 50 74 01 55.

Se loger

Bon à savoir - Pour trouver la formule d'hébergement la plus adaptée à vos goûts et vos finances, mieux vaut prendre contact avec la centrale de réservation de l'Office du tourisme d'Avoriaz. Vous obtiendrez des renseignements utiles sur les hôtels, les studios, les appartements et les chalets ainsi que leur disponibilité.

Les Dromonts – 04 50 74 08 11 - www.christophe-leroy.com - *ouv. 15 déc.-28 avr. - 29 ch 115/350 €.* Chambres contemporaines et cosy, salons intimes, bar et cheminée design : le mythique hôtel (1965) du Brasilia des neiges demeure une adresse originale ! Élégant cadre de bistrot chic et ardoise de suggestions actuelles à la Table du Marché.

Se restaurer

Bon à savoir - On compte une petite douzaine de restaurants situés à proximité des activités de la station. On appréciera Le Crépy, en bas de la patinoire et Chez l'Envers, pour leur cuisine montagnarde. Plus raffinées, La Réserve et sa belle carte des vins, et La Table du Marché avec sa cuisine inventive.

Le Bistro – *Pl. Centrale, près de l'office de tourisme. -* 04 50 74 14 08 - *fermé mai, juin et sept. à mi-nov. - 19/38 € - 7,50 €.* Pourquoi ne pas s'y rendre en traîneau ? Attablé autour d'une grande table conviviale ou dans un coin plus tranquille, vous contenterez votre envie de spécialités : fondue ou grillade à la pierre.

Sports & Loisirs

École de ski internationale – *Pl. des Rûches. -* 04 50 74 02 18 - www.ecoledeglisse.com - *9h-12h, 13h30-18h30 - fermé mai-nov.* Randonnées à thème, haute montagne, VTT, parapente, rafting, ski, snowboard, etc. Centre de réservation des activités de montagne.

Biotop – *Les Lindarets.* Le premier parc d'accrobranche hivernal français.

VTT – Les adeptes confirmés *(niveau rouge)* peuvent, en une journée, réaliser le **tour franco-suisse** des Portes du Soleil ; avec 85 % de descente. Les accros de la vitesse se lanceront sur les **9 pistes permanentes de descente** *(tous niveaux).*

Randonnées – Le vaste plateau du Proclou, les crêtes de Zore et le village des Lindarets sont d'agréables buts de randonnée. Sentiers balisés et un forfait piéton pour les remontées mécaniques.

Balades – Entre Morzine et Avoriaz, douze parcours à réaliser à pied ou à VTT. Brochure disponible à l'office de tourisme.

Événement

Les Résonances d'Avoriaz – Festival de l'éclectique et des arts de la rue, *de mi-juil. à mi-août.*

DÉCOUVRIR LES SITES

Les Bauges★

CARTE GÉNÉRALE BC/3 – CARTE MICHELIN DÉPARTEMENTS 333 J/K4 – SAVOIE (73)

Le massif en impose avec ses hautes falaises calcaires dressées au-dessus de la vallée. Mais il faut le parcourir pour découvrir ses nombreux villages, ses paysages boisés traversés par le Chéran, ses alpages parsemés de grangettes. Son statut de Parc naturel régional l'aide à conserver ses grands espaces préservés et ses traditions. Dans cette montagne à taille humaine, des réseaux denses de sentiers au départ des villages invitent à y rester.

- **Se repérer** – Au cœur d'un triangle formé par Chambéry, Annecy et Albertville. Quelle que soit la ville de départ, il faudra franchir les barrières naturelles du massif : croix du Nivolet, mont Revard ou montagne du Charbon par des routes sinueuses.
- **À ne pas manquer** – Le vallon de Bellevaux pour son aspect sauvage ; le village de La Compôte pour ses maisons traditionnelles ; la fameuse tome des Bauges.
- **Organiser son temps** – Le réseau routier en X vous contraindra peut-être à quelques allers-retours !
- **Avec les enfants** – Certains agriculteurs proposent des ateliers pour les enfants *(renseignements à la Maison du Parc, voir encadré Les Bauges pratique)*.
- **Pour poursuivre la visite** – Voir aussi Annecy, le lac d'Annecy, Chambéry, Aix-les-Bains, Albertville.

Découvrir

Parc naturel régional du massif des Bauges – Dès 1950 fut créée la **Réserve nationale des Bauges**, qui s'étend sur 5 500 ha. Elle accueille une communauté de quelque 600 chamois et 300 mouflons. Depuis 1995, le **Parc naturel régional du massif des Bauges** assure la préservation et la valorisation du patrimoine bauju. Sur une superficie de 81 000 ha, le parc regroupe 58 communes réparties sur l'ensemble du massif préalpin des Bauges (de 270 m à 2 217 m) ; il est délimité par les quatre villes portes d'Aix-les-Bains, Albertville, Annecy et Chambéry. Entité géographique homogène, le massif des Bauges est composé de deux pays marqués par la configuration géomorphologique du massif. Le village du Châtelard marque la frontière entre les Bauges Derrière, où les montagnes font le gros dos et les Bauges Devant où les sommets sont plus élevés et la roche plus présente. Jusqu'à la fin du 19e s., les villages résonnaient du bruit des marteaux forgeant les clous sur l'enclume : la métallurgie sur charbon de bois était une activité importante des Baujus. Jadis très répandue, la fameuse **argenterie des Bauges**, cette vaisselle en bois tourné (hêtre, érable ou merisier) était exportée dans toutes les Alpes. Le nom Bauges, qui s'écrivait à l'origine *Boges*, désignait une petite maison rustique.

La **Réserve cynégétique des Bauges** (5 000 ha) occupe la partie nord du massif dans la haute vallée du Chéran. On y dénombre plus d'un millier de chamois, mais aussi de nombreux mouflons, chevreuils et tétras-lyres. La richesse de la flore permet à la plupart des espèces protégées de Savoie d'y être représentées. 15 parcours de 3 à 7h vous permettront de les observer (℘ 04 50 52 22 56 ou 04 79 54 84 28).

Circuits de découverte

La traversée des Bauges ①

De Chambéry à Aix-les-Bains – 60 km – environ 3h.
Quitter Chambéry par la D 1006, route d'Albertville ; prendre la D 11 au carrefour de la Trousse et suivre la direction de Curienne. Entre Leysse et le château de la Bâtie, la vue se dégage sur la cluse de Chambéry dominée par la muraille du Granier, et sur le carrefour cluse de Chambéry-Combe de Savoie-Grésivaudan, avec, en toile de fond, les dents de scie régulières du massif d'Allevard. Plus haut, la route passe sous un tunnel de verdure bien ventilé.

Au Boyat, un chemin mène à Montmerlet. Poursuivre à pied (45mn AR).

LES BAUGES

Paysage des Bauges.

Mont St-Michel★
Prendre le chemin en montée, à droite. Suivez toujours le sentier le plus dégagé, en entrant sous bois, tournez à droite pour déboucher sur le terre-plein de la chapelle du mont St-Michel. Au cours de la montée, vous serez frappé par la diversité des essences forestières : les versants rocailleux ont adopté le chêne pubescent et le buis et un groupe d'érables de Montpellier, reconnaissables à leurs feuilles trilobées. Cette espèce méditerranéenne appréciant les sites chauds et secs confirme la présence d'un microclimat.

De ce lieu, la **vue** plonge sur la cluse de Chambéry. Les cimes du massif de Belledonne, longtemps enneigées, s'alignent en arrière du Grésivaudan. En face, à droite de la muraille du Granier, s'infléchit le col du Granier. Au nord-ouest, la dent du Chat perce la longue croupe du mont du Chat qui domine le lac du Bourget, visible en partie. *Retour à la D 21.*

Du Boyat aux Chavonettes, la vue s'oriente vers le col de Plainpalais dominé par les escarpements du Margeriaz et, plus à gauche, sur les falaises du mont Peney et de la croix du Nivolet. Entre les Chavonettes et le col des Prés, le panorama s'étend – surtout dans l'avant-dernier lacet précédant le col – au bassin de Chambéry dominé par le Granier. Au col des Prés, alt. 1 135 m, les pâturages sont dominés par le Grand Colombier, point culminant du massif.
Prendre la D 206 jusqu'à Aillon-le-Jeune.

Aillon-le-Jeune
Les moines chartreux installés au 12e s. ont laissé quelques traces : la chapelle de la Correrie, la chartreuse, un bassin rond et les grangeries du hameau des Pénon. Située à 1 000 m d'altitude, la station de ski (1964) regroupe ses chalets dans le creux de sa vallée.

Entre Aillon-le-Jeune *(à flanc de coteau par la D 206)* et **Le Châtelard**, la route suit la longue vallée d'Aillon au pied des versants régulièrement inclinés du Grand Colombier (alt. 2 043 m) et de la dent de Rossanaz (alt. 1 891 m), rocailleuse.

Après avoir traversé le Chéran, rejoindre Le Châtelard déjà aperçu de la rive opposée (voir description page suivante). Continuer sur la D 911 au nord jusqu'à la Charniaz.

Pont du Diable★
Prendre la route du col de Leschaux sur 600 m environ. À la hauteur de deux chalets se faisant face, laisser la voiture sur un des emplacements

La tome des Bauges
Récente AOC, elle est produite uniquement dans le massif, à partir de troupeaux paissant dans ses prés. Fabrication artisanale en fruiterie ou à la ferme. Le lait est écrémé à « la pôche » puis caillé. Délicatement découpé, le caillé est ensuite brassé et chauffé pour obtenir le grain souhaité. Après le démoulage il est salé au sel sec et affiné 5 semaines dans des caves très humides.
♿ Syndicat interprofessionnel - Maison Despine - 73630 Le Châtelard - ✆ 04 79 52 11 20 - www.tome-des-bauges.com.

DÉCOUVRIR LES SITES

dégagés. Prendre à droite le sentier balisé qui, après avoir contourné une demeure privée, atteint le sous-bois et le pont (300 m, 15mn à pied AR). Sous ce petit pont bouillonne le torrent de Bellecombe. Belles vues sur les anfractuosités en aval du pont. Principal point de départ des randonnées incluses dans le « Tour des Bauges ».

SI vous souhaitez rejoindre le lac d'Annecy, poursuivez sur la D 912 du pont du Diable jusqu'au **col de Leschaux**. Sinon, revenez à la Charniaz et prenez la D 911 en direction d'Aix-les-Bains. La route suit la vallée du Chéran jusqu'au pont de l'Abîme.

Pont de l'Abîme★

Le pont de l'Abîme… Ce n'est pas par prétention qu'il se fait nommer ainsi. Hardiment suspendu à 94 m au-dessus de la gorge où coule le Chéran à sa sortie des Bauges, il forme un **site★** spectaculaire. Les aiguilles rocheuses des **Tours St-Jacques** surgissent en amont des dernières pentes du Semnoz et accroissent l'intérêt du coup d'œil.

Le cœur des Bauges ②

Du Châtelard à Miolans 40 km – environ 3h.

Le Châtelard

Ce bourg étagé, couronné autrefois d'un château, sépare nettement le rustique bassin très ouvert de Lescheraines de la haute vallée du Chéran, plus sombre et montagnarde. Le Parc naturel régional du massif des Bauges y a élu son siège. Ce village s'étire en une rue bordée de maisons anciennes aux devantures à volets de bois. L'église du 19e s. ne manque pas de cachet. Sur ses voûtes, de vastes fresques représentent des cieux étoilés. En face de la Maison du Parc, suivre le petit chemin herbeux qui passe derrière l'église.

Passé Le Châtelard, prendre sur la gauche la D 60.

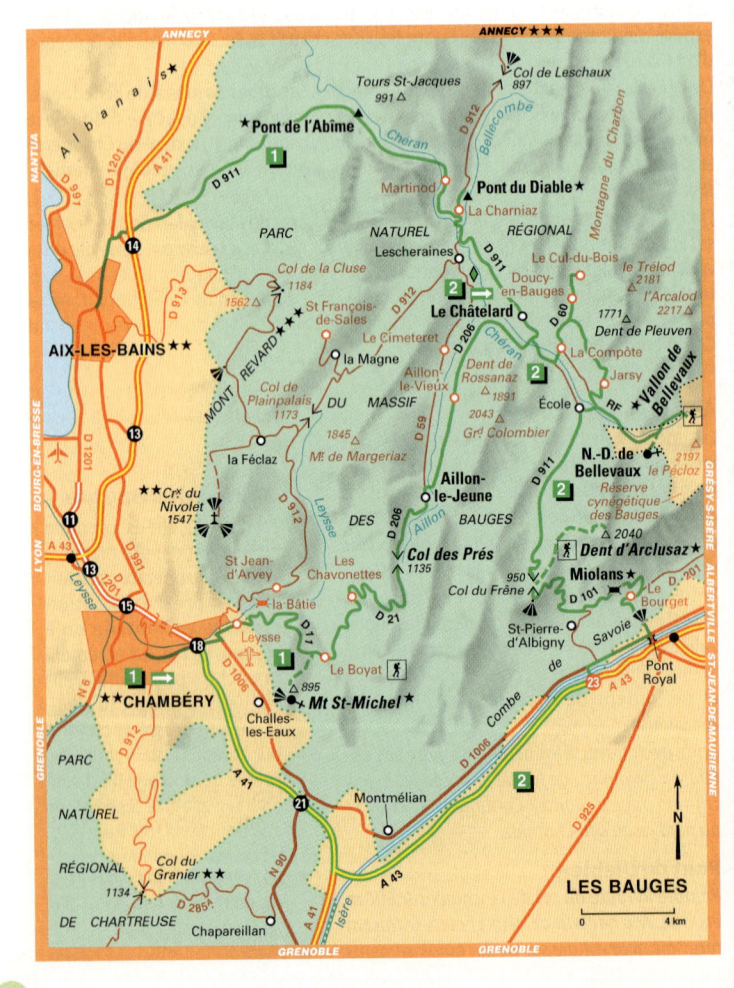

LES BAUGES

La route traverse un vallon de pâtures où se répartissent des grangettes de bois élancées. Dans le village de **La Compôte**, les fermes sont habillées de balcons à « **tavalans** » (voir encadré).

Après La Compôte, suivre la direction de Doucy-en-Bauges jusqu'au bout de la route au lieu-dit Cul-du-Bois.

De Doucy-en-Bauges dont les maisons ont conservé leurs « lôges » (cabanons suspendus à l'avant-toit) et les voûtes signalant l'entrée des caves, on gagne Doucy-Dessus d'où l'on a une belle vue sur les prés et les innombrables granges éparpillées au pied du Grand Colombier.

Redescendre en direction de La Compôte et, à Doucy-Dessous, prendre la première à gauche en direction de Jarsy.

> **Les tavalans**
>
> Les balcons des fermes de La Compôte sont maintenus à l'avant-toit par des *tavalans*. Ces longs troncs effilés ont une extrémité recourbée dans laquelle viennent s'enchâsser les lambourdes du balcon. Cette courbure n'est pas l'œuvre d'un charpentier mais de la propension naturelle des arbres à pousser verticalement en dépit des fortes pentes. Le pied de l'arbre est ainsi contraint de s'incurver. Il suffit ensuite de l'écorcer et de l'ébrancher pour que l'arbre devienne un tavalan.

Cette petite route traverse des hameaux et des champs avant de gagner **Jarsy** qui fut le village le plus peuplé des Bauges. Ses fortes maisons de pierre et sa vaste église laissent deviner l'importance du bourg qui ne dénombre aujourd'hui que 250 habitants.

Avant le pont franchissant le Chéran, prendre à gauche la route forestière du vallon de Bellevaux.

Vallon de Bellevaux★

En remontant la vallée sauvage et boisée, la route passe au pied des ravins du Pécloz et se termine environ 1,5 km au-delà d'un rond-point, au pied des alpages d'Orgeval. Un **sentier-découverte** longe le Chéran et propose chaque année une nouvelle exposition thématique réalisée par les écoles ou associations de la région.

Vous devrez garer votre voiture sur le parking de l'ONF et gagner à pied la chapelle Notre-Dame de Bellevaux.

Chapelle Notre-Dame de Bellevaux – 35mn AR. Interdit à la circulation automobile. La route monte sur 600 m. Arrivé à la clairière, suivez le chemin qui remonte la source, à gauche, pour atteindre la chapelle Notre-Dame de Bellevaux, dite de la Sainte-Fontaine, édifiée en 1859. C'est toujours le sanctuaire de pèlerinage des Bauges *(lun. de Pentecôte)*.

Rejoindre le pont du Chéran et suivre la D 60 jusqu'à École.

École

Église – Une peinture sur le plafond du chœur représente l'oratoire de la Sainte-Fontaine, dans le vallon de Bellevaux *(voir ci-dessus)*. L'église abrite la statue de la Vierge à l'Enfant du 11e s. qui se trouvait dans cet oratoire, protégé par une grille en fer forgé.

Maison Faune-Flore – ☎ 04 79 52 22 56 - &. - de la 4e sem. de juin à fin août : tlj sf lun. 10h30-13h, 13h30-18h30 ; vac. de Noël : merc.-vend. et dim. 14h-18h ; des vac. de Pâques à la 3e sem. de juin, de déb. sept. à la 3e sem. de sept. et vac. de la Toussaint : merc. et dim. 14h-18h - 2,50 € (7-17 ans 1,50 €). Bonne introduction au massif, cet espace vous apprend en jouant à travers 60 manipulations interactives, un jardin et des activités pour les enfants. Des sorties sur le terrain et des conférences sont organisées en saison.

Prendre la direction du col du Frêne sur la D 911.

Col du Frêne

Randonnée à la dent d'Arclusaz★ – Compter la journée avec les haltes : 2h30 aller et 3h retour. Départ du col du Frêne ; chemin balisé. Randonnée à faire par très beau temps. Se munir d'un approvisionnement suffisant en eau car il n'y a pas de sources sur le parcours.

Aux abords immédiats du **col du Frêne** et dans la descente vers St-Pierre-d'Albigny, les **vues★** sont remarquablement dégagées sur la Combe de Savoie, au fond de laquelle l'Isère endiguée trace de longues lignes droites.

On rejoint le **château de Miolans** *(voir St-Pierre d'Albigny)* en passant par des hameaux traditionnels. Dans les vignobles de la Combe de Savoie, on remarquera les « **sarto** », celliers des Baujus rassemblés sur les coteaux. Au pont Royal par le Bourget, on a de beaux points de vue sur la forteresse.

Les Bauges pratique

Adresses utiles

Office du tourisme du Cœur des Bauges – *Pl. Grenette - 73630 Le Châtelard - ☎ 04 79 54 84 28 - www.lesbauges.com - juil.-août : tlj sf dim. 9h-12h, 15h-19h ; mai-juin et sept. : tlj sf dim. 9h-12h, 14h-18h ; reste de l'année : tlj sf w.-end et j. fériés 9h-12h, 14h-17h.*

La Maison du Parc – *73630 Le Châtelard - ☎ 04 79 54 86 40 - www.pnr-massif-bauges.fr - tlj sf w.-end et j. fériés : 8h-12h, 13h30-17h30.*

La Chartreuse d'Aillon - Maison du patrimoine – *La Correrie - 73340 Aillon-le-Jeune - www.pnr-massif-bauges.fr - vac. scol. : tlj sf sam. et mar. 10h-13h, 13h-18h30.*

Se loger

Hôtel le Chamois – *À la station, au pied des pistes - 73340 Aillon-le-Jeune - ☎ 04 79 54 60 67 - www.lechamois.com - fermé avr.-15 mai et 15 oct.-15 déc. - 26 ch. 49/65 € - ⊡ 7,50 € - rest. 16/23 €.* À deux pas des pistes ou des chemins de randonnée, selon la saison, ce bâtiment contemporain abrite 26 chambres (avec un balcon pour la plupart d'entre elles) judicieusement équipées. Le restaurant ravira les amateurs de spécialités savoyardes (raclettes, tartiflettes et autres).

Chambre d'hôte La Grangerie – *Les Ginets - 73340 Aillon-le-Jeune - 2 km de la station dir. les Ginets - ☎ 04 79 54 64 71 - www.lagrangerie.com - 4 ch. 47 € ⊡ - restauration (soir seulement) 16 €.* À quelques lacets au-dessus du village, cette vieille ferme aménagée, avec poutres brunies et cheminée, ouvre ses fenêtres sur le massif des Bauges. Vous apprécierez l'accueil chaleureux et les balades proposées par le propriétaire, accompagnateur en montagne. En hiver, chaussez vos skis devant la porte.

Que rapporter

Fromagerie du Val d'Aillon – *73340 Aillon-le-Jeune - ☎ 04 79 54 60 28 - www.fromagerieaillon.com - 9h-12h, 15h-19h30.* Créée en 1889, cette fromagerie travaille à partir du lait des vaches de la commune. Gruyère, tome (avec un seul m), Monpela et Valbleu y occupent une place de choix, mais on trouvera aussi du beurre, de la crème et du fromage blanc à la boutique. Ne manquez pas l'espace muséographique pour découvrir les secrets de transformation du lait.

L'Argenterie des Bauges – *73630 Le Châtelard.* Il est encore possible de trouver quelques artisans (à St-François-de-Sales, Thoiry) qui perpétuent cette fabrication traditionnelle. Renseignements à l'Office du tourisme du Cœur des Bauges au Châtelard (coordonnées plus haut).

Sports & Loisirs

Bon à savoir – Le Parc des Bauges propose un éventail si complet en matière de loisirs, d'activités sportives et de détente, qu'on pourrait fort bien en oublier si on se risquait à en dresser la liste. D'autant que le « P'tiou », disponible en hiver ou en été dans les offices de tourisme, s'acquitte déjà de cette tâche avec succès.

Ânes et compagnie – *Les Dalphins - 73630 Le Châtelard - ☎ 04 79 63 80 01 - www.anes-et-compagnie.info - mai-oct. : tlj sur réserv. - location de l'âne + matériel de randonnée : 32 €/1/2 j, 42 €/j.* Équipé pour porter votre sac à dos pendant la promenade, ce sympathique compagnon de voyage pourra aussi aider les plus jeunes à arriver à destination. N'oubliez pas de le brosser avant de lui mettre son bât, et de lui donner une poignée de graines d'orge pour le récompenser après l'effort. Il appréciera.

BEAUFORT

Beaufort★

**1 985 BEAUFORTAINS
CARTE GÉNÉRALE C/D3 – CARTE MICHELIN DÉPARTEMENTS 333 D6 – SAVOIE (73)**

Un fromage, un village, une station ? Beaufort c'est un peu tout cela, au cœur d'un pays de caractère, le Beaufortain. Dans les vallées fermées par des verrous abrupts et des combes boisées, des villages traversés de torrents s'accrochent à la pente, laissant de vastes pâturages s'étendre sur les courtes plaines. Les églises de Beaufort-sur-Doron et d'Arêches constituent de véritables joyaux baroques.

- **Se repérer** – 19 km à l'est d'Albertville par la D 925. Le village s'est associé à Arêches pour former la station d'Arêches-Beaufort. Le Beaufortain n'est accessible que par des routes tortueuses traversant les gorges profondes des torrents.
- **À ne pas manquer** – Le barrage de Roselend dans un paysage âpre et dénudé contrastant avec les sombres forêts alentour.
- **Pour poursuivre la visite** – Voir aussi Albertville, le massif des Aravis.

Alpages du Beaufortain.

Séjourner

Le village de Beaufort commande le carrefour des vallées du Roselend et d'Arêches. Le vieux quartier se regroupe sur la rive gauche du Doron. Il faut suivre ses ruelles tortueuses pour découvrir à un angle, sur une façade ou un balcon, de fins détails décoratifs (balustrades sculptées ou trompe-l'œil). Vestige d'un château du 15e s. une tour s'adosse à l'hôtel de ville.

L'**église** est construite suivant le type du sanctuaire savoyard, avec sa poutre de gloire, ses autels de bois sculpté et doré. La chaire de Jacques Clérant (1722) constitue un extraordinaire travail de boiserie.

Entre Villard et Beaufort, au pied du massif d'Outray, surgit des sapins la tour ruinée du **château de Beaufort**, tandis que se découpe derrière le bourg le profil en V caractéristique du défilé d'Entreroches.

Découvrir

LE BEAUFORTAIN★★

Compris entre le val d'Arly, le val Montjoie et la Tarentaise, le Beaufortain fait partie des « massifs centraux » alpins, comme le massif du Mont-Blanc, mais n'atteint pas les 3 000 m (aiguille du Grand Fond : alt. 2 889 m) et ne présente ni glaciers ni pointes à l'exception de l'obélisque de Pierra Menta. En revanche, les amateurs de moyenne montagne apprécieront ses forêts (basse vallée du Doron) d'une exceptionnelle continuité et ses paysages pastoraux. Le modelé régulier des versants favorise en hiver les longues courses à skis, et plusieurs stations de sports d'hiver ont été aménagées comme Arêches-Beaufort, les Saisies, Bisanne 1500, Hauteluce-Val-Joly, Notre-Dame-

DÉCOUVRIR LES SITES

Les étapes de la fabrication du beaufort

Ce fameux fromage protégé par l'AOC depuis 1968 est élaboré à partir du lait de vaches de race tarine et d'Abondance. Le beaufort suit une dizaine d'étapes avant d'être propre à la consommation. Environ 10 l de lait sont nécessaires pour faire 1 kg de beaufort. Des cuves en cuivre contenant 4 000 l de lait peuvent donner 8 meules de beaufort. La première étape de la fabrication s'appelle l'**emprésurage** où le lait chauffé est additionné de présure, ensuite le décaillage permet le durcissage du caillé. Le fromage ainsi obtenu est alors constamment chauffé et brassé. La quatrième étape consiste à le verser dans des **cloches de soutirage** d'où sortiront des fromages serrés dans des cercles de bois et recouverts de toiles. Le **pressage** et le **retournement** permettront d'affermir le grain du fromage. Le **saumurage** assure ensuite la formation de la croûte. Le long affinage reste la partie noble de la fabrication. Pendant six mois, les meules de 40 kg sont salées, frottées à la toile et retournées 2 fois par semaine dans des caves humides à la température de 10 °C.

de-Bellecombe et Crest-Voland-Cohennoz. Le Beaufortain constitue un château d'eau minutieusement exploité. Le **lac de la Girotte** a été le premier réservoir utilisé dès 1923. La construction du **barrage de Roselend** témoigne d'une technique encore plus hardie. Son réservoir de 187 millions de m^3 est alimenté par le bassin du Doron et par des affluents supérieurs de l'Isère dont le cours est drainé par 40 km de galeries. Sa mise en eau demande une décennie. Les barrages de la Gittaz et Saint-Guérin reliés par des galeries portent cette capacité à 213 millions de m^3. Les eaux sont précipitées d'une hauteur de 1 200 m sur la centrale de La Bâthie, en basse Tarentaise.

Aux alentours

Signal de Bisanne★★
À Villard-sur-Doron, prendre la route du signal de Bisanne sur 13 km. La route d'accès, en corniche dans les premiers kilomètres, domine la vallée du Doron de Beaufort. Du signal (alt. 1 939 m), **panorama circulaire** sur la Combe de Savoie, les Aravis, le Beaufortain et le massif du Mont-Blanc, et à droite la dent caractéristique de la Pierra Menta (alt. : 2 714 m) qui, selon la légende, serait le résultat d'un coup de pied rageur donné par Gargantua sur la chaîne des Aravis, déçu de n'avoir pu franchir le mont Blanc. En levant les yeux au ciel, vous avez toutes les chances d'y voir évoluer les ailes multicolores de parapentes et de deltaplanes. *Possibilité d'accès depuis les Saisies.*

Défilé d'Entreroches
1 km au sud-est de Beaufort sur la D 925, laisser la voiture au premier pont franchissant le Doron.
Le cours bouillonnant du torrent a creusé de belles « marmites » d'érosion.

Circuits de découverte

ROUTE DU CORMET DE ROSELEND★★ [1]

De Beaufort à Bourg-St-Maurice 45 km – environ 3h. Quitter Beaufort au sud par la D 218 A en direction d'Arêches.

Arêches
Au confluent des torrents d'Argentine et du Pont-cellamont, le village d'Arêches, à son aise dans un cadre de versants mollement inclinés très favorables en hiver à la pratique du ski, est une des stations d'altitude les plus caractéristiques du Beaufortain. De vastes maisons dont celle de la Société des mines (1645) rappellent qu'entre le 15e s. et le début du 20e s. mines et carrières abondaient.

BEAUFORT

La route du col du Pré laisse sur la droite le hameau de Boudin.
Boudin★ est un remarquable hameau de montagne, classé en 1943. Avec ses vastes chalets patinés par le temps, sa petite église, son four à pain, il compte parmi les plus typiques des Alpes.
Après une petite pause la route, parfois très étroite, s'envole vers le col du Pré.

Barrage de Roselend★
Ce barrage à contreforts prend appui sur une voûte obstruant la gorge du Doron. La route descendant du col du Pré fait découvrir l'ensemble du **lac-réservoir**★ dans son austère solitude. Après un belvédère aménagé, côté rive gauche du barrage, elle emprunte la crête de l'ouvrage et longe la retenue qui a noyé le village de Roselend. À l'extrémité du lac, une **chapelle** romane (fermée au public) est le premier plan d'un superbe **panorama**★. C'est une copie de l'ancienne église disparue sous les eaux.
Durant la montée finale, le panorama s'étend, à l'ouest, jusqu'au Mirantin et au Grand Mont (alt. 2 687 m), deux des sommets les plus connus du Beaufortain. Une encoche, où la route vient s'accrocher à la paroi rocheuse, livre enfin l'accès du Cormet.

Cormet de Roselend★
Cette dépression, longue de plusieurs kilomètres, fait communiquer, à plus de 1 900 m d'altitude, les vallées de Roselend et des Chapieux. Elle frappe surtout par la simplicité austère des paysages : semés de rocs solitaires et de quelques abris de bergers, des champs dénudés que seuls les troupeaux de vaches parcourent… Au sud s'élèvent les arêtes de l'aiguille du **Grand Fond** (alt. 2 889 m), point culminant du bassin du Doron de Beaufort. Pour bénéficier d'une **vue**★ plus dégagée sur les sommets qui dominent la vallée des Chapieux, montez sur le mamelon de droite, surmonté d'une croix.
Après le Cormet s'amorce la descente vers Pont-St-Antoine ; 1 km avant le croisement de la route des Chapieux *(qu'on laissera à gauche)*, au nord-est, le glacier et les aiguilles des Glaciers (alt. 3 816 m), sommet le plus méridional du massif du Mont-Blanc.
La D 902 domine le hameau des Chapieux, partiellement détruit en août 1944, avant de s'engager dans la vallée du même nom, peu avant Pont-St-Antoine.

179

DÉCOUVRIR LES SITES

Vallée des Chapieux★

On appelle ainsi la partie des deux vallées confluentes du torrent des Glaciers et du Versoyen qu'emprunte la D 902 jusqu'à Bourg-St-Maurice. Cette vallée a un aspect sauvage à peine adouci par les ruines de l'ancienne auberge des Mottets, maison de pierre sombre au toit de lauzes. Point de départ des nombreuses randonnées vers le col de la Seigne, le tour du Mont-Blanc et le Val d'Aoste. La route, en paliers, traverse en remblai un « plan » marécageux dans un vallon désolé, avant de descendre en une série de lacets. À l'horizon brillent les glaciers du mont Pourri.

Après Bonneval, on descend la vallée encaissée et boisée du Versoyen, jusqu'au pied de la butte rocheuse couronnée par la tour ruinée du Châtelard. De la route dominant le bassin de Séez (avant d'obliquer à droite vers Bourg-St-Maurice), une belle vue sur la haute Tarentaise.

DE BEAUFORT À N.-D.-DE-BELLECOMBE★ 2

41 km – environ 2h. Itinéraire décrit en sens inverse dans la route des Saisies (p. 385).

GORGES DE L'ARLY★ ET DU DORON 3

Au départ de Beaufort - 72 km.

Quitter Beaufort par la D 925, puis la D 218B en direction de Hauteluce. En prenant l'itinéraire du col des Saisies *(voir Les Saisies)* à N.-D.-de-Bellecombe, vous aurez droit à de larges échappées sur la chaîne des Aravis. Au cours de la descente, la vue s'étend vers le nord, jusqu'à la pointe Percée, point culminant (2 752 m) du massif des Aravis. Juste à l'entrée de N.-D.-de-Bellecombe, à la hauteur d'une croix, très vaste **panorama★★** par la trouée des gorges de l'Arly.

Notre-Dame-de-Bellecombe

C'est la plus développée des stations-balcons du val d'Arly et la plus fréquentée pour le ski. Au-delà de la coupure de l'Arly, en ouvrant vos volets le matin, vous ne vous lasserez pas de l'horizon formé par la barrière des Aravis méridionales (Charvin, Étale).

Entre N.-D.-de-Bellecombe et Flumet, la route poursuit une descente en lacet sous de belles futaies de sapins.

Flumet *(voir aux Aravis)*

Entre Flumet et le Pont-de-Flon, la traversée du bassin où confluent l'Arly et l'Arondine est agrémentée par l'apparition des toits du village de St-Nicolas-la-Chapelle.

Au Pont-de-Flon, prendre à droite la D 109, route étroite qui demande beaucoup de vigilance. Entre Pont-de-Flon et le Château, cette route grimpe rapidement jusqu'à la terrasse inclinée qui porte Héry et ses hameaux. C'est en aval d'Héry que le parcours plonge sur les gorges boisées de l'Arly. Sur le versant opposé, balafré par endroits d'arrachements de terrain, s'accroche le minuscule village de Cohennoz. Peu avant que la route se rabatte dans le haut vallon de Bange, un petit bec rocheux, du côté de l'escarpement *(stationnement possible)*, forme **belvédère★**.

Dans le lointain, par la trouée de la Combe de Savoie, les sommets du massif d'Allevard montrent encore leurs neiges, tard dans la saison.

Du Château aux Fontaines-d'Ugine, la route domine le bassin d'Ugine.

Ugine

Le vieux bourg, groupé autour de son église, domine l'agglomération industrielle des **Fontaines-d'Ugine**. L'usine mère de la société Ugine Aciers demeure l'une de ses plus importantes unités de production, des aciers spéciaux au four électrique (aciers inoxydables en particulier).

Le **musée d'Arts et Traditions populaires du val d'Arly** présente ses collections de costumes et meubles régionaux, d'ateliers et outils d'artisans, etc., dans une maison forte du 13e s. à l'allure sobre : le château de Crest-Cherel. Une galerie extérieure d'exposition rassemble des outils et machines agricoles. 📞 04 79 37 56 33 - visite guidée (1h30) de mi-juin à mi-sept. : 14h-18h - fermé mar. - 4 € (– 12 ans gratuit).

Revenir à l'entrée des gorges de l'Arly et prendre à droite la D 67 en direction de Queige par le col de la Forclaz.

La route qui serpente à flanc de coteau domine la vallée de l'Arly et les contreforts des Aravis à l'ouest. On rejoint **Queige**, village bien exposé sur la rive droite du Doron que l'on remonte jusqu'à Beaufort. L'église Ste-Agathe préserve derrière sa façade rustique une magnifique pietà du 15e s. *Voir sentier des Pointières p. 134.*

De Venthon à Villard, la vallée inférieure du Doron présente un paysage forestier dense et paraît presque inhabitée. Les sommets rocheux du Mirantin (alt. 2 461 m) et de la Roche Pourrie sont visibles peu en amont de la centrale du Queige.

Beaufort pratique

Adresses utiles

Office du tourisme d'Arêches-Beaufort à Beaufort – *Grande-Rue* - 73270 Beaufort - ℘ 04 79 38 37 57 - www.areches-beaufort.com - 5 juil.-23 août : 8h30-19h, dim. et j. fériés 9h-12h, 14h30-18h30 ; de déb. mai à 5 juil. et du 24 août aux vac. de Noël : 9h-12h, 14h-18h ; reste de l'année : tlj sf dim. et j. fériés (sf vac. scol.) 8h30-12h, 14h-17h30.

Office du tourisme d'Arêches-Beaufort à Arêches – *Rte du Grand-Mont* - ℘ 04 79 38 15 33 - www.areches-beaufort.com - 5 juil.-17 août : 8h30-19h, mar.-jeu., dim. et j. fériés 9h-12h, 14h30-18h30 ; vac. de Noël, fév. : 8h30-19h, dim. et j. fériés 8h30-12h, 15h30-18h30 ; reste de l'année : tlj sf dim. et j. fériés 9h-12h, 14h-18h.

Office du tourisme d'Ugine – *Rte d'Annecy (ancienne gare SNCF)* - 73400 Ugine - ℘ 04 79 37 56 33 - www.ugine.com - mai-sept. : 9h-12h, 14h-18h ; reste de l'année : 9h-12h, 14h-17h - fermé dim. et j. fériés.

Visites

Visites guidées – Les guides de la Facim et les guides du patrimoine des pays de Savoie organisent régulièrement des visites des villages et des hameaux, et des visites thématiques. *Se renseigner aux offices du tourisme d'Arêches-Beaufort.*

Se loger

Hôtel Grand Mont – *Pl. de l'Église* - ℘ 04 79 38 33 36 - hoteldugrandmont2@wanadoo.fr - fermé 25 avr.-7 mai, 1ᵉʳ oct.-8 nov. et vend. soir sf vac. scol. - 15 ch. 58/60 € - ☑ 8,50 € - rest. 21/32 €. Une bonne adresse familiale au cœur du village. Très bien tenue, cette maison de pays accueille les clients en amis. Ici, tout est simple mais soigné. La salle à manger est coquette et les chambres, régulièrement rénovées, sont impeccables.

Auberge du Poncellamont – *L'Illaz* - 73270 Arêches - ℘ 04 79 38 10 23 - jean.peretto.free.fr - fermé 16 sept.-21 déc., 16 avr.-14 juin, dim. soir, lun. midi et merc. hors sais. - 🅿 - 14 ch. 60/65 € - ☑ 9 € - rest. 20/30 €. Un peu excentrée, cette maison savoyarde récente est proche du départ des pistes. Fleurie en été, sa façade est plus austère en hiver. Son mobilier rustique est simple et ses chambres sobres sont bien tenues et assez confortables.

Se restaurer

La Pierra Menta – *Col du Pré* - 73270 Arêches - 15 km de Beaufort par le barrage de Roseland - ℘ 04 79 38 70 74 - http://lapierramenta.free.fr - fermé de fin oct. à fin mai - 15,20/22,50 €. Difficile de trouver plus beau panorama sur le barrage de Roseland et le mont Blanc qu'en ce chalet perché à 1 700 m d'altitude, au milieu des prés. Belle terrasse sous les parasols. Cuisine simple (omelettes, charcuterie…) et spécialités savoyardes.

La Ferme de Victorine – *Le Planay* - 73590 Notre-Dame-de-Bellecombe - ℘ 04 79 31 63 46 - www.lafermedevictorine.com - fermé 16 juin-4 juil., 11 nov.-19 déc., dim. soir et lun. du 15 avr. au 15 juin et de sept. à nov. - 21/48 €. Ferme ancienne abritant une table volontiers créative et toujours soucieuse de valoriser le terroir. Une vue sur l'étable et ses laitières ajoute à l'attachante ambiance paysanne alpine recréée en salle. Superbe bar en bois ; service en gilet savoyard.

Affinage du beaufort.

Que rapporter

Coopérative laitière du Beaufortain – *Av. du Capit.-Bulle* - ℘ 04 79 38 33 62 - www.cooperative-de-beaufort.com - mai-sept. 8h-12h, 14h-18h ; oct.-avr. : 8h-12h, 14h-18h30 - fermé dim. et j. fériés. Une visite à la coopérative permet de tout apprendre sur le beaufort, de son pressage à son affinage en passant par sa cuisson ; il faut distinguer le beaufort tout court du beaufort d'été et du beaufort « chalet d'alpage »… Une vraie leçon, qui vaut bien un fromage sans doute ! Vente sur place.

Le Grataron – Fromage de chèvre à pâte molle et à croûte lavée selon les méthodes de fabrication du reblochon.

Sports & Loisirs

La Transbeaufortaine – Cette randonnée relie Albertville aux villages du Beaufortain que vous soyez à pied, à cheval ou à VTT.

Le circuit des 4 Lacs – Un parcours pour découvrir chaque barrage.

Via ferrata – Devant un superbe panorama sur le barrage de Roselend et le lac de la Gittaz, cette via ferrata est accessible à tous. Durée : 4h.

Les Accompagnateurs en montagne du Beaufortain – *BP 30* - 73270 Beaufort - ℘ 06 23 47 05 93 - www.randobeaufortain.fr.tc.

DÉCOUVRIR LES SITES

La haute route du Beaufortain – Cette randonnée au long cours et pour alpinistes avertis (8 jours) suit les arêtes et relie les sommets. Elle ménage de beaux points de vue sur les massifs des Alpes. Présence d'un professionnel conseillée.
Parcours aventure – *Le Villaret -* 📞 04 79 38 08 32 - 73720 Queige (voir Albertville).

Événements
La Cavale – Déb juil., cette fête équestre avec spectacle, jeux et randonnées met à l'honneur chaque année un nouveau pays.
Salon des Sites remarquables du goût – *En oct.*
Fête de l'attelage – *3e sem. d'août.* Rassemblement de véhicules hippomobiles avec défilé de chars.

Vallée des **Belleville**★★
CARTE GÉNÉRALE C4 – CARTE MICHELIN DÉPARTEMENTS 333 M5 – SCHÉMA P. 434 – SAVOIE (73)

Aux portes de la Vanoise, la vallée des Belleville doit une bonne part de son succès aux stations dynamiques qui s'y développent dans un domaine skiable exceptionnel : St-Martin-de-Belleville, Les Menuires, Val-Thorens. Mais la vallée, c'est aussi une multitude de hameaux de caractère, des paysages somptueux, des lacs perchés qui sont autant d'invitations à la découverte et à la randonnée.

▶ **Se repérer** – Au sud de Moûtiers, ce très vaste territoire de 23 000 ha se situe entre Tarentaise et Maurienne, sur la bordure ouest du massif de la Vanoise.

👁 **À ne pas manquer** – Le panorama de la cime Caron.

🕐 **Organiser son temps** – Pour connaître cette vallée contrastée, ne manquez pas la visite guidée des 22 hameaux et villages disséminés dans la vallée des Belleville.

👫 **Avec les enfants** – Le bureau des guides des Ménuires proposent des ateliers montagne pour les initier aux milieux naturels des Alpes.

🥾 **Pour poursuivre la visite** – Voir aussi la Tarentaise, la Vanoise.

Découvrir
LES VILLAGES

St-Jean-de-Belleville
Seule l'**église** a échappé à l'incendie de ce village reconstruit en 1928. La richesse de ses décorations a été miraculeusement épargnée par le feu. Deux retables : l'un baroque du Rosaire par Todesco et l'autre imposant *(derrière le maître-autel)* où se manifeste l'influence du style Empire naissant.
De St-Jean, on peut faire un détour dans la belle **vallée du Nant-Brun** jusqu'au hameau de la Sauce, point de départ de divers sentiers.

St-Martin-de-Belleville
Alt. 1 400 m. C'est à la fois un vieux et charmant village riche en histoire ; et une coquette station de ski au décor très agréable : ses pistes peu pentues sont reliées par télésiège à leurs cousines de Méribel et des Menuires.
Église St-Martin – *Possibilité de visite guidée sur demande à l'office de tourisme -* 📞 04 79 00 20 00 *- sais. d'été et sais. d'hiver : merc. apr.-midi - 5 €.*
Basse et trapue, avec un clocher de style lombard, elle a le type des églises-halles des 17e et 18e s. À l'intérieur, le **retable**★ du maître-autel, attribué à Todesco et Guillaume Moulin, représente saint Martin, entouré de saint Sébastien et saint Joseph. La décoration rutile de couleurs, or (symbole de la prière) et rouge (symbole du sang du Christ).
Chapelle N.-D.-de-la-Vie – *1 km au sud, au bord de la route des Menuires - possibilité de visite guidée sur demande à l'office de tourisme -* 📞 04 79 00 20 00 *- sais. d'été et sais. d'hiver : merc. apr.-midi - 5 €.*
Bâti sous une coupole et flanqué d'un mince clocher, cet édifice a une silhouette peu commune. Les 15 août et 1er dimanche de septembre s'y déroulent, depuis le 13e s., les pèlerinages montagnards.
À l'intérieur, admirez notamment le **retable**★ du maître-autel, consacré à la Vierge, réalisé en bois d'arolle par Molino au 17e s. Il comprend une centaine d'angelots joufflus. Les peintures de la coupole, de l'école de Nicolas Oudéard, représentent la Trinité et la Vierge Marie. Soixante-dix ex-voto nouvellement restaurés ornent l'entrée de la chapelle.

Vallée des BELLEVILLE

Descente sur Salins-les-Thermes par St-Laurent-de-la-Côte★
Nous vous conseillons de n'emprunter cette route étroite que l'été et par temps sec.
Cet itinéraire peut être suivi en guise de conclusion à la visite des Belleville, lors du retour sur Moûtiers. Vues insolites sur les villages.

LES STATIONS

Les Menuires
Son architecture franchement urbaine à sa création (1967) a revêtu ces dernières années des habits plus sages où le bois tient une place prépondérante.

Chapelle de Notre-Dame-de-la-Vie.

Le domaine skiable
La station, reliée aux Trois-Vallées, dispose d'un domaine skiable de premier ordre. Les skieurs confirmés testent leur compétences sur les pistes noires, telles que les Pylônes, Léo Lacroix et le Rocher Noir. Et l'on se rappelle que le stade de slalom accueillit en février 1992 l'épreuve hommes des Jeux olympiques d'hiver à Albertville. Les fondeurs s'égayent sur une trentaine de kilomètres de pistes balisées, dont celle remarquable du Doron qui relie les villages du Bettaix et du Châtelard.

Les 7 quartiers
La station, constituée de sept quartiers, s'étire sur 2 km, entre 1 780 et 1 950 m d'altitude. Les deux sites principaux (la Croisette et les Bruyères) s'avèrent fonctionnels et agréables à vivre, à proximité immédiate des pistes de ski reliées au domaine des Trois-Vallées
L'architecture de style très moderne est agrémentée d'aménagements paysagers. Dans un nouvel élan immobilier, on construit depuis quelques années de beaux chalets ou résidences haut de gamme de style alpin.

Mont de la Chambre★★
Alt. 2 850 m. Prendre la télécabine à la Croisette. Beau panorama sur le massif du Mont-Blanc, la vallée de Méribel, les glaciers de la Vanoise et de Val-Thorens, les aiguilles d'Arves, les Grandes Rousses et Belledonne.
Possibilité de redescendre à pied sur Les Menuires en 2h.

Val-Thorens★
Après 37 km de montée depuis Moûtiers, Val-Thorens, la plus haute station d'Europe (2 300 m) est implantée dans un cirque grandiose. Au pied de l'aiguille de Péclet (3 561 m) et encerclée par trois glaciers délimitant les frontières du Parc de la Vanoise, c'est une station sans voitures. Son décor minéral, dépourvu de végétation, ne se prête guère à la randonnée, mais attire les alpinistes qui trouvent de belles courses de rochers à entreprendre (Péclet-Polset, pointe du Bouchet).

DÉCOUVRIR LES SITES

Saint-Martin-de-Belleville.

Le domaine skiable

Deux Funitels vous transportent en haute montagne avec, en prime, un panorama exceptionnel sur le Mont-Blanc, la Vanoise et les Écrins… Les skieurs apprécieront des pistes mythiques, comme le col du Laudzin, Rosaël, Christine et la combe de Caron. En 20mn, vous êtes aux monts de la Chambre et au mont du Vallon au-dessus de Méribel. Le ski se pratique en été sur le glacier de Péclet avec des pistes moyennes et très difficiles sur 500 m de dénivelée.

De la vallée de la Maurienne, vous pouvez directement accéder au domaine skiable de Val-Thorens en prenant la télécabine d'Orelle qui vous y déposera 20mn après.

Cime de Caron★★★

Accès par les télécabines de Caïrn et de Caron, puis par le téléphérique de Caron (2h mini AR). 04 79 00 08 08 - été : tlj sf w.-end 10h-16h ; de mi-nov. aux vac. de fév. : 9h15-15h45 ; des vac. de fév. à déb. mai : 9h15-16h15 - 12,50 € (5-12 ans 9 €) AR. Alt. 3 195 m. De la plate-forme terminale, on gagne le sommet en quelques minutes : peut-être la plus belle vue des Alpes. De la table d'orientation, un **panorama★★★** rare et extraordinaire (particulièrement en hiver) permet d'admirer presque toutes les Alpes françaises : le **Mont-Blanc**, la **Vanoise**, le **Queyras** (mont Viso), le **Thabor** et les **Écrins**.

Glacier de Péclet★

Accès par le Funitel (télécabine à double câble). 04 79 00 08 08 - de mi-nov. aux vac. de fév. : 9h15-16h15 (8mn, dép. ttes les 30s) ; des vac. de fév. à déb. mai : 9h15-16h45 - 12,50 € (5-12 ans 9 €) AR.

Vue sur le glacier de Péclet et la cime de Caron, entre lesquels on devine de justesse la Meije et les aiguilles d'Arves. Au-dessus de Val-Thorens se dressent les massifs des Grandes Rousses et de Belledonne. Les très bons skieurs peuvent prendre en été et en automne le télésiège des 3 300 *(prudence nécessaire au sommet)*, d'où ils découvrent un **panorama★★★** somptueux et impressionnant sur le Mont-Blanc et la Vanoise (glacier de Gébroulaz, col de Soufre, lac Blanc…).

Randonnées

Il est conseillé de se rendre en début de séjour à la cime de Caron et à la pointe de la Masse, pour repérer grâce aux tables d'orientation les sommets environnants.

Avis aux marcheurs peu entraînés : d'agréables promenades mènent au **lac du Lou** (2h30 AR des Bruyères) et au **hameau de la Gitte★** *(1h45/AR de Villaranger)*. Nous indiquons ci-dessous, aux personnes plus endurantes, les buts d'excursions les plus remarquables.

Croix Jean-Claude★★★

4h30 de marche. Dénivelée : 600 m environ.

Juste avant Béranger, prendre à droite un chemin en pente régulière. Au hameau des Dogettes, monter à droite en direction de deux montagnettes (« les Fleurettes ») et poursuivre jusqu'à la source captée. Gagner enfin les crêtes séparant les vallées des Belleville

Vallée des BELLEVILLE

et des Allues au niveau du col de Jean. Prendre à gauche : le chemin de crêtes conduit à la Croix Jean-Claude et au Dos de Crest Voland (2 092 m).

Panorama★★ magnifique sur les Belleville, Méribel, la Vanoise (Grande Casse), le domaine de la Plagne (de Bellecôte au mont Jovet) et le Mont-Blanc. Le sentier parvient enfin au roc de la Lune (un panneau indique improprement « col de la Lune »). La descente sur Béranger offre de très belles vues sur les villages.

Crève-Tête★★★

Alt. 2 342 m. *Dans le lacet précédant Fontaine-le-Puits, prendre une petite route conduisant au col et au barrage de la Coche (alt. 1 400 m). Juste avant le col, vue sur le Grand Bec et les sommets de Méribel. 200 m encore avant, une petite route à gauche permet aux personnes disposant d'une voiture pas trop basse de plancher ou qui ne craignent pas les itinéraires sportifs de se rendre directement au pas de Pierre Larron. Les autres longeront le barrage et laisseront leur véhicule à son extrémité près d'un panneau EDF.*

🌿 1h30 de marche facile jusqu'au pas de Pierre Larron par le chemin du Darbellaz.

Du pas de **Pierre Larron**, **vue**★ sur la vallée de l'Isère et le Mont-Blanc. Quitter le chemin principal et gagner à gauche le refuge. Un sentier plus raide et exigeant un peu d'entraînement conduit en 2h au sommet où vous aurez des **vues**★★★ splendides…

Pointe de la Masse et circuit des Lacs★★

Prendre les télécabines de la Masse 1 et 2. Du 1er tronçon, compter 5h de marche pour l'itinéraire global. Les personnes peu entraînées éviteront l'ascension de la Masse (3h30 de marche dans ce cas). Le circuit se fait en descente : lac Longet, pointe de la Masse, lac Noir, lac Crintallia, le Teurre.

De la Masse (alt. 2 804 m) – table d'orientation –, magnifique **panorama**★★ sur les Écrins. À l'opposé font face le Mont-Blanc et la Vanoise.

Vallée des Encombres

Le village du **Châtelard**, à proximité de St-Martin, est la porte d'entrée de cette vallée sauvage, longue de 14 km. Afin de préserver la richesse exceptionnelle de la faune (500 mouflons et 2 000 chamois), les infrastructures touristiques ont été réduites au minimum. Les randonneurs ne doivent emprunter que les sentiers balisés. Certains secteurs de la réserve sont interdits à toute pénétration humaine.

On recommande aux bons marcheurs de s'adresser à la Compagnie des guides aux Menuires afin de réaliser l'ascension du **Petit Col des Encombres**★★ (alt. 2 342 m) et du **Grand Perron des Encombres**★★★ (alt. 2 825 m), d'où la vue est grandiose sur la Maurienne et les Écrins.

Vallée des Belleville pratique

Adresses utiles

Office du tourisme de St-Martin-de-Belleville – *Immeuble L'Épervière - 73440 St-Martin-de-Belleville -* ✆ *04 79 00 20 00 - www.st-martin-belleville.com - juil.-août : 9h-12h, 14h-19h ; déc.-avr. : 9h-12h30, 14h-18h30 ; reste de l'année : tlj sf w.-end et j. fériés 8h30-12h, 13h30-18h.*

Office du tourisme des Menuires – *BP 22 - 73440 Les Menuires -* ✆ *04 79 00 73 00 - www.lesmenuires.com - juil.-août : 9h-12h, 14h-19h ; déc.-avr. : 9h-19h ; reste de l'année : tlj sf w.-end et j. fériés 8h30-12h, 13h30-18h, vend. 8h30-12h, 13h30-17h.*

Office du tourisme de Val-Thorens – *Maison de Val-Thorens - 73440 Val-Thorens -* ✆ *04 79 00 08 08 - www.valthorens.com - 5 juil.-30 août : 9h-12h30, 14h-19h ; de mi-nov. à déb. mai : 8h30-19h (nocturne jusqu'à 1h sam.) ; reste de l'année : tlj sf w.-end et j. fériés 9h-12h15, 14h-18h (17h vend.).*

Transports

Accès aux stations – Un réseau de navettes relie Moûtiers aux stations de la vallée des Belleville. *www.altibus.com* Navettes gratuites dans les stations.

Se loger

😊😊 **Hôtel Le Lachenal** – *Au bourg - 73440 St-Martin-de-Belleville -* ✆ *04 79 08 96 29 - lelachenal@orange.fr - fermé mai-juin et de sept. à mi-déc. - 3 ch. 78 € -* ⛌ *9 € – rest. 14/45 €.* Blotti derrière l'église, au cœur du village, cet hôtel construit au 17e s. conserve tout son charme rustique, associé à de faux airs de maison de poupée. Il ne compte que 3 chambres, à l'étage, mignonnes et douillettes. Recettes savoyardes, servies sur la terrasse panoramique ou dans la salle entièrement boisée.

😊😊😊😊 **Hôtel L'Ours Blanc** – *À Reberty - 73440 Les Menuires, 1,5 km au sud-est des Menuires -* ✆ *04 79 00 61 66 - www.hotel-ours-blanc.com - ouv. 4 déc.-17 avr. -* 🅿 *- 49 ch. 115/255 € -* ⛌ *15 € – rest.*

DÉCOUVRIR LES SITES

Les Menuires : clocher et télécabines.

23/80 €. Gros chalet magnifiquement situé dans un village dominant les Ménuires. Toutes les chambres, modernes, ouvrent leurs fenêtres sur les pistes et les massifs enneigés. À la vue s'ajoute le calme absolu de la haute montagne. Bel espace fitness au sous-sol avec accès direct aux pistes.

Hôtel Le Val Thorens – *73440 Val-Thorens - 𝒫 04 79 00 04 33 - www.levalthorens.com - fermé 25 avr.-4 déc. - 80 ch. 182/412 € - ⚏ 12 €.* Au centre de la station, cet hôtel des années 1980 ne manque pas de style avec sa façade lambrissée de bois. Son confort cossu, sans luxe ostentatoire, a séduit une clientèle d'habitués. Trois restaurants dont Le Bellevillois (cité plus loin) et La Fondue.

Se restaurer

Chalet de la Marine – *73440 Val-Thorens - télésiège des Cascades - 𝒫 04 79 00 01 86 - www.chaletmarine.com - fermé de déb. mai à déb. déc. - 24 € déj. - 16/30 €.* Drôle de nom pour un restaurant d'altitude ! En haut du télésiège Cascade, c'est la bonne adresse des pistes. La cuisine est roborative et l'on y sert quelques belles spécialités, comme le pot-au-feu, qui enchanteront les sportifs affamés…

Le Sherpa – *73440 Val-Thorens - 𝒫 04 79 00 00 70 - www.lesherpa.com - fermé 6 mai-25 nov. - 28/32 €.* Un peu à l'écart du centre, cet hôtel-restaurant bénéficie d'une grande tranquillité. Ses chambres, confortables, ouvrent toutes leurs portes-fenêtres sur la montagne. Le restaurant vous invite à déguster des recettes traditionnelles dans un chaleureux décor savoyard. Ambiance familiale et sympathique.

Le Bellevillois – *Pl. de l'Église - 73440 Val-Thorens - 𝒫 04 79 00 04 33 - www.levalthorens.com - fermé 14 avr.-20 déc. - 29/48 €.* Murs agrémentés de fresques champêtres, carreaux de terre cuite et meubles rustiques : le cadre chaleureux et romantique du restaurant gastronomique de l'hôtel le Val Thorens se prête fort bien à un dîner convivial, orchestré autour d'une cuisine au goût du jour.

La Bouitte – *À St-Marcel - 73440 St-Martin-de-Belleville - 2 km au sud-est de St-Martin-de-Belleville par rte secondaire - 𝒫 04 79 08 96 77 - www.la-bouitte.com - ouv. juil.-août et 15 déc.-1ᵉʳ Mai, fermé lun. en été - 48/165 € - 6 ch. 245/258 € ⚏.* Si vous sentez un petit creux vous chatouiller l'estomac, posez vos skis et offrez-vous une halte en terrasse de ce chalet-restaurant. Salle coquette, d'inspiration rurale.

Sports & Loisirs

Bon à savoir - Avec ses 12 000 m^2 d'espaces loisirs couverts, le centre sportif de Val-Thorens offre un programme complet d'activités. Club aquatique et Spa, forme et bien-être, salles multisports et modules enfants. De superficie moins vaste, celui des Menuires dispose néanmoins des mêmes équipements.

Libre Envol – *13 les Lauzières - 73440 Val-Thorens - 𝒫 06 81 55 74 94 - www.libre-envol.com - inscriptions et renseignements tte la journée sf les j. de mauvais temps - 1 vol : 60 à 80 €.* Vols en parapente biplace accompagnés de moniteurs diplômés d'état.

Une base de randos – *73440 St-Jean-de-Belleville - 𝒫 04 79 24 02 11 - mairiestjeandebelleville@wanadoo.fr - tlj sf w.-end 15h-19h - fermé j. fériés.* De St-Jean, on peut faire un détour dans la belle vallée du Nant-Brun jusqu'au hameau de la Sauce, point de départ de divers sentiers.

Randonnées – Un plan des sentiers avec les remontées mécaniques est disponible à l'office de tourisme de la station.

Complexe sportif – S'étendant sur 8 000 m^2 le complexe propose une vingtaine d'activités.

Événements

Concert de musique – *En juil. et août - 𝒫 04 79 00 20 00.* Chaque mardi à l'église de Val-Thorens *(participation libre).*

Trophée Andros – *En décembre.* Course automobile sur glace réunissant les plus grands noms de la discipline à Val-Thorens.

Semaine internationale du snowboard – *En décembre.* Festival de glisse alliant compétitions freestyle et concerts.

Bessans ★

311 BESSANAIS
CARTE GÉNÉRALE D4 – CARTE MICHELIN DÉPARTEMENTS 333 O6 –
SCHÉMA P. 307 – SAVOIE (73)

Implanté à 1 700 m d'altitude, le village occupe un plateau dégagé cerné par les sommets de la Vanoise. Sans l'incendie de 1944 qui détruisit une partie de l'habitat traditionnel, Bessans serait resté tel qu'au siècle dernier. Il demeure ici une vive tradition agropastorale et l'héritage de plusieurs siècles des lignées d'artisans qui ont fait sa renommée. Les diables menaçants ne constituent pas l'unique production des sculpteurs bessanais : en se promenant dans le village, on peut voir des poutres sculptées au faîte des maisons et des croix de la Passion.

- **Se repérer** – À 36 km de Modane par la D 1006, puis la D 902. Sur les 15 000 ha de son territoire communal, 1 200 se situent dans le Parc national de la Vanoise.
- **À ne pas manquer** – Les peintures de la chapelle Saint-Antoine.
- **Organiser son temps** – Un magnifique sentier d'interprétation relie Bessans à Bonneval-sur-Arc en 2h30.
- **Pour poursuivre la visite** – Voir aussi la haute Maurienne, Bonneval-sur-Arc, Vanoise.

Détail des fresques de la chapelle St-Antoine.

Visiter

Croix du Coq
Sur le chemin qui monte à l'église et à la chapelle, remarquez une étonnante croix de la Passion, avec sculptures des objets ayant trait au chemin de croix du Christ.

Église St-Jean-Baptiste
04 79 05 96 52 - de mi-juin à fin juin : 15h30-18h30 ; juil.-août : 10h-12h, 15h30-18h30, dim. et lun. 15h30-18h30 - possibilité de visite guidée sur demande (1 j. av.) à l'office de tourisme juil.-août : lun. apr.-midi - 5 € (– 16 ans gratuit) visite guidée. Elle abrite de nombreuses statues du 17e s. et un **retable du Rosaire** signé Clappier, nom d'une dynastie de sculpteurs qui contribua à faire de Bessans un centre d'activité artistique. Un groupe de la Crucifixion, d'une grande intensité d'expression et surtout un **Ecce homo★** magnifique.

Chapelle St-Antoine★★
Accès par le cimetière, face à la porte latérale de l'église. 04 79 05 96 52 - de mi-juin à fin juin : 15h30-18h30 ; juil.-août : 10h-12h, 15h30-18h30, dim. et lun. 15h30-18h30 - possibilité de visite guidée sur demande (1 j. av.) à l'office de tourisme juil.-août : lun. apr.-midi - 5 € (– 16 ans gratuit) visite guidée, 2 € visite libre. Assez dégradées, les fresques extérieures de cette chapelle du 14e s. mettent en scène les Vertus et les Vices. À l'intérieur, mieux conservées, les **fresques★★** qui couvrent les murs sur deux niveaux illustrent la vie du Christ dans des décors largement inspirés des paysages bessanais. Les modes vestimentaires permettent de les dater du 15e s., comme celles de Lanslevillard dont

DÉCOUVRIR LES SITES

Au diable !

Si la figure du diable occupe une place importante dans l'imagerie populaire, il est devenu à Bessans un symbole identitaire. La célèbre figurine armée d'un gourdin aurait été sculptée par Étienne Vincendet, en 1857. Il épanchait ainsi sa colère contre le curé du village. La sculpture achetée par un étranger prit une valeur marchande. Son créateur et ses fils la reproduisirent en nombre. Mais avant elle, statues et retables des sculpteurs bessannais avaient déjà acquis une solide réputation.

Diable de Bessans (sculpture en bois).

elles diffèrent par une facture plus naïve. Le **plafond★**, de style Renaissance, cloisonné et décoré d'étoiles, date de 1526.

Aux alentours

VALLÉE D'AVÉROLE★★
Villages pastoraux typiques de haute Maurienne (la Goula, Vincendières, Avérole) encore intacts. *Les visiteurs doivent laisser leur véhicule au parking aménagé 500 m avant Vincendières et poursuivre à pied jusqu'à Avérole (45mn AR).*

Refuge d'Avérole★★
Alt. 2 210 m. 2h15 AR. Randonnée facile à partir d'Avérole. Seule la partie terminale est raide. Dénivelée : 130 m.
Le refuge se situe dans un très beau cadre de haute montagne, dont la pièce maîtresse est la Bessanese (alt. 3 597 m). Des nombreux glaciers environnants déferlent de bruyantes cascades.

De Bessans à Bonneval★★
2h30 AR. Randonnée facile à partir de Bessans. Dénivelée : 200 m. Livret d'interprétation disponible à l'office de tourisme.
Le **sentier du Petit Bonheur** traverse les fonds de vallée parallèlement à la route. Il croise la chapelle du Villaron (17ᵉ s.) puis le rocher du Château où, avec beaucoup d'attention, on pourra observer les peintures rupestres de cerfs du néolithique.

Bessans pratique

Voir aussi les encadrés pratiques de Bonneval-sur-Arc et de haute Maurienne.

Adresse utile

Office du tourisme de Bessans – R. Maison-Morte - 73480 Bessans - 04 79 05 96 52 - www.bessans.com - de mi-juin à déb. sept. : 9h-12h, 14h-18h30 ; de mi-déc. à fin avr. : 9h-12h, 14h-18h30, dim. 9h-12h, 15h30-18h30 ; reste de l'année : tlj sf dim. et j. fériés 9h-12h, 14h-17h30, sam. 9h-12h.

Se loger

Hôtel Le Mont-Iseran – Pl. de la Mairie - 04 79 05 95 97 - www.montiseran.com - fermé 25 sept.-15 déc. et 10 avr.-20 juin - 19 ch. 37/72 € - 7 € - rest. 12/48 €. Au centre du village et près des pistes, chalet aux chambres régulièrement rénovées, souvent équipées de balcons. Bar-salon de thé. Salle à manger agrémentée de boiseries peintes et d'une statuette du légendaire diable de Bessans ; cuisine classique.

Que rapporter

Rapporter un diable – R. St-Esprit - 04 79 05 95 49 ou 06 64 80 80 25 - www.chapoteur.com - 10h-12h, 15h-19h. À Bessans, rue du St-Esprit (ça ne s'invente pas !), un artisan vous propose un époustouflant choix d'objets dont le diable reste évidemment l'unique inspirateur : Georges Personnaz et son fils Fabrice.

Sports & Loisirs

Le domaine skiable – La station a développé un important domaine de ski de fond constitué de plus de 80 km de pistes balisées. Son enneigement abondant, à une altitude moyenne de 1 700 m, permet d'entreprendre de superbes randonnées pendant une grande partie de la saison.

Bonneval-sur-Arc★★

**242 BONNEVALAINS
CARTE GÉNÉRALE D4 – CARTE MICHELIN DÉPARTEMENTS 333 P5 –
SCHÉMAS P. 299 ET 307 – SAVOIE (73)**

Niché dans une haute vallée environnée de sommets de plus de 3 000 m, Bonneval-sur-Arc est le dernier village de la haute Maurienne. La pierre est partout présente, à fleur de pâturages ou utilisée comme matériau traditionnel. Une même teinte patine nature et habitat d'où son exceptionnelle intégration dans l'environnement. Comme isolé du monde moderne, ce village restitue, intact, un pan de vie montagnarde.

- **Se repérer** – Au pied du col de l'Iseran, dans le cirque grandiose où l'Arc prend sa source, Bonneval est la commune la plus haute de Maurienne (1 835 m).
- **À ne pas manquer** – Le hameau de l'Écot.
- **Avec les enfants** – Le parcours de pêche à la truite le long de l'Arc.
- **Pour poursuivre la visite** – Voir aussi la haute Maurienne, Bessans, la Vanoise.

Bonneval-sur-Arc.

Séjourner

Vieux village★★
À Bonneval, on se promène dans les ruelles étroites et calmes d'un autre temps : sans respirer de gaz d'échappement, on admire ses vieilles maisons de pierre qui, libérées de toutes sortes de fils, sont couvertes de lauzes. On y entrepose toujours sur leurs balcons les bouses de vache séchées pour leurs propriétés calorifiques. Le bois est en effet une denrée rare, ce qui explique que, parfois, même le sol des maisons soit fait de lauzes. Dans la **Grande Maison**, aménagée en boucherie et boulangerie, de belles poutres gravées rappellent que cet édifice fut la maison d'une riche famille piémontaise qui dut s'exiler en 1860, quand la Savoie devint française.

L'Écot
1h AR. Ce hameau classé depuis 1971, situé dans un cadre imposant et rude à plus de 2 000 m d'altitude, présente ses vieilles maisons de pierre et sa chapelle Ste-Marguerite du 12e s. Autrefois à l'écart du monde, il constitue aujourd'hui un but classique d'excursion *(il est recommandé de laisser sa voiture à l'entrée du village de Bonneval-sur-Arc et de parcourir le chemin à pied).* Nombreuses possibilités de balades à partir du hameau.

Aux alentours

Route de l'Iseran★★★ *(voir ce nom)*
Avant d'accéder au plus haut col routier, vous traverserez le vallon de la Lenta (4 km après Bonneval), où les éleveurs entretiennent des prés de fauche. En redescendant, la vue s'étend sur l'Albaron, le glacier du Vallonet et la pointe de Charbonnel.

Randonnées

La commune de Bonneval, remarquable **base de promenades** dans le Parc national de la Vanoise et le site classé des **Évettes**, comprend un grand réseau de sentiers *(120 km)* ; c'est un centre d'alpinisme avec des courses de grand intérêt dans les massifs frontières de la Levanna, de la Ciamarella et de l'Albaron.

Refuge du Criou★
Accès l'hiver par le télésiège du Vallonet et l'été en 30mn de marche. Alt. 2 050 m. Vue sur le glacier du Vallonet, le glacier des Sources de l'Arc et la route du col de l'Iseran.

Refuge du Carro★★
De l'Écot, montée raide 3h15, descente 2h. Il est possible aussi de prendre le sentier balcon au pont de l'Oulietta (alt. 2 480 m), sur la route du col de l'Iseran : cet itinéraire est long (4h), mais peu technique et splendide.
Alt. 2 780 m. **Vues**★★ sur les glaciers des Sources de l'Arc, les Évettes, l'Albaron, et le Vallonet. Au refuge, on admirera les lacs Noir et Blanc.

Refuge des Évettes★★
De l'Écot, montée 1h45, descente 1h. Alt. 2 629 m. La montée est raide pour voir les eaux des lacs de Pareis mais les vues sur l'Écot et Bonneval valent la peine. Vous serez récompensé car le **panorama**★★ à l'arrivée est splendide : le glacier des Évettes et à sa droite l'Albaron s'admirent, tel Narcisse, dans les eaux des lacs de Pareis. Au-delà du refuge, on aperçoit le glacier du Grand Méan et celui du Mulinet.
Si vous avez le vertige, il vaut mieux ne pas aller plus loin. Cette randonnée peut se poursuivre par un détour à la **cascade de la Reculaz**★ *(1h AR du refuge).* De celle-ci, franchissez un petit pont et prenez à gauche en contournant la chute d'eau. C'est sublime !

Promenade aux chalets de la Duis★
De l'Écot, 2h AR. Promenade très facile. Le chemin est large et accessible à toute la famille. Le paysage se compose de verts pâturages, dominés par les glaciers.

Bonneval-sur-Arc pratique

Voir aussi les encadrés pratiques de Bessans et de haute Maurienne.

Adresse utile

Office du tourisme de Bonneval-sur-Arc – 73480 Bonneval-sur-Arc - 04 79 05 95 95 - www.bonneval-sur-arc.com - de fin déc. à déb. mai et de mi-juin à fin sept. : 9h-12h, 14h-18h30, dim. 9h-12h, 14h-18h ; reste de l'année : tlj sf dim. et j. fériés 9h-12h, 14h-18h30.

Se loger

Hôtel La Bergerie – 04 79 05 94 97 - fermé 28 avr.-11 juin et 23 sept.-17 déc. - 22 ch. 55/62 € - 11 € – rest. 16/26 €. Le principal atout de cette construction des années 1970 est son emplacement calme, face au domaine skiable. Côté cuisine les recettes régionales dominent. Pour les chambres assez confortables, le bois donne le ton.

Hôtel À la Pastourelle – 04 79 05 81 56 - www.pastourelle.com - fermé 1er-6 juin et vac. de Toussaint - 12 ch. 58/62 € - 7 € – rest. 11,50/21 €. Avec son toit de lauzes et ses murs de pierre, l'hôtel-restaurant est en accord parfait avec le vieux village. Les chambres de style savoyard peint sont douillettes, la salle de restaurant-crêperie chaleureuse : pierre de taille et petite voûte au centre de la pièce.

Se restaurer

Bon à savoir - Les trois zones de la station, « Vieux Village », « Pré Catin » et « Tralenta », disposent d'un choix assez varié d'établissements. Du snack au pied des pistes au restaurant traditionnel ou savoyard, en passant par la pizzeria et la crêperie, on trouve, au total, une bonne douzaine d'adresses sur l'ensemble du site.

Le Glacier des Évettes – *Au Vieux Village* - 04 79 05 94 06 - www.evettes.fr. st - 18/25 € - 19 ch. 59/64 € - 7,50 €. Cet hôtel (également bar-tabac et presse) du Vieux Village compte 19 chambres contemporaines, dont 11 avec balcon exposé plein sud. Outre les familiales et les classiques, 2 spéciales enfants plairont aux plus jeunes. Côté restaurant, une carte de salades vient compléter les inévitables spécialités locales.

Sports & Loisirs

Le domaine skiable – Les 10 remontées mécaniques desservent un domaine de taille modeste, mais de qualité. De décembre à mai, les skieurs peu expérimentés apprécient le téléski du Moulinet, aux abords du glacier du Vallonet ; les bons skieurs accèdent par le télésiège des 3 000 au pied de la pointe d'Andagne. Là, une magnifique **vue**★★ sur la haute Maurienne. L'été, le ski se pratique sur le glacier du Grand Pissaillas, à partir du col de l'Iseran *(voir Val-d'Isère).*

Le Bourg-d'Oisans★

2 984 BOURCATS
CARTE GÉNÉRALE B5 – CARTE MICHELIN DÉPARTEMENTS 333 J7 – ISÈRE (38)

La capitale de l'Oisans s'étend en bout de plaine, adossée à d'impressionnantes falaises, et marque l'entrée des Écrins, le plus grand et le plus haut des parcs nationaux. Point de départ des alpinistes, le bourg est également fréquenté par les cyclistes qui se mesurent aux cols prestigieux et à la montée de l'Alpe-d'Huez.

- **Se repérer** – À 52 km à l'est de Grenoble par les gorges de la Romanche (D 1091).
- **Organiser son temps** – Le Bourg-d'Oisans est une ville-étape au carrefour de six vallées.
- **Avec les enfants** – Suivez les sentiers de l'Écureuil et de la Grenouille.
- **Pour poursuivre la visite** – Voir aussi l'Oisans, le Valbonnais, l'Alpe-d'Huez.

Vue sur le bassin du Bourg-d'Oisans.

Visiter

Musée des Minéraux et de la Faune des Alpes★
04 76 80 27 54 - www.musee-bourgdoisans.com - juil.-août : 10h-18h ; reste de l'année : tlj sf mar. 14h-18h - fermé nov., 1ᵉʳ janv., 25 déc. - 4,60 € (6-18 ans 2 €).

Centre permanent du Parc national des Écrins, ce musée occupe de façon originale une partie de l'église qui n'a perdu ni sa vocation ni son allure. Il présente une collection particulièrement riche de minéraux alpins, dont une variété de quartz, ainsi que des expositions temporaires. Un espace est consacré à la faune des Alpes : les animaux sont disposés dans leur environnement naturel. La section de paléontologie permet de découvrir les fossiles témoins des bouleversements alpins.

Pour avoir une vue dégagée sur le bassin du Bourg-d'Oisans, les sommets des Grandes Rousses et les premières cimes du massif au sud du Vénéon, gagnez la terrasse aménagée au point culminant de la promenade prolongeant le chemin d'accès à l'église *(45mn à pied AR)*.

Cascade de la Sarennes★
1 km au nord-est, puis 15mn à pied AR. Quitter Le Bourg par la route de Briançon. À 800 m, prendre à gauche la D 211 vers l'Alpe-d'Huez et, aussitôt avant le pont sur la Sarennes, laisser la voiture pour prendre le chemin se détachant à droite. La triple chute formée par cet affluent de la Romanche est impressionnante au printemps.

Aux alentours

Rioupéroux
Musée de la Romanche – *Livet et Gavet - à 16 km du Bourg-d'Oisans en direction de Grenoble - 04 76 68 42 00 - tlj sf j. fériés mar., merc. et vend. 15h -18h - se renseigner*

DÉCOUVRIR LES SITES

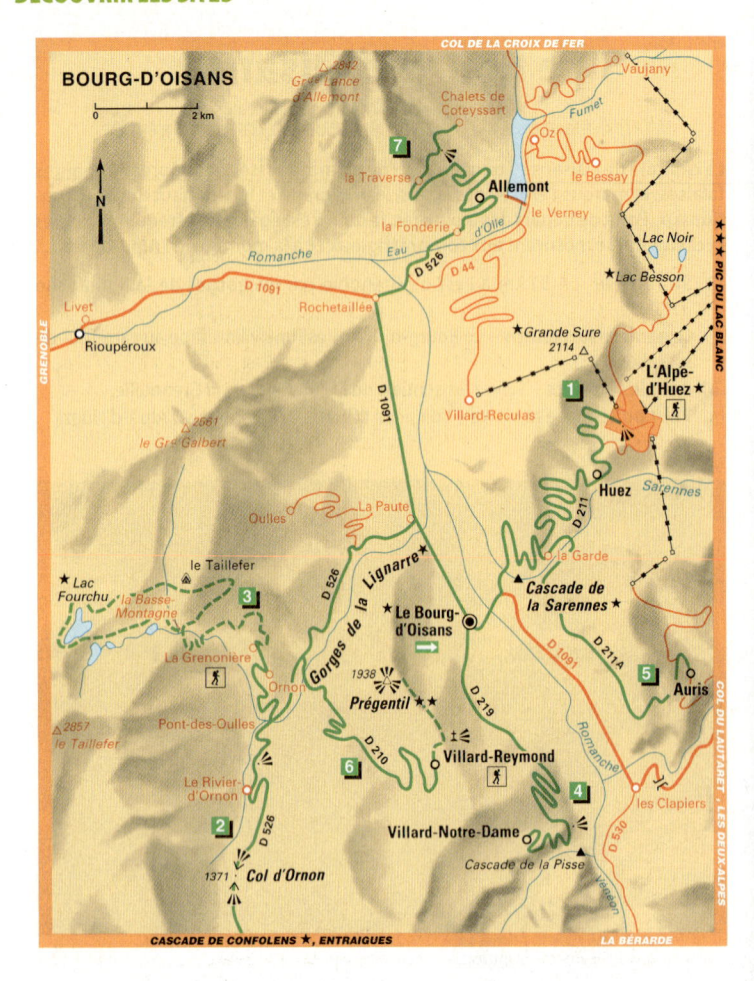

pour la périodes de fermeture - 2 € (– 10 ans gratuit). Dans les gorges resserrées de la **basse Romanche**, entre les massifs du Taillefer et de Belledonne, ces villages se sont développés au 19e s. avec la production de la houille blanche. Le musée détaille les différents éléments qui ont présidé à l'installation d'usines dans ce creux étroit.

Circuits de découverte

La route de **l'Alpe-d'Huez** fournit une excellente introduction aux paysages de montagne. Les petites routes, hardiment tracées en corniche sur les parois rocheuses du bassin, offrent les plus beaux parcours qui puissent se rencontrer dans les Alpes.

LES CORNICHES DU BASSIN D'OISANS★★
Du Bourg-d'Oisans à l'Alpe-d'Huez 1

13 km – environ 30mn. Quitter Le Bourg-d'Oisans par la route de Briançon, puis celle de l'Alpe-d'Huez.

Après avoir laissé à droite, avant un petit pont, le chemin de la cascade de la Sarennes, la route attaque la paroi nord-est du bassin. De lacet en lacet se succèdent les vallées de la Romanche et du Vénéon et, au-delà, le massif du Rochail et le glacier de Villard-Notre-Dame. En arrivant à Huez, village bien exposé, la vue prend en enfilade le sauvage vallon supérieur de la Sarennes.

À l'abord de l'Alpe-d'Huez *(voir ce nom),* le massif de la Meije apparaît *(à gauche de l'immense calotte neigeuse du glacier du Mont-de-Lans).*

Du Bourg-d'Oisans au Valbonnais 2

29 km – environ 1h.

Cet itinéraire de liaison entre le bassin du Bourg-d'Oisans et le Valbonnais *(voir ce nom)* emprunte, de part et d'autre du col d'Ornon, les vallées divergentes de la Lignarre et de la Malsanne.

LE BOURG-D'OISANS

Quitter Le Bourg-d'Oisans par la D 1091 vers Grenoble. À la Paute, prendre à gauche la route de La Mure qui remonte la vallée de la Lignarre.

Gorges de la Lignarre★

Elles se creusent profondément dans les schistes dont certains bancs ardoisiers étaient autrefois exploités. À l'approche du Rivier, admirez derrière vous les contreforts de Belledonne et les Grandes Rousses.

Col d'Ornon

Alt. 1 371 m. Il s'ouvre entre de vastes champs de pierres où courent 25 km de pistes de ski de fond.

La route suit bientôt la vallée de la Malsanne, torrent désordonné qui, comme la Lignarre, s'est taillé un chemin étroit dans des schistes sombres.

Au Périer, prendre à gauche la route de la cascade de Confolens. Après 600 m, laisser la voiture au parking situé à l'entrée du Parc national des Écrins.

Cascade de Confolens★

🥾 *2h AR.* À gauche, en arrière, le sentier mène à la cascade haute de 70 m, formée par le Tourot.

L'arrivée à **Entraigues** *(voir le Valbonnais)* révèle des **vues**★ lointaines intéressantes sur le mont Aiguille au sud-ouest.

Au refuge du Taillefer et au lac Fourchu★ 3

Alt. 2 060 m - 14 km du Bourg-d'Oisans.

Quitter Le Bourg-d'Oisans par la route de Grenoble *(D 1091)* ; à la Paute, prendre à gauche la route du col d'Ornon *(D 526)* qui suit les gorges de la Lignarre. Au Pont-des-Oulles, prendre à droite la route d'Ornon et poursuivre jusqu'à l'entrée du hameau de la Grenonière.

Après le panneau d'information du Parc des Écrins *(placé dans un virage)* la route cesse d'être revêtue *(parking)*.

🥾 *3h de marche – dénivelée : 800 m.* De ce point, poursuivre 200 m environ sur la route non revêtue avant d'emprunter à droite un sentier qui mène en 20mn à la Basse-Montagne.

À partir de la Basse-Montagne, environ 2h de marche sans grande difficulté pour un marcheur entraîné. Laisser sur la gauche le torrent descendant du plateau du Taillefer et prendre le sentier signalé en rouge dans le sous-bois en face de la route. Au bout d'une heure environ, on atteint le refuge du Taillefer par un chemin serpentant dans l'alpage, qui laisse sur la droite à mi-parcours un chalet communal.

Du refuge (2 050 m), on a devant soi le massif du Taillefer et la vallée de la Lignarre, et derrière lui les constructions de l'Alpe-d'Huez et les cimes du massif des Rousses.

En poursuivant vers l'ouest, un parcours plus facile de 45mn permet, par le pas de l'Envious, d'atteindre le lac Fourchu dominé par la masse abrupte du Taillefer (2 857 m). Les rives calmes du lac s'égaient en saison de bouquets de rhododendrons, joubarbes et ancolies des Alpes. En contrebas, une succession de petits lacs accentue le caractère de haute montagne de ce paysage.

Le retour peut s'effectuer directement par le lac de la Vache vers la Basse-Montagne.

ROUTES DES « VILLAGES-TERRASSES★★ »

Les itinéraires ci-dessous sont classés par ordre décroissant de difficulté. Ils empruntent des routes étroites, souvent en corniche et coupées de tunnels. Le croisement y est impossible en dehors des espaces aménagés à cet effet. À l'exception de la route de la Traverse-d'Allemont, si vous ne vous sentez pas l'âme d'un conducteur de rallyes, nous déconseillons les parcours.

Route de Villard-Notre-Dame★★ 4

Du Bourg-d'Oisans, 9 km au sud – environ 1h. Route comportant une pente continue de 10 %. À éviter pendant ou après une période de pluies. Attention, mauvais cassis au départ.

Taillée d'abord dans une paroi rocheuse verticale, cette route permet d'admirer, en fin de parcours, des sites de haute montagne et, aux confins, un village pittoresque.

Dans un lacet à gauche à 8 km du Bourg-d'Oisans, vous verrez l'enfilade de la basse vallée du Vénéon, fermée par l'aiguille du Plat-de-la-Selle. Au premier plan, le vallon sauvage est parcouru par le torrent, descendu du glacier de Villard-Notre-Dame.

Route d'Auris 5

8 km – environ 45mn. À La Garde sur la route de l'Alpe-d'Huez, prendre à droite la D 211A vers le Freney.

La route vertigineuse s'élève à 500 m au-dessus du bassin du Bourg-d'Oisans !

DÉCOUVRIR LES SITES

Auris-en-Oisans
Dans un site ensoleillé, ceint d'une belle forêt d'épicéas, le village s'ordonne autour de son église du 11e s. Comme les autres villages, il maintient la tradition de la transhumance qui joint l'utile à l'agréable en entretenant le domaine skiable.

Route de Villard-Reymond★ 6
Du Bourg-d'Oisans, prendre la D 1091 vers Grenoble, puis tourner à gauche dans la D 526 en direction du col d'Ornon, que l'on suit jusqu'au hameau de La Pallud. Tourner alors à gauche dans la D 210 jusqu'à Villard-Reymond.

La route remonte le vallon d'un affluent de la Lignarre, au loin le sommet de Prégentil. Du village perché de Villard-Reymond, gagner la croix du col de Saulude *(15mn à pied AR)* pour admirer la **vue**★ sur les massifs du Goléon et des Grandes Rousses, l'Alpe-d'Huez et la chaîne de Belledonne.

Prégentil
1h30 à pied AR au départ de Villard-Reymond au nord-ouest. De ce **sommet belvédère**★★ (alt. 1 938 m), tous les grands massifs montagneux environnant le bassin du Bourg-d'Oisans défilent fièrement devant vous.

Pays de mines
En 1767, une bergère d'Allemont découvre par hasard un filon d'argent natif. La vallée de l'Olle et le site des Chalanches sont alors l'objet d'une ruée vers ce métal précieux. Les mines exploitées sans précautions se refermeront comme un tombeau sur 16 personnes la même année. Dix ans plus tard, le comte de Provence, frère de Louis XVI, en devient le concessionnaire exclusif et produit en trente-trois ans d'activité 9 450 kg d'argent. On aurait retrouvé près de 60 minéraux différents dans le massif de l'Oisans dont un alliage naturel d'une grande rareté d'antimoine et d'arsenic appelé *allemontite*.

Route de la Traverse-d'Allemont★ 7
Du Bourg-d'Oisans, prendre la direction de Grenoble puis tourner à droite dans la D 526. Prendre la D 43 vers Allemont.

À hauteur de ce village, prendre la route de la Traverse : peu avant ce dernier hameau, emprunter, à droite, une route forestière en montée. À 6 km, au sortir d'un virage à droite, laisser la voiture (parking) et descendre, sur 100 m, le sentier partant du virage.

De cet emplacement, **vue**★ sur la partie aval du bassin du Bourg-d'Oisans, quadrillée de cultures, et sur les montagnes qui l'encadrent.

Revenir à la voiture et faire 200 m.

À droite, profitez du **panorama**★★ sur le village du Bessay et en face le massif des Grandes Rousses ; on distingue le col du Sabot et le plateau du lac Besson au pied des Petites Rousses ; les massifs des Sept-Laux, au nord, et du Taillefer, au sud, ferment l'horizon.

Avancer encore de 300 m.

La vue se dégage sur les Grandes Rousses et la combe d'Olle.

Le Bourg-d'Oisans pratique

Voir aussi l'encadré pratique de l'Oisans.

Adresses utiles

Office du tourisme du Bourg-d'Oisans – *Quai Girard - 38520 Le Bourg-d'Oisans - 04 76 80 03 25 - www.bourgdoisans.com - juil.-août : 9h-19h ; de mi-déc. à fin avr. : 8h30-12h, 14h30-18h ; reste de l'année : 9h-12h, 14h-18h, dim. 9h-12h - fermé j. fériés.*

Office du tourisme d'Allemont – *La Fonderie - 38114 Allemont - 04 76 80 71 60 - www.allemont.com - juil.-août : 9h-12h, 14h-18h ; de mi-déc. à fin avr. : 9h-12h, 15h-18h ; reste de l'année : lun., mar., jeu. et vend. : 9h-12h, 14h-17h, merc. et sam. : 9h-12h - fermé dim. (hors vac. scol.) et j. fériés (hors juil.-août).*

Maison du Parc national des Écrins – *R. Gambetta - 38520 Le Bourg-d'Oisans - 04 76 80 00 51 - www.les-ecrins-parc-national.fr - lun.-jeu. 8h30-12h, 14h-17h, vend. 8h30-12h.*

Se loger et se restaurer

Hôtel Le Florentin – *15 r. Ernest Graziotti - 38520 Le Bourg-d'Oisans - 04 76 80 01 61 - www.le-florentin.com - fermé 16 oct.-14 janv. - 19 ch. 48/59 € - 9,50 € – rest. 21/39 €.* Le parc d'hébergement de la station n'a pas été rafraîchi depuis longtemps, mais on trouvera quand même son bonheur dans cet hôtel. Des chambres un peu démodées mais bien tenues, certaines donnant sur le jardin-terrasse à l'arrière. Un cadre rustique, qui fait bon ménage avec l'ambiance familiale des lieux.

Hôtel Oberland – *R. Principale, face à la gare routière, rte de Grenoble - 38520 Le Bourg-d'Oisans - 04 76 80 24 24 - www.hoteloberland.com - fermé oct.-nov. et merc. - 28 ch. 50/70 € - 8,50 € – rest. 13/23 €.* Rien qu'en voyant la façade et ses reproductions de vélos, casquettes et maillots, on sait que cet établissement réserve un accueil de choix aux cyclistes. En vrai passionné, le patron propose des prestations spéciales aux amateurs. Chambres correctes pour la station. Cuisine traditionnelle et petite brasserie.

Sports & Loisirs

Pascal Wendling – *38520 Le Bourg-d'Oisans - 04 76 79 85 18 ou 06 60 59 82 35 - en juil. et août des randonnées à thème sont proposées par un accompagnateur en montagne.* Randonnées à thème : lacs de montagne, faune, flore, histoire et légendes locales…

Randonnées nature – *Christian Bazin - 38114 Oz - 04 76 80 70 59.* Sorties « Découverte de la forêt ».

Les sentiers-découvertes – Au départ du Bourg-d'Oisans, deux sentiers-découvertes le long de la Romanche initient au milieu montagnard : le **sentier de l'Écureuil** (1 journée, 16 km) et le **sentier de la Grenouille** (1/2 journée, 8 km) sont ponctués de panneaux d'information sur les milieux, les espèces végétales et animales, et l'origine des paysages environnants. On peut en parcourir la totalité ou quelques étapes successives suivant l'âge ou l'endurance des participants.

Événements

La Vél'Eau d'Olle – Randonnée VTT conviviale proposant environ six parcours pour tous les niveaux du débutant au confirmé. Se renseigner à l'office du tourisme d'Allemont.

Massif de l'Oisans.

La Marmotte – *0 820 08 63 32 - en juil.* - Une course mythique sur 174 km et 5 000 m de dénivelée reliant Le Bourg-d'Oisans à l'Alpe-d'Huez.

Concerts de musique classique – Tous les mardis de l'été à l'église Saint-Bernard du Bourg-d'Oisans - 04 76 80 03 25.

DÉCOUVRIR LES SITES

Lac du **Bourget**★★

CARTE GÉNÉRALE B3 – CARTE MICHELIN DÉPARTEMENTS 333 H/I-3/4 – SAVOIE (73)

Le plus grand lac naturel de France éclaire de ses eaux miroitantes les berges parfois assombries par les massifs qui l'entourent. Eaux claires et bleu d'azur, eaux profondes aux teintes verdoyantes, chacune de ses rives possède son caractère. Quoi de commun entre les mâts entremêlés du port d'Aix-les-Bains et la vaste peupleraie de la Chautagne ? Un même climat d'une grande douceur, une même langueur, de celle qui séduisit Lamartine et après lui randonneurs, cyclistes et navigateurs.

- **Se repérer** – Le lac se situe entre les chaînons du mont du Chat et de La Chambotte, à 3 km du Rhône au nord et à 13 km de Chambéry au sud.
- **À ne pas manquer** – Une balade vers l'un des points panoramiques qui entourent le lac.
- **Organiser son temps** – Des navettes effectuent quotidiennement la traversée du lac, d'Aix-les-Bains à l'abbaye d'Hautecombe.
- **Pour poursuivre la visite** – Voir aussi Aix-les-Bains, les Bauges, la Chautagne, l'abbaye de Hautecombe.

Lac du Bourget vu depuis La Chambotte.

Circuits de découverte

De La Chambotte *(voir à Aix-les-Bains)*, vous aurez la vue la plus impressionnante sur le lac.

TOUR DU LAC★★ 1

Circuit au départ d'Aix-les-Bains 87 km – environ 3h30.
La route dominant la rive ouest s'accroche aux pentes raides du mont du Chat et du mont de la Charvaz. La route de la rive est, véritable quai au pied des versants abrupts du mont de Corsuet, permet d'admirer les jeux de couleur et de lumière qui donnent au lac sa physionomie changeante, mais toujours mélancolique. À l'origine, le lac était appelé lac de Châtillon. Puis on édifia le prieuré de St-Maurice-du-Bourget. Le lac adopta son nom.
Quitter Aix par la D 1201 (vers Chambéry).
Longeant tout d'abord la colline de Tresserve, haut lieu résidentiel d'Aix, la route suit, face à la dent du Chat, les rives basses du lac, très animées jusqu'à Terre-Nue.

Le Bourget-du-Lac

Le Bourget fut le grand port de la Savoie jusqu'en 1859. Un service de bateaux à vapeur le reliait à Lyon par le canal de Savières puis le Rhône.
Église – *Visite libre tte l'année : 10h-18h - possibilité de visite guidée sur demande à l'office de tourisme du Bourget.* Construite sur une crypte qui remonte peut-être à l'époque carolingienne, l'église a été rebâtie au 13e s. et remaniée au 15e et au 19e s. Vous

pouvez ainsi observer que les entablements des piliers romans sont plus larges que les arceaux gothiques qu'ils soutiennent. Ne manquez pas un bénitier rectangulaire du 13e s. et surtout la **frise★** de l'ancien jubé, encastrée dans les murs de l'abside, autour du maître-autel, qui est considérée comme un chef-d'œuvre de la sculpture du 13e s. en Savoie. Les scènes évangéliques représentées sont remarquables d'expression et de vie. Remarquez la dalle funéraire d'Odon de Luyrieux (15e s.), accrochée au mur du bas-côté droit. La crypte dont la fondation n'est pas datée avec précision est divisée en trois nefs. Des pierres votives romaines y célèbrent Mercure, protecteur des voyageurs.

Prieuré – *Entrée par une porte en arc brisé à droite de l'église - visite guidée (1h30) en juil.-août : pour les horaires se renseigner à l'office du tourisme du Bourget ; reste de l'année : sur demande préalable (3 j. av.) - possibilité de visite combinée avec le château Thomas II - gratuit (juil.-août), tarif non communiqué (reste de l'année).*

Contigu à l'église, l'édifice a été entrepris au 11e s. par saint Odilon, abbé de Cluny, sur un terrain concédé par le comte de Savoie Humbert aux Blanches Mains. Des modifications furent apportées au 13e s. et surtout au 15e s. par les prieurs de la famille de Luyrieux.

On visite le réfectoire, la cuisine qui a gardé sa cheminée monumentale, la chapelle St-Claude d'où part l'escalier qui conduit à un oratoire ouvrant sur le chœur de l'église, enfin la bibliothèque au beau plafond de cuir de Cordoue. Le cloître, refait au 15e s., comporte deux galeries superposées : l'étage inférieur présente des voûtes gothiques au savant dessin.

Dans les jardins, plantés d'essences variées, les ifs sont taillés en forme de pièces de jeu d'échecs – *En saison, cet espace est illuminé.*

Château Thomas II – *Près de l'embouchure de la Leysse - visite guidée (1h30) en juil.-août : pour les horaires se renseigner à l'office du tourisme du Bourget ; reste de l'année : sur demande préalable (3 j. av.) - possibilité de visite combinée avec le prieuré - gratuit (juil.-août), tarif non communiqué (reste de l'année).*

À l'origine, simple rendez-vous de chasse des comtes de Savoie, le château devint un temps la résidence principale d'Amédée V. Il ne reste aujourd'hui que quelques pans de murs massifs et une tour carrée. À proximité, le marais est aménagé par le Conservatoire des espaces naturels.

Après Le Bourget-du-Lac, on poursuit par la D 1504. Face au 2e embranchement vers Bourdeau, prendre à gauche la D 914 signalée « Abbaye de Hautecombe », col du Chat.

La route s'élève maintenant au-dessus du lac, dominé par le Revard. Le deuxième lacet de la D 914 forme **belvédère★** sur la cluse de Chambéry. À l'horizon, le massif d'Allevard aligne ses dents de scie. Le Grand Som qui domine le monastère de la Grande Chartreuse se dégage dans l'enfilade de la vallée de l'Hières.

Chapelle Notre-Dame-de-l'Étoile

15mn à pied AR. Le chemin d'accès, signalé, se détache dans un large virage de la D 914. Du terre-plein du sanctuaire, une **vue★★** sur le lac – remarquez la courbe harmonieuse de la baie de Grésine – et son cadre montagneux. Le Grand Colombier, au nord, le massif d'Allevard, au sud, ferment l'horizon. En arrière de la dépression verdoyante de l'Albanais s'allonge la croupe du Semnoz.

La route parcourt ensuite un replat cultivé qui, au-delà de Petit-Villard, se creuse en gouttière (beaux châtaigniers).

Après la bifurcation d'Ontex, au cours de la descente, les crêtes du Jura méridional se rapprochent. Après un détour dans le vallon de St-Pierre-de-Curtille, l'extrémité nord du lac réapparaît, ainsi que son site « lamartinien », le château de Châtillon.

Prendre la D 18 à droite vers l'abbaye de Hautecombe.

Abbaye de Hautecombe★★ *(voir ce nom)*

Revenir à la D 914 et poursuivre jusqu'au hameau de Quinfieux. Prendre la D 210 vers Chanaz.

Chanaz★

En bordure du canal de Savières, cette ancienne ville-frontière était une étape très fréquentée à l'époque de la navigation commerciale. Des auberges de mariniers ont renoué avec la tradition depuis l'ouverture du canal aux plaisanciers.

Maison de Boigne (actuelle mairie) – Datant du 17e s., elle se signale par deux porches d'entrée. Le général de Boigne, originaire du village, l'acheta en 1831 *(voir à Chambéry).*

Musée gallo-romain – *Dans la chapelle N.-D.-de-Miséricorde.* ☎ 04 79 52 11 84 *- juil.-août : 14h30-18h30 ; avr.-juin et sept.-oct. : vend.-lun. 14h30-17h30, dim. 14h30-18h30*

DÉCOUVRIR LES SITES

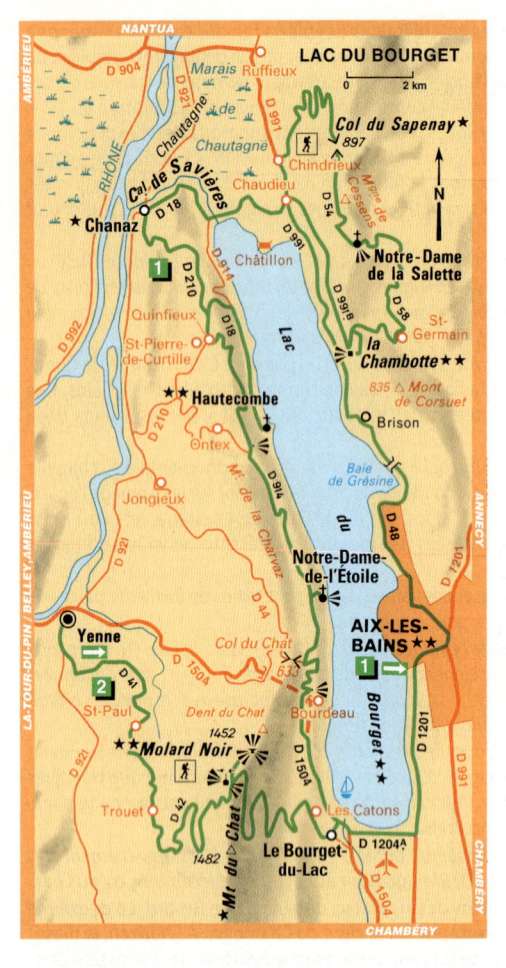

- 3 € (–10 ans gratuit). Retrouvées sur le site de fouille de Portout entre 1976 et 1987, ces poteries du 5e s. constituent un riche ensemble de céramiques « luisantes », objets usuels, monnaies et bijoux. Cet atelier était sans doute l'un des plus importants de Rhône-Alpes, sa production naturellement diffusée grâce aux voies fluviales de la Franche-Comté à la Méditerranée.

Quitter Chanaz par la D 18 vers Aix-les-Bains.

Canal de Savières

Long de 4 km, ce canal sert de déversoir naturel aux eaux du lac du Bourget vers le Rhône et de soupape de sécurité lors des crues du « taureau furieux » de Provence. Jusqu'au 19e s., c'était une importante voie commerciale pour les États de Savoie et la « route » de Paris pour les voyageurs. Ainsi, les princes régnants de cette maison empruntaient cette voie pour se rendre de Chambéry à Lyon. Pour la première fois, en 1838, un bateau à vapeur relia Lyon à Aix-les-Bains, en passant par ce canal. Juste avant l'annexion de la Savoie par la France (1860), quatre bateaux à vapeur assuraient un service régulier entre Lyon et Aix-les-Bains.

Ce déversoir fonctionne périodiquement à contre-courant : lors de la fonte des neiges au printemps, et lorsque tombent les pluies d'automne, les eaux du Rhône en crue refluent dans le lac qui joue ainsi un rôle régulateur.

Franchissant à Portout le canal de Savières, la route se glisse à travers les roseaux et les peupliers des marais de Chautagne *(voir ce nom)*, pour atteindre Chaudieu. On aperçoit le vignoble sur le coteau qui donne son nom au cru du vin de Savoie.

À Chaudieu, prendre la D 991, puis au premier hameau de Chindrieux, la route du col de Sapenay.

La route monte en lacet au-dessus de la plaine de Chautagne. La vue se dégage sur le lac du Bourget, l'abbaye de Hautecombe et la dent du Chat, ainsi que sur le couloir du Rhône, en direction de Bellegarde. Imposant, le Grand Colombier fait face.

Col du Sapenay★

Alt. 897 m. Un paysage à caractère plus montagnard avec sa futaie de sapins et ses prés-bois. Le site est aménagé pour le décollage des parapentes et des deltaplanes.

Chapelle Notre-Dame-de-la-Salette

Du premier sanctuaire des moines de Hautecombe, la **vue**★ est étendue sur la dépression agricole de l'Albanais et sa vaste peupleraie chatoyante.

À St-Germain, prendre la D 991B. Au village de la Chambotte, tourner à gauche aussitôt après la chapelle.

Lac du BOURGET

Vue du restaurant de La Chambotte★★ *(voir p. 130)*
Après La Chambotte, la D 991B, taillée dans le flanc de la montagne de Cessens, descend vers Chaudieu et s'octroie quelques belles vues sur le lac.
À Chaudieu, prendre à gauche la D 991.
Là commence un parcours presque ininterrompu au bord même du lac. Ici la dent du Chat, là l'abbaye de Hautecombe. Le dernier passage, le plus resserré, fait passer de **Brison-les-Oliviers**, village de pêcheurs et de vignerons dont le surnom évoque son ensoleillement, aux rives de la jolie baie de Grésine, d'où l'on rejoint Aix-les-Bains.

ROUTE DU MONT DU CHAT 2
De Yenne au Bourget-du-Lac – 34 km – environ 2h.

Yenne
La petite capitale du Bugey savoyard commande l'entrée du défilé de **Pierre-Châtel** par lequel le Rhône s'échappe définitivement des Alpes. Yenne est la patrie de l'homme de théâtre **Charles Dullin** (1885-1949), qui eut pour élèves, notamment, J.-L. Barrault ou le mime Marceau. On flânera dans le centre médiéval qui conserve un certain nombre de maisons anciennes.

Église – *Se visite en dehors des offices.* Datant des 12e-15e s., elle s'ouvre, en façade, par un portail aux chapiteaux romans (l'Annonciation, la Visitation). Les **stalles★** constituent la pièce capitale du mobilier : provenant de la chartreuse de Pierre-Châtel, ce bel ouvrage de boiserie, de la fin du 15e s., est finement sculpté de motifs flamboyants ; remarquez les armoiries jumelées d'Amédée IX de Savoie et de Yolande de France. Dans la sacristie, remarquez la belle pierre funéraire chrétienne du 6e s.

Quitter Yenne par la D 41 (qui s'embranche, au sud, à gauche de la route de Novalaise). À St-Paul, poursuivre sur la D 41 vers le sud. À la sortie de Trouet, prendre à gauche la D 42 (vers Le Bourget-du-Lac), qui monte en lacet (côte à 14 %).

Mont du Chat★
Alt. 1 482 m. Pour vous repérer, ce n'est pas difficile : le pylône-relais de radio-télévision est à 50 m du col, au sud. De la terrasse (alt. 1 470 m) aménagée en contrebas, on a une **vue** agréable sur Aix-les-Bains et son lac.

Molard Noir★★
1h à pied AR, au départ du mont du Chat. En suivant vers le nord le sentier de crête très engageant du Molard Noir, on découvre bientôt, du haut des à-pics du versant ouest, la vallée du Rhône, les monts du Bugey (Grand Colombier) et le Valromey. Du sommet du Molard Noir (alt. 1 452 m – *tables d'orientation*), le **panorama** est dégagé, au-delà du Revard et de la Croix du Nivolet, sur les Alpes depuis les aiguilles de Chamonix jusqu'au mont Granier en passant par le Mont-Blanc, la Vanoise, la Meije, Belledonne.

Sur le versant est du mont du Chat, la route serpente en forêt.
Par le hameau des Catons, on atteint Le Bourget-du-Lac.

Lac du Bourget pratique

Voir aussi les encadrés pratiques d'Aix-les-Bains, de l'abbaye de Hautecombe et de Chautagne.

Adresses utiles

Office du tourisme du Bourget-du-Lac – *Pl. du Gén.-Sevez - 73370 Le Bourget-du-Lac -* 04 79 25 01 99 *- www.bourgetdulac.com - juil.-août : 9h-12h, 14h-18h, dim. 9h-12h ; reste de l'année : tlj sf dim. 9h-12h, 14h-18h, sam. 9h-12h - fermé certains j. fériés (se renseigner).*

Maison du tourisme de Chanaz – *Maison de Boigne - 73310 Chanaz -* 04 79 54 59 59 *- www.chanaz.fr - juil.-août : 9h-12h, 14h-18h, dim. et j. fériés 10h-12h, 15h-19h ; avr.-juin et sept.-nov. : 9h-12h, 14h-18h, dim. et j. fériés 14h-18h ; reste de l'année : tlj sf w.-end 9h-12h, 13h-18h - fermé 1er janv., 25 déc.*

Office du tourisme de Yenne – *50 r. Antoine-Laurent - 73170 Yenne -* 04 79 36 71 54 *- www.yenne-tourisme.fr - juil.-août : 9h-12h, 14h-18h ; reste de l'année : 8h30-12h, 14h-17h30, sam. 8h30-12h - fermé dim. et j. fériés.*

Visites

Yenne – Disponibles à l'office de tourisme, des propositions de circuits thématiques à réaliser en voiture pour la Dent du Chat, au fil du Rhône, le vignoble, les belvédères, etc. - *gratuit*.

Moulin à huile (1868) – *À Chanaz -* 04 79 54 56 32 *- mai-sept. : 10h30-12h, 14h30-17h30 - avr. et oct. : 14h30-17h30.* Visite du moulin et démonstration de fabrication d'huile de noix.

DÉCOUVRIR LES SITES

Croisières

Canal de Savières – *Bateaucanal - Chanaz -* ℘ *04 79 54 51 80 ou Bateaux Gwel -* ℘ *04 79 63 45 00 - www.gwel.com.*

Tour du lac

Du col du Chat à Chanaz – Une agréable escapade dans les vignobles de Jongieux est possible en aval du col du Chat. À 1,5 km du col, suivre la direction Monthoux (D 44), puis Billième et Jongieux par la D 210. Au-dessus de Jongieux la C 9 suit les vignobles à flanc de coteau avant de rejoindre Lucey et St-Pierre-de-Curtille.

Canal de Savières à Portout.

Se loger

Chambre d'hôte Montagnole – *516 chemin de Boissy - 73420 Viviers-du-Lac -* ℘ *04 79 35 31 26 - ⌥ - 2 ch. 45 € ⌑.* Cette villa propose des chambres simples, mais confortables et bien équipées ; deux possèdent une cuisine. Les « petits plus » : un jardinet à disposition et une belle vue sur les falaises du Revard.

Hôtel Le Clos du Lac – *85 rte du Bourget-du-Lac - 73420 Viviers-du-Lac -* ℘ *04 79 54 40 07 - www.monalisahotels.com -* 🅿 *- 40 ch. 68 € - ⌑ 8 €.* Toutes identiques en décoration, les 40 chambres climatisées de cet hôtel de chaîne conservent cette régularité dans leur confort et leur fonctionnalité. Un personnel aimable et professionnel assure la bonne tenue des lieux. À l'arrière, un jardin avec son espace pelouse pour un agréable moment de détente au soleil.

Hôtel Ombremont – *Rte du Tunnel-du-Chat - 73370 Le Bourget-du-Lac - 2 km au nord du Bourget-du-Lac par D 1504 -* ℘ *04 79 25 00 23 - www.hotel-ombremont.com - fermé de fin oct. à mi-mai -* 🅿 *- 17 ch. 140/255 € - ⌑ 22 €.* Dans un parc arboré et fleuri, vaste demeure 1930 dont les jolies chambres personnalisées jouissent presque toutes d'une remarquable vue sur le lac. Belle piscine ; sauna.

Se restaurer

Les Oliviers – *Au village de Brison - 73100 Brison-St-Innocent - 6 km au nord d'Aix-les-Bains par D 48 et D 991 -* ℘ *04 79 54 21 81 - www.restaurant-les-oliviers.com - fermé du 24 juin au 1er juil. et du 27 oct. au 4 nov. - 16/47 €.* Cette maison bâtie face au lac abrite une salle à manger récemment redécorée, réchauffée par une belle cheminée en hiver. Le chef propose une cuisine au goût du jour et quelques plats du terroir élaborés à partir de produits frais. Menus changeant au gré des saisons. Terrasse ombragée.

Beaurivage – *Bd du Lac - 73370 Le Bourget-du-Lac -* ℘ *04 79 25 00 38 - www.beaurivage-bourget-du-lac.com - fermé 19-27 fév., 23 oct.-17 nov., dim. soir, merc. soir et lun. - 23/40 € - 7 ch. 65 € - ⌑ 9 €.* La salle à manger s'ouvre sur une agréable terrasse ombragée de platanes d'où le regard s'évade sur le romantique lac. Cuisine classique. Chambres refaites et bien aménagées.

Auberge de Savières – *73310 Chanaz -* ℘ *04 79 54 56 16 - www.savieres.com - fermé 18 déc.-15 mars, mar. soir et merc. sf 12 juil. au 1er sept. - formule déj. 17 € - 25/38 €.* Certains accostent leurs bateaux en face de l'auberge après une balade sur le canal de Savières. Vous pourrez aussi faire une croisière bucolique grâce aux bateaux mis en service ici… avant de vous attabler le long du canal autour d'une cuisine familiale.

Atmosphères – *618 rte des Tournelles - 73370 Les Catons - 2,5 km au nord-ouest du Bourget-du-Lac par D 42 -* ℘ *04 79 25 01 29 - www.atmospheres-hotel.com - fermé 19-28 fév., vac. de Toussaint, merc. sf le soir en juil.-août et mar. - 21/62 € - 4 ch. 95/115 € - ⌑ 13 €.* Ce tranquille petit chalet entouré de verdure surplombe le lac et offre une vue remarquable sur la montagne. La salle à manger vient d'être rénovée et modernisée. Aux beaux jours, terrasse panoramique très prisée. Les préparations, soignées, varient en fonction du marché. Chambres simples.

Auberge Lamartine – *Rte du Tunnel-du-Chat - 73370 Le Bourget-du-Lac - 3,5 km au nord du Bourget-du-Lac par D 1504 -* ℘ *04 79 25 01 03 - www.lamartine-marin.com - fermé de mi-déc. à déb. janv., mar. midi de sept. à mai, dim. soir et lun. sf j. fériés - 26/80 €.* Votre regard vagabondera au fil de l'eau, tout en savourant une cuisine pleine de finesse et de caractère. Dans cette maison renommée, la salle sur deux niveaux domine le lac du Bourget. Décor chaleureux avec son mobilier discret et ses lumières douces.

La Grange à Sel – *La Croix Verte - 73370 Le Bourget-du-Lac -* ℘ *04 79 25 02 66 - www.lagrangasel.com - fermé janv., dim. soir et merc. - 27/80 €.* C'est une ancienne grange à sel avec sa façade couverte de vigne vierge, agrémentée d'une terrasse arborée et d'un jardin fleuri. Vieilles pierres et poutres apparentes, petits salons et cheminée. Gourmets et gourmands, le chef vous régalera de ses spécialités.

Faire une pause

Boulangerie-bar St-Vincent – *600 rte du Bourget-du-Lac, Villarcher - 4 km au nord par D 1504 rte de Chambéry - 73420 Voglans -* ℘ *04 79 54 41 74 - 7h-19h - fermé de mi-juil. à mi-août, 25 déc.-1er janv., dim. et lun - 5 à 6 €.* Les deux salles et la terrasse de cette adresse originale affichent souvent complet aux heures de repas. On vient de loin pour savourer ces casse-croûte « royaux » (spécialité de la maison) à base de pain cuit sur place dans le vieux four à briques. Des produits de qualité, des prix doux et un accueil très sympathique.

Sports & Loisirs

◉ **Bon à savoir** – Disponible gratuitement dans les offices du tourisme d'Aix-les-Bains, Chanaz et Le Bourget-du-Lac/Bourdeau, ce guide nautique très complet offre des informations complètes sur les différentes activités sportives. Aviron, ski nautique, plongée sous-marine ou autres, tout le monde y trouve son bonheur.

Les plages – Le lac du Bourget compte 10 plages en tout. Certaines s'orientent naturellement vers les différentes activités aquatiques et sportives, alors que d'autres, plus discrètes, invitent plus à la tranquillité. Libre à vous de trouver votre discipline de prédilection : baignade, navigation, randonnée… ou sieste !

Que rapporter

Exposition des métiers d'art et de traditions – *73310 Chanaz -* ℘ *04 79 54 59 59 - www.chanaz.fr –juil.-août : 14h-19h ; juin et sept. : 15h-18h.*

Événement

Fête médiévale – *3e sem. de juil. - 73370 Le-Bourget-du-Lac -* ℘ *04 79 25 01 99 - www.bourget-du-lac.com.* Fête costumée et feux d'artifice.

Bourg-St-Maurice

6 747 BORAINS
CARTE GÉNÉRALE D3 – CARTE MICHELIN DÉPARTEMENTS 333 N4 – SCHÉMAS P. 179 ET 434 – SAVOIE (73)

Au pied du col du Petit Saint-Bernard, autrefois lien stratégique entre la Savoie et le Val d'Aoste, Bourg-St-Maurice commande les vallées de la haute Tarentaise qui s'élèvent jusqu'aux immenses champs de ski des Arcs, de Tignes et de Val-d'Isère. La ville était célèbre pour ses foires agricoles et demeure aujourd'hui un carrefour commercial et accueillant.

- **Se repérer** – Bourg-St-Maurice se situe à 55 km au sud-est d'Albertville (N 90), mais est accessible depuis le Beaufortain ou la Maurienne.
- **À ne pas manquer** – Les fresques de la chapelle de Vulmix.
- **Avec les enfants** – En juillet, les Fêtes de l'edelweiss et, en août, le Festival d'humour sont des événements faits pour eux.
- **Pour poursuivre la visite** – Voir aussi Peisey-Nancroix, la Rosière-Montvalezan, la Tarentaise.

Visiter

Musée des Minéraux et de la Faune de l'Alpe

82 av. du Mar.-Leclerc - ℘ *04 79 07 12 74 - juil.-août : 10h-12h, 15h-19h, dim., lun. 15h-19h ; reste de l'année : sur demande préalable (1 j. av.) - 4 € (– 8 ans gratuit).*
Quelques très beaux cristaux, ainsi que la reconstitution des filons dans lesquels ils se dissimulent et l'activité des cristalliers. Un diorama présente la faune alpine.

Séjourner

Les Arcs★

Quitter Bourg-St-Maurice par la N 90 au nord-est ; à la sortie de la localité, prendre la D 119 à droite. Arc 1600 : 12 km (ou funiculaire en saison) ; Arc 1800 : 15 km ; Arc 2000 : 26 km.
À proximité de Bourg-St-Maurice, les Arcs comprennent les stations piétonnes d'Arc 1600, d'Arc 1800, relié à Vallandry et Villaroger en bordure de la Vanoise, et d'Arc 2000. Cette station moderne fondée par une équipe d'architectes modernistes des années 1960 est devenue l'un des plus grands domaines skiables des Alpes. Mais elle concrétise aussi toutes les réflexions esthétiques et architecturales de cette époque. L'intégration au paysage détermine en particulier les lignes saccadées des bâtiments. Charlotte Perriand a conçu ici dans un souci

DÉCOUVRIR LES SITES

démocratique des espaces où chaque appartement bénéficie du soleil, d'une vue sur la montagne et d'un intérieur agencé pour faciliter la vie quotidienne. Le plan d'urbanisme des Arcs a reçu le label « Patrimoine du 20ᵉ s. ». La station s'étage sur quatre niveaux.

Arc 1600
Accès très pratique par le funiculaire **Arc-en-ciel** ; départ derrière la gare de Bourg-St-Maurice. Arc 1600 est apprécié pour son ambiance familiale et ses épicéas. De ses abords, on découvre une belle **vue**★ sur Bourg-St-Maurice et le Beaufortain, en face, et sur le massif du Mont-Blanc, au nord. ✆ 04 79 07 12 57 - *juil.-août : 8h-19h30 (7mn, dép. ttes les 30mn) ; de mi-déc. à fin avr. : 7h30-20h (7mn, dép. ttes les 20mn) - fermé mai-juin et de déb. sept. à mi-déc. - 6 € (– 10 ans gratuit) AR (en été), 11 € (6-14 ans 8 €) AR (en hiver).*

Arc 1800
Au sud d'Arc 1600, cette station occupe une situation exceptionnelle, en balcon au-dessus de la vallée de l'Isère. De ses terrasses, vaste **panorama**★ sur les massifs du Beaufortain, du Mont-Blanc, de Bellecôte et sur la vallée de la haute Tarentaise. C'est aussi la plus compacte et la plus emblématique des quatre stations.

Arc 1950
La petite dernière est un petit dernier. Les Arcs 1950 s'annoncent comme un village où convivialité et art de vivre sont mis en avant. Reniant les leçons des années 1970, les architectes ont eu abondamment recours au bois, à l'ardoise et aux enduits de couleur : une référence à l'habitat traditionnel qui ne fut jamais si maniéré.

Arc 2000
Plus récente et à l'écart, elle se situe dans un cadre de haute montagne, au pied de l'aiguille Rouge, avec une **vue**★ remarquable sur la Rosière et le massif du Mont-Blanc. Arc 2000 attire les amateurs de ski intensif. Le Parc de la Vanoise débute ici.

Les pentes du vertige
La raideur exceptionnelle des pentes aux Arcs a favorisé les compétitions du kilomètre lancé (épreuve de vitesse nécessitant le port d'une combinaison, d'un casque et de skis plus longs que la normale). La piste tracée au-dessus d'Arc 2000, inclinée jusqu'à 77 %, a été choisie pour les Jeux olympiques d'Albertville en 1992, au cours desquels la vitesse de 229,299 km/h a été atteinte (l'actuel record est de 251,4 km/h).

Le domaine skiable
Trois stations, trois ambiances crescendo depuis les pistes et ambiances familiales de Arc 1600 au domaine sportif d'Arc 2000. Ce dernier compte une dizaine de pistes noires de haut niveau technique, dont la piste de l'aiguille Rouge, magnifique itinéraire entre 3 226 et 1 250 m. Le domaine skiable **Paradiski** qui regroupe les Arcs, la Plagne et Peisey-Vallandry est accessible par le Vanoise Express.

Sous le soleil d'été
Si la montagne souffre quelque peu des équipements destinés au ski, il suffit parfois de faire quelques centaines de mètres pour pénétrer dans une nature plus sauvage. Mais les amateurs de sports et de loisirs seront comblés. Si vous êtes amateur de parapente ou si vous aimez plus simplement admirer les ailes évoluant dans le ciel, des bases d'envol se trouvent en haut du télésiège de la Cachette, à l'aiguille Grive et au-dessus de Vallandry.

Aux alentours

Vulmix
4 km au sud de Bourg-St-Maurice par la D 86. L'exploitation du sel gemme de l'Antiquité au 17ᵉ s. fit la richesse de Vulmix et de la vallée de l'Arbonne. Le défrichage de la forêt et les éboulements contraignirent Emmanuel-Philibert à fermer l'exploitation. Les salines de Moûtiers prirent alors le relais.

Chapelle Saint-Grat – ✆ *04 79 07 04 92 - possibilité de visite guidée sur demande à l'office de tourisme.* Modeste chapelle rurale restaurée en 1995, dont l'aspect extérieur

BOURG-ST-MAURICE

sobre tranche avec les remarquables **fresques★** du 15ᵉ s., étonnantes par leur fraîcheur, qui ornent son intérieur. La légende de saint Grat, protecteur des vignes et des récoltes, est détaillée sur dix-huit panneaux dont la lecture débute sur le mur sud.

Hauteville-Gondon
4 km. Quitter Bourg par la N 90 en direction d'Aime, puis prendre la D 220.
Église St-Martin-de-Tours
☏ 04 79 07 04 92 ou 04 79 60 59 00 - *possibilité de visite guidée sur demande à l'office de tourisme.* Construite à la fin du 17ᵉ s., elle possède une riche décoration intérieure baroque dont plusieurs retables polychromes, œuvres de Joseph-Marie Martel, un artiste valsésian du 18ᵉ s. Admirez celui du maître-autel, encadrant la représentation de la légende de saint Martin.

Retable de l'église St-Martin-de-Tours, Hauteville-Gondon.

Séez
3,5 km à l'est. Quitter Bourg-St-Maurice par la N 90 (vers l'Italie et Val-d'Isère).

Ce bourg tire son nom de la sixième borne milliaire (qui marque une distance de mille pas) de la voie romaine reliant Milan à Lyon. Il s'est fait une réputation, depuis le 19ᵉ s., avec les filatures du célèbre « drap de Bonneval » tissé selon les techniques rapportées du Piémont.

C'est aujourd'hui un village d'artisans.

Église St-Pierre – ☏ 04 79 41 00 15 - *de mi-juin à mi-sept. : tlj sf sam. 15h-18h ; vac. de Noël et vac de fév. : jeu. 15h-17h.*

Dans cet édifice baroque du 17ᵉ s., un superbe retable, œuvre de Fodéré, artiste de Bessans. Voyez le beau gisant en tenue de combat, du 15ᵉ s., à gauche de la porte d'entrée. Le trésor est visible dans le cadre des visites guidées *(voir notre encadré pratique).*

Espace baroque Tarentaise – *5 r. St-Pierre -* ☏ *04 79 40 10 38 - de mi-juin aux Journées du patrimoine : tlj sf sam. 14h-18h ; vac. de Noël et vac. de fév. : tlj sf w.-end et lun. 15h-18h ; mars-avr. (hors vac. scol.) : jeu. 15h-18h - 3 € (– 12 ans gratuit).* Ce musée présente sur trois étages une vieille forge en activité, une collection de bijoux savoyards et un espace didactique sur l'art baroque en Savoie et notamment la fabrication des retables.

👁 *Voir aussi à ce sujet les chemins du Baroque dans Visites guidées p. 57.*

Après l'hôtel Belvédère, la route domine un moment le bassin de Ste-Foy ; tandis que, immédiatement en contrebas, le hameau du Châtelard se groupe au pied de la chapelle St-Michel, le regard, suivant la haute Isère, se porte jusqu'aux crêtes neigeuses qui forment barrière entre la haute Tarentaise et la haute Maurienne, en arrière de Val-d'Isère.

Plus haut – on revient au-dessus de Bourg-St-Maurice – apparaissent tout proches, en avant, la pointe du Clapey et le sommet du roc de Belleface.

Randonnées

Ces randonnées sont au départ des Arcs.

Aiguille Rouge★★★
De la place centrale d'Arc 2000, emprunter le large chemin qui monte en 15mn environ jusqu'au bas du télécabine du Varet. Prendre le télésiège, puis le téléphérique de l'aiguille Rouge. De la plate-forme terminale, gagner la table d'orientation. Les chaussures de montagne et les lunettes de soleil sont recommandées car le sommet est toujours enneigé. ☏ *04 79 07 12 57 - juil.-août : 9h30-16h30 (5mn, dép. en continu) ; hiver : 10h-16h30 - fermé mai-juin et de déb. sept. à mi-déc. - 6 € (– 10 ans gratuit) AR (en été), 11 € (6-14 ans 8 €) AR (en hiver).*

Alt. 3 226 m. Vue impressionnante au sud sur le mont Pourri, tout proche, et le glacier du col. À sa droite, on découvre successivement le sommet de Bellecôte, les domaines de la Plagne et des Trois-Vallées. À l'ouest, à l'horizon, remarquer l'Étendard *(confondu sur la table d'orientation avec le Péclet-Polset)*, les chaînes de Belledonne et de la Lauzière. Ensuite, plus à droite, les sommets de Pierra Menta, Roignais et les Aravis en arrière-plan. Au nord, belle vue d'ensemble sur le massif du Mont-Blanc, de l'aiguille des Glaciers aux Grandes Jorasses et au mont Dolent. Au premier plan, remarquez le domaine de la Rosière, du col du Petit Saint-Bernard au mont Valaisan. Enfin, plus à l'est, les sommets des frontières italienne et suisse sont bien visibles, notamment le mont Rose et le Grand Paradis.

Pour la descente, les randonneurs bien chaussés pourront, à la sortie du téléphérique, continuer à pied en direction du joli lac Marlou *(se renseigner au préalable auprès des pisteurs sur les risques d'avalanche)*.

Télécabine Transarc★★

Accès depuis Arc 1800. ☎ 04 79 07 12 57 - juil.-août : 9h15-16h40 (10mn, dép. en continu) ; en hiver : 9h15-17h - fermé mai-juin et de déb. sept. à mi-déc. - 6 € (– 10 ans gratuit) AR (en été), 11 € (6-14 ans 8 €) AR (en hiver). De la télécabine passant au-dessus du col du Grand Renard, vous avez une belle vue sur les domaines des Arcs et de la Plagne. Elle parvient au pied de l'aiguille Grive, à 2 600 m d'altitude. Vue sur l'aiguille Rouge, le mont Pourri, l'aiguille du Saint-Esprit, la Grande Motte de Tignes et la majestueuse barre rocheuse de Bellecôte. Au nord, vue sur les massifs du Mont-Blanc et du Beaufortain.

De nombreuses randonnées de tous niveaux peuvent être entreprises. Des propositions d'itinéraires sont indiquées ci-dessous.

Aiguille Grive★★★

🥾 *En 30mn environ, les bons marcheurs, n'étant pas sujets au vertige, peuvent accéder au sommet, par des pentes très raides. Ascension à n'effectuer que par temps sec.*

Alt. 2 732 m. De la table d'orientation, **panorama★★★** exceptionnel sur la Vanoise.

Refuge du mont Pourri★★

🥾 *3h. Effectuer la boucle dans le sens suivant : col de la Chal, refuge du mont Pourri, lac des Moutons.*

Ce circuit facile se situe dans un cadre de haute montagne en bordure du Parc de la Vanoise. On ne sait si le nom du sommet désigne la roche ou le temps qu'il y fait…

Notez qu'il est possible, depuis le sommet du Transarc, de se rendre à l'aiguille Rouge : à pied par le col de la Chal on accède en 1h au téléphérique de l'aiguille Rouge, prendre le téléphérique aller et retour, puis descente à pied au lac Marlou, et montée rapide à la plate-forme d'arrivée du Transarc.

Télésiège de la Cachette★

Accès depuis Arc Pierre Blanche. ☎ 04 79 07 12 57 - juil.-août : 9h-17h (5mn, dép. en continu) - fermé mai-juin et sept.-déc. - 6 € (– 10 ans gratuit) AR (en été), 11 € (6-14 ans 8 €) AR (en hiver).

Alt. 2 160 m. Belle vue sur la vallée de l'Isère, Bourg-Saint-Maurice et le Mont-Blanc.

Promenade à l'Arpette★★

Vous aurez un **panorama★★** extraordinaire sur les domaines de la Plagne et des Arcs, et sur les principaux sommets de la haute Tarentaise. Prenez le télésiège de la Cachette. Vous rejoindrez en 10mn un chemin qui monte le long du télésiège de l'Arpette et conduit au col des Frettes. En haut, empruntez à gauche un chemin en légère montée qui mène à l'Arpette (alt. 2 418 m).

Bourg-St-Maurice pratique

♿ Voir aussi l'encadré pratique de la Rosière-Montvalezan.

Adresses utiles

Office du tourisme de Bourg-St-Maurice et les Arcs – 105 pl. de la Gare - 73700 Bourg-St-Maurice - ☎ 04 79 07 12 57 - www.lesarcs.com - juil.-août : 9h-19h, dim. 9h-13h, 14h-19h ; de mi-déc. à fin avr. : 9h-12h30, 14h-18h (19h vend.), sam. 9h-19h30 ; mai-juin : 9h-12h, 14h-18h, dim. 9h-12h30 - fermé dim. (mai).

Office du tourisme de Séez – 25 r. Célestin-Freppaz - 73700 Séez - ☎ 04 79 41 00 15 - www.otseez.com - juil.-août : 9h-12h, 14h30-18h30, dim. 9h-12h ; des vac. de Noël à fin avr. : tlj sf dim. 9h-12h, 14h-18h ; reste de l'année : tlj sf w.-end 9h-12h, 14h-18h - fermé certains j. fériés (se renseigner).

Transports

Accès aux stations – De Bourg-St-Maurice, le funiculaire vous transporte en 7mn aux Arcs 1600, reliés par des navettes gratuites aux autres stations.

BOURG-ST-MAURICE

Se loger

👁 **Bon à savoir** - Les 4 sites des Arcs (1 600, 1 800, 1 950 et 2 000) ainsi que Bourg-St-Maurice et les villages environnants disposent d'un choix intéressant de formules d'hébergement. Appartements, studios, chalets et hôtels, ou même camping caravaneige. Contacter l'office de tourisme ou la centrale de réservation, ouverte toute l'année.

⊜ **La Petite Auberge** – *Le Reversert - 73700 Bourg-St-Maurice -* ℘ *04 79 07 26 51 - hotel.lapetiteauberge@wanadoo.fr - fermé mai, oct.-nov., dim. soir et lun. -* 🅿 *- 12 ch. 40/49 € -* 🍽 *6 € – rest. 14/26 €.* Dans une cour tranquille en retrait de la route, cette petite auberge montre qu'une grande simplicité peut néanmoins s'avérer agréable. Les 12 chambres, toutes rénovées, offrent propreté et bonne tenue, et le restaurant sans prétention se repose sur une cuisine traditionnelle, tout aussi correcte. Terrasse ombragée.

⊜⊜ **Hôtel Le Relais des Villards** – *Villard-Dessus - 73700 Séez -* ℘ *04 79 41 00 66 - www.relais-des-villards.com - fermé 25 avr.-mai et 26 sept.-23 déc. -* 🅿 *- 10 ch. 68 € -* 🍽 *7,50 € – rest. 14/20 €.* Cet hôtel, installé dans un chalet traditionnel très bien entretenu, compte 10 chambres lambrissées, très mignonnettes. Fondue au beaufort et matafan occupent une place de choix sur la carte du restaurant, aux côtés de formules fort intéressantes. Forfaits de ski à prix avantageux pour la station des Arcs.

⊜⊜ **Hôtel L'Autantic** – *69 rte Hauteville - 73700 Bourg-St-Maurice -* ℘ *04 79 07 01 70 - www.hotel-autantic.fr -* 🅿 *- 29 ch. 80/130 € -* 🍽 *8 €.* Accueillant hôtel évoquant un chalet de Tarentaise. Ses pimpantes chambres, meublées en bois ou en fer forgé, ouvrent largement sur la nature ; une dizaine offre l'agrément d'une terrasse ou d'un balcon. Espace petits-déjeuners sous véranda ; piscine couverte.

⊜⊜ **Chambre d'hôte Molliebon** – *Molliebon - 73700 Séez - 15 km au sud de La Rosière, rte de Bourg-St-Maurice -* ℘ *04 79 41 06 33 ou 06 09 02 12 64 - www.molliebon.fr -* 🍴 *- 5 ch. 65 €* 🍽 *- repas 25 €.* Sur les hauteurs, ancienne ferme rénovée où l'on choisira de préférence les nouvelles chambres, très agréables avec leurs poutres et leurs meubles anciens. Grande salle à manger où domine le bois et terrasse offrant une superbe vue sur Bourg-St-Maurice et Les Arcs.

Se restaurer

⊜⊜ **Montagnole** – *26 av. du Stade - 73700 Bourg-St-Maurice -* ℘ *04 79 07 11 52 - fermé 19 juin-4 juil. et 19 nov.-11 déc. - 17/37 €.* Les accueillants patron-peintre et patronne-poétesse de cet établissement tapissent amoureusement murs et menus de leurs œuvres les plus réussies. Tout aussi artistes aux fourneaux, ils se risquent à d'audacieux assortiments dans la préparation d'une savoureuse cuisine au goût du jour faisant la part belle aux poissons.

Sports & Loisirs

Un large choix – Aux Arcs, les activités physiques ne se limitent pas au ski et autres sports de glisse. En effet, on trouve dans toute la station un riche éventail de possibilités : centre nautique, gym traditionnelle, musculation, escalade, stages de tennis ou de golf… Demandez la carte multiactivités au club des sports.

Transports vers les stations – *Autocars Martin : place de la Gare -* ℘ *04 79 07 04 49.* Bus réguliers pour la Rosière, les Arcs, Ste-Foy-Tarentaise, Val-d'Isère et Tignes.

Station des Arcs.

Coureurs de rivières – *Vulmix -* ℘ *04 79 04 11 22 - www.coureurs-rivieres.com - 1ᵉʳ Mai-30 sept. : tlj sur RV.* Pour pratiquer la nage en eaux vives, aussi appelée hydrospeed, il faut savoir palmer, et surtout aimer s'immerger dans une rivière bien fraîche. Accompagné d'un guide, on découvre le parcours d'initiation (tout de même long de 8 km), avant de s'attaquer aux rapides plus impressionnants. Sensations garanties !

Que rapporter

Filature Arpin – *La Fabrique - Séez -* ℘ *04 79 07 28 79 - magasin : tlj sf dim. 9h-12h, 14h-18h ; visite de l'atelier : juil.-août : lun.-jeu. 10h30, 14h, 15h15, 16h30 - 4,50 €.* Le dernier fabricant de drap de Bonneval commercialise couvertures, rideaux, plaids, coussins et vêtements. Un large choix.

Événement

Fêtes de l'edelweiss – *Mi-juillet -* ℘ *04 79 07 12 57 - www.lesarcs.com.* Rassemblement folklorique international.

DÉCOUVRIR LES SITES

Chambéry★★

58 200 CHAMBÉRIENS
CARTE GÉNÉRALE B3 - CARTE MICHELIN DÉPARTEMENTS 333 I4 –
SCHÉMA P. 174 – SAVOIE (73)

L'histoire suit son cours dans cette vibrante cité savoyarde. Son fier passé de capitale de la maison de Savoie s'incarne dans la puissante silhouette du château. Tout autour, un labyrinthe de ruelles et de passages, bien rénovés, remonte le cours du temps, du Moyen Âge à la Renaissance. La ville sarde du 19e s. impose en périphérie sa rigueur et sa solennité. Dans un surprenant continuum, les audaces architecturales du 20e s. s'intègrent sans heurts à une ville vieille d'un millénaire.

- **Se repérer** – Au sud du lac du Bourget. La ville s'est développée entre les massifs des Bauges et de la Grande-Chartreuse aux portes des trois principaux parcs alpins : Vanoise, Chartreuse et Bauges. Chambéry est au carrefour de l'A 41 (Grenoble-Annemasse) et de l'A 43 (Lyon-Modane).
- **À ne pas manquer** – La collection de peintures italiennes du musée des Beaux-Arts.
- **Organiser son temps** – Le château, siège du conseil général, et la Sainte-Chapelle ne sont accessibles qu'au cours de visites guidées.
- **Avec les enfants** – Du Moyen Âge à aujourd'hui, de nombreux artistes ont habillé la ville de trompe-l'œil que les petits détecteront avec plaisir. Pour la détente, le lac d'Aiguebelettte n'est pas loin.
- **Pour poursuivre la visite** – Voir aussi le lac du Bourget, Aix-les-Bains, le massif des Bauges, le massif de la Chartreuse.

Château des ducs de Savoie à Chambéry.

Comprendre

La capitale de la Savoie – Chambéry devient la capitale des comtes de Savoie en 1232. Ce n'est encore qu'un gros bourg, défendu par un château fort. La fortune de la ville, liée à l'essor de la maison de Savoie, fut surtout au cours des 14e et 15e s. l'œuvre des « portiers des Alpes », comtes et ducs de Savoie.

Suit un siècle de décadence durant lequel les Français occupent plusieurs fois la Savoie. En 1559, le traité de Cateau-Cambrésis met fin à la présence française. Emmanuel-Philibert, le meilleur capitaine de Charles Quint, relève alors ses États de Savoie et établit en 1562 sa capitale à Turin, jugeant Chambéry trop près de la France. En compensation, cette dernière reçoit un Sénat faisant fonction deCour supérieure de justice et d'organe de contrôle pour l'administration savoyarde.

Un développement tardif – Dans les années 1830, Benoît de Boigne, fils du pays et président de l'éphémère département du Mont-Blanc, participe sur ses propres deniers à l'édification d'une ville neuve détruisant en partie la ville ancienne. Malgré tout, Chambéry ne franchira ses limites médiévales qu'au début du 20e s. Les boulevards affichent depuis une certaine idée de la modernité portant l'empreinte

CHAMBÉRY

Boigne le munificent (1751-1830)
La vie de Benoît de Boigne, fils d'un riche marchand de Chambéry, est digne d'un roman dont le héros serait un globe-trotter : d'abord dans les gardes françaises, il sert ensuite successivement dans un régiment grec, puis dans l'armée égyptienne et enfin aux Indes. Il met ses talents militaires au service d'un maharajah qui le nomme gouverneur d'un vaste territoire. À la mort du prince, il revient en Europe, colossalement riche et avec le titre de général ; il prend épouse à Londres et s'installe à Chambéry. Nommé président du département du Mont-Blanc par Napoléon Ier, il est fait aide de camp par Louis XVIII, puis comte de Boigne par le roi de Sardaigne. Il emploie sa fortune à améliorer l'urbanisme de sa ville et à créer des institutions de charité. Voilà une vie bien remplie.

du style éclectique en vogue et quelques beaux témoins du style Belle Époque. Les bombardements de la Seconde Guerre mondiale touchent sévèrement le centre ancien. Lancées depuis une vingtaine d'années, la rénovation et la revalorisation des quartiers historiques comme le Carré Curial ont été menées de pair avec la création de vastes bâtiments à vocation culturelle.

Se promener

Au gré de ses promenades à pied, le visiteur de Chambéry est surpris par les imposantes peintures en trompe-l'œil sur les murs des halles du marché, à l'angle du théâtre Charles-Dullin et dans l'îlot de l'Horloge. Ces créations sont l'œuvre d'artistes chambériens, le « groupe Miami ».

VIEILLE VILLE★★
Visite à pied : 4h – y compris la visite détaillée du château. Partir de la fontaine des Éléphants et suivre l'itinéraire indiqué sur le plan.

Fontaine des Éléphants (B)
Ce monument, surnommé la fontaine des « Quatre sans-cul », a été élevé en 1838 à la mémoire du **général comte de Boigne**. Les éléphants, privés de leur arrière-train, postés au pied des trophées d'armes, rappellent ses campagnes aux Indes.
Prendre le boulevard du Théâtre.

Théâtre Charles-Dullin (B)
Reconstruit après un incendie au 19e s., il porte le nom de l'acteur et metteur en scène savoyard *(voir p. 199)*, et compte parmi les plus beaux théâtres à l'italienne d'Europe. Il conserve son rideau d'avant-scène d'origine, peint par Louis Vacca en 1824 et représentant *La Descente d'Orphée aux enfers*. D'une taille imposante dans ce quartier de ruelles étroites, le théâtre est au centre d'un quartier animé de librairies et cafés à quelques encablures du Carré Curial.
Suivre, dans le prolongement du boulevard du Théâtre, la rue Ducis. Dans la rue Croix-d'Or, à droite, le passage Métropole mène à la cathédrale métropolitaine.

Cathédrale métropolitaine St-François-de-Sales★ (B)
Connue sous le nom de « Métropole », c'est l'ancienne église du couvent fondé au 13e s. par les franciscains. L'édifice actuel, de grandes dimensions, date des 15e et 16e s., époque à laquelle l'ordre des Franciscains était à son apogée. Le sol marécageux ne permettant pas de creuser en profondeur, il fallut étendre l'édifice en surface. La cathédrale sauvée de la ruine en 1810 conserve un décor en trompe-l'œil d'une rare maîtrise. Trois peintres italiens se sont succédé au 19e s. pour réaliser cette œuvre monumentale, mais fragile. Le résultat est troublant de vérité.
La deuxième chapelle de droite abrite le tombeau du jurisconsulte Antoine Favre, père de Vaugelas. La salle basse du clocher, seul vestige de l'église du 13e s., recèle le **trésor**. Remarquez un **diptyque★** en ivoire, travail vénitien du 13e s., une pyxide en émail champlevé du 13e s. et une peinture flamande du 15e s. ✆ 04 79 33 25 00 - *le trésor est visible de mi-mai à mi-sept. : sam. 15h-17h - gratuit.*
En sortant de la cathédrale, gagner la rue Croix-d'Or.

Rue Croix-d'Or (B)
Bordée de vieux hôtels, c'était l'artère la plus aristocratique de Chambéry. Au n° 18, l'**hôtel Castagneri-de-Châteauneuf**, au plan typiquement italien, fut construit par un maître de forges au 17e s. En entrant dans la cour, on découvre de remarquables **grilles★** de fer forgé. En face, au n° 13, l'**hôtel des Marches et de Bellegarde** pré-

DÉCOUVRIR LES SITES

sente une façade au gracieux décor datant de 1788. Pie VII, en 1804, et Napoléon, en 1805, y logèrent. Pénétrer dans l'allée pour admirer l'escalier. Au n° 146, de fines volutes de ferronnerie habillent l'imposte.

La **place St-Léger**★, agrémentée de fontaines et pavée de roche rose, constitue un endroit fort agréable pour boire un verre en terrasse.

Rue Basse-du-Château★ (A)

Pittoresque avec sa galerie-passerelle et les ogives de ses anciennes échoppes, elle mène à la place du Château. À l'instar des traboules lyonnaises, plusieurs passages sous voûte assurent des chemins de liaison entre les rues *(n°s 42 et 45)*. Remarquez la boutique du 15e s. *(n° 56)*, et la tourelle du 16e s. de l'hôtel Chabod *(n° 76)*. L'hôtel de Morand *(n° 42)* a conservé quatre impostes ouvragées ornées de roses en tôle découpée.

Place du Château (A)

Dominée par le château, elle est entourée par le bel **hôtel de Montfalcon** (18e s.), vrai palais à l'italienne, et l'**hôtel Favre-de-Marnix** (17e s.). Au centre, une statue représente les frères de Maistre, Joseph et Xavier. Le premier, philosophe et homme politique, quittera la Savoie révolutionnaire pour l'Italie. Le second est l'auteur d'un récit de voyage imaginaire : *Voyage autour de ma chambre*.

Château★ (A)

Le château n'est accessible qu'en compagnie des guides du patrimoine (bureau situé face à la statue des frères de Maistre), dép. de la pl. du Château. ☏ *04 79 33 42 47 - visite guidée (1h15) juil.-août : 10h30, 14h30, 15h30, 16h30 ; mai-juin et sept. : tlj sf sam. 14h30 ; oct.-avr. : vac. scol. tlj sf sam. 14h30 (en fonction du plan Vigipirate) - fermé dim., 1er janv., 25 déc. - 4 € (-12 ans gratuit).* Demeure des seigneurs de Chambéry, puis des comtes et ducs de

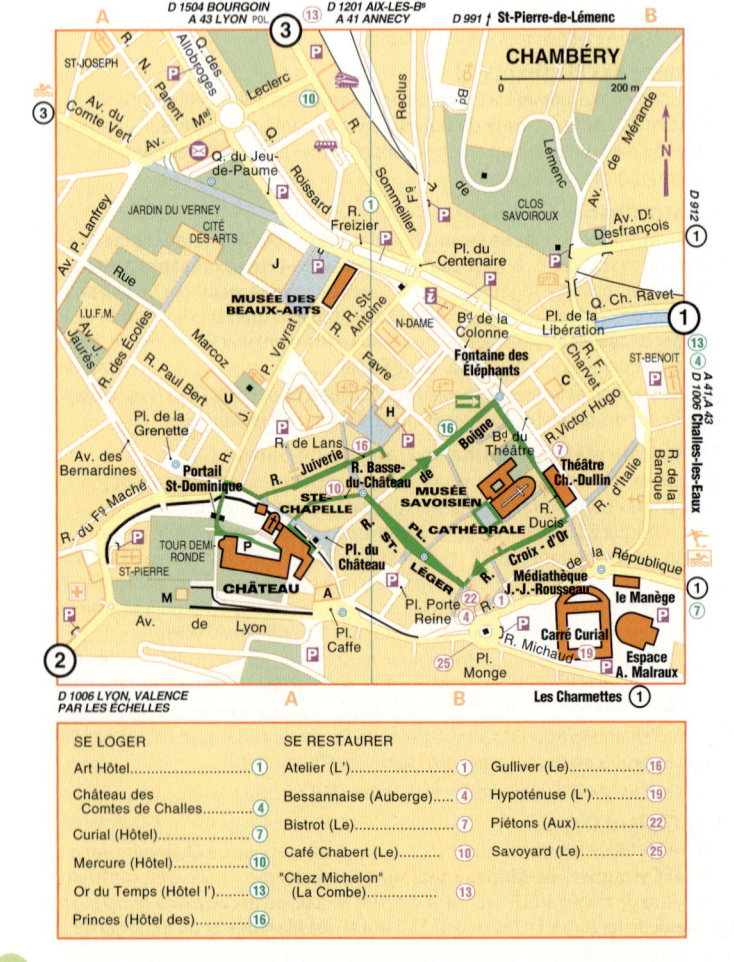

SE LOGER	SE RESTAURER	
Art Hôtel.................①	Atelier (L').....................①	Gulliver (Le)...............⑯
Château des Comtes de Challes.........④	Bessannaise (Auberge).....④	Hypoténuse (L')..........⑲
Curial (Hôtel)..........⑦	Bistrot (Le).....................⑦	Piétons (Aux)............㉒
Mercure (Hôtel)......⑩	Café Chabert (Le).........⑩	Savoyard (Le)............㉕
Or du Temps (Hôtel l')...⑬	"Chez Michelon" (La Combe)..............⑬	
Princes (Hôtel des).....⑯		

CHAMBÉRY

Savoie, le château fut conservé comme résidence de passage par les rois de Sardaigne. L'édifice, édifié aux 14e et 15e s., fut en partie brûlé par deux fois, au 18e s.

Suivre la rampe qui passe sous la voûte de l'ancienne porterie et aboutit à la cour intérieure, bordée par la Sainte-Chapelle et les bâtiments de la préfecture.

Tour Trésorerie (14e s.) – Les documents présentent l'évolution de Chambéry et du château depuis le 13e s.

Salles basses (14e s.) – Ces salles voûtées en berceau, dont les murs ont jusqu'à 3 m d'épaisseur, ont probablement servi de chapelle et de crypte jusqu'à la construction de la Sainte-Chapelle, puis ont abrité un arsenal.

Sainte-Chapelle★ (A) – *Se visite uniquement dans le cadre de la visite du château.* Construite à partir de 1408 dans le style gothique flamboyant, elle est entourée d'un chemin de ronde. Sa façade, de style baroque, est du 17e s. Elle reçut l'appellation de Sainte-Chapelle en 1502 lorsque y fut déposé le saint suaire, transféré à Turin en 1578 (une réplique de la célèbre relique est exposée).

Dans cet édifice, témoin de nombreux mariages historiques, comme celui de Louis XI et de Charlotte de Savoie ou celui de Lamartine avec Miss Birch, on admire l'élégante ordonnance des voûtes et les trois grandes verrières du 16e s. Gaspard Masery, peintre chambérien, remplaça en 1547 les verrières nord et sud (pour partie) détruites lors de l'incendie de 1532. Les magnifiques vitraux du 16e s. ont été restaurés et ont retrouvé tout leur éclat, tandis que les surprenantes fresques en trompe-l'œil ont en grande partie disparu lors d'une malencontreuse « restauration ». La grande tapisserie portant les blasons des villes de Savoie a été exécutée en quinze jours pour célébrer le rattachement de la Savoie à la France.

Un **carillon de 70 cloches**, réalisé par la fonderie Paccard de Sévrier *(voir p. 153)*, a été installé dans la tour Yolande de la Sainte-Chapelle en 1993. Il est considéré, en Europe, comme le plus achevé dans sa composition. *Fermé au public (sauf pour les concerts les 1er et 3e sam. du mois à 17h30).*

À hauteur de la tour Demi-Ronde, descendre les degrés reliant le château à la place Maché.

On passe sous la belle arcade à décoration flamboyante du **portail St-Dominique** (15e s.), remonté ici en 1892 après la disparition du couvent des dominicains.

De la place Maché, reprendre la direction de la place du Château, mais tourner à gauche dans la rue Juiverie (piétonne).

Rue Juiverie (A)

Banquiers et changeurs logeaient autrefois dans cette rue. Au n° 60, belle cour de l'hôtel Chabod-de-St-Maurice.

Suivre tout droit l'étroite rue de Lans, qui débouche sur la place de l'Hôtel-de-Ville.

Prendre alors à droite le passage couvert *(allées n°s 5 et 6 de la place de l'Hôtel-de-Ville)* – l'une des innombrables **« allées »** chambériennes de la vieille ville – qui débouche dans la rue de Boigne.

Bordée de « portiques » à la mode transalpine, la **rue de Boigne** est l'une des plus caractéristiques de Chambéry par son ordonnance et son animation. Ouverte « à coup de sabre » par l'urbaniste du comte de Boigne, elle crée une continuité entre le quartier du Château et les boulevards.

QUARTIER CURIAL

Cet important quartier militaire, dont la plupart des bâtiments datent de l'époque napoléonienne, a fait l'objet d'une réhabilitation réussie depuis le départ de l'armée dans les années 1970.

Carré Curial (B)

Accès libre à la cour. Cette ancienne caserne, bâtie en 1802 sur le modèle des Invalides, a conservé son ordonnancement autour de la vaste cour carrée. Elle a été réaménagée par l'Atelier municipal d'architecture pour accueillir commerces et bureaux.

À côté du Carré Curial, la maison de la culture ou **Espace André-Malraux**, dessinée en 1987 par l'architecte suisse Mario Botta.

Centre de congrès « Le Manège » (B)

L'ancien manège de cavalerie des carabiniers sardes combine harmonieusement architecture militaire traditionnelle et techniques modernes d'aménagement. Un péristyle transparent lui a été adjoint.

Médiathèque Jean-Jacques-Rousseau (B)

Surnommée « Le Bateau-Livre », cette œuvre de l'architecte Aurelio Galfetti (1993) présente une vaste courbe coiffée d'une verrière panoramique.

DÉCOUVRIR LES SITES

Visiter

Musée savoisien★ (B)
☏ 04 79 33 44 48 - 10h-12h, 14h-18h - possibilité de visite guidée (1h) sur demande préalable - fermé mar. et j. fériés - 3 €, gratuit 1er dim. du mois.

Couvent de franciscains devenu ensuite archevêché, les bâtiments (13e-15e-17e s.) s'ordonnent autour d'un vaste cloître. Ils abritent au rez-de-chaussée une importante collection préhistorique et gallo-romaine dont les éléments sont issus des fouilles menées sur les rives du lac du Bourget. Dans les salles du 1er étage, les peintures sur bois du 15e s. témoignent de la vigueur de l'art primitif savoyard nourri de diverses influences. Le médaillier rassemble 2 000 pièces (600 d'entre elles sont exposées) de la maison de Savoie. Le bel ensemble de peintures murales profanes de la fin du 13e s., exceptionnel témoignage de la vie médiévale, provient du château de Cruet. Les métiers, l'agriculture, le mobilier et l'art populaire dressent un tableau complet de la vie quotidienne en Savoie. Un mémorial de la Résistance et de la Déportation évoque les événements qui ont marqué la région.

Musée des Beaux-Arts★ (A)
Pl. du Palais de Justice - ☏ 04 79 33 75 03 - 10h-12h, 14h-18h - fermé mar. et j. fériés - 3 € (– 18 ans 1,50 €), gratuit 1er dim. du mois.

C'est au rez-de-chaussée, dans la salle voûtée, qu'eut lieu le vote des Chambériens lors du rattachement de la Savoie à la France. On peut aujourd'hui y admirer les peintres du 19e s. (Xavier de Maistre, Laurent Pêcheux), représentants du grand courant néoclassique. Le premier étage est entièrement consacré à

« Portrait de jeune homme » attribué à Paolo Uccello.

la peinture italienne. On remarque les primitifs siennois (polyptyque de Bartolo di Fredi), des œuvres de la Renaissance (Portrait de jeune homme de Paolo Uccello) et une importante série de peintures des 17e et 18e s. d'où ressortent particulièrement les écoles florentine (Coccapani, Martinelli), napolitaine (Luca Giordano, Mattia Preti, Codazzi), mais aussi bolonaise (Passeroti), romaine et vénitienne. Des expositions temporaires sont présentées toute l'année au second étage.

Église St-Pierre-de-Lémenc (hors plan)
☏ 04 79 33 35 53 - sam. 17h-18h, dim. 9h30-10h30.

La colline de Lémenc, marquant l'emplacement de la « station » romaine, conserve ce sanctuaire, le plus prestigieux de Chambéry. Ce prieuré fut, durant le Haut Moyen Âge, l'un des foyers de christianisation les plus actifs de Savoie. La petite rotonde, avec ses colonnes aux frustes chapiteaux, est un témoin des premiers âges de l'Église. Longtemps considérée comme un baptistère carolingien, elle serait un reliquaire du 11e s.

Crypte★ – Le chœur de la crypte a été construit au 15e s. pour supporter l'église supérieure, de style gothique. Il abrite une Mise au tombeau de la même époque, mutilée à la Révolution.

Aux alentours

Les Charmettes
2 km au sud-est. Quitter Chambéry par la rue Michaud. Dès la sortie de l'agglomération, au premier rond-point, prendre tout droit la D 4, puis, aussitôt s'engager, toujours tout droit, dans l'étroit chemin goudronné des Charmettes. S'arrêter à hauteur de l'ancien oratoire, situé en contrebas de la maison. ☏ 04 79 33 39 44 - avr.-sept. : 10h-12h, 14h-18h ; reste de l'année : 10h-12h, 14h-16h30 - fermé mar. et j. fériés - gratuit.

Mme de Warens, qui convertit Rousseau le calviniste à la religion catholique, aimait à se reposer dans cette maison de campagne. Rousseau habita cette maison de 1736 à 1742 et la célébra dans ses **Confessions** (livres V et VI) : « S'il est une petite ville au monde où l'on goûte la douceur de la vie dans un commerce agréable et sûr, c'est Chambéry. » Le souvenir du philosophe habite les pièces… Au rez-de-chaussée, la salle à manger avec décor en trompe-l'œil, et le salon de musique qui évoque sa carrière musicale ; au premier étage, l'oratoire aménagé par Mme de Warens, qui précède sa chambre ainsi que celle occupée par Rousseau. L'ensemble s'ouvre sur un jardin en terrasse, dans un vallon boisé dominant la vallée de Chambéry et fermé à l'horizon par la dent du Nivolet. Une collection de plantes utilisées au 18e s. y est rassemblée.

Challes-les-Eaux
6 km à l'est par la D 1006. La station thermale s'est développée à l'endroit où la cluse de Chambéry, largement ouverte entre les Bauges et le massif de la Chartreuse, débouche dans le vestibule du « sillon alpin » (Grésivaudan et Combe de Savoie). Le casino et l'établissement thermal, de style Napoléon III, sont agréablement situés dans un parc. Le château, du 17e s., a été aménagé en hôtel. De l'église postée sur un promontoire, on a une vue plus dégagée sur le mont St-Michel.

Spécialisée en gynécologie et traitement des voies respiratoires, Challes doit sa réputation à ses eaux froides (10,5 °C), les plus riches en soufre des eaux sulfurées sodiques connues. La source a été découverte en 1841 par le docteur Domenget, les thermes ouverts depuis 1874. Une nouvelle source distille ses bienfaits depuis 1992.

Lac d'Aiguebelette★
9 km à l'ouest par l'A 43. Belle émeraude sertie dans le dernier chaînon jurassien, le lac d'Aiguebelette séduit avant tout par la beauté de son cadre. Ses eaux, préservées de toute pollution industrielle ou urbaine, atteignent une profondeur de 71 m. De forme triangulaire, il s'étend sur 550 ha. Les rives propices à la détente demeurent assez peu accessibles, la plupart étant des domaines privés. On peut cependant y pratiquer des sports nautiques, la pêche, ou profiter des quelques plages *(voir encadré pratique).*

Circuit de découverte
En saison, les routes sont très fréquentées le dim., entre Chambéry et le lac d'Aiguebelette. Le col de l'Épine est obstrué par la neige de novembre à avril.

ROUTE DE L'ÉPINE★
85 km – 1 journée. Quitter Chambéry par la D 1006 vers le sud, puis la D 916 à droite.

Panorama★★
Prendre comme observatoire le lacet, bordé d'un parapet, précédant immédiatement le col. On repère facilement le mont Revard avec sa gare de téléphérique et la dent du Nivolet surmontée d'une croix monumentale ; à leur pied se déploient Aix, son lac et l'agglomération chambérienne.

Col de l'Épine
Le passage était autrefois fréquenté par les pèlerins se rendant à la chapelle du château de Nances pour y vénérer une épine de la couronne du Christ.
À l'ouest du col (alt. 987 m), on découvre le lac d'Aiguebelette, dans lequel plongent les escarpements maigrement boisés du mont Grelle, et, à droite de ceux-ci, le cimier de la Sûre (massif de la Chartreuse) enfin, au dernier plan, les falaises du Vercors. À la sortie

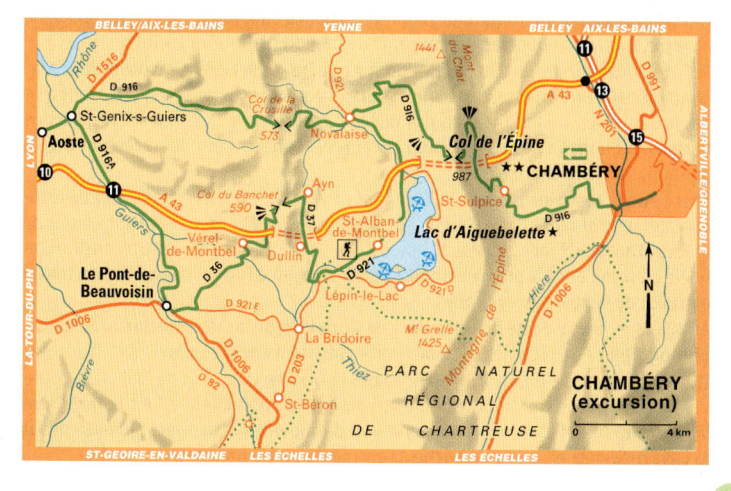

DÉCOUVRIR LES SITES

ouest de Novalaise, poursuivre sur la D 916 qui serpente à flanc de massif jusqu'au col de la Crusille (alt. 573 m). La route descend le cours du petit affluent du Rhône jusqu'à **St-Genix-sur-Guiers**. Cet ancien bourg frontière franco-savoyard, aujourd'hui centre actif de tourisme, conserve une position charnière aux limites départementales de l'Ain, de la Savoie et de l'Isère, à proximité du coude formé par le Rhône pour contourner le bas Bugey. La proximité de l'autoroute Lyon-Chambéry a contribué à son désenclavement.
Poursuivre vers le sud-ouest, sur 3 km, la D 1516.

Aoste

Ce gros bourg du Petit-Bugey dauphinois était un important nœud de communications régionales aux premiers siècles de notre ère.
L'antique *Vicus Augustus* (fondé, comme son homonyme du Piémont, en hommage à l'empereur Auguste) contrôlait le trafic des voies romaines reliant Vienne (Isère) à *Augusta Prætoria*-Aoste (Italie) par le col du Petit St-Bernard.
La renommée d'Aoste dans l'Empire romain était surtout due au talent de ses potiers et céramistes, dont on a retrouvé des exemplaires estampillés jusqu'en Allemagne et dans les îles Britanniques. Cette intense activité périclita après le 4e s. On peut voir encore aujourd'hui le four de potier gallo-romain remarquablement conservé.

Musée archéologique – 04 76 32 58 27 - &. - fév.-nov. : tlj sf merc. 14h-18h - fermé j. fériés - 3,60 € (– 12 ans gratuit).

Grâce à une superbe muséographie même les plus rétifs à l'histoire romaine apprécieront cette évocation de la vie de cette importante bourgade gallo-romaine. Dans le hall d'entrée, remarquer l'**autel de carrefour**, coiffé d'un toit et orné de quatre niches, contenant des divinités du voyage. Son emplacement matérialisait le carrefour des voies. La vie sociale de la localité fait l'objet d'une présentation claire et didactique : rites religieux et funéraires et vie domestique

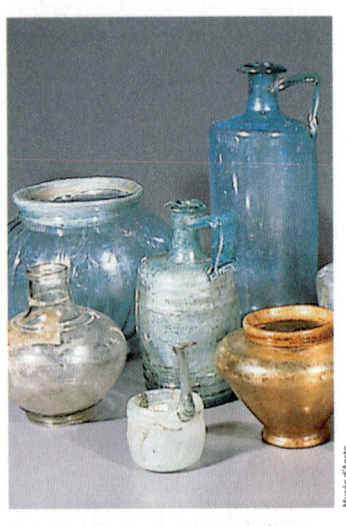

Verreries gallo-romaines au musée d'Aoste.

(reconstitution d'une cuisine). L'activité artisanale occupe une place prépondérante, notamment une maquette des ateliers de potiers avec les différentes étapes de fabrication. La riche collection de **céramiques**★ permet de mesurer l'importance et la diversité de cette production.
Revenir à St-Genix-sur-Guiers, et s'engager dans la D 916A vers Le Pont-de-Beauvoisin. La route remonte le cours du Guiers qui marque la limite du département de l'Isère comme autrefois celle des deux États.

Le Pont-de-Beauvoisin

C'est le plus actif des anciens bourgs frontières franco-savoyards à cheval sur le Guiers. La réputation des « bûchiers », fabricants de meubles, remonte au 16e s.
Point de vue du pont – Du célèbre pont frontière sur le Guiers, reconstruit totalement en 1941, on bénéficie d'un coup d'œil très agréable sur la rivière, où se reflètent quelques belles vieilles maisons dominées par le clocher classique de l'église des Carmes. À l'horizon au sud-est, bien encadrées, se découpent les crêtes du Grand Som (massif de la Chartreuse).
Musée de la Machine à bois – *Pl. Trillat -* 04 76 37 27 90 *- www.mairie-pontdebeauvoisin38.fr - mai-sept. : tlj sf mar. 14h-18h30 ; reste de l'année : w.-end 14h-18h - fermé de mi-déc. à fin fév., 1er janv., 1er Mai, 1er nov., 25 déc. - 4 € (– 16 ans 2 €).* Cette reconstitution fidèle d'un atelier de la première moitié du 20e s. restitue l'atmosphère 1900 du travail du bois : de l'égoïne aux varlopes.
Au 1er étage, le **musée de la Résistance régionale et de la Déportation** a rassemblé photographies et documents inédits sur les résistants de la région.
Quitter Le Pont-de-Beauvoisin au nord par la D 36 en direction de Dullin. La route s'élève en corniche, au flanc du dernier gradin escarpé dominant le Petit-Bugey. Entre Verel-de-Montbel et Ayn (prononcer A-yin) de superbes échappées se révèlent sur le pays de Montbel ; **vue**★ à gauche à l'entrée du col du Banchet.

CHAMBÉRY

À Ayn, prendre au sud la direction du lac d'Aiguebelette par la D 37. L'itinéraire débouche sur le plateau cultivé de Dullin, où se succèdent plantations de maïs, de tabac et de noyers. De St-Alban-de-Montbel à Novalaise, la route longe un moment la rive ouest du lac d'Aiguebelette *(voir p. 211).*
À Novalaise, on rejoint le trajet aller du circuit jusqu'à Chambéry.

Randonnée

LA CROIX DU NIVOLET★★
48 km – environ 2h. Quitter Chambéry par la D 912 vers l'est (route de St-Alban et du Revard), et suivre la signalisation « Massif des Bauges ».

Entre le Villaret et St-Jean-d'Arvey, la route s'élève rapidement au pied des falaises du mont Peney et de la dent du Nivolet, surmontée d'une croix monumentale. Elle domine bientôt les gorges boisées du Bout-du-Monde, vis-à-vis du château de la Bathie. Une série de lacets et c'est la cluse de Chambéry et la muraille du Granier, séparée du sommet du Joigny par la courbe du col du Granier. De St-Jean-d'Arvey à Plainpalais, on domine la haute vallée parcourue par la Leysse, torrent qui s'engouffre dans une courte fissure, immédiatement en aval des Déserts. En amont se dressent les escarpements du mont de Margeriaz.
Au-delà de Plainpalais, suivre sur la gauche la D 913.

La Féclaz – À 30mn de Chambéry, cette station de sports d'hiver fait partie du domaine nordique de Savoie Grand Revard (140 km de pistes). C'est en été un vaste terrain de randonnée et de circuits VTT.
Prendre à gauche la direction « Chalet du Sire » et laisser la voiture sur le parking situé au départ du télésiège.

🥾 **2h à pied AR** – Emprunter le large sentier, jalonné de balises jaunes affichant le chiffre 2, jusqu'au chalet du Sire, puis s'engager dans le sous-bois. L'itinéraire longe l'arête faîtière du Nivolet pour atteindre la **croix du Nivolet** (alt. 1 547 m). Superbe **vue**★★ sur le lac du Bourget et la succession des chaînes ; le Mont-Blanc est visible en arrière-plan à l'est. Le sommet du Nivolet est depuis très longtemps signalé par une croix. La dernière en date mesure 21 m de haut.

Chambéry pratique

Adresses utiles

Office du tourisme de Chambéry – Pl. du Palais de Justice - 73000 Chambéry - ☎ 04 79 33 42 47 - www.chambery-tourisme.com - juil.-août : 9h-18h, dim. 10h-13h ; reste de l'année : tlj sf dim. 9h-12h, 13h30-18h.

Office du tourisme Savoie Grand Revard – 73230 La Féclaz - ☎ 04 79 25 80 49 - www.savoiegrandrevard.com - de mi-juin à fin août : 9h (9h30 de mi-juin à fin juin) -12h30, 14h-17h30 ; déc.-mars 9h-12h30, 13h30 (14h de déb. déc. à mi-déc.) -17h30 ; nov. : 9h-12h30, 14h-17h ; de déb. avr. à mi-avr. : 9h-12h30, 13h30-17h ; sept.-oct. : tlj sf w.-end 9h30-12h, 14h-17h ; de mi-avr. à mi-juin : tlj sf w.-end 10h-12h, 14h-17h - fermé w.-end de déb. nov. à mi-déc (sf en cas de neige).

Visites

Visite guidée – S'adresser au bureau d'accueil des guides-conférenciers - 6 pl. du Château - ☎ 04 79 70 15 94 - mai-sept. : visites-découvertes (1h30) 16h - 5 € (-12 ans gratuit). Classiques, originales ou thématiques, ces visites permettent de découvrir des aspects méconnus de la ville et une riche histoire. Parmi les sites qui ne se visitent qu'avec un guide-conférencier, la rotonde SNCF, rotonde ferroviaire avec une charpente métallique de type Eiffel.

Train touristique – Dép. pl. St-Léger - ☎ 04 79 33 42 47 - mai-sept. : visite commentée (45mn, ttes les h) 10h-12h, 14h-19h - 6 € (-11 ans 4 €).

L'architecture de pisé – Les méthodes de construction et les traditions de la vie rurale sont présentées au cours de cette visite des habitations de pisé. *Maison du tourisme Les Vallons du Guiers - Le Pont-de-Beauvoisin - ☎ 04 76 32 70 74 - visite guidée sur demande préalable (1 j. av.) juil.-août - 3 € (– 12 ans gratuit).*

Transports

Vélostation – 217 r. de la Gare - ☎ 04 79 96 34 13 - location de vélo - 6h30-19h, w.-end et j. fériés 9h-19h.

Se loger

⌂ **Hôtel L'Or du Temps** – 814 rte de Plainpalais - 73230 St-Alban-Leysse - ☎ 04 79 85 51 28 - www.or-du-temps.com - fermé 1er-8 janv. et 7-28 août - 🅿 - 18 ch. 45/50 € - ☕ 6,50 € – rest. 13,50/46 €. À l'écart de la ville, ancienne ferme rénovée

DÉCOUVRIR LES SITES

dotée d'une belle terrasse orientée vers le massif des Bauges. Chambres contemporaines égayées de meubles colorés. Chaleureuse salle à manger aux touches rustiques (auge et murs en pierre). Carte traditionnelle.

Art Hôtel – *154 r. du Sommeiller - sortie n° 16 la Cassine -* ℘ *04 79 62 37 26 - www.arthotel-chambery.com -* P *- 36 ch. 48/60 € -* ⊇ *8,50 €.* Proche de la gare, à deux pas de la vieille ville et de ses quartiers commerçants, cet hôtel au confort actuel dispose d'une insonorisation presque parfaite. Petit-déjeuner buffet pour bien commencer la journée.

Hôtel Curial – *371 r. de la République -* ℘ *04 79 60 26 00 - www.curial.antaeus.fr -* P *- 149 ch. 60 € -* ⊇ *6,50 €.* Cet hôtel est très pratique pour résider en ville, près du quartier Curial et à deux pas du quartier historique. Ses chambres de taille variable (pour une à six personnes), meublées en hêtre, sont toutes équipées d'une baignoire et d'un balcon. Kitchenette à disposition.

Hôtel des Princes – *4 r. Boigne -* ℘ *04 79 33 45 36 - www.hoteldesprinces.eu - 45 ch. 90 € -* ⊇ *9 €.* Voilà un endroit où il fait bon séjourner : très bien situé, juste à l'entrée de la vieille ville, ce petit hôtel entièrement rénové vous séduira avec son ambiance chaleureuse, son décor pimpant et la qualité de son accueil. Bon rapport qualité/prix.

Hôtel du Château des Comtes de Challes – *247 montée du Château - 73190 Challes-les-Eaux -* ℘ *04 79 72 72 72 - www.chateaudescomtesdechalles.com -* P *- 46 ch. 84 € -* ⊇ *12 € – rest. 26/56 €.* Ce château du 13e s. devenu hôtel en 1860 offre une jolie vue sur la vallée. Les chambres, souvent vastes, sans luxe ostentatoire, donnent sur le magnifique parc planté de magnolias, tulipiers, catalpas, etc. Meubles anciens dans les salons.

Hôtel Mercure – *183 pl. de la Gare -* ℘ *04 79 62 10 11 - www.accorhotels.com - 81 ch. 75/160 € -* ⊇ *13,50 €.* Face à la gare, architecture résolument moderne alternant verre et béton. Plaisant hall d'accueil, salon-bar contemporain, chambres spacieuses et bien insonorisées

Se restaurer

Le Gulliver – *4 r. de Lans -* ℘ *04 79 33 36 50 - legulliver@yahoo.fr - fermé dim. et lun. - 4,80/9,60 €.* Ce restaurant ne propose pas de menu, mais uniquement une carte comportant galettes généreuses et salades gourmandes, ainsi qu'un plat du jour à l'heure du déjeuner. Côté décoration : couleurs chaleureuses, tables et chaises de type bistrot.

Le Café Chabert – *41 r. Basse-du-Château -* ℘ *04 79 33 20 35 - alroboma4@aol.com - fermé dim., en soirée sf. vend., du 1er au 20 août et du 20 déc. au 2 janv. - 8,70/16 €.* Au hasard de votre promenade, vous pourrez emprunter la rue Basse-du-Château, classée 14e s. et vous laisser tenter par une halte sympathique. L'été, les tables dressées sortent dans la rue piétonne. Menus renouvelés chaque jour. Bon rapport qualité/prix.

Le Bistrot – *6 r. du Théâtre -* ℘ *04 79 75 10 78 - chrisfav1108@hotmail.fr - fermé 1 sem. en janv. et 2 sem. en août - formule déj. 15 € – 9,50/39 €.* Ne vous fiez pas à la façade un peu austère de cet établissement, car derrière se cachent deux petites salles décorées dans le plus pur style bistrot : miroirs, banquettes en moleskine, suggestions sur ardoise… Plats traditionnels et savoyards.

Le Savoyard – *35 pl. Monge -* ℘ *04 79 33 36 55 - contact@restaurant-le-savoyard.com - 11,80/28 €.* Située dans un quartier animé au cœur de la ville, cette grande bâtisse ne passe pas inaperçue avec son enseigne lumineuse verte. On y trouve une salle de restaurant soignée, en plus d'une jolie terrasse fleurie et, sur 2 étages, des chambres insonorisées et équipées de façon fort convenable. Parking privé.

Aux Piétons – *30 pl. Monge -* ℘ *04 79 85 03 81 - 12/28 €.* Aux portes de la vieille ville, généreuse cuisine traditionnelle servie dans plusieurs petites salles décorées façon « rues anciennes » (sol pavé, trottoir et rambardes) et sur la terrasse. Ambiance sympathique.

L'Atelier – *59 r. de la République -* ℘ *04 79 70 62 39 - www.atelier-chambery.com - fermé dim. et lun. - 13/27 €.* Bien que logé dans un ancien relais de poste, ce restaurant affiche un décor contemporain dans ses deux salles et son bar à vins. Cuisine inventive.

Auberge Bessannaise – *28 pl. Monge -* ℘ *04 79 33 40 37 - fermé lun. et mar. - 16/34 €.* Repérable à sa terrasse et à sa façade fleuries, ce restaurant occupe une maison de style régional où l'on vient se régaler de plats traditionnels – comme la fondue, le foie gras maison ou la bavette d'aloyau – et de poissons frais du lac du Bourget. Préférez la salle à manger plus lumineuse.

L'Hypoténuse – *141 Carré Curial -* ℘ *04 79 85 80 15 - resto-hypo@wanadoo.*

Les « Quatre sans-cul ».

CHAMBÉRY

fr - fermé vac. de printemps, 23 juil.-23 août, dim. et lun. - 22/44 €. Le restaurant, partie intégrante du grand centre culturel de Chambéry, dresse sa terrasse au calme d'une belle cour carrée… Le carré de L'Hypoténuse, égal à la somme d'une salle à manger contemporaine rehaussée de quelques meubles de style et agrémentée de tableaux, et d'une copieuse cuisine traditionnelle préparée dans les règles de l'art !

😋😋😋 **La Combe « Chez Michelon »** – *73610 La Combe - 4 km au nord d'Aiguebelette par D 41 - ☏ 04 79 36 05 02 - www.chezmichelon.com - fermé 1er nov.-6 déc., lun. soir et mar. - 24/48 € - 5 ch. 60/72 € - ☐ 8,50 €.* Les baies vitrées de ce restaurant entouré par la forêt s'ouvrent sur le lac d'Aiguebelette et les montagnes. En été, on sert sur la terrasse ombragée par des marronniers centenaires. Cette adresse familiale propose une cuisine traditionnelle soignée et un beau choix de vins savoyards. Chambres simples.

Faire une pause

Le Fidèle Berger – *15 r. de Boigne - ☏ 04 79 33 06 37 - 8h-19h, dim. 8h-12h - fermé lun. et 3 sem. en août.* Depuis 1832, les années glissent sur cette boutique sans effet apparent : luxueux décor d'époque, magnifique comptoir en bois et marbre, meubles anciens, boiseries… Dans l'intime salon de thé attenant, on déguste de belles pâtisseries au chocolat ou aux fruits frais.

La Régence – *20 r. d'Italie - ☏ 04 79 33 36 77 - 8h-12h30, 14h30-19h, dim. 8h-12h30 - fermé lun.* Chocolatier-pâtissier et salon de thé réputé pour ses spécialités maison, notamment les fameux flocons de neige des Alpes.

Que rapporter

Confiserie Mazet – *2 pl. Porte-Reine - ☏ 04 79 33 07 35 - 8h30-12h30, 14h-19h, lun. 14h-18h30 - fermé dim. et j. fériés.* L'enseigne de cette belle boutique a plus de 180 ans, le même âge que sa spécialité la plus renommée, le Mazet, un bonbon acidulé aux extraits naturels de fruits. Les Ducs de Savoie et la Tomme de Savoie aux myrtilles figurent parmi les quelque 70 variétés de chocolats et confiseries fabriqués sur place.

Boissons – La « Chambéryzette », vermouth sec, est ici aromatisée aux fraises des Alpes. Le « vermouth de Chambéry », création de la maison Dolin en 1821, est le produit d'une macération, de multiples herbes dans un vin blanc sec. Le « Bonal », élaboré au 19e s. par un moine, est composé de jus de raisin et de racines de gentiane, est un apéritif réconfortant.

Sports & Loisirs

Les plages – En quittant Lépin-le-Lac, la route mène au port et à la plage d'Aiguebelette installés sur la rive est, au nord de la localité, et se poursuit en corniche sur le flanc de la montagne de l'Épine. Au fond d'une petite baie dont la courbe s'inscrit dans un vallon très ombragé, la combe occupe un site charmant. Sur la rive ouest sont aménagées plusieurs baignades (St-Alban-Plage, Novalaise-Plage, base de loisirs du Sougey à St-Alban-de-Montbel, plages de Lépin).

Base d'aviron du lac d'Aiguebelette – *Bouvent - 73470 Novalaise - ☏ 04 79 26 55 50 - www.aviron-lac-aiguebelette.com - ouv. tte l'année sur réserv - se renseigner.* À l'abri du vent, et par conséquent déserté par les véliplanchistes, le lac d'Aiguebelette offre un cadre idéal pour la pratique de l'aviron. Après avoir acquis les bons gestes dans le tank à ramer, on se « jette à l'eau » dans ce très joli lac naturel, interdit aux bateaux à moteur et donc protégé de leur pollution.

👥 **Crinières d'Ange** – *491 chemin du Bon-Pas - 73290 La Motte-Servolex - ☏ 04 79 25 68 99 - ouv. tte l'année sur réserv. - de 13 à 32 € - possibilité de stages à la sem.* Ce centre équestre, destiné aux plus jeunes, a mis en place une pédagogie adaptée à chaque tranche d'âge. Ainsi, les enfants de 3 ou 4 ans apprendront en matinée à s'occuper des poneys, et partir avec eux en promenade, tandis que les plus grands (5 à 6 ans) suivront les mêmes activités l'après-midi.

Le Buisson Rond – Le parc du Buisson Rond, où l'on peut pratiquer de nombreuses disciplines sportives ; le clos Savoiroux, sur la colline du Lémenc, et le parcours sportif de la colline des Monts.

Lac d'Aiguebelette.
Fr. Isler / MICHELIN

Événements

Les Estivales du château – *Cour d'honneur, château des ducs de Savoie - ☏ 04 79 70 63 93 - de mi-juin à fin août -* festival de musique, danse et théâtre.

Festival du premier roman – *☏ 04 79 33 42 47 - trois jours fin mai.* L'un des festivals littéraires les plus chaleureux et inventifs de la région.

Festival mondial de folklore – *☏ 04 79 33 42 47 - 1 sem. déb. juil.*

215

DÉCOUVRIR LES SITES

Chamonix-Mont-Blanc★★★

**9 830 CHAMONIARDS
CARTE GÉNÉRALE D2 - CARTE MICHELIN DÉPARTEMENTS 328 O5 -
SCHÉMA P. 327 - HAUTE-SAVOIE (74)**

Dominée par le massif du Mont-Blanc, Chamonix demeure l'une des destinations privilégiées des touristes du monde entier. Et pour cause. Où que l'on se trouve dans la vallée, le long enchaînement des aiguilles et les masses glacées du Mont-Blanc s'affichent dans toute leur splendeur. La ville, quant à elle, vivante et animée, est l'une des plus cosmopolites des Alpes.

- **Se repérer** – À 101 km à l'est d'Annecy par l'A 41 et l'A 40.
- **À ne pas manquer** – La montée avec le téléphérique de l'Aiguille-du-Midi ; le Musée alpin ; la réserve naturelle des Aiguilles-Rouges.
- **Organiser son temps** – Évitez si possible les périodes de grande affluence (juillet et août). Pensez à réserver à l'avance vos trajets pour l'aiguille du Midi et le Montenvers. Assurez-vous que la météo sera clémente surtout si votre excursion se résume à quelques heures.
- **Avec les enfants** – Le parc animalier de Merlet, le musée des Cristaux, le Parc Aventures des Houches *(voir encadré pratique)*.
- **Pour poursuivre la visite** – Voir aussi le massif du Mont-Blanc, St-Gervais.

Monument à la gloire de Saussure et Balmat.

Comprendre

Une tardive mais spectaculaire ascension – Chamonix entre dans l'histoire en 1091 à la faveur d'une donation à l'abbaye bénédictine de Saint-Michel-de-la-Cluse, en Piémont. Il faut attendre 1741 pour que les premiers touristes pénètrent dans la vallée. William Windham et Richard Pococke gagnent le Montenvers et baptisent le glacier « mer de Glace ». Dès lors, les montagnes Maudites ne cesseront d'attirer les élites européennes qui découvrent là un univers inconnu. La première ascension du mont Blanc en 1786 signe l'acte de naissance de l'alpinisme et conforte la vocation touristique de Chamonix. Au 19e s., sa renommée atteint des sommets avec les auteurs romantiques que la montagne exalte. Victor Hugo, George Sand, Alphonse de Lamartine, Shelley ou George Byron laisseront des textes enflammés. En 1821, une série d'accidents entraîne la création de la Compagnie des guides, première structure corporatiste de montagnards. Partout dans la vallée, d'immenses hôtels s'élèvent et transforment radicalement ce petit bourg agricole. L'ouverture de la ligne du chemin de fer du Montenvers en 1908, puis les premiers Jeux olympiques d'hiver en 1924, font entrer Chamonix dans l'ère du tourisme moderne. Parallèlement, de grandes figures médiatiques comme Roger Frison-Roche ou Gaston Rebuffat vont conforter sa notoriété. La première station reliée par autoroute grâce à l'ouverture du tunnel du Mont-Blanc (1965) connaît

CHAMONIX-MONT-BLANC

depuis un demi-siècle un fort développement confirmé au début du 21e s. par une surenchère immobilière.

Se promener

Centre-ville

Environ 1h. La ville, qui n'a pas conservé le cachet typique des villages haut-savoyards, tire son charme de l'apparent désordre de son urbanisation. S'y confrontent les massives bâtisses du 19e s., les palaces du début du 20e s. (Musée alpin) et les sulfureux témoins de l'architecture des années 1970 (centre sportif). N'hésitez pas à élever votre regard au-dessus des vitrines des rues commerçantes, vous découvrirez quelques détails subtils comme des mosaïques (Banque Laydernier) ou de délicats balustres (dans les rues J.-Vallot et M.-G. Paccard).

Une nature fragile

La vallée est l'un des trois sites naturels les plus visités au monde. Certaines zones comme la réserve des Aiguilles-Rouges souffrent d'une trop forte fréquentation. 400 personnes se croisent certains jours au sommet du mont Blanc ! L'instauration d'un « permis d'ascension » n'est pas à l'ordre du jour, mais les professionnels de la montagne cherchent des solutions pour le préserver. L'accès facilité par les remontées mécaniques ne doit pas nous faire oublier la fragilité de ces milieux naturels et les dangers encourus à les fréquenter sans précautions.

Église St-Michel (A2) – Construite en 1707, elle montre en façade un style « Napoléon III » et un clocher à bulbe majestueux. Dans l'entrée, deux vitraux de 1925 représentent des skieurs et des lugeurs.

À proximité

Le Bois-Prin (1h) (A1) – Suivre la route du Brévent *(plutôt raide)* à partir du flanc gauche de l'église jusqu'à la gare de départ des télécabines, puis sur la gauche la route des Moussoux. De là, la chaîne du Mont-Blanc s'offre au regard dans toute sa dimension. Poursuivre toujours tout droit jusqu'à l'orée de la forêt, point de départ de randonnées.

Le lac des Gaillands (1h) (A1) – Au sud de Chamonix, dans le prolongement de la rue Paccard, suivre la rue Ravanel-le-Rouge et au rond-point sur la gauche, la route des Pècles. On rejoint le rocher d'escalade des Gaillands et deux charmants petits lacs.

Séjourner

Une grande variété de loisirs – En été, vous pouvez pratiquer tous les sports (piscines, tennis, golf, sports de plein air, etc.). Des gares d'arrivée des téléphériques, vous aurez accès à de nombreux sentiers de randonnée aux vertigineux panoramas.

Le domaine skiable – Avec quelques-unes des plus belles descentes, dans un cadre grandiose de haute montagne, le domaine skiable de la vallée de Chamonix est sans conteste le plus remarquable de Haute-Savoie. Il est conseillé pour éviter l'affluence de venir en dehors des vacances scolaires et des week-ends.

Le domaine est réparti sur plusieurs massifs, reliés entre eux par navette : le Brévent et les Planards à Chamonix, la Flégère au Praz, les Grands-Montets à Argentière et le Domaine de Balme au Tour. L'enneigement est en général excellent au-dessus de 1 900 m (sur les deuxièmes tronçons de chaque massif), mais souvent insuffisant pour redescendre skis aux pieds en bas de la vallée *(retour assuré en téléphérique)*. Pour les bons skieurs, les grands classiques sont la piste Charles-Bozon, la combe de la Charlanon et le col Cornu (secteur Brévent), les Pylônes et le pic Janvier (secteur Flégère), et surtout le deuxième tronçon des **Grands-Montets**★★★ *(voir Argentière)*. Les itinéraires hors-piste, à effectuer de préférence avec un guide, sont exceptionnels, notamment la célèbre **vallée Blanche**★★★ (20 km de descente sur 2 800 m de dénivelée à partir de l'aiguille du Midi). Les skieurs peu expérimentés apprécieront particulièrement le secteur du Domaine de Balme au Tour. Ils trouveront également quelques pistes à leur niveau à Planpraz et à la Flégère. Notons que le forfait Chamski donne accès à l'ensemble des remontées mécaniques de la vallée. Le ski de fond se pratique, quant à lui, de Chamonix à Argentière, sur deux magnifiques ensembles de pistes.

Visiter

Musée alpin (A2)

89 av. Michel-Croz – ℘ 04 50 53 25 93 – ♿ - vac. scol. : 10h-12h, 14h-19h ; hors vac. scol. : 14h-19h - possibilité de visite guidée merc. 14h30 - fermé mai, de mi-oct. à mi-déc., 1er janv.,

DÉCOUVRIR LES SITES

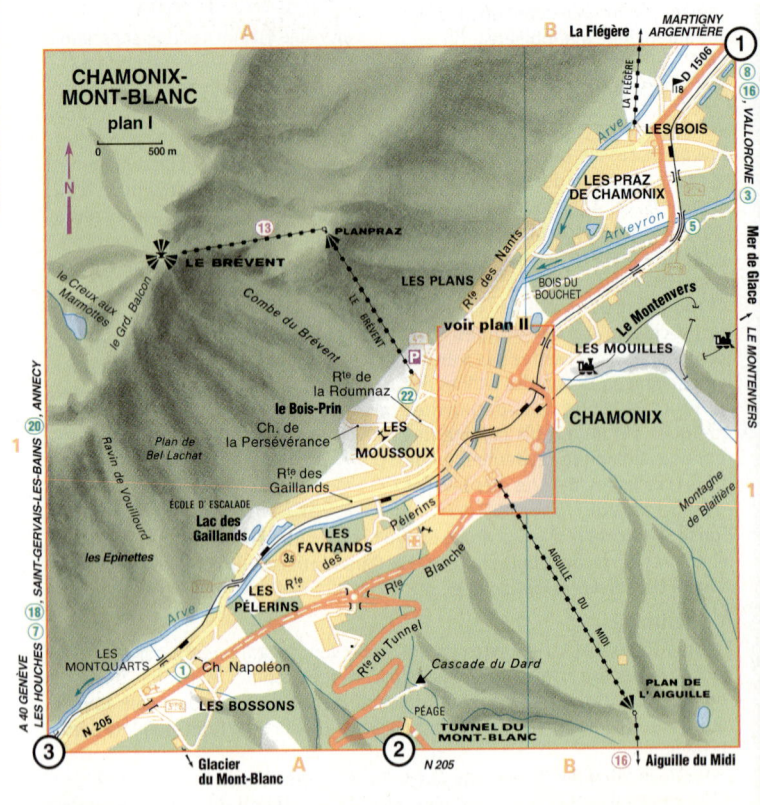

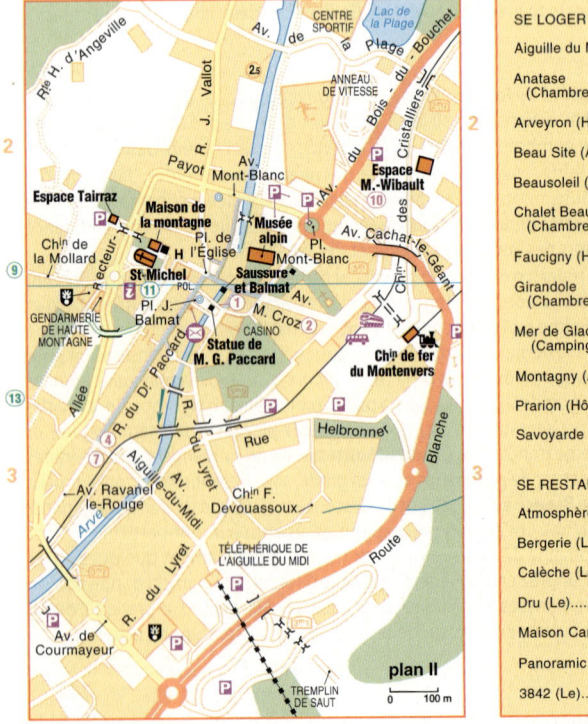

CHAMONIX-MONT-BLANC
plan I

plan II

SE LOGER

Aiguille du Midi (Hôtel)	①
Anatase (Chambre d'hôte)	③
Arveyron (Hôtel)	⑤
Beau Site (Auberge)	⑦
Beausoleil (Hôtel)	⑧
Chalet Beauregard (Chambre d'hôte)	⑨
Faucigny (Hôtel)	⑪
Girandole (Chambre d'hôte la)	⑬
Mer de Glace (Camping la)	⑯
Montagny (Auberge le)	⑱
Prarion (Hôtel du)	⑳
Savoyarde (La)	㉒

SE RESTAURER

Atmosphère	①
Bergerie (La)	②
Calèche (La)	④
Dru (Le)	⑦
Maison Carrier	⑩
Panoramic (Le)	⑬
3842 (Le)	⑯

218

CHAMONIX-MONT-BLANC

25 déc. - 5,40 € (– 12 ans gratuit) billet combiné avec l'Espace Tairraz (valable 1 sem.).

Le Musée alpin relate l'histoire de la vallée de Chamonix, la vie quotidienne au 19e s., les étapes de la conquête des sommets, l'épopée scientifique du Mont-Blanc (reconstitution du « salon chinois » de l'observatoire Vallot) et les débuts du ski dans la vallée. On y voit une collection importante d'objets du quotidien (outils, costumes, pièces de mobilier). Les collections d'estampes et de peintures donnent une bonne idée de la perception de la vallée et du massif par les artistes venus de toute l'Europe depuis le 18e s.

Le chemin de fer du Montenvers

Ce train pittoresque qui rend accessible aux non-alpinistes la haute montagne et les glaciers tire son nom du belvédère d'arrivée. En savoyard, le Montenvers « regarde vers le nord », à l'envers (par rapport à la Savoie) selon la coutume. Le parcours sinueux, long de 5 km, affiche une dénivelée de 870 m entre ses têtes de ligne. En 1908, ce train fonctionnait l'été grâce à une locomotive à vapeur suisse et franchissait des pentes de 20 % à l'aide d'une crémaillère, en 1h.

Espace Tairraz (A2)

Rocade du Recteur-Payot – 04 50 55 53 93 - ♿ - vac. scol. : 10h-12h, 14h-19h (dernière entrée 45mn av. la fermeture) ; hors vac. scol. : 14h-19h - 5,40 € (– 12 ans gratuit) billet combiné avec le Musée alpin (valable 1 sem.).

Ce lieu se partage entre le musée des Cristaux et un espace réservé à des expositions temporaires sur le patrimoine historique et contemporain de la vallée.

Musée des Cristaux – Il réunit quelques-unes des plus belles pièces exhumées du massif du Mont-Blanc dont les spectaculaires quartz fumés et les touchantes fluorines roses. Les minéraux de type alpin provenant d'autres continents (Himalaya, Rocheuses, Oural, Norvège ou Namibie) complètent cette collection.

Espace mémoire Marcel-Wibault (A2)

62 chemin du Cé – 04 50 53 11 71 - de mi-juin à mi-sept. : 15h-19h - 3 € (– 18 ans gratuit).

Dans la maison remarquablement décorée du peintre, des expositions temporaires dévoilent les différents terrains d'exploration de cet artiste (1904-1998) qui excellait dans la peinture de montagne et le dessin d'architecture.

Découvrir

BELVÉDÈRES ACCESSIBLES PAR TÉLÉPHÉRIQUES

La montée aux différents sommets qui dominent Chamonix nécessite l'emprunt de plusieurs téléphériques répartis dans toute la vallée.

Bien lire, par conséquent, les informations pratiques attachées à chaque description de sommet et… en saison, réserver ses places ! Un multipass Mont-Blanc donne accès à l'ensemble des remontées de la Compagnie du Mont-Blanc (de 1 à 14 jours).

Les tranches horaires désignent la première montée et la dernière descente. La dernière montée a lieu en général d'une heure à une demi-heure avant suivant les cas.

Aiguille du Midi★★★ (A3)

2h AR au minimum par le téléphérique - av. de l'Aiguille-du-Midi - 04 50 53 22 75 - www.compagniedumontblanc.com - de déb. juil. à la 3e sem. d'août : 6h30-18h ; de la 2e quinz. de juin à déb. juil. et la dernière sem. d'août : 7h10-17h30 ; 1re quinz. de juin et 3e sem. de sept. : 8h10-17h30 ; de fin sept. à déb. nov. : 8h40-16h30 ; reste de l'année : se renseigner - dép. ttes les 10 à 30mn, durée 20mn - réserv. conseillée (2 €) au 0 892 68 00 67 - se renseigner pour le tarif.

Vous êtes projeté en quelques minutes dans l'univers grandiose de la haute montagne. Les personnes sujettes au vertige doivent s'abstenir.

Plan de l'Aiguille★★ (alt. 2 317 m) – Ce point d'arrêt intermédiaire, base de promenades faciles *(avec de bonnes chaussures)* et notamment la traversée qui rejoint le Montenvers, est situé au pied même des arêtes déchiquetées des aiguilles de Chamonix. La vue est déjà dégagée sur les régions supérieures du Mont-Blanc.

Piton nord (alt. 3 800 m) – La gare supérieure est séparée du point culminant – le piton central – par un abîme sur lequel est jetée une passerelle. De la terrasse panoramique, la **vue** plonge sur la vallée de Chamonix que l'on surplombe de 2 800 m. L'aiguille Verte, les Grandes Jorasses, l'aiguille du Géant dominant le seuil neigeux du col du Géant sont les cimes que vous remarquerez en premier.

219

DÉCOUVRIR LES SITES

La mer de Glace.

Piton central (alt. 3 842 m) – *Accessible par ascenseur -* ℘ *04 50 53 30 80 - se rens. pour périodes, horaires et tarifs.*
Avant de regagner la gare du téléphérique, parcourez les galeries forées à la base du piton nord : l'une aboutit à une terrasse aménagée face au mont Blanc ; l'autre à la gare de la télécabine de la vallée Blanche reliant l'aiguille du Midi à la pointe Helbronner *(section de la « traversée de la chaîne » décrite p. 325).*

La mer de Glace★★★ (A3)
Par le train du Montenvers et la télécabine du Montenvers
Train – 🚂 *2h AR au minimum. Dénivelée 900 m - ℘ 04 50 53 22 75 - www.compagniedumontblanc.fr - de mi-juil. à mi-août : 7h-18h30 ; de déb. juil. à mi-juil. et 3ᵉ sem. d'août : 8h-18h30 ; juin et de la 4ᵉ sem. d'août à fin sept. : 8h30-17h30 ; de fin sept. à mi-oct. : 10h-16h30 - fermé 2 sem. en oct. - horaires et fréquences susceptibles d'être modifiés en fonction des conditions météo - dép. ttes les 20 ou 30mn (selon affluence), durée du trajet : 20-30mn - 21 € (4-15 ans 16,80 €) billet combiné train et grotte du Montenvers.*
Du sommet du Montenvers (alt. 1 935 m), vous pourrez prendre la mesure du **site★★★** composé par la mer de Glace, les formidables obélisques du **Dru** et de la **Verte**, et en toile de fond, les **Grandes Jorasses**. *Table d'orientation devant l'hôtel du Montenvers.*
Sur place pour vous initier à la nature montagnarde, vous pourrez visiter la **galerie des Cristaux**, le **musée de la Faune alpine** et le **Grand Hôtel-Restaurant du Montenvers** et son musée retraçant l'histoire du site.
Grotte de glace – *Par la télécabine ou le sentier (15mn) - fermé de déb. oct. à mi-déc.* Creusé en 1946, cet ouvrage d'art éphémère est retaillé chaque année en raison des mouvements du glacier. L'appartement improbable se compose d'un salon, d'une salle à manger, d'une chambre à coucher et d'une cuisine.
Pour les randonneurs entraînés à évoluer en haute montagne, il est possible de remonter la mer de Glace en empruntant la via ferrata du **balcon de la mer de Glace** *(se renseigner au préalable auprès de l'office de haute montagne).*

Le Brévent★★★ (A1)
Alt. 2 525 m 1h30 AR par télécabine (jusqu'à Planpraz) puis téléphérique. Route du Brévent – ℘ 04 50 53 22 75 - www.compagniedumontblanc.com - Chamonix-Planpraz en télécabine (durée du trajet : 10mn), Planpraz-Brévent en téléphérique (ttes les 10mn, durée du trajet : 20mn) - de fin déc. à fin avr. et juin-sept. : se renseigner pour les horaires - 20 € AR pour les 2 tronçons.
Planpraz★★ (alt. 2 062 m) – Cette station-relais constitue déjà un belvédère parfait sur les aiguilles de Chamonix. C'est un point de départ idéal pour des randonnées sans difficulté comme la traversée Brévent-Flégère (retour par le téléphérique de la Flégère) ou le lac Blanc.
Du sommet du Brévent *(table d'orientation)*, le recul est suffisant cette fois pour profiter du **panorama** : tout le versant français du massif, ainsi que la vallée de Chamonix du village des Praz *(à gauche)* à celui des Bossons *(à droite).* À l'opposé

CHAMONIX-MONT-BLANC

se succèdent les grands sommets du haut Faucigny (Buet, Avoudrues, pointe de Salles), des Fiz (aiguille de Varan) et des Aravis (pointe Percée, Charvin).

La Flégère★ (B1)

Alt. 1 894 m. *Accessible par le téléphérique. À 2 km au nord de Chamonix - Les Praz - 04 50 53 18 58 - www.compagniedumontblanc.com - téléphérique Les Praz-La Flégère (durée du trajet : 15mn) puis télésiège de l'Index (durée du trajet 20mn) - juil.-août : 7h40-17h45 ; juin et sept. : 8h30-16h30 ; reste de l'année : se renseigner - 19 € (4-15 ans 15,25 €) AR Les Praz-L'Index.*

Vue *(table d'orientation)* imposante sur l'aiguille Verte et sur la barre de sommets (Grandes Jorasses) qui ferment le bassin de la mer de Glace. De la Flégère, un télésiège monte à l'**Index★★** (alt. 2 385 m). Ne faites surtout pas l'impasse sur cette visite : de là, vous avez une **vue** sur tout le massif du Mont-Blanc, depuis l'aiguille du Tour jusqu'à l'aiguille du Goûter.

Le glacier du Mont-Blanc★★ (A1)

À 2 km au sud de Chamonix. Les Bossons – 04 50 53 12 39 - www.compagniedumontblanc.com - se renseigner pour les horaires - 10 € (enf. 8 €) AR.

Le télésiège vous conduit en 15mn à un chalet buvette (1 425 m) d'où vous pourrez apprécier ce glacier issu des neiges du mont Blanc. Remarquez une roue de l'avion d'Air India écrasé en 1950 sur le Mont-Blanc avec plus de 140 passagers.

Plus haut, à 1 900 m *(1h15 à pied)*, vous pourrez vous rafraîchir devant les pyramides de glaces hautes de 40 m *(ne vous en approchez pas, ces séracs peuvent tomber d'un instant à l'autre).* 3h30 sont nécessaires pour rejoindre le bivouac Balmat (1786). Ajoutez 30mn pour admirer la jonction des glaciers des Bossons et de Taconnaz.

Aux alentours

Le col de Balme★★

Alt. 2 270 m. *À 11 km au nord de Chamonix – Le Tour – 04 50 53 22 75 - www.compagniedumontblanc.com - de mi-juil. à mi-août : 8h15-17h30 ; de mi-juin à mi-juil. et 1re sem. de sept. : 9h-17h ; reste de l'année : se renseigner - 16 € AR pour les 2 tronçons.*

Les alpages de Charamillon★★ – Sur ces doux alpages paissaient autrefois les troupeaux de vaches d'Hérens. Vestiges de l'activité pastorale, les chalets de bergers s'alignent en ordre parfait dans les vallons du col de Balme. De là, des promenades faciles et des pique-niques enchanteurs face au défilé de la chaîne du Mont-Blanc.

Les Houches

À 6 km au sud de Chamonix.

Au pied du « géant des Alpes », la station-village (alt. 1 000 m) s'avère très étendue. C'est du lieu-dit les Chavants que vous aurez la plus belle vue sur les aiguilles de Chamonix. Le **Christ-Roi** date de 1934 qui domine le flanc droit de la vallée. Colossal (25 m de haut), il est conçu sur le modèle du Corcovado de Rio *(ne se visite pas).*

Musée montagnard – 2 pl. de l'Église - 04 50 54 54 74 - *de déb. juil. à mi-sept. : tlj sf mar. 15h-18h - fermé oct. - 3 € (enf. 1,50 €).* Dans une maison de 1750, le musée recrée les conditions traditionnelles de la vie rurale en montagne. Des expositions temporaires en éclairent certains aspects.

Église St-Jean-Baptiste – Construite en 1766, elle est dotée d'un clocher à bulbe depuis 1825. À l'intérieur, le retable du 18e s. est l'œuvre du Piémontais J.-B. Bozzo.

Parc de Merlet★★

6 km, puis 10mn à pied AR. De la gare des Houches, suivre la route en direction de Coupeau sur 3 km puis, dans un virage, s'engager à droite dans la route forestière (partiellement revêtue) vers le parc animalier de Merlet (3 km). Au terme de la route, laisser la voiture sur l'un des deux parkings. Terminer à pied le chemin en montée (environ 300 m). 04 50 53 47 89 - www.parcdemerlet.com - juil.-août :

Kandahar dans les Alpes ?

Kandahar est une ville frontière d'Afghanistan où Lord Roberts of Kandahar brilla par ses services. Ce général britannique fit beaucoup pour pérenniser le nom des Houches dans la mémoire des skieurs du monde entier : il fut l'instigateur de la Coupe du combiné descente-slalom qui regroupe les stations Sankt Anton, Garmisch-Partenkirchen et Les Houches. Dévalée aux Championnats du monde en 1937 par **Émile Allais**, la célèbre « piste verte » qui est en fait une piste noire, requiert un haut niveau de virtuosité. Elle est le théâtre de la prestigieuse compétition « Kandahar ».

DÉCOUVRIR LES SITES

9h30-19h30 ; mai, juin et sept. : tlj sf lun. 10h-18h - possibilité de visite guidée sur demande préalable - 5,50 € (4-12 ans 3,50 €).

Merveilleusement situé face au mont Blanc, le balcon de Merlet (1 500 m) est un éperon d'alpages détaché de l'aiguillette du Brévent. Sept espèces de la faune de montagne (daims, cerfs, mouflons, chamois, lamas, bouquetins, marmottes) gambadent en liberté sur les 20 ha du parc escarpé et boisé. En juillet et août, vous pourrez assister au repas des marmottes et bêtes à cornes.

De la terrasse du restaurant du balcon de Merlet ou de la chapelle, à 1 534 m d'altitude, une admirable **vue**★★ sur la chaîne du Mont-Blanc.

Rejoindre la N 205 et suivre la direction de St-Gervais. à 3 km des Houches, suivre la D 13 en direction de Servoz, gorges de la Diosaz (2 km).

Servoz

En sais., visites guidées des hameaux de Servoz, se renseigner à l'office de tourisme.

Charmant petit village, il marque l'entrée dans la vallée de Chamonix. Le vieux Servoz a conservé son bâti traditionnel (fermes dont l'assise en pierre est surmontée d'immenses granges à foin).

Maison de l'alpage – 04 50 47 21 68 - *juil.-août et de mi-déc. à mi-avr. : 9h-12h, 14h30-18h30, dim. 9h-12h ; reste de l'année : 9h-12h et 16h30-18h30 - possibilité de visite guidée (1h30) sur demande (1 sem. av.) - fermé le lun., 1er janv., lun. de Pâques, 1er et 8 Mai, jeu. de l'Ascension, 1er nov., 25 déc. - gratuit.*

Cette ancienne ferme accueille un espace muséographique autour de l'alpage. Remarquez, à l'entrée, l'ancien mécanisme de l'horloge du clocher.

Gorges de la Diosaz★ – *Accès en voiture jusqu'au kiosque d'entrée des gorges où un parcours sécurisé sur 1,5 km a été aménagé -* 04 50 47 21 13 - *juil.-août : 9h-18h ; juin et sept. : 9h30-17h30 - 5 € (enf. 3,50 €).*

Le sentier passe au pied du monument élevé à la mémoire du naturaliste et poète Eschen, tombé en 1800 dans une crevasse du Buet.

Ce circuit débute par un sentier et des galeries suspendues. Plus haut, on rencontre d'abord la cascade des Danses et, après le pont Achillon-Cazin, la tumultueuse cascade de Barme-Rousse. Du pont du Soufflet, on admire les trois rebonds de la cascade de l'Aigle, la plus haute et la plus imposante de cet ensemble de chutes.

Au-delà, les galeries se poursuivent encore jusqu'au « pont Naturel », bloc de rocher coincé dans une fissure de la montagne d'où s'échappe la **cascade du Soufflet**.

Rejoindre la N 205 par la D 13.

Circuit de découverte

De Chamonix à Vallorcine 1

1 journée – Sortie de Chamonix en dir. d'Argentière par la D 1506. À 5 km, après le corridor de la Poya, prendre à droite la route du Lavancher. La petite route s'élève rapidement jusqu'au **Lavancher**, sur l'éperon séparant les bassins d'Argentière et de Chamonix.

Avant l'hôtel Beausoleil, prendre à droite.

À la fin du parcours, des **vues**★ bien contrastées se dégagent tant en aval sur la vallée de Chamonix et ses glaciers qu'en amont sur les sommets rocheux qui encadrent Argentière. En avant encore, le glacier d'Argentière apparaît au pied de l'aiguille du Chardonnet. En 50mn, vous pouvez rejoindre le point de vue du Chapeau.

Argentière★

À 8 km de Chamonix. Paradis des bons skieurs, les pistes des Grands-Montets en amont d'Argentière, pour la plupart non damées, s'imposent par leur longueur, leur dénivelée, la qualité de la neige et leur cadre somptueux. Le village au pied du glacier est composé de vieilles maisons autour du typique clocher à bulbe savoyard. Dans les lacets qui suivent Argentière, prendre à droite la direction du village du **Tour**. Le paysage devient plus sauvage, le glacier du Tour se révèle. D'amont en aval se succèdent l'aiguille du Tour, derrière le glacier du Tour, le glacier d'Argentière, l'aiguille Verte, flanquée du Dru, les aiguilles de Chamonix (Charmoz – Blaitière – Plan – Midi), enfin le mont Blanc.

Retour sur la D 1506.

Tréléchamp – Dans une jolie conque d'alpages cernée de mélèzes, ces hameaux sont réputés pour la belle **vue**★★ en enfilade qu'ils commandent sur les grands sommets du Mont-Blanc.

Après Tréléchamp, la D 1506 traverse les paysages de landes à rhododendrons et à genévriers du **col des Montets** (alt. 1 461 m), point de départ de la réserve naturelle des Aiguilles-Rouges *(voir plus loin)*.

CHAMONIX-MONT-BLANC

Vallorcine
Après être passé à hauteur de la gare qui se trouve sur la droite, prendre à gauche la route du Mollard arrivant en contrebas de l'église. Faire demi-tour à l'entrée du hameau.

Dans un environnement préservé, grâce à son isolement, Vallorcine paraît être hors du temps. L'église de Vallorcine, protégée des avalanches par des murs dignes de Vauban, se détache en avant des grands abrupts de l'aiguille de Mesure (extrémité nord du massif des Aiguilles-Rouges et du massif du Mont-Blanc).

Deux chemins du patrimoine (cascade de Bérard et chemin des Diligences) et 80 km de sentiers balisés partent de Vallorcine.

Musée « La maison de Barberine » – À 2 km de Vallorcine en dir. du Châtelard - ☎ 04 50 54 63 19 - juil.-août : 14h30-17h30 - 2,50 €.
Ce petit écomusée est situé dans un vallon secret. Il met en valeur le patrimoine local dans une bâtisse du début du 18e s.

Il est possible de prolonger l'itinéraire jusqu'à Martigny, par Le Châtelard et le col de la Forclaz (voir Escapade en Suisse en début de guide).

TRAVERSÉE DE LA CHAÎNE★★★ ET RANDONNÉES
Voir descriptions au Massif du Mont-Blanc.

Chamonix-Mont-Blanc pratique

Adresses utiles

Office du tourisme de Chamonix – Pl. du Triangle-de-l'Amitié - BP 25 - 74400 Chamonix-Mont-Blanc - ☎ 04 50 53 00 24 - www.chamonix.com - de déb. juil. à mi-sept. et de mi-déc. à mi-avr. : 8h30-19h ; de mi-sept. à mi-déc. : 9h30-12h30, 14h-18h30, dim. 9h-12h30 (en nov.) ; reste de l'année : 9h-12h30, 14h-18h30, dim. 9h-12h30 (en mai).

Office du tourisme d'Argentière – 24 rte du Village - 74400 Argentière ☎ 04 50 54 02 14 - www.chamonix.com - 9h-12h, 15h-18h.

Office du tourisme des Houches-Servoz aux Houches – BP 9 - 74310 Les Houches - ☎ 04 50 55 50 62 - www.leshouches.com - se renseigner pour les horaires.

Office du tourisme des Houches-Servoz à Servoz – Maison de l'Alpage - 74310 Servoz - ☎ 04 50 47 21 68 - www.servoz.com - juil.-août et des vac. de Noël à mi-avr. : 9h-12h, 14h30-18h30, dim. 9h-12h ; reste de l'année : lun. et merc.-vend. 9h-12h, 14h-18h, mar. 10h-12h, 14h-18h, sam. 9h-12h - fermé dim. (hors sais. hiver et été), 1er Mai.

Office du tourisme de Vallorcine – 74660 Vallorcine - ☎ 04 50 54 60 71 - www.vallorcine.com - juil.-août : 9h-12h30, 14h30-18h30 ; des vac. de Noël à fin mars 9h-12h, 14h30-18h ; reste de l'année : tlj sf dim. et lun. 9h-12h, 15h-17h30.

Transports

Le Mulet – Navette gratuite qui parcourt en permanence le centre-ville de Chamonix. N'hésitez donc pas à laisser votre voiture au parking.

La **carte d'hôte**, délivrée quand vous séjournez dans la vallée, vous donne la libre circulation sur tous les transports en commun et des réductions sur les installations publiques.

Se loger

● **Bon à savoir** - Pour faire votre choix parmi les 68 hôtels et plus de 4 000 appartements de toutes catégories, disséminés dans toute la localité, prenez contact avec la centrale de réservation de l'office de tourisme. Sur place, vous pourrez aussi consulter les carnets de l'hébergement, pour davantage de renseignements.

⊖ **Camping La Mer de Glace** – Aux Praz-de-Chamonix - 2,5 km au nord-est de Chamonix par D 1506 - ☎ 04 50 53 44 03 - www.chamonix-camping.com - ouv. 25 avr.-5 oct. - 150 empl. 24,90 €. Incontestablement le terrain le plus agréable de la vallée. Dans un environnement très « nature », les diverses installations conçues comme des chalets s'intègrent bien. Pas d'animation pour préserver le calme du site. Confort simple et propre.

⊖⊖ **Hôtel Arveyron** – Rte du Bouchet - 2 km au nord-est de Chamonix par D 1506 - ☎ 04 50 53 18 29 - www.hotel-arveyron.com - ouv. 11 juin-19 sept. et 22 déc.-15 avr. - P - 30 ch. 72/78 € - ☐ 9 € - restaurant 22/25 €. Profitez du jardin à l'ombre des cerisiers et respirez l'air pur face à la chaîne du Mont-Blanc. Vous serez bichonné, calfeutré dans des chambres lambrissées ou à table, autour de petits plats du terroir d'une cuisine familiale. Bon rapport qualité/prix.

⊖⊖ **Auberge Le Montagny** – Le Pont - 74310 Les Houches - ☎ 04 50 54 57 37 - www.chamonix-hotel.com - fermé 20 avr.-6 juin et 11 oct.-18 déc. - P - 8 ch. 78 € - ☐ 8,50 €. Vieille ferme de 1876 entièrement rénovée par le propriétaire, menuisier à ses heures. Vous dormirez au calme dans des chambres savoyardes coiffées de charpentes en bois clair ; certaines disposent d'un balcon tourné vers le massif du Mont-Blanc.

⊖⊖ **Hôtel Beausoleil** – 6 km au nord-est de Chamonix par D 1506 puis rte secondaire - ☎ 04 50 54 00 78 - www.

223

DÉCOUVRIR LES SITES

Vue sur le massif du Mont-Blanc.

hotelbeausoleilchamonix.com - fermé 29 mai-8 juin et 23 sept.-23 déc. - 🅿 - 17 ch. 70/120 € - 😐 10 € - rest. 15/30 €. À 5 mn de la ville, c'est un lieu de repos idéal. Dans un chalet montagnard familial avec jardin fleuri, vous pourrez fouler l'herbe ou la neige suivant la saison ou profiter du tennis privé. Ici, le sérieux montagnard vous garantit une cuisine de tradition régionale.

⊜ **La Savoyarde** – 28 rte Moussoux - ℘ 04 50 53 00 77 - www.lasavoyarde.com - fermé mai et nov. - 🅿 - 14 ch. 74/135 € - 😐 12 € - rest. 27/63 €. Coquette maison chamoniarde du 19e s. située à 50 m du téléphérique du Brévent. Chambres simples, lambrissées, parfois mansardées ou agrandies d'une mezzanine. Les salles à manger bénéficient d'une jolie vue ; recettes traditionnelles dans la note régionale.

⊜ **Hôtel Faucigny** – 118 pl. de l'Église, face à l'OT - ℘ 04 50 53 01 17 - www.hotelfaucigny-chamonix.com - fermé de mi-avr. à mi-mai, de déb. juin à mi-juin., de fin sept. à fin oct. et de deb. nov. à fin déc. - 20 ch. 80/86 € - 😐 8 €. La situation centrale et les prix raisonnables sont les atouts majeurs de cet hôtel entièrement rénové. Certaines chambres du 1er étage offrent une jolie vue sur le mont Blanc ; celles du second sont mansardées.

⊜ **Hôtel Aiguille du Midi** – 479 chemin Napoléon - 74400 Les Bossons, 3,5 km au SO de Chamonix par D 1506 - ℘ 04 50 53 00 65 - www.hotel-aiguilledumidi.com - ouv. 20 mai-20 sept. et 20 déc.-17 avr. - 🅿 - 40 ch. 72/88 € - 😐 13 € - restaurant 23/47 €. La façade de cette maison savoyarde est égayée de jolies fresques à la mode tyrolienne. Le décor des chambres est resté sourd aux appels de la mode, mais l'hôtel jouit de nombreux atouts : agréable parc, piscine, tennis et salle de remise en forme. Appétissante cuisine classique.

⊜⊜ **Chambre d'hôte Chalet Beauregard** – 182 r. Mollard - ℘ 04 50 55 86 30 / 06 30 52 63 97 - www.chalet-beauregard.com - fermé 3 sem. en mai et du 15 oct. à déb. déc. - 🍽 - 7 ch. + 1 loft 69/119 € 😐. Ce chalet savoyard entouré d'un joli petit jardin mérite son nom : la vue sur le mont Blanc et l'aiguille du Midi est magnifique. Chambres sobres et confortables, souvent dotées d'un balcon, et agréable appartement de style loft aménagé sous les toits. Plaisante salle des petits-déjeuners.

⊜⊜ **Chambre d'hôte La Girandole** – 46 chemin de la Persévérance - 1,5 km au nord-ouest du centre-ville dir. téléphérique du Brévent et rte des Moussoux - ℘ 04 50 53 37 58 - www.lagirandole.free.fr - fermé 15 mai-15 juin et nov.-déc. - 🍽 - 3 ch. 70 € 😐. Chalet savoyard bâti dans un quartier résidentiel chic sur les hauteurs de Chamonix, face à un paysage fantastique. Son beau salon tout de bois revêtu ouvre ses fenêtres sur le mont Blanc, l'aiguille du Midi et l'aiguille Verte. Chambres simples. Accueil charmant.

⊜⊜ **Chambre d'hôte L'Anatase** – Les Plans - 74660 Vallorcine - sortie N, 3 km de la frontière - ℘ 04 50 54 64 06 - www.lanatase.com - fermé 15 nov.-15 avr. - 🍽 - 5 ch. 60/80 € - 😐 12 €. L'une des dernières maisons avant la Suisse ! Derrière sa façade crépie et ses volets de bois se cachent, dans chacune des pièces, des richesses décoratives : boiseries, meubles d'époque, tissus choisis, faïences d'Italique que l'on découvre avec ravissement. Accueil charmant.

⊜⊜⊜ **Hôtel du Prarion** – Au Prarion - alt.1 860 m - par télécabine - 74170 Saint-Gervais-les-Bains - ℘ 04 50 54 40 07 - www.prarion.com - ouv. 26 juin-5 sept. et du 18 déc. à mi-avr. - 12 ch. 100 € - 😐 9 € - rest. 14/28 €. Au sommet du Prarion, invitation à une nuit au grand calme de la haute montagne. La vue panoramique est époustouflante de la chaîne des Aravis à celle du Mont-Blanc. Simplicité pour la restauration et pour les chambres à l'ambiance montagnarde.

⊜⊜⊜ **Auberge Beau Site** – Près de l'église - 74310 Les Houches - ℘ 04 50 55 51 16 - www.hotel-beausite.com - fermé 21 avr.-19 mai et 11 oct.-19 déc. - 🅿 - 18 ch. 83/110 € - 😐 9 €. Chalet familial situé au cœur du village. Les chambres offrent un décor d'esprit montagnard rehaussé par de jolis tissus aux tons rouge et vert. Le patron propose une cuisine traditionnelle à déguster dans une douillette salle à manger décorée de chaleureuses boiseries. L'été, terrasse fleurie et piscine.

Se restaurer

⊜ **Le Panoramic** – Au sommet du Brévent - par télécabine puis téléphérique - ℘ 04 50 53 44 11 - fermé 20 avr.-15 juin, 1er oct.-15 déc. et le soir - 12,50/15,50 €. Sur sa terrasse, vous aurez l'impression d'être suspendu dans les airs… Avec une vue époustouflante sur le Mont-Blanc, l'aiguille du Midi et le glacier des Bossons. Au menu : cuisine savoyarde, goûters et pauses-café en plein soleil.

⊜ **Le Dru** – 25 r. Ravenel-le-Rouge - ℘ 04 50 53 33 06 - boncristian@wanadoo.fr - 13/28 €. La façade peinte de ce chalet du centre-ville attire l'œil. À l'intérieur, décor chaleureux marqué par la présence de bois, vieux outils du monde paysan et

CHAMONIX-MONT-BLANC

collection de lampes à huile. Parmi les spécialités proposées, tentez la fondue savoyarde ou le roboratif « trio du Dru » (brasserade, raclette et reblochonnade).

😊 **La Bergerie** – *232 av. Michel-Croz - ℘ 04 50 53 45 04 - www.labergeriechamonix.com - fermé 2 sem. en mai - réserv. conseillée - formule déj. 13,50 € - 13,50/34,50 €.* Sympathique décor savoyard réalisé avec des matériaux glanés dans d'anciennes fermes. Au menu : viandes grillées au feu de bois et recettes régionales. L'été, vous apprécierez le calme de la terrasse dressée sous une pergola.

😊😊 **Atmosphère** – *123 place Balmat - ℘ 04 50 55 97 97 - www.restaurant-atmosphere.com - 21/30 €.* Décor montagnard, véranda surplombant l'Arve, tables serrés, carte des vins très étoffée, cuisine traditionnelle et spécialités régionales : un restaurant d'atmosphère !

😊😊 **La Calèche** – *18 rue du Dr-Paccard - ℘ 04 50 55 94 68 - www.restaurant-caleche.com - fermé 15 nov.-1er déc. - 21,50/35 €.* Au cœur de la station, ce restaurant se visite comme un musée ou une brocante : objets anciens et variés, cuivres, cloches, vieux skis, etc., sont exposés partout dans la salle. Les serveurs sont en tenue savoyarde et un groupe folklorique se produit une fois par semaine.

😊😊😊 **Maison Carrier** – *Rte du Bouchet - ℘ 04 50 53 00 03 - www.hameaualbert.fr - fermé 5-20 juin, de mi-nov. à mi-déc., lun. sf juil.-août et j. fériés - 24/39 €.* Offrez-vous une étape gourmande dans ce restaurant de pays, dans l'enceinte du Hameau Albert Ier. Une des salles est une authentique pièce de ferme de 1794. Cuisine paysanne de montagne, grillades dans la « borne », cette grande cheminée à l'ancienne.

😊😊😊 **Le 3842** – *Au sommet de l'Aiguille-du-Midi - par téléphérique - ℘ 04 50 55 82 23 - restauration.aiguilledumidi@serac.biz - fermé 3 sem. en nov. - 32/39 €.* Après une montée en téléphérique et la traversée d'une série de galeries et de passerelles, vous vous attablerez à 3 842 m d'altitude… Conditions extrêmes obligent, vous déjeunerez à l'intérieur d'une salle aux fenêtres étroites, mais quel plaisir de côtoyer le toit de l'Europe !

En soirée

Bar du Plan de l'Aiguille – *14 allée du Passon - ℘ 06 31 23 19 98 - bar.du.plan@free.fr - avr.-nov. : accès par téléphérique de l'Aiguille du Midi - fermé de mi-nov. à fin mars.* Au pied de l'Aiguille-du-Midi, dans un site grandiose à 2 317 m d'altitude, ce modeste bar offre une halte agréable aux amateurs de randonnées.

L'M – *81 r. Joseph-Vallot - Centre-ville, zone piétonne - ℘ 04 50 53 58 30 - www.chamonixhotels.com - 9h-23h.* Une des plus belles terrasses de Chamonix… le bonheur en carte postale : admirez les Aiguilles de l'M, de Charmoz, de Blaitière, du Plan et du Midi avec un verre à la main.

Que rapporter

L'Alpage des Aiguilles – *91 r. Joseph-Vallot - ℘ 04 50 53 14 21 - www.alpesgourmet.com - 9h-20h - fermé 2 mai-15 juin et 1er oct.-15 déc.* Cette boutique - une pure merveille - regorge d'alléchants produits régionaux. D'un côté, des paniers abondamment remplis de saucisses, jambons et saucissons ; de l'autre, des fromages exceptionnels comme le beaufort d'été, particulièrement généreux en goût. Pour accompagner ces mets de qualité, il ne vous restera plus qu'à choisir une bonne bouteille dans le cellier de la séduisante adresse.

Les P'tits Gourmands – *168 r. du Dr-Paccard - ℘ 04 50 53 01 59 - auxpetitsgourmands@orange.fr - 7h-19h45.* C'est effectivement le rendez-vous des « p'tits gourmands » ! Pâtisserie, chocolatier et salon de thé : les propriétaires de l'établissement marient avec un égal bonheur ces 3 activités pour le plus grand plaisir des touristes, tout autant que des Chamoniards. Les gâteaux au chocolat, l'amandine aux myrtilles du pays, les tartes aux fruits de saison, les excellents chocolats maison… les invitent à ne plus en ressortir !

Le Refuge Payot – *255 r. du Dr-Paccard - ℘ 04 50 53 16 86 ou 04 50 53 18 71 - www.refugepayot.com - 8h15-20h.* Boutique bien approvisionnée en produits régionaux de toutes sortes : charcuterie (saucisson aux myrtilles), fromages (fromage d'Abondance), confitures (confiture de lait), vins de Savoie, confiseries et plats cuisinés savoyards à emporter

Sports & Loisirs

♿ Voir l'encadré pratique p. 331.

Événements

Festival des sciences de Chamonix – *Fin mai.* Une belle occasion de réunir des scientifiques et un large public sur les grands enjeux et débats de société.

Fête des guides – Organisé chaque été par la Compagnie des guides le 14 août au soir, un spectacle « son et lumière ». Le 15 au matin a lieu la bénédiction des piolets sur le parvis de l'église.

Jeunes skieurs sur les pistes.

225

DÉCOUVRIR LES SITES

Champagny-en-Vanoise★★

585 CHAMPAGNOLAIS
CARTE GÉNÉRALE D4 - CARTE MICHELIN DÉPARTEMENTS 333 N5 - SAVOIE (73)

Séparés par des gorges profondes, Champagny-le-Bas et Champagny-le-Haut ne connaîtront pas le même destin. Le premier, facilement accessible depuis la vallée de la Tarentaise, est un village animé relié au domaine skiable de la Plagne, elle-même reliée aux Arcs. Le second, dans un vallon secret, magnifique alpage clos par la Grande Casse, comprend deux hameaux intacts. C'est une des cinq portes d'entrée du Parc naturel de la Vanoise.

- **Se repérer** – Ce village, au pied du **Granc Bec** (alt. 3 398 m) et face à Courchevel, s'étage entre 1 250 m (Champagny-le-Bas) et 1 450 m (Champagny-le-Haut). Accès par l'autoroute A 430 jusqu'à Albertville, puis la N 90 en direction de Courchevel et Pralognan.

- **À ne pas manquer** – Le sentier découverte de Champagny-le-Haut.

- **Organiser son temps** – Territoire des bouquetins, ce petit coin de Tarentaise est aussi le territoire des randonneurs. Prévoyez de rester au moins une journée dans ce magnifique environnement.

- **Pour poursuivre la visite** – Voir aussi la Tarentaise, la Vanoise.

Randonneur en Vanoise.

Séjourner

Coup d'œil baroque
Au sommet d'une butte, l'**église** (17ᵉ s.) de Champagny-le-Bas réalisée par les maçons piémontais Nicolas Calcia et Pierre Graullo abrite un remarquable **retable**★ consacré à la Vierge, fourmillant d'angelots, œuvre due au sculpteur Jacques Clérant (1710), belle leçon de catéchisme sur l'Assomption et le couronnement de Marie. Le devant d'autel, représentant l'Enfant Jésus entouré d'anges, est de la même veine. Surmontant l'autel du Rosaire, un retable de François Cuenot représentant une Vierge à l'Enfant et quinze mystères du Rosaire en médaillons. Le Franc-Comtois auteur d'un livre d'architecture a réalisé de nombreux retables en Tarentaise. *04 79 55 06 55 - juil.-août : tlj sf lun. 15h-18h - possibilité de visite guidée le lun. 17h (en dehors des j. d'ouv. se renseigner au 04 79 60 59 00) - 5 €.*

Le domaine skiable
La station exploite un domaine très ensoleillé, relié à celui de la Plagne (*en 7mn par la télécabine*) et à Paradiski. Les nombreuses pistes sont adaptées à tous les skieurs débutants ou chevronnés. Quand les conditions d'enneigement le permettent, en descendant la **piste rouge du mont de la Guerre** à la dénivelée de 1 250 m, vous serez étonné par la splendeur des vues sur les domaines de Courchevel et de Pralognan. Le ski de fond se pratique à Champagny-le-Haut, dans un très beau cadre.

Randonnées

L'alpage de la Plagne de Champagny était auparavant le plus réputé de la région. Son herbe donnait au beaufort un goût de noisette. Les alpagistes conduisent toujours leur troupeau à l'alpage de Lécheron et le retour dans la vallée est l'occasion d'une fête populaire. Champagny constitue une exceptionnelle **base de randonnées pédestres**. *Carte des sentiers et informations à l'office de tourisme.* Les plus beaux itinéraires se trouvent à partir de Champagny-le-Haut, dans le Parc de la Vanoise.

Départ de Laisonnay-d'En-Bas (alt. 1 559 m), accessible par la route. Vous ne regretterez pas de vous être levé avant le soleil et d'avoir transpiré un peu : sur les sentiers de randonnée en direction du **col du Palet**★★ (*7h30 AR*), du **col de la Grassaz** (*7h AR*) et du **col du plan Séry** (*5h30 AR*), vous augmenterez votre capital souvenirs : vues sublimes sur le Grand Bec, la Grande Motte et la Grande Casse.

CHAMPAGNY-EN-VANOISE

Ces randonnées exigent d'être en parfaite condition physique. Elles sont sans difficulté technique, mais assez longues.

Télécabine de Champagny★

☏ 04 79 55 06 55 - de mi-juil. à mi-août : tlj sf vend. et sam. 9h-13h, 14h-17h30 ; reste de l'année : se renseigner à l'office de tourisme - 4 € AR (– 10 ans gratuit) sais. d'été, tarif sais. d'hiver non communiqué.

Alt. 1 968 m. On découvre Péclet-Polset, les glaciers de la Vanoise et le Grand Bec. De là-haut, les skieurs, l'hiver, et les randonneurs, l'été, peuvent rejoindre la terrasse du restaurant *(fermé l'été)* au sommet du télésiège Borseliers. C'est un superbe belvédère (alt. 2 109 m) : **vue★** sur la Grande Casse, l'aiguille de l'Épena, la Grande Glière, la pointe de Méribel et les Trois-Vallées.

Champagny-le-Haut★★

La route étroite, parfois taillée dans le roc, vient s'accrocher au-dessus des gorges de Champagny, puis, au-delà d'un chaos de blocs éboulés, débouche dans le vallon classé de Champagny-le-Haut, aux versants totalement dénudés. Avant la Chiserette, à gauche, la **cascade** de la Gurre dévale de la pointe de la Vélière et surgit d'un boqueteau de sapins. À la sortie de la Chiserette, le glacier de la Grande Motte, à la droite duquel se profile de justesse, à l'entrée du hameau du Bois, la face nord de la Grande Casse.

Le refuge du Bois, à la porte du Parc national, sert de centre d'informations sur le massif de la Vanoise. Point de départ d'un **sentier-découverte** (♿) comportant, sur un tracé plat d'environ 1h30, des tables de lecture détaillant les caractéristiques du paysage de la vallée.

Champagny-en-Vanoise pratique

Adresse utile

Office du tourisme de Champagny-en-Vanoise – Le Centre - 73350 Champagny-en-Vanoise - ☏ 04 79 55 06 55 - www.champagny.com - juil.-août et de mi-déc. à fin avr. : 9h-12h30, 14h-19h, dim. et j. fériés 9h-12h, 15h-19h ; mai : tlj sf dim. et j. fériés 9h-12h, 14h-18h ; reste de l'année : tlj sf w.-end 9h-12h, 14h-18h.

Visites

Balades de rues – Découvrez avec un habitant du village le passé de Champagny et son dédale de ruelles - en sais. d'été et d'hiver - *renseignements à l'office de tourisme.*

La tournée des Montagnards – Visite d'exploitations agricoles et fabrication de la tomme - en sais. d'hiver - *renseignements à l'office de tourisme.*

Se loger

👁 **Bon à savoir** - Dans la vallée glaciaire, aux portes du Parc national de la Vanoise, on trouve 5 refuges (Plan des Gouilles ☏ 06 08 98 19 02, Glière ☏ 04 79 09 85 53, Laisonnay ☏ 06 08 54 34 61, Plaisance et le Refuge-porte du Bois ☏ 04 79 55 05 79) beaucoup mieux aménagés que les structures classiques. Une formule d'hébergement et de restauration simple et conviviale. Réservation vivement conseillée.

Hôtel les Glières – ☏ 04 79 55 05 52 - www.hotel-glieres.com - ouv. juil.-3 sept. et 15 déc.-19 avr. - 20 ch. 46/86 € - ⛌ 9,50 € - rest. 18 €. Ce chalet récent jouit d'un environnement paisible tout en étant proche du centre du bourg. Chambres simples, rafraîchies par étapes, salon-cheminée, sauna et salle de jeux. Restaurant rustique et terrasse orientée plein Sud ; recettes typiquement savoyardes.

Hôtel L'Ancolie – Le Crey - ☏ 04 79 55 05 00 - www.hotel-ancolie.com - fermé 15 avr.-25 juin et 6 sept.-19 déc. - 31 ch. 59/123 € - ⛌ 9 € – rest. 18/20 €. À flanc de montagne, sur les hauteurs de la station, le chalet dispose d'une belle piscine d'été et d'une terrasse panoramique face aux pentes de la Vanoise. Les chambres sont spacieuses, lambrissées et décorées de meubles de pays. Cuisine locale simple.

Se restaurer

Chalet Refuge du Bois – R. Michel Ruffier-Lanche, Le Bois Champagny-le-Haut - ☏ 04 79 55 05 79 - www.gitedubois.com - fermé 10-31 mai et oct.-17 déc. - réserv. conseillée - 17/25 € - ⛌ 6 €. Malgré sa conception contemporaine, ce chalet s'intègre parfaitement au superbe site de la vallée de Champagny-le-Haut. Cette auberge de montagne propose un hébergement de qualité bien supérieure au confort spartiate des refuges habituels. Spécialité maison : le brick du bois avec sauce caramel sur lit de salade.

Sports & Loisirs

Via ferrata du plan Bouc – La voie en arête ou en falaise domine le village de Champagny puis la vallée de Champagny-le-Haut. Un long parcours *(4h)* mais sans difficulté majeure.

Massif de **Chamrousse**★★

CARTE GÉNÉRALE B4/5 - CARTE MICHELIN DÉPARTEMENTS 333 I7 - ISÈRE (38)

Station olympique favorite des Grenoblois, Chamrousse séduit, été comme hiver, tous ceux qui succombent au charme et à l'élégance de cette vedette internationale. En un clin d'œil, le téléphérique vous emmène au belvédère de la Croix de Chamrousse qui domine avec superbe les montagnes du massif de Belledonne. Cette haute montagne aux pics culminant à près de 3 000 mètres (Grand Pic à 2 977 m) ménage de vastes espaces de randonnée notamment à proximité des lacs Achard et Roberts, ou des Sept-Laux.

- **Se repérer** – Les hauteurs de Chamrousse marquent les derniers ressauts importants de la chaîne de Belledonne, au sud-ouest. La station est à 30 km de Grenoble.
- **À ne pas manquer** – La courte excursion à la Croix de Chamrousse.
- **Organiser son temps** – Les lève-tôt apprécieront la randonnée d'observation de la faune organisée par la Maison de la montagne.
- **Pour poursuivre la visite** – Voir aussi Allevard, Grenoble.

Comprendre

L'École d'Uriage – En décembre 1940, l'École nationale des cadres, installée à Gannat, déménagea dans le château d'Uriage. Elle était dirigée par un ancien saint-cyrien, Pierre Dunoyer de Segonzac, qui proclamait la continuité de l'État et visait à former les élites de l'après-guerre. Cette institution vit défiler près de 3 000 stagiaires pendant sa période d'activité.

De ce « vivier de réflexion » ont émergé des noms célèbres, tels Hubert Beuve-Méry (patron de presse et fondateur du quotidien *Le Monde*), Jean Lacroix ou Joffre Dumazedier. Ne correspondant plus à la doctrine officielle du gouvernement de Vichy, l'école fut fermée sur ordre de Pierre Laval en décembre 1942. Certains élèves rejoignirent alors les mouvements de la Résistance.

Séjourner

Uriage-les-Bains

Blottie au fond d'un vallon verdoyant, au pied de la chaîne de Belledonne, Uriage est connue depuis l'Antiquité pour ses eaux. Mais leurs qualités curatives ne seront connues qu'au 19e s. La belle façade de l'établissement thermal (1895), le casino, les hôtels, les villas sont disséminés dans un parc de 200 ha.

Les eaux, chlorurées, sodiques, sulfureuses et isotoniques, sont utilisées dans le traitement des maladies de la peau, des rhumatismes chroniques, en oto-rhino-laryngologie.

Dominant la station, le village d'origine, **Saint-Martin-d'Uriage**, a conservé son rôle administratif de centre communal et reste un agréable lieu de séjour. L'église, pourtant reconstruite au 17e s., est souvent citée comme un bel exemple d'architecture romane.

Chamrousse

Le grand complexe hivernal de Chamrousse, dominant la plaine de Grenoble, se compose des stations du **Recoin** (alt. 1 650 m) et de **Roche-Béranger** (alt. 1 750 m).

Les curistes d'Uriage furent les premiers clients désireux de goûter à l'air pur des hauteurs du massif de Belledonne dont Chamrousse constitue la pointe la plus méridionale. La consécration de la station vint avec les Jeux olympiques de 1968 : Killy, Goitschel, Périllat, des noms qui font encore rêver.

Les thermes d'Uriage-les-Bains.

Massif de CHAMROUSSE

Le saviez-vous ?
👁 Autrefois, les *chaumes roux*, dont Chamrousse tire son nom, évoquaient la couleur caractéristique de ces alpages. Aujourd'hui, c'est plutôt le blanc mâtiné de bleu fuchsia et de rose fluo qui s'impose…

👁 **Henri Duhamel**, grimpeur passionné, rapporta d'une exposition parisienne d'étranges patins lapons. Il s'essaya à cette technique au Recoin de Chamrousse en 1878 : les skis nordiques venaient de faire leur entrée sur les pentes alpines.

👁 Âgée de 72 ans, **Sidonie Colette**, au faîte de la gloire littéraire, vint soigner à Uriage, la Seconde Guerre mondiale à peine terminée, une sciatique chronique. Libérée de son mal, elle donna le jour à un nouveau roman, *Le Fanal bleu*, qui a pour cadre celui de sa cure.

Circuit de découverte

Ce parcours de découverte réunit dans une boucle la station thermale d'Uriage en aval, à la station estivale de Chamrousse en amont.

39 km – environ 2 h, au départ d'Uriage.

La D 111 pénètre dans la **forêt de Prémol**★ (feuillus, puis sapins et épicéas). Malgré la végétation, on bénéficie de beaux coups d'œil sur le Vercors et la Chartreuse. Dans ce massif, on reconnaît l'éperon de Chamechaude et, plus à droite, le promontoire massif de la dent de Crolles.

Ancienne chartreuse de Prémol

Le seul bâtiment d'époque de cet ancien couvent a été transformé en maison forestière. Faites une halte dans la vaste clairière.

Après le replat du col Luitel, la route atteint son point culminant au chalet des services de l'Équipement où sont garés les chasse-neige et qui commande les différents accès de Roche-Béranger.

Réserve naturelle du lac Luitel★

D'Uriage, prendre la D 111 vers Chamrousse, puis à droite, la D 113 signalée « Séchiliennel ». Parking après le chalet d'accueil. ☎ 04 76 86 39 76 - chalet d'accueil ouv. en juil.-août : 15h-18h - réserve accessible tte l'année - possibilité de visite guidée (2h) - 4 € (enf. 2 €).

C'est la plus ancienne réserve naturelle française. Sur 18 ha, un lac-tourbière ainsi qu'une tourbière boisée accueillent une flore unique en France. Les tourbières proviennent du remplissage, par les eaux de fonte des glaciers, des dépressions creusées par l'érosion glaciaire au début du quaternaire.

Vous pourrez observer l'évolution complète d'une tourbière d'altitude et son écosystème dans un site similaire à celui de certaines régions en Laponie. La réserve du lac Luitel est une tourbière à **sphaignes** (mousse qui en se décomposant contribue à la formation de la tourbe) où l'on trouve tous les stades d'évolution depuis l'eau libre jusqu'à la zone boisée, tourbière « morte ».

Des sentiers balisés et des terrasses sur caillebotis permettent d'observer le monde végétal des tourbières. La flore comprend des espèces rares et protégées, telles des plantes carnivores (le drosera, l'utriculaire et la grassette) et des orchidées. Les pelouses qui bordent le lac sont en réalité des tapis de mousses flottant sur l'eau *(et qui ne résisteraient pas au poids des promeneurs)*, sur lesquels se sont accrochées les racines des pins à crochets. Lorsque ceux-ci atteignent une hauteur de 3 m, leur faible enracinement dans la couche de tourbe provoque leur déchaussement… et leur chute !

Attention, chiens et cueillette interdits. Ne pas sortir des sentiers balisés. Un sentier part de Vizille et rejoint la réserve en 6h. Se renseigner à l'office du tourisme de Vizille (voir p. 462).

Croix de Chamrousse★★

🥾 *1h AR dont 7mn de téléphérique (ttes les 30mn). ☎ 04 76 59 09 09 - juil.-août : 9h30-13h, 14h-17h30 ; de mi-déc. à fin avr. : 9h-16h30 - 7 € (6-18 ans 5,50 €) AR tarif 2008.*

Alt. 2 257 m. De la station supérieure du téléphérique, proche d'un relais de télévision, quelques pas mènent au socle de la croix. Là, bien sûr, un immense **panorama**★★ *(panneaux d'orientation).*

Vers l'ouest, c'est la dépression du Drac barrée par le Vercors, la plaine de Grenoble et le sillon du Grésivaudan en arrière duquel se dressent, de gauche à droite, les bastions de la Chartreuse et des Bauges. À l'horizon, par temps clair, vous distinguerez la ligne brune des Cévennes.

DÉCOUVRIR LES SITES

S'éloignant de Chamrousse par l'ouest, puis vers le nord, la D 111 sinue en corniche dans la forêt de Saint-Martin en ménageant de nombreuses **échappées**★ sur Uriage, le massif du Vercors et le site de Grenoble. Dans la forte descente qui suit la traversée du village des Seiglières, au sortir de la forêt, belle **vue**★ sur la combe d'Uriage, vaste et très habitée. La route passe ensuite en contrebas de l'ancien château (13e-14e s.) de la famille de Bayard, peu avant de rejoindre Uriage.

Randonnée

Le balcon de St-Martin-d'Uriage★

6h AR. Départ et arrivée au centre du village. Dénivelée : 600 m. Au départ du bourg suivre la direction de St-Nizier en passant par le Rossin, les Vignasses et Champ Ruti. Gagner ensuite le Champ de l'Église et le chemin Bonafond jusqu'au replat de Pinet. Le retour s'effectue par les Quatre Chemins, les Seiglières, le Marai, la Carrière, Champogne et le Meffrey. Cette longue promenade ne présente aucune difficulté hormis sa durée. Elle permet de découvrir ce pays de l'intérieur puis de suivre un sentier en encorbellement d'où l'on aura une vue magnifique sur le Vercors, la Chartreuse et Belledonne.

Massif de Chamrousse pratique

Adresse utile

Office du tourisme de Chamrousse – 42 pl. de Belledonne - 38410 Chamrousse - ☎ 04 76 89 92 65 - www.chamrousse.com - juil.-août : 9h-12h, 14h-18h ; de mi-déc. à fin avr. : 9h-12h, 13h45-18h ; reste de l'année : tlj sf w.-end et j. fériés 9h-12h, 13h45-17h - fermé 1er et 8 Mai, jeu. de l'Ascension, dim. et lun. de Pentecôte, 1er et 11 Nov.

Se loger

Hôtel Manoir – 62 rte de Prémol - 38410 Uriage-les-Bains - ☎ 04 76 89 10 88 - www.hotel-manoir.fr - fermé 13 nov.-25 fév. - 15 ch. 41/63 € - ☐ 7,50 € – rest. 19/34 €. Une façade colorée signale aux passants cette maison 1900 postée à l'entrée de la station. Lumineuses chambres diversement équipées, plus vastes au 1er étage. Salle à manger rustique et véranda ouverte sur une plaisante terrasse. Plats traditionnels.

Hôtel Les Mésanges – Rte de St-Martin-d'Uriage et rte Bouloud - 38410 Uriage-les-Bains - ☎ 04 76 89 70 69 - www.hotel-les-mesanges.com - fermé 21 oct.-31 janv. - ☐ - 33 ch. 67/80 € - ☐ 9 € – rest. 26/58 €. Sur un plateau dominant la vallée et la station, divers bâtiments proposent des chambres pratiques et bien tenues, dotées de terrasses ou de petits balcons. En hiver, lumineuse salle à manger et, à la belle saison, charmante terrasse ombragée de platanes.

En soirée

Casino d'Uriage – Palais de la Source - 38410 Uriage-les-Bains - ☎ 04 76 89 08 42 - www.grand-hotel-uriage.com. Après une petite mise en jambes du côté des machines à sous, passons aux choses sérieuses avec la roulette anglaise, le black-jack ou le stud poker. Et si la chance n'est pas au rendez-vous, on pourra toujours se rabattre sur l'une des nombreuses soirées musicales, expositions, et autres festivités.

Sports & Loisirs

👁 **Bon à savoir** - Outre les activités sportives traditionnelles (ski, surf, raquettes et autres) on peut pratiquer la motoneige, accessible à tous à partir de 4 ans, ou passer un stage de conduite sur neige et glace. Le programme change en été (escalade, randonnées, quad et VTT) mais les sensations demeurent intactes.

Parc thermal d'Uriage-les-Bains.

Remise en forme aux Thermes d'Uriage – 38410 Uriage-les-Bains - ☎ 04 76 89 29 00. Au cœur de la chaîne de Belledonne, l'institut d'hydrothérapie thermale d'Uriage vous propose une remise en forme dans un site privilégié. Hôtel de caractère, tourisme et gastronomie agrémenteront votre séjour. Aux alentours, tennis en terre battue, golf et équitation. Repos garanti.

Les 2 via ferrata de Chamrousse – 38410 Chamrousse - ☎ 04 76 59 04 96 - www.maisonmontagnechamrousse.com - juin-oct. Armé seulement d'un mousqueton et d'une corde, vous allez cheminer sur les parois d'une falaise. Avant même de vous

Massif de la CHARTREUSE

rendre compte de ce qui vous arrive, vous vous retrouverez en équilibre sur un pont de singe, avec un petit câble ridicule entre les pieds et le vide. Et le pire, c'est que vous allez adorer !
Maison de la montagne – *Roche Béranger - 38410 Chamrousse - ℘ 04 76 59 04 96 – www.maisonmontagnechamrousse.com* - Via ferrata, alpinisme, escalade, VTT et randonnées à thème (découverte de la faune montagnarde, histoire locale, écologie, etc.) ; sorties en raquettes à neige.

Événement
Fête du bois – *℘ 04 76 89 92 65*. Tous les bûcherons de la région se retrouvent dans la première quinz. d'août pour cette fête ancestrale. Concours, animations liées aux métiers du bois, tyrolienne, baptême en hélicoptère, etc.

Massif de la **Chartreuse**★★

CARTE GÉNÉRALE B4 - CARTE MICHELIN DÉPARTEMENTS 333 H5 - ISÈRE (38), SAVOIE (73)

Trois espaces différenciés s'échelonnent dans ce massif surgissant à la jonction des Alpes et du Jura. La basse vallée, où résistent à l'urbanisme des lambeaux de forêts alluviales, est terre de maraîchages et de vignobles. Collines, coteaux et plaines éparpillées lui succèdent dans cette Chartreuse agricole à mi-chemin entre la vallée et le centre du massif, d'une dimension plus sauvage. Ici, villages et hameaux ramassés sont cernés par les profondes forêts qui couvrent plus de la moitié du territoire. Cette beauté sereine accompagne depuis le 11e s. la vie des moines chartreux.

- **Se repérer** – Situé entre Grenoble et Chambéry, le massif de la Chartreuse est accessible aisément par l'une de ces deux villes. On a une vue particulièrement belle sur le massif en y accédant depuis Grenoble vers St-Pierre-de-Chartreuse ou depuis Chambéry par le col du Granier.
- **À ne pas manquer** – Le belvédère du Charmant Som, l'église de Saint-Hugues en Chartreuse.
- **Organiser son temps** – Pour profiter de la profusion de la végétation et des éclatantes couleurs des fleurs de montagne, le printemps est la période idéale (mai-juin).
- **Avec les enfants** – Le musée de l'Ours des cavernes d'Entremont-le-Vieux.
- **Pour poursuivre la visite** – Voir aussi le couvent de la Grande Chartreuse, St-Pierre-de-Chartreuse.

Comprendre

Le chef-d'œuvre de l'urgonien – La formation géologique typique des montagnes de Chartreuse est le calcaire urgonien. Cette roche crétacée (ère secondaire), épaisse de 200 à 300 m, est profondément affectée, ici, de plis et de failles. Les grands abrupts taillés dans sa carapace apparaissent feuilletés de minces lits marneux (marne : roche sédimentaire argileuse) dont les affleurements forment les « **sangles** », banquettes gazonnées horizontales, vertigineusement suspendues au-dessus du vide.

Parmi les particularités géologiques, le massif possède trois des plus grands réseaux souterrains des Alpes : **l'Alpe** (près de 30 accès différents pour 50 km de sous-sols), la **dent de Crolles** (60 km de galeries bien connues des spéléologues) et le **Granier**. Dans une cavité de ce dernier, la découverte en 1988 de plusieurs milliers d'ossements d'**ours** préhistoriques a conféré une nouvelle valeur scientifique à cet ensemble.

Les conditions climatiques du massif (forte pluviométrie alternant avec un ensoleillement intense) permettent l'existence d'une grande variété de milieux naturels : falaises, grands domaines forestiers, zones humides, pelouses subalpines. Chaque milieu comprend des espèces spécifiques et endémiques : la vulnéraire des Chartreux (plante jaune utilisée contre les blessures), la potentille luisante (herbe à fleurs jaunes ou blanches), la pédiculaire ascendante (plante poussant grâce à l'humidité des prés).

La faune est représentée par la plupart des mammifères alpins ; le lynx nous arrive directement de Suisse. Le hibou grand duc est devenu le symbole du Parc. On recense également le tétras-lyre, la chouette de Tengmalm et la chevêchette, alors que les aigles royaux et les faucons pèlerins planent au-dessus des falaises.

DÉCOUVRIR LES SITES

Le Parc naturel régional de Chartreuse – Créé en 1995, ce parc de 69 000 ha englobe dans son périmètre 52 communes réparties en Savoie et en Isère sur l'ensemble du massif de la Chartreuse.

Il encourage une forme de tourisme « doux », axé sur des sports et des activités respectant l'environnement (randonnée, escalade, vol libre). Les objectifs du Parc sont de préserver de l'urbanisation les zones à forte valeur biologique, d'assurer la protection des eaux et des sols par la gestion de projets de rivière, et de conserver le patrimoine naturel de la réserve naturelle des Hauts de Chartreuse (4 450 ha). Sentiers et routes thématiques mêlent connaissance du milieu naturel et découverte du terroir.

Les Chartroussiens – Le massif de la Chartreuse n'a jamais disposé d'une unité administrative puisqu'il fut partagé, jusqu'en 1860, entre la Savoie et la France. Les marques de cette frontière sinueuse sont encore remarquables au gré des sentiers de randonnée. Le secteur le plus visible est à Entre-Deux-Guiers.

Le nom des Chartroussiens fait référence au lieu-dit Chartrousse, où Bruno et ses compagnons ont choisi de s'implanter.

Les chartreux – Le patrimoine culturel du Parc est fortement marqué par neuf siècles de présence des pères chartreux, et par leurs activités économiques originales : la liqueur et la métallurgie.

Circuits de découverte

ROUTE DU DÉSERT PAR LE COL DE PORTE★★ 1

Circuit au départ de Grenoble 79 km – environ 4h.
Quitter Grenoble au nord par La Tronche et la D 512.

De La Tronche au col de Vence, vous ne regretterez pas les nombreux lacets tracés au flanc du mont St-Eynard (alt. 1 379 m). Ils permettent d'admirer Grenoble et le sillon du Grésivaudan avec des **vues★★** lointaines admirables sur – d'est en ouest – la chaîne de Belledonne, le Taillefer, le Thabor, l'Obiou et le rempart est du Vercors. Par temps clair, on aperçoit le mont Blanc.

Le Sappey-en-Chartreuse

Station d'altitude située dans un riant bassin aux flancs boisés, dominé par l'éperon majestueux de Chamechaude.

Église – Cette petite église toute restaurée abrite huit vitraux contemporains sur le thème de la Résurrection, signés **Arcabas** (2002). La progression des gammes chromatiques, du sombre au flamboyant, symbolise le retour de la mort à la lumière de la vie.

Le marais des Sagnes – Le plus grand marais d'altitude du Parc se compose d'une mosaïque de milieux : prairies humides à orchidées, roselière et boisements de saules cendrés. Une signalétique précise et un aménagement léger pour l'observation vous guideront dans votre visite *(renseignements au syndicat d'initiative du Sappey ☏ 04 76 88 84 05)*.

Entre le Sappey et le col de Porte, la route suit le bassin du Sappey, puis le vallon de Sarcenas dans l'enfilade duquel se détache, au sud, le Casque de Néron, aux cimes dentelées.

Col de Porte

Avec sa table calcaire inclinée de Chamechaude, on dirait un gigantesque pupitre.
Du col de Porte, prendre à gauche la D 57D vers Charmant Som.

Charmant Som★★★

Ça grimpe *(maximum 14 %)* ! D'abord vous traverserez une forêt coupée de barres rocheuses de plus en plus clairsemées, puis vous déboucherez dans les pâturages. Vous pouvez faire une première pause **panorama** à 1 654 m d'altitude sur le plateau du Som.

1h AR. Laissez la voiture aux Bergeries – Du sommet (alt. 1 867 m), intéressant **panorama** : s'avancer vers l'escarpement pour découvrir, dans son ensemble, le **site★** du couvent de la Grande Chartreuse.

Revenir au col de Porte.

Massif de la CHARTREUSE

Vue du sommet du Charmant Som.

Après le passage du col débute le parcours de la « route du Désert » *(attention aux transports de bois)*. De la route, on voit de plus en plus près l'entablement de Chamechaude, redressé sous un angle étonnant.

St-Pierre-de-Chartreuse★ *(voir ce nom)*
Faire demi-tour et s'engager dans la « route du Désert » (D 520B vers St-Laurent-du-Pont).

Belvédère des Sangles★★
4 km à pied du pont de Valombré. Description p. 383.

Porte de l'Enclos
Cette vallée qui, à cet endroit, est resserrée entre de hautes parois, semble ne pas avoir d'issue.
On s'engage dans les **gorges du Guiers Mort★★**, magnifiquement boisées et dominées par de grandes barres calcaires auxquelles les sapins s'accrochent dans les positions les plus excentriques. C'est la fameuse **« route du Désert »** qui délimitait, au 16e s., le domaine du monastère des chartreux. Chateaubriand, Lamartine et Alexandre Dumas père l'empruntèrent et restituèrent dans leurs œuvres les fortes impressions que procure ce paysage.
Au pont St-Pierre, prendre à droite la route vers la Correrie (sens unique).

La Correrie *(voir Grande Chartreuse)*
Revenir à la route du Désert.
La descente s'accentue. Aussitôt passé le dernier des trois tunnels successifs, remarquez au bord de la route, à gauche, la curieuse aiguille calcaire, dite **pic de l'Œillette**, haute de 40 m et dotée par les chartreux d'une porte fortifiée.

Pont St-Bruno
Avec son arche lancée à 42 m au-dessus du Guiers Mort, le plus important des ouvrages d'art de la Chartreuse ouvre la route du Désert.
Laisser la voiture côté rive gauche et descendre (15mn à pied AR) au vieux pont livrant jadis passage au chemin des Chartreux.
En contrebas, le torrent bouillonne dans de belles « marmites » et passe sous un bloc formant un pont naturel *(belvédère sommairement aménagé, surveiller les enfants)*.

Fourvoirie
Le nom de ce lieu-dit *(forata via)* rappelle qu'au début du 16e s., les chartreux, « forant » ici le roc, tracèrent l'ébauche de la route actuelle.
L'« étroit », dit « entrée du Désert », marquait avec la porte de l'Enclos, en amont, la limite du domaine privilégié du monastère. En vertu du règlement édicté par saint Bruno, seuls les hommes pouvaient franchir – désarmés – la porte fortifiée (aujourd'hui disparue). Les bâtiments de la distillerie où les pères chartreux élaboraient leur fameuse liqueur ont été détruits en 1935 par un glissement de terrain. La

233

DÉCOUVRIR LES SITES

fabrication et le vieillissement de la Chartreuse s'effectuent depuis lors à Voiron.

Saint-Laurent-du-Pont
Autrefois dénommé St-Laurent-du-Désert, c'est maintenant un centre touristique très animé au pied des falaises du massif de la Grande Sure *(ascension en 3h au départ du col de la Placette)*. De la chapelle N.-D.-du-Château du 13ᵉ s. se déploie un vaste panorama sur la vallée. On peut suivre avec plaisir le circuit historique d'une durée de 2h qui part du parking de la Maison du tourisme.

La **tourbière de l'Herretang** (60 ha), entre St-Joseph-la-Rivière et St-Laurent-du-Pont, se visite au gré d'un sentier pédagogique balisé *(renseignements à l'office de tourisme : ℘ 04 76 06 22 55)*.

Si vous en avez le temps, rejoignez le belvédère de Perthuis où l'on surplombe Saint-Laurent-du-Pont et le pays voironnais.

Prendre la D 520 en direction de Voiron.

À Pont-Demay, la route s'engage dans le défilé creusé par la Sûre.

Défilé du Grand Crossey
L'entrée est du défilé, au pied des abrupts qui dominent la route de 1 500 m, est particulièrement impressionnante au coucher du soleil. Cette cluse boisée, avec ses hautes falaises calcaires, constitue une bonne introduction à la Chartreuse.

À St-Étienne-de-Crossey, prendre à gauche vers le seuil de La Croix-Bayard.

Voiron
La « porte de la Chartreuse », où sont fabriqués depuis 1905 les skis Rossignol, est connue pour ses entreprises de haute technologie, mais aussi pour la fabrication de boissons comme la liqueur de Chartreuse et l'antésite *(voir encadré pratique)*.

Dans l'**église St-Pierre**, le plus ancien sanctuaire de la ville, quelques beaux éléments de mobilier ont été classés.

Le **jardin de l'académie du Bois-Joli** date de la fin du 19ᵉ s. Il grimpe de gradin en gradin dévoilant ses constructions originales *(Bellevue - 39 av. d'Haussez - ℘ 04 76 05 11 51 - ouv. pdt les expositions d'art contemporain organisées par l'académie avr.-oct. : vend.-dim. 14h-19h)*.

Église St-Bruno – Les majestueuses flèches de l'édifice néogothique, bon repère pour le visiteur, sont dignes d'une cathédrale. Les plans ont été dressés par Viollet-le-Duc en 1864.

Caves de la Chartreuse★ – *10 bd Edgar-Kofler - ℘ 04 76 05 81 77 - www.chartreuse.fr - visite guidée (1h) avr.-oct. : 9h-11h30, 14h-18h30, mar. 9h-11h30, 14h-18h ; reste de l'année : tlj sf w.-end et j. fériés 9h-11h30, 14h-17h30 - gratuit (avec dégustation).*

La formule complexe d'un « élixir de longue vie » fut transmise aux chartreux en 1605. Mais il fallut attendre 1737 pour qu'ils se décident à l'appliquer grâce au frère **Jérôme Maubec** qui en mit alors au point la formule végétale. Le laboratoire élabore de nos jours celui de ce moine ingénieux : l'élixir végétal, qui titre à 70° ! Aujourd'hui encore, la formule n'en est confiée qu'à deux moines. La visite commence par les 164 m de caves où la

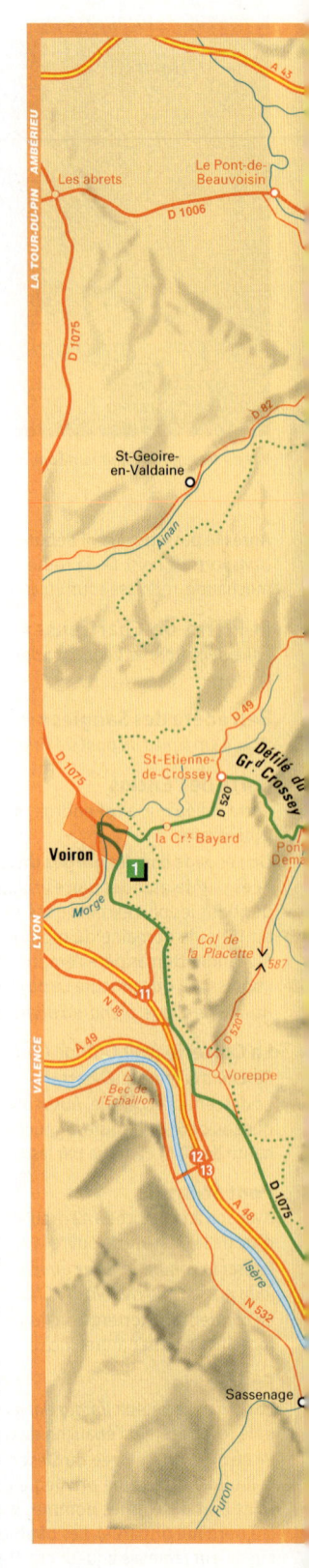

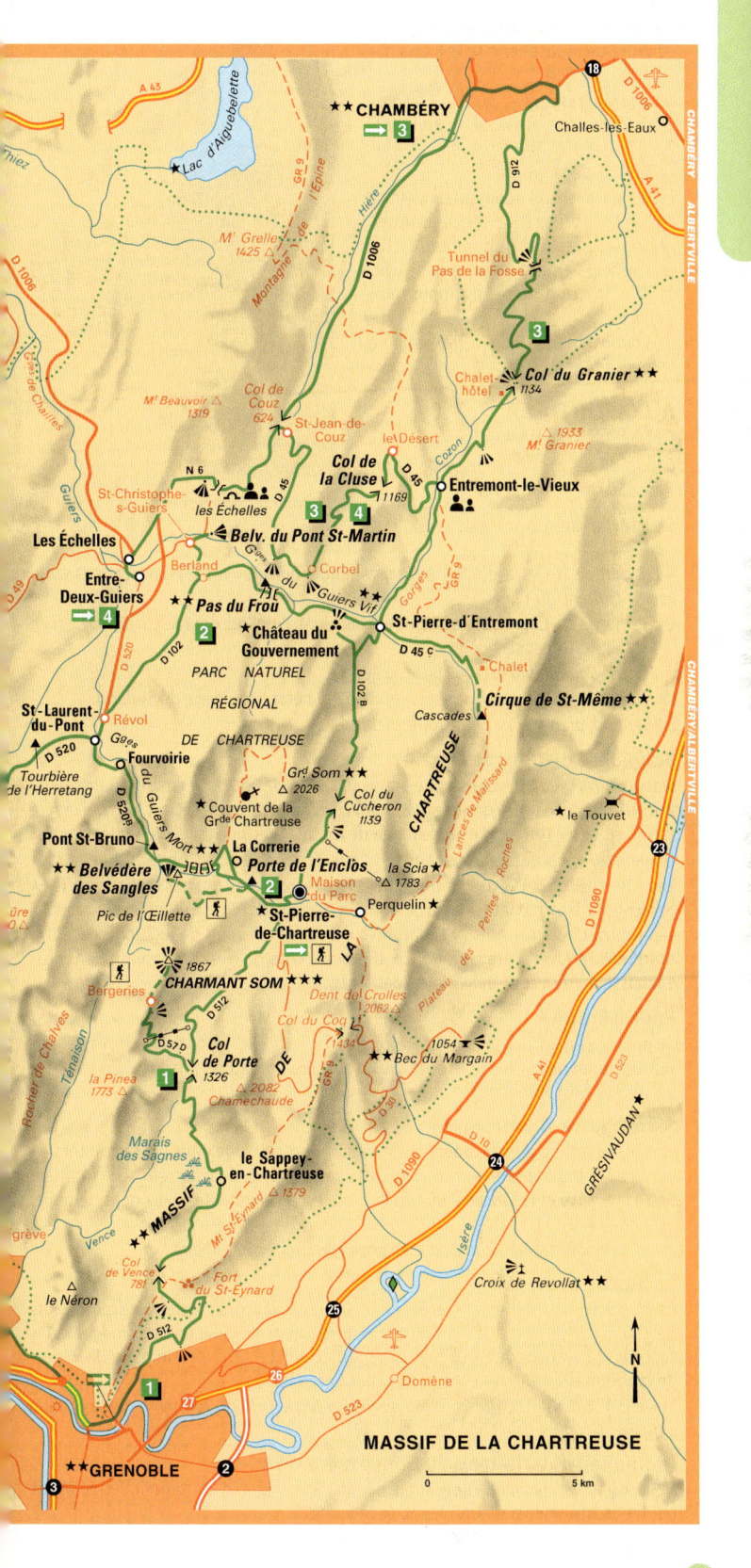

Massif de la CHARTREUSE

liqueur vieillit dans des fûts de chêne. La visite de la distillerie se termine par une dégustation.

Musée Mainssieux – *7 pl. Léon-Chaloin - ☎ 04 76 65 67 17 - www.ville-voiron.com - & - tlj sf lun. 14h-18h - fermé janv., 1er Mai, 11 Nov., 25 déc. - gratuit.*

Créé à partir d'une donation du peintre Lucien Mainssieux (1885-1958), le musée présente les œuvres de nombreux artistes, principalement régionaux, des 19e et 20e s. Intéressantes expositions temporaires.

De Voiron à Grenoble, la D 1075 remonte le cours de l'Isère.

AU CŒUR DE LA CHARTREUSE★★ 2

Circuit au départ de St-Pierre-de-Chartreuse 50 km – environ 4h.

St-Pierre-de-Chartreuse★ *(voir ce nom)*

Bouteille de chartreuse verte.

Au départ de St-Pierre-de-Chartreuse, s'engager dans la « route du Désert » (D 520B) vers St-Laurent-du-Pont.
De St-Pierre-de-Chartreuse à St-Laurent-du-Pont, l'itinéraire est décrit dans le circuit 1 *détaillé ci-dessus.*
Quitter St-Laurent par la D 102 prise au Révol.
La route s'élève d'abord jusqu'au replat où s'est établi le village de Berland.
De Berland, prendre une petite route au nord.

Belvédère du pont St-Martin

5mn à pied AR. Après St-Christophe-sur-Guiers, à l'entrée du pont sur la D 46, un sentier à droite remonte la rive gauche du Guiers Vif et aboutit, après 150 m, à un belvédère surplombant le torrent d'une trentaine de mètres avec une jolie vue sur les gorges.
On peut revenir par le sentier en passant sur le vieux pont situé à droite du pont routier.
Entre Berland et St-Pierre-d'Entremont, les extraordinaires **gorges du Guiers Vif★★** présentent deux passages particulièrement aériens (le « Frou » étant le plus célèbre) séparés par les sous-bois plus paisibles du vallon inférieur de la Ruchère (centre nordique en hiver), auquel fait face, de l'autre côté du Guiers, le vallon de Corbel enchâssé dans sa couronne d'escarpements.

Pas du Frou★★

Ce passage en encorbellement dans une paroi verticale, haute de 150 m, est le plus sensationnel de la Chartreuse. « Frou » veut dire en patois : affreux, effrayant. Un belvédère y est aménagé.

Saint-Pierre-d'Entremont

L'agglomération, divisée administrativement en deux localités (478 habitants en Isère et 372 habitants en Savoie), séparées par le Guiers, était autrefois à la frontière entre la France et la Savoie. Aujourd'hui, elle est à la limite des deux départements (Isère-Savoie).
Poursuivre sur la D 45E jusqu'à l'ancien chalet du cirque de St-Même.

Cirque de Saint-Même★★

Parking payant de mai-sept. : j. fériés et w.-end. Vue sur les bancs rocheux calcaires hauts de 400 m : de la grotte située à mi-hauteur, le Guiers Vif jaillit en deux magnifiques cascades provenant des résurgences du Guiers Vif. Le cirque est le point de départ de randonnées sportives et du sentier des Cascades.
Revenir à St-Pierre-d'Entremont et prendre au sud la D 102B. Tourner à droite à angle aigu vers le hameau du Château.

Promenade au château du Gouvernement★

De là, on a une très jolie **vue★** sur le bassin de St-Pierre-d'Entremont, fermé à l'est par les escarpements du Granier et de l'Alpette.
Revenir vers St-Pierre-d'Entremont et prendre à droite la D 512.

Massif de la CHARTREUSE

Agréable parcours, sur l'axe fréquenté Chambéry-Grenoble : les paysages traversés, d'une grâce majestueuse, sont typiquement préalpins. La montée au col du Cucheron se déroule en vue de la crête des Lances de Malissard. Au-delà du col se dresse avec élégance, vers le sud, l'ensemble montagneux formé par Chamechaude et le col de Porte.

ROUTE DES TROIS COLS★★ 3

De Chambéry au col de la Cluse par le col de Couz et le col du Granier 54 km – environ 2h.
Sortir de Chambéry par la route des Échelles *(D 1006)* jusqu'au col de Couz. L'itinéraire pénètre rapidement dans le Parc naturel régional de Chartreuse.
Au col de Couz, prendre à gauche pour traverser le village de St-Jean-de-Couz, et suivre la D 45.
La route, après le col des Égaux, domine le bassin des Échelles, puis les gorges du Guiers Vif. Spectaculaire point de **vue**★ face au fameux pas du Frou.
Juste avant Corbel, à hauteur d'un calvaire, la vue est dégagée sur la vallée du Guiers Vif, plus épanouie. Sur le versant opposé s'éparpillent les hameaux de la Ruchère. Corbel marque l'entrée latérale d'un autre vallon suspendu, très agreste, encadré par de beaux escarpements. Par une montée accentuée, la D 45 s'en échappe.
Après une halte au col de la Cluse, poursuivre la descente vers le Désert en direction d'Entremont-le-Vieux.

Entremont-le-Vieux
Musée de l'Ours des cavernes – ☏ 04 79 26 29 87 - www.musee-ours-cavernes. com - ♿ - juil.-août : 10h-12h30, 14h30-18h30 ; mai-juin et sept. : 14h30-18h30, dim. et j. fériés 10h-12h30, 14h30-18h30 ; vac. scol. de la Toussaint, de Noël et de Pâques : tlj sf sam. 14h-18h - fermé janv., 25 déc. - 4,60 € (7-16 ans 2,60 €).
La découverte en 1998 d'un site d'hibernation de l'*Ursus spelæus* dans la grotte de Balme à Collomb a été suivie de nombreuses campagnes de fouilles. Les travaux sur la morphologie, le comportement et les conditions de vie de l'animal sont présentés dans ce musée en forme de grotte, doté de nombreuses explications et animations.
À la sortie nord, les petites gorges d'Entremont longent le torrent du Cozon.
D'Entremont-le-Vieux au col du Granier, la vue est de plus en plus attirée par les murailles du Granier. À la faveur de deux lacets on découvre, vers l'aval, le Grand Som et Chamechaude.

Col du Granier★★
Alt. 1 134 m. Ce passage, qui permet l'accès au massif de la Chartreuse depuis Chambéry, tire sa physionomie singulière de la formidable paroi du Granier (alt. 1 933 m) qui le domine.
En 1248, des pluies diluviennes provoquent un effondrement de la montagne : de nombreux villages sont ensevelis, 5 000 personnes écrasées. La masse des matériaux éboulés forme, au pied du mont, un chaos, les **« abymes de Myans »**, aujourd'hui camouflé par la végétation (vignes), mais reconnaissable aux boursouflures du terrain parsemées de petits lacs.

Mont Granier en automne.

DÉCOUVRIR LES SITES

Des terrasses de l'hôtel, **vues**★★ assez dégagées sur la Combe de Savoie, les Bauges, la chaîne de Belledonne et, à l'horizon, le Mont-Blanc.

Du col du Granier à Chambéry, vues rapprochées sur le massif d'Allevard et les Bauges, plus lointaines sur le massif du Mont-Blanc, par-delà la profonde dépression du Grésivaudan et de la Combe de Savoie.

À partir de la sortie ouest du tunnel du pas de la Fosse, on voit, d'un seul **coup d'œil**★★, la cluse de Chambéry et le lac du Bourget dominés à gauche par le chaînon de la montagne de l'Épine et de la dent du Chat.

Plus bas apparaît Chambéry, au pied de l'éperon de la dent du Nivolet (grande croix). En fond de décor, le Grand Colombier (Jura méridional).

ROUTE DU COL DE LA CLUSE★ 4
Itinéraire décrit au départ des Échelles Entre-Deux-Guiers *(voir ce nom)*.

Massif de la Chartreuse pratique

Voir aussi l'encadré pratique de St-Pierre-de-Chartreuse.

Adresses utiles

Office du tourisme des Entremonts en chartreuse – *Relais du Parc - 73670 St-Pierre-d'Entremont -* ℘ *04 79 65 81 90 - www.chartreuse-tourisme.com - juil.-août : 9h30-12h, 14h30-18h30, dim. 9h30-12h ; sept., mai-juin, vac. Noël et vac. de fév. : 9h30-12h, 14h -18h, dim. 9h30-12h ; reste de l'année : tlj sf merc., dim. et j. fériés 9h30-12h, 13h30-17h30.*

Office du tourisme du pays voironnais – *30 cours Bécquart-Castelbon - 38500 Voiron -* ℘ *04 76 05 00 38 - www.paysvoironnais.info - tlj sf dim. et j. fériés 9h-12h, 14h-18h.*

Se loger

Chambre d'hôte Le Gîte du Chant de l'Eau – *Mollard-Giroud, proche de la Mairie - 38700 Le Sappey-en-Chartreuse -* ℘ *04 76 88 83 16 - http://gitechantdeleau.free.fr -* – *5 ch. 51 € -* – *restauration (soir seulement) 22 €.* Cette ancienne grange restaurée dans un style traditionnel dispose d'un grand séjour lumineux. Charmante attention : on vous proposera des livres et des jumelles pour vous donner un meilleur aperçu de la nature environnante. Produits du potager, viandes de l'élevage familial, céréales « bio » et pain maison à la table d'hôte.

Chambre d'hôte La Chantournelle – *6 chemin des Tilleuls - 38700 Corenc - au centre du village, chemin derrière l'immeuble de bureau et 1re à droite -* ℘ *04 76 88 06 25 ou 06 08 02 22 08 - la.chantournelle@wanadoo.fr - 6 ch. 70 € -* – *7 €.* Le panorama sur le massif de Belledonne enveloppant la ville de Grenoble vaut à lui seul le détour. Les chambres, bien équipées, sont parées de couleurs chaudes et de tissus choisis ; trois profitent de la vue. Petits-déjeuners servis à l'extérieur en été.

Hôtel Les Skieurs – *R. Giroudon - 38700 Le Sappey-en-Chartreuse -* ℘ *04 76 88 82 76 - www.lesskieurs.com - fermé vac. de printemps, de mi-déc. à mi-janv., dim. soir et lun. - 11 ch. 90 € -* – *12 € - rest. 27/40 €.* Cette demeure savoyarde vous permettra de vivre la montagne à votre rythme : de là, vous pourrez partir en randonnée, visiter la région ou lézarder au bord de la piscine. Petites chambres pratiques, parfois dotées de balcons. Charmante salle à manger lambrissée et terrasse.

Se restaurer

Auberge du Cucheron – *Au col - 38380 St-Pierre-de-Chartreuse - 3 km au nord par D 512 rte du col -* ℘ *04 76 88 62 06 - www.lecucheron.net - fermé 1 sem. au printemps, 21 oct.-7 nov., 25 déc., dim. soir, mar. et merc. - réserv. conseillée - 15/31 € - 6 ch. 42/45 € -* – *6,50 €.* Avec sa décoration d'ensemble un brin désuète (mais en cours de rafraîchissement), cet établissement transpire la nostalgie et le charme d'un autre temps. Le jeune couple qui a repris l'affaire ne ménage pas ses efforts pour offrir une seconde vie au très beau site. Cuisine traditionnelle et spécialités montagnardes.

Le Dagobert – *Pl. de l'Église - 38700 Le Sappey-en-Chartreuse -* ℘ *04 76 88 80 26 - www.le-dagobert.com - fermé 15-30 nov., dim. soir et merc. - 16/29 €.* Précédée d'un petit bar à vin, salle à manger d'esprit rustique agrémentée d'une cheminée. Agréable terrasse ombragée pour les beaux jours. Cuisine traditionnelle.

La Blache – *Av. de la Gare - 38380 St-Laurent-du-Pont -* ℘ *04 76 55 29 57 - fermé 28 avr.-13 mai, 1-16 sept., 5-20 janv., dim. soir, lun. et mar. - 30/58 €.* Sobre restaurant meublé de fauteuils en bois originaux dans cette ex-gare située à proximité des gorges du Guiers Mort. Cuisine du marché concoctée à base de produits frais.

Faire une pause

Bonnat – *8 cours Sénozan - 38500 Voiron -* ℘ *04 76 05 28 09 - www.bonnat-chocolatier.com - 8h30-12h et 14h-19h - fermé dim. apr.-midi et lun.* Le superbe décor de cette chocolaterie artisanale fondée en 1884 témoigne du riche passé

Massif de la CHARTREUSE

du lieu : mosaïque, plafond sculpté, boiseries, lustres anciens et grands miroirs. 80 sortes de bonbons de chocolat et un choix impressionnant de pâtisseries et de glaces se dégustent également sur place, dans le ravissant salon de thé.

Sports & Loisirs

Acro Bungy – *Parc Pré-Lacour - 38660 St-Hilaire-du-Touvet - 06 15 69 00 18 - www.acrobungy.com - de mars à fin oct. : w.-end et tlj pdt vac. scol. - 6 €.* S'il ne s'agit au départ que d'un trampoline sur lequel on saute, harnaché avec des élastiques de sécurité, on découvre, au bout de deux ou trois rebonds, tout le sens du mot « voltige » ! On s'envole bel et bien à 7 m au-dessus du sol, presque sans s'en rendre compte. En plus, ça fait travailler les abdos !

Nouvelles Écuries du Centaure – *100 chemin des Agnelets - 38140 Réaumont - 04 76 35 44 70 - www.ecuriesducentaure.com - ouv. tte l'année sur réserv. - balade : de 15 à 25 €.* Proposant un petit circuit de promenade en extérieur aux débutants, ce centre équestre montre son accessibilité à tous, même ceux qui n'ont jamais mis le pied à l'étrier. Après quelques tours dans le manège, histoire de prendre ses repères, on part découvrir la campagne alentour, accompagné par un moniteur.

Prévol Parapente – *14 chemin du Funiculaire - 38660 St-Hilaire-du-Touvet - 04 76 08 38 71 - www.prevol.com - vols tte l'année : 9h-12h, 13h-17h30 sur réserv. - fermé w.-end et merc. (sf d'avr. à nov.) et vac. de noël - 95 € (enf. 70 €).* De par sa situation privilégiée (700 m de dénivelée pour des décollages vertigineux) St-Hilaire-du-Touvet fait figure de haut lieu isérois du parapente. On pourra donc y pratiquer cet exercice en toute sécurité, accompagné par un professionnel diplômé. Possibilité de repartir avec sa photo souvenir après le vol.

Au Pas de l'Âne – *38950 St-Martin-le-Vinoux - 04 76 87 73 76 - 22 € la demi-journée, 30 € la journée.* Location d'ânes de randonnée pour tours et détours dans le Parc de Chartreuse. Proposition de circuits avec plan détaillé, d'une demi-journée, d'un ou plusieurs jours. Ouvert toute l'année.

Crinières aux vents – *38660 La Terrasse - 06 22 31 28 66 / 04 76 71 52 17 - www.crinieresauxvents.fr - 9h-20h - fermé déc.* Ouvert tous les jours de mars à décembre. Balades (1h, 2h, 1/2 journée) et randonnées (1 à plusieurs jours) à cheval. Pour tous niveaux, à partir de 7 ans. Itinéraires adaptés selon le niveau des cavaliers.

Sherpane – *73670 Entremont-le-Vieux - 04 79 65 83 73 - www.sherpane.com - visite de la ferme sur rdv.* Sherpane passe où le 4x4 trépasse ! Randonnées avec des ânes bâtés. Balades à dos d'âne au Cirque de Saint-Même tous les après-midi de l'été. Animations de fêtes (anniversaires, mariages…). Balades en traîneau l'hiver. Portages muletiers, attelages, fabrication de bâts… Randonnées et animations sur mesure. Public handicapé, écoles, centres de vacances, familles.

Via ferrata de Roche Veyrand – D'une durée de 2 à 3h, cette *via ferrata* est assez difficile, il est donc conseillé d'être accompagné d'un professionnel pour y accéder. *Renseignements à l'office du tourisme des Entremonts, 04 79 65 81 90.*

Que rapporter

Les secrets d'Antésite – *N 75 - Coublevie - 38500 Voiron - 04 76 05 85 65 - www.antesite.com - visite guidée (1h30) dép. ttes les 45mn juil.-août : 10h-13h, 13h30-18h ; mai-juin et sept : 14h-18h (visites guidées 15h, 16h30) ; reste de l'année : 15h-16h30 (visite guidée w.-end dép. 15h, 16h30) - fermé lun. - 3 € (– 16 ans gratuit).* Vous découvrirez, en visitant l'usine, les secrets de la production du fameux concentré à la réglisse découvert à Voiron en 1898.

Moulin à papier de la Tourne – *St-André 73800 Les Marches - 04 79 28 13 31 - visite guidée juil.-août : 15h, 16h, w.-end 16h - reste de l'année : lun., merc. et w.-end 16h - fermé de mi-déc. à mi-janv 5 € (– 12 ans 2 €).* Au pied du mont Granier, on fabrique encore à la main le papier à l'ancienne fait de chiffons (14e s.).

DÉCOUVRIR LES SITES

Châtel★

1 190 CHÂTELANS
CARTE GÉNÉRALE D2 - CARTE MICHELIN DÉPARTEMENTS 328 O3 - HAUTE-SAVOIE (74)

Le site est l'un des plus ouverts et des plus attrayants du haut Chablais. Vers l'aval, l'horizon est barré par les murailles des Cornettes de Bise (alt. 2 438 m) tandis que se creuse, en amont, le couloir de la Dranse, tapissé, à gauche, par les magnifiques futaies de sapins de l'Aity. Sur le versant opposé, la cascade de l'Essert trace une zébrure claire dans le roc.

- **Se repérer** – 11 km à l'est d'Abondance, tout près de la frontière suisse.
- **À ne pas manquer** – L'ambiance toute particulière des fêtes de village.
- **Organiser son temps** – Consacrez un après-midi pour goûter à la ferme.
- **Pour poursuivre la visite** – Voir aussi Abondance, Évian-les-Bains.

Chalet fleuri de Châtel.

Séjourner

Châtel, comme tous les villages de la vallée d'Abondance, maintient une double activité, pastorale et touristique. Dans la vallée, les troupeaux des exploitants toujours en activité dessinent un paysage où alternent champs de fauches, pâtures et forêts. Concentrées sur les pentes de l'adret, les vastes fermes aux granges de bois et balcons ciselés évoquent un temps révolu. Le hameau de la Fontaine en est la plus belle expression. Mais la station vit aussi dans son temps et propose des activités comme un bike-park, un cross-park pour les vététistes ou un fantasticâble.

Le domaine skiable – Il s'étend sur deux massifs, Morclan et Linga, dont la liaison est assurée par navette. Il bénéficie de son appartenance aux immenses **Portes du Soleil**, domaine skiable franco-suisse comptant 650 km de pistes. De Morclan, on skie sur Torgon et Morgins, en Suisse. Le secteur de Linga satisfait les bons skieurs (piste noire des Renards) et offre une liaison rapide avec les pistes d'Avoriaz, par le col de Bassachaux. Un forfait découverte permet de skier sur 12 circuits balisés reliant les stations des Portes du Soleil. Les fondeurs arpentent 55 km de pistes en bordure de la Dranse situées entre 900 et 1 300 m d'altitude.

Au cœur de la station, l'espace des P'tits Montagnys, champ de neige sécurisé et spécialement aménagé pour les enfants, est accessible gratuitement.

Randonnées

Les **possibilités d'excursions** ne se comptent plus, en voiture comme à pied : plus de 300 km de sentiers relient les 14 stations des Portes du Soleil. Le plus difficile est peut-être de choisir !

Pic de Morclan★★

Accès par la télécabine de Super-Châtel jusqu'à 1 650 m ☏ 04 50 73 34 24 - de fin juin à fin août : télécabine de Super-Châtel (9h-16h45) puis télésiège de Morclan (9h30-16h15) -

CHÂTEL

8,80 € AR pour les 2 tronçons (forfait à la journée « Portes du Soleil » pour randonneurs et parapentistes).

Environ 1h30 AR. Montée à pied au sommet de Morclan.

Depuis ce sommet arrondi (alt. 1 970 m) le **panorama** dévoile, à l'ouest, les montagnes cernant la vallée d'Abondance (Cornettes de Bise, mont de Grange) et, à l'est, celles du bas Valais (Les Diablerets). L'apparition la plus saisissante est celle des arêtes des dents du Midi, au sud-est. On peut prolonger la promenade en suivant la crête, au nord, jusqu'à la pointe des Ombrieux (alt. 1 982 m). De la station intermédiaire de la Conche, on ira en Suisse manger du chocolat et voir le **lac du Goleit**.

Tête du Linga★★
Accès aux skieurs par la télécabine de Linga 1 et le télésiège de Linga 2. À l'arrivée se rendre au sommet du télésiège des Combes et monter en quelques instants sur les crêtes.

Alt. 2 127 m. **Panorama** admirable sur Morgins en contrebas, dominé par les dents du Midi. Dans le lointain, remarquez le Cervin. Au sud, les Hauts Forts, derrière lesquels se détache de justesse le sommet arrondi du mont Blanc.

Lac du pas de Morgins★
En amont de la station, la route se glisse dans le couloir boisé du pas de Morgins, paré d'un joli petit lac (alt. 1 371 m) où se mirent les sapins. Les cimes déchiquetées des dents du Midi (Alpes suisses) surgissent à l'horizon.

Châtel pratique

Adresse utile
Office de tourisme – 74390 Châtel - 04 50 73 22 44 - www.chatel.com - juil.-août : 9h-19h ; de mi-déc. à mi-mai : 8h30-19h ; reste de l'année : tlj sf dim. et j. fériés 9h-12h, 14h-18h.

Se loger
Camping L'Oustalet – Loy - 2 km au sud-ouest par la rte du col de Bassachaux, bord de la Dranse - 04 50 73 21 97 - www.oustalet.com - ouv. 22 déc.-avr. et 20 juin-3 sept. - 100 empl. 30 €. Aménagé de part et d'autre de la petite route, en contrebas de la station, ce camping (caravaneige en hiver) dispose en outre d'une partie locative comprenant des mobil-homes et un chalet. Blocs sanitaires modernes, piscine couverte et court de tennis. Pas de commerce sur place mais supermarché à proximité.

Se restaurer
Restaurant De Loy – 04 50 73 32 29 - www.vl74.com - ouv. juil.-août et 22 déc.-15 avr. - 13,50 € déj. - 12,96/27,44 €. Chalet facile à trouver car situé juste en face du practice de golf. Intérieur en bois blond, meublé de tables en bois égayées de chemins de table. L'entrée abrite une énorme bouillandire (ancêtre de la machine à laver). Cuisine simple et plats savoyards.

Sports & Loisirs
Bon à savoir - Vous connaissez déjà les sports d'eaux vives, praticables sur la Dranse, et l'escalade facile sur la via ferrata des Saix de Miolène. Mais avez-vous déjà essayé le fantasticâble (une sorte de tyrolienne lancée à près de 100 km/h) ou le dévalkart, pour toute la famille ? Sensations et amusement garantis.

Visite et goûter en alpage – Après une balade en alpage de 30mn à 2h suivant son emplacement, vous dégusterez à la ferme un goûter de confitures et charcuteries. Un dîner est également possible au Chalet de Barbossine. *Renseignements à l'office de tourisme,* 04 50 73 22 44.

Forfait Passeporte – Ce forfait d'une journée donne accès aux remontées mécaniques et au parcours VTT des Portes du Soleil. Vous disposez également d'un roadbook et d'une plaque de vélo.

Événements
Festival des Épolaillés – Le 1er dim. du mois d'août, fête du village colorée et chaleureuse.

La Belle Dimanche – Le 3e dimanche d'août, une fête populaire et costumée pour célébrer la descente des alpages des troupeaux.

DÉCOUVRIR LES SITES

La Chautagne

**CARTE GÉNÉRALE B3 - CARTE MICHELIN DÉPARTEMENTS 333 I2 -
SAVOIE (73), HAUTE-SAVOIE (74)**

Les coteaux viticoles, les marais, la peupleraie, le canal de Savières et le nord du lac du Bourget constituent le décor de ce petit pays de Savoie bien délimité à l'ouest par les rivages du haut Rhône. Les amateurs de vins parcourront cette agréable région en effectuant de sympathiques haltes dans l'ambiance chaleureuse de quelques caveaux.

- **Se repérer** – Entre le Rhône, la montagne du Gros Foug et le lac du Bourget, la Chautagne est une plaine marécageuse aux paysages variés offrant d'agréables buts d'excursions au départ d'Aix-les-Bains ou d'Annecy.
- **Organiser son temps** – Nous vous conseillons de rejoindre le val du Fier en fin d'après-midi pour bénéficier d'effets de contre-jour.
- **Pour poursuivre la visite** – Voir aussi Seyssel, le lac du Bourget.

Circuit de découverte

De Chindrieux au val du Fier – 20 km – environ 2h. **Chanaz** et le **canal de Savières** sont décrits dans le circuit 1 du lac du Bourget *(voir ce nom)*.
Parfois surnommée « Provence de Savoie », la Chautagne surprend par la juxtaposition de terroirs très différents et la douceur de son climat. Ces conditions assez exceptionnelles expliquent la variété des productions agricoles (blé, peupliers, vignes), et la richesse de sa faune et de sa flore.

Chindrieux

Vignoble de Chautagne.

Situé au nord du lac du Bourget, Chindrieux occupe une situation stratégique.
À l'époque romaine, le préfet de la flotte des bateliers du haut Rhône était établi à l'emplacement actuel du **château de Châtillon**, site qui permettait de contrôler l'une des voies de communication les plus importantes de la Gaule. Cette bâtisse est construite en pierre calcaire et en tuf, l'enceinte date du 13ᵉ s. *Ne se visite pas.*
Les ruelles anciennes de l'église et de Lachat sont bordées de murets et d'escaliers de vigne de pierres sèches propres à la région. Le four de Lachat est reconnaissable à ses contreforts, pignons à redents et étagères taillées dans le mur.
La plage de galets de Châtillon *(à côté d'un petit port de plaisance)* bénéficie d'un décor embrassant le lac dans son entier du nord au sud. Alphonse de Lamartine en fut un hôte fervent. Les sentiers de la Rochetaillée et de la Croix de Beauvoir permettent d'observer de splendides panoramas sur le lac du Bourget.

Ruffieux

Prendre la D 991 vers le nord. Au milieu des vignes surgit sur votre droite le **château de Mécoras** qui remonte au 12ᵉ s. Il s'agit là d'un bel exemple médiéval d'architecture savoyarde (14ᵉ-16ᵉ s.) restauré avec le plus grand respect *(visites sur rendez-vous pendant les Journées du patrimoine, 04 79 54 27 77)*. Sur les coteaux vous apercevrez, au gré de quelques vagabondages, d'autres châteaux comme ceux de Chessine et de Collonges ainsi que beaucoup de celliers, les fameux « sartos » des vignobles savoyards.

Serrières-en-Chautagne

De nombreuses maisons fortes ou châteaux jalonnent cette route du terroir de Chautagne. L'entrée de Serrières est marquée par le château Denys, petit bâtiment fortifié du 15ᵉ s.
Sentier promenade du Châtaignier – 2h30 à pied AR, au départ de Serrières, dénivelée de 250 m. Parcours familial fléché. Cette sympathique boucle dans le massif du Gros Foug permet de découvrir, successivement, le curieux château de Lapeyrouse reconstruit dans un style néogothique au début du 20ᵉ s., une cascade pétrifiante,

LA CHAUTAGNE

une ancienne carrière de tuf, un majestueux et vénérable châtaignier, de beaux points de vue, etc.
Pour les plus sportifs, le sentier des Mulets offre 5h de marche plus difficile.

Motz
Encore un château, avec **Châteaufort**… Situé au confluent du Fier et du Rhône, cette place forte a été aménagée bien avant le 13e s. De beaux restes de remparts mais la partie encore habitée est du 17e s. Une montre solaire de 1872 orne le jardin du presbytère d'une jolie église finement restaurée.
Un **sentier des Vignes** vous éclaire sur la culture viticole à travers 10 tables de lecture thématiques.
Prendre la D 14 (direction Rumilly) jusqu'à Saint-André.

Val du Fier★
Cette ancienne et impressionnante voie aménagée dans un défilé étroit par les Romains a été longtemps abandonnée avant d'être restaurée à partir de 1855. Juste avant le deuxième tunnel s'amorce à gauche le court sentier d'accès à une grille défendant l'entrée de la **voie romaine du val du Fier**, tronçon subsistant (taillé sur 75 m dans une paroi rocheuse) de la route qui, au milieu du 1er s., reliait la plaine de l'Albanais à la vallée du Rhône.
La porte d'entrée amont, avec ses bancs de roches feuilletées, et l'étranglement final constituent les passages les plus marquants du défilé. L'aspect grandiose du site qui peut être aussi lugubre par mauvais temps est propice aux légendes, comme celle de la Dame Blanche, mystérieuse châtelaine détroussant les voyageurs égarés.

La Chautagne pratique

Voir aussi l'encadré pratique de Seyssel.

Adresse utile
Office du tourisme de la Chautagne – *Saumont - 73310 Ruffieux -* 04 79 54 54 72 - www.chautagne.com - juil.-août : 10h-12h, 15h-17h ; avr.-juin et sept.-nov. : tlj sf dim. 10h-12h, 15h-17h ; reste de l'année : tlj sf w.-end 10h-12h, 15h-17h.

Visites
Maison du marais – *De Ruffieux, suivre la D 906 en dir. de Culoz, puis la D 992 jusqu'à Lavours, suivre la D 83 en dir. de Ceyzérieu, à la sortie du village, tourner à dte vers le lieu-dit d'Aignoz -* 04 79 87 90 39 - 3 € (–12 ans gratuit - 8 € (– 12 ans gratuit) billet combiné Maison du marais et visite de la réserve. Cet espace muséographique retrace la vie dans le marais, avec promenade découverte sur pilotis d'Aignoz-Ceyzérieu au sein de la réserve naturelle du vaste marais de Lavours. Animations, visites commentées, sorties naturalistes.
Une vaste **peupleraie** couvre les marais de Chautagne. on peut en apprécier la dimension en s'élevant sur les contreforts de la montagne du Gros Foug (D 55 jusqu'au col du Clergeon). Possibilités de visites avec les techniciens de l'Office national des forêts ou en suivant les sentiers VTT.

Se loger
⌂ **Hôtel du Relais de Chautagne** – *7 rte d'Aix - 73310 Chindrieux -* 04 79 54 20 27 - fermé 24 déc.-10 fév., dim. soir et lun. - 25 ch. 45/50 € - 9 € – rest. 15/35 €. La Chautagne est le nom de ce petit « pays » savoyard que traverse le Rhône. Chambres de style actuel ou plus anciennes mais entretenues. Salles à manger de style néorustique où l'on sert cuisine traditionnelle, spécialités savoyardes et gibier en saison.

Que rapporter
Cultivé par les Allobroges, puis par les Romains, le **vignoble de Chautagne** s'est diversifié à partir du 12e s. grâce à l'introduction de deux cépages : l'altesse ou roussette provenant de Chypre, et la mondeuse ou « savouëtta » importée de Palestine. Mondeuse, gamay noir, pinot noir pour les rouges ; roussette, chautagne, aligoté pour les blancs : le vignoble a obtenu l'appellation AOC « Vin de Savoie, cru Chautagne ». Aujourd'hui 90 vignerons cultivent 190 ha de vignes.

👁 **Bon à savoir -** Avec sa salle de dégustation et son choix généreux parmi les rouges, blancs et rosés, le caveau de Chautagne fait figure de passage obligé pour tous les amateurs de vins de Savoie AOC. Les plus passionnés tenteront même un petit détour par les viticulteurs indépendants, comme le Domaine de Veronnet, à Serrières.

Caves de Chautagne – *Maison de Chautagne - Saumont - 73310 Ruffieux -* 04 79 54 27 12 - www.cave-de-chautagne.com - 9h-12h, 14h-18, dim. 10h-12h, 14h-18h (avr.-oct. 19h) - fermé le 1er janv., 25 déc., 29 et 30 avr.

Sports & Loisirs
VTT – Deux boucles de 15 km, sans difficulté traversent la peupleraie et le marais. Départ depuis Serrières-en-Chautagne, Ruffieux, Chindrieux, Vions, Portout ou Chanaz.

DÉCOUVRIR LES SITES

Grottes de **Choranche**★★

CARTE GÉNÉRALE A5 – CARTE MICHELIN DÉPARTEMENTS 333 F7 – SCHÉMA P. 447 – ISÈRE (38)

De merveilleuses grottes, toutes très différentes les unes des autres, se cachent dans les falaises qui surplombent le village de Choranche. Oscar Decombaz a découvert et exploré cette merveille souterraine en 1875. Depuis, près de trente kilomètres de galeries ont été explorés dans les réseaux souterrains de Gournier et de Coufin-Chevaline.

Se repérer – Depuis Pont-en-Royans, prendre la D 531 vers l'est, qui suit les gorges de la Bourne, puis la route goudronnée de 2,5 km qui mène au parking de la grotte. En venant de Villard-de-Lans, le visiteur n'aura pas démérité en se mesurant aux gorges de la Bourne par la D 531 avant la visite des grottes.

Organiser son temps – Plusieurs randonnées sont possibles depuis la grotte.

Pour poursuivre la visite – Voir aussi St-Nazaire-en-Royans, le Vercors.

Les fameuses stalactites fistuleuses de la grotte.

Visiter

Grotte de Coufin★★

Température intérieure 10 °C. Il vous est conseillé de porter un vêtement chaud et de bonnes chaussures. ✆ 04 76 36 09 88 - www.grotte-de-choranche.com - *visite guidée (1h, dép. ttes les 30mn) - 10h-12h, 13h30-18h - 8 € (4-14 ans 5 €).* La grotte de Coufin – de *cou fin*, passage étroit – se trouve au pied des impressionnantes falaises de Presles, hautes de 300 m. Taillées dans la falaise, quelques vitrines évoquent la vie des premiers habitants de la préhistoire.

On pénètre directement dans une vaste salle, haute de 16 m et large de 70 m. Et là, on a le souffle coupé : des milliers de **stalactites fistuleuses**★★ se reflètent dans les eaux du lac et offrent un spectacle vraiment féerique. Très fines et fragiles comme le cristal, longues de 1 à 3 m, ces stalactites creuses d'une blancheur éclatante sont parcourues de gouttes d'eau qui s'écoulent et laissent un dépôt de calcite à la fin de leur parcours. Il faut un siècle pour que la fistuleuse atteigne 8 cm.

La visite se poursuit dans les galeries, mises en valeur par des jeux de lumière qui renforcent la magie naturelle des lieux. Des aquariums permettent de découvrir le **protée**, le plus grand animal cavernicole au monde. Il s'agit d'un batracien devenu aveugle, il y a 4 millions d'années, et doté de branchies externes. La salle de la **Cathédrale** clôture la visite★.

Chemin des Sciences de la Terre

À droite en sortant de la grotte de Coufin, le **sentier de découverte** *(1 km AR)* longe les falaises de Choranche pour rejoindre la cascade de tuf. Chaque été, une tonne et demie de cette roche poreuse formée de concrétions calcaires s'y dépose ! Des panneaux didactiques aident à comprendre ce phénomène.

LA CLUSAZ

Grotte du Gournier
Le réseau du Gournier, exploré sur 18 km et bien connu des spéléologues, est constitué d'une succession de cascades présentant une dénivelée de plusieurs centaines de mètres. Sous son vaste porche d'entrée, la grotte accueille un beau lac, long de 50 m et profond de 8 m.

Grottes de Choranche pratique

👣 Voir aussi les encadrés pratiques du Vercors et de Pont-en-Royans

Se restaurer

☕🍽 **Le Gournier** – *Sur le site des grottes de Choranche - 38680 Pont-en-Royans -* 📞 *04 76 36 09 88 - www.choranche.com - fermetures variables - 15/20 €.* Créé peu après la découverte de la grotte de Choranche, ce restaurant offre une vue splendide sur les gorges de la Bourne et les rochers de Presles. Aux beaux jours, la terrasse est littéralement prise d'assaut, autant pour son ensoleillement que pour la qualité de la cuisine, entre terroir et tradition.

La Clusaz★

2 023 CLUSIENS
CARTE GÉNÉRALE C3 – CARTE MICHELIN DÉPARTEMENTS 328 L5 – HAUTE-SAVOIE (74)

À l'est d'Annecy, la rude barrière des Aravis dresse vigoureusement ses écailles imbriquées ou aligne, en direction de la pointe Percée, ses longues crêtes régulièrement ébréchées au-dessus du village. La douceur des pentes environnantes en est d'autant plus surprenante. Très animée, accueillante, La Clusaz occupe une place centrale dans ce massif des Préalpes.

- ▶ **Se repérer** – Par la D 909 à l'est d'Annecy (28 km). La Clusaz est un passage obligé sur la route du col des Aravis.
- 👁 **À ne pas manquer** – Un détour pour le vallon préservé des Confins.
- 🕐 **Organiser son temps** – Ne manquez pas, mi-août, la Fête du reblochon.
- 👪 **Avec les enfants** – À partir de 10 ans, randonnées aquatiques et remontées de torrent.
- 👣 **Pour poursuivre la visite** – Voir aussi le massif des Aravis, Thônes.

Séjourner

Le domaine skiable

Grâce à ses quatre massifs, La Clusaz, où les premières activités sportives datent des années 1920, rassemble les adeptes de toutes les formes de glisse. La station est reliée au domaine du Grand-Bornand, avec un forfait commun « Aravis ».

Dans les massifs de Manigod et de l'Étale, les skieurs moyens trouvent des pistes à leur portée.

Les massifs de l'Aiguille et de Balme (2 600 m) mettent à la disposition des skieurs chevronnés des pistes noires comme le Vraille ainsi que plusieurs rouges. Le snowpark et le freeride tenteront ceux qui recherchent des sensations. Quant aux fondeurs, ils disposent de 70 km de pistes en 16 boucles.

La Clusaz.

Pépinière de champion, La Clusaz a vu grandir **Edgar Grospiron**, 1er médaillé olympique de l'histoire du ski artistique, **Régine Cavagnoud**, championne du monde de Super-G, **Vincent Vittoz**, 1er Français à remporter une Coupe du monde de ski de fond, et le freestyleur **Candide Thovex**, vainqueur des X-Games aux USA.

DÉCOUVRIR LES SITES

Musée du Ski
04 50 02 49 65 - juil.-août et de déb. déc. à mi-avr. : tlj sf sam. 16h-19h30 - possibilité de visite guidée - 2,50 €, 4 € visite guidée.

Il est toujours émouvant de suivre les traces des pionniers du ski de 1900 à nos jours. Les évolutions techniques des équipements comme celles des compétitions sont ici évoquées. Une salle est consacrée à la vie traditionnelle de La Clusaz.

Aux alentours

Vallée de Manigod★ *(voir p. 161)*

Vallon des Confins★
5,5 km. À la sortie de La Clusaz en direction du col des Aravis, prendre à gauche le chemin du Fernuy, qui suit d'abord le fond du vallon, puis grimpe jusqu'au hameau où une chapelle du 19e s. domine le lac des Confins.

En continuant à suivre le chemin, au-delà de la chapelle du col, on a une vue plus dégagée sur le vallon du Bouchet dominé par la pointe Percée (alt. 2 752 m).

La Clusaz pratique

Adresse utile
Office du tourisme de La Clusaz – *161 pl. de l'Église - 74220 La Clusaz -* 04 50 32 65 00 *- www.laclusaz.com - des vac. de Noël à fin avr. : 9h-18h ; juil.-août : 9h-13h, 14h-19h, dim. 9h-12h, 14h-18h30 ; reste de l'année : tlj sf dim. 9h-12h, 14h-18h.*

Se loger
Hôtel Christiania – 04 50 02 60 60 - *www.hotelchristiania.fr - fermé 11 avr.-3 juil. et 11 sept.-19 déc. -* P *- 28 ch. 52/130 € -* 9 € *- rest. 20/26 €.* Construction de pays abritant une adresse familiale bien entretenue. Les chambres ont en partie été refaites ; certaines possèdent une terrasse. Carte traditionnelle et menu du terroir servis dans une grande salle à manger au décor en bois blond.

Hôtel Les Sapins – *105 chemin Riffroids -* 04 50 63 33 33 *- www.clusaz.com - fermé 11 avr.-13 juin et 11 sept.-16 déc. -* P *- 24 ch. 60/110 € -* 10 € *- rest. 21/24 €.* Face à la chaîne des Aravis, chalet abritant des chambres rénovées dans le style montagnard, avec boiseries blondes et couleurs gaies. Original salon tendu de velours rouge. La salle à manger donne sur les pistes de ski. À la carte, tartiflettes et fondues.

Se restaurer
Les Airelles – *33 pl. de l'Église -* 04 50 02 40 51 *- www.clusaz.com - fermé 24 avr.-22 mai et 13 nov.-10 déc. - 20/26 €.* Cet établissement situé à deux pas de l'église vous fait promesse d'une escale à la fois conviviale et la gourmande dans une salle à manger habillée de boiseries et réchauffée par une grande cheminée. Recettes savoyardes. Coquettes chambres lambrissées.

Alp'Hôtel – *192 rte du Col-des-Aravis -* 04 50 02 40 06 *- www.clusaz.com - fermé 24 avr.-29 mai et 25 sept.-30 nov. - 36/61 €.* Haut chalet dressé au centre de la Clusaz. Spacieux restaurant aux murs lambrissés ; carte traditionnelle et spécialités régionales. Salon de thé. Les chambres, garnies de meubles en merisier, pin ou rotin, sont dotées de balcons. Salon-Cheminée.

Balcon de chalet à Manigod.

Beauregard – *Bossonnet -* 04 50 32 68 00 *- www.hotel-beauregard.fr - 25/40 €.* Entre les pistes et le cœur de la station, ensemble de chalets confortables et bien équipés. Plaisant décor montagnard dans les salles à manger et terrasse plein sud ; cuisine traditionnelle. Chaleureux intérieur en bois blond.

Événement
La Fête du reblochon – *Mi-août -* 04 50 32 65 00. Dégustation de reblochon fraîchement moulé ou cuisiné.

Cluses

17 711 CLUSIENS
CARTE GÉNÉRALE C2 – CARTE MICHELIN DÉPARTEMENTS 328 M4 – HAUTE-SAVOIE (74)

La métamorphose de la capitale mondiale du décolletage ces dernières années n'en fait pas encore un pôle touristique. Mais l'important musée de l'Horlogerie et du Décolletage et la rénovation de son centre-ville méritent une visite. De Cluses, on rejoint aisément les stations de Flaine et des Carroz et l'on se trouve à proximité de la secrète vallée du Giffre.

- **Se repérer** – À 62 km d'Annecy par l'A 41 puis l'A 40. Cluses est noyée dans un réseau dense de petites villes et de zones industrielles.
- **Organiser son temps** – Les routes du Giffre sinueuses requièrent patience et prudence.
- **Avec les enfants** – Le passionnant musée paysan de Viuz-en-Sallaz.
- **Pour poursuivre la visite** – Voir aussi La Roche-sur-Foron, Les Gets, Samoëns.

Comprendre

Un haut lieu de l'horlogerie – Introduite au début du 18e s. par les émigrés revenant d'Allemagne, la confection de pièces d'horlogerie pour les grandes firmes de Genève complète heureusement le revenu des paysans de la vallée de l'Arve. Rapidement cette activité s'étend à tout le Faucigny. En 1848, la création de l'École nationale d'horlogerie (actuel lycée Charles-Poncet), issue de la prestigieuse École royale d'horlogerie, vient confirmer ce savoir-faire. Elle portera l'industrie horlogère clusienne à un haut niveau de technicité. La force de Cluses est d'être située dans la vaste vallée de l'Arve, largement accessible, et de bénéficier de la force motrice du torrent. La production se diversifie naturellement dès la fin du 19e s. Les activités de décolletage (usinage de petites pièces métalliques destinées à toutes les branches de l'industrie) s'y sont ajoutées et devinrent peu à peu prédominantes. Quelques grands entrepreneurs laisseront leur marque dans l'histoire comme la famille Carpano, inventeur dans les années 1950 du célèbre mais défunt moulinet Mitchell. La « Technic Vallée » produit aujourd'hui 65 % du décolletage français.

Visiter

La cité tire son nom de la troué de l'Arve, la cluse la plus importante des Alpes. Cluses fut reconstruite sur un plan en damier après l'incendie de 1844 qui détruisit son centre historique à l'exception de l'église. On y apprécie ses larges avenues à arcades, au style turinois bien marqué, délimitées aux extrémités par deux vastes places.

Musée de l'Horlogerie et du Décolletage (Espace Carpano et Pons)

100 pl. du 11-Novembre-1945 - ℘ 04 50 89 13 02 - ♿ - juil.-août : 10h-12h, 13h30-18h, dim. 10h-12h, 13h30-17h30 (dernière entrée 1h av. la fermeture) ; reste de l'année : tlj sf dim. 13h30-18h, sam. 13h30-17h30 - fermé j. fériés (sf 14 Juil., 15 août) - 5,50 € (– 7 ans gratuit).

La mesure du temps a évolué selon les époques. Dans ce musée, on fait le point sur les différentes techniques : remarquez les montres à aiguille unique ayant appartenu à Louis XIV, une horloge de table, propriété de Voltaire, une collection d'échappements agrandis (véritable cœur de la montre), ainsi que des outils, chronomètres de marine, horloges, régulateurs et montres à complications. La reconstitution d'un atelier de décolletage de 1930 rappelle que cet ouvrage délicat dépendait de machines volumineuses et bruyantes.

Vieux Pont

Construit en 1674, il enjambe l'Arve d'une seule arche. C'est de l'office de tourisme qu'on a la meilleure vue.

Église

Fermé en dehors des offices.
Ancienne chapelle (15e-17e s.) d'un couvent de cordeliers. Prenez le temps d'y admirer le **bénitier★** monumental (16e s.), aux armes

Horloge de table de 1680.

DÉCOUVRIR LES SITES

de la famille donatrice, surmonté d'une croix en pierre au pied de laquelle pleure une Madeleine agenouillée. Voyez aussi le calvaire du 18e s. au fond du chœur et, dans la nef, quelques amusantes statues peintes, de la même époque. Dans la chapelle du St-Sacrement, à droite, remarquez le tabernacle représentant la multiplication des pains et des poissons.

Circuits de découverte

LE FAUCIGNY★★

Cette région perpétue le nom du château de Faucigny dont on voit encore les ruines, dressées sur un éperon dominant la plaine de l'Arve, entre Bonneville et Contamine-sur-Arve. Le Faucigny historique correspondait exactement au bassin de l'Arve, pris dans son ensemble. Intégré en 1355 à la maison de Savoie, il devint la sixième province du duché. Fort de quatre villes dynamiques, La Roche-sur-Foron, Bonneville, Cluses et Sallanches, il canalise les communications entre le Genevois et la voie transalpine du Mont-Blanc et subit une forte urbanisation.

LA CLUSE DE L'ARVE 1

De Cluses à Flaine *28 km*

Quitter Cluses par la D 1205, route de Chamonix, au sud. La route suit ici la cluse que l'Arve s'est taillée entre le bassin de Sallanches et la plaine de Marignier. Les escarpements de la chaîne des Fiz (Croix-de-Fer, Tête du Colonney, aiguilles de Varan) et de la chaîne du Reposoir (pointe d'Areu) la surveillent vraiment de très près. Entre Cluses et Balme-Arâches, le défilé de Cluses-Magland constitue la partie la plus rétrécie de la grande cluse : A 40, D 1205, voie ferrée et torrent s'y côtoient au prix de prouesses techniques.

Au départ de Balme-Arâches (gare), prendre la D 6.

La route d'Arâches s'attaque aux escarpements que perfore la « balme » (grotte) qui a donné son nom au hameau. Au moment où la route pénètre dans le ravin, un élargissement de la chaussée permet de s'arrêter pour détailler à loisir la physionomie d'ensemble de la grande percée Cluses-Sallanches. Mais faites attention, car il y a des risques de chutes de pierres au pied de la falaise.

Arâches – Petit centre de sports d'hiver, dans un agréable cadre forestier.

Les Carroz-d'Arâches

Allongée au bord d'un plateau dominant la cluse de l'Arve, la station des Carroz (créée en 1936) donne accès au domaine skiable du Grand Massif (Flaine, Samoëns, Sixt, Morillon). Elle offre une grande variété de loisirs toute l'année.

On aperçoit 2 km après les Carroz en direction de Flaine les sommets de la Croix-de-Fer et des Grandes Platières. La route grimpe jusqu'à 1 844 m d'altitude, puis descend vers **Flaine★** *(voir ce nom)* que l'on voit, 3 km avant d'y parvenir.

ROUTE DES GETS★ 2

De Cluses à Morzine par Les Gets 43 km – environ 2h. Itinéraire décrit en sens inverse au départ de Morzine (voir ce nom).

ROUTE DE MONT-SAXONNEX★ 3

De Cluses à La Roche-sur-Foron 36 km – environ 1h30. Itinéraire décrit en sens inverse au départ de La Roche-sur-Foron (voir ce nom).

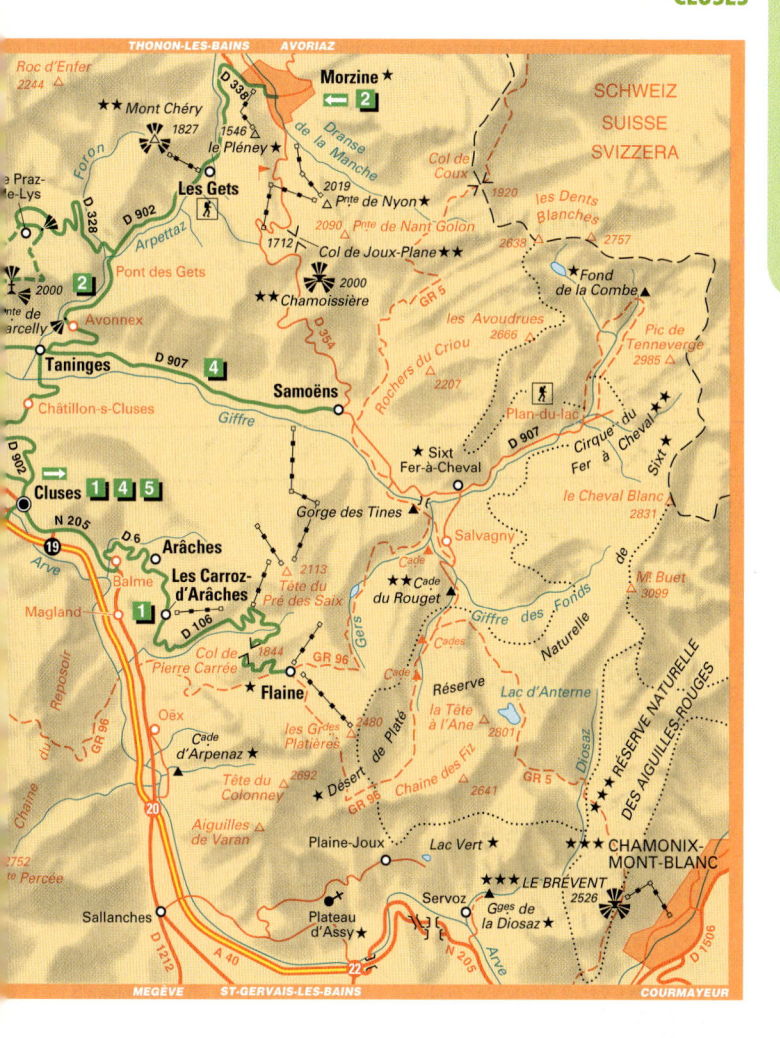

ROUTE DU GIFFRE DE CLUSES À SAMOËNS 4

21 km. Quitter Cluses au nord par la D 902 en direction de Taninges. Dès la sortie de Taninges, le regard est attiré par l'escarpement des rochers du Criou, qui surplombe immédiatement Samoëns. Gagnez Samoëns par la D 907 (voir ce nom).

BASSE VALLÉE DU GIFFRE★ 5

Au départ de Cluses vers St-Jeoire – 38 km. Quitter Cluses au nord en direction de Taninges. À la sortie de l'agglomération, prendre à gauche la D 19 vers St-Jeoire.
À Marignier, la route rejoint le cours bouillonnant du Giffre.
Laisser sur la droite la D 26, traverser le Giffre et s'engager dans le village.

Point de vue du Môle★ – Route en forte montée, à éviter après des pluies. À la sortie nord, se diriger vers le hameau d'Ossat d'où une route monte pour atteindre le point de vue du Môle et son intéressant panorama sur la vallée du bas Giffre et l'Arve. Au sud, on distingue Mont-Saxonnex. Revenir à la D 306 pour remonter jusqu'au confluent du Giffre avec le Risse.

St-Jeoire
Lieu de séjour agréable dans un vallon boisé et dominé par le château médiéval de Beauregard qui a été rénové à la fin du 19e s. *(on ne visite pas).*
La D 907 domine, en corniche, le confluent du Giffre et du Risse. Par la trouée du bas Giffre apparaissent les sommets du Reposoir et la carapace rocheuse du Bargy.

Viuz-en-Sallaz
Pour approfondir vos connaissances du patrimoine savoyard, visitez l'écomusée Paysalp, association très active qui propose des visites pédagogiques de plusieurs sites,

DÉCOUVRIR LES SITES

à commencer par le **Musée paysan** qui raconte avec 2 500 objets la vie quotidienne des Savoyards de 1860 à 1950. ☎ 04 50 36 89 18 - ♿ - juil.-août : 14h-18h ; sept.-juin : 1er dim. du mois 14h-18h - fermé j. fériés - 4,40 € (enf. 3,20 €) - le spectacle Paysalp investit les lieux le merc. et le vend. à 16h mettant en scène le patrimoine du musée.
Au sud de Viuz, par la D 12.

Peillonnex
Autre initiative de l'écomusée, un superbe **son et lumière** de 30mn raconte l'histoire mouvementée de cette partie du Faucigny autour du beau **prieuré** roman du 12e s. de Peillonnex, mettant en valeur la symbolique du retable baroque (1720). ☎ 04 50 36 89 18 - visite guidée (45mn) juil.-août : merc., jeu., vend. et dim. 14h-18h ; sept.-juin : 1er dim. du mois 14h-18h - fermé j. fériés - 4,40 € (enf. 3,20 €).
Le prieuré de Peillonnex fut édifié par les chanoines réguliers de Saint-Augustin qui furent chassés en 1793. Le prieuré fait aussi partie du circuit « D'un son de cloche à l'autre », à la découverte du patrimoine religieux du pays de Cluses.
Revenir vers St-Jeoire par la D 12, puis la D 9 à droite, et la D 907.

Mieussy
Le clocher à bulbe de l'**église** pointe dans un charmant camaïeu de vert, vert pâle, vert profond, vert d'eau, vert-de-gris…

Taninges *(voir p. 336)*
De Taninges à Cluses, l'itinéraire est décrit à Morzine.

Cluses pratique

♿ Voir aussi les encadrés pratiques de Flaine, de Samoëns…

Adresses utiles

Office du tourisme de Cluses – *Espace Carpano et Pons - 100 pl. du 11-Nov. - 74300 Cluses - ☎ 04 50 98 31 79 - juil.-août : 9h-12h, 13h30-18h, dim. et j. fériés : 10h-12h, 13h30-17h30 ; reste de l'année : tlj sf dim. et j. fériés 9h-12h, 13h30-18h, sam.10h-12h, 13h30-17h30.*

Office du tourisme des Carroz-d'Arâches – *9 pl. de l'Ambiance - 74300 Les Carroz-d'Arâches - ☎ 04 50 90 00 04 - www.lescarroz.com - juil.-août : 9h-12h, 14h-19h, dim. et j. fériés 9h-12h, 15h-19h ; vac. scol. de Noël et de fév. : 9h-12h, 14h-19h, sam. 9h-19h ; reste de l'année : 9h-12h, 14h-18h - fermé j. fériés (hors sais. d'été et d'hiver).*

Se loger

⌂ **Chambre d'hôte La Ferme de Béatrix** – *100 r. Émile Devant - 74300 Châtillon-sur-Cluses - A 40 sortie Cluses-Scionrier puis CD 902 rte des Grandes-Alpes - ☎ 04 50 89 43 97 - 🍽 - 3 ch. 52 € ⊇ - repas 20 €.* Un accueil très convivial vous sera réservé dans cette ancienne ferme peu à peu transformée en maison d'hôte. Les chambres proposées sont agréables avec leur décor tout bois et leurs meubles de famille.

Se restaurer

⊜⊜ **Restaurant Alpage de l'Airon** – *Rte de Flaine, aux Carroz d'Arâches, altitude 1 700 m - 74300 Les Carroz-d'Arâches - 7 km de Flaine, rte de Cluses - ☎ 04 50 90 33 84 - jclnavillod@wanadoo.fr - ouv. de mi-juin à mi-sept. - 🍽 - 16/23 €.* Après 500 m d'un chemin cahoteux, c'est à pied que vous rejoindrez ce chalet juché à 1 700 m d'altitude (accès en voiture autorisé à partir de 17h). Décor sans façon dans les deux salles à manger. Côté cuisine : omelettes, croûte au fromage, salades, fromages fermiers et eau puisée devant vous à la source !

⊜⊜ **Croix de Savoie** – *768 rte du Pernand - 74300 Les Carroz-d'Arâches - ☎ 04 50 90 00 26 - www.lacroixdesavoie.fr - 19/41 €.* Salle à manger dans un cadre en bois, nappes à carreaux, plats régionaux et service familial vous attendent dans ce typique chalet savoyard surplombant la station. Superbe vue sur les montagnes et la vallée.

Faire une pause

La Fruitière des Hauts-Fleury – *74440 Mieussy - ☎ 04 50 36 89 18 - paysalp@paysalp.asso.fr - 8h30-12h, 14h30-19h - fermé dim. apr.-midi et j. fériés.* Découvrez un savoir-faire typiquement montagnard en visitant la fruitière des Hauts-Fleury. Une galerie surplombant la salle de fabrication où l'on transforme le lait en tomme de Savoie et en reblochon, un espace multimédia et une dégustation vous dévoileront tous les aspects de cette savoureuse tradition.

Sports & Loisirs

👁 **Bon à savoir** – La station des Carroz fait partie du domaine skiable du Grand Massif (regroupant Les Carroz, Samoëns et Morillon) comptant 145 km de pistes, mais on trouve aussi une patinoire naturelle, ainsi que des chemins réservés au ski de fond, s'étendant sur 30 km. En été, piscine découverte, canyoning, site d'escalade (11 falaises équipées) et randonnées, pédestres ou VTT.

Courchevel ★★

CARTE GÉNÉRALE C4 – CARTE MICHELIN DÉPARTEMENTS 333 M5 – SCHÉMA P. 434 – SAVOIE (73)

Née en 1946, Courchevel s'affirme comme une des stations de sports d'hiver les plus prestigieuses du monde. L'été, la proximité du Parc de la Vanoise invite à la découverte d'une montagne plus sauvage.

- **Se repérer** – D'Albertville à Courchevel 1850, 50 km dont une dizaine sur la D 91, belle route panoramique.
- **À ne pas manquer** – Une excursion au sommet de La Saulire.
- **Organiser son temps** – Un forfait Loisir donne accès à des activités diverses.
- **Pour poursuivre la visite** – Voir aussi Méribel, Pralognan-la-Vanoise, la Tarentaise.

Vue aérienne de la station.

Séjourner

Le domaine skiable

Créée en 1946 à l'initiative du conseil général de la Savoie introduisant le concept de « station skis aux pieds », Courchevel a joué un rôle pilote dans le développement des **Trois-Vallées**. Dirigée dans les années 1950 par le champion du monde de ski Émile Allais, la petite dernière qui était aussi une grande première, gagne très vite ses galons et devient un modèle. Conçue comme un immense arc de cercle ouvert sur les pistes de ski, elle fait face à l'aiguille du Fruit, La Saulire et la Croix des Verdon.

Quatre stations s'étagent entre 1 300 et 1 850 m sur le versant du Doron de Bozel, dit « vallée de St-Bon », dont les replats d'alpages et les versants boisés se déploient face à un horizon de montagnes dégagé. Hôtels de luxe et chalets cossus se répartissent entre 1 700 et 1 900 m sur la rue de Bellecôte, le Jardin alpin et la route de l'Altiport.

Le Praz 1300

C'est aux abords de ce vieux village qu'ont eu lieu les épreuves de saut et de combiné nordique des Jeux olympiques d'Albertville, marquées par la victoire de Fabrice Guy. Les deux tremplins de 90 et 120 m sont particulièrement impressionnants. Une jolie route forestière de 7 km permet de gagner la jeune station de **La Tania** à 1 350 m, puis celle de Méribel.

Courchevel 1550

Située sur un promontoire, cette station familiale se trouve à proximité de la forêt.

Moriond - Courchevel 1650

Station très ensoleillée. L'architecture du centre, de style urbain, contraste avec les chalets traditionnels du Belvédère. On remarquera la chapelle en demi-cercle et au toit en carène renversée.

DÉCOUVRIR LES SITES

Courchevel 1850
C'est de loin la station la plus animée et la plus prisée. Vous pourrez profiter de son **panorama**★ sur le mont Jovet, le sommet de Bellecôte, le Grand Bec, encadrant les vallées du Doron de Bozel et du Doron de Champagny.
À partir du mois d'avril, l'essentiel de l'animation touristique monte à 1850.

Découvrir

BELVÉDÈRES ACCESSIBLES EN TÉLÉCABINE

La Saulire★★★
Accès de Courchevel 1850 par la télécabine des Verdons (6mn) et le téléphérique de La Saulire (3mn). ℘ 04 79 08 04 09 - www.s3v.com - juil.-août : lun.-jeu. et un vend. sur deux 9h30-12h30, 13h30-16h40 (dim. et j. fériés 16h45) - fermé sam. - 9,50 € AR 2 tronçons (5-13 ans 4,70 €) ; 6 € AR 1 tronçon (5-13 ans 3,10 €). C'est l'un des sommets les mieux équipés des Trois-Vallées et un lieu de passage essentiel entre les vallées de Courchevel et de Méribel.

Sommet de La Saulire.

De la plate-forme terminale (alt. 2 690 m), la torche rocheuse de l'aiguille du Fruit (alt. 3 050 m) met le feu au décor, puis c'est le tour du massif de la Vanoise avec la Grande Casse, aux deux cornes neigeuses. Ensuite, ce sont les immenses glaciers de la Vanoise, et, enfin, franchement au sud, le massif de Péclet-Polset. Au nord, le massif du Mont-Blanc coud un liseré blanc sur les crêtes gazonnées du mont Jovet.
Pour compléter ce tour d'horizon se rendre à l'arrivée de la télécabine venant de Méribel et monter à la terrasse supérieure du restaurant des Pierres Plates *(table d'orientation)*, d'où l'on surplombe la vallée des Allues.
Les piétons peuvent, été comme hiver, relier Courchevel et Méribel (Méribel La Chaudanne et Méribel-Mottaret) en télécabine et téléphérique.

Sommet de La Saulire (relais de télévision)
Alt. 2 738 m. *1h à pied AR. Excursion conseillée seulement en été aux touristes habitués à la montagne et non sujets au vertige.* Accès, à partir du téléphérique sur la droite, par un large chemin de 300 m au bout duquel se détache, sur la droite, un sentier très étroit de 200 m qui monte vigoureusement.
Vue panoramique splendide sur la Meije, les Écrins et la Vanoise.

Télécabine des Chenus★★
Accès de Courchevel 1850 - se renseigner à l'office de tourisme pour les horaires et le tarif. À l'arrivée de la télécabine, vue sur le rocher de la Loze au premier plan, puis sur la Croix des Verdons, la Saulire, l'aiguille du Fruit, la Vanoise et le Mont-Blanc. Les skieurs se rendront au **col de la Loze**★★ (alt. 2 305 m) : belle vue sur la vallée des Allues *(altiport)*.

Randonnées

Courchevel constitue une excellente **base de randonnées pédestres**. *Un plan des sentiers balisés est publié par l'office de tourisme.*

Petit Mont Blanc★★
Alt. 2 677 m. *Montée : 3h30. Descente : 2h15. Départ du Belvédère (Courchevel 1650) ou du sommet du mont Bel-Air.* Traversez la vallée des Avals, secteur vierge de toute remontée mécanique. Montez ensuite au sommet par le col de Saulces. Très beau **panorama** sur la vallée de Pralognan, dominée par la Grande Casse, les glaciers de la Vanoise et la pointe de l'Échelle.

Les lacs Merlet★★
Alt. 2 449 m. *Montée : 2h. Départ du mont Bel-Air.*
Les lacs Merlet se situent dans un **cadre**★★ splendide au pied de l'aiguille du Fruit. Montez au lac Supérieur, le plus profond des lacs de la Vanoise (30 m), et longez-le par la rive droite jusqu'à son extrémité.

COURCHEVEL

Promenade à La Rosière
Accès à La Rosière en voiture par une route forestière non goudronnée entre Courchevel 1650 et le Belvédère.

Joli petit lac dominé par la dent du Villard. Un sentier botanique présente quelques espèces rares (ancolie, sabot de Vénus). Poursuivez la promenade par le sentier des cascades.

Courchevel pratique

Voir aussi les encadrés pratiques de Méribel et de la vallée des Belleville.

Adresse utile

Office de tourisme – *Le Cœur de Courchevel - BP 37 - 73122 Courchevel -* ℘ *04 79 08 00 29 - www.courchevel.com - juil.-août : 9h-12h30, 14h-19h ; de déb. déc.-mi-mai : 9h-19h ; reste de l'année : tlj sf j. fériés 9h-12h, 14h-18h.*

Se loger

Bon à savoir - On connaît bien Courchevel, station « people » avec ses hôtels cossus et ses chalets de luxe. Si les hébergements à prix raisonnables se font rares, on pourra néanmoins trouver un compromis entre budget limité et confort appréciable à la centrale de réservation et d'informations.

Hôtel Les Peupliers – *73120 Le Praz - ℘ 04 79 08 41 47 - www.lespeupliers.com - ouv. 25 juin-15 sept. et 1er déc.-30 avr. -* 🅿 *- 33 ch. 95/250 € -* 🍽 *11 €.* La tradition, cela a du bon… Ici on est hôtelier de père en fils depuis 1938. Face à un petit lac et au tremplin olympique de saut, la bâtisse est avenante. Cheminée, chaleureuses boiseries, fitness, chambres souvent avec balcon en font une étape familiale qui plaît aux habitués.

Se restaurer

Le Panoramic – *La Saulire - 73120 Courchevel 1850 - accès par le téléphérique de La Saulire - ℘ 04 79 08 00 88 - www.lepanoramic-courchevel.com - ouv. 1er déc.-1er Mai - 12/42 €.* Uniquement ouvert pendant la saison hivernale, ce bar-restaurant d'altitude (2 700 m) offre de sa terrasse un panorama exceptionnel sur les plus hauts sommets des Alpes.

La Cloche – *Pl. du Rocher - 73120 Courchevel 1850 - ℘ 04 79 08 31 30 - tournier.freres@wanadoo.fr - fermé w.-end en mai-juin, sept.-nov. - formule déj. 25 € - 18/50 €.* Vous serez séduit par l'atmosphère chaleureuse de cette salle où l'on renoue avec la tradition. Dans son décor montagnard aux couleurs pastel se mélangent hardiment plancher en vieux bois et appliques 1930. Terrasse ensoleillée.

Le Genépi – *R. Park-City, à Courchevel 1850 - 73120 Courchevel 1850 - ℘ 04 79 08 08 63 - le-genepi@wanadoo.fr - fermé mai-août., sam. et dim. de sept. à nov. - 25/65 €.* À l'accueil à la fois aimable et sérieux réservé aux hôtes s'ajoutent l'agrément du salon-bar plaisamment décoré et réchauffé par une cheminée, la convivialité de la salle à manger de style rustique et la bonne cuisine régionale privilégiant les produits du terroir.

La Fromagerie – *R. des Tovets - 73120 Courchevel 1850 - ℘ 04 79 08 27 47 - ouv. juil.-août et déc.-avr. - 26/38 €.* Petit restaurant de spécialités savoyardes pour les amateurs de fromage, situé à l'entrée de la station. Vous y serez accueilli avec le sourire dans un décor simple et soigné. À tenter : la tarte au beaufort et le poulet rôti au thym et son gratin de crozets.

Une terrasse de Courchevel.

La Saulire – *Pl. du Rocher - 73120 Courchevel 1850 - ℘ 04 79 08 07 52 - www.lasaulire.fr - fermé mai, juin et lun. de sept. à nov. - 42 €.* Très central, ce restaurant de cuisine traditionnelle est aussi renommé que son patron qui l'a créé il y a plus de 25 ans. Les salles sur deux niveaux sont toutes boisées et ornées d'affiches anciennes sur le thème de la montagne. Déjeuner en terrasse.

La Via Ferrata – *Immeuble porte-de-Courchevel - 73120 Courchevel 1850 - ℘ 04 79 08 02 07 - fermé mai-nov. et le midi - 65/100 €.* En saison, ce charmant restaurant italien fait partie des adresses « branchées » de la station. Le cadre - bois blond, voûtes, piliers en pierre, cheminée et chandelles sur les tables - est particulièrement réussi. Menus copieux et service efficace.

En soirée

Bon à savoir - Si les incontournables boites chic de la station (le Byblos, la Grange, le Milk et autres) commencent à vous donner une impression récurrente de déjà-vu, vous pourrez toujours goûter à l'atmosphère rafraîchissante du « Prends ta luge et tire-toi », à la fois magasin de snowboard et bar branché.

Les Caves de Courchevel – *Immeuble Porte-de-Courchevel - 73120 Courchevel 1850 -* 04 79 08 12 74 *- tlj à partir de 23h jusq. 5h en hiver - fermé 30 avr. au 3 déc.* Toutes les étoiles de la nuit courchevelloise vous conduiront aux Caves, « la » discothèque incontournable de la station. En saison, son cadre prestigieux et ses animations attirent chaque soir une clientèle BCBG de tous âges.

Sports & Loisirs

Guides de haute montagne – S'adresser au bureau des guides de Courchevel - 04 79 01 03 66.

Vue du ciel – Des vols touristiques sont proposés et permettent de découvrir les sites olympiques et le massif du Mont-Blanc.

Via ferrata de la Croix des Verdons – Accès par la télécabine des Verdons, puis le téléphérique de La Saulire. Situé à 2 739 m d'altitude, ce parcours où se succèdent ressauts et dévers est un remarquable **belvédère**★.

Route de la **Croix-de-Fer**★★★

CARTE GÉNÉRALE B/C4 – CARTE MICHELIN DÉPARTEMENTS 333 K6 – SAVOIE (73), ISÈRE (38)

La route de la Croix-de-Fer déroule son asphalte à travers des sites sauvages. Elle dessert de petites communautés montagnardes, qui, grâce à un certain isolement, n'ont pas encore totalement perdu l'authenticité de leur cachet. Il faut en profiter, cela ne durera peut-être pas éternellement.

- **Se repérer** – Cette route et la variante du col du Glandon qui s'en détache à mi-parcours mettent en relation l'Oisans avec la Maurienne ou, plus précisément, la vallée de l'Eau-d'Olle avec les vallées de l'Arvan (pays des Arves) et du Glandon (pays des Villards).
- **À ne pas manquer** – Les aiguilles d'Arves vues du col de la Croix-de-Fer.
- **Organiser son temps** – Au col du Glandon, vous pouvez rejoindre la vallée des Villards par la D 927, jusqu'à La Chambre.
- **Avec les enfants** – Maison de la faune de Vaujany et Maison du bouquetin à Rivier-d'Allemont.
- **Pour poursuivre la visite** – Voir aussi St-Jean-de-Maurienne, Le Bourg-d'Oisans, l'Oisans.

Circuits de découverte

DE ROCHETAILLÉE À ST-JEAN-DE-MAURIENNE

96 km – environ 4h.

En raccordant ce parcours avec les routes du Galibier et du Lautaret *(voir ces noms)*, on effectuera le plus beau circuit automobile des Alpes françaises : le **circuit des Grands Cols**★★★ avec celui de la **route des Grandes Alpes**★★★. Entre Rochetaillée (à 7 km au nord du Bourg-d'Oisans) et le Verney, la D 526 suit le fond plat de la vallée de l'Eau-d'Olle surnommée le « jardin de l'Oisans », tant elle est verte.

Après avoir longé la rive est de la retenue du Verney, prendre la direction de la centrale de Grand'Maison et d'Hydrelec.

Dans la traversée du ravin du Flumet, la cascade de la Fare saute une barre rocheuse en arrière de laquelle pointent les crêtes des Grandes Rousses.

La centrale de Grand'Maison et l'usine d'Oz ne se visitent pas. *Laisser la voiture sur le parking des visiteurs à l'entrée de la centrale de Grand'Maison et descendre le chemin à droite vers Hydrelec.*

Hydrelec★

04 76 80 78 00 - *- de mi-juin à mi-sept. : 10h-18h, w.-end 14h-18h, vac. scol. 14h-18h ; reste de l'année : w.-end et j. fériés 14h-18h - fermé 1er janv., 1er Mai, 25 déc. - gratuit.* Toute l'histoire de l'eau et de l'énergie est ici retracée, des antiques roues chinoises aux stations de transfert d'énergie par pompage (notamment celle d'Eau-d'Olle). En sortant d'Hydrelec, vous serez incollable !

Revenir à la D 526.

Oz-en-Oisans

La petite station cernée par une forêt touffue d'épicéas et réservée aux piétons est reliée au massif des Grandes-Rousses-Alpe-d'Huez.

Prendre la D 43A en direction de Vaujany.

Route de la CROIX-DE-FER

Vaujany★

Orienté au sud, ce village-balcon s'étire sur les flancs du Rissiou, face aux Grandes Rousses, dans un **site★** ravissant. De l'extrémité du village, vue splendide sur la **cascade de la Fare★**. Du pied du pic de l'Étendard, elle fait un saut de près de 1 000 m.

Espace Patrimoine – ℘ 04 76 79 96 35 - juil.-août et des vac. de Noël à fin avr. : dim.-jeu. 10h-12h, 14h-19h ; reste de l'année : sur demande préalable - gratuit. À travers une vingtaine de témoignages oraux, des objets et 300 photographies, le musée retrace un siècle de vie de ce village de l'Isère. Chaque étape correspond à un bouleversement humain, une réalité économique ou une mutation du paysage.

Maison de la faune – ℘ 04 76 79 87 07 - mêmes conditions de visite que l'Espace patrimoine. Ce musée se visite avec des spécialistes qui vous feront partager leur passion pour la faune alpine. Des bornes interactives proposent un apprentissage ludique.

Vaujany est relié par téléphérique au dôme des Rousses (2 805 m), *via* la gare des Alpettes. De cette dernière station, possibilité de rejoindre l'Alpe-d'Huez (1 860 m).

À hauteur du cimetière de Vaujany, une route mène au Collet de Vaujany.

Le Collet de Vaujany★★

Une **vue** étendue sur la face ouest des Grandes Rousses où se distinguent les pics de l'Étendard et du lac Blanc.

Revenir au Verney sur la D 526.

Du pont Rattier au Rivier-d'Allemont, la route s'élève au-dessus du torrent. Elle traverse de nombreux affluents descendus des contreforts de Belledonne par une suite ininterrompue de chutes. La vallée se rétrécit et devient presque entièrement boisée.

Le Rivier-d'Allemont

Maison du bouquetin – ℘ 04 76 79 83 06 - juil.-août : 11h-12h30, 15h-18h - juin, sept.-oct. : w-end 11h-12h30, 15h-18h - se renseigner pour le tarif. Habitat, vie sociale, conditions de survie : les présentations de cet animal emblématique des Alpes sont richement documentées (films, jeux, sorties en montagne). Dans l'**Espace York Mallory**, hommage est rendu au maréchal de l'air britannique Trafford Leigh-Mallory, commandant des forces aériennes du débarquement de Normandie disparu au Rivier-d'Allemont en novembre 1944.

Défilé de Maupas★

Dans ce passage étroitement encaissé, la route se fraie péniblement un chemin dans des chaos d'éboulis. Elle passe les torrents dévalant du massif des Sept-Laux. L'un d'eux forme la jolie cascade des Sept-Laux, bien visible sur le côté gauche de la route.

Combe d'Olle★★

EDF a choisi cette combe pour implanter le **barrage de Grand'Maison**, sur l'Eau-d'Olle : le barrage, sa retenue de 220 ha et ses usines sont reliés par une galerie de plus de 7 km au réservoir inférieur (75 ha) et à l'usine du barrage du Verney, pour permettre une production d'électricité mixte gravitaire-pompage.

Le lac Guichard et les aiguilles d'Arves.

DÉCOUVRIR LES SITES

À hauteur du barrage de Grand'Maison débouche le ravin affluent de la Cochette, duquel, si vous ne manquez pas le coche, vous verrez les cimes de la Cochette (massif des Grandes Rousses). Plus en amont, les chutes du Grand Lac font de l'animation sur le versant opposé.

Juste après la combe d'Olle, prendre à droite la D 926. Si l'on veut poursuivre par la route du Glandon, se reporter à la fin de cette description.

Col de la Croix-de-Fer★★
15mn à pied AR. Au sud du col, grimper sur la bosse rocheuse signalée par une pyramide commémorative (alt. 2 068 m).

Du col de la Croix-de-Fer à St-Sorlin, ce sont surtout les aiguilles d'Arves qui attirent l'attention ainsi que le paysage de la vallée de l'Arvan, avec ses villages et ses cultures accrochés aux versants. Après le troisième lacet, on découvre, à droite de la cime du Grand Sauvage, le pic de l'Étendard (massif des Grandes Rousses) et son versant glaciaire (glacier de St-Sorlin).

Saint-Sorlin-d'Arves
Les constructions neuves qui jouxtent les pistes de ski altèrent quelque peu le cachet ancien des hameaux composant ce village. C'est dommage car l'endroit est plutôt sympathique. Mais que cela ne vous empêche pas de vous arrêter déjeuner au pied des pistes.

Sentier – *Sans difficulté. Départ du parking de la Balme après le virage en épingle à cheveux, suivre le fléchage : « Vieux village des Prés Plans ».*

Cette promenade de 1h30 est à faire en famille. Le sentier domine la vallée de l'Arvan et gagne le village des Prés Plans doté d'une chapelle de 1630 *(visite guidée avec la Facim)* et de belles fermes.

À Malcrozet, prendre à gauche la D 80 montant en corniche vers St-Jean-d'Arves.

Saint-Jean-d'Arves
Gagner l'église située à l'écart du village, dont le cimetière en terrasses domine la haute vallée de l'Arvan. De ce **site★**, on voit, à l'horizon, s'aligner les crêtes neigeuses des Grandes Rousses. À la sortie de St-Jean, la route fait un coude pour éviter les ravinements du torrent du Villard. 2 km plus loin, à l'entrée d'un virage, on aperçoit à droite l'étroit défilé du val d'Entraigues. À l'issue du tunnel précédant le croisement de la D 926 se dévoile, assez haut sur le versant opposé, le **site★** composé par le hameau et l'église de Montrond formant premier plan devant les aiguilles d'Arves. Ensuite, ce sont les abîmes des **gorges de l'Arvan★**.

La D 80 rejoint la D 926 (route de St-Jean-de-Maurienne) au débouché de la combe Genin, juste avant un tunnel. Reprendre la D 926 à droite jusqu'au pont de Belleville. Là, prendre à gauche la D 80.

Cette route franchit l'Arvan, dont on entrevoit les gorges, et monte parmi les sapins ; la vue se dégage ensuite sur la basse vallée de l'Arvan. À l'entrée du village du Mollard, on reconnaît, à gauche, la **combe Genin**. *S'y arrêter en fin d'après-midi : la lumière est superbe dans ce couloir d'éboulis.*

Col du Mollard★
De ce point culminant (alt. 1 683 m) du parcours, les **vues★** sont particulièrement séduisantes : en arrière sur les aiguilles d'Arves, en avant sur les premiers sommets de la Vanoise. À la sortie ouest d'Albiez-le-Vieux commence la descente vertigineuse vers la vallée de l'Arvan, avec des passages en corniche ménageant des vues plongeantes. Deux grands lacets fournissent encore l'occasion d'apprécier l'encaissement des gorges de l'Arvan avant d'atteindre St-Jean-de-Maurienne.

ROUTE DU GLANDON
Du col du Glandon à La Chambre par la D 927 – 22 km – environ 1h30. La route est obstruée par la neige, en amont de St-Colomban-des-Villards, entre novembre et début juin. De Vizille ou du Bourg-d'Oisans, c'est la route la plus directe pour rejoindre la vallée de l'Arc. Depuis qu'existe la route du col de la Madeleine *(voir ce nom)*, entre La Chambre et N.-D.-de-Briançon, le Glandon constitue une étape entre Grenoble et Moûtiers. Alors reposez-vous un peu… La D 927 parcourt de bout en bout la vallée du Glandon ou « vallée des Villards », longtemps en vue du Mont-Blanc.

Col du Glandon★
À 250 m du chalet-hôtel du Glandon.

Ce seuil (alt. 1 924 m), dominé par les beaux escarpements colorés des rochers d'Argentière, ouvre une lointaine mais excellente **perspective** sur le Mont-Blanc. Entre le col du Glandon et Léchet, on parcourt la vallée des Villards au paysage sévère mais heureusement égayé en été par un tapis rouge de rhododendrons.

Randonnée

Refuge de l'Étendard★★★

Du col de la Croix-de-Fer, compter environ 3h15 de marche AR.

Au bout de 1h50 de montée, on est heureux de voir apparaître en contrebas le refuge de l'Étendard, dominé par le pic du même nom (3 464 m). Très beau coucher de soleil sur la chaîne de Belledonne : au nord-ouest, les aiguilles d'Argentière ; au nord-est la **vue**★★ est magnifique sur le Mont-Blanc, les Grandes Jorasses, le Grand Combin, le Grand Bec et la Grande Casse. Si vous en voulez encore plus, vous n'aurez qu'à descendre en 10mn au refuge situé au bord du lac Bramant. Les plus endurants peuvent poursuivre jusqu'au pied du glacier de **Saint-Sorlin**, en longeant les lacs Bramant, Blanc et Tournant. *Prévoir dans ce cas une journée complète.*

Route de la Croix-de-Fer pratique

Adresses utiles

Office de tourisme d'Allemont – *La Fonderie - 38114 Allemont - ☏ 04 76 80 71 60 - www.allemont.com - juil.-août : 9h-12h, 14h-18h ; de mi-déc. à fin avr. : 9h-12h, 15h-18h ; reste de l'année : lun., mar., jeu. et vend. : 9h-12h, 14h-17h, merc. et sam. : 9h-12h - fermé dim. (hors vac. scol.) et j. fériés (hors juil.-août) - www.eau-dolle.com (regroupe les infos sur les villages de Vaujany, Allemont, Oz-en-Oisans et Villard-Reculas).*

Office du tourisme de St-Jean-d'Arves – *73530 St-Jean-d'Arves - ☏ 04 79 59 73 30 - www.sja73.com - La Chal sais. d'été : 9h-12h, 14h30-18h, sais. d'hiver : 9h-12h, 14h30-17h30 - Les Chambons sais. d'été et d'hiver : 10h-12h, 14h-17h ; reste de l'année : tlj sf w.-end et j. fériés 9h-12h, 14h-17h.*

Office du tourisme de St-Sorlin-d'Arves – *73530 St-Sorlin-d'Arves - ☏ 04 79 59 71 77 - www.saintsorlindarves.com - juil.-août : 9h-12h, 14h30-18h30 ; de mi-déc. à fin avr. : 9h-12h, 14h30-18h30, sam. 9h-19h ; reste de l'année : tlj sf w.-end 9h-12h, 14h-17h.*

Visites

Circuit Art baroque – Tout l'été, les guides de la Facim organisent des visites des chapelles et églises baroques de la région. *Renseignements dans les offices de tourisme.*

Se loger

⊖⊖ **Chambre d'hôte Solneige** – *Pourchery - 38114 Vaujany - 15 km au nord-est du Bourg-d'Oisans - ☏ 04 76 79 88 18 - www.solneige.com - fermé de mi-avr. à mi-mai et oct.-nov. - 6 ch. 69 € ⊇ - repas 25 €.* Cet ensemble composé d'un chalet et d'une petite maison vient de bénéficier d'une importante restauration. Les chambres, confortables et décorées avec goût, possèdent un balcon ou une terrasse. Salle à manger et salon-cheminée aménagés dans les anciennes écuries voûtées. Jardin et jacuzzi.

Se restaurer

⊖ **Auberge Passoud** – *38114 Oz - ☏ 04 76 80 73 18 - passoudmarie@aol.com - fermé 1er déc.-25 mai - 13/20 € - 5 ch. 49 € ⊇.* Auberge rurale nichée dans un hameau qui domine le barrage du Verney. Les légumes, qui viennent principalement du potager, escortent à merveille les recettes du terroir concoctées par le chef, vrai magicien… d'Oz. Salles à manger simplement décorées. L'ancienne grange abrite des chambres pratiques.

Que rapporter

Coopérative laitière de la vallée des Arves – *Malcrozet, à 2 km de St-Jean-d'Arves - ☏ 04 79 59 70 16 - visites guidées tlj sf dim. et j. fériés 9h-11h30 - magasin : 9h-11h30, 14h30-19h - gratuit.* Fabrication de beaufort AOC, médaillé d'or.

Sports & Loisirs

Nordic walking – *Bureau Montagne des Arves - Le Frêne - La Chal - 73530 St-Jean-d'Arves - ☏ 04 79 59 79 40.* Cette marche avec bâtons présente de multiples avantages (rapidité, sûreté).

Via ferrata – *Site de Comborcière à St-Sorlin-d'Arves (accès pédestre en 5mn depuis la D 926 route du col de la Croix-de-Fer).* Ce parcours en falaise équipée et sécurisée comprend échelons, poutres, passerelle, pont de singe et tyrolienne. Plusieurs niveaux de difficulté.

Arves Loisir – Ce passeport (30 €), valable en été, donne accès aux animations de la vallée et des avantages sur les activités de la vallée.

Événement

Festival international de magie de la vallée d'Olle – *La 2e semaine d'août - ☏ 04 76 79 40 10.* Spectacles, stages, démonstrations, ateliers, tout est gratuit, magique !

DÉCOUVRIR LES SITES

Les Deux-Alpes★

664 LANTILLONS ET VENOQUINS
CARTE GÉNÉRALE C5 – CARTE MICHELIN DÉPARTEMENTS 333 J7 – ISÈRE (38)

Le domaine est réputé pour ses pistes, mais aussi pour son ambiance jeune et sportive. Ici, la glisse est reine, en hiver comme en été… sur le plus grand glacier d'Europe. Entre 1 300 et 3 600 m, vous passez en quelques minutes des villages tranquilles de la vallée aux exceptionnels panoramas de haute montagne du massif de l'Oisans.

Les Deux-Alpes en hiver.

- **Se repérer** – À 75 km de Grenoble, la station la plus élevée d'Isère (1 650-3 600 m) est accessible par la D 213 qui s'embranche sur la D 1091 au départ du lac du Chambon.
- **À ne pas manquer** – Le glacier de Mont-de-Lans.
- **Avec les enfants** – Une visite à la grotte de glace ou à la Maison de la montagne.
- **Pour poursuivre la visite** – Voir aussi l'Oisans, Le Bourg-d'Oisans.

Séjourner

Le domaine skiable

Les bons skieurs se donnent rendez-vous sur le premier tronçon, aux pentes assez raides et au sommet de la Tête Moute, ou au snowpark. Mais que les moins bons se rassurent : ils y trouveront aussi des pentes plus douces où la neige est excellente. Sur Mont-de-Lans, le plus **grand glacier skiable d'Europe**, une douzaine de remontées mécaniques desservent de nombreuses pistes vertes et bleues entre 2 800 et 3 568 m, altitude record en France pour des pistes damées. Rejoindre ensuite la station avec 2 000 m de dénivelée, quel plaisir ! Les descentes à skis par nuits claires sont aussi un grand moment d'émotion. Le hors-piste se pratique (en respectant toutes les précautions d'usage et de préférence avec un guide) dans les vallons de la Meije qui relient Les Deux-Alpes à La Grave.

Et si vraiment la glisse ne vous tente pas, vous pouvez vous rabattre sur la patinoire, la piscine en plein air chauffée, le parapente…

Les amateurs de promenades iront au vieux village de **Venosc** *(décrit à l'Oisans)*, au refuge de la Fée et au Sapey.

Visiter

Chapelle St-Benoît

Moderne, mais d'allure traditionnelle grâce à ses murs de moellons, elle renferme quelques sculptures originales dont un chemin de croix.

LES DEUX-ALPES

Maison de la montagne
Av. de la Muzelle - Les Deux-Alpes 1650 - ☎ 04 76 79 53 15 - juil.-août : 10h-12h, 15h-18h ; déc.-avr. et vac. de la Toussaint : 10h-12h, 15h-19h.

Elle propose une initiation à la faune de montagne à l'aide d'outils multimédia et d'animaux naturalisés. Une salle d'exposition temporaire est consacrée à l'histoire de l'alpinisme (pionniers, sauveteurs, guides, etc.).

Aux alentours

Mont-de-Lans – *Voir p. 344*
La porte d'entrée de la station à 5mn des Deux-Alpes. Le village de Mont-de-Lans, les hameaux du **Cuculet** et de **Bons** ont conservé leur habitat traditionnel.

Du **chemin des Serres**, rejoindre la table d'orientation qui offre un point de vue unique sur le lac du Chambon (retenue hydroélectrique), la vallée de la Meije et le Grand Pic de la Meije (3 982 m). Le sentier rejoint Bons où l'on peut voir une porte romaine, vestige historique taillé dans le roc par l'occupant romain il y a 2 000 ans. Poussez jusqu'aux hameaux du **Ponteil** et des **Travers** accrochés à flanc de montagne dans un environnement de verdure.

Randonnées

LES BELVÉDÈRES

Glacier du Mont-de-Lans★★★
Compter 2h AR pour le dôme du Puy Salié et une demi-journée pour le dôme de la Lauze. Chaussures de montagne, lunettes de soleil et jumelles recommandées.

☎ 04 76 79 75 01 - de mi-juin à fin août : 7h15-16h30 ; de déb. déc. à fin avr. : 9h15-16h15 ; vac. de la Toussaint : se renseigner - 16,90 € AR.

Accès du centre de la station *(près de l'office de tourisme)* par le téléphérique du **Jandri Express**. À 2 600 m, on change de cabine pour accéder à 3 200 m. Belle **vue** sur le Vercors et l'Oisans.

Prenez ensuite l'ascenseur et le funiculaire pour accéder au dôme du Puy Salié (3 421 m). En sortant, **vue**★★ magnifique sur la chaîne des Écrins. Vous rejoignez alors en quelques instants l'arrivée des téléskis pour admirer le Vercors et, plus à droite, Belledonne, le massif des Grandes Rousses (station de l'Alpe-d'Huez, pic du lac Blanc), le massif du Mont-Blanc, les dentelures sombres des aiguilles d'Arves et la Vanoise. Par temps clair, même le mont Ventoux est visible.

Les skieurs, pour bénéficier d'une vue encore plus dégagée, prendront le téléski de la Lauze et poursuivront à pied quelques instants jusqu'au sommet de la butte. **Panorama**★★★ splendide !

Dôme Express
Au terminus du funiculaire, des cavités abritant des **sculptures de glace** ont été creusées à plusieurs mètres de profondeur. On découvre tour à tour l'ardoisier, le colporteur, la salle des cristaux, etc. *☎ 04 76 79 75 01 - www.2alpes.com - de mi-juin à fin août : 7h15-16h30 ; de déb. déc. à fin avr. : 9h15-16h ; vac. de la Toussaint : se renseigner - se renseigner pour le tarif (accès 3 200 m, visite grotte).*

Croisière blanche★★★
Il est conseillé de réserver à l'office de tourisme en sais. Départ à proximité de la station d'arrivée du téléphérique. ☎ 04 76 79 75 01 - 26,90 € (30mn montée en téléphérique depuis Les Deux-Alpes, croisière, visite de la grotte de glace).

Les piétons peuvent se rendre sur le **dôme de la Lauze** en minibus à chenilles. Cette excursion, unique en France par son moyen de locomotion, apporte au profane une bonne initiation à la haute montagne.

Belvédère des Cimes★
Accès par le télésiège des Cimes, situé à l'entrée de la station côté Mont-de-Lans.
De ce **belvédère** (alt. 2 100 m), placé sur le flanc nord-est du Pied Moutet, vous aurez un bel aperçu de la vallée de la Romanche et du bassin du Bourg-d'Oisans.

Belvédère de la Croix★
Derrière le chalet de l'UCPA, à l'extrémité de la station côté Alpe-de-Venosc, on domine la profonde vallée du Vénéon. En face, la cime escarpée de l'aiguille de Venosc sépare le vallon du lac Lauvitel, à droite, du vallon du lac de la Muzelle, à gauche *(ces deux lacs ne sont pas visibles)*. La **roche de la Muzelle** (alt. 3 459 m), reconnaissable à son glacier suspendu, règne sur cet imposant paysage.

Les Deux-Alpes pratique

Adresses utiles

Office de tourisme – *4 pl. des Deux-Alpes - 38860 Les Deux-Alpes -* ☏ *04 76 79 22 00 - www.les2alpes.com - de mi-juin à fin août et déc.-avr. : 8h-19h ; de fin août à fin nov. et de déb. mai à mi-juin : tlj sf w.-end 9h-12h, 14h-18h - fermé 1ᵉʳ Mai, certains j. fériés (se renseigner).*

Syndicat d'initiative de Mont-de-Lans – *38860 Mont-de-Lans -* ☏ *04 76 80 18 85 - 2 sorties-randonnées gratuites par sem. en juil.-août, pour tt public. Accompagnement assuré par un guide de montagne.*

Se loger

○◍ **Chambre d'hôte Le Chalet** – *3 r. de l'Oisans - 38860 Les Deux-Alpes -* ☏ *04 76 80 51 85 - http://lechalet2alpes38.chez-alice.fr - fermé 2 mai-15 juin et sept.-nov. -* 🚭 *- 7 ch. 50/60 € -* ⌧ *5 €.* Dans ce gros chalet des années 1960 situé au cœur de la station, vous pourrez profiter du calme d'une des sept chambres gentiment aménagées mais sans surprise. Cette adresse vaut surtout par son bon rapport qualité/prix. Jardin appréciable en été.

○◍◍ **Hôtel La Belle Étoile** – *111 av. de la Muzelle - 38860 Les Deux-Alpes -* ☏ *04 76 80 51 19 - www.labelletoile.com - fermé 5 sept.-26 nov. -* 🅿 *- 29 ch., demi-pension 100/210 € -* ⌧ *7 €.* Proche des pistes, cet hôtel a de nombreux atouts : son jacuzzi et son sauna qui vous délasseront après le ski et en été, sa piscine, son tennis et son jardin. Vue exceptionnelle sur la Muzelle.

○◍◍ **Hôtel Les Mélèzes** – *17 r. des Vikings - 38860 Les Deux-Alpes -* ☏ *04 76 80 50 50 - www.hotelmelezes.com - fermé 29 avr.-19 déc. -* 🅿 *- 34 ch. 95/120 € -* ⌧ *10 € - rest. 33/74 €.* Les skieurs seront ravis ! Cet hôtel est au pied des pistes. Si vous préférez le farniente, installez-vous en terrasse ou choisissez une confortable chambre avec balcon pour admirer les exploits des plus sportifs. Le restaurant propose un menu « montagnard » le mardi soir.

Se restaurer

○ **La Petite Marmite** – *70 av. Muzelle - 38860 Les Deux-Alpes -* ☏ *04 76 80 50 02 - lapetitemarmite2@orange.fr - fermé 30 avr.-16 juin - formule déj. 10 € - 14/24 €.* Nombre d'habitués fréquentent ce petit restaurant et son agréable terrasse sous pergola. Le décor sympathique, l'accueil chaleureux et le service efficace y vont de compagnie avec une cuisine régionale goûteuse (nombreuses spécialités maison à découvrir).

○◍ **Bel'Auberge** – *1 r. de la Chapelle - 38860 Les Deux-Alpes -* ☏ *04 76 79 57 90 - belauberge@wanadoo.fr - ouv. juil.-août et déc.-avr. - 15/35 €.* Dans ce chalet-auberge aux boiseries finement dentelées, vous dégusterez une cuisine plutôt traditionnelle ainsi que quelques spécialités savoyardes (fondues et raclettes). Le patron, moniteur de ski à ses heures, s'occupera de vous en soirée.

○◍◍ **Le Diable au Cœur** – *38860 Les Deux-Alpes - Au sommet de la télécabine du Diable -* ☏ *04 76 79 99 50 - www.lediableaucoeur.com - ouv. 28 juin.-30 juin. et 15 déc.-26 avr. - 32/42 €.* Arrivé au terminus de la télécabine du Diable (2400 m), poussez la porte de ce charmant restaurant d'altitude : décor tout bois, spécialités régionales, service attentionné.

Sports & Loisirs

👁 **Bon à savoir** – En juillet et août un Pass-Piéton (51 €) vous donne libre accès pendant 6 jours à toutes les remontées mécaniques, 2 entrées à la piscine, 1 entrée à la patinoire et 1 entrée à la grotte de glace.

Bureau des guides – *Maison des Deux-Alpes -* ☏ *04 76 11 36 29.* De nombreux stages et initiations sont proposés tout au long de l'été : initiation et découverte de la haute montagne, école de glace et mur d'escalade, sports en eaux vives.

Randonnée – Aux portes du Parc national des Écrins, la station est le camp de base idéal pour rejoindre le GR 54 (Tour de l'Oisans) ou l'une de ses variantes.

Ski d'été – Vous pourrez skier tout l'été sur les glaciers de Mantel et de la Girose. Accès gratuit pour les enfants de moins de 5 ans et les personnes de plus de 72 ans.

LES ÉCHELLES ENTRE-DEUX-GUIERS

Les Échelles Entre-Deux-Guiers

2 985 ÉCHELLOIS
CARTE GÉNÉRALE B4 – CARTE MICHELIN DÉPARTEMENTS 333 H5 –
SCHÉMA P. 234 – ISÈRE (38)

Verte enclave encaissée que traverse le torrent du Guiers, le bassin des Échelles est brusquement séparé de la cluse de Chambéry par l'un des derniers bastions du massif de la Chartreuse. La construction des voies de communication qui le desservent révèle quelques-uns des épisodes les plus mouvementés de l'histoire de la Savoie.

- **Se repérer** – À 21 km au sud de Chambéry par la D 1006.
- **Organiser son temps** – Prenez le temps de suivre la voie sarde.
- **Pour poursuivre la visite** – Voir aussi Chambéry, le massif de la Chartreuse.

Visiter

GROTTES DES ÉCHELLES

4 km par la D 1006 vers Chambéry. Laisser la voiture à la sortie du tunnel des Échelles.
Les deux grottes des Échelles doivent une bonne part de leur réputation aux souvenirs historiques : par exemple, la voie millénaire qui les dessert.
La gorge qui sépare les grottes est un ancien tunnel naturel dont la voûte s'est effondrée. Pendant longtemps, elle a constitué le seul passage possible entre la vallée de Couz et le bassin des Échelles. Une voie romaine l'empruntait déjà. De 1667 à 1670, le duc de Savoie, Charles-Emmanuel II, fit niveler les degrés pour rendre la route plus accessible aux charrois. Un monument, élevé à hauteur de la grotte inférieure, commémore pompeusement ces travaux. Napoléon Ier donna l'ordre de creuser le tunnel que l'actuelle emprunte aujourd'hui. Celui-ci fut achevé en 1813.

Visite des grottes

Le point de départ le plus communément adopté est l'auberge du Tunnel, sur la D 1006, à la sortie est (côté Chambéry) du tunnel des Échelles. 04 79 65 75 08 - visite guidée des grottes des Échelles et de la voie sarde (1h15) juil.-août : 10h-18h45 (dép. ttes les 30mn, dernière entrée 17h30) ; de Pâques à fin juin et de déb. sept. à la Toussaint : sam. 14h45, 16h30, dim. et j. fériés 11h30-13h45, 15h15-16h45 - 6 € (7-16 ans 4 €, – 7 ans gratuit) - juil. et août : visites aux flambeaux le jeu., visites spéléologiques, animations, se renseigner.
L'entrée de la **grotte supérieure** s'ouvre dans la paroi rocheuse. Un couloir conduit à un carrefour d'où partent deux galeries. Celle de gauche dessert plusieurs salles au sol creusé par des marmites de géant que séparent d'étroits couloirs curieusement travaillés par l'érosion. Dans la grotte supérieure : une concrétion appelée le « dôme du mont Blanc ».
Une passerelle longue de 220 m accrochée à la paroi parcourt, à mi-hauteur, cet impressionnant « canyon inachevé » qu'est la grotte inférieure ou **Grand Goulet**★ ;

Il ne faut pas dépasser les bornes

Les nombreux sentiers balisés qui sillonnent le massif de la Chartreuse sont parfois jalonnés de bornes de pierre sculptées sur leurs deux faces. Il s'agit des bornes frontières délimitant le royaume de France et le duché de Savoie. Chacune des faces porte les armoiries des États (fleur de lys et croix de Savoie). Contrairement à une croyance, ces marques frontalières ont moins de deux siècles d'existence car elles ont été érigées en 1818 sous le régime « sarde » pour régler sur le terrain les litiges transfrontaliers et par là même matérialiser un traité vieux de près de quatre siècles !

Borne de pierre sculptée, massif de la Chartreuse.

DÉCOUVRIR LES SITES

elle servit d'abri au contrebandier **Mandrin** (1724-1755). De la sortie sud de la grotte, très jolie **vue**★ sur le massif de la Chartreuse que dominent les sommets du Grand Som et de la Sûre.

Vous pouvez aussi, si les grottes sont fermées, emprunter à pied l'ancienne **voie sarde** ; des panneaux explicatifs aident à mieux comprendre l'importance de cette route dont le tracé date de l'époque romaine. Établie en 1720, la voie sarde relie alors Chambéry à la France. Bombardée par les chasseurs alpins au cours de la Seconde Guerre mondiale qui souhaitaient ainsi retenir les troupes allemandes en route pour Chambéry, elle a été récemment réhabilitée par ces mêmes bataillons de chasseurs. Les murs naturels qui l'entourent lui donnent un aspect bien romantique, accentué par les frondaisons d'une végétation importante, propice à l'imagination…

> **Le saviez-vous ?**
>
> 👁 Les Échelles ont de tout temps désigné dans la région des escaliers en forme de degrés par lesquels on traverse un défilé en forte pente. Dans le cas présent, ce passage a bénéficié d'un premier aménagement au Moyen Âge, justifié par l'importance de cet axe transfrontalier.
>
> 👁 Après la mort de son mari, **Béatrix de Savoie**, comtesse de Provence au 13e s., se rendit au château des Échelles et fonda dans la localité une commanderie de St-Jean-de-Jérusalem. Le bâtiment accueille aujourd'hui la mairie.

Circuit de découverte

ROUTE DU COL DE LA CLUSE★

21 km – environ 2h. Circuit 4 sur le schéma p. 235.

Prendre vers Chambéry la D 1006 qui passe près de l'entrée des grottes des Échelles ; au col de Couz, tourner à droite pour traverser le village de St-Jean-de-Couz, et suivre la D 45.
La route, après le col des Égaux, domine le bassin des Échelles, puis les gorges du Guiers Vif, face au fameux passage du « Frou ».
Aussitôt avant Corbel, à hauteur d'un calvaire, la vue est dégagée sur la vallée du Guiers Vif, plus épanouie. Sur le versant opposé s'éparpillent, à flanc de vallon, les hameaux de la Ruchère.
Corbel marque l'entrée latérale d'un autre vallon suspendu, très agreste, encadré par de beaux escarpements. Par une montée accentuée, la D 45 s'échappe de ce vallon.

Col de la Cluse

Alt. 1 169 m. Agréable lieu de halte. La fraîcheur du site contraste avec l'ensoleillement des pentes de la vallée d'Entremont, dominée par les barres rocheuses du Granier.
Au col de la Cluse, on peut revenir aux Échelles par le Désert, Entremont-le-Vieux et St-Pierre-d'Entremont (itinéraire partiellement décrit en sens inverse p. 236) ou poursuivre au-delà d'Entremont-le-Vieux vers Chambéry par le col du Granier.

Les Échelles Entre-Deux-Guiers pratique

Adresse utile

Office du tourisme de la vallée de la Chartreuse – R. Stendhal - 73360 Les Échelles - ☎ 04 79 36 56 24 - juil.-août : 9h30-12h, 14h30-18h, sam. 9h30-12h30, 14h30-16h30 ; reste de l'année : tlj sf lun. 9h30-12h, 14h30-18h, sam. 9h-12h30.

Visites

Parcours « Béatrice de Savoie » – À partir du village des Échelles jusqu'à la chapelle de la Madeleine, le parcours dresse le portrait du comté de Savoie *(se rens. à l'office de tourisme).*

Des Échelles à Voiron – La D 49, voie champêtre raccordant Les Échelles à St-Étienne-de-Crossey en direction de Voiron, traverse le village de Miribel-les-Échelles, où le **pont**, exceptionnellement, supporte, puis surplombe la route. Une curiosité.

Se loger

😊😊 **Chambre d'hôte La Ferme Bonne de la Grotte** – 73360 St-Christophe-la-Grotte - ☎ 04 79 36 59 05 - www.gites-savoie.com - 6 ch. 71/89 € ☐ - rest. 28 €. Cette ferme vieille de trois siècles, sise au pied des grottes des Échelles, est devenue une adresse incontournable. Sa décoration intérieure réalisée dans le respect de la tradition savoyarde est particulièrement réussie. À table, produits du terroir.

Sports & Loisirs

Pêche – Dans le Guiers pour ses truites ou au lac du Sauget pour ses poissons blancs *(se rens. à l'office de tourisme).*

Évian-les-Bains ★★

7 273 ÉVIANAIS
CARTE GÉNÉRALE C1 – CARTE MICHELIN DÉPARTEMENTS 328 M2 –
SCHÉMA P. 405 – HAUTE-SAVOIE (74)

Baptisée « perle du Léman », Évian est merveilleusement située entre le lac et les contreforts des Préalpes du Chablais. La station s'étage en amphithéâtre au-dessus du Léman réservant aux seules rives des espaces plans. Les ruelles du centre ne sont que raidillons et recoins franchis à bout de souffle. Un parcours ponctué de belles surprises architecturales. Si les langueurs des fins de soirée, les plaisirs de la promenade sont réservés aux bords du lac où les anciens palaces et thermes sont concentrés, les après-midi peuvent être consacrés à la découverte du Chablais.

- **Se repérer** – À 45mn de la sortie de l'A 40 (sortie n° 15) ou 10 km de Thonon-les-Bains.
- **À ne pas manquer** – Une promenade ou traversée en bateau sur le lac Léman.
- **Organiser son temps** – Profitez les vendredis d'été de la visite guidée en petit train.
- **Avec les enfants** – La visite du Pré-Curieux, aussi agréable que pédagogique.
- **Pour poursuivre la visite** – Voir aussi Thonon-les-Bains, Abondance.

Évian et les rives du lac Léman.

Séjourner

Aux environs d'Évian, **Amphion-les-Bains** fut le premier des centres de cure du Chablais. Les princes de la maison de Savoie vinrent, dès le 17e s., y goûter les eaux. Le souvenir de la belle poétesse Anna de Noailles (1876-1933) ne s'est pas effacé lui non plus : un temple votif lui fut érigé au bord du lac. Et si son corps est au Père-Lachaise à Paris, son cœur n'est pas loin, il est à Publier.

La cure

Les eaux froides (11,6 °C) provenant du plateau de Vinzier sont filtrées par les sables glaciaires du pays de Gavot et contiennent une très faible minéralisation. Cette eau minérale naturelle est devenue une référence grâce à son action reconnue sur les rhumatismes et les affections rénales.

Se promener

Le « front de lac » ★

C'est la plus jolie promenade d'Évian. D'abord parce que le lac est bordé d'arbres d'essences rares, de pelouses et de fleurs. Ensuite, parce que c'est ici que se trouvent les bâtiments du **palais Lumière**, la **villa Lumière**, actuel hôtel de ville, et le **casino**.

DÉCOUVRIR LES SITES

Les nouveaux établissements thermaux se trouvent dans le **parc thermal (C)**. La buvette, dessinée par l'architecte **Novarina**, fut construite en 1956 et l'Espace thermal en 1983. Ce dernier est en partie enterré afin de préserver le parc.

Le **Jardin anglais (C)** a élu domicile au-delà du port, là où se concentrent les yachts et où accostent les bateaux du Léman.

Un ensemble de **fontaines musicales** avec jeux d'eau rythmés par de la musique agrémente la promenade le long du lac jusqu'au port de plaisance des Mouettes. En arrière, les grands hôtels s'étagent sur les premières pentes du pays de Gavot, à travers les châtaigneraies de Neuvecelle.

Le lac Léman★★★

Avec ses 310 m de profondeur et ses 58 000 ha, ce lac est 13 fois plus étendu que celui du Bourget, le plus vaste de la France intérieure. Il ressemble à une petite mer sillonnée par de nombreux pêcheurs et par les élégants bateaux de la Compagnie générale de navigation. Des phares en jalonnent les rives et ne sont pas inutiles quand se lèvent des vents violents. Ainsi le joran, vent du nord-ouest en provenance du Jura suisse, annonce parfois de brusques et spectaculaires tempêtes qui peuvent provoquer des vagues de plusieurs mètres sur le lac. De nombreuses régates et l'édition de la Coupe de l'America en 2003 illustrent la vocation nautique de ce lac hors du commun mais fragile.

Sa forme est celle d'un croissant long de 72 km, large au maximum – entre Morges et Amphion – de 13 km. L'altitude moyenne de son plan d'eau est de 372 m au-dessus du niveau de la mer. On distingue généralement le Petit Lac – entre Genève et Yvoire – du Grand Lac, secteur le plus épanoui, dont une partie au large de Vevey, Montreux et St-Gingolph, est encore appelée le Haut Lac.

Des terrasses de Montreux ou de Meillerie, vous pourrez observer un phénomène naturel assez rare : vous verrez le lac se battre pour absorber les eaux troubles du Rhône valaisan. Il donne l'impression de résorber d'un coup le puissant panache de boue. Il n'en est rien : une tranche d'eaux fluviales troubles stagne à 20 m de profondeur. Le mélange ne se fait qu'à l'automne, au premier refroidissement. Les échanges de chaleur entre l'atmosphère et les eaux du lac se traduisent par un bilan climatique très favorable aux riverains, surtout en avant et en arrière-saison. L'automne chablaisien est magnifique, avec des brumes fréquentes.

Promenades en bateau★★★ – *Voir l'encadré pratique p. 268*

Visiter

La buvette Cachat (B)

19 r. Nationale - ℘ 04 50 26 80 29 - ♿ - de mi-juin à mi-sept. : 10h30-12h30, 15h-19h ; du 8 Mai à mi-juin, et 3ᵉ sem. de sept. : lun.-sam. 14h30-18h30 - fermé de la 3ᵉ sem. de sept. au 8 Mai - gratuit. Le siège de la Société des eaux minérales d'Évian est installé à l'emplacement de l'ancienne **buvette Cachat**, pavillon de bois et de verre de style Art nouveau de Jean-Albert Hébrard. Elle est couverte d'une coupole qu'encadrent des vitraux à motifs végétaux. Dans le hall, expositions et informations sur l'eau d'Évian et les thermes.

Si l'on contourne le bâtiment, on peut se désaltérer à la source qui alimentait la fontaine Ste-Catherine *(voir notre encadré)*, édifiée en 1903, et rebaptisée source Cachat. On peut s'y désaltérer de même qu'à la source des Cordeliers située à quelques mètres de là.

Le saviez-vous ?

👁 Les vertus des eaux d'Évian ne furent découvertes qu'en 1789 lorsqu'un gentilhomme auvergnat, le **comte de Laizer**, réalisa que l'eau de la fontaine Ste-Catherine, jaillissant dans le jardin d'un certain Cachat, « faisait passer ses graviers ». C'est-à-dire qu'elle soulageait ses calculs rénaux.

👁 Jusqu'en 1865, Évian présentait l'aspect d'une petite cité fortifiée aux murailles baignées par le lac. L'église elle-même s'avançait en proue dans celui-ci. Après 1865 furent construits, en empiétant sur les eaux, les quais actuels, dont la plus longue section porte le nom du **baron de Blonay**. En léguant à la ville son château (à l'emplacement du casino actuel) et les terrains riverains, cet homme donna le coup de pouce décisif au développement touristique de la station.

👁 Le nom d'Évian reste attaché aux **accords** du même nom, signés le 18 mars 1962, qui stipulaient la reconnaissance de l'indépendance de l'Algérie.

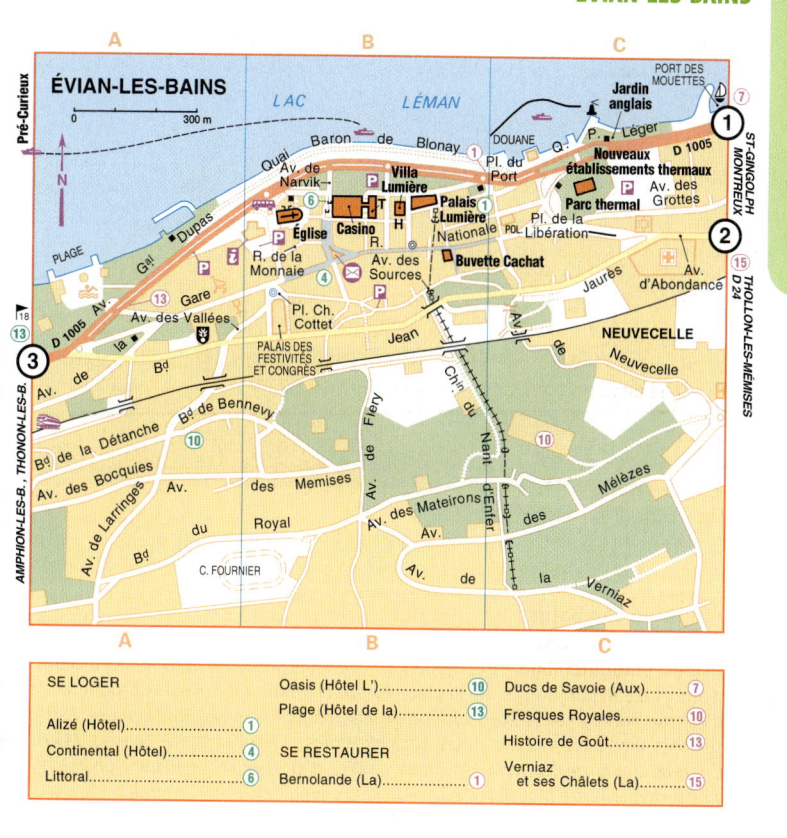

SE LOGER	Oasis (Hôtel L')..................⑩	Ducs de Savoie (Aux)............⑦
	Plage (Hôtel de la)...............⑬	Fresques Royales....................⑩
Alizé (Hôtel)..........................①		Histoire de Goût.....................⑬
Continental (Hôtel)................④	SE RESTAURER	Verniaz
Littoral...................................⑥	Bernolande (La)....................①	et ses Châlets (La)..........⑮

Église Notre-Dame de l'Assomption (B)

Place des Anciens-Combattants. Typique du premier art gothique en Savoie (fin du 13e s.), elle a été remaniée et restaurée de nombreuses fois. Quelques chapiteaux subsistent de la construction initiale. Dans la chapelle du Rosaire, à droite du chœur, la Vierge bourguignonne, bas-relief en bois peint, fut donnée aux clarisses d'Orbe en 1493 par Louise de Savoie, qu'une fresque représente sur le mur en face. Les stalles sont un chef-d'œuvre de l'art gothique flamboyant daté du milieu du 15e s. en partie reconstruites au 19e s.

Villa Lumière (hôtel de ville) (B)

☎ 04 50 83 10 00 - *9h-11h30, 13h30-17h - fermé w.-end et j. fériés - gratuit.* Trônant sur les bords du lac, cette villa symbolise les goûts de luxe des résidents de la Belle Époque. Seconde création d'Antoine Lumière (père de Louis, inventeur du cinématographe), après le château du Clos à La Ciotat, la villa date de 1896. Les cariatides encadrant la porte d'entrée sont l'œuvre de l'artiste lyonnais Devaux s'inspirant des atlantes de Pierre Puget à Toulon. Remarquer la décoration des salles du rez-de-chaussée et l'**escalier d'honneur★**.

Côtoyant la villa, le **théâtre** constitue lui aussi un splendide témoignage des fastes de la fin du 19e s.

Toujours sur le front du lac, le **palais Lumière**, établissement thermal jusqu'en 1984 reconverti en espace culturel, et le **casino,** réalisé en 1911 par l'architecte de la buvette Cachat, s'élèvent sur le site du château de Blonay légué à la ville en 1877.

Le Pré-Curieux – Jardins de l'Eau★ (hors plan)

☎ 04 50 75 04 26 - www.precurieux.com - &. - *visite guidée (1h45, dép. du ponton en face du casino) juil.-août : 10h, 13h45 et 15h30 ; mai-juin et de déb. sept. à mi-sept. : tlj sf lun. et mar. 10h, 13h45 et 15h30 - 10 € (enf. 6 €).* C'est en bateau à énergie solaire que l'on rejoint cette belle villa qui borde le Léman. La maison, de style colonial, présente utilement la convention internationale de Ramsar (1971) sur la protection des zones humides, avec des applications sur Évian et le pays de Gavot. Mais rien ne vaut le concret, et la visite guidée des jardins illustre l'incroyable richesse des écosystèmes humides sur ce petit territoire de 3,5 ha.

DÉCOUVRIR LES SITES

Croisière sur le lac Léman.

Aux alentours

Amphion-les-Bains
4,5 km à l'ouest.
Usine d'embouteillage – Très moderne, cette usine produit en moyenne 5 millions de litres d'eau par jour, ce qui la place au premier rang mondial des producteurs d'eau minérale. ☏ 04 50 26 93 23 - visite-usine@danone.com - ♿ - visite guidée (1h30) sur inscription au service des visites, Eaux minérales d'Évian, 22 av. des Sources, 74503 Évian-les-Bains : de déb. janv. à la 3e sem. de déc. : tlj sf w.-end et j. fériés 9h-10h30,14h-15h30 - fermé 1er et 8 Mai, Ascension, 14 Juil., 15 août, 1er et 11 Nov. - gratuit.

Circuits de découverte

Les trois premiers circuits sont décrits au départ de Thonon-les-Bains *(voir p. 400).*

Les falaises de Meillerie★★ 4
D'Évian à Novel 23 km - environ 1h - schéma p. 405. Le parcours comporte l'entrée en zone franche. Quitter Évian vers l'est par la rive du lac.
Jusqu'à Lugrin, la route est bordée de nombreuses propriétés ; on passe sous une galerie reliant le château de Blonay à la rive (16e s. – transformé au 19e s.).
Au-delà de Lugrin, la route longe le pied des falaises de Meillerie, en vue de l'agglomération de Montreux, sur la rive suisse. À gauche pointent les rochers de Naye, belvédère bien connu des habitués de la côte vaudoise.

Meillerie★
Au pied de sa robuste église (clocher du 13e s.), dans un **site★** ravissant, ce village de pêcheurs où Rousseau situa certaines scènes de la *Nouvelle Héloïse* s'adosse aux falaises les plus imposantes du Léman. La pierre locale, prélevée sur les falaises, servit à la construction des villes lémaniques (Lausanne, Vevey, Montreux, etc.).
Pour descendre en voiture sur le quai de Meillerie, où sèchent les filets de pêcheurs, prendre la rampe qui se détache de la nationale à la sortie est de la localité.
Après Meillerie, la vue s'élargit encore sur le Haut Lac et son cadre de montagnes jusqu'aux sommets dominant Leysin (Tour d'Aï).

Saint-Gingolph
Tous les monuments de cet amusant bourg franco-suisse sont en double, sauf l'église et le cimetière situés en France. Le torrent de la Morge marque la frontière.
À la cour de Louis XV, St-Gingolph était réputée comme une des plus importantes villes suisses : de jeunes Savoyards se faisaient passer pour originaires de la patrie valaisanne pour intégrer les régiments suisses de la garde royale. Ils avaient compris que la solde en franc suisse était plus rémunératrice.
Musée des Traditions et des Barques du Léman – ☏ (0) 24 482 70 22 - www.st-gingolf.ch/musee - juil.-août : 14h-17h30 ; avr.-juin et sept.-oct. : sam. 14h-17h30 - 4 €.
Le musée de St-Gingolph expose, dans les combles du château sous une magnifique

charpente en mélèze de 1752, un ensemble de 33 maquettes de navires qui retracent l'évolution de la navigation marchande sur le Léman, depuis les anciennes « naus » transportant des matières précieuses aux foires de Genève jusqu'aux grandes barques à voiles latines chargées de pierres du 19e s.

Point de vue
Agréables vues sur le Léman, depuis **Novel** *(prendre la D 30 en forte montée depuis St-Gingolph)* situé au pied de la dent d'Oche.

LE PAYS DE GAVOT★ 5
L'arrière-pays d'Évian est un plateau bien délimité par le lac et, au sud, par la vallée de la Dranse d'Abondance. Les promeneurs l'apprécient pour ses vastes horizons, bien dégagés de tous côtés. Les falaises du pic de Mémise qui le dominent, à l'est, constituent le plus bel observatoire de la rive chablaisienne du Léman. Ce pays est le réservoir naturel des eaux d'Évian. Contrée de terres humides, il était autrefois connu pour sa production de tourbe. On tente aujourd'hui de sauvegarder les rares et précieuses tourbières qui restent.

Pic de Mémise★★
1/2h AR. Alt. 1 674 m. Après avoir rejoint la station de Thollon-les-Mémises, prendre la télécabine. À 1 596 m, sur la crête des falaises de Mémise, point de départ du GR 5. De là, on gagne le point culminant avec son **panorama** sur le lac, la rive suisse de Nyon à Montreux et, à l'horizon, le Jura, les coteaux vaudois, les rochers de Naye.

LA DRANSE D'ABONDANCE 6
D'Évian à Abondance 47 km – environ 2h – schéma p. 405. Quitter Évian par la D 21 (route de Thollon).

Bernex
Villégiature et petit centre d'alpinisme, Bernex est le point de départ de l'ascension de la **dent d'Oche** (alt. 2 222 m).
Au-delà de Vacheresse, la D 22 suit le profond sillon boisé de la Dranse d'Abondance, qui s'épanouit en amont d'Abondance *(voir ce nom)*. Remarquez les chalets, typiques de la vallée d'Abondance avec leur immense toit couvert de schiste clair, leur pignon signé d'une croix, leurs grands balcons à balustrade en bois découpé.

Évian-les-Bains pratique

Voir aussi les encadrés pratiques de Thonon-les-Bains, Abondance…

Adresse utile
Office du tourisme d'Évian – *Pl. de la Porte-d'Allinges - 74500 Évian-les-Bains - ℘ 04 50 75 04 26 - www.eviantourism. com ou www.ville-evian.fr- juil.-août : 9h-12h30, 14h-19h, sam. 9h-12h, 15h-19h, dim. et j. fériés : 10h-12h, 15h-18h ; oct.-avr. : 9h-12h, 14h-18h (sam. 17h) ; mai, juin et sept. : 9h-12h, 14h-18h30, sam. : 9h-12h, 14h-18h, dim. et j. fériés : 10h-12h, 15h-18h - fermé 25 déc., 1er janv., 1er Mai, 11 Nov. et Toussaint.*

Transports
Le funiculaire – *℘ 04 50 74 98 93 - en continu 10h-19h (durée 15mn) - dép. r. du Port, arrivée av. de la Verniaz.* Le funiculaire, construit en 1907, crée un lien très utile entre la ville haute et les quais.

Se loger
Hôtel Continental – *65 r. Nationale - ℘ 04 50 75 37 54 - www.continental-evian. com - fermé 10-30 janv. - 32 ch. 50/82 € - ⌁ 7,50 €.* Cet immeuble de 1868 abrite de vastes chambres bien insonorisées ; celles du 4e étage, côté rue, offrent une jolie vue sur le lac. Beau mobilier ancien chiné par le patron.

Hôtel L'Oasis – *11 bd Bennevy - ℘ 04 50 75 13 38 - www.oasis-hotel.com - ouv. de déb. avr. à fin sept. - ⓟ - 18 ch. 65/160 € - ⌁ 10 €.* Sur les hauteurs d'Évian, charmant hôtel aux chambres gaies et actuelles ; certaines font face au lac, d'autres occupent deux maisonnettes nichées dans le joli jardin arboré.

Littoral – *Av. de Narvik - ℘ 04 50 75 64 00 - www.hotel-evian-littoral.com - fermé 24 oct.-11 nov. - 30 ch. 75/99 € - ⌁ 8,50 €.* Près du casino, bâtiment contemporain dont les équipements fonctionnels sont appréciés par la clientèle internationale. Toutes les chambres (sauf deux) ont un balcon côté lac.

Hôtel Alizé – *2 av. Jean-Léger - ℘ 04 50 75 49 49 - www.hotel-alize-evian. com - fermé 15 nov.-31 janv., lun. et mar. - 22 ch. 77/107 € - ⌁ 8,50 € - rest. 15/29 €.* Belle situation face au débarcadère et à côté de l'espace thermal. Les chambres, rénovées, sont contemporaines et très colorées ; la plupart d'entre elles donnent

DÉCOUVRIR LES SITES

sur le lac. « Cuisine traditionnelle et spécialités savoyardes au restaurant ».

⌂ **Hôtel de la Plage** – 74500 Amphion-les-Bains - Autoroute A 40, A 41, A 43, route D 1005 - ℰ 04 50 70 00 06 - www.hotelplage74.com - fermé du 16 oct. à déb. mai - P - 39 ch. 65/125 € - ⌷ 9,50 € - rest. 16,50/38 €. Difficile de trouver hébergement plus proche des eaux bleutées du lac Léman. Les chambres, claires et calmes, ont toutes été rénovées ; quelques-unes profitent de la vue. Déjeuner ou dîner dans la salle à manger sur pilotis procure une grande félicité.

Se restaurer

⌂ **La Bernolande** – 1 pl. du Port - ℰ 04 50 70 72 60 - pierresplates@wanadoo.fr - fermé jeu. de sept. à avr. et merc., janv. - 13,90/31,90 €. La terrasse de ce petit restaurant est un observatoire d'où vous pourrez, par beau temps, admirer le lac et les bateaux-navettes qui assurent la liaison Lausanne-Évian. Copieuse cuisine familiale. Accueil souriant.

⌂⌂ **Histoire de Goût** – 1 av. du Gén.-Dupas - ℰ 04 50 70 09 98 - histoiredegout.ifrance.com - fermé 4-15 janv. et lun. - formule déj. 18 € - 24/39 €. Casiers à vin et beau comptoir « pin et zinc » dans une salle, voûte et lustre en fer forgé dans l'autre : deux ambiances agréables pour découvrir menus et suggestions actuels.

⌂⌂⌂ **Aux Ducs de Savoie** – R. du 23-Juillet-1944 - 74500 St-Gingolph - ℰ 04 50 76 73 09 - www.lelac.com/ducs - fermé 5-20 janv., lun. et mar. - 21/65 €. La gourmandise est au rendez-vous de ce chalet pimpant : bien connu des Suisses qui y viennent en voisins, il séduira les amateurs de bonne chère. En été, vous savourerez la douceur de l'air sur la belle terrasse qui offre une vue panoramique sur le lac. Menu enfant.

⌂⌂⌂⌂ **La Verniaz et ses Chalets** – Rte d'Abondance - ℰ 04 50 75 04 90 - www.verniaz.com - fermé de mi-nov. à déb. fév. - P - 33 ch. 128/280 € - ⌷ 16 € - rest. 39/72 €. Ensemble de bâtiments et chalets disséminés dans un superbe parc noyé sous les fleurs en saison. Grandes chambres un brin mûrissantes ; vue sur le lac. Cuisine classique, spécialités de grillades et poissons du Léman à déguster dans le restaurant rustique.

⌂⌂⌂⌂ **Fresques Royales** – Hôtel Royal, rive sud du Lac de Genève - ℰ 04 50 26 85 00 - www.evianroyalresort.com - 70/150 €. Gustave Jaulmes réalisa ces « fresques royales » qui ornent ce superbe restaurant au cadre Belle Époque. Vue imprenable sur le lac depuis la très belle terrasse. Cuisine raffinée.

En soirée

Casino d'Évian – Quai Baron-de-Blonay - ℰ 04 50 26 87 87 - www.casino-evian.com - machines à sous : 10h-2h ; jeux trad. : 20h-2h ; bar le Liberté : 12h-2h, vend., sam. jusqu'à 3h ; été : jusqu'à 3h. Le plus grand casino à thème d'Europe offre tous les classiques du genre. Fortune faite, ils

L'entrée du casino d'Évian.

peuvent choisir de faire une halte gourmande au Savana Lodge, dominant la salle des machines à sous ou au Baccara, le restaurant des jeux de table à moins qu'ils ne préfèrent se désaltérer au bar « tendance » l'Urban Tropic, au pub Au Bureau ou au Liberté, bar-restaurant dont la terrasse regarde le lac.

Que rapporter

La Cave à Paul – 37 r. Nationale - ℰ 04 50 75 12 47 - tlj sf lun. hors sais. 9h-12h30, 14h30-19h30. En cette boutique, whisky, armagnacs, cognacs et plus confidentielles eaux-de-vie blanches d'Alsace s'entassent dans un joyeux fouillis, en compagnie de crus venus du monde entier. Une très belle sélection de vins et spiritueux, gérée avec beaucoup d'enthousiasme par Madame Lhopitault-Lebreton. « Sympa » et authentique.

Sports & Loisirs

👁 **Bon à savoir** - Le cercle de la voile propose stages, régates et enseignement tous niveaux. Le centre nautique Évian-Plage offre un bel espace de pelouse autour de 2 piscines chauffées. Enfin, la Cité de l'eau (située à Amphion) abrite une piscine couverte, un bassin à vagues, une fosse à plongeon, un sauna et un jacuzzi.

Promenades en bateau – ℰ 04 50 75 27 53 - tte l'année, liaisons quotidiennes entre Évian et Lausanne (35mn) - mai-sept. : Haut-Lac Express (via Lausanne et château de Chillon) en vapeur - départ 11h45 et 16h15 (4h) - 36 €. Les bateaux de la Compagnie générale de navigation relient les rives française et suisse. Tour du lac, traversées, croisières nocturnes sont au programme.

La Savoie – Rens. au guichet d'information sur le quai en juil.-août. Cette barque est une fidèle réplique des embarcations traditionnelles, c'est aussi l'un des plus grand bateaux de patrimoine reconstruits en France.

Événement

Escales musicale d'Évian – La Grange au lac - ℰ 04 50 26 85 00 - www.evianroyalresort.com - 2e et 3e sem. de mai. Festival de musique classique.

Flaine ★

CARTE GÉNÉRALE C2 – CARTE MICHELIN DÉPARTEMENTS 328 N4 – SCHÉMA P. 249 – HAUTE-SAVOIE (74)

L'apparition de la station surprend ou choque, mais ne peut laisser indifférent. L'aventure de Flaine est significative d'une certaine vision de la montagne. Dans les années 1960, le ski se démocratisait et dans la montagne dépeuplée de vastes espaces restaient en friche. Les stations étaient conçues de toutes pièces selon les critères de modernité et de rentabilité de l'époque. À cet égard, Flaine est exemplaire. Sylvie et Éric Boissonnas en confient la conception à Marcel Breur, maître du Bauhaus et architecte du palais de l'Unesco.

- **Se repérer** – À 26 km au sud-est de Cluses (D 1205, puis D 106). Cette station sans voitures vit, été comme hiver, autour de son Forum, véritable centre nerveux du village.
- **À ne pas manquer** – À l'entrée du Forum, voyez entre autres une sculpture géométrique polychrome de **Vasarely**. Non loin de là, la *Tête de femme* peinte : restitution monumentale (12 m) polychrome d'une maquette de 80 cm de hauteur réalisée par **Picasso** en 1957.
- **Organiser son temps** – L'été, la musique classique est à l'honneur avec des concerts gratuits.
- **Pour poursuivre la visite** – Voir aussi Cluses.

Séjourner

Le domaine skiable

Son isolement a favorisé le développement d'un large réseau de remontées mécaniques. La station dispose aujourd'hui d'un domaine étendu, « Le Grand Massif », relié aux stations des Carroz, Morillon, Samoëns et Sixt *(forfait commun)*. Une piste remarquable de 13 km assure la liaison de Flaine à cette dernière. Certains aménagements de la station sont réservés aux adeptes du surf des neiges.

Randonnée

Désert de Platé ★

Le **téléphérique des Grandes Platières** permet d'accéder au **désert de Platé**, que domine la chaîne du Mont-Blanc, de l'aiguille Verte à l'aiguille de Bionnassay. ℘ 04 50 90 40 00 - juil.-août : 9h-12h30, 14h-17h ; déc.-avr. : 9h-16h45 *(12mn, en continu)* - 11,50 € AR (enf. 8,50 €).

Flaine pratique

Voir aussi l'encadré pratique de Cluses.

Adresse utile

Office de tourisme – *Galerie des Marchands - 74300 Flaine -* ℘ *04 50 90 80 01 - www.flaine.com - juil.-août : 9h-12h, 13h30-18h30 ; 2e sem. de déc. à fin avr. : 8h45-19h30 ; mai-juin et sept.-1re sem. de déc. : lun.-vend. 9h-12h, 14h-18h.*

Visites

Visite guidée de la station – *juil.-août et de mi-déc. à fin avr. : mar. 14h - gratuit.* rens. à l'Office de tourisme.

Le centre culturel – Il présente des artistes contemporains, dispose d'une bibliothèque trilingue et d'un coin jeunesse.

Sports & Loisirs

Bon à savoir – Le domaine skiable de la station s'étend sur plus de 50 pistes et un snowpark, desservis par 29 remontées mécaniques. On trouve aussi 17 km de pistes dédiées au ski de fond et des parcours balisés pour raquettes. En été, 150 km de chemins attendent les randonneurs. Patinoire et piscine ouvertes toute l'année.

Événement

L'Académie internationale de musique de Flaine – Les élèves de cette Académie réputée se produisent la 1re quinzaine d'août à l'auditorium. *Entrée gratuite.*

DÉCOUVRIR LES SITES

Les Gets

1 352 GÊTOIS
CARTE GÉNÉRALE C2 – CARTE MICHELIN DÉPARTEMENTS 328 N4 –
SCHÉMA P. 249 – HAUTE-SAVOIE (74)

Entre Léman et Mont-Blanc, mais très accessibles depuis le Faucigny, Les Gets avaient vocation à devenir une grande station. Raccordé au domaine des Portes du Soleil et situé à proximité de ses brillantes voisines que sont Morzine et Avoriaz, le village s'étire dans une vallée étroite. Mais il suffit de gagner les alpages et notamment celui du Mont-Caly pour que se déploie sous vos yeux un magnifique panorama de la chaîne du Mont-Blanc.

- **Se repérer** – À 22 km au nord de Cluses (D 902). La route passe par les gorges du Foron et peut être soumise à divers glissements de terrain ou travaux.
- **À ne pas manquer** – Le musée de la Musique mécanique.
- **Organiser son temps** – Rendez-vous aux Mardis de l'orgue à l'église des Gets pour découvrir les finesses et la puissance d'un instrument philharmonique de 1 000 tuyaux.
- **Avec les enfants** – Une séance de Trottinerbe pour s'amuser ; une séance d'initiation chez les Apprentis fermiers *(voir encadré pratique)*.
- **Pour poursuivre la visite** – Voir aussi Cluses, Morzine, Avoriaz.

Séjourner

La station doit son nom au mot *gets* qui désignait en patois les couloirs de descente des bois coupés. Et il est vrai que la forêt est partout présente puisqu'elle occupe les deux tiers de son territoire.

Depuis 2003, Les Gets se sont engagés dans une politique de développement durable (chaudière communale à bois, maintien d'une population résidente, etc.). Tout est mis en place (parkings, navettes, petit train) pour que vous n'ayez pas besoin de votre voiture dans la station.

Le domaine skiable – Les Gêtois doivent tant à **Servetaz** et **Pomagalski** qui construisirent aux Gets en 1936 le premier téléski débrayable, prélude au lancement de la station et… à l'avenir des remontées débrayables.

Cette station, réputée pour son équipement et ses aménagements destinés aux enfants, fait partie du domaine franco-suisse des **Portes du Soleil** qui regroupe 14 stations.

Les fondeurs pourront s'exercer, quant à eux, sur les six boucles des pistes balisées.

Musée de la Musique mécanique

294 route des Grandes-Alpes – ℘ 04 50 79 85 75 - &. - visite guidée (1h15) juil.-août : 10h15-12h15, 14h15-19h15 ; sept.-oct. : 14h15-19h15 ; du 1er janv.-30 avr. : tlj sf sam. 14h15-19h15 - fermé de déb. nov. à mi-déc. et 1er Mai - 7 € (4-15 ans 4 €).

Installé dans l'ancienne « maison des Sœurs » du 16e s., ce musée rassemble une intéressante collection d'instruments : orgues de Barbarie, boîtes à musique, pianos mécaniques, phonographes, orchestrions, limonaires, etc.

Musée de la Musique mécanique.

On remarquera également des automates et des tableaux animés.

Cinq salles restituent des ambiances musicales différentes : salon de musique, fête foraine, bistrot 1900, atmosphère de rue et salles de concerts. Vous pourrez voir au rez-de-chaussée une belle collection d'automates et de scènes historiques animées du parfumeur Roget & Gallet qui ornaient les vitrines du faubourg St-Honoré à Paris.

LES GETS

Randonnée

Mont Chéry★★

10mn en télécabine puis en télésiège, ou en voiture, 2,5 km par la route du col de l'Encrenaz. 04 50 75 80 99 - www.lesgets.com - de déb. juin à mi-sept. : 9h30-17h30 (en continu) - fermé de fin avr. à déb. juin et de mi-sept. à mi-déc. - 7,90 € AR.

1h30 à pied AR. De la croix du sommet (alt. 1 827 m), vaste **panorama★★** circulaire sur les hautes Alpes calcaires du Faucigny. De gauche à droite, on reconnaît la pointe de Nantaux, la vallée du lac de Montriond, les Hautforts, point culminant du Chablais (alt. 2 464 m), les dents du Midi, les rides rocheuses du haut Faucigny calcaire, le Ruan, la calotte neigeuse du Buet, la paroi verticale de la pointe de Sales formant premier plan devant les neiges du mont Blanc, le désert de Platé *(décrit à Flaine)*, la pointe Percée et le pic de Marcelly.

Les Gets pratique

Adresse utile

Office de tourisme – BP 27 - Maison des Gets - 74260 Les Gets - 04 50 75 80 80 - www.lesgets.com - juil.-août : lun.-vend. 8h30-12h30, 14h-19h ; de mi-déc. à déb. avr. : 8h30-19h - avr.-juin et sept. à mi-déc. : tlj sf dim. et j. fériés : 9h-12h, 14h-18h - fermé 1er, 8 et 25 mai, 1er et 11 Nov.

Se loger

Hôtel Bel'Alpe – 04 50 79 74 11 - www.hotel-belalpe.com - fermé 15 avr.-2 juin et 3 sept.-15 déc. - 34 ch. 74/95 € - 7 € – rest. 17/19 €. Chalet traditionnel équipé pour répondre aux besoins d'une clientèle familiale. Chambres sans fioriture ; la plupart possèdent un balcon. Restaurant au décor actuel, vue sur la station et cuisine traditionnelle dans la note locale.

Chambre d'hôte Chalet L'Envala – Rte des Platons - sortie sud-ouest par D 902 rte de Taninges puis 1,4 km par rte des Platons à droite - 04 50 75 89 15 - www.lenvala.com - 4 ch. 100 € - repas 25 €. Ce joli chalet savoyard à la façade patinée vous réserve un accueil douillet pour l'après-ski. Ses chambres entièrement habillées de bois blond sont de taille correcte. Salon au coin du feu. Jolie vue sur le mont Blanc.

Sports & Loisirs

Aventure Parc – 04 50 75 84 65 - www.aventure-parc.fr - juin, de mi-sept.-déb. oct. : merc. et w-end 13h-18h ; juil.-août : 10h-19h - fermé oct.-juin - 21 €. Cet espace aménagé dans les bois compte 86 ateliers rassemblés en 4 parcours de difficulté croissante, accessibles à tous à partir de 8 ans. Essayez la formule « aventure totale », avec, en prime, un saut à l'élastique pour un maximum d'émotions et un souvenir unique.

Magic Pass – Pour une personne ou pour toute la famille, le forfait multiactivités vous donne la gratuité sur certains équipements et de nombreux avantages sur 20 activités de loisirs.

Trottinerbe – 04 50 75 80 99 - juil.-août : 11h-12h30, 14h-18h. Cette trottinette tout-terrain dévale les pentes (montée en téléski). À partir de 10 ans, port du casque obligatoire ; ce dernier est fourni.

VTT – La station, qui compte un champion du monde de descente en la personne de Fabien Barel, dispose de nombreux équipements : zone d'initiation pour les plus jeunes, Jump Park équipé dirt et freestyle, zone de freeride, parcours de cross-country, etc. La **Pass'portes** (3 jours déb. juillet) réunit les meilleurs amateurs de la discipline.

Apprentis fermiers – Plusieurs fermes accueillent pour un moment d'initiation les enfants accompagnés ou non de leurs parents. *Se rens. à l'office de tourisme.*

Événements

Festival de musique mécanique – Les années paires, le village accueille près de 300 artistes et leurs instruments. Dans un joyeux barnum musical, les orgues courent les rues.

Billes de bois – Les années impaires, cet événement rend hommage à la forêt et à ses exploitants. Spectacles, contes, expositions, démonstrations de sciage rassemblent les gens du pays dans une atmosphère conviviale.

DÉCOUVRIR LES SITES

Couvent de la **Grande Chartreuse**★

CARTE GÉNÉRALE B4 – CARTE MICHELIN DÉPARTEMENTS 333 H5 – SCHÉMA P. 235 – ISÈRE (38)

Le premier ermitage fondé en 1084 par saint Bruno prenait plus encore ses distances avec le monde, s'établissant à 1 190 m d'altitude. Deux chapelles en perpétuent le souvenir. Le massif de la Chartreuse sera jusqu'au 18e s. fortement marqué par la présence de ces moines qui veillèrent jalousement à ce que leur « désert » demeure un havre de paix et de solitude. Aujourd'hui encore, la forme massive de la Correrie dans le creux d'un vallon sauvage, au pied des escarpements calcaires et dans une couronne de forêts, en impose par sa solennelle rigueur.

Vue sur le couvent de la Grande Chartreuse.

- **Se repérer** – À 4 km à l'ouest de St-Pierre-de-Chartreuse par la D 520 ou route du Désert.
- **À ne pas manquer** – Le musée de la Grande-Chartreuse.
- **Organiser son temps** – Une randonnée de 1h30 vous permettra de rejoindre le couvent.
- **Pour poursuivre la visite** – Voir aussi le massif de la Chartreuse, Saint-Pierre-de-Chartreuse.

Comprendre

L'ORDRE DES CHARTREUX

La Grande Chartreuse s'appelle ainsi parce que c'est la maison mère des chartreux. En 1084, Hugues, évêque de Grenoble, voit en songe sept étoiles l'avertissant de l'arrivée de sept voyageurs qui, sous la conduite de Bruno, ont décidé de vivre dans la retraite. Il les conduit dans le « désert » de Chartreuse qui donnera son nom au monastère et à l'ordre. Le fondateur, saint Bruno, meurt en Italie en 1101. Un de ses successeurs, dom Guigues, rédige la règle cartusienne qui a été réformée depuis, notamment en 1987. Cet ordre contemplatif essaime : on dénombre durant la Renaissance plus de 200 fondations. Aujourd'hui, il existe 24 maisons de chartreux dans le monde, dont trois se trouvent aux États-Unis et Amérique du Sud, et cinq sont réservées aux moniales.

La journée d'un chartreux – Le chartreux mène une vie essentiellement solitaire, soutenue par les exercices de piété, le travail intellectuel et le travail manuel. Chaque moine vit dans une cellule qui donne sur un cloître. Ses repas sont déposés dans le guichet. Cependant, les moines se réunissent ensemble à l'église pour certains offices (messe et vêpres). Le dimanche, ils se retrouvent en communauté pour le repas et une promenade dans les bois qui entourent le couvent.

La Grande Chartreuse – En 1132, une avalanche détruit le monastère. Dom Guigues le rebâtit alors, et, au cours des temps, à huit reprises les bâtiments sont ravagés par

Couvent de la GRANDE CHARTREUSE

les incendies. Ceux d'aujourd'hui datent de 1676. Ce monastère est particulièrement vaste, car, en tant que maison mère de l'ordre, il est conçu pour recevoir les responsables des différentes chartreuses. Outre l'église, les cellules, la bibliothèque, etc., il comprend la salle du chapitre général, des pavillons pour les loger et une hôtellerie pour accueillir les familles des moines.

Les chartreux durent s'exiler plusieurs fois : pendant la Révolution, et en 1903, lors de la loi dite des congrégations qui les expulsa de France. Ils revinrent à la Grande Chartreuse en 1941.

Le grand silence – En 2006, Philippe Gröning tourne un long documentaire (2h46) sur le mode de vie des chartreux. Initiation à la vie recluse des moines, ce film est une ode au silence et à l'introspection.

Visiter

Le couvent ne se visite pas, cependant le musée, installé dans la Correrie, initie le profane à l'histoire de l'ordre et à la vie des moines. La distillerie, où est élaborée la fameuse liqueur, est installée à **Voiron** *(voir au massif de la Chartreuse)*.

La Correrie

Dans une clairière bien située en vue du Charmant Som, cette importante annexe du couvent dont certaines parties datent du 11e s., comportant des éléments Renaissance, gérée par le « Père Courrier », était le domaine des frères et des serviteurs affectés à diverses besognes auxiliaires. Les pères malades y étaient soignés au siècle dernier, sans doute parce qu'elle bénéficie d'une exposition plus clémente que la « maison haute ».

Musée de la Grande Chartreuse★ – 04 76 88 60 45 - www.musee-grande-chartreuse.fr - mai-sept. : 9h30-18h30 ; mai : 9h30-18h30 ; oct.-nov. : 13h30-18h, w.-end 13h30-18h ; fév.-avr. : 13h30-18h (dernière entrée 1h av. fermeture) - fermé le reste de l'année - 4 € (enf. 2 €) - audioguide (2 €).

Les reconstitutions du cloître et d'un « ermitage » – les deux pièces où le chartreux mène, solitaire, sa vie de prière, coupée par le travail manuel – comptent parmi les présentations les plus évocatrices de ce musée.

Une exposition explique le long parcours du chartreux, de la prise de l'habit aux vœux définitifs, la différence entre les pères et les frères, vrais chartreux sans le sacerdoce, leurs divers moyens de subsistance. Une muséographie agréable et moderne au service d'une grande tradition fait comprendre ce que recherchent et trouvent ici, depuis plus de 900 ans, les fils de saint Bruno.

Plusieurs films retracent les grandes étapes de la naissance de l'ordre et son histoire à travers les siècles. On peut entendre deux témoignages de moines. Une maquette de la Grande Chartreuse, exécutée par un père, montre les différents bâtiments du vaste monastère. Faites une halte dans le jardin alpin.

La Correrie.

Randonnée

Couvent de la Grande Chartreuse★

Randonnée courte et facile. Durée : 1h30. Depuis le parking de la Correrie, revenir sur vos pas sur 150 m. Puis tourner à droite et suivre la route goudronnée fermée par une barrière en bois et interdite à la circulation. Le monastère se trouve à 2 km. Tenir les chiens en laisse.

À défaut de pouvoir visiter le couvent, il est possible de l'admirer lors de cette boucle… à effectuer en silence, vous êtes dans le périmètre des chartreux ! Arrivés au **point de vue★** sur le monastère, vous pouvez redescendre à la Correrie par un sentier forestier. *Rejoindre le calvaire visible depuis le monastère et suivre le fléchage qui indique : retour Correrie (40mn).*

DÉCOUVRIR LES SITES

La Grave ★★

511 GRAVAROTS
CARTE GÉNÉRALE C5 – CARTE MICHELIN DÉPARTEMENTS 334 F1 –
SCHÉMA P. 343 – HAUTES-ALPES (05)

Au creux d'une vallée profonde, La Grave fait face à la Meije, la plus célèbre des cimes du massif des Écrins. Elle attire pour cela les passionnés d'alpinisme séduits par le vaste choix de courses qui s'offrent à eux. Les simples visiteurs peuvent y contempler le spectacle de la haute montagne dans l'un de ses cadres les plus grandioses. Le village est classé parmi les plus beaux villages de France.

- **Se repérer** – À 28 km à l'est du Bourg-d'Oisans par la D 1091, La Grave est le dernier village avant le col du Lautaret (11 km) qui vous fera basculer dans les Hautes-Alpes.
- **À ne pas manquer** – Une excursion au sommet des téléphériques des glaciers de la Meije.
- **Organiser son temps** – Les possibilités d'excursions en moyenne et haute montagne sont exceptionnelles. Il convient en été de consacrer au moins quatre jours à la visite des environs de La Grave.
- **Avec les enfants** – Les possibilités de s'initier à l'escalade sont nombreuses ici ; la grotte de glace (voir l'encadré pratique).
- **Pour poursuivre la visite** – Voir aussi l'Oisans, Le Bourg-d'Oisans.

Séjourner

La station

Malgré leur intérêt touristique, La Grave et ses hameaux charmants n'ont jamais fait l'objet de grands projets immobiliers. Elle est restée une petite station familiale et sportive, à l'habitat traditionnel.

Outre la Meije, les deux communes de La Grave et de Villar-d'Arêne ne comptent pas moins de 50 sommets entre 3 000 et 4 000 m.

> **Le saviez-vous ?**
>
> 👁 Comme plusieurs autres lieux homonymes, La Grave provient du terme celtique *grava*, désignant un terrain caillouteux (d'où également gravier).
>
> 👁 Les Gravarots se réunissent à l'orée de l'hiver avec les Faranchins (habitants de Villar-d'Arêne) pour préparer au four banal le « *pô bulli* », pain de seigle bouilli, occasion de perpétuer des traditions communautaires essentielles à ces pays rudes.

Le domaine skiable

Le domaine impressionne plus par sa dénivelée (2 150 m entre le dôme de la Lauze et La Grave) que par le nombre de remontées mécaniques et de pistes. Le ski alpin se pratique sur les vallons de la Meije et, plus modestement, au Chazelet et au col du Lautaret. Les fondeurs se retrouvent, quant à eux, sur les 20 km de pistes balisées à Villar-d'Arêne, en bordure du Parc national des Écrins. Enfin, les possibilités de ski de randonnée sont considérables (*se renseigner auprès de la Compagnie des guides de l'Oisans*).

Le téléphérique dessert deux itinéraires de poudreuse classiques (les vallons de la Meije et Chancel) et de nombreuses variantes, avec une neige extraordinaire de fin avril à mi-mai. Cet espace de haute montagne, qui n'a d'égal que la vallée de Chamonix, nécessite un bon niveau de ski.

Au fond du vallon d'Arsine, au pied du Parc national des Écrins, 20 km de pistes sont réservées dans un environnement sauvage aux fondeurs, marcheurs à raquettes ou skateurs.

Église

Se dressant au milieu de son petit cimetière où reposent plusieurs victimes de la montagne, la fruste silhouette de style lombard de la ravissante église romane du 12e s. s'intègre joliment au site de la station. Elle renferme une cuve baptismale du 15e s.

Chapelle des Pénitents

À côté de l'église, le plafond de la chapelle (17e s.) est couvert de fresques.

LA GRAVE

Aux alentours

Villar-d'Arêne

3 km à l'est. Ici, pas de chalets. La rareté du bois et les incendies ont incité les habitants à construire en pierre, avec des blocs de tuf ou de schiste liés par un mortier à base de terre. Les toits à deux pans sont couverts de lauzes. Construites sur la roche, les maisons sont disposées en gradins face à la montagne, les « traducs », rues escarpées, les relient. La vallée de Villar-d'Arêne borde le massif de l'Oisans. Sur la rive gauche une barrière de sommets dont la Meije masque le ciel. À droite, les flancs du Galibier et des Grandes Rousses adoucissent le rude aspect du paysage *(voir p. 430).*

Le Chazelet.

Randonnées

Les principales randonnées pédestres mènent au **plateau d'Emparis** (au départ du Chazelet), au **col d'Arsine** (au départ du Pied du Col) et au **lac du Goléon** (accessible de Valfroide).

Par ailleurs, La Grave constitue une base idéale pour découvrir l'ensemble de la vallée de la Romanche, les cols du Lautaret et du Galibier, les stations des Deux-Alpes et de Serre-Chevalier *(décrit dans Le Guide Vert Michelin Alpes du Sud).*

Glaciers de la Meije★★★ *(par téléphérique)*

Prévoir la journée pour découvrir correctement le site (1h10 de télécabine AR). ☎ 04 76 79 91 09 - www.la-grave.com - de mi-juin à mi-sept. - 18 € AR.

Le trajet permet d'atteindre d'abord le plateau du Peyrou d'Amont (alt. 2 400 m), puis aboutit au col des Ruillans (alt. 3 200 m) sur le flanc nord-ouest du Rateau, avec des vues inoubliables sur les glaciers de la Meije, du Rateau et de la Girose.

De la plate-forme d'arrivée, on découvre face à soi les aiguilles d'Arves. Sur leur droite, remarquer en arrière-plan le Mont-Blanc, puis les massifs de la Vanoise (Péclet-Polset, Grande Casse, glaciers de la Vanoise, dent Parrachée…) et du Thabor. À gauche des aiguilles d'Arves se dressent les chaînes de Belledonne et des Grandes Rousses…

Au col des Ruillans, un accès facile conduit à la **grotte de glace** décorée de nombreuses sculptures originales en glace. *☎ 04 76 79 91 09 - www.grottedeglace.com - mi-juin à mi-sept. : 8h-15h45 ; de mi-juin à mi-juil. et de mi-d'août-mi-sept. : 10h-15h45 (dernière entrée 15h) - fermé de mi-sept. à 2ᵉ sem. de juin incluse - 4 € (enf. 3 €).*

Plusieurs restaurants d'altitude font face au panorama grandiose. À partir du **Peyrou d'Amont** des itinéraires de randonnée balisés sont praticables à la journée ou la demi-journée.

On peut emprunter successivement les téléskis de **Trifides** et de la **Lauze**, d'où l'on bénéficie d'un **panorama★★★** exceptionnel, à 3 550 m d'altitude, sur les Grandes Jorasses et le Grand Combin suisse.

275

DÉCOUVRIR LES SITES

AU DÉPART DU CHAZELET

Oratoire du Chazelet★★★
6 km par la D 33^A qui se détache de la route du Lautaret à la sortie du premier tunnel. On traverse le village des Terrasses.
De l'oratoire du Chazelet, isolé, à gauche, dans un virage, un splendide **point de vue** sur le massif de la Meije *(table d'orientation en contre-haut, à 1 834 m)*.
Pousser jusqu'au village du **Chazelet** réputé pour ses maisons à balcons.
En redescendant vers la vallée, on peut poursuivre jusqu'à la chapelle de **Ventelon**, autre point de vue sur la Meije.

Lac Lérié et lac Noir★★★
3h AR. Dénivelée : 700 m. Laisser la voiture à l'entrée du village du Chazelet. Rejoindre à l'autre extrémité du village les remontées mécaniques. Traverser le petit pont et emprunter à gauche le GR 54.
Après une heure de montée régulière, le sentier parvient au plateau d'Emparis. L'itinéraire devient facile et des vues se dégagent sur le massif de la Meije. Une heure de marche supplémentaire, et on atteint la cote 2 300 où l'on tourne à gauche du panneau vers le lac Lérié. **Vue** splendide sur la route du Lautaret, le Rateau et les vastes glaciers de la Girose et de Mont-de-Lans (ski d'été depuis La Grave et Les Deux-Alpes).
Longer le lac pour admirer les reflets des montagnes dans l'eau et découvrir, à son extrémité, une vue impressionnante vers l'aval et la vallée de la Romanche.
Monter ensuite à droite au lac Noir.
Un splendide spectacle s'offre dans un site sauvage égayé de gentianes et d'edelweiss.

La Grave pratique

Adresse utile

Office de tourisme – N 91 - 05320 La Grave - 04 76 79 90 05 - www.lagrave-lameije.com - juil.-août, des vac. de Noël à mi-avril : 9h-13h, 14h-19h, dim. et j. fériés : 9h-12h, 15h-18h ; de mi-avril à fin juin : tlj sf dim. et j. fériés 8h-12h, 14h-18h ; sept.-vac. de Noël : tlj sf dim. et j. fériés 9h-12h, 14h-17h - fermé le 1er et 11 Nov.

Visites

Visite du four de Villar-d'Arêne – *Se rens. à l'office du tourisme de La Grave - 2,50 € (enf. 1,50 €).*

Visite de ferme traditionnelle avec dégustation et vente de fromages – *Se rens. à l'office du tourisme de La Grave.*

Se loger et se restaurer

Hôtel La Meijette – 04 76 79 90 34 - hotel.lameijette.juge@wanadoo.fr - ouv. 1er mars-1er mai, 1er juin-20 sept. et fermé mar. sf juil.-août - 18 ch. 86 € - 8,50 € - rest. 20/33 €. La vue sur le massif de la Meije et son glacier est magnifique depuis la terrasse du restaurant. La cuisine, simple, privilégie les petits plats de montagne. L'hôtel, aménagé dans un bâtiment situé de l'autre côté de la route, abrite de confortables chambres lambrissées de pin brut.

Sports & Loisirs

Via ferrata des mines du Grand Clot – Elle présente le double intérêt d'être la plus longue via ferrata de France et de parcourir le site de très anciennes mines.

Événements

Festival Olivier Messiaen – *10 jours fin juillet - 55 bd Gambetta - 38000 Grenoble - 06 76 67 31 44 - www.festival-messiaen.com.* Pour explorer à chaque édition un thème singulier du compositeur dans un décor à sa dimension !

Les Rencontres de la haute Romanche – *1re quinzaine d'août - Maison de La Grave - 06 82 19 14 64.* Spectacles, concerts, photographies investissent le centre-ville.

Le Derby de la Meije – *Déb. avr. - 04 76 79 99 020 - www.derbydelameije.com.* Un grand événement du monde de la glisse, dans l'esprit léger et néanmoins compétitif des freeriders.

Meidjo – Tous les mardis de juillet et d'août à 20h45, diaporama sur l'histoire de ce sommet mythique… Projection en extérieur au camping de la Meije à La Grave ou à la mairie de La Grave en cas de mauvais temps. *Gratuit.*

Grenoble★★

157 500 GRENOBLOIS – AGGLO : 425 650 HAB.
CARTE GÉNÉRALE B4 – CARTE MICHELIN DÉPARTEMENTS 333 H6 –
SCHÉMAS P. 235, 294 ET 447 – ISÈRE (38)

Dans son cadre grandiose de montagnes enneigées en hiver, aux versants débordant de végétation en été, la métropole des Alpes contredit, par sa créativité, l'idée reçue qu'en France tout devrait passer par Paris. Très tôt, on y a pris le goût de la liberté au point de préparer la Révolution française avant la capitale. La ville de Stendhal participe depuis aux aventures de son temps. Pionnière, elle a ainsi vécu le tout début de l'électricité et du ciment moderne. Le dynamisme de ses centres de recherche et la richesse de ses musées montrent que la ville des JO de 1968 n'a rien perdu de son goût pour le progrès et de son charme.

- **Se repérer** – Délimitées par les cours du Drac, de l'Isère et par les contreforts de la Chartreuse, les zones industrielles et commerciales se sont surtout implantées au sud (Échirolles, Pont-de-Claix), à l'est (Meylan) et au confluent (Fontaine).
- **À ne pas manquer** – Le musée de Grenoble et le Musée dauphinois, une promenade sur les hauteurs de la Bastille.
- **Organiser son temps** – Les placettes et ruelles du quartier Notre-Dame s'animent en début de soirée.
- **Avec les enfants** – Le musée des Automates et le Muséum d'histoire naturelle ; la plage de la Bifurk pour se détendre en été (voir encadré pratique).
- **Pour poursuivre la visite** – Voir aussi le Grésivaudan, les lacs de Laffrey.

Grenoble, une ville au pied de la montagne.

Comprendre

UNE VILLE DYNAMIQUE

Au confluent du Drac et de l'Isère, seul point de franchissement du torrent, les Romains construisirent un pont et entourèrent le bourg, dénommé *Cularo*, de remparts. En l'honneur de l'empereur Gratien qui lui accorda le statut de cité, *Cularo* prit le nom de *Gratianopolis*, d'où est dérivé Grenoble.

Naissance du Dauphiné – Au 12ᵉ s., l'épouse, d'origine anglaise, du comte Guigues III surnomme son fils « **dolphin** », mot qui, francisé en « dauphin », deviendra le titre affecté à la dynastie dont les domaines s'appelleront, dès lors, **Dauphiné**. Le dernier des dauphins du Viennois **Humbert II**, créateur de l'université (1339), encore de grand renom aujourd'hui, cède, en 1349 à Romans, ses domaines à Philippe VI de Valois, à condition que, désormais, le Dauphiné soit l'apanage des fils aînés des rois de France ; ces derniers recevant le titre de dauphin. Le dernier à l'avoir porté fut Louis Antoine de Bourbon, duc d'Angoulême, fils de Charles X.

La journée des Tuiles – Dès qu'il s'agit de défendre les libertés, Grenoble est toujours en première ligne. Le 7 juin 1788, la ville apprend que Louis XVI vient de fermer toutes

DÉCOUVRIR LES SITES

> **Le saviez-vous ?**
>
> 👁 Dès l'âge du catéchisme, **Vaucanson**, tout jeune mécanicien (1709-1782) découvre sa vocation. Il offre à son abbé deux automates, un prêtre tournant tout seul les pages de l'Évangile ainsi que deux anges battant des ailes. Il ne s'arrêta pas en si bonne inspiration et d'autres de ses merveilleux automates, notamment son illustre « canard » qui barbote dans l'eau, mange des graines et les digère…, font de lui le « Géo Trouvetout » du 18e s.
>
> 👁 **Stendhal** (1783-1842) écrivit : « Ce que j'aime de Grenoble, c'est qu'elle a la physionomie d'une ville et non d'un grand village, avec une montagne au bout de chaque rue. »

les cours du royaume et renvoie les conseillers du Parlement dans leurs terres. La réaction des Grenoblois est immédiate : ils élèvent des barricades, montent sur les toits, en arrachent les tuiles et les jettent sur les troupes envoyées pour leur faire entendre raison. Les émeutiers triomphent et font un cortège enthousiaste à ces messieurs du Parlement. Pourtant, lorsque cette assemblée fut dissoute par la Révolution, aucun Grenoblois ne réagit. Ils avaient, alors, bien d'autres soucis.

L'ère industrielle

Au 19e s., Grenoble connaît un grand développement, grâce à l'industrie. La ganterie, spécialité de la ville, s'adapte aux machines ; aux environs, on exploite des charbonnages, on fabrique des ciments. Dans la seconde moitié du siècle, les papeteries, la houille blanche, la métallurgie rendent la progression plus rapide encore. Dès 1900, les industries électrométallurgiques et électrochimiques prennent un essor prodigieux. En 1925, après l'Exposition internationale de la houille blanche, on décide d'associer les avancées technologiques et le développement du tourisme. L'extension des sports d'hiver a contribué au développement industriel grenoblois du 20e s. : Grenoble occupe toujours le premier rang dans le monde pour la fabrication des remontées mécaniques.

Grenoble olympique

Challenge difficile, l'accueil des Jeux a été une chance pour la ville : les Xes Jeux olympiques d'hiver, en 1968 ont permis d'étoffer les installations sportives (stade de glace devenu palais des sports, anneau de patinage de vitesse) et de moderniser l'équipement collectif de la ville (nouvelle mairie, maison de la culture, etc.).

Maison de la culture – Cette construction originale (nommée « **MC2** » après des travaux de rénovation en 2004), due à l'architecte André Wogenski, campe sur de minces piliers une superposition de volumes cylindriques et cubiques où la couleur noire des superstructures s'oppose au ton clair uni du reste de l'édifice.

Hôtel de ville (F2) – Édifié en 1967 par Novarina, architecte alors très en vogue, au cœur du **parc Paul-Mistral**. Sa partie horizontale, surmontée à l'une des extrémités par une tour de 12 étages, est découpée en son milieu par un vaste patio carré. Dans cette cour, on voit une fontaine au socle de granit surmontée d'un bronze de Hadju, et une mosaïque en marbre de Gianferrari. Parmi les salles ouvrant sur le patio, remarquez le hall (marbre sculpté en ronde-bosse de Gilioli), le salon de réception (mur de cuivre repoussé de Sabatier, tapisserie d'Ubac), la salle des mariages (tapisserie de Manessier).

Le renouveau urbain et technique

Un musée à ciel ouvert – Les amateurs de sculpture moderne s'exercent à reconnaître les œuvres d'artistes contemporains parsemées à travers la ville : devant la gare (Calder, stabile en acier), parc Paul-Mistral (Apostu, Joseph Wyss…), quartier Alpin (Magda Frank), mais aussi parc public derrière le musée de Grenoble. D'autres formes d'expression accueillent le visiteur aux entrées de la métropole : *Grand Signal* de Lipsi à St-Martin-le-Vinoux, *Oiseau d'acier* de Coulentianos vers Chambéry. Des sculptures émaillent les espaces de l'ancien quartier olympique.

Europole – Ce quartier jouxtant la gare ferroviaire a vu s'implanter un centre d'activités axé sur les échanges commerciaux internationaux. Son architecture moderne est centrée autour du bâtiment du World Trade Center.

Synchrotron – Proche de l'autoroute Lyon-Grenoble, sa silhouette insolite, vaste tore de 850 m de circonférence, symbolise le dynamisme de la recherche grenobloise. L'accélérateur de particules est un lieu d'étude privilégié des applications des rayons X. S'y ajoute désormais le Minatec, 1er pôle européen de micro et nanotechnologies.

GRENOBLE

Découvrir

LE SITE★★★

Exceptionnel : au nord, les falaises abruptes du Néron et du St-Eynard, sentinelles avancées de la Chartreuse. À l'ouest, les puissants escarpements du Vercors dominés par la crête majestueuse du Moucherotte. Vers l'est, l'admirable silhouette de la chaîne de Belledonne dessine avec ses pics sombres une ligne longtemps couverte de neige.

Panorama du fort de la Bastille★★ (E1)

On y accède par téléphérique (6mn, ttes les 6mn), à pied ou en voiture. Parc auto à la station inférieure.
5 à 8mn. ℘ 04 76 44 33 65 - www.bastille-grenoble.com - juil.-août : 9h15 (lun. 11h) - 0h15 ; juin : 9h15 (lun. 11h)-23h45, dim. 9h15-19h25 ; avr.-mai et oct. : 9h30 (mar. 11h)-23h45, lun. 11h-19h25, dim. 9h30-19h25 ; nov.-fév. : 10h45-18h30, lun.-mar. 11h-18h30 ; mars : 9h30-19h, lun. et mar. 11h-19h, w.-end 9h30-19h25 ; sept. 9h30 (lun. 11h)-23h45, dim. 9h30-19h25 - fermé 3 sem. en janv. (se rens.) - 6,10 € AR (enf. 5-18 ans 3,85 € AR).

D'un éperon rocheux, à gauche en sortant de la station supérieure, **vue**★★ sur la ville, le confluent de l'Isère et du Drac, la cluse de l'Isère encadrée par le Casque de Néron, à droite, et les dernières crêtes du Vercors (Moucherotte), à gauche.
Monter ensuite à la terrasse aménagée au-dessus du restaurant.
Grâce à des panneaux d'orientation, on détaille le **panorama**★★ : Belledonne, Taillefer, Obiou, Vercors (Grand-Veymont et Moucherotte). Par la trouée du Grésivaudan apparaît, par temps clair, le massif du Mont-Blanc. Bonne vue aérienne sur Grenoble. Les trois tours de l'**île Verte** dominent de leurs vingt-huit étages l'agglomération tout entière. Au premier plan, la vieille ville semble encore contenue dans le périmètre de l'enceinte romaine et contraste avec les grandes trouées ouvertes au sud et à l'ouest au Second Empire.

Le célèbre téléphérique de la Bastille.

Découvertes sportives

À pied – Depuis les fortifications de Haxo *(au pied de la station supérieure du téléphérique)*, deux sentiers balisés permettent de rejoindre la ville : par le **parc Guy-Pape** et le jardin des Dauphins *(environ 1h30)* ou par le **circuit Léon-Moret** qui aboutit à la porte St-Laurent en traversant l'ensemble des ouvrages fortifiés *(environ 1h, les personnes sensibles au vertige ou ayant des difficultés à marcher éviteront l'escalier monumental de 380 marches)*.

Les grottes de Mandrin – 30mn au départ de la porte du fort, place basse. Construit en 1823, le dispositif fortifié de la Bastille protégeait l'ancienne frontière entre le Dauphiné et le duché de Savoie. Le sentier rejoint une haute falaise où deux grottes auraient servi de refuge au contrebandier.

DÉCOUVRIR LES SITES

Via ferrata – Itinéraire en deux parties *(45mn chacune)* pour partir à l'assaut des prises de la Bastille. La partie haute est difficile. Dans tous les cas, un équipement adéquat est nécessaire avant de s'engager dans ce parcours rocheux qui renouvelle les vues sur la Bastille. Renseignements au bureau des guides *(voir encadré pratique)*.

Mont Jalla – 1h au départ de la station du téléphérique – Une promenade vers les hauteurs permet d'élargir l'étendue du panorama de la Bastille et de prendre pied dans le Parc naturel régional de la Chartreuse.

D'autres sentiers balisés, dont la Grande Traversée des Alpes 2 (GTA pour les intimes), traversent le secteur de la Bastille *(voir les topoguides spécialisés)*.

Se promener
VIEILLE VILLE★ *1h*
Partir de la place Grenette.

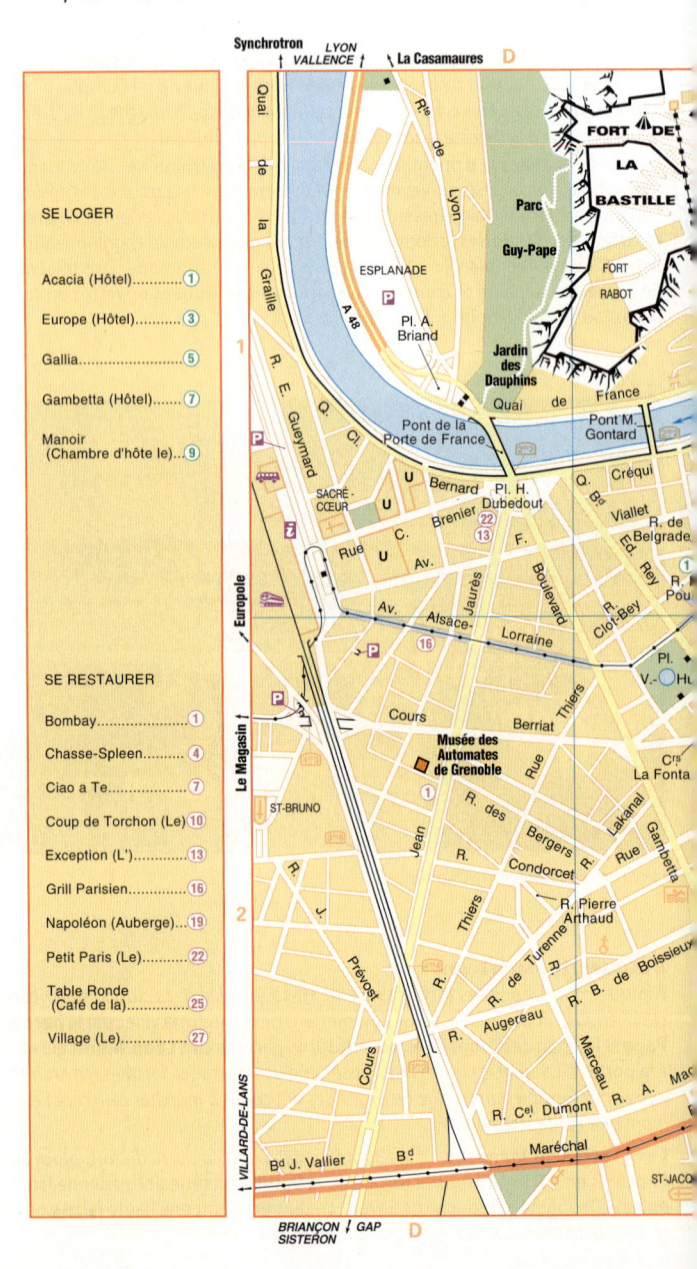

SE LOGER

Acacia (Hôtel)............ ①
Europe (Hôtel)........... ③
Gallia....................... ⑤
Gambetta (Hôtel)....... ⑦
Manoir
 (Chambre d'hôte le)... ⑨

SE RESTAURER

Bombay.................... ①
Chasse-Spleen........... ④
Ciao a Te.................. ⑦
Coup de Torchon (Le) ⑩
Exception (L')............ ⑬
Grill Parisien............. ⑯
Napoléon (Auberge)... ⑲
Petit Paris (Le)........... ㉒
Table Ronde
 (Café de la).............. ㉕
Village (Le)................ ㉗

GRENOBLE

De la place Grenette à la rue Chenoise, un lacis de rues dont la construction s'étend du Moyen Âge au 19e s. En veillant à rester discret, vous pourrez pénétrer dans plusieurs cours ouvertes à la visite *(documentation disponible à l'office de tourisme).*

Place Grenette (E1)

Animée et commerçante, cette place, que Stendhal célébra, est un des lieux de rencontre favoris des Grenoblois ; ils aiment y flâner ou s'attarder aux terrasses des cafés. *Pénétrer dans la Grande-Rue, à droite de la fontaine.*

Grande-Rue (E1)

Nombre de célébrités naquirent ou vécurent dans les demeures anciennes bordant l'ancienne voie romaine *(le cardo)*. Tout de suite à gauche, au n° 20, face à l'hôtel Renaissance qu'occupe la librairie Arthaud, se trouve la **maison Stendhal (E1)**. Installée dans l'ancien appartement du docteur Gagnon (grand-père du romancier), Henri Beyle y passa une partie de son enfance. Elle comprend deux cours à loggias, respectivement du 15e et du 18e s. *(on ne visite pas).*

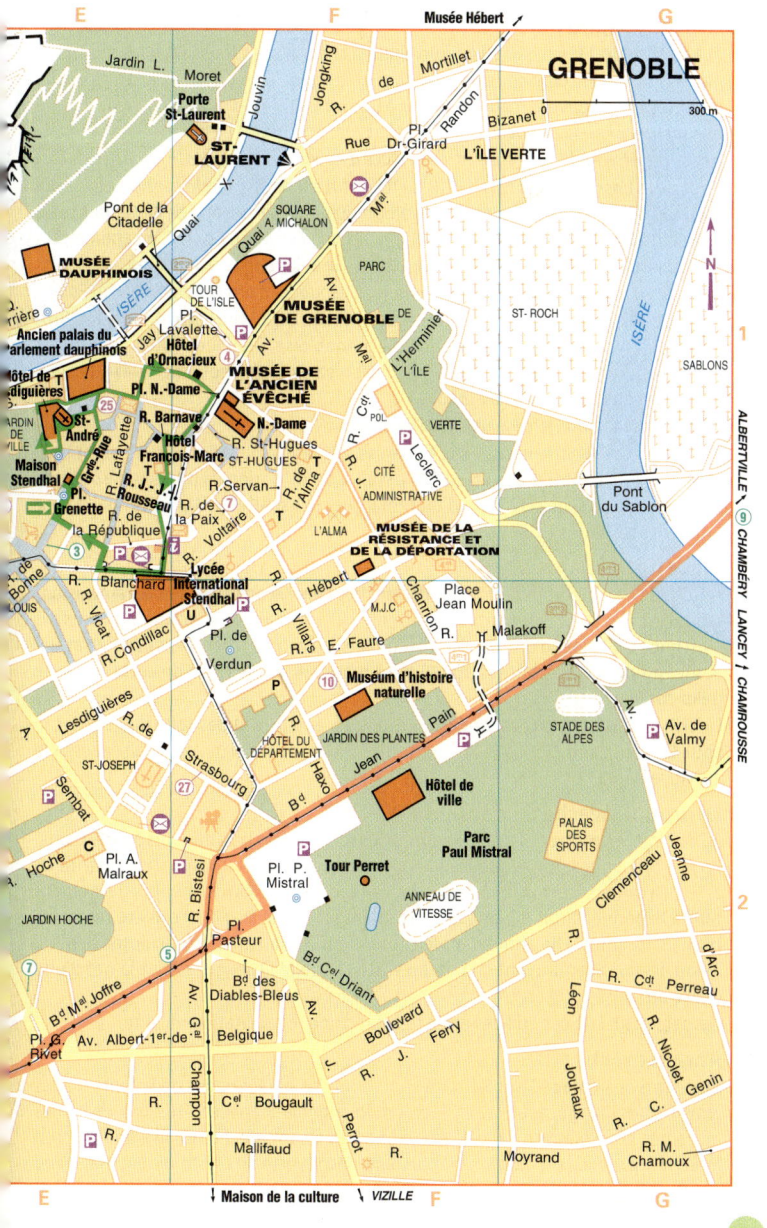

DÉCOUVRIR LES SITES

En face commence la **rue J.-J.-Rousseau** : à gauche, au n° 14, maison natale de l'auteur du *Rouge et le Noir (on ne visite pas)*. Remarquez au n° 15, l'élégant hôtel particulier et sa tourelle Renaissance.
Revenir à la Grande-Rue.
Au n° 13 de la Grande-Rue naquit le philosophe Condillac ; le peintre Hébert habitait au n° 9 et l'homme politique Casimir-Perier au n° 4. Au fond de la petite place Claveyson subsiste l'atelier des **Hache**, ébénistes réputés *(voir le Musée dauphinois)*.
Par un passage à gauche, on accède à la place St-André (aussi appelée « place du Tribunal ») par les grenoblois.
Sur cette place où trône le chevalier Bayard, vous trouverez l'un des plus vieux cafés de France « La Table Ronde », ouvert en 1739. Stendhal aimait y ébaucher ses livres.

Ancien palais du Parlement dauphinois (E1)
C'est le plus intéressant monument civil du vieux Grenoble. L'aile gauche, construite sous Charles VIII, est de style flamboyant ; l'aile droite, commencée sous François Ier, date du début de la Renaissance. Entre les deux ailes, l'absidiole de la chapelle, élevée à l'époque de Louis XII. *Visites organisées par l'office de tourisme, se renseigner.*

Église St-André (E1)
Cet édifice (du 13e s.), bâti en brique, était la chapelle des Dauphins ; il est dominé par une tour que couronne une jolie flèche octogonale en tuf. Dans le bras gauche du transept se trouve le mausolée élevé à Bayard au 17e s., et dans la chapelle voisine on voit une *Mise au tombeau* peinte par le Lyonnais Horace Le Blanc.
Passer derrière l'église St-André et, de la place d'Agier, pénétrer dans le jardin de ville.
L'**hôtel de Lesdiguières (E1)** (fin 16e s.-18e s.) fut construit pour le connétable qui lui préférait cependant sa demeure plus somptueuse de Vizille. Hôtel de l'Intendance du Dauphiné au 18e s., il hébergea l'hôtel de ville jusqu'en 1967. Au **n° 5**, on aperçoit sur la crête du mur de l'enceinte romaine la terrasse et la treille de Stendhal.
Par la rue Berlioz, revenir à la place St-André et s'engager à droite dans la rue du Palais.
La place aux Herbes est la plus ancienne de la ville. De là, vous atteignez la rue Brocherie, longtemps habitée par la noblesse grenobloise. Quelques hôtels particuliers conservent des éléments Renaissance : observez au **n° 6** (l'hôtel de Croix-Chasnel) la façade Louis XV au fond de la cour.
Par la rue Renauldon accéder à la rue Chenoise.
Parallèle à la rue Brocherie, la rue Chenoise suit le parcours des anciens remparts. Voyez au **n° 8**, l'**hôtel d'Ornacieux (F1)**, édifice du 18e s., dont la cour *(visible à travers la baie vitrée de l'entrée)* s'orne d'un remarquable **escalier★**. Au **n° 10**, belle cour intérieure de l'hôtel de Vaucanson (17e s.).

Place Notre-Dame (F1)
Autour de la cathédrale, les fouilles déclenchées par la construction du tramway ont mis au jour les soubassements de l'enceinte gallo-romaine encerclant *Gratianopolis* ainsi que les vestiges d'un important ensemble paléochrétien. Scellées dans le pavage actuel du parvis, des bornes métalliques matérialisent le tracé de cette enceinte gallo-romaine.
Depuis le parvis de la cathédrale, on distingue, émergeant des toits du quartier, la **tour Clérieux**, unique vestige du vaste ensemble épiscopal qui occupait cet espace au Moyen Âge.

Le groupe évêché cathédrale (F1)
À l'origine, le groupe épiscopal comprenait trois églises : la cathédrale Notre-Dame, l'église St-Hugues qui symbolisait le pouvoir épiscopal, et le baptistère (détruit au 11e s.). La cathédrale (14h-18h30) aux cinq nefs accolées et son clocher-porche (remontant à l'époque carolingienne et probablement repris au 11e s.) ont été remaniés jusqu'à nos jours. Elle abrite dans le chœur un ciborium en pierre sculptée haut de 14 m, de style flamboyant (15e s.). La vaste chapelle St-Hugues était la nef d'une église du 13e s.
L'aspect actuel de ces édifices est le résultat d'une réhabilitation récente.

Ancien évêché (F1)
Au centre de la **place Notre-Dame** sont réunis les personnages de la fontaine des Trois-Ordres : clergé, noblesse et tiers état. Jouxtant la chapelle St-Hugues, de hautes murailles enferment le palais des Évêques du Dauphiné. Le **musée de l'Ancien Évêché** y propose un intéressant parcours-découverte de l'histoire régionale *(voir description dans Visiter)*.

GRENOBLE

Dépasser la statue et s'engager face à la cathédrale dans la **rue Barnave (E1)** bordée de belles demeures anciennes. Au n° 22, l'**hôtel François-Marc**, de style gothique, dont la porte en arc brisé s'orne d'un lion de St-Marc, est daté de 1490. Un porche, couvert de hautes ogives, donne accès à la cour intérieure ; remarquez le gracieux escalier à vis. Les éléments de cette décoration qui nous sont parvenus permettent d'imaginer l'élégance des maisons bourgeoises grenobloises de la Renaissance.

Par la rue Pierre-Duclot, rejoindre dans le prolongement de la place Notre-Dame, la rue Raoul-Blanchard.

Le **lycée international Stendhal (E/F1)** occupe les bâtiments du collège des jésuites, qui conserve une intéressante chapelle du 17ᵉ s. Les murs et le plafond de l'escalier d'honneur forment un exceptionnel **cadran solaire** fonctionnant parfaitement depuis le 17ᵉ s. Pas moins de treize calendriers sont représentés : solaire et lunaire, grandes festivités, fêtes des jésuites et, entre autres, l'heure dans les 12 villes où la compagnie était implantée *(visite commentée, se renseigner à l'office de tourisme).*

Revenir à la place Grenette par la rue de la République.

Groupe évêché cathédrale.

Visiter

RIVE GAUCHE

Musée de Grenoble★★★ (F1)

 04 76 63 44 44 - www.museedegrenoble.fr - &. - *possibilité de visite guidée (1h30) le w.-end apr.-midi - tlj sf mar. 10h-18h30 - fermé 1ᵉʳ janv., 1ᵉʳ Mai et 25 déc. - 5 € (– 18 ans gratuit), gratuit 1ᵉʳ dim. du mois.*

Modèle de sobriété, l'espace intérieur de ce musée, l'un des plus importants de France, concentre sur un seul niveau l'essentiel du parcours de visite : autour d'une galerie de communication aux murs blancs et nus, les travées abritent les œuvres du 13ᵉ au 19ᵉ s. Le chevet courbe du bâtiment accueille quant à lui l'art moderne et l'art contemporain (architectes : Antoine et Olivier Félix-Faure, le Groupe 6).

Section de peinture ancienne – Le parcours chronologique comprend en premier lieu des œuvres italiennes des 13ᵉ et 18ᵉ s., dont certaines de Véronèse et du Pérugin. Les écoles française et espagnole du 17ᵉ s. sont bien représentées : **Philippe de Champaigne**, Georges de La Tour, Claude Gellée dit le Lorrain et un grand ensemble de toiles de **Zurbarán**. L'art des écoles du Nord est illustré grâce aux œuvres de Rubens, Caspar de Crayer, Jacob Jordaens ou Abraham Bloemaert.

Le 19ᵉ s. – Compositions d'**Ingres**, **Corot**, Boudin, Monet, Sisley, Théodore Rousseau, Gauguin *(Portrait de Madeleine Bernard).* Une place est réservée aux artistes grenoblois : Henri Fantin-Latour (remarquez le *Portrait de l'artiste âgé de 23 ans*), Ernest Hébert, Jean Achard, **l'abbé Guétal**, Charles Bertier…

L'art moderne au 20ᵉ s. – On admire les tableaux **fauves** de **Matisse**, Signac, Vlaminck, Van Dongen, et ceux de Braque, qui témoignent de l'importance du **mouvement cubiste**, tandis que l'influence du **dadaïsme** se manifeste chez Georges Grosz ou Max Ernst. Chagall, **Modigliani**, **Picasso**, **Léger** se signalent également par des œuvres fortes, dont *Songe d'une nuit d'été* de Chagall. Les étapes du cheminement vers l'**abstraction** sont jalonnées par des compositions de Magnelli, Kupka, Klee, Miró, Kandinsky…

L'art contemporain – Toutes les grandes tendances contemporaines, après 1945, sont évoquées sur deux niveaux, de l'**abstraction lyrique** au **Nouveau Réalisme** en passant par le **Pop Art** et l'art minimal, par une pléiade d'artistes : Dubuffet, Vasarely, Hartung, Atlan, Brauner, Buren, Sol LeWitt, Christian Boltanski, Donald Judd, etc.

Les antiquités – *Revenir au hall d'entrée et emprunter à gauche la descente au sous-sol.* La section d'**égyptologie**, d'une étonnante richesse, comprend des stèles royales, plusieurs cercueils anthropoïdes et des masques funéraires.

283

DÉCOUVRIR LES SITES

« Nature morte au tapis rouge » de Matisse.

Tour de l'Isle – Bâtie en 1390 pour être la villa des Consuls de Grenoble, elle a été intégrée à l'enceinte fortifiée au 17e s. Reliée au musée par une passerelle en verre, elle accueille des expositions temporaires.
On reconnaîtra autour du musée des vestiges des fortifications du 17e s.

Musée de l'Ancien Évêché – Patrimoines de l'Isère★★ (F1)
04 76 03 15 25 - www.ancien-eveche-isere.fr - ♿ - *possibilité de visite guidée (1h ou 2h selon thématique) le 1er dim. du mois à 15h30 - lun.-sam. 9h-18h (mar. 13h30-18h), dim. 10h-19h - fermé 1er janv., 1er Mai et 25 déc. - gratuit.*
Au cœur historique de la ville, ce musée occupe l'ancien palais des évêques. Conçu comme un centre d'interprétation du patrimoine du département, il offre un panorama complet des traces de l'histoire au travers de belles collections. Il évoque naturellement Alexandre, le plus vieil habitant (9 000 ans av. J.-C.) recensé en Isère, dont le crâne est ici exposé. Une série de belles maquettes retrace les différentes étapes de construction de l'ancien quartier épiscopal.
Baptistère★ – En sous-sol, un circuit original permet de découvrir une crypte archéologique où est exhumé un des plus anciens baptistères paléochrétiens (4e s.). Au centre de l'édifice, une cuve octogonale où se pratiquait l'immersion totale des premiers chrétiens.

LE QUARTIER ST-LAURENT
Sur la rive droite de l'Isère et délimité à l'ouest par la porte de France et à l'est par la porte St-Laurent, ce quartier en cours de réhabilitation abrite deux grands monuments dauphinois.
Accès : à pied, traverser l'Isère par la passerelle de la Citadelle et emprunter les escaliers à gauche conduisant au musée ; en véhicule, par le quai Perrière et la rue Maurice-Gignoux, étroite et en forte pente.

Musée dauphinois★ (E1)
30 r. Maurice-Gignoux - 04 57 58 89 01 *- www.musee-dauphinois.fr -* ♿ *- juin-sept. : 10h-19h ; oct.-mai : 10h-18h - fermé mar., 1er janv., 1er Mai et 25 déc. - gratuit.* Cet intéressant musée régional est installé dans l'ancien couvent (17e s.) de la **Visitation de Ste-Marie-d'En-Haut**, accroché à flanc de colline dans un site ravissant. Les salles principales consacrées au patrimoine dauphinois exposent un riche ensemble de meubles domestiques et d'outils traditionnels, symboliques de la vie rurale dans les Alpes. **La grande histoire du ski** qui lui succède dans le musée retrace cette épopée et donne toute la mesure de l'impact des sports d'hiver sur la vie quotidienne en montagne. La richesse des **expositions thématiques★★** de longue durée, remarquablement présentées, fait du musée un des principaux espaces ethnographiques dauphinois. La visite permet d'admirer une partie du couvent : cloître, salle du chapitre et chapelle.

GRENOBLE

Chapelle★★ – Construit au début du 17e s., ce joyau de l'art baroque ne fut décoré qu'en 1662 pour la béatification de saint François de Sales : les tableaux de ce décor racontent des épisodes de la vie du bienheureux. Le retable divisé en trois travées séparées par des colonnes torses est un véritable condensé de l'art baroque. Sur l'arc précédant le chœur, une étonnante peinture en trompe-l'œil représentant une draperie rouge semble posée sur une balustrade en pierre. Ce décor luxuriant sert de cadre à des concerts de musique de chambre.

Église-musée St-Laurent★★ (F1)

☏ 04 76 44 78 68 - *fermé pour travaux (réouverture prévue en 2009-2010).*

L'ensemble architectural revêt une ampleur exceptionnelle due au volume occupé par rapport à l'habitat grenoblois de l'époque. L'intérêt de ce sanctuaire, l'un des rares du Haut Moyen Âge à être conservé en France, avec la crypte de Jouarre en Seine-et-Marne *(voir Le Guide Vert Michelin Île-de-France)*, réside dans sa riche décoration, mêlant les remplois romains et mérovingiens à des éléments sculptés d'époque carolingienne pour former un ensemble tout à fait cohérent.

Les peintures du plafond, réalisées en 1910 par un artiste italien, surprennent par la profusion de croix gammées. Cette croix – le **svastika** – est d'origine hindoue (en sanscrit, elle signifie « à l'origine de toutes choses ») ; elle symbolise une roue figurant le mouvement perpétuel. Des svastikas ont été relevés sur des vestiges en Mésopotamie, plus de 3 000 ans avant notre ère ou dans l'orfèvrerie gauloise. Ce n'est qu'à partir de 1930 que les nazis lui accolèrent une signification politique.

C'est sur le site de St-Laurent que les plus anciens témoignages de la vie religieuse à Grenoble ont été relevés. La **crypte St-Oyand**★★ est conservée jusqu'à la voûte sous le chevet de l'église actuelle ; elle fait partie d'un ensemble funéraire chrétien des 6e et 7e s. installé dans la nécropole païenne précédemment établie autour d'un mausolée antique *(fouilles en cours)* situé sur la rive droite, c'est-à-dire à l'extérieur de *Gratianopolis*, la ville romaine concentrée sur la rive opposée.

Au-delà de l'église St-Laurent se dressent la **porte St-Laurent** (17e s.) et des casemates et murs du système défensif Haxo (19e s.).

LES MUSÉES À THÈME

Musée de la Résistance et de la Déportation★ (F1)

☏ 04 76 42 38 53 - ♿ - www.resistance-en-isere.fr - *possibilité de visite guidée gratuite le 1er dim. du mois à 14h30 - juil.-août : 10h (mar. 13h30)-19h ; sept.-juin : lun.-vend. 9h (mar. 13h30)-18h, w.-end 10h-18h - fermé 1er janv., 1er Mai et 25 déc. - gratuit.*

Reconstitutions et décors mettent en lumière la Résistance grenobloise, son intense activité (réunions chez des résistants célèbres, activité d'imprimerie clandestine), et les justifications de celle-ci (occupation italienne du Dauphiné, instauration des lois antijuives de Vichy, STO). Remarquez au premier niveau les trois portes, vestiges des cachots de la Gestapo à Grenoble, couvertes de graffiti de résistants. Une salle illustre la réunion « Monaco » de la Résistance, tenue à Méaudre en janvier 1944, étape essentielle dans l'unification des mouvements de résistance. Un grand plan relief situe géographiquement l'emplacement des maquis et les événements qui les ont marqués.

👪 Des notes spécifiques destinées aux enfants jalonnent le parcours.

Musée des Automates de Grenoble (D2)

☏ 04 76 43 33 33 - *visite guidée (1h) 14h-18h30 (dernière entrée 17h45) - 5 € (enf. 3 €).*

👪 Accessible pour les enfants dès 3 ans. Belle collection de boîtes à musique et stupéfiante collection d'automates, dont un vibrant hommage au **canard de Vaucanson** avec une réplique moderne réalisée par Frédéric Vidoni. Visite mêlant le spectacle animé à la conférence, par des passionnés.

Muséum d'histoire naturelle (F2)

1 r. Dolomieu. ☏ 04 76 44 05 35 - www.museum-grenoble.fr - ♿ - *lun.-vend. 9h30-12h, 13h30-17h30, w.-end et j. fériés 14h-18h - fermé 1er janv., 1er Mai, 25 déc. - 2,20 € (enf. gratuit), gratuit merc. apr.-midi (oct.-mai).*

👪 Créé au début du 19e s., ce musée reflète l'engouement de l'époque pour la nature. Au rez-de-chaussée, une intéressante salle des eaux vives présente des aquariums. À l'étage, on déambule dans une belle galerie d'animaux naturalisés mis en scène dans leur milieu naturel. On peut y voir quelques animaux disparus ou en voie de disparition. L'exceptionnelle collection de minéraux et de fossiles, l'une des plus importantes de France, aide à mieux comprendre la genèse des massifs montagneux. Bornes interactives, jeux de piste et muséographie rendent cette visite accessible aux plus jeunes.

285

DÉCOUVRIR LES SITES

Le Magasin - Centre national d'art contemporain (hors plan)
Voir plan d'agglomération – 155 cours Berriat - ℘ 04 76 21 95 84 - www.magasin-cnac. org - ♿ - possibilité de visite guidée sur RV - ouv. en période d'exposition, tlj sf lun. 14h-19h - 3,50 €. Ce centre organise des expositions d'art contemporain dans un bâtiment industriel, sorti des ateliers Eiffel en 1900 et installé sur le site « Bouchayer Viallet ». Sous une immense verrière, des expositions temporaires d'artistes contemporains incluent souvent la production d'œuvres originales.

Aux alentours

SAINT-MARTIN-LE-VINOUX
Au nord-ouest de Grenoble, en direction de Voiron.

La Casamaures
8 bis av. du Gal-Leclerc (bretelle A 48)- 38950 St-Martin-le-Vinoux - ℘ 04 76 47 13 50 - www.casamaures.org - visite guidée (1h30) vac. scol. mar.-vend. 14h - reste de l'année mar., merc. et chaque 1er sam. du mois à 14h, et dim. du Rendez-vous des jardins en juin, Journée du patrimoine en sept. - fermé de la 2e sem. à la 4e sem. d'août et de mi-déc. à mi-janv. - 7 € (enf. 4 €).

De cet âge d'or du ciment moulé, Grenoble a conservé des témoignages originaux de décors et d'éléments d'architecture dont le joyau est cette villa construite en 1855, pastiche mauresque d'un palais d'Istanbul. Témoin de la vogue orientaliste du 19e s., elle abrite aussi des meubles persans splendides.

La Casamaures.

LA TRONCHE
Au nord de Grenoble, en direction de St-Pierre-de-Chartreuse.

Musée Hébert
Entrée : chemin Hébert - ℘ 04 76 42 97 35 - ♿ - www.musee-hebert.fr - juin-sept. : tlj sf mar. 10h-18h (dim. 19h) ; oct.-mai : tlj sf mar. 10h-18h - fermé 1er janv., 1er Mai et 25 déc. - gratuit.

Dans le quartier des hôpitaux, la maison de campagne du célèbre peintre dauphinois **Ernest Hébert** (1817-1908) et le musée attenant demeurent hors du temps. Le mobilier et les nombreux souvenirs de l'artiste restituent une vision intimiste de sa vie. Quant au musée, à travers diverses œuvres du 19e s., il recompose le parcours de ce peintre académique, grand prix de Rome et résident de la villa Médicis. L'ensemble, entouré de très beaux jardins dont une roseraie, constitue un charmant témoignage de maison d'artiste.

LANCEY
16 km au nord-est de Grenoble. Sortir de Grenoble par la D 523 en direction de Domène. Dans le village de Lancey : aux feux de signalisation, prendre à droite la rue en montée vers La Combe-de-Lancey et des papeteries. Stationner à l'entrée de la propriété.

Musée de la Houille blanche
℘ 04 76 45 66 81 - fermé pour travaux de réaménagement.
Ce petit musée de l'électricité est installé sur le site de la première haute chute d'eau aménagée de 1869 à 1875 par Aristide Bergès *(on ne visite pas le site industriel)*, inventeur en 1889, lors de l'Exposition universelle de Paris, du terme de « houille blanche », en opposition avec la houille qui constituait alors la source d'énergie essentielle. Une place particulière est réservée à l'aménagement de l'éclairage public dans les villes alpines. Ne manquez pas la maquette du site de Lancey qui servit en 1933 de cadre au tournage du film de Marcel L'Herbier, *L'Aventurier*.
La **maison personnelle de Bergès** *(ne se visite pas)* se voit à gauche en entrant dans la propriété.

L'or gris grenoblois

La région de Grenoble fut au 19e s. l'un des berceaux du ciment français, grâce à un scientifique dauphinois, **Louis Vicat** (1786-1861). À la recherche du secret perdu du « ciment romain », il définit le principe des liants hydrauliques, à l'origine du ciment naturel prompt. La présence d'abondants gisements régionaux de calcaire, propres à fournir la matière première, détermina la création de nombreuses usines à proximité de ces sites (la première usine date de 1853), génératrice d'une véritable fièvre de l'« or gris ».
Voici quelques témoignages, outre **la Casamaures** *décrite ci-avant*.
– la chapelle N.-D. Réconciliatrice *(rue Joseph-Chaurion)* en style néomauresque ;
– l'ancien siège des Ciments de la porte de France *(cours Jean-Jaurès)* dont le vestibule offre un catalogue des moulages de la société ;
– la **tour Perret**, du nom de l'architecte concepteur, est une étonnante aiguille en béton armé haute de 85 m (l'état de l'intérieur ne permet plus son ascension). Construite comme tour d'orientation lors de l'Exposition internationale de la houille blanche en 1925, elle en demeure l'unique vestige ;
– les vespasiennes (1880) vantées par Boris Vian. Ces pittoresques échauguettes jalonnent encore quelques cours et boulevards de la métropole alpine.

SASSENAGE

6 km au nord-ouest de Grenoble. Prendre la D 531 vers Villard-de-Lans. L'église de Sassenage renferme la tombe du connétable de **Lesdiguières**. De ce bourg situé à la périphérie de Grenoble part la route d'Engins, l'une des voies de pénétration les plus fréquentées du Vercors.

Les Cuves

30mn. Partir par la rive droite du Furon et revenir par la rive gauche. 04 76 27 55 37 - www.sassenage.fr - *visite guidée (1h) juil.-août : 10h-18h ; avr.-mai et oct. : w.-end 13h30-18h ; juin et sept. : tlj sf lun. 13h30-18h - 5,60 € (enf. 3,60 €).*
Ce site touristique d'antique réputation comptait parmi les « sept merveilles du Dauphiné ». Les deux grottes superposées réunies par une cascade communiquent avec le gouffre Berger à qui elles servent de résurgence. La visite est accompagnée par un son et lumière.
Les « cuves » sont un bon prétexte à une promenade romantique au bord des eaux écumantes du Furon et permettent de découvrir un immense labyrinthe souterrain où les stalactites et les stalagmites côtoient des fossiles inclus dans des concrétions de silex.

Le parc du château★

Parc ouvert au public. La sobre façade du château seigneurial achevée en 1669 est flanquée de deux ailes en retour d'équerre et coiffée d'une haute toiture à lucarnes. Elle s'intègre à un parc de 8 ha, non loin d'une butte boisée portant les belles ruines de l'ancien château féodal bien visible depuis la route de Villard-de-Lans. De son vaste parc paysager, planté en 1859, on a une magnifique perspective sur le Vercors.

SAINT-NIZIER-DU-MOUCHEROTTE

15 km à l'ouest de Grenoble par Seyssinet. Sortir par le boulevard Vallier et la D 1532, puis après avoir franchi le Drac, prendre à gauche la D 106 en direction de St-Nizier-du-Moucherotte.
Cette station estivale et hivernale est très appréciée des Grenoblois pour son site de plateau, magnifiquement dégagé. La localité de St-Nizier, incendiée le 15 juin 1944 lors d'un raid de représailles précédant les grands combats du Vercors, a été reconstruite et connaîtra son heure de gloire en accueillant les grands noms du cinéma des années 1960 réunis à l'hôtel Hermitage. Roger Vadim utilisa son cadre pour mettre en scène **Brigitte Bardot** dans *La Bride sur le cou*.
2 km avant d'atteindre St-Nizier.

Nécropole de la Résistance

Face à un vaste horizon montagneux, ce cimetière groupe les sépultures de 96 combattants du Vercors, sur le lieu même de la première ligne de résistance des maquisards lors des combats de juillet 1944.

DÉCOUVRIR LES SITES

Belvédères accessibles à pied
Table d'orientation★★ – *Le sentier d'accès se détache à côté de l'hôtel Bel-Ombrage. De la table d'orientation, le* **panorama**★★ *est étendu sur la Chartreuse, la façade sud-est du Mont-Blanc, Belledonne, les Écrins.*

Sommet du Moucherotte★★ – *3h AR. Partir du « parking haut du tremplin olympique » puis emprunter le GR 91.* Du sommet, large **tour d'horizon**★★★ : une table d'orientation permet d'identifier les hauteurs qui délimitent le panorama ; par temps très clair, le mont Blanc est visible. La nuit, la vue sur Grenoble est féerique.

Grenoble pratique

Adresse utile
Office de tourisme – 14 r. de la République - 38000 Grenoble - ☎ 04 76 42 41 41 - www.grenoble-isere.info - mai-sept. : 9h-18h30, dim. et j. fériés 10h-13h ; reste de l'année : 9h-18h30, dim. et j. fériés 10h-13h, 14h-18h - fermé 1er janv., 1er Mai et 25 déc.

Transports
Pour se déplacer dans l'agglomération, les transports urbains TAG proposent un forfait valable 1 ou 5 jours sans limite de parcours : le Visitag (☎ 0820 486 000), disponible dans les agences TAG de la gare SNCF, Maison du tourisme, centre commercial Grand-Place, ainsi qu'aux distributeurs des stations de tramway.

Tramway à Grenoble.

Visites
Visite guidée de Grenoble – S'adresser à l'office de tourisme ou consulter le site www.grenoble-isere.info - visite guidée (2h) juil.-août et oct.-juin : se rens. pour les horaires - 7,50 €.

Grenoble Pass Découverte – D'avril à septembre, le Grenoble Pass Découverte vous facilite la visite de la ville en vous donnant accès aux musées, au petit train touristique, au téléphérique Grenoble-Bastille, à une visite guidée (ou audioguidée) au départ de l'office de tourisme et à de nombreuses réductions sur les musées et loisirs de la région. *Rens. à l'office de tourisme -* ☎ 04 76 42 41 41 - 12,50 € (valable 48h à partir de la date d'achat).

Se loger
Gallia – 7 bd du Mar.-Joffre - ☎ 04 76 87 39 21 - www.hotel-gallia.com - 35 ch. 54/57 € - ☐ 7 €. La majorité des chambres de cette affaire familiale a été rajeunie avec des teintes gaies, parfois dans la note provençale. Pimpant hall-sallon lumineux.

Hôtel Gambetta – 59 bd Gambetta - ☎ 04 76 87 22 25 - www.hotel-resto-gambetta.com - fermé 17 juil.-6 août - 45 ch. 59 € - ☐ 7 € - rest. 16 €. Cet hôtel fondé en 1924 vous garantit des nuits paisibles malgré l'animation du quartier, ses confortables chambres bénéficient en effet d'une insonorisation efficace et de la climatisation. Cuisine traditionnelle servie dans une grande salle à manger de style actuel.

Hôtel Europe – 22 pl. Grenette - ☎ 04 76 46 16 94 - www.hoteleurope.fr - 45 ch. 60/78 € - ☐ 7,50 €. Au cœur du vieux Grenoble, l'Europe (le premier hôtel de la ville) vous accueille aux doux sons des oiseaux de sa volière. Chambres refaites dans un style sobre et actuel.

Hôtel Acacia – 13 r. de Belgrade - ☎ 04 76 87 29 90 - www.hotelacaciagrenoble.com - 20 ch. 62 € - ☐ 6 €. Cet hôtel situé à deux pas du téléphérique menant au fort de la Bastille vient de faire peau neuve. Résultats ? Des chambres fraîches, un nouveau hall d'accueil et une salle des petits-déjeuners aux couleurs provençales.

Chambre d'hôte Le Manoir – 636 chemin du Berlioz - 38191 Villard-Bonnot - 5 km au nord de Grenoble dir. Villard-Bonnot - ☎ 04 76 71 40 00 - http://perso.wanadoo.fr/domaineduberlioz - fermé nov.-mars - 4 ch. 110 € - ☐ - repas 35 €. Cette demeure du 12e s. abrite aujourd'hui un centre équestre ainsi que des chambres assez spacieuses, garnies de beaux meubles de famille ; la plupart ouvrent leurs fenêtres sur le potager ou les chevaux. Accueil cordial.

Se restaurer

⊖ **Ciao a Te** – 2 r. de la Paix - ℘ 04 76 42 54 41 - fermé vac. de fév., 3 sem. en août, dim. et lun. - réserv. obligatoire - 14/30 €. Installé dans un vieux quartier, pas loin du Musée de Grenoble, ce restaurant avec sa devanture en bois et son enseigne peinte à la main sert une cuisine « minute ». Bien sûr, les pâtes sont à l'honneur de cette petite adresse italienne très courue…

⊖⊖ **Bombay** – 60 cours Jean-Jaurès - ℘ 04 76 87 71 80 - fermé août et lun. - réserv. obligatoire le w.-end - 13 € déj. - 15/33 €. Les voyages peuvent aussi se faire autour d'une table : une fois la porte franchie, laissez-vous porter par le parfum envoûtant des épices de la cuisine indienne et goûtez à ses saveurs exotiques.

⊖⊖ **Le Coup de Torchon** – 8 r. Dominique Villars - ℘ 04 76 63 20 58 - fermé merc. soir, dim. et lun. - 16/22 €. À proximité des boutiques d'antiquaires, sympathique table dont la cuisine actuelle puise ses idées et s'élabore en fonction du marché. Cadre clair et coquet. Prix attractifs.

⊖⊖ **Chasse-Spleen** – 6 pl. Lavalette - ℘ 04 38 37 03 52 - fermé 10-31 août, sam. et dim. - 21/32 €. Ce restaurant rend hommage à Charles Beaudelaire qui baptisa « chasse-spleen » un cru local lors d'un séjour à Moulis-en-Médoc. Décor original associant noix et gerbes de blé suspendues au plafond et… poèmes de l'auteur des Fleurs du mal. Cuisine régionale actualisée.

⊖⊖ **Café de la Table Ronde** – 7 pl. St-André - ℘ 04 76 44 51 41 - www.cafetableronde.fr - fermé 1er-15 janv. - formule déj. 10 € - 23/33 €. Le reflet des habitués, accoudés autour du zinc animé et des photos dédicacées de Sarah Bernhardt, Raymond Devos et bien d'autres personnalités, s'interpelle dans les grands miroirs accrochés aux murs, au-dessus des banquettes de moleskine. Cuisine régionale de type brasserie.

⊖⊖ **Le Village** – 20 r. de Strasbourg - ℘ 04 76 87 88 44 - fermé 5-28 juil., 21 déc.-5 janv., dim. et lun. sf j. fériés - 25/38 €. Dans un quartier-village du centre, ce restaurant au cadre simple affiche souvent complet. Un succès qui tient à l'ambiance conviviale et à la bonne cuisine au goût du jour.

⊖⊖ **L'Exception** – 4 cours Jean-Jaurès - ℘ 04 76 47 03 12 - www.lexception.com - fermé w.-end, 19 juil.-3 août, 3-11 janv. - 25/52 €. Une adresse simple qui ne désemplit pas, dont la salle à manger a été revue dans un style actuel. Généreuse cuisine créative, axée sur le terroir et proposée à prix sages.

⊖⊖ **Grill Parisien** – 34 bd Alsace-Lorraine - ℘ 04 76 46 10 16 - fermé w.-end, vac. de Pâques, 19 juil.-19 août et j. fériés - 36 €. Installés à la table d'hôte (dans la cuisine) ou sous les poutres de la salle à manger, les habitués de ce bistrot se régalent d'une cuisine traditionnelle aux accents du Sud.

⊖⊖ **Le Petit Paris** – 2 cours Jean-Jaurès - ℘ 04 76 46 00 51 - www.lepetitparis.fr - fermé 1er Mai, 24 et 25 déc. - réserv. conseillée le soir - formule déj. 15 € - 25/75 €.

Fontaine de la place Grenette.

Accueil agréable, service attentionné et plaisante décoration de style Art-déco : ce restaurant du centre-ville ne manque pas d'atouts pour séduire. Côté table, la cuisine panache tradition et recettes inventives, au gré des saisons, et s'accompagne d'une belle carte des vins.

⊖⊖⊖ **Auberge Napoléon** – 7 r. Montorge - ℘ 04 76 87 53 64 - www.auberge-napoleon.fr - fermé 7-27 août, le midi et dim. - réserv. conseillée - 43/63 €. La maison entretient le souvenir de Napoléon Bonaparte, son hôte le plus célèbre. Cadre plaisant et soigné de style Empire où l'on propose une cuisine personnalisée.

Faire une pause

Salon de thé Burdet – 1 r. de la République - ℘ 04 76 44 26 73 - 9h-19h - fermé dim. Ce confiseur-chocolatier est le dépositaire exclusif des chocolats Bonnat. D'autres spécialités régionales vous y sont proposées à la vente ou à déguster sur place dans le salon de thé.

En soirée

👁 **Bon à savoir** – L'animation qui règne aux abords de la **pl. Grenette** et de la **rue Félix-Poulat**, voies piétonnes considérées par les Grenoblois comme le « vrai » centre-ville, témoigne du dynamisme de la cité. De même la pl. St-André et ses plaisantes terrasses, prises d'assaut dès les premiers beaux jours ou le quartier des Antiquaires, derrière la cathédrale, en retrait de la pl. Notre-Dame qui abrite de sympathiques bistrots appréciés des noctambules. Les hebdomadaires Le Petit Bulletin (www.petit-bulletin.fr) et Les Affiches de Grenoble (www.affiches.fr) listent les spectacles.

La Soupe aux Choux – 7 rte de Lyon - ℘ 04 76 87 05 67 - lasoupeauchoux@wanadoo.fr - tlj sf dim. et lun. 18h-1h - fermé juil.-août. Ce club de jazz de Grenoble est une véritable institution. Des jazzmen de

DÉCOUVRIR LES SITES

renommée internationale s'y produisent régulièrement. Le reste du temps, les groupes du coin chauffent leurs anches sur les grilles de *Can't Get Started* ou de *Manhattan*.

Le Tonneau de Diogène – *6 pl. Notre-Dame -* 04 76 42 38 40 *- 8h30-1h - fermé 1ᵉʳ janv. et 25 déc.* Le seul café littéraire de Grenoble est animé par un ancien professeur de philosophie qui organise le mardi et le jeudi des discussions politiques et philosophiques très prisées du milieu étudiantin grenoblois. Une bonne librairie complète cet établissement.

Que rapporter

La Noix de Grenoble-Desany – *6 bis pl. Grenette -* 04 76 03 12 20 *- 9h-19h, lun. 14h-19h - fermé 2 sem. en janv. et dim. et j. fériés.* Ce confiseur chocolatier propose plusieurs spécialités locales : noix de Grenoble, gâteaux aux noix, Galets du Drac, Chartreuse, liqueurs… Découvrez également, dès l'arrivée des beaux jours, la soixantaine de glaces aux parfums différents.

Christian Bochard – *19 r. Lesdiguières -* 04 76 43 02 23. Monsieur Bochard est inventeur de chocolats, et ses modèles et marques les plus originaux sont déposés. Il en va ainsi du Mandarin, une demi-clémentine confite associée à une crème au chocolat parfumée au Grand Marnier. Glaçon de Chartreuse, Glacier de Sarennes, pâtes de fruits, pain d'épice… Un régal : l'adresse n'est à éviter sous aucun prétexte !

Les Alpages – *2 r. de Strasbourg -* 04 76 46 32 62. C'est un véritable passionné qui se trouve derrière l'enseigne de cette petite fromagerie. Bernard Mure-Ravaud, sacré « Champion du monde des fromagers » en 2008, propose aux gourmands plus de 160 sortes de fromages au lait cru, dont du beaufort ou le rare bleu de Termignon… Laissez-vous tenter par les douceurs des alpages !

À l'Abeille d'Or – *3 r. de Strasbourg, quartier Étoile -* 04 76 43 04 03 *- 9h30-12h30, 14h30-19h30 – fermé dim. et lun., 1 sem. en fév.* Le décor du magasin est le même qu'à l'époque de sa création par les grands-parents des actuels propriétaires. Vous y trouverez, outre le matériel d'apiculture, 14 variétés de miel, du pollen, de la gelée royale, du pain d'épice, des sucres d'orge, des réglisses, des thés au détail, des confitures, des condiments originaux, etc.

Loisirs-détente

Au printemps, les Grenoblois apprécient les randonnées en montagne. En hiver, ils guettent l'arrivée des premières neiges sur les hauteurs de Chamrousse pour se livrer à leur sport favori : le ski. Aussi, le premier Club alpin de ski, en 1896, fut-il tout naturellement grenoblois !

Parcs et jardins – Pour échapper aux canicules estivales, plusieurs parcs et jardins peuvent apporter un peu de fraîcheur : le **parc Paul-Mistral** à proximité de la mairie, le **parc de l'Île-d'Amour** (au nord-est de l'agglomération) avec un sentier sportif, et sur les contreforts de la Bastille le **parc Guy-Pape** et le **jardin des Dauphins**.

Location de VTT – Location de VTT chez Mountain Bike Diffusion (6 quai de France) et de matériel de montagne chez Clavel Sports (54 cours Jean-Jaurès), grand spécialiste régional qui dispense d'utiles conseils. Avant de se lancer vers les cimes, on pourra s'échauffer au parc sportif de l'Île d'Amour (sortie Nord de Grenoble).

Maison de la montagne – *3 r. Raoul-Blanchard -* 04 76 44 67 03 *- www.grenoble.montagne.com - 9h30-12h30, 13h-18h - fermé dim. et j. fériés.* Accueil chaleureux pour rencontrer les différents organismes liés à la montagne dans des domaines divers, dont le bureau des guides de Grenoble. On y trouvera le planning des activités proposées, des conseils de sécurité, de la documentation, bref, « toute l'info montagne ».

Plage de la Bifurk – *2 r. Gustave-Flaubert (arrêt du Tramway MC2) -* 04 76 23 57 16 *- www.plagedelabifurk.com - 6 €.* Cette plage urbaine est située sur un site de 2 000 m² de sable fin qui permet, dans une ambiance conviviale et décontractée accessible à tous, la pratique en plein air au cœur de la ville des sports de sable.

Événements

Cabaret frappé – 04 76 42 41 41 *- www.cabaret-frappe.com.* Ce festival rassemble en soirée des musiciens de jazz et de musiques du monde dans le poumon vert de Grenoble, l'élégant jardin de ville.

Festival international du cirque – 04 76 42 41 41 *- www.palais-des-sports.com.* La dernière semaine de novembre, le Palais des sports met ses habits de fête pour accueillir cet important festival.

Rencontres du jeune théâtre européen – 04 76 01 01 41. La 1ʳᵉ semaine de juillet, spectacles et rencontres avec des troupes venues de toute l'Europe.

Le Grésivaudan★

CARTE GÉNÉRALE B4 – CARTE MICHELIN DÉPARTEMENTS 333 J5/6 – ISÈRE (38)

C'est dans cet immense et majestueux couloir, profondément élargi et déblayé par les anciens glaciers, que le chevalier Bayard fit ses premières armes. Le Grésivaudan, qui fait la jonction entre les cluses de Chambéry et Grenoble, fut longtemps une région agricole prospère. Elle est aujourd'hui un poste avancé des deux métropoles régionales qui trouvent là un prolongement à leur espace urbain. Scindé en deux régions distinctes par l'Isère, le Grésivaudan s'appuie à l'ouest sur le massif de la Chartreuse, à l'est sur les pentes de Belledonne.

- **Se repérer** – Traversé par de grandes voies de circulation, le Grésivaudan l'est aussi par l'Isère. Rive gauche, la D 523 borde Belledonne, à droite l'A 41 et la D 1090 permettent de rejoindre Le Touvet et le funiculaire de St-Hilaire.
- **À ne pas manquer** – La route qui rejoint la Croix de Revollat.
- **Organiser son temps** – Préférez le versant nord-est en soirée pour apprécier le coucher de soleil souvent somptueux sur la chaîne de Belledonne.
- **Avec les enfants** – Le funiculaire de Saint-Hilaire.
- **Pour poursuivre la visite** – Voir aussi Allevard, le massif de la Chartreuse.

Le chevalier Bayard

Pierre Terrail est né en 1476 au château de Bayard, dans les environs de Pontcharra. Page du duc de Savoie, le jeune homme est ensuite accueilli à la Cour par Charles VIII. Sa carrière militaire est alors jalonnée par une extraordinaire série de faits d'armes. Il s'illustre à Naples, Fornoue, et lors de la défense du pont de Garigliano (1504). En 1515, François Ier, qui admirait le « chevalier sans peur et sans reproche », reçoit de lui l'ordre de chevalerie et le nomme lieutenant général du Dauphiné. Il meurt à Romagnano lors de la retraite d'Italie en 1524.

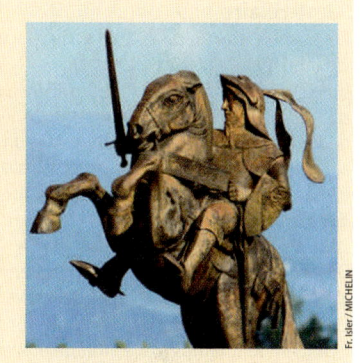

Statue de Bayard à Pontcharra.

Comprendre

La vallée des Dauphins – Dès le 11e s., le Grésivaudan devenu propriété des futurs dauphins du Viennois se hérisse de tours et forteresses visant à protéger le territoire français des avancées des seigneurs de Savoie. Le conflit résolu, la noblesse métamorphose ces bâtiments défensifs en havres campagnards. Tout autour, de vastes domaines agricoles assurent approvisionnement et richesse. On aperçoit encore sur les coteaux nombre de ces maisons agrémentées de tourelles, niches, et autres fantaisies architecturales. Au 19e s., Hector Berlioz et Stendhal vantent la douceur de ses paysages. En 1850, la canalisation de l'Isère modifie la répartition de l'habitat qui s'étend alors sur d'anciennes zones inondables. Le développement de la houille blanche entraîne la création d'industries (papeterie, électrométallurgie). Le Grésivaudan soutient cependant sa vocation agricole. L'installation à Crolles, à la fin du 20e s., de la société ST Microelectronic accélère encore le phénomène d'urbanisation entamé depuis la Seconde Guerre mondiale.

Circuits de découverte

AU PIED DE LA CHARTREUSE★★

La vallée aux cent châteaux [1]

Au départ de Grenoble jusqu'à Chapareillan 95 km – environ 2h30. Quitter Grenoble par la D 1090 (route de Chambéry). Aux Eymes, prendre la D 30.

Sur tout ce parcours, le massif de Belledonne et celui des Sept-Laux (composant la chaîne de Belledonne) restent visibles.

DÉCOUVRIR LES SITES

La route quitte le fond de la vallée pour grimper sur le plateau des Petites-Roches, vaste replat de pâturages dominé par les escarpements de la Chartreuse, en particulier par l'énorme promontoire de la dent de Crolles. Un centre de cure, St-Hilaire *(ci-dessous)*, s'y installa, attiré par l'exposition et la situation très abritée. De cet endroit, on peut distinguer, au nord-est, le mont Blanc.
De la D 30, 1 km avant St-Pancrasse, prendre à gauche la route du col du Coq.

Col du Coq
La voie d'accès, sinuant en forte montée au flanc de la dent de Crolles, procure, à son début, de jolies vues sur la vallée de l'Isère. Du col même (alt. 1 434 m), le panorama s'étend de Chamechaude au massif de Belledonne. En arrière du col, quelques chalets et téléskis.
Revenir à la D 30.

Saint-Pancrasse
Le village occupe le rebord du plateau, au pied de la dent de Crolles.

Bec du Margain★★
De la D 30, 30mn à pied AR. 150 m après le terrain de football (laisser la voiture au court de tennis), prendre à droite un chemin qui traverse une sapinière.
Gagnez le bord de l'escarpement, qu'on longe, à droite, pour aboutir à la table d'orientation à plus de 800 m au-dessus de la vallée de l'Isère. Là, **vue** remarquable sur le Vercors, le massif de Belledonne, les Grandes Rousses (par la trouée du pas de la Coche), le massif des Sept-Laux, les Bauges et le Mont-Blanc.

Saint-Hilaire
Cette petite station climatique et de sports d'hiver est aussi un centre important de vol libre (parapente et deltaplane).
Un célèbre **funiculaire**★ relie St-Hilaire à la D 1090 (gare de Montfort). Cet impressionnant chemin de fer construit en 1924, le plus « raide » d'Europe, réalise la prouesse de racheter 720 m de dénivellation dans un parcours de 1 500 m seulement, obligeant ainsi ses machines (d'une capacité de 40 passagers) à gravir et descendre une rampe de 65 %, avec même un passage à 83 % en tunnel. ✆ 04 76 08 00 02 - www.funiculaire.fr - de fin juin à fin août : 10h-19h ; de déb. avr. à fin juin et de fin août aux vac. de la Toussaint. : 10h-18h, dim. et j. fériés 10h-19h - fermé reste de l'année - 11,30 € AR (enf. 6,60 €).
Du belvédère placé devant la gare supérieure, la **vue**★ est orientée sur la chaîne et le Grand Pic de Belledonne, par-delà la vallée du Grésivaudan.
La route, qui longe ensuite les contreforts rocheux du massif de la Chartreuse, se maintient longtemps à une altitude moyenne de 900 m et descend sur St-Georges. De St-Georges, la D 285, en descente sinueuse, atteint le Petit-St-Marcel où la vue se dégage sur la Combe de Savoie et les sommets des Bauges qui se précisent, puis La Palud d'où l'on peut rejoindre Chambéry par le col du Granier.
À La Palud, la D 285 tourne à droite vers Chapareillan.

Chapareillan
C'est le dernier bourg dauphinois du haut Grésivaudan, la limite départementale entre Isère et Savoie, passant légèrement au nord, au petit « pont Royal ».
Rejoindre la D 1090 et prendre la direction de Grenoble. Au niveau de Pontcharra, prendre à droite la D 9 vers Barraux.

Fort Barraux
✆ 04 76 97 97 17 - visite guidée (1h30) juil.-août : à 15h ; juin et sept. : dim. et j. fériés à 15h - 5 € (– 16 ans gratuit). Superbe exemple d'architecture militaire *(en cours de restauration)*. Construit dès 1597 sur ordre du duc de Savoie… en territoire français. Achevé, il est enlevé aux Savoisiens l'année suivante par Lesdiguières au nom du roi Henri IV. L'ensemble fut très amélioré par Vauban.
Prendre la D 1090 vers Grenoble.

Château du Touvet★
✆ 04 76 08 42 27 - www.touvet.com - ♿ - visite guidée (45mn) juil.-août : tlj sf sam. 14h-18h ; avr.-juin : dim. et j. fériés 14h-18h ; sept.-oct. : dim. 14h-18h - 7 € (– 10 ans gratuit). Situé au flanc du massif de la Chartreuse, le château du Touvet fut à l'origine une maison forte élevée au 13e s. Le château actuel date du 15e s. et n'a conservé, de son enceinte fortifiée, que les deux tours rondes de l'entrée.
Le parc★ – Il a pris son aspect actuel au 18e s. à la suite des travaux décidés par Pierre de Marcieu. Il ferma la cour carrée, construisit un escalier d'honneur, aménagea les jardins : un beau parterre à la française, et un remarquable **escalier d'eau**★ à l'italienne, du 18e s. Belle vue sur le massif de Belledonne depuis ses terrasses.

LE GRÉSIVAUDAN

L'intérieur – Richement décoré, il a conservé un mobilier intéressant et des souvenirs de l'Empire. On pénètre dans le hall où se trouve le bel escalier d'honneur.

Dans la galerie décorée de stuc à l'italienne sont exposés de nombreux documents d'archives dont des lettres signées de la main d'Henri VIII et de François Ier. Elles sont arrivées là parce que le propriétaire du Touvet, Guigues Guiffrey, fut ambassadeur auprès du roi d'Angleterre. Ne manquez pas les remarquables parquets dauphinois dans les différentes pièces et, dans la salle à manger, une riche **parure murale** en cuir de Cordoue. Une salle est consacrée au souvenir du maréchal d'Empire Oudinot, ancêtre du propriétaire actuel.

Retour à Grenoble par la D 1090.

Le château du Touvet et ses jardins.

AU PIED DE LA CHAÎNE DE BELLEDONNE★

De Grenoble à Pontcharra 2
100 km – environ 3h. Sortie de Grenoble par la D 523 en direction de Domène et Brignoud.
Dans la montée de Brignoud à Laval, on contourne le château du Mas, fort bien situé.

Laval
Joli village dauphinois aux beaux toits débordants. Remarquez au passage une charmante gentilhommière, le château de la Martellière. Dans l'**église**, la peinture murale (15e s.) représente la Vierge au manteau. Le manteau doré porté par des angelots abrite les chevaliers dauphinois morts en combattant les Anglais à la bataille de Verneuil-sur-Avre en 1424, et notamment les seigneurs des lieux, Jean et Henri Alleman.

Entre Prabert et le col des Ayes, on bénéficie d'une bonne vue d'ensemble sur les escarpements du massif de la Chartreuse, depuis le St-Eynard jusqu'à la dent de Crolles, en passant par l'éperon hardi de Chamechaude, à l'arrière-plan.

Theys
Ce bourg, qui a conservé nombre de demeures anciennes, se trouve dans une jolie situation, au creux d'un bassin verdoyant. Le **château** (14e s.) conserve un étonnant décor peint sur les murs de la aula, retraçant l'histoire de Perceval, l'un des chevaliers de la Table ronde *(on ne visite pas)*. De nombreuses maisons sont construites avec la pierre locale d'une teinte violette surnommée la « violette de Theys » extraite au-dessus du village.

Après Theys, l'itinéraire passe par **Allevard** *(voir ce nom)*. La station thermale et le superbe **panorama**★★ depuis le Collet d'Allevard à 1 450 m valent bien ce détour.

Entre Allevard et Pontcharra, le coude que décrit la D 9 autour de la croupe de Brame Farine permet une longue et très agréable **échappée**★ sur le bassin de La Rochette et la région moutonnée du Val-Penouse (basse vallée du Gelon).

Plus bas, en aval des Bretonnières, se découvre le Grésivaudan – avec les escarpements de la Chartreuse, alignés de la dent de Crolles au Granier.

De Pontcharra, prendre une petite route pour Château-Bayard.

293

DÉCOUVRIR LES SITES

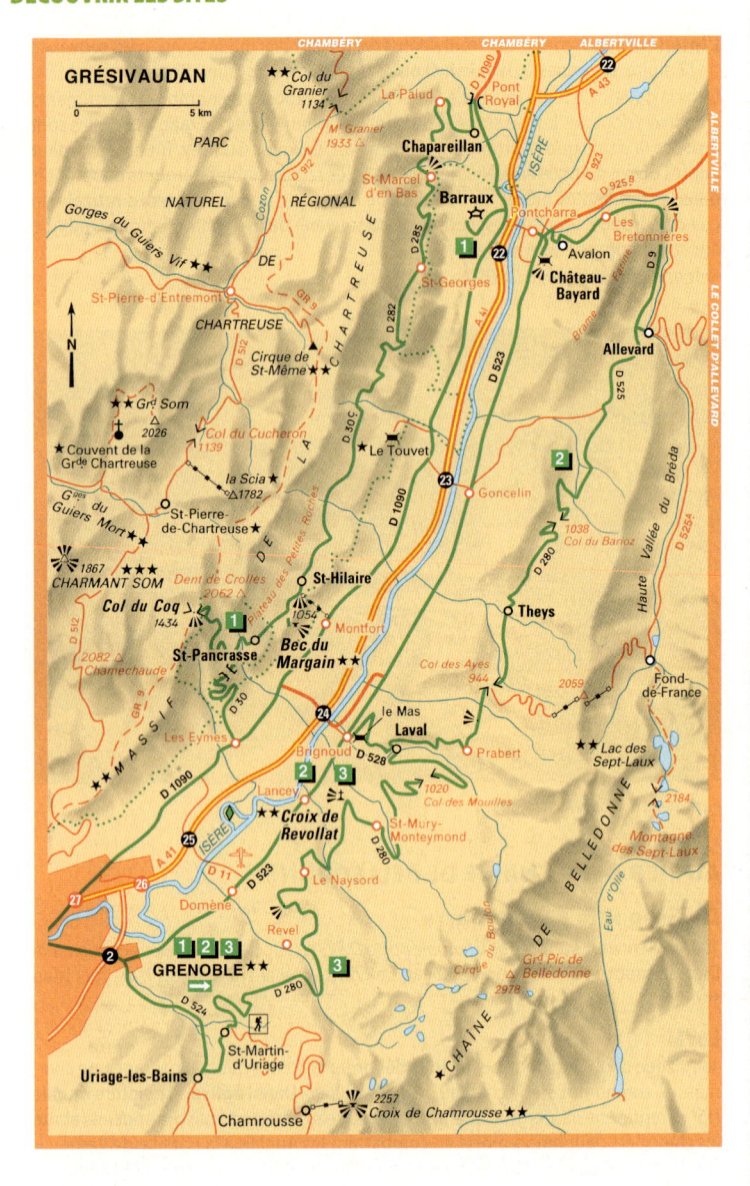

Château-Bayard

Le chemin d'accès, en montée, part de la place plantée d'arbres que longe la route d'Allevard et passe devant les écoles de Pontcharra. Au sommet de la montée, tourner à droite puis, aussitôt après, à gauche. Laisser la voiture sur le parc de stationnement à gauche des constructions. ✆ 04 76 97 11 65 - www.ville-pontcharra.fr - *juil.-août : tlj sf mar. 14h-18h ; de fin mai à fin juin et sept. : w.-end et j. fériés 14h-18h - fermé de fin sept. à fin mai - gratuit.*

Le portail entre les bâtiments de ferme et la poterne aménagée en habitation au 19e s. *(propriété privée)* permet d'accéder à la terrasse et au **musée** installé dans un corps de logis carré avec fenêtres à meneaux du 15e s., seul vestige authentique du château où naquit le « chevalier sans peur et sans reproche ».

Le **panorama**★ sur les massifs de la Chartreuse, de Belledonne et des Bauges, est très majestueux.

Toute proche, une **tour** isolée, d'où l'on jouit d'un excellent point de vue sur la Combe de Savoie, les vignes de Montmélian et le Grésivaudan, signale le village d'**Avalon**, patrie de **saint Hugues**. Elle fut érigée au 12e s. en l'honneur de ce saint qui ne doit toutefois pas être confondu avec l'évêque qui présida à la fondation de l'ordre des

LE GRÉSIVAUDAN

Chartreux. Celui-ci est connu, surtout en Angleterre, comme évêque de Lincoln.
Depuis Pontcharra, revenir à Grenoble par la D 523.

Croix de Revollat★ 3
79 km – environ 2h30 au départ de Grenoble. De Grenoble à Laval, itinéraire décrit ci-dessus.

Laval *(voir ci-dessus)*
Après le passage du col des Mouilles, la D 280, se repliant au fond du vallon de St-Mury, est dominée de très haut par le cirque du Boulon dont on voit le « verrou » inférieur sillonné de cascades. Les Trois Pics de Belledonne (alt. de 2 913 à 2 978 m) se profilent sur le ciel.

Croix de Revollat★★
À 50 m à droite de la D 280.

Vue sur le Grésivaudan. En face s'allonge le plateau des Petites-Roches, dominé par les escarpements de la Chartreuse. Dans l'axe du large sillon, le Vercors, à gauche, et les Bauges, à droite, sont visibles. 1 500 m plus loin, à hauteur d'une autre croix, continuer tout droit. La route traverse alors le ravin du ruisseau de la combe de Lancey.
Après le Naysord, vues dégagées sur la Chartreuse. 2 km plus loin, on découvre Grenoble dans son cadre de montagnes, puis la D 280 domine la belle combe de Revel se terminant dans les forêts des contreforts de Belledonne. Au sortir de la forêt, la vue se dégage en contrebas sur la vallée de l'Isère au pied de la Chartreuse, puis sur le vallon, très habité, d'Uriage.

Uriage-les-Bains *(décrit au massif de Chamrousse)*
À Uriage, prendre à droite la D 524 qui rejoint Grenoble.

Le Grésivaudan pratique

Se loger

Camping Les 7 Laux – *38570 Theys - 3,8 km au S de Theys, à 400 m du col des Ayes - 04 76 71 02 69 - camping. les7laux@wanadoo.fr - ouv. juin-15 sept. - réserv. conseillée - 61 empl. 18 €.* Dans un bel environnement, près du col des Ayes, ce terrain vaut essentiellement par sa situation privilégiée. Très au calme, il permet de passer des vacances revigorantes au pied des montagnes. Équipements standards bien tenus. Piscine.

Auberge Au Pas de l'Alpette – *À Bellecombe - 38530 Chapareillan - 5 km à l'est du col du Granier - 04 76 45 22 65 - www.alpette.com - fermé 10 oct.-10 nov., dim. soir et merc. - P - réserv. conseillée en été - 13 ch. 62 € - 7 € – rest. 15/31 €.* Amateurs de calme au sein d'une nature préservée, choisissez cette auberge de montagne qui offre une vue exceptionnelle sur le mont Blanc. Les chambres, mansardées et récemment redécorées, sont toutes différentes. Cuisine régionale aux couleurs des saisons, à déguster dans la salle à manger campagnarde ou sur la terrasse au bord de la piscine.

Se restaurer

Auberge des Paletières – *Mont-Farcy - 38570 Theys - 04 76 71 17 07 - fermé 15 oct.-15 nov. - 17,50/27,50 € - 2 ch. 39/45 €.* Vu de l'extérieur, l'endroit peut sembler un rien bohème, mais ne vous attardez pas sur cet aspect-là car s'attabler en ce lieu procure une grande félicité. Le décor d'esprit rustique y est plaisant et la cuisine traditionnelle digne de nos grands-mères cordons bleus.

DÉCOUVRIR LES SITES

Abbaye royale de **Hautecombe**★★
CARTE GÉNÉRALE B3 – CARTE MICHELIN DÉPARTEMENTS 333 I3 – SAVOIE (73)

C'est dans ce lieu romantique que les souverains de la maison de Savoie ont choisi d'être inhumés. Hautecombe est pour cette famille au destin si exceptionnel ce que la basilique de Saint-Denis au nord de Paris fut aux rois de France. C'est donc aux quarante-deux princes et princesses du duché de Savoie que vous rendez visite ainsi qu'au dernier roi d'Italie qui a choisi de rejoindre ici ses ancêtres. Un magnifique lieu de recueillement dans un cadre inoubliable.

- **Se repérer** – L'abbaye est située sur un promontoire s'avançant dans le lac du Bourget.
- **À ne pas manquer** – La vue imprenable lorsqu'on arrive en navette du lac du Bourget.
- **Organiser son temps** – Une navette fluviale relie Aix-les-Bains à l'abbaye tous les après-midi.
- **Pour poursuivre la visite** – Voir aussi lac du Bourget, Aix-les-Bains, la Chautagne.

L'abbaye, face au lac.

Comprendre

Une longue histoire
Au début du 12e s., des moines bénédictins s'implantent au nord-est du lac dans un vallon de la montagne de Cessens, surnommée Haute-Combe en raison de son emplacement. En 1137, ralliés à l'ordre des Cisterciens, ils rejoignent les bords du lac grâce à un don de la famille de Savoie. Sur ces terres, ils édifient la grange batelière dans laquelle sont inhumés les premiers souverains. Du 15e s. au 17e s., l'abbaye connaît une longue période de désaffection et sera définitivement abandonnée sous la Révolution. Sa résurrection est l'œuvre du roi de Sardaigne, Charles-Félix qui confie la rénovation à Ernest Melano, architecte piémontais. En 1826, les moines rejoignent l'abbaye.

Le Saint-Denis savoyard
Parmi les quarante-deux princes et princesses de Savoie qui ont été enterrés à Hautecombe, signalons :
Humbert III, le bienheureux – C'est le premier comte inhumé à l'abbaye. Sa vie a toujours été partagée entre sa vocation religieuse et le devoir de maintenir sa lignée. Le choix est difficile, voire impossible. Las d'espérer un fils après trois mariages, il se retire à l'abbaye de Hautecombe. Cédant à la pression de ses sujets, il convole quand même une quatrième fois. Il fut bien inspiré de les écouter et de persévérer : l'héritier tant désiré finit par arriver et Humbert, soulagé, put rendre son âme à Dieu.

Abbaye royale de HAUTECOMBE

Béatrix de Savoie, la mère comblée – Mariée à un comte de Provence, elle peut être fière de ses quatre filles toutes plus belles les unes que les autres. Cette beauté alliée à leur haute naissance favorisa sans doute leur destin car elles eurent toutes le privilège d'être reines : l'une, Marguerite de Provence, épousa Louis IX, roi de France ; les trois autres furent reine d'Angleterre, reine des Deux-Siciles, impératrice d'Allemagne.

> **Le saviez-vous ?**
>
> Le dernier roi d'Italie, **Umberto II**, a été enterré ici le 24 mars 1983. Depuis le départ des moines cisterciens en 1992 pour l'abbaye de Ganagobie (Alpes-de-Haute-Provence), la communauté charismatique du Chemin Neuf anime les lieux.

Charles-Félix et Marie-Christine – Ces souverains populaires ont restauré, de 1824 à 1843, Hautecombe, saccagée pendant la Révolution française. Ils confient l'abbaye aux moines cisterciens et reprennent un vieil usage en s'y faisant inhumer, alors que, depuis 1580, la dynastie savoyarde avait choisi Turin.

Visiter

Église

📞 04 79 54 58 80 - www.chemin-neuf.org/hautecombe - visite audioguidée (30mn) : tlj sf mar. 10h-11h15, 14h-17h (hiver 14h30) - visite libre uniquement le Vend. saint (14h-17h) - 3 € - fermé 25 déc., merc. des Cendres.

Restaurée dans le style gothique troubadour, par des artistes piémontais, l'église se signale par l'exubérance de sa décoration. À gauche de la façade, vous verrez une porte du 16e s.

À l'intérieur, marbres et stucs sont dispensés à profusion ; des peintures de Gonin et Vacca ornent les voûtes ; 300 **statues**★★ en marbre, en pierre, en bois doré, des figures de pleureuses et des bas-reliefs ornent la trentaine de tombeaux ou de monuments élevés à la mémoire des princes de Savoie qui y sont inhumés. Seuls la chapelle des Princes, à gauche du chœur, et le tombeau de Louis de Savoie et de Jeanne de Montfort *(dans le chœur à droite)* présentent des éléments antérieurs au 19e s.

Trois statues en marbre de Carrare retiennent l'attention : une **Pietà**★ par Benoît Cacciatori, le roi Charles-Félix, du même sculpteur, la reine Marie-Christine par Albertoni.

Grange batelière

Situé près du débarcadère, ce silo sur l'eau a été édifié par les cisterciens au 12e s. pour entreposer les produits de leurs terres qu'ils recevaient par bateau ; il serait unique en France.

L'étage inférieur, voûté en berceau, comprend un bassin à flot et une cale sèche sur laquelle on tirait les bateaux ; l'étage supérieur servait de grange.

Abbaye royale de Hautecombe pratique

♿ Voir aussi les encadrés pratiques d'Aix-les-Bains, du lac du Bourget et de la Chautagne.

Adresse utile

Office du tourisme d'Aix-les-Bains – Pl. Maurice-Mollard - 73100 Aix-les-Bains - 📞 04 79 88 68 00 - www.aixlesbains.com - juin-août : 9h-18h30 ; avr.-mai et sept. : 9h-12h, 14h-18h, dim. et j. fériés 9h-18h30 ; oct. et fév.-mars : tlj sf dim. et j. fériés 9h-12h, 14h-18h ; nov. à janv. : tlj sf dim. et j. fériés 9h-12h, 14h-17h30.

Visites par bateau

Les visites par bateau de l'abbaye s'effectuent au départ d'Aix-les-Bains. Croisières avec escale et visite avec audioguide de l'église, nécropole des princes et ducs de Savoie.

Compagnie des bateaux du lac du Bourget et du Haut-Rhône – 📞 04 79 88 92 09 - de la 2e sem. juil. à fin août : tlj sf mar. 10h, 11h15, 14h30 et 15h45 ; de sept. à juin : se rens. - 12 € (4-12 ans 8 €).

DÉCOUVRIR LES SITES

Route de l'**Iseran**★★★

CARTE GÉNÉRALE D4 – CARTE MICHELIN DÉPARTEMENTS 333 L 5/6 – SAVOIE (73)

Amateurs d'altitude et de vues spectaculaires, cette route est faite pour vous. Vous devriez y passer un moment rare, à la hauteur de vos attentes : la diversité et la beauté des panoramas ne pourront manquer de vous surprendre et de vous séduire. Cette haute montagne au visage austère et grave joue avec vos sens, pour votre plus grand plaisir.

- **Se repérer** – Cette route établit, depuis 1937, une superbe liaison touristique entre la Tarentaise et la Maurienne. Avec ses 2 770 m d'altitude, ce passage est le plus élevé de la route des Grandes Alpes. Il n'est dépassé, dans la chaîne, que par la route de la Bonette, dans les Alpes du Sud, qui culmine à 2 802 m.
- **À ne pas manquer** – D'accès facile, le belvédère de la Tarentaise.
- **Organiser son temps** – Comptez une demi-journée pour rejoindre la Tête de Solaise, au panorama dégagé sur le barrage de Tignes.
- **Pour poursuivre la visite** – Voir aussi Tignes, Val-d'Isère.

Circuit de découverte

DE TIGNES À BONNEVAL-SUR-ARC

32 km – environ 3h.

Le col de l'Iseran est généralement obstrué par la neige de début novembre à début juillet. La chaussée, au profil parfaitement étudié, est à suivre, si possible, dans le sens Tarentaise-Maurienne (Val-d'Isère-Bonneval).

Du barrage de Tignes à Val-d'Isère, le nouveau tracé de la D 902, surplombant la retenue, a nécessité la construction de huit tunnels – dont l'un de 459 m – et de trois ouvrages paravalanches. Les vues sont par conséquent hachées. On aperçoit néanmoins, par le vallon de la bien modeste Isère, quelques crêtes du massif de la Vanoise et, plus rapproché, vers l'aval, le massif du Mont-Pourri.

> **Le saviez-vous ?**
>
> Le puissant **torrent Isère** ne prend pas sa source à proximité du col de l'Iseran. En fait, il faut voir là une autre logique : celle des voyageurs venant du Piémont et accédant à la vallée de l'Isère par ce col.
>
> Beaucoup de cyclistes ont peiné sur cette route qui est depuis longtemps un des points forts du **Tour de France**. Il faut reconnaître que la dénivelée (1 371 ou 935 m) est impressionnante. En 1939, le Belge Sylvère Maës gravit le col dans un contre-la-montre mémorable à une moyenne de 16 km/h ! Quant à Louison Bobet, il y craqua et abandonna en 1959.

Val-d'Isère★★ *(voir ce nom)*

De Val-d'Isère au pont St-Charles, la route suit encore le fond de la vallée de l'Isère, de plus en plus désolée, fermée, en amont, par la pointe de la Galise. À hauteur du Fornet apparaît, au nord-est, la cime de la Tsanteleina, avec son petit glacier suspendu. Plus loin, on voit, au cœur du massif de la Vanoise, le casque éblouissant de la Grande Motte.

Au pont St-Charles, la route arrive à proximité du Parc national de la Vanoise.

Un parking de 150 places est aménagé en avant du pont.

La route grimpe sur le versant sud de la vallée. La vue se dégage bientôt sur le bassin de Val-d'Isère, en arrière duquel se dresse le dôme de la Sache, cravaté de neige, précédant la pyramide rocheuse du mont Pourri. On voit ensuite apparaître, par la coupure des gorges de la Daille, en aval de Val-d'Isère, la nappe de la retenue de Tignes.

Tête de Solaise★★

Alt. 2 551 m. *1h30 à pied AR par un sentier offrant une belle occasion de promenade en montagne, encore plus facile, si, accédant en téléphérique à la Tête de Solaise depuis Val-d'Isère, on peut se faire reprendre en voiture au nord de la D 902.*

Le **panorama**, analogue à celui du belvédère de la Tarentaise, réserve cependant une vue mieux dégagée sur l'enfilade de la vallée de l'Isère, en aval de « Val ». Le barrage de Tignes est bien visible.

Après ce long parcours en balcon, on pénètre dans le seuil du col proprement dit.

Route de l'ISERAN

Belvédère de la Tarentaise★★

15mn à pied AR. Garer la voiture à la sortie du lacet.

De la table d'orientation, alt. 2 528 m, **panorama** sur les massifs de la Vanoise (Grande Motte), du Mont-Pourri, et sur la chaîne frontière (Grande Sassière). Plus proches, Val-d'Isère, le lac de Tignes et, en arrière, la pointe des Lessières sont visibles.

Col de l'Iseran★

Le restaurant du Col est ouvert l'été, et le menu est d'un prix abordable, même pour les familles nombreuses.

Alt. 2 764 m. En haut du col, côté Tarentaise, la neige subsiste pendant tout l'été. Le site du col proprement dit est d'une sévérité incroyable. À l'abri des vents du nord qui balaient régulièrement ce seuil, la construction trapue de la chapelle de N.-D. de l'Iseran date de 1939. Du col même, les **vues** se limitent à la Grande Sassière et à la Tsanteleina, sur le versant Tarentaise, à l'Albaron sur le versant Maurienne.

Pointe des Lessières★★★

Alt. 3 041 m *2h30 à pied AR du col de l'Iseran, par un sentier de montagne abrupt, risqué en tout temps. Donc si vous êtes plutôt un marcheur du dimanche, cette promenade est un rien périlleuse : passage avec main courante, vertigineux en fin de montée. Quoi qu'il en soit, comme souvent dans la région, de bonnes chaussures de montagne sont indispensables. Départ du sentier derrière le chalet-hôtel de l'Iseran.*

Cette petite course de montagne ne doit être entreprise que par temps très dégagé ; mais elle vous donne l'occasion presque unique de dépasser les 3 000 m d'altitude. D'ailleurs, le **panorama** n'est pas ingrat et vous récompensera de l'effort accompli : massifs de la Vanoise, du Mont-Pourri, versant italien du Mont-Blanc, chaîne frontière entre la Grande Sassière et l'Albaron.

Sur une dizaine de kilomètres entre le col et Bonneval, la route traverse le Parc national de la Vanoise.

Du col de l'Iseran au pont de la Neige, on parcourt le cirque supérieur de la Lenta, en contrebas du glacier du Grand Pissaillas *(remontées mécaniques permettant la pratique du ski d'été)* dont les eaux de fonte ruissellent en cascade sur un gradin rocheux. La fissure par laquelle route et torrent vont s'échapper se précise.

Belvédère de la Maurienne★

Alt. 2 503 m. Vue sur la haute Maurienne, et spécialement sur les sommets de la Ciamarella, de l'Albaron et de la pointe de Charbonnel.

Au-delà du pont de la Neige, la verdure des hauts alpages réapparaît dans le vallon « suspendu » de la Lenta. À l'horizon se profile le beau sommet neigeux de l'Albaron,

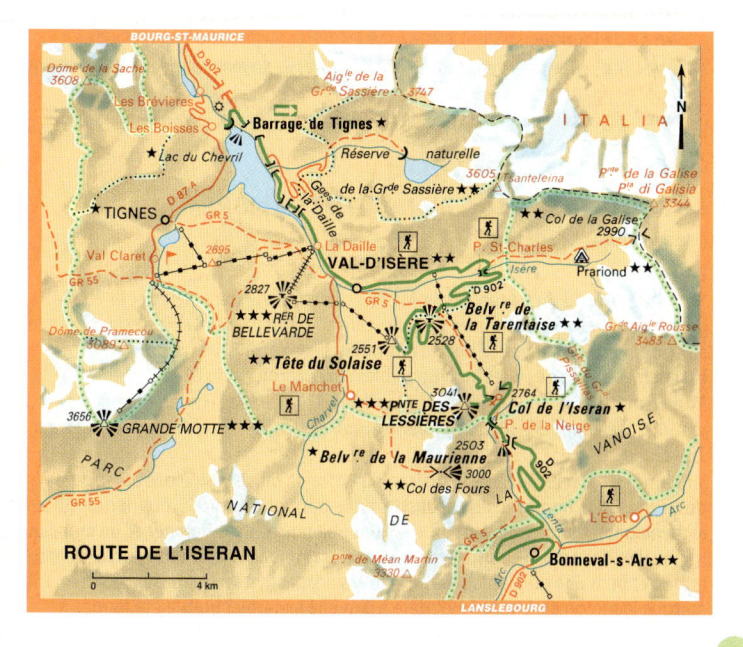

DÉCOUVRIR LES SITES

à la forme caractéristique d'enclume. Le torrent quitte le vallon pour dévaler de nouveau vers l'Arc ; de la route, vues plongeantes sur la haute vallée de l'Arc dont les versants à vif, maigrement gazonnés par plaques, forment le décor sévère du village de Bonneval.

Bonneval-sur-Arc★★ *(voir ce nom)*

Route de l'Iseran pratique

Se restaurer

⊖ **Le Col de l'Iseran** – *Au col - 73150 Val-d'Isère - ℘ 04 79 06 00 05 - samovar@wanadoo.fr - fermé de mi-sept. à mi-juin -* 🍴 *- 11/20 € 12,50 €* 🍽. Partageant avec la chapelle, à deux pas, la vue magnifique d'un paysage grandiose, ce restaurant-bar, planté en bordure de route, domine la Tarentaise et la Maurienne. Une petite restauration toute simple avec un plat du jour noté à l'ardoise, en plus des traditionnelles tarte aux myrtilles et potée savoyarde. Magasin de souvenirs.

Lacs de **Laffrey**★

CARTE GÉNÉRALE B5 – CARTE MICHELIN DÉPARTEMENTS 333 H7 – ISÈRE (38)

Entre Trièves et Valbonnais, les quatre lacs de Laffrey creusés par les glaciers s'inscrivent dans un paysages de collines morainiques. Sur leurs rondeurs, forêts et champs alternent dans une douce composition avec pour toile de fond les massifs de l'Oisans et du Vercors. C'est n'est qu'en rejoignant le Drac qu'apparaît une autre dimension de ce territoire, plus âpre. La Matheysine est surtout connue pour les événements qui jalonnent son histoire. Le siège de La Mure protestante en 1580 par les catholiques, le rôle joué à la Révolution par l'assemblée de Vizille, le revirement des troupes impériales accueillant Napoléon à son retour de l'île d'Elbe… Ouvrages hydroélectriques, mines et chemin de fer constituent aujourd'hui son patrimoine né de la fièvre industrielle du 19e s.

- ▶ **Se repérer** – Au sud de Grenoble. Les lacs de Laffrey comprennent, du nord au sud : le lac Mort, le lac de Laffrey, le plus étendu (3 km), le lac de Petichet (de « pitchoun » : petit) et le lac de Pierre-Châtel.
- 👁 **À ne pas manquer** – La visite des galeries de la Mine-Image.
- 🕐 **Organiser son temps** – Les lacs, lieux de baignades très fréquentés s'apprécient en fin de journée.
- 👥 **Avec les enfants** – Dans le train de La Mure, ils voyageront dans une voiture spécialement aménagée pour eux.
- 🚶 **Pour poursuivre la visite** – Voir aussi le Trièves, Vizille, le Valbonnais.

Circuits de découverte

LA ROUTE NAPOLÉON AU NORD DE LA MURE★ 1

De La Mure aux lacs de Laffrey – 15 km – 45mn.

La Mure

Sur le rebord sud du plateau de la Matheysine, tranché par le Drac et la Bonne, la grosse bourgade marchande de La Mure, carrefour très passant, doit son importance aux gisements houillers voisins qui fournirent jusqu'à 300 000 t d'anthracite par an. Du chemin de fer, des vues incomparables sur la corniche du Drac.

Musée matheysin – *R. Colonel-Escallon - ℘ 04 76 30 98 15 - www.matheysine.com - mai-oct. : tlj sf mar. 13h-18h30 - fermé nov-mai, 1er Mai, 25 déc. et 1er janv. - 2,30 € (enf. 1,50 €).*

Situé près de la halle, dans une maison du 12e s., ce musée retrace le passé du pays de La Mure. De nombreuses reconstitutions permettent de découvrir des pièces archéologiques (dont un trésor du 4e s.), des objets artisanaux (ganterie), du mobilier régional et des archives sonores ponctuant les grandes étapes de l'histoire économique et humaine du plateau de la Matheysine. L'activité minière a profondément marqué la région de 1901 à 1997, date à laquelle le dernier puits a été fermé.

Lacs de LAFFREY

Le saviez-vous ?

Revenons sur cet épisode capital de la vie de **Napoléon**. Dans l'après-midi du mardi 7 mars 1815, l'Empereur, venant de Corps, trouve la route de Grenoble barrée, à hauteur du lac de Laffrey, par un bataillon sous les ordres du commandant Delessart. Napoléon joue son va-tout. Accompagné de quelques grenadiers, l'arme sous le bras, il avance à portée de fusil, ouvre sa redingote grise et s'écrie : « Soldats, je suis votre empereur ! S'il en est parmi vous qui veuille tuer son général, me voici ! » Delessart tremble d'émotion. Il ne peut dire « Feu ! » Après quelques secondes d'un silence pesant, les soldats accourent vers Napoléon en criant « Vive l'Empereur ! » Napoléon a marqué dans ses Mémoires l'importance capitale de cette étape : « Jusqu'à Grenoble, j'étais aventurier ; à Grenoble, j'étais prince. »

Entre La Mure et Laffrey, la route emprunte le plateau de la Matheysine, d'abord sévère. On longe à distance les installations de l'ancien site d'extraction du Villaret, qui fut le plus actif du bassin houiller de La Mure.

Plus loin, tandis que se succèdent les lacs, parfois masqués par la végétation, l'éperon de Chamechaude et d'autres sommets du massif de la Chartreuse apparaissent au nord, dans l'alignement de la dépression que l'on parcourt. Au sud, l'Obiou, flanqué du Grand Ferrand, ferme l'horizon.

La sévérité du plateau matheysin s'explique en partie par son orientation nord-sud qui l'expose aux vents et à la rudesse hivernale. Si vous y avez froid, ce n'est pas étonnant : il est parfois surnommé la Sibérie du Dauphiné malgré une altitude inférieure à 1 000 m. L'ensemble des lacs de Laffrey, retenus par des dépôts morainiques, est souvent pris par les glaces pendant l'hiver. Au fil du temps, les orthographes de Laffrey ont varié de L'Affrey à La Frey, conservant un sens identique lié aux rigueurs et à la fraîcheur du climat.

Le **45e parallèle Nord** passe exactement sur la rive sud du lac de Laffrey : en s'y positionnant, on se situe à égale distance du pôle Nord et de l'équateur.

Prairie de la Rencontre★ – Le chemin d'accès est signalé par deux monuments portant l'aigle impériale.

La statue de Napoléon Ier à cheval (bronze de Frémiet), que l'on voit facilement de la route, évoque la fameuse « rencontre » décrite plus haut.

Laffrey★

Centre de villégiature apprécié des pêcheurs et des amateurs de baignade. Les rues en enfilade ont un charme certain, surtout quand elles mènent aux halles ou à la tour de l'horloge (1720).

Près de la chapelle Saint P.-J Eymard (n'hésitez pas à faire le tour pour profiter du panorama), contre le mur du cimetière, au bord de la route, une plaque rappelle que Napoléon Ier harangua les soldats envoyés de Grenoble pour l'arrêter.

Les gorges du Drac et le mont Aiguille.

DÉCOUVRIR LES SITES

Point de vue du Beauregard

Au départ de **Laffrey**, vous pouvez entreprendre une belle randonnée pédestre de 2h environ, sans grande difficulté, vers la **montagne de Beauregard**, depuis le village de Notre-Dame-de-Vaulx. On peut s'arrêter en voiture à la hauteur du chalet de l'As ou aller à pied jusqu'au sommet de la crête : une superbe **vue** sur le plateau matheysin, les lacs de Laffrey et la vallée du Drac.

Le Sapey★

L'étroite petite route contourne le lac Mort, mort en effet depuis qu'il a été mis en perce en 1933 pour alimenter une centrale électrique au fond de la vallée de la Romanche. Du terminus de la route, monter *(15mn à pied AR)* à la chapelle du Sapey. Des abords du sanctuaire, vue sur les massifs de Chamrousse-Belledonne et du Taillefer.

ROUTE DE LA MORTE★ 2

De La Mure à Vizille par le col de la Morte 45 km – environ 2h.
Au départ de La Mure et jusqu'au col de Malissol (alt. 1 105 m), on peut voir au-delà du plateau de la Matheysine, l'Obiou et les escarpements est du Vercors, en avant desquels se détache le mont Aiguille, de forme tabulaire. Du col de Malissol au col de la Morte, la route parcourt l'étroite vallée de la Roizonne avec ses chicots pierreux.

La Morte

Dans la dépression du col de la Morte, gardez le moral, au pied des pentes du Grand Serre et du Taillefer, vous verrez de magnifiques pistes de ski. En été, c'est une base de départ pour l'ascension du Taillefer. De la route forestière du lac Poursollet *(7 km)*, praticable en été, de beaux points de vue sur la vallée de la Romanche.
À côté du premier lacet décrit par la D 114, dans la descente rapide au nord du col de la Morte, la **vue**★ plonge de près de 1 000 m sur le couloir industriel de la Romanche encadré par les crêtes du Taillefer et de Belledonne.
La D 1091 atteint Vizille (voir ce nom). Si vous voulez gagner Grenoble, prenez de préférence l'agréable route (D 5) passant par Eybens, dernier tronçon de la route Napoléon.

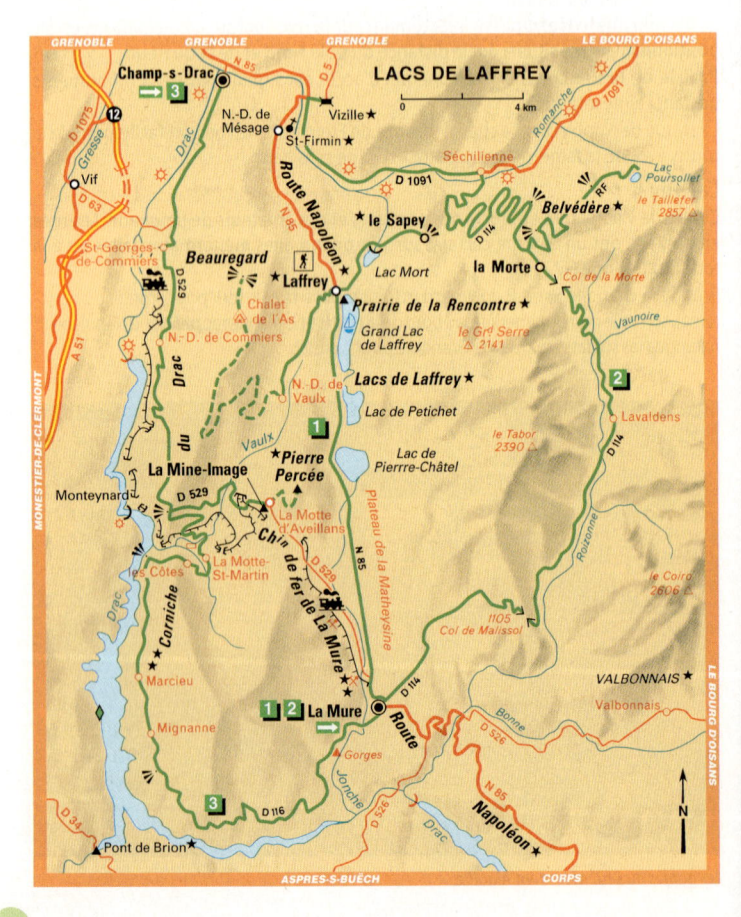

Lacs de LAFFREY

CORNICHE DU DRAC★★ 3
De Champ-sur-Drac à La Mure 45 km – environ 2h.

Champ-sur-Drac
Trois quartiers sont aisément repérables dans le village : l'**ancienne cité ouvrière** des papeteries Navarre du début du 20e s., le **vieux village** dont la tour (1587) domine la **plaine**, urbanisée au 19e s.

Dans la cité papetière, le **musée Autrefois** alimenté par les dons des habitants traduit l'attachement de ces derniers pour le patrimoine humain et industriel. Sept salles déclinent l'histoire locale de l'artisanat (tannerie, cordonnerie), la vie quotidienne, l'exploitation du gypse, la fabrication de carton, et les équipements hydroélectrique *(D 529 - 04 76 68 86 40 - http://assoc.orange.fr/musee-autrefois - mars-nov. : sam. 15h-18h - reste de l'année sur RV (minimum 5 pers.) - 3 €).* L'industrie papetière débute en 1903, avec l'installation de la centrale Fure et Morge, productrice d'électricité ; l'eau du Drac et une réserve de bois de chêne favorisent encore cette implantation. De Champ à Monteynard, l'itinéraire s'élève progressivement et offre de belles perspectives sur la vallée encaissée du Drac. Celle-ci a fait l'objet d'un vaste plan d'équipement hydroélectrique. C'est ainsi qu'on peut distinguer les usines de Champ et de St-Georges-de-Commiers, la digue de N.-D.-de-Commiers et le barrage de Monteynard.

À la sortie de Monteynard, une vue remarquable sur le lac du **barrage de Monteynard** encaissé entre les escarpements du Drac et le mont Aiguille : pour bien l'apprécier, laissez la voiture en face de la dernière maison du village ou à l'embranchement de la route de La Motte-St-Martin.

Suivre la D 529 pour atteindre La Motte-d'Aveillans.

La Mine-Image
Les 4 Galeries - 38770 La Motte-d'Aveillans - ☎ 04 76 30 68 74 - www.mine-image.com - ♿ - visite guidée (1h) de déb. juin à mi-sept. : ttes les h. de 10h à 17h ; vac. scol. : 14h-15h-16h ; janv.-mars et nov.-déc. : w.-end 14h-15h-16h ; avr. et oct. : merc. et w.-end 14h-15h-16h ; mai et de mi-sept. à fin sept. : 14h-15h-16h - possibilité de visite combinée avec le chemin de fer de La Mure - 5,60 € (enf. 3,20 €).

Sur un des grands sites d'exploitation des mines de La Mure, celui de La Motte-d'Aveillans a été créé sous Napoléon Ier. 60 km de galeries où travaillent 318 mineurs pour une production de 79 1 000 t jusqu'en 1956. L'aménagement de galeries horizontales plonge le visiteur dans un monde révolu et lui fait mesurer l'évolution des technologies d'extraction. Militants de la première heure, les mineurs obtiennent la retraite à 50 ans et une caisse de secours et de retraite. Projection vidéo.

À la sortie de la localité en direction de La Mure se dresse une des sept merveilles du Dauphiné. *Prendre la D 529, puis à gauche la route signalée « Pierre Percée » et aller jusqu'à un parking, départ du sentier. Laisser la voiture et monter (45mn) jusqu'à la crête.*

La pierre Percée★
Cet arc de triomphe naturel, haut de 3 m, serait une représentation du diable pétrifié. Belle vue sur le plateau de la Matheysine.

Revenir à La Motte-d'Aveillans et prendre à gauche la D 116.

Entre les Côtes et Marcieu apparaissent, en avant et à droite, les immenses escarpements schisteux inclinés qui dévalent vers le Drac. Lorsque la route est protégée du précipice par un parapet, descendre de voiture et jeter un coup d'œil sur la centrale électrique d'Avignonet, le barrage de Monteynard et la retenue. Très jolie **vue★★★** sur le mont Aiguille et sur les crêtes est du Vercors.

À partir de Marcieu, vous avez devant vous les montagnes du Dévoluy, dont le point culminant, l'Obiou (alt. 2 790 m), est visible après le charmant hameau de Mignanne ; puis vue sur les crêtes du Petit-Chaillol (entrée du Valgaudemar), à gauche desquelles apparaissent les « 3 000 » du massif des Écrins.

En arrivant à La Mure, on domine les gorges de la Jonche, affluent du Drac.

Découvrir

Chemin de fer de La Mure★★
☎ 0 892 391 426 - www.trainlamure.com - juil.-août : dép. de La Mure et de Saint-Georges-de-Commiers 9h45, 12h, 14h30 (4h AR) ; mai-juin et sept. : dép. de St-Georges 9h45, 14h30 ; dép. de La Mure 14h30-17h ; avr. et oct. : dép. de St-Georges merc., w.-end et j. fériés, vac. scol. zone A tlj 9h45-14h30 - dép. de La Mure merc., w.-end et j. fériés, vac. scol. zone A tlj 17h - réserv. obligatoire - 18,50 € AR (4-16 ans 9 € AR), famille (2 adultes, 2 enf.) 47 € AR. Inauguré en juillet 1888, le chemin de fer de La Mure parcourt 30 km avec une dénivelée de 560 m selon un tracé audacieux. Destinée à l'origine à assurer l'écoulement, par

303

DÉCOUVRIR LES SITES

tout temps, de la production d'anthracite de La Mure vers la gare de St-Georges-de-Commiers reliée au réseau national, cette voie fut tour à tour une ligne pionnière en matière technique, une ligne assurant le transport des pèlerins, une ligne exclusivement industrielle (de 1950 à 1962) avant de devenir en 1988 une ligne touristique à succès du Bas-Dauphiné. Jusqu'en 1903, la traction était assurée par la vapeur. À cette date, afin de tirer la dizaine de wagons transportant 100 t de charbon, il fut décidé d'expérimenter la traction électrique. Progressivement, on procéda à l'électrification de la ligne sous 2 400 V selon la technique « à 2 ponts » novatrice à l'époque. Le chemin de fer de la Mure devint ainsi le 1er au monde à être électrifié en courant continu à haute tension. À l'origine, la vitesse maximale en descente était de 40 km/h et, jusqu'en 1950, le trajet aller, en montée, prenait environ 2h40. Dans les années 1930, cette voie de chemin de fer devait rejoindre Gap : en fait, elle fut prolongée jusqu'à Corps à la demande des religieux de N.-D.-de-la-Salette. Actuellement, le matériel roulant provient de différentes compagnies locales suisses.

> **Le saviez-vous ?**
> Dans la petite commune de **Vif**, à 15 km de Grenoble, des peintures murales ont été découvertes en 2007. La quasi-totalité de l'église Saint-Jean-Baptiste serait couverte de « fresques » du 14e s. Un important chantier de restauration permettra la visite des lieux d'ici à quelques années. En attendant, patience...

Au départ de Saint-Georges-de-Commiers, le chemin de fer s'élève jusqu'à son point culminant à 924 m, au tunnel de Festinière. On aperçoit pendant le voyage une des merveilles du Dauphiné : la **pierre Percée★**. Les sections les plus spectaculaires du trajet sont sans conteste le passage de la Rivoire, en encorbellement au-dessus des gorges du Drac, le franchissement du viaduc de Vaulx (170 m en 9 arches) et celui des viaducs superposés de la Lousse. Entre la gare de La Motte-d'Aveillans (musée de l'Abeille) et La Mure, le **Tunnel mystérieux** est peuplé de mineurs, fées et lutins, gare aux frissons ! Des trains spéciaux vous entraînent tout au long de l'année dans de nombreuses aventures : l'attaque du train, le crime de La Mure Express, le train d'Halloween et, plus sagement, le train guinguette ou celui de la fête des Mères.

Lacs de Laffrey pratique

Voir aussi l'encadré pratique du Trièves.

Adresse utile

Office du tourisme de La Mure – 43 r. du Breuil - 38350 La Mure - ✆ 04 76 81 05 71 - de mi-juin à déb. sept. : lun.-sam. 9h-12h30, 14h-19h, dim. et j. fériés 10h-13h ; de mi-sept. à mi-juin : tlj sf w.-end 9h-12h, 14h-17h30 ; Pâques et 8 Mai 9h-12h - fermé 1er janv., 25 déc., 1er Mai et 11 Nov.

Visites

Le barrage de Monteynard – Bateau La Mira - 38650 Treffort - ✆ 04 76 34 14 56. Courtes escapades ou dîner-croisière sur le lac du barrage, où falaises, cascades et fjords se succèdent.

La route Napoléon – Anern, 22 crs. H. Cresp - 06130 Grasse - renseignements office du tourisme de La Mure. Décrite dans ce guide, la partie des lacs de Laffrey, de La Mure à Grenoble via Vizille.

Se loger

Hôtel La Pacodière – Rte du Lac - 38220 Laffrey - ouv. mai-1er nov., w.-ends de nov. à avr. (sf janv.) et fermé dim. soir et lun. du 7 sept. au 1er nov. - Sur la Route Napoléon jalonnée de lacs. Prolongez votre pèlerinage à la prairie de la « Rencontre » par la dégustation de plats traditionnels dans un cadre rustique.

Hôtel du Grand Lac – Bord de plage - 38220 Laffrey - ✆ 04 76 73 12 90 - Nous contacter - - réserv. conseillée - 25 ch. 57/63 € - 8 € - rest. 18/25 €. Bénéficiant d'une situation agréable, tout au bord du lac et de la plage, cet hôtel compte 25 chambres (dont 7 avec coin cuisine) réparties dans 2 bâtiments. Sanitaires complets et bon confort général. Restaurant traditionnel (qui ne fonctionne qu'en juillet et août) avec une agréable terrasse herbeuse et ombragée.

Sports & Loisirs

Air Park Laffrey – Rte du Lac - 38220 Laffrey - ✆ 04 38 72 92 17 - www.air-park.fr - juil.-août : 9h-19h ; ouv. w.-end en mai-juin, sept.-oct - nov.-mars - 18 € (6-15 ans 16 €, 4-8 ans 10 €). Du fait de la proximité du lac de Laffrey, ici, même les arbres ont les pieds dans l'eau. Pourtant, pas besoin de savoir nager pour grimper entre les branches. Si les circuits blanc, vert et bleu vous semblent trop faciles, allez donc vous mesurer au rouge ou au noir ou, mieux, revenez le soir pour un parcours nocturne.

Écomusée de l'Abeille – Gare de La Motte-d'Aveillans - La Faurie - 38770 La Motte-d'Aveillans - ✆ 04 76 30 73 33 - juil.-août : 10h-17h. L'écomusée propose aux visiteurs une exposition de ruches et de matériel d'apiculture avec découverte de l'insecte et des activités apicoles.

La haute **Maurienne** ★

CARTE GÉNÉRALE D4 – CARTE MICHELIN DÉPARTEMENTS 333 L/M6 – SAVOIE (73)

La vallée de la Maurienne borde le massif de la Vanoise, fortement contrainte parfois par les étranglements du relief. La rivière Arc y trace depuis des millénaires un sillon profond investi aujourd'hui par l'industrie et les voies de communication. Sur quelques kilomètres entre Modane et Bramans, le paysage se hérisse de cheminées, de ventres métalliques, d'ouvrages hydroélectriques, puis, au-delà du fort de l'Esseillon, apparaît une tout autre vallée. D'abord des forêts et de massives échappées rocheuses, de Bramans à Lanslebourg, et dans cette longue montée, d'un plateau à l'autre, une terre magnifique, dépouillée de ces bois, s'ouvrant sur le ciel et laissant apparaître au loin les hauts sommets de la Vanoise.

- **Se repérer** – De Modane, prendre au nord la D 1006 en direction du Mont-Cenis. À Lanslebourg, la nationale rejoint le col du Mont-Cenis tandis que, toujours plus au nord, la D 902 finit sa course vertigineuse à Val-d'Isère en franchissant le col de l'Iseran.
- **À ne pas manquer** – Le récit naïf et palpitant de la vie de saint Sébastien à l'église de Lanslevillard.
- **Organiser son temps** – Si vous le pouvez, choisissez plutôt de gagner la haute Maurienne par le nord et la route du col de l'Iseran, vous évitant ainsi le « purgatoire » de la basse Maurienne *(circuit décrit dans ce sens)*.
- **Avec les enfants** – Le sentier découverte de la forêt à Termignon donne sur une courte distance une bonne idée de la diversité des milieux montagnards.
- **Pour poursuivre la visite** – Voir aussi Bessans, Bonneval-sur-Arc, Val-Cenis.

Retable majeur de Lanslevillard.

Comprendre

Vallée de transit, vallée industrieuse – La Maurienne, vallée de l'Arc, est l'une des plus longues vallées intra-alpines (118 km). Longtemps préservée, elle s'est ouverte brutalement au 20e s. avec la création de grandes voies de passage entre la France et l'Italie (par le col du Mont-Cenis et surtout, depuis 1980, par le tunnel routier du Fréjus). Dans la basse vallée une dizaine d'usines tirent leur énergie d'une vingtaine de centrales, élaborent l'aluminium, les aciers spéciaux, les produits chimiques. L'équipement de la chute d'Aussois (1951), qui a permis d'animer la soufflerie géante d'Avrieux, et la construction de la centrale souterraine de Randens (1954) sont les aménagements hydroélectriques les plus importants. Paradoxalement, cette activité fit naître une génération de paysans-ouvriers qui purent ainsi conserver et préserver leur patrimoine et, comme par un effet « compensatoire », les villages sont de petits bijoux.

DÉCOUVRIR LES SITES

Circuit de découverte

LA HAUTE MAURIENNE★

Sur les chemins du Baroque, de Bonneval-sur-Arc à Aussois

29 km. Prenez le temps de visiter les chapelles et de vous promener à pied. De Bonneval-sur-Arc, la D 902 pour se rendre à Bessans risque d'être enneigée de décembre à mars.
Rien ne prédit dans l'aspect extérieur des chapelles et des églises l'explosion de couleurs, le déferlement de motifs, le peuplement d'angelots et de personnages des retables baroques qui habillent les nefs de leurs prédications naïves, créées pour lutter contre la Réforme au 16e s. et 17e s. *(voir Comprendre la région).* Tout le paysage environnant n'expose quant à lui que la rigoureuse beauté d'un massif alpin dont une large partie est placée sous la protection du Parc national de la Vanoise.

Bonneval-sur-Arc★★ *(voir ce nom)*

Bessans★ et vallée d'Avérole★★ *(voir à Bessans)*

Rejoindre la D 902 en direction de Lanslevillard. Entre Bessans et Lanslevillard, le « verrou » du col de **la Madeleine** marque une séparation très nette : en aval, la vallée se creuse plus mollement, les verdures deviennent plus sombres, les horizons plus lointains. Dès lors apparaît la silhouette majestueuse de la **dent Parrachée** (alt. 3 684 m), derrière laquelle se hausse le Rateau d'Aussois, barre dentelée.

Lanslevillard

Ce village apparaît dominé par son église au haut clocher, sur un promontoire.
Chapelle St-Sébastien★ – *Pour s'y rendre, laisser la voiture près de l'église paroissiale, puis poursuivre au-delà de l'école.* 04 79 05 93 78 - possibilité de visite sur demande à la mairie de Lanslevillard - 2 €.
On doit cette chapelle élevée au 15e s. à Sébastien Turbil, habitant de Lanslevillard. Il la fit construire à la suite d'un vœu fait lors d'une épidémie de peste dont il réchappa. Exécutées selon la technique de la détrempe qui consiste à peindre sur un mur sec riche en chaux, les **peintures★★** couvrant tous les murs frappent par la fraîcheur de leurs coloris et leur saveur d'expression. À droite en entrant se déroulent sur trois registres les différentes scènes du martyre de saint Sébastien. Sur les autres murs, la vie du Christ est racontée sur deux registres.
Les costumes et les décors correspondent à l'époque de Louis XI. Les visages sont très expressifs.
Le plafond Renaissance se compose de caissons sculptés et peints.

Lanslebourg-Mont-Cenis

Voir aussi à Val-Cenis.
Espace baroque Maurienne★ – Montée du Canton - 04 79 05 90 42 (en période d'ouv.), 04 79 05 91 57 (hors période d'ouv.) - de mi-juin à mi-sept. : lun.-merc. 9h30-12h, jeu.-vend. et dim. 15h30-18h30 ; des vac. de Noël aux vac. de Pâques : lun.-merc. 9h30-12h, jeu.-vend. 15h-19h15 - 2,50 € (enf. gratuit). Installé dans l'ancienne église à clocher roman, cet espace est le point de départ des **chemins du Baroque** : exposition permanente sur l'art baroque, expositions temporaires sur le patrimoine de la vallée. Il fournit également les conditions de visite des édifices religieux.

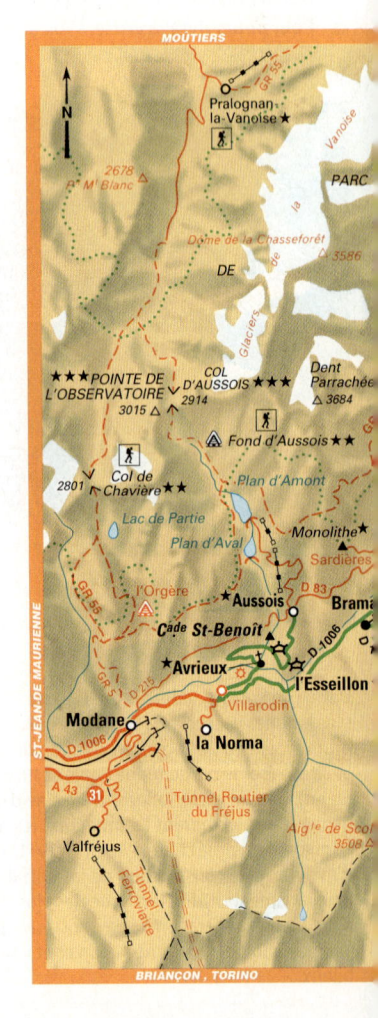

La haute MAURIENNE

Les chemins de l'Histoire – *De déb. juil. à mi-sept. et déc.-mai. Accessible à tous (à pied, en raquettes ou à skis). En dehors de ces périodes, s'adresser à la mairie au* 04 79 05 93 78. Commencez par la chapelle Saint-Roch, où l'on vous remettra une grosse clé et des jetons pour ouvrir les portes de 10 chapelles restaurées où est évoquée l'histoire de Lanslevillard.

Prendre la D 1006, direction Termignon sur 6 km.

Termignon

Cette vaste commune, qui couvre près d'un tiers du Parc de la Vanoise, offre un choix presque illimité d'activités. Informations et expositions sur le Parc à la **Maison de la Vanoise**. 04 79 20 54 26 - *de mi-juin à mi-sept. : 9h-12h, 15h-19h ; le reste de l'année, se renseigner.*

Église – 04 79 20 51 49 - *de mi-juin à mi-sept. : tlj sf dim. et lun. 15h-18h.* Plusieurs sanctuaires se sont succédé à cet emplacement. Au 12e s., la paroisse dépendait de l'abbaye bénédictine de Novalaise (Italie). L'église actuelle date de la seconde moitié du 17e s. Le **retable**★ du maître-autel en pin cembro a été créé par Claude et Jean Rey.
Sentier découverte de la forêt – 04 79 20 51 67 - *itinéraire disponible à l'office de tourisme.* Trois itinéraires balisés *(2h, 1/2 journée et 1 journée)* pénètrent dans la forêt du Suffet et vous en dévoilent tous les secrets (climat, végétation, histoire).

Refuge du Plan du Lac★★

2h AR au départ de Bellecombe (accès par la D 126 depuis Termignon). De la table d'orientation du refuge, magnifique **panorama**★★ sur la dent Parrachée, le dôme de Chasseforêt, les glaciers de la Vanoise, etc.

Regagner la D 1006 sur 8 km, direction Modane.

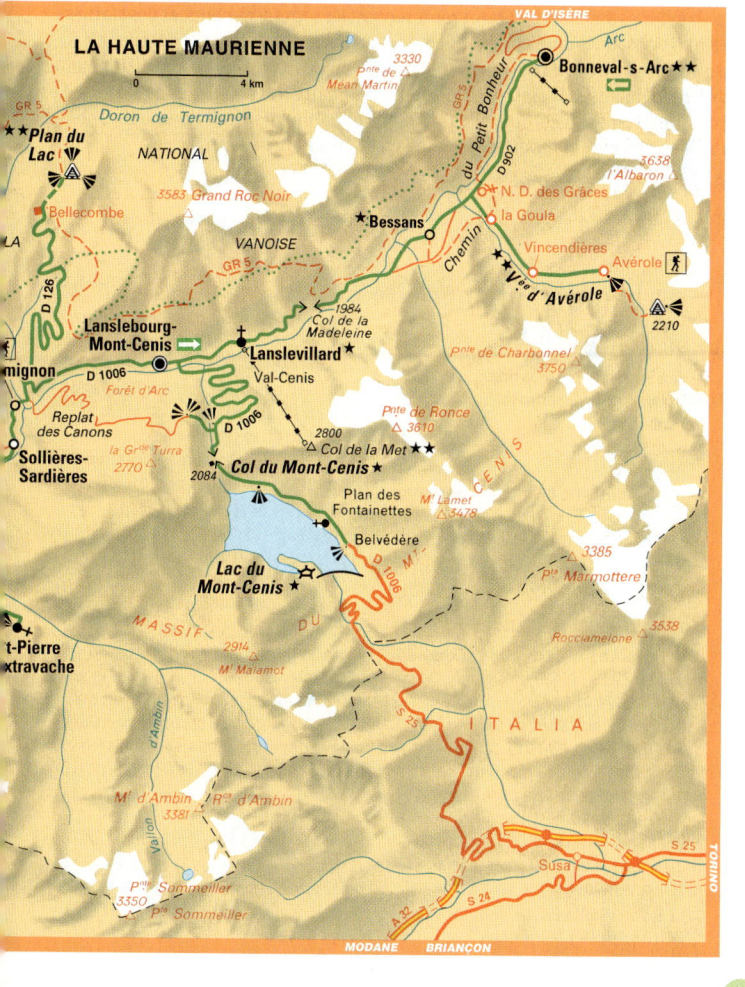

DÉCOUVRIR LES SITES

Au sud de Termignon, dans le village de **Sollières-Sardières**, un **Musée archéologique** présente, à partir des fouilles de la grotte des Balmes réalisées en 1970, la vie quotidienne des montagnards de la région il y plus de 3 000 ans. Lieu d'habitation, mais aussi bergerie et site funéraire, la grotte a révélé une grande variété d'objets, fruits des échanges entre régions alpines. ☏ 04 79 20 59 33 - de mi-juin à mi-sept. : tlj sf mar. 15h-18h30 - pdt cette période, possibilité de visite commentée merc.-jeu. à 10h et 12h ; des vac. de Noël à mi-avr. : merc.-jeu. 14h30-18h - 4 € (– 16 ans 2 €).

Bramans
Église – Elle a été plusieurs fois démolie et reconstruite pour cause d'instabilité depuis sa première construction en 1555. Au centre, le retable à colonnes torses, avec des enroulements de pampres de vigne et de rosiers, a été réalisé par des sculpteurs du village.
Prendre à gauche la D 100 en direction du Planay, puis à droite (fléché) vers l'église.

Saint-Pierre-d'Extravache
Église – Loin de l'exubérance du baroque, cette charmante petite église isolée est l'un des plus vieux édifices religieux de Savoie (10e s.). Il conserve un chœur et un clocher en remarquable état de conservation.
Faire demi-tour. De nouveau sur la D 1006 pour 6,5 km, tournez ensuite à droite en direction d'Avrieux, petite route sur 2 km.

Avrieux
Église★ – ☏ 04 79 20 33 16 - possibilité de visite guidée sur demande auprès de la mairie. Élevée au 17e s., elle est dédiée à Thomas Becket : des familles d'origine anglaise (Angleys, Davrieux), affiliées au saint, seraient venues ici et auraient fondé l'église. L'intérieur est remarquable par sa **décoration★** baroque ; au revers de la façade, un diptyque (1626) retrace la vie de l'évêque de Canterbury. Remarquez le bénitier de pierre (16e s.) dont les sculptures représentent les sept sacrements, et des statues de saint Ours, sainte Anne et sainte Catherine, en bois polychrome et doré.

Souffleries de Modane-Avrieux – De curieuses sphères et d'impressionnantes veines métalliques indiquent la présence de quatre des souffleries de l'Onera. Les plus importantes d'Europe, elles servent à expérimenter les avions, hélicoptères, missiles, lanceurs et navettes spatiales avant les essais en vol.

Aussois★ *(voir ce nom)*

La haute Maurienne pratique

♿ Voir aussi les encadrés pratiques d'Aussois, Bessans, Bonneval-sur-Arc, Val-Cenis, la Vanoise.

Adresse utile
Office du tourisme de haute Maurienne Vanoise – 73500 Termignon - ☏ 04 79 20 51 67 - www.3petitsvillages.com - de mi-juin à mi-sept. : 9h-12h, 15h-19h ; le reste de l'année : se renseigner.

Se loger et se restaurer
⌂ **Hôtel Le Relais des Deux Cols** – 66 r. du Mont-Cenis - 73480 Lanslebourg-Mont-Cenis - ☏ 04 79 05 92 83 - www.relais-des-2-cols.fr - Ouv. du 22 déc. au déb. avr. et mai-22 déc. - 28 ch. 48/60 € - ☐ 8 € – rest. 18/35 €. Hôtel d'étape sur la route des cols du Mont-Cenis et de l'Iseran. Chambres rénovées, toutes différentes. Les baies de la lumineuse salle de restaurant familiale s'ouvrent sur la nature, tandis que la cuisine revendique son ancrage régional.

⌂ **Hôtel Vieille Poste** – Grande-Rue - 73480 Lanslebourg-Mont-Cenis - ☏ 04 79 05 93 47 - www.lavieilleposte.com - ouv. 15 juin-26 sept. et 26 déc.-15 avr. - 19 ch. 49/70 € - ☐ 7,50 € – rest. 13,50/30 €. Cet hôtel est juste à la sortie du village, à 100 m des remontées mécaniques. Tenu par deux sœurs, dont l'une est aux fourneaux, on se sent un peu comme à la maison dans ses chambres proprettes et son petit salon coquet. Cuisine familiale.

⌂ **Hôtel Les Mélèzes** – 73480 Lanslevillard - ☏ 04 79 05 93 82 - fermé 21 avr.-19 juin et 11 sept.-19 déc. - 🅿 - 11 ch. 66/70 € - ☐ 8 € – rest. 16/24 €. Hôtel des années 1980 idéalement situé au pied des pistes. Le patron, guide de montagne, invite les passionnés à une projection initiatique sur le parc de la Vanoise et les accompagne en randonnée. Son fils qui officie aux fourneaux propose spécialités savoyardes et crêpes tous les midis (en hiver).

Sports & Loisirs
Bureau des Guides – 4 pl. centrale - 73500 Termignon - ☏ 04 79 20 31 16 - www.guides-savoie.com - 9h-12h, 14h-19h. Bureau ouvert tous les jours de l'été 9h-12h, 14h-19h.

Megève ★★

4 509 MEGÉVANS
CARTE GÉNÉRALE C3 – CARTE MICHELIN DÉPARTEMENTS 328 M5 –
SCHÉMA P. 326 – HAUTE-SAVOIE (74)

Le paysage megévan possède un charme indéniable. Couverts de sombres forêts d'épicéas, les reliefs arrondis de La Giettaz, de Rochebrune et du mont d'Arbois contrastent avec les blancheurs neigeuses du mont Joly. La station occupe un long replat et vient s'appuyer sur des pentes herbeuses. Sa position à la jonction du bassin de Sallanches et du val d'Arly ménage de superbes panoramas accessibles depuis les remontées mécaniques.

- **Se repérer** – Sur les versants sud de la vallée de l'Arve, à 13 km de Sallanches par la D 1212. Une route plus étroite, mais agréable (D 113), traverse le village de Cordon doté d'une magnifique église baroque.
- **À ne pas manquer** – Le belvédère du mont d'Arbois, accessible par télécabine.
- **Organiser son temps** – De Megève, vous pouvez joindre la Savoie ou le massif des Aravis par les gorges de l'Arly.
- **Avec les enfants** – Le château des Rubins, le plan d'eau de Combloux.
- **Pour poursuivre la visite** – Voir aussi St-Gervais, Cluses, le massif du Mont-Blanc.

Megève, une station féerique.

Comprendre

La naissance d'une station – En 1790, Megève compte 2 400 habitants et a déjà une longue histoire. En 1913, Megève ouvre un office du tourisme. La baronne **Noémie de Rothschild** souhaite en 1916 faire de Megève une station à l'image de Saint-Moritz en Suisse. En 1921, c'est chose faite. L'inauguration d'un hôtel de luxe sur le mont d'Arbois marque la naissance de cette station mondaine. Dès lors, des grands noms du ski européen, dont le Megévan Émile Allais, promoteur de la « méthode française de ski » et champion du monde de descente, du combiné et du slalom en 1937, vont animer la station. Portée par la réputation de ses promoteurs, Megève connaît un développement soutenu et n'oublie jamais d'être le reflet des dernières modes du moment.

Séjourner

Les activités estivales

En toute saison, les ensembles sportifs du Palais des sports et du club du mont d'Arbois mettent à disposition patinoire, piscine, et autres activités sportives et de détente.

DÉCOUVRIR LES SITES

L'emplacement du domaine megévan sur des plateaux et sommets sans difficulté offre de nombreuses possibilités d'initiation à la randonnée en famille. Les amateurs de sports aériens seront comblés : ils trouveront sur place ou à quelques kilomètres de quoi survoler les environs en avion, montgolfière, parapente ou hélicoptère. Des formations de pilotage sont proposées.

Le domaine skiable
Des alpages ensoleillés à la zone minérale des grands espaces en passant par les sapinières, le relief harmonieux très diversifié privilégie le ski plaisir et découverte. Vous pourrez faire quelques haltes délicieuses dans de chaleureux **chalets-restaurants** d'altitude. Le vaste domaine skiable (325 km de pistes sur plus de 1 000 ha) est relié par télécabine ou navettes aux autres stations du pays du Mont-Blanc. Fidèle à sa réputation, elle est dotée d'une des plus prestigieuses écoles de ski d'Europe.

Visiter
Le Megève historique se concentre autour de l'office de tourisme. Ses maisons de pierre d'allure massive entourent l'ancien prieuré et l'église. Après avoir accueilli les rigoureux chalets et immeubles d'Henri-Jacques Le Même, créateur d'une nouvelle architecture alpine, la ville semble reprendre goût au bois. Ainsi, les balcons sculptés ont tendance à envahir les façades.

Église Saint-Jean-Baptiste
Fondée par les bénédictins en 1085, l'église renferme un décor et un mobilier intéressants. Le chœur est le vestige le plus vénérable, il date de la fin de l'époque flamboyante (14e s.). La nef fut reconstruite en 1692, les voûtes sont ornées des peintures de l'Italien Mucengo (1830). Commandé par le Megévan J.-B. Perinet, qui fit fortune à Vienne, le **retable** du 18e s. est l'œuvre d'un sculpteur de l'empereur d'Autriche Ferdinand VI. Le clocher à bulbe de 1754 abrite un carillon de 10 cloches.

Musée du Haut Val d'Arly
88 ruelle du Vieux-Marché. ☏ 04 50 91 81 00 - de déb. juil. à fin sept. et de mi-déc. à fin avr. : tlj sf dim. 14h30-18h - fermé reste de l'année - 3,50 € (enf. 2,80 €). Appelé aussi la ferme de Marius, ce chalet des années 1850 garde des collections d'objets usuels traditionnels. Plusieurs thèmes sont traités : la vie domestique, l'outillage agricole, le traitement du lait, le textile. Une salle évoque l'histoire des sports d'hiver, dont certaines belles pages ont été écrites à Megève.

Le Calvaire
Curiosité locale aménagée dans un site boisé, ce chemin de croix jalonné de 15 oratoires et chapelles abritant des peintures ou des groupes sculptés malheureusement dégradés, est l'œuvre d'artisans du pays. Il fut réalisé entre 1844 et 1863 grâce à la ténacité du révérend Martin, curé de Megève, sur le modèle de celui de Jérusalem. Du terre-plein de la chapelle inférieure, vous aurez une vue agréable sur le berceau du haut val d'Arly, jusqu'à la pyramide caractéristique du Charvin.

Randonnées
Voir aussi les randonnées décrites au Massif du Mont-Blanc *(p. 325)*.

Belvédères accessibles par télécabine

Mont d'Arbois★★
Alt. 1 833 m. *Accès par télécabine directe du mont d'Arbois. ☏ 04 50 21 22 07 - juil.-août : 9h-13h, 14h-18h (10mn, ttes les 30mn) - 10,60 € AR.*
Magnifique **tour d'horizon** sur les Aravis, les Fiz et le Mont-Blanc. On peut se rendre à la station supérieure *(20mn à pied)* du téléphérique qui redescend sur St-Gervais.

Croix des Salles★★
1h30 AR environ, dont 12mn par la télécabine du Jaillet et 45mn à pied. ☏ 04 50 21 01 50/27 28 - de fin juin à déb. sept. : 9h-13h, 14h-18h ; de mi-déc. à fin mars : 9h-17h (10mn, dép. ttes les 30mn) - fermé reste de l'année - 10 € AR (enf. 8,80 €).
De la station supérieure (alt. 1 705 m), continuer à pied, sur la croupe gazonnée, puis boisée, pour atteindre la croix.

Vue sur Rochebrune Super-Megève★
1h AR environ, dont 8mn de téléphérique. ☏ 04 50 21 01 51 - de déb. juin à fin août : 9h-13h, 14h-18h ; vac. de Noël à mi-fév. : 9h-16h30 ; fév.-avr. : 9h-17h15 (durée du trajet 6mn) - 10,60 € AR (– 5 ans gratuit, – 15 ans 9,80 €). Vue sur le val d'Arly, les chaînes des Aravis et du Mont-Blanc.

MEGÈVE

Pour bons marcheurs
Une trentaine de balades dont les points de départ se situent à Megève même peuvent être entreprises sans télécabine. Huit promenades *(de 30mn à 6h de marche)* partent du parking des Alloz.

Mont Joly★★★
4h30 à pied AR au départ du mont d'Arbois par un sentier bien tracé. Chaussures de montagne conseillées pour aborder la partie terminale raide.
De la table d'orientation du sommet (alt. 2 525 m), **panorama★★★** exceptionnel sur le massif du Mont-Blanc, la Vanoise, le Beaufortain, les Écrins…

Mont de Vorès★★
5h30 de marche (compter la journée). 800 m de dénivellation. Itinéraire peu technique mais exigeant de l'endurance. Prendre le téléphérique de préférence avant 10h. Si celui-ci ne fonctionne pas, il est possible de faire une boucle presque analogue au départ du Leutaz. Le sentier monte régulièrement à l'Alpette, au col de Véry puis au mont de Vorès (alt. 2 067 m). Panorama splendide sur le massif du Mont-Blanc, le domaine d'Hauteluce et la chaîne des Aravis. Le chemin de crête conduit ensuite au Ban Rouge et au Crêt du Midi. Pour terminer, il faut remonter *(1h de marche soutenue)* à Rochebrune par un sentier assez raide.

Aux alentours

COMBLOUX★
5 km au nord par la D 1212. Jouissant d'une position privilégiée sur le balcon sud de la plaine de Sallanches, Combloux est très apprécié des gens du pays. La station s'est attachée à développer des activités familiales et à préserver son environnement. Elle est même devenue un précurseur en la matière avec son **plan d'eau biotope** *(voir encadré pratique)* pour la baignade. Ici ce sont les végétaux qui épurent l'eau.
Le domaine **Combloux-le Jaillet** (1 100-1 853 m) offre 100 km de pistes dans un cadre exceptionnel ; les activités familiales et le ski alpin sans risque sont privilégiés. Les très bons skieurs préféreront le domaine **Évasion Mont-Blanc** : 420 km de pistes, 260 canons à neige…

Combloux et le mont Blanc.

Table d'orientation
Combloux est réputée pour son **panorama★★★** sur le Mont-Blanc. Pour avoir une vision d'ensemble du Mont-Blanc, des Fiz (aiguilles de Varan) et des Aravis (pointe Percée), prendre, au centre de la localité et à droite, la route du Haut-Combloux, jusqu'à la Cry. Une navette gratuite vous y dépose, vous pourrez alors redescendre par de petits sentiers.

Église
Datant du 18e s., elle est typique des églises alpines. À l'intérieur, le somptueux retable du maître-autel, œuvre originale du début du 18e s., comprend deux étages très ouvragés. Les statues aux formes longilignes évoquent des personnages du Greco.

SALLANCHES
13 km au nord de Combloux par la D 1212. À l'entrée amont de la grande cluse de l'Arve, Sallanches commande le passage vers toutes les destinations intéressantes du massif le plus majestueux d'Europe. Ce gros bourg commercial a été reconstruit au 19e s. selon un strict plan en damier. Sur la place Charles-Albert, une table d'orientation détaille le massif du Mont-Blanc.

Église Saint-Jacques
De proportions imposantes, l'édifice, reconstruit en 1680, offre à l'intérieur une décoration néoclassique homogène représentative de l'art sacré du 19e s. en Savoie. La chapelle des fonts baptismaux, à gauche en entrant, abrite un petit ciborium de style flamboyant ainsi que le trésor réunissant des objets du culte du 14e s. au 18e s.

DÉCOUVRIR LES SITES

Centre de la nature montagnarde - château des Rubins
☎ 04 50 58 32 13 - www.centrenaturemontagnarde.org - juil.-août : lun.-vend. 10h-18h30, w.-end et j. fériés 14h-18h ; sept.-juin : lun.-vend. 10h-12h, 14h-18h, w.-end. et j. fériés 14h-18h - fermé 1er janv., 1er Mai, 25 déc. - 5,30 € (enf. 3,20 €).

Une exposition détaille le patrimoine naturel montagnard en explorant divers thèmes : faune, flore, géologie, paysages, saisons, climatologie… Elle invite notamment à réfléchir sur d'importants problèmes : présence ou non des grands prédateurs, effets des changements climatiques, interactions entre l'homme et la montagne.

Cascade d'Arpenaz★
Quitter Sallanches par la D 1205 en direction de Cluses jusqu'à Luzier. Là, prendre à gauche vers Oëx, la cascade est sur la droite de la route.
Haute de 200 m, la cascade jaillit d'une goulotte rocheuse curieusement stratifiée « en fond de bateau ». Dès le 18e s., elle impressionnait les voyageurs et les peintres. Elle intéressa longtemps Horace Benedict de Saussure. Celui-ci décrypta dans ses plis caractéristiques une ébauche de l'histoire de la Terre et de la tectonique des plaques. Plus haut, les déchirures de l'aiguille de Varan semblent se rapprocher.

CORDON★
4 km de Sallanches par le chemin de Cordon (D 113).
Ce ravissant village (cordon signifie « torrent encaissé » en franco-provençal), situé dans la haute vallée de l'Arve et adossé à la chaîne des Aravis, occupe un **site★** privilégié face à la prestigieuse chaîne du Mont-Blanc. Son surnom de « balcon du mont Blanc » est tout à fait justifié : la vue est superbe !

Église N.-D.-de-l'Assomption
Possibilité de visite guidée ☎ 04 50 58 01 57. Construite en 1781, elle est un chef-d'œuvre de l'art **baroque** en Savoie. L'intérieur présente une intéressante décoration peinte par le Suisse Léonard Isler en 1787 et un riche **retable** à colonnes torsadées.

Chapelle du Médonnet
À la sortie de Cordon, prendre la route de Combloux, puis à gauche la route de Nant Cruy. Traverser ce hameau. La route descend ensuite sur 2 km jusqu'à une bifurcation ; tourner à droite sur l'ancienne route de Combloux et la suivre sur environ 1 km jusqu'au hameau du Médonnet. Prendre le chemin, la chapelle du Médonnet se trouve à 600 m sur la droite.
Le chevet de cet humble sanctuaire fait face à un **panorama★★** admirable comprenant, de gauche à droite, la pointe d'Areu, les murailles des Fiz (aiguilles de Varan, pointe de Platé, pointe d'Anterne), les Aiguilles-Rouges (Brévent), enfin le massif du Mont-Blanc, de l'aiguille Verte à la Bérangère.

Megève pratique

Adresses utiles

Office du tourisme de Megève – R. Mgr-Conseil - BP 24 - 74120 Megève - ☎ 04 50 21 27 28 - www.megeve.com - juil.-août : 9h-19h ; avr.-juin, de déb. sept. à mi-déc. : tlj sf j. fériés 9h-12h30, 14h-18h30 ; de mi-déc. à fin mars : 9h-19h.

Office du tourisme de Combloux – 49 ch. des Passerands - 74920 Combloux - ☎ 04 50 58 60 49 - www.combloux.com - juil.-août : 9h-19h, dim. et j. fériés 9h-12h, 16h-19h ; de sept. aux vac. de Noël et de mai à fin juin : lun.-sam. 9h-18h ; des vac. de Noël à mi-avr. : 8h30-19h, dim. et j. fériés 9h-12h, 14h-19h - fermé le 1er, 11 Nov., 1er et 8 Mai.

Office du tourisme de Sallanches – 31 quai de l'Hôtel-de-Ville - 74700 Sallanches - ☎ 04 50 58 04 25 - www.sallanches.com - juil.-août : lun.-sam. 9h-12h, 14h30-19h, dim. 8h30-12h30 ; de sept. à juin : lun.-sam. 9h-12h, 14h30-18h, fermé dim. et j. fériés.

Office du tourisme de Cordon – 74700 Cordon - ☎ 04 50 58 01 57 - www.cordon.fr - juil.-août, vac. de Noël, fév. : 9h-12h, 15h-19h (janv. : dim. 9h-12h) ; reste de l'année : mar.-sam. 9h-12h, 15h-19h ; j. fériés 9h-12h - fermé 1er Mai, 1er et 11 Nov., lun. de Pâques, Ascension.

Se loger

Alp'Hôtel – 434 rte de Rochebrune - ☎ 04 50 21 07 58 - www.alp-hotel.fr - ouv. 1er juil.-20 sept. et 20 déc.-15 avr. - 🅿 - 18 ch. 57/87 € - ⊇ 8 € - rest. 21/30 €. A mi-chemin du centre du village et du périphérique de Rochebrune, ce chalet traditionnel mise sur la simplicité d'un cadre rustique et chaleureux. Tenue irréprochable. Cuisine familiale soignée et spécialités du pays.

Le Chalet de l'Ancolie – 1295 rte de Sallanches - ☎ 04 50 21 21 37 - www.chalet-ancolie.com - fermé 14-29 avr., 13-23 mai, 23-26 juin et 22 oct.-5 déc. - 10 ch. 69/118 € - ⊇ 9 € - rest. 33 €. Avenant petit hôtel bordant la route menant à la station. Intérieur entièrement rénové carte

MEGÈVE

traditionnelle, assortie de quelques spécialités montagnardes.

Hôtel Gai Soleil – *Rte du Crêt-du-Midi* - ☏ *04 50 21 00 70 - www.le-gai-soleil.fr - fermé 17 avr.-11 juin et 13 sept.-17 déc.* - 🅿 *- 21 ch. 78/127 € -* ⛌ *10 € – rest. 20/35 €.* À cinq minutes du centre, ce chalet à la façade avenante est confortablement aménagé. Chambres sobres et rustiques, progressivement redécorées dans un esprit montagnard. Cuisine régionale et, pour les « fanas » de reblochon, soirées « tartiflette géante » ! Piscine et terrasse agrémentent les séjours estivaux.

Chambre d'hôte L'Alpe – *Le Bouchet - 74310 Servoz - ☏ 04 50 47 22 66 - fermé 2 sem. en mai, oct. et nov. - 6 ch. 55/65 €* ⛌*.* Cette jeune affaire n'a de cesse de s'améliorer. Les chambres sont décorées avec goût : belle alliance du bois (murs et meubles) et des tomettes glanées dans de vieilles maisons provençales. Détendez-vous aussi grâce à l'espace bien-être. Selon la saison, possibilités de randonnées à pied ou à skis.

Hôtel Chaumine – *36 chemin des Bouleaux, par chemin du Maz - ☏ 04 50 21 37 05 - www.hotel-lachaumine-megeve.com - fermé 16 avr.-25 juin et 1er sept.-17 déc. -* 🅿 *- 11 ch. 84/110 € -* ⛌ *8,50 €.* Voilà une adresse comme on les aime ! Au bout d'un chemin tranquille, à quelques minutes du centre et accessible des pistes, un joli chalet à l'ambiance gentiment familiale. Ses boiseries blondes, ses grands patchworks et ses meubles montagnards le décorent à la manière des maisons nordiques.

Hôtel Cordonant – *Les Darbaillets - 74700 Sallanches - 4 km de Sallanches par D 113 - ☏ 04 50 58 34 56 - www.lecordonant.free.fr - ouv. 16 mai-20 sept. et 20 déc.-15 avr. -* 🅿 *- 16 ch. 85/90 € -* ⛌ *9 € – rest. 24/32 €.* Ce chalet familial ouvre ses fenêtres sur la chaîne du Mont-Blanc. Les chambres, douillettes, sont toutes rénovées ; certaines bénéficient d'un balcon. La cuisine, traditionnelle et soignée, se déguste en été sur l'agréable terrasse fleurie et en hiver dans un chaleureux cadre rustique. Bon rapport qualité/prix.

Chambre d'hôte Les Oyats – *771 rte de Lady - 1,5 km au S de Megève dir. Rochebrune puis rte des Perchets - ☏ 04 50 21 11 56 - www.lesoyats.fr - fermé vac. de Toussaint -* 🚭 *- 4 ch. 84 €* ⛌*.* Cette ancienne ferme aux allures de chalet date de 1800. L'actuel propriétaire, artisan menuisier, a transformé les lieux en une ravissante adresse où domine le bois. Chambres spacieuses et bien équipées, de même que le chalet individuel conçu dans le même style montagnard. L'espace cuisine mis à disposition des résidents offre une vue sur l'étable où logent deux ânesses.

Hôtel Le Coin Savoyard – *300 rte de la Cry - 74920 Combloux - ☏ 04 50 58 60 27 - www.coin-savoyard.com - fermé du 15 avr. à déb. juin, du 20 sept. à déb. déc. et lun. hors sais. -* 🅿 *- 14 ch. 112/145 € -* ⛌ *10 € – rest. 20/52 €.* Proche d'une église au clocher à bulbe et dominé par le massif du Mont-Blanc, ancienne ferme sur le haut du village où règne une ambiance familiale. Chambres confortables au décor boisé et restaurant aménagé dans le style « taverne ». Piscine en été.

Hôtel Lodge Park – *100 r. d'Arly - ☏ 04 50 93 05 03 - www.lodgepark.com - fermé avr.-14 déc. -* 🅿 *- 39 ch. 220/390 € -* ⛌ *25 € – rest. 55/75 €.* Trophées, gravures d'animaux, rondins de bois et meubles confortables recréent l'ambiance des relais de chasse montagnards canadiens. Mais qu'on ne s'y

Au cœur de Megève.

trompe pas, nous sommes dans un des beaux hôtels de Megève, et l'esprit « nature » qui y règne n'empêche en rien le luxe raffiné d'un accueil de qualité.

Les Fermes de Marie – *Chemin de Riante-Colline, par N 212 (rte d'Albertville) - ☏ 04 50 93 03 10 - www.fermesdemarie.com - ouv. 1er juin-15 oct. et 1er déc.-15 avr. -* 🅿 *- 64 ch. 260/945 € -* ⛌ *27 € – rest. 62/73 €.* Plébiscitées par les grands de ce monde, ces fermes d'alpages reconstituées et regroupées dans un hameau à flanc de colline allient le confort, le luxe et le raffinement des meilleurs hôtels. Décorées de meubles savoyards anciens, elles sont authentiques et très chaleureuses. Piscine et centre de beauté.

Se restaurer

Les Marronniers chez Maria – *18 imp. le Chamas - ☏ 04 50 21 22 01 - fermé de mai à mi-juin, 3 sem. en oct. et mar. hors sais. - 9/22 €.* Installée dans un chalet rustique, en plein centre de la station, cette crêperie a eu la bonne idée d'étoffer un peu sa carte. Ainsi, en plus de ces recettes à base de farine de froment ou de sarrasin, on peut y manger des salades, des omelettes et, sur commande, se régaler d'une marmite surprise, la spécialité maison.

Grange d'Arly – *10 r. des Allobroges - ☏ 04 50 58 77 88 - www.grange-darly.*

313

DÉCOUVRIR LES SITES

com - fermé de mi-avr. à fin juin, de déb. sept. à mi-déc. et le midi - 18/33 €. Megève, l'une des plus prestigieuses stations des Alpes françaises, recèle des trésors d'hôtellerie. Cet imposant chalet en bois foncé en constitue un bel exemple. Bénéficiant d'un environnement paisible et verdoyant, il tire aussi quelque fierté de son élégant décor intérieur où le bois blond est omniprésent. Dans son coquet restaurant, ou sur sa terrasse en été, vous dégusterez des recettes simples d'inspiration régionale… Dommage qu'on n'y reçoive que le soir ! Les chambres sont personnalisées ; certaines, mansardées, sont très agréables.

Le Crystobald – 489 rte Nationale - ✆ 04 50 21 26 82 - lecrystobald@orange.fr - fermé 16 juin.- 4 juil., 24 nov.-18 déc., lun. soir, mar. et merc. hors sais. - 20/45 €. Une agréable ambiance rustique règne sur ce chalet familial, qui propose une cuisine actuelle bien maîtrisée. Salle à manger en bois clair, terrasse, et service charmant.

Au Vieux Megève – 58 pl. de la Résistance - ✆ 04 50 21 16 44 - vieux-megeve@py-internet.com - ouv. 10 juil.-31 août, 15 déc.-10 avr. et le midi - 23/25 €. Autour d'une belle cheminée, dans un décor très « vieux Megève » avec nappes rouges et vieilles boiseries, la même famille accueille depuis plus de trente ans les habitués de la station. C'est ici que l'on vient goûter les spécialités fromagères du pays en toute simplicité.

Le Refuge – 2615 rte de Leutaz - 4 km au sud-ouest de Megève par rte du Bouchet - ✆ 04 50 21 23 04 - www.refuge-megeve.com - fermé 10 juin-10 juil. et 20 sept.-20 oct. - 27 €. « Refuge » récemment ouvert sur les hauteurs de la station lancée par la baronne Noémie de Rothschild. Influences montagnardes tant pour le décor que dans l'assiette.

Le Puck – 31 r. Oberstdorf - ✆ 04 50 21 06 61 - 29 €. Un nom qui désigne le palet des hockeyeurs pour ce restaurant installé à la patinoire centrale. Décor moderne aux tons gris, terrasse bien exposée et cuisine de brasserie.

Flocons de Sel – 75 r. St-François - ✆ 04 50 21 49 99 - www.flocons-de-sel.com - fermé mai, juin et nov. - 35/115 €. Joli nom pour un joli cadre : dans une ferme du 19e s. au cœur de la station, deux salles rustiques plaisamment décorées d'une myriade d'objets. Délicieuse cuisine créative.

Taverne du Mont d'Arbois – 2811 rte Edmond-de-Rothschild - ✆ 04 50 21 03 53 - www.chalet-montarbois.com - fermé 2 mai-11 juin et 2 nov.-12 déc. - 38/55 €. Sympathique atmosphère montagnarde que ce chalet en vogue : cadre « paysan » et recettes savoyardes dans l'assiette. Le week-end, le bar se transforme en club de jazz.

Idéal – Au sommet du Mont-d'Arbois - 74170 St-Gervais-les-Bains - par télécabine du Mont-d'Arbois ou télécabine de la Princesse - ✆ 04 50 21 31 26 - www.chalet-montarbois.com - ouv. juil.-août et 15 déc.-15 avr., fermé le soir - 37/70 €. Belle halte sur les pistes, ce chalet d'altitude concilie un cadre agréable et des prix raisonnables pour la station… Les skieurs y trouveront leur bonheur avec un plat ou une « broche » du jour servis dans la salle chaleureuse ou sur la vaste terrasse au panorama exceptionnel.

La Sauvageonne-Chez Nano – À Leutaz - 4 km au sud de Megève par rte du Bouchet - ✆ 04 50 91 90 81 - www.sauvageonne-refuge.com - ouv. 28 juin-16 sept. et 15 déc.-20 avr. - 58/77 €. En pleine nature, cette ferme restaurée accueille une clientèle chic venue apprécier son cadre. Sur sa belle terrasse ou dans la salle cosy, qui joue à fond le style « montagne » avec boiseries, belle cheminée, collection de tableaux de chalets régionaux et vieux matériel de ski, on y mange une cuisine du terroir… et d'ailleurs.

Plan d'eau biotope de Combloux.

Que rapporter

Flocon de neige – 133 r. Mgr-Conseil - sortie zone piétonne, dir. Rochebrunne - ✆ 04 50 21 20 10 - tlj sf dim. et lun. (hors sais.) 9h30-12h30, 14h30-19h30 - fermé 15 j. en mai et 15 j. en oct. Pour se régaler ou faire des cadeaux, cette confiserie propose ses chocolats, ses 24 sortes de caramels mous, ses bonbons (24 parfums) et ses spécialités maison comme le Flocon, délicieux chocolat praliné nappé d'un voile neigeux. Également un beau choix de confitures (plus de 100 parfums), une sélection de liqueurs et d'apéritifs régionaux, ainsi que du miel, récolté par un apiculteur local.

Au Crochon – 2748 rte Nationale - ✆ 04 50 21 03 26 - megeve-decor@aliceadsl.fr - 9h-12h, 14h-18h30 - fermé dim. en inter-sais. et sais. hiver, j. fériés sf 14 Juil. et 15 août. Pour les amoureux d'objets en bois faits main, le choix risque d'être cornélien ! Du bac à fleurs ou du moule à beurre, de la paire de sabots (pour grand-mère) ou du tonnelet (pour grand-père), de la luge ou des raquettes, qu'emporterez-vous dans vos valises ?

Château de **MENTHON-ST-BERNARD**

Sports & Loisirs

👁 **Bon à savoir** - Disponibles à l'office du tourisme, des cartes détaillées permettent de suivre avec précision les différents circuits de randonnée, à pied ou en VTT. Mais si, même avec toutes ces indications, vous n'êtes pas sûr de votre sens de l'orientation, vous pouvez toujours aller piquer une tête dans la piscine olympique.

Patinoire centrale de Megève – *35 r. Oberstdorf - ℘ 04 50 21 23 77 - palaismegeve@dial.oleane.com - 14h-18h - fermé mai-oct.* Cette patinoire de plein air est située en plein centre du village. Les curieux pourront aussi essayer les Ice'Cars, sorte d'autotamponneuse sur glace.

Piscine du Palais des sports – *R. du Palais-des-Sports - ℘ 04 50 21 59 11 - Palais megeve@dial.oleane.com - horaires variables selon calendrier scol - fermé mai-juin et 10 sept.-15 oct - 4,60 €.* Ah! la piscine de Megève… Lorsque le soleil est là, quel plaisir de s'allonger dans l'herbe et de contempler les sommets. Une piscine olympique de plein air de 50 m x 12,5 m, un toboggan nautique de 70 m de long, un bassin couvert pour enfants de 25 m x 12,5 m, des saunas, un hammam et un trampoline. De quoi passer de bons moments, en hiver comme en été.

👥 **Plan d'eau** – *74920 Combloux - ouv. mi-juin : tlj sf mar. et jeu. 11h-19h ; juil.-août : 11h-19h - 4,40 €.* Fierté de Combloux, le plan d'eau biotope ouvert à la baignade est le premier du genre en France. Ce sont des plantes aquatiques qui assurent la régénération de l'eau. Les lieux offrent également une vue remarquable sur le Mont-Blanc et différents équipements, dont un espace remise en forme…

👥 **Atelier créatif Meg'Activités** – *Ancienne bibliothèque - place du village - ℘ 04 50 21 59 09 - 10 € la séance.* On y propose des activités manuelles originales pour les enfants de 6 à 12 ans.

Prendre de la hauteur

Depuis l'altiport Cote 2 000, des promenades aériennes sont organisées au-dessus du massif du Mont-Blanc. *3368, rte de la Cote 2 000 - 74120 Megève - ℘ 04 50 21 03 21 - www.aerocime.com - réserv. pour deux pers. minimum - prix pour une pers. : vallée de Megève (10mn) 29 € ; vallée de Chamonix (20mn) 58 € ; vallée Blanche-mer de glace (30mn) 87 € ; massif du Mont-Blanc (40mn) 116 €.*

Événements

Festival du baroque – *1re quinz. de juil. - Cordon - ℘ 04 50 58 01 57.* Pour découvrir le patrimoine à travers des conférences, concerts et visites guidées.

Festival de l'architecture et de la décoration montagnarde – *1re quinz. de juil. - Combloux - ℘ 04 50 58 60 49.*

Château de **Menthon-Saint-Bernard** ★

CARTE GÉNÉRALE C3 – CARTE MICHELIN DÉPARTEMENTS 328 K5 – SCHÉMAS P. 157 ET 162 – HAUTE-SAVOIE (74)

Le château où grandit le fondateur de l'hospice du Mont-St-Bernard se dresse sur un éperon surplombant le lac. Pourtant, protégé par un vaste parc, il ne se dévoile que tardivement et fort brièvement dans la montée vers le col de Bluffy. Si vous demeurez sur la route qui longe le lac d'Annecy, alors, il peut fort bien passer inaperçu.

▶ **Se repérer** – 9 km au sud-est d'Annecy. Séparée de Talloires par le promontoire boisé du roc de Chère, cette importante station familiale occupe un site agréable au bord du lac d'Annecy, au pied des dents de Lanfon et de la dépression du col de Bluffy où se dresse le château de Menthon.

👥 **Avec les enfants** – L'animation costumée les week-ends de juillet et août ainsi que les jours fériés.

🕐 **Pour poursuivre la visite** – Voir aussi Annecy, le lac d'Annecy.

Visiter

Le château

2 km par la D 269 en montée, se détachant en face de l'église de Menthon, à gauche. ℘ 04 50 60 12 05 - www.chateau-de-menthon.com - visite guidée (50mn) juil.-août : 12h-18h ; mai-juin et sept. : vend., w.-end et j. fériés 14h-18h - fermé du 1er oct. au 30 avr. - 7,50 € (6-15 ans 4,50 €), w.-end et j. fériés du 1er Mai au 2 sept. (animation costumée) 8,50 € (6-15 ans 5,50 €).

Élevé aux 11e et 15e s. puis retouché tout au long du 19e s., cet édifice appartient toujours à la famille qui en porte le nom. Il est bâti sur l'emplacement du château où serait né, au 10e s., Bernard de Menthon, le fondateur des célèbres hospices du Petit et du Grand Saint-Bernard. Depuis, chaque génération s'attache à laisser sa propre

DÉCOUVRIR LES SITES

Château de Menthon-Saint-Bernard.

trace. Cet aspect hétéroclite donne toute sa saveur à la visite et l'on s'amusera à reconnaître dans l'imbrication des styles, tel ou tel personnage de cette longue saga. Dans les éléments remarquables, on notera l'impressionnante bibliothèque. Elle comprend 12 000 volumes, tous antérieurs à la Révolution française, dont un bon nombre sont des incunables. Dans la chambre de la comtesse de Menthon, les murs sont entièrement recouverts de tapisseries reproduisant scènes de chasse et escapades dans les bois. De la terrasse, très belle **vue**★ sur le lac.

Randonnée

Roc de Chère★

2h à pied AR. Quitter Menthon par la route de Talloires et, aux Choseaux, prendre à droite la route des Bains puis celle du roc de Chère (croisements impossibles). Informations au bureau des Réserves naturelles - Le Grimpillon - Talloires - 06 17 54 21 68 - www.asters-asso.fr - accès libre ou visite guidée en juil.-août merc. (9h-12h) et promenade en bateau vend. (04 50 51 08 40) - réserv. obligatoire. Dans le parc d'une propriété, à droite et en contrebas de la route, se trouve la chapelle funéraire de l'historien **Hippolyte Taine** (1828-1893). Le roc de Chère forme une butte calcaire entre Menthon-St-Bernard et Talloires, dominant le lac d'Annecy. Depuis 1977, 69 ha sur les 200 que compte le massif forestier ont été inscrits en **réserve naturelle** où coexistent une flore de type méditerranéen et une flore de type boréal, riche en amphibiens, reptiles et papillons. Les anciennes carrières de grès, les zones d'extraction de la « terre de bruyère » et l'exploitation forestière par les moines de Talloires ont laissé des traces bien visibles.

D'une bosse rocheuse, au-delà du golf, la **vue** s'étend sur le Petit Lac dominé par la Tournette et sur les montagnes des Bauges. En face, le château de Duingt.

Menthon-Saint-Bernard pratique

Adresse utile

Office de tourisme – 74290 Menthon-St-Bernard - 04 50 60 14 30 - juil. août : lun.-sam. 9h-12h, 14h30-18h30, dim. 9h-12h - mai : vend. et sam. 9h-12h ; reste de l'année se renseigner.

Visites

Route des ducs de Savoie – M. Olivier de Menthon - 74290 Menthon-St-Bernard - 04 50 60 12 05. Depuis le 10e s., la dynastie de Savoie a jalonné son histoire de remarquables monuments ouverts au public : les châteaux de Ripaille, Thorens-Glières, Menthon, Clermont, Annecy, Chambéry et l'abbaye de Hautecombe comptent parmi les principaux.

Se loger

Chambre d'hôte Chalet Adagio – Rte du Bosson - 74290 Bluffy - À l'est du lac d'Annecy par la D 909 dir. col de Bluffy - 04 50 02 89 85 - chadagio@orange.fr - nov.-déc. - 2 ch. 53 € . Voici le lieu rêvé pour partir à la découverte du col de Bluffy et du superbe château de Menthon. Les chambres, en rez-de-jardin, ouvrent leurs fenêtres sur le lac d'Annecy. S'attarder sur la terrasse à l'ombre de deux beaux platanes est un enchantement.

Méribel ★★

CARTE GÉNÉRALE C4 – CARTE MICHELIN DÉPARTEMENTS 333 M5 – SCHÉMA P. 434 – SAVOIE (73)

Méribel fait partie des Trois-Vallées, le plus vaste domaine skiable du monde. L'été, la station propose un immense réseau de pistes pour la pratique du VTT. Implantée dans la secrète vallée des Allues, elle est plébiscitée pour son unité architecturale. Dans cet îlot de la Tarentaise, les hameaux et leurs chapelles bordent les sentiers de randonnée. L'église de Saint-Martin-des-Allues recèle un retable baroque, œuvre majeure de Jacques Todesco, l'un des maîtres sculpteurs du 17e s.

- **Se repérer** – À 30mn au sud de Moûtiers par la D 915 en direction de Brides-les-Bains, puis la D 90, jolie route en balcon.
- **À ne pas manquer** – Une excursion au lac de Tueda.
- **Organiser son temps** – Prêtez attention aux jours d'ouverture de certaines remontées mécaniques, surtout si vous débutez une randonnée à partir d'un sommet.
- **Avec les enfants** – Avec de jeunes enfants, privilégiez les routes forestières faciles d'accès et ombragées.
- **Pour poursuivre la visite** – Voir aussi Courchevel, la vallée des Belleville.

Le saviez-vous ?
En 1938, un major anglais, **Lord Lindsay**, dut fuir les pistes autrichiennes à la suite de l'annexion du pays par Hitler. Désireux de retrouver un cadre similaire, il fut séduit par la vallée des Allues et ses 13 hameaux, dont l'un portait le joli nom de Méribel. Les règles d'architecture prônées dès 1948 sont toujours appliquées : chalets aux toits à double pente et aux façades en bois.

Séjourner

Méribel
Les innombrables résidences-chalets sont disséminées dans la forêt entre 1 450 et 1 800 m. Le fait d'avoir opté pour une station-chalets a pour contrepartie un plan d'agglomération peu fonctionnel : excepté la Chaudanne, il n'y a pas vraiment de centre. La route continue jusqu'à l'altiport, où l'on pratique le golf en été. En toute saison, des vols touristiques à thème sont proposés : survol des Trois-Vallées, des stations olympiques et du Mont-Blanc.

Méribel-Mottaret
Cette station, située entre 1 700 et 1 800 m, au pied du Parc de la Vanoise, offre un compromis entre le confort moderne et l'architecture traditionnelle. Elle est le centre stratégique des Trois-Vallées.

L'été
En été, Méribel constitue une **base de randonnées pédestres** très appréciée, près du quart des 8 500 ha de la vallée se situant dans le Parc national de la Vanoise. Méribel propose aux marcheurs de tous niveaux vingt circuits de randonnée entretenus et balisés à travers forêts ou alpages *(plan dans le* Guide des sentiers, *en vente dans les offices de tourisme - 6,50 €)*. Les crêtes de Tougnète, de La Saulire et du Mont-Vallon offrent de très belles vues sur les massifs du Mont-Blanc, du Beaufortain et de la Vanoise. Vous y trouverez également toutes les activités traditionnelles et un réseau de 117 km de pistes balisées pour les VTT.

Le domaine skiable
Il est d'un excellent niveau pour les bons skieurs : un réseau dense de télécabines assure des liaisons rapides et confortables avec Courchevel, La Tania, Les Menuires et Val-Thorens. Les secteurs du mont Vallon, du mont de la Chambre, du roc des Trois-Marches et du roc de Fer comptent parmi les plus beaux champs de ski d'Europe.

Choisi comme principal site olympique des Jeux d'Albertville en février 1992, Méribel a organisé l'ensemble des épreuves féminines de ski alpin sur la difficile piste du roc de Fer ainsi que les matchs de hockey dans sa patinoire.

Le domaine de ski de fond est de taille modeste, mais de qualité : l'altiport et le plan de Tueda à 1 700 m d'altitude proposent aux fondeurs une trentaine de kilomètres de boucles bien enneigées, dans un beau cadre boisé (épicéas et pins cembro). Divers sentiers ont été tracés en forêt et en bordure de piste, et des **forfaits piétons** donnent accès par télécabines et télésièges à Méribel et Courchevel.

DÉCOUVRIR LES SITES

Réserve naturelle de Tueda.

Découvrir

LES PRINCIPAUX SOMMETS★★

La Saulire★★★
📞 04 79 00 43 44 - www.s3v.com - *l'été, la télécabine du Pas du Lac est ouverte les lun., mar., jeu. et dim. (9h30-16h45), mais celle de Burgin-Saulire est fermée - 9,50 €*. Accès de Méribel par la télécabine de Burgin-Saulire, ou du Mottaret par la télécabine du Pas du Lac. Magnifique **panorama** *(voir Courchevel)*.

Mont du Vallon★★
🌿 Alt. 2 952 m. Du Mottaret se rendre à pied au plan des Mains (alt. 2 150 m). L'été, compter 1h15. L'hiver, accès réservé aux skieurs par la télécabine des Plattières *(deuxième tronçon)*. Prendre enfin la télécabine du mont du Vallon. À l'arrivée se diriger vers le panneau « Réserve de Tueda ». La **vue**★★★ est magnifique au premier plan sur la partie préservée de la vallée des Allues : aiguille du Borgne, glacier de Gébroulaz. Face à soi se détache nettement la masse rocheuse de la pointe de l'Échelle. À gauche, on admire les glaciers de la Vanoise, la Grande Casse puis le mont Pourri, l'aiguille et le col du Fruit, le mont Blanc… Revenir sur ses pas et prendre à gauche un chemin accédant aux lacs du Borgne. Vue sur la vallée des Belleville et, dans le lointain, les aiguilles d'Arves et le massif des Grandes-Rousses.

Roc des Trois-Marches★★
Accès en hiver du Mottaret par la télécabine des Plattières, en trois tronçons. Alt. 2 704 m. Beau **tour d'horizon**, vue sur les glaciers de la Vanoise et la Meije.

Tougnète★★
Accès de Méribel par télécabine. S'asseoir dans le sens contraire de la marche. 📞 04 79 08 65 32 - *juil.-août : lun.-vend. 9h30-12h30, 13h30-17h (2 tronçons, 20mn, en continu) - 9,20 € AR.*
Lors de la montée, le regard se porte sur Méribel et les villages de la vallée. En arrière-plan se profilent le Mont-Blanc et le Beaufortain. De la plate-forme terminale (alt. 2 410 m), vue sur la vallée des Belleville.
Les skieurs pourront également découvrir les panoramas du **roc de Fer**★★, du **pas de Cherferie**★★, du **mont de la Challe**★, du **mont de la Chambre**★★ et du **col de la Loze**★★.

Randonnées

Plan de Tueda★
À l'entrée de Méribel, suivre la direction du Châtelet et se garer au terminus de la route.
La **réserve naturelle de Tueda**, créée en 1990, a permis de protéger l'une des dernières grandes forêts de pins cembro de Savoie. Elle s'étend du lac de Tueda au glacier de Gébroulaz, en passant par le refuge du Saut. Un **sentier de découverte**, bordé de nombreuses espèces de fleurs (linée boréale), permet de découvrir ce milieu exceptionnel et fragile. Appelé aussi arolle, le pin cembro peut atteindre l'âge de 600 ans. Il a vu ses peuplements naturels se réduire sensiblement car il est très recherché pour la fabrication de meubles et d'instruments de musique. *Renseignements à la « Maison*

de la réserve », au lac de Tueda - ℘ 04 79 01 04 75 - www.vanoise.com - juil.-août : 12h30-18h - point-information, salle d'exposition sur le pin cembro, petite restauration.

Col de Chanrouge★★

Départ du plan de Tueda. Montée : 2h pour le refuge du Saut, puis 1h15 pour le col. Descente : 2h.

Alt. 2 531 m. Du col, **vue** sur la vallée de Courchevel, le domaine de la Plagne (dominé par le sommet de Bellecôte) et le massif du Mont-Blanc.

Méribel pratique

Adresse utile

Office de tourisme – BP 1 - 73551 Méribel - ℘ 04 79 08 60 01 - www.meribel.net - vac. de Noël à fin avr. : 9h-19h (juil.-août : 9h-12h, 15h-19h) ; sept. aux vac. de Noël : tlj sf sam. apr.-midi, dim. et j. fériés : 9h-12h, 14h-18h ; mai-juin : tlj sf merc. et sam. apr.-midi, dim. et j. fériés 9h-12h, 14h-17h.

Se loger

● **Bon à savoir** - Bien que plus discrète que Courchevel, cette station voit néanmoins le prix de ses logements flamber à l'approche du froid hivernal. Prendre contact avec la centrale de réservation qui reste la meilleure chance de trouver une formule d'hébergement abordable financièrement parmi les nombreuses options proposées.

Hôtel Croix Jean-Claude – *Aux Allues - 7 km au nord de Méribel par D 915ᵃ -* ℘ 04 79 08 61 05 - www.croixjeanclaude.com - fermé 2-30 juin et 20 sept.-28 oct. - 16 ch. 74/87 € - ⏲ 8,50 € - rest. 34/69 €. Saluez au passage les villageois venus se désaltérer au bar de cette maison, à l'écart des pistes, qui est l'un des plus anciens hôtels de la vallée. Les nuits y sont tranquilles et les repas à tendance locale, servis en terrasse ou dans la salle à manger campagnarde exposant une étonnante collection de coqs.

Hôtel Adray Télébar – *Sur les pistes (accès piétonnier) -* ℘ 04 79 08 60 26 - www.telebar-hotel.com - fermé 21 avr.-19 déc. - 24 ch., ½ P 120/150 € - rest. 33 €. Venez ici à skis, vos bagages vous rejoindront en voiture-chenillette. Vous serez accueilli par une famille sympathique et douillettement installé dans ce chalet tout en bois, au beau milieu des pistes, face aux cimes enneigées. Grande terrasse pour les bains de soleil.

Hôtel Yéti – *Rd-pt des Pistes -* ℘ 04 79 00 51 15 - www.hotel-yeti.com - ouv. juil.-août et 15 déc.-25 avr. - 28 ch. 252 € - ⏲ 18 € - rest. 30/45 €. Si vous n'êtes pas sportif, acceptez un transat sur la terrasse panoramique. À l'intérieur, les tons chauds du bois clair ciré s'accordent aux tissus et tapis du salon voûté. Chambres spacieuses tapissées de bois et dotées d'un balcon. Gourmands, vous apprécierez sa table. Grande piscine d'été.

Se restaurer

● **Les Pierres Plates** – *La Saulire - hiver : accès par 2 télécabines à partir de La Saulire* sur Méribel - ℘ 04 79 00 46 41 - www.chaudanne.com - fermé mai-juin et sept.-nov. Ce bar-restaurant situé à 2 700 m d'altitude au sommet de La Saulire offre une vue incomparable sur les glaciers de la Vanoise et la chaîne des Alpes.

● **Le Martagon** – *Rte des Allues, le Raffort -* ℘ 04 79 00 56 29 - restaurantmartagon@gmail.com - fermé 25 avr.-15 mai - 18 € déj. - 13,50/50 € - ⏲ 8 €. Ce chalet flambant neuf bâti au pied de la télécabine est l'endroit idéal pour se détendre après une journée de ski. Salle à manger habillée de sapin où trône la belle cheminée permettant, l'hiver, de déguster des grillades au feu de bois et plaisante terrasse d'été. Spécialités savoyardes et menus traditionnels.

●●● **Le Blanchot** – *Rte de l'Altiport - 3,5 km au nord de Méribel -* ℘ 04 79 00 55 78 - le-blanchot@wanadoo.fr - ouv. 18 déc.-25 avr., juil.-août, fermé dim. soir et lun. soir - 37/80 €. Un joli nom pour ce lièvre qui devient blanc dès la neige venue. La route qui mène à ce chalet est une invitation à la découverte de la nature : forêt de sapins, golf d'été, pistes de ski de fond l'hiver… Dans l'assiette, une cuisine simple le midi et plus élaborée en soirée.

En soirée

Le Lodge – *Rte Albert Gacon -* ℘ 04 79 08 89 00 - www.chaudanne.com - tlj à partir de 17h en sais. - fermé mai-juin et oct.-nov. Ce bar d'ambiance à la fois chic et convivial est sis dans l'hôtel du même nom. De nombreuses soirées à thème y sont organisées et une petite piste est à la disposition des danseurs.

Sports & Loisirs

● **Bon à savoir** - Quand on voit le large éventail d'activités proposées sur l'ensemble du site, on en viendrait presque à attendre que la neige fonde. Sentiers de randonnée, piscine, terrain de golf, patinoire olympique, espace de remise en forme et autres. L'office de tourisme offre une liste complète et des informations précises.

Via ferrata – Les communes des Allues et de St-Bon ont aménagé la voie d'escalade reliant le sommet de La Saulire à celui de la dent de Burgin (Croix de Verdon).

Golf – *Golf de Méribel - BP 54 - 73551 Méribel -* ℘ 04 79 00 52 67 - www.golf-meribel.com - 45/65 €. Inauguré en 2006, le nouveau parcours comporte 18 trous (9 ont été rénovés).

DÉCOUVRIR LES SITES

Modane

3 658 MODANAIS
CARTE GÉNÉRALE C4 – CARTE MICHELIN DÉPARTEMENTS 333 N6 –
SCHÉMA P. 306 – SAVOIE (73)

Largement desservie par le trafic routier qui étouffe l'étroite vallée de l'Arc, la ville de Modane peine à valoriser ses atouts. Pourtant, il suffit de s'éloigner des grandes voies de circulation et d'arpenter le centre-ville pour retrouver une Savoie de caractère, plus vraie sans doute que bien des hauts sites touristiques du département. À quelques kilomètres de là, les stations de La Norma et de Valfréjus constituent de belles échappées vers une nature sauvage.

- **Se repérer** – À l'entrée de la haute Maurienne, Modane est directement accessible par l'autoroute alpine A 43.
- **À ne pas manquer** – Le fort Saint-Gobain.
- **Organiser son temps** – Vous êtes à 30mn de l'Italie par le tunnel du Fréjus.
- **Pour poursuivre la visite** – Voir aussi la haute Maurienne, Aussois.

Comprendre

Le tunnel routier du Fréjus

Vitesse maximum autorisée : 70 km/h. Dépassements et stationnements volontaires strictement interdits. L'accès du tunnel n'est pas autorisé aux véhicules de cylindrée inférieure ou égale à 50 cm³ et aux piétons. Traversée en 20mn environ.
Entrepris en octobre 1974 et mis en service le 12 juillet 1980, cette réalisation franco-italienne d'une longueur de 12,870 km s'inscrit sur l'axe Lyon-Turin, itinéraire majeur du trafic international à travers les Alpes. Pendant la fermeture du tunnel du Mont-Blanc, il accueillit la quasi-totalité des convois de marchandises qui traversaient les Alpes franco-italiennes et reste aujourd'hui un lieu de passage très fréquenté.

Le tunnel du 21e s. ?
Très contestée, surtout côté italien, la construction de la liaison ferroviaire par TGV entre Lyon et Turin comprend le percement d'une galerie de 50 km dans le secteur de Modane.

Visiter

Le quartier du **Pâquier**, dont les rues sont regroupées autour de l'église paroissiale, est la partie la plus ancienne de la ville. Mais c'est dans le quartier de **Loutraz**, situé sur la rive droite de l'Arc, que se trouvent les plus intéressants témoins patrimoniaux. Dans la rue de Chavière, on remarquera quelques maisons à escaliers à vis. La **Rizerie des Alpes**, ancien temple grec, accueille aujourd'hui une exposition sur la construction de la ligne ferroviaire Lyon-Turin.
On peut rejoindre en 30mn le **fort du Replaton**, construit pour défendre l'entrée du tunnel ferroviaire à la fin du 19e s. *(on ne visite pas)*. La **maison penchée**, sur la route du tunnel routier de Fréjus, est une casemate dynamitée par les troupes allemandes le 16 septembre 1944.

Fort Saint-Gobain, musée de la Fortification

Association du musée de la Traversée des Alpes – ℘ 04 79 05 01 50 - de mi-juin à mi-sept. : 10h-12h, 14h-19h ; de déb. mai à mi-juin et sept.-oct. : vend.-lun. : 10h-12h, 14h-19h - reste de l'année : pdt les vac. scol. lun.-vend. 15h-19h - 8 € (5-12 ans 5 €).
Élément de la ligne Maginot des Alpes, ce système de défense complexe est unique dans son état de conservation. Gigantesque organisation souterraine avec zones d'armement et de casernement, elle permettait une vie souterraine en complète autarcie. *On peut accéder aux salles de combats.*

Entrée monumentale du tunnel ferroviaire

Sortir de Modane en direction de Valfréjus (voir ce nom) puis accès sur la gauche.
Construit lors de la première percée des Alpes (1857-1871).

Aux alentours

La Norma

À 6 km de Modane par la D 1006. Face aux magnifiques paysages de la Vanoise, sur un plateau surplombant la vallée de la haute Maurienne à 1 350 m d'altitude, La Norma

320

MODANE

est une coquette petite station sans histoire, sans frénésie mondaine, sans fièvre du samedi soir et sans voitures. Fondue dans ses mélèzes et ses bouleaux, elle a le lyrisme, le naturel et le nom d'un opéra de Bellini. Ouverte en 1971, elle porte le nom de la pointe de La Norma dominant la station et culminant à 2 917 m. La station regroupe les communes de Villarodin et d'Avrieux *(voir p. 308)*.

Les activités de l'été – Une vaste base de loisirs sur le site des Avenières côtoie un plan d'eau réservé à la pêche. La Vanoise demeure une destination rêvée pour les randonneurs. Les plus audacieux pourront s'essayer au mountainboard, planche de skateboard équipée tout-terrain.

Le domaine skiable – L'orientation nord-ouest garantit une bonne qualité de neige, et un bon nombre de remontées mécaniques desservent, sur 700 ha, 65 km de pistes de tous niveaux entre 1 350 et 2 750 m. Les bons skieurs trouveront des pentes raides sur le haut du domaine, le long du télésiège Norma 2 et du télésiège du Clot.

Skieurs à Valfréjus.

Valfréjus
À 8 km au sud de Modane par la D 1006.

Le mont Thabor et le massif de la Vanoise veillent toujours sur leur petite dernière, Valfréjus. Celle-ci a ouvert les yeux dans une belle forêt de mélèzes et d'épicéas en 1983 sur le balcon du Charmaix. Elle se trouve à 1 550 m d'altitude et se porte à merveille dans cet environnement où elle aime se fondre.

Le domaine skiable – Favorisé par une exposition nord, il bénéficie d'un enneigement notable sur son deuxième tronçon, entre 2 000 et 2 730 m, et dispose actuellement de 12 remontées mécaniques pour une vingtaine de pistes.

Télécabine de Punta Bagna★★ – Alt. 2 732 m. Accès au sommet en télécabine uniquement en hiver. ✆ 04 79 05 32 71 - *pour horaires et tarifs se renseigner.*

En sortant de la télécabine, le **panorama**★★ est splendide : légèrement à gauche, la pointe du Fréjus, au centre, le sommet pointu de Rochebrune et les Alpes italiennes par-delà le col du Fréjus. À droite, la masse rocheuse du Grand Argentier. Se diriger vers la terrasse du restaurant pour admirer, en arrière-plan, la Meije, le Rateau puis le Thabor et deux des trois aiguilles d'Arves. Au nord, on bénéficie d'une vue d'ensemble sur le domaine skiable de Valfréjus et l'on reconnaît, de l'autre côté de la vallée, Péclet-Polset, le col d'Aussois, les glaciers de la Vanoise, la dent Parrachée et la Grande Motte…

Randonnées

Sentier nature de l'Orgère★
De Modane, départ depuis la D 1006 au Freney ; prendre à droite la D 106 en forte montée sur 13 km jusqu'au parking du refuge de l'Orgère. S'adresser au gardien à la Maison du Parc de la Vanoise pour obtenir un dépliant indiquant les caractéristiques du sentier.

Ce sentier nature *(2 km)* permet d'effectuer le tour du vallon de l'Orgère en traversant des milieux très variés (prairies, sous-bois et alpages). Son point de départ se situe 100 m en aval de la « porte de l'Orgère ».

Col de Chavière★★
Du refuge de l'Orgère : montée 3h (dont 2h pour le lac de la Partie). Descente 2h. Dénivellation : 900 m environ. Chaussures de montagne nécessaires (neige jusqu'à fin juil.). Prévoir des jumelles pour observer la faune.

Le sentier monte face au Rateau d'Aussois et à l'aiguille Doran. Il conduit aux ruines des chalets de l'Estiva : **vue**★★ *(de gauche à droite)* sur Longe Côte, la station et la pointe de La Norma, Modane, Valfréjus… Au bout d'une heure de marche, lorsque le sentier se met à redescendre, on découvre face à soi le col de Chavière. À sa gauche trône le haut massif enneigé de **Péclet-Polset** tandis qu'à sa droite se dressent d'immenses parois rocheuses. Ce secteur est souvent fréquenté par les chamois et les bouquetins. Le sentier évolue alors dans un cadre de plus en plus rocailleux jusqu'au lac de la Partie. La pente redevient ensuite plus raide jusqu'au col (2 801 m) : très belle vue sur la vallée de Pralognan et au-delà sur le mont Blanc.

Promenade au Mélezet et à la Repose★
Alt. 1 990 m. *De La Norma, accès par la télécabine du Mélezet. En hiver, faire attention au passage des skieurs.* ℘ *04 79 20 31 46 - juil.-août : tlj sf sam. 9h30-12h30, 14h-16h30 (10mn, en continu) ; de mi-déc. à fin avr. 9h-16h30 - 5 € AR (−6 ans gratuit).*

Belle vue, face à soi, sur le massif enneigé de Péclet-Polset et le col de Chavière. Plus à droite se dressent l'aiguille Doran, le Rateau d'Aussois et la dent Parrachée. Redescendre sur la station en empruntant un agréable chemin passant par la Repose et la chapelle Ste-Anne.

Via ferrata du Diable★
Départ de La Norma. On conseille aux novices de débuter cet itinéraire par le tronçon des Diablotins (pour l'équipement et les précautions préalables, voir p. 39). Dans le cadre envoûtant du pont du Diable, encadré par les forts Victor-Emmanuel et Marie-Thérèse, ce parcours d'initiation à l'escalade se compose de cinq tronçons indépendants de difficulté graduée *(équipement obligatoire).* La durée des itinéraires varie de 3h à 6h. On ne peut pas s'y croiser, donc le sens de circulation doit être impérativement respecté. Ceux qui souhaitent ne pas s'y aventurer peuvent rejoindre à pied le fort Victor-Emmanuel *(voir Aussois)* depuis le fort Marie-Thérèse. Sur le pont du Diable, ils seront impressionnés par le défilé de l'Arc *(2h AR).*

Modane pratique

Adresses utiles

Office du tourisme de Modane-Valfréjus – *R. des Bettets - 73500 Valfréjus - ℘ 04 79 05 33 83 - juil.-août : 9h-12h, 14h-18h ; vac. scol. Noël, fév., Pâques (zone A) : 8h30-18h30 ; de déb. sept. aux vac. de Noël et mai-juin : tlj sf w.-end 9h-12h, 13h30-17h30.*

Point Info Tourisme - Maison cantonale – *73500 Modane - ℘ 04 79 05 28 58 - www.terramodana.com - lun.-sam. 9h -12h, 14h-18h.*

Office du tourisme de La Norma – *Maison de La Norma - 73500 La Norma - ℘ 04 79 20 31 46 - juil.-août : lun.-sam. 9h-18h30, dim. 9h-19h ; vac. de Noël-fin avr. : 9h-18h30 ; de déb. sept. aux vac. de Noël et mai-juin : tlj sf dim. et j. fériés 9h-12h, 14h-17h.*

Visites

Les sentiers des sculptures La Norma – Ces sentiers sont jalonnés de sculptures monumentales d'artistes internationaux sur le thème de la montagne. *Carte à l'office du tourisme de La Norma.*

Les moulins de Saint-André – Les moulins à roue horizontale sont une rareté. L'un d'eux a été aménagé en musée. *Renseignements à l'office du tourisme de La Norma.*

Se loger et se restaurer

Hôtel Le Perce-Neige – *14 av. Jean-Jaurès - ℘ 04 79 05 00 50 - auperceneige@wanadoo.fr - fermé 1re quinz. de mai, 2e quinz. d'oct. et dim. - 18 ch. 53/68 € - ☐ 6 € – rest. 15/29 €.* Bien qu'il se trouve à proximité de la voie ferrée, cet hôtel vous protégera des bruits extérieurs grâce à sa bonne insonorisation. On préférera néanmoins les chambres donnant sur la rivière, à l'arrière. Ensemble un brin démodé, mais fort simple et convenable. Cuisine traditionnelle.

Chambre d'hôte Ché Catrine – *88 r. St-Antoine - 73500 Villarodin-Bourget - A 43 sortie 30, D 1006 à 3 km - ℘ 04 79 20 49 32 - www.che-catrine.com - ☐ - réserv. obligatoire - 3 ch. + 2 suites 79/105 € ☐ - repas /30 €.* Cette maison de maître de 1524 restaurée dans le respect de la tradition savoyarde est un petit bijou. Les chambres sont décorées avec un goût exquis et la salle à manger aménagée dans l'ancienne écurie voûtée est superbe. Jacuzzi et sauna à disposition.

Sports & Loisirs

Balades à pied ou en raquettes – *73500 La Norma.* Au long de sentiers balisés, seul ou avec un accompagnateur, le meilleur moyen de découvrir à son rythme la montagne et de respirer à pleins poumons. Carte gratuite à disposition à la Maison de La Norma.

Balades en chiens de traîneaux – *73500 La Norma - adulte : 39 €.* Deux fois par semaine, la sortie « Hanouck » permet, durant une heure, de vivre un moment inoubliable et d'apprécier les qualités inégalées des chiens nordiques.

Le Centre d'activités Montagne – *73500 Valfréjus - ℘ 04 79 05 32 58.* Parce que les sports d'hiver ne se résument pas qu'au ski, ce centre d'activités propose, en plus, un programme complet de randonnées pédestres et en raquettes. Des accompagnateurs diplômés vous guideront au long de votre découverte du parc de la Vanoise, ou même pour une petite promenade autour de la station.

Maison de La Norma – *Maison de La Norma - A 43 sortie 30 - 73500 La Norma - ℘ 04 79 20 31 46 - info@la-norma.com - 11h-19h - sept.-juin - 3 €.* Baignade surveillée, possibilité de pêche et de pique-nique.

Massif du **Mont-Blanc**★★★

CARTE GÉNÉRALE C/D-2/3 - CARTE MICHELIN DÉPARTEMENTS 328 O6 – HAUTE-SAVOIE (74)

Impérial dans son manteau d'hermine, le mont Blanc (alt. 4 810 m) règne sans partage sur les Alpes. Tout à la fois sommet, ensemble montagneux et pays, le massif du Mont-Blanc présente une étonnante variété de paysages et de cultures. Long de 50 km, il pousse ses contreforts au sud jusqu'en Tarentaise. Au nord-est, il atteint les territoires du Valais et du Val d'Aoste. Vers l'ouest, il court au-delà du massif des Aiguilles-Rouges. Son étendue, et la succession des vallées qui le caractérise, interdit toute vision globale de cet espace. Mais on aura une bonne idée de sa beauté et de sa dimension en arpentant les moyennes montagnes des vallées de Chamonix et de St-Gervais, ainsi que celles du val Montjoie. Là, environné de neiges éternelles et de fleuves de glace, les points culminants ne sont pas loin.

- **Se repérer** – Au terme de l'autoroute Blanche (A 41), le massif clôture la plaine du Fayet. Vers le nord, la vallée de Chamonix (D 1205) à laquelle on accède par l'impressionnant viaduc des Égrats ; vers l'est St-Gervais (D 902) et le val Montjoie *(voir ce nom)*.
- **À ne pas manquer** – Une halte à l'une des gares d'arrivée du flanc sud de la vallée de Chamonix (Brévent, Flégère, Balme) pour le panorama. Un aller-retour au glacier de Bionnassay par le tramway du Mont-Blanc au départ du Fayet ou de St-Gervais *(voir ce nom)*.
- **Organiser son temps** – La météo sera la maîtresse de votre temps. Consultez les bulletins régulièrement et n'hésitez pas à partir de bonne heure en randonnée. En été, les orages sont courants et surviennent en général en fin de journée.
- **Avec les enfants** – Le tramway du Mont-Blanc jusqu'au glacier de Bionnassay.
- **Pour poursuivre la visite** – Voir aussi Chamonix, Megève, St-Gervais-les-Bains, Sallanches.

L'ascension du mont Blanc par Saussure en 1787.

Comprendre

Un jeune massif

La chaîne du Mont-Blanc est née il y a 35 millions d'années, ce qui n'est pas grand-chose à l'échelle du temps géologique. Jeune et partiellement érodée, comme en témoignent les flancs acérés des aiguilles de Chamonix, la chaîne a connu de plus des plissements successifs et de fortes contraintes à ses extrémités. Il en résulte d'étroites vallées et un massif parfois si étroit qu'il sera possible en 1965 de le percer de part en part. Au terme de sa surrection, elle connaît une longue période de glaciation. Les glaciers ont déterminé l'emplacement des verrous, des cols et des alpages.

DÉCOUVRIR LES SITES

Un massif convoité
En 1760, un scientifique genevois, Horace Benedict de Saussure offre une récompense à celui qui atteindra le premier le sommet. Le 7 août 1786, **Jacques Balmat**, cristallier et **Michel Gabriel Paccard**, médecin, sont les premiers à relever le défi. Il faudra cependant plus de deux siècles pour que le massif du Mont-Blanc soit entièrement exploré. Certaines voies comme la Directissime des Drus ou la face nord des Grandes Jorasses s'inscrivent parmi les chemins mythiques empruntés par les alpinistes de haut niveau. Plus anecdotiques sont les multiples tentatives de descente du mont Blanc à moto, à bicyclette, en poêle à paella !

Le toit de l'Europe occidentale
Le mont Blanc – Il se présente sous deux aspects très différents : sur le versant français, il apparaît – surtout vu du bassin de Sallanches – comme un « géant débonnaire », mais infiniment majestueux avec son cortège de dômes neigeux, soulignés de rares escarpements rocheux (aiguilles du Goûter et de Bionnassay) ; le versant italien, tel qu'on peut le découvrir de Courmayeur ou, en France, des belvédères de la haute Tarentaise (Lancebranlette), est au contraire une farouche et sombre paroi hérissée d'aiguilles (aiguille Noire de Peuterey), dont l'ascension constitue un authentique exploit… La montée au départ de Chamonix ou de St-Gervais demande beaucoup plus d'endurance et de souffle que de virtuosité alpine. Il n'en est pas moins réservé à des personnes entraînées et maîtrisant la marche sur glacier.

… et son cortège – La vallée de Chamonix doit son premier titre de gloire à ses **aiguilles** taillées dans une sorte de granit clair à gros grain tirant sur le verdâtre, la protogine. Les plus grands noms sont ici ceux du Grépon, de Blaitière, du Dru – obélisque formidable flanquant la cime maîtresse que constitue la pyramide de l'aiguille Verte.

L'aiguille du Midi.

Trois glaciers se partagent inégalement la faveur des estivants : la **mer de Glace**, le plus long (14 km) et le plus populaire, avec le fameux site-tableau de Montenvers ; le **glacier du Mont-Blanc** (7 km) à l'impressionnante dénivelée de 3 600 m, le plus pittoresque, avec sa langue terminale faisant irruption dans la forêt, au voisinage des habitations ; le **glacier d'Argentière** (11 km), le plus spectaculaire, au pied de la grandiose face nord de l'aiguille Verte.
Sur le versant opposé de la vallée de l'Arve, les Aiguilles-Rouges, où les amateurs d'escalade pure s'entraînent, offrent des belvédères incomparables, le Brévent pour ne citer que lui. Au sud du mont Blanc, les bosses neigeuses des **dômes de Miage** forment réellement le fond de décor caractéristique du val Montjoie et sont bien en accord avec le relief adouci de cette aimable vallée.

Massif du MONT-BLANC

Découvrir

Les autres circuits sont décrits à Chamonix-Mont-Blanc et à St-Gervais-les-Bains, se reporter à la carte p. 326.

TRAVERSÉE DE LA CHAÎNE★★★ 6

Vous pouvez en utilisant les remontées mécaniques, traverser la chaîne du Mont-Blanc et gagner l'Italie. *Nous conseillons de faire cette excursion sans précipitation, les changements d'altitude rapides pouvant être source de fatigue, et après s'être informé des prévisions météorologiques sur le massif.*

Étapes du circuit, au départ de Chamonix :

Chamonix – Plan de l'Aiguille – Dénivellation : 1 300 m - 9mn de téléphérique.

Plan de l'Aiguille – Piton nord de l'aiguille du Midi – Dénivellation : 1 500 m - 8mn de téléphérique. *Détails sur le plan de l'Aiguille à Chamonix.*

Montée au piton central de l'aiguille du Midi – Dénivellation : 65 m - 35 s d'ascenseur. Terrasse panoramique.

Aiguille du Midi – Pointe Helbronner – Dénivellation : 380 m - 35mn de télécabine. Survol du glacier du Géant et de la vallée Blanche *(ski d'été)*, l'un des plus beaux spectacles des Alpes. Terrasse panoramique à la pointe Helbronner.

Pointe Helbronner – Refuge Torino – Dénivellation : 100 m - 3mn de marche. Du refuge, vous avez une belle vue sur le val Ferret, vue sur le val Veny et l'Envers du Mont-Blanc.

Retour par Entrèves et bus jusqu'à Chamonix par le tunnel du Mont-Blanc ou par le trajet aller en empruntant les remontées mécaniques.

Randonnées

Les ascensions réservées aux alpinistes nécessitant un équipement approprié et généralement l'accompagnement de guides brevetés n'entrent pas dans le cadre du présent ouvrage. Voir aussi dans les pages réservées à Chamonix, St-Gervais, Megève.

AU DÉPART D'ARGENTIÈRE

De ce centre d'alpinisme réputé, vous n'aurez que l'embarras du choix du chemin pour vous lancer à la conquête du mont Blanc et des aiguilles Rouges. Pour les plus calmes, l'adoucissement des pentes bordant l'Arve permet de très agréables promenades à pied ou à skis.

Aiguille des Grands-Montets★★★

Alt. 3 295 m. *Accès par le téléphérique d'Argentière-Lognan, puis le téléphérique Lognan-les Grands-Montets. Compter 2h30 minimum AR. De la plate-forme terminale, montez à la table d'orientation, si les 120 marches d'escalier assez raides ne vous effraient pas…* ℘ 04 50 54 00 71 - 3ᵉ sem. de juin à déb. sept. de 7h30 à 16h45 (dép. ttes les 10mn, durée trajet 6mn) - 25 € AR.

Le **panorama**★★★ est grandiose. Vue saisissante sur le glacier d'Argentière dominé par les aiguilles du Tour, du Chardonnet, d'Argentière et le mont Dolent. Le regard est attiré au sud par l'impressionnante masse de l'aiguille Verte et les Drus. Plus à l'ouest, on admire l'aiguille Blanche, le mont Blanc et le dôme du Goûter, devant lesquels se dressent les aiguilles déchiquetées de Chamonix, le mont Maudit et l'aiguille du Midi. Appréciez également la belle vue en enfilade sur la vallée, de Chamonix jusqu'aux Houches. En arrière-plan, remarquez la chaîne des Aravis (pointe Percée, Grands Vans), le Jura et – au nord – l'Oberland bernois.

Réserve naturelle des Aiguilles-Rouges★★★

3 km au nord d'Argentière par la D 1506 jusqu'au col des Montets. ℘ 04 50 54 02 24 - www.rnaiguillesrouges.org - *chalet d'accueil de mi-mai à mi-sept., w.-end et vac. de la Toussaint :* 9h30-18h - *gratuit.* Entre Argentière et Vallorcine, la réserve des Aiguilles-Rouges couvre 3 300 ha qui s'étagent entre 1 200 m et 2 965 m d'altitude, face au massif du Mont-Blanc.

> **La légende de l'aiguille Verte**
>
> Ce pic vertigineux (alt. 4 122 m), dominant la mer de Glace, a été vaincu en juin 1865 par le Britannique Edward Whymper, accompagné de deux guides suisses. Les guides de la vallée de Chamonix, Croz et Ducroz, ne voulant pas être en reste, accomplirent le même exploit un mois après par une nouvelle voie. Près de soixante ans plus tard, ces parois glacées deviendront le terrain de prédilection de l'alpiniste A. Charlet.

325

MASSIF DU MONT-BLANC

Les principaux sommets des Alpes :

Mont Blanc (France)	4 810 m
Mont Rose (Italie)	4 638 m
Weisshorn (Suisse)	4 512 m
Cervin (Suisse-Italie)	4 482 m
Grandes Jorasses (France)	4 208 m
Jungfrau (Suisse)	4 168 m
Aiguille Verte (France)	4 122 m
Barre des Écrins (France)	4 102 m

Les grands cols des Alpes françaises :

Col du Géant (Haute-Savoie)	3 369 m
Col de la Bonette (Alpes-H.-Pr.)	2 802 m
Col de l'Iseran (Savoie)	2 764 m
Col d'Agnel (Hautes-Alpes)	2 744 m
Col du Galibier (Savoie)	2 645 m
Col du Fréjus (Savoie)	2 542 m
Col de la Vanoise (Savoie)	2 527 m

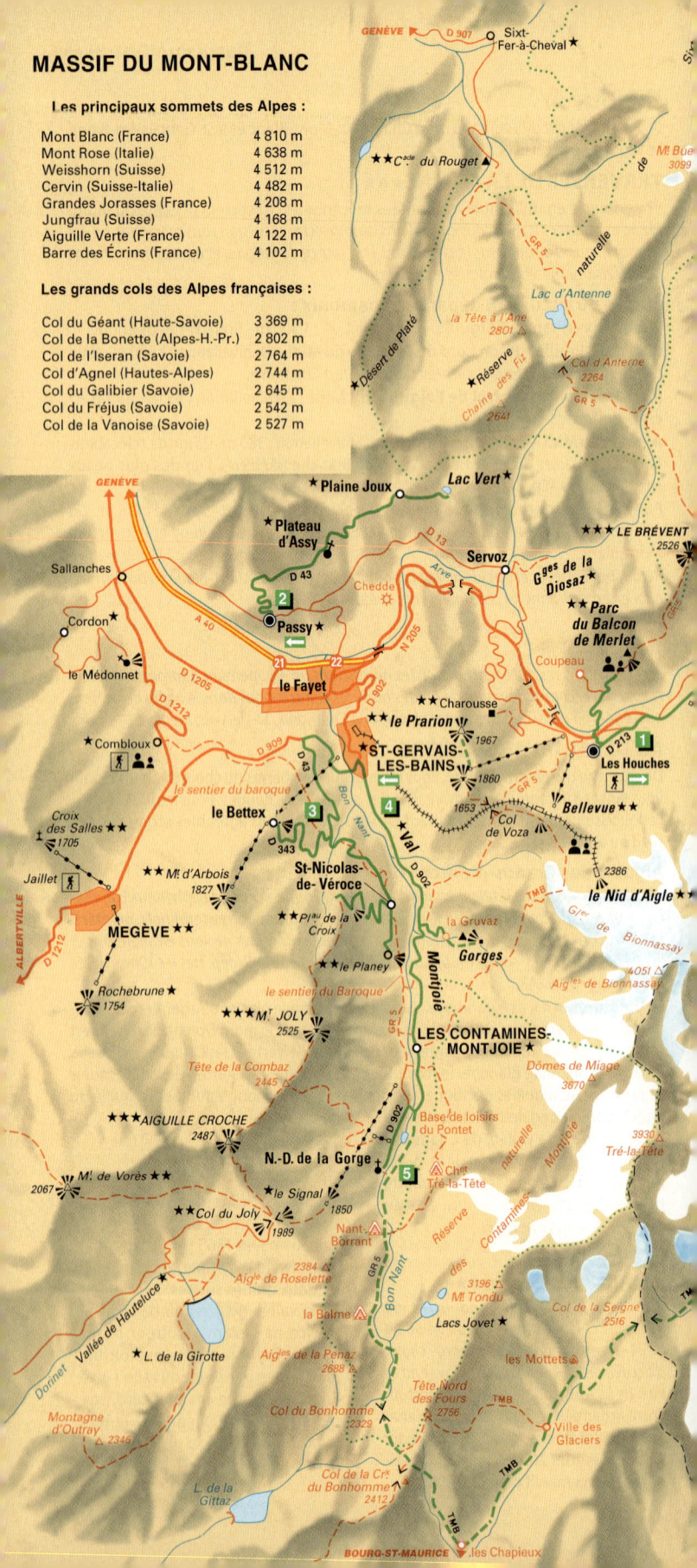

COL DE LA FORCLAZ
COL DE LA FORCLAZ, MARTIGNY
GRAND COL FERRET
le Cheval Blanc 2831
le Mollard
Vallorcine
Eau Noire
D 1506
Col de Balme ★★ 2204
Aiguillette des Posettes ★ 2201
Fenêtre d'Arpette 2873
Charamillon ★★
Arve
★★★ RÉSERVE NATURELLE DES AIGUILLES-ROUGES
Col des Montets 1461
Chalet
le Tour
Aigle du Tour 3540
Trélechamp
SCHWEIZ
SUISSE
SVIZZERA
★★ Lac Blanc
ARGENTIÈRE ★
Glacier du Tour
AIGUILLES ROUGES
Aigle du Chardonnet 3824
Aigle d'Argentière 3901
★ Index 2385
1894
★ la Flégère
le Lavancher
les Tines
Glacier d'Argentière
AIGLE DES GRDS MONTETS ★★★ 3297
TMB
Aigle Verte 4122
MER DE GLACE ★★★
Planpraz ★★ 2062
le Montenvers 1913
Aigle du Dru 3754
Mt Dolent 3820
CHAMONIX-MONT-BLANC ★★★
3412 Aigle du Moine
FENÊTRE D'ARPETTE
les Grds Charmoz 3444
Plan de l'Aiguille ★★ 2310
Aigle de Blaitière
Grd Col Ferret 2537
3673 Aigle du Plan
COLLE DEL GRAN S.BERNARDO
COL DU GRAND ST-BERNARD
Gler du Mont-Blanc ★★
Tunnel
AIGUILLE DU MIDI ★★★ 3842
Vallée Blanche
Grdes Jorasses 4015
Pointe Walker 4208
Glacier du Géant
Aigle du Géant Dente del Gigante 4013
Col du Géant 3365
★★★ POINTE HELBRONNER 3462
Torino 3371
Mont Maudit 4465
Dôme du Goûter 4304
Dora di Ferret
Val Ferret
4810
MONT-BLANC
Mt Blanc
la Palud
Entrèves
ITALIA
Aigle Noire de Peutérey 3773
Dora di Veni
Colle Checrouit 1956
Courmayeur
Plan Veny
S 26
5
6
1
Val Veny
Dora Baltea
Morgex
A 5
AOSTE / AOSTA
Dora di Verney
M. Ouille 3099
N
0
5 km
COL DU Pt ST-BERNARD / COLLE DE PICCOLO S.BERNARDO

DÉCOUVRIR LES SITES

Sur 2 km, l'ancien tracé des diligences entre Chamonix et Martigny a été reconverti en sentier écologique instructif sur la flore et de la faune d'altitude. Dans le chalet d'accueil au **col des Montets** (alt. 1 461 m), expositions et audiovisuels sur la faune, la flore et la géologie complètent cette initiation au biotope local.

Col de Balme★★

Départ du hameau du Tour à 3 km au nord-est d'Argentière. 04 50 54 00 58 - www.compagniedumont-blanc.com - pour horaires et tarifs se renseigner.
Alt. 2 204 m. Accès toute l'année par la télécabine le Tour-Charamillon, puis par celle de Charamillon-Balme. On observe, en été, de nombreux éboulements de « séracs » (amas de glace se formant lorsque la pente du lit croît et que l'adhérence du glacier décroît). Compter ensuite 10mn de marche pour accéder au col, par un chemin plat situé à gauche de l'arrivée du télésiège. Du col, **panorama**★★ au nord-est sur les Alpes suisses et au sud-ouest sur la vallée de Chamonix, encadrée par l'aiguille Verte, le mont Blanc et les aiguilles Rouges. Après l'effort, le réconfort : plusieurs possibilités de restauration.

> **Le tunnel du Mont-Blanc**
>
> 👁 H. B. de Saussure fut au 18ᵉ s. l'un des premiers scientifiques à envisager la percée d'un tunnel entre la France et l'Italie. L'exploit ne sera réalisé que deux siècles plus tard. Construit de 1959 à 1965, le tunnel donne accès à la vallée de Courmayeur (Val d'Aoste). Sa « couverture » (hauteur de roche au-dessus de la voûte) atteint 2 480 m sous l'aiguille du Midi.
>
> 👁 Le **24 mars 1999** à 11h, un incendie se déclenche dans le tunnel, montrant une défaillance dans les systèmes de sécurité. L'accident fait 41 victimes. Ce drame met en évidence le problème de l'aménagement du trafic routier dans les Alpes et la nécessité du choix de solutions alternatives.

AU DÉPART DE CHAMONIX-MONT-BLANC

350 km de sentiers ont été balisés pour faciliter vos promenades.

Lac Blanc★★

Alt. 2 352 m. Aller aux Praz, prendre le téléphérique de la Flégère puis la télécabine de l'Index. Accès au lac en 1h15. Descente directe sur la Flégère en 1h. Chaussures de montagne indispensables (traversée de névés et sentier très rocailleux).
Vue exhaustive, de gauche à droite, sur le glacier du Tour, l'aiguille du Chardonnet, l'aiguille et le glacier de l'Argentière, les Grands-Montets, l'aiguille Verte, les Drus, la mer de Glace, les Grandes Jorasses, l'aiguille du Géant, l'aiguille du Midi, le mont Blanc… Pour contempler les beaux reflets des eaux du lac, la meilleure période est, malgré l'affluence touristique, la fin du mois de juillet.

Promenade de la Flégère à Planpraz★★

2h30 de marche. Aller aux Praz en bus et prendre le téléphérique de la Flégère. Descente sur Chamonix par la télécabine de Planpraz.
Cet itinéraire, facile et agréable, parcourt la partie centrale du Grand Balcon sud reliant le col des Montets aux Houches. Du sentier, bordé de rhododendrons, vous ne vous lasserez pas des vues sur la chaîne du Mont-Blanc.

Randonnée du plan de l'Aiguille au Montenvers★

2h15 de marche. Vues sur l'ensemble de la vallée, des Houches à Argentière et, en particulier, sur le massif des Aiguilles-Rouges. Sur la fin, prendre le sentier de gauche pour rejoindre la mer de glace.

AU DÉPART DES HOUCHES

Le Prarion★★

Alt. 1 967 m *30mn AR (pour la table d'orientation) dont environ 20mn de télécabine. 04 50 54 42 65 - www.leshouches-prarion.fr - de déb. juil. à fin août : 8h45-17h45 ; de mi-juin à déb. juil. et 1ʳᵉ-3ᵉ sem. de sept. : 8h45-12h30, 13h30-17h, hiver : se renseigner - 12,90 € AR.*
De la table d'orientation (alt. 1 860 m) élevée à côté de l'hôtel du Prarion, le **panorama** sur le massif du Mont-Blanc est très étendu. Pour obtenir un **tour d'horizon**★★★ complet, il reste à gravir *(environ 1h à pied AR)*, au nord, la crête du Prarion jusqu'au sommet *(Signal)*.
Il est possible de regagner Les Houches à pied par le col de la Forclaz et les alpages de **Charousse**★★ célèbres pour leurs chalets traditionnels.

Massif du MONT-BLANC

Bellevue★★
Alt. 1 812 m - 1h AR dont environ 15mn de téléphérique. Pour combiner l'excursion avec la montée au Nid d'Aigle et la descente à St-Gervais, consulter les horaires du tramway du Mont-Blanc. ✆ 04 50 54 40 32 - de mi-juin à fin sept. : 7h30-17h (juil.-août : 7h30-18h)- 12,90 € AR.

AU DÉPART DE SERVOZ

La montagne de Pormenaz★★
Alt. 1 945 m - 6h AR - suivre la D 143 à partir du centre de Servoz jusqu'au lieu-dit le Mont, parking au pont du Souay - se renseigner à la Maison de l'alpage - ✆ 04 50 47 21 68. Le sentier étroit et sinueux peut paraître long en raison de la forte dénivelée (1 000 m) du tracé. Mais la variété des paysages traversés et le panorama à l'arrivée effacent toutes les peines. De la montagne de Pormenaz se dévoilent l'envers du massif des Aiguilles-Rouges et les couches calcaires des Fiz. Les alpages sont encore aujourd'hui fréquentés par les bergers et leurs troupeaux de juin à octobre. Des chalets, la vue est magnifique sur le mont Blanc et l'aiguillette des Houches. Il faut 30mn supplémentaires pour rejoindre le lac.

AU DÉPART DE SAINT-GERVAIS

Le col de Voza et le Nid d'Aigle (glacier de Bionnassay)★★
Alt. 2 386 m. Compter environ 3h AR par le tramway du Mont-Blanc. ✆ 04 50 47 51 83 www.compagniedumontblanc.com - pour horaires et tarifs se renseigner.

Le tramway électrique du Mont-Blanc, en direction du Nid d'Aigle, conduit d'abord au col de Voza (1 653 m) ; son tracé à flanc de montagne au-dessus de la vallée de Bionnassay réserve déjà des **vues**★★ grandioses sur le massif du Mont-Blanc.

Une fois au sommet, afin de faire connaissance avec la haute montagne, rien de tel que le cadre sauvage du glacier de Bionnassay *(de la station terminus, 1h à pied AR pour atteindre la moraine du glacier),* au pied de l'aiguille du Goûter et des aiguilles de Bionnassay, d'où s'abattent de spectaculaires avalanches.

Tramway du Mont-Blanc.

AU DÉPART DU VAL MONTJOIE

Randonnées à l'aiguille Croche★★★
1h30 à pied du col du Joly. *Le sentier étant très raide, les chaussures de montagne sont conseillées.* Un effort certain pour grimper à 2 487 m, mais il sera récompensé par un des plus beaux et des plus étendus **panoramas**★★★ des Alpes ! Devant vous le massif du Mont-Blanc avec par ordre d'apparition à l'image : les aiguilles de Chamonix, les aiguilles Vertes, du Midi et de Bionnassay, le mont Blanc, le mont Pourri, le glacier de la Grande Motte et celui de la Grande Casse, la Pierra Menta, la Meije, l'immense chaîne des Aravis… Possibilité de poursuivre jusqu'au **mont Joly** par le chemin des crêtes, pour un festival de **vues**★★★.

DÉCOUVRIR LES SITES

Vue sur le massif du Mont-Blanc.

Promenade au col du Joly★★
Alt. 1 989 m — *30mn de montée facile à partir du Signal*. Alt. 1 850 m ✆ 04 50 47 02 05 - *juil.-août : télécabine de la Gorge 8h45-17h30, télécabine du Signal 9h-12h15, 13h30-17h (20mn, en continu) ; déc.-avr. : 9h-17h - 11 € AR.*
Panorama splendide sur le massif du Mont-Blanc, la vallée de Hauteluce et le lac de la Girotte, puis au-delà les Aravis. Dans le lointain se dresse le mont Granier, en Chartreuse.

AU DÉPART DE MEGÈVE

Le sentier du Tétras-Lyre au Jaillet
Alt. 1 763 m — *2h30 d'un circuit sans difficulté -* ✆ 04 50 21 27 28 *- de Megève, rejoindre la télécabine du Jaillet, puis le parking des Frasses - balisage Espace Mont-Blanc.*
Ce sentier est un joli parcours forestier rejoignant d'anciens alpages en ligne de crête. À son terme, un point de vue unique sur les massifs des Aravis et du Mont-Blanc. Des panneaux didactiques détaillent les zones traversées (zones humides, pessière, lande à rhododendrons et myrtilles), territoires du tétras-lyre.

AU DÉPART DU VERSANT ITALIEN

Le haut val Veny★★
Alt. de départ : 1 565 m. Alt. d'arrivée : 2 080 m. *Renseignements à l'office du tourisme de Courmayeur* ✆ *39 (0)165 84 20 60 — Temps de montée : 2h d'un circuit sans difficulté - d'Entrèves (à la sortie du tunnel du Mont-Blanc), prendre la dir. du val Veny jusqu'au lieu-dit Plan-Veny - balisage des sentiers pédestres valdôtains et Espace Mont-Blanc.*
Le sentier côtoie le glacier de Miage, l'un des plus importants du Mont-Blanc. Il rejoint le lac de Miage alimenté par les blocs de glace se détachant du glacier. Il est donc recommandé de ne pas s'installer près de l'eau. Tout autour, d'immenses parois rocheuses bornent l'horizon. Il est possible de prolonger ce voyage dans le cœur du massif en suivant la boucle du sentier jusqu'au lac Combal.

AU DÉPART DU VERSANT SUISSE

La montagne de Salanfe★
Alt. de départ : 1 277 m. Alt. d'arrivée : 1 942 m. *Renseignements à l'office de tourisme de Champéry* ✆ *41 (24) 479 20 20. — 3h - accès en voiture : rejoindre Martigny, puis Salvan et le vallon de Van (se garer à Van d'En Haut) - accès conseillé en train (Mont-Blanc Express : ligne de St-Gervais-Chamonix-Martigny), arrêt à Salvan.*
Le circuit rejoint l'auberge de Salanfe (✆ *41 (274) 761 14 38 - ouv. de juin à sept.*) au bord d'un lac portant le même nom. Ce dernier est niché dans un cirque grandiose que dominent les dents du Midi et la Tour de Salière. Il faudra pour cela franchir un verrou rocheux nanti d'escaliers. On peut ensuite faire le tour du lac ou rejoindre les vestiges d'une ancienne mine d'or et des empreintes de dinosaures. On remarquera les champs de lapiaz, rainures gravées par l'eau courante sur les bancs calcaires et les dolines, creux de forme conique imprimés dans le sol.

Massif du MONT-BLANC

PETIT TOUR DU MONT-BLANC À PIED★★★ 5

Se munir des documents d'identité nécessaires au passage de la frontière. Sur la randonnée elle-même, consulter le topoguide du sentier GR du Tour du Mont-Blanc publié par la Fédération française de la randonnée pédestre et, quelle que soit l'étape, partir de bonne heure le matin. Le tour complet du massif, à pied, demande 10 à 12 jours ; il est indiqué aux seuls randonneurs confirmés, parfaitement équipés et ayant déjà subi l'épreuve des longues marches en montagne.

Sur place, suivre la D 902 (sur 2 km, au départ des Contamines), les sentiers GR 5 et TMB, puis prendre le sentier qui démarre du hameau de la Saxe et conduit à La Palud. La fin du parcours s'effectue en téléphérique. Il faut impérativement réserver sa place en refuge.

Ce circuit de quatre jours s'adresse aux touristes endurants et résolus, en parfaite condition physique et ayant le goût de la marche en montagne.

Équipement minimum – Chaussures de montagne à tige forte et à semelles antidérapantes, vêtements chauds de réserve, vêtement imperméable, gants de protection, lunettes de soleil et crème de haute protection solaire.

Programme suggéré :
1er jour – Les Contamines – col du Bonhomme – les Chapieux.
2e jour – Les Chapieux – Ville des Glaciers – col de la Seigne – refuge Elisabetta.
3e jour – Refuge Elisabetta – sentier de corniche de Checrouit – Courmayeur.
4e jour – Courmayeur – La Palud – traversée de la chaîne en téléphérique jusqu'à Chamonix.

Massif du Mont-Blanc pratique

Voir aussi les encadrés pratiques de Chamonix, Megève, Sallanches, St-Gervais.

Se restaurer

Le Pèle – *Près de l'église - 74310 Les Houches - 04 50 55 51 16 - www.hotel-beausite.com - fermé le midi sf vac. de Noël, j. fériés et merc. hors sais. - 25/45 € - 18 ch. 85/120 € - 9,50 €.* Vous tomberez sûrement sous le charme de ce restaurant rustique, douillet et décoré avec goût… Un cadre qui mérite à lui seul le coup d'œil, mais il y a aussi les bons petits plats du terroir qui sont de nature à vous séduire ! L'été, vous apprécierez en outre la jolie terrasse ombragée et fleurie.

Tunnel du Mont-Blanc

Vitesse minimale 50 km/h ; vitesse maximale 70 km/h ; distance minimum entre deux voitures : 150 m (2 plots bleus) ; Voiture : de 32,30 € à 42,70 € A et de 40,30 € à 53,70 € AR (suivant hauteur du véhicule) ; moto 21,40 € A et 26,80 € AR - www.atmb.net

Visite-randonnée

Le sentier du Baroque – *04 50 58 60 49 ou 04 50 47 01 58 - renseignements et carte dans les offices de tourisme - 7h à 8h à pied.* Cet itinéraire pédestre balisé de 20 km part de l'église de Combloux jusqu'à l'église Notre-Dame-de-la-Gorge aux Contamines-Montjoie. Voici une excellente occasion de découvrir une dizaine d'églises et chapelles baroques, sans oublier les nombreux oratoires qui jalonnent le parcours.

Visite des glaciers du Mont-Blanc avec un glaciologue – *Sur réservation : Chamonix Glaciologie - 04 50 54 14 35.*

Randonnées

La Compagnie des guides – La célèbre Compagnie des guides propose de multiples activités de montagne et de plein air pour tous. Pour les adultes, tous les jours, ils proposent escalade, randonnées glaciaires, alpinisme, randonnée pédestre, rafting, hydrospeed, randonnée, canyoning, VTT, parapente, parc aventure… Pour les enfants et les adolescents, il y a aussi des programmes de découverte d'activités de nature et de montagne, sur un ou plusieurs jours, variés et adaptés aux jeunes. Toutes les activités sont encadrées par des professionnels et ont lieu dans le cadre exceptionnel de la vallée de Chamonix.
Renseignements aux bureaux de la Compagnie à Chamonix (04 50 53 00 88, www.chamonix-guides.com), à Argentière (04 50 54 17 94) ou aux Houches (04 50 54 50 76).
Les accompagnateurs de moyenne montagne ont mission de vous faire découvrir la montagne en toute sécurité jusqu'à 2 500 m d'altitude. Au-delà, commence le territoire des guides de haute-montagne. N'hésitez pas à vous engager avec eux dans une randonnée découverte d'une journée. *Renseignements dans les bureaux des guides.*

Tour du Mont-Blanc – Le long circuit (320 km) du Tour du Mont-Blanc (TMB), par le Grand et le Petit St-Bernard, est particulièrement recommandé. Cette longue, mais splendide randonnée est réservée aux excellents marcheurs.

DÉCOUVRIR LES SITES

AVANT DE PARTIR
– Prenez toutes les précautions d'usage : emportez des vêtements chauds, équipez-vous de chaussures de montagne et portez des lunettes de soleil ;
– consultez attentivement la météo dont les bulletins sont le plus souvent affichés dans les offices de tourisme. Un espace météo est à votre disposition à la *Maison de la montagne de Chamonix* (prévision sur l'ensemble des Alpes) ;
– pour les conditions sur le terrain (enneigement, relief, etc.) : *office de haute-montagne de Chamonix* ☎ 04 50 53 22 08 - www.ohm-chamonix.com - juin-sept. : 9h-12h, 15h-18h ; reste de l'année : lun.-sam. 9h-12h, 15h-18h ;
– ne prenez pas trop vite la poudre d'escampette, prenez le temps de vous échauffer et de vous acclimater ;
– sachez évaluer votre niveau avec réalisme et modestie. Une randonnée d'un niveau trop élevé peut devenir un véritable calvaire ;
– mettez votre chien en pension : ici, ils ne sont pas admis, particulièrement lorsque l'excursion traverse une réserve naturelle ;
– en période d'affluence pensez à réserver votre place en refuge.

Topoguides – Le guide Vallot *Chamonix-Mont-Blanc - St-Gervais* (série Tourisme en montagne - Arthaud) et la *Carte des sentiers d'été de la Vallée de Chamonix* (4 €) éditée par l'office du tourisme de Chamonix, proposent un large éventail de découvertes pédestres de tout niveau.
Le Guide des 50 sentiers à thème de l'Espace Mont-Blanc (éd. Glénat) est un ouvrage précieux pour qui veut découvrir à pied tous les versants du massif.

La Compagnie des Ânes – 55 chemin du Vieux-Four 74310 Les Houches - ☎ 04 50 47 26 18. Balades et randonnées à dos d'âne. Possibilité de faire le tour du Mont-Blanc *(sur réservation)*.

Loisirs

Parc d'Aventures - La Forêt du Mont-Blanc – 2185 rte de Coupeau - 74310 Les Houches - ☎ 06 62 67 28 51 - www.arbreaventure-montblanc.com - 9h-19h. Pour les petits (taille supérieure à 1,35 m) et grands aventuriers. Grand choix d'activités dans les arbres pour défier en toute sécurité les lois de l'équilibre : tyrolienne, échelle de corde…

Patinoire naturelle – Av. des Alpages - Au centre-ville - 74310 Les Houches - ☎ 04 50 54 52 99 - www.leshouches.com - vac. scol. : 15h-18h, 20h-23h ; hors vac. scol. : merc. et w.-end 15h-18h, 20h-23h ; en fonction de la météo - 2,85 € (enf. 1,70 €). Une agréable alternative pour les amateurs de glisse.

Événement

Le combat des reines – Depuis des décennies, les bergers du Val d'Aoste, du Valais et du Mont-Blanc organisent des « combats de reines ». Ces joutes opposent des vaches d'Hérens à la robe noire et aux cornes imposantes, afin de faire émerger les « meneuses » de troupeaux. Une tradition à découvrir chaque année, à la fin septembre, dans l'un des villages de l'Espace Mont-Blanc. *Renseignements au* ☎ 04 50 55 50 62.

Montmélian

3 926 MONTMÉLIANAIS
CARTE GÉNÉRALE B4 – CARTE MICHELIN DÉPARTEMENTS 333 J4 – SAVOIE (73)

C'est certainement sa position stratégique, à proximité des frontières et au carrefour d'importantes routes marchandes, qui a valu à Montmélian la construction d'une des plus puissantes forteresses d'Europe. Après plusieurs terribles sièges, elle fut démantelée en 1706 par Louis XIV. Ayant perdu sa vocation militaire, Montmélian jouit à présent d'une autre renommée. La ville est en effet au cœur de la première région viticole de Savoie, une très bonne raison d'y faire escale.

- **Se repérer** – Le rocher domine aujourd'hui la D 1006, l'Isère et l'autoroute A 43 sur la rive opposée.
- **À ne pas manquer** – Le musée régional de la Vigne et du Vin.
- **Organiser son temps** – Prévoyez la journée pour prolonger votre escapade dans la Combe de Savoie.
- **Pour poursuivre la visite** – Voir aussi Aiguebelle, Albertville, Chambéry.

Se promener

Pour appréhender la ville et la plaine dans toute leur dimension, montez jusqu'au belvédère de la forteresse. Parmi les édifices de caractère que Montmélian conserve de son glorieux passé est à voir le **pont Cuénot**, du 17e s., qui franchit l'Isère sur ses dix arches ; il fut longtemps l'unique ouvrage permettant la communication entre la capitale savoyarde et la Maurienne.

MONTMÉLIAN

Musée d'Histoire
04 79 84 42 23 - www.montmelian.com - juil.-août. : merc. 17h-18h30 ; reste de l'année : merc. 15h-16h30 - gratuit.

Dans une belle demeure Renaissance, on y apprécie la copie d'un vaste plan en relief de la place forte (l'original se trouve au musée des Plans-Reliefs, aux Invalides à Paris), une collection d'objets gallo-romains et la reconstitution d'ateliers d'artisans. À proximité, un autre édifice Renaissance, **la maison du Gouverneur**, bien que restaurée au 18e s., garde fière allure.

Musée régional de la Vigne et du Vin
46 r. Docteur-Veyrat. 04 79 84 42 23 - www.montmelian.com - juin.-sept. : 10h-12h, 14h-18h30 ; reste de l'année : merc. 10h-12h, 14h-17h30, jeu.-vend. 14h-17h30, sam. 10h-12h - fermé dim., lun., j. fériés et du 24 déc. au 1er janv. - 4 € (– 6 ans gratuit).

Sur des coteaux escarpés, la culture de la vigne demande des techniques particulières. Les outils ici exposés sont propres à la région : outre, baril, casse-cou... Une partie du musée est consacrée à la présentation des produits de la vigne (cépages, crus...).

Le rocher
Suivre une rampe signalée « le fort ». Le sommet du rocher, dépouillé de toute fortification depuis le démantèlement de la place en 1706 sur ordre de Louis XIV, est occupé par une plate-forme fleurie d'où l'on découvre un **panorama**★★ sur la vallée de l'Isère et les Alpes jusqu'au Mont-Blanc. Cette hauteur est sans doute à l'origine du nom de la ville : Meillan viendrait du celte et signifierait rocher, forteresse. Au Moyen Âge, la cité se dénommait *Montis Meliani*. Au nord-ouest, remarquez le rocher appelé « la Savoyarde » en hommage à sa silhouette évoquant le profil renversé d'une tête de femme coiffée de la « frontière ».

Montmélian, sur les rives de l'Isère.

Aux alentours

Combe de Savoie – Section nord du « sillon alpin », la Combe de Savoie est le nom donné à la vallée de l'Isère entre Albertville et le carrefour de la cluse de Chambéry. À la différence du Grésivaudan qui la prolonge, c'est une région à vocation exclusivement agricole. Les bourgs ensoleillés de Montmélian à St-Pierre-d'Albigny et à Mercury – à ne pas confondre avec Mercurey – sont noyés dans les vergers, entourés de champs de maïs, de tabac ou de vignobles aux noms souvent fameux.

Les routes du fort du Mont, des cols du Frêne et de Tamié permettent de leur côté des vues plus aériennes sur la dépression. La curiosité monumentale de la région est la forteresse de Miolans *(voir à Saint-Pierre-d'Albigny)*.

Montmélian pratique

Adresse utile
Office de tourisme – *46 r. du Docteur-Veyrat - 73800 Montmélian - 04 79 84 42 23 - www.montmelian.com - juin-sept. : 10h-12h, 14h-18h30 ; reste de l'année : merc. 10h-12h, 14h-17h30, jeu.-vend. 14h-17h30, sam. 10h-12h - fermé dim., lun., j. fériés et du 24 déc. au 1er janv.*

Visites
L'histoire de Montmélian – *04 79 84 07 31.* Avec un guide du patrimoine, découvrez l'histoire de Montmélian.

Se restaurer
L'Arlequin – *D 1006 (centre technique hôtelier) - 04 79 84 33 14 - arlequin.abe@wanadoo.fr - fermé 5 juil.-23 août et le soir - 14/16 €.* Ce bâtiment moderne posté en bordure de la N 6 abrite le restaurant d'application d'une école hôtelière. Professeurs et élèves font partager aux hôtes de passage leur passion pour la gastronomie en préparant une attrayante cuisine traditionnelle, servie dans une sobre salle à manger plaisamment rénovée. On y mange bien, et l'addition est légère !

Événement
La Foire de Qu'ara Bara – Elle date du Moyen Âge, c'est la plus ancienne foire savoyarde. Elle a toujours lieu le premier dimanche de septembre.

DÉCOUVRIR LES SITES

Morzine★

2 948 MORZINOIS
CARTE GÉNÉRALE C2 – CARTE MICHELIN DÉPARTEMENTS 328 N3 –
SCHÉMA P. 405 – HAUTE-SAVOIE (74)

À 980 m d'altitude, c'est le charme de la moyenne montagne qui caractérise ce célèbre village voué avant tout au calme et à la détente. L'air y est reposant, les promenades à pied ou à skis à travers bois sont agréables pour tous les niveaux. De plus, par sa situation à la convergence de six vallées, Morzine est, depuis les années 1930, la capitale touristique du haut Chablais.

- **Se repérer** – À 30 km au sud-est de Thonon-les-Bains, par la D 902. Mais à 71 km en empruntant le bel itinéraire Thonon, St-Jeoire, Taninges et Les Gets.
- **À ne pas manquer** – Un doux après-midi sur les rives du lac de Montriond.
- **Organiser son temps** – Le vendredi à 10h30 ou le mardi à 17h, visite de l'ardoisière des Sept-Pieds.
- **Avec les enfants** – Promenade en traîneau ou luge d'été !
- **Pour poursuivre la visite** – Voir aussi Avoriaz, Les Gets, Cluses.

> **Le vent de folie de 1857**
> Pendant une quinzaine d'années, la vallée de Morzine fut secouée par un vent de folie qui défraya la chronique : femmes convulsionnaires, montant aux arbres et parlant des langues étrangères jamais apprises, prêtres déboussolés, exorcistes impuissants… Face à ces cas de « possession satanique », l'inspecteur des maisons d'aliénés dépêché en 1861 diagnostiqua une hystérie collective, et recommanda la construction d'une route pour relier la vallée au reste de la civilisation. Une réussite !

Séjourner

Morzine est devenue une destination touristique en 1880 avec l'ouverture de la route des Grandes Alpes. Le bourg agricole s'est depuis largement développé sur les pentes, essaimant chalets et hôtels sur de petits plateaux étagés. La conurbation Morzine et Montriond s'étend au creux d'une vaste combe alpestre encadrée par la pointe de Ressachaux et la pointe de Nyon.

Les activités de l'été

Très animé et chaleureux, le village convient bien aux familles. La mise en place de navettes gratuites dans la station et des parkings gratuits désengorgent le centre dévolu aux piétons. Le Chablais, montagne aux doux reliefs et aux pentes raisonnables, se prête volontiers aux randonnées d'un niveau moyen, mais ce sont les amateurs de VTT qui trouveront ici un eldorado. Le domaine des Portes du Soleil offre 380 km d'itinéraires balisés et dispose au Pléney d'une piste de descente permanente.

Le domaine skiable

Morzine est la patrie de Jean Vuarnet, champion olympique en 1960, qui fut l'un des instigateurs de la position dite « de l'œuf ». Les amateurs de « ski détente » seront servis, du fait de l'inclinaison moyenne des pentes et de la beauté des paysages. Les itinéraires conduisant de Super-Morzine à Avoriaz sont particulièrement agréables. Les skieurs débutants essaieront la piste verte « Choucas » (du sommet du Ranfolly). Les bons skieurs se retrouvent surtout sur les pistes des Creux et de l'Aigle ou à Avoriaz, au cœur du domaine des **Portes du Soleil** (650 km de pistes !). Les fondeurs, quant à eux, peuvent profiter des 90 km de boucles assez faciles réparties sur cinq sites.

Ardoisière des Sept-Pieds

Pour vous y rendre, prenez la route des Prodains, vers le téléphérique d'Avoriaz. ☎ 04 50 79 12 21 - www.ardoise-morzine.com - visite guidée juil.-août : mar. 17h, vend. 10h30 ; de mi-déc. à fin avr. : vend. 10h30 - 5 €. La route qui remonte une combe boisée est bordée de belles bâtisses anciennes. Exploitée depuis le 14e s., l'ardoisière fait partie des derniers sites en activité en France. La couleur de l'ardoise morzinoise est gris clair.

Découvrir

LES PANORAMAS★★

Pointe de Nyon★

Accès par le téléphérique de Nyon et le télésiège de la Pointe. ☎ 04 50 79 00 38 - téléphérique de Nyon : fermé l'été ; vac. de Noël aux vac. de Pâques et du 12 juil. -17 août :

MORZINE

9h-16h30 (forfait piéton 6 €) - télésiège de la Pointe : fermé l'été ; vac. de Noël aux vac. de Pâques 9h-16h30.
Vue impressionnante sur la barrière rocheuse des dents Blanches et le Mont-Blanc, et, à l'opposé, sur le Léman et la vallée de Morzine.

Le Pléney★
1h AR. Accès en télécabine du Pléney, puis à pied. 04 50 79 00 38 - juin : 9h-17h ; de déb. juil. à mi-sept. : 9h-18h (10mn, en continu) - 6,60 € AR (enf. 5,10 €).
Du terminus de la télécabine du Pléney, longer le télésiège du Belvédère jusqu'à une petite butte où est installée une table d'orientation (alt. 1 546 m). **Panorama** sur Avoriaz et les dents Blanches, à l'est, et sur le massif du Mont-Blanc, au sud-est. Au sud, la chaîne des Aravis et à l'ouest la pointe de Marcelly, le mont Chéry et le roc d'Enfer. Par temps dégagé, le lac Léman est visible par la trouée de la Dranse. Vous pouvez prolonger votre promenade jusqu'à la télécabine des Chavannes.

Télésiège de Chamoissière★★★
Alt. 2 000 m. *Accès en hiver aux skieurs. En été, l'ascension se fait à pied.* Magnifique **panorama★★** de la table d'orientation sur les dents du Midi, les fameuses dents Blanches, le Buet, l'aiguille du Midi, le mont Blanc et les Aravis.

Circuits de découverte

LAC DE MONTRIOND ET COL DE LA JOUX VERTE★★
20 km – environ 2h. Quitter Morzine par la route de Montriond (rive droite de la Dranse), au nord-ouest. Aussitôt après l'église de Montriond, tourner à droite vers le lac.

Lac de Montriond★
Alt. 1 049 m. Le troisième plan d'eau de Haute-Savoie est encaissé entre des escarpements plongeant dans les sapins. Des sentiers aménagés permettent d'en faire le tour. Ils sont à l'ombre, ce qui est très agréable en été.

Cascade d'Ardent
S'arrêter au belvédère aménagé sur le côté droit de la D 228. C'est cette cascade que l'on voit en contrebas, d'une hauteur de 30 m.
La route attaque ensuite un gradin que la Dranse raye d'une série de chutes presque ininterrompues. Au cours des lacets, le roc d'Enfer est bien visible, en aval. Une fois traversée l'agglomération de chalets des **Lindarets**, la route quitte le fond du Plan de la Lécherette pour s'élever sur le versant boisé de la Joux Verte, tandis que, au nord, surgit le mont de Grange. La crête est franchie au **col de la Joux Verte** d'où part, à gauche, la route qui conduit à la station d'Avoriaz.

Avoriaz★★ *(voir ce nom) et retour à Morzine par la D 338.*

ROUTE DU COL DE JOUX PLANE★★
De Morzine à Samoëns 20 km – environ 1h. Praticable en été, la route D 354, étroite, s'élève de façon vite vertigineuse au-dessus de la vallée et de Morzine, laissant à droite le Pléney puis, à gauche, la pointe de Nyon, et serpente sur les alpages avec de jolis

Le lac de Montriond, une invitation à la détente.

passages en sous-bois. Pour contourner, à droite, la masse du Ran Folly et passer le col de ce nom (alt. 1 650 m), limite des pistes de ski de la station des Gets, la route décrit une étonnante boucle de 4 km, à angles droits. Au revers de cette boucle, on atteint le plateau de Joux Plane.

Col de Joux Plane★★
Alt. 1 712 m. La route passe entre une petite retenue d'eau, à gauche, et un restaurant à droite. Des abords du restaurant, on découvre un admirable **panorama** au sud-est sur le Mont-Blanc, au sud jusqu'au massif de Platé. Et l'on distingue les constructions de Flaine.

Laissant à gauche le chemin *(en cul-de-sac)* du col de Joux Plane, ce qui est assez rare finalement, la route, désormais en descente rapide, procure au sortir du virage d'où se détache la route de Plampraz, des **vues**★ plongeantes sur la combe Eméru à gauche et sur la vallée du Giffre à droite.

Samoëns★ *(voir ce nom)*

ROUTE DES GETS★
De Morzine à Cluses 43 km – environ 1h30 – voir schéma p. 249. La route des Grandes Alpes (D 902) passe de la vallée de la Dranse de Morzine dans celles du Giffre et de l'Arve. *Quitter Morzine par la D 28 (route des Gets) à l'ouest, puis prendre la D 902.*
La route suit le fond du large seuil pastoral des Gets. Sur le versant de la Dranse, le roc d'Enfer (alt. 2 244 m), l'un des plus rudes sommets chablaisiens, reste un moment visible à l'ouest.

Les Gets★ *(voir ce nom)*
La route virevolte, sous bois, dans les étroites vallées de l'Arpettaz et du Foron.
Au pont des Gets, prendre la D 328 à droite.
La route s'élève au-dessus de la vallée profondément encaissée du Foron, fermée par les arêtes du roc d'Enfer, et débouche dans la vaste cuvette d'alpages du Praz-de-Lys. Du dernier lacet, le **panorama**★ s'étend, de gauche à droite, sur les dents du Midi, la Tour Sallière, les Avoudrues, le Buet, le mont Blanc, la chaîne du Reposoir.
Revenir à la D 902 que l'on prend vers Taninges.
Dans la partie aval de la vallée se dégagent la cime de la pointe de Marcelly puis, aux approches d'Avonnex, le massif du Reposoir avec, de gauche à droite, le bastion de la pointe d'Areu, la pointe Percée – dont l'aiguille émerge de justesse –, la pointe d'Almet et les escarpements du Bargy. Immédiatement en aval d'Avonnex, alors que la **vue**★ sur la vallée du **Giffre** et Taninges se dégage complètement, les neiges des hauts sommets apparaissent : de gauche à droite, la calotte du Buet, la pyramide rocheuse de l'aiguille Verte flanquée du Dru, enfin le couronnement du mont Blanc.

Taninges
Au carrefour de routes touristiques, entre le Giffre et le pied de la pointe de Marcelly, ce bourg est une base appréciée de promenades estivales. Ses hauts quartiers ont gardé leur cachet ancien. Taninges se flatte d'avoir la plus grande **église** néoclassique de Savoie (1825) dont le **carillon** (1939) s'agrandit (40 cloches) et se modernise progressivement ; on peut en profiter lors de concerts estivaux.

Chartreuse de Mélan – ✆ *04 50 34 25 05 - www.taninges.com -* ♿ *- juil.-août : visite guidée (1h30) de la chartreuse : le jeu. à 18h ; vac. fév. : jeu. 10h et 18h - 3 €- visite libre des jardins et de l'exposition temporaire : 10h-12h, 14h-19h (1,50 €).*
Elle fut fondée au 13ᵉ s. par Béatrix de Faucigny pour y accueillir sa sépulture et celle de son fils mort accidentellement à moins de 20 ans. À la suite d'un incendie, le **cloître** actuel est construit en 1530. L'**église** (fin 13ᵉ s.) est voûtée sur croisées d'ogives ; sa maçonnerie en pierres de tuf ou de calcaire gris donne à l'ensemble une dignité toute romane renforcée par les vitraux modernes de sobre facture. Les

Le cloître de la chartreuse de Mélan.

MORZINE

bâtiments conventuels ont été détruits en 1967 à la suite d'un terrible incendie. La chartreuse accueille des expositions d'art contemporain.

Entre Châtillon-sur-Cluses et Cluses, on apprécie le site de la petite ville industrielle groupée à la sortie du défilé auquel elle doit son nom. Vers l'aval, les escarpements du Bargy, la pointe d'Andey aux flancs boisés, la pyramide gazonnée du Môle encadrent la plaine intérieure à travers laquelle file l'Arve.

Cluses (voir ce nom)

Morzine pratique

Adresses utiles

Office du tourisme de Morzine – Pl. de la Crusaz - 74110 Morzine - ℘ 04 50 74 72 72 - www.morzine-avoriaz.com - juil.-août et mi-déc.-avr. : 8h30-19h30 ; reste de l'année : 9h30-12h, 14h-18h, fermé dim. et j. fériés.

Office du tourisme de Taninges – Av. des Thézières - 74440 Taninges - ℘ 04 50 34 25 05 - www.prazedlys-sommand.com - bureau de Taninges : lun.-vend. 9h-12h, 14h-18h, sam. 9h30-12h, 14h-17h ; bureau de la station de Praz-de-Lys : de mi-juin à mi-sept. et de mi-déc. à avr. : 10h-12h, 14h30-18h, dim. 10h-12h, 14h30-18h.

Visites

Le vieux bourg de Morzine – Le mercredi à 10h en juillet-août et février. Renseignements à l'office de tourisme.

Visite de l'étable et de la fruitière – Fruitière de Morzine - rte de la Plagne - ℘ 04 50 79 12 39 - visite libre 15h-19h - visite commentée merc. et jeu. à 9h. De la traite des vaches au moulage des meules, toute la chaîne de fabrication vous est accessible.

Se loger

Camping Les Marmottes – À Essert-Romand, nord-ouest : 3,7 km par D 902, rte de Thonon-les-Bains et D 329 à gauche - ℘ 04 50 75 74 44 - http://perso.wanadoo.fr/camping.les.marmottes/ - ouv. 23 déc.-23 avr. et 24 juin-3 sept. - ⚑ - 60 empl. 20 €. Avec sa partie campable très simple, entourée de végétation, ce petit camping combine agréablement modestie et bonne tenue. Le bloc sanitaire, sous les appartements en location, bénéficie d'un entretien impeccable, mettant en valeur son équipement moderne. Petit bureau d'accueil attenant à la salle commune.

Hôtel L'Hermine Blanche – Chemin du Mas-Metout - ℘ 04 50 75 76 55 - www.hermineblanche.com - fermé 25 avr.-30 juin et 1er sept.-19 déc. - 🅿 - 25 ch. 56/81 € - ☕ 8 € - rest. 20 €. Atmosphère familiale dans cet accueillant chalet posté sur les flancs de la station. Les chambres, confortables et fraîches, disposent parfois d'un balcon. Au restaurant, simple et propret, on sert un menu unique qui change quotidiennement. Piscine demi-couverte, fitness et billard.

Hôtel L'Ours Blanc – Rte des Bois-Venants - ℘ 04 50 79 04 02 - www.oursblanc-morzine.com - fermé Pâques-30 juin et 1er sept.-19 déc. - 🅿 - 22 ch. 56/70 € - ☕ 9 € – rest. 22/26 €. Chalet standard situé à l'écart du centre, face au sud. La plupart des chambres sont refaites dans un style alpin sobre, mais agréable ; quelques balcons. Accueil familial.

Hôtel Florimontane – Av. de Joux-Plane - ℘ 04 50 79 03 87 - www.renouveau-vacances.fr - fermé de mi-avr. à déb. juin et de déb. oct. à mi-déc. - 🅿 - 41 ch. 117 € - ☕ 7 € – rest. 14,80 €. Ces trois chalets reliés par un souterrain font la joie des vacanciers, été comme hiver. Les chambres lambrissées de bois sont chaleureuses et les vingt studios sont très pratiques pour les familles. Cuisine traditionnelle et savoyarde. Fitness, animations et randonnées.

Se restaurer

Le Clin d'Œil – Face à la poste - ℘ 04 50 79 03 10 - fermé juin, jeu. soir et sam. hors sais. - formule déj. 14 € - 14/36 €. Décor simple et convivial pour ce petit restaurant installé dans l'ancienne grange parentale au calme d'une rue peu empruntée par les voitures. Au programme : quelques spécialités savoyardes et pizzas.

L'Auberge du Verdoyant – Au bord du lac - 74110 Lac-de-Montriond - par la route dir. Montriond « Lac de Montriond » - ℘ 04 50 79 21 96 - fermé merc. en mai-juin et sept. - 11/26 €. La jolie terrasse dominant le lac de Montriond est l'atout incontestable de cette petite auberge située à deux pas d'une plage aménagée. La carte propose des spécialités locales. À l'heure du goûter les crêpes sont à l'honneur.

Crémaillère – Au lac de Flérier - 74440 Taninges - ℘ 04 50 34 21 98 - fermé 23 juin-4 juil., 5 janv.-5 fév., dim. soir., lun. soir et merc. sf juil.-août - 25/45 €. Belle situation au bord d'un petit lac. Attablez-vous près des baies vitrées ou, en saison, sur la terrasse panoramique, pour goûter à une cuisine plutôt traditionnelle.

Sports & Loisirs

École de parapente des Portes du Soleil – ℘ 04 50 75 76 39 ou 06 12 55 51 31 - www.morzineparapente.com - 9h-19h suivant météo - baptême de l'air : 70 €. Large éventail de séances « à la carte » et de stages accessibles aux débutants comme aux pilotes confirmés. Une idée sympathique : le bon-cadeau Baptême de l'air.

337

DÉCOUVRIR LES SITES

Moûtiers

4 151 MOUTIÉRAINS
CARTE GÉNÉRALE C4 – CARTE MICHELIN DÉPARTEMENTS 333 M5 –
SCHÉMA P. 434 – SAVOIE (73)

Au carrefour des vallées de la Tarentaise, Moûtiers se faufile dans un défilé ceint par les coteaux de Hautecour et la pointe du Quermoz. À l'est, le roc du Diable forme un magnifique belvédère. La ville a connu sa plus grande expansion au 16e s. avec la création des salines.

- **Se repérer** – À 26 km au sud d'Albertville.
- **À ne pas manquer** – La cathédrale St-Pierre.
- **Organiser son temps** – Moûtiers est un confluent routier qu'il faut éviter les jours de départ et d'arrivée dans les stations des Trois-Vallées.
- **Avec les enfants** – Une sortie en forêt avec l'ONF ou détente à la base de loisirs du Morel.
- **Pour poursuivre la visite** – Voir aussi Tarentaise.

Visiter

Cathédrale St-Pierre
Cet édifice se présente, dans l'ensemble, comme une œuvre du 15e s. (porche), mais les bases romanes sont encore visibles dans l'abside et le chœur. Il fut en partie détruit par les révolutionnaires en 1793 puis, au 19e s., restauré dans un style néoclassique. À l'intérieur, remarquez le siège épiscopal, travail de boiserie du 15e s. ; dans la nef à gauche, la Vierge romane est à rapprocher de la statuaire bourguignonne du 13e s.

Musée d'Histoire et d'Archéologie
Pl. St-Pierre. 04 79 24 04 23 - www.ot-moutiers.com - sur demande à l'office de tourisme : 10h-12h, 14h-18h - fermé dim. et j. fériés - 2,30 € (–15 ans gratuit).

Le cœur de Moûtiers.

Installé dans le bâtiment de l'ancien archevêché, ce musée présente à travers cinq salles des collections sur l'histoire de la Tarentaise, de la préhistoire (bijoux de l'âge du bronze, poteries romaines, livres et documents médiévaux) au 19e s. À proximité, le salon épiscopal du 17e s. (peintures sur bois célébrant la parabole du bon Samaritain) et la chapelle (18e s.).

Musée des Arts et Traditions populaires de Tarentaise
Pl. St-Pierre. 04 79 24 04 23 - www.ot-moutiers.com - sur demande à l'office de tourisme : 10h-12h, 14h-18h - fermé dim. et j. fériés - 2,30 € (– 15 ans gratuit).

Conservatoire de la vie traditionnelle de la Tarentaise, ce musée évoque l'activité du sabotier-galochier, du boisselier, du tonnelier, du peigneur de chanvre, ainsi que les costumes de la Tarentaise.

Aux alentours

LES STATIONS THERMALES
Les stations de Brides et de Salins, enfoncées dans la basse vallée du Doron de Bozel sur la route de la Vanoise, présentent la particularité de pouvoir être jumelées sur le plan thermal : la cure de boisson de Brides peut être complétée à celle de balnéation de Salins. Voilà une complémentarité bien commode pour les curistes.

Brides-les-Bains
À 5 km au sud-est par la D 915.
Brides, centre de tourisme animé, aux équipements hôteliers et sportifs coutumiers aux villes d'eaux, est spécialisée dans le traitement de l'obésité et des troubles circulatoires. La station est reliée par télécabine au domaine de Méribel.

MOÛTIERS

Salins-les-Thermes
À la sortie sud de la ville. Les eaux salées stimulantes de Salins – desquelles on extrayait jusqu'à 1 000 t de sel par an au 18e s., destiné à la consommation savoyarde – sont indiquées pour bien des traitements : affections gynécologiques, états anémiques, lymphatiques ou ganglionnaires, rachitisme chez l'enfant, et séquelles de fractures. La vaste piscine de plein air vous accueille *(attention, sa « plage » est très fréquentée).*

Moûtiers pratique

Adresses utiles

Office du tourisme de Moûtiers – *Pl. St-Pierre - 73600 Moûtiers - ☎ 04 79 24 04 23 - www.ot-moutiers.com - lun.-vend. 9h-12h, 14h-18h30, sam. 9h-12h, 14h-18h - fermé dim. et j. fériés (sf 15 juil. et 15 août).*

Office du tourisme de Brides-les-Bains – *☎ 04 79 55 20 64 - www.brides-les-bains.com - mi-avr.-fin oct. : lun.-sam. 9h-12h, 14h30-18h30, dim. 9h-12h, 16h-18h ; nov.-vac. de Noël : lun.-vend. 9h-12h, 14h-18h ; vac. de Noël à fin avr. : 8h30-12h, 14h30-18h30 - fermé 1er mai.*

Visites

Coopérative laitière de la région de Moûtiers – *Av. des XVIe-JO - 73 600 Moûtiers - ☎ 04 74 24 03 65 - www.beaufortdesmontagnes.com - visites guidées 9h-12h, 14h-16h - fermé les dim. et j. fériés.* Visite de l'atelier de fabrication du beaufort et des caves d'affinage *(magasin ouvert de 8h30-12h30, 14h-18h30 - fermé dim. et j.fériés).*

Promenade en forêt – L'Office national des forêts organise des sorties de découverte dans les forêts savoyardes en été. À Aigueblanche, une promenade longe le torrent du Morel et ses divers équipements. *Renseignements à l'office du tourisme de La Léchère - ☎ 04 79 22 51 60.*

Le vignoble de Cevins – *Au nord de Moûtiers, sur la N 90 en direction d'Albertville - visites organisées par la Facim - ☎ 04 79 60 59 00.* Plantée au 12e s. par les moines de l'abbaye de Tamié, la vigne de Cevins a disparu du coteau durant une vingtaine d'années à la fin du 20e s. La municipalité, les habitants et un viticulteur (domaine des Ardoisières *☎ 04 79 38 29 70*) ont uni leurs efforts pour la faire renaître (culture biodynamique).

Lez'art en Adret – *☎ 04 79 40 04 38.* Le sentier artistique de Hautecour est une initiative originale d'exposition hors les murs. Chaque année, un collectif d'artistes trace un nouveau chemin ponctué d'œuvres d'art.

Se loger

Hôtel Belvédère – *R. Émile-Machet - 73570 Brides-les-Bains - ☎ 04 79 55 23 41 - www.hotel-73-belvedere.com - fermé 31 oct.-13 déc. - 🅿 - 28 ch. 52/66 € - ☕ 5 €.* Cette maison familiale savoyarde aux allures de castel domine les sources thermales. Accueil charmant, chambres meublées de bois clair et calme en font une plaisante étape.

Chambre d'hôte Chalet Les Pierrets – *73600 La Perrière - 6 km au sud de Moûtiers par D 915 dir. Courchevel - ☎ 04 79 55 26 95 - ⨉ - 5 ch. 50/65 € ☕.* Les chambres aménagées dans ce chalet voisin de l'église sont avant tout fonctionnelles ; celles côté route possèdent un balcon. Petits-déjeuners préparés avec les produits de la ferme. Cuisine à disposition.

Se restaurer

Coq Rouge – *115 place Aristide-Briand - ☎ 04 79 24 11 33 - www.lecoqrouge.com - fermé 26 juin-23 juil., 15-30 nov., dim. et lun. - 29/45 €.* Pas loin des berges de l'Isère, en face d'une petite place passante, maison de 1735 vous convient à un repas au goût du jour dans un coquet décor intérieur où le roi de la basse-cour côtoie des œuvres d'art du maître des lieux. Salles semi-étagées ; terrasse avant protégée.

Sports & Loisirs

Soins et détente des cures thermales autour de Moûtiers – On dénombre trois stations thermales autour ou aux portes de Moûtiers : Brides-les-Bains et Salins-les-Thermes (même gestion), puis le complexe hôtelier thermal de La Léchère. Deux d'entre eux proposent en plus des cures traditionnelles des formules « soins à la carte » et des « séjours Bien-être ».

Base de loisirs du Morel – *À 3 km au nord de Moûtiers par la N 90 - chemin des Loisirs - Bellecombe Tarentaise - 73260 Aigueblanche - ☎ 04 79 24 05 25.* Située entre Albertville et Moûtiers, dans un cadre boisé et reposant, la base de loisirs du Morel dispose de piscines couvertes, sauna (toute l'année), piscines plein air, toboggan géant, pataugeoire, etc.

Événement

Festival du goût à Brides-les-Bains – *3e sem. de sept. - ☎ 04 79 55 20 64 - www.brides-les-bains.com.* Des chefs cuisiniers vous font découvrir leurs secrets culinaires.

DÉCOUVRIR LES SITES

L'Oisans★★★

CARTE GÉNÉRALE B/C5 – CARTE MICHELIN DÉPARTEMENTS 333 J7 – ISÈRE (38), HAUTES-ALPES (05)

Détrôné par le Mont-Blanc lorsque la Savoie devint française, l'Oisans est par l'altitude – plus de 4 000 m à la barre des Écrins – le deuxième massif de France. Plus secret et plus sauvage que son brillant rival, il attire les amoureux de la haute montagne dans un cadre moins chargé d'équipements touristiques. Avec ses 100 km^2 de glaciers, des sommets aussi mythiques que celui de la Meije et 740 km de sentiers, l'Oisans frappe par sa démesure.

▶ **Se repérer** – Délimité par les vallées de la Romanche, de la Durance et du Drac, le haut massif des Écrins compose la majeure partie de l'Oisans. Il était autrefois appelé massif du Pelvoux. On peut faire connaissance avec ses paysages les plus grandioses en suivant les vallées de la Romanche et du Vénéon, lesquels font partie du **Parc national des Écrins**.

◉ **Organiser son temps** – L'ivresse des cimes est ici réservée aux marcheurs. Prévoyez du temps pour atteindre cet état.

👁 **Pour poursuivre la visite** – Voir aussi Le Bourg-d'Oisans, Les Deux-Alpes, l'Alpe-d'Huez.

Comprendre

À la conquête du massif des Écrins – Les sommets du massif s'ordonnent en un immense fer à cheval autour de la vallée du Vénéon.

La **barre des Écrins** constitue le point culminant du massif (alt. 4 102 m). Sa solitude glacée est si bien défendue que c'est seulement à la faveur de rares et rapides échappées que l'automobiliste a la possibilité d'en apercevoir la cime. De même, de cette cime conquise en 1864 par le célèbre alpiniste anglais **Edward Whymper**, le regard ne peut atteindre presque aucun fond de vallée.

Le **Pelvoux** dut longtemps sa situation imposante de bastion avancé au-dessus de la Vallouise d'être considéré comme le point culminant des Alpes françaises – le mont Blanc n'ayant rejoint la France qu'après l'annexion de la Savoie. En 1828, le capitaine Durand en atteint le sommet, à 3 932 m d'altitude (signal du Pelvoux ou pointe Durand), et reconnaît alors la prééminence des Écrins. En 1849, c'est au tour de l'astronome Victor Puiseux d'atteindre la pointe qui porte son nom (alt. 3 946 m).

La glorieuse **Meije** comporte trois sommets : la Meije orientale (alt. 3 890 m), la Meije centrale ou Doigt de Dieu (alt. 3 974 m), enfin la Meije occidentale ou Grand Pic de la Meije (alt. 3 983 m), dont la dent aiguë, très frappante, vue de La Grave, domine la profonde brèche de la Meije (alt. 3 358 m), par laquelle les alpinistes peuvent joindre la Bérarde. Après dix-sept tentatives infructueuses, le sommet du Grand Pic fut vaincu, le 16 août 1877, par Boileau de Castelnau, accompagné des guides **Gaspard** père et fils, au départ de St-Christophe-en-Oisans.

Parc national des Écrins – Créé en 1973, le Parc des Écrins s'est vu sacrer Parc européen de la haute montagne par le Conseil de l'Europe. Ce n'est pas un hasard. Ses presque 92 000 ha (270 000 ha avec la zone périphérique) en font le plus vaste Parc national français. Entaillé par de profondes vallées à l'identité forte, ce gigantesque vivier minéral, végétal et animal est la rencontre idyllique des Alpes du Nord et du climat du sud. Le Guide Vert Alpes du Sud décrit la partie du Parc comprise dans le département des Hautes-Alpes (Briançonnais, Vallouise, Valgaudemar, Champsaur, Embrunais).

Une faune et une flore exceptionnelles – De l'edelweiss à la lavande, de la renoncule des glaciers à la pivoine voyageuse, beautés venues du froid et belles méditerranéennes se partagent alpages et rocailles, versants de l'ombre et versants du soleil. Plus de 1 800 espèces végétales ont été identifiées, dont 40 sont rares ou menacées. La faune sauvage nous offre elle aussi un excellent modèle de cohabitation douce, à des étages différents, il est vrai : des milliers de chamois, des aigles royaux et même des gypaètes barbus voient 50 000 moutons arriver chaque été. En octobre, ils les regardent de haut quitter les alpages et fêter cela en fraternisant avec les hommes, aux pittoresques foires de La Chapelle et de Saint-Bonnet.

Le guetteur des alpages

Identifiable au cri strident qui annonce tout intrus pénétrant sur son territoire (un seul cri signale aux congénères la présence d'un aigle royal ou d'un oiseau prédateur, une série de cris ininterrompus prévient de l'arrivée d'un prédateur terrestre, tels le renard ou le chien), la marmotte vit au-dessus de 1 000 m d'altitude. Sa vie familiale est régie selon des règles précises. L'unité sociale est la colonie, composée de plusieurs familles logeant dans des terriers communiquant entre eux. C'est plus commode pour s'inviter à dîner ! Les marmottes reconnaissent les galeries, longues de 10 m, grâce à leurs moustaches, les vibrisses. Pendant les six mois d'hibernation, la température de l'animal s'abaisse à 4 °C, et il en profite pour faire un régime : il perd environ la moitié de son poids. Cette vie au ralenti n'est interrompue que par de brefs réveils pour éliminer les déchets organiques. À l'issue de la saison des amours, de mi-avril à mi-mai, trois à quatre marmottons voient le jour dans chaque couple. Famille nombreuse, famille heureuse… L'espèce est protégée dans toutes les réserves et parcs naturels des Alpes où son comportement avec le randonneur est parfois familier (dans le Parc de la Vanoise notamment). Les Parcs nationaux des Écrins et de la Vanoise abritent une importante population de marmottes.

Marmotte.

Circuits de découverte

LA VALLÉE DU VÉNÉON★★★ 1

Au départ du Bourg-d'Oisans 31 km – environ 1h30. Il est recommandé d'effectuer une ou plusieurs des excursions pédestres proposées sur l'itinéraire (description dans partie « randonnées »). Certaines s'adressent toutefois à des marcheurs expérimentés.

En raison de l'encaissement de la vallée, qui dépasse constamment 1 500 m, les hauts sommets ne sont visibles qu'à la faveur de rapides échappées. Dans l'ensemble, la route de La Bérarde s'accroche à un raide versant d'auge glaciaire. Elle rachète par de rudes rampes les ruptures de pente qui marquent le passage des anciens « verrous ».

Quitter Le Bourg-d'Oisans par la D 1091, route de Briançon, à l'est.

La route de La Bérarde, la D 530, se détachant de la D 1091, aux Clapiers, s'engage dans l'auge aval du Vénéon dont les amples proportions contrastent avec l'étroite gorge de l'Infernet d'où s'échappe la Romanche : il faut dire qu'à l'époque glaciaire le glacier du Vénéon était beaucoup mieux nourri que celui de la Romanche. À droite s'élève la centrale de Pont-Escoffier qui alimente le barrage du Plan du Lac. En avant apparaît la Tête de la Muraillette (alt. 3 020 m), à droite de laquelle se creuse le vallon du lac Lauvitel.

Lac Lauvitel★★

2,5 km à partir de la D 530, puis 3h à pied AR. Au pont des Ougiers prendre la route de La Danchère et laisser la voiture dans les parkings aménagés au bord de la route ou dans le hameau.

Après avoir traversé le hameau de La Danchère, on parvient à une fourche. Prendre le chemin à gauche, par les Selles. Des bornes explicatives sur la géologie, la faune et la flore, permettent de marcher le long de ce sentier de découverte en se cultivant. On apprend ainsi que l'omble chevalier a élu domicile dans les eaux du lac – *Vous retrouverez ces informations dans un ouvrage en vente dans les centres d'information du Parc national des Écrins.*

Le sentier pavé suit la colossale digue naturelle, formée par des éboulements, qui retient le lac Lauvitel. Torrents et cascades y ruissellent. Le lac apparaît enfin dans un site sauvage, les plus courageux s'y baignent. Il atteint à certains endroits 60 m

DÉCOUVRIR LES SITES

de profondeur. Attention, il est interdit de faire le tour du lac, la première réserve intégrale du Parc des Écrins a été créée ici en 1995 pour permettre le suivi écologique d'une zone naturelle où l'homme ne pénètre plus.

Pour redescendre vers La Danchère, emprunter le sentier de la Rousse.

Venosc

De la D 530, prendre la route à gauche qui mène au parking aménagé, puis remonter à pied vers le village. Accessible en 8mn par la télécabine des Deux-Alpes. ☎ 04 76 79 75 01 - de mi-juin à fin août : 8h-20h ; de déb. déc. à fin avr. : 8h-18h (10mn, en continu) - 7 € AR.

La rue pavée qui aboutit à l'église permet d'apprécier la reconversion de ce village de montagne dans l'artisanat local. L'**église**, que domine un clocher à bulbe, abrite un beau retable de l'école italienne du 17e s.

Le sentier découverte s'arpente un guide à la main *(en vente à l'office de tourisme)* pour connaître l'histoire du village et de ses hommes. Tout autour, on trouve de charmants hameaux. C'est le cas du **Courtil**, dont le trésor est un cadran solaire datant de 1669.

Le Bourg-d'Arud

Ce village niché dans un bassin verdoyant a conservé un charme authentique.

La route attaque le premier verrou : c'est la montée la plus dure du parcours. Elle pénètre dans le chaos de blocs écroulés du « Clapier de St-Christophe ». À la sortie du Clapier, la Tête des Fétoules (alt. 3 459 m) avec son glacier. La route passe ensuite par la cuvette du plan du Lac, au fond de laquelle divague le Vénéon. À droite tombe la cascade de **Lanchâtra**. Un pont sur le torrent du Diable, qui s'écrase, à gauche, en cascade, marque l'arrivée à St-Christophe.

Saint-Christophe-en-Oisans★

Pour un territoire de 24 000 ha, cette commune, l'une des plus vastes de France, formée par 15 hameaux, ne compte en hiver qu'une trentaine d'habitants (8 au chef-lieu). 2 personnes en moyenne par hameau !

Son **église** se détache sur la barre des Écrins. Dans le cimetière, très émouvant, les tombes de jeunes alpinistes morts dans le massif des Écrins au cours d'une escalade sont voisines de celles des guides emblématiques du pays, les Turc et les Gaspard.

Mémoires d'alpinismes – ☎ 04 76 79 52 25 - ♿ - *juil.-août : 10h-12h, 14h30-18h30 ; juin et sept. : 10h-12h, 14h-18h ; autres vac. scol. : 14h-17h - dernière entrée 1h av. fermeture - fermé 1er janv., dim. et lun. de Pâques et 25 déc. - 3,60 € (– 10 ans gratuit).*

Haut lieu de l'alpinisme, Saint-Christophe s'est doté d'un bel espace où découverte et émotion font bon ménage. Ce musée vous présente la vallée et la vie des hommes qui l'habitent. Une grande maquette de la vallée permet de mieux appréhender les surprises que réserve le relief aux alpinistes. Textes, photos et objets retracent les étonnantes conquêtes de précurseurs et pionniers de l'alpinisme tels que Gaspard de la Meije, E. Whymper, Zsigmondy, Angelo Dibona, Gervasutti, Leray ou Boëll.

Après Champhorent, la vue prend en enfilade le vallon de la Lavey – ce torrent rejoint le Vénéon par une jolie chute – au fond duquel apparaît le cirque glaciaire des Sellettes dominé, de gauche à droite, par la cime du Vallon, le pic d'Olan (alt. 3 564 m) et l'aiguille d'Olan, la plus proche. Un petit tunnel donne accès à une gorge désolée. La végétation reprend dans la combe des Étages, qui mène à La Bérarde *(voir randonnées proposées après les circuits)*. Au dernier plan, émerge le point culminant des Écrins (alt. 4 102 m).

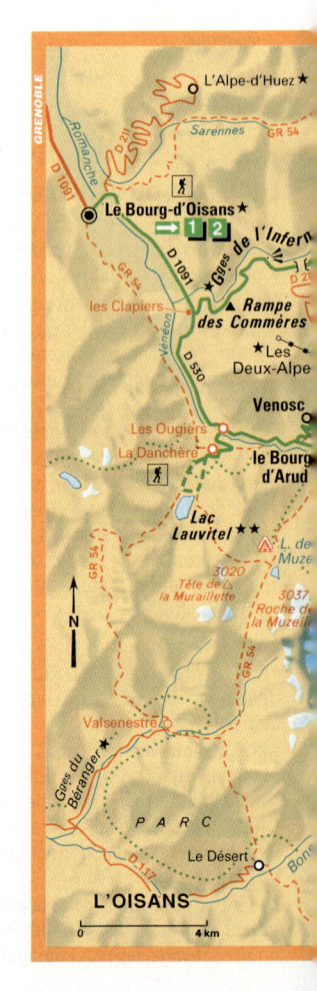

L'OISANS

La Bérarde

Dépendant de la commune de St-Christophe, cet ancien hameau de « bérards » (bergers de moutons), bâti au confluent du Vénéon et du torrent des Étançons, est devenu le camp de base idéal pour les ascensions les plus recherchées du massif. Hameau mythique dans le cœur des alpinistes, il y règne en été une grande animation sportive.

VALLÉE DE LA ROMANCHE★★★ 2

Du Bourg-d'Oisans au col du Lautaret – 57 km – environ 2h. On peut, en associant ce parcours à ceux de la route du col de la Croix-de-Fer et du Galibier, boucler le grandiose « circuit des Grands Cols » dont on trouvera la description à ces noms. Le col du Lautaret est maintenu praticable l'hiver, mais peut rester fermé quelques heures en cas de chutes de neige importantes ou de visibilité nulle ; surveiller les panneaux de télésignalisation du Bourg-d'Oisans, du Péage-de-Vizille et de Champagnier, ou téléphoner au répondeur automatique du Lautaret.

La route de Briançon, quittant le bassin du Bourg-d'Oisans, s'engage dans des gorges sauvages pour rattraper le fond de l'ancienne vallée glaciaire de la Romanche. À partir de La Grave, cette vallée s'épanouit, captivante par les pics et les glaciers de la Meije.

Quitter Le Bourg-d'Oisans par la D 1091.

Du Bourg-d'Oisans aux Clapiers, la D 1091 file sur le fond plat du bassin du Bourg-d'Oisans ; elle laisse au nord la route de l'Alpe-d'Huez et au sud la vallée du Vénéon dont les dimensions imposantes témoignent de l'importance passée du glacier du Vénéon : le glacier de la Romanche n'était qu'un de ses affluents.

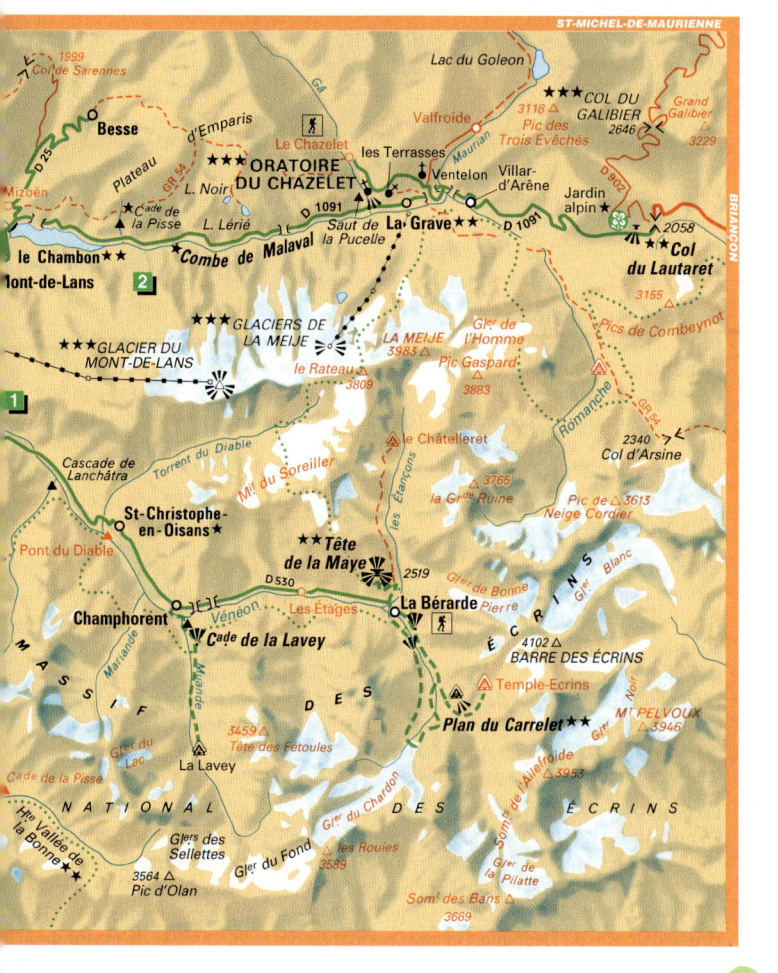

DÉCOUVRIR LES SITES

Rampe des Commères
Au temps des diligences, ce passage était particulièrement redouté dans le sens de la montée ; tout le monde mettait alors pied à terre, à la grande satisfaction des commères qui pouvaient ainsi s'adonner à leur activité favorite. Elles ont logiquement donné leur nom à la côte.

Gorges de l'Infernet★
À hauteur d'un oratoire en ruine, dans un virage serré, un grand promontoire forme **belvédère**★ sur ces gorges sauvages. La traversée du petit bassin du Freney est très agréable après ce passage.
Au niveau du barrage du Chambon, prendre à droite la route des Deux-Alpes.

Mont-de-Lans
Ce village de montagne possède encore des maisons anciennes ; quelques portes ont gardé leurs antiques verrous. La crête qui part de l'église offre une **vue**★ sur la retenue du Chambon, Mizoën, les gorges de l'Infernet.
Instructif, le **musée des Arts et Traditions populaires** conte la vie quotidienne au siècle dernier dans l'Oisans et présente le rôle méconnu des anciens colporteurs.
☏ 04 76 80 23 97 - www.les2alpes.com - de fin juin à fin août et de fin déc. à déb. mai : 10h-12h, 15h-19h - fermé reste de l'année - gratuit.
Possibilité d'aller jusqu'aux Deux-Alpes (voir ce nom). Revenir sur la D 1091 et prendre à gauche la D 25 en direction de l'Alpe-d'Huez.

Besse-en-Oisans
À 7 km au nord du barrage du Chambon, sur la D 25.
Ce haut **village de montagne** (alt. 1 550 m) conserve un cachet authentique : ses ruelles sont étroites, tortueuses et accidentées, bordées de maisons aux balcons de bois et aux lourdes toitures de lauzes. La vallée du Ferrand est le point de départ de randonnées vers les lacs du plateau d'Emparis.
Maison des alpages – *À la sortie du village, sur votre gauche, sous l'église.* ☏ 04 76 80 19 09 - ♿ - juil.-août : 10h-12h, 14h-19h ; sept.-juin : tlj sf merc. 14h-18h (9h-12h sur RV) - fermé 1ᵉʳ janv. et 25 déc. - 3 € (5-16 ans 1 €).
L'élevage n'est plus la principale activité du massif, mais il demeure un fait culturel. Une exposition moderne et didactique lui rend hommage.
Avec la Maison des alpages, la Fédération des alpages de l'Isère propose des visites, des démonstrations et des rencontres avec des bergers et des éleveurs.
En redescendant sur la D 1091, prendre à gauche pour longer la crête du barrage du Chambon.

Barrage du Chambon★★
Construit dans un étranglement de la vallée de la Romanche, ce barrage a englouti les hameaux du Chambon, du Dauphin et du Parizet. Il régularise le régime du torrent : les excédents emmagasinés au cours de l'été et de l'automne sont « turbinés » pendant la période maigre d'hiver. Du type « barrage-poids » et de section triangulaire, il a une longueur de 294 m à la crête, une épaisseur de 70 m à la base, une hauteur de 90 m environ (137 m avec les fondations).
Le lac formé par ce barrage a une superficie de 125 ha et constitue une réserve de 54 millions de m^3.

Combe de Malaval★
Ce long défilé voit son âpreté atténuée, vers l'amont, par les mélèzes du bois des Fréaux. La Romanche bouillonne presque au niveau de la route. Du haut des vallons affluents de la rive droite dévalent les puissantes **cascades de la Pisse**★ et du **saut de la Pucelle**.
Par les entailles des ravins de la rive gauche apparaissent, par échappées, les languettes inférieures des glaciers de Mont-de-Lans et de la Girose, le plus vaste ensemble glaciaire « de plateau » des Alpes occidentales. Ensuite, la Meije et ses glaciers font leur apparition au-dessus de La Grave.

La Grave★★ *(voir ce nom)*
En amont de Villar-d'Arêne, la route quitte la vallée de la Romanche qui oblique vers le sud-est dans le val d'Arsine, au fond duquel apparaissent le pic des Agneaux (alt. 3 663 m) et le pic de Neige Cordier (alt. 3 613 m), dominant le cirque du glacier d'Arsine. Du côté du massif de la Meije, l'attention est maintenant retenue par le cirque glaciaire de l'Homme. Un lacet permet de découvrir, en aval, le massif des

L'OISANS

Grande Aiguille de La Bérarde.

Grandes-Rousses, derrière les croupes herbeuses du plateau d'Emparis. Aux approches du col du Lautaret, les crêtes déchiquetées du massif de Combeynot apparaissent au premier plan.
La D 1091 atteint le col du Lautaret (voir Guide Vert Alpes du Sud).

Randonnées
Nous proposons ci-dessous deux excursions destinées à des randonneurs équipés de bonnes chaussures de marche.

De Champhorent au refuge de la Lavey★★
3h30 AR de marche facile – Dénivelée : 380 m.

Laisser la voiture à l'entrée de Champhorent sur le parking aménagé en contrebas de la D 530, avant le panneau indicateur du Parc national des Écrins. Le sentier se détache au bout du parking et descend rapidement vers le vallon du Vénéon. Des bornes d'entrée du Parc national des Écrins, la vue se dégage vers le **glacier du Fond**, à gauche, et les **glaciers des Sellettes**, à droite. Après la traversée de cônes d'éboulis, la végétation, clairsemée, est représentée principalement par les ancolies des Alpes et les panicauts. Un joli pont de pierre permet d'accéder à la rive gauche de la Muande *(refermez le portail derrière vous ; le bétail ne pourra ainsi s'échapper)* et d'apprécier les cascades dévalant le versant opposé. La végétation n'est plus constituée que de rares pelouses. On atteint la cuvette glaciaire de la Lavey avec son chalet-refuge (alt. 1 797 m). Les marmottes en colonies préfèrent s'endormir à l'ubac, versant opposé au refuge ; laissons-les à leurs longues siestes. Au sud-ouest, le front des **glaciers d'Entre-Pierroux** et **du Lac** constitue un impressionnant à-pic au-dessus du plateau où se trouve le refuge. L'horizon est barré au sud par l'ensemble des cimes de l'**Olan**, qui culminent à 3 564 m.
Le retour à Champhorent se fait par le même itinéraire.

La Tête de la Maye★★
Alt. 2 519 m 4h AR (2h30 pour l'aller). Pour marcheur entraîné aux randonnées en terrain escarpé et non sujet au vertige. Dénivelée : 800 m. Départ du sentier avant le pont des Étançons, à l'entrée de La Bérarde. Quelques passages difficiles ont été aménagés avec des marches métalliques et un câble de sécurité ; soyez tout de même prudent.

À la bifurcation avec le sentier conduisant au refuge du Châtelleret, prendre le sentier qui s'élève à gauche. De la table d'orientation érigée au sommet, **panorama**★★ sur le massif des Écrins et les cimes ceinturant la vallée du Vénéon autour de laquelle les sommets s'ordonnent en un immense fer à cheval. De gauche à droite se détachent notamment le **Grand Pic de la Meije** (alt. 3 983 m) et le glacier des **Étançons**, le **dôme des Écrins** et le glacier de **Bonnepierre**. La **barre des Écrins** constitue le point culminant du massif (alt. 4 102 m). De la cime, le regard ne peut atteindre presque aucun fond de vallée.

Le retour peut se faire par la rive gauche du torrent des Étançons. Après avoir franchi une passerelle, le sentier descend vers La Bérarde ; belle vue à droite sur la Tête de la Maye.

DÉCOUVRIR LES SITES

Plan du Carrelet★★ (et refuge du Plan en été)

Alt. 2 000 m. *Direction sud. 2h AR de marche facile jusqu'au Plan du Carrelet. Dénivelée : 300 m. Avant juil., la poursuite jusqu'au refuge du Plan peut impliquer des passages dangereux (traversée de névés), et réserve ce tronçon aux randonneurs aguerris et équipés pour la haute montagne (crampons, etc.).* Après la Maison du Parc, prendre le sentier qui longe la rive droite du torrent du Vénéon. Aux panneaux indicateurs du Parc, il faut se retourner : une belle vue sur la **Meije** et la **Tête de la Maye** qui domine La Bérarde. On longe toujours le torrent ; éboulis et torrents se jetant dans le Vénéon alternent jusqu'au plan du Carrelet, où le profil en « auge » de la vallée s'élargit au vaste confluent du Vénéon et du Chardon.

Du refuge du Carrelet, bel aperçu sur les glaciers du Chardon et de la Pilatte qui barrent l'horizon au sud. En quittant le refuge, revenez sur vos pas pour emprunter la première passerelle à gauche au-dessus du torrent. Le sentier s'enfonce dans la vallée vers le glacier du Chardon. On franchit ensuite successivement deux passerelles avant de revenir vers La Bérarde, par la rive gauche du Vénéon, le long du versant du Chardon. Les Écrins, l'Ailefroide occidentale et le Rateau plus dégagés que de la rive opposée. Le parcours se termine après avoir franchi la passerelle située à l'extrémité du parking estival aménagé à La Bérarde, dans le lit du Vénéon.

L'Oisans pratique

Voir aussi les encadrés pratiques du Bourg-d'Oisans, de La Grave.

Adresses utiles

Office du tourisme du Bourg-d'Oisans – *Quai Girard - 38520 Le Bourg-d'Oisans - 04 76 80 03 25 - www.bourgdoisans. com - juil.-août : 9h-19h ; 10h-12h, 15h-18h ; de mi-déc. à fin avr. : lun.-sam. 8h30-12h, 14h30-18h ; dim. et j. fériés : 8h30-11h30 ; reste de l'année : lun.-sam. : 9h-12h, 14h-18h (voir aussi p. 191).*

Office du tourisme de St-Christophe-en-Oisans – *La Ville - 38520 St-Christophe-en-Oisans - 04 76 80 50 01 - www. berarde.com - juin-sept. : 10h-12h, 14h-18h ; vac. scol. : 14h-17h ; reste de l'année : se renseigner - 25 déc. et 1ᵉʳ janv.*

Office du tourisme de Venosc – *38520 Venosc - 04 76 80 06 82 - www.venosc. com - juil.-août et déc.-avr. : 9h-12h30, 14h-18h ; reste de l'année : lun.-vend. 9h30-12h, 14h-17h.*

Maison du Parc national des Écrins – *Rue Gambetta - 38250 Le Bourg-d'Oisans - 04 76 80 00 51.* Les accompagnateurs en moyenne montagne associés au Parc proposent un programme de sorties thématiques sur tout le territoire du Parc.

Se loger

Bon à savoir - Les randonneurs partant de La Bérarde apprécieront la présence dans le parc de 5 refuges ouverts en hiver comme en été. Pour accéder au « Promontoire », prévoir son matériel via ferrata ou glacier. Pour atteindre les autres, de bonnes chaussures et un peu d'endurance devraient suffire. Contacter le bureau des guides.

Hôtel Tairraz – *38520 La Bérarde - 04 76 79 53 46 - ouv. juin-sept. - réserv. conseillée - 12 ch. 63 € - rest. 12/34 €.* Ce charmant petit hôtel vous réserve un accueil agréable dans une ambiance chaleureuse et conviviale. Parmi les 12 chambres, toutes très bien tenues, 8 disposent de sanitaires complets. Le gîte lambrissé, aménagé en dortoir, compte 7 lits. Cuisine familiale, fort goûteuse.

Hôtel La Table du Chritolet – *38520 St-Christophe-en-Oisans - 04 76 79 55 72 - www.oisans.com/ lechristolet - ouv. mai-oct. - 5 ch. 68 € - rest. 12/16 €.* Apprécié des randonneurs pour son service « petit creux » assuré à toute heure, cet établissement propose quelques spécialités du terroir (plats locaux sur commande) en plus de sa cuisine traditionnelle. Côté hébergement, 5 chambres doubles, très convenables, avec de jolies vues sur les montagnes. Bar et terrasse.

Hôtel Champ de Pin – *38520 La Bérarde - 04 76 79 54 09 - www. lechampdepin.com - fermé 21 sept.-14 mai - 6 ch., demi-pension 109 € - repas 14/27 €.* Ce chalet est posté au bout d'une étroite route de montagne, mais l'accueil chaleureux qui vous y attend vous récompensera de vos efforts. Chambres simples (crépis blanc et lambris) mais toutes avec salle à bains et WC, sobre salle à manger d'esprit régional et terrasse panoramique… Vous y apprécierez le calme et l'air pur du massif des Écrins.

Se restaurer

La Cordée – *38520 St-Christophe-en-Oisans - 04 76 79 52 37 - www.la-cordee. com - 13 € déj. - formule déj. 17 € - 9/19 € - 9 ch. 37/47 € - 5,50 €.* À la fois bar-tabac, épicerie, hôtel et restaurant, ce lieu de vie fondé en 1907 a reçu des générations de guides de haute montagne, randonneurs et touristes. Dans un décor paraissant immuable, la patronne met des livres à disposition, organise des rencontres avec leurs auteurs et propose une sympathique cuisine régionale.

Peisey-Nancroix

614 PEISEROTS
CARTE GÉNÉRALE D3 – CARTE MICHELIN DÉPARTEMENTS 333 N4 – SAVOIE (73)

De Landry à Plan Peisey (800 m à 1 600 m), les hameaux se succèdent dans des vallons boisés perchés sur le sillon creusé par le torrent Ponturin. Bordée par les massifs du mont Pourri et de Bellecôte, la vallée est l'une des cinq portes du Parc national de la Vanoise et le point de départ du Tour de la Vanoise. À proximité d'immenses champs de ski, Peisey-Nancroix a su conserver avec bonheur une partie de ses coutumes, de même que ses petites chapelles d'alpage.

- **Se repérer** – À mi-chemin entre Aime et Bourg-St-Maurice, par la D 87.
- **À ne pas manquer** – L'ancien site minier de Nancroix.
- **Organiser son temps** – Randonnées au départ du refuge de Rosuel.
- **Avec les enfants** – Des sorties pour les géologues en herbe de 8 à 12 ans.
- **Pour poursuivre la visite** – Voir aussi la Tarentaise, Bourg-St-Maurice.

Chapelle de Notre-Dame-des-Vernettes.

Découvrir

La route d'accès à partir de la N 90 remonte la **vallée du Ponturin★** toute boisée. Dans la seconde série de lacets, on peut voir : le groupe du Roignais (alt. 3 000 m), puis, à gauche, le monolithe de Pierra Menta et la barrière rocheuse régulière de la Grande Parei.

Le domaine skiable
La station **Peisey-Vallandry** est composée de plusieurs villages : Nancroix, avec un domaine nordique réputé ; Plan Peisey (alt. 1 600 m), la station alpine au pied de l'aiguille Grive ; et Vallandry, plus récente, à l'architecture bien intégrée. Le **Vanoise Express** relie cette station très familiale à la Plagne et aux Arcs, formant l'immense domaine skiable **Paradiski** (400 km de pistes).

Landry
Ce tout petit village cache sur un éperon une église baroque. Un sentier de la mine grimpe jusqu'à Monchavin et les Coches *(panneaux explicatifs)*.

Peisey
Le terme Peisey est à rattacher au mot latin *pesetum* : il désigne un lieu où abondent les sapins rouges, dits épicéas. Les belles forêts de Peisey confirment cette interprétation. Sous la Révolution, Peisey devint « Les Monts d'Argent ». C'est, par excellence, le balcon de la vallée de l'Isère. Son église au svelte clocher ravit les photographes qui profitent du superbe arrière-plan formé par le massif de Bellecôte ou le Roignais.

Nancroix
En arrivant vers ce village, dans la haute vallée du Ponturin, la pyramide aiguë de l'Aliet apparaît au-dessus des derniers contreforts de Bellecôte.

DÉCOUVRIR LES SITES

La route descend vers un charmant fond de prairies, au lieu-dit **Pont Baudin**. Centre nordique, club de poneys, restaurants et site minier s'y regroupent. 100 m après le pont, à droite, une grande allée de mélèzes plantée en 1810 conduit à l'**ancien site minier** de plomb argentifère. Les mines ont été exploitées du milieu du 17e s. jusqu'en 1866. Le site a aussi accueilli l'École des mines de 1802 à 1814, lors du passage sous administration sarde. Le circuit libre *(1h)* ou la visite guidée *(2h30)* présentent ce site important qui a gardé d'intéressants vestiges : scieries, galeries d'extraction, forge, fonderie, palais de la mine. ☏ 06 14 94 49 76 ou 04 79 07 94 28 - *visite guidée (2h30) en partie extérieure juil.-août : lun.-merc. et vend. : 14h15 sans inscription au départ du centre nordique du Pont Baudin (prévoir des vêtements chauds) - fermé j. fériés - 8 € (7-12 ans 4,50 €).*

👥 Les « Petits Mineurs » – *Visite guidée (3h) avec découverte de la galerie de la mine, identifications et origines des roches de la vallée au cours d'une sortie conçue pour les enfants - 15 €.*

Après les Lanches, la route se termine au chalet-refuge de **Rosuel** : c'est l'une des portes du Parc national de la Vanoise, à l'entrée du sauvage **cirque de la Gurraz**★ strié de cascades et se creusant au pied du mont Pourri et de l'Aliet.

Randonnées

Lac de la Plagne★★

🥾 *Au départ de Rosuel. 2h30 de montée (dénivelée : 650 m) par le sentier GR 5, que l'on quitte à mi-parcours, lorsqu'il traverse le Ponturin, pour rester sur la rive gauche du torrent. Descente au lac en 1h45 par la rive droite du Ponturin.*

Après avoir quitté une vaste aulneraie et le mélézin qui le suit, la vue se dégage sur les glaciers des Platières. Le chemin rejoint ensuite les méandres du torrent avant d'arriver à un site de fond de vallée.

Du lac, on peut rejoindre le GR 5 pour monter au col du Palet (environ 4h AR environ).

Notre-Dame-des-Vernettes

🥾 *Accès depuis Plan Peisey. 45mn par un chemin forestier très facile. Possibilité de se garer à Vieux Plan (prendre voie sans issue à Plan Peisey). De mi-juil. à mi-août : tlj sf dim. matin 9h-18h (sous réserve) - visites guidées sam. 11h et certains vend. en hiver (5,50 €) - renseignements à l'office de tourisme* ☏ *04 79 07 94 28.*

Cette promenade vous amènera à la chapelle de Notre-Dame-des-Vernettes, construite en 1727 près d'une source dite miraculeuse. De là, en suivant un chemin indiqué par 12 croix en bois, on arrive rapidement à la chapelle de la fontaine, antérieure de quelques années. Les deux bénéficient d'une décoration baroque richement colorée. Un pèlerinage annuel a lieu tous les 16 juillet, ainsi qu'une célébration hebdomadaire de la messe le vendredi matin.

Peisey-Nancroix pratique

Adresse utile

Office du tourisme de Peisey-Nancroix – *Pl. de Roscanvel - 73210 Peisey-Nancroix -* ☏ *04 79 07 94 28 - www.peisey-vallandry.com - juil.-août et de mi-déc. à mi-avr. : 9h-12h30, 14h-19h ; reste de l'année : lun.-vend. 9h-12h, 14h-18h, fermé w.-end. - fermé le 1er Mai et 1er Nov.*

Visite

Visite du patrimoine baroque de la vallée – *Visite combinée de l'église de Peisey et de la chapelle des Vernettes. Facim -* ☏ *04 79 60 59 00.*

Se loger

⊖⊖ **Hôtel La Vanoise** – *À Plan Peisey -* ☏ *04 79 07 92 19 - www.hotel-la-vanoise.com - fermé 5 sept.-16 déc. et 26 mars-30 juin -* 🅿 *- 33 ch. 70/110 € -* ⊇ *11 € - rest. 22 €.* Grâce à sa position dominante, ce bâtiment offre une jolie vue sur le dôme de Bellecôte. Les chambres orientées au Sud ont un balcon. L'été, VTT à disposition. Chaleureux lambris, recettes savoyardes et belle flambée : pas de doute : vous êtes à la montagne !

Se restaurer

⊖⊖ **L'Armoise** – *À Plan Peisey - 4,5 km à l'ouest de Peisey-Nancroix par D 226 -* ☏ *04 79 07 94 24 - cycomte@wanadoo.fr - fermé le soir hors sais. - 19/50 €.* L'absinthe, l'estragon et les génépis sont des armoises. Gens d'ici et touristes se côtoient dans ce restaurant au cadre pimpant agrémenté de vieux objets agrestes. Menu plus simple le midi mais, au dîner, spécialités montagnardes et plats plus étoffés vous attendent. Terrasse.

Sentiers

De Peisey-Vallandry, on peut rejoindre les Arcs 1800 par la route des Espagnols *(2,5 km, route en mauvais état)*. Des Arcs, de nombreux sentiers s'offrent à votre persévérance.

La Plagne ★

CARTE GÉNÉRALE C3/4 – CARTE MICHELIN DÉPARTEMENTS 333 N4 – SCHÉMA P. 434 – SAVOIE (73)

La Grande Plagne qui s'étend sur 10 000 ha est l'un des plus grands domaines skiables français. Il se distingue par son relief vallonné, une relative douceur des pentes et surtout une grande qualité de paysages. Ce formidable terrain de jeux, réputé pour sa piste olympique de bobsleigh, offre une infinie variété d'activités qui ne manqueront pas de satisfaire toute la famille. Les riches équipements de la station ne doivent pas faire oublier l'authenticité de son patrimoine rural et les inoubliables promenades à pied ou en raquettes.

- **Se repérer** – À 20 km au sud d'Aime, dans le massif de Bellecôte.
- **À ne pas manquer** – Le sommet de la roche de Mio pour son panorama.
- **Avec les enfants** – La grotte de glace du glacier de Chiaupe.
- **Pour poursuivre la visite** – Voir aussi Champagny-en-Vanoise, la Tarentaise.

Belle Plagne l'été.

Séjourner

Depuis 1961, la Plagne s'est développée autour de nombreux pôles : elle compte six stations d'altitude et quatre stations villages. Une magnifique **cembraie** sur gypse de plusieurs hectares constitue une réserve écologique exceptionnelle unique au monde. La dissolution du gypse a créé un relief karstique où se succèdent dolines, puits à neige et canyons que vous pourrez découvrir par les sentiers thématiques. Jean-Luc Crétier, champion olympique de descente à Nagano (1998), et Bruno Mingeon, champion du monde de bobsleigh en 1999, sont des enfants de la station.

Le domaine skiable

En pays de montagne, la *plagne* désigne une petite plaine d'altitude. Ce lieu qui a été choisi en février 1992 comme site olympique pour les épreuves de bobsleigh, a renoué avec une tradition locale de compétitions d'engins en bois, ancêtres des bobsleighs actuels. La piste construite pour les JO de 1992 est un ouvrage unique en France. Les amateurs de sensations fortes peuvent dévaler ses 1 500 m et ses 19 virages.

Bénéficiant d'une neige remarquable à partir de 2 000 m, le domaine (215 km de pistes) rend heureux les amateurs de pistes de moyenne difficulté. L'été, le ski se pratique sur les glaciers de la Chiaupe et de Bellecôte. Depuis fin 2003, la station fait partie du domaine skiable **Paradiski** qui regroupe la Plagne, Peisey-Vallandry et les Arcs.

Si Plagne Bellecôte, **Plagne Centre** et Aime 2000 ont un caractère urbain assez marqué, Plagne 1800, Plagne Villages et surtout **Belle Plagne** s'intègrent harmonieusement au paysage.

Les stations moins élevées (entre 1 250 et 1 450 m) comme **Champagny-en-Vanoise**★★ *(voir ce nom)* et, dans une moindre mesure, **Montchavin** présentent le charme et l'authenticité des vieux villages savoyards.

DÉCOUVRIR LES SITES

Les amateurs de randonnées pédestres ne manqueront pas de se rendre au **mont Jovet★★** avec sa très belle vue sur les Alpes *(s'adresser à l'office de tourisme qui publie un guide de promenades).*

Découvrir
PANORAMAS ACCESSIBLES EN TÉLÉCABINES

La Grande Rochette★★
Alt. 2 505 m. *Accès par télécabine du Funiplagne.* ✆ 04 79 09 67 00 - juil.-août : tlj sf mar., jeu. et sam. 9h-12h45, 14h-17h30 (6mn, en continu) - 4 € AR (– 10 ans gratuit). De la plate-forme terminale, gagner le sommet proprement dit où a été installée une table d'orientation. Le **panorama**, splendide, embrasse les principaux sommets de la Vanoise et de l'Oisans. En contrebas, on découvre les stations d'altitude de la Plagne. Remarquez, dans la direction opposée, les domaines de Courchevel 1850 et 1650.

Télécabine de Bellecôte★★
Accès de Plagne Bellecôte. ✆ 04 79 09 67 00 - juil.-août : tlj sf sam. Roche de Mio : 9h-16h55 - 4 € AR- Roche de Mio-glacier de Bellecôte : 9h20-16h20 (durée 45mn) - 10 € AR (– 10 ans gratuit). Cette télécabine, d'une exceptionnelle longueur (6,5 km), conduit d'abord à Belle Plagne et à la **roche de Mio** (2 739 m). Montée en 5mn au sommet *(table d'orientation)* pour découvrir un magnifique **panorama★★** très étendu. Au premier plan se dressent le sommet de Bellecôte (3 416 m) et ses glaciers. À sa droite, la Grande Motte, la Grande Casse, Péclet-Polset et les Trois-Vallées, la Meije, le mont de Lans, le Cheval Noir... À gauche de Bellecôte, vous avez successivement le mont Pourri, le domaine des Arcs, le Grand Combin, les Grandes Jorasses, le Mont-Blanc et la Pierra Menta.

Prenez ensuite la télécabine qui conduit au col, puis au **glacier de la Chiaupe** (alt. 2 994 m) : **vue** très belle sur la Vanoise.

L'été et l'automne, les skieurs admirent un paysage plus élargi en empruntant le téléski du col. En hiver, le télésiège de la Traversée amène les très bons skieurs au secteur le plus intéressant pour eux. Un magnifique itinéraire hors-piste de 2 000 m de dénivelée redescend sur Montchavin *(se faire accompagner par un guide).*

La Plagne pratique

Adresse utile

Maison du tourisme – 10139 av. de Tarentaise - 73212 Aime Cedex - www.aimesavoie.com - juil.-août : lun.-sam. 9h-12h30, 14h-18h, dim. 9h-12h ; mi-déc.-avr. : 9h-12h, 14h-18h ; reste de l'année : tlj sf dim. 9h-12h, 14h-18h - fermé 14 Juil. et le 15 août.

Se loger

👁 **Bon à savoir** - Pour trouver la formule d'hébergement correspondant à vos souhaits, et la plus compatible avec votre budget, vous pouvez prendre contact avec la centrale de réservation. Un bon moyen de vous faire une idée des différentes options : hôtels, résidences, villages vacances, clubs et chalets, dans les 6 stations d'altitude.

Chambre d'hôte Malezan – Rte de la Plagne - 73210 Macot-la-Plagne - 16 km au nord de La Plagne par D 221 - ✆ 04 79 55 69 90 - www.malezan.com - 2 ch. 58/62 €. Dans le cadre simple et sympathique de cette maison, vous serez toujours bien accueilli. Amateur de ski, de sport en eaux vives ou simple randonneur accordez-vous un repos bien mérité ! Malgré la proximité de la route, le calme est au rendez-vous. Laissez vos soucis à l'entrée ! Un gîte disponible.

Se restaurer

Le Matafan – Centre commercial Aval, au pied des pistes, Belle Plagne - ✆ 04 79 09 09 19 - donal73@wanadoo.fr - formule déj. et dîner 14 € - 16/43 €. Parce que la grimpette jusqu'à la Belle Plagne vous aura creusé l'appétit, vous prendrez place avec plaisir dans l'une des salles aux allures de musée, ou sur la vaste terrasse. Comme son nom l'indique (mater la faim en patois), ce restaurant mise sur des formules copieuses, mais à prix léger, très sage pour la station.

Sports & Loisirs

👁 **Bon à savoir** - Outre l'espace de remise en forme, les sports de plein air et d'eaux vives, les stations d'altitude de la Plagne proposent des activités moins habituelles mais tout aussi amusantes. L'école du cirque, « l'urban park » ainsi qu'une structure dédiée aux sports mécaniques vous accueillent pour un lot d'émotions nouvelles.

Glacier de Bellecôte – Découvrez avec des animateurs les richesses du glacier situé à 3 250 m. Grotte de glace, terrain de boules, espace luge, tables d'orientation et visite du panorama... *(montée en télécabine + accès à toutes les animations et activités du glacier : lun.-vend. 12 € (–10 ans accompagné d'un adulte payant, gratuit).*

PONT-EN-ROYANS

Pont-en-Royans★★

917 PONTOIS
CARTE GÉNÉRALE A5 – CARTE MICHELIN DÉPARTEMENTS 333 F7 –
SCHÉMA P. 446 – ISÈRE (38)

Stendhal ne s'y était pas trompé : cette petite bourgade à l'accent méridional a un charme fou, que souligne son architecture audacieuse. Plaquée à la paroi, avec ses jolies ruelles étroites, elle a la poésie à fleur de rocher.

- **Se repérer** – Entre Romans-sur-Isère et Villard-de-Lans, Pont-en-Royans est une porte du Vercors. Un barrage de retenue donne à la Bourne, en aval de Pont-en-Royans, des allures de lac. Approchez-le par l'ouest, c'est la meilleure vue.
- **À ne pas manquer** – Le circuit de Presles.
- **Avec les enfants** – Les activités du musée de l'Eau.
- **Pour poursuivre la visite** – Voir aussi le Vercors, St-Nazaire-en-Royans.

Maisons en encorbellement de Pont-en-Royans.

Découvrir

LES POINTS DE VUE★★

Pour les habitants du Vercors, il n'y eut pendant longtemps qu'un seul endroit où ils pouvaient franchir la Bourne pour accéder aux plaines du Royans : Pont-en-Royans.

Le site★★

Au pont Picard, emprunter l'escalier qui dessert les quais de la Bourne. Possibilité de rejoindre ensuite le quartier médiéval.

Du pont Picard à la place de la Halle, vous serez conquis par le murmure des petites cascades, les vestiges d'un moulin à grains et par le vieux quartier. Pendant les guerres de Religion, l'ambiance n'y était pas aussi sereine puisqu'une grande partie des habitations fut alors détruite. Leur réfection n'a rien gommé de leur beauté émouvante, simple et sans prétention. Hautes et toutes de guingois, les maisons s'accrochent au rocher, leurs balcons de bois s'agrippent au-dessus du vide et leur façade étroite plonge dans la Bourne… à l'instar des Pontois qui aiment s'y rafraîchir.

Panorama des Trois-Châteaux★

1h à pied AR. Des sentiers en forte montée, présentant de courts passages à travers des éboulis, s'amorcent par des escaliers, place de la Porte-de-France.

Du belvédère, vue sur le Royans et la vallée de l'Isère.

Visiter

Musée de l'Eau★★

04 76 36 15 53 - www.musee-eau.com - &. - juil.-août : 10h-18h ; avr.-juin et sept.-oct. : 10h-12h, 14h-18h ; nov.-mars : tlj sf lun. 10h-12h, 14h-17h30 - 6 € (7-16 ans 4 €).

351

Installé dans une ancienne manufacture, le musée domine la Bourne. Sont évoqués le cycle naturel de l'eau, les climats, les écosystèmes privés d'eau, les découvertes scientifiques. Une deuxième partie s'intéresse à l'eau dans le Vercors. Le visiteur participe à de nombreuses activités par le moyen d'écrans interactifs, d'installations diverses. Mais cet assemblage technologique donne au musée une tonalité assez froide. Une visite guidée semble donc s'imposer. En fin de parcours, dégustez les multiples saveurs des eaux de source venant du monde entier au **bar à eaux**.

Circuit de découverte

CIRCUIT DE PRESLES★★ 3

32 km – 2h environ. Quitter Pont-en-Royans par la D 531 vers Villard-de-Lans. Aussitôt après avoir traversé la Bourne au pont Rouillard, prendre sur la gauche la D 292.

La route s'élève rapidement sur des pentes grillées par le soleil, dominant la Bourne. Suivant ses caprices, on admire, tantôt vers l'amont, les murailles colossales qui semblent bien près de se refermer en cirque, tantôt vers l'aval, le débouché des gorges de la Bourne s'ouvrant sur les collines du Royans. Au grand lacet de la « Croix de Toutes Aures » *(ne pas chercher la croix)*, vue très étendue sur le bas pays et l'ensemble des gorges de la Bourne dominées par le Grand-Veymont. Une nouvelle série de lacets puis un court passage taillé dans le roc donnent enfin accès au plateau de Presles. Après avoir traversé **Presles**, la route s'élève encore, au milieu de la forêt domaniale des Coulmes, jusqu'au petit hameau du Fas. Jolie vue étendue sur la basse vallée de l'Isère, que barre, à l'ouest, l'imposant aqueduc de St-Nazaire-en-Royans. Puis c'est la forte descente sur St-Pierre-de-Chérennes.

La D 31 atteint la D 1532 que l'on quitte aussitôt, sur la gauche, pour gagner Beauvoir-en-Royans.

Château de Beauvoir

Couronnant une colline isolée, des ruines dominent le village. Il ne reste plus qu'une tour carrée, une porte et des murailles tapissées de lierre de ce château du 13e s. qui fut la résidence des dauphins du Viennois, notamment Humbert II. Louis XI le fit détruire en 1476. Une belle fenêtre gothique marque l'emplacement de l'ancienne chapelle. Le site est agréable, on y domine le ruban sinueux de l'Isère qui bute sur les dernières pentes du Vercors.

Regagner la D 1532 et, à St-Romans, emprunter la D 518 qui ramène à Pont-en-Royans.

Pont-en-Royans pratique

Adresses utiles

Office de tourisme des gorges de la Bourne – *Grande-Rue - 38680 Pont-en-Royans - 04 76 36 09 10 - www.ot-pont-en-royans.com - avr.-sept. : lun.-vend. 9h30-12h, 14h-18h, w.-end : 10h-12h30, 14h-16h ; oct.-mars : lun.-vend. 10h-12h, 14h-17h, sam. 10h-12h, fermé le dim. - fermé le 25 déc. et 1er janv.*

Relais d'information du Parc naturel régional du Vercors – *Musée de l'Eau - pl. Breuil - 38680 Pont-en-Royans - 04 76 36 15 53 - www.musee-eau.com - juil.-août : 10h-18h ; le reste de l'année sf lun. : 10h-12h, 14h-17h30.*

Se loger et se restaurer

Hôtel du Musée de l'Eau – *Pl. Breuil - 04 76 36 15 53 - www.musee-eau.com - fermé dim. soir de nov. à mars - 31 ch. 44/48 € - 7 € – rest. 16/34 €.* Trouvant sa place dans le vaste espace culturel, ce restaurant associe avec goût un style design et une cuisine à base de petits plats mijotés, aux saveurs du terroir. Vaste terrasse, rafraîchie en été par des brumisateurs. À la fois sobres et fonctionnelles, les 31 chambres de l'hôtel optent pour la même décoration.

Chambre d'hôte Les Fauries – *38680 Presles - 10 km au nord-est de Pont-en-Royans par D 531, puis 2 km au nord de Presles - 04 76 36 10 50 - www.chez.com/fauries - fermé 14 nov.-28 janv. - 4 ch. 33/46 € - repas 17 €.* Perchée à 938 m d'altitude, cette vénérable maison en pierre plaisamment restaurée est l'endroit idéal pour se ressourcer. Les chambres, chaleureusement décorées, profitent toutes du calme environnant. Le « petit plus » : la vue étendue sur les hauts plateaux du Vercors.

Pralognan-la-Vanoise ★

756 PRALOGNANAIS
CARTE GÉNÉRALE D4 – CARTE MICHELIN DÉPARTEMENTS 333 N5 – SAVOIE (73)

Capitale du Parc national de la Vanoise, Pralognan se niche au fond d'un imposant cirque glaciaire. Ce village montagnard est une base idéale pour les amateurs de randonnées pédestres et de courses en haute montagne, fabuleux décor très prisé des bouquetins. La totalité de son territoire est placé sous protection et cela se remarque !

- **Se repérer** – À 27 km à l'est de Moûtiers, par la D 915. S'enfonçant toujours plus avant dans le massif, la route suit le Doron et traverse de vastes forêts.
- **À ne pas manquer** – Une marche jusqu'au hameau des Prioux.
- **Avec les enfants** – Le parcours Ouistiti est un parcours forestier suivi d'une via ferrata destiné aux enfants de 6 à 8 ans. Le bureau des guides organise des sorties pour voir les marmottes *(voir encadré pratique)*.
- **Pour poursuivre la visite** – Voir aussi Tarentaise, Vanoise.

Pralognan-la-Vanoise.

Séjourner

La station
Le village a su garder son cachet montagnard. Pierre, lauzes et bois dominent sur un vaste plateau où forêts et champs viennent buter contre de raides pans de montagne.

Les activités de l'été – L'été, Pralognan est l'une des stations les plus animées de la Savoie, attirant par milliers promeneurs et alpinistes. Les animations et activités sportives s'y trouvent en nombre, souvent adaptées aux enfants.

Domaine skiable – Exposé plein sud sur les hauteurs, le domaine s'étend de 1 400 à 2 350 m d'altitude. De dimension modeste comparé aux autres stations de la Tarentaise, il a toutefois des atouts comme la qualité de neige que l'on trouve sur les versants ombragés de Pralognan. Les possibilités de ski de randonnée sont en revanche exceptionnelles.

Aux alentours

Alpages du Prioux
Départ de la route du Plateaux, rejoindre la vallée de Chavière. Cette vallée accessible en voiture ou à pied *(1h10)* s'avance dans le massif de la Vanoise. Au printemps, il n'est pas rare d'y croiser des bouquetins. Dans les quelques maisons du hameau, artisans et restaurateurs ouvrent leurs portes en été. Dans le Doron de Chavière, les amateurs trouveront un parcours de pêche *no kill*. Les plus courageux pourront poursuivre jusqu'au refuge du Roc de la Pêche pour une pause bien méritée.

DÉCOUVRIR LES SITES

Randonnées

La Chollière★

 1,5 km par un chemin de montagne, puis environ 30mn à pied. Partir de l'hôtel La Vanoise, traverser presque aussitôt le Doron. Laisser la voiture en haut des chalets de la Chollière. Faire encore quelques pas pour avoir un recul suffisant. À l'arrière du premier plan formé par le tertre boisé auquel s'adossent les maisons du hameau et le vallon de la Glière qu'encombre l'énorme bosse du Moriond, vous aurez un bel ensemble de haute montagne : à droite des deux pointes effilées de la Glière surgit la Grande Casse (alt. 3 855 m), cime maîtresse de la Vanoise. Tout proche, le Grand Marchet présente le fil de son impressionnante arête ouest. Les prairies voisines de la Chollière sont réputées pour leur flore : en juin, narcisse, gentiane ; en août, « reine des Alpes » ou chardon bleu.

Mont Bochor★

 Environ 3h à pied AR, ou 6mn de téléphérique. ☎ 04 79 08 70 07 - juil.-août : 8h10-12h20, 13h50-17h50 ; juin et 1ᵉʳ sept. : 8h10-11h50, 13h35-17h20 (4mn, ttes les 20mn) - 6,10 € AR (– 13 ans 4,60 €). De la station supérieure, gagnez le sommet (alt. 2 023 m) où a été aménagée une table d'orientation. La vue plonge sur le bassin de Pralognan et la vallée du Doron de Chavière, fermée par le haut massif de Péclet-Polset. À gauche de ce couloir, on voit d'une part un bout de l'immense plateau glaciaire de la Vanoise, terminé au nord par les escarpements de la Réchasse, d'autre part la **Grande Casse**. Le sommet de la gloire est arrivé en 1860, lorsque l'Anglais William Matthews et le Français Michel Croz, après avoir taillé 1 100 marches dont 800 à la hache, parvinrent pratiquement à la cime de la Grande Casse, nommée depuis pointe Matthews.

Un **sentier-découverte**, long de 1 400 m, a été aménagé afin d'apprendre à mieux connaître l'espace montagnard. Dix tables de lecture analysent la richesse géologique et écologique du site.

Col de la Vanoise★★★

 Alt. 2 517 m. Départ du mont Bochor. Si le téléphérique ne fonctionne pas, partir du parking des Fontanettes. Montée : 3h. Descente sur Pralognan : 2h30.

Un bon conseil : les marcheurs peu habitués redescendront sur Pralognan par le refuge des Barmettes, direction le parking des Fontanettes tandis que les bons marcheurs descendront, par temps sec, par le

La Grande Casse.
Fr. Isler / MICHELIN

cirque et le ravin de l'Arcellin, itinéraire magnifique mais un peu délicat. Du mont Bochor, le sentier en balcon évolue à flanc de montagne jusqu'au refuge des Barmettes. Vue sur l'aiguille de la Vanoise, devant la Grande Casse. S'élargissant ensuite, le chemin devient de plus en plus raide, parvient au lac des Vaches avant d'atteindre le col. Vues sur les couloirs glaciaires de la Grande Casse et la pointe de la Réchasse. Le président Félix Faure, qui déjeuna au col en 1897, a donné son nom au refuge inauguré cinq ans plus tard. Lors de la descente, après avoir dépassé le lac des Assiettes, très belle vue dans le lointain sur la Lauzière, La Saulire (Courchevel).

Petit Mont Blanc★★

 Alt. 2 678 m. Départ des Prioux. Montée : 3h30 par le col du Mône. Descente : 2h. Superbe **panorama**★★ sur la vallée de Pralognan.

Lac Blanc★★

Départ du pont de la Pêche. 3h15. Montée nécessitant de l'endurance car longue : Retour : 2h30. Situé en contrebas du **refuge de Péclet-Polset**, le lac Blanc est l'un des plus beaux lacs de la Vanoise. Le longer sur la droite et monter en direction du col du Soufre. Vue sur l'aiguille de Polset, le glacier de Gébroulaz, le col de Chavière, la pointe de l'Échelle, le glacier du Génépy.

Cascade de la Fraîche

Départ du village. 30mn. De Pralognan, prendre la direction de Barioz, puis du Bieux. Suivre le panneau indiquant la via ferrata. Cette belle chute de 50 m aux confluents des eaux de la Grande Casse est un but agréable de promenade en famille. Entre le village des Bieux et des Fontanettes, un belvédère est doté d'une table d'orientation.

Pralognan-la-Vanoise pratique

Adresse utile

Office de tourisme – 73710 Pralognan-la-Vanoise - 04 79 08 79 08 - www.pralognan.com - tte l'année : 9h-12h30, 14h30-18h - fermé le dim. hors saisons d'été et d'hiver, 1er et 8 Mai.

Visites

La forêt – Pour en découvrir les secrets et apprendre à faire la différence entre un sapin et un épicéa, rendez-vous tous les jours avec un agent de l'Office national des forêts pour une balade éducative. *Renseignements à l'office de tourisme.*

Se loger

Hôtel A + – R. de l'Arbellaz - 04 79 08 87 00 - hotela@voila.fr - 25 ch. 39/50 € - 8 €. On ne peut manquer ce chalet aisément reconnaissable à sa tour carrée. Son fonctionnement s'inspire de celui des hôtels dits économiques : chambres fonctionnelles toutes identiques, accès automatique par carte bancaire 24h/24... et prix très intéressants.

Camping Le Parc Isertan – *Isertan* – au sud du bourg - 04 79 08 75 24 - www.camping-isertan.com - ouv. 16 déc.-23 avr. et 25 mai-oct. - réserv. conseillée - 180 empl. 25 € - restauration. Installé sur un site superbe (vous entendez le torrent à proximité ?), ce camping, bordé par la patinoire olympique, mise sur la simplicité. Une partie campable très ordinaire mais convenable, pourvue de 3 blocs sanitaires du même tonneau. Chalets en location, chambres disponibles dans le grand bâtiment principal.

Hôtel de la Vanoise – *Chemin Dou-des-Ponts* - 04 79 08 70 34 - www.hoteldelavanoise.fr - fermé du 21 avr. à mi-juin et de mi-sept. au 17 déc. - 32 ch. 70/108 € - 9 € – rest. 18/22 €. Au centre de la station, près des remontées mécaniques, grande bâtisse dont toutes les chambres, lambrissées, ont un balcon. Ambiance familiale. Repas traditionnel, savoyard ou végétarien dans une salle habillée de bois blond et de tissus fleuris.

Se restaurer

Grand Bec – 04 79 08 71 10 - www.hoteldugrandbec.fr - fermé 9 avr.-1er juin - 20/40 €. N'hésitez pas à pousser la porte de ce chalet car on y interprète un bien bon répertoire de plats savoyards à des prix qui savent rester raisonnables. Le décor agréable de la salle à manger, égayé de couleurs chatoyantes, ajoute à l'agrément du repas. Aux étages, chambres décorées à la mode montagnarde par la maîtresse des lieux.

Le Régal Savoyard – *Centre de la station face à l'OT* - 04 79 08 74 76 - fermé de fin sept. au 15 déc. - 20/30 €. Nombre d'habitués fréquentent ce petit chalet en pierre et bois idéalement situé au centre de la station. Selon la saison, vous opterez pour la plaisante salle à manger décorée dans un esprit montagnard ou la terrasse ombragée. Cuisine savoyarde.

Les Airelles – *Les Darbelays* - 04 79 08 70 32 - www.hotel-les-airelles.fr - ouv. 4 juin-17 sept. et 18 déc.-17 avr. - 23/30 €. Beau chalet des années 1980 situé en lisière de la forêt de Granges, près des installations sportives, mais au calme. Cuisine traditionnelle généreuse, appréciée des randonneurs et assortie, comme il se doit, de solides recettes régionales à composantes fromagères. Chambres avec balcons panoramiques ; piscine d'été.

Sports & Loisirs

Bureau des guides de Pralognan-la-Vanoise – *R. du Grand-Couloir* - 04 79 08 71 21 - guidepralo@wanadoo.fr - juil-août : 10h30-12h, 15h-19h. En véritables passionnés de montagne, les guides de Pralognan-la-Vanoise vous proposent une large gamme d'activités sportives. La randonnée glaciaire pour se mettre en jambes et les courses techniques pour alpinistes confirmés. Escalade, via ferrata, canyoning et parapente viennent compléter ce programme.

Sentier du bois de la Glière – Sinuant au cœur de la forêt, c'est l'un des deux sentiers découverte mis en place. Sans difficulté (1h), il est ponctué d'une vingtaine d'ateliers qui le rendent particulièrement agréable lorsqu'on se trouve en famille.

Parcours Ouistitis – Pour les enfants à partir de 7 ans, cette petite via ferrata est un bon apprentissage.

La via ferrata de la Cascade de la Frêche – Elle s'effectue sur un parcours aérien et varié, plutôt réservé aux initiés.

Événements

Festival de la photo de montagne – Rencontre amicale des photographes amoureux de la montagne, le 2e w.-end de juin. *Renseignements à l'office de tourisme.*

Les Déferlantes hivernales – Le 1er w.-end de janvier. Réalisé en partenariat avec Capbreton, station renommée des Landes, ce festival convie les artistes de la francophonie nord-américaine (Québec, Acadie…) à partager leur goût « français ». Avec des concerts, des expositions, des rencontres littéraires…

DÉCOUVRIR LES SITES

La Roche-sur-Foron★

8 538 ROCHOIS
CARTE GÉNÉRALE C2 – CARTE MICHELIN DÉPARTEMENTS 328 K4 – HAUTE-SAVOIE (74)

Considérée comme la deuxième ville historique du département, cette cité médiévale reste pourtant méconnue. Votre halte dans cet ancien fief du duché de Savoie peut se prolonger par une excursion au Mont-Saxonnex. Situé au pied du massif du Bargy, c'est un incontournable belvédère donnant sur la basse vallée de l'Arve.

- **Se repérer** – La Roche-sur-Foron est un grand carrefour routier et ferroviaire, entre Genève (30mn), Bonneville et Annecy (15mn), accessible par l'A 40 et l'A 41.
- **À ne pas manquer** – Le quartier de Plain-Château et ses maisons des 16e et 17e s. ; les charmes de la campagne rochoise que l'on découvre grâce à six sentiers balisés.
- **Avec les enfants** – Les gorges du Bronze et le promontoire du Mont-Saxonnex.
- **Pour poursuivre la visite** – Voir aussi Cluses.

Comprendre

Une ancienne ville franche – C'est un des rochers erratiques qui parsèment la région qui a donné à La Roche son nom. Ces blocs ont été dispersés par le glacier de l'Arve, il y a quinze mille ans, à la suite d'un énorme éboulement. Une nécropole burgonde du 6e s. exhumée au site de La Balme témoigne d'une très ancienne occupation. La Roche-sur-Foron était, au 14e s., une ville franche aussi importante qu'Annecy ou Genève. Deux siècles plus tard, elle accueille des foires renommées. Cette vocation s'est perpétuée jusqu'à nos jours puisque la Foire internationale de La Roche réunit chaque année près de 100 000 visiteurs. La ville accueille depuis 1932 l'École nationale des industries du lait et de la viande. Situé au cœur du bassin de l'Arve, son territoire a depuis le 19e s. une vocation industrielle. Elle fut ainsi la première ville européenne en 1885 éclairée à l'électricité.

Se promener

VIEILLE VILLE★★

Visite : 1h30 à pied. Ce quartier plein de charme paraît s'enrouler autour de sa tour. Les nombreuses demeures aux fenêtres à meneaux et accolades, et aux toits recouverts de tuiles écailles, font l'objet d'une attentive restauration. Depuis la place St-Jean, on passe au quartier du Plain-Château dont quelques maisons ont aussi conservé leurs fenêtres moyenâgeuses.

Château de La Roche-sur-Foron.

Prendre à gauche de l'église la rue des Fours, en montée pour rejoindre la tour.
On franchit la porte Falquet qui affiche fièrement ses blasons puis l'on pénètre dans la cour de l'école, où l'on trouve, au fond, l'entrée de la tour.

Tour des comtes de Genève

04 50 25 82 29 - www.larochesurforon.com - juil.-août : 14h-18h30, w.-end 10h-12h, 14h-18h30 ; mai-juin et sept. : w.-end 14h-18h30 - 2 € (8-16 ans 1 €). Élevé sur l'éperon rocheux offrant la meilleure position défensive au-dessus de la ville, c'est l'unique vestige du château détruit en 1590 des comtes de Genève installés ici dès le 11e s. Du sommet des 137 marches, on gagne le chemin de ronde d'où l'on domine la ville et la vallée de l'Arve.

En redescendant vers le centre, prenez à droite la **rue du Plain-Château**, bordée sur les deux côtés de maisons aux façades ouvragées du 17e s. Remarquez particulièrement celle de la **maison des Chevaliers** de l'ordre de l'Annonciade (1565) créé par le comte

LA ROCHE-SUR-FORON

Vert. À l'extrémité de la rue, tournez à droite vers le château de l'Échelle. Revenez sur vos pas et descendez la rue du Cretet après avoir franchi la porte St-Martin, témoin de la première enceinte du 13ᵉ s. On atteint la rue du Silence. Au n° 30, on remarque un ensemble intéressant de fenêtres à meneaux du 16ᵉ s. Plus loin à droite, c'est la maison du prince-évêque Fabri. Contournez l'église par la droite pour vous engager dans la rue des Halles. À l'angle supérieur de cette rue, **un banc de marchand en pierre taillée** de 1558 présente trois mesures à grain peu communes contenant respectivement 20, 40 et 80 litres.

Église St-Jean-Baptiste
Fondée en 1111 sous le règne des comtes de Genève dont les armoiries surmontent le portail, elle est dominée par un clocher massif à bulbe dont la flèche, démolie en 1793, a été reconstruite au 19ᵉ s. en même temps que la nef. Le chœur et l'abside constituent la partie la plus ancienne de l'édifice (12ᵉ s.). On remarquera deux chapelles du 16ᵉ s. dont une de style gothique flamboyant. L'orgue du 19ᵉ s. de Giovanni Franzetti a été classé Monument historique.

Dans la rue Perrine au n° 79, ne manquez pas la **maison Boniface**, de style Renaissance, et entrez dans la cour pour découvrir les linteaux armoriés.

À proximité de la mairie de style sarde se dresse la pittoresque halle aux grains « **la Grenette** » **(1832)**, ancien symbole économique de la cité. Avancez sur le pont Neuf, d'où l'on a une belle vue d'ensemble sur le Foron dominé par les jardins en terrasses.

Aux alentours
En suivant sur 6 km la D 2 en direction de Reignier, il est possible de voir la **commanderie de Cornier** *(propriété privée, visite des extérieurs)*, émouvant édifice roman (12ᵉ s.) qui porte en façade une croix de Malte. 4 km plus loin, la **pierre aux Fées** est une table de granit posée sur trois dalles effilées. Datée de 3 000 ans av. J.-C., c'est un des cinq dolmens répertoriés en Haute-Savoie.

Contamine-sur-Arve
15 km au nord. Rejoindre Bonneville par la D 1203 à l'est, puis prendre la D 1205 en direction de Genève. C'est un bel et ancien village construit autour d'un prieuré clunisien, sépulture des sires de Faucigny. L'**église** reconstruite en 1295 par un architecte au service du roi d'Angleterre Édouard Iᵉʳ est représentative du style gothique anglais.

Musée des Ornements de la femme à Faucigny
À 2 km de Contamine-sur-Arve. Chemin de Letieux ☎ 04 50 03 90 37 - mai- oct. : 14h30-18h - possibilité de visite guidée sur demande préalable - 4,60 € visite guidée (- 16 ans 3 €), 3,50 € visite libre. Il est installé dans une vieille ferme entourée d'une roseraie. À voir ces costumes anciens, accessoires de charme, dentelles et éventails, l'expression « doigts de fée » paraît singulièrement appropriée.

Circuit de découverte

ROUTE DE MONT-SAXONNEX★
De La Roche-sur-Foron à Cluses – 36 km – environ 1h30. Quitter La Roche-sur-Foron par la D 1203 vers l'est.

Bonneville
L'ancienne capitale du Faucigny, fondée en 1283 par Béatrix, s'est développée au confluent du Borne et de l'Arve. La place du Parquet est ornée d'arcades du 17ᵉ s. La maison des Têtes (1731) évoque un style baroque assez germanique. Le château du 13ᵉ s. *(on ne visite pas)*, apprécié du peintre anglais Turner, est l'un des rares châteaux savoyards encore intacts. À l'entrée de la ville, une colonne célèbre Charles-Félix, roi de Sardaigne, qui fit élever au 19ᵉ s. les digues de l'Arve, protégeant ainsi une ville soumise aux caprices de la rivière.

Quitter Bonneville à l'est par la D 1205 ; après avoir franchi l'autoroute, tourner à droite vers Mont-Saxonnex, puis prendre la route de Brizon. Laisser la voiture près du virage prononcé à droite, qui marque l'entrée du haut vallon de Brizon.

Point de vue de Brizon★
Du belvédère aménagé du côté à pic, la **vue** plonge sur les gorges du Bronze et découvre, à l'horizon, les sommets du Môle et de la pointe de Marcelly.
Revenir à la route de Mont-Saxonnex.

La cascade du Dard
Dans le dernier grand lacet avant le village, garez-vous sur le parking. Un chemin rejoint la cascade en quelques minutes.

DÉCOUVRIR LES SITES

Les alpages au-dessus de Mont-Saxonnex.

Mont-Saxonnex★

Cette villégiature estivale du Faucigny est très appréciée pour sa situation en terrasse, à plus de 500 m au-dessus de la plaine de l'Arve. Elle se compose de deux agglomérations : au pied de l'église, **le Bourgeal** domine le coup de sabre de la gorge du Cé, tandis que **Pincru,** avec sa chapelle de 1664 au curieux petit bulbe doré, est situé au départ des gorges boisées du Bronze. On peut prolonger cette visite par une courte promenade *(2h)* au lac **Bénit**, site classé depuis 1906. De nombreux sentiers faciles sinuent dans cette montagne contrastée où se succèdent falaises et doux alpages.

Panorama★★ – *S'engager en voiture sur la route de l'église. Aller jusqu'à l'église.*
En contournant le chevet de l'église, la vue plonge sur la plaine de l'Arve, face au débouché de la grande vallée affluente du Giffre.
Entre Mont-Saxonnex et Cluses, la route, après une vue sur la plaine de l'Arve, s'enfonce dans les bois. Elle n'en ressort que pour se joindre à la D 4 qui traverse les nombreuses agglomérations satellites de Cluses.

La Roche-sur-Foron pratique

Adresses utiles

Office du tourisme de la Roche-sur-Foron – *Pl. Andrevetan - 74800 La Roche-sur-Foron - ℘ 04 50 03 36 68 - www.larochesurforon.com - de mi-juin à mi-sept. : 9h-12h, 14h-18h30, sam. 9h-12h, 14h-17h30 ; reste de l'année : 8h30-12h, 14h-18h, sam. 8h30-12h - fermé dim. et j. fériés - 2ᵉ bureau Tour des Comtes de Genève - pl. St-François - ℘ 04 50 25 82 29 - juil.-août : 14h-18h30, w.-end 10h-12h ; mai-juin et sept. : w.-end 14h-18h30.*

Office du tourisme de Mont-Saxonnex – *294 rte de l'Église - 74130 Mont-Saxonnex - ℘ 04 50 96 97 27 - www.villagesdufaucigny.com - vac. scol. : tlj sf merc. et dim. 10h-13h, 14h-18h ; reste de l'année : tlj sf w.-end 10h-13h, 14h-18h.*

Visites

Visites du patrimoine rochois – *℘ 04 50 03 36 68 - visites guidées (1h30-2h) juil.-août mar. et w.-end 15h - mar. et sam. dép. de l'office de tourisme, dim. dép. de la Tour des Comtes de Genève - 5,50 € (6-16 ans 3,50 €).*

Se loger

⊖⊖ **Hôte Le Foron** – *ZI du Dragiez - ℘ 04 50 25 82 76 - www.hotel-le-foron.com - fermé 15 déc.-15 janv. et dim. soir - ᴾ - 26 ch. 63/65 € - ⊇ 7,50 €.*
Hôtel situé à la périphérie de La Roche-sur-Foron, première cité européenne équipée de l'éclairage électrique public (1885). Chambres fonctionnelles et insonorisées.

Que rapporter

Poterie – *À Évires, à 10 km au SO de La Roche-sur-Foron par la N 203 - ℘ 04 50 62 01 90 - www.poterie-savoie.com - visite guidée sur demande préalable - 5 € (enf. 4 €).* Un artisan potier présente plus de 2000 pièces anciennes de Savoie dont certains modèles datent du 12ᵉ s.

La Rosière-Montvalezan

CARTE GÉNÉRALE D3 – CARTE MICHELIN DÉPARTEMENTS 333 04 – SCHÉMA P. 435 – SAVOIE (73)

À la croisée des massifs français et italiens, La Rosière occupe l'un des plus beaux balcons de la Tarentaise. À gauche, le rocher de Bellevarde et le barrage de Tignes ; en face l'imposante masse du mont Pourri (3 779 m), l'aiguille Rouge, le sommet de Bellecôte. En contrebas, Bourg-St-Maurice, au pied du Beaufortain. Dans le lointain, les chaînes de la Lauzière et de Belledonne. Elle tire de sa position privilégiée de nombreux atouts dont un vaste domaine skiable.

- **Se repérer** – Sur la route du col du Petit St-Bernard (D 1090), à 20 km de Bourg-St-Maurice, ou par une route ponctuée de jolis villages (D 84 en direction de Montvalezan).
- **À ne pas manquer** – Le col du Petit St-Bernard et le jardin botanique.
- **Organiser son temps** – Un détour vers La Thuile, station valdotaine réputée dominée par le Ruitor (3 485 m) et son glacier.
- **Avec les enfants** – Le stage du P'tit montagnard *(voir encadré pratique)*.
- **Pour poursuivre la visite** – Voir aussi Bourg-St-Maurice, la Tarentaise.

Séjourner

La qualité de l'habitat et le respect des traditions ont fait la réputation de La Rosière. Elle a su conserver une cohérence architecturale au cours du développement de son vaste domaine skiable. L'atout premier de La Rosière est sa liaison avec La Thuile, ancien site minier valdotain superbement reconverti en station. Les deux localités partagent le vaste Espace San Bernardo. À 11 km au sud de La Rosière, **Montvalezan** abrite un bel ensemble paroissial constitué d'une église, d'une tour classée du 15e s. et d'une cure.

Les activités de l'été

À La Rosière, on peut pratiquer les activités habituelles : VTT, parapente, randonnée, etc. Des semaines à thème (pays, couleurs, nature et saveurs) vous invitent à participer à des ateliers de découverte et des visites guidées.

Le domaine skiable

À Montvalezan (dont le point culminant est le mont Valaisan : 2 888 m), des pistes bien enneigées et très ensoleillées ont été aménagées depuis 1960.

La Rosière fait partie de l'**Espace San Bernardo**. Vous aurez ainsi le plaisir de skier dans un vaste domaine international adapté à tous les niveaux et en plein développement. Des sommets du roc Noir, de la Traversette et du Belvédère ainsi que des pistes de San Bernardo et de la Tour, on a des **vues**★ superbes sur le massif du Mont-Blanc.

Circuit de découverte

Col du Petit St-Bernard★

8 km – schéma p. 435. Le col est généralement obstrué par la neige de fin octobre à fin mai.

La route, construite sous le Second Empire, est d'une incomparable douceur. La rampe, presque régulière, de 5 %, fait passer de l'altitude 904 (Séez) à 2 188 m.

Depuis le Moyen Âge, l'hospice hébergeait les voyageurs, qui préféraient s'y arrêter plutôt que d'affronter de terribles tourmentes de neige. En 1940 et en 1944-1945, l'enjeu de ce passage stratégique était prépondérant, et on s'y est combattu férocement. De nombreux vestiges ainsi que les dévastations causées aux bâtiments de l'hospice en témoignent. Plus loin, aussitôt avant le poste-frontière, se dresse la colonne de Joux. Ce monolithe, privé actuellement de sa base et de son chapiteau, portait, à l'époque romaine, une statue de Jupiter *(Jovis)*. Sur les pentes du col, à droite du chalet-hôtel de Lancebranlette, belle **vue**★ sur l'abrupt versant italien du mont Blanc, que surmonte l'aiguille Noire de Peuterey.

La Chanousia – ☏ 04 79 07 43 32 - *juil.-août et sept. en fonction de l'enneigement : 9h-13h, 14h-19h.* Fondé à la fin du 19e s. par le chanoine Chanoux qui souhaitait préserver le milieu naturel alpin, ce **jardin botanique** fut délaissé lors de la Seconde Guerre mondiale. Il comporte aujourd'hui un millier d'espèces végétales.

DÉCOUVRIR LES SITES

Ancien hospice du col du Petit St-Bernard.

Randonnée

Lancebranlette★★

Au départ du col du Petit Saint-Bernard - 4h à pied AR par un sentier de montagne souvent dégradé en début de saison estivale. S'équiper de chaussures de montagne. Pour de plus amples précisions sur l'itinéraire, on s'adressera au chalet de Lancebranlette.

Du chalet, monter en biais à gauche sur les pentes nord-ouest du col, en passant, au quart du parcours, par une construction isolée à mi-pente. Prendre pour point de visée les dents de scie caractéristiques d'une arête sur la gauche. Parvenu à un vaste cirque d'alpages et d'éboulis encadré à droite par une pointe qu'il faut éviter et à gauche par le vrai sommet de Lancebranlette, appuyer toujours à gauche pour trouver, après les éboulis, au sommet d'une croupe, le sentier qui zigzague jusqu'au sommet (alt. 2 928 m). Immense tour d'horizon offrant, en particulier, une vue remarquable sur le versant italien du mont Blanc *(table d'orientation)*.

La Rosière-Montvalezan pratique

Adresse utile

Office du tourisme de La Rosière-Montvalezan – *La Rosière Montvalezan - 73700 La Rosière-Montvalezan -* ℘ *04 79 06 80 51 - www.larosiere.net - déc.-avr. : 8h30-12h30, 13h30-19h, sam. 8h30-19h, dim. 8h30-12h30, 14h30-19h ; été : 9h-12h30, 13h30-19h, sam. 8h30-19h, dim. 9h30-12h30, 14h30-19h ; reste de l'année : tlj sf w.-end et j. fériés 8h30-12h, 14h-17h30.*

Transports

Pour connaître les conditions d'accès au col du Petit Saint-Bernard, se renseigner à l'office du tourisme de La Rosière ℘ 04 79 06 80 51 ou serveur vocal ℘ 04 79 37 73 37.

Se loger

⌂ **Camping La Forêt** – *La Rosière Montvalezan - 73700 La Rosière 1850 - sud : 2 km par D 1090, rte de Bourg-st-Maurice, chemin piétonnier reliant le camping au village -* ℘ *04 79 06 86 21 - www.campinglaforet.free.fr - ouv. 24 juin-16 sept. et 16 déc.-25 avr. - réserv. conseillée - 67 empl. 28 €.* Ce camping caravaneige agréablement situé au cœur d'une forêt d'épicéas et proche des pistes de ski sera le départ d'agréables randonnées en été. Location de mobile homes.

Sports & Loisirs

Évolution 2 – *Les chalets du Valaisan - 73700 Montvalezan -* ℘ *04 79 40 19 80 - www.evolution2.com/rosiere/aventurehiver.asp - traîneau : déc.-mai tlj sur réserv. et selon la météo - fermé mai-nov.* Ne confondez pas l'attelage de chiens avec une promenade en calèche. Même si un musher (pilote de traîneau) professionnel vous accompagne dans l'aventure, vous devrez faire équipe avec les chiens pour maîtriser ce moyen de transport original. En été, sans traîneau mais toujours avec un chien, découvrez la canirando !

Événement

Festival de musique – À la mi-août, **Vent d'Est** met à l'honneur la culture russe (concerts, projections de films, groupes folkloriques).

Rumilly

11 230 RUMILLIENS
CARTE GÉNÉRALE B3 – CARTE MICHELIN DÉPARTEMENTS 328 I5 – HAUTE-SAVOIE (74)

Capitale de l'Albanais, Rumilly est cerné de douces collines verdoyantes supplantées au loin par les Préalpes calcaires et le Parc naturel régional des Bauges. Les trois plus grands lacs de Haute-Savoie se trouvent à proximité. Placée au cœur d'une région économiquement active, cette campagne dévoile ses charmes le long des sentiers ou sur les rives des nombreuses rivières très appréciées des pêcheurs.

- **Se repérer** – De Chambéry, sortie Alby-sur-Chéran (22 km), puis D 3 (8,5 km). D'Annecy, 17 km par la D 16.
- **À ne pas manquer** – Le musée de l'Albanais ; la vallée du Fier.
- **Avec les enfants** – La base de loisirs.
- **Pour poursuivre la visite** – Voir aussi Chautagne, lac du Bourget, Annecy.

Se promener

Vieux quartiers

Les caprices de la géographie placent Rumilly sur le chemin des nations en conflit. Au fil du temps, Français, Espagnols, Autrichiens laissent la ville exsangue et la forteresse démantelée. Pourtant, le noyau ancien de la ville, autour de sa « halle aux blés » – le bâtiment actuel date de 1869 –, n'est pas dénué d'un certain cachet aristocratique : on y voit encore quelques hôtels du 16e s. *(14 r. d'Hauteville)* et du 17e s. *(8 pl. de l'Hôtel-de-Ville ou 18 r. Filaterie)*. Entourée de maisons à arcades, la place de l'Hôtel-de-ville est connue pour sa fontaine à cols de cygne.

Pont Édouard-André – En sortant de Rumilly par ce pont, vous serez charmé par un ensemble de vieilles maisons accrochées telles des patelles ou bernicles, au lit encaissé de la Néphaz.

Église Ste-Agathe – Réalisé en 1837 par l'architecte sarde Melano qui restaura Hautecombe, cet édifice présente une intéressante façade de style toscan flanquée d'un clocher du 12e s.

Chapelle N.-D.-de-l'Aumône – *Au bout de l'avenue de l'Aumône, en bordure du Chéran. 04 50 64 58 32 - 14h-18h.*
Cette chapelle du 13e s. a été très remaniée et agrandie au début du 19e s.

Musée de l'Albanais

Fermeture pour travaux. Réouverture prévue courant 2010, se renseigner au service culturel de la mairie 04 50 64 69 50.
Établi dans l'ancienne manufacture des tabacs, ce petit musée expose des documents et objets traditionnels relatifs à l'histoire de l'Albanais et de la Savoie depuis le 17e s. On suivra un « parcours historique » à travers l'arbre généalogique de la maison de Savoie avec portraits et biographies des princes.

Circuits de découverte

L'ALBANAIS★

Cette riche région agricole, autrefois spécialisée dans la culture du tabac, est constituée d'une dépression encadrée par les lacs du Bourget et d'Annecy. La variété des paysages et des loisirs offre un vaste choix pour la découvrir : en canoë dans les gorges du Chéran, à mains nues sur le site d'escalade de La Chambotte, en deltaplane au col du Sapenay, à pied ou en VTT dans le val du Fier…

Vallée du Chéran

Circuit de 40 km – une demi-journée au départ de Rumilly. Sortir au sud par la D 3.

Alby-sur-Chéran★

Ce bourg pittoresque était jadis entouré de sept châteaux dont celui de Montpon qui domine la localité. La ville qui comptait 300 cordonniers en 1880 fut longtemps une capitale de la cordonnerie. L'électricité arrive en 1888 grâce à l'installation d'une dynamo sur le Chéran. Tandis que la cordonnerie périclite, la Fonderie des Alpes ouvre ses portes en 1915. Elle arrête son activité en 1984.
Dans le vieux quartier, la **place du Trophée**★, de forme triangulaire, avec ses maisons anciennes dont les arcades, formant couverts, abritaient les cordonneries.

DÉCOUVRIR LES SITES

Les pierres de l'**église** N.-D.-de-Plainpalais conçue par M. Novarina (1960) furent taillées à la main. Elle possède un remarquable mur-vitrail (1978) réalisé par Alfred Manessier.

Le **musée de la Cordonnerie**, perpétue la mémoire de cette industrie. On y voit notamment des outils anciens introuvables aujourd'hui. *9 pl. du Trophée - ☏ 04 50 68 39 44 - www.mairie-alby-sur-cheran.fr - juil.-août : 10h-12h30, 14h30-18h30, juin et sept. : 10h-12h, 14h-18h - gratuit.*

Depuis le pont enjambant le Chéran, jolie vue sur le **site★** encaissé d'Alby.
Quitter Alby au sud par la D 3 vers Héry-sur-Alby.

La route suit la crête des collines offrant, de temps en temps, de belles échappées sur le cours du Chéran… Après Cusy, prenez à gauche la D 911, puis la D 31 vers le **pont de l'Abîme★**.

Il est possible de poursuivre la D 5 au sud, vers le vallon de Bellevaux, par Le Châtelard *(voir les Bauges p. 172)*.
Après avoir franchi le Chéran, prendre la D 5, à gauche, vers Gruffy.

Musée d'Histoire naturelle de Gruffy
À l'entrée du village, hameau les Choseaux.
☏ 04 50 77 58 60 - www.musee-nature.com - & - juil.-août : 14h-18h30 ; de mi-mars à fin juin et de déb. sept. à mi-nov. : tlj sf lun. et sam. : 14h-18h - fermé 1er nov. et 15 nov.-15 mars - 4,50 € (6-16 ans 3,50 €). Dans le cadre d'une ferme du 19e s., on découvre la vie traditionnelle savoyarde d'autrefois, ainsi qu'une collection d'animaux naturalisés.

Poursuivez par Viuz-la-Chiésaz que domine la longue arête boisée du **crêt de Châtillon** (alt. 1 699 m), point culminant de la montagne du Semnoz. Possibilité d'accéder au sommet *(décrit en excursion au départ d'Annecy)* en empruntant la D 141 jusqu'à Quintal, puis à droite la D 241 et encore à droite la D 41.
Par la D 38, gagner Marcellaz-Albanais avant de revenir à Rumilly par la D 16.

Vallée du Fier★
Circuit de 42 km – environ 2h.
Quitter Rumilly vers le nord-ouest par la D 31 en direction de Lornay.

Alby-sur-Chéran.

La route longe bientôt le Fier qu'elle franchit à St-André pour gagner **Clermont**, village bien ramassé sur sa butte, au-dessus de la dépression de l'Albanais.

Château de Clermont
☏ 04 50 69 63 15 - visite guidée (50mn, dernière entrée 1h av. la fermeture) juil.-août : 14h-19h ; mai-juin et sept. : w.-end 14h-19h - 5 € (– 12 ans gratuit).

Un étroit chemin goudronné donne accès aux bâtiments, propriété départementale après avoir été longtemps occupés par une exploitation rurale. Il faut entrer dans la cour d'honneur pour admirer les trois ailes de **galeries à double étage★** qui faisaient le principal ornement de ce palais Renaissance, élevé à même le roc, de 1575 à 1577, par un riche prélat, Gallois de Regard.

L'aile sud, percée d'un majestueux portail, est flanquée de deux tours carrées. De sa galerie supérieure, la seule non couverte, **vue** sur la campagne albanaise, Rumilly restant invisible derrière un pli de terrain.

À l'intérieur, on visite plusieurs salles décorées avec une belle collection de meubles et les caves (dont une à arcades). Des expositions temporaires sont régulièrement organisées.
Revenir à St-André, à l'entrée amont du val du Fier (vers Seyssel). Prendre la route peu avant une usine à gauche.

Val du Fier★ *(voir la Chautagne)*
Faire demi-tour à la sortie du val du Fier, toute proche du confluent du Fier et du Rhône, et reprendre la direction de Rumilly jusqu'à Vallières. Là, prendre à gauche vers Hauteville, puis la D 3 jusqu'à Vaulx.

RUMILLY

Jardins secrets

Lagnat-Vaulx. ℘ 04 50 60 53 18 - www.jardins-secrets.com - ♿ - visite guidée (1h15-2h) de mi-juil. à fin août : 10h30-18h ; de mi-juin à mi-juil. et 25 août-7 sept. : 13h30-18h ; 6 avr.-15 juin : w.-end et j. fériés 13h30-18h, sem. sur demande préalable ; 8 sept.-12 oct. : dim. 13h30-18h, sem. sur demande préalable - 7,50 € (6-16 ans 4 €).

Un petit vent du sud souffle sur ces jardins et leurs fontaines, leurs patios, leurs pergolas… On se croirait sous les cieux de l'Andalousie ou dans les jardins d'un palais médiéval. Cet espace en constante évolution change chaque année et se revisite donc à l'envi.

Jardins secrets.

Faire demi-tour et rentrer à Rumilly par la D 3.

Rumilly pratique

♿ Voir aussi l'encadré pratique des Bauges.

Adresses utiles

Office du tourisme de l'Albanais – 4 pl. de l'Hôtel-de-Ville - 74150 Rumilly - ℘ 04 50 64 58 32 - www.albanais74-tourisme.com - juil.-août : 9h-12h30, 14h30-18h30, sam. 9h-12h30 ; reste de l'année : 8h30-12h, 14h-18h, sam. 8h30-12h - fermé dim., 25 déc.-1er janv.

Point Information d'Alby-sur-Chéran – Musée de la Cordonnerie - 74540 Alby-sur-Chéran - ℘ 04 50 68 39 44 - www.albanais74-tourisme.com - juil.-août : 10h-12h30, 14h30-18h30 ; juin et sept. : 10h-12h, 14h-18h ; reste de l'année : se renseigner - fermé dim. et lun.

Visites

Visites guidées de Rumilly et d'Alby-sur-Chéran en juil.-août - *renseignements et inscription (obligatoire) à l'office du tourisme de l'Albanais ℘ 04 50 64 58 32 - www.albanais74-tourisme.com.*

Se loger

⊖⊖ **Hôtel de la Poste** – 17 r. Charles-de-Gaulle - ℘ 04 50 01 28 61 - fermé 3 sem. fin sept.-déb. oct., dim. soir et sam. - 14 ch. 48 € - ⊇ 7 € – rest. 14/26 €. Au cœur de la ville, ce bâtiment chargé d'histoire (la partie la plus ancienne date du 13e s.) abrite un hôtel-restaurant plein de ce charme ancien que l'on dit en voie de disparition. Une salle à manger dotée d'une décoration d'un autre temps et, à l'arrière, une adorable terrasse à l'ombre des marronniers.

⊖⊖ **Chambre d'hôte La Ferme sur les Bois** – Le Biolley - 74150 Vaulx - 12 km au nord d'Annecy par D 1508, puis D 17 et D 3 - ℘ 04 50 60 54 50 - www.la-ferme-sur-les-bois.fr - 4 ch. 56 € - ⊇ - repas 23 €. Isolée en moyenne montagne, cette ferme du 19e siècle vous accueille au calme de ses chambres d'hôtes. Dès que le temps le permet, des balades en calèches sont organisées sur réservation.

⊖⊖⊖ **Chambre d'hôte Les Bruyères** – 359 rte de Mercy - 74540 St-Félix - ℘ 04 50 60 96 53 - www.les-bruyeres.fr - 4 ch. et 1 gîte 90 € ⊇ - rest. 19/35 €. Accueil chaleureux, calme et confort donnent envie de s'attarder dans cette ravissante ferme rénovée aux couleurs du Sud. Belle décoration personnalisée, suites immenses, jolie vue sur la vallée depuis la terrasse et parc invitant à la promenade.

Se restaurer

⊖ **L'Arcadie** – 8 pl. du Trophée, dans le vieux bourg - 74540 Alby-sur-Chéran - ℘ 04 50 68 15 78 - eric.berthier@wanadoo.fr - fermé sam. midi, dim. et lun. soir., dernière sem. de juin et dernière sem. d'août, dim. et lun. - réserv. obligatoire - 11/38 €. Une cuisine traditionnelle qui ne connaît que les produits frais, des plats artistiquement présentés, un service efficace et un intérieur rénové avec goût : pas étonnant que la formule fasse recette !

⊖⊖ **Boîte à Sel** – 27 rue du Pont-Neuf - ℘ 04 50 01 02 52 - fermé 20 juil.-15 août, dim. soir et lun. soir - 22/29 €. Ce restaurant de la petite capitale de l'Albanais propose un décor volontairement épuré et une cuisine traditionnelle. Accueil aimable.

⊖⊖ **Auberge de la Cave de la Ferme** – R. du Grand-Pont - 74270 Frangy - A 40 sortie n° 11, dir. Frangy - ℘ 04 50 44 75 04 - fermé 25 juin-15 juil., dim. et lun. - 14,70 €. Depuis 1957, la famille Lupin élève des vins de Savoie (rousette, mondeuse) et fabrique du marc. Côté cuisine, la tendance est également régionale avec quelques incontournables spécialités fromagères et charcutières qui se dégustent dans un sobre cadre rustique.

363

DÉCOUVRIR LES SITES

Sports & Loisirs

Base de loisirs – ☏ 04 50 01 05 89 – ouv. mai-sept. Aménagée autour du plan d'eau, cette base de loisirs offre calme et détente à toute la famille, avec ses grands espaces verts, sa baignade surveillée et ses jeux pour enfants. Mais que les sportifs se rassurent : VTT, randonnées, canoës et kayaks les attendent, sur le même site ou dans les proches environs.

Takamaka Sports-Nature – 23 fg Ste-Claire - 74540 Alby-sur-Chéran - ☏ 04 50 45 60 61 - www.takamaka.fr - tlj sf w.-end 9h-12h, 14h-18h ; juil.-août : tlj 9h-19h. Pour réserver en sais., s'adresser à la société Alpes-Sports-Nature-Takamaka, 23 fg Ste-Claire, 74000 Annecy. ☏ 04 50 45 60 61.

Événement

Fête des vieux métiers – 1er sam. d'oct. Vous y découvrirez les vieux métiers d'autrefois.

Saint-Geoire-en-Valdaine

1 979 SAINT-GEOIRIENS
CARTE GÉNÉRALE B4 – CARTE MICHELIN DÉPARTEMENTS 333 G5 – ISÈRE (38)

Aux 15e et 16e s., les seigneurs de Clermont bâtirent leur château sur le roc qui surplombe St-Geoire dans le verdoyant pays de Valdaine. Depuis, plusieurs artistes régionaux ont exercé leurs talents en ce lieu, dans l'église comme au château voisin de Longpra, résidence d'un conseiller au parlement du Dauphiné.

- **Se repérer** – En bordure de la D 82, St-Geoire est accessible par les D 1075 et D 1006 qui l'encadrent au départ de Grenoble (via Voiron) et Chambéry.
- **À ne pas manquer** – Le château de Longpra, typiquement dauphinois.
- **Organiser son temps** – Situé à quelques kilomètres, le lac de Paladru (décrit dans le Guide Vert Lyon Drôme Ardèche) est un agréable site de baignade.
- **Pour poursuivre la visite** – Voir aussi la Chartreuse, Grenoble, Chambéry.

Visiter

St-Geoire est la patrie d'un maréchal de France : il s'agit de **Guillaume Dode de La Brunerie** (1775-1851) qui a participé aux grandes campagnes de Napoléon et s'est illustré comme brillant spécialiste des fortifications au point d'être surnommé le « Vauban des temps modernes ».

Église

Cet intéressant édifice des 12e-15e s. possède un portail sculpté du 16e s. À l'intérieur, voyez les magnifiques **stalles★** Renaissance, ornées de médaillons d'un réalisme saisissant, caricatures sans complaisance de contemporains, selon la tradition.

Château de Longpra★

À la sortie ouest du bourg. ☏ 04 76 07 63 48 - www.longpra.com - visite guidée du château (45mn) juil.-août : 14h-18h ; mai-juin et sept.-oct. : w.-end et j. fériés 14h-18h - 7 € (10-18 ans 4 €), 4,50 € visite libre des jardins. Voir illustration dans Comprendre la région, au chapitre de l'ABC d'architecture.

Ancienne maison forte du 13e s., le château a été aménagé entre 1750 et 1789 en résidence pour Pierre-Antoine de Longpra, conseiller au parlement du Dauphiné. L'architecture extérieure plutôt discrète en fait le type même des demeures dauphinoises. Les douves d'origine ont été transformées en plan d'eau, le système de murs et terrassements défensifs ayant été remplacé au 18e s. par des parterres à la française sobrement organisés.

L'intérieur, qui a conservé sa délicate décoration d'inspiration italienne du 18e s., a bénéficié du concours des meilleurs artisans régionaux de l'époque : Hache, Froment, Rougemont. Les parquets et les huisseries sont l'œuvre des **Hache**, célèbres ébénistes grenoblois. Remarquez la décoration de la chapelle, de la salle à manger et du salon dit de « compagnie d'été » (100 m^2). Dans les anciennes menuiseries et la magnanerie, on peut voir les outils ayant servi aux artisans, maîtres d'œuvre de la rénovation du 18e s. (importante collection de gouges et ciseaux à bois datant des 18e s. et 19e s.). Après la visite de cette « perle du Dauphiné », une petite promenade s'impose dans le parc qui a conservé de très beaux arbres.

SAINT-GERVAIS-LES-BAINS

Saint-Geoire-en-Valdaine pratique

Adresse utile

Office du tourisme du pays voironnais – 30 cours Becquart-Castelbon - 38500 Voiron - ℘ 04 76 05 00 38 - www.paysvoironnais.info - 9h-12h, 14h-18h - fermé dim., j. fériés et lun.

Se restaurer

⊜⊜ **Au Chalet Gourmand** – *Au sud du bourg, près de la D 82* - ℘ 04 76 07 11 34 - 🖃 - 13 € déj. - 22 €. On comprend rapidement que le propriétaire (et aussi chef) de ce restaurant ne mise pas sur une décoration extraordinaire : il préfère passer plus de temps aux fourneaux. On salue son choix tant pour la qualité honorable de la cuisine que pour la douceur des prix. Une adresse sans prétention, bien sympathique.

Excursion

Lac de Paladru – À mi-chemin entre St-Geoire et Voiron, le lac de Paladru fut un haut lieu de la préhistoire *(décrit dans le Guide Vert Lyon Drôme Ardèche)*. Le musée des Trois Vals en retrace l'aventure.

Mais c'est aussi une base de loisirs majeure de la région avec pas moins de six plages surveillées, location de bateau, pêche, etc.

Renseignements au bureau d'accueil du lac de Paladru - r. des Bains - 38850 Charavines - ℘ 04 76 06 60 31 - www.paysvoironnais.info.

Saint-Gervais-les-Bains★

5 276 SAINT-GERVELAINS
CARTE GÉNÉRALE C3 – CARTE MICHELIN DÉPARTEMENTS 328 N5 –
SCHÉMA P. 326 – HAUTE-SAVOIE (74)

Lancée avec succès au début du 19e s. grâce à ses eaux thermales, St-Gervais est renommée pour son climat riant et son superbe site. Vous y goûterez au plaisir des excursions car c'est un excellent point de départ pour la découverte du massif du Mont-Blanc. L'alpiniste qui tente l'ascension du plus haut sommet français par sa voie royale part du cœur de St-Gervais avec le tramway du Mont-Blanc. Entre Megève et Chamonix, la situation de St-Gervais avec ses satellites d'altitude du Bettex, de « Voza-Prarion » et de St-Nicolas-de-Véroce, en fait aussi une grande station de sports d'hiver.

▶ **Se repérer** – La commune de St-Gervais s'étend sur les contreforts sud et ouest du Mont-Blanc, de la plaine du Fayet (580 m) au Bettex (1 400 m). L'établissement des thermes se situe au Fayet, à la sortie de l'autoroute (n° 21, A 40), mais le village de St-Gervais (850 m) à 4 km par la D 902.

👁 **À ne pas manquer** – Le sentier du Baroque pour sa vocation patrimoniale et les paysages traversés. Attention : le suivre dans sa totalité vous prendra près de 8h.

🕒 **Organiser son temps** – Pour rejoindre le Plateau d'Assy, il vous faudra traverser la vallée de l'Arve et gagner le versant sud du massif des Aiguilles-Rouges. Prévoyez une journée supplémentaire pour profiter du site de Plaine-Joux et du lac Vert.

👥 **Avec les enfants** – Par mauvais temps, la vaste patinoire de St-Gervais est un refuge idéal ; la base de loisirs du Pontet aux Contamines-Montjoie.

🌿 **Pour poursuivre la visite** – Voir aussi Chamonix-Mont-Blanc, massif du Mont-Blanc, Megève.

Église de Saint-Gervais-les-Bains.

DÉCOUVRIR LES SITES

ST-GERVAIS-LES-BAINS

SE LOGER

Arbois-Bettex (Hôtel)	①
Chemenaz (La)	⑤
Deux Gares (Hôtel des)	⑦
Val d'Este (Hôtel)	⑩

SE RESTAURER

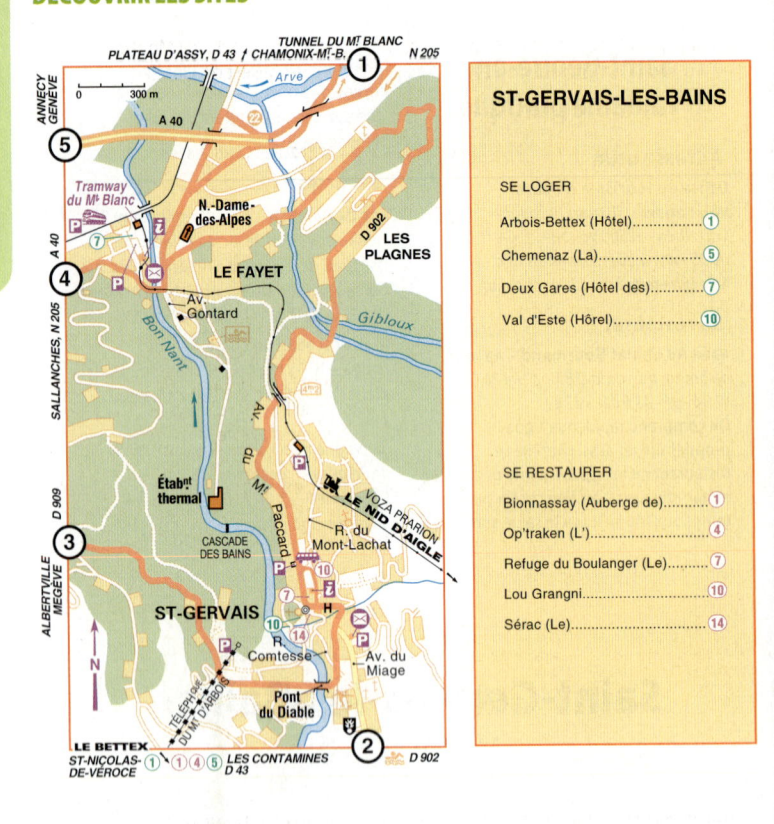

Bionnassay (Auberge de)	①
Op'traken (L')	④
Refuge du Boulanger (Le)	⑦
Lou Grangni	⑩
Sérac (Le)	⑭

Séjourner

LE FAYET (580 m)

Au fond du bassin de Sallanches, les vastes étendues herbeuses du Fayet ont tendance à disparaître au profit de centres commerciaux drainant toutes les vallées alentour. L'**établissement thermal** est situé à la sortie des gorges du Bon Nant, au fond d'un parc agrémenté par une jolie cascade. Le parc mérite à lui seul une promenade aux heures chaudes de l'été. Les eaux, exploitées depuis 1820, sont réputées pour leur efficacité en dermatologie et sur les pathologies des voies respiratoires.

Église N.-D.-des-Alpes – Construite en 1938 par l'architecte Novarina, qui a conçu également l'église d'Assy, elle cache derrière la rudesse apparente de son granit gris, la luxuriance des vitraux d'Alexandre Cingria.

ST-GERVAIS (850 m)

Tout se trame autour de son église, sur les derniers versants adoucis du val Montjoie et au-dessus de la faille boisée où coule le Bon Nant. Cette situation géographique singulière a déterminé le développement urbain du village, dont le centre est ramassé sur un petit plateau dominant la vallée de l'Arve, tandis que ces nombreuses rues s'étirent le long d'interminables côtes. Les anciens palaces affichent de spectaculaires façades Arts déco. Ne manquez pas à l'entrée de Saint-Gervais le vaste bâtiment de brique rouge à votre gauche.

> **Le nom**
>
> Du latin *Gervasius*, saint romain qui fut martyrisé sous le règne de Néron avec son frère Protais. Son nom fut attribué à de nombreuses cités en Auvergne et en Savoie, où son culte est très présent.

Église Saint-Gervais – L'église de 1697 a été bâtie par un maître maçon du val Sesia, comme nombre d'églises de la région. Sa façade est très significative de l'art baroque savoyard : scènes peintes et portraits cernent un portail à fronton interrompu surmonté de trois fenêtres accolées.

Pont du Diable – Il enjambe d'une façon endiablée la gorge boisée du Bon Nant. Vers l'amont, la vue est dégagée sur le mont Joly, le mont Tondu et sur les dômes

SAINT-GERVAIS-LES-BAINS

de Miage, dont les bosses neigeuses forment le décor typique du val Montjoie ; vers l'aval, échappée sur les escarpements des Fiz (pointe et désert de Platé).

Circuits de découverte

La carte des circuits et de nombreuses randonnées se trouvent dans le chapitre Massif du Mont-Blanc.

ROUTE DU PLATEAU D'ASSY★★ 2
De Passy à Plaine-Joux, 12 km, environ 1h30.

Passy★
Cette agréable station familiale, déjà prisée par les Romains alors installés entre deux peuplades celtes, offre de très belles vues sur le massif du Mont-Blanc.

Depuis 1973, la « **route de la Sculpture contemporaine** » qui conduit au Plateau d'Assy présente des œuvres monumentales de 24 artistes dont Féraud, Calder, Gardy-Artigas, etc. Les sanatoriums des années 1930 sont regroupés au Plateau d'Assy. Ces établissements, reconvertis pour la plupart, à l'architecture avant-gardiste, ont été conçus par des architectes renommés comme Pol Abraham et Henri-Jacques Le Même.

La D 43 s'élève sur des replats de plus en plus boisés, exposés plein sud. Le versant que la route gravit au départ de Passy étant découvert, les vues se dégagent sur les sommets de la vallée de Chamonix, qui apparaissent à gauche de la bosse boisée de Tête Noire.

Tapisseries de Jean Lurçat dans l'église Notre-Dame-de-Toute-Grâce.

Plateau d'Assy
Église Notre-Dame-de-Toute-Grâce★ – ☏ 04 50 58 80 61 - vac. scol. : 9h-12h, 14h-18h, dim. 9h-12h, 15h-18h ; reste de l'année : tlj sf dim. 9h-12h, 14h-18h - fermé 1er et 8 Mai, 1er et 11 Nov.

Parmi les sanctuaires du 20e s., elle constitue, surtout par sa décoration, une sorte de manifeste qui ne laissera aucun visiteur indifférent *(voir p. 99)*. L'édifice, élevé de 1937 à 1945 et consacré en 1950, est dû à l'architecte Maurice **Novarina** qui, s'inspirant de l'habitat alpin, a bâti un vaisseau trapu, dominé par un campanile de 29 m.

Pour la **décoration★★** extérieure et intérieure, le chanoine Devémy a fait appel à de grands noms de l'art contemporain estimant que « l'art dans son expression la plus forte a quelque chose de sacré ». **Fernand Léger** a exécuté la mosaïque éclatante de la façade, tandis que, à l'intérieur, **Jean Lurçat** a orné le chœur d'une vaste tapisserie sur le thème de la Femme victorieuse du dragon de l'Apocalypse. **Bazaine** a conçu les vitraux éclairant la tribune, **Georges Rouault** ceux des fenêtres s'ouvrant au revers de la façade *(sa Véronique se trouve dans la chapelle latérale gauche)*.

Devant le maître-autel est dressé le Christ en bronze de Germaine **Richier**, œuvre passionnément controversée à sa création. Des œuvres de **Bonnard**, **Matisse**, **Braque**, **Chagall**, **Lipchitz** sont également visibles.

Faire le tour extérieur et descendre, au chevet, dans la crypte pourvue de vitraux de Marguerite **Huré** et d'une *Cène* de Kijno.

367

DÉCOUVRIR LES SITES

à l'arrivée sur le Plateau d'Assy, on voit pointer l'aiguille Verte derrière le Brévent. Du Plateau d'Assy à Plaine-Joux, la route s'enfonce sous bois.

Plaine-Joux

Au centre de cette petite station aménagée pour le ski (et les parapentistes), visitez l'exposition permanente et interactive sur l'histoire des paysages passerands au chalet-accueil de la **réserve naturelle de Passy** ✆ 04 50 58 80 17 (mairie) - vac. scol. : 10h30 à 17h ; reste de l'année : w.-end 13h30 à 17h - visites guidées, diaporamas, ateliers nature, etc - gratuit. La réserve couvre 2 000 ha dans la zone de contact entre les massifs cristallins et calcaires. On y a répertorié 530 espèces végétales et réintroduit récemment un couple de gyapètes barbus, spectaculaire rapace des Alpes.

À proximité du chalet, un sentier Grand-Père Nature à découvrir en famille avec les plus petits.

Au-delà de Plaine-Joux, on gagne un plateau d'alpages ; à l'opposé, la **vue**★★ est très rapprochée sur les murailles des Fiz et l'immense talus d'éboulis du Dérochoir.

Lac Vert★

Comme son nom l'indique le lac, encadré de sapins, a des reflets d'un vert profond. Les escarpements des Fiz, ici étrangement feuilletés, le dominent. On peut en faire le tour (15mn à pied). Attention, toutefois, ce lac est très fréquenté.

LE BETTEX ET LA CORNICHE DU VAL MONTJOIE★★ 3

20 km. Prendre la D 909 (route de Megève), puis la D 43 à gauche en direction du Bettex. On peut aussi accéder au Bettex par le téléphérique au départ de St-Gervais.

Le Bettex

Vues très variées sur les chaînes du Mont-Blanc, des Fiz et des Aravis.

L'excursion peut être prolongée par la montée en téléphérique du Bettex au **mont d'Arbois**★★★ (alt. 1 827 m – *table d'orientation*). Magnifique tour d'horizon sur les Aravis, les Fiz et le Mont-Blanc. ✆ 04 50 93 11 87 - St-Gervais-Le Bettex : de la 3e sem. de juin à 1re sem. de sept. et de mi-déc. à mi-avr. 9h-12h30, 14h-18h ; Le Bettex-Mt d'Arbois : 9h15-12h45, 14h-17h45 (15mn, ttes les 30mn) - St-Gervais-Mt d'Arbois 14,15 € AR, Le Bettex-Mt d'Arbois 8,90 € AR.

Par la D 343, rejoindre la D 43 en direction de St-Nicolas-de-Véroce.

Saint-Nicolas-de-Véroce

Le village jouit d'une admirable **situation**★★ de balcon face à la chaîne du Mont-Blanc. Les chapelles des Plans et des Chattrix valent un détour.

Église – Son style est hésitant. Entre les derniers feux du baroque et le néoclassicisme sarde du 19e s., architectures, motifs décoratifs et mobilier sont d'une remarquable facture. Le monumental retable d'autel baroque situé au fond du chœur s'abrite sous une voûte peinte illustrant la légende de saint Nicolas. Plus discret, mais remarquable, l'autel des âmes du Purgatoire aux petites scènes fort expressives. Dans le **trésor**, des pièces d'orfèvrerie et des ornements précieux voisinent avec des œuvres plus frustes, témoins de la ferveur populaire. ✆ 04 50 93 20 63 - se renseigner pour les horaires à l'office de tourisme

De St-Nicolas, poursuivre vers Le Planey.

Du lacet précédant Le Planey se découvre le **panorama**★★ de tout le val Montjoie, avec les montagnes qui le ferment (mont Tondu, aiguilles de la Pennaz et de Roselette).

Revenir à St-Nicolas et prendre la route du plateau de la Croix.

Plateau de la Croix – Laisser la voiture à proximité du chalet « L'Étape » et gagner à pied la croix. Le **panorama**★★ embrasse, outre le mont Blanc, les aiguilles du Bionnassay, le massif du Miage, la chaîne des Fiz (aiguille de Varan) et les aiguilles de Chamonix.

LE VAL MONTJOIE★ 4

De St-Gervais à N.-D.-de-la-Gorge. 16 km – environ 45mn. Quitter St-Gervais par la D 902 (route des Contamines).

Tout comme la Maurienne et la Tarentaise, cette vallée abrite un bel ensemble d'églises et de chapelles à la décoration intérieure baroque contrastant avec la sobriété de leur façade.

Après Bionnay, un « étroit » boisé ouvre l'accès du bassin des Contamines dont on commence à découvrir le décor montagneux : à droite de la dépression du col du Bonhomme pointent l'aiguille de la Penaz et, plus rapprochée, l'aiguille de Roselette.

Gorges de la Gruvaz

Lieu-dit la Gruvaz. 1,5 km de St-Gervais en direction des chalets de Miage à partir de la D 902, à gauche. Attention : passerelles à franchir dans la première moitié du par-

SAINT-GERVAIS-LES-BAINS

cours, sentier escarpé et glissant dans la seconde moitié. 04 50 47 01 58 - visite libre juil.-sept. - fermé en hiver et selon les risques d'éboulement.

On aboutit à un **belvédère★** d'où se découvre la fissure amont, formant un V parfait, de la gorge entaillée dans les roches schisteuses où vous verrez bel et bien les chutes du torrent, descendu du glacier de Miage.

Les Contamines-Montjoie★

Le développement de la station ne s'est affirmé qu'après la Seconde guerre mondiale. Sa sérénité en fait l'un des lieux de séjour les plus agréables et les plus reposants du massif du Mont-Blanc.

Église de la Sainte-Trinité – La date de la construction (1759) se lit sur les quatre tirants de fer forgé insérés aux angles des murs. Un profond avant-toit ombre la façade rythmée par des pilastres, des niches, une serlienne et un fronton de tuf interrompu, aux douces couleurs ambrées. L'auvent et les cartouches sont peints.

Poursuivre la D 902 sur 4 km jusqu'au terminus de la route.

Notre-Dame-de-la-Gorge – Ce sanctuaire de pèlerinage *(15 août et 1ʳᵉ sem. de sept.)*, aux origines vénérables, est érigé dans un très beau fond de vallée boisé. Quinze oratoires dévolus au culte marial (1728) jalonnent l'allée ombragée menant à l'église. Sur la façade, deux cartouches stuquées et une bannière tenue par deux anges portent des inscriptions latines. La décoration intérieure de la chapelle est l'un des meilleurs témoignages de l'art baroque en Haute-Savoie. Le maître-autel (1707), avec son **retable** à colonnes torses, est la pièce capitale de cet ensemble très homogène.

Randonnées

AU DÉPART DES CONTAMINES-MONTJOIE

La station constitue un exceptionnel **centre de promenades et de courses en montagne**. Les grandes ascensions se font de préférence au départ de l'hôtellerie de Tré-la-Tête. Les simples promeneurs trouveront quelques-uns des plus beaux sentiers de randonnée des Alpes. Les amateurs de faune et flore pourront faire une escapade dans la réserve naturelle des Contamines-Montjoie pour admirer les tourbières du plateau de La Rosière *(se renseigner à l'office du tourisme des Contamines).*

Chapelle de Notre-Dame-de-la-Gorge aux Contamines-Montjoie.

La **base de loisirs du Pontet** aménagée autour d'un petit plan d'eau est appréciable en fin de journée et particulièrement bien conçue pour les enfants.

Lacs Jovet★

Alt. 2 174 m. *5h à pied AR de Notre-Dame-de-la-Gorge. Dénivelée 1 000 m.*
Cet itinéraire bien balisé se fait en grande partie sur le Tour du Mont-Blanc (TMB), au sein de la réserve naturelle des Contamines. La lumière dans les lacs, encadrés par les monts Jovet, le mont Tondu, le col du Bonhomme et les aiguilles de la Pennaz, est assez magique.

Le Signal★

Alt. 1 850 m *04 50 47 02 05 - www.lescontamines.net - juil.-août : télécabine de la Gorge 8h45-17h30, télécabine du Signal 9h-12h15, 13h30-17h (20mn, en continu) - 11 € (5-15 ans 8,20 €) AR.*
Accès par les télécabines de la Gorge et du Signal. On vous signale donc une vue remarquable sur les dômes de Miage et le massif de Tré-la-Tête. Plus à gauche, dans le fond de la vallée, on reconnaît la chaîne des Fiz.

Saint-Gervais-les-Bains pratique

Adresses utiles

Office du tourisme de St-Gervais – *43 r. du Mont-Blanc - 74170 St-Gervais-les-Bains - ℘ 04 50 47 76 08 - www.st-gervais.net - juil.-août et sais. d'hiver : 9h-12h, 14h-19h ; reste de l'année : 9h-12h, 14h-19h - fermé dim. et j. fériés (hors sais.).*

Accueil du Fayet – *104 av. de la Gare - 74190 Le Fayet - ℘ 04 50 93 64 64 - sais. : 9h-12h, sam. 9h-12h, 14h-18h - fermé dim.*

Accueil de St-Nicolas-de-Véroce – *4054 rte de St-Nicolas - 74190 St-Nicolas-de-Véroce - ℘ 04 50 93 20 63 - de mi-juin à mi-sept. et de mi-déc. à mi-avr. : 9h-12h, 16h-19h, dim. 14h-18h - fermé lun. (juil.-août).*

Office du tourisme de Passy – *35 pl. du Dr-Joly - 74190 Passy - ℘ 04 50 58 80 52 - vac. scol. : 9h-12h, 14h-18h, dim. 9h-12h, 15h-18h ; reste de l'année : tlj sf dim. 9h-12h, 14h-18h - fermé 1er et 8 Mai, 1er 11 Nov.*

Office du tourisme des Contamines-Montjoie – *18 r. de N.-D.-de-la-Gorge - 74170 Les Contamines-Montjoie - ℘ 04 50 47 01 58 - www.lescontamines. com - de fin juin à déb. sept. et de fin déc. à fin avr. : 9h-12h, 14h-19h ; reste de l'année : tlj sf dim. et j. fériés 9h-12h, 14h-18h.*

Se loger

⊜ **Hôtel des Deux Gares** – *74190 Le Fayet - ℘ 04 50 78 24 75 - www.hotel2gares.com - fermé 23 avr.-1er Mai, 24 sept.-1er oct. et 29 oct.-17 déc. -* 🅿 *- 28 ch. 52/54 € -* ⊇ *8 € - rest. 14 €.* Face à la gare de départ du fameux tramway du Mont-Blanc. Petites chambres sobres ; celles de l'annexe sont joliment ornées de boiseries sculptées. Belle piscine couverte.

⊜⊜ **Hôtel Val d'Este** – *Pl. de l'Église - ℘ 04 50 93 65 91 - www.hotel-valdeste. com - fermé 10-17 mai et 8 nov.-18 déc. - 14 ch. 52/88 € -* ⊇ *8 €.* Au cœur de la station, bordant une ravine, hôtel dont la façade pimpante abrite des chambres bien insonorisées et progressivement rénovées.

⊜⊜⊜ **Hôtel Arbois-Bettex** – *Au Bettex - ℘ 04 50 93 12 22 - www.hotel-arboisbettex. com - fermé 16 avr.-30 juin et 31 août-19 déc. -* 🅿 *- 33 ch. 105 € -* ⊇ *12 € – rest. 28/38 €.* Superbe vue sur le massif du Mont-Blanc depuis ce chalet situé au bord des pistes, à côté des télécabines. Chambres fonctionnelles. Salon décoré à l'autrichienne. Grillades et rôtis à midi ; plats savoyards au dîner. Terrasse exposée plein sud.

⊜⊜⊜ **La Chemenaz** – *Près de la télécabine du Lay - 74170 Les Contamines-Montjoie - ℘ 04 50 47 02 44 - www.chemenaz.com - ouv. 15 juin-15 sept. et 15 déc.-15 avr. -* 🅿 *- 39 ch. 100/160 € -* ⊇ *10 €.* Face à la télécabine du Lay, Chalet moderne aux chambres lumineuses, revues à la mode savoyardes et bien équipées (séchoir à chaussures de ski). La « Trabla » (étagère à fromage en patois savoyard), table chaleureuse avec une cheminée centrale, propose des plats fumés maison.

Se restaurer

⊜ **Le Refuge du Boulanger** – *85 av. du Mont-Paccard - ℘ 04 50 93 61 29 - fermé mar. hors sais. - 10,50 €.* Ce salon de thé-boulangerie est situé à deux pas de l'office de tourisme. Dans un décor de bois et de briquettes, vous y savourerez plats du jour, salades, sandwiches, quiches, tartines, crêpes, spécialités fromagères ainsi que de délicieuses pâtisseries.

⊜ **L'Op'traken** – *387 rte de Notre-Dame-de-la-Gorge - 74170 Les Contamines-Montjoie - ℘ 04 50 47 03 93 - loptraken@wanadoo.fr - fermé de mi-mai à mi-juin et de fin sept. à fin oct. - 13/35 €.* Ce chalet aux balcons fleuris vous accueille dans ses deux salles à manger de style rustique ou sur sa terrasse si le temps le permet. N'hésitez pas à opter pour le menu randonneur (nommé skieur en hiver), d'un très bon rapport qualité-prix.

⊜⊜ **Auberge de Bionnassay** – *3084 rte de Bionnassay - 3,5 km au sud de St-Gervais-les-Bains dir. Les Contamines puis Bionnay - ℘ 04 50 93 45 23 - fermé oct.-mai, lun. en juin et sept. - 17/32 €.* Située à la croisée des chemins, cette ferme-auberge de 1810 est l'étape idéale pour les randonneurs, été comme hiver. Dans un intérieur chaleureux, agrémenté d'une petite écurie, retrouvez le charme de la vie montagnarde des siècles passés.

⊜⊜ **Le Sérac** – *22 r. Comtesse - ℘ 04 50 93 80 50 - fermé jeu. midi et merc. sf du 16 juil. au 20 août, 9 nov.-4 déc. et 24 déc.-18 mars - 18/62 €.* Cuisine mariant habilement saveurs régionales et méditerranéennes, avec les sommets en toile de fond. Les amateurs de chocolat seront séduits par la carte des desserts !

⊜⊜⊜ **Lou Grangni** – *50 r. de la Vignette - sortie autoroute Le Fayet, dir. St-Gervais-les-Bains - ℘ 04 50 47 76 39 - fermé 15 mai-15 juin, 15 nov.-15 déc. et mar. hors sais. - 26,50/49 €.* Derrière la façade de bois de ce restaurant du centre-ville, le cuisinier officie sous vos yeux. Pour découvrir les plats régionaux ou pour un repas plus classique, installez-vous dans l'une des alcôves de l'arrière-salle et oubliez les calories ! Allergiques aux odeurs de fromage : préférez la terrasse !

Sports & Loisirs

Les Thermes de St-Gervais – *74190 Le Fayet - ℘ 04 50 47 54 54 - www.thermes-st-gervais.fr.* Les thermes de St-Gervais-les-Bains proposent, en plus de la cure traditionnelle, la balnéothermale de

SAINT-JEAN-DE-MAURIENNE

montagne et l'institut de beauté. Des formules bien-être pour tous au cœur du Mont-Blanc.

👁 **Bon à savoir** – Le site de Plaine-Joux (Passy) autorise le vol de parapente et deltaplane toute l'année. Deux écoles dispensent sur place les rudiments et proposent des baptêmes à partir de 70 €.

Événements

Fête des guides – *Dans la 1re quinz. d'août à St-Gervais.*

Salon du livre de montagne – Il se tient en août à Passy et réunit tous les éditeurs français et européens spécialisés dans l'édition de montagne (beaux-livres, topos, patrimoine, etc.).

Saint-Jean-de-Maurienne ★

8 902 MAURIENNAIS
CARTE GÉNÉRALE C4 – CARTE MICHELIN DÉPARTEMENTS 333 L6 – SAVOIE (73)

Saviez-vous que c'est à St-Jean-de-Maurienne que sont précieusement conservés trois doigts de saint Jean-Baptiste ? La capitale historique de la Maurienne, qui groupe ses maisons dans le bassin où confluent l'Arc et l'Arvan, doit une grande part de son développement au rôle de cité épiscopale qu'elle a tenu jusqu'en 1966, date à laquelle le diocèse est passé sous l'administration de l'archevêque de Chambéry.

- **Se repérer** – On accède directement à la ville par l'autoroute A 43. En été, il est plus agréable d'arriver par la vallée de St-Jean : au sud par le col de la Croix-de-Fer, au nord en venant de Moûtiers par le col de la Madeleine.
- **À ne pas manquer** – Les stalles de la cathédrale St-Jean-Baptiste.
- **Organiser son temps** – Comptez une demi-journée pour passer de la vallée de l'Arc à la vallée de l'Isère par le col de la Madeleine.
- **Pour poursuivre la visite** – Voir aussi Valloire, Modane, la haute Maurienne.

Visiter

Modeste chef-lieu d'une vallée à l'intérêt stratégique permanent, la bourgade de *Morienna* s'affranchit de la tutelle de l'évêque de Turin au 6e s. grâce à l'appui des rois burgondes. Elle doit une bonne part de son essor et de son nom aux reliques de saint Jean-Baptiste dont elle adopta la main pour armes. Le centre historique de St-Jean-de-Maurienne a retrouvé son caractère transalpin avec ses maisons aux façades colorées et ses portiques. Sur le parvis de la cathédrale, la tour carrée isolée (11e-15e s.) était l'ancien clocher de l'église Notre-Dame. La cité de Suse au Piémont possède un clocher carré de même facture, qui comporte encore ses flèches.

Stalles de la cathédrale St-Jean-Baptiste.

DÉCOUVRIR LES SITES

Cathédrale St-Jean-Baptiste★
Possibilité de visite guidée (1h30), se renseigner à l'office de tourisme - 3 € (– 16 ans gratuit).

La cathédrale fut édifiée entre le 11e et le 15e s. L'intérieur, en partie restauré, est intéressant pour son riche mobilier du 15e s. et pour les restes de deux fresques qui ont été mises au jour, l'Annonciation et la Mise au tombeau. Sous le péristyle, construit en 1771, fut élevé un mausolée à Humbert aux Blanches Mains, premier comte de Maurienne et fondateur de la maison de Savoie. Les trois doigts, ceux qui auraient baptisé le Christ, sont exposés dans leur reliquaire à la vénération des fidèles dans la chapelle Sainte-Thècle *(voir Valloire)*.

Ciborium★ – Délicat chef-d'œuvre de sculpture flamboyante, taillé dans l'albâtre, il est placé à gauche dans l'abside.

Stalles★★ – Ce magnifique ouvrage de boiserie (43 stalles hautes et 39 basses), achevé en 1498, est l'œuvre du sculpteur genevois Pierre Mochet, qui y travailla quinze ans. Sur les dossiers sont figurés les saints. Des deux stalles sous baldaquin les plus proches de l'autel, celle de droite est le siège de l'évêque, l'autre est réservée, depuis 1489, au chef de l'État, de droit chanoine d'honneur de la cathédrale. Un bestiaire exotique accompagne les figures des Apôtres et des membres du clergé.

Crypte★ – *Visite guidée combinée avec le cloître.* Par la travée qui longe la cathédrale, on accède à une crypte romane formée de deux grandes salles à trois nefs. Cette église primitive du 11e s. a conservé ses chapiteaux où apparaissent encore de naïves sculptures. C'est ici que fut exposé le reliquaire des doigts de saint Jean-Baptiste avant la construction du chœur gothique.

Cloître
Entrée par la porte à gauche de la cathédrale. ☎ 04 79 83 51 51 (office de tourisme) - visite guidée (30mn) cloître et crypte juil.-août : tlj sf dim. 8h30-18h ; juin et sept. : tlj sf w.-end 9h-12h, 14h-17h30 ; reste de l'année : tlj sf w.-end 9h-12h, 14h-17h30 - fermé j. fériés - 1,50 € (– 16 ans gratuit) billet combiné avec la crypte.

Du 15e s., au flanc gauche de l'église, il est conservé entier, avec ses arcs d'origine en albâtre du pays. Dans la galerie sud, un escalier permet de gagner la crypte.

Musée des Traditions et Costumes mauriennais
☎ 04 79 83 51 51 (office de tourisme) - de fin juin aux Journées du Patrimoine : tlj sf dim. (sf pdt les Journées du Patrimoine) 10h-12h, 14h-18h ; vac. scol. : tlj sf w.-end 14h30-17h30 - fermé j. fériés - gratuit.

Il est installé dans l'ancien évêché. Le bâtiment présente pour l'essentiel un décor du 18e s. Le Grand Salon est un exemple remarquable du baroque « civil » en Maurienne. Le musée abrite une collection très riche des différents costumes portés par les femmes des villages de Maurienne, ainsi que d'intéressantes collections d'archéologie, d'art religieux et populaire ; et la belle maquette restituant le grand clocher (11e s.) avant la démolition révolutionnaire de ses hautes flèches.

Cloître de la cathédrale.

Musée de l'Opinel
Av. Henri-Falcoz - ☎ 04 79 64 04 78 - www.opinel-musee.com - ♿ - tlj sf dim. et j. fériés 9h-12h, 14h-19h - gratuit. Le couteau savoyard a son musée : présentation filmée de la fabrication et exposition d'anciens couteaux dans l'ancien atelier de fabrication.

Musée de la Distillerie du Mont-Corbier
11 r. du Parc-de-la-Vanoise. ☎ 04 79 64 00 24 - ♿ - juil.-août : tlj sf dim. 10h-12h, 14h-19h ; reste de l'année : mar.-vend. : 15h-18h - 4,80 € (–12 ans 2,40 €). Ce petit musée présente l'histoire de cette liqueur végétale aux propriétés digestives, créée en 1888 par l'abbé Jean Victorin Guille. Dégustation, vente.

SAINT-JEAN-DE-MAURIENNE

L'Opinel, ambassadeur de Savoie
À la fin du 19ᵉ s., **Joseph Opinel**, humble taillandier d'un petit village proche de St-Jean-de-Maurienne, forgeait des lames et des outils avec son père (serpes, haches). Pendant les moments de loisir, il taillait des manches de couteaux de poche pour ses amis. Devant le succès rencontré, il entreprend la fabrication en série et, en 1890, met au point le modèle Opinel réalisé en 12 tailles différentes numérotées de 1 à 12 (le n° 1 mesure, lame ouverte, 6 cm).
La fabrication actuelle, établie à Cognin, près de Chambéry, maintient le savoir-faire traditionnel : lame en acier trempé, manche façonné dans le hêtre ou des essences exotiques et virole de sécurité pivotante.

Aux alentours
Les Karellis
20 km au sud-est.
Cette petite station familiale a fêté ses 30 ans en 2006. Située entre St-Michel-de-Maurienne et St-Jean, elle a pour originalité d'être née d'un accord passé entre une commune propriétaire des sols et des associations promouvant le tourisme social. Accessible au plus grand nombre, elle a néanmoins parié sur un haut niveau de prestations et le maintien d'une bonne qualité de vie.
Les Karellis vient du nom de l'herbe « karèle » qui couvre les pentes ensoleillées des alpages de Montricher.

Circuits de découverte
ROUTE DE LA TOUSSUIRE★
Circuit de 36 km – environ 2h. Quitter St-Jean vers le sud par la D 926, puis tourner à droite dans la route de La Toussuire.
La route fait découvrir les **aiguilles d'Arves**★★ dans un large horizon de montagnes. Plus haut, vous plongerez sur le bassin de St-Jean-de-Maurienne.

Fontcouverte-La Toussuire★
Groupé sur une butte, visible de fort loin, ce village d'origine très ancienne occupe un site remarquablement dégagé où convergent les vallons du cirque supérieur de La Toussuire.
Poursuivre jusqu'aux stations de La Toussuire et du Corbier.
On pourra prolonger agréablement le circuit en rejoignant le plateau des Albiez *(voir Route de la Croix-de-Fer)*. À 1 500 m, le plateau est dominé par la pointe d'Émy et la Grande Chible.

ROUTE DE LA MADELEINE/DE L'ARC À L'ISÈRE★
Circuit de La Chambre à Moûtiers 53 km – environ 2h.
Au départ de la vallée de l'Arc, voilà un itinéraire original pour retrouver les stations de la Tarentaise (dès la fonte des neiges) en musardant par le col de la Madeleine. Cette route de moyenne montagne joint l'utile à l'agréable : son col aux jolis paysages, aux versants où s'agrippent de petits villages, relie depuis 1969 la Maurienne à la Tarentaise. Au passage, le massif du Mont-Blanc, à la fois débonnaire et majestueux, se rappelle à votre bon souvenir.
De La Chambre *(11 km au nord-nord-ouest de St-Jean-de-Maurienne)*, la D 213 part en lacet et offre des vues du massif d'Allevard (chaîne de Belledonne) et du massif des Grandes-Rousses, visible par la trouée du Glandon.

Saint-François-Longchamp
Le village échelonne ses stations entre 1 450 m (St-François) et 1 610 m (Longchamp) d'altitude au pied des dernières pentes du Cheval Noir et sur le versant est de la vallée du Bugeon. Actif centre de randonnée en été, il devient en hiver l'une des plus grandes stations de la Maurienne grâce à sa liaison avec Valmorel.

Col de la Madeleine★
Alt. 1 993 m. Au départ, il s'appelait col de la Colombe. Il fut rebaptisé après l'édification de la chapelle de Ste-Madeleine (18ᵉ s.), longtemps considérée comme la protectrice des voyageurs.
Ce large seuil d'alpages s'ouvre entre le Gros Villan (chaîne de la Lauzière) et le Cheval Noir (alt. 2 832 m). Une **vue** remarquable sur le massif du Mont-Blanc et au-delà de la

DÉCOUVRIR LES SITES

vallée du Glandon, le massif des Grandes-Rousses et celui des Écrins *(tables d'orientation)*. La dernière semaine de juillet une fête traditionnelle honore ce col.

De Celliers au pas de Briançon, la route suit en corniche le versant rive gauche de la vallée de Celliers sur lequel s'agrippent des villages. Vers l'aval, les montagnes du Beaufortain ferment l'horizon. Au début de la descente finale aboutissant au défilé du pas de Briançon, vous découvrez au sud-est les glaciers de la Vanoise et la Grande Casse.

Par N.-D.-de-Briançon et la D 97, gagner La Léchère.

La Léchère-les-Bains
Au fond de la basse Tarentaise, La Léchère, la plus jeune station thermale des Alpes, est spécialisée dans les troubles de la circulation veineuse, les affections gynécologiques et les rhumatismes. Les sources furent révélées fortuitement en 1869 par un effondrement de terrain.

Prendre à droite la route, en montée sinueuse, de St-Oyen.

Route de la Madeleine.

Doucy
Son église baroque (17e s.) renferme un beau mobilier de la même époque : retable en bois polychrome du **maître-autel** et retable du rosaire.

Poursuivre par la route du Villaret (D 95B).

Cette route parcourt, après Doucy, la ligne de crête séparant les versants du Morel et de l'Eau Rousse et vous laisse entrevoir la Vanoise, le mont Jovet, une partie de Courchevel et les pistes de Méribel-les-Allues.

Par le Meillet, gagner Valmorel.

Valmorel *(voir ce nom)*
Descendre la vallée du Morel (D 95) pour atteindre Aigueblanche.

Barrage des Échelles d'Annibal
Construit dans un défilé de la basse Tarentaise, cet ouvrage soutire une partie des eaux de l'Isère pour le compte de la centrale de Randens. Un tunnel long de 11,5 km a permis l'aménagement de cette « dérivation Isère-Arc » inaugurée en 1956.

Moûtiers *(voir ce nom)*

Saint-Jean-de-Maurienne pratique

Adresses utiles

Office du tourisme de St-Jean-de-Maurienne – Ancien Évêché - pl. de la Cathédrale - 73300 St-Jean-de-Maurienne - ☎ 04 79 83 51 51 - www.saintjeandemaurienne.com - de mi-juil. à mi-août : 9h-13h, 14h-18h30, dim. et j. fériés 10h-12h30, 14h30-17h ; de déb. à mi-juin et de mi à fin août : 9h-13h, 14h-18h30 ; juin et sept. : 9h-12h, 14h-18h ; reste de l'année : 9h-12h, 14h-18h, sam. 9h-12h, 14h-16h30 - fermé dim. et j. fériés (sf de mi-juil. à mi-août).

Office du tourisme des Karellis – Le Forum - 73870 Montricher-Albanne - ☎ 04 79 59 50 36 - www.karellis.com - sais. : 8h45-12h, 13h45-18h ; reste de l'année : tlj sf w.-end et j. fériés 9h-12h, 13h-17h.

Office du tourisme des Albiez – Le Plan - 73300 Albiez-Montrond - ☎ 04 79 59 30 48 - www.albiez-montrond.com - juil.-août : 9h-12h, 15h-18h30 ; déc.-avr. : 9h-12h, 14h30-18h30, sam. 9h-18h30 ; reste de l'année : tlj sf w.-end (sf si j. fériés) 9h-12h, 14h-17h.

Office du tourisme de St-François-Longchamp – 73130 St-François-Longchamp - ☎ 04 79 59 10 56 - www.otsfl.com - juil.-août : 9h-12h30, 14h-18h30 ; des vac.de Noël à fin avr. : 9h-19h ; reste de l'année : tlj sf dim. (sf dim fériés) 9h-12h, 14h-17h.

Se loger et se restaurer

Hôtel du Nord – Pl. Champ-de-Foire - ☎ 04 79 64 02 08 - www.hoteldunord.net - fermé 6-19 avr. et vac. de Toussaint - 🅿 - 19 ch. 56 € - ☐ 8,50 € – rest. 17/52 €. Toutes les chambres de cet hôtel familial ont été rénovées. Côté restaurant, la salle a du caractère avec ses pierres et ses poutres. Le patron y mitonne des petits plats soignés… Alors pourquoi ne pas en être ?

Hôtel Beausoleil – 73530 St-Sorlin-d'Arves - ☎ 04 79 59 71 42 - www.hotel-beausoleil.com - fermé 21 avr.-30 juin et 1er sept.-14 déc. - 🅿 - 21 ch. 55/65 € - ☐ 10 € – rest. 18/25 €. Au pied des pistes, cet hôtel-chalet situé dans le haut du bourg est un havre de paix. L'ambiance y est familiale et le patron en cuisine soignera vos papilles avec quelques spécialités locales. Vous pourrez ensuite sommeiller sur sa terrasse au zénith, dans un cadre enchanteur.

Hôtel Les Soldanelles – R. des Chasseurs-Alpins - 73300 La Toussuire - ☎ 04 79 56 75 29 - www.hotelsoldanelles.com - ouv. juil.-août et 15 déc.-25 avr. - 🅿 - 38 ch. 65/120 € - ☐ 10 € – rest. 33/50 €. Sur les hauteurs de la station, hôtel familial abritant des chambres spacieuses et bien agencées ; réserver côté Sud pour la vue et l'ensoleillement. Élégant restaurant panoramique où l'on sert une cuisine traditionnelle aux saveurs marines.

Hôtel Les Airelles – 73300 La Toussuire - ☎ 04 79 56 75 88 - www.hotel-les-airelles.com - ouv. 1er juil.-30 août et 15 déc.-20 avr. - 🅿 - 31 ch. 72/82 € - ☐ 10,50 € – rest. 20/28 €. Les chambres fraîches et confortables font partie des nombreuses rénovations entreprises dans cette vaste construction montagnarde située au pied des remontées mécaniques. Les baies du restaurant ne vous feront rien manquer du ballet des skieurs !

Sports & Loisirs

Acrobranche « Arvanture » – Hameau de Cluny - 73300 La Toussuire - ☎ 06 89 58 19 02 - arvanture@wanadoo.fr - 1er juil.-31 août : 9h-17h (dernier dép.) ; du déb. sept. à mi-nov. et mai-juin : sur démande - 15 nov.-1er avr. Des branches, quelques cordages, avec, de préférence, le splendide décor des trois Aiguilles d'Arves en toile de fond, voici les seuls ingrédients nécessaires pour jouer les Tarzan en famille. Parcours accessibles même aux plus jeunes, entièrement sécurisés.

Via Ferrata de La Chal et de Capaillon – Secteur St-Alban-des-Villards et St-Colomban-des-Villards - 73130 St-Alban-des-Villards. Une fois muni de votre équipement, vous aurez le choix entre 3 itinéraires le long des parois rocheuses. Au programme, 2 parcours d'initiation pour enfants et adultes, mais aussi un niveau difficile (D+) réservé aux grimpeurs les plus aguerris. Matériel en location dans les magasins de sports à proximité.

Les Sybelles – ☎ 04 79 59 88 00 - www.les-sybelles.com. 10 stations et villages du massif de l'Arvan Villards forment le domaine des Sybelles (plus de 300 km de pistes reliées), des itinéraires de ski de fond, de raquettes ou randonnée à skis. L'été, les randonneurs ont un formidable terrain de jeu courant des aiguilles d'Arves à l'Étendard en passant par Belledonne.

Les Aventuriers du Nant Burian – 73130 St-François-Longchamp - ☎ 04 79 59 13 80 - www.parcoursaventure.fr - juin et sept. : w.-end 13h30-17h ; juil.-août : 9h30-17h. Mountainboard, parcours aventure pour adultes et parcours Ouistiti (spécial enfants jusqu'à 1,40m), et parcours Tamarin pour les tout-petits (2 à 4 ans).

DÉCOUVRIR LES SITES

Saint-Nazaire-en-Royans

498 NAZAIROIS
CARTE GÉNÉRALE A5 – CARTE MICHELIN DÉPARTEMENTS 332 E3 – DRÔME (26)

Point de jonction entre les plaines drômoises et les Préalpes dauphinoises, ce village fortifié s'élève en amphithéâtre du pont de la Bourne aux ruines de la tour Delphinale. Un aqueduc élancé, doté d'arches élégantes, enjambe la turbulente Isère et des habitations massées à ses pieds.

- **Se repérer** – Sur la rive gauche de l'Isère, au carrefour de la route Valence-Grenoble et des grands itinéraires touristiques du Vercors (gorges de la Bourne et la combe Laval).
- **À ne pas manquer** – La traversée de l'Isère par l'aqueduc.
- **Organiser son temps** – La promenade est courte mais agréable. Prenez le temps de visiter le vieux village médiéval, ainsi que l'église dont le chœur est gothique et le beffroi roman.
- **Avec les enfants** – Jardin des fontaines pétrifiantes, aqueduc, parc Miripili (voir encadré pratique) : les enfants n'ont que l'embarras du choix.
- **Pour poursuivre la visite** – Voir aussi Pont-en-Royans, le Vercors.

Visiter

Grotte préhistorique de Thaïs

04 75 48 45 76 - www.grotte-de-thais.com - animations sur la préhistoire tlj sf lun. pdt les vac. scol. - juil.-août : 10h30-19h (dernière entrée 45mn av. la fermeture) ; mai-juin et 1er-21 sept. : tlj sf lun. 14h-18h, dim. et j. fériés 10h30-19h ; avr. : tlj sf lun. 14h-18h, dim. et j. fériés 10h30-18h ; 23-30 mars : dim. et j. fériés 10h30-18h ; 22 sept.-2 nov. : dim. 10h30-18h, vac. scol. 14h-18h - 7 € (3-13 ans 4,50 €).

L'entrée se trouve au pied de l'aqueduc en bordure du lac. Cette formation géologique originale est composée d'un dédale de galeries étroites et tortueuses creusé et sculpté uniquement par l'action de l'eau provenant de l'une des rivières souterraines les plus importantes du Vercors. En période de crue, elle remonte jusqu'à la partie supérieure de la grotte, qui est aussi un livre ouvert sur la préhistoire. Elle fut habitée à l'époque magdalénienne (il y a environ 17 000 ans), et l'on y a retrouvé des outils, en particulier un os coché qui pourrait être un système numérique correspondant à un calendrier lunaire. Quelques animaux cavernicoles nagent dans les aquariums.

Aqueduc – Les Arches de l'Histoire

04 75 48 49 80 - de mi-juin à mi-sept. : 11h-18h30 ; de déb. avr. à mi-juin et de mi-sept. à fin sept. : w.-end et j. fériés 11h-13h, 14h-17h - 3,50 € (– 13 ans 2,50 €). La Maison de l'aqueduc retrace l'épopée du canal de la Bourne, la construction de l'ouvrage d'art et les projets d'aménagement, de 1810 à nos jours. L'aqueduc a été construit en 1876. Doté de 17 arches, il a un débit de 7 m^3/s et irrigue la plaine de Valence grâce à ses 118 km de canaux.

Bateau à aubes « Royans-Vercors ».

SAINT-NAZAIRE-EN-ROYANS

Accessible par un ascenseur panoramique, le parcours de 235 m est agrémenté de panneaux et de bornes audio qui présentent les richesses historiques et géographiques des environs (bateau à eau, grotte de Thaïs). Une table d'orientation montre les différents aspects géologiques du site de St-Nazaire.
On aperçoit le vieux village de Musan agrippé à la montagne et les vestiges des filatures.

Le saviez-vous ?
À l'origine du nom de ce village, une légende et un miracle : au 12e s., une épidémie sévit, menaçant de décimer la population. Un moine s'appelant Nazaire passait par là et prédit que le fléau serait écarté par la Bourne. Sa prédiction se confirma, et les habitants lui rendirent hommage en adoptant son nom.

Aux alentours

La Sône
8 km par la D 1532, puis D 71.

Château de la Sône – *Au village, suivre les indications.* 04 76 64 41 70 - www.chateaudelasone.com - visite guidée du château (50mn) juil.-sept. : lun.-jeu. se renseigner pour les horaires - 6 € (enf. 4 €) château + parc, 4 € (enf. 2 €) visite libre du parc. Il est idéalement situé sur un socle rocheux dominant la vallée de l'Isère. Les premières pierres de l'édifice remontent au 12e s. Doté d'un agréable parc, très bien restauré et remeublé avec goût, il est classé Monument historique.

Jardin des fontaines pétrifiantes – *Accolé au château de la Sône.* 04 76 64 43 42 - www.jardin-des-fontaines.com - juin-août : 10h30-19h ; mai : 10h30-18h30 ; de déb. sept. à mi-sept. : 11h30-18h, w.-end : 10h30-18h30 ; 16 sept.-19 oct. : 13h-18h, w.-end 11h-18h - fermé lun. (sf juin-août) - 7 € (– 13 ans 4,50 €) ; 13 € (– 13 ans 8,50 €) billet combiné avec la grotte. Ce jardin, agrémenté de près de 15 000 plantes, a été aménagé dans un site de pétrification où l'eau, chargée en bicarbonate de calcium, recouvre en quelques mois les objets d'une pellicule de cristaux scintillants constituant le tuf.

Rochechinard
4,5 km au sud par la D 209. Le village est dominé par les ruines encore imposantes d'un **château** privé des 11e et 12e s. qui reçut la visite au 15e s. du prince Zizim *(son accès est dangereux)*. La petite **église** campagnarde, entourée de son cimetière, et le presbytère forment un ensemble harmonieux avec pour toile de fond les falaises calcaires de la combe Laval.

Musée du Royans – 04 75 48 62 53 - visite guidée (1h) juil.-août : tlj sf lun. 15h-19h - 3,50 € (enf. 2 €). Ceux qui veulent se remémorer le temps passé apprécieront les collections d'outils, quelques costumes régionaux, la reconstitution de la cuisine, de la chambre et de la magnanerie (lieu où l'on élève les vers à soie). Un passionné d'histoire présente l'état de ses recherches sur le château et la famille de Rochechinard.

Saint-Jean-en-Royans
Du château de Rochechinard, suivre la D 209 - 5 km au sud-est par la D 209.

Au pied des vertigineuses falaises de calcaire du Vercors, et au débouché de la reculée de combe Laval, Saint-Jean-en-Royans est une localité tranquille mais célèbre pour ses fameuses spécialités. La plus connue, la **raviole** de Royans, serait une adaptation du ravioli importé par les charbonniers italiens travaillant dans les forêts du Vercors. Pour se promener ensuite, il y a un choix presque illimité d'excursions dans des sites à couper le souffle. La tabletterie (jeux de dames et d'échecs), la tournerie et la peinture d'icônes sont d'autres spécialités de la région.

Église – Le chœur est décoré de belles boiseries du 18e s. provenant de la chartreuse de Bouvante. Un moneyeur permet de les illuminer.

Table d'orientation de la colline du Toura – Accessible par le chemin du cimetière. Vue d'ensemble sur St-Jean, les paysages verdoyants du Royans, les gorges de la Bourne et la reculée de la combe Laval.

Route du Pionnier★
17 km au départ de St-Jean-en-Royans au sud par la D 131, puis la D 331.

Du col de la Croix, la route grimpe en corniche, en vue de la vallée de la Lyonne et du cirque boisé de la Bouvante. Le regard se porte ensuite sur le Royans et la vallée de l'Isère. Après le tunnel du pas de l'Échelle (dit du Pionnier), la route monte encore jusqu'à son aboutissement à la D 199.

De là on peut prendre la route du col de la Bataille (décrite en sens inverse p. 415) ou revenir à St-Jean-en-Royans par la magnifique route de Combe Laval (D 199 puis au nord D 76) pour gagner St-Laurent-en-Royans par la D 54.

DÉCOUVRIR LES SITES

La noix de Grenoble

Le Royans produit la noix de Grenoble bénéficiant d'une des plus anciennes appellations d'origine contrôlée (1938, confirmée en 1996). Il y a trois espèces :
– la mayette, grosse noix à la coquille et au goût très fins ;
– la parisienne, de forme arrondie à la coquille marron, riche en huile ;
– la franquette, plus allongée avec une coquille rugueuse, représente l'espèce la plus cultivée et la plus demandée en confiserie.
La zone de production comprend la majeure partie de l'Isère, le secteur nord de la Drôme et la frange méridionale de la Savoie. La récolte, qui se déroule à la mi-septembre, est suivie du lavage et du séchage.

Monastère Saint-Antoine-le-Grand

À St-Laurent-en-Royans (4 km au nord-est), prendre la direction du col de la Machine (D 2) ; dans le premier tournant prendre à droite la route indiquée « Gorge de Laval » (D 239). Le monastère est à 5 km - ☎ 04 75 47 72 02 - ♿ - 11h30-12h30, 14h-17h30 - 3,50 € (– 12 ans gratuit).

Depuis 1978, au bout de la combe Laval vit une petite communauté de moines orthodoxes issue du monastère du mont Athos Simonos Petras. Précédée d'un portail en bois sculpté, son église de style byzantin, construite de 1988 à 1990 recrée un petit coin de Grèce, bien intégré dans ce grandiose décor alpin. À l'intérieur, un exceptionnel ensemble de peintures murales (600 m²) que deux peintres de Moscou ont mis six ans à réaliser.

Saint-Nazaire-en-Royans pratique

Adresses utiles

Office du tourisme de St-Jean-en-Royans – 13 pl. de l'Église - 26190 St-Jean-en-Royans - ☎ 04 75 48 61 39 - www.royans.com - de Pâques à fin sept. : 9h-12h, 14h-18h, dim. et j. fériés 10h-12h30 ; reste de l'année : tlj sf w.-end 9h-12h, 14h-18h - fermé 1er janv., 1er Mai, 25 déc.

Office du tourisme de St-Nazaire-en-Royans – Maison de l'Aqueduc - 26190 St-Nazaire-en-Royans - ☎ 04 75 48 49 80 - de mi-juin à mi-sept. : 11h-18h30 ; de déb. avr. à mi-juin et de mi sept. à fin sept. : w.-end et j. fériés 11h-13h, 14h-17h.

Se loger

🍴🛏 **Rome** – ☎ 04 75 48 40 69 - www.hotelrestaurantrome.com - fermé 12-30 nov., dim. soir sf. juil.-août et lun. - 🅿 - 10 ch. 55 € - 🍽 7 € - rest. 17/39 €. Imposante maison abritant des chambres fraîches et insonorisées, certaines avec vue sur l'imposant aqueduc et la retenue d'eau. La raviole, bien connue des gourmets, compte parmi les spécialités de cette sympathique table drômoise vouée à une cuisine régionale.

Se restaurer

🍴🛏 **Muraz « du Royans »** – ☎ 04 75 48 40 84 - www.muraz.com - fermé 7-15 juin, 27 sept.-26 oct., lun. soir sf juil.-août et mar. - 18/45 €. Un restaurant qui aurait pu s'appeler « Les Deux Frères ». L'un est aux fourneaux et vous prépare une cuisine traditionnelle, à base de produits frais, sans tourner le dos à sa région. L'autre vous reçoit dans une salle colorée tendance rétro, agrémentée d'une petite collection de tableaux et d'un aquarium.

Sports & Loisirs

Bateau à roues « Royans-Vercors » – ☎ 04 75 48 45 76 - www.bateau-a-roue.com - croisière commentée de déb. mai à mi-oct. : se renseigner pour les horaires, dép. St-Nazaire-en-Royans et La Sône - 10 € (-13 ans 6 €) ; 16 € (9,50 €) billet combiné avec le jardin des Fontaines pétrifiantes ou la grotte. C'est sûrement le meilleur moyen de découvrir cette vallée pittoresque. Le parcours commenté (La Sône-St-Nazaire-en-Royans) révèle la variété de la faune et la beauté des paysages préservés que l'on trouve au pied du Vercors.

👨‍👧 **Miripili** – 38160 St-Antoine-l'Abbaye - ☎ 04 76 36 44 77 - www.miripili.com - avr. : vac. scol. et j. fériés ; mai : w.-end et j. fériés ; juin-août : tlj - 10h-18h30 – 7 € (enf. 5 €). Le concept, original, propose aux enfants de voir des spectacles dans un cadre naturel tout au long de la journée (parc animalier, animation, cirque et marionnettes).

Saint-Pierre-d'Albigny

3 269 SAINT-PIERRAINS
CARTE GÉNÉRALE C3 – CARTE MICHELIN DÉPARTEMENTS 333 J4 – SAVOIE (73)

Porte historique du massif des Bauges, aujourd'hui Parc naturel régional, St-Pierre-d'Albigny occupe une situation privilégiée en balcon sur la Combe de Savoie. Au-delà de ses richesses naturelles, le patrimoine s'est depuis longtemps développé. En attestent la présence de maisons de maître et de maisons fortes et surtout le château de Miolans, forteresse qui a inspiré bien des terreurs comme le laisse supposer son surnom de « Bastille savoyarde »…

- **Se repérer** – À égale distance d'Albertville et de Montmélian par l'A 43, sortie n° 23. Si vous arrivez de la Chartreuse (D 911), prenez la première à gauche à l'entrée de St-Pierre-d'Albigny, entre deux fermes massives.
- **À ne pas manquer** – Le château de Miolans, place forte médiévale transformée en prison à la Renaissance.
- **Organiser son temps** – L'église romane de Cléry et son point de vue méritent une halte.
- **Pour poursuivre la visite** – Voir aussi Albertville, la Chartreuse.

Visiter

Sur le versant sud du massif des Bauges, St-Pierre-d'Albigny jouit d'une exposition ensoleillée d'où l'on embrasse une vue qui s'étend du mont Aiguille au mont Blanc.

Bourg – Quelques belles portes au début de la rue Jean-Louis-Bouvet. À la perpendiculaire, rue Louis-Blanc-Pinget, une fontaine est ornée d'une sculpture en fer avec l'emblème de la tiare pontificale et des clefs de St-Pierre.

Caveau des Augustins – *Fermé à la visite en 2009, se renseigner.*
Fondé par Jean de Miolans en 1380, ce lieu accueillait jusqu'à la Révolution certaines sépultures de grandes familles de la région. Découvert récemment sous la mairie, le site est aujourd'hui utilisé pour des activités culturelles variées. Prolongez la visite par la salle du conseil de la mairie, décorée de 25 m² de beaux papiers peints panoramiques du début du 19ᵉ s.

Aux alentours

Château de Miolans★

3 km du centre de St-Pierre-d'Albigny. Rejoindre la D 911 sur 800 m, puis la D 101. Laisser la voiture au parc de stationnement de Miolans, à 100 m du village. Franchir les portes fortifiées et monter par le chemin de ronde. ✆ 04 79 28 57 04 - juil.-août : 10h-19h ; mai-juin et de déb. sept. aux journées du Patrimoine : 10h-12h, 13h30-18h30, dim. 13h30-19h ; vac. de Pâques et vac. de la Toussaint : 13h30-18h30 ; des journées du Patrimoine aux vac. de la Toussaint : w.-end 13h30-18h30 - 6 € (7-15 ans 3 €) tarif 2008.

Un donjon primitif est élevé par les seigneurs de Miolans dès la fin du 12ᵉ s. Aux 14ᵉ et 15ᵉ s., le château est agrandi et adapté aux progrès de l'artillerie. Dès le siècle suivant, son efficacité militaire est mise à mal et la forteresse est transformée en prison. Une même famille en est propriétaire depuis le 19ᵉ s.

On entre dans la forteresse par un châtelet doté d'une barbacane. Puis il faut longer l'étroite coursière de contrescarpe percée de meurtrières pour déboucher dans l'appartement de l'officier major dont il ne demeure qu'une fenêtre géminée, un lavabo taillé dans la pierre et une cheminée. De là, on rejoint la salle des gardes puis la haute cour.

Château de Miolans.

DÉCOUVRIR LES SITES

Haute cour – **Vue**★ très dégagée sur la combe de Savoie (vallée de l'Isère) et sur le débouché de la Maurienne (vallée de l'Arc). Un jardin d'herbes médiéval est planté d'essences subtiles ou à vocation médicinale.

Donjon – Flanquée de quatre tourelles, cette construction carrée offre la silhouette la plus caractéristique de Miolans. De bas en haut, chaque geôle porte un nom évocateur : Enfer, Purgatoire, Trésor ! Au nord se trouve l'ancienne entrée avec l'emplacement du pont-levis.

Tour St-Pierre – L'une des premières élévations du château (12e s.) est un édifice quadrangulaire qui servait d'habitation. De la terrasse, la **vue**★★ s'étend jusqu'au Mont-Blanc, au-delà du mont Mirantin et de la roche Pourrie.

Oubliettes – Elles prennent jour par un étroit escalier dans le jardin actuel.

Galerie souterraine – Curieux chemin de ronde enterré. Les meurtrières commandent sur près de 200 m la rampe d'accès au château. La lumière y parvient hachée, créant ainsi un effet spectaculaire.

Une Bastille en pleine Combe de Savoie

Isolé sur sa plate-forme rocheuse, dominant de 200 m le fond de la Combe de Savoie, le château pouvait, par sa position, surveiller en même temps les routes des Bauges, de la Tarentaise et surtout celles de la Maurienne et, ainsi, tout contrôler de loin. La famille de Miolans vécut de 923 à 1523 sur ce site fortifié depuis le 4e s. Les ducs de Savoie héritèrent ensuite du château et le transformèrent en prison d'État (1559-1792). Sorte de « Bastille savoyarde », on y était traité selon son rang social : ainsi le marquis de Sade, incarcéré en 1772, put garder son domestique et filer à l'anglaise l'année suivante.

Écomusée de la Combe de Savoie et musée du Sapeur Pompier 73

Accès par la D 201 sur 8 km. De l'église de Grésy, suivre les indications « Écomusée Coteaux du Salin ». Attention, parcours en pente un peu difficile. ☎ 04 79 37 94 36 - juil.-août : 10h-19h ; reste de l'année : 14h-17h - 8 € (– 16 ans gratuit).

Sur les coteaux du bourg, un circuit pédestre de 350 m protégé par la végétation vous présente une **riche collection**★ de plus de 7 000 objets relatifs à la vie et aux métiers ruraux d'autrefois. Dans un chemin en lacis, vous croiserez la reconstitution d'une salle d'école du début du 20e s., des ateliers d'artisans, une minoterie et une maison de quatre pièces dédiées chacune à une époque (du 17e au 20e s.). Une grande halle ronde réunit les outils agricoles (araires, charrues, battoirs, etc.).

Église romane de Cléry

Accès par la D 201 sur 7 km. De Grésy, suivre Frontenex. Au village, prendre à gauche direction Cléry.

Le village domine la Combe de Savoie et l'on a de l'église un point de vue remarquable. L'ancienne commune habitée dès le néolithique prend son essor avec l'installation d'un prieuré de chanoines réguliers de St-Augustin au 12e s. L'église romane est de très belle facture.

Saint-Pierre-d'Albigny pratique

Adresse utile

Accueil touristique – Pl de l'Europe - 73250 St-Pierre-d'Albigny - ☎ 04 79 25 19 38 (sais.) ou 04 79 28 50 23 (mairie) - www.saintpierredalbigny.fr - juil.-août : tlj sf dim., j. fériés et lun. 9h-12h30, 14h30-18h.

Se restaurer

Christin – 73390 Chamousset - ☎ 04 79 36 42 06 - fermé 20 août-4 sept., dim. soir et lun. - 12,50/38 € - 16 ch. 57 € - ☐ 7 €. Cuisine traditionnelle réalisée avec les produits du potager, cadre rustique et ambiance familiale. Près d'une voie ferrée peu fréquentée et du confluent de l'Arc et de l'Isère. Chambres réparties dans deux pavillons s'ouvrant sur un vaste et beau jardin.

Saint-Pierre-de-Chartreuse★

770 CHARTROUSSINS
CARTE GÉNÉRALE B4 – CARTE MICHELIN DÉPARTEMENTS 333 H5 –
SCHÉMA P. 235 – ISÈRE (38)

Ce charmant village est enchâssé au creux des élégantes silhouettes du massif de la Chartreuse. Ses sentiers balisés permettent de parcourir une montagne aux formes harmonieuses et reposantes d'où vous découvrirez des vues splendides. À quelques kilomètres, sur un magnifique plateau, siège l'église Saint-Hugues, l'une des œuvres majeures de l'art sacré contemporain de la région.

- **Se repérer** – Le village est aisément accessible par Voiron ou Grenoble. De Chambéry, vous devrez contourner la Chartreuse par la D 1006 ou vous engager sur les routes sinueuses, mais magnifiques, qui traversent le massif.
- **À ne pas manquer** – Le décor de l'église St-Hugues-de-Chartreuse.
- **Organiser son temps** – Rejoignez le belvédère des Sangles pour sa vue panoramique sur le monastère de la Grande-Chartreuse.
- **Pour poursuivre la visite** – Voir aussi le massif de la Grande-Chartreuse et le couvent de la Grande-Charteuse.

Vue ensoleillée de la dent de Crolles.

Séjourner

De la terrasse de la mairie, belle **vue**★ sur la silhouette élégante de Chamechaude (alt. 2 082 m), que la courbe du col de Porte relie au sommet de la Pinea.
La station de St-Pierre offre 35 km de pistes (ski alpin) de toutes difficultés situées entre 900 et 1 800 m sur le secteur de la Scia. Les fondeurs ont plus de choix grâce aux 80 km de pistes de St-Hugues. Et de nombreuses sorties en raquettes sont organisées.
En été, de cette station climatique de moyenne montagne, vous pouvez rayonner sur l'ensemble du massif de la Chartreuse, de Grenoble à Chambéry, dans un cadre reposant aux paysages harmonieusement composés et boisés.
Avec ses kilomètres de sentiers, les possibilités d'excursions en voiture ou à pied ne manquent pas. St-Pierre est le royaume du bon marcheur qui entreprendra l'ascension de la **dent de Crolles** ou du **Granier**, d'où les panoramas superbes permettent de découvrir la Vanoise et Belledonne.

Aux alentours

Église Saint-Hugues-de-Chartreuse

4 km au sud de St-Pierre. ☎ 04 76 88 65 01 - www.arcabas.com - ♿ - tlj sf mar. 10h-18h - possibilité de visite guidée sur demande (1h) - fermé 1er janv. et 1er Mai. Cette église du 19e s., banale de l'extérieur, a reçu à l'intérieur une **décoration monumentale d'art sacré**★ réalisée par l'artiste **Arcabas** alias Jean-Marie Pirot, entre 1953 et 1986.

DÉCOUVRIR LES SITES

Décor intérieur de l'église Saint-Hugues.

Peintures, sculptures, vitraux, objets sacrés composent un ensemble majestueux, soutenu par son chromatisme tonique et la vivacité des scènes représentées. Dès l'entrée on est frappé par la luminosité rouge et or qui caractérise la plupart des œuvres. Celles-ci se répartissent en trois bandeaux superposés correspondant à trois périodes différentes. Les grandes toiles rouge et noir peintes sur jute datent de 1953 et montrent une certaine austérité. Le peintre avait alors 25 ans. Celles du registre supérieur, exécutées vingt ans plus tard, sont en revanche étincelantes d'or, évoquant des icônes. Le Christ en résurrection en est la pièce majeure. La prédelle, enfin, registre inférieur terminé en 1986, est une suite de petits tableaux où se mêlent abstraction et réalisme pour exprimer la vision du monde de l'artiste s'appuyant sur les textes sacrés. Arcabas joue librement de la figuration ou de l'abstraction, chacune de ses expressions étant nourrie d'une même énergie. En 1984, l'ensemble de l'œuvre a fait l'objet d'une donation par le peintre au département de l'Isère. De la librairie, vous aurez une vue parfaitement romantique sur le plateau et le Grand Som.

Randonnées

Le Grand Som★★

Alt. 2 026 m — *4h de montée pour marcheurs endurants. Dénivelée : 1 175 m.*
Quitter St-Pierre à l'ouest par la D 520^B que l'on suit sur 3 km environ. Laisser la voiture sur le parking de la Correrie, réservé aux randonneurs *(voir la Grande Chartreuse)*. Redescendre la route sur 300 m et prendre à droite celle interdite aux véhicules qui conduit à la Grande Chartreuse. Après avoir longé et dépassé une maison sur la gauche, emprunter un chemin sur la droite, qui monte vers un calvaire, en contre-haut du monastère. Poursuivre jusqu'au sommet de la prairie, en lisière de la forêt. Belle **vue**. Revenir sur la route et prendre la direction du Grand Som par le col de la Ruchère. Là, après une demi-heure de marche, à la hauteur des chapelles N.-D. de Casalibus et St-Bruno, prendre à droite le sentier en montée, balisé en orange. Au bout de 15mn,

---

Arcabas, apôtre de l'art sacré contemporain

Né en 1926, diplômé de l'École nationale supérieure des beaux-arts de Paris, Acarbas est nommé professeur titulaire à Grenoble en 1949. Depuis, sa passion des arts plastiques s'exprime aussi bien dans son enseignement que dans ses peintures. Sa première entreprise reste la plus monumentale, à savoir l'église St-Hugues-en-Chartreuse. Travail de longue haleine, entre continuité d'exécution et renouvellement de l'inspiration, elle est représentative de l'enthousiasme créateur de l'artiste. On trouvera ses réalisations ardentes et abouties, toujours étonnantes, à la cathédrale de Saint-Malo ou de Rennes, à Bergame, en Équateur ou en Suisse et plus proche de nous à Meythet, en Haute-Savoie et en Isère. Depuis 1986, Acarbas vit et travaille à St-Pierre-de-Chartreuse. Artiste accompli, il pratique presque toutes les formes d'art (peintre, maître verrier, sculpteur, graveur, costumier, ébéniste et forgeron) pour imprégner la joie dans l'art sacré contemporain.

SAINT-PIERRE-DE-CHARTREUSE

emprunter de nouveau à droite un sentier plus étroit signalé par un panneau, qui rejoint un chemin qu'on laisse peu après pour s'engager à gauche dans un sentier pentu qui conduit en 45mn au refuge Habert de Bovinan. Continuer jusqu'au pied du Grand Som, puis prendre à droite le sentier balisé avec des flèches peintes sur le rocher.

À la bifurcation suivante, choisir le sentier rocailleux des moutons. De la croix au sommet, magnifique **panorama**★★★ sur le col de Porte au Granier en passant par St-Pierre et la route du Cucheron. Vue impressionnante en contrebas sur le couvent. Au fond, le Mont-Blanc et la chaîne de Belledonne derrière laquelle se dressent les deux cornes neigeuses de la Grande Casse.

Belvédère des Sangles★★

2 km, puis 2h30 à pied AR. Descendre à la Diat et prendre vers l'ouest la D 520^B vers St-Laurent-du-Pont. Après un pont sur le Guiers Mort, laisser la voiture, pour retraverser le torrent et suivre la RF de Valombré.

La route forestière, débouchant bientôt dans la jolie **prairie de Valombré**, permet de découvrir le **site**★ du monastère de la Grande Chartreuse sous son plus bel aspect. Les corniches du Grand Som, à droite, les croupes boisées de l'Aliénard, à gauche, encadrent le couvent. En contrebas, on remarque les bâtiments de la Correrie.

La route se termine à un rond-point. De là on atteint, en poursuivant le chemin en montée, le **belvédère** d'où l'on surplombe les gorges boisées du Guiers Mort.

Perquelin★ – *3 km à l'est.* Le chemin se termine dans le vallon supérieur du Guiers Mort, au pied des escarpements de la dent de Crolles.

La Scia★

1h30 AR environ, dont 45mn de remontée mécanique, par la télécabine des Essarts, puis par le télésiège de la Scia. 04 76 88 62 08 - fermé juil.-août - des vac. de Noël à fin mars : 9h-17h - en été par le télésiège de la combe de l'Ours, se renseigner à l'office de tourisme.

De la station terminus du second tronçon de la télébenne, on monte facilement au sommet de la Scia (alt. 1 783 m – Signal), d'où se révèle un beau **panorama** sur les sommets de la Chartreuse. Par la trouée du col des Ayes apparaissent, en outre, le Taillefer, l'Obiou et le Vercors. Au nord, on distingue la dent du Chat et le Grand Colombier (Jura méridional).

Saint-Pierre-de-Chartreuse pratique

Adresse utile

Office du tourisme de St-Pierre-de-Chartreuse – Pl. de la Mairie - 38380 St-Pierre-de-Chartreuse - 04 76 88 62 08 - www.st-pierre-chartreuse.com - juil.-aout : 9h-12h, 14h-18h ; vac. de Noël et vac. de fév. 9h-12h, 13h30-17h30 ; sept. et juin : 9h-12h, 13h30-17h30, w.-end 9h-12h ; avr. et oct.-nov. : tlj sf dim. et certains merc. (se renseigner) 9h-12h, 13h30-17h30, sam. 9h-12h - fermé 1er janv., 1er Mai, 1er et 11 Nov., 25 déc.

Visite

La route des Savoir-Faire – Cet itinéraire, que vous pouvez réaliser selon vos affinités, vous ouvre la porte des artisans, agriculteurs, viticulteurs ou apiculteurs affiliés au Parc naturel régional. *Brochure disponible dans les offices de tourisme ou sur le site du PNR : www.parc-chartreuse.net.*

Se loger et se restaurer

Hôtel Beau Site – Pl. de l'Église - 04 76 88 61 34 - www.hotelbeausite.com - fermé 3-25 avr. et 18 oct.-19 déc. - 26 ch. 61/75 € - 10 € - rest. 16/36 €. Depuis quatre générations la famille Sestier accueille les voyageurs dans leur maison face à l'église. Le salon-bar est confortable et la salle à manger s'ouvre vers la vallée et sa forêt. Choisissez plutôt une chambre dans la partie récente. Piscine d'été.

Événement

Festival des Nuits d'été – Concerts de musique classique tout l'été dans les églises de Chartreuse et du bassin d'Aiguebelette. *Renseignements et réservations dans les offices de tourisme.*

DÉCOUVRIR LES SITES

Les Saisies

CARTE GÉNÉRALE C3 – CARTE MICHELIN DÉPARTEMENTS 333 M3 – SCHÉMA P. 179 – SAVOIE (73)

La station s'est développée au sein de l'ample dépression que constitue le col des Saisies (alt. 1 650 m), l'un des sites pastoraux les plus typiques de la région. Le massif du Mont-Blanc trace une ligne lumineuse sur l'horizon, tandis que se déploient généreusement les pentes verdoyantes du massif du Beaufortain. À proximité, les villages de Crest-Voland, Cohennoz et Hauteluce comptent parmi les plus beaux villages des Alpes.

- **Se repérer** – À 14 km de Flumet par la D 218. Avant de partir, renseignez-vous sur l'état des routes, les gorges de l'Arly subissant de fréquentes fermetures.
- **À ne pas manquer** – Le chemin des Crêtes, randonnée familiale dans un environnement magique.
- **Organiser son temps** – Le télésiège de la Légette, point de départ de belles randonnée est ouvert le mardi et le jeudi de 11h à 16h15.
- **Avec les enfants** – Une halte rafraîchissante au plan d'eau (sud de la station).
- **Pour poursuivre la visite** – Voir aussi le Beaufortain.

Séjourner

Une station moderne – En 1963, par traité intercommunal, les villages de Crest-Voland, Cohennoz, Hauteluce et Villard-sur-Doron décidèrent de réunir leurs terrains mitoyens, proches du col des Saisies. Ainsi naquit cette station qui a su préserver l'identité et le caractère de chacun des villages. Une belle réussite confirmée lors des XVIes Jeux olympiques d'hiver.

La situation privilégiée et l'enneigement prolongé des pentes ont favorisé le développement d'un grand centre du ski de fond (renommée confirmée par les 16 épreuves de ski de fond et biathlon des Jeux olympiques de 1992). La station est la patrie de **Frank Piccard**, deux fois champion olympique à Calgary en 1988.

Au col des Saisies, la récente **chapelle N.-D.-de-Haute-Lumière** surprend par la sobriété des matériaux (bois) et l'originalité de son plan semi-circulaire.

De là, on découvre une **vue★** étendue sur les montagnes du Beaufortain, soit d'est en ouest : l'aiguille du Grand-Fond, la Pierra Menta, le crêt du Rey et le Grand Mont.

Du hameau des **Pémonts**, **vue** privilégiée sur les montagnes du Beaufortain et accès possible au remarquable panorama du **Signal de Bisanne** (voir à Beaufort).

Hauteluce

Étagée sur le versant « endroit » de la vallée du même nom, Hauteluce présente un gracieux clocher à bulbe qui se dresse au premier plan devant le Mont-Blanc, visible par le col du Joly. Haut de 55 m, ce clocher est celui de l'**église St-Jacques-d'Assyrie** (1558), ornée de retables baroques (17e et 18e s.) et de peintures murales du 19e s. Au centre du village, un **écomusée** retrace la vie d'antan. *Fermeture provisoire pour travaux, se renseigner à la mairie au ☎ 04 79 38 80 31.*

Son ensoleillement attire de nombreux skieurs qui bénéficient de l'enneigement prolongé des pistes de ski dans les stations des Saisies et de val Joly.

Aux alentours

VALLÉE DE HAUTELUCE★

Entre Hauteluce et la D 925 *(route d'Albertville à Beaufort)*, l'attention est attirée par la tour du château de Beaufort dressée sur un monticule entièrement boisé.

Lac de la Girotte★

2h30 à pied AR depuis la centrale de Belleville, environ 5 km avant le col du Joly, terminus de la route de la vallée de Hauteluce.

Un exploit – Depuis 1923, année de sa « mise en perce », ce lac de montagne régularisait une série de sept centrales échelonnées sur le Dorinet et le Doron, entre Belleville et Venthon. Entre 1946 et 1948, on doubla la capacité de la retenue en surélevant le plan d'eau naturel par barrage. Un apport d'eaux de fonte glaciaire étant nécessaire pour suppléer à l'indigence de l'alimentation saisonnière du lac, on choisit dans la vallée du Bon Nant le torrent issu du glacier de Tré-la-Tête. Restait cependant à vaincre un obstacle de taille : l'altitude du lac (1 775 m) était supérieure à celle de la base du glacier, donc l'écoulement impossible. Le percement d'un tunnel sous le glacier, ce qui

LES SAISIES

n'avait encore jamais été tenté dans le monde, permit de vaincre la difficulté : la prise d'eau put être implantée à 1 920 m d'altitude, sous près de 100 m de glace. Par suite du retrait du glacier, elle se trouve actuellement à l'air libre.

Circuit de découverte

ROUTE DES SAISIES★ 2

41 km – environ 2h. Quitter les Saisies au nord par la D 218B en direction de Flumet. Les autres circuits (1 et 3) sont décrits à Beaufort, schéma p. 179.

Du **col des Saisies**, **vue**★ étendue sur les montagnes du Beaufortain, soit d'est en ouest : l'aiguille du Grand-Fond, Pierra Menta et le Grand Mont. Après 3 km s'engager à gauche dans la D 71A vers Crest-Voland.

À la hauteur du chalet du CAF, belle vue sur le cours encaissé du Nant Rouge.

Clocher de Hauteluce.

Crest-Voland

Ce village, alignant ses hameaux au-dessus du sillon boisé de l'Arly, fait face aux arêtes du Charvin et de l'Étale. C'est une charmante localité, propice à la détente estivale et hivernale, qui a su respecter le caractère d'un village savoyard. Associée à la station voisine des Saisies, à laquelle elle est reliée par ses remontées mécaniques pour former **l'Espace Cristal**, elle donne aux skieurs de larges possibilités de ski de fond. Elle est célèbre pour sa vertigineuse piste noire dite des « Kamikazes ».

Les randonneurs disposent d'un choix de belles promenades à pied, en particulier vers le Cernix et Cohennoz ou bien encore vers les Saisies.

S'engager dans la descente à droite vers N.-D.-de-Bellecombe. Cette petite route, au voisinage du pont du Diable, traverse au plus profond le sombre ravin boisé du Nant Rouge.

N.-D.-de-Bellecombe *(voir à Beaufort)*

Revenir aux Saisies par la D 218B.

L'itinéraire de N.-D.-de-Bellecombe au col des Saisies permet d'apprécier pleinement le vaste panorama sur les Aravis. *Itinéraire décrit en sens inverse au départ de Beaufort.*

Les Saisies pratique

Adresse utile

Office du tourisme des Saisies – 316 av. des Jeux-Olympiques - 73620 Les Saisies - ℘ 04 79 38 90 30 - www.lessaisies.com - juil.-août : 9h-12h30, 14h-19h ; de mi-déc. à fin avr. : 9h-12h30, 14h-19h, sam. 9h-12h30, 13h30-19h30 ; reste de l'année : tlj sf w.-end 9h-12h, 13h30-17h30 - fermé 1er et 8 Mai, jeu. de Ascension, 1er et 11 Nov.

Se loger et se restaurer

Hôtel Le Météor – 2,4 km au sud-ouest par rte du Mont-Bisanne 1500 - ℘ 04 79 38 90 79 ou 06 10 33 03 99 - www.lemeteor.com - ouv. déc.-avr. et juil.-août - 15 ch. 60 € - rest. 13,50/25 €. Entièrement reconstitué en 1978, ce joli chalet donne pourtant l'impression d'avoir vu le jour au début du siècle dernier, de par son authenticité apparente. Incontournables spécialités savoyardes au menu et, côté chambres, un confort « cosy », loin de la frime des grosses stations, mais à tout juste 100 m des pistes !

Randonnée

Le chemin des Crêtes – 3h de marche sans difficulté - dép. du rest. Le Benetton, puis suivre le fléchage col de Véry. Vous traverserez de beaux alpages avec devant vous les massifs du Mont-Blanc et des Aravis.

Sports & Loisirs

Plan d'eau – ℘ 04 79 38 90 30 - Accès par r. de l'Échellier, en contrebas de la station - baignade surveillée en juil.-août : 12h-18h : gratuit. Trois zones adaptées à tous les âges, plage et promenade aménagées.

Événement

Fête du bois et Fête du beaufort – Mi-juil. et mi-août - ℘ 04 79 38 90 30. Deux fêtes populaires et chaleureuses.

385

DÉCOUVRIR LES SITES

Le Salève★

CARTE GÉNÉRALE B2 – CARTE MICHELIN DÉPARTEMENTS 328 K4 – HAUTE-SAVOIE (74)

Cet éperon calcaire qui culmine à 1 380 m domine Genève. Percé de nombreux abris-sous-roche occupés dès le néolithique, il devient dès le 18e s. un terrain d'étude privilégié des botanistes et des géographes comme Horace Benedict de Saussure. Sur ces abruptes falaises, les premiers « grimpeurs » de la fin du 19e s. font leur apprentissage. Une gorge, la Varappe, donnera son nom à ce que l'on nomme plus volontiers aujourd'hui escalade. En dépit de sa forte fréquentation, le Salève est reconnu comme un conservatoire naturel exceptionnel.

- **Se repérer** – Le mont Salève est une échine courant de Cruseilles à Genève, longée par la D 15 au départ de Cruseilles. On peut aussi gagner Étrembières, l'une des portes d'entrée du massif, par l'A 40, sortie 14.
- **À ne pas manquer** – Les splendides panoramas de la route des Crêtes.
- **Organiser son temps** – Évitez les belvédères le matin, le brouillard masquant fréquemment la plaine genevoise.
- **Avec les enfants** – Le hameau du Père Noël à Andilly.
- **Pour poursuivre la visite** – Voir aussi Genève.

Randonnées

L'ascension du Salève et le circuit géologique★

Au départ de Collonges-sous-Salève. Laisser sa voiture au parking du Coin (alt. 666 m), 4h. Conseillé aux bons marcheurs.

Le circuit géologique et botanique propose un parcours à prendre dans un sens ou dans l'autre. On peut commencer en empruntant le sentier aménagé en 1905 par la section genevoise du Club alpin suisse (CAS), qui mène à la Corraterie *(2h)*. On passera par l'impressionnante grotte Orjobet, nom que Saussure donna en 1779 à cette sorte de cheminée naturelle, en hommage au propriétaire de cette partie de la montagne qui permet d'éviter la falaise abrupte. Après une balade reposante sur la crête on rejoint la Grande-Gorge. Tracé dès 1854, ce sentier est le plus célèbre des 54 chemins du massif.

Téléphérique du Salève★ (1 100 m)

De la D 1206, sortie Pas de l'Échelle- Étrembières ; par l'A 40, par la voie Annemasse-Ste-Julie, laisser la voiture au parking autoroutier, accès direct à la gare du téléphérique - ne fonctionne pas en cas de météo défavorable. ✆ 04 50 39 86 86 - mai-sept. : 9h30-19h ; avr. et oct. : tlj sf lun. 9h30-18h (4mn, ttes les 12mn) ; reste de l'année : se renseigner - fermé déc. - 10,50 € AR (– 18 ans 5,25 €) et forfait famille (2 adultes, 2 enf.) 21 €.

Depuis 1932, il permet d'accéder à la crête en 4mn. Là-haut, la **vue**★★ est grandiose sur Genève (et son fameux jet d'eau), sur le Jura, le bassin lémanique, les dents du Midi jusqu'au massif du Mont-Blanc et, au-delà des Préalpes, la Meije en Oisans.

Circuit de découverte

DE CRUSEILLES À ANNEMASSE

De l'ancienne chartreuse de Pomier édifiée en 1170 au téléphérique du Salève, prouesse technique du 20e s., le patrimoine de la région justifie largement une visite d'une journée. D'anciennes fruitières, des fermes traditionnelles et d'anciennes carrières de silice jalonnent votre route.

La route des Crêtes

34 km – environ 1h45. La route est fermée en cas d'enneigement, entre les Avenières et le col de la Croisette. Construite en 1925, une route, tracée sur les crêtes, longe ou surmonte tour à tour les trois bombements de la montagne (les Pitons, le Grand Salève, le Petit Salève) et offre de très belles vues.

Cruseilles

À 50 m de l'église, la maison de Fésigny est un témoin des riches résidences qui

> **Le thème**
>
> Dès 1444, les montagnes genevoises (Voiron, Môle et Petit-Salève) servent de décor à la *Pêche miraculeuse* de Konrad Witz. Pour la première fois dans l'histoire de l'art, un paysage est représenté de manière réaliste. La toile figure, quant à elle, Jésus marchant sur l'eau... du Léman. L'œuvre est visible au musée d'Art et d'Histoire de Genève.

LE SALÈVE

existaient aux 14e et 15e s. en Savoie et de ce qui reste d'une petite bourgade du Genevois soumise aux agressions des constructions contemporaines.

La cure d'Andilly
6 km au NO de Cruseilles par la D 1201.
Dans cet ancien **presbytère**, des jardins médiévaux ont été aménagés. Vous pourrez également visiter un carillon campanaire et l'hiver le hameau du Père Noël. 04 50 32 73 64 - www.andillyloisirs.com - mars-sept. : jeu.-dim. 14h-19h - à partir de 2,50 €.

En s'éloignant de Cruseilles, alors que la route s'élève, la vue se dégage sur le massif des Bornes. En arrière se profilent, de gauche à droite, les montagnes du haut Faucigny calcaire (Avoudrues, Buet), les sommets du Bargy, du Jallouvre, de la pointe Percée et enfin le Mont-Blanc. Du Petit Pommier au col de la Croisette, un passage en corniche offre de belles vues aériennes sur Genève et le Jura.

Paysage du Salève.

Table d'orientation Les Treize-Arbres★★
De la D 41, 15mn à pied AR par le sentier partant du parking de l'hôtel-restaurant. Le panorama embrasse les sommets qui se succèdent entre les dents du Midi et le mont Blanc. Le site est très apprécié des parapentistes.

Annemasse
Cette importante ville frontalière, à proximité de Genève, est agrémentée de nombreux parcs et d'un casino. Pas de grand musée, mais des salles de concerts et de spectacles de qualité. Ses structures hôtelières en font un point de départ stratégique pour des excursions dans la région.

Le Salève pratique

Adresse utile
Office du tourisme d'Annemasse-Agglo – *Pl. de la Gare - 74100 Annemasse -* 04 50 95 07 10 - www.annemasse-agglo-tourisme.com - 9h30-12h30, 13h30-18h30, sam. 9h30-12h30, 13h30-16h30 - fermé dim. et j. fériés.

Se loger
Hôtel Rey – *Col du Mont Sion - 74350 St-Blaise -* 04 50 44 13 29 - www.hotelrey.com - fermé 17-26 déc. - 29 ch. 59/76 € - 7,50 €. Le parc arboré, la piscine et le court de tennis font vite oublier la proximité de la route nationale. Chambres confortables, insonorisées et bien entretenues, salle des petits-déjeuners ouverte sur la verdure et accueil attentionné composent les autres atouts de l'adresse.

Se restaurer
L'Angélick – *74560 La Muraz -* 04 50 94 51 97 - www.angelick.fr - fermé 13-23 août, 24-30 déc., le midi du merc. au vend., dim. soir, lun. et mar. - 33/80 €. Chaudes couleurs, chaises en fer forgé ou en bois, tables bien dressées, terrasse égayée d'une insolite fontaine et cuisine inventive : une adresse presque angélique.

Sports & Loisirs
À 1,5 km à l'est de Cruseilles existe un vaste ensemble touristique et sportif fonctionnant en été, comprenant un plan d'eau de 6 ha entouré de collines boisées.
Lac des Dronières – 04 50 32 10 33 - 1,5 km à l'E de Cruseilles. Ce plan d'eau de 6 ha entouré de collines boisées est réservé à la pêche.
Les sentiers du Salève – 04 50 95 28 42 - www.syndicat-mixte-du-saleve.fr ou 04 50 95 92 16 - www.maisondusaleve.com.
22 sentiers sillonnent le Salève *(carte éditée par le syndicat mixte du Salève).*

DÉCOUVRIR LES SITES

Samoëns★

**2 323 SEPTIMONTAINS
CARTE GÉNÉRALE C/D2 – CARTE MICHELIN DÉPARTEMENTS 328 N4 –
SCHÉMA P. 249 – HAUTE-SAVOIE (74)**

Dans la haute vallée du Giffre, Samoëns étale ses hameaux et ses clochers à bulbe au cœur du Faucigny calcaire. La station, qui fut d'abord un village de tailleurs de pierre, est classée aux Monuments historiques. Il est vrai que se dégage de ces ruelles, de la place du Vieux-Tilleul et du jardin de la Jaÿsinia un charme réel. On quitte le cocon de pierre du village pour rejoindre des sites naturels d'une rare beauté. La réserve naturelle du cirque du Fer-à-Cheval séduit les contemplatifs aussi bien que les sportifs.

- **Se repérer** – À 21 km de Cluses par la D 902, puis par la D 907 à Taninges.
- **À ne pas manquer** – Le spectaculaire cirque du Fer-à-Cheval, point de départ de nombreuses promenades et randonnées.
- **Organiser son temps** – Les activités de plein air sont l'un des grands atouts de la haute vallée du Giffre. Canyoning, randonnées, spéléologie sont ici un bon moyen de découvrir de nombreux sites quelquefois éloignés du village. Certains sont inaccessibles sans un accompagnement professionnel.
- **Avec les enfants** – Station pilote du label des « P'tits Montagnards », Samoëns met à disposition des familles une maison d'accueil où les enfants peuvent se détendre et jouer.
- **Pour poursuivre la visite** – Voir aussi Cluses, Morzine.

Jardin de la Jaÿsinia.

Comprendre

Les frahans – Le haut Giffre est constitué de calcaires bleutés et noirs d'une grande beauté. Ces pierres devaient naturellement participer à l'économie et à l'histoire du lieu. Dès le 16ᵉ s., la réputation des « frahans », maçons et tailleurs de pierre, circule en Europe. La création d'une confrérie en 1659, laïcisée deux siècles plus tard, joue un rôle fondamental dans la diffusion des savoir-faire. Kègnes, frahans et bouscolins, fils de familles nombreuses, s'exilaient des mois durant, libres et reconnus. Leurs œuvres marquent le patrimoine français : nombre de fortifications de Vauban, de bâtiments publics, de canaux ont été élevés par les Septimontains. La corporation veille à la formation de ses apprentis et réserve aux initiés ses secrets de fabrication. Dans cette tradition ésotérique, les sciences tenaient une place primordiale. Capables de dresser des plans et d'élever des édifices à l'aide de leurs seuls outils, d'une règle et d'un compas, les frahans étaient de remarquables dessinateurs. Ils avaient leur propre langage, le **mourmé**, mélange de patois local, de termes techniques et de mots étrangers. La Société des maçons portait un idéal républicain incarné par de nombreuses actions philanthropiques. Son école ouverte en 1830 possédait une riche bibliothèque. Depuis 1979, une association s'attache à mettre en valeur cet exceptionnel héritage.

Se promener

Place du Gros-Tilleul★
Le cœur du vieux Samoëns s'abrite sous le feuillage d'un tilleul planté en 1438 !
La **Grenette**, belle halle du 16e s. restaurée au 18e s., porte de curieuses « verrues » sur les piliers centraux. Ce n'est pas une maladie de la pierre. Le maçon, qui devait y sculpter les armoiries de Samoëns, se fâcha avec la municipalité et planta là son travail.
Au centre de la place se trouve une jolie fontaine dont les becs de bronze représentent des visages. Le côté nord est occupé par le château de la Tour, au toit haut et pointu couvert d'ardoises, et par l'église devant laquelle un remarquable monument aux morts présente un soldat sans armes qu'apaise une allégorie de la paix.

Église Notre-Dame-de-l'Assomption
Reconstruite à la fin du 16e s. et au 17e s., elle conserve au pied de sa tour-clocher du 12e s. un gracieux auvent, recouvert d'écailles de cuivre, qui abrite un portail refait au 16e s. où l'on observe des remplois du portail d'origine dont les deux lions accroupis supportant des colonnes torsadées. Les masques monstrueux et les têtes d'anges postées au sommet des colonnes montrent la maîtrise de la sculpture dont faisaient preuve les frahans.
L'intérieur, orné de staff d'inspiration néogothique en 1917 grâce à la prodigalité de Mme Cognacq-Jaÿ, fait l'objet d'une nouvelle rénovation en 1978 et 1982. De cette dernière provient l'aspect étonnamment contemporain de la nef où domine une magnifique chaire sculptée de 1699. Les vitraux (1982) représentent à gauche les Quatre Couronnés, saints patrons de la confrérie des maçons, au centre la Vierge et saint François de Sales, à droite le bienheureux Ponce de Faucigny, le cardinal Gerdil et l'évêque de Biord, tous trois originaires de Samoëns et sa région.
La chapelle Saint-Claude, à gauche du porche, est un bel exemple de gothique flamboyant. Le bénitier fut exécuté dans un seul bloc de marbre en 1717 par un tailleur de Samoëns. Le bas-côté sud accueille l'autel des Maçons sous une belle voûte d'ogives.
À côté de l'église, la façade du vaste **presbytère** porte un cadran solaire où l'on peut lire l'heure de douze grandes villes du monde.

Jardin botanique alpinde la Jaÿsinia★
☏ 04 50 34 11 93 - mai-sept. : 8h-12h, 13h30-19h ; reste de l'année : 8h-12h, 13h30-17h (dernière entrée 1h av. la fermeture, ouvert en fonction de l'enneigement) - gratuit.
À l'entrée du jardin, la **maison de la Jaÿsinia** (mai-sept. : 9h30-12h, 14h30-18h) accueille le Groupe de recherches et d'information sur la faune dans les écosystèmes de montagne qui propose des sorties, conférences et expositions thématiques sur les paysages naturels.
Ce jardin botanique de 3 ha, placé sous la tutelle du Muséum d'histoire naturelle de Paris, a été créé en 1906 par Mme Cognacq, née Jaÿ (d'où le nom du jardin).
Aménagé sur un flanc escarpé dominant le village, avec bassins et cascade, il est sillonné d'allées en zigzag. Plus de 4 500 espèces de plantes sauvages, originaires des principales montagnes des régions tempérées du monde, y sont présentées par secteurs géographiques et écologiques. On passe devant la jolie **chapelle de**

Le saviez-vous ?
● L'origine la plus courante fait référence aux « Sa Monts », les sept monts (mont signifiant ici alpage) qui figurent sur les armoiries de la ville. D'ailleurs, ses habitants se dénomment les Septimontains, en souvenir des sept monts offerts par Amédée VIII en 1438 à la commune de Samoëns.

● Au retour d'une randonnée, on pourra déguster une savoureuse préparation septimontaine, **« la soupe châtrée »**. Celle-ci, composée de pain imbibé de sauce à l'oignon et recouverte de tomme de Savoie, est servie gratinée. On utilise une cuillère en bois pour « châtrer » les filaments de fromage.

● Née dans une famille modeste du Villard, hameau de Samoëns, le 1er juillet 1838, **Marie-Louise Jaÿ** monte à Paris à 15 ans où elle devient vendeuse. Elle fait la connaissance d'Ernest Cognacq, et ils créent ensemble en 1871 le grand magasin « La Samaritaine ». À la tête d'une immense fortune et n'ayant pas d'enfant, ils consacrent les dernières années de leur vie aux œuvres charitables. Mme **Cognacq-Jaÿ**, fidèle à son village natal, y crée le jardin alpin, construit une villa pour loger le médecin de la commune et restaure l'église.

la Jaÿsinia, l'une des neuf chapelles de Samoëns, pour atteindre la terrasse coiffée des ruines d'un château féodal (12e s.), d'où vous avez une vue étendue sur la station et son vaste cadre de montagnes.

Aux alentours

Les Vallons
2 km au sud-est par la D 907 vers Sixt-Fer-à-Cheval et une route à gauche. Ce hameau, s'étirant le long d'une rue unique, a conservé de belles fontaines et sa chapelle.

Ferme-écomusée Le Clos Parchet
Lieu-dit Cessenex, à environ 5 km de Samoëns, direction col de Joux Plane. ☏ 04 50 34 46 69 - www.le-clos-parchet.com - ♿ - visite guidée (2h) juil.-août : mar., jeu. et vend. 14h30 ; avr.-juin et sept. : jeu. 14h30 - 6,50 € (6-16 ans : 4 €), petit goûter compris.

Vous connaîtrez mieux après cette visite la vie quotidienne des paysans du 19e s. racontée avec passion par Simone et Pierre Déchavassine. La visite peut être couplée avec celle du hameau de Mathonex.

Col de Joux Plane★★
10 km par Chantemerle et la D 354. Description à Morzine.

Point de vue de La Rosière★★
6 km. Quitter Samoëns par la D 907 vers Sixt-Fer-à-Cheval, prendre aussitôt à gauche le chemin des Allamands au nord. À 750 m, tourner à gauche. 1 km après, tourner à angle aigu à droite.

Des chalets de La Rosière, le mont Blanc apparaît merveilleusement encadré, à gauche au premier plan par le versant boisé du Criou, à droite par le formidable à-pic de la pointe de Sales. Vers l'est, on découvre, tout proche, le sauvage massif des Avoudrues.

Circuit de découverte

ACCÈS AU FER-À-CHEVAL★
13 km au départ de Samoëns – environ 45mn. Quitter Samoëns par la route de Sixt au sud-est (D 907). Au départ, on distingue, sur le versant opposé de la vallée du Giffre, la cascade de Nant d'Ant. La vallée se rétrécit.

Pour découvrir les étroites **gorges des Tines**, fissure où bouillonne le Giffre, laisser la voiture sur le parking aménagé immédiatement avant la carrière de pierre des Tines et gagner, à droite, la passerelle passant sur le torrent.

On pénètre ensuite dans le bassin de Sixt. À droite débouche la vallée de Salvagny, fermée par la vertigineuse muraille de la pointe de Sales.

Sixt-Fer-à-Cheval★
Ce charmant village se situe au confluent des deux branches supérieures du Giffre : le Giffre Haut, ou Giffre des Fonds, et le Giffre Bas (vallée du Fer-à-Cheval). En 1144, Ponce de Faucigny fonde une abbaye, « fille » d'Abondance, acte de naissance du village. Ses maisons sont aujourd'hui groupées autour de son ancienne abbaye qui accueille des expositions temporaires dans son réfectoire du 17e s., et un hôtel. Comme

Le fond de la combe du cirque du Fer-à-Cheval.

beaucoup de villages savoyards, Sixt-Fer-à-Cheval est devenu un centre d'excursions et d'escalade en été, de ski en hiver. Mais son attraction, sa curiosité, l'origine de son nom porte-bonheur, c'est ce paysage fantastique et sonore de falaises et de cascades qui termine la vallée du Giffre. De forêts en rochers, au milieu de sommets élevés, un cirque creusé par d'anciens glaciers, aujourd'hui disparus, accueille le randonneur.

Église – Elle a conservé sa nef du 13e s. ; elle donne sur une place ornée d'un majestueux tilleul et bordée de maisons anciennes. Une inscription sur un de ses murs évoque Jacques Balmat, le vainqueur du mont Blanc, qui trouva la mort en 1834 dans les montagnes de Sixt alors qu'il cherchait de l'or.

Maison de la réserve naturelle – 04 50 34 91 90 ou 04 50 34 49 36 - vac. scol. : 9h-12h, 14h-18h ; reste de l'année : tlj sf dim. et j. fériés 9h-12h, 14h-18h - fermé lun. (oct.-nov.), 2 sem. en nov. - gratuit.

Dans le chalet d'accueil, au cœur du village, des expositions racontent l'histoire de Sixt et surtout de son patrimoine naturel : faune, flore et géologie de cette montagne calcaire parcourue de rivières souterraines (maquette de la vallée).

La D 907 conduit au fameux **cirque du Fer-à-Cheval**★★ *(voir ci-dessous)*.

Randonnées

LES HAUTES ALPES CALCAIRES DU FAUCIGNY

Avec ses énormes barres rocheuses aux stratifications tourmentées, ses durs sommets tranchants, le massif est un magnifique terrain de jeux pour les excursionnistes et les grimpeurs. Pour l'automobiliste, le mont **Buet** (alt. 3 099 m), avec sa lourde calotte neigeuse, bien visible depuis les moyennes vallées de l'Arve et du Giffre, deviendra rapidement un repère familier.

RÉSERVE NATURELLE DE SIXT★

La réserve créée en 1977 est l'une des toutes premières initiatives de protection menées en Haute-Savoie. Elle s'étend sur tout le massif calcaire du Haut-Giffre dont les contreforts jouxtent la réserve naturelle de Passy au sud, et le mont Ruan suisse au nord. La réserve couvre 9 200 ha. De 900 à 3 096 m, différents milieux alpins se succèdent, riches d'une flore et d'une faune variées. Falaises du cirque du Fer-à-Cheval, lacs, pelouses alpines de Praz de Commune et Salvadon, lapiaz des Grandes Platières, forêts mixtes et zones humides composent un paysage sans cesse changeant. Le patrimoine bâti est intact dans ces alpages toujours exploités.

Cirque du Fer-à-Cheval★★

6,5 km au nord-est de Sixt par la D 907. Attention, importants travaux de réaménagement après un éboulement sur la route d'accès. Marche d'approche d'environ 20mn.

Sans doute le site le plus spectaculaire de la réserve. À la sortie de Sixt, belle vue sur le sommet pyramidal du Tenneverge. Sur la prairie du plan du Lac, la route décrit une boucle terminale et, là, vous bénéficierez du spectacle grandiose du cirque et de ses cascades. En saison, le chalet de la **réserve** propose des expositions sur l'adaptation à l'altitude de la faune et de la flore. Le Giffre venant de plus loin en amont dans la montagne, il ne s'agit pas ici d'un cul-de-sac parfait comme à Gavarnie dans les Pyrénées, mais d'un hémicycle d'escarpements calcaires – de 500 à 700 m de hauteur et de 4 à 5 km de développement – s'appuyant aux parois extraordinairement bossuées du Tenneverge (alt. 2 985 m), que domine la Corne du Chamois, bien nommée. Le murmure profond des cascades (plus de trente au mois de juin) forme le fond sonore inséparable du site ; la cascade de la Méridienne glisse sur un plan incliné, au flanc du Tenneverge à gauche ; plus à droite, dans l'hémicycle proprement dit, la cascade de la Lyre.

Fond de la combe★

1h30 à pied AR. Le sentier signalé se détache à 50 m en amont du restaurant du Plan des Lacs.

Le sentier se termine tout au bout du « bout du monde » où le Giffre prend naissance, au pied des glaciers suspendus du Ruan et du Prazon, dont les eaux de fonte ruissellent sur les parois inférieures.

Cascade du Rouget★★

5 km de Sixt. À Sixt, passer le pont du Giffre et suivre tout droit le chemin goudronné de Salvagny qui s'élève au-dessus du Haut-Giffre, face au débouché du vallon boisé de Gers, strié par la cascade du Déchargeux, et en vue de la pointe de Sales.

DÉCOUVRIR LES SITES

Au-delà de Salvagny, la route en descente atteint le pied de la double chute du Rouget, en amont de laquelle le torrent de Sales présente encore un joyeux ensemble de chutes : cascades de la Pleureuse, de la Sauffa, de Sales.

Lac et col d'Anterne (alt. 2 264 m)

3h jusqu'au lac, 4h jusqu'au col. Cet itinéraire pour bons marcheurs emprunte le GR 5, au-delà des chalets du Lignon. C'est une splendide liaison entre la vallée de Sixt et le bassin de Sallanches ou la vallée de Chamonix, à travers la chaîne des Fiz.

Samoëns pratique

Adresses utiles

Office du tourisme de Samoëns – BP 42 - 74340 Samoëns - ✆ 04 50 34 40 28 - www.samoens.com - de déb. juil. à mi-sept et de mi-déc. à fin avr. : 9h-12h, 14h30-18h30, mar. 9h-12h, 15h30-18h30 ; reste de l'année : tlj sf dim. et j. fériés 9h-12h, 14h30-18h, mar. 9h-12h, 15h30-18h30.

Office du tourisme de Sixt-Fer-à-Cheval – Pl. de la Gare - 74740 Sixt-Fer-à-Cheval - ✆ 04 50 34 49 36 - www.sixtferacheval.com - vac. scol. : 9h-12h, 14h-18h ; reste de l'année : tlj sf dim. et j. fériés 9h-12h, 14h-18h - fermé lun. (oct.-nov.), 2 sem. en nov.

Visites

Visites guidées de Samoëns et de ses hameaux – ✆ 04 50 34 40 28 - de déb. juil. à mi-sept. et de mi-déc. à fin avr. : lun., jeu. et merc. (en été) se renseigner pour les h.

Se loger

Hôtel Gai Soleil – ✆ 04 50 34 40 74 - www.hotel-samoens.com - fermé 17 avr.-2 juin et 17 sept.-22 déc. - 🅿 - 22 ch. 67/95 € - ☐ 9,50 € - rest. 20/27 €. À l'entrée du village, construction plagiant le style « chalet » et abritant des chambres sobres, ouvrant sur un grand balcon. Décor savoyard dans certaines d'entre elles.

Hôtel Edelweiss – La Piaz - ✆ 04 50 34 41 32 - www.edelweiss-samoens.com - fermé 23 avr.-20 mai et 21 oct.-23 déc. - 🅿 - 20 ch. 68/80 € - ☐ 8,50 € - rest. 20/38 €. L'edelweiss figure parmi les 5 000 espèces du jardin alpin créé par Mme Cognacq-Jay et situé à proximité de ce chalet-hôtel simple et confortable. Vue panoramique sur le village et la vallée. Salle à manger orientée plein sud et prolongée d'une terrasse. Cuisine traditionnelle.

Hôtel Le Moulin du Bathieu – Vercland - 2 km au sud-ouest de Samoëns dir. Vercland (suivre Samoëns 1600) - ✆ 04 50 34 48 07 - www.bathieu.com - fermé juin-10 juil. et 4 nov.-vac. de Noël - 🅿 - réserv. conseillée - 7 ch. 75/150 € - ☐ 12 € - rest. 30/45 €. Cet ancien moulin à huile de noix offre une vue splendide sur le massif des Dents-Blanches. Douillettes chambres lambrissées, parfois dotées d'une mezzanine. Cuisine traditionnelle et régionale servie dans une salle à manger sous charpente. Découvrez le « mazot » (grenier en savoyard) centenaire, en parfait état.

Les Glaciers – ✆ 04 50 34 40 06 - www.hotel-les-glaciers.com - ouv. 16 juin.-8 sept. et 21 déc.-14 avr. - 🅿 - 42 ch. 100/130 € - ☐ 15 € - rest. 25 €. Imposante bâtisse du centre de la station. Boiseries claires et meubles en pin dans les chambres ; équipements de loisirs complets. Lac privé à 6 km : pêche et jet-ski. Ample restaurant à l'ambiance « pension de famille ». Cuisine d'inspiration régionale.

Se restaurer

Auberge de La Feuille d'Érable – Au chef-lieu - 74740 Sixt-Fer-à-Cheval - ✆ 04 50 34 44 47 - www.lafeuillederable.fr - fermé 15 mai-15 juin, 1er-26 oct., 7 nov.-16 déc. et lun. - 15,24/30,49 €. En sortant du village, en direction de la cascade du Rouget, vous trouverez cette maison savoyarde massive du début du 20e s. Dans la petite salle rustique à souhait, décorée de miroirs publicitaires, laissez-vous tenter par les recettes du pays mijotées avec soin.

Sports & Loisirs

Via ferrata du Mont – Bureau des guides de la vallée du Giffre-Haut - ✆ 04 50 34 43 12 - www.guidesmontagnes.com - été : sur demande préalable. Les maisons du village en contrebas vous paraîtront minuscules quand vous gravirez la falaise à 300 m de hauteur ! D'autant qu'à cette altitude le vertige finit toujours par vous rendre visite. Cependant, pas d'inquiétude : un guide vous accompagne entre les câbles et les échelons sécurisés. Bon courage…

Autres sports – Très fréquentée en été pour ses diverses **activités montagnardes**, la pratique du **canoë-kayak** et du **rafting** sur le Giffre, Samoëns s'est spécialisée dans le **parapente** et le **deltaplane**. C'est aussi, en hiver, une station au vaste **domaine skiable** (60 km pour le ski alpin, 90 km pour le ski de fond) desservi par la télécabine de Saix et les remontées mécaniques du Grand Massif.

Maison des P'tits Montagnards – En sais. d'été et d'hiver : lun., mar., jeu. et vend. 16h-18h - sur demande préalable à l'office de tourisme.

Seyssel

801 + 1 793 SEYSSELANS
CARTE GÉNÉRALE B2/3 – CARTE MICHELIN DÉPARTEMENTS 328 H5/I5 –
AIN (01), HAUTE-SAVOIE (74)

Le Rhône débouchant du Léman butte sur les contreforts du Bugey avant de pénétrer dans la vallée de Valserine et de rejoindre Seyssel. Dans cette contrée transitoire postée aux limites de la Chautagne, de l'Albanais et du Bugey, le bourg fut longtemps un grand port fluvial parcouru par les seysselandes, barques à fond plat. Cette activité se développa sur les deux rives, un pont les liant depuis 1838 en dépit des découpages administratifs.

- **Se repérer** – 15 km au sud de la sortie n° 11 de l'A 40 par la D 1508 puis la D 992.
- **À ne pas manquer** – Le vieux pont suspendu placé sous la protection de la Vierge, patronne des bateliers (19e s.) et le pont à haubans datant de 1987 (1er prix du concours des plus beaux ouvrages de construction métallique en 1988).
- **Pour poursuivre la visite** – Voir aussi Chautagne, lac du Bourget.

Découvrir

Trop méconnu, le petit pays de Seyssel ne manque pas d'attraits et offre un large choix d'activités : découverte du Rhône et de ses ouvrages, randonnées sur le Grand Colombier ou la montagne des Princes, excursions dans les vignobles…

Maison du haut Rhône

10 rte d'Aix-les-Bains - ℘ 04 50 56 77 04 - www.maison-du-haut-rhone.org - ⟁ - de mi-juil. à fin août : 10h-13h, 14h-19h - mi-mai à mi-juil. et sept. : tlj sf sam. 9h30-13h, 14h-18h - fermé dim. - gratuit.
À proximité du Rhône et du port Gallatin, cette structure moderne situe bien l'importance du Rhône dans le développement de Seyssel et de la région. Les expositions présentent les différents ouvrages, mais aussi l'histoire de Seyssel et de la batellerie.

Pont sur le Rhône.

Barrage de Seyssel

1,5 km en amont de Seyssel. Ce barrage de compensation est destiné à régulariser le débit du Rhône à la sortie du barrage de Génissiat. L'ouvrage a créé un nouveau plan d'eau au pied de l'éperon qui porte l'église de **Bassy**.

Aux alentours

Château de Clermont *(voir p. 362)*
Val du Fier★ *(voir p. 243)*

Seyssel pratique

Voir aussi l'encadré pratique de Chautagne.

Adresse utile

Office du tourisme du pays de Seyssel - *2 chemin de la Fontaine - 74910 Seyssel - ℘ 04 50 59 26 56 - de mi-juil. à mi-août : 9h-12h30, 13h30-18h, vend. et sam. 9h30-12h30,* 13h30-17h ; reste de l'année : tlj sf dim. 9h-12h30, 13h30-17h - fermé j. fériés.

Que rapporter

Vins de Seyssel – Seyssel produit uniquement des vins blancs, parfois mousseux, classés AOC depuis 1942 à partir de deux cépages : l'altesse, qui permet d'obtenir la roussette, et la molette, pour les vins effervescents.

DÉCOUVRIR LES SITES

La Tarentaise★★

CARTE GÉNÉRALE C/D 3/4 – CARTE MICHELIN DÉPARTEMENTS 333 L/M/N 4/5 – SCHÉMA P. 434 – SAVOIE (73)

La Tarentaise est, comme la Maurienne, l'une des deux grandes vallées savoyardes qui remontent vers les cols où sont passés depuis tant de siècles les voyageurs se rendant de France en Italie. Creusées par les glaciers de la préhistoire, elles sont belles et larges, parfois coupées de défilés étroits avant d'arriver au pied des crêtes séparant les deux pays. Mais chacune garde sa personnalité : la Tarentaise est le royaume de l'élevage, celui de la vache tarine qui, avec sa belle couleur fauve, attire l'œil dans les alpages.

- **Se repérer** – La haute vallée de l'Isère, qui forme l'entité régionale de la Tarentaise, présente un caractéristique tracé en baïonnette. Elle est composée de deux longs défilés, la haute et la basse Tarentaise, qui encadrent un épanouissement intermédiaire entre Moûtiers et Bourg-St-Maurice.
- **À ne pas manquer** – Les émouvantes fresques de la basilique d'Aime.
- **Organiser son temps** – Ici, pas de voies rapides et des routes sinueuses très fréquentées : chaque kilomètre compte double.
- **Pour poursuivre la visite** – Voir aussi Bourg-St-Maurice, Moûtiers, Tignes.

Circuits de découverte

LA MOYENNE TARENTAISE★

De Moûtiers à Bourg-St-Maurice

41 km – environ 2h.

Pour vous permettre de mieux apprécier l'ampleur des paysages de la moyenne Tarentaise, cet itinéraire fait emprunter, en amont d'Aime, une série de petites routes tracées sur le versant « endroit » de la vallée, domaine des cultures et des vergers, face au versant « envers » boisé, en arrière duquel se dégage le mont Pourri (alt. 3 779 m).

Aussitôt avant l'entrée du défilé, on découvre, en aval, la **chapelle Saint-Jacques**, juchée sur son éperon abrupt – site d'un ancien château épiscopal – au revers duquel se groupe le village de St-Marcel.

Étroit du Siaix

Afin de bien apprécier l'encaissement de cette fissure, passage le plus rétréci de toute la vallée de l'Isère – son nom vient du latin *saxum* : rocher – faire halte 50 m avant le tunnel *(sans aller jusqu'à porter un casque, faites attention aux chutes de pierres).*

Entre l'Étroit du Siaix et Aime, la vallée ne s'évase pas immédiatement. Un « verrou » délimite la cuvette de **Centron**, dont le nom fait survivre celui de la tribu gauloise qui peuplait la Tarentaise. En avant, le sommet et les glaciers du mont Pourri.

De Moûtiers à Montalembert

Une variante permet de relier Moûtiers à Aime par la D 88. À la sortie de Moûtiers, en direction d'Aime, joindre Notre-Dame-des-Prés, qui domine la vasque de Moûtiers, puis Montalembert, beau village authentique. La route traverse une forêt, puis un vaste plateau d'herbage. En descendant sur Aime, on pourra admirer des arbres remarquables *(panneau de l'Office national des Forêts).*

Aime

Aime se nomma *Axima*, lorsque, devenant capitale de la province romaine des Alpes Graies, elle fut ainsi baptisée par l'empereur Auguste Axima, en référence au dieu romain Aximus, protecteur des sources. Située sur la grande voie

Le saviez-vous ?

- Les érudits ont relevé plus d'une dizaine de formes différentes du nom Tarentaise. La plus ancienne, *Darentasia*, correspond à une cité romaine érigée dans la vallée au 5ᵉ s.

- Ici, la femme-portait la « **frontière** » : c'est un bonnet rigide de velours noir, à trois pointes (une sur le front et deux sur les tempes), égayé d'un galon d'or. Cette tradition pourrait remonter, étant donné la forme du chapeau, au 16ᵉ s. Dans la région de Bourg-St-Maurice et principalement dans la vallée de Peisey, les femmes la portent encore lors des fêtes traditionnelles.

LA TARENTAISE

romaine, *Axima prospera*. Au Moyen Âge, elle fut la résidence des vicomtes de Tarentaise, sires de Montmayeur. La ville conserve un fort cachet régional avec les façades de ses rues commerçantes aux badigeons clairs. L'église St-Sigismond (1678) abrite quelques éléments baroques d'intérêt.

Ancienne basilique St-Martin★★ – ☎ 04 79 55 67 00 - *exposition temporaire l'été - juil.-août : 10h15-12h30, 14h-18h15, dim. 10h15-12h30, 14 Juil. 10h-12h30 ; reste de l'année : demander la clef à l'office de tourisme - possibilité de visite guidée sur demande préalable à l'office de tourisme - fermé j. fériés (sf 14 Juil.) 2,50 € (– 16 ans gratuit) ; 6 € billet combiné avec le musée et la tour.*

Ce noble édifice du 11e s. est un superbe témoin du premier art roman méridional. L'extérieur, avec ses murs de pierre où l'on reconnaît l'antique appareil « en arête de poisson », son clocher trapu, son chevet décoré de simples arcatures, a gardé toute sa distinction.

Fresques de la basilique St-Martin à Aime.

L'intérieur permet d'apprécier l'antiquité du monument. Les fouilles exécutées dans la nef de l'église ont révélé l'existence de deux édifices antérieurs superposés : le plus ancien – peut-être temple romain à l'origine – a servi d'église aux premiers chrétiens ; le second date des temps mérovingiens.

Dans le chœur et l'abside, des fragments de **fresques**★ du 13e s. représentent des scènes de l'Ancien et du Nouveau Testament (Adam et Ève, Massacre des Innocents). La crypte du 11e s., aux frustes chapiteaux cubiques, sert de soubassement au chœur dont elle reproduit le plan. On trouvera à l'intérieur un musée lapidaire.

Si la découverte de l'église revient à M. Borrel qui repéra les bâtiments en 1875, sa survie est l'œuvre de Pierre Lotte, architecte des Monuments historiques qui la sauva de la ruine en 1958.

Musée Pierre-Borrione – ☎ 04 79 55 67 00 - *tlj sf dim. et j. fériés 10h15-12h30, 14h-18h - possibilité de visite guidée (1h) sur demande à l'office de tourisme - 2,50 € (– 16 ans gratuit) ; 6 € billet combiné avec l'ancienne basilique et la tour.*

Logé dans une chapelle du 14e s., située sur le bord du talus dominant la ville basse et la vallée, ce petit musée vous expose des vestiges gaulois, romains ou mérovingiens trouvés aux alentours. La tombe du 5e s., dite de l'Enfant à l'oiseau, est faite de tuiles. Belle collection de minéraux et fossiles.

Tour Montmayeur – ☎ 04 79 55 67 00 - *tlj sf dim. et j. fériés 10h15-12h30, 14h-18h - possibilité de visite guidée (1h) sur demande à l'office de tourisme - 3,50 € (–16 ans gratuit) ; 6 € billet combiné avec l'ancienne basilique et le musée.*

Cette vénérable tour édifiée vers 1221 par les sires de Montmayeur a été restaurée pour accueillir une belle évocation de la vie rurale en Tarentaise. La visite se termine en haut du donjon (19,30 m), remarquable belvédère sur la ville et ses environs.

À Aime, quitter la N 90 pour la D 218 (route de Tessens) à gauche.

Aux alentours

La Côte-d'Aime
À 4 km d'Aime. Suivre la D 86 en direction de La Côte-d'Aime et Vulmix.

Cette petite commune savoyarde s'ancre sur le versant sud du Beaufortain dans la vallée de la Tarentaise. Les villages échelonnés entre 8 00 m et 1 300 m ont conservé un certain cachet. Parmi eux, le village de **Montméry** est sans doute le plus attachant. L'élégante chapelle St-Jacques veille sur son promontoire à la vallée de l'Isère. Les plus curieux pourront gagner les « Montagnettes », chalets d'alpages, éparpillés entre 1 500 m et 2 000 m, notamment dans la belle vallée du Foron (sur le tracé du GR 5). Tout en haut, des sommets pointent vers le ciel : la célèbre Pierra Menta, le Roignais (presque 3 000 m), l'aiguille de la Nova, l'aiguille du Grand Fond, la pointe de Portette…

395

DÉCOUVRIR LES SITES

Hameau du Monal face au massif du Mont-Pourri.

Circuits de découverte
D'Aime à Bourg-St-Maurice
D'Aime à Bourg-St-Maurice, on reste constamment en vue du mont Pourri. Entre Aime et Granier, les lacets de la D 218 permettent de plonger, en aval, sur les étranglements de la vallée de l'Isère (Étroit du Siaix), puis sur le bassin d'Aime et ses gros villages.
Après Valezan, au passage d'une croix, la vue prend en enfilade la vallée du Ponturin, fermée par le massif de Bellecôte (point culminant : 3 416 m).
Entre Montgirod et Bourg-St-Maurice, le cadre du « Bourg » va se précisant. À gauche de la dépression du Petit St-Bernard se profilent les dents du mont Belleface.

La haute Tarentaise★, de Bourg-St-Maurice à Tignes
32 km – environ 1h.
De Bourg à Ste-Foy-Tarentaise, la D 902 quitte le bassin de Bourg-St-Maurice – où l'on remarque la centrale de Malgovert, alimentée par le barrage de Tignes *(voir ce nom)*.

Sainte-Foy-Tarentaise
Comme ses quinze communes sœurs de France, Sainte-Foy-Tarentaise a pour patronne la jeune chrétienne martyrisée à Agen à l'âge de 12 ans. Maisons de pierre aux toits couverts de lauzes, percées de fenêtres étroites et cernées de prairies... Ce village un peu hors du temps a su garder toute l'authenticité des matériaux de la région. Le plaisir des yeux se poursuit en parcourant les nombreux hameaux de la commune. Parmi eux, Le **Miroir**. Ce site protégé est connu pour ses maisons à colonnes importées de la Vallée d'Aoste. Les colonnes supportent l'avancée du toit et forment un espace de circulation abritée. On peut également retrouver ces maisons à colonnes à la Mazure, à Montalbert, au Baptieu, à La Thuile et à Bonconseil (village d'implantation de la station de Ste-Foy). L'église renferme un beau retable baroque.
En amont de Ste-Foy, la vallée s'élargit un peu de la Raie au pont des Balmes. Les glaciers du mont Pourri, dont les torrents de fonte tombent en cascade, frangent le versant opposé et jouent selon l'heure et la saison avec les éclats du soleil.

Randonnées
La Sassière★★
10 km, puis 2h AR. Prendre la première route (D 84) à gauche à la sortie de Ste-Foy-Tarentaise vers l'Iseran.
Après 4 km, la route parvient au gros hameau du Miroir dont les vastes chalets aux balcons de bois s'étagent sur le versant adret. On traverse ensuite quelques hameaux dont Le Crôt, et l'on arrive à l'altitude des alpages. C'est ici qu'on se laisse charmer par l'architecture émouvante des vieilles maisons d'antan.
Laisser la voiture au terme de la route et poursuivre à pied vers le point de vue.
Le chemin monte parmi les rhododendrons. À la chapelle de la Sassière apparaît soudain une **vue★★** sur le glacier du Ruitor, situé en Italie et dominant de sa masse une vallée glaciaire à fond plat où s'éparpillent un hameau et des chalets d'alpage.

LA TARENTAISE

Le Monal

8 km, puis 2h à pied AR. Prendre la D 902 vers le sud, puis tourner à gauche avant l'entrée du 3ᵉ tunnel, vers Chenal. Attention, route très étroite, pentue, avec nombreux virages en épingle à cheveux. Laisser la voiture et poursuivre à pied. Visite guidée chaque semaine de l'été. Renseignement et inscriptions : office du tourisme de Ste-Foy-Tarentaise.

Le très joli hameau du Monal offre une **vue★★** remarquable sur le mont Pourri et ses glaciers, les cascades qui tombent du glacier de la Gurra, et sur le village de la Gurraz. Possibilité de continuer jusqu'au sommet *(plus 15mn)* ou jusqu'à Bonconseil *(plus 1h30)*.

En amont de Ste-Foy, la vallée s'élargit un peu de la Raie au pont des Balmes. Les glaciers du mont Pourri, dont les torrents de fonte tombent en cascade, frangent le sommet du versant opposé et jouent selon l'heure et la saison avec les éclats du soleil. La courbe saisissante du barrage de Tignes clôture le fond de vallée.

La Tarentaise pratique

Adresses utiles

Office du tourisme d'Aime – *Av. de Tarentaise - 73210 Aime - 04 79 55 67 00 - www.aimesavoie.com - juil.-août : 9h-12h30, 14h-19h, dim. et j. fériés 9h30-12h30 ; reste de l'année : tlj sf dim. et j. fériés 9h-12h, 14h-18h.*

Office du tourisme de Ste-Foy-Tarentaise – *Bon Conseil Dessus - 73640 Ste-Foy-Tarentaise - 04 79 06 95 19 - www.saintefoy.net - vac. scol. : 9h-12h, 14h-18h ; reste de l'année : tlj sf w.-end et j. fériés 9h-12h, 14h-18h.*

Visite

Villageois de l'envers et de l'endroit – Visite guidée de l'église baroque de Villaroger et découverte du patrimoine rural, religieux et architectural des hameaux de la Masure et du Miroir à Ste-Foy. Visite avec un guide du patrimoine des pays de Savoie, une fois par semaine en été (3h). Renseignements et inscriptions 04 79 06 95 19.

Se loger

Gîte du Chenal – *Hameau Chenal - 10 km au sud-est par D 902, rte de Val-d'Isère et petite rte secondaire à droite. - 04 79 06 93 63 - fermé déc.-avr. - 5 ch. dont 1 gîte 35/40 € - 5 €.* Situé au départ des circuits de randonnée, ce chalet d'alpage dispose de 5 chambres, sobres et de confort simple mais fort convenables, réparties sur 3 niveaux. La salle à manger respire le charme rustique d'autrefois. Cuisine du terroir savoyard et légumes du potager. Réservation vivement conseillée.

Hôtel Le Cormet – *Av. de la Tarentaise - 73210 Aime - 04 79 09 71 14 - hotelducormet@orange.fr - fermé 15-30 mai - 14 ch. 56/65 € - 6 €.* Petit hôtel à l'ambiance familiale dont le nom savoyard signifie « col ». Chambres simples et bien tenues, plus calmes à l'arrière. Bar convivial attenant, fréquenté par des habitués.

Chambre d'hôte Chalet Le Paradou – *Pré Bérard - 73210 La Côte-d'Aime - 5 km au nord-est d'Aime par D 86 - 04 79 55 67 79 - www.chaletleparadou.com - fermé mai et oct. - 5 ch. 62/72 € - repas 21 €.* Dominant la vallée de la Tarentaise, ce magnifique chalet capitonné de bois dispose de chambres confortables impeccablement tenues, d'un salon douillet avec cheminée et piano et d'un agréable jardin fleuri.

Chambre d'hôte Les Carlines – *Au lieu-dit Pré Bérard - 73210 La Côte-d'Aime - 04 79 55 52 07 - http://carlines.free.fr - 5 ch. 64 € - restauration (soir seulement) 18 €.* Ce chalet de construction récente est tenu par une famille originaire d'Alsace. Salon de détente et salle à manger d'esprit rustique occupent le rez-de-chaussée. Murs blancs et mobilier en pin garnissent sobrement les chambres (non-fumeurs). Produits maison au petit-déjeuner ; recettes savoyardes, italiennes et de l'Est au dîner.

Se restaurer

La Becqua – *Hameau Chenal - été : 04 79 06 92 67 ; hiver : 04 79 06 90 51 - 15 € déj. - 23 €.* Ce chalet en bois et en pierre abrite un restaurant ouvert de mai à octobre. Une des deux salles offre une vue panoramique sur les glaciers et la vallée. Parmi les spécialités locales, on pourra savourer la fameuse tourte aux pommes de terre, préparée sur commande. Menu randonneur le midi.

Sports & Loisirs

Piste cyclable – D'Aime à Séez, la piste longe l'Isère sur une vingtaine de kilomètres. On peut également l'emprunter à rollers ou à pied.

VTT – Connu pour la qualité de ses pentes, Ste-Foy serait le « spot » le plus freeride de la vallée de la haute Tarentaise. Les itinéraires peuvent atteindre plus de 1 000 m de dénivelée. Ils varient d'une quinzaine de kilomètres sur une demi-journée jusqu'à une quarantaine de kilomètres sur la journée.

Événement

Festival de Tarentaise – Ce festival de musique et d'art baroque a lieu de la mi-juillet à la mi-août dans les villes et stations de la Tarentaise. *Programme et réservation dans les offices de tourisme.*

DÉCOUVRIR LES SITES

Thônes

5 212 THÔNAINS
CARTE GÉNÉRALE C3 – CARTE MICHELIN DÉPARTEMENTS 328 K5 – HAUTE-SAVOIE (74)

Le synclinal de Thônes, combinaison harmonieuse de doux reliefs, est interrompu par les barrières abruptes de la chaîne des Aravis mais, en son sein, que de tranquillité et de douceur. Vastes prairies de vert cru, immense forêt sombre d'épineux, fermes brunes couvertes de tavaillons colorent le gris franc de la Tournette et du mont Lachat. L'agriculture et l'élevage y sont toujours prospères, Thônes étant en quelque sorte la capitale du reblochon.

- **Se repérer** – Accessible par Annecy (21 km par la D 16 puis D 909) ou à partir de Menthon-St-Bernard par une superbe route (D 909).
- **À ne pas manquer** – Le site du Calvaire à deux pas du centre-ville présente une vue panoramique sur la vallée.
- **Organiser son temps** – La forêt du Mont est un havre pour les promeneurs en mal de fraîcheur l'été.
- **Avec les enfants** – L'écomusée du Bois situé dans une scierie du 19ᵉ s. propose une promenade en milieu forestier.
- **Pour poursuivre la visite** – Voir aussi le massif des Aravis, La Clusaz.

Comprendre

Un âpre pays – Longtemps, l'agriculture et l'élevage ne suffirent pas à nourrir la population des Aravis. En dehors des exils saisonniers, tout était bon pour survivre. Le reblochon est ainsi un fromage tiré d'une 2ᵉ traite clandestine, lait crémeux détourné par les métayers au détriment des propriétaires des troupeaux. La forêt sera une autre ressource fondamentale et au 19ᵉ s. la vallée compte de nombreuses scieries. L'horlogerie, la chapellerie, la tannerie complètent alors les revenus agricoles. Le paysage d'aujourd'hui témoigne de la diminution des surfaces travaillées, la forêt gagne du terrain. Pourtant, la vallée est l'une des vallées des Alpes où le mode de vie rural s'est perpétué et où l'on peut voir fréquemment des troupeaux en alpage. Les foires agricoles témoignent de cette vitalité.

Affinage du reblochon.

Visiter

Église

Datée du 1697, elle trône fièrement sur la place centrale bordée de vieilles maisons à arcades. Son élégant clocher à balcon et à bulbe surmonté d'une flèche (42 m) et sa décoration intérieure sont de style baroque savoyard. Remarquez, en particulier, le **retable**★ monumental du maître-autel (1721) du sculpteur italien Jacquetti, les figurines sculptées du retable (17ᵉ s.) de l'autel à gauche du chœur et les boiseries (stalles du 18ᵉ s. et, à gauche de l'entrée, panneau d'un baptistère en noyer de 1699).

Musée du Pays de Thônes★

2 r. Blanche - ℘ 04 50 02 97 76 - juil.-août : 10h-12h, 15h-19h ; sept.-juin : 9h-12h, 13h30-17h30, lun. et merc. 13h30-17h30 - possibilité de visite guidée (1h30) juil.-août - fermé dim. et j. fériés (sf 14 Juil. et 15 août) - 2,75 € (enf. 1 €).
Ouvert en 1938, c'est l'un des tout premiers musées de pays. Pour un voyage dans l'histoire et la vie du pays de Thônes, théâtre de l'« Idylle des cerises » dans les *Confessions* de J.-J. Rousseau et de la « Vendée savoyarde » en 1793. Une salle est réservée aux découvertes archéologiques faites sur le site de La Balme-de-Thuy. On remarquera une belle pietà du 15ᵉ s.

THÔNES

Les Amis du val de Thônes
1 r. Blanche - ✆ 04 50 63 11 83 - juil.-août : lun., mar., jeu. et vend. 15h30-18h30 - de mi-juin à fin juin et de déb. sept. à mi-sept. : mar. 15h30-18h30 ; dernier sam. de sept. pour la foire de Saint-Maurice : 9h-18h30 - gratuit. Judicieux complément du musée, le lieu présente 300 photographies et documents anciens sur le patrimoine et le milieu naturel de Thônes. Reconstitution impressionnante du village de Thônes et du tramway qui reliait Annecy et la station (1898-1930) à l'aide de maquettes animées (1/13).

Écomusée du Bois et de la Forêt
2 km du centre-ville vers l'ouest. ✆ 04 50 32 18 10 - www.ecomuseedubois.com - ♿ - juil.-août : tlj sf sam. 10h-12h, 14h30-17h30 ; avr.-juin et sept.-oct. : merc. et dim. 14h30-17h30 - 3,50 € (6-18 ans 2,30 €), 5,60 € (6-18 ans 3,60 €) billet combiné avec le sentier de découverte (juil.-août, 2h30).

Jusqu'au début du 20e s., dans la vallée de Montremont, le torrent Malnant alimentait de nombreux moulins et plusieurs scieries. La scierie hydraulique des Étouvières (démonstration de sciage traditionnel, avec roue à aubes), restaurée, a retrouvé son activité traditionnelle en accueillant l'écomusée consacré au travail du bois dans les vallées de Thônes, tradition liée à l'exploitation des forêts environnantes.

Aux alentours

Nécropole nationale des Glières
À gauche de la D 909 en direction du col de Bluffy – route décrite dans l'autre sens à « massif des Aravis ». Elle réunit 105 tombes de résistants, principalement des combattants du plateau des Glières *(voir historique à Thorens)*.

Un **musée de la Résistance en Haute-Savoie (Morette)** a été aménagé, à droite du cimetière, dans un chalet d'alpage de 1794 remonté ici et typique des chalets qui abritaient les maquisards. Y sont retracées les étapes successives des combats du plateau des Glières. Un mémorial apporte un bouleversant témoignage sur la déportation. *✆ 04 50 32 18 38 - juil.-sept. : 10h30-12h30, 14h-18h30 (dernière entrée 30mn av. la fermeture) ; reste de l'année : 9h30-12h, 13h30-17h15 - gratuit.*

Thônes pratique

Adresse utile
Office du tourisme de Thônes-Val Sullens – 4 pl. Avet - BP 11 - 74230 Thônes - ✆ 04 50 02 00 26 - www.thones-valsulens.com - juil.-août : 9h-12h15, 14h-18h45, dim. 10h-12h, 17h-19h ; reste de l'année : tlj sf dim. et j. fériés 9h-12h, 14h-18h.

Visites
Sorties découverte – *Renseignements et inscriptions* ✆ 04 50 02 00 26. Chaque jour de l'été, une visite thématique vous est proposée : en été visite d'une ferme productrice de reblochon merc., visite guidée par une apicultrice vend., etc.

Se loger
Chambre d'hôte Les Lupins – *La Clossette - sortie de la ville, à droite après « Champion », dir. Glapigny puis la Clossette -* ✆ 04 50 63 19 96 *- www.francealpes.com - fermé déc.-janv. -* 3 ch. 65 € 🍴. Une petite route pentue mène à ce noble chalet de 1854 perdu au milieu des alpages savoyards, à 1 200 m d'altitude. Les chambres, décorées dans le style montagnard, portent des noms de fleurs (« Gentiane », « Edelweiss » et « Épilobe ») et bénéficient d'un accès indépendant. L'endroit est idéal pour la détente.

Se restaurer
Auberge de la Gloriette – *2 rte d'Annecy -* ✆ 04 50 02 98 16 *- desramaut2002@yahoo.fr - fermé 1er-15 juil., dim. soir et lun. - formule déj. 15 € - 19/46 €.* Cette petite maison savoyarde abritait autrefois une ferme, puis une boulangerie dont l'arrière-boutique a laissé son nom à l'auberge. Des matériaux récupérés dans un ancien chalet d'alpage décorent plaisamment l'une des deux salles à manger. Un vieux puits agrémente la terrasse ombragée, d'où les hôtes se plaisent à admirer l'escalier des senteurs.

Que rapporter
Coopérative agricole des Producteurs de Reblochon – *Rte d'Annecy -* ✆ 04 50 02 05 60 *- www.reblochon.thones.com - vente au détail : tlj (sf dim. hors vac. scol.). Visite de la fabrication : tlj sf week-end à partir de 9h30.* Que diriez-vous d'un en-cas de fromage, pour couper la faim qui vous tenaille au milieu d'une journée vécue au grand air ? Cette coopérative fabrique des reblochons de manière artisanale, et les affine directement dans ses caves où règne une température constante de 12°. Leur visite s'accompagne d'une dégustation dont vous apprendrez à connaître les subtiles variations d'aspect et de goût.

DÉCOUVRIR LES SITES

Thonon-les-Bains ★

28 927 THONONAIS
CARTE GÉNÉRALE C1 – CARTE MICHELIN DÉPARTEMENTS 328 L2 – HAUTE-SAVOIE (74)

La deuxième ville du département a souffert quelque peu de sa rapide expansion. Il fait bon cependant flâner au centre-ville, qui emprunte aux styles architecturaux du 19e s. comme aux esquisses les plus contemporaines. La ville cultive les contrastes. De la vaste étendue du Léman que l'on observe depuis la terrasse du musée du Chablais au convivial port de Rives, le visiteur a la sensation de passer d'un monde à l'autre. Porte d'entrée idéale pour accéder au Chablais et station thermale reconnue, Thonon-les-Bains se distingue par la qualité de son offre culturelle.

- **Se repérer** – La rive française du Léman est largement urbanisée et le trafic est dense sur la D 1206, puis D 1005 qui mènent de l'A 40 (sortie n° 15) à Thonon-les-Bains. Vous pouvez également rejoindre le Léman à partir de Cluses (60 km par la D 902) en passant par Morzine et la vallée d'Aulps. Enfin, des navettes régulières relient Ouchy (Suisse) à Thonon.
- **À ne pas manquer** – Le charmant port de Rives par le funiculaire ; le domaine de Ripaille et son arboretum.
- **Organiser son temps** – L'abbaye d'Aulps se visite à la lueur des flambeaux certains soirs de juillet et août.
- **Avec les enfants** – En juillet et août, l'office du tourisme de Thonon organise des visites guidées conçues pour les enfants ; l'été, jeux de rôle grandeur nature à l'abbaye d'Aulps.
- **Pour poursuivre la visite** – Voir aussi Évian-les-Bains, Abondance.

Comprendre

L'essor d'une station – La rive sud du lac Léman bénéficie au Moyen Âge de la puissance des comtes de Savoie. La Réforme va mettre fin à cet âge d'or, le territoire succombant tantôt aux Bernois protestants, tantôt aux catholiques. Au 18e s., l'élite intellectuelle européenne apprécie déjà la douceur de ses rives et de fructueux échanges avec la Suisse se développent. L'expansion industrielle de l'agglomération est entraînée par l'annexion de la Savoie à la France en 1860 et la création d'une zone franche entre le Chablais et le Genevois. Elle devient à l'orée du 20e s. une station thermale renommée. Le boulevard de la Corniche, le quai de Ripaille, l'avenue de Corzent sont bordés de villas balnéaires. Dans les années 1960, l'architecte thononais Maurice Novarina mène une ambitieuse opération de réhabilitation du quartier des Visitandines.

Se promener

Les bords du lac★

Le quartier de **Rives**, cossu sur ses hauteurs, s'achève au port où accostent encore quelques pêcheurs professionnels. Ne manquez pas la vente de leur pêche à 9h30. Pour en savoir plus sur le lac, vous pouvez aller visiter le petit **écomusée de la Pêche et du Lac** (voir Visiter). En direction de Ripaille, vous trouverez une **plage**. Et au départ de Rives, l'accès à Thonon se fait de préférence par un **funiculaire** (créé en 1888) au cachet pittoresque avec des vues originales bien dégagées. ℘ 04 50 71 21 54 - juil.-août : 8h-23h ; de mi-avr. à fin juin et sept. : 8h-21h ; de déb. oct. à mi-avr. : 8h-12h30, 13h30-18h30, dim. 14h-18h (3mn, ttes les 2-3mn) - 1,80 € (– 6 ans gratuit) AR, 1 € A.

Les belvédères★★

Du boulevard de la Corniche jusqu'au jardin anglais s'alignent des belvédères très bien aménagés.

Place du Château (A1)

Là s'élevait le château des ducs de Savoie, détruit par les Français en 1589. Au centre, la statue du **général Dessaix** vous regarde de toute sa hauteur. Le général Dessaix (1764-1834), enfant terrible de la ville (qu'il ne faut pas confondre avec Desaix, le héros de Marengo) est surtout connu comme l'un des fondateurs du « Club des Allobroges », réunissant à Paris, au moment de la Révolution, un grand nombre d'émigrés savoyards militant activement pour le rattachement de la Savoie à la France. La « légion des Allobroges », formée par ces révolutionnaires, accompagna les troupes françaises lorsqu'elles occupèrent le pays. Napoléon, qui surnommait Dessaix « l'Intrépide », le fit général de division et comte.

THONON-LES-BAINS

La **vue**★ des terrasses est dégagée sur la côte suisse du lac Léman, depuis Nyon – qui se trouve en face du promontoire d'Yvoire, à gauche – jusqu'à Lausanne. Le quartier de Rives se masse autour des toits brunis du château de Rives-Montjoux. À l'extrême droite apparaît le château de Ripaille, le Jura et les Alpes vaudoises en arrière-plan.

Jardins du château de Sonnaz (B1)

Agréables lieux de détente. Au fond de la vaste esplanade du jardin anglais Paul-Jacquier, subsiste, pour le plaisir des aquarellistes, l'archaïque construction de la chapelle St-Bon, accolée à une tour de l'enceinte fortifiée du 13e s.

Devant la Maison des Arts (B1), due à Novarina, se situe **La Grande Étrave**, sculpture de G. H. Adam.

Visiter

Musée du Chablais (A1)

☏ 04 50 70 69 49 - *fermé provisoirement pour travaux.*

Aménagé dans le château de Sonnaz, ancienne résidence des ducs de Savoie (17e s.), ce musée régional rassemble de nombreux témoignages de l'histoire locale ainsi que des vestiges de l'époque lacustre et des objets gallo-romains provenant des fouilles de l'antique Thonon. Une salle est consacrée à l'artiste thononaise Marguerite

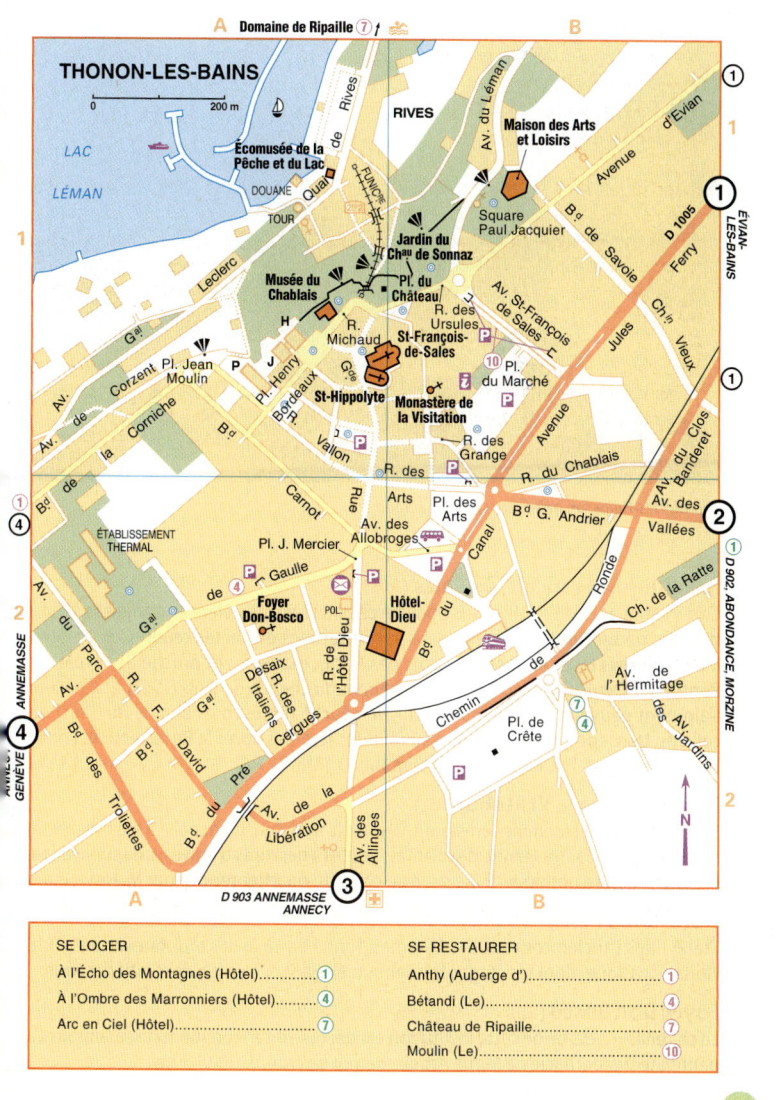

SE LOGER		SE RESTAURER	
À l'Écho des Montagnes (Hôtel)	①	Anthy (Auberge d')	①
À l'Ombre des Marronniers (Hôtel)	④	Bétandi (Le)	④
Arc en Ciel (Hôtel)	⑦	Château de Ripaille	⑦
		Moulin (Le)	⑩

DÉCOUVRIR LES SITES

Peltzer-Genoyer (1897-1991). Une autre salle s'intéresse à la batellerie du Léman. Une maquette représente une barque à voiles latines *La Savoie* reconstruite à l'identique en 2001, et visible grandeur nature au port de Rives. Un dernier espace est consacré à l'histoire de la frontière et des contrebandiers.

Écomusée de la Pêche et du Lac (port de Rives) (A1)
04 50 70 26 96 - juil.-août : 10h-12h, 14h30-18h ; juin et sept. : merc.-dim. 14h30-18h.
Installé dans trois anciennes guérites (ateliers) de pêcheur, ce petit musée en dit long sur la vie du premier plan d'eau d'Europe. Ressources naturelles, pêche, histoire, qualité des eaux, etc. Tous les sujets sont évoqués. Dans les aquariums, de magnifiques spécimens des poissons du lac.

Église St-Hippolyte (A1)
Entrée libre par la basilique. Crypte ouv. juil.-sept. - possibilité de visite guidée sur demande à l'office de tourisme.
Illustré par les prédications de saint François de Sales et par le retour au catholicisme des Chablaisiens, l'édifice, très composite, a été décoré intérieurement dans le goût du 17e s. Il est pourvu d'une nef aux **voûtes**★ de style rocaille, « à l'italienne ». De récentes rénovations ont mis au jour des médaillons de peinture du 16e s. Dans la première nef, plus ancienne, on observe, à droite, un bénitier du 13e s., timbré aux armes de Savoie. La chaire est du 16e s., la tribune d'orgues de 1672. Dans la crypte romane (12e s.), formée de trois petites nefs, sont à voir d'intéressants chapiteaux.

Thonon-les-Bains, un belvédère sur le lac Léman.

Basilique St-François-de-Sales (A/B1)
Communiquant avec l'église St-Hippolyte, ce sanctuaire de pèlerinage édifié au 20e s., de style néogothique, possède dans le transept les dernières œuvres du peintre Maurice Denis représentant de l'école des Nabis, mouvement proche de l'école de Pont-Aven. Deux frises décrivent les 14 stations du Chemin de croix (1943), auxquelles s'ajoutent deux grandes fresques, celle de gauche représente l'agonie du Christ et celle du transept droit l'apparition aux saintes femmes après la Résurrection. Fonts baptismaux du 13e s. Belle Vierge à l'Enfant du 14e s.

Monastère de la Visitation (B1)
Édifié au 17e s., et récemment restauré. D'après la tradition, la chapelle a été construite sur les plans de sainte Jeanne de Chantal : voûtes à nervures d'ogives, rare survivance de l'architecture gothique. Il est situé au cœur du quartier rénové par M. Novarina.

Hôtel-Dieu (A/B2)
Établi dans l'ancien couvent des Minimes, fondé en 1636, il s'ordonne autour d'un cloître classique, dont les étages forment un élégant ensemble décoratif baroque.

Foyer Don Bosco (A2)
La chapelle moderne de cette institution est décorée intérieurement de céramiques : panneau et tabernacle de Marie Arbel, chemin de croix de Paul Bony.

THONON-LES-BAINS

Le saviez-vous ?

👁 Le cru de ripaille, celui de marin ou celui de marignan sont tous des AOC « vins de Savoie ». Le crépy est le premier à avoir obtenu une appellation d'origine contrôlée « crépy ». Tous ces vins blancs sont produits uniquement à partir du cépage chasselas (fait quasi unique en France).

👁 Il est courant sur le port de Rives de voir des bateaux baptisés : *Ma cocotte*, *La Poule aux œufs d'or* ou encore *Poulette*. En souvenir peut-être de l'époque où la contrebande d'œufs en direction de la Suisse et acheminée par voie lacustre fit la bonne fortune de nombre de pêcheurs français !

Aux alentours

DOMAINE DE RIPAILLE★

À Rives, suivre le quai de Ripaille, à l'extrémité duquel prendre à gauche dans l'avenue d'accès au château.

Les bâtiments aux vastes toits coiffés de tuiles claires du château-monastère de Ripaille apparaissent derrière des vignobles en rangs serrés qui produisent un cru régional estimé. L'ensemble majestueux au cachet purement savoyard évoque la période la plus brillante de la maison de Savoie.

L'ancien domaine de chasse des comtes de Savoie est investi au 15e s. par Amédée VIII, élu pape en 1449 sous le nom de Félix V. Il fait alors aménager le château pour y recevoir l'élite intellectuelle européenne. Il édifie pour chacun des six compagnons de l'ordre de Saint-Maurice qui l'accompagne des tours d'égale hauteur ; celle du duc est, naturellement, plus élevée et plus spacieuse. Quatre d'entre elles subsistent aujourd'hui. Le château fut occupé de 1619 à la Révolution par les chartreux, d'où le nom de chartreuse que l'on donne aujourd'hui à ces bâtiments. La résidence papale fut entièrement rénovée en 1898 par Frédéric Engel-Gros, de Mulhouse, patron des usines DMC et l'architecte Charles Schulé dans le style néogothique très en vogue à l'époque.

Château

📞 04 50 26 64 44 - www.ripaille.fr - visite guidée (1h) juil.-août : 11h, 14h30, 15h15, 16h, 16h45 ; avr.-juin et sept. : 11h, 14h30, 16h ; fév.-mars et oct.-nov. : 15h - 6 € (7-15 ans 3 €).

Depuis 1976, le château est le siège de la **Fondation Ripaille**. Celle-ci a pour but de promouvoir un centre d'études et de recherches orienté vers l'écologie, la géographie et le développement des ressources naturelles. Ce centre organise des échanges, des congrès et des expositions. Après avoir traversé la cour des mûriers, vous visiterez le pressoir, puis la cuisine des chartreux qui a conservé son aspect du 17e s.

La forêt et l'arboretum

Sa visite n'est pas comprise dans celle du château. Il faut sortir du domaine à gauche et prendre la première route à gauche. Durement frappé par la tempête de 1999, l'arboretum est progressivement restauré. 📞 04 50 26 28 22 - mai-sept. : 10h-19h (dernière entrée 1h av. la fermeture ; janv.-avr. et oct.-nov. : 10h-16h30) - fermé lun. et déc. - gratuit.

Ancien terrain de chasse des ducs de Savoie, la forêt de Ripaille s'étend sur 53 ha. Des sentiers fléchés permettent d'observer des chevreuils. Les arbres de l'arboretum furent plantés entre 1930 et 1934 (sapins de Douglas, thuyas, chênes rouges d'Amérique, noyers noirs, etc.). À proximité, dans une clairière, le **Monument national des Justes** a été élevé pour ne pas oublier ceux qui risquèrent leur vie pour sauver des juifs de la déportation lors de la Seconde Guerre mondiale. La clairière de Ripaille a donc connu l'héroïsme des transfrontaliers savoyards et, avant eux, la sagesse d'Amédée VIII (1383-1451), duc de Savoie et protecteur des juifs à la fin de la guerre de Cent Ans.

CHÂTEAU DES ALLINGES

7 km au sud par la D 12. À l'entrée de Mâcheron, prendre la première route à droite. Laisser la voiture au sommet de la montée sur le terre-plein à droite puis s'engager dans le chemin vers la première poterne.

Fortifiée depuis le 10e s., la colline des Allinges était couronnée de deux repaires féodaux : le château Neuf, disparu, sur le terre-plein est (belle vue sur le bas Chablais et la dent d'Oche), appartenait aux comtes de Savoie et, 150 pas au nord, le château Vieux, aux ruines toujours imposantes, tenu par les sires de Faucigny, alliés aux dauphins de Viennois. Après des luttes épiques, les châteaux furent réunis, en

DÉCOUVRIR LES SITES

1355, sous la bannière à croix blanche. Le chemin de droite donne accès au château par deux portes fortifiées.

Chapelle – *L'éclairage de la fresque romane se commande par un interrupteur à gauche en entrant.* Encastré dans les bâtiments affectés à une congrégation, ce sanctuaire de pèlerinage salésien *(qui se déroule mi-sept.)*, restauré en 1836 et 1947, a gardé son abside en cul-de-four décorée d'une fresque romane, la plus ancienne de Savoie (fin du 10e s.) représentant le Christ en majesté entouré des Évangélistes, de la Vierge, à gauche, et de saint Jean, à droite. Au registre inférieur, des femmes en buste, paumes levées, représentent les Vertus. La richesse de la polychromie et le hiératisme des figures témoignent une influence byzantine. Les pierres rondes scellées dans le mur oriental du château sont des boulets catapultés à l'époque carolingienne.

Avant de reprendre le chemin de la descente vers Thonon, gagner le terre-plein ouest d'où la **vue**★ est étendue sur le lac Léman, Thonon et le Jura.

VONGY

À l'est de Thonon, jouxtant Ripaille.

Église N.-D.-du-Léman – Cette gracieuse construction moderne (1935) de l'architecte Maurice Novarina est coiffée d'une flèche aiguë. Un grand claustra triangulaire en béton et une voûte en forme de carène renversée en font toute l'originalité.

Circuits de découverte

Voir aussi les excursions au départ d'Évian-les-Bains. Trois régions, de physionomie distincte, composent le massif qui s'étend des rives du Léman à la vallée du Giffre : le **bas Chablais**, dont les aimables coteaux bordent la rive sud du Léman. L'animation saisonnière de cette « riviera » de la Savoie se concentre entre Yvoire et Évian-les-Bains. Le **pays de Gavot** forme l'arrière-pays d'Évian *(décrit à ce nom)*. Le **haut Chablais**, dont le centre touristique se situe à Morzine. Les paysages y sont pastoraux et forestiers entaillés de trois grandes vallées : Dranse d'Abondance, Dranse de Morzine et Brevon.

Circuit des trois cols★ [1]

Circuit de 54 km – environ 3h30. Quitter Thonon-les-Bains par la route de Bellevaux.
En suivant la D 26 au-dessus des gorges de la Dranse, on voit la charmante vallée de Bellevaux. À l'horizon se profilent les escarpements de la dent d'Oche.

Bellevaux

Sur la rive gauche du Brevon, au pied du massif du roc d'Enfer, le village apparaît dans le **site**★ charmant constitué par les pentes verdoyantes de la vallée qui porte son nom. Sa curieuse église à clocher à bulbe de cuivre est pourvue à l'intérieur d'un élégant mobilier en bois sculpté et conserve une chapelle du 14e s., vestige de l'ancienne église. Un pont couvert du 18e s. à la sortie du village est accroché à un bloc erratique de granit.

Le **musée de l'Histoire et des Traditions** – ☎ 04 50 73 71 53 - *merc. et jeu. 16h30-17h30 - soirées thématiques jeu. 20h-21h - fermé oct.-nov. (hors vac. scol.) - 3 € (4-16 ans 2 €).* Il reconstitue entre autres un « pal », pièce centrale d'une maison paysanne du 19e s.

Le **musée de la Faune alpine** – ☎ 04 50 73 71 53 - *vac. scol. : lun. 10h-11h, merc. et jeu. 15h-16h ; reste de l'année : merc. et jeu. 15h-16h - fermé oct.-nov. (hors vac. scol.) - 3 € (4-16 ans 2 €).* Il met en scène dans leur habitat naturel 140 animaux des Alpes naturalisés. Cet apprentissage de la nature alpine peut être agréablement complété par une visite au **jardin alpin** (200 essences y sont représentées).

Après le cimetière de Bellevaux, tourner à droite pour franchir le Brevon et prendre à gauche la route forestière.
Cette route monte de façon continue et vertigineuse, dominant la combe de Bellevaux. Aux chalets de Buchille, vous avez une jolie **vue** sur le mont d'Hermone, au nord-ouest.

Revenir à Bellevaux et poursuivre vers Jambaz. Au hameau de Jambaz, prendre le chemin de la Chèvrerie.

Vallon de la Chèvrerie★

Ce haut vallon, origine de la vallée du Brevon, présente les dispositions typiques d'un site de chartreuse, la porte naturelle étant ici le défilé de La Clusaz, fort bien nommé. De part et d'autre du lac de Vallon, né en 1943 à la suite d'un éboulement qui noya le village d'Écondult, on remarque deux chapelles, témoins des établissements successifs de la **chartreuse de Vallon** : celle de la rive opposée, dédiée à saint Bruno, fut fondée au 12ᵉ s., dévastée par les Bernois en 1536, et abandonnée en 1619 au profit de Ripaille. Le chemin se termine à la Chèvrerie en vue d'un cirque de montagnes, dominé par la silhouette du roc d'Enfer (alt. 2 244 m).

Faire demi-tour et revenir au col de Jambaz. Là, tourner à gauche et presque aussitôt à droite dans la D 32.

Du col de Jambaz au col de Terramont, la route domine le vallon du Risse puis traverse le seuil des Mouilles d'où communiquent les vallées du Risse et de Lullin, pour venir dominer, à mi-hauteur, le vallon de Terramont aux versants doucement ondulés. Au nord, le sommet du mont Billiat. Entre le col de Terramont et le col de Cou, le calme paysage de la « vallée Verte » est cerné de croupes boisées, parmi lesquelles on reconnaît les Voirons, le mont d'Hirmentaz et le mont Forchat, signalé par une statue de saint François de Sales.

Col de Cou★

À 1 117 m d'altitude, le lac Léman, la chaîne du Jura apparaissent au-delà d'un premier plan forestier très fourni. C'est un vrai **tableau**★ pour ceux qui débouchent de la vallée Verte.

À partir du col de Cou, descente de 16 km. C'est un festival de panoramas : le Léman, le promontoire d'Yvoire, les Voirons, le Jura. Puis les campagnes du bas Chablais que surveillent, sur leur croupe, les ruines du château des Allinges. À 7 km du col, la **vue**★ se dégage sur le lac encadré par le mont de Boisy et la colline des Allinges.

À Mâcheron, tourner à gauche vers le château des Allinges.

Château des Allinges *(voir ci-dessus)*
La D 12 atteint Thonon.

Gorges de la Dranse 2

De Thonon à Morzine 33 km – environ 1h45.

La route s'enfonce dans la vallée de la Dranse de Savoie, formée par la réunion du Brevon, de la Dranse d'Abondance et de la Dranse de Morzine. Ce parcours fait traverser une longue suite d'étranglements et de bassins encaissés.

Quitter Thonon par la D 902, route de Cluses.

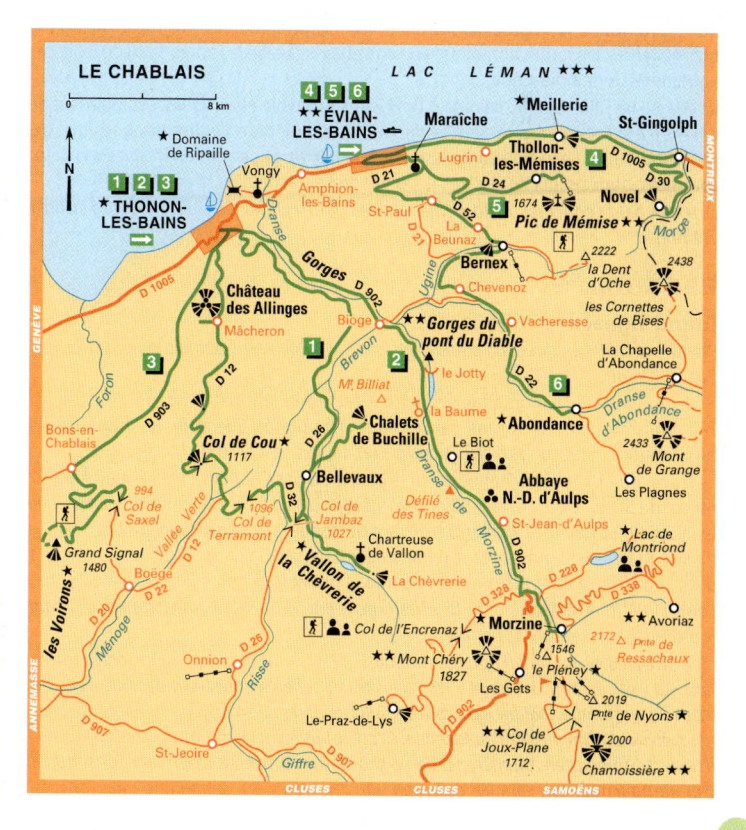

DÉCOUVRIR LES SITES

De Thonon à Bioge, où se rassemblent les branches supérieures de la Dranse, la route suit les gorges uniformément boisées du torrent. Des falaises de conglomérats de couleur ocre rouge dominent alors les flots bouillonnant entre d'énormes blocs. La route jusqu'à St-Jean-d'Aulps est émaillée de petits hameaux demeurés intacts.

Gorges du pont du Diable★★

04 50 72 10 39 - www.lepontdudiable.com - visite guidée (45mn) mai-sept. : 9h-18h (juil.-août 19h) - 4,80 € (6-15 ans 2,80 €).

Le poli des roches tapissées de dépôts ocre, gris, verts ou bleutés, érodées et creusées de marmites, la vigueur extraordinaire de la végétation, les éclairages curieux donnent à la visite de cette sombre fissure, taillée par la Dranse de Morzine dans le marbre argovien, un caractère spectaculaire. Les parois atteignent par endroits une soixantaine de mètres de hauteur.

Les éboulements d'anciennes voûtes ont obstrué une partie de ces gorges à l'allure de gouffre. Un bloc énorme coincé entre les deux parois à 40 m au-dessus du torrent forme un pont naturel fantastique, utilisé jadis comme passage : le « pont du Diable ».

Dans le bassin du Biot, remarquer le lac du barrage du Jotty et l'église perchée de La Baume. On traverse le petit défilé des Tines (tunnel) ; dans le bassin de St-Jean-d'Aulps les ruines de N.-D. d'Aulps sont encore visibles.

Abbaye Notre-Dame d'Aulps (Domaine découverte de la vallée d'Aulps)

Les ruines de l'abbaye et l'ancienne ferme destinée à devenir un centre d'interprétation sont fermées pour restauration. 04 50 04 52 63 - www.valleedaulps.com - visite guidée juil.-août : 11h, 16h30 ; reste de l'année : se renseigner - ateliers thématiques sur demande (2 j. av.) juil.-août :14h-16h ; reste de l'année : se renseigner - domaine Découverte juil.-août : 10h-19h ; mai-juin, sept. et vac. de la Toussaint : tlj sf mar. 14h-18h30 ; reste de l'année : se renseigner - fermé 1er Mai - 2 € visite guidée, 8 € ateliers, 5,50 € (6-16 ans 3 €) accès au domaine.

Les premiers moines investissent la vallée à la fin du 11e s. Ils viennent de l'abbaye de Molesme en Bourgogne. Cette nouvelle fondation rejoint bientôt l'ordre de Cîteaux et dominera tout le Moyen Âge l'économie de la région. Il ne reste de cette abbaye cistercienne, démantelée en 1823 par les habitants pour le remploi de ses pierres, que les ruines de son église des 12e-13e s. à la façade ajourée d'une jolie rosace ainsi qu'une ferme. Un jardin botanique en contrebas accueille les après-midi de juillet et août les férus de botanique.

La châsse de saint Guérin, saint très populaire en Savoie et en Valais, est maintenant vénérée par les pèlerins le dernier dimanche d'août, dans l'église néogothique de St-Jean-d'Aulps. Le vaste épanouissement de Morzine apparaît enfin, avec ses deux sommets, bons points de repère : la pointe de Ressachaux et la pointe de Nyon.

Le retour peut s'effectuer par la même route ou par Taninges, St-Jeoire et la D 26 jusqu'à Thonon.

Randonnées

Grand Signal des Voirons★ 3

Prendre la D 903 en direction d'Annemasse jusqu'à Bons-en-Chablais, puis la D 20 vers Boëge, au sud.

Pour les Genevois, la montagne des Voirons est le pendant de la montagne du Salève. Elle se distingue de sa voisine par ses flancs très boisés. Elle attire les amateurs de promenades et de coups d'œil : à travers les sapins, le massif du Mont-Blanc.

Le tracé offre de jolies échappées sur la plaine du bas Chablais et le Léman. À partir du col de Saxel, à droite, la D 50 s'élève suivant la ligne de crête, parmi les épicéas, et laisse sur sa gauche le vallon verdoyant de Boëge, au-delà duquel on découvre du massif du Reposoir puis – dès le hameau des Granges Gaillard – les découpures des dents du Midi, le Buet et les neiges du massif du Mont-Blanc.

Laisser la voiture au terminus de la route, dans le parc de stationnement aménagé avant le monastère des sœurs de Bethléem.

1h à pied AR. Au parking, prendre la route signalée « voie sans issue » qui monte à travers bois. Au sortir du bois, à environ 50 m, suivre le large chemin forestier qui monte à gauche à travers une prairie, indiqué « Les crêtes ». Celui-ci, après 200 m, rejoint le chemin forestier des crêtes qu'il faut prendre sur la droite. Avant le bâtiment de la Transfiguration, maison d'accueil du monastère, tourner en arrière à gauche pour atteindre la crête, que l'on suit alors à droite pour gagner le sommet du Grand Signal (alt. 1 480 m), surmonté d'une croix.

THONON-LES-BAINS

La **vue**, en partie masquée du côté du Léman, est dégagée, dans la direction opposée, sur le massif du haut Faucigny (dents du Midi, Buet) et sur la chaîne du Mont-Blanc.

Le sentier de l'étrange Oncle Jacques
Au départ du village du Biot, à 5 km au nord de St-Jean-d'Aulps par la D 902 puis à droite la D 32 - carnet de chasse en vente dans les offices de tourisme de la vallée d'Aulps.
Embarquez les enfants dans cette balade captivante *(2h)*, avec carnet de chasse en main pour découvrir au gré des hameaux et des sentiers qui est le mystérieux Oncle Jacques.

Le tour du Char des Quais
Départ au col de l'Encrenaz (D 328 à partir de Morzine) - arrivée à la Côte d'Arbroz - 2h AR.
Ce circuit sans difficulté monte jusqu'au col de Basse d'où vous aurez un superbe point de vue sur le mont Blanc. Il longe ensuite l'alpage des Praz pour revenir à son point de départ.

Thonon-les-Bains pratique

Adresses utiles

Office du tourisme de Thonon-les-Bains – Château de Sonnaz - r. Michaud - 74200 Thonon-les-Bains - ✆ 04 50 71 55 55 - www.thononlesbains.com - juil.-août : 9h-19h ; reste de l'année : tlj sf j. fériés 9h-12h15, 13h45-18h30, sam. 10h-12h15, 13h45-18h30 - fermé dim - 2e bureau port de Rives - juil.-août : se renseigner pour les h.

Office du tourisme de Bellevaux – Bât. Les Contamines - 74470 Bellevaux - ✆ 04 50 73 71 53 - www.bellevaux.com - vac. scol. : tlj sf dim. 9h-12h, 14h-18h ; hors vac. scol : fermé le w.-end - fermé dim. et j. fériés.

Office du tourisme de St-Jean-d'Aulps – ✆ 04 50 79 65 09 - www.valleedaulps.com - juil.-août, des vac. de Noël à fin avr. : 9h-12h, 14h-18h ; reste de l'année : tlj sf w.-end 9h-12h, 14h-18h - fermé j. fériés.

Val d'Aulps Informations – ✆ 04 50 72 15 15 - www.valleedaulps.com - accueil téléphonique juil.-août et déc.-avr. : 8h30-12h30, 13h30, 17h30 ; reste de l'année : tlj sf w.-end 8h30-12h30, 13h30, 17h30 - fermé j. fériés.

Visites

Circuit des Chapelles et les Lavoirs – Cette visite guidée réalisée en petit train permet de découvrir les anciens hameaux qui cernaient Thonon avant d'y être intégrés. À la chapelle de Concise, une fresque du 16e s. a été mise au jour et représente la décollation de saint Jean-Baptiste. *Renseignements à l'office du tourisme de Thonon au ✆ 04 50 71 55 55 - visites guidées du patrimoine avr.-nov. : merc. 16h - 12 € (7-14 ans 10 €).*

Réserve naturelle du delta de la Dranse (53 ha) – *Renseignements à l'office du tourisme de Thonon ✆ 04 50 71 55 55 - visite guidée juil.-août : mar. 8h30 et jeu. au crépuscule 20h30 - 8 € (5-14 ans 6 €).*

Pour en savoir davantage sur la formation du **lac de Vallon**, des visites vous sont proposées par les guides du patrimoine des pays de Savoie l'été. *Renseignements à l'office du tourisme de St-Jean-d'Aulps ✆ 04 50 73 71 53.*

La vallée d'Aulps fourmille de petits hameaux aux habitations traditionnelles. Des visites guidées sont organisées tout l'été (Biot, Montriond, Essert-la-Pierre). *Renseignements et réserv. ✆ 04 50 04 52 63 - www.valleedaulps.com*

Se loger

⊜⊜ **Hôtel À l'Ombre des Marronniers** – 17 pl. de Crête - ✆ 04 50 71 26 18 - www.hotellesmarronniers.com - fermé 28 avr.-8 mai et 22 déc.-8 janv. - 🅿 - 17 ch. 50/62 € - ⊡ 6,50 € - rest.13/32 €. Dans ce pittoresque chalet bordé par la verdure d'un jardin fleuri, préférez une des quatre chambres savoyardes, véritables petites bonbonnières. Les autres sont propres mais légèrement surannées, à l'image du restaurant. Une adresse familiale.

⊜⊜ **Hôtel Arc en Ciel** – 18 pl. Crête - ✆ 04 50 71 90 63 - www.hotelarcencielthonon.com - fermé 28 avr.-8 mai et 22 déc.-6 janv. - 🅿 - 40 ch. 62/79 € - ⊡ 7,50 €. Proche du centre-ville, hôtel moderne agrémenté d'un jardin. Chambres spacieuses et bien équipées ; la plupart possèdent un balcon ou une terrasse. Sauna.

⊜⊜ **Hôtel À l'Écho des Montagnes** – 74200 Armoy - ✆ 04 50 73 94 55 - www.echo-des-montagnes.com - fermé 17 déc.-10 fév., dim. soir et lun. du 5 oct. au 15 mai - 🅿 - 47 ch. 50 € - ⊡ 7,50 € – rest. 16/38 €.

Château de Ripaille.

DÉCOUVRIR LES SITES

Cette imposante maison de la fin du 19e s. profite du calme qui règne dans le hameau et le jardin. Vastes chambres rustiques ; accueil familial. Chaleureux restaurant lambrissé et copieuse cuisine régionale utilisant les produits du potager.

Se restaurer

Le Moulin – *13 av. St-François-de-Sales - 04 50 26 29 43 - www.lemoulin-thonon.com - fermé dim. et lun., de mi-juin à mi-juil. - 10/37 €.* Cette pizzeria aménagée dans un ancien moulin en pierre bordé d'un petit canal possède deux terrasses, l'une côté rue, l'autre côté jardin à l'ombre des acacias. Décor simple à l'intérieur. À la carte, des pizzas bien sûr et plusieurs menus.

Le Bétandi – *2 r. des Italiens - 04 50 71 37 71 - www.fermedesalpes.com - fermé dim. midi en juil.-août - 11/30 €.* Le cadre de ce petit restaurant proche du centre-ville évoque celui d'une vieille ferme savoyarde. La carte affiche quant à elle des spécialités typiquement régionales, comme les incontournables fondues (savoyarde, paysanne, piémontaise, etc), les tartiflettes et des plats tels que la reblochonade au charbon de bois et les pizzas au feu de bois.

Château de Ripaille – *04 50 26 64 44 - www.ripaille.fr - ouv. juil.-août et mai-sept. déj. seul. - formule déj. 14,50 € - 23,63 €.* Ce château impose depuis le 15e s. sa lourde stature savoyarde au-dessus du lac Léman. Un forfait découverte en juillet et août vous permettra de déguster le vin de la propriété, de visiter une partie du château et de vous restaurer dans l'un des jardins d'agrément.

Auberge d'Anthy – *2 r. des Écoles - 74200 Anthy-sur-Léman - 04 50 70 35 00 - www.auberge-anthy.com - fermé 4-20 janv., dim. soir et lun. - 17/45 €.* Voilà une heureuse découverte : une fois le seuil de ce bar franchi, vous serez surpris de vous voir servir une cuisine du terroir bien tournée. Un menu à prix très attractif est servi le midi. Le cadre simple et champêtre est sympathique. Chambres joliment rénovées.

Faire une pause

Deville – *5 sq. Aristide-Briand - 04 50 71 04 31 - 7h15-19h - fermé lun., 1 sem. en fév. et de fin juin à déb. juil.* Michel Deville, Meilleur Ouvrier de France 1997 dans la catégorie glacier, et son fils Frédéric, champion du monde de la pâtisserie 2005, réalisent nougats, pâtes de fruits et plus de quarante variétés de chocolats. Également salon de thé (salades, quiches, pizzas, omelettes, crêpes, coupes glacées et pâtisseries).

En soirée

Bon à savoir - Thonon-les-Bains accueille tous les ans le désormais incontournable festival de spectacles de rue, occupant la ville jusque dans ses moindres recoins. À deux pas, Montjoux célèbre les musiques de tous les horizons. D'autres manifestations plus ponctuelles, culturelles et sportives complètent ce programme.

Maison des Arts – *4 bis av. d'Évian - 04 50 71 39 47 - www.mal-thonon.org - 14h-19h – fermé dim. et lun., août, 20 déc.-2 janv. et j. fériés - de 11 à 24,50 €.* Siège de la vie culturelle de Thonon et d'Évian, le lieu affiche une programmation plaisamment éclectique : expositions, pièces de théâtre, opéras, spectacles de variétés…

Station nautique – *04 50 71 55 55 - www.thononlesbains.com.* Pour pouvoir bénéficier du label France Station Nautique, la station de Thonon-les-Bains a dû répondre à un cahier des charges assez strict, assurant aux usagers une garantie de qualité. On trouve donc un choix complet d'activités en rapport avec le lac, classées par catégories sur le guide pratique Thonon Poche.

Les plages de Thonon – *04 50 71 55 55 - www.thononlesbains.com - 9h-19h - fermé de mi-sept. à fin avr - 3,50 € (– 15 ans 2,50 €).* En échange d'une entrée payante, la plage municipale propose 3 bassins chauffés, un espace ludique pour enfants, des plongeoirs et un toboggan géant. Base de planche à voile et location de bateaux à la plage de Corzent, barques et pédalos à la plage de la Châtaigneraie. La Pinède offre une succession de petites plages de galets.

Les Thermes de Thonon – *Bd de la Corniche - 04 50 26 17 22 - www.valvital.fr - 8h-21h, j. fériés 9h-13h - fermé dim., 1er-15 janv.* Dès l'antiquité, les romains avaient reconnu les bienfaits de l'eau de Thonon. Les thermes actuels traitent encore certaines affections mais s'orientent aussi sur la remise en forme avec une gamme de massages, de douches toniques ou de bains délassants et d'applications d'argiles.

Port de Thonon.

Thorens-Glières ★

2 560 THORANAIS
CARTE GÉNÉRALE C2 – CARTE MICHELIN DÉPARTEMENTS 328 K5 – HAUTE-SAVOIE (74)

Cette petite ville de la dépression des Bornes marque le débouché de la vallée de la Filière, affluent du Fier qui échancre les remparts escarpés du Parmelan. Plus haut se trouve le plateau des Glières, où l'on s'adonne au ski de fond l'hiver et aux plaisirs de la randonnée l'été. Un monument et une nécropole rappellent l'histoire de ce haut lieu de la Résistance où une poignée d'hommes furent confrontés à la fureur de 10 000 soldats allemands. Soixante ans plus tard, le souvenir des combats reste vif.

- **Se repérer** – À 20 km au nord-est d'Annecy par la D 1203, en direction de La Roche-sur-Foron.
- **À ne pas manquer** – Les cinq tapisseries représentant l'histoire de Tobie et Sarah exposées au château de Thorens.
- **Avec les enfants** – Le sentier commémoratif du plateau des Glières.
- **Pour poursuivre la visite** – Voir aussi Annecy, le massif des Aravis.

Visiter

Ce bourg a vu naître, le 21 août 1567, François de Sales. Son baptême et sa consécration épiscopale eurent lieu dans l'église paroissiale, dont seul le chœur, de 1450, est conservé. Il ne reste rien du château natal du saint. La chapelle de Sales, au bord de la route d'Usillon, signale son emplacement.

Château de Thorens ★

04 50 22 42 02 - &. - visite guidée (1h) juil.-août : 14h-19h (dernière visite 18h) - 7 € (7-15 ans 3,50 €). Lié au souvenir de saint François de Sales et de Cavour, le château occupe un site séduisant face au vallon de la Filière et à la Tête du Parmelan.

Assis sur des fondations remontant au 11e s., il est constitué de bâtiments d'époque gothique parmi lesquels un donjon circulaire du 13e s., exceptionnel en Savoie. L'ensemble a été remanié au 19e s. et remis en valeur ces dernières décennies par le comte J.-F. de Roussy de Sales.

Intérieur – On visite d'abord les curieux sous-sols voûtés comprenant notamment salle de garde et prison avec oubliettes. De nombreux objets sont exposés dans les salles du rez-de-chaussée : des souvenirs et documents relatifs à saint François de Sales, les tapisseries de Bruxelles du 16e s. relatant l'histoire de Tobie, un riche mobilier et une collection de tableaux d'où se détachent un **Saint Étienne** par Marco d'Oggiono (école lombarde du 16e s.), et le portrait de l'infante Isabelle d'Espagne par Van Dyck. Le salon et la chambre Cavour font revivre le comte Cavour, artisan de l'Unité italienne, dont le grand-père avait épousé une Sales : correspondance, portraits, meubles de style Boulle-Napoléon III, bureau sur lequel fut signé, en 1860, le traité d'annexion de la Savoie à la France.

Aux alentours

LE PLATEAU DES GLIÈRES

14 km à l'est par une route forestière. La vaste combe d'alpages du plateau des Glières, à l'origine de la vallée de la Filière, s'étend entre 1 300 et 1 800 m d'altitude. Il avait paru, aux chefs de la Résistance en Haute-Savoie, comme éminemment propre à l'organisation d'un camp retranché. Mis en défense par le **lieutenant Morel** (« Tom »), ancien instructeur à St-Cyr, le plateau subit, en février 1944, les assauts infructueux des forces de sécurité du régime de Vichy contre les « terroristes ». Au cours d'un coup de main, à Entremont, « Tom » trouve la mort. Le **capitaine Anjot** (« Bayard ») accepte alors le commandement. La Milice attaque ensuite, mais en vain. Le 26 mars 1944, les Allemands interviennent avec des forces mobilisant plus de 10 000 hommes et un matériel considérable. Les assiégés (465 hommes) se défendent avec acharnement mais, le 26, commence l'héroïque retraite à travers les lignes ennemies. Du côté des résistants, près de 250 morts (dont Anjot) ou prisonniers. Une féroce répression s'ensuit, dans les villes et villages alentour.

La Résistance, loin d'être abattue, ne fait que grandir. Elle reprend possession du plateau et s'organise quelques mois plus tard. Ainsi le 27e BCA, dissous fin 1942, est reconstitué par le bataillon des Glières. Aussi, les combattants des Glières purent-ils avec leurs seules forces, unies à celles des maquis voisins, libérer le département de Haute-Savoie le 19 août 1944 avant l'arrivée des forces alliées.

DÉCOUVRIR LES SITES

Au **col des Glières** (alt. 1 440 m), où se termine la route carrossable, un panneau donne le schéma des opérations militaires de 1944.

Un **monument** commémoratif, dû au sculpteur Émile Gilioli, a été érigé en 1973, en contrebas à droite. Il symbolise un V de la victoire dont une des branches est tronquée, tandis que le disque figure l'espoir et la vie retrouvés. L'intérieur est aménagé en chapelle.

C'est dans la **Nécropole nationale des Glières** *(voir le massif des Aravis et Thônes)* que reposent la plupart des résistants tués sur le plateau.

Maquis des Glières

Un sentier « Maquis des Glières » *(2h)* est un itinéraire balisé de découverte sur les sites des combats. Il propose un aperçu des événements et de la vie quotidienne des résistants sur le plateau. Si vous venez de Thorens-Glières, départ au bout du parking près du chalet des Rescapés. Si vous venez du Petit-Bornand, panneau de départ au bout du parking. Autorisé aux VTT. *Renseignements à la Maison du plateau* 04 50 22 45 63 - juin-sept. : 10h-19h.

Thorens-Glières pratique

Adresse utile

Office de tourisme du pays de Fillière – 22 pl. de la Mairie - 74570 Thorens-Glières - 04 50 22 40 31 - www.paysdefilliere.com - juil.-août : 9h-12h30, 14h30-18h, dim. 9h-12h30 ; mai-juin et sept. : mar.-sam. 9h-12h30, 14h30-18h ; oct.-avr. : mar.-vend. 9h-12h30, 13h30-17h - fermé j. fériés.

Petite pause

Chez Constance – À 1,5 km du parking des Glières, en bordure du GR 96. Au gîte de la Mandrolire, de solides repas montagnards sont servis dans un chalet aux impressionnantes poutres.

Événement

Le dimanche qui suit le 15 août, une messe de **pèlerinage** est célébrée dans ou devant la chapelle de Sales. Ce même jour a lieu à Thorens un **défilé de chars** accompagné de danses et de chants folkloriques donnés en costumes régionaux.

Tignes ★

2 220 TIGNARDS
CARTE GÉNÉRALE D4 – CARTE MICHELIN DÉPARTEMENTS 333 O5 –
SCHÉMA P. 435 – SAVOIE (73)

Figurant parmi les plus grandes stations de ski françaises, Tignes occupe le site magique des alpages du Lac. Malheureusement, la disparité des constructions et l'envahissement des dômes par les pylônes des remontées mécaniques maltraitent le paysage. La ville est là, transposée à 2 100 m d'altitude. Tignes provoque donc de prime abord un sentiment contradictoire. Cela dit, les efforts menés depuis plusieurs années pour améliorer l'intégration de la station au site sauvage finissent par emporter l'adhésion, d'autant plus que les activités proposées sont nombreuses et que la dimension du domaine skiable est extraordinaire.

- **Se repérer** – Au bout de la longue route de la Tarentaise, D 1090 puis D 902, l'heureux voyageur atteint aisément le barrage de Tignes. En revanche, aux confins de la haute Maurienne, entre Bonneval-sur-Arc et Tignes, l'épreuve est plus rude pour le conducteur car il doit enfiler l'un après l'autre de nombreux lacets aux boucles serrées.
- **Se garer** – Quatre parkings couverts permettent de se garer dans cette station où la circulation est seulement tolérée le temps du déchargement des bagages.
- **À ne pas manquer** – Le glacier de la Grande Motte par le funiculaire.
- **Avec les enfants** – Skatepark, hot jumping et water jump, Tignes est le rendez-vous de toutes les glisses « branchées ». Un paradis pour les ados.
- **Pour poursuivre la visite** – Voir aussi Val-d'Isère, route de l'Iseran.

Séjourner

En 1952, la construction du barrage noie le village ancien et provoque l'exil de nombreux Tignards vers Montpellier ou Paris. Peu de temps après, la poignée d'habitants restés au pays contribuent à la naissance de Super-Tignes dont le premier immeuble se nomme « Le Renouveau », nom symbolique pour une station créée *ex nihilo*. Quelques décennies plus tard, celle-ci se compose de plusieurs sites distribués autour du lac : Tignes-le-Lac, le Lavachet et, plus au sud, Val-Claret. On n'oubliera pas les Brévières à 1 550 m ni les Boisses à 1 850 m, villages traditionnels situés en aval du barrage.

Le domaine skiable

Constituant avec Val-d'Isère le fabuleux **Espace Killy**, Tignes est l'un des plus beaux et des plus vastes domaines skiables du monde, dans un cadre de haute montagne sans végétation. L'excellence de la neige toute l'année permet d'y skier au printemps, puis en été sur le glacier de la Grande Motte. Ces dernières années les conditions climatiques ont incité la station à doubler son réseau d'enneigement artificiel. L'installation de près de 200 canons à neige garantit le retour à la station skis aux pieds d'octobre à mai.

Les **bons skieurs** trouvent des pistes à leur mesure, notamment le vallon de la Sache, les Pâquerettes et la Ves.

Tignes joue un rôle moteur, depuis plus de dix ans, dans la pratique du ski artistique et acrobatique. La station accueille chaque année la **Coupe du monde** de cette discipline. Les Jeux olympiques de 1992 ont permis de diversifier ces activités par l'introduction des épreuves de bosses, ainsi que par des compétitions de ballet et de saut dans le stade olympique de Lognan.

Lac de Tignes

Ce petit lac naturel est bordé d'un bassin d'alpages dépourvu d'arbres, au fond duquel s'élève, superbe, le long tremplin neigeux de la **Grande Motte**, dominant le cirque rocheux de La Balme. À l'opposé, vers le nord-est, la **Grande Sassière** donne la réplique.

À l'est, une télécabine conduit au sommet de Tovière, situé face à Bellevarde et au domaine de Val-d'Isère. À l'ouest, les cols du Palet et de Tourne permettent d'accéder au Parc de la Vanoise. L'été, prenez vos cannes : elles pourront vous servir à taquiner les 18 trous ou le poisson.

Le « Géant » de Tignes.

Découvrir

Espace Patrimoine

✆ 04 79 40 04 40 - juil.-août, de mi-déc. à déb. mai : 16h-19h (14h en cas de mauvais temps) - fermé sam. - gratuit. La mémoire de Tignes saigne encore de la fracture provoquée par la construction du barrage. À travers une mise en scène sobre, témoignages d'habitants, objets, photographies racontent l'histoire d'une communauté brisée par l'exil. À 18h, projections de documentaires, et jeu découverte pour les enfants à partir de 10h.

DÉCOUVRIR LES SITES

Barrage de Tignes★

De type « voûte », cet ouvrage, inauguré en 1953, présente l'originalité d'être décoré, sur sa face extérieure, d'une immense fresque dont on a une bonne vue de la D 902 et du village des Brévières *(en contrebas de la route principale)*. Le « Géant », œuvre de Jean-Marie Pierret, demanda trois mois de travail à une équipe de funambules et 6 t de peinture. Livrée aux intempéries depuis 1989, elle n'est plus que l'ombre d'elle-même et il faut un œil aiguisé pour en apercevoir les détails.

La hauteur totale du barrage est de 180 m, dont 20 m en fondations. Les 630 000 m^3 de matériaux ont été bétonnés en trois campagnes, en dépit de difficultés exceptionnelles dues aux conditions climatiques rigoureuses qui n'autorisaient un travail efficace que 6 mois par an. La réserve, de 230 millions de m^3, forme le lac du **Chevril**★ et permet d'accumuler l'énergie nécessaire à l'augmentation de la consommation d'électricité en hiver.

Une **statue** commémorative a été élevée en 2003 au bord du lac. Œuvre de Livio Benedetti, elle représente une Tarentaise gracile, jeune et fière, vêtue d'un costume traditionnel.

Le complexe hydroélectrique

La hauteur de chute globale est de 1 000 m. Les eaux sont turbinées dans la centrale des **Brévières**, avant d'être conduites, par un tunnel de 15 km, sur le bassin de Bourg-St-Maurice où la centrale de **Malgovert** (production annuelle moyenne : 750 millions de kW) dispose de 4 groupes de 75 000 kW. En outre, par la « dérivation Isère-Arc », en aval de Moûtiers, l'Isère alimente la puissante centrale de **Randens**.

Belvédère

Alt. 1 808 m. Aménagé au bord de la D 902, sur le toit de la centrale du Chevril, il offre une **vue**★ d'ensemble du barrage et de la retenue. De là se découvrent, de gauche à droite, les arêtes de l'Ouillette et de l'Arcelle *(par les gorges de la Daille, en amont)*, la cime neigeuse de la Grande Motte *(par le vallon du lac de Tignes)*, enfin, tout proche, le dôme de la Sache, contrefort sud-est du mont Pourri dont la pyramide, symétrique, est visible elle-même au second plan.

Glacier de la Grande Motte.

Glacier de la Grande Motte★★★

☏ 04 79 06 60 12 - www.ski-tignes.com - *de fin juin à fin août : 7h15-16h30 ; 1re sem. de juin : 7h15-13h30 (6mn, ttes les 30mn) - 15 € AR (– 13 ans 5 €).*

Ce glacier est l'un des plus célèbres du Parc de la Vanoise. Il fait la joie des skieurs toute l'année et des randonneurs, appareil photo en bandoulière. Un **funiculaire** partant de Val-Claret permet d'accéder, après un trajet entièrement souterrain de 3 480 m, au niveau de la terrasse du « Panoramic ». Vue d'ensemble sur le glacier, et à sa droite sur la Grande Casse et l'aiguille de l'Épena. De là, un téléphérique géant de 125 places dépose les skieurs à 3 456 m d'altitude, à proximité du sommet de la Grande Motte (3 656 m).

TIGNES

Superbe **panorama**★★ à l'ouest sur le sommet de Bellecôte, au nord sur la station et le lac de Tignes ainsi que le lac du Chevril dominés, de gauche à droite, par le mont Pourri, le dôme de la Sache, le mont Blanc, les Grandes Jorasses et le Grand Combin. Au nord-est se dressent la Grande Sassière et la Tsanteleina. Enfin, à l'est, juste en contrebas, la vallée de la Leisse dominée par la majestueuse pointe de la Sana, puis en arrière-plan les nombreux et hauts sommets de la frontière Maurienne-Italie.

La Tovière★★
Alt. 2 695 m. *Accès de Tignes-le-Lac par la télécabine en été. Aéro-Ski en saison hivernale.*
Panorama sur l'Espace Killy, de la Grande Motte à Bellevarde, encadré par le dôme de la Sache, le massif du Mont-Blanc, la Grande Sassière, Bellevarde, Méan Martin.

Randonnées

La qualité du domaine skiable ne doit pas faire oublier que Tignes constitue aussi une remarquable **base de randonnées pédestres** dans le massif de la Vanoise.

Col du Palet et col de la Tourne★★★
Prévoir la journée. Dénivelée : minimum 750 m. Le randonneur très entraîné peut enrichir le parcours à sa guise : col de la Grassaz ou lac de la Plagne, deux détours splendides à intégrer dans la boucle suivante.

Partir de Tignes-le-Lac et atteindre en 1h30 le col du Palet (alt. 2 653 m).

Cet itinéraire, avec ses belles vues sur le lac de Tignes, présente un grand intérêt pour ceux qui s'intéressent aux fleurs. Du col, les bons marcheurs non sensibles au vertige accéderont en une demi-heure à la **pointe du Chardonnet**★★★ (2 870 m) : panorama exceptionnel sur la Tarentaise.

Les promeneurs qui ne veulent pas s'y rendre se contenteront du très beau point de vue du **col de la Croix des Frêtes**★★, situé à 10mn à gauche du col du Palet. Redescendre sur le lac du Grataleu, puis remonter dans un décor déchiqueté au **col de la Tourne**★★ (2 656 m) : vues splendides sur l'Espace Killy. Lors de la descente sur Tignes on admire, à gauche, l'**aiguille Percée**.

Refuge de la Martin★★
Alt. 2 154 m *5h AR – Accès de Tignes-le-Lac ou des Boisses.*
Promenade, agréable et facile, qui offre de belles vues sur le lac du Chevril et son barrage, l'aiguille Percée, Bellevarde, la Grande Sassière, le massif du Mont-Blanc et le dôme de la Sache. Du refuge, on peut accéder au pied du glacier de la Gurraz : vue superbe. *Les simples randonneurs ne s'engageront pas sur le glacier même, qui demande une réelle technique de la haute montagne et un équipement adapté.*

Aux alentours

RÉSERVE NATURELLE DE LA GRANDE SASSIÈRE★★
Du barrage de Tignes, prendre la route en direction de Val-d'Isère. Juste après le tunnel de La Giettaz, prendre à gauche une petite route qui monte en 6 km au barrage du Saut à 2 300 m d'altitude (parking).

Cette importante zone de 2 230 ha, l'une des plus remarquables de la Tarentaise, a été classée réserve naturelle en 1973 en compensation de l'autorisation accordée à Tignes d'aménager pour le ski le glacier de la Grande Motte. Si cette région a fait l'objet d'importants investissements hydroélectriques, le lac de la Sassière desservant la centrale du Chevril, elle a néanmoins gardé toute sa beauté. Dominée par les fameux sommets de la **Grande Sassière** (alt. 3 747 m) et de la **Tsanteleina** (alt. 3 605 m), elle s'étend jusqu'au glacier de Rhêmes-Golette, à la frontière de l'Italie et du Parc national du Grand Paradis. Outre sa flore d'une richesse exceptionnelle, c'est aussi un lieu privilégié d'observation de la faune (marmottes, chamois, bouquetins…).

Lac de la Sassière★★
Alt. 2 460 m *1h45 AR du Saut. Prendre à l'aller le sentier qui longe le torrent de la Sassière sur le versant opposé à la route EDF. Utiliser cette dernière au retour.*
Cette promenade assez facile permet quand même de profiter de l'ambiance de haute montagne. Le lac est dominé par l'aiguille du Dôme.

Glacier de Rhêmes-Golette★★
Alt. 3 000 m *1h30 de montée raide à partir du lac de la Sassière. S'arrêter au pied du glacier, sur lequel il est dangereux de s'aventurer.* Magnifique cadre avec, en toile de fond, la Grande Casse et la Grande Motte.

Tignes pratique

Adresses utiles

Office de tourisme du lac de Tignes – BP 51 - 73321 Tignes Cedex - ℘ 04 79 40 04 40 - www.tignes.net - juil.-août : 9h-19h ; hiver 8h30-19h, sam. 8h-20h ; de déb. mai à mi-juin et de déb. oct à mi-nov. : tlj sf w.-end 9h-12h, 14h-18h.

Points information : lac, Val-Claret, Lavachet, les Brévières.

Transports

Navettes gratuites – Relie Tigne-les Boisses.

Se loger

◉ **Bon à savoir** - Pour organiser votre séjour, faire vos réservations et bénéficier d'un accueil personnalisé, une seule adresse suffit. Tignes Réservation vous offre l'accès à un large choix d'hébergement : hôtels, chambres d'hôte, collectivités ou centres de séjour, loueurs particuliers, et même les campings en saison.

⊖⊖⊖ **Hôtel Le Paquis** – *Au Lac* - ℘ 04 79 06 37 33 - www.hotel-lepaquis.fr - *fermé 3 mai-9 juil. et 31 août-9 nov.* - *36 ch. – rest. 14/58 €.* Dans cet hôtel entièrement rénové sur les hauteurs de la station, les patrons du cru vous réservent un accueil sympathique. Les chambres au décor savoyard sont réhaussées de panneaux de bois peints.

⊖⊖⊖ **Chambre d'hôte du Chalet Colinn** – *Rte de Val-d'Isère, Le Franchet* - *9,5 km au nord-est, par rte de Val-d'Isère et prendre rte à gauche* - ℘ 04 79 06 26 99 - www.chaletcolinn.com - *réserv. obligatoire* - *5 ch. 90/220 €* ⊡ - *restauration (soir seulement) 35 €.* Joliment remis en état par deux associées passionnées, ce chalet a retrouvé une très belle allure. La grande salle commune dispose maintenant d'une baie vitrée offrant une vue magnifique sur la montagne. Les 5 superbes chambres, toutes de plain-pied, donnent sur la terrasse équipée d'un bain norvégien.

Se restaurer

◉ **Bon à savoir** - La découverte de la station de Tignes-le-Lac, et ses alentours proches (le Lavachet, le Val-Claret, les villages de Brévières et des Boisses jusqu'à la Grande Motte) passe par les restaurants, aussi nombreux que variés. Crêperies, saladeries, pizzerias ou brasseries, on trouve même un tex-mex et un traiteur asiatique.

⊖⊖ **La Chaumière** – *Les Almes* - ℘ 04 79 40 01 44 - www.vmontana.com - *fermé de fin nov. à déb. mai - 19/35 €.* Le Village Montana, ensemble de splendides chalets conjuguant décor traditionnel et confort actuel, bénéficie à la fois d'une grande tranquillité et de la proximité des pistes. Son restaurant La Chaumière propose, dans un chaleureux cadre savoyard tout « pierres et bois », d'authentiques spécialités régionales. Lors des belles journées ensoleillées, les repas sont servis sur la terrasse.

⊖⊖⊖ **Gentiana** – *Montée du Rosset* - ℘ 04 79 06 52 46 - www.hotel-gentiana.com - *fermé 7 mai-1ᵉʳ juil. ; 27 août-20 oct.* - *28/45 €.* Cet hôtel-restaurant familial accueille ses hôtes avec une grande amabilité et met tout en œuvre pour leur bien-être. Le chef mitonne une cuisine actuelle et des spécialités savoyardes, servies dans une salle à manger lambrissée offrant un beau panorama sur les alpages. Chambres récemment rafraîchies. Piscine couverte.

En soirée

Grizzly's Bar – *Pl. des Curlings, Le Val-Claret* - ℘ 04 79 06 34 17 - *nov.-avr. : 9h-2h - fermé mai-oct.* Sous le regard bienveillant des ours en bois sculpté, les skieurs et les randonneurs peuvent ici mettre pied à terre et se réconforter d'un bon vin chaud au coin de la cheminée. L'établissement compte également une boutique de mode et de cadeaux.

Le Panoramic – *Le Val-Claret* - ℘ 04 79 06 47 21 - *9h-16h45. Accessible par le funiculaire de la Grande Motte - fermé du 12 mai-20 juin.* La terrasse de ce bar-restaurant est perchée à 3 032 m d'altitude. Par grand froid, un seul remède : le rikiki, chocolat chaud arrosé de kirsch ! Descente aux flambeaux tous les jeudis.

Sports & Loisirs

Espace aquatique Le Lagon – ℘ 04 79 40 29 95 - *11h-21h, sam. 14h-19h30 - fermé 11 mai-21 juin, 31 août-27 sept. et vend. en automne - 4,50 € (enf. 3,50 €).* Espace aquatique, Le Lagon, 5 000 m² dédiés aux plaisirs aquatiques situé sur les rives du lac.

Sports de glisse, ski d'été – Bienvenue sur le glacier de la Grande Motte, accès par le funiculaire « Perce Neige en 7mn ». 100 ha, 20 km de piste, 535 m de dénivelée, le domaine skiable d'été vous attend à 3 000 m.

Grotte de glace – Après avoir rejoint le glacier de la Grande Motte en téléphérique, possibilité de visite de la grotte de glace à 3 000 m d'altitude. Y sont exposées des sculptures sur le thème de la remontée du temps *(4 €)*.

Événement

Fête du lac – ℘ 04 79 40 04 40 - *2ᵉ quinz. d'août.* Concours, animations, feux d'artifice et bal.

Le Trièves ★★

CARTE GÉNÉRALE B5 – CARTE MICHELIN DÉPARTEMENTS 333 H9 – ISÈRE (38)

Le sommet le plus connu de la région, le mont Aiguille, domine, isolé et superbe, le pays environnant. Accolé aux falaises du versant est du Vercors, les paysages champêtres du Trièves sont un avant-goût à la douce Provence. Laissez-vous séduire par ce véritable amphithéâtre naturel aux couleurs vives, essaimé de charmants villages à l'architecture singulière.

Se repérer – Le Drac et l'Ébron ont creusé de profonds sillons dans la vaste dépression ondulée et verdoyante du Trièves ; le Vercors et le Dévoluy lui font un cadre de montagnes, tandis que la route du col de la Croix-Haute (N 75) constitue pour elle un « balcon ». Au flanc est du Vercors s'accroche la haute vallée de la Gresse, aux aspects presque savoyards, que l'on peut visiter depuis Monestier-de-Clermont.

À ne pas manquer – Faites halte à Mens, la capitale historique du Trièves.

Organiser son temps – Deux ponts seulement permettent de franchir l'Arc (D 526 et D 537).

Avec les enfants – Jeux nautiques à la base nautique du lac du Sautet.

Pour poursuivre la visite – Voir aussi lacs de Laffrey, Valbonnais.

Le saviez-vous ?

- À l'époque romaine, la région était traversée par trois voies romaines, qui lui donnèrent une position de carrefour à trois voies.
- L'écrivain **Jean Giono** (1895-1970), Triévois d'adoption à la suite de séjours à Lalley, s'est inspiré du Trièves dans *Faust au village*, *Batailles dans la montagne* et *Un roi sans divertissement*.

Circuits de découverte

HAUTE VALLÉE DE LA GRESSE ①
Circuit de 61 km – environ 2h.

Monestier-de-Clermont
Jadis site thermal, ce village fut l'un des précurseurs des sports d'hiver au début du 20e s. Il se partage entre un centre ancien, où siège le château de Bardonenche (17e s.), et un quartier constitué de villas telles qu'on en bâtissait dans les villes d'eaux au cours du 19e s. De la période d'exploitation de la source d'eau minérale Saint-Paul (interrompue en 1953) demeure un bâtiment classé Monument historique. L'église conserve un beau Christ en bois. 90 km de sentiers balisés arpentent les forêts alentour.
À 9 km au nord se situe le barrage de Monteynard-Avignonet. D'une hauteur de 135 m, il barre la vallée du Drac et forme une retenue artificielle de 700 ha.

Le mont Aiguille.

DÉCOUVRIR LES SITES

De Monestier-de-Clermont, la route passe par **Saint-Guillaume**, village typique avec ses robustes maisons coiffées de hauts toits de tuiles écaille qui permettent aux constructions d'être en harmonie avec le paysage. On retrouve cette précieuse symbiose dans tout le Trièves.

Prélenfrey
Cette petite station estivale bénéficie d'un **site**★ privilégié au fond d'un haut vallon formant gouttière au pied des escarpements est du Vercors (arêtes du Gerbier). La profonde échancrure par laquelle le torrent de l'Échaillon quitte ce berceau pour rejoindre la vallée de la Gresse ouvre, en contrebas, une belle perspective sur la dépression du Drac.

Col de l'Arzelier
Alt. 1 154 m. Surplombé par les « Deux-Sœurs » (Agathe et Sophie), le col a été aménagé en station de ski. Dans la descente vers Château-Bernard, de belles vues sur les escarpements du Vercors.

Les impressionnantes falaises du versant est du Vercors – dont le Grand Veymont (alt. 2 341 m), point culminant du massif – forment un cadre grandiose derrière les paysages champêtres du Trièves.

À hauteur de **Saint-Andéol**, une profonde échancrure livre passage au torrent de l'Échaillon, qui rejoint Gresse en contrebas.

Gresse-en-Vercors
Au cœur des Dolomites françaises, Gresse est partie intégrante du Parc naturel régional du Vercors. Au pied de la falaise des Deux-Sœurs, la station de ski l'hiver, rendez-vous traditionnel de la transhumance en direction des plateaux du Vercors et point de départ de la montée au Grand Veymont l'été : Gresse a su développer de beaux atouts.

Dans le village, remarquez les **trinqueballes**, curieux engins mi-traîneaux, mi-chars, bien adaptés au relief mouvementé du pays.

Col de l'Allimas★
Le mont Aiguille y fait une saisissante apparition. Le dernier village avant la N 75, **Saint-Michel-les-Portes**, est typique de l'habitat rural du Trièves. Il en offre d'ailleurs de jolies vues.

On regagne Monestier par la N 75 en direction de Grenoble.

AU CŒUR DU TRIÈVES★ 2
Circuit de 72 km – environ 3h. Par le col du Fau, la D 34 parcourt le bassin du Trièves.

Pont de Brion★
Ce pont suspendu d'une impressionnante légèreté était à l'origine à 126 m au-dessus des gorges sinistres que l'Ébron a taillées dans les schistes noirs. Depuis la création du barrage de Moteynard sur le Drac, en aval, le niveau de l'Ébron a monté de 60 m environ. Ainsi, le pont n'est « plus » qu'à 66 m au-dessus des gorges.

Mens★
Considérée comme la capitale du Trièves, cette ancienne étape (*mansio* signifie étape routière en latin) sur la voie romaine conserve d'importantes traces de son rôle commercial : les très belles **halles**★ anciennes (reconstruites en 1841), des maisons du 17ᵉ s. *(rue du Bourg)*. Elles ont toutes un « **engrangeou** ». Ces sortes de jacobines recevaient les fourrages dans des « bourras » (grand carrés de toile) au moyen d'une poulie ou « tillore » fixée aux poutres de l'engrangeou.

Un temple et une église se partagent la foi des fidèles. Dans le **café des Arts★**, que Giono évoque dans *Triomphe de la vie*, une étonnante décoration (1896), due au peintre picard Gustave Riquet, représente des paysages et des scènes agricoles de la région.

Musée du Trièves★ – *Place de la Halle, au cœur du centre historique.* ✆ 04 76 34 88 28 - ♿ - *mai-sept. : tlj sf lun. 15h-18h (juil.-août 19h) ; oct.-avr. : w.-end 14h-17h ; vac. scol. : tlj sf lun. 14h-17h - fermé déc.-mars, lun. de Pâques, 1ᵉʳ Mai, 1ᵉʳ et 11 Nov. - 2,30 € (– 12 ans gratuit).* Très bonne approche du pays du Trièves, de la préhistoire jusqu'au 20ᵉ s. Paysages, art religieux, patrimoine rural, vie domestique,

L'église de Mens.

LE TRIÈVES

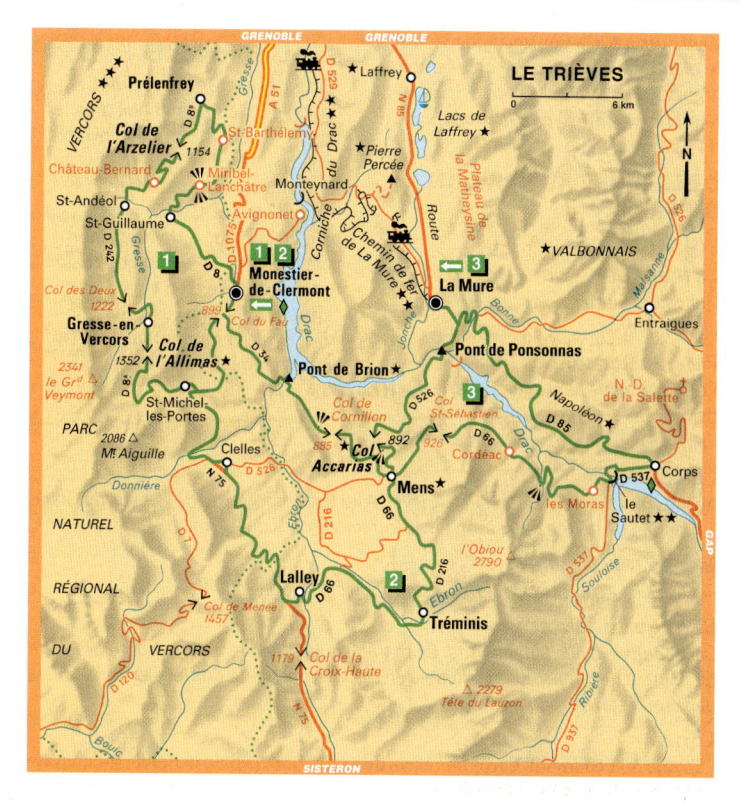

outils… Ce musée à la scénographie moderne et interactive présente les curiosités du territoire, ainsi que certains épisodes qui ont marqué l'histoire régionale (notamment la fuite des réfractaires au STO dans le Vercors). Expositions temporaires au 2e étage.

Terre vivante – *Domaine de Raud. Prendre la D 526 en direction de Clelles sur 5 km, puis prendre à gauche la D 216. Parking en amont du site.* ℘ *04 76 34 80 80 - www.terrevivante. org - juil.-août : 10h-18h ; de fin avr. à fin juin et sept.-oct. : w.-end et j. fériés 10h-18h - 8,50 € (– 18 ans 1,50 €).* Temple de l'écologie au quotidien, cette belle initiative est une vitrine des techniques et des savoir-faire en matière d'écologie : jardins, habitat, recyclages. Un **circuit sur l'eau**★ invite à une réelle prise de conscience. Un autre, « Sur les traces des mystérieuses bêtascornes », traverse un village végétal et propose des activités ludiques à faire en famille. Possibilité de déjeuner « bio » dans ce superbe cadre préservé.

Par la D 66 et la D 216, rejoindre Tréminis au sud.

Tréminis

Tréminis disperse ses hameaux dans le bassin supérieur de l'Ébron, tapissé de forêts de sapins et dominé par les escarpements calcaires du Dévoluy (Grand Ferrand). Quand le soleil pique du nez, il se teinte de couleurs sublimes. Le **site**★ est l'un des plus riants du Trièves, et la station constitue une agréable villégiature estivale. « Le bout de la route » pour Giono, qui y ancra une partie de ses œuvres.

Lalley

Pays d'Édith Berger, peintre du Trièves et amie de Giono et Jules Flandrin qui a su faire revivre la lumière du Trièves dans ses œuvres.

Espace Giono – ℘ *04 76 34 78 23 - www.espace-giono.com -* ♿ *- juil.-août : mar., jeu. et w.-end 16h-19h ; sept. et juin : vend. et sam. 16h-18h - fermé j. fériés - 1,50 € (–12 ans gratuit).* Exposition permanente « Le Trièves de Giono » avec photos, lettres, ouvrages et extraits de l'œuvre gionesque liée au Trièves. Morceaux choisis.

Par la N 75, rejoindre Clelles au nord.

Clelles

Au cœur du parc naturel du Vercors, ce petit village a conservé son charme d'antan : laissez-vous bercer par le clapotis de la fontaine sur la place centrale ou appréciez le joli son du carillon de neuf cloches dans l'église Sainte-Marie. Mais le charme de Clelles

tient surtout à la vue vertigineuse sur le mont Aiguille, si proche qu'il semble accessible en quelques foulées !
Retour à Monestier-de-Clermont par la N 75 au nord.

DE LA MURE AU BARRAGE DU SAUTET 3
Circuit de 70 km – environ 3h.

La Mure *(voir les lacs de Laffrey)*
Quitter La Mure au sud-est par la N 85, puis la D 526 à droite.

Pont de Ponsonnas
Ce pont domine de plus de 100 m le fond des gorges du Drac.
Continuer en direction de Mens.

Col Accarias★
Alt. 892 m. Vue très étendue sur le Trièves et les barres rocheuses de l'Obiou, du Grand Ferrand et de la Tête du Lauzon qui le ferment (massif du Dévoluy).

Mens★ *(voir circuit 2)*
Par la D 66, prendre la direction de Corps et du barrage du Sautet.

Barrage du Sautet★★
Décrit dans le guide Alpes du Sud. Ce barrage impressionne avec sa voûte de 126 m de hauteur. Il joint l'utile à l'agréable en créant le lac, perle du Dévoluy qui scintille dans son écrin de montagnes.

Corps
Capitale du Beaumont, Corps bénéficie de sa position de balcon dominant un **paysage somptueux**★★. Il est animé par les pèlerins se rendant au célèbre pèlerinage de **Notre-Dame-de-la-Salette**★ à 1 800 m d'altitude : basilique avec peintures et vitraux d'Arcabas, chapelle, musée *(Guide Vert Alpes du Sud)*.
Retour à La Mure par la N 85 (route Napoléon★, *Guide Vert Alpes du Sud).*

Mont inascenbilis ?
Table géante, cette merveille du Dauphiné a le sommet plat mais les bords très pentus. Surnommé « mont inaccessible » dès 1450, c'est pourtant là qu'est né l'alpinisme en 1492 : le roi Charles VIII, en se rendant en pèlerinage à Notre-Dame d'Embrun, passa par là en 1489. Séduit, il charge Antoine de Ville d'en effectuer l'ascension. Trois ans plus tard, celle-ci fut réalisée et authentifiée, signant ainsi le premier acte d'alpinisme.

Randonnée

Tour du mont Aiguille
7h30 pour le tour, en 1 ou 2 jours. Dénivelée cumulée 1 100 m. Départ de Chichilianne (hameau de la Richardière) ou de La Bâtie (près de Gresse).
Bloc quadrangulaire ou aiguille ? Étrange montagne aux multiples facettes, le mont Aiguille est plus facile à contourner qu'à escalader. L'itinéraire traverse plusieurs villages, deux cols, et offre de belles vues sur l'architecture singulière du territoire. Quant à l'ascension… Le mont est désormais accessible, avec plus de 30 voies équipées pour tous les niveaux. Renseignements au relais du PNR du Vercors à Chichilianne, ☏ 04 76 34 44 95.

Le Trièves pratique

Adresse utile

Office du tourisme de Mens – R. du Breuil - 38710 Mens - ☏ 04 76 34 84 25 - www.alpes-trieves.com - juil.-août : lun.-sam. 9h30-12h30, 14h30-18h30, dim. 9h30-12h30 ; juin : mar.-sam. 10h-12h, 14h-18h ; reste de l'année : jeu.-sam. 10h-12h, 14h-18h.

Visite

Itinéraire Giono – Comprendre comment certaines œuvres de Giono se sont nourries du Trièves, qu'il a parcouru en randonnée, tel est le programme de l'Itinéraire Giono. On peut le suivre seul ou accompagné (bus). Renseignements au relais d'information du Parc naturel régional du Vercors à Chichilianne (☏ 04 76 34 44 95), à l'Espace Giono de Lalley (☏ 04 76 34 78 23 - www.espace-giono.fr).

Se loger et se restaurer

Hôtel Au Gai Soleil du Mont Aiguille – À La Richardière - 38930 Chichilianne - 3 km au nord-ouest de Chichilianne par rte secondaire - ☏ 04 76 34 41 71 - www.hotelgaisoleil.com - fermé vac. de la Toussaint au 20 déc. - 🅿 - 20 ch. 40,50/53,30 € - 🍽 8 € – rest. 13/28 €. Une situation exceptionnelle pour cette maison familiale où vous serez accueilli en ami. Au pied du mont Aiguille, tout près du départ des randonnées, vous pourrez

LE TRIÈVES

multiplier les balades. L'hiver, vous chausserez vos skis de fond sur le seuil de la porte.

Le Tilleul – R. des Fosses - 38970 Corps - ☏ 04 76 30 00 43 - www.hotel-restaurant-du-tilleul.com - fermé 3 nov. au 15 déc. - P - 19 ch. 44/68 € - ☐ 7 € – rest. 14/35 €. Sur la route Napoléon et au cœur d'un vieux village. Chambres fraîches et bien tenues, plus calmes à l'annexe. La salle de restaurant est un peu sombre, mais une sympathique ambiance campagnarde y règne. Bar local et petite terrasse surplombant la rue. Cuisine traditionnelle.

Chambre d'hôte Les Volets Bleus – Lieu-dit « Les Blancs » - 38930 Le Percy - ☏ 04 76 34 43 07 - www.lesvoletsbleus-isere.com - fermé oct.-1er avr. - ☐ - 3 ch. 45/55 € - restauration (soir seulement) 21 €. Cette ferme du 18e s. joliment restaurée est entourée d'un jardin fleuri. Les chambres : « Giono », « Trièves » ou « Vercors » présentent toutes des décors différents. Meubles anciens, bibelots et nombreux livres agrémentent l'intérieur de la maison. La salle à manger est aménagée dans l'ex-étable.

Chambre d'hôte La Ferme de Ruthières – Lieu-dit Ruthières - 38930 Chichilianne - 4 km au nord-ouest de Chichilianne par rte secondaire - ☏ 04 76 34 45 98 - fermederuthieres.com - fermé 25 déc. - 4 ch. 46 € - ☐ - repas 15 €. Avec sa jolie salle voûtée, ses piliers en tuf et ses génoises, cette ancienne étable typique de l'architecture locale vous séduira. Les chambres, spacieuses et sobres, profitent de la vue sur les hauts plateaux du Vercors. À table, produits de la ferme.

Hôtel Au Sans Souci – 38650 St-Paul-lès-Monestier - 2 km au nord-ouest de Monestier-de-Clermont par D 1075 et D 8 - ☏ 04 76 34 03 60 - www.au-sans-souci.com - fermé 10 déc.-fin janv., dim. soir et lun. sf juil.-août - P - 12 ch. 64 € - ☐ 8 € – rest. 19/48 €. Pour une petite retraite au vert, arrêtez-vous dans cette maison tranquille recouverte de vigne vierge. Décor chaleureux d'un chalet de montagne, frisette et poutres, tables en bois massif, papier à fleurs dans les chambres. Tennis et piscine pour la détente. Bon rapport qualité/prix.

Hôtel Le Chalet – 38650 Gresse-en-Vercors - ☏ 04 76 34 32 08 - lechalet.free.fr - fermé 12 mars-6 mai et 15 oct.-23 déc. - P - 25 ch. 83 € - ☐ 10 € – rest. 20/51 €. Plutôt qu'un chalet, une maison dauphinoise ancienne, qui soigne ses visiteurs. Grandes chambres progressivement rénovées, parfois dotées d'une loggia. Généreuse cuisine traditionnelle servie dans une élégante salle à manger ou sur la jolie terrasse d'été.

Chambre d'hôte Le Château de Pâquier – Chemin du château - 38650 St-Martin-de-la-Cluze - 12 km au nord de Monestier-de-Clermont par D 1075 et rte secondaire et A 51 dir. Sisteron - ☏ 04 76 72 77 33 - http://chateau.de.paquier.free.fr - réserv. obligatoire en hiver - 5 ch. 68/80 € ☐ - repas 22 €. Au bout d'un chemin, ce castel Renaissance est entouré d'un joli jardin. En bas, vous admirerez le plafond à la française, les fenêtres à meneaux et l'escalier à vis avant de monter aux chambres, meublées avec soin. Une chambre dans la chapelle.

Chambre d'hôte Château des Marceaux – Les Marceaux - 38650 Avignonet - Depuis la D 1075, prendre à gauche sur 3 km dir. Sinard/Avignonet-les-Marceaux ; au 2e rd-pt château à droite à 200 m - ☏ 04 76 34 18 94 - http://monsite.wanadoo.fr/chateaudesmarceaux - fermé 31 oct. -1er Mai - ☐ - 3 ch. 69/76 € ☐. L'adresse ne manque ni de charme ni d'originalité. Chacune des chambres est aménagée dans un espace différent : pigeonnier, tour carrée ou maisonnette indépendante. Le château du 18e s. abrite quant à lui une vaste et belle salle à manger au plafond peint.

Auberge du Goutarou – Les Granges-Thoranne - 38650 St-Michel-les-Portes - ☏ 04 76 34 08 28 - www.mont-goutaroux.com - fermé oct.-mars. mar. midi et merc. midi sf juil.-août - 5 ch. 74 € - ☐ 7,50 € - repas 20/23 €. Dans cette ferme du 18e s., vous prendrez vos repas dans une ancienne étable voûtée et dormirez dans des chambres avec mezzanines et poutres apparentes.

Que rapporter

La Ferme du Serre Monet – Au fond du parking des Dolomites, chemin à gauche - 38650 Gresse-en-Vercors - ☏ 06 24 52 54 94 - serre.monet@waïka9.com - été : 17h-19h ; hiver 16h-18h - fermé dim. et j. fériés. Grand chalet à 1 260 m d'altitude, cette ferme propose une visite commentée de ses différents élevages. On participe à la vie quotidienne en donnant à manger aux moutons et aux cochons. Sur place, vente directe de produits de l'exploitation (charcuteries, conserves de plats cuisinés). Gîtes en location.

Spécialité – La bouffette de Mens est une génoise garnie d'une crème au sucre.

Sports & Loisirs

Randonnées équestres – Espace équestre du Trièves, hameau de Messenas à Roissard - 38650 Roissard - ☏ 04 76 34 12 04 - http://esp.equestre.trieves.free.fr - 8h30-18h30 - 15 €, randonnées de 17 € à 75 €. Dans un cadre splendide, de nombreuses possibilités de randonnées, stages, et autres découvertes…

Sports nautiques – La base nautique de Treffort, plus communément appelée **lac de Monteynard**, est le site préféré des véliplanchistes locaux. Possibilité de location de matériel, cours de voile et planche à voile (penser à réserver à l'avance).

DÉCOUVRIR LES SITES

Le Valbonnais★

CARTE GÉNÉRALE B5 – CARTE MICHELIN DÉPARTEMENTS 333 I8 – ISÈRE (38)

Au sud-ouest du massif des Écrins, le Valbonnais offre de beaux sites encaissés, marqués de cette empreinte sauvage qui caractérise les hauts sommets du Dauphiné. Si la vallée de la Bonne est un cul-de-sac, la vallée affluente de la Malsanne ouvre, par le col d'Ornon, une route touristique intéressante menant au Bourg-d'Oisans. L'opposition marquée des versants de chaque vallée, due à la grande diversité de ses roches, compose une mosaïque de paysages très dissemblables. À ces atouts naturels s'ajoute le fruit du travail séculaire des hommes. Chaque petit terroir est le produit d'un labeur agricole, pastoral et forestier. Ce pays singulier possède un charme incomparable.

- **Se repérer** – La vallée inférieure de la Bonne, affluent du Drac, est connue sous le nom de Valbonnais. En amont d'Entraigues, le Valjouffrey correspond au cours supérieur du torrent, descendu de l'impressionnant cirque de Font-Turbat, au pied de l'Olan (un des plus impressionnants sommets des Écrins culminant à 3 564 m). Tourné vers le sud-ouest, le Valbonnais voit naturellement descendre ses voies de communication dans cette direction, vers l'axe Grenoble-Gap.
- **À ne pas manquer** – Le village préservé de Valsenestre.
- **Organiser son temps** – La route du Bourg-d'Oisans au Valbonnais par le col d'Ornon est magnifique.
- **Pour poursuivre la visite** – Voir aussi Trièves, lacs de Laffrey.

La reconquête forestière

Autrefois, on y vivait en quasi autarcie grâce à l'agriculture et l'élevage, et seule l'exploitation de la forêt permettait un lien commercial avec l'extérieur. Pourtant, à la fin du 19ᵉ s., la population y était dix fois plus importante qu'aujourd'hui, épuisant de façon alarmante bois et pâturages au point que l'ONF dut intervenir pour restaurer les terrains ; à présent, la nature a largement repris le dessus et offre un espace de liberté, tant aux promeneurs qu'aux bouquetins, réintroduits avec succès en 1989 et 1990.

Circuit de découverte

DE LA MURE À VALSENESTRE

55 km – environ 1h30. Entre La Mure et le Pont Haut, la N 85 vous propose de larges vues panoramiques. L'Obiou, au sud, est très imposant. Par la trouée du Valbonnais apparaissent déjà quelques cimes neigeuses du haut massif des Écrins (roche de la Muzelle, Olan).

Pont Haut

Des « colonnes coiffées » sont en cours de formation dans les ravinements voisins.
Au Pont Haut, prendre la D 526.

Valbonnais

Avec Entraigues, c'est le centre commercial de la région. Ce village occupe un emplacement privilégié dans la vallée de la Bonne. Le bâti est important. Maisons fortes et demeures décorées témoignent de la richesse des notables paysans. Les champs cultivés de la plaine, traversée de canaux depuis le Moyen Âge, s'organisent selon un damier précis et net.
À la sortie de Valbonnais, on aperçoit à droite, en contrebas, le lac formé par une retenue de la Bonne.

Entraigues

Ce modeste village agréablement situé sur une terrasse ensoleillée domine la Bonne et la Malsanne. C'est l'une des portes d'entrée du Parc national des Écrins.

Route de Valsenestre★

À Entraigues, prendre la D 117 vers Valjouffrey. Au pont de la Chapelle-en-Valjouffrey, tourner à gauche dans la D 117ᴬ pour suivre sur 6 km la route de Valsenestre.
Le chemin s'élève au-dessus des **gorges du Béranger**★, puis se déroule sur des pentes superbement boisées de mélèzes et de sapins. De nombreuses cascades agrémentent encore ce parcours.

Valsenestre

Ce hameau (« val de gauche ») est situé à l'entrée d'un vaste cirque délimité par le pic Clapier du Peyron, la roche de la Muzelle et le pic de Valsenestre. Ses ruelles soignées

LE VALBONNAIS

à l'architecture typique sont le point de départ de nombreuses excursions en moyenne et en haute montagne.
Faire demi-tour et revenir à la D 117.

Randonnée

La haute vallée de la Bonne★★

3h AR de marche aisée. Parking obligatoire à l'entrée du Désert-en-Valjouffrey.

Cette excursion conserve des allures de promenade grâce à ses chemins très praticables ; elle suit le fond d'une vallée glaciaire taillée dans un socle cristallin.

Le Désert-en-Valjouffrey – Le dernier village du Valjouffrey (alt. 1 267 m) aligne au bord de sa rue principale au profil accidenté plusieurs granges qui témoignent de la permanence de l'activité rurale. Sur certaines d'entre elles, on peut lire la date de construction et les initiales du propriétaire.

Cascade de la Pisse à Valjouffrey.

En quittant ce hameau, on découvre la vallée dont la forme en « auge » apparaît nettement, barrée par une formidable muraille rocheuse culminant à plus de 3 000 m. Sur la gauche, le cône de déjection d'une vallée latérale est encore couvert de quelques cultures dues au travail des paysans : ils ont retiré une à une les pierres qui empêchaient toute pousse auparavant.

Cette zone est dominée par l'aiguille des Marmes (3 046 m), dont le nom vient de la présence de schistes jurassiques exploités encore récemment : en observant bien, vous distinguerez les reflets foncés des ardoisières.

À droite, la Bonne coule au milieu d'un lit large qui prend des allures de gravière.

Après le passage de la barrière du parc *(lire attentivement le règlement)*, le paysage devient nettement plus sauvage ; les arbres de plus en plus chétifs caractérisent l'étage subalpin. L'adret, sur la gauche, est le domaine de la bruyère et du genévrier, tandis que l'ubac plus ombragé est parsemé de rhododendrons. Le sentier traverse un éboulement avant d'arriver à la **cascade de la Pisse★**, sur la gauche.

Après avoir franchi la passerelle, on traverse un petit bois de pins à crochets : leur aspect trapu et leurs troncs déformés trahissent l'adaptation à un milieu sévère. Bientôt apparaît, majestueux, le pic d'Olan (3 564 m) dominant le **cirque de Font-Turbat** : l'étage alpin aux maigres pelouses fait place, à l'approche des sommets, à un univers exclusivement minéral.

Le retour au Désert se fait par le même sentier.

Le Valbonnais pratique

Adresses utiles

Office de tourisme – 38740 Valbonnais - ☎ 04 76 30 25 26 - www.ot-valbonnais.fr - de mi-juil. à mi-août : 9h-12h, 14h-19h ; de mi-juin à mi-juil. et de mi-août à mi-sept. : mar-sam. 9h-12h, 14h-18h ; reste de l'année : tlj sf dim. et lun. 9h-12h, 14h-17h (sam. 9h-12h) - fermé vac. de Noël.

Maison du Parc national des Écrins – Pl. du Dr-Eyraud - 38740 Entraigues - ☎ 04 76 30 20 61 - www.les-ecrins-parc-national.fr.

Se restaurer

☺ **Auberge Le Chardon Bleu** – Le village - 38740 Valbonnais - ☎ 04 76 30 83 44 - fermé lun. sf été - 11,50 € déj. - 18/30 € - 6 ch. 44/52 € - ☐ 6 €. Derrière une façade un peu insignifiante se cache un établissement entièrement rénové, plutôt agréable. On fait son choix en toute liberté dans une carte raffinée, dont la composition varie au gré des saisons. De la salle, jolie vue panoramique. Compte aussi 6 chambres correctes, dont 3 avec une terrasse collective.

Sports & Loisirs

Le plan d'eau de Valbonnais – ☎ 04 76 30 25 26. Une retenue artificielle de 6 ha où l'on peut se baigner, canoter, pêcher…

DÉCOUVRIR LES SITES

Val-Cenis

CARTE GÉNÉRALE D4 – CARTE MICHELIN DÉPARTEMENTS 333 O6 – SCHÉMA P. 307 – SAVOIE (73)

Sur le parcours de la route des Grandes Alpes, le Val-Cenis n'est pas à proprement parler une station, mais la réunion des villages de Lanslevillard et Lanslebourg. Sur les flancs du mont Cenis, un vaste domaine équipé de remontées mécaniques devient l'été une base de randonnées dans le Parc national de la Vanoise et, en hiver, un domaine skiable exposé au nord. Là, débutants et skieurs confirmés évoluent entre mélèzes et pins cembro.

- **Se repérer** – À 10 km de Lanslebourg, en direction du mont Cenis.
- **À ne pas manquer** – Le lac du Mont-Cenis, à 2 000 m d'altitude.
- **Organiser son temps** – Lors du Festival de l'astronomie de juillet, vous pouvez occuper vos soirées à découvrir planètes et étoiles.
- **Avec les enfants** – Initiation à la navigation sur le lac du Mont-Cenis.
- **Pour poursuivre la visite** – Voir aussi la haute Maurienne, Bessans, Bonneval, Modane.

Comprendre

Un désenclavement tardif – La station est dominée au nord-ouest par la dent Parrachée (alt. 3 684 m), au nord par le Grand Roc Noir, au sud par la pointe de Ronce (alt. 3 583 m) et le col du Mont-Cenis. Longtemps inaccessible autrement que par d'inconfortables sentiers, la région a été désenclavée par Napoléon Ier. De 1803 à 1811, l'Empereur fit construire la route carrossable actuelle dont le profil est très étudié (rampe moyenne de 8 %). Elle permet d'apprécier le haut massif de la Vanoise.

Séjourner

Les activités de l'été

La situation privilégiée des deux villages, au carrefour de la route de l'Iseran et de la route du Mont-Cenis, permet de découvrir sous ses plus beaux atours la haute Maurienne et la haute Tarentaise. Les deux stations ont développé des initiatives originales comme le Festival de l'astronomie. Le lac du Mont-Cenis devient l'été une base nautique où les enfants peuvent s'initier à la navigation.

Le domaine skiable

S'étendant sur 500 ha entre 1 400 et 2 800 m, c'est le plus grand de la vallée de l'Arc. Il dispose d'une longue piste verte, l'**Escargot** (les 10 km de la descente du col du Mont-Cenis) ainsi que de belles pistes techniques (Jacquot, le Lac et l'itinéraire de l'Arcelle). Un forfait permet de skier sur l'ensemble des stations de la Maurienne.

Découvrir

LES BELVÉDÈRES

Télécabine du Vieux Moulin★

Alt. 2 100 m - 04 79 05 23 66 - de mi-juil. à fin août : merc. et jeu. 10h-17h (7mn, en continu) - 6 € AR télécabine et télésiège.
Vue sur la dent Parrachée, les glaciers de la Vanoise et la vallée de l'Arc.

Col de la Met★★

Alt. 2 800 m. *Accès aux skieurs en hiver par télésiège et aux randonneurs l'été.*
Vue magnifique au sud sur les Alpes italiennes, au sud-ouest sur le barrage et le lac du Mont-Cenis (dominés par le mont Malamot), l'aiguille de Scolette et la Meije en arrière-plan, enfin au nord sur la Vanoise.

Circuit de découverte

ROUTE DU LAC DU MONT-CENIS★

De Lanslebourg au lac du Mont-Cenis

16 km – environ 45mn. Le col du Mont-Cenis est, en général, fermé de décembre à avril.

Lanslebourg- Lanslevillard Mont-Cenis *(voir haute Maurienne)*
Lanslebourg à la jonction avec la route du Mont-Cenis est un village marqué par sa position frontière. Lanslevillard égrène ses résidences sur les coteaux.

VAL-CENIS

Quitter Lanslebourg par la D 1006, route de l'Italie au sud.

Au cours de la montée, la route pénètre sous de belles futaies de résineux puis dépasse la limite supérieure de la forêt.

À 8 km, laisser la voiture dans un large virage à gauche (arrivée de téléski).

La **vue**★ est excellente sur les glaciers de la Vanoise butant contre la dent Parrachée, silhouette maîtresse du panorama. En contrebas, toute la haute Maurienne se déroule depuis Lanslebourg jusqu'à la plaine de Bessans, rigoureusement horizontale, en passant par le « verrou » de **la Madeleine** où l'Arc s'est creusé un étroit passage.

Un héros

À Lanslebourg, un monument est dédié à **Flambeau**, le chien vaguemestre qui, de 1928 à 1938, assura le transport du courrier entre la caserne de Lanslebourg et le fortin de Sollières à 2 780 m d'altitude.

Juste avant le col, près d'un petit monument, la **route du Replat des Canons** se détache à droite. L'emprunter *(à pied)*. Après 1 km, une **vue**★★ saisissante sur la dent Parrachée, englobant le village de Bessans.

Col du Mont-Cenis★

Alt. 2 084 m. Entre les sommets de la Grande Turra et de la Tomba, le col géographique marquait la frontière. Un monument est consacré à la mémoire des troupes alpines françaises qui s'illustrèrent particulièrement ici.

On découvre, encadrée par le neigeux mont Lamet et la pointe Clairy, l'immense cuvette gazonnée du Mont-Cenis dont la flore est célèbre, puis le lac de barrage. Par la trouée du col du Petit Mont-Cenis, passage utilisé au Moyen Âge de préférence au « Grand Mont-Cenis », pointent l'aiguille de Scolette (alt. 3 508 m) et, à gauche, la pointe Sommeiller.

La route passe par le **Plan des Fontainettes**, relais de routiers très fréquenté, puis en contrebas se dresse la construction pyramidale de la **chapelle** du prieuré élevé à l'aplomb de l'ancien hospice, noyé. Près d'un petit jardin, le **musée pyramide du Mont-Cenis** a été aménagé sous le sanctuaire, présentant des photos sur le mont Cenis avant, pendant et après la construction du barrage. ℘ 04 79 05 92 95 - *de mi-juin à déb. sept. : 10h-12h30, 14h-18h - 3 €.*

Lac du Mont-Cenis★

Du belvédère d'EDF *(parc de stationnement)*, **vue**★ dominante sur l'ensemble de la retenue et le barrage qui la contient au sud.

Beaucoup plus long à la crête (1 400 m), mais moins haut (120 m maximum) et moins épais à la base (460 m) que l'ouvrage de Serre-Ponçon dans les Alpes du Sud, le **barrage** est une digue en enrochement avec un noyau en terre assurant l'étanchéité. La capacité utilisable de la retenue est de 315 millions de m^3, dont 264 sont attribués à la France (usine de Villarodin) et 51 à l'Italie (usine de Venaus). On note une dénivellation d'environ 100 m entre le niveau de la crête (alt. 1 979 m) du barrage, dont la longueur atteint 1,4 km, et le fond du lac à son point le plus bas.

Lac du Mont-Cenis.

DÉCOUVRIR LES SITES

Val-Cenis pratique

♿ Voir aussi les encadrés pratiques de haute Maurienne, Modane.

Adresse utile

La Maison de Val-Cenis – *Grande-Rue - 73480 Lanslebourg-Val-Cenis - ℘ 04 79 05 23 66 - www.valcenis.com - de fin juin à déb. sept. 9h-12h, 14h30 (w.-end 15h)-19h ; vac. de Noël-Pâques : lun.-vend. 9h-12h, 14h-18h30, sam. 8h30-21h (vac. scol. 9h-19h) - mai-juin et sept.-vac. de Noël : tlj sf dim. 9h-12h, 15h-18h - fermé j. fériés.*

Événement

Festival de l'astronomie – La dernière semaine de juillet, gardez la tête dans les étoiles ! Animations, ateliers, observations sont là pour ça.

Val-d'Isère★★

1 632 AVALINS
CARTE GÉNÉRALE D4 – CARTE MICHELIN DÉPARTEMENTS 333 O5 –
SCHÉMAS P. 299 ET 435 – SAVOIE (73)

Passé les étranglements de la route qui mène du lac de Chevril à Val-d'Isère, la surprise est de taille. Étale et largement ouverte, la vallée est bornée sur la droite par les rochers de Bellevarde. Le centre de la station, transformé en 1992 à l'occasion des Jeux olympiques d'Albertville, se hérisse de maisons de pierre. Hautes de deux ou trois étages, elles sont dotées de balcons chantournés et leurs avant-toits sont soutenus par des colonnes à la mode valdotaine. La station phare de la Savoie partage avec Tignes le versant oriental de la Vanoise, lequel est âpre, glacé et somptueux.

▶ **Se repérer** – À 32 km de Bourg-St-Maurice par la D 902, belle route soumise à un lourd trafic pendant les vacances scolaires. Accès par le col de l'Iseran en été.

👁 **À ne pas manquer** – Une ascension en téléphérique au rocher de Bellevarde.

🕐 **Organiser son temps** – L'été, la circulation étant intense sur la route du col de l'Iseran, empruntez cette voie de préférence le matin.

👫 **Avec les enfants** – L'initiation au ski en plein été sur le glacier du Pissaillas ; le Parcours aventure de la forêt de Rogoney *(voir l'encadré pratique)*.

♿ **Pour poursuivre la visite** – Voir aussi Tignes, la Tarentaise, la haute Maurienne.

Séjourner

La station
Val-d'Isère s'est développée dans les années 1930, à 1 850 m d'altitude, au pied de l'imposant rocher de Bellevarde, de la Tête de Solaise et des hauts sommets de la réserve naturelle de la Grande Sassière. Outre sa partie centrale, elle comprend, en amont, en direction du col de l'Iseran, le hameau du Fornet et, en aval, l'annexe moderne de la Daille.
L'église du 16ᵉ s. garde un beau retable baroque.

Les activités de l'été
Steps, tennis, football, Val-d'Isère est une station où l'on ne prend pas la forme à la légère. Cours, stages, entraînements se programment pour une heure ou une semaine. Pour ceux, bien rares, qui seraient insensibles à l'appel de la montagne…

Le domaine skiable
Réputé pour son ambiance familiale et sportive, Val-d'Isère doit son succès à un enneigement abondant et à l'étendue de ses champs de neige. Les skieurs confirmés ne manqueront pas d'essayer la Face de Bellevarde, la « S » de Solaise, l'Épaule du Charvet, le Tunnel vers l'Iseran… Les possibilités de ski de randonnée sont importantes avec une trentaine de cols et sommets avoisinant les « 3 000 » dans un rayon de 10 km dans le massif de la Vanoise.
Après la réalisation d'un premier remonte-pente en 1934 et la création de l'École nationale du ski français par Émile Allais en 1935, Val-d'Isère bénéficie de la construction de la **route de l'Iseran★★★**. En 1942, la station inaugure le téléphérique de Solaise puis celui de Bellevarde. Le « Funival » a été complètement réaménagé et relooké en 2003. ℘ *04 79 06 00 35 - fermé en été.*
Depuis 1955, elle organise sur la piste Oreiller-Killy le **critérium de la Première Neige**, qui marque, début décembre, l'ouverture de la saison internationale de ski

VAL-D'ISÈRE

alpin. La mise en commun du domaine skiable avec Tignes sous le nom d'**Espace Killy** donne à la station une autre dimension. En février 1992, Val-d'Isère a obtenu la consécration olympique en organisant les épreuves hommes de ski alpin sur la spectaculaire **Face de Bellevarde**.

Le ski d'été se pratique sur le glacier du Pissaillas avec neige artificielle sur certaines parties du parcours.

Sentier du Fornet

Le hameau du Fornet implanté sur le versant nord, entouré d'une profonde forêt, vit dans l'ombre plusieurs mois de l'année. Les champs cultivés se trouvent de l'autre côté de l'Isère sur des pentes avalancheuses. Les panneaux du sentier aident à mieux appréhender ce mode de vie alpin où l'on peut lire, dans les plis de la montagne comme dans les replis des habitations, une histoire millénaire.

Val-d'Isère en été.

Découvrir

BELVÉDÈRES ACCESSIBLES EN TÉLÉPHÉRIQUE

Rocher de Bellevarde★★★

Alt. 2 826 m. *1h AR, dont 5mn avec le téléphérique de l'Olympique. ☎ 04 79 06 00 35 - juil.-août : tlj sf sam. 9h30-12h30, 14h-16h30 (en continu) - pour les tarifs se renseigner. Accès possible en hiver (4mn30) avec le Funival depuis la Daille (4ᵉ w.-end de nov. à déb. mai)*

De la plate-forme terminale, montez en 5mn, grâce à plusieurs rangées d'escaliers assez raides, à la table d'orientation. Magnifique **tour d'horizon**★★★. Val-d'Isère apparaît, 1 000 m en contrebas, dominée par l'aiguille de la Grande Sassière, la Tsanteleina et les glaciers des sources de l'Isère. Au nord, observez le lac du Chevril et surtout, en arrière-plan, le mont Blanc. Mais il y en a bien d'autres ! Admirez, dans le sens contraire des aiguilles d'une montre, les principaux sommets du massif de la Vanoise : mont Pourri, dôme de la Sache, Grande Casse, Grande Motte…

Tête de Solaise★★

Alt. 2 551 m. *45mn AR, dont 6mn de téléphérique. ☎ 04 79 06 00 35 - 4ᵉ w.-end de nov. à déb. mai : 9h-16h30.* À l'arrivée, installez-vous à la terrasse du café pour profiter de la vue sur la vallée de l'Isère, de Val-d'Isère au lac du Chevril. Notez, juste en face, le tracé de la piste olympique de Bellevarde.

Panorama sur la Grande Sassière et le mont Pourri, la Grande Motte.

Col de l'Iseran★

Accès par le téléphérique du Fornet et la télécabine du Vallon de l'Iseran en saison hivernale.

L'été, il vaut mieux monter au col en voiture par la route de l'Iseran, particulièrement impressionnante. **Vue**★ décrite au col de l'Iseran.

Du col, les skieurs peuvent, été comme hiver, se rendre à 3 300 m d'altitude sur le glacier du **Grand Pissaillas**, d'où ils bénéficient de **vues**★★ splendides sur la haute Maurienne et la haute Tarentaise.

Une pépinière de champions

En 1948, **Henri Oreiller** est le premier Français à remporter une médaille d'or aux Jeux olympiques (St-Moritz). Les années 1960 sont des années fabuleuses pour le ski français. Les **sœurs Goitschel** remportent à elles deux, aux Jeux olympiques d'Innsbruck (1964) et de Grenoble (1968), cinq médailles : trois d'or et deux d'argent. **Jean-Claude Killy** est l'un des skieurs à avoir totalisé le plus grand nombre de victoires en une seule saison : en 1968, aux Jeux olympiques, il renouvelle l'exploit unique réalisé par l'Autrichien Toni Sailer en 1956 en remportant une médaille d'or pour chacune des trois épreuves : descente, slalom spécial, slalom géant. Aujourd'hui Ingrid Jacquemod, Mathieu Bozzetto, champion du monde de snowboard, Audrey Peltier reprennent le flambeau de leurs aînés. La station accueillera en 2009 les Championnats du monde de ski alpin.

Randonnées

Les marcheurs trouveront un intérêt limité à parcourir le domaine skiable en période estivale. En revanche, à quelques kilomètres de la station, des endroits préservés, de toute beauté, au sein du Parc national de la Vanoise, les récompenseront de leur persévérance.

Refuge du Prariond et col de la Galise★★
Stationner au pont St-Charles sur la route du col de l'Iseran.
Montée : 1h pour le refuge, puis 2h pour le col (dénivelée totale : 900 m environ). Descente : 2h.

Le sentier, abrupt, traverse les gorges du Malpasset, où ça se passe plutôt bien pour les bouquetins. Il débouche sur le chatoyant val du Prariond, au pied du glacier des sources de l'Isère. À partir du refuge, le sentier est plus raide. Sur la partie terminale s'orienter à l'aide des cairns (tas de pierres) jusqu'au col (alt. 2 990 m). Vue sur les cimes du Grand Paradis.

Col des Fours★★
Randonnée soutenue exigeant une bonne préparation. Du centre de Val-d'Isère, gagner en voiture le hameau du Manchet, situé à 3 km au sud (parking).
Montée : 1h30 pour le refuge du Fond des Fours, puis 1h pour le col (dénivelée totale : 1 100 m environ). Descente : 2h. Prévoir un coupe-vent et des vêtements chauds car le vent, au sommet, est souvent violent et glacial.

Du refuge, **vue★** sur la Grande Sassière, le massif du Mont-Blanc, le dôme de la Sache et Bellevarde. Le sentier bifurque ensuite à gauche et décrit des lacets assez raides jusqu'au col (alt. 3 000 m). **Vue★★** admirable sur un lac, entouré par le glacier de la Jave, et sur la Maurienne (Albaron) et la Tarentaise (Grande Motte, Grande Casse). Domaine bien fréquenté par les chamois.

Val-d'Isère pratique

Adresse utile
Office de tourisme – BP 228 - 73150 Val-d'Isère - ℘ 04 79 06 06 60 - www.valdisere.com - juil.-août, fin nov.-déb. mai : 8h30-19h (en hiver sam. 20h) ; reste de l'année : lun.-vend. 9h-12h, 14h-18h.

Transports
Une **navette** relie gratuitement les hameaux du village aux remontées mécaniques et au centre de la station.

Se loger
◉ **Bon à savoir** - Même si cette station se veut plus sportive et moins people que Courchevel, on aura quand même beaucoup de mal à trouver un hébergement bon marché. La centrale de réservation offre des renseignements sur les différentes locations, tandis que l'office de tourisme s'oriente plus vers les chambres d'hôte et les campings.

Hôtel Le Kern – *La Grange - immeuble Les Trois Bises* - ℘ 04 79 06 06 06 - http://le-kern.valdisere.com - *fermé mai-nov.* - 20 ch. 100/185 € ☐. En retrait de la rue principale, cet hôtel discret a le confort douillet d'une maison avec vieilles poutres, bois patinés et meubles anciens. Les chambres, sans être luxueuses, sont impeccables. Bonne idée, les prix incluent le petit-déjeuner !

VAL-D'ISÈRE

Se restaurer

👁 **Bon à savoir** - Que l'on soit sur les pistes ou au beau milieu de la station, on trouvera toujours un restaurant à son goût. Si les spécialités savoyardes gardent bien sûr une place d'honneur, beaucoup d'établissements proposent aussi des pizzas, des crêpes, des recettes orientales, tex-mex, ou même alsaciennes et méditerranéennes.

🍽 **Le Samovar** – *La Daille* - ☏ 04 79 06 13 51 - www.lesamovar.com - fermé 21 avr.-9 déc. - 14/45 €. Ce grand chalet proche du funiculaire (« Funival ») montant sur le rocher de Bellevarde vous propose une restauration en toute simplicité, à la brasserie-pizzéria de l'hôtel.

🍽🍽 **L'Avancher** – ☏ 04 79 06 02 00 - fermé 3 mai-9 déc. et le midi - 25 €/45 € - 🚭. Cet établissement vous offre le confort douillet d'un authentique chalet de montagne. Sa table, ouverte le soir uniquement, se voue principalement aux amateurs de fondue et de raclette valaisanne, savourées dans une ambiance conviviale que favorise la mise en place serrée de la salle.

🍽🍽 **L'Arolay** – *Au Fornet, 2,5 km à l'est de Val-d'Isère par D 902* - ☏ 04 79 06 11 68 - www.arolay.com - fermé l'été - 16 € déj. - 25/40 €. Ce restaurant, aux portes d'un hameau montagnard, est très prisé des stars. Rustique à souhait, il ne manque pas de cachet avec sa salle des brasérades où chaque table possède une hotte en cuivre. Vous pourrez aussi savourer gratins et tartes aux myrtilles. Terrasse au bord de l'Isère.

🍽🍽🍽 **La Fruitière** – *Intermédiaire de la télécabine de la Daille* - ☏ 04 79 06 07 17 - www.lafoliedouce.com - fermé 2 mai-30 nov. - 40/70 €. Dans ce décor reproduisant fidèlement une fruitière avec ses vieux bidons de lait, ses roues de fromage et autres accessoires, vous dégusterez une cuisine traditionnelle et sans chichis. La terrasse est prise d'assaut aux premiers rayons de soleil.

En soirée

👁 **Bon à savoir** - Parmi la douzaine d'établissements présents dans la station, on appréciera le « Café Face », ouvert de 17h à 2h de décembre à avril, le bar à la mode qui ne désemplit jamais. Les noctambules iront faire un tour dans la boite « Dick's Tea-Bar », ouverte à la même période de 15h à 4h.

Bananas – *Immeuble La Bergerie* - ☏ 04 79 06 04 23 - déc.-avr., juil-août : 9h-1h30 - fermé mai-juin et sept.-nov. Ce bar aux tons pastel est l'un des favoris de la station. C'est aussi le royaume du backgammon : on y joue tous les jours, et le tournoi qui y est organisé chaque lundi se prolonge jusque tard dans la nuit. Happy hour 19h-20h ; cuisine française, indienne et tex-mex.

Que rapporter

La Fermette de Claudine – *Val-Village* - ☏ 04 79 06 13 89 ou 06 07 21 46 60 - www.lafermettedeclaudine.com - 8h-19h - fermé mai-juin et sept.-nov. Cette boutique vend les produits fabriqués à la ferme de l'Adroit tenue par la même famille depuis 3 générations. Outre les fromages traditionnels (tomme de Savoie, raclette, tomme au marc de raisin), vous y découvrirez des créations maison témoignant du savoir-faire familial tels l'Avalin, le bleu de Val-d'Isère ou le tout dernier : le petit ramoneur. Vous y trouverez aussi des salaisons comme la caillasse ou le saucisson de canard. Et à déguster en exclusivité : le génépi noir.

Funival.
P. Huchette / MICHELIN

Sports & Loisirs

👁 **Bon à savoir** - Quand la montagne retrouve des couleurs après la fonte des neiges, on apprécie les retrouvailles avec la verdure, au détour d'un chemin de randonnée, à pied ou en VTT. Les plus aventuriers préfèrent les sites d'escalade, le ski d'été ou la via ferrata. Pour les autres, il reste le golf, ou le lac de l'Ouillette.

👥 **Parcours aventure** – *Forêt de Rogoney - téléski de la Savonnette* - ☏ 04 79 06 05 90. Dès 6 ans (1,45 m minimum, les bras levés), les amateurs de sensations fortes pourront se lancer sur le parcours du Lémurien. 75 ateliers pour tester le sens de l'équilibre et du rythme !

Événements

Le Festival international du film aventure et découverte a lieu en avril.

Le festival Grandeur Nature propose des projection de films documentaires naturalistes (faune, flore, écosystèmes, initiatives environnementales) en juillet.

Le Salon international du 4 x 4 et du tout-terrain se tient la 4ᵉ sem. de juil.

DÉCOUVRIR LES SITES

Valloire ★

1 243 VALLOIRINS
CARTE GÉNÉRALE C4 – CARTE MICHELIN DÉPARTEMENTS 333 ET 334 G2 –
SAVOIE (73)

La station, située au pied du rocher St-Pierre, est le plus important centre touristique de la Maurienne. Essentiellement constituée de hameaux, elle s'étend sur un plateau fermé par le col du Lautaret. Les cyclistes s'y retrouvent par centaines les beaux jours venus. Car malgré son altitude relativement élevée (2 058 m), ce col constitue le passage le plus animé des Alpes du Dauphiné. Pour l'atteindre, on monte sur les versants d'une montagne de plus en plus austère, bordée de crêtes vertigineuses. Rude et dépouillé, le col offre des vues d'une beauté mystérieuse sur les montagnes environnantes.

- **Se repérer** – Sur la D 1091, grand axe de communication nord-sud des Alpes françaises situé à 27 km seulement de Briançon, c'est la porte des Alpes méridionales. On franchit ensuite, par la D 902, le col du Galibier pour rejoindre Valloire.
- **À ne pas manquer** – Le retable baroque de l'église de Valloire.
- **Organiser son temps** – C'est en venant du sud, que l'on appréhende le mieux le passage du Dauphiné à la Savoie. Sous le regard des aiguilles d'Arves, les pentes dénudées, encombrées d'éboulis, se parent ensuite de forêts et de pâturages.
- **Avec les enfants** – Dans Valloire, un gliss'park attend les mordus de rollers, skate ou vélo. Entrée libre.
- **Pour poursuivre la visite** – Voir aussi St-Jean-de-Maurienne, Modane, l'Oisans.

Séjourner

17 hameaux s'étagent sur les versants de la vallée de la quatrième commune de France en superficie. La situation de cette chaleureuse station de la Maurienne, au pied du col du Galibier, aux limites du massif des Écrins et du Parc de la Vanoise, lui vaut d'importants atouts géographiques.

Église★

Office de tourisme - ℘ 04 79 59 03 96 - de mi-juin à fin août : 10h-12h, 14h-17h.
Datant du 17e s., sauf le clocher qui est un vestige de l'édifice primitif, c'est un des sanctuaires les plus luxueusement décorés de Savoie. Le **retable★★** baroque du maître-autel, en bois doré à la feuille, abrite à gauche la statue de saint Pierre et, à droite, celle de sainte Thècle. Le calvaire, au-dessus de la porte de la sacristie, daté de 1609, serait une reproduction du *Christ* d'Albert Dürer.

Les activités de l'été

Traitées à égalité, incitations à la découverte du patrimoine et activités de plein air se développent dans les 17 hameaux. Les cyclistes volontaires et courageux n'ont ici que l'embarras du choix, entre deux cols prestigieux et 150 km de parcours balisé pour les VTT.

Le domaine skiable

Les skieurs sportifs pourront, grâce aux nombreuses pistes rouges et noires, parcourir les secteurs de Colérieux, de la Sétaz (piste noire olympique). Un nombre impressionnant de canons à neige assurent une couverture des pistes par tout temps. Le domaine est relié à celui de Valmeinier *(forfait commun)*.

Le saviez-vous ?

- Les latinistes auront identifié *vallis aurea* (la vallée d'or). Mais où est passé l'or à Valloire ? Abandonnez tout espoir de pépites car la version la plus probable ferait dériver Valloire de *vallis ovium*, la vallée des brebis, une autre forme de richesse… Un bon fromage vaut tout l'or du monde.
- Au 6e s., **Thècle**, jeune fille de Valloire, part à la recherche des trois doigts de saint Jean qu'elle a vus en songe bénir le Christ lors de son baptême. Un périple de six ans l'amène au tombeau du saint, à Alexandrie. Elle y prie et jeûne jusqu'à ce qu'un jour apparaissent, sur la dalle mortuaire, les trois doigts sacrés qu'elle emporte pour en faire don à l'évêché de Maurienne, ville appelée depuis St-Jean-de-Maurienne en l'honneur du Baptiste, et où se trouve toujours cette relique.

VALLOIRE

Retable de l'église de Valloire.

Aux alentours
Col du Télégraphe★
5 km au nord. Alt. 1 566 m. Le site est aménagé pour la halte. Grimper sur le piton rocailleux immédiatement au nord pour bénéficier d'une meilleure **vue** plongeante sur la vallée de l'Arc. Entre le col du Télégraphe et Valloire, on domine, de haut, la vallée de la Valloirette qui dévale en gorges escarpées pour rejoindre l'Arc.

Circuit de découverte
ROUTE DU GALIBIER★★★
Le col du Galibier est obstrué par la neige d'octobre à fin mai (parfois jusqu'en juillet).
Cette route, la plus célèbre des Alpes françaises avec celle du col de l'Iseran, relie la Maurienne au Briançonnais. Une sévère montée, offrant des vues sur la Maurienne, conduit du fond de la vallée de l'Arc à la vallée affluente « suspendue » de la Valloirette. Celle-ci, d'abord boisée, prend progressivement un aspect ingrat, puis désolé. Le col du Galibier passé, on assiste à l'apparition des sommets du massif des Écrins.

De Valloire au col du Lautaret
Répondeur automatique renseignant sur l'accès au col du Lautaret - 04 92 24 44 44. 25 km – environ 3h.
De Valloire à Plan Lachat, on voit se préciser la roche du Grand Galibier. De Plan Lachat au col, vous aurez des vues superbes sur la vallée de la Valloirette. On se rapproche de la crête du Galibier, abrupt talus de pierrailles sans végétation.

Col du Galibier★★★
La route passe par le tunnel ou par le col géographique même : ce dernier est le passage le plus élevé – alt. 2 646 m – de la **route des Grandes Alpes** après le col de l'Iseran (alt. 2 770 m).
Laisser la voiture et monter à pied (15mn AR) à la table d'orientation (alt. 2 704 m), établie en contre-haut du col géographique.
De la table, un magnifique **panorama** circulaire ponctué, côté nord, par les aiguilles d'Arves et le mont Thabor ; côté sud, par les monts du Briançonnais mais surtout par les glaciers et les cimes neigeuses (barre des Écrins, Meije) du massif des Écrins.
À 100 m de cette table, une borne de pierre aux armes de France et de Savoie marque l'ancienne frontière. Entre le col du Galibier et le col du Lautaret, remarquer, en aval, la cime de la barre des Écrins, un instant visible de la route ; la vue prend ensuite d'enfilade la vallée de la Guisane. Briançon est visible par temps clair.
À la sortie sud du tunnel se dresse le monument à la mémoire de **Henri Desgranges**, le « père » du Tour de France cycliste, épreuve dont le Galibier constitue, en termes journalistiques, le « juge de paix ». Le baptême du Tour eut lieu le 15 juin 1903 sur un parcours de 2 500 km en 6 étapes. Lancé par Desgranges, alors directeur du journal sportif *L'Auto*, il visait à concurrencer l'épreuve Paris-Bordeaux de son concurrent *Le Vélo*.

DÉCOUVRIR LES SITES

Col du Lautaret★★
Au point culminant du col, s'engager dans le chemin du Jardin alpin.
Panorama★★ – *La table d'orientation est érigée sur une éminence, en amont du jardin alpin.* Le panorama est saisissant sur le massif de la Meije et ses glaciers dont le glacier de l'Homme.
Jardin alpin★ – *05480 Villar-d'Arêne. ✆ 04 92 24 41 62 - de déb. juin à fin sept. : 10h-18h - 5 € (– 12 ans gratuit).* À 2 100 m d'altitude, dans le cadre grandiose des glaciers de la Meije, plus de 2 000 espèces de plantes sont rassemblées suivant leur origine géographique dans ce jardin alpin centenaire, un des plus beaux d'Europe, créé et géré par l'université de Grenoble. Le visiteur réalise un tour du monde botanique en découvrant la flore des Pyrénées, des Carpates, des Balkans, du Caucase, de l'Himalaya, du Japon et des Rocheuses.

Refuge Napoléon
Le Parc national des Écrins y a installé un centre d'information et y organise des expositions sur la faune, la flore, la géologie.

Randonnée

Pic Blanc du Galibier★★★
Randonnée courte, réservée néanmoins à de bons marcheurs. Dénivelée : 400 m. Durée : 3h. Chaussures de montagne recommandées. Alt. 2 955 m.
Laisser la voiture au niveau du monument Henri-Desgranges et suivre le sentier tracé à travers la pelouse. Repérer sur les crêtes, à gauche, un gros sommet arrondi, dont il est préférable de réaliser l'ascension par la gauche *(montée très raide)*. Le **panorama★★** est remarquable sur la Meije et le Thabor. Personne n'en voudra aux personnes sujettes au vertige si elles ne continuent pas plus loin !
La suite de la randonnée se fait par un étroit sentier de crêtes, dangereux par temps humide. Parvenu au pied du pic Blanc du Galibier, on monte par des pentes raides au sommet, où un **panorama★★★** exceptionnel gratifie le randonneur courageux : dans le prolongement des crêtes, le pic des Trois Évêchés et les trois majestueuses aiguilles d'Arves, au sud sur l'Oisans, et derrière le col du Galibier, le Thabor ; au nord trônent les Grandes Jorasses, le Mont-Blanc et la Vanoise.
À la descente, prendre un étroit sentier à gauche, qui traverse un terrain caillouteux jusqu'au promontoire sur lequel est installée la table d'orientation du col.
Le sentier se perd ensuite dans la prairie ; on emprunte sur la droite un autre itinéraire qui ramène au parking.

Valloire pratique

Adresse utile
Office de tourisme – *73450 Valloire - ✆ 04 79 59 03 96 - www.valloire.net - juil.-août : 9h-19h ; des vac. de Noël à mi-avr. : 9h-18h30 ; reste de l'année : tlj sf dim. 9h-12h, 14h-18h - fermé les j. fériés sf 14 Juil. et 15 août.*

Visites
Église, villages, fort du Télégraphe et cadrans solaires font l'objet d'une visite hebdomadaire. *Rens. à l'office de tourisme.*

Se loger
Hôtel Christiania – *R. Tigny - ✆ 04 79 59 00 57 - www.christiania-hotel.com - ouv. 15 juin-15 sept. et 10 déc.-20 avr. - 24 ch. 55/70 € - 🖙 10 € - rest. 20/35 €.* Chalet fleuri situé sur l'avenue où se déroule l'insolite concours de sculptures sur neige. Chambres fraîches et bien tenues, peu à peu refaites. Accueil familial et cadre campagnard dans la salle à manger. Le bar est le rendez-vous des moniteurs de la station.

Hôtel Relais du Galibier – *Les Verneys - ✆ 04 79 59 00 45 - www.relais-galibier.com - ouv. 10 juin-10 sept. et 20 déc.-10 avr. - 🅿 - 26 ch. 56/63 € - 🖙 9,50 € - rest. 17/33 €.* Hôtel accueillant, au calme des prés l'été, à 100 m des pistes de ski l'hiver. Chambres ouvrant parfois sur le Grand Galibier. De larges baies vitrées éclairent le restaurant où l'on sert une cuisine généreuse mettant à l'honneur les produits régionaux.

Se restaurer
La Ferme du Poingt Ravier – *Hameau du Poingt-Ravier - 5 km après le camping - ✆ 04 79 59 07 78 - laferme.ravier@wanadoo.fr - 🍽 - réserv. obligatoire - 30/60 €.* Perchée à 1 670 m d'altitude, cette ferme de 1898 devenue restaurant il y a 20 ans vaut qu'on s'y attarde. La vue sur les Alpes y est grandiose et le décor intérieur très soigné : meubles, parquet, photos et outils d'époque. Terrasse d'été dressée sur

une pelouse où folâtrent paons, nandous et volailles. Cuisine traditionnelle.

Sports & Loisirs

Bureau des guides et accompagnateurs de la compagnie Savoie-Maurienne – *3 La Place -* ℘ *04 79 83 35 03 - www.guides-savoie.com - à la demande.* Une équipe de professionnels, avant tout des passionnés, se charge de vous faire découvrir les trésors de la montagne. Différents chemins de promenade pour partir à la rencontre des marmottes, randonnées glaciaires pour débutants, ou encore la conquête des hauts sommets pour les sportifs les plus aiguisés.

Via Ferrata – *gratuit -* ℘ *04 79 59 03 96 - www.valloire.net - femé nov.-mai.* Avis aux experts ! Le parcours de la via ferrata St-Pierre, avec ses passages au-dessus du vide et son exigence musculaire, s'adresse aux grimpeurs chevronnés. Mais que les amateurs plus modestes se rassurent : celui du Poingt Ravier, de difficulté moindre, leur réserve tout de même un maximum de sensations !

◉ **Bon à savoir** – Le **PassMultiloisirs** donne accès librement aux équipements sportifs (piscine, patinoire), à la télécabine du Crêt de la Brive et offre une entrée gratuite au cinéma, ainsi que des réductions sur certaines activités.

Événements

Parfois les dimanches et fêtes, mais surtout à l'occasion de la **procession du 15 août**, les Valloirins et Valloirines renouent avec les traditions en passant leurs costumes traditionnels, dont la coiffe, le châle et le tablier (correspondant à la couleur des ornements liturgiques du jour) constituent les pièces les plus originales.

Un **Concours international de sculpture sur glace** apporte, chaque année en janvier, une touche artistique à l'animation de cette station familiale.

Valmorel

CARTE GÉNÉRALE C4 – CARTE MICHELIN DÉPARTEMENTS 333 L5 – SCHÉMA P. 434 – SAVOIE (73)

Imaginez qu'avant 1976 il n'y avait rien… ou presque. Pas l'ombre d'un hôtel, pas la moindre perche de téléski, pas l'esquisse d'un forfait. La greffe a pris, cette jeune station s'intègre parfaitement à son environnement. Les sommets de Crève-Tête (2 342 m), du Niélard (2 559 m) et du Cheval Noir (2 832 m) couronnent les crêtes environnantes. Valmorel forme, avec Doucy et la vallée du Morel, un vaste territoire percé des plus grands canyons de Savoie (Eau Rousse et Pussy).

- ▶ **Se repérer** – Au sud-ouest de Moûtiers, ses versants sont occupés par des bois, des pâturages et d'anciens hameaux (Doucy, les Avanchers).
- ◉ **À ne pas manquer** – Rejoindre Crève-Tête pour son panorama.
- ⏱ **Organiser son temps** – Une randonnée d'une demi-journée vous fera découvrir les hameaux et chapelles *(voir l'encadré pratique).*
- ⓘ **Pour poursuivre la visite** – Voir aussi Albertville, Moûtiers, Courchevel.

Séjourner

La station – Valmorel « colle » aux paysages qui l'entourent. Elle est composée de plusieurs hameaux mais forme un ensemble homogène et agréable, tant à regarder qu'à vivre. Les chalets, certes modernes, sont construits avec les matériaux de l'habitat traditionnel alpin : bois, couvertures de lauzes, grands balcons… Assez rare pour une station, il y a un centre-ville, cœur de la vie sociale : les commerces et les cafés sont installés dans les ruelles et sur les places piétonnes. Les façades sont égayées de peintures en trompe l'œil aux tons chauds inspirés du style savoyard

Station de Valmorel.

DÉCOUVRIR LES SITES

traditionnel ; elles donnent à la station ces couleurs italiennes qui réchauffent encore l'atmosphère. Tout est donc réuni pour y passer un bon moment. Attention : le centre de la station est piéton.

Les activités de l'été
Les trois sites d'escalade de Malatrai (Valmorel), du Bois Dornier (Doucy-Combelouvière) et de Foyères (Naves) connaissent un beau succès grâce à la diversité de leurs voies et leur environnement. Entre 400 et 2 800 m d'altitude, 215 km de sentiers vous invitent à la promenade et à la rencontre du patrimoine.

Le domaine skiable
Cette station à l'incontestable réussite architecturale dispose d'une large gamme de pistes de tous niveaux et fait partie du Grand Domaine (Valmorel, St-François-Longchamp, Doucy-Combelouvière). Les skieurs confirmés apprécient les tracés vers St-François-Longchamp par le télésiège de la Madeleine et ceux du massif de la Lauzière. Le téléski du Morel permet d'éviter le centre de la station pour rejoindre les domaines du Gollet et du Mottet. Les défaillances de l'enneigement sont aisément compensées par la batterie de 162 canons à neige. Possibilité de ski de nuit sur les pistes de Planchamp et stade de surf de neige.

Découvrir

Crève-Tête★★★
Alt. 2 341 m. *Prendre la télécabine de Pierrafort.*

De la plate-forme terminale (alt. 1 830 m), on accède rapidement au **col du Gollet**, d'où la vue est déjà très belle. Le sentier est ensuite plus raide jusqu'au sommet. Panorama splendide sur la vallée de Valmorel encadrée par le Cheval Noir, le Grand Pic de la Lauzière et, dans le lointain, la chaîne de Belledonne. De l'autre côté rayonne la vallée des Belleville : les stations de St-Martin et des Menuires sont bien visibles, ainsi que la cime de Caron et l'aiguille de Péclet. Plus à gauche, on découvre successivement le sommet de Bellecôte, le mont Pourri, la station des Arcs puis le mont Blanc… sans oublier la vallée de l'Isère.

Valmorel pratique

Adresse utile
Office de tourisme – *73260 Valmorel - ☏ 04 79 09 85 55 - www.valmorel.com - juil.-août, vac. Noël à fin avr. : 9h-12h30, 15h30-19h ; reste de l'année : lun.-vend. sf j. fériés 9h-12h, 14h-17h30.*

Visites
Chapelles et moulins de Valmorel – *Bureau des guides de Valmorel - ☏ 06 09 94 23 47.* Lors d'une randonnée pédestre de 4h autour de Valmorel, découvrez l'histoire de la vallée, de la station et celle des traditions populaires. Apprenez les secrets de l'architecture et de la toponymie locales.

Se loger
Chambre d'hôte Le Manoir de Bellecombe – *25 rte de St-Oyen - 73260 Aigueblanche - 18 km au nord-est de Valmorel par D 95 et D 213 - ☏ 04 79 24 31 95 - www.manoir-de-bellecombe.com - fermé nov. - 5 ch. 62/64 € - restauration (soir seulement) 20 €.* Vous aurez droit à un accueil très convivial dans cette bâtisse du 17e s. restaurée avec des matériaux anciens. Les chambres, assez sobres, peuvent accueillir de une à quatre personnes. Plaisante salle à manger voûtée. Agréable petit parc fleuri.

Se restaurer
Le Grenier – *Hameau de Mottet, au pied des pistes - ☏ 04 79 09 82 52 - www.legrenier-valmorel.com - ouv. de mi-déc. à fin avr. et juil.-août - formule déj. 16 € - 13/32 €.* Vaste chalet dominant la station, ce restaurant au pied des pistes peut atteindre les 500 couverts sans pour autant lésiner sur la qualité. Une cuisine du terroir, à la présentation soignée, trouve sa place sur la carte, aux côtés de spécialités corses et savoyardes. Très grande terrasse, agréable même en hiver.

Sports & Loisirs
Nordic walking – Cette marche sportive accessible à tous se pratique aisément sur les terrains montagneux. L'été, 2 séances par semaine à 9h30, nordic sticks fournis - ☏ 04 79 06 82 70.

Événements
Les Fêtes musicales de Savoie – *☏ 0 800 200-N° de l'année en cours 73 (appel gratuit) - www.fetesmusicalesdesavoie.com.* La station accueille au mois de juillet certains concerts de ce festival qui mêle musique classique et musiques du monde. Prestigieux **rassemblement de voitures anciennes** le 3e week-end d'août.

Massif de la **Vanoise**★★★

CARTE GÉNÉRALE C/D4 – CARTE MICHELIN DÉPARTEMENTS 333 M/N/O 4/5/6 – SAVOIE (73)

S'il existe un paradis du skieur, du randonneur et de l'alpiniste, le massif de la Vanoise mérite de l'être. Des randonnées les plus tranquilles aux escalades à donner le vertige, c'est sur au moins 53 000 ha que porteront vos choix d'excursions dans la seule « zone centrale » du Parc national. À la périphérie, pas moins de 1 000 km de pistes de ski vous attendent. Mais n'oubliez pas que ces paysages grandioses sont des écosystèmes fragiles où poussent quelque 1 000 espèces de fleurs et où gambadent, entre autres, bouquetins, chamois et marmottes…

- **Se repérer** – Le massif de la Vanoise occupe près du tiers de la superficie de la Savoie. Il s'étend entre les vallées de l'Isère au nord et de l'Arc au sud. À l'est, il jouxte le parc italien du Grand Paradis.
- **À ne pas manquer** – L'un des belvédères sur le massif.
- **Organiser son temps** – En randonnée, soyez vigilants le temps passe vite et la météo est capricieuse.
- **Avec les enfants** – Rendez-vous dans l'un des cinq refuges-portes *(voir p. 439)* équipés d'outils pédagogiques pour les enfants.
- **Pour poursuivre la visite** – Voir aussi la haute Maurienne, la Tarentaise.

Le vallon de l'Orgère et l'aiguille Doran.

Comprendre

Une occupation humaine très ancienne – L'homme a investi la Vanoise dès le néolithique comme le prouvent les nombreuses **pierres à cupules**. On ne connaît pas la vocation de ces roches dans lesquelles on a taillé de petites cavités. La **pierre aux Pieds** (dite de « Pisselerand »), le mégalithe le plus connu de Savoie, a été trouvé à 2 750 m d'altitude. Sur ses faces figurent 82 pieds gravés dont la signification n'a pas encore été révélée. L'abondance des trouvailles archéologiques dans un environnement aussi austère tend à démontrer que la Vanoise fut de tout temps un lieu de passage. Routes pavées, lauzes dressées en cairn, croix indiquent même un réseau sinuant entre les cols.

Le nom **Vanoise**, avant d'être étendu à l'ensemble du massif, désignait le col et le passage permettant aux vallées de Pralognan et de Termignon de communiquer. Il s'agit en particulier de l'immense calotte glaciaire, qui s'étend du col de la Vanoise au col d'Aussois. L'appellation médiévale latine qui nous est apparue : *vallis noxia* (la vallée « nocive », dangereuse) évoque bien les difficultés rencontrées par les passeurs qui, entre l'Arc et l'Isère, devaient traverser ces hauteurs inhospitalières. Pour se prémunir contre les fureurs de la nature, les montagnards multiplièrent les signes religieux protecteurs. Chapelles, croix et oratoires sont disséminés sur les secteurs fréquentés.

Légende

- ★★ *Plan du Lac* — Promenade familiale
- ★★★ *Crève-Tête* — Randonnée pédestre
- ★★ *Lancebranlette* — Randonnée pour marcheurs expérimentés
- l'Arpont — Étape du Tour des glaciers de la Vanoise en 3 jours
- ★★★ *la Saulire* — Belvédère accessible en remontée mécanique

- Parc national de la Vanoise
- Refuge gardé
- Sentier-nature
- Zone forestière aux essences remarquables
- Réserve naturelle
- Grand domaine skiable

Les noms en capitales indiquent les têtes de chapitre de ce guide

Lieux indiqués sur la carte

- Torrent des Glaciers
- Vallée des Chapieux
- BOURG-ST-MAURICE
- LES ARCS
- Landry
- Arc 1800
- Montchavin
- Valezan
- La Côte-d'Aime
- PEISEY-NANCROIX
- ★ Moyenne Tarentaise
- Aime
- Tessens
- Les Coches
- Rosuel
- Centron
- ISÈRE
- ▲ Étroit du Siaix
- St-Marcel
- Aime 2000
- Plagne-Bellecôte
- Belle-Plagne
- St-Jacques
- ★★ LA PLAGNE
- ★★ Bellecôte
- Mt Jovet 2554
- 2508
- 2739
- La Léchère
- ★ Pas de Pierre-Larron
- ★★ la Grde Rochette
- Roche de Mio
- MOÛTIERS
- Salins-les-Thermes
- Le Bois
- VALMOREL
- Brides-les-Bains
- ★★ CHAMPAGNY-EN-VANOISE
- Fontaine-le-Puits
- Doron de Champagny
- ★★★ Crève-Tête
- St-Jean-de-Belleville
- St-Laurent-de-la-Côte
- La Tania
- Grd Bec 3398
- La Sauce
- 1550
- ★★ COURCHEVEL
- 1850 — 1650
- la Rosière
- ★★ MÉRIBEL
- 2050 — Mt Bel Air
- ★★★ Col de la Vanoise
- St-Martin-de-Belleville
- Mt Bochor
- Rge 2517 Felix Fau
- N.-D.-de-la-Vie
- ★★★ la Saulire 2690
- ★ PRALOGNAN-LA-VANOISE
- Méribel-Mottaret
- Ptte de la Réchasse
- ★★ VALLÉE DES BELLEVILLE
- Lacs Merlet
- Aig. du Fruit 3050
- Plan de Tueda
- les Prioux
- Les Menuires
- Dôme de Chasseforêt 3586
- ★★ Mt Vallon 2952
- Dôme de l'Arpont 3611
- Aig. du Borgne 3138
- l'Arpont
- ★★★ Grd Perron des Encombres 2825
- Ptte de la Masse 2808
- Val-Thorens
- Lac Blanc
- ★★★ Col d'Aussois 2914
- Ptd Col des Encombres 2342
- L. de Lou
- 3015
- Dent Parrach 3684
- Fond d'Aussois
- 3562 Massif de Péclet-Polset
- ★★★ Ptte de l'Observatoire
- Plan d'Amont
- ★★★ Cime de Caron 3198
- 2801
- La Lo
- ★★ Col de Chavière
- 3432
- Plan d'Aval
- la Turra
- Mt Bréguin 3135
- Ptte du Bouchet 3407
- Ptte de l'Échelle
- l'Orgère
- AUSSOIS
- Brama
- St-Michel-de-Maurienne
- Orelle
- Avrieux
- l'Esseillon
- MODANE
- LA NORMA
- Tunnel du Fréjus

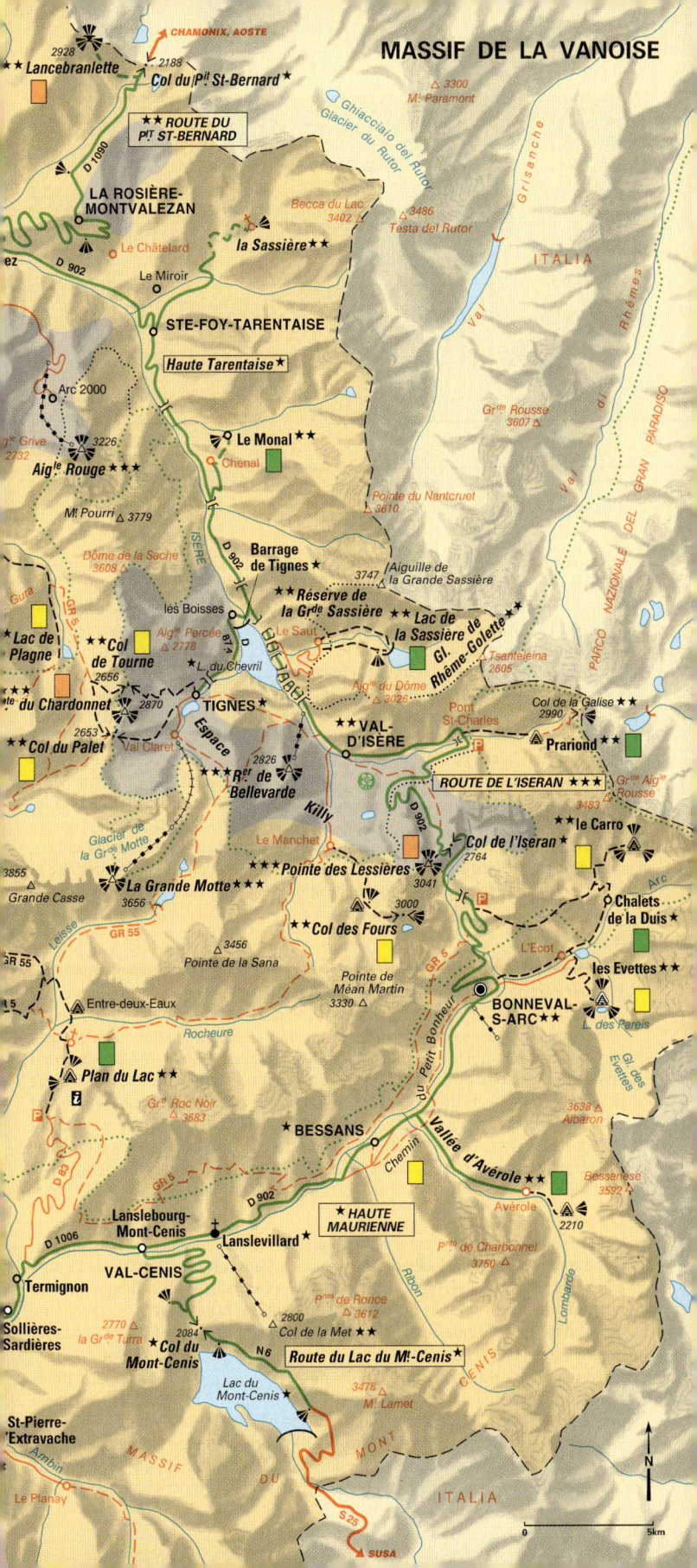

MASSIF DE LA VANOISE

DÉCOUVRIR LES SITES

Glaciers de la Vanoise : le dôme de Chasseforêt.

Un territoire fragile – La raison d'être du Parc, à l'origine, était de protéger les derniers bouquetins des Alpes. Objectif réussi : le massif de la Vanoise est bel et bien un nid d'amour, et la faune ne s'y est pas trompée. Les bouquetins sont passés de 40 en 1963 à plus de 2 000 aujourd'hui. Cet animal a d'ailleurs été choisi comme emblème du Parc. Quant aux chamois, ils n'ont pas laissé les copains caracoler en tête puisqu'ils étaient 400 et se retrouvent maintenant à plus de 5 500.

La **flore endémique** se glorifie de quelques précieux spécimens comme l'ancolie ou l'androsace. Se sont mêlées à cette flore des reliques arctico-alpines, de l'âge des grandes glaciations. Parmi les espèces protégées au plan national, les différentes laîches dont la laîche bicolore, la cortuse de Matthiole, le chardon bleu et différents saxifrages… La seule station de linnée boréale se trouve dans le Parc national de la Vanoise et à sa périphérie, notamment dans la réserve naturelle du Plan de Tueda.

Un massif minier – Les prélèvements de minerai de cuivre ont débuté dès l'âge du bronze. Dans ce massif riche en minerais, le fer est exploité dès le 15e s. suivi au 17e s. du plomb argentifère et à l'aube de l'ère industrielle, du cobalt. Les roches de calcaire et de schiste ont été utilisées, pour l'édification des villages et des chalets d'alpage.

Découvrir

PARC NATIONAL DE LA VANOISE

Premier Parc national créé en France en 1963 (presque un siècle après le premier Parc national américain), ses 53 000 ha sont composés du massif entier de la Vanoise, entre les hautes vallées de l'Isère et de l'Arc, dans le prolongement du Parc italien du Grand Paradis, qui lui est contigu sur 14 km. Jumelés depuis 1972, ils couvrent ensemble une zone de 1 250 km^2, soit l'espace protégé le plus étendu d'Europe occidentale. S'étageant de 1 200 à 3 855 m (altitude de la Grande Casse) et comprenant des formations géologiques très variées (calcaires, schistes, etc.), ce parc est riche par sa faune et sa flore. Cette dernière, avec plus de 1 000 espèces, est exceptionnelle. On y trouve, entre autres, des espèces arctiques comme la renoncule des glaciers et le silène acaule.

Les secteurs protégés

Le Parc se compose d'une zone centrale placée sous une protection spécifique et d'une zone périphérique incluant 28 communes. Dans cette dernière, on dénombre cinq réserves naturelles, limitrophes de la zone centrale : Tignes-Champagny sur les communes de Tignes et Champagny-en-Vanoise ; la Bailletaz sur la commune de Val-d'Isère ; la Grande Sassière sur la commune de Tignes ; le Plan de Tueda sur la commune des Allues.

La zone périphérique ou « aire d'adhésion » (1 450 km^2) – Ses principaux atouts sont ses villages et hameaux pittoresques (Bonneval-sur-Arc, le Monal…) et un remarquable patrimoine architectural (églises de St-Martin-de-Belleville, Champagny, Peisey-Nancroix, Bessans, Lanslevillard, etc.). Mais elle regroupe aussi en Tarentaise quelques-unes des plus grandes et des plus prestigieuses stations de sports d'hiver. Les structures d'hébergement et les équipements sportifs sont remarquables.

Massif de la VANOISE

Le cœur du Parc (530 km^2) – La Vanoise est surtout un domaine de haute montagne : 107 sommets dépassent 3 000 m et les glaciers occupent 88 km^2. Les sommets les plus célèbres du massif sont le mont Pourri (3 779 m – domaine des Arcs) et le sommet de Bellecôte (3 416 m – domaine de la Plagne) au nord, l'aiguille de la Grande Sassière (3 747 m – domaine de Tignes) au nord-est, la Grande Casse (domaine de Pralognan) et la Grande Motte (3 656 m – domaine de Tignes) au centre, la pointe de la Sana (3 456 m) et la pointe de Méan Martin (3 330 m) à l'est, enfin le massif de Péclet-Polset (3 562 m – domaine de Val-Thorens) et la dent Parrachée (3 684 m – domaine d'Aussois) au sud.

En dessous de 2 000 m, la Vanoise renferme quelques belles forêts aux essences variées : épicéas, mélèzes, pins cembro, notamment à Méribel et Peisey-Nancroix. La variété des roches a favorisé l'épanouissement d'une flore exceptionnelle, parfois très rare. Sur les bords des sentiers, les randonneurs pourront admirer à loisir des gentianes, anémones, joubarbes et rhododendrons. Sur certains sites, ils trouveront des edelweiss, lis martagon, sabots de Vénus et autres ancolies…

Même les randonneurs peu expérimentés ont toutes les chances de rencontrer des marmottes ; en revanche, l'observation d'espèces plus rares (lagopèdes, bartavelles, niverolles, tétras-lyres et aigles royaux) demande beaucoup de patience et une bonne connaissance de la montagne et des habitudes des animaux.

Sélection de randonnées du massif de la Vanoise

Se reporter aux conseils dans les Informations pratiques, p. 44

👁 **Promenades familiales** : itinéraires faciles et courts.
Lac de la Sassière★★ – 1h45 – *Voir Tignes p. 413*
Le Monal★★ – 2h – *Voir Ste-Foy-Tarentaise p. 397*
Refuge de Prariond★★ – 5h – *Voir Val-d'Isère p. 426*
Plan du Lac★★ – 2h – *Voir Termignon, décrit à Maurienne p. 307*
Refuge d'Avérole★★ – 2h15 – *Voir Bessans p. 188*
Fond d'Aussois★★ – 3h30 – *Voir Aussois p. 169*
Chalets de la Duis★ – 2h – *Voir Bonneval p. 190*
Plan de Tueda★ – variable – *Voir Méribel p. 318*

👁 **Randonnées** : pas de difficultés techniques, mais nécessite de l'endurance.
Col de la Vanoise★★★ – 5h30 – *Voir Pralognan et Termignon p. 354*
Col du Palet et col de la Tourne★★★ – journée – *Voir Tignes p. 413*
Col de Chavière★★★ – 5h – *Voir Modane p. 321.*
Crève-Tête★★★ – 2h15 – *Voir Valmorel ou la vallée des Belleville p. 185 ou p. 432*
Lac de la Plagne★★ – 4h15 – *Voir Peisey-Nancroix p. 348*
Refuge du Carro★★ – 5h15 – *Voir Bonneval p. 190*
Refuge des Évettes★★ – 2h45 – *Voir Bonneval p. 190*
Lacs Merlet★★ – 3h – *Voir Courchevel p. 252*
Col des Fours★★ – 4h30 – *Voir Val-d'Isère p. 426*

👁 **Circuits pour marcheurs expérimentés** : endurance, habitude des marches en montagne et bonnes chaussures sont de rigueur.
Pointe du Chardonnet★★★ – journée – *Voir Tignes p. 413*
Pointe de l'Observatoire★★★ – 4h – *Voir Aussois p. 169*
Pointe des Lessières★★★ – journée – *Voir Route de l'Iseran p. 299*

Tour des glaciers de la Vanoise en 3 jours : pour les marcheurs entraînés et en parfaite condition physique. Avant de l'entreprendre, il est indispensable de réserver les nuits au refuge (s'adresser à l'office du tourisme de Pralognan, p. 355) et de se renseigner sur la météo à plusieurs jours.

1er jour : Pralognan – **mont Bochor**★ (par téléphérique) – **col de la Vanoise**★★★ – refuge de l'Arpont.
2e jour : Refuge de l'Arpont – la Loza – la Turra – **refuge du Fond d'Aussois**★★.
3e jour : Refuge du Fond d'Aussois – **col d'Aussois**★★★ – **pointe de l'Observatoire**★★★ – les Prioux – Pralognan.

DÉCOUVRIR LES SITES

Bouquetin.

Circuits de découverte

De belles routes sillonnent les vallées de l'Arc et de l'Isère et permettent de faire le tour complet du Parc. Cependant, l'automobile n'offre pas la possibilité de découvrir le cœur du massif. Les plus beaux paysages sont accessibles à skis en hiver et à pied en été.

Pour plus de détails, se reporter aux chapitres suivants de ce guide :

La Tarentaise★★

La haute Maurienne★

Route du Petit Saint-Bernard★★

Route du Mont-Cenis★

Route de l'Iseran★★★

Vallée des Belleville★★★

Randonnées

Il faut plus d'une vie pour épuiser les possibilités de promenades en Vanoise (*cf. sélection p. 434*). Les personnes visitant la région pour la première fois peuvent séjourner à Pralognan, Champagny, Peisey-Nancroix ou Bonneval-sur-Arc. Les grandes stations de ski sont également de remarquables bases de promenades : **Pralognan, Tignes, St-Martin-de-Belleville** (station des Menuires), **Méribel** ou **Courchevel**.

Principaux belvédères accessibles par remontées mécaniques :
La cime de Caron★★★ – *Voir Val-Thorens (décrit dans Vallée des Belleville).*
Bellevarde★★★ – *Voir Val-d'Isère.*
L'aiguille Rouge★★★ – *Voir Les Arcs.*
La Grande Motte★★★ – *Voir Tignes.*
La Saulire★★★ – *Voir Courchevel ou Méribel.*
Le mont Vallon★★ – *Voir Méribel.*
Bellecôte★★ – *Voir la Plagne.*

LE DOMAINE SKIABLE

Le massif de la Vanoise renferme, dans sa zone périphérique, un domaine skiable sans équivalent de par sa superficie, la qualité de ses équipements et son enneigement. Si la vallée de la Maurienne comprend surtout des petites stations familiales de moyenne altitude pleines de charme, la vallée de la Tarentaise a développé, à partir des années 1930, un ensemble exceptionnel de stations de sports d'hiver. Elles ont trouvé la consécration suprême en organisant les Jeux olympiques de 1992.

L'Espace Killy

Rassemblant **Tignes★** et **Val-d'Isère★★**, ce domaine a acquis une renommée internationale grâce à sa dimension (100 km^2), la haute qualité de son enneigement (ski toute l'année sur la Grande Motte) et ses paysages de haute montagne. Il compte une centaine de remontées mécaniques et 300 km de pistes.
Val-d'Isère, très encaissée, s'adresse aux bons skieurs, tandis que Tignes satisfait les skieurs moins téméraires.

Les Trois-Vallées

S'étendant sur plus de 400 km^2, les vallées de **St-Bon (Courchevel★★, La Tania)**, des **Allues (Méribel★★)** et des **Belleville★★ (St-Martin-de-Belleville★, Les Menuires** et **Val-Thorens★)** forment le plus grand domaine skiable des Alpes. 210 remontées mécaniques, dont 37 télécabines et téléphériques, desservent près de 300 pistes et itinéraires totalisant une longueur de 700 km. Là, il y en a pour tous les styles et tous les goûts : larges boulevards parfaitement damés de tous niveaux, pistes techniques figurant parmi les plus difficiles des Alpes (« Bouquetin » à Mottaret, « Couloirs de la Saulire » à Courchevel, secteur « Masse » des Menuires), possibilités infinies de ski hors-piste (vallée des Encombres, vallée des Avals, etc.), boucles de ski de fond

Massif de la VANOISE

(110 km de tracés sur les sites de Courchevel, Méribel et des Menuires)… La qualité de l'enneigement est bonne de fin novembre à mi-mai. Si les Menuires et Val-Thorens présentent une architecture moderne et fonctionnelle, St-Martin et Méribel sont restées plus authentiques. On passe aussi du luxe reposant de Courchevel à l'ambiance plus jeune et plus sportive des Menuires.

Massif de la Vanoise pratique

Adresses utiles

Maison de la Vanoise - 73500 Termignon - ✆ 04 79 20 51 67 - www.3petitsvillages.com - de mi-juin à mi-sept. : lun.-sam. 9h-12h, 14h-18h, dim. 10h-12h, 16h-18h ; de mi-sept. aux vac. de Noël : lun.-vend. 9h-12h, 14h-18h ; des vac. de Noël à Pâques : lun.-sam. sf jeu. matin 9h-12h, 14h-18h, dim. 10h-12h, 16h-18h.

Savoie Mont-Blanc Tourisme – ✆ 0 820 007 374 - www.destination-savoies.com.

Randonnée

Avec plus de **500 km d'itinéraires pédestres** (GR 5 – GR 55 et sentiers du Parc) et 35 refuges, dont 19 appartiennent au Parc, la Vanoise est l'un des sites que fréquentent le plus les randonneurs.

Cinq refuges ont une vocation supplémentaire d'information. Ce sont les « **Portes du Parc** », implantées à l'Orgère *(au-dessus de Modane)*, au fort Marie-Christine *(Aussois)*, au Plan du Lac *(au-dessus de Termignon)*, à Rosuel *(Peisey-Nancroix)* et au Bois *(Champagny-le-Haut)*. Ils proposent tout l'été des animations, un sentier nature, des malles pédagogiques, films et diaporamas documentaires.

Vous pourrez également passer 1/2 journée ou 1 journée en compagnie d'un garde-moniteur du Parc qui vous fera découvrir en situation les aspects méconnus de son métier.

Pour plus de détails sur les randonnées, consultez *Massif et Parc national de la Vanoise* (carte au 1/50 000, Didier & Richard, Grenoble), le *Topoguide des sentiers GR 5 et 55* et *L'Estive*, le magazine du Parc national.

Domaine skiable

La dimension exceptionnelle du domaine demande un peu de préparation avant le départ *(voir Savoie Mt-Blanc Tourisme ci-dessus)*.

Le forfait « Espace olympique » – Il permet de skier sur les Trois-Vallées, l'Espace Killy, la Plagne-Les Arcs, Pralognan, Ste-Foy, La Rosière, Valmorel et les Saisies (1 journée découverte pour un forfait de 6 jours).

DÉCOUVRIR LES SITES

Vassieux-en-Vercors

**290 VASSIVAINS
CARTE GÉNÉRALE A5 – CARTE MICHELIN DÉPARTEMENTS 332 F4 –
SCHÉMA P. 446 – DRÔME (26)**

Au fond d'une combe déboisée, Vassieux-en-Vercors est dominé par les crêtes de la forêt de Lente à l'ouest et par les contreforts des hauts plateaux du Vercors à l'est. Avant de partir en randonnée et de sillonner les multiples chemins balisés, sachez que vous marcherez sur les pas des maquisards. Plus de soixante ans se sont écoulés depuis le drame du 21 juillet 1944, mais le mémorial de la Résistance en Vercors et la Nécropole veillent à ce que la mémoire n'efface pas les douleurs du passé.

Mémorial du Vercors.

- **Se repérer** – Au carrefour de trois axes de pénétration du massif, Vassieux est traversé par la D 76 et est accessible depuis la plaine de Romans par la forêt de Lente, depuis le col de Rousset au sud, depuis La Chapelle-en-Vercors par la D 178 au nord.
- **À ne pas manquer** – Écoutez les témoignages poignants des résistants et des habitants du Vercors diffusés au mémorial.
- **Organiser son temps** – Le site est magique et chargé d'histoire, vous pourrez y faire une halte prolongée.
- **Avec les enfants** – Passionnants et ludiques sont les ateliers d'été du musée de la Préhistoire.
- **Pour poursuivre la visite** – Voir aussi Vercors, Villard-de-Lans.

Comprendre

« AUX MARTYRS DU VERCORS »

Selon l'historien François Marcot, le maquis est « un regroupement d'hommes rassemblés illégalement dans un massif forestier ou un village isolé ». Dans le Vercors, ce regroupement est essentiellement constitué à partir de 1943 de jeunes hommes réfractaires au STO (Service du travail obligatoire). La vie dans le maquis est difficile et hasardeuse, mais soutenue par une majeure partie de la population du plateau qui ravitaille les combattants. La « citadelle imprenable » va devenir avec le plan Montagnards une base arrière alliée. Un parachutage d'armes et de ravitaillement a lieu dans la plaine d'Arbounouze en novembre 1943. Alertée, la Gestapo effectue quelques jours plus tard un premier raid de repérage. C'est le début d'offensives répétées. Du 9 juin au 21 juillet 1944, le Vercors s'autoproclame zone libérée et l'état de droit y est rétabli. On vient de partout soutenir les maquisards. L'effectif passe de 500 à 3 000 hommes. Trop pour les capacités de ravitaillement et d'armement. Les apprentis combattants sont contraints à de longs jours sans pain, de longs jours

VASSIEUX-EN VERCORS

d'attente qui s'achèveront par le drame du 21 juillet. Vassieux est alors considéré par les Alliés et la Résistance comme un site idéal pour l'établissement d'un terrain d'atterrissage. Le 21 juillet 1944, à 7h du matin, les Allemands larguent sur Vassieux des planeurs chargés de commandos spéciaux et de SS. Les résistants pensent d'abord qu'il s'agit d'avions alliés. Quand ils se rendent compte de leur méprise, ils n'ont plus le temps de se retourner. Les nazis les massacrent, eux et les habitants du village. Jusqu'en août, la terreur règne. Civils assassinés, villages incendiés, le Vercors tout entier est dévasté.

DE GRANDS NOMS DU MAQUIS

Eugène Chavant (« Clément ») – Élu révoqué, il participe à l'organisation de la Résistance dans l'Isère, avant de se lancer en 1943 dans l'aventure du maquis en Vercors et devenir le responsable civil du « plan Montagnards ».

Jean Prévost – La préparation d'une thèse sur Stendhal conduit l'écrivain-journaliste à Grenoble où, avec son ami Dalloz, il conçoit le principe de transformer le Vercors en forteresse de la Résistance. Il est tué dans une embuscade en août 1944.

Alain Le Ray – Organisateur militaire du Vercors, ce lieutenant eut un important rôle de liaison avec les FFL.

Costa de Beauregard – Responsable de l'instruction militaire des maquisards, ce militaire poursuivit la guérilla après la chute du Vercors en juillet 1944.

Marc Riboud – Avant de devenir un célèbre photographe, il fut un jeune résistant particulièrement actif dans les combats de Valchevrière.

Marc Ferro – L'historien animateur d'émissions télévisées historiques prit part aux combats du Vercors en tant que jeune standardiste au PC des maquisards.

L'abbé Pierre – Vicaire de Grenoble au début des hostilités, et alors seulement connu sous le nom d'abbé Grouès, il fut un clandestin efficace en organisant les passages en Suisse. Il créa ensuite un maquis en Chartreuse.

Visiter

Église
Construite après la guerre, l'église est décorée d'une fresque de Jean Aujame *(L'Assomption)* et possède aussi une émouvante plaque du Souvenir.
On peut encore voir deux carcasses de planeurs, l'une devant l'église et l'autre derrière, en face du musée de la Résistance.

Musée de la Résistance du Vercors
04 75 48 28 46 - - 14 Juil.-20 août : 10h-19h ; de déb. avr. à mi-juil., 3ᵉ sem. d'août-fin oct. : 10h-12h, 14h-18h ; fév.-mars, nov.-déc. : merc.-dim. 14h-17h - fermé janv., 25 déc. - 2 € (– 8 ans gratuit).

Œuvre d'un maquisard, ancien combattant du Vercors, il retrace l'historique des combats de 1944 dans la région, évoque l'horreur des « camps de la mort » nazis et la Libération. L'accumulation d'armes, d'objets et documents liés à ces événements fait de ce musée le complément indispensable du mémorial.

Musée de la Préhistoire du Vercors★
3 km au sud par la D 615 (accès signalé). 04 75 48 27 81 - www.prehistoire-vercors. fr - juil.-août : 10h-18h ; avr. : tlj sf mar. 10h-12h30, 14h-17h ; mai-juin et sept. : tlj sf mar. 10h-12h30, 14h-18h ; oct.-mars : w.-end 10h-12h30, 14h-17h ; vac. scol. : 10h-12h30, 14h-17h - fermé de fin vac. de la Toussaint au déb. vac. de Noël, 1ᵉʳ janv. et 25 déc. - 5 € (6-15 ans 2,50 €).

En 1969, sur l'emplacement du musée, des fouilles mettent au jour une concentration de noyaux de silex débités datant de 4 000 ans. Tout laisse supposer que se trouvait là un atelier de tailleurs spécialisés dans la fabrication de lames de couteaux et de poignards. Les nucléus, blocs de silex délaissés après la taille, montrent qu'il s'agissait là d'habiles « artisans » capables de fabriquer de fines et longues lames. Ces dernières n'avaient qu'une fonction d'apparat et étaient dotées d'une valeur symbolique. On en exportait dans toute l'Europe. Découverts précédemment, deux autres ateliers de ce type sont connus. Ils se trouvent au Grand-Pressigny (Indre-et-Loire) et à

> **Mémoire**
> Dans le village entièrement reconstruit, un monument, surmonté d'un grand gisant dû au sculpteur Gilioli, a été élevé « Aux martyrs du Vercors 1944 », et une plaque commémorative, sur la place de la Mairie, porte les noms de 74 victimes civiles.

441

DÉCOUVRIR LES SITES

Spiennes (Belgique). Celui de Vassieux est exceptionnellement bien conservé car il a été involontairement protégé par des générations de paysans qui, au fil du temps, ont regroupé en cet endroit les pierres trouvées dans leur champ.

Un bâtiment protège ce site exceptionnel, que vous découvrirez avec des guides passionnés, eux-mêmes tailleurs de silex ! Démonstrations de taille de pierre, ateliers, énigmes, programme audiovisuel, vitrines, panneaux explicatifs invitent les enfants à une réelle participation.

Nécropole du Vercors
1 km au nord de Vassieux par la D 76.
Elle abrite les sépultures de 193 combattants et victimes civiles, tombés pendant les opérations de juillet 1944. Un film de 15mn retrace les événements.

Mémorial de la Résistance du Vercors (col de Lachau)★
3 km au nord-ouest de Vassieux ; à la nécropole du Vercors s'engager à gauche dans la D 76. ℘ 04 75 48 26 00 - www.memorial-vercors.fr - ⚭ - mai-sept. : 10h-18h ; janv.-mars : tlj sf lun. et mar. (hors vac. scol.) 10h-17h ; avr. et du 1er oct. au 11 Nov. : 10h-17h - fermé du 12 nov. au déb. vac. de Noël, 1er janv. et 25 déc. - 5 € (8-15 ans 2,50 €).

Au détour de la combe, le mémorial, dont l'architecture particulièrement dépouillée accentue la solennité des lieux, apparaît telle la proue d'un navire enchâssé dans le flanc de la forêt de Lente. Construit sur la face nord du site à 1 305 m d'altitude, il est recouvert de végétation composée de genévriers et pins, qui croissent naturellement dans le massif.

La mise en scène muséographique très moderne, qui aborde la Résistance du Vercors et les événements nationaux de cette période, privilégie la diffusion de témoignages visuels et sonores.

Les grands thèmes sont traités sous forme de reconstitutions et de diaporamas : la collaboration, les interrogatoires de la Milice, le rôle des femmes dans le maquis, et, grâce à des films contemporains, des combats de juillet 1944, on peut revivre les grandes étapes de la « république du Vercors » jusqu'à l'ordre de dispersion du 23 juillet. La projection d'extraits du film de Lechanois, *Au cœur de l'orage*, ajoute une note épique à ces récits.

À l'issue du circuit de visite, on longe sur la droite un grand mur renfermant 840 niches de plomb portant chacune le nom d'une des victimes civiles du Vercors. Dans ce site où le béton renforce l'atmosphère pesante, un son et lumière retrace la fin tragique d'une petite fille. Et le parcours s'achève sur une vaste terrasse surplombant le plateau qui n'a pas changé depuis cette tragédie.

Vassieux-en-Vercors pratique

⚭ Voir aussi l'encadré pratique du Vercors.

Adresse utile
Office de tourisme – Av. du Mémorial - 26420 Vassieux-en-Vercors - ℘ 04 75 48 27 40 - juil.-août : mar.-sam. 9h-12h, 14h-18h, dim. 9h-12h ; vac. de Noël et vac. de février : mar.-sam. 9h-12h, 14h-18h - fermé les j. fériés sf 14 Juil., 15 août ; reste de l'année : se rens. à l'office du tourisme du Vercors de La Chapelle-en-Vercors ℘ 04 75 48 22 54.

Se restaurer
⊖⊖ **Restaurant Rey « Le Perce Neige »** – À l'entrée du bourg, en venant de La Chapelle-en-Vercors - ℘ 04 75 48 28 37 - resto.rey.perceneige@free.fr - fermé 2 sem. fin mars-déb. avr. et 15 nov.-10 déc. - 21,50/38 €. L'aspect extérieur de cet établissement, à l'entrée du village, semble d'une conception moderne ; en réalité, il se fait le gardien d'un grand nombre de traditions régionales. Le restaurant propose de manière soignée quelques spécialités du terroir à partir de produits frais. Boutique et exposition de santons.

Événement
Fête de la forêt – Depuis l'arrivée des moines défricheurs au 11e s., la forêt a, jusqu'à l'aube du 20e s., tenu une place fondamentale dans la culture et l'économie de la région. Elle couvre aujourd'hui 50 % du territoire. Trois jours de fête avec démonstrations, sculptures à la tronçonneuse, etc.
1re semaine de juin.

LE VERCORS

Le Vercors ★★★

CARTE GÉNÉRALE A/B-4/5 – CARTE MICHELIN DÉPARTEMENTS 332 F/G 2/3 - ISÈRE (38), DRÔME (26)

Forteresse dressée au-dessus de Grenoble, le Vercors est devenu le plus grand Parc régional des Alpes du Nord. On y accède par des gorges étroites au fond desquelles bouillonnent rivières et torrents bordés de falaises spectaculaires. Tout en haut, des paysages ouverts et amples évoquent, au nord, le Canada et ses forêts, au sud le Midi et ses steppes arides et inhabitées. Partout, des gouffres et des grottes à n'en plus finir attirent les spéléologues. Les hivers rigoureux permettent le ski alpin comme le ski de fond. C'est un immense espace où règne encore le silence d'une nature sauvage et mystérieuse.

- **Se repérer** – À l'ouest et au sud-ouest de Grenoble. Accès de Grenoble par la D 531 et les gorges d'Engins; depuis la vallée du Rhône par Pont-en-Royans et la D 518, et au sud en venant de Die par le col de Rousset. Le Vercors, région montagneuse du Dauphiné, se présente, dans son ensemble, comme un haut plateau calcaire aux formes lourdes et puissantes, riche en forêts de hêtres et de résineux (forêt de Lente) et profondément entaillé par les affluents de la basse Isère – la Bourne, en particulier – dont les gorges sont parcourues par des routes audacieuses (Combe Laval, Grands Goulets). Les remparts extérieurs de ce massif préalpin offrent des observatoires magnifiques.
- **À ne pas manquer** – Si la route des Grands Goulets est fermée, suivez la route de Combe Laval aussi vertigineuse.
- **Organiser son temps** – Ici, toutes les routes sont belles, qu'elles soient taillées dans le rocher ou traversant les plateaux mais les kilomètres ne s'avalent pas, ils se méritent.
- **Avec les enfants** – Une balade à dos d'âne paraît tout indiquée, ou une visite à la Magie des automates à Lans-en-Vercors.
- **Pour poursuivre la visite** – Voir aussi St-Nazaire-en-Royans, Vassieux-en-Vercors, Villard-de-Lans, grottes de Choranche.

Paysage vers la Combe Laval.

Comprendre

FALAISES ET GROTTES

Le nom – Les principales sources mentionnant le Vercors s'accordent sur un point : le nom vient de celui d'une tribu gauloise peuplant le massif, les *Vertamocori*. Mais on n'en a pas de traces attestées. Enfin, le terme celtique *vertamo* signifierait « très élevé ». Dès le 13e s., le nom avait évolué en *Vercolp*.

Différences régionales – On distingue dans le Vercors deux entités régionales qui ont vécu longtemps dos à dos, du fait de l'absence de route dans les gorges de

443

DÉCOUVRIR LES SITES

la Bourne. Les **montagnes de Lans**, qui correspondent aux communes de Lans, Villard-de-Lans, Autrans et Méaudre, regardent vers Sassenage et Grenoble. Cette zone d'élevage qui a gardé sa race bovine locale (dite de Villard-de-Lans) est la plus développée économiquement. Le **Vercors proprement dit**, au sud, a pour axe la vallée de la Vernaison. C'est une région plus sévère, riche de forêts, que la percée d'une route dans les Grands Goulets a tirée de son isolement. Son débouché naturel est le **Royans**, golfe de plaine ramifié qui festonne le rebord ouest du massif, offrant des paysages comparables aux « reculées » jurassiennes.

Le paradis des spéléologues – La cuirasse du Vercors est faite de calcaire urgonien. Mais, contrairement à ce qui peut s'observer en Chartreuse, cette formation épaisse, ici de 200 à 300 m, se déploie en longues et calmes ondulations ; elle n'en forme pas moins des falaises imposantes dans les entailles des gorges et sur les abrupts du pourtour. La circulation interne des eaux dans ces roches perméables est extrêmement active. Les ruisseaux disparaissent dans des puits naturels ou **scialets**, identiques aux « chourums » du Dévoluy, et réapparaissent par résurgence. Le plus curieux exemple de cette activité est fourni par la **Vernaison souterraine** qui, en passant au fond de la grotte de la Luire, débouche très vraisemblablement à la grotte du Bournillon. Par sa longueur (20 km) et sa puissance, ce cours d'eau se classerait parmi les toutes premières rivières souterraines de France.

L'exploration du **gouffre Berger**, dont l'entrée se trouve sur le plateau de Sornin (ouest de Sassenage) et dont la rivière souterraine alimente la résurgence des « Cuves » de Sassenage, a permis au Spéléo-Club de la Seine d'atteindre, en 1968, la cote –1141.

La faune – On compte au sein de la réserve 60 espèces d'oiseaux d'intérêt patrimonial dont l'aigle royal, le vautour fauve, le lagopède ou le tétras-lyre, et 34 espèces de mammifères dont le bouquetin, le chamois, le mouflon et le loup.

BASTION DE LA RÉSISTANCE

La situation – Dès l'instauration du STO (Service du travail obligatoire) en France, le Vercors voit affluer spontanément de nombreux réfractaires qui rejoignent les premiers groupes de francs-tireurs établis là dès 1942. L'intérêt stratégique du massif du Vercors, avec ses accès facilement contrôlables et son habitat dispersé, apparaît vite dans les plans de la Résistance locale.

Les hommes – À Grenoble, des élus révoqués (dont Eugène Chavant, *voir Vassieux-en-Vercors*) créent un mouvement de résistance. À Sassenage, où ils avaient coutume de partager leur passion pour l'alpinisme, l'écrivain Jean Prévost et l'architecte Pierre Dalloz envisagent l'utilisation militaire du Vercors. Ils font partager leur conception au général Delestraint, responsable de l'Armée secrète, et c'est la création du fameux **« plan Montagnards »**. Il prévoit l'aménagement de pistes d'atterrissage et d'envol pour l'envoi de troupes aéroportées alliées.

Les combats – En mars 1944, environ 400 résistants divisés en deux groupes (Autrans au nord et Vassieux au sud) constituaient le maquis. Après le débarquement allié de Normandie, on compte près de 4 000 volontaires qui reçoivent un encadrement militaire. Dès le 15 juin, une première avancée allemande à St-Nizier est bloquée. Le 3 juillet, les responsables proclament symboliquement la « république du Vercors ». Le 14, les Alliés parachutent en nombre des armes légères et de l'équipement. Le Vercors est alors entièrement verrouillé par la Résistance. Mais les divisions allemandes

Les lieux de la Mémoire
– la cour des Fusillés de La Chapelle-en-Vercors ;
– le mémorial de la Résistance du col de Lachau ;
– la nécropole et le monument aux victimes du village de Vassieux ;
– le musée de la Résistance à Vassieux ;
– la grotte de la Luire ;
– le village de Malleval ;
– la nécropole de St-Nizier-du-Moucherotte ;
– les ruines de Valchevrière.

Grotte de la Luire à St-Agnan-en-Vercors.

fortes de 15 000 hommes commencent à l'encercler. Le 21 juillet ont lieu les premiers parachutages allemands à Vassieux. Après trois jours de durs combats, l'ordre de dispersion des résistants est donné, notamment vers la forêt de Lente, difficilement pénétrable. L'hôpital de St-Martin est évacué vers la grotte de la Luire, où l'assaut est donné le 27. Un seul blessé en réchappe en se dissimulant dans un goulet de la grotte ; les infirmières sont déportées à Ravensbrück. Les représailles se poursuivent jusqu'au 19 août.

Découvrir

PARC NATUREL RÉGIONAL DU VERCORS

255 chemin des Fusillés - 38250 Lans-en-Vercors - 04 76 94 38 26 - www.parc-du-vercors.fr

Créé en 1970, ce parc de 186 000 ha comprend 72 communes réparties dans sept régions naturelles : les Quatre-Montagnes, les Coulmes, le Vercors drômois, le Royans, le Diois, le Trièves, la Gervanne et inclut la réserve des Hauts-Plateaux *(voir plus loin)*. Parcourue par plusieurs sentiers de Grande Randonnée, dont les Grandes Traversées du Vercors initiées par le Parc naturel régional, c'est une région recherchée par les randonneurs.

Un biotope remarquable – Du fait de la couverture forestière exceptionnelle du Vercors (elle occupe plus de la moitié du massif), vous découvrirez une large diversité de paysages. Les hêtraies et les sapinières sont prédominantes sur le plateau du Vercors, et lorsqu'on se déplace vers le sud, les forêts de pins à crochets constituent l'essentiel du paysage. Plus de 1 800 espèces végétales peuplent la région, dont certaines fleurs protégées sont très rares : sabot de Vénus, lis martagon et tulipe sylvestre. Parmi les espèces animales, le massif présente la particularité d'être l'un des rares secteurs montagneux à abriter les six grands ongulés sauvages vivant en France : chamois, cerfs, chevreuils, sangliers, mouflons et bouquetins (réintroduits en 1989, ces derniers avaient dépassé les 300 têtes dix ans après !).

L'avifaune est remarquable, parmi les rapaces : aigle royal, faucon pèlerin, hibou grand duc, aigle de Bonelli *(dans la partie sud)* et quelques gypaètes barbus qui viennent occuper occasionnellement l'espace aérien vercusien. Enfin, le vautour fauve fait l'objet d'une campagne de réintroduction qui aboutira aux premiers lâchers au-dessus du Vercors.

Le loup a fait ses dernières années un retour naturel lié à la déprise agricole et à l'augmentation des populations d'ongulés sauvages. Alors qu'il demeurait auparavant sur les Hauts-Plateaux, il se déplace aujourd'hui dans les vallées et les piémonts. Pour les bergers, le loup n'a rien à faire sur un territoire où paissent leurs troupeaux d'ovins. Les petits élevages peuvent être gravement mis en difficulté par ses prélèvements et certains labels ne s'accordent que dans le cadre d'un élevage extensif. Le Parc naturel régional a pris clairement parti pour les éleveurs, premiers acteurs de l'environnement. Il reste que dans les Alpes italiennes, où les loups sont encore plus nombreux, des solutions efficaces ont été trouvées et que la cohabitation paraît possible.

Circuits de découverte

Les deux premiers itinéraires peuvent s'enchaîner sur une journée et faire découvrir les points de vue les plus exceptionnels du versant ouest du Vercors.

GRANDS GOULETS★★★ 1

De Villard-de-Lans à Pont-en-Royans 36 km – environ 2h.
Au départ de Villard-de-Lans, prendre la D 531 vers Pont-en-Royans.
Route fermée jusqu'à fin 2007 : itinéraire de remplacement : route de Combe Laval puis direction La Chapelle par le col de Carri ou route des gorges de la Bourne, direction St-Julien-en-Vercors à hauteur du pont de la Goule Noire.
La route passe par une courte cluse puis traverse le bassin des Jarrands, où aboutit la vallée de Méaudre. Elle s'enfonce ensuite dans la gorge qui se réduit à une simple fissure où la route dispute la place au torrent.
Au pont de la Goule Noire, prendre à gauche la D 103.

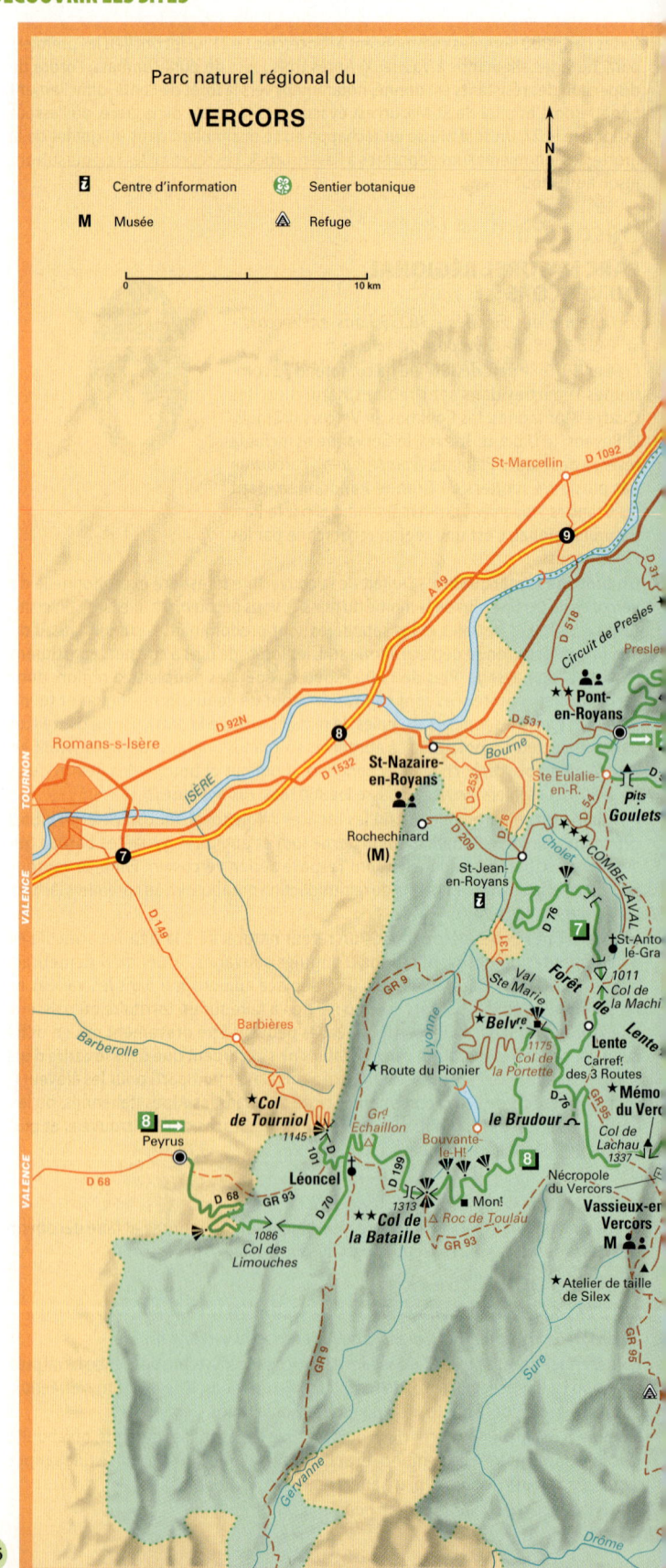

DÉCOUVRIR LES SITES

Parc naturel régional du

VERCORS

- **i** Centre d'information
- **M** Musée
- 🌿 Sentier botanique
- ⛺ Refuge

LE VERCORS

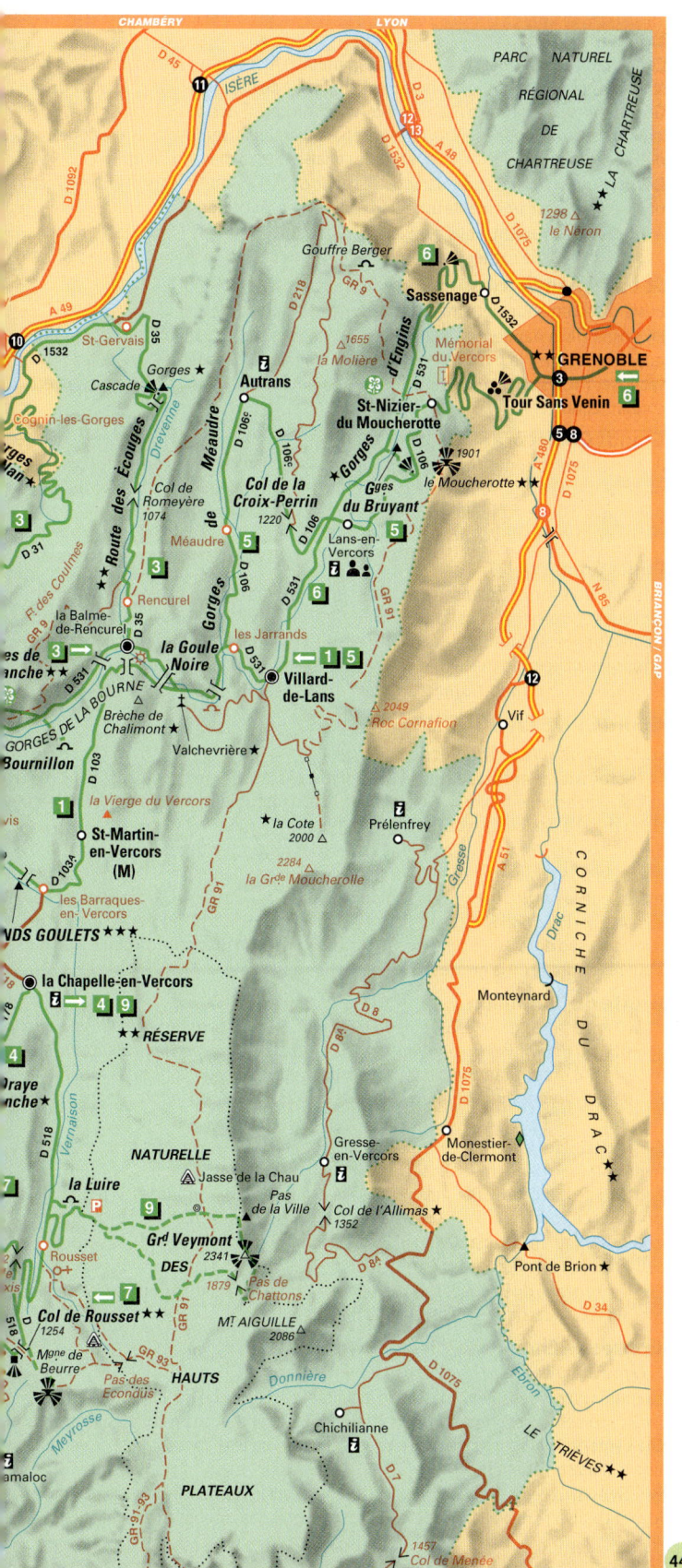

DÉCOUVRIR LES SITES

La Goule Noire
Cette importante résurgence est visible immédiatement en aval du pont de la Goule Noire, sur la rive opposée, au niveau même du lit de la Bourne. Entre le pont de la Goule Noire et les Clots, la route s'élève, en corniche, au-dessus de la rive gauche de la Bourne, procurant de jolies vues sur l'épanouissement verdoyant de la Balme, où débouche le vallon de Rencurel, et sur les falaises des rochers du Rang.

Des Clots aux Barraques, on parcourt le val de St-Martin-en-Vercors, dominé à l'est par les grands escarpements urgoniens des Sapins du Vercors.

À la sortie de St-Julien, vous avez, en amont, toute la haute vallée de la Vernaison. Avant St-Martin, le rocher « la Vierge du Vercors » dessine une silhouette de statue.

St-Martin-en-Vercors
Poste de commandement français pendant les combats de 1944.

En raison de la dangerosité d'une portion de la route RD 518 (à partir des Barraques-en-Vercors), le passage des Grands Goulets a été fermé à la circulation. Pour sécuriser l'accès au plateau du Vercors, un tunnel de 1 710 m de long a été ouvert courant 2008.

Grands Goulets★★★
Ils constituent la curiosité naturelle la plus sensationnelle du Vercors. Suite à la fermeture partielle de la route qui y conduisait, le département de la Drôme étudie un projet touristique sur le site pour permettre sa découverte. *Se renseigner auprès de l'office du tourisme de Vercors Drôme (voir p. 455).*

Petits Goulets★
Ce défilé doit son caractère aux longues lames rocheuses tranchantes qui plongent presque verticalement dans la rivière. Entre Ste-Eulalie et Pont-en-Royans apparaissent l'aimable pays du Royans et la dernière cluse de la Bourne, véritable porte que signale un cirque rocheux en tenaille.

L'itinéraire ci-après décrit le trajet de retour à Villard-de-Lans.

GORGES DE LA BOURNE★★★ 2
De Pont-en-Royans à Villard-de-Lans 24 km – environ 1h1/2.

Les gorges de la Bourne, de plus en plus encaissées, vers l'amont, entre des bancs de calcaire chaudement colorés, d'une épaisseur et d'une homogénéité extraordinaires, donnent à ce parcours un caractère majestueux.

Entre Pont-en-Royans, qui marque l'entrée des gorges, et Choranche, la D 531 se glisse dans la profonde coupure de cette cluse puis remonte la vallée. En été, vous n'avez que la portion congrue de la Bourne : un mince filet d'eau. Après Choranche, la vallée sort du fond et se lance dans un parcours en corniche impressionnant. Sur le versant sud de la vallée s'incurvent les parois gris brun du cirque du Bournillon où s'ouvre le porche de la grotte.

Grotte du Bournillon
1 km à partir de la N 531, puis 1h à pied AR. S'engager sur la route privée de la centrale du Bournillon (circulation touristique tolérée) ; traverser la cour de l'usine et tourner à droite pour trouver à gauche, de l'autre côté d'un pont sur le torrent du Bournillon (garage autorisé, mais chutes de pierres possibles), l'amorce du sentier de la grotte.

Ce sentier raide et pénible, coupé d'éboulis, aboutit à la base des escarpements qu'il faut continuer à longer, sur la gauche, pour parvenir à l'immense **porche★** (100 m de hauteur) de la grotte du Bournillon. Pousser au fond de la cavité, jusqu'à la passerelle, pour voir cette arche gigantesque sous son aspect le plus formidable. La résurgence du Bournillon, maintenant captée, est très probablement l'issue de la Vernaison souterraine, reconnue, en amont, au fond de la grotte de la Luire.

En face du cirque du Bournillon, les parois des falaises rousses du cirque de Choranche font un arc de cercle sous le plateau de Presles.

Grottes de Choranche★★
2,5 km à partir de la N 531 (voir ce nom).

La route traverse ensuite le bassin de la Balme, au débouché du vallon du Rencurel *(voir ci-après la description de la route des Écouges)*, qui propose un entracte reposant. Elle s'enfonce alors dans le défilé de la Goule Noire dont les bancs rocheux présentent une inclinaison étonnante.

Peu après deux centrales électriques, on distingue, sur le flanc boisé du versant opposé, le grand calvaire de Valchevrière, érigé en souvenir des combats de juillet 1944.

LE VERCORS

Panorama de la vertigineuse route de Combe Laval.

Après le pont de la Goule Noire, la gorge se réduit à une simple fissure où la route dispute la place au torrent. Avant les tunnels, on aperçoit, dans la paroi, sur l'autre rive, l'entrée de la grotte de la Goule Blanche, résurgence captée par la plus proche des usines échelonnées en aval.

CIRCUIT DES ÉCOUGES ET DU NAN★★ 3
Au départ de la Balme-de-Rencurel 81 km – environ 2h1/2.
Cette route ouverte en 1883 comporte un des passages les plus vertigineux du Vercors et peut être comparée à celle de Combe Laval pour les vues aériennes qu'elle dispense sur le bas Dauphiné. De la Balme, on débouche dans l'aimable val de Rencurel que la D 35 remonte. En arrivant au seuil du **col de Romeyère** (alt. 1 074 m), qui fait passer sur le versant de la Drevenne, se détache à gauche et en arrière la route forestière du mont Noir accédant à l'immense forêt de Coulmes. La vallée, maintenant déserte d'habitations, est couverte d'un épais manteau forestier.

Au pont Chabert-d'Hières, le torrent quitte cette large combe pour s'abattre dans la vallée de l'Isère. La route l'accompagne un instant dans ses **gorges**★, puis (doublée sur 500 m par un tunnel) se rabat latéralement, en balcon, en pleine paroi rocheuse. La **vue**★★ plonge sur la vallée de l'Isère et les collines du bas Dauphiné. 200 m plus bas, on aperçoit le pont que l'on traversera tout à l'heure.

Pont sur la Drevenne
Descendre de voiture pour contempler la **cascade** formée par la Drevenne. Si cela vous amuse, vous rechercherez dans la paroi la route que vous venez d'emprunter !
À la sortie de St-Gervais, on rejoint la D 1532 sur la rive gauche de l'Isère que l'on prend à gauche sur 6 km jusqu'à Cognin-les-Gorges. Emprunter alors la D 22 jusqu'à Malleval.

Gorges du Nan★
La coupure qui livre passage au Nan, torrent descendu des contreforts ouest du Vercors, est suivie de très haut par une petite route hardiment tracée. La D 22 prend en écharpe l'escarpement qui surplombe la sortie de la vallée du Nan. Faites une halte entre le deuxième et le troisième tunnel, passage le plus saisissant du parcours à 200 m au-dessus du vide. Un second « étroit », moins vertigineux, donne accès au vallon supérieur, très frais et verdoyant. Grimpant à travers les prairies, vous aurez jusqu'à Malleval de bonnes vues sur les murailles qu'elle vient de traverser. Le village incendié en 1944 *(monument)* a été reconstruit.

En été, une route prolonge la D 22, permettant de gagner la forêt des Coulmes et le plateau du Vercors par la D 31.
L'itinéraire traversant Presles par la D 292 est décrit en sens inverse à Pont-en-Royans (circuit de Presles).
Au carrefour de la D 531, s'engager à gauche dans les **gorges de la Bourne**★★★ vers la Balme-de-Rencurel *(itinéraire décrit dans le circuit* 2*).*

449

CIRCUIT DU COL DE ROUSSET★★ 4
Au départ de La Chapelle-en-Vercors 24 km – environ 1h1/2.

La Chapelle-en-Vercors
Important centre de tourisme et de villégiature bien situé à proximité de la forêt de Lente. Bombardée le 14 juillet 1944, peu de temps avant les grands combats du Vercors, puis incendiée, la localité a été en grande partie reconstruite. Dans la cour de la ferme Albert, deux plaques commémoratives rappellent les 16 fusillés de la commune. Le souvenir de ces tragiques heures est évoqué de manière émouvante par un rapide son et lumière dans les vestiges aménagés de cette maison.
Prendre la D 518 vers le sud en direction de la grotte de la Luire et du col de Rousset.

Grotte de la Luire
0,5 km après l'embranchement jusqu'au parking situé en contrebas de l'entrée de la grotte. 1/4h à pied AR et 3/4h si l'on visite la salle Decombaz. ℘ 04 75 48 25 83 - www.grotte-luire-vercors.com - visite guidée (45mn) juil.-août : 9h30-18h30 ; mai-juin : 10h-12h, 14h-17h ; avr. et sept. : 10h-12h, 14h-17h - 6,30 € (enf. 3,90 €).

Bouquetin.

Cette curiosité spéléologique est aussi un lieu de pèlerinage de la Résistance. Le 27 juillet 1944, les nazis découvrent, sous le vaste porche d'entrée, l'hôpital de fortune installé pour les blessés du maquis ; ils achèvent les vingt-deux blessés, fusillent deux des médecins et l'aumônier, déportent sept infirmières au camp de Ravensbrück.

La **salle Decombaz** est une cavité de 60 m de hauteur sous voûte, au fond de laquelle se creuse un gouffre par lequel les spéléologues ont pu atteindre, à – 470 m, le cours présumé de la Vernaison souterraine. En période de crues exceptionnelles, les eaux de la rivière, refoulées dans ce puits depuis – 450 m, font irruption dans la grotte et se déversent avec violence dans la vallée selon un phénomène similaire à celui qui se produit à Fontaine-de-Vaucluse.

Poursuivre vers le sud sur la D 518 jusqu'à la station du col de Rousset et franchir le tunnel.

Col de Rousset★★
Alt. 1 254 m. *Laisser la voiture à la sortie sud du tunnel, qui franchit le passage, et gagner le belvédère à 1 367 m.*

Il constitue le principal point de départ des randonnées dans la réserve des Hauts Plateaux.

Ce col, qui marque la limite climatique des Alpes du Nord et du Sud, fait la jonction entre les vallonnements frais du Vercors et la dépression du bassin de Die, empreinte d'aridité méridionale. Le contraste est particulièrement perceptible lorsque le temps fait ses caprices : brumes côté Vercors, ciel éclatant côté Diois. La vue plonge sur la dépression du bassin de Die, entourée d'un fouillis de croupes arides se répétant sur une infinité de plans. Les escarpements de Roche-Courbe se découpent à l'horizon

LE VERCORS

tandis que les lacets de la route, à prendre avec sobriété, accentuent l'impression de profondeur. L'âpreté générale du **paysage**★★ est saisissante pour le voyageur débouchant du Vercors.

Aux abords du col, la jeune station de sports d'hiver du **col de Rousset** a aménagé des pistes de ski sur les pentes de la **montagne de Beurre**. Le télésiège propose une intéressante alternative aux randonnées pédestres en se familiarisant à la descente avec le « trottinherbe », hybride de VTT et de trottinette.

Table d'orientation★★ – De la station supérieure du téléski, poursuivre la ligne faîtière vers le sud jusqu'au bord du plateau. Sur la partie supérieure, un ensemble original de bornes d'orientation en pierre permet de repérer les grands sommets : au nord la Grande Moucherolle, à l'est au premier plan, le Grand Veymont et au sud le mont Ventoux à l'horizon.

Une heureuse initiative

La grotte de la Draye Blanche a été exceptionnellement préservée, dans des conditions peu banales. En effet, Fabien Rey découvre cette grotte en 1918 et, pour la protéger, décide d'en obstruer l'accès, un étroit puits naturel profond de 16 m. En 1970, en l'aménageant pour les visites, on découvre un espace parfaitement conservé. Puis, en 1990, un tunnel d'accès horizontal est percé pour relier la grotte au parking. Ces travaux ont mis au jour ce qui constitua pendant des millénaires un cimetière pour de multiples espèces animales. Ces découvertes paléontologiques exceptionnelles ont permis une nouvelle approche de la préhistoire dans le Vercors.

Quitter le col de Rousset par le nord et prendre à gauche la D 76 en direction de Vassieux-en-Vercors.

La route s'élève doucement, sous bois, au-dessus du vallon supérieur de la Vernaison. 500 m avant Vassieux-en-Vercors, au bord de la route, à gauche, débris de planeurs allemands de la dernière guerre.

Vassieux-en-Vercors *(voir ce nom)*

Après la nécropole du Vercors, s'engager à droite dans la D 178 en direction de La Chapelle-en-Vercors.
Suivre la signalisation pour la Draye Blanche.

Grotte de la Draye Blanche★

📞 04 75 48 24 96 - visite guidée (50mn) juil.-août : 10h-18h ; reste de l'année : 10h-12h, 14h-17h - fermé oct.-nov. - 6,50 € (enf. 4 €).

Cette importante grotte fossile *(voir encadré)* était autrefois baignée par les eaux. La visite consiste en une promenade dans la **Grande Salle**★, longue de 100 m, où dominent les coulées de calcite blanche, ocre et gris bleuté. On remarque la belle coulée stalagmitique, haute de 12 m et épaisse de 2 m. Un parc animalier clôt la visite.

GORGES DE MÉAUDRE★ 5

De Villard-de-Lans à Grenoble 46 km – environ 5h. Quitter Villard par la D 531 à l'ouest.

Dans la vallée de la Bourne, la route dispute la place au torrent. Aux Jarrands, la vallée se rétrécit brutalement, prendre à droite la D 106 *(route d'Autrans)* qui remonte celle de Méaudre. Par les charmantes et verdoyantes petites **gorges de Méaudre**, on atteint le bassin du village de ce nom.
Après Méaudre, prendre à gauche la D 106C.

Autrans

Depuis la consécration des Jeux olympiques de Grenoble, le ski de fond règne en maître dans cette station, avec près de 160 km de pistes.

Col de la Croix Perrin

La vaste clairière du col (alt. 1 220 m) invite à la halte. Les pentes sont parées de magnifiques forêts de sapins.

La D 106 quitte à Jaume le fond de la vallée de Lans pour traverser **Lans-en-Vercors** et grimper sur le versant est de cet ample berceau aux pentes boisées. De jolies vues plongeantes se succèdent sur la vallée du Buron, accidentée dans sa partie supérieure par les gorges d'Engins et, surtout, par le profond fossé des gorges du Bruyant, que la route contourne.

Lans-en-Vercors

La Magie des automates – 📞 04 76 95 40 14 - www.magiedesautomates.com - vac.

DÉCOUVRIR LES SITES

scol. : 10h30-18h30 ; reste de l'année 14h-18h ; dim. et j. fériés 10h30-18h30 - fermé oct. - 7 € (2-14 ans 5 €).

👫 Scènes animées sur le thème du cirque et des métiers traditionnels, un village du Père Noël avec 1 500 figurines, la collection personnelle d'Alain Bardo, créateur d'automates.

Route de la Molière – Vous pourrez agréablement prolonger votre visite en suivant au nord, cette route panoramique de la Molière sur 8 km (direction tunnel de Mortier). Vous traversez un joli plateau émaillé de maisons anciennes jusqu'au point de vue de la Molière où s'ouvre un superbe panorama sur le massif du Mont-Blanc, la Chartreuse, Belledonne, le val d'Autrans.

Saint-Nizier-du-Moucherotte
(voir p. 287)

Dans la descente qui suit la traversée du plateau de St-Nizier, la vue s'attache d'abord aux sommets : massifs de la Chartreuse et de Belledonne, Taillefer, cimes neigeuses du haut massif des Écrins puis vers le fond, le Grésivaudan, plaine de Grenoble où confluent l'Isère et le Drac. Au premier plan, à droite, sur le versant du Moucherotte, se détachent les Trois Pucelles, célèbre école d'escalade grenobloise.

Tour Sans Venin.

Tour Sans Venin

Elle comptait parmi les « sept merveilles » du Dauphiné. La légende dit que le seigneur de Pariset ramena de croisade un sac de terre ramassée près du Saint-Sépulcre. Il la répandit autour du château et le débarrassa ainsi des serpents qui l'infestaient.

1/4h à pied AR. Du pied de la tour en ruine, on découvre un **horizon**★ étendu vers le sud (bassin du Trièves, massif du Dévoluy). À partir de Pariset, on remarque, au sud, les montagnes du Dévoluy (Obiou), fermant la dépression du Trièves.

GORGES D'ENGINS★ 6

De Grenoble à Villard-de-Lans 32 km – environ 2h. De Grenoble à Sassenage, la route de Valence, D 1532, file dans la plaine de l'Isère, à hauteur de l'arête terminale du Casque de Néron, à droite de laquelle se découvre l'éperon de Chamechaude.

Sassenage (voir p. 287)
Après Sassenage, la route (D 531) grimpe vite : de belles **vues**★ sur la Chartreuse occidentale. Elles embrassent un moment le site de Grenoble et la chaîne de Belledonne.

Gorges d'Engins★
Les parois souvent lisses et polies de cette tranchée rocheuse, régulièrement excavée, encadrent le fond plat gazonné de la vallée du Furon.
De Jaume à Villard-de-Lans, on suit le fond de la vallée de Lans, immense berceau dont les versants en pente douce sont revêtus de forêts de sapins.

Gorges du Bruyant
1h à pied AR. Un sentier bien aménagé reliant la D 531 à la D 106 permet d'en visiter le fond.

ROUTE DE COMBE LAVAL★★★ 7
41 km – environ 3h.

Du col de Rousset à St-Jean-en-Royans

Quitter le col de Rousset par le nord et prendre à gauche vers Vassieux-en-Vercors la D 76. La route suit le sous-bois, au-dessus du vallon supérieur de la Vernaison. À l'est, derrière le plateau de la montagne de la Beaume, émerge un instant le sommet du Grand Veymont (alt. 2 341 m), point culminant du Vercors. Le col de St-Alexis vous fait accéder à la combe de Vassieux, aux pâturages toujours secs et pierreux. 500 m avant Vassieux-en-Vercors, au bord de la route, à gauche, débris de planeurs allemands de la dernière guerre.

LE VERCORS

Vassieux-en-Vercors *(voir ce nom)*
La route va jusqu'au col de Lachau. De belles vues plongeantes sur la combe de Vassieux.

Mémorial du Vercors (col de Lachau)★ *(voir Vassieux-en-Vercors)*
Peu après le col, sur la gauche, la route *(D 76B)* conduit au centre de ski de Font d'Urle.

Grotte du Brudour
Du pont sur le Brudour, promenade de 1/2h à pied AR. Un très agréable sentier mène à cette cavité, résurgence des eaux tombées dans les parages d'Urle. Le Brudour lui-même ne tarde pas à s'engloutir, à son tour, en aval, dans de nombreux « scialets ». Il réapparaît définitivement, sous le nom de Cholet, au fond du cirque de Combe Laval. La galerie de gauche peut être parcourue jusqu'à une 3e salle qui comporte un petit lac *(1/2h AR)*. Prévoyez une lampe de poche.

Du carrefour des Trois-Routes à St-Jean-en-Royans
Juste avant **Lente** *(route de St-Jean-en-Royans)*, ralentissez pour remarquer, en période de fortes pluies, une jolie chute dont les eaux se perdent aussitôt dans une doline. Après Lente, le parcours s'effectue sous le couvert de la forêt.

Forêt de Lente★★
Au 19e s., cette forêt était exploitée surtout pour le charbonnage ou pour la fourniture de mâts à la marine. Entièrement dévastée par la tempête de 1982. 220 000 arbres ont été replantés depuis mêlant les essences de hêtres et de sapins de Malatras.

Combe Laval★★★
Le parcours héroïque commence au **col de la Machine**. La route s'accroche, vertigineusement taillée dans de formidables parois calcaires, au-dessus du vallon supérieur du Cholet, que l'on finit par dominer de plus de 600 m. Au fond du cirque tombe la cascade du Cholet, résurgence du Brudour.

Faire quelques pas sur la route, aux passages les plus escarpés. Stationnement autorisé au belvédère de Gaurissard.

Après plusieurs tunnels, la route débouche au-dessus du Royans. De merveilleuses **vues aériennes**★★ sur ce pays de collines-taupinières, ainsi que sur les plateaux du bas Dauphiné (forêt de Chambaran). À hauteur de Pont-en-Royans et de Ste-Eulalie, les portes aval des gorges de la Bourne et de la Vernaison échancrent profondément la montagne. À l'ouest, la ligne sombre des Cévennes ferme l'horizon.

ROUTE DU COL DE LA BATAILLE★ 8

De Peyrus au carrefour des Trois-Routes 45 km – environ 2h.

Quittant Peyrus (dont elle évite le centre), la D 68 évolue au-dessus d'un vallon boisé. La vue s'étend sur la plaine de Valence et les contreforts arides du Vercors ; du lacet taillé dans le roc, 700 m avant l'arrivée sur le plateau, le panorama vaut le coup d'œil : Chabeuil, Valence, Romans-Bourg-de-Péage et la chaîne des Cévennes sont visibles.

Vous avez la possibilité de vous arrêter à un deuxième belvédère un peu plus haut.

Du **col des Limouches** (alt. 1 086 m), vous arrivez au val de Léoncel dont les pâturages secs, faits de buis et de genévriers, rappellent ceux de la Méditerranée.

Léoncel
Dans un frais vallon au sud du Vercors, ce village conserve de l'abbaye cistercienne, fondée en 1137, une vaste église romane de la fin du 12e s. et un bâtiment monastique remanié au 17e s., qui abrite aujourd'hui un gîte d'étape.

Église abbatiale★ – ✆ 04 75 44 51 10 - 10h-12h30, 14h-19h - www.amis-de-leoncel.com. Classée Monument historique dès 1 840 par Prosper Mérimée, elle apparaît, massive, sous un robuste clocher carré couronné d'une pyramide, typique de la région du Dauphiné. À l'intérieur, diverses influences architecturales se manifestent, dues à l'étalement dans le temps de la construction de cette église (1150-1188 et 1190-1210, notamment). Dans le chœur, on reconnaît la marque de l'art roman provençal robuste et dépouillé. Elle garde dans le bras nord du transept un lutrin du 16e s. ainsi qu'une belle icône moderne, un *Christ vainqueur* de Bernard Foucher. Dans le bas-côté droit, près de l'entrée, un sceau aux armes de l'abbaye est ciselé dans le mur.

De Léoncel, prendre la D 101 jusqu'au col de Tourniol.

DÉCOUVRIR LES SITES

Col de Tourniol★
Vous avez devant vous les derniers contreforts du Vercors, sur la plaine de Valence. Derrière l'échancrure rocheuse où se blottit Barbières, dominé par le château ruiné de Pélafol, c'est Romans-Bourg-de-Péage.
Revenir à Léoncel.
La D 199, ombragée de hêtres, attaque le versant est du val de Léoncel et, par le **pas de l'Échaillon** (station de ski de fond), débouche sur le plateau accidenté couvert par la forêt dite aussi de Léoncel.

Col de la Bataille★★
La route est fermée entre le 15 novembre et le 15 mai. Un tunnel donne accès au fond de cette étroite encoche – alt. 1 313 m – dominée par la pyramide du roc de Toulau.
Le **coup d'œil** est impressionnant. Au sud se creuse le bassin d'Omblèze, adossé aux croupes du Diois, derrière lesquelles se détachent les escarpements de Roche-Courbe (massif de la forêt de Saoû).
Au nord, au-delà du cirque boisé de Bouvante, les collines du Royans et du bas Dauphiné sont visibles par la dépression du col de la Croix.
Entre le col de la Bataille et Malatra, sur 2 km environ, le **parcours★★** s'effectue sur une corniche taillée dans le roc, au-dessus du cirque de Bouvante et de son lac. Trois belvédères successifs permettent de s'y arrêter. Au fond d'un vallon, à droite, après le premier belvédère, un monument commémore l'installation du premier camp du maquis du Vercors en 1942. Du deuxième belvédère, on découvre le bas Dauphiné. Après le troisième belvédère, la route revient à l'intérieur du plateau et monte sous bois vers le col de la Portette.

Belvédère de la Portette★
Du col de la Portette, 1/4h à pied AR. Laisser la voiture dans le virage qui marque la fin de la montée au col, et prendre le sentier en descente, rocailleux, qui s'amorce derrière la borne forestière ; 200 m plus loin, appuyer à droite. Du belvédère, la **vue** plonge sur le val Ste-Marie, où s'étaient installés les chartreux de Bouvante. Elle s'étend, au-delà, jusqu'au Royans, à la vallée de l'Isère et au plateau de Chambaran. On distingue le grand pont moderne de St-Hilaire-St-Nazaire. Après ce col, on atteint le carrefour des Trois-Routes.

Vautour fauve.

Randonnées

RÉSERVE NATURELLE DES HAUTS-PLATEAUX★★ 9
Cet espace de solitude qui s'étage entre 1 200 et 2 300 m a été classé Réserve naturelle en 1985 pour mieux sauvegarder cet immense territoire naturel d'un seul tenant, vaste unité paysagère de 17 000 ha. Aucune route ne la traverse, et elle n'inclut aucun groupe d'habitat permanent.
La réserve est constituée de plateaux calcaires de type karstique, à la surface ponctuée de lapiaz et de scialets ; l'eau y est par conséquent assez rare en surface.
Délimitée par d'extraordinaires abrupts dominant les dépressions de Gresse à l'est et de La Chapelle-en-Vercors à l'ouest, la réserve comprend aussi les deux points culminants du massif du Vercors : le Grand Veymont (2 341 m) et l'emblématique mont Aiguille (2 086 m).

La faune
Cette réserve est le domaine du tétras-lyre, du lièvre variable (ou lagopède) et d'une foule de chamois. La population de bouquetins doit actuellement dépasser la centaine d'individus. Depuis peu, les Hauts-Plateaux sont aussi visités par les vautours fauves réintroduits à partir des falaises du Diois.

LE VERCORS

Peu de sentiers sont balisés sur les Hauts-Plateaux afin de préserver la tranquillité de la faune. On peut néanmoins suivre le GR 91 qui traverse la réserve du nord au sud et le GR 93 dans sa partie sud. Trois itinéraires sont possibles : le tour du mont Aiguille depuis Chichilianne, le tour du Glandasse dans le Diois *(voir Le Guide Vert Michelin Alpes du Sud)* et l'accès au sommet du Grand Veymont depuis les abords du col de Rousset.

Randonnée au Grand Veymont★★

1 journée – dénivelée 1 000 m – alt. au dép. 1 350 m. Randonnée non technique sans difficulté majeure, pour tout public habitué à des marches de plusieurs heures sur terrain régulier.

Accès : *Depuis La Chapelle-en-Vercors, prendre la D 518 en direction du col de Rousset. Un kilomètre après le village de Rousset, s'engager à gauche dans une étroite route forestière signalée « Route forestière de la Coche ». La suivre sur 9 km jusqu'au vaste parking de la maison forestière de la Coche et y laisser la voiture.*

Le Vercors pratique

Voir aussi les encadrés pratiques de Vassieux-en-Vercors, de Villard-de-Lans…

Adresses utiles

Office du tourisme d'Autrans – R. du Cinéma - 38880 Autrans - ℘ 04 76 95 38 63 - www.autrans.com - juil.-août : 9h-12h30, 14h-19h ; vac. de Noël-mars : 9h-12h, 14h-18h ; sept.-nov. : tlj sf dim. 9h-12h, 14h-18h ; de déb. avr. à mi-mai : tlj sf dim. 9h-12h, 14h-18h ; de mi-mai à fin juin : tlj sf mar. 9h-12h, 14h-18h.

Office du tourisme Vercors Drôme – Pl. Pietri - 26420 La Chapelle-en-Vercors - ℘ 04 75 48 22 54 - www.vercors.com - regroupe les informations de La Chapelle-en-Vercors, St-Agnan-col du Rousset, Vassieux-en-Vercors, St-Martin et St-Julien dont les bureaux sont ouv. en sais. seult - juil.-août : lun.-sam. 9h-12h30, 14h-19h (dim. 18h) ; sept. : lun.-sam. 9h-12h, 14h-18h, dim. 9h-12h ; oct.-juin : lun.-sam. 9h-12h, 14h-18h, dim. 9h-12h pdt les vac. scol. et mai-juin.

Maison du Parc naturel du Vercors – 255, chemin des Fusillés - 38250 Lans-en-Vercors - ℘ 04 76 94 38 26 - www.parc-du-vercors.fr. Pour obtenir toutes les informations pratiques concernant le Parc. Une médiathèque est ouverte au public, ainsi qu'un espace d'exposition.

Se loger

Hôtel le Val Fleuri – 730 av. Léopold-Fabre - 38250 Lans-en-Vercors - ℘ 04 76 95 41 09 - www.le-val-fleuri.com - ouv. 20 mai-20 sept., 20 déc.-20 mars - 14 ch. 38/67 € - ⚏ 9 € - rest. 25/48 €. Le temps semble s'être arrêté dans cette jolie demeure de 1928 au cachet « rétro » pieusement conservé. Chambres très bien tenues, parfois dotées de meubles et lampes Arts déco. Belle salle à manger 1930, terrasse sous les tilleuls et recettes traditionnelles.

Hôtel Les Tilleuls – La Côte - 38880 Autrans - ℘ 04 76 95 32 34 - www.hotel-tilleuls.com - fermé 11 avr.-3 mai, 24 oct.-16 nov., mar. soir et merc. hors sais. et vac. scol. - 18 ch. 55/74 € - ⚏ 8,50 € - rest. 20/42 €. Près du centre de cette station incluse dans le Parc naturel régional du Vercors, bâtisse accueillante abritant des chambres fonctionnelles et bien tenues. Salle à manger lambrissée ; cuisine classique, gibier en saison et une spécialité maison : la caillette.

La Poste – 38880 Autrans - ℘ 04 76 95 31 03 - www.hotel-barnier.com - ouv. 10 mai-14 oct. et 4 déc.-14 avr. - 29 ch. 60/90 € - ⚏ 8,50 € - rest. 21/45 €. Au cœur du village, avenante maison tenue par la même famille depuis 1937. Chambres rustiques peu à peu rénovées. Ici et là, huiles sur bois anciennes. Sauna et hammam. Chaleureuse salle lambrissée, tables joliment dressées, plats traditionnels et régionaux.

Chambre d'hôte Entre Chiens et Loups – Payenat - 38880 Autrans - 1 km au sud-ouest d'Autrans - ℘ 04 76 95 36 64 - www.entrechiensetloups.fr.st - fermé avr.-mai et 12-24 sept. - ⚏ - réserv. obligatoire - 4 ch. 54 € - repas 19 €. Cette maison récente en bois, située en lisière de forêt, est parfaite pour qui recherche le calme et les grands espaces. Les chambres à thème (nordique, romantique…) sont très agréables à vivre. Parmi les « plus » : école de pêche, initiation et randonnée en chiens de traîneaux (chenil sur place).

La Petite Ferme des Prés Verts – 351 chemin de Prenay - 38250 Lans-en-Vercors - ℘ 04 76 95 40 60 - www.gite-presverts.com - réserv. obligatoire - 3 chalets 46/48 € 5 pers./chalet - repas 13/18 €. Ouverte toute l'année, cette ferme rénovée abrite quelques chambres d'hôte. Les 3 chalets en bois, construits sur le modèle finlandais, offrent un agréable confort. Table d'hôte familiale aux accents de la région et produits de fermes du Vercors. Petite piscine chauffée en été et terrain de jeux pour les enfants.

Se restaurer

La Bergerie – 14 r. Jean-Moulin - 38250 Villard-de-Lans - au centre-ville - ℘ 04 76 95 10 34 - gueripel.karolo@wanadoo.fr - 15/23 €. Reproduisant fidèlement le cadre d'une bergerie, ce restaurant propose une carte très

455

complète. Plats traditionnels, pizzas, crêpes salées ou sucrées (voire glacées) et spécialités savoyardes, servies même pour une personne. Menu duo, présenté dans une seule grande assiette.

◯◯ **Bellier** – *26420 La Chapelle-en-Vercors -* ℘ *04 75 48 20 03 - www.hotel-bellier.com - fermé de mi-oct. à mars, merc. soir. et jeu. hors sais. - 16/32 €.* Cinq générations de la même famille se sont succédé aux commandes de ce chalet bâti sur un éperon dominant la route. Balcon pour la moitié des chambres. Jolie piscine bio. Restaurant rustique doté d'un mobilier savoyard. Terrasse sous les arbres du jardin.

Sports & Loisirs

👁 **Bon à savoir** – À vous de choisir parmi toutes les possibilités. En été, piscine en plein air avec 3 bassins et une pataugeoire, un site VTT labellisé FFC, les sentiers de randonnée et le fameux parcours du patrimoine, spéléo et équitation. En hiver, ski de fond ou alpin, randonnées en raquettes ou avec des chiens de traîneau.

Barroud'Âne en Vercors – *Rte de Villevieille, les Girards - 38250 Villard-de-Lans -* ℘ *04 76 95 58 42 - www.ane-et-rando.com - avr.-nov. : 9h-17h sur RV.* Pour profiter des joies de la randonnée, même avec de jeunes enfants, rien de tel que la compagnie d'un âne. Après avoir chargé les paniers sur le dos de l'animal, docile bien qu'un peu farceur, on pourra partir pour une longue balade en toute légèreté. Au retour, brossage et étrillage scelleront cette amitié.

Randonnée

Avant de partir…

Sur les plateaux du Vercors l'eau est rare : un excédent de chargement en réserve d'eau au départ n'est jamais un poids superflu ; plus on boit, plus le sac s'allège.
- Ne pas s'éloigner des sentiers balisés ou bien tracés, même en terrain dégagé.
- Les bergeries ouvertes qui paraissent inoccupées appartiennent toujours à des bergers, et sont dans tous les cas des bâtiments privés, donc pas de squat.
- Des cabanes ouvertes au public, simples abris sans aménagement, permettent de faire étape : cabane de Carrette au nord, jasse du Play (ou pré Peyret) ; si vous devez les utiliser pour une courte halte, prenez soin de ne pas laisser trace de votre passage.
- À l'approche d'un troupeau, évitez de hurler de joie ou de gesticuler et, de préférence, contournez-le largement.
- Les campements et les feux sont interdits, de même que les chiens, dans le périmètre de la réserve. La pratique du parapente n'est pas autorisée et celle du VTT, seulement sur le GTV.

VAP ou GTV ?
Grande Traversée du Vercors : Magnifique parcours balisé de 150 km, entre Méaudre et Lente, dans la Drôme. Réalisable à pied, VTT, cheval ou ski. Nombreux gîtes d'étape, à réserver toutefois en périodes les plus chargées.

Que rapporter

👁 **La marque du Parc** – Plantes aromatiques et médicinales, bleu du Vercors, sassenage fermier, miel du Vercors, truites et salmonidés du Vercors, viande du Vercors, etc., portent la marque du Parc. Elle garantit l'origine du produit, une production respectueuse de l'environnement, une fabrication artisanale, et le respect d'une charte de qualité.

Le réseau **Fermes du Vercors** regroupe les agriculteurs ayant une activité d'agro-tourisme ou de production fermière.

Événements

La Foulée blanche – *3ᵉ sem. de janv. à Autrans -* ℘ *04 76 95 37 37 - www.lafouleeblanche.com.* L'une des courses de ski nordique mythiques de la région.
Festival international du film Montagne et aventure – *Déb. déc. -* ℘ *04 76 95 30 70 - www.festival-autrans.com.* Un rendez-vous incontournable pour les amoureux de la montagne et du Septième Art.
Vercors à pied – *Rens. : Vercors Tourisme -* ℘ *04 76 95 15 99.* Chaque année, début juillet, lors d'une fête de la randonnée, des villages du Vercors s'associent pour organiser une semaine de randonnée, encadrée par des professionnels, pour partir à la découverte du Vercors de l'Isère.

VILLARD-DE-LANS

Villard-de-Lans

3 798 VILLARDIENS
CARTE GÉNÉRALE B5 – CARTE MICHELIN DÉPARTEMENTS 333 G7 – ISÈRE (38)

Au pied de l'unique chaîne de montagnes rocheuses du Vercors, la petite ville se niche au fond d'un val largement évasé, dominé, à l'est, par les dentelures du roc Cornafion, du Gerbier et de la Moucherolle. La capitale touristique du massif n'usurpe pas sa réputation. Les activités y sont nombreuses, adaptées à tous les publics. De surcroît l'air, tonique, y est sec et pur, et le soleil généreux en hiver.

- **Se repérer** – À 36 km au sud-ouest de Grenoble. Rejoindre Sassenage pour prendre la D 531 par les gorges d'Engins ou Seyssinet pour gagner la Tour-sans-Venin et St-Nizier-du-Moucherotte (D 106).
- **À ne pas manquer** – La Maison du patrimoine.
- **Organiser son temps** – Du centre-ville, de courtes balades (1h à 2h), vous donneront un aperçu du site.
- **Avec les enfants** – La Tanière enchantée.
- **Pour poursuivre la visite** – Voir aussi le Vercors, St-Nazaire-en-Royans.

Séjourner

La station

Les Villardiens sont très fiers de leurs champions : **Carole Montillet**, médaille d'or de descente aux Jeux olympiques d'hiver de Salt Lake City (2002), **Anne Floriet,** championne d'Europe et vice-championne paralympique de biathlon, **Raphael Poirée** double vainqueur de la Coupe du monde et champion du monde de biathlon et **Simon Fourcade**, champion du monde junior de biathlon. Unis depuis la fin des années 1980, avec Corrençon-en-Vercors, les deux villages forment une grande station appréciée pour la diversité de ses reliefs : plateau propice à la promenade, arêtes escarpées recherchées des amateurs d'alpinisme et pentes aux dénivelées variées fréquentées par les skieurs. Les fondeurs sont particulièrement gâtés avec plus de 160 km de pistes (site nordique du haut Vercors).

Visiter

Maison du patrimoine

1 pl. de la Libération. 04 76 95 17 31 - juil.-août : tlj sf lun. 15h-19h ; déc.-mars : mar.-sam. 15h-18h30 ; hors sais. : vend. et sam. 15h-18h - 3 € (– 10 ans gratuit).
Belle **collection d'objets anciens, documents iconographiques, outils**, jougs d'attelage évoquant la vie d'autrefois dans le Vercors. Les différentes étapes de développement de la station comme le climatisme sont largement illustrées dans quatre salles thématiques. Une partie du musée est consacrée à la villarde, race bovine particulièrement bien adaptée au Vercors et connue pour son endurance au travail de la terre. Des expositions temporaires complètent les collections de Jacques Lamoure, à l'initiative de la Maison du patrimoine.

Le retour de l'ours

Depuis son dernier passage attesté en 1938 à St-Martin-en-Vercors, l'ours brun européen a totalement disparu des Alpes françaises. En 1910, il subsistait quelques dizaines d'individus dans le Vercors mais la chasse et sa mauvaise presse l'ont condamné. Animal forestier discret, il est doté d'un flair lui permettant de repérer un homme à plusieurs centaines de mètres. Occasionnellement carnivore, il est surtout friand de végétaux qu'il recherche dans les bois escarpés. Le haut Vercors, par sa solitude totale en hiver et sans habitation permanente, offre des conditions propices à son retour.

Ours.

DÉCOUVRIR LES SITES

La Tanière enchantée
À la sortie de Villard-de-Lans, route de Corrençon. ℘ 04 76 94 18 40 - ♿ - visite guidée (1h) juin-août : 9h30-12h, 13h30-18h30 ; janv.-mai et sept. : 10h-12h, 14h-18h ; oct.-déc. : merc., w.-end, j. fériés et vac. scol. 10h-12h, 14h-18h - fermé 1er janv. et 25 déc. - 5,80 € (– 15 ans 4,20 €).

La Tanière donne une idée à travers des scènes historiques automatisées de ce que peuvent être les rapports entre l'homme, l'ours et la faune actuelle dans le Vercors.

Randonnées

Cote 2000★
4,5 km au sud-est, puis 1h AR de télécabine et de marche. Quitter Villard-de-Lans par l'avenue des Bains. Au fond de la vallée, sur la route de Corrençon tourner à gauche dans la D 215B, puis vers la télécabine de la Cote 2000. ℘ 04 76 94 50 50 - juil.-août : 9h30-12h45, 14h-17h30 (10mn, en continu) - 5,50 € AR.

De la station supérieure (alt. 1 720 m), gagner le sommet à pied par les arêtes *(balisage jaune et vert)*. La balade se prolonge au-delà de la Cote 2000 jusqu'au col des Deux-Sœurs.

La **vue**, masquée à l'est et au sud par les crêtes orientales du Vercors (Gerbier, Moucherolle), embrasse au nord les plateaux ondulés des montagnes de Lans, et de ceux du Vercors à l'ouest. Au loin, la ligne brune des Cévennes s'estompe. Au nord-est, on s'échappe vers le massif du Mont-Blanc.

Crêtes de la Molière
Départ à 10 km au-dessus d'Autrans, du parking de la Molière. 2h AR.

Cet itinéraire facile et bien balisé offre un panorama magique sur toute la chaîne de Belledonne, les contreforts de la Chartreuse et le Vercors nord.

Circuits de découverte

ROUTE DE VALCHEVRIÈRE★
10 km. Quitter Villard-de-Lans par l'avenue des Bains. Au carrefour qui marque le fond du vallon, suivre tout droit vers Bois-Barbu la D 215C, en montée.

Cette agréable petite route, tracée sous les sapins, est jalonnée par les stations du chemin de croix de Valchevrière, dédié aux victimes des combats de 1944 *(voir p. 444)*. De belles échappées sur les gorges de la Bourne et le berceau verdoyant de la vallée de Méaudre. Ce hameau en pleine forêt servit de camp aux maquisards avant d'être rasé les 22 et 23 juillet 1944. Le hameau laissé en l'état est un lieu de recueillement.

Calvaire de Valchevrière★
Cette grande croix *(12e station)* marque le sommet du pèlerinage. Elle s'élève à l'emplacement de la position de Valchevrière défendue jusqu'au bout, les 22 et 23 juillet 1944, par le lieutenant Chabal et ses chasseurs.

Du terre-plein du calvaire, la **vue** découvre le hameau de Valchevrière, incendié à l'exception de sa chapelle qui constitue aujourd'hui la 14e station du chemin de croix. En contrebas se creusent les gorges profondes de la Bourne (secteur de la Goule Noire).

Brèche de Chalimont★
En continuant à monter on gagne le chalet de Chalimont. De là, prendre à droite un chemin forestier en pente modérée mais cailouteux (praticable en voiture par temps sec ou 1h à pied AR). On atteint le belvédère, étroite crête rocheuse d'où le regard découvre un horizon plus étendu que de Valchevrière : les gorges amont de la Bourne et les montagnes de Lans, ainsi que le val de Rencurel.

GORGES DE LA BOURNE★★★
De Villard-de-Lans à Pont-en-Royans – itinéraire 2 décrit en sens inverse, p. 448.

Villard-de-Lans.

VILLARD-DE-LANS

Villard-de-Lans pratique

Adresses utiles

Office du tourisme de Villard-de-Lans – *101 pl. Mure-Ravaud - 38250 Villard-de-Lans - ℘ 0 811 460 015 - www.villarddelans.com - juil.-août : 9h-12h30, 14h-19h ; vac. de Noël et de fév. : 9h-19h ; reste de l'année : lun.-sam. 9h-12h, 14h-18h, dim. 10h-12h.*

Office du tourisme de Corrençon-en-Vercors – *38250 Corrençon - ℘ 04 76 95 81 75 - www.correncon.com - juil.-août et des vac. de Noël à fin mars : 9h-12h, 14h-18h ; reste de l'année : mar.-sam. 10h-12h, 14h-18h, dim. et j. fériés 10h-12h.*

Se loger

Gîte Le Bois Barbu – *Bois Barbu - 38250 Bois-Barbu - 3 km rte de Bois-Barbu - ℘ 04 76 94 03 87 ou 06 09 33 64 66 - tofe@free.fr - ⊟ - 3 ch. 46 € ⊑.* Aménagé dans une vieille ferme restaurée, ce gîte accueille jusqu'à 12 personnes dans ses 3 chambres, toutes avec WC et salle de bain. Sa situation au départ des pistes de ski de fond et des chemins de randonnée réjouira les sportifs, mais les plus casaniers apprécieront la cuisine équipée et la grande salle à manger.

Les Prés Verts Centre de vacances – *38250 Villard-de-Lans - 2 km au nord de Villard-de-Lans par D 531 - ℘ 04 76 95 10 13 - gueripel.karolo@wanadoo.fr - 75 lits 49 € ⊑.* Conçu pour accueillir des groupes (classes de neige ou colonies), cet établissement convient aussi parfaitement aux familles avec des chambres de 2 ou 4 lits. Repas servis dans les 4 salles à manger au style un peu « réfectoire ». Ensemble bien entretenu, à un prix exceptionnel compte tenu de sa situation.

Chambre d'hôte Le Val Ste-Marie – *Bois-Barbu - 38250 Villard-de-Lans - 4 km à l'ouest de Villard-de-Lans par D 215E dir. Bois-Barbu puis refuge de la Glisse et 1er chemin à gauche - ℘ 04 76 95 92 80 - http://levalsaintemarie.villard-de-lans.fr - ⊟ - 3 ch. 58 € ⊑ - restauration (soir seulement) 20 €.* Les amoureux de nature apprécieront cette ferme bicentenaire rénovée et profiteront en été de la campagne qui l'entoure et, l'hiver, des pistes de ski de fond. Chambres simples et de bon confort, bibliothèque, jardin et terrasse.

Chambre d'hôte La Jasse – *222 r. du Lycée Polonais - 38250 Villard-de-Lans - ℘ 04 76 95 91 63 - www.imbaud-lajasse.com - ⊟ - 3 ch. 56 € ⊑.* Au cœur de la station et de son effervescence saisonnière, cette maison offre beaucoup de tranquillité derrière ses murs épais. Les 3 chambres, ornées de lambris et de carrelage associent confort et belle tenue. Le propriétaire, véritable puits de science sur l'histoire du Vercors, vous accueillera chaleureusement.

Christiania – *Av. du Prof.-Nobecourt - 38250 Villard-de-Lans - ℘ 04 76 95 12 51 - www.hotel-le-christiania.fr - ouv. 20 mai-30 sept. et 21 déc. à mi-avr. - 23 ch. 85/188 € - ⊑ 10 €.* Hôtel familial dont les vastes chambres personnalisées évoquent parfois un chalet de montagne ; presque toutes possèdent un balcon et regardent les sommets. Piscine couverte. Restaurant orné de bibelots et de trophées de chasse ; cuisine à l'accent du pays.

Se restaurer

Le Bacha – *44 pl. de la Libération - 38250 Villard-de-Lans - ℘ 04 76 95 15 24 - bacha-resto@wanadoo.fr - fermé 2-19 juin - 15/26 €.* Sur une petite place très animée, au centre du village, c'est un restaurant familial au décor campagnard. En saison, installez-vous en terrasse.

Auberge des Montauds – *Bois-Barbu - 38250 Villard-de-Lans - ℘ 04 76 95 17 25 - montauds.tripod.com - fermé 15 avr.-1er Mai et nov.-15 déc. - 19/29 €.* L'établissement, juché sur les hauteurs de Villard, s'avère très calme : la route s'arrête après l'auberge et laisse place à la nature. Copieuse cuisine traditionnelle et montagnarde à déguster au coin du feu ou en terrasse l'été. Chambres rénovées et un studio équipé pour les handicapés.

Sports & Loisirs

Bon à savoir - Si, même après un passage par les pistes de ski, vous avez encore besoin de faire de l'exercice, rendez-vous au centre aquatique ou à la patinoire. Vous apprécierez mieux encore les bons soins de l'espace forme et détente. Aux beaux jours, piscine découverte, équitation et tennis. Horaires variables selon les périodes.

Événements

Festival d'humour et de création – *3e sem. d'oct.* Depuis 14 ans, ce festival rassemble des artistes confirmés ou de jeunes talents. Spectacles de rue, « troquets rire » à l'apéro, etc.

Transvercors – Classée « Rando d'or » par la Fédération française de cyclisme, c'est l'un des plus grands rassemblements européens de VTT.

459

DÉCOUVRIR LES SITES

Vizille ★

7 465 VIZILLOIS
CARTE GÉNÉRALE B5 – CARTE MICHELIN DÉPARTEMENTS 333 H7 – ISÈRE (38)

Vizille conserve un des monuments dauphinois les plus riches de souvenirs historiques : le château du connétable de Lesdiguières. C'est là qu'en 1788 la Révolution française fit ses premiers pas, sous l'œil vigilant des trois ordres qui s'y réunirent. De même, jusqu'en 1972, les présidents de la République française s'y retiraient. Passer de l'anonymat à la postérité semble simple comme Vizille !

- **Se repérer** – À 15 km au sud de Grenoble sur la route Napoléon.
- **À ne pas manquer** – Le musée de la Révolution française.
- **Organiser son temps** – Après le musée, n'oubliez pas la ville, agréable et bien conservée, qui mérite que l'on s'y arrête.
- **Avec les enfants** – Le musée de la Chimie de Jarrie.
- **Pour poursuivre la visite** – Voir aussi les lacs de Laffrey, le Valbonnais.

Comprendre

Du connétable aux présidents – Le connétable de **Lesdiguières** (1543-1627) a laissé en Dauphiné un souvenir impérissable. De petite noblesse dauphinoise, il embrasse la religion réformée et devient, à 22 ans, un des chefs protestants de la province. Henri IV le nomme lieutenant-général du Dauphiné. Pendant trente ans, cet administrateur gouverne avec l'autorité d'un vice-roi et une habileté qui lui valurent le surnom de « renard dauphinois ». Maréchal de France, duc et pair, une seule dignité, la plus haute, manque à son ambition : celle de connétable. On la lui promet s'il abjure. Il s'y résout en 1622.

Ayant tiré de son fief dauphinois une immense fortune, il entreprend en 1602 le réaménagement du château de Vizille. Dans les villages des environs, les paysans des deux sexes sont réquisitionnés pour le transport des matériaux. À ceux qui ne se rendent pas assez vite aux convocations, le futur connétable adresse cette invitation : « Viendrez ou brûlerez. »

En 1627, à la mort de Lesdiguières, le maréchal de Créqui, son gendre, hérite du château et fait édifier l'escalier monumental qui descend vers le parc.

En 1780, un grand bourgeois de Grenoble, **Claude Périer**, financier, négociant et industriel, achète le domaine pour y installer une fabrique d'indiennes (tissus de coton imprimé imités des cotonnades de l'Inde). Périer met Vizille à la disposition des états du Dauphiné qui s'y réunissent en 1788.

Le nom

Lors de leur installation dans la région, les Romains établirent un camp fortifié qu'ils dénommèrent *Castrum Vigilæ* (le camp des Veilles), car ils veillaient, craignant peut-être de se faire attaquer par d'irréductibles Gaulois ? Par la suite, le camp disparut mais *Vigilæ* devint *Visillæ* puis Vizille.

L'assemblée de Vizille – C'est le grand événement historique de la cité. Lors de la réunion des trois ordres tenue à Grenoble, le 14 juin 1788, il fut décidé que les états du Dauphiné seraient convoqués le 21 juillet suivant. La réunion contestataire, interdite à Grenoble, se tint alors au château de Vizille, dans la salle du Jeu de paume, aujourd'hui détruite. L'assemblée comprenait 50 ecclésiastiques, 165 nobles et 325 représentants du tiers état. On discuta de 8h du matin jusqu'à 3h de la nuit. Les orateurs les plus écoutés furent deux Grenoblois : Mounier et Barnave.

La résolution fut adoptée : l'assemblée protesta contre la suppression du Parlement, demanda la réunion des états généraux auxquels il appartiendrait de voter les impôts, et réclama la liberté individuelle pour tous les Français. La proclamation des députés résonne encore aujourd'hui dans le château : « en soutenant leurs droits particuliers, ils n'abandonnent pas ceux de la nation ». Il va de soi que le pays tout entier était à leurs côtés.

Le château a fait partie, jusqu'en 1972, des propriétés nationales réservées aux présidents de la IIIe République. Il est aujourd'hui propriété du conseil général de l'Isère, accueille le musée de la Révolution française et un centre de documentation thématique.

VIZILLE

Visiter

LE CHÂTEAU★

Visite 1h30. ℰ 04 76 68 07 35 - ♿ - avr.-oct. : tlj sf mar. 10h-12h30, 13h30-18h ; nov.-mars : tlj sf mar. 10h-12h30, 13h30-17h - fermé 25 déc.-1ᵉʳ janv., 1ᵉʳ Mai - gratuit.

Que de misères s'abattirent sur ce château : construit et complété en plusieurs étapes, il brûle en 1825. Restauré, un nouveau sinistre l'ampute de ses deux ailes en 1865…

Sa disposition en équerre et ses deux tours, l'une ronde et l'autre carrée, lui confèrent un aspect original. L'une de ses deux entrées est décorée d'un bas-relief en bronze représentant Lesdiguières à cheval, dû au sculpteur Jacob Richier (1616). La façade principale, austère, donne sur la place de Vizille ; celle du parc, de style Renaissance, a plus d'élégance, notamment avec l'escalier monumental érigé vers 1676. Le parvis a été réaménagé en 2004.

Château de Vizille.

Intérieur

Le château abrite depuis 1984 le **musée de la Révolution française★**.

Le musée, aménagé de façon moderne sur quatre niveaux, présente d'importantes collections artistiques et historiques. Elles offrent une très intéressante vision de ce que cette époque trouble a pu inspirer aux artistes favorables ou opposés à l'esprit révolutionnaire, de la fin de l'Ancien Régime jusqu'à la IIIᵉ République.

Au rez-de-chaussée, la salle de l'Orangerie est consacrée aux faïences européennes ; on remarque une belle maquette de la Bastille taillée dans une pierre d'origine. Dans la salle de la République, creusée dans le rocher, sont exposés de grands tableaux, dont certains mis en dépôt par les musées du Louvre et de Versailles.

Le premier niveau est consacré aux arts de la Révolution. On y relit la Déclaration des droits de l'homme et du citoyen et, anecdote étonnante, on apprend que le constructeur de la première guillotine, Tobias Schmidt, était à l'origine un facteur de clavecins prussien. Au deuxième niveau se tiennent les expositions temporaires. Visitez également, *La Marseillaise* en tête, la galerie de la Liberté qui offre un parcours historique et didactique sur les événements majeurs de la période révolutionnaire.

Au troisième étage, on visite les salons historiques du château, dont la décoration et le mobilier ont été renouvelés après les incendies du 19ᵉ s.

On voit : le grand salon des Tapisseries, le salon Lesdiguières (mobilier 17ᵉ et 18ᵉ s., cheminée de style Renaissance), la terrasse (jolie vue sur le parc et, au loin, sur le Thabor), la chambre des présidents de la République, le salon de Psyché (mobilier Empire, panneaux peints en camaïeu et illustrant la légende de Psyché), la bibliothèque des Périer (belles boiseries en noyer de 1880). Remarquez dans cette dernière pièce la châsse avec des figurines en cire représentant les trois pères de la Révolution aux Champs-Élysées : Franklin, Voltaire et Rousseau.

DÉCOUVRIR LES SITES

Parc★
Juin-août : 9h-20h ; avr.-mai et sept.-oct. : tlj sf mar. 9h-19h ; nov.-mars : tlj sf mar. 10h-17h - fermé 1er Mai - interdit aux cyclistes et aux animaux - mai-sept. : découverte commentée des jardins en petit train (35mn) - 2,50 € (enf. 1,60 €).

S'étendant au sud du château, il est remarquable par ses dimensions (100 ha), ses jeux d'eau, ses animaux en liberté (daims, cerfs, et hérons) et sa retenue d'eau où nagent des truites et des carpes de belles dimensions. L'ensemble est élégant et familial : le labyrinthe de buis enchante les petits, tandis que les arbres séculaires et massifs fleuris charment les adultes.

Jardin du Roi – *Accès en saison.* Des ruines féodales couvrent, au-dessus du château actuel, au nord, l'éperon rocheux qui domine les vieux quartiers de Vizille.

Aux alentours

Jarrie
À 7 km au nord de Vizille.

La petite bourgade ne manque pas de charme et deux monuments attirent l'attention. Le Clos et la maison Jouvin, du 19e s. au sein d'un vaste parc, abrite le **musée de la Chimie**. L'évolution, les techniques, et leur application dans l'industrie chimique grenobloise sont évoqués, notamment la chimie du chlore, spécialité de l'usine Atofina de Jarrie. Une collection originale de matériel industriel et d'appareils un laboratoire de fabrication de pierres synthétiques sont mis en scène *(☎ 04 76 68 62 18 - lun., merc., vend. et sam. sf j. fériés 14h30-17h30 - visites guidées sur RV en semaine pour les familles).*

Le château de Bon-Repos édifié à la fin du 15e s. est flanqué de quatre tours rondes visibles depuis le bourg. La façade de galets et de schiste réhaussée de fenêtres à meneaux encadrées de pierre blanche ajoute une touche d'élégance à la résidence de la famille Costa de Beauregard. L'Association de sauvegarde du château le sauve en 1976 d'une ruine certaine *(☎ 04 76 72 00 05 - visite en accès libre et gratuit le 3e dim. de chaque mois sf j. fériés - fermé août - spectacles en extérieurs organisés par l'association).*

Notre-Dame-de-Mésage
2,6 km au sud de Vizille par la route Napoléon. Demander la clef à la mairie ☎ 04 76 68 07 33 - tlj sf merc. et dim. : 13h30-17h30, sam. 8h30-11h30.

En contrebas, à droite de la N 85, l'église du village de N.-D.-de-Mésage dresse son antique clocher de pierre, d'une distinction toute romane, au-dessus d'une nef carolingienne. Plus loin, à l'écart de la route, en haut d'une butte, on aperçoit l'ancienne **église★** des Hospitaliers de Jérusalem (13e s.) : la chapelle romane St-Firmin au beau décor sculpté.

Panorama de Montrochat
Départ de l'église St-Pierre-de-Mésage. 3h, 300 m de dénivelée. Le sentier emprunte d'abord la voie romaine qui suit le flanc de Connex. En fin de parcours (boucle), un superbe point de vue sur la vallée de la Romanche.

Vizille pratique

Adresse utile

Office de tourisme – *Pl. du Château - 38220 Vizille - ☎ 04 76 68 15 16 - www.ot-vizille.com - juil.-août : 9h30-12h30, 14h-18h, dim. et j. fériés 9h-13h ; reste de l'année : tlj sf dim. et j. fériés 10h30-12h30, 14h-18h.*

Se loger

⊜ **Hôtel Sandra** – *46 r. des docteurs-Bonnardon - ☎ 04 76 68 10 01 - www.hotelsandra.fr -* 🅿 *- 18 ch. 32/53 € -* 🍴 *6 €.* Ce petit hôtel familial situé à proximité du château conviendra pour une étape simple mais sans faille. Le bâtiment construit dans les années 1970 abrite des chambres sobrement décorées et régulièrement rénovées.

Randonnées

Entre Drac et Romanche – Des sentiers traversent les sites de campagne les plus dignes d'intérêt d'Échirolles à Laffrey. Cette région en partie urbanisée n'en conserve pas moins un certain charme. Renseignements et carte des sentiers à l'office du tourisme de Vizille.

Yvoire ★★

639 IVERRANS
CARTE GÉNÉRALE C1 – CARTE MICHELIN DÉPARTEMENTS 328 K2 – HAUTE-SAVOIE (74)

Il est bon de se laisser vivre à Yvoire, de flâner dans son vieux quartier au charme médiéval, de rêver devant l'immensité du lac Léman et le vaste spectacle des montagnes. Il est bon d'y sentir les fleurs, d'y goûter ses délicieux filets de perche, d'y entendre le clapotis des vagues ou la musique des gréements dans le port… Tout invite à se laisser porter par l'aimable poésie qui se dégage de cette jolie station pour peu que l'on évite les hautes saisons.

- **Se repérer** – Venant de Douvaine et après avoir fait le crochet par le village de Nernier ou depuis Excenevex, ayez le bon réflexe de laisser la voiture à l'extérieur des fortifications sur le parking payant *(à droite en venant de Thonon)*.
- **À ne pas manquer** – Une halte au port dans le clapotis des vagues.
- **Organiser son temps** – La plage d'Excevenex est agréable en fin d'après-midi.
- **Avec les enfants** – Laissez-les se perdre dans le labyrinthe végétal du jardin des Cinq Sens !
- **Pour poursuivre la visite** – Voir aussi Thonon-les-Bains, Évian-les-Bains.

Yvoire : le château et le lac Léman.

Se promener

LE VILLAGE MÉDIÉVAL★★

Le nom de ce charmant village vient de *Aquaria* (lieu où il y a de l'eau), déformé par le patois en *Aquaere, Evouère, Yvoire*.

Reconstruit au début du 14ᵉ s. à l'emplacement d'une ancienne place forte, Yvoire a conservé de cette époque une partie de ses remparts, dont deux portes percées dans des tours, son **château** *(on ne visite pas)*, au puissant donjon carré cantonné de tourelles, et quelques maisons anciennes.

Flânez au hasard des rues bordées d'échoppes d'artisans pour déboucher sur de ravissantes places fleuries qui offrent parfois de belles perspectives sur le lac. De l'extrémité de la jetée où accostent les bateaux qui font le tour du lac Léman *(se reporter à Évian)*, vous apercevrez la rive suisse et les hauteurs du Jura, et juste en face la cité de Nyon – *Des navettes relient les deux rives en saison (voir p. 465)*.

L'**église St-Pancrace** complète ce tableau traditionnel. Le chœur date du 14ᵉ s. mais l'édifice n'a été achevé qu'à la fin du 19ᵉ s. lorsque fut édifié son clocher à bulbe caractéristique de la restauration sarde dans la région.

DÉCOUVRIR LES SITES

Maison de l'Histoire
R. Principale - 74140 Yvoire - ℘ 04 50 72 22 76 - juil.-août : 14h-17h30 ; mai-juin et sept.-oct. : w.-end et j. fériés 14h-17h.
Le musée propose à travers des expositions temporaires de découvrir de manière ludique et pédagogique l'histoire d'Yvoire.

Jardin des Cinq Sens★
R. du Lac - ℘ 04 50 72 88 80 - www.jardin5sens.net - ♿ - de déb. mai à mi-sept. : 10h-19h ; de mi-avr. à déb. mai : 11h-18h ; de mi-sept. à mi-oct. : 13h-17h (dernière entrée 30mn av. fermeture) - 10 € l'été (4-16 ans 5,50 €), forfaits familles.
En lieu et place du potager du château, un jardin clos a été planté dans l'esprit de ceux du Moyen Âge : entourés de murs et de palissades, ils se composaient de plates-bandes surélevées où les moines cultivaient légumes et simples – les plantes médicinales. D'abord utilitaires, ces jardins sont devenus des lieux d'agrément. On appréciera la vue sur le château depuis le petit cloître de charmilles où sont rassemblées les simples.
Le labyrinthe végétal propose une découverte originale de la nature sur le thème des cinq sens : le jardin du goût ; le jardin des textures ; le jardin des couleurs (et de la vue) et celui des senteurs. Au centre du labyrinthe s'élève la volière symbolisant l'ouïe, où s'ébattent faisans et tourterelles.
Un jardin recompose une prairie alpine, rappelant ainsi que le bassin lémanique a été creusé par un glacier. Un autre s'amuse des contrastes entre des roses blanches délicates et les herbes folles. Le clos des charmilles est planté de simples.

Yvoire : la cité médiévale.

Aux alentours

La presqu'île du Léman
À Douvaine, quitter la D 1005 vers Chens-sur-Léman. Suivre la D 25 jusqu'à Yvoire.
Dans l'ombre de leur célèbre voisine, les villages de Chens-sur-Léman, Messery et Nernier ne manquent pas de charme. Ports, bases nautiques et ruelles moyenâgeuses les dotent d'un caractère balnéaire fort agréable.
Le château de Chens-sur-Léman – Plusieurs fois endommagé (Bernois en 1536, Révolution en 1792), le château a connu plusieurs campagnes d'agrandissement mais conserve un magnifique donjon pentagonal. En 1416, il devient propriété d'Amédée VIII, duc de Savoie (1416), puis au 17e s. entre dans le patrimoine de la famille Costa, praticiens génois et éminents financiers, conseillers du duc de Savoie. Érigé en marquisat en 1700, le domaine demeure depuis cette date la propriété de la même famille. Le château rénové au 20e s. est entouré de très beaux jardins et d'un vaste parc (℘ 04 50 94 04 07 - visite du parc et des jardins mai-juin, 1re sem. de juil. et sept. : w.-end 10h-18h - 2 €).

Excenevex★
3 km au sud-est d'Yvoire par la D 25.
Célèbre pour sa plage de sable fin, la plus vaste de la rive savoyarde du Léman, et ses dunes lacustres, cette station balnéaire est la plus « océanique » du lac. Bien située

YVOIRE

sur un léger renflement dominant le golfe de Coudrée, elle charme par son vaste horizon de montagnes rehaussé par le double croc de la dent d'Oche et du château du même nom. Faites un tour sur la côte : elle est bordée de luxueuses propriétés. Depuis 1939, Excenevex abrite une entreprise à l'activité originale : le **battage de l'or** *(on ne visite pas)*. Derniers en France, les batteurs d'or d'Excenevex ont contribué à la restauration du château de Versailles, des grilles de la place Stanislas à Nancy, du dôme des Invalides, du Shakespeare's Globe Theater à Londres, et à la flamme de la statue de la Liberté à New York.

Yvoire pratique

Adresse utile

Office de tourisme – *Pl. de la Mairie - 74140 Yvoire -* 04 50 72 80 21 *- www.presquile-leman.com ou www.yvoiretourism.com - juil.-août : 9h30-18h30 ; sept.-oct., avr.-juin : lun.-sam. 9h30-12h30, 13h30-17h, dim. et j. fériés 12h-16h - nov.-mars : lun.-vend. 9h30-12h30, 13h30-17h, fermé w.-end et j. fériés.*

Visite

Yvoire – *Visite guidée d'Yvoire et du musée d'Histoire - juil.-août, les mar., jeu. à 10h45 et le merc. et le vend. à 16h45 (dép. devant l'office de tourisme) - 5,50 € (– 6 ans gratuit).*

Transports

Navettes – *Les bateaux de la Compagnie générale de navigation sur le lac Léman relient Yvoire à Nyon, Lausanne, Genève et Thonon-les-Bains. Infoline +41 (0) 848 811 848 - av. de Rhodanie 17 - Case postale 116 - 1000 Lausanne 6 - www.cgn.ch.*

Se loger

Hôtel Pré de la Cure – 04 50 72 83 58 *- www.pre-delacure.com - fermé 15 nov.-3 mars -* 25 ch. 72/96 € *-* 10 € *– rest. 21/47 €. À l'entrée du pittoresque village médiéval, hôtel récent où l'on vous réserve un accueil attentionné. Grandes chambres fonctionnelles ; huit ont vue sur le lac. Cuisine régionale soignée servie dans une salle-véranda ou en terrasse face à Yvoire et au Léman.*

Se restaurer

Les Jardins du Léman – *Grande-Rue -* 04 50 72 80 32 *- lesjardinsduleman.com - fermé de mi-nov. à mi-déc et de déb. janv. à déb. fév. - réserv. conseillée en sais. - 15/35,50 €.* Ce restaurant abrite plusieurs salles à manger récemment redécorées et agrandies de deux terrasses d'été : l'une dressée en bordure de la rue piétonne et l'autre, plus agréable, bénéficiant d'une vue imprenable sur le château et le lac Léman. Copieuse cuisine traditionnelle.

Les Flots Bleus – 04 50 72 80 08 *- www.flotsbleus-yvoire.com - fermé 1er nov.-14 avr. - 22/88 €.* Atout indéniable de ce restaurant : sa vaste terrasse ombragée d'une treille, dressée au ras de l'eau, face au port de plaisance et au lac. Plats traditionnels et régionaux.

Le Denieu – *300 av. Bonnatrait - 74140 Sciez-sur-Léman - 6 km au sud-est d'Yvoire par D 25 et D 1005 -* 04 50 72 35 06 *- www.fermedesalpes.com - 14,50/40 €.* Osez franchir le seuil de cette grosse maison aux volumes harmonieux, en bordure de la route nationale. Vous serez séduit par les belles salles à manger en bois vieilli où meubles, objets et outils anciens rappellent son passé de ferme d'alpage. Spécialités savoyardes.

Restaurant du Port – *R. du Port -* 04 50 72 80 17 *- www.hotelrestaurantduport-yvoire.com - fermé de fin oct. à mi-fév. et merc. hors sais. - 30/50 € - 7 ch. 110/210 € -* 12 €. Terrasse au bord du lac et plaisante façade fleurie pour cette maison idéalement située sur le port de plaisance. Spécialités de poissons. Belles chambres de style lacustre.

Sports et Loisirs

Messery – Le littoral se développe sur 3 km, accessible au public dans les secteurs de « Sous les Prés » et de « La Pointe ». Les activités nautiques y sont très dynamiques, en particulier le véliplanchisme.

Voile – Des écoles de voile régulièrement réparties sur les rives du lac proposent des stages ou des séances d'initiation à la navigation *(rens. à l'office du tourisme d'Yvoire).*

NOTES

Grenoble : villes, curiosités et régions touristiques.
Frison-Roche, Roger : noms historiques et termes faisant l'objet d'une explication.
Les sites isolés (châteaux, abbayes, grottes…) sont répertoriés à leur propre nom. Nous indiquons par son numéro, entre parenthèses, le département auquel appartient chaque ville ou site. Pour rappel :
05 : Hautes-Alpes
26 : Drôme
38 : Isère
73 : Savoie
74 : Haute-Savoie

A

Abbé Pierre	441
Abeille	304
Abîme, pont (74)	174, 362
Abondance (74)	120
Abondance, fromage	115, 121
Abondance, vache	114
Académie florimontane	145
Accarias, col (38)	418
Adresses utiles	22
Adret	76
Agriculture	112
Aigle royal	80
Aiguebelette, lac (73)	106, 211
Aiguebelle (73)	123
Aigueblanche (73)	339
Aiguille, mont (38)	106, 418
Aiguilles-Rouges, réserve naturelle (74)	325
Aillon-le-Jeune (73)	173
Aime (73)	93, 394
Aix-la-Chapelle, traité	86
Aix-les-Bains (73)	15, 125
L'Albanais (74)	361
Albertville (73)	132
Alby-sur-Chéran (74)	361
Alex (74)	161
Allain, Pierre	90
Allais, Émile	91, 98, 309
Allemontite	194
Allevard (38)	136
Allimas, col (38)	416
Allinges, château (74)	403
Allobroges	84, 125
Alpage	113
L'Alpe (73)	231
L'Alpe-d'Huez (38)	140
Alpes cristallines	73
Alpinisme	9, 35, 89
Altitude	76
Amédée VIII, duc	89
Amphion-les-Bains (74)	263, 266
Ancelle	96
Andilly (74)	387
Âne, randonnée	43
Anjot, capitaine	409
Annecy (74)	16, 142
Annecy, lac (74)	152
Annecy-le-Vieux (74)	155
Annemasse (74)	387
Annexion de la Savoie	87
Anterne, lac et col (74)	392
Antésite	62, 239
Aoste (73)	212
Apremont, vin	117
Arâches (74)	248
Aravis, col (74)	165
Aravis, massif (74)	160
Arbois, mont (74)	310, 368
Arcabas	382
Arcalod (74)	155
Architecture rurale	95
Arclusaz, dent (73)	175
Les Arcs (73)	98, 201
Ardent, cascade (74)	335
Ardoisière	334
Arêches (73)	178
Argentière (74)	222
Argentière, glacier (74)	324
Argentine (73)	124
Arly, gorges (73)	180
Arole	78
Arondine, gorges (74)	165
Arpenaz, cascade (74)	312
L'Arpette, promenade (73)	204
Art	92
Art et histoire, Villes et Pays	57
Artisanat	58
Arts populaires	104
Arvan, gorges (73)	256
Arves, aiguilles (73)	373
Arzelier, col (38)	416
Auberges de jeunesse	32
Aulp, col (74)	157
Auris-en-Oisans (38)	194
Aussois (73)	167
Aussois, col (73)	169
Automates	285, 451
Autrans (38)	451
Avalanches	55, 76
Avérole, vallée (73)	188
Avion	29

INDEX

Avoriaz (74) 170
Avrieux (73) 308

B

Balmat, Jacques 89, 324
Balme, col (74) 221, 328
Banc Plat, pointe (74) 158
Barberine, maison (74)............. 223
Baroque 93, 203, 306
Baroque, sentier.....................331
Barrage 108
Barraux, fort (38) 292
Bassy (74) 393
Bataille, col (26) 454
Les Bauges (73) 172
Bauges, réserve cynégétique (74) 158
Bauges, tome 173
Bayard, chevalier..............291, 294
Beaufort (73)........................177
Beaufort, fromage.............. 115, 178
Beaufortain (73).....................177
Beauregard, Costa de............. 441
Beauvoir, château (38) 352
Bellevarde, rocher (73)............ 425
Bellevaux (74) 404
Bellevaux, chapelle Notre-Dame (73).175
Bellevaux, vallon (73)...............175
Belleville, vallée (73).................182
Bellevue (74) 329
Bel ouvrage, route....................43
Bénévent, belvédère (74) 156
Bénit, lac (74) 358
Béranger, gorges (38)............. 420
La Bérarde (38) 343
Berger 113
Berger, gouffre (38) 444
Bergès, Aristide 87, 107, 286
Berland (38)........................ 236
Bernard de Menthon, saint 106
Bernascon, Jean-Marie 126
Bernex (74)......................... 267
Bessans (73).........................187
Besse-en-Oisans (38) 344
Besson, lac (38).....................141
Le Bettex (74) 368
Beurre, montagne (26)..............451
Bezdona, coiffe 105
Bibliographie 64
Bionnassay, glacier (74)........... 329
Bisanne, signal (73).................178
Blanc, lac (73) 354
Blanc, lac (74) 328
Bleu de Sassenage-Vercors 116
Bleu de Termignon 116
Blonay, baron de 264
Bobsleigh......................... 349
Bochor, mont (73) 354
Boigne, Benoît de 207
Boissonas, Sylvie et Éric.............98
Bonne, haute vallée (38) 421

Bonneval, drap..................... 203
Bonneval-sur-Arc (73) 189
Bonneville (74) 357
Bordeaux, Henri.................... 106
Borne, vallée (74)................... 164
Bornes frontières.....................261
Boubioz, source (74)................152
Boudin (73) 179
Boulaz, Loulou 90
Bouquetin 78, 255, 436
Le Bourg-d'Arud (38) 342
Le Bourg-d'Oisans (38) 191
Bourg-St-Maurice (73) 201
Le Bourgeal (74).................... 358
Le Bourget, lac (73) 196
Le Bourget-du-Lac (73) 196
Bourne, gorges (38) 448
Bournillon, grotte (38)............. 448
Bout-du-Lac, réserve naturelle (74)..154
Bramans (73)....................... 308
Bréda, haute vallée (38)............138
Breuer, Marcel.......................98
Le Brévent (74) 220
Brides-les-Bains (73) 338
Brion, pont (38) 416
Brison-les-Oliviers (73) 199
Brizon, point de vue (74)........... 357
Brudour, grotte (26) 453
Bruno, saint................... 85, 272
Bruyant, gorges (38)............... 452
Budget 29

C

Caille, ponts (74) 149
Canoë-kayak........................49
Canyoning 49
Caron, cime (73) 184
Les Carroz-d'Arâches (74) 248
Carte d'hôte 30
Cartographie........................25
La Casamaures 286
Cateau-Cambrésis, traité 85
Cembro, pin (73) 318
Cépage 117
Cevins, vignoble 339
Chalet d'alpage 96
Chalimont, brèche (38) 458
Challes-les-Eaux (73) 211
Chambéry (73) 16, 206
Chambon, barrage (38) 344
Chambotte, panorama (73) 130
Chamois 78
Chamonix, Compagnie des guides ...331
Chamonix-Mont-Blanc (74) 216
Champ-sur-Drac (38) 303
Champagny-en-Vanoise (73)..... 99, 226
Champagny-le-Haut (73) 227
Chamrousse (38) 228
Chamrousse, croix (38) 229
Chamrousse, massif (38) 228

469

Chanaz (73) 197
La Chanousia, jardin botanique (73) . 359
Chanrouge, col (73). 319
Chapareillan (38) 292
La Chapelle-d'Abondance (74) 121
La Chapelle-en-Vercors (26). 450
Chapieux, vallée (73) 180
Charamillon, alpages (74) 221
Chardonnet, pointe (73) 413
Charles-Albert, pont (74). 149
Charles-Félix, roi de Sardaigne 296
Charlet-Straton, Isabella 90
Charmant Som (38) 232
Les Charmettes (73) 210
Chartreuse, caves 234
Chartreuse, liqueur 117
Chartreuse, massif (38, 73) 231
Chartreuse,
    Parc naturel régional (38, 73) 232
Chartreux, ordre 272
Chat, mont (73) 199
Château-Bayard (38). 294
Châtel (74) 240
Le Châtelard (73) .174
Châtillon (73) 242
Châtillon, crêt (74). 156, 362
La Chautagne (73, 74) 198, 242
Chautagne, vin 117, 243
Chavant, Eugène 441
Le Chazelet (05) 276
Chefs, les grands 33
Chens-sur-Léman (74) 464
Chéran, vallée (74). 361
Chère, roc (74). 316
Chéry, mont (74) 271
Chèvrerie, vallon (74) 404
Chevril, lac (73) 412
Chevrotin, fromage. 116
Chignin, vin 117
Le Chinaillon (74) 162
Chindrieux (73) 242
La Chollière (73) 354
Choranche, grottes (38) 244
Chouette de Tengmalm 80
Ciment 287
Les Clefs (74) 161
Clelles (38) 417
Clermont, château (74) 362
Cléry (73) 380
Climat 76
Le Clos Parchet, ferme-écomusée 390
La Clusaz (74) 245
Cluse 75
Cluse, col (73) 262
Cluses (74) 247
Cognacq-Jaÿ, Mme 389
Coiffes 105
Colette, Sidonie 229
Collet d'Allevard (38) 137
Colombière, col (74) 163

Colombière, route (74) 161
Combe d'Olle (73) 255
Combe de Savoie (73) 333
Combloux (74) 311
Commères, rampe (38) 344
Condillac, Étienne Bonnot de 282
Conduite. 26
Confins, vallon (74) 246
Conflans (73). 133
Confolens, cascade (38). 193
Contamine-sur-Arve (74) 357
Les Contamines-Montjoie (74) 369
Coq, col (38) 292
Corbel (73) 262
Cordon (74) 312
Cordonnerie 362
Cormet de Roselend (73) 179
Cornettes de Bises (74) 121
Corps (38). 418
Corrençon-en-Vercors (38) 457
Costume 105, 153, 357, 372
La Côte-d'Aime (73) 395
Cou, col (74) 405
Coufin, grotte (38) 244
Courchevel (73) 251
Crest-Voland (73) 385
Crêt du Maure, forêt (74) 156
Crevasses 73
Crève-Tête (73) 185, 432
Cristallier 112
Croche, aiguille (74) 329
Croisière blanche 259
Croisières 38
Croix, belvédère (38) 259
Croix-de-Fer, route (73) 254
Croix-Fry, col (74) .161
La Croix-de-Fer (74) 165
Croix des Frêtes, col (73) 413
Croix Jean-Claude (73) 184
Croix Perrin, col (38) 451
Crolles, dent (73) 231
Crozets 117
Cruseilles (74) 386
Cuenot, François 94, 226
Les Cuves, grottes (38) 287
Cyclisme 36

D

Dalloz, Pierre 444
Dard, cascade (74) 357
Dauphin, titre 85, 277
Dauphiné 277
Décolletage 247
Découflé, Philippe 132
Delessart, commandant 301
Désert, route (38) 233
Le Désert-en-Valjouffrey (38) 421
Desgranges, Henri 429
Desmaison, René .90
Dessaix, général 400

Les Deux-Alpes (38)	258
Diable, pont (38)	137
Diable, pont (73)	173
Diable, via ferrata (73)	322
Diable de Bessans	105, 188
Diosaz, gorges (74)	222
Diots	116
Dode de La Brunerie, Guillaume de	364
Domaines skiables	53
Doron, gorges (73)	180
Doucy (73)	374
Doucy-en-Bauges (73)	175
Doussard (74)	154
Drac, corniche (38)	303
Dranse, gorges (74)	405
Dranse d'Abondance (74)	267
Draye Blanche, grotte (26)	451
Duhamel, Henri	229
Duingt (74)	153
Duis, chalets (73)	190
Dullin, Charles	199
Dunoyer de Segonzac, Pierre	228

E

Eau, musée	351
Eaux vives, sports	48
Échaillon, pas (26)	454
Les Échelles, grottes (38)	261
Échelles d'Annibal, barrage (73)	374
Les Échelles Entre-Deux-Guiers (38)	261
École (73)	175
Écrins, Barre (05)	340, 345
Écrins, Parc national (38, 05)	80, 340
Edelweiss	78
Élevage	112
Emmanuel-Philibert, duc	85, 89
Emmental	116
Enclos, porte (38)	233
Encombres, vallée (73)	185
Enfants	58
Engins, gorges (38)	452
Engrangeou	416
Entraigues (38)	420
Entremont (74)	164
Entremont-le-Vieux (73)	237
Enteroches, défilé	178
Épicéa	78
Épine, route et col (73)	211
Escalade	37
Escoffier, Éric	90
Espace Cristal, domaine (73)	385
Espace Diamant	165
Espace Killy, domaine (73)	411, 425, 438
Esseillon, fortifications (73)	168
Essendole	96
États sardes	86
Étendard, refuge (73)	257
Étroits, défilé (74)	164
Évasion Mont-Blanc, domaine (74)	311
Éveaux, gorges (74)	165
Événements	62
Évettes, site (73)	190
Évian, accords	264
Évian-les-Bains (74)	17, 263
Excenevex (74)	464

F

Facim	57
Famille, destination	58
Farcement	117
Faucigny (74)	248, 357
Faverges (74)	155
Favre, Antoine	145
Fayes	106
La Féclaz (73)	213
Fer-à-Cheval, cirque (74)	391
Ferro, Marc	441
Fêtes et festivals	62
Fier, gorges (74)	148
Fier, val (74)	243
Fier, vallée (74)	362
Fivel, Théodore	95
Flaine (74)	98, 269
Flambeau, chien	423
La Flégère (74)	221
Flore	76
Flumet (74)	165
Fond-de-France (38)	139
Fond d'Aussois, promenade (73)	169
Fond de la Combe (74)	391
Fondue savoyarde	117
Fontcouverte-La Toussuire (73)	373
Forclaz, col (74)	154
Forêt	113
Formalités	24
Foudre	46
Fours, col	426
Fourvoirie (38)	233
Les frahans	388
Fraîche, cascade (73)	354
François de Sales, saint	86, 106, 142, 409
François Ier	85
Fréjus, tunnel (73)	91, 320
Frêne, col (73)	175
Frison-Roche, Roger	90, 106
Fromages	60, 114
Frontière, coiffe	105, 394
Frou, pas (38)	236

G

Gabarrou, Patrick	90
Galibier, col (05)	429
Galise, col (73)	426
Gaspard, guides	89, 340
Gavot, pays de (74)	82, 267
Gelures	46
Les Gets (74)	270
Les Gets, route (74)	336
Giono, Jean	415, 417
La Girotte, lac (73)	384

471

Glace, mer (74) 220, 324
Glacier......................... 73, 83
Glandon, col (73) 256
Glières, maquis................ 88, 410
Glières, nécropole (74) 399
Glières, plateau (74) 409
Goitschel, sœurs 91, 426
Goleit, lac (74)..................... 241
Golf 38
La Goule Noire (38)................ 448
Le Grand-Bornand (74) 162
Le Grand Veymont (38) 455
La Grande Casse (73) 354
La Grande Chartreuse, couvent (38) . 272
Grande Jeanne, parc animalier (74)...156
La Grande Motte, glacier (73) 412
La Grande Rochette (73) 350
Grandes Alpes, route 43
La Grande Sassière,
 réserve naturelle (73) 413
Les Grandes Jorasses (74) 220
Grand Filon, musée (73) 123
Les Grands-Montets (74)............ 217
Grands-Montets, aiguille (74) 325
Les Grands Goulets, route (26) 445
Grands Goulets (28) 448
Le Grand Som (38)................. 382
Grange, mont (74).................. 122
Granier, col (73) 237
Granier, mont (73)................. 231
Gratin dauphinois 116
La Grave (05)....................... 274
Grenoble (38) 16, 277
Le Grésivaudan (38) 291
Gresse-en-Vercors (38) 416
Grésy-sur-Isère (73)............... 380
Grive, aiguille (73) 204
Grotte 75
Gruffy (74) 362
Gruvaz, gorges (74)................ 368
Guides, compagnies 35
Guides de Chamonix, compagnie 89
Guiers Mort, gorges (38)........... 233
Guiers Vif, gorges (38) 236
Guigues, dom 272
La Gura, cirque (73)............... 348
Gypaète barbu 80

H

Hache, famille................ 104, 364
Handicaps 22
Hannibal.......................... 84
Hautecombe, abbaye royale 95, 296
Hauteluce (73) 384
Hauteville-Gondon (73)............. 203
Hauts-Plateaux du Vercors, réserve.. 454
Hébergement....................... 31
Hébert, Ernest 282, 286
Henri II 85
Herretang, tourbière (38) 234

Histoire 84
Homme, cirque (05) 344
Horlogerie........................ 247
Hôtels 31
Les Houches (74) 221
Houille blanche 107, 286
Hugues, saint 294
Huiles, vallée (38) 137
Humbert aux Blanches Mains 89
Humbert II....................... 277
Humbert III, le bienheureux........ 296
Hydrelec (38)..................... 254
Hydroélectricité 108

I

Industrie......................... 109
Infernet, gorges (38)............... 344
Internet, adresses 22
Ire, combe (74) 158
Iseran, col (73) 299, 425
Iseran, route (73) 298
Italie, escapade 18
Itinéraires, propositions 10

J

Jaillet (74)....................... 330
Jardins secrets (74) 363
Jarrie (38) 462
Jarsy (73) 175
Jaÿ, Marie-Louise................. 389
Jaÿsinia, jardin botanique (74) 389
Jean-Baptiste, saint 371, 428
Jeanne de Chantal, sainte........ 86, 142
Jeux olympiques 91, 132
Joly, mont (74) 311, 329
Joux Plane, col (74) 336
Jovet, lacs (74) 369
Jovet, mont (73)................... 350

K

Les Karellis (73).................. 373
Killy, Jean-Claude 91, 426
Kiosque........................... 64

L

L'Écot, hameau (73) 189
Labro, Jacques 170
Lachenal, Louis................... 90
Lacs 75
Laffrey (38) 301
Laffrey, lacs (38) 300
Lagnat-Vaulx (74)................. 363
Laizer, comte de.................. 264
La Lauze, dôme (38).............. 259
Lalley (38)....................... 417
Lamartine, Alphonse de 90, 126
Lancebranlette (73) 360
Lancey (38) 286
Lanchâtra, cascade (38)........... 342
Landry (73) 347

Lans-en-Vercors (38) 451
Lanslebourg-Mont-Cenis (73) 306
Lanslevillard (73) 306
Lapiaz 75
La Reculaz, cascade (73) 190
Lauvitel, lac (38). 341
Lauze. 96
Laval (38) 293
La Léchère-les-Bains (73) 374
Le Corbusier 98
Légendes 106
Léger, Fernand 367
Leininger, Raymond 90
Léman, lac (74) 264
Le Même, Henri-Jacques. 98
Lente, forêt (26) 453
Léoncel (26). 453
Le Ray, Alain 441
Lérié, lac (05). 276
Le Rivier-d'Allemont (38) 255
Lesdiguières,
   connétable de. 282, 287, 460
Lessières, pointe (73) 299
Les Trois-Vallées, domaine (73). 251
Lieux de séjour, conseils 8
Lignarre, gorges (38) 193
Limouches, col (26). 453
Linga, Tête (74). .241
Lis orangé 78
Littérature 66, 106
Livet et Gavet (38) 191
Lôge. 175
Loisirs 35
Longpra, château (38) 364
Loup. 445
Lozes, parc archéologique (73). 168
Luire, grotte (26) 450
Luitel, lac (38). 80, 229
Lurçat, Jean 367
Lynx. 78

M

Madeleine, col (73) 306, 373
Mainssieux, Lucien 236
Maison de Savoie. 88
Maistre, Xavier de 106
Malaval, combe (05) 344
Malleval (38) 449
Malsanne, vallée (38) 193
Mandrin 262, 279
Manigod, vallée (74). 161
Margain, bec (38). 292
Marmotte. 78, 341
Marthod (73). 135
La Martin, refuge (73) 413
Martin, Nicolas 106
Masse, pointe (73). 185
Maubec, frère Jérôme 234
Maupas, défilé (38). 255
Maurienne, belvédère (73). 299
Maurienne, haute (73) 305
Mazot 96
Méaudre, gorges (38). 451
Mécoras, château (73) 242
Médonnet, chapelle (74). 312
Megève (74). 98, 309
Meije, glaciers (38, 05) 275, 340
Meillerie (74) 266
Mélan, chartreuse (74) 336
Mélèze. 78
Mémise, pic (74) 267
Mémoire, lieux 444
Menetrier, Claude-François 94
Mens (38) 416
Menthon, Bernard de. 315
Menthon-Saint-Bernard, château (74) 315
Les Menuires (73) 183
Mer de Glace (74). 90, 220, 324
Méribel (73). 99, 317
Merlet, parc animalier (74) 221
Met, col (73). 422
Météo 20
Miage, dômes (74). 324
Midi, aiguille (74) 219
Miel 62
Mieussy (74) 250
La Mine-Image (38). 303
Mingeon, Bruno 349
Minots 116
Miolans, château (73) 379
Le Miroir (73). 396
Mobilier régional 104
Modane (73) 320
Molard Noir (73). 199
Môle, point de vue (74) 249
Molière, route (38). 452
Mollard, col (73) 256
Le Monal (73) 397
Monestier-de-Clermont (38) 415
Mont, fort (73) 134
Mont-Blanc, glacier (74) 221, 324
Mont-Blanc, massif (74). 323
Mont-Blanc, Petit Tour. 331
Mont-Blanc, tramway 329
Mont-Blanc, traversée 325
Mont-Blanc, tunnel. 88, 91, 328, 331
Mont-Cenis, col (73) 423
Mont-Cenis, lac (73) 423
Mont-de-Lans (38) 259, 344
Mont-de-Lans, glacier (38). 259
Mont-Saxonnex (74) 358
Montagnards, plan 444
Mont Corbier, liqueur. 60
Montenvers, chemin de fer 219
Montets, col (74) 222
Monteynard, barrage (38). 303
Montjoie. 92
Montmélian (73) 332
Montriond, lac (74) 335
Montrochat, panorama (38). 462

473

Montrottier, château (74)	148
Montsapey (73)	124
Montvalezan (73)	359
Moraines	73
Morclan, pic (74)	240
Morel, lieutenant	409
Morette, cascade (74)	161
Morgins, lac du pas de	241
La Morte (38)	302
Morzine (74)	334
La Motte-d'Aveillans (38)	303
Motz (73)	243
Mouflon	78
Mourmé	388
Moûtiers (73)	338
La Mure (38)	300
Musique mécanique	270
Myans, abymes (73)	237

N

Nan, gorges (38)	449
Nant-Brun, vallée (73)	182
Napoléon Ier	301
Nature	70
Nautisme	38
Neige	76
Neige de culture	111
Nid d'Aigle (74)	329
Nivolet, croix (73)	213
Noir, lac (05)	276
Noix de Grenoble	378
La Norma (73)	320
N.-D.-de-Bellecombe, station (73)	180
N.-D.-de-l'Étoile, chapelle (73)	197
N.-D.-de-la-Gorge, chapelle (74)	369
N.-D.-de-la-Salette (73)	198
N.-D.-de-la-Salette, pèlerinage (38)	418
N.-D.-de-Mésage (38)	462
N.-D.-de-Toute-Grâce, église (74)	99, 367
N.-D.-de-Vaulx (38)	302
N.-D.-des-Vernettes, chapelle (73)	348
N.-D. d'Aulps, abbaye (74)	93, 406
Novarina, Maurice	99, 367, 401
Nyon, pointe (74)	334

O

L'Oisans (38)	340
Olympisme	91
Opinel, couteau	372
Oreiller, Henri	426
Or gris	287
Oriol, eaux	62
Ornon, col (38)	193
Ours	237, 457
Oz-en-Oisans (38)	254

P

Paccard, fonderie	153
Paccard, Michel Gabriel	89, 324
Palet, col (73)	226, 413
Paradis, Marie	86
Paradis, route (74)	164
Paradiski, domaine (73)	347, 349
Parapente	48
Parc national de la Vanoise	80
Parc national des Écrins	80
Parc naturel régional de Chartreuse (38, 73)	232
Parc naturel régional du massif des Bauges (74)	172
Parcs naturels	47, 80
Parrachée, dent (73)	306
Passy (74)	367
Passy, réserve naturelle	368
Patois	105
Pêche	40
Péclet, glacier (73)	184
Péclet-Polset, massif (73)	321
Peillonnex (74)	250
Peisey-Nancroix (73)	347
Peisey-Vallandry (73)	347
Pela	117
Le Pelvoux (05)	340
Pergélisol	112
Périer, Claude	460
Perquelin (38)	383
Persillé des Aravis	116
Persillé du Mont-Cenis	116
Le Petit-Bornand-les-Glières (74)	164
Petit Bonheur, sentier (73)	188
Petites Rousses, dôme (38)	141
Petit Mont Blanc (73)	354
Petits Goulets, route (26)	448
Petit St-Bernard, col (73)	359
Peyrou d'Amont (05)	275
Phonétique	106
Picasso, Pablo	269
Pierre-Châtel, défilé (73)	199
Pierre aux fées (74)	357
Pierre aux Pieds (73)	433
Pierre Percée (38)	303
Pin, Jules	126
Pin cembro	78
Pincru (74)	358
Pionnier, route (26)	377
Pisse, cascade (38)	344, 421
La Plagne (73)	99, 349
La Plagne, lac (73)	348
Les Plagnes (74)	121
Plaine-Joux (74)	368
Plaisance	40
Plan du Carrelet (38)	346
Plan du Lac, refuge (73)	307
Plan Peisey (73)	347
Planpraz (74)	220
Platé, désert (74)	269
Plateau-d'Assy (74)	367
Le Pléney (74)	335
Pleynet (38)	139
Pococke	90

Pointières, sentier (73)...............134
Pomagalski........................ 270
Ponsonnas, pont (38)...............418
Pont-de-Beauvoisin (38)............212
Pont-en-Royans (38)................351
Pont Baudin (73) 348
Pont du Diable, gorges (74) 406
Pont Haut (38) 420
Pormenaz, montagne (74) 329
Pormonier 116
Porte, col (38) 232
Porte-balles.......................107
Portes du Soleil,
    domaine (74) 171, 240, 270
Portette, belvédère (26) 454
Pourri, mont 204
Pralognan-la-Vanoise (73) 353
Le Prarion (74) 328
Prégentil (38) 194
Prélenfrey (38)....................416
Prémol, ancienne chartreuse (38) ... 229
Prémol, forêt (38) 229
Presles (38) 352
Prévost, Jean..................441, 444
Prioux, alpages (73) 353
Profit, Christophe 90
Prudence, conseils 45
Pucelle, saut (05) 344

Q-R

Queige (73) 180
Raclette...........................117
Rafting 49
Ramoneurs savoyards 107
Randonnée équestre 41
Randonnée pédestre 9, 42
Ravioles du Trièves 117
Reblochon.............115, 161, 398
Réchauffement climatique....... 82, 111
Refuges en montagne 43
Relief 70
Rencontre, prairie 301
Reposoir, chaîne (74) 160
Reposoir, chartreuse (74) 163
Réserve cynégétique des Bauges (74) 172
Réserve naturelle...................80
Réserve naturelle du lac Luitel (38) .. 229
Résistance 87, 212, 285,
               .... 399, 409, 441, 444
Restauration 33
Retable 94
Revard, panorama du mont (73) 130
Revollat, croix (38)................. 295
Révolution française..........86, 461
Rhêmes-Golette, glacier (73)........413
Riboud, Marc...................... 441
Rioupéroux (38)....................191
Ripaille, domaine (74) 403
Rives, port (74) 402
La Roche-sur-Foron (74) 356

Rochebrune (74) 310
Rochechinard (26)................. 377
La Rochette (38)...................137
Rodin, Auguste....................129
Romanche, vallée (05, 38)......... 343
Romeyère, col (38) 449
Roselend, barrage (73).............179
Roselend, lac (73) 178
Rosière, point de vue (74).......... 390
La Rosière-Montvalezan (73)....... 359
Rossignoli, Antoine.................126
Rothschild, baronne de..........98, 309
Rouault, Georges................... 367
Rouget, cascade (74) 391
Rousseau, Jean-Jacques 86, 142, 210
Rousset, col (26).................... 450
Roussette de Savoie 117
Routes thématiques.................43
Ruffieux (73)......................242
Rumilly (74) 361

S

Sagnes, marais (38)................ 232
Saint-Alban-des-Hurtières (73).......124
Saint-Andéol (38)..................416
Saint-Antoine-le-Grand,
    monastère (26) 378
Saint-Benoît, cascade (73) 169
Saint-Bruno, pont (38) 233
Saint-Christophe-en-Oisans (38) 342
Saint-Christophe-sur-Guiers (38).... 236
Saint-François-Longchamp (73) 373
Saint-Genix-sur-Guiers (73).........212
Saint-Geoire-en-Valdaine (38) 364
Saint-Georges-de-Commiers (38) ... 303
Saint-Georges-des-Hurtières (73) 123
Saint-Germain, ermitage (74) 154
Saint-Gervais-les-Bains (74)......... 365
Saint-Gingolph (74)................ 266
Saint-Gobain, fort (73).............. 320
Saint-Grat, chapelle (73) 202
Saint-Guillaume (38)................416
Saint-Hilaire (38) 292
Saint-Hugon, chartreuse (38) 137
Saint-Hugues-de-Chartreuse,
    église (38) 381
Saint-Jacques, chapelle (73) 394
Saint-Jean-d'Arves (73) 256
Saint-Jean-de-Belleville (73)........182
Saint-Jean-de-Maurienne (73) 371
Saint-Jean-de-Sixt (74).............162
Saint-Jean-en-Royans (26) 377
Saint-Jeoire (73) 249
Saint-Jorioz (74)....................153
Saint-Laurent-du-Pont (38) 234
Saint-Laurent-en-Royans (26) 378
Saint-Martin, pont (38) 236
Saint-Martin-d'Uriage (38)......... 228
Saint-Martin-de-Belleville (73).......182
Saint-Martin-le-Vinoux (38)......... 286

Saint-Même, cirque (73)	236
Saint-Michel, mont (73)	173
Saint-Michel-les-Portes (38)	416
Saint-Nazaire-en-Royans (26)	376
Saint-Nicolas-de-Véroce (74)	368
Saint-Nizier-du-Moucherotte (38)	106, 287
Saint-Pancrasse (38)	292
Saint-Pierre-d'Albigny (73)	379
Saint-Pierre-d'Entremont (73)	236
Saint-Pierre-d'Extravache (73)	308
Saint-Pierre-de-Chartreuse (38)	381
Saint-Sorlin, glacier (73)	257
Saint-Sorlin-d'Arves (73)	256
Sainte-Foy-Tarentaise (73)	396
Les Saisies (73)	384
Saisons	20
Salanfe, montagne (Suisse)	330
Le Salève (74)	386
Salins-les-Thermes (73)	339
Sallanches (74)	311
Salomon, fondation	161
Sambuy, montagne (74)	156
Samoëns (74)	388
Sanatorium	99
San Bernardo, domaine	359
Sangles	231
Sangles, belvédère (38)	233, 383
Sans Venin, tour (38)	452
Sapenay, col (73)	198
Le Sapey (38)	302
Sapin	78
Le Sappey-en-Chartreuse (38)	232
Sardières, monolithe (73)	169
Sarennes, cascade (38)	191
Sarto	175
Sarvan	106
Sassenage (38)	106, 287
Sassenage, fromage	116
La Sassière (73)	396
La Sassière, lac (73)	413
La Saulire (73)	252, 318
Saussure, Horace Benedict de	90
Sautet, barrage (38)	418
Savières, canal (73)	198
Savoie, Béatrix de	262, 297
Savoie, dynastie	89
La Scia (38)	383
Scialet	444
Sécurité en montagne	45
Séez (73)	203
Semnoz (74)	156
Sentiers à thème	42, 57
Sentiers de Grande Randonnée	42
Sept-Laux, lacs (38)	139
Sérac, fromage	116
Séracs	73
Serrières-en-Chautagne (73)	242
Servetaz	270
Servoz (74)	222
Sévrier (74)	153
Seyssel (01, 74)	393
Seyssel, vin	117
Seythenex, grotte et cascade (74)	156
Siaix, Étroit (73)	394
Le Signal (74)	369
Sixt, réserve naturelle (74)	391
Sixt-Fer-à-Cheval (74)	390
Ski	50
Smith, Albert	90
Solaise, Tête (73)	298
Soleret	96
Sollières-Sardières (73)	308
La Sône (38)	377
Spéléologie	47
Sports aériens	48
Sports d'hiver	50
St-Martin-en-Vercors (26)	448
Stations	8, 52, 98, 110
Stations vertes	32
Stendhal	106, 278
Style sarde	95
Suisse, escapade	17
Super-Morzine (74)	171

T

Taine, Hippolyte	316
Talloires (74)	154
Tamié, abbaye (73)	134
Tamié, fort (73)	134
Tamié, fromage	116, 135
Taninges (74)	336
La Tarentaise (73)	394
Tarentaise, belvédère (73)	299
Tartiflette	117
Tavaillon	96
Tavalan	175
Télégraphe, col (73)	429
Teppes, plateau (73)	134
Termignon (73)	307
Terrail, Pierre	291
Terray, Lionel	90
Terre vivante (38)	417
Tête de la Maye (38)	345
Tête de Solaise (73)	298, 425
Thècle, sainte	428
Thé des Alpes	107
Thermalisme	56
Theys (38)	293
Thônes (74)	398
Thonon-les-Bains (74)	400
Thorens-Glières (74)	409
La Thuile (Suisse)	359
Tignes (73)	410
Tignes, barrage (73)	412
Tines, gorges (74)	390
Tome des Bauges	116
Tomme	115
Tomme blanche	115
Tomme de Savoie	116

Tougnète (73) 318
Tourbière 82
Tourbières 369
Tourisme. 109
Tourne, col (73). 413
Tourne, moulin à papier 239
Tournette, refuge (74) 157
Tourniol, col (26) 454
Tours St-Jacques, aiguilles (73) 174
La Toussuire (73) 373
Touvet, château (38). 292
La Tovière (73) 413
Train. 26
Traîneau à chiens. 43
Trains touristiques. 56
Transports 24
Traverse-d'Allemont, route (38) 194
Treize-Arbres,
 table d'orientation (74) 387
Tréléchamp (74) 222
Tréminis (38) 417
Le Trièves (38). 415
Trinqueballes 416
Trois-Marches, roc (73). 318
Les Trois-Vallées, domaine (73). 438
La Tronche (38). 286
Tsanteleina (73) .413
Tueda, réserve naturelle (73). 318
Tuiles, journée 86, 277
Tunnel mystérieux (38) 304

U

Ubac. 76
Ugine (73) 180
Umberto II, roi d'Italie 89, 297
Uriage, École. 228
Uriage-les-Bains (38) 228
Utrecht, traité. 86

V

Vacherin 115
Val-Cenis (73) 422
Val-d'Isère (73) 424
Val-Thorens (73). 183
Le Valbonnais (38) 420
Valbonnais (38) 420
Valchevrière, calvaire (38). 458
Vallée Blanche (74) 217
Valloire (73) 428
Vallon, mont (73). 318
Les Vallons (74). 390
Vallorcine (74). 223
Val Montjoie (74) 368
Valmorel (73). 431
Valsenestre (38) 420
Vanoise, col (73). 354
Vanoise, massif (73) 433
Vanoise, Parc national 80, 436
Vasarely, Victor. 269
Vassieux-en-Vercors (26). 440
Vaucanson, Jacques 278
Vaugelas. 106
Vaujany (38). 255
Vénéon, vallée (38) 341
Venosc (38) 258, 342
Veny, haut val (Italie) 330
Le Vercors (26, 38) 443
Vercors, maquis 87, 440
Vercors, Parc naturel régional 445
Vert, lac (74). 368
Verte, aiguille (74) 325
Verthier (74). 154
Veyrat, Jean-Pierre 106
Veyrier, mont (74) 155
Veyrier-du-Lac (74) 155
Via ferrata 37
Via ferrata du Diable (73) 322
Vicat, Louis 287
Victor-Amédée II, duc 86, 89
Victor-Amédée III 126
Victor-Emmanuel Ier 87
Victor-Emmanuel II, roi d'Italie. 89
Vif (38). 304
Villar-d'Arêne (05) 275, 430
Villard-de-Lans (38) 457
Villard-Notre-Dame, route (38). 193
Villard-Reculas (38). 140
Villard-Reymond, route (38) 194
Villarde, vache 114
Vin 60, 117
Visites guidées 57
Viuz (74) 155
Viuz-en-Sallaz (74). 249
Viuz-la-Chiésaz (74) 362
Vizille (38) 86, 460
Voie sarde 262
Voiron (38). 234
Voirons, grand signal (74). 406
Vongy (74) 404
Vorès, mont. 311
Voza, col (74). 329
VTT. 36
Vuarnet, Jean 170
Vulmix (73). 202

W

Warens, Mme de 142, 210
Week-ends, idées 15
Whymper, Edward. 89, 340
Widham 90

Y

Yenne (73) 199
Yvoire (74) 463

PETIT LEXIQUE

LE PARLER DES ALPES

Aigue . . . . eau
Alpe, aulp . . . . pâturage
Balme . . . . grotte
Bourne . . grande cheminée en bois où . . . . . sèchent saucissons et jambons
Besse, biolle, biolley . . lieu planté de . . . . bouleaux
Casse . . . . éboulis
Chal, char, chaup, chaume . . . . prairie
Cluse . . . gorge par laquelle une rivière . . traverse perpendiculairement une . . . . chaîne de montagnes
Clapier, clapey . chaos de blocs éboulés
Coche, cochette, cormet, forclaz . col
Fayard . . . . .hêtre
Frête, frette . . . . crête
Mollard . . . . .mamelon
Mouille . . . . terrain marécageux
Palud . . . . .marais
Plan, plagne . . . . .petit plateau, replat
Praz . . . . .pré
Rieu . . . . ruisseau
Sache, sachette, saix . . . . .rocher
Serre, serraz . . . . crête allongée et . . . . dénudée
Villard, villaret . . . . hameau

CARTES ET PLANS

CARTES THÉMATIQUES

Les plus beaux sites.......... 1er rabat de couverture
Les stations .... 2e rabat de couverture
Relief et régions................. 72
Schéma géologique des Alpes 74

PLANS DE VILLE

Aix-les-Bains.................... 127
Annecy................... 146, 147
Chambéry 208
Chamonix-Mont-Blanc 218
Évian-les-Bains.................. 265
Grenoble 280
St-Gervais-les-Bains 366
Thonon-les-Bains................ 401

CARTES DES CIRCUITS DÉCRITS

Depuis Allevard :
la vallée des Huiles 138
Lac d'Annecy.................... 157
Les Aravis...................... 162
Les Bauges 174
Le Beaufortain 178
Environs de Bourg-d'Oisans....... 192
Lac du Bourget.................. 198
Environs de Chambéry............ 211
Massif de la Chartreuse.......... 234
Depuis Cluses : le Faucigny 248
Depuis Grenoble : le Grésivaudan . 294
Route de l'Iseran 299
Lacs de Laffrey 302
La haute Maurienne 306
Massif du Mont-Blanc 326
L'Oisans 343
Depuis Thonon-les-Bains :
Le Chablais 405
Le Trièves...................... 417
La Vanoise..................... 434
Le Vercors 446

Changement de numération routière !

Sur de nombreux tronçons, les routes nationales passent sous la direction des départements. Leur numérotation est en cours de modification. La mise en place sur le terrain a commencé en 2006 mais devrait se poursuivre sur plusieurs années. De plus, certaines routes n'ont pas encore définivement trouvé leur statut au moment où nous bouclons la rédaction de ce guide. Nous n'avons donc pas pu reporter systématiquement les changements de numéros sur l'ensemble de nos cartes et de nos textes.

◉ **Bon à savoir** – Dans la majorité des cas, on retrouve le n° de la nationale dans les derniers chiffres du n° de la départementale qui la remplace. Exemple : N 16 devient D 1 016 ou N 51 devient D 951.

Manufacture française des pneumatiques Michelin

Société en commandite par actions au capital de 304 000 000 EUR
Place des Carmes-Déchaux – 63000 Clermont-Ferrand (France)
R.C.S. Clermont-Fd B 855 200 507

Toute reproduction, même partielle et quel qu'en soit le support,
est interdite sans autorisation préalable de l'éditeur.

© Michelin, Propriétaires-éditeurs,
Dépot légal 10-2008 - ISNN 0293-9436
Printed in Italy, 10-2008

Compogravure : Maury-Imprimeur à Malesherbes
Impression et brochage : Canale